D1729149

FORSCHUNGEN UND BERICHTE ZUR VOR- UND FRÜHGESCHICHTE
IN BADEN-WÜRTTEMBERG

FORSCHUNGEN UND BERICHTE ZUR VOR- UND FRÜHGESCHICHTE
IN BADEN-WÜRTTEMBERG

LANDESDENKMALAMT BADEN-WÜRTTEMBERG

FORSCHUNGEN UND BERICHTE ZUR VOR- UND FRÜHGESCHICHTE
IN BADEN-WÜRTTEMBERG

BAND 63

1996

KOMMISSIONSVERLAG · KONRAD THEISS VERLAG · STUTTGART

LANDESDENKMALAMT BADEN-WÜRTTEMBERG

GÜNTHER WIELAND

Die Spätlatènezeit in Württemberg

Forschungen zur jüngeren Latènekultur zwischen Schwarzwald und Nördlinger Ries

1996

KOMMISSIONSVERLAG · KONRAD THEISS VERLAG · STUTTGART

HERAUSGEBER: LANDESDENKMALAMT BADEN-WÜRTTEMBERG
ARCHÄOLOGISCHE DENKMALPFLEGE
SILBERBURGSTRAßE 193 · D-70178 STUTTGART

Die Deutsche Bibliothek – CIP-Einheitsaufnahme

Wieland, Günther:
Die Spätlatènezeit in Württemberg :
Forschungen zur jüngeren Latènekultur
zwischen Schwarzwald und Nördlinger Ries /
Günther Wieland. Landesdenkmalamt Baden-Württemberg. -
Stuttgart : Theiss, 1996
(Forschungen und Berichte zur Vor- und Frühgeschichte
in Baden-Württemberg ; Bd. 63)
Zugl.: München, Univ., Diss.
ISBN 3-8062-1277-5
NE: GT

Redaktion und Herstellung
Gabriele Süßkind mit Verlagsbüro Wais & Partner, Stuttgart

Produktion
Gulde-Druck, Tübingen

Vorwort

Das Landesdenkmalamt Baden-Württemberg freut sich, mit der Publikation zur Spätlatènezeit in Württemberg einen wichtigen Beitrag zur Besiedlungsgeschichte vorlegen zu können. Gerade in letzter Zeit gehörte die Kontinuität zwischen der spätkeltischen und frührömischen Besiedlung zu den Schwerpunkten der prähistorischen Forschung in unserem Lande.

Die Gesamtbearbeitung des Fundmaterials, insbesondere auch die Aufnahme aller Siedlungspunkte bilden die Grundlage für die vorliegende Arbeit. Sie soll damit gleichsam Voraussetzung und Fundament sein für weitergehende Untersuchungen zu diesem Thema, die gerade im Zusammenhang mit dem neu eingerichteten Forschungsschwerpunkt der Deutschen Forschungsgemeinschaft zum Thema „Kelten, Germanen und Römer im Mittelgebirgsraum zwischen Luxemburg und Thüringen" anlaufen.

Aufgrund zahlreicher Gespräche mit Prof. Dr. Georg Kossack, München, wurde das Thema „Spätlatènezeit in Württemberg" als Dissertation an Herrn Günther Wieland vergeben. Wir freuen uns, daß wenige Jahre nach Abschluß dieser Arbeit das Werk in gedruckter Form vorgelegt werden kann und die vielfältigen Fragen und Diskussionen neu beleben wird. Es ist mir eine angenehme Pflicht, dem Autor, Herrn Günther Wieland sehr herzlich Dank zu sagen für die Übernahme dieser Arbeit. In den Dank mit einschließen möchte ich den wissenschaftlichen Betreuer, Herrn Prof. Dr. Georg Kossack, München. Mein Dank gilt schließlich Frau K. Fink, Stuttgart, Frau B. Hackenberg, Singen, Frau R. Harrer, Ulm, Frau R. Jedele, Tübingen, Herrn K. Ponradl, Tübingen und Frau M. Trexler-Walde, Stuttgart für praktische Ratschläge und vor allen Dingen für die Ausführung grafischer Arbeiten, die wesentliche Voraussetzungen für die Drucklegung einer solchen Arbeit darstellen. Mit in den Dank einschließen möchte ich Herrn Dr. Christoph Unz, der als Referent für das Publikationswesen von Anfang an die Betreuung dieser Arbeit übernommen hat.

Ein ganz besonderes Dankeswort gilt der leider allzu früh verstorbenen Gabriele Süßkind, Stuttgart. Mit der ihr eigenen Präzision hat sie die redaktionellen Arbeiten bis zu ihrem Tod durchgeführt. Weitaus über 20 Jahre war sie in vielfältiger Weise vor allen Dingen als Betreuerin zahlreicher archäologischer Publikationen im Konrad Theiss Verlag und nach ihrem Ruhestand als freie Redakteurin tätig und hat die jeweiligen Arbeiten bis zur Drucklegung begleitet. Gabriele Süßkind hat große Verdienste im Bereich Publikationswesen in der Landesarchäologie, und dies nicht nur in Baden-Württemberg, sondern weit darüber hinaus.

Weiter gilt mein Dank dem Verlagsbüro Wais & Partner, Stuttgart, für die technische Betreuung und Herstellung dieses Bandes. Wir hoffen und wünschen, daß die Vorlage dieser Publikation zur Spätlatènezeit in Württemberg den Auftakt für vielfältige Forschungen bildet, sowohl aus dem Blickwinkel der prähistorischen Forschung, wie auch der Provinzialrömischen Archäologie. Beide Disziplinen müssen ihren Beitrag leisten zur besseren Kenntnis und zur Klärung der schwierigen Bevölkerungs- und Siedlungsverhältnisse in jenen Jahren des Umbruchs. Gerade die Zeitabschnitte mit grundlegenden Veränderungen im Siedlungs- und Bevölkerungsbild sind aus Sicht der archäologischen Forschung die interessantesten und spannendsten Epochen der Prähistorie.

Stuttgart im Februar 1996   *Prof. Dr. Dieter Planck*

Inhalt

Vorbemerkungen des Autors

Die Anregungen für die vorliegende Arbeit entstanden durch die Beschäftigung mit den spätkeltischen Kulturverhältnissen in der Schweiz im Rahmen eines Hauptseminars von Prof. Dr. G. Kossack im Wintersemester 1986/87. Den Einstieg in die Formenkunde und die Problematik der Spätlatènezeit in Württemberg gewann ich 1988 im Rahmen meiner Magisterarbeit durch die Bearbeitung der Funde aus den Viereckschanzen von Fellbach-Schmiden und Ehningen. Auf diesen Grundlagen und den damals gewonnenen Erkenntnissen weitere Forschungen zur spätkeltischen Kultur zwischen Schwarzwald und Nördlinger Ries aufzubauen, war naheliegend. Die Katalogisierung der zahlreichen kleineren und größeren Fundkomplexe erfolgte im wesentlichen in den Jahren 1990 und 1991. Vorausgegangen war die Durchsicht der Ortsakten des Landesdenkmalamtes und der einschlägigen Literatur.

Die Arbeit lag im Oktober 1992 der philosophischen Fakultät der Ludwig-Maximilians-Universität München als Dissertation vor. Später erschienene Literatur konnte für den Druck nur noch in Ausnahmefällen eingearbeitet werden. Die ursprünglich enthaltenen Exkurse zu keltischen Traditionen in Form und Verzierung römischer Grobkeramik und augusteischen Funden aus dem Bereich der oberen Donau erschienen in etwas erweiterter Form als Aufsätze und werden deshalb hier nicht nochmals abgedruckt. (Spätkeltische Traditionen in Form und Verzierung römischer Grobkeramik. Fundber. Baden-Württemberg 18, 1993, 61 ff.; Augusteisches Militär an der oberen Donau? Germania 72, 1994, 205 ff.).

Während der Materialaufnahme erhielt ich von mancher Seite Anregungen und wichtige Hinweise auf unpublizierte Materialien. Dafür und für die Bereitschaft, mir Fundmaterialien und Akten in Museen, Magazinen und Privatsammlungen zugänglich zu machen, möchte ich folgenden Damen und Herren danken: Dr. J. Biel (LDA Stuttgart), Ch. Bizer (Oberlenningen), Prof. Dr. F. Fischer (Univ. Tübingen), J. Genck-Bosch (Mus. Nördlingen), Dr. Ch. Jacob (Mus. Heilbronn), E. Junginger (Langenau), Dr. M. Kempa (Schwäbisch Gmünd), H. Kempff (Fürstl. Hohenzoll. Sammlungen Sigmaringen), A. Kley (Geislingen a.d.Steige), Prof. Dr. W. Krämer (Wiesbaden), Dr. R. Kreutle (LDA Tübingen) Dr. S. Kurz (LDA Tübingen), Dr. M. Luik (Köngen), E. Neusch (Stetten a. k. M.), Prof. Dr. H. U. Nuber (Univ. Freiburg), Dr. V. Nübling (LDA Freiburg), Prof. Dr. H. Reim (LDA Tübingen), J. Scheff (Museum Albstadt), Dr. H. Schickler (Württ. Landesmuseum Stuttgart), R. Schreg (Göppingen-Faurndau), Dr. I. Stork (LDA Stuttgart), K. Wehrberger M.A. (Mus. Ulm), M. Weisgerber (Univ. Tübingen).

Besonders erwähnen möchte ich die Herren Dr. J. Heiligmann (Arch. Landesmuseum, Konstanz)), Dr. F. Klein (LDA Tübingen) und Dr. R. Krause (LDA Stuttgart), die mir unpublizierte Funde überließen und mich mit zahlreichen Hinweisen auf Funde in Privatsammlungen und durch anregende Diskussionen sehr stark unterstützt haben.

Herrn Prof. Dr. D. Planck (LDA Stuttgart) schulde ich ebenfalls besonderen Dank für die jederzeit gewährte Unterstützung, zahlreiche Hinweise und besonders dafür, daß ein Teil der Fundzeichnungen von einer Zeichnerin des Landesdenkmalamtes angefertigt werden konnte, was den raschen Fortgang der Materialaufnahme sehr gefördert hat. Frau B. Hackenberg (Singen a.H.) möchte ich für die sorgfältig ausgeführten Zeichnungen herzlich danken.

Für die Ermöglichung eines einwöchigen Aufenthaltes zur Durchsicht von Fachliteratur bei der Römisch-Germanischen Kommission des DAI in Frankfurt schulde ich Herrn Prof. Dr. S. v. Schnurbein und Herrn Dr. H. Parzinger Dank.

Meinen akademischen Lehrern in München, Herrn Prof. Dr. G. Kossack und Herrn Prof. Dr. G. Ulbert, bin ich für zahlreiche Hinweise und Ratschläge sehr zu Dank verpflichtet. Anschließen möchte ich den Dank an meine Münchner Kommilitoninnen und Kommilitonen, die mir in Diskussionen und durch Literaturhinweise zahlreiche Anregungen vermittelten. Ich möchte hier besonders S. Burmeister, W. David, S. Demetz, J. Obmann, Th. Völling und D. Wirtz nennen.

Herrn Prof. Dr. G. Kossack, der die Arbeit betreut und ihr Entstehen immer mit Interesse verfolgt und gefördert hat, möchte ich meinen besonderen Dank aussprechen.

Schließlich möchte ich meinen Eltern dafür danken, daß sie mir das Studium ermöglicht haben und mir immer jegliche Hilfe haben zukommen lassen. Ohne ihre fürsorgliche Unterstützung hätte diese Arbeit nicht entstehen können. Deshalb widme ich sie in Dankbarkeit meinen Eltern.

Stuttgart, im Juli 1995   Günther Wieland

I. Grundlagen

I.1 Abgrenzung und Charakterisierung des Arbeitsgebietes

Der Haupttitel „Die Spätlatènezeit in Württemberg" für diese Arbeit ist in mancher Hinsicht nicht völlig korrekt, weshalb der umständlich scheinende Untertitel „Forschungen zur jüngeren Latènezeit zwischen Schwarzwald und Nördlinger Ries" durchaus seine Berechtigung hat. Zum einen hat sich gezeigt, daß eine Abgrenzung des spätlatènezeitlichen Fundstoffs (im Sinne von LT D nach Krämer und Reinecke[1] gegen die Funde der vorhergehenden späten Mittellatènezeit (LT C2) oft sehr schwierig ist (vgl. hierzu Kap. III.7), zum anderen wäre eine Abgrenzung des Arbeitsgebietes in den verwaltungsräumlichen Grenzen des heutigen Württemberg nicht sehr sinnvoll gewesen. Die baden-württembergische Gebietsreform von 1975 hat hier ohne Rücksicht auf natürliche und historische Abgrenzungen mit der Bildung der neuen Regierungsbezirke verwaltungstechnisch orientierte Kunstgebilde geschaffen, die sich als Rahmen für geographische und historische Arbeiten in keiner Weise eignen.

Daher wurden die naturräumlich vorgegebenen Grenzen als Rahmen dieser Arbeit gewählt, was dazu führte, daß neben württembergischem Gebiet auch Teile der heutigen Regierungsbezirke Nord- und Südbaden einbezogen sind (vgl. die Auflistung der Landkreise in den Vorbemerkungen zum Katalog). Das Arbeitsgebiet mit seinen naturräumlichen Haupteinheiten (vgl. Karte 1) soll im Folgenden kurz beschrieben werden[2]:

Als westliche Begrenzung bot sich die Ostflanke des Schwarzwaldes an, d. h. die Schwarzwald-Randgebiete, die Oberen Gäulandschaften und die Baar liegen noch im Arbeitsgebiet. Nach Norden schließen sich das Neckarbecken sowie das Keuperbergland von Strom- und Heuchelberg an. Die nordwestlich davon gelegenen Lößgebiete des Kraichgaus sind dagegen weitgehend ausgeschlossen. Die nördlichsten Bereiche des Arbeitsgebietes bilden die Kocher-Jagst-Ebenen sowie die Hohenloher und Haller Ebene. Das ebenfalls noch zu Württemberg zählende Taubergebiet wurde nicht mehr berücksichtigt, da es geographisch bereits nach Mainfranken orientiert ist. Die schwäbischen und fränkischen Waldberge, das Vorland der Ostalb, Albuch und Härtsfeld bis hin zum Ries stellen die östlichsten Teile des Untersuchungsgebietes dar. Die Schwäbische Alb und Oberschwaben liegen vollstän-

dig im erfaßten Gebiet, wobei die Ostgrenze vom Donauried und der Iller gebildet wird. Schließlich markieren Bodenseebecken, Hegau und Oberes Donautal die Süd- und Südwestgrenze.

In diesem Raum wurde eine möglichst vollständige Erfassung der jüngerlatènezeitlichen Funde auf der Basis der Fundnachrichten in den Ortsakten des Landesdenkmalamtes angestrebt. Zahlreiche ältere Fundkomplexe konnten nur noch aus der Literatur erschlossen werden, da sie in den Kriegswirren verlorengegangen sind. Vorher weitgehend unbekanntes Fundmaterial in Privatbesitz konnte das Bild von der materiellen Kultur der Spätlatènezeit in Württemberg wesentlich ergänzen.

I.2 Forschungsgeschichte, Forschungsstand und Fragestellungen

Die Abgrenzung „keltischer und germanischer Stämme und Kulturen" war 1914 Gegenstand einer umfassenden Studie K. Schumachers[3]. Er betonte dabei besonders die nahe Verwandtschaft der Kulturniederschläge in den Viereckschanzen mit den Inventaren von Mittellatène-Grabfunden und brachte diese mit dem Stamm der Helvetier in Verbindung, von dem er wegen entsprechender Funde in der Nordschweiz und der historisch überlieferten „Helvetier-Einöde" (s.u.) eine Abwanderung aus Südwestdeutschland um den Beginn des 1. Jahrhunderts v.Chr. annahm[4].

F. Hertlein widmete 1928 im ersten Teil des Werkes „Die Römer in Württemberg" der Besiedlung Südwestdeutschlands vor der römischen Okkupation und dem Schicksal der keltischen Bevölkerung einige Gedanken: Er stützte sich vor allem auf die schriftlichen Belege von Poseidonios, wonach die Helvetier in den

---

1 P. Reinecke, Mainzer Aufsätze zur Chronologie der Bronze- und Eisenzeit (1965) 100; W. Krämer, Germania 40, 1962, 293 ff.

2 Vgl. hierzu F. Fezer, Topographischer Atlas Baden-Württemberg, hrsg. vom Landesvermessungsamt Baden-Württemberg (Neumünster 1979) 8 ff., bes. 16 f.; G. Wagner/A. Koch, Raumbilder zur Erd- und Landschaftsgeschichte Südwestdeutschlands. Veröff. der Landesbildstellen Baden u. Württemberg III (Schmiden b. Stuttgart 1961) 9 ff.

3 K. Schumacher, Gallische und germanische Stämme und Kulturen im Ober- und Mittel-Rheingebiet zur späteren Latènezeit. Prähist. Zeitschr. 6, 1914, 230 ff.

4 Ebd. 245.

achtziger Jahren des 1. Jahrhunderts v. Chr. bereits in der Nordschweiz ansässig waren. Weiter schloß er aus einer von Caesar überlieferten Aussage Ariovists, daß dessen Leute im Jahr 58 v. Chr. seit 14 Jahren keine Behausung mehr gehabt hätten, auf einen Auszug der Helvetier aus den rechtsrheinischen Gebieten um ca. 70 v. Chr., weil die Sueben zu dieser Zeit Südwestdeutschland bereits kontrolliert hätten[5]. Nach der Niederlage Ariovists im Elsaß, so schloß Hertlein weiter, hätten die Helvetier ihre Siedlungen wieder in rechtsrheinisches Gebiet ausgedehnt. Den Beleg hierfür wollte er darin erkennen, daß die Viereckschanzen des Donaugebietes ein jüngeres Material enthielten als diejenigen in Nordwürttemberg[6]. Nach seiner Meinung konnte also bestenfalls von einer kurzfristigen Siedlungsunterbrechung die Rede sein. O. Paret ging im dritten Teil der „Römer in Württemberg" sogar von einer „zahlreichen wehrfähigen Bevölkerung" an einheimischen Kelten im 1. Jahrhundert n. Chr. aus, was er am nicht gerade kleinen militärischen Aufwand und dem relativ langsamen Vordringen der Römer zwischen Schwarzwald und Iller erkennen wollte[7].

Viel zu wenig Beachtung fand die Abhandlung von U. Kahrstedt über die „Kelten in den decumates agri"[8]. Diese immer noch lesenswerte Arbeit darf als eine der wichtigsten frühen Synthesen archäologischen und althistorischen Forschens zur Frage der spätkeltischen Bevölkerung Südwestdeutschlands gelten[9]. Im Mittelpunkt seiner Forschungen stand die Frage der Lokalisierung namentlich bekannter keltischer Stämme und die Problematik des überlieferten Helvetierauszugs und der Helvetier-Einöde. Eine wesentliche Frage war dabei, „...ob der Besitz der Schweiz die Räumung der Gebiete in Baden und Württemberg bedeutet"[10]. Zu der von Ptolemaios überlieferten „Helvetier-Einöde"[11] im heutigen Südwestdeutschland hat Kahrstedt eine durchaus plausible Erklärung: Nicht das vorgeschlagene[12] ehemals von Helvetiern bewohnte Gebiet sei hier gemeint, sondern das aufgrund seiner Natur unbewohnte Waldgebirge (Schwarzwald, Keuperberge östlich des Neckars oder Schwäbischer Wald und Schurwald), das an die Siedelräume der Helvetier anschloß. Zu dieser Art der Namengebung konnte er auch moderne Beispiele nennen[13]. Wie die Kartierung der spätkeltischen Siedlungs- und Einzelfunde gezeigt hat (vgl. Beilagen 1–3), ist diese Möglichkeit vor dem Hintergrund des archäologischen Befunds durchaus diskutabel: Gerade die schwäbisch-fränkischen Waldberge liegen wie eine Insel inmitten von mehr oder weniger dicht besiedelten Gebieten.

Die keltischen Personen- und Götternamen in römischer Zeit hielt Kahrstedt übrigens für weit weniger aussagekräftig, weil sie ebenso von zugewanderten linksrheinischen Galliern mitgebracht worden sein

könnten. Auch die Möglichkeit, keltische Münzen einzelnen Stämmen zuzuordnen und aus ihrer Verbreitung Rückschlüsse auf deren Siedelgebiet zu ziehen, beurteilte Kahrstedt für die damalige Zeit ausgesprochen kritisch.

Als bedeutendste und sicher zu beurteilende Quelle erkannte er das archäologisch erschließbare Material; folglich zog er bereits sehr weitreichende Vergleiche zum Schweizer Fundstoff[14]. Die Oppida und die Viereckschanzen Süddeutschlands verstand Kahrstedt als sichtbare Äußerung der politischen Entwicklung: Mit dem Zerfall der „Stammesstaaten" war seiner Meinung nach das Ende der großen Stadtanlagen verbunden, statt dessen hätten sich „einzelne große Herren mit ihren Hintersassen" die Viereckschanzen als befestigte Sitze und Fluchtburgen errichtet (vgl. hierzu auch Kap. II.2.1)[15]. An der Kontinuität der ländlichen Siedlungen bis in römische Zeit hatte Kahrstedt keinerlei Zweifel; er verwies in diesem Zusammenhang auf eindeutige Beziehungen römerzeitlicher Keramik zu einheimischen spätkeltischen Formen[16].

Die erste zusammenfassende Bewertung des damals bekannten archäologischen Fundstoffs der Latènezeit legte 1934 K. Bittel vor[17]. Er konnte das Fundmaterial Reineckes Stufen Latène A—D zuordnen und gab eine Übersicht über Formen, Grabsitte und Siedelweise. Das überwiegende Fehlen von Grabfunden der Stufe D wertete er als charakteristisch: Er konnte lediglich auf den Fund von Kirchberg an der Murr und das Grab von Neckarsulm (vgl. Kat.-Nr. 782 und 314) hinweisen. Besonders den letztgenannten Fund hielt er zur Frage des Übergangs von der Körper- zur Brandbestattung

5 F. Hertlein in: RiW I 12 f.
6 Hertlein dachte wohl hauptsächlich an die Funde aus den Schanzen von Heiligkreuztal (u. a. Amphorenreste). Mit den älteren Funden aus Nordwürttemberg dürften die spärlichen Reste von Oberesslingen (Fundber. Schwaben N.F. 3, 1926, 61 f.) und der Anlage bei Wermutshausen (Fundber. Schwaben 21, 1913, 28; Fundber. Schwaben 22–24, 1914–16, 17) gemeint sein.
7 O. Paret in: RiW III 15 f.
8 Kahrstedt, decumates agri 261 ff.
9 Kahrstedt hat damals vielen gängigen Meinungen namhafter Forscher widersprochen und recht behalten: So sprach er sich etwa entgegen E. Major und F. Staehelin für eine einheimische Produktion der bemalten Spätlatènekeramik von Basel aus (vgl. Staehelin, Schweiz 50 Anm. 2), die Funde von Fehlbränden bestätigten dies.
10 Kahrstedt, decumates agri 264 f.
11 Klaudios Ptolemaios, Geogr. II 11, 6.
12 Er folgte darin F. Hertlein, der ähnliche Überlegungen angestellt hatte: Vgl. RiW I 11 ff.
13 Kahrstedt, decumates agri 270 mit Anm. 4. Dagegen Staehelin, Schweiz 28 Anm. 2.
14 Kahrstedt, decumates agri 284 ff.
15 Ebd. 288 ff.
16 Ebd. 300.
17 K. Bittel, Die Kelten in Württemberg. Röm.-Germ. Forschungen 8 (Berlin/Leipzig 1934).

14

für sehr wichtig. Bittel stellte auch das Einwirken und das Weiterbestehen spätkeltischer Keramikformen in römischer Zeit heraus[18]. Die Schwierigkeiten einer Trennung bei vielen Formen der Stufen LT C und D wurden von ihm ebenfalls deutlich gemacht[19]. Interessanterweise hielt Bittel die relativ späte Zeitstellung der charakteristischen Kammstrich-Grübchen-Verzierung trotz weniger Beispiele bereits für sicher. Er verwies in diesem Zusammenhang z. B. auf die Funde aus dem römischen Bad von Gammertingen (vgl. Kat.-Nr. 609)[20]. Sehr interessante Überlegungen hat Bittel in bezug auf die Viereckschanzen angestellt (vgl. Kap. II.2.1): Er sah in diesen Anlagen einen Vorläufer der späteren römischen Gutshöfe, weniger von der Erscheinungsform her, sondern in wirtschafts- und siedlungsgeschichtlicher Beziehung[21]. Die Gedanken Bittels zur keltischen Besiedlung Württembergs orientierten sich stark an der Suche nach wirtschaftlichen Grundlagen und der Erklärung der nahezu fundleeren und fundarmen Zonen wie etwa Oberschwaben, Schwarzwald und schwäbisch-fränkische Waldberge[22]. Der literarischen Überlieferung zu den keltischen Stammesverhältnissen in Süddeutschland hat Bittel ein eigenes Kapitel seiner Arbeit gewidmet[23]. Den Nachrichten über die Helvetier galt dabei seine besondere Aufmerksamkeit, weil bei Caesar ihr Stammesgebiet, der „ager Helvetiorum" umschrieben wird. Demnach hätten sie zu dessen Zeit zwischen Bodensee, Oberrhein, Jura, Genfer See und Alpen gesiedelt. Die früheren Wohnsitze hat Tacitus zwischen Rhein, Main und hercynischem Wald lokalisiert, Bittel schloß folglich, daß der westliche Teil Süddeutschlands als altes helvetisches Gebiet anzusehen sei[24]. Hinsichtlich der „Helvetier-Einöde" des Ptolemaios hat Bittel auf die schon von Hertlein und Kahrstedt vertretene Theorie verwiesen, wonach damit nicht unbedingt das gesamte Siedlungsgebiet gemeint sein müsse, sondern lediglich das siedlungsfeindliche schwäbisch-fränkische Waldgebirge (s.o.). Die Frage, ob das heutige Südwestdeutschland vor 58 v. Chr. bereits unter der Herrschaft der Sueben stand, läßt sich nach Bittel aus den schriftlichen Quellen allein nicht beantworten. Da sich die Sueben nach der Niederlage des Ariovist aus dem Elsaß in rechtsrheinisches Gebiet zurückgezogen haben, ist es zwar vorstellbar, daß sie es als ihr Eigentum betrachteten, allerdings schließt dies eine keltische Bevölkerung nicht aus. Bittel beschloß seine Aufzählung mit der bekannten Stelle aus Tacitus Germania, die als Bewohner der agri decumates ausdrücklich Gallier nennt[25]. Auf eine gesonderte Besprechung der Spätlatènezeit im abschließenden Kapitel seiner Arbeit hat Bittel zwar verzichtet, die von ihm erwähnten keltischen Traditionen in römischer Zeit führte er dennoch auf eine einheimische Restbevölkerung zurück[26]. F. Staehelin hat die schriftlichen Nachrichten

über die Wohnsitze der Helvetier später nochmals zusammengefaßt und auf eine allmähliche Nord-Süd-Wanderung unter germanischem Druck geschlossen, die eine Siedlungsausdünnung in Württemberg zur Folge hatte[27]. H. Nesselhauf interpretierte die Schriftquellen in gleicher Weise und ging vom Hochrheingebiet als Grenze zwischen Kelten und Germanen zur Zeit Caesars aus[28]. Er stellte aber die Frage zur Diskussion, ob die Räumung Süddeutschlands durch die keltischen Stämme eine vollständige war und verwies in diesem Zusammenhang auf eine Stelle bei Caesar, wonach zu seiner Zeit mitten in germanischem Siedlungsgebiet noch die keltischen „Volcae Tectosages" ansässig sind[29].

F. Fischer hat 1967 eine Zusammenstellung der Latènefunde aus Württemberg publiziert und nochmals in Anlehnung an Bittel auf die Seltenheit sicherer LT D-Funde hingewiesen. Gleichzeitig hat er die Viereckschanzen als indirekten Nachweis für eine Besiedlung gewertet und bereits ihren zeitlichen Beginn in der Mittellatènezeit in Erwägung gezogen[30]. Aus den zahlreichen Viereckschanzen schloß Fischer, daß zwar bislang wenig sichere Funde der Spätlatènezeit bekannt sind, von einer daraus abgeleiteten Siedlungsausdünnung aber keine Rede sein könne. Fischer hat bereits eine umfassende Überprüfung des keramischen Fundstoffes gefordert und an ein Weiterbestehen einzelner spätkeltischer Siedlungen über den Beginn der augusteischen Feldzüge an Rhein und Donau hinaus gedacht[31]. In

---

18 Ebd. 84.

19 Ebd. 95 f.

20 Ebd. 90; vgl. hierzu auch Fischer, Spätlatènezeit 245.

21 Bittel, Kelten 99 ff., bes. 103 f.

22 Ebd. 106 ff.; die unterschiedliche Siedlungsdichte hat Bittel wohl etwas zu einseitig mit der Schwierigkeit landwirtschaftlicher Nutzung zu erklären versucht. Für die spärlichen Funde in Oberschwaben machte er ungünstige Siedlungsvoraussetzungen (Moränengebiet) verantwortlich. Allerdings ist Oberschwaben bis heute ein Gebiet, das gute Voraussetzungen für die Grünlandwirtschaft (Weidebetrieb) bietet. Die daraus resultierende Seltenheit von großflächigen Bodeneingriffen hat sicherlich das Fundbild mit beeinflußt.

23 Ebd. 108 ff.

24 Bittel, Kelten 109.

25 Bittel, Kelten 111; Bittel hat auch nochmals auf die bereits von Hertlein berücksichtigte Stelle bei Tacitus, Hist. I, 67 verwiesen, wo für das Jahr 69 n. Chr. ein Kastell im einstigen Helvetiergebiet erwähnt wird. Hertlein wollte dieses in Hüfingen identifizieren (Germania 13, 1929, 197 ff.).

26 Bittel, Kelten 118 f.

27 Staehelin, Schweiz 27 ff.

28 H. Nesselhauf, Die Besiedlung der Oberrheinlande in römischer Zeit. Bad. Fundber. 19, 1951, 71 ff.

29 Ebd. 76 ff., bes. 82; Vgl. Caesar, Bell. Gall. VI 24: „itaque ea quae fertilissima Germaniae sunt loca circum Hercyniam silvam, ... Volcae Tectosages occupaverunt atque ibi consederunt; quae gens ad hoc tempus his sedibus sese continet..."

30 Fischer, Alte und neue Funde 87; 90 f.

31 Ebd. 91. Ansatzpunkte sah Fischer im Material von Ingelfingen (Kat.-Nr. 349).

dem Sammelband „Die Kelten in Baden-Württemberg" hat er sehr detaillierte Überlegungen zur Ausdeutung historischer Nachrichten über die keltischen Stämme Südwestdeutschlands angestellt und nochmals davor gewarnt, aus den wenigen Funden der Spätlatènezeit auf eine massive Abwanderung zu schließen[32]. Eine Schwerpunktverlagerung an den Hochrhein in der ersten Hälfte des 1. Jahrhunderts v. Chr. hat er aufgrund der Funde aus den Oppida von Finsterlohr, Heidengraben und Altenburg-Rheinau für wahrscheinlich erachtet und auf die damit verbundene Zäsur in der politischen Entwicklung des Gebietes hingewiesen[33]. Daß damit eine Aufgabe der kleineren ländlichen Siedlungen verbunden war, hat Fischer zu Recht in Frage gestellt. R. Christlein postulierte dagegen 1982 ein in der zweiten Hälfte des 1. Jahrhunderts weitgehend entvölkertes Gebiet westlich der Isar, was allerdings nicht ohne Widerspruch blieb[34].

Auf das Problem der Trennung von keltischen Stämmen in der Zeit um 150–100 v. Chr. hat A. Furger-Gunti 1984 nochmals am Beispiel der helvetischen (?) Teilstämme der Toutonen und Tiguriner hingewiesen[35]. Für einen Abzug der Helvetier aus Süddeutschland vermutete er einen Zeitpunkt gegen Ende des 2. Jahrhunderts v. Chr.[36]. Für die in Süddeutschland ansässige spätkeltische Bevölkerung hat Furger-Gunti die Bezeichnung „Nord-Protohelvetier" vorgeschlagen[37]; die Abwanderung dieser Stämme ins schweizerische Mittelland versuchte er hauptsächlich über die Münzen nachzuweisen: Als wichtigen Hinweis wertete er etwa das differenzierte Verbreitungsbild der von D. F. Allen herausgestellten Hauptserien der silbernen Büschelquinare. Während die „schwäbische Gruppe" des späten 2. Jahrhunderts v. Chr. danach hauptsächlich in Südwestdeutschland vorkommt, hat die „schweizerische Gruppe" des 1. Jahrhunderts v. Chr. ihr Hauptverbreitungsgebiet im Schweizer Mittelland[38]. Aufgrund der literarisch bezeugten unterschiedlichen (helvetischen?) Teilstämme in Südwestdeutschland (Volcae Tectosages, Toutones, Tigurines) dachte Furger-Gunti an stammesinterne Unruhen, die sich evtl. am Durchzug der Kimbern entzündet haben könnten. Die Folge wären mehr oder weniger umfangreiche Abwanderungen von Teilstämmen gewesen[39]. Für eine deutlich erkennbare Siedlungslücke um 100 v. Chr. gibt es aber, entgegen Furger-Gunti, keine fundierten Hinweise.

Unter dem Titel „Südwestdeutschland im letzten Jahrhundert vor Christi Geburt" hat Fischer zuletzt 1988 eine Zusammenfassung zum Forschungsstand der Spätlatènezeit gegeben[40]. Darin werden die Probleme und Fragestellungen umrissen, die letztlich auch unseren Studien zugrunde liegen. Die wichtigsten Ergebnisse sollen kurz referiert werden, weil die hier vorgenommenen Detailuntersuchungen von diesem For-

schungsstand ausgehen. Fischer hat sich zunächst den Fragen der absoluten und relativen Chronologie der Spätlatènezeit zugewandt und den Beginn von LT D in Anlehnung an A. Haffner in die Zeit um 130 v. Chr. datiert[41]. Zu Unstimmigkeiten in der Terminologie hatte vor einiger Zeit die Unterteilung der Stufe LT D aufgrund der Basler Befunde durch A. Furger-Gunti geführt, der den Siedlungswechsel von der Gasfabrik zum Münsterhügel mit dem historisch überlieferten Helvetierauszug des Jahres 58 v. Chr. in Verbindung gebracht hatte. Sein „Horizont Münsterhügel" wurde mit LT D2 gleichgesetzt, enthält aber neben den (nach Krämer) für LT D2 charakteristischen geschweiften Fibeln (deren Fundzusammenhänge mit der Stratigraphie sind dazu noch unklar) auch Schüssel- und Knotenfibeln, die im Manchinger Siedlungsmaterial noch vertreten, somit (nach Krämer) LT D1-zeitlich sind. Mit dem Hinweis auf das Fehlen der Knotenfibeln in Basel-Gasfabrik hat Fischer eine Dreiteilung von LT D vorgeschlagen: Mit LT D1a möchte er den Horizont der Nauheimer Fibel umschreiben, während LT D1b mit dem Erscheinen der Schüssel- und Knotenfibeln beginnt. LT D2 definiert Fischer im Sinne von Krämer mit dem Erscheinen der geschweiften Fibel. Fischer hat auch auf die Konsequenzen dieser Unterteilung hingewiesen, deren wichtigste sicher die Datierung des jüngsten keltischen Fundstoffes aus Manching ist, der somit noch in die beginnende 2. Hälfte des 1. Jahrhunderts v. Chr. gehört[42].

32 Fischer in: Bittel/Kimmig/Schiek, Die Kelten in Baden-Württemberg 70 ff.

33 Nach Fischer erklärt dies vielleicht die Tatsache, daß die römische Verwaltung später hier nicht auf Stammesnamen wie im linksrheinischen Gebiet zurückgegriffen hat: Ebd. 75.

34 R. Christlein, Zu den jüngsten keltischen Funden Südbayerns. Bayer. Vorgeschbl. 47, 1982, 275 ff.; Vgl. die Kritik durch S. von Schnurbein in: Die Römer in Schwaben. Arbeitsh. des Bayer. Landesamtes f. Denkmalpfl. 27 (Augsburg 1985) 18 f.

35 A. Furger-Gunti, Die Helvetier. Kulturgeschichte eines Keltenvolkes (Zürich 1984) 76 f.

36 Ebd. 77.

37 Ebd. 78.

38 Ebd. 81 f.

39 Ebd. 82.

40 Fischer, Spätlatènezeit 235 ff.; Fischer hat eine ähnliche Zusammenfassung schon 1985 gegeben: Ders., Die Besiedlung Südwestdeutschlands am Ende der Latène-Zeit. Jetzt gedruckt in: H.-U. Nuber/K. Schmid/H. Steuer/Th. Zotz (Hrsg.), Archäologie und Geschichte des 1. Jahrtausends in Südwestdeutschland. Freiburger Forschungen zum ersten Jahrtausend in Südwestdeutschland 1 (Freiburg 1990) 21 ff. (mit sehr gutem Überblick über die Forschungsgeschichte und die schriftliche Überlieferung).

41 Fischer, Spätlatènezeit 236. Auf eine ausführliche Darstellung der Diskussion zur relativen und absoluten Chronologie der Spätlatènezeit in den letzten Jahren wird hier verzichtet, ausführliche Darstellungen finden sich sowohl bei Fischer als auch bereits bei Miron, Horath 151 ff.

42 Fischer, Spätlatènezeit 237. Zu einer ähnlichen Einteilung kam auch Gebhard aufgrund des Manchinger Fibelbestandes: Gebhard, Fibeln 100 ff.

Bei der Übertragung dieser Ergebnisse auf die einheimische Keramik hat Fischer zur Vorsicht geraten, aber gleichzeitig auf die handgemachte Keramik in den frührömischen Militärlagern am Hochrhein und in der Nordschweiz hingewiesen, die praktisch identisch mit Funden aus vorrömischen Spätlatènesiedlungen dieser Region ist. Für das Oppidum von Altenburg-Rheinau hat Fischer ein Einsetzen ungefähr mit dem Beginn der Spätlatènezeit angenommen. Er betonte den geringen Anteil der bemalten Keramik, die zudem einige der späten „bol Roanne"-Formen enthielt. Nach Aussage der Kleinfunde und der Importkeramik ist ein Ende des Oppidums von Altenburg-Rheinau um 15 v. Chr. oder kurz davor sehr wahrscheinlich[43]. Für das Gebiet östlich des Schwarzwalds zitierte Fischer nochmals die historischen Nachrichten zu den Bevölkerungsverhältnissen. Die Besiedlungsdauer der Oppida Heidengraben und Finsterlohr versuchte er hauptsächlich wegen der Münzfunde auf die Zeit vom späten 2. Jahrhundert bis ca. 58 v. Chr. einzuschränken[44]. Vor einer Unterschätzung des Forschungsstandes und vor Schlüssen auf eine weitgehende Siedlungsleere in der zweiten Hälfte des 1. Jahrhunderts v. Chr. hat Fischer eindringlich gewarnt und auf kleine Keramikkomplexe hingewiesen, die er mit dem jüngsten Fundmaterial aus Altenburg verglich und nach LT D2 datierte. Für einige Keramikformen und -verzierungen aus den Viereckschanzen von Gerichtstetten und Ehningen postulierte er eine ähnliche Zeitstellung[45].

Anhand eines Beispiels aus Frankreich zeigte Fischer die Möglichkeit von kontinuierlicher Benutzung der Kultanlagen von der Spätlatènezeit bis in die Merowingerzeit auf und dachte an ähnlich lange Traditionen im südwestdeutschen Raum (vgl. Kap. II.2.3).

Aus dem anscheinend frühen Aufgeben großer Siedlungen und dem späten Material aus kleinen Fundkomplexen und einigen Viereckschanzen mochte Fischer auf eine gewisse Siedlungsverdünnung oder eine Reduktion der Siedlungsgrößen im Verlauf der Spätlatènezeit schließen. Die römischen Funde in Viereckschanzen wertete er als Zeichen einer gewissen Kontinuität der einheimischen Bevölkerung in der Kultübung[46].

Der Frage der Bevölkerungskontinuität von der Spätlatènezeit bis zur römischen Aufsiedlung Südwestdeutschland wird in letzter Zeit wieder vermehrt Aufmerksamkeit zuteil. S. Sommer ging beispielsweise 1986 davon aus, daß sich seit der Mitte des 1. Jahrhunderts v. Chr. keine spätkeltischen Funde in Baden-Württemberg östlich des Schwarzwalds mehr benennen lassen. Die unbestrittenen keltischen Einflüsse in vielen Bereichen (z. B. Keramik) wollte er durch die bei Tacitus erwähnten zugewanderten Gallier erklären[47]. J. Heiligmann hat dagegen kürzlich aufgrund der Vor-

gehensweise des römischen Militärs bei der Okkupation dieses Gebietes auf eine locker gestreute ländliche Besiedlung durch einheimische Kelten geschlossen, deren soziale und politische Infrastruktur zwar durch die Aufgabe der größeren Siedlungen zerschlagen war, die deswegen aber kaum ihre alten Siedelräume verlassen haben dürften. Aus keiner Epoche kann bislang eine vollständige Abwanderung eines Volkes nachgewiesen werden, dagegen sprechen archäologische und historische Quellen in vielen Fällen für das Verbleiben einer Restbevölkerung (vgl. hierzu auch Kap. III.8)[48].

Vor dem Hintergrund dieses Forschungsstandes liegen die wesentlichen Fragen auf der Hand. Da der spätkeltische Fundstoff dieses Gebietes vorher noch nie Gegenstand einer umfassenden Detailstudie war, stellt sich zunächst die Aufgabe einer Gliederung des Formenschatzes. Somit steht die Besprechung der Funde, vor allem der Keramik, klar im Mittelpunkt dieser Arbeit. Die Bodendenkmäler und die Fundkategorien werden in einem ersten Abschnitt besprochen, weil die Kenntnis der Fundüberlieferung erst die Voraussetzung für eine weitreichendere Beurteilung der Funde bietet. In erster Linie gilt es, die mehrfach erwähnte These vom Fehlen spätkeltischer Funde der zweiten Hälfte des 1. Jahrhunderts v. Chr. nachzuprüfen. Den Weg dazu hat F. Fischer gewiesen, als er die Bedeutung der zahlreichen kleineren Fundkomplexe hervorgehoben hat[49]. Die Frage nach den Strukturen und der Dichte von ländlichen Siedlungen stellt sich natürlich ebenso wie die nach wirtschaftlichen Grundlagen und den Verkehrswegen. Zahlreiche Detailfragen ergaben sich erst aus den Fundkomplexen und ihren Fundumständen; hier sind besonders die spätkeltischen Höhlenfunde und die Gräber zu nennen. Die Problematik der kelti-

---

43 Fischer, Spätlatènezeit 241. Vgl. hierzu auch Maute, Fibeln von Altenburg 393 ff.

44 Fischer, Spätlatènezeit 244; die Funde aus den Grabhügeln beim Burrenhof könnten z.T. jünger sein, besonders die eiserne Fibel (vgl. Kap. III.1.1).

45 Fischer, Spätlatènezeit 247 f.; ähnliche Überlegungen stellte Fischer auch für Funde aus der Viereckschanze von Tomerdingen an: Zürn/Fischer, Tomerdingen 44 f.

46 Fischer, Spätlatènezeit 249 f.; mittlerweile hat Fischer diese Überlegungen zur Kultkontinuität vertieft: F. Fischer, Lieber Don Guillermo. In: Festschr. W. Schüle. Intern. Archäologie 1. Veröff. des vorgesch. Sem. Marburg, Sonderbd. 6 (Marburg/Buch am Erlbach 1991) 145 ff.

47 S. Sommer, Das römische Militär und sein Einfluß auf die Bevölkerung in Obergermanien und Rätien rechts des Rheins und nördlich der Alpen. In: H. Vetters/M. Kandler (Hrsg.), Akten des 14. Intern. Limeskongress 1986 in Carnuntum. Der Röm. Limes in Österreich 36/1 (Wien 1990) 121 ff.; vgl. auch ders., Die römischen Zivilsiedlungen in Südwestdeutschland. In: D. Planck (Hrsg.), Archäologie in Württemberg (Stuttgart 1988) 281 ff.

48 J. Heiligmann in: F. Fischer/J. Heiligmann, Bemerkungen zur „Germania" des Tacitus aus archäologischer Sicht. ANRW II, 33.3 (1991) 2223 ff., bes. 2239 ff.

49 Fischer, Spätlatènezeit 247 mit Anm. 62.

schen Traditionen in römischer Zeit kann in diesem Rahmen nicht so erschöpfend behandelt werden, wie es geboten wäre. Lediglich am Beispiel von charakteristischen Verzierungselementen und Randformen spätkeltischer Grobkeramik wird der Versuch unternommen, das Nachleben und das allmähliche Ausklingen solcher Elemente in römischer Zeit aufzuzeigen.

Hinsichtlich der Terminologie wird die Formeneinteilung Krämers zugrunde gelegt, wenn von LT C oder D die Rede ist. Für letzteren Zeitabschnitt wird (vor allem bei den Fibeln) die Unterteilung in LT D1a und LT D1b nach Fischer und Gebhard berücksichtigt[50]. Der Terminus LT D2 wird im Zusammenhang mit den Funden vorerst vermieden, da sich bislang kein Material darunter befindet, das von Krämer zur Umschreibung dieser Stufe herangezogen wurde. Dennoch gibt es im Arbeitsgebiet Material, das wenigstens streckenweise diesem LT D2 zeitlich gleichzusetzen ist. Wegen des weitgehenden Ausfallens der Grabfunde und des Fehlens flächiger Siedlungsgrabungen reicht das Material bislang nicht aus, um damit eigene Zeitstufen im Arbeitsgebiet detailliert zu umschreiben. Deshalb ist oft von einem älteren und jüngeren Abschnitt der Spätlatènezeit die Rede. Die Grenze zwischen diesen läßt sich einstweilen nicht exakt fassen. Mit dem älteren Abschnitt möchte man im wesentlichen den Horizont der Nauheimer Fibel, also Fischers LT D1a, parallelisieren, während der jüngere Abschnitt der Spätlatènezeit die Fibelformen aus Fischers LT D1b und noch jüngeres Material enthält. Die absolutchronologischen Daten für diese Einteilung wurden zum Teil durch Parallelisierung mit Funden aus benachbarten Regionen gewonnen. Mit dem Dendrodatum von 123 v. Chr. für die Brunnenschalung von Fellbach-Schmiden[51] und der Belegungsdauer des Legionslagers Dangstetten von 15–9 v. Chr.[52] stehen zwei Eckdaten zur Verfügung, die unmittelbar mit spätkeltischen Fundeinschlüssen zusammenhängen. Den Übergang vom älteren zum jüngeren Abschnitt von LT D möchte man aufgrund der Vergleiche mit Manching und der Nordschweiz zwischen 60 und 50 v. Chr. annehmen (vgl. hierzu die Nachweise bei der Besprechung der Funde)[53].

---

50 Ebd. 237, Gebhard, Fibeln 100 ff.
51 Planck, Fellbach-Schmiden 147.
52 Fingerlin, Dangstetten 10.
53 Gebhard, Fibeln 104.

18

II. Bodendenkmale und Fundüberlieferung

II.1 Siedlungen

Als Siedlungsfunde werden hier alle Fundkomplexe verstanden, bei deren Bergung entweder entsprechende Befunde beobachtet wurden (Gruben, Pfostenspuren, Gräbchen), oder die hinsichtlich Fundmenge, Zusammensetzung (z. B. Wandlehmfragmente, Mahlsteine) und Fundstreuung über ein größeres Areal als Reste von Siedlungen angesehen werden können. Nachweisbare Siedlungsstrukturen in Form von Hausgrundrissen oder gar mehreren Gebäuden sind in unserem Arbeitsgebiet sehr selten. Funde vereinzelter Scherben können nicht als Siedlungsnachweis gelten. Natürlich ist diese Klassifizierung mit zahlreichen Unsicherheiten behaftet (sekundäre Fundverlagerung durch Erdbewegungen, z. B. Abtransport von Bauaushub); ein sicherer Nachweis könnte in jedem Fall nur durch Grabungen erfolgen.

Bei der Kartierung wurden die Siedelplätze hinsichtlich der zeitlichen Differenzierbarkeit (vgl. die Kapitel zur Datierung der Funde) des Fundmaterials getrennt. Die vermutlichen Siedlungen mit mittellatènezeitlichen Funden (ohne sicher nach LT D datierbares Material) scheinen ihren Schwerpunkt demnach im mittleren Neckarbereich zu haben. Dagegen erscheint der Schwerpunkt der Siedlungen mit sicheren LT D-Funden (die teilweise auch noch LT C-Funde enthalten) auf die mittlere Schwäbische Alb und ihr Vorland verschoben (Karte 2). Dieses Bild würde gut zu der immer wieder vermuteten allmählichen Abwanderung der keltischen Stämme nach Süden passen, doch warnen spätlatènezeitliche Einzelfunde und Material aus Siedlungen und Viereckschanzen des mittleren Neckargebiets vor solchen Schlüssen. Die meisten Fundkomplexe lassen sich nicht näher innerhalb von LT C und D einordnen (Karte 2).

Im Folgenden werden die einzelnen Siedlungsformen – soweit erschließbar – kurz beschrieben. Dabei wird zwischen offenen ländlichen Siedlungen und umwehrten Siedelplätzen unterschieden. Unter der letztgenannten Kategorie wird über das einzige nachgewiesene Oppidum im Arbeitsgebiet sowie über Funde aus dem Bereich älterer Befestigungsanlagen berichtet. Nur von wenigen Plätzen sind dank flächiger Grabungen Gebäudegrundrisse bekannt; sie werden im Kapitel über das ländliche Siedlungswesen vorgestellt.

II.1.1 Offene Siedlungen

II.1.1.1 Ländliche Siedlungen

Bislang haben in unserem Arbeitsgebiet in keiner jüngerlatènezeitlichen Siedlung Grabungen in einer Größenordnung, die uns Aussagen über die Struktur der Dörfer, Weiler oder Gehöfte erlauben würden, stattgefunden[54]. Die einzige Ausnahme bildet jetzt die großflächige Untersuchung bei Bopfingen-Flochberg, die neben einer Viereckschanze auch die zugehörigen Siedlungsreste wenigstens ausschnittsweise erfaßt hat (Kat.-Nr. 15). Dort konnten auf einem Schuttfächer in der Talaue der Eger neben einer Viereckschanze Gebäudespuren aufgedeckt werden, die wegen ihrer Fundeinschlüsse und der Ausrichtung der Gebäudefluchten parallel zur Viereckschanze als zeitgleich mit dieser angesehen werden dürfen.

Diese Befunde bleiben hier weitgehend außer Betracht, weil eine monographische Bearbeitung durch R. Krause und den Verfasser bereits in Vorbereitung ist[55]. Hingewiesen werden soll aber auf die Gräbchenstrukturen östlich der Viereckschanze (Abb. 9), die sicher mit einem Gebäude zu erklären sind. Leider sind die Strukturen durch eine moderne Straßentrasse großflächig gestört. Vielleicht hat es sich hier um das Hauptgebäude eines Gehöftes gehandelt: Große Pfostengruben im Innenraum und Reste von Keramik, Holzkohle, Hüttenlehm, Teile einer Drehmühle und das Fragment eines Glasarmrings sprechen jedenfalls eher gegen eine Nutzung als Speicher. Zahlreiche Vier- und Sechspfostengrundrisse sind wohl größtenteils als Reste von Speicherbauten zu erklären, deren Datierung und Zugehörigkeit zu den Siedlungsresten der jüngeren Latènezeit aber nicht gesichert ist[56]. Die Bauten innerhalb der „Viereckschanze" unterscheiden sich in Form und Größe deutlich von denen der „Außensiedlung". Auf ihre Deutung wird im Kapitel über die Viereckschanzen eingegangen, weil sich auch Beispiele aus anderen An-

---

54 Vgl. zu allgemeinen Problemen und Fragestellungen: Jankuhn, Siedlungsarchäologie 110 ff.; G. Kossack, Ländliches Siedlungswesen in vor- und frühgeschichtlicher Zeit. Offa 39, 1982, 271 ff.

55 Vgl. R. Krause, Vom Ipf zum Goldberg. Führer arch. Denkm. Baden-Württemberg 16 (Stuttgart 1992) 71 ff.; Krause/Wieland, Bopfingen, Germania 71, 1993, 59 ff.

56 Ebd. 75 ff.

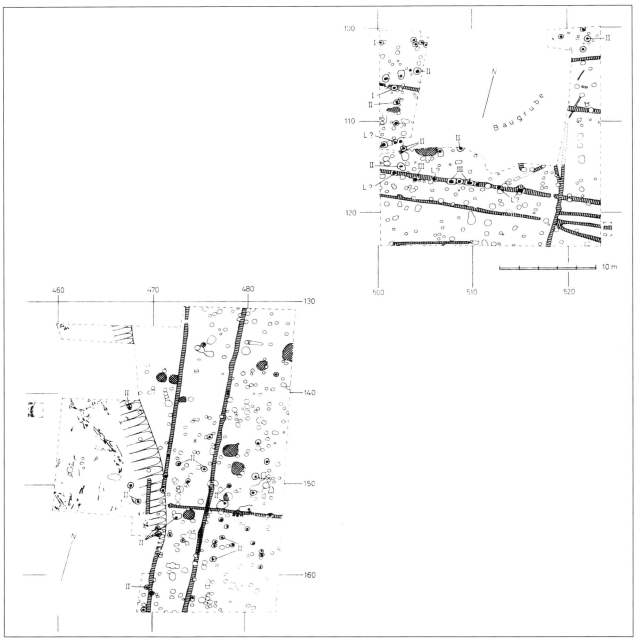

Abb. 1: Sonnenbühl-Erpfingen, „Untere Wässere". Jüngerlatène-zeitliche Baustrukturen (Gräbchen) im Bereich einer frühmittelal- terlichen Wüstung (nach G. P. Fehring, Denkmalpfl. Baden-Würt- temberg 13, 1970, 75 Abb. 14–15).

lagen anführen lassen. Damit ist die Problematik der Interpretation dieser Bodendenkmäler verbunden, die sicher über eine summarische Erklärung als Kultan- lagen hinausgeht (vgl. Kap. II.2.4).

Die 1966–1967 bei Erpfingen (Kat.-Nr. 455 B) aufge- deckten Strukturen einer wohl nur auf die Mittellatè- nezeit beschränkten Siedlung[57] ließen innerhalb der kleinen Grabungsflächen keine vollständigen Haus- grundrisse erkennen (Abb. 1): Parallele Gräbchen und zugehörige Pfostenspuren in der nördlichen Teilfläche (Parz. 834) könnten zu einem ähnlichen Gebäude wie in Bopfingen gehören. Mit einer Breite von ca. 9 m und

einer Länge von über 20 m müßte es konstruktionsbe- dingt ein mehrschiffiges Gebäude gewesen sein, viel- leicht stand aber auch ein kleinerer Pfostenbau zwi- schen den Palisaden[58]. Sicher beurteilen kann man den Befund nicht, denn auch hier ist der Grundriß leider durch eine Baugrube gestört. Lange Gräbchen in der östlichen Teilfläche (Parz. 829) dürften aber eher als Pa-

---

57 G. P. Fehring, Erpfingen. Kr. Reutlingen. Südwürttemberg. Wüstung im Gewann „Untere Wässere". Nachr.Bl. der Denk- malpfl. Baden-Württemberg 13, 1970, 74 ff.

58 Baustrukturen dieser Größenordnung sind aus Manching durch- aus bekannt: W. Krämer, Germania 40, 1962, 293 ff.

lisadenreste denn als Hauswände zu deuten sein. Möglicherweise dienten diese als Einfriedung eines Hofareals. Vielleicht hat es sich bei dem ganzen Ensemble auch um einen Rechteck- oder Quadrathof gehandelt.

In Gerlingen (Kat.-Nr. 370) wurde bei der Untersuchung einer bandkeramischen Siedlung ein Sohlgraben mit jüngerlatènezeitlichen Funden angeschnitten. Der Graben war bei 5 m Breite noch 1,5 m tief, er konnte auf 152 m Länge in der Fläche verfolgt werden. Zugehörige Baustrukturen fanden sich nicht, vermutlich sind sie durch starke Erosion völlig verschwunden[59]. Ob hier Reste einer „Dorfumwehrung" vorliegen ist völlig unklar – bei den Ausmaßen des Grabens wäre ja schon fast

an ein Oppidum zu denken. Eine große Viereckschanze scheidet auf jeden Fall aus, zumal der Graben nicht exakt gerade verläuft. Auch haben Viereckschanzen stets Spitzgräben.

In Ulm-Eggingen (Kat.-Nr. 749) wurden die jüngerlatènezeitlichen Strukturen ebenfalls bei Grabungen in einer bandkeramischen Siedlung entdeckt[60]: Ein qua-

59 Vgl. G. Maier/A. Neth in: Opuscula. Festschr. F. Fischer (Tübingen 1987) 129 ff., bes. 130 Abb. 1; 131 mit Anm. 4.

60 C.-J. Kind, Ulm-Eggingen. Die Ausgrabungen 1982–1985 in der bandkeramischen Siedlung und der mittelalterlichen Wüstung. Forsch. u. Ber. Vor- u. Frühgesch. Baden-Württemberg 34 (Stuttgart 1989) 270 ff.

Abb. 2: Langenau, „Am Öchslesmühlbach". Jüngerlatènezeitliche und ältere Siedlungsreste (nach F. Klein, Arch. Ausgr. Baden-Württemberg 1987, 66 Abb. 45)

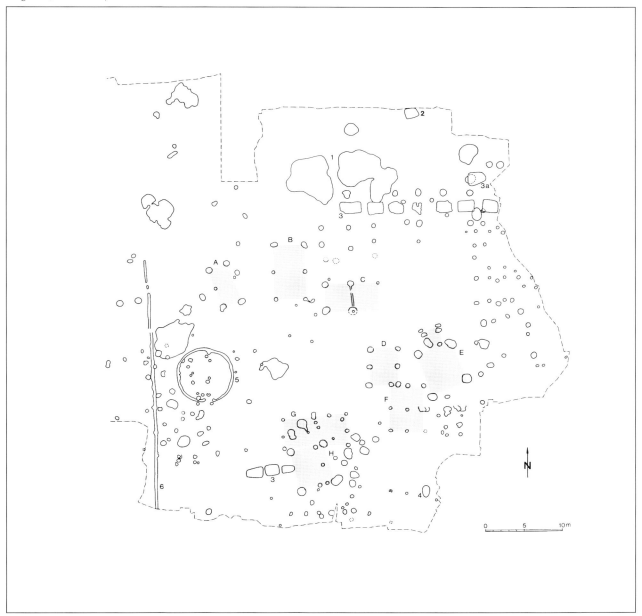

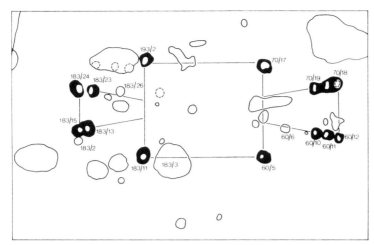

Abb. 3: Ulm-Eggingen, „Lippenöschle". Grundriß eines jüngerlatènezeitlichen Speicherbaus (nach Kind, Ulm-Eggingen 273 Abb. 154).

dratischer Vierpfostengrundriß und zwei unregelmäßige Grundrißreste konnten freigelegt werden. Der quadratische Vierpfostenbau wies auf den gegenüberliegenden Seiten trichterförmige Pfostenstellungen auf, die wohl als Reste von Aufgangsrampen zu erklären sind (Abb. 3). Ähnliche Grundrisse sind aus weiteren Siedlungen, Viereckschanzen (s.u.) und aus Manching bekannt[61]. Wie in Gerlingen konnte auch in Eggingen auf 120 m Länge ein Graben erfaßt werden, der bei 0,5–1 m Breite nur noch 0,25 m tief war. Bei diesen vergleichsweise bescheidenen Ausmaßen ist eher an eine Dorfumfriedung zu denken.

Vergleichbar sind Befunde vom Areal einer mittel- bis spätlatènezeitliche Siedlung bei Sierentz im Oberelsaß, die sich über eine Fläche von mindestens 2,5 ha erstreckt hat. Dort konnten neben wenigen Hausgrundrissen merkwürdige trapezoide Grabensysteme freigelegt werden. Die Funktion dieser Gräben ist unklar, ihre Anordnung läßt an Einfriedungen von Hofarealen denken und erinnert an die Befunde von Erpfingen (s. o.). Allerdings sind die Gräben von Sierentz um vieles breiter und tiefer. Vielleicht gehören die Grabenabschnitte, die in Gerlingen (Kat.-Nr. 370) und Ulm-Eggingen (Kat.-Nr. 749) aufgedeckt wurden in einen ähnlichen Zusammenhang[62]. Ohne großflächigere Untersuchungen entzieht sich der Befund leider einer sicheren Beurteilung.

Bei Grabungen in Langenau (Kat.-Nr. 725) wurden neben älteren Resten auch Ausschnitte jüngerlatènezeitlicher Siedlungen erfaßt, dabei konnte wieder ein Vierpfostengrundriß mit trichterartig vorgesetzten Pfosten (Abb. 2, Geb. E) freigelegt werden. Für ähnliche Pfostenbauten aus Manching und von der Altburg wird von einer Verwendung als Speicher ausgegangen[63]. Auch vom Niederrhein sind vergleichbare Speicherbauten bekannt[64]. Weitere Vierpfosten-Grundrisse aus Langenau dürften aufgrund jüngerlatènezeitlicher Funde aus den Pfostengruben ebenfalls zu der spät-

keltischen Siedlung gehört haben (Abb. 2, Geb. A, H). Die Datierung eines quadratischen Vierpfostenbaus von Trochtelfingen-Wilsingen (Kat.-Nr. 476) ist unsicher; nach der Beschreibung dürfte es sich ebenfalls um einen der o. g. Speicher gehandelt haben.

Noch von einigen weiteren Fundstellen sind Nachrichten über Gebäudereste überliefert, ohne daß Näheres über ihre Form bekannt geworden wäre: G. Riek legte 1934 auf der Rauberweide bei Bissingen (Kat.-Nr. 152) einen kleinen Grundriß frei; leider kennen wir davon keinen Plan. Ein Grubenhaus von Herrenberg-Gültstein (Kat.-Nr. 69) hatte mit 4,5 x 9 m beachtliche Ausmaße (vgl. unten das Beispiel von Nördlingen); es hatte lediglich je eine Pfostengrube in der Mitte der Schmalseiten und noch eine einzelne innerhalb der Grube. Auf diesen drei Pfosten ruhte vermutlich ursprünglich der Firstbalken.

Daß es unterschiedliche Siedlungskategorien gegeben hat, ist durch schriftliche Überlieferung antiker Autoren von vielen keltischen Stämmen überliefert, am ergiebigsten sind hier Caesars Berichte über den gallischen Krieg. Die bekannte Stelle, an der Caesar die Siedlungsformen der Helvetier als „oppida", „vici" und

61 F. Maier u. a., Germania 63, 1985, 25 ff., bes. Beilage 2 (Gebäude in Fl. 804/805).

62 J. J. Wolf, Contribution à l'étude des établissements gaulois du Rhin supérieur: l'aedificium de La Tène III de Sierentz et la station de Habsheim. Rev. Alsace 109, 1983, 3 ff. Angesichts der trapezförmigen Gräben von Sierentz wäre eine Überprüfung der merkwürdigen, ebenfalls trapezoiden Lagergräben des römischen Kastells auf dem Galgenberg bei Hüfingen (Kat.-Nr. 764) angebracht (vgl. z. B. den Grundriß in Filtzinger/Planck/Cämmerer, Die Römer in Baden-Württemberg 339 Abb. 169). Möglicherweise verbergen sich hinter einigen dieser Strukturen Befunde der spätkeltischen Siedlung.

63 Schindler, Altburg 33 ff., 88 f. (zur Rekonstruktion als Turm).

64 M. Müller-Wille, Eine niederrheinische Siedlung der vorrömischen Eisenzeit bei Weeze-Baal, Kreis Geldern. Bonner Jahrb. 66, 1966, 379 ff., bes. 413 Abb. 21.

„aedificia privata" klassifiziert[65], spricht für sich. Während der archäologische Nachweis der ersten Kategorie (Oppida) – seien damit nun stadtartige Anlagen oder reine Fliehburgen gemeint (s.u.) – praktisch kaum Probleme bereitet, können wir über die Form und Größe von Dorfsiedlungen und Einzelgehöften in unserem Arbeitsgebiet bislang kaum Aussagen machen. Aus den benachbarten Gebieten sind Ausschnitte ländlicher Siedlungen bekannt geworden, deren Strukturen und Gebäudeformen vielleicht Rückschlüsse auf die Verhältnisse in unserem Arbeitsgebiet erlauben. Im Rheingebiet wurden Siedlungsareale mit zahlreichen unregelmäßig angeordneten Vier- und Sechspfostenspeichern freigelegt. Das Fehlen großer Gebäudegrundrisse führte dazu, daß man dort Neunpfosten-Grundrisse als möglicherweise zweigeschossige Wohnhäuser deutete[66].

Bei der Siedlung von Berching-Pollanten in der Oberpfalz schlossen Th. Fischer und K. Spindler nicht auf eine regelmäßige Bebauung, sondern auf einzelne Gebäudegruppen. Die großen rechteckigen Gruben wurden von ihnen interessanterweise nicht als selbständige „Grubenhäuser" gedeutet, sondern als eingetiefte Zimmer mehrräumiger Gebäude[67].

Am aufschlußreichsten für die Verhältnisse in unserem Arbeitsgebiet waren die Untersuchungen spätkeltischer Siedlungen durch E. Frickhinger im Nördlinger Ries, also an der östlichen Peripherie des hier abgedeckten Raumes. Bei Heroldingen am Südrand des Rieses waren bereits 1909 in der Flur „Kalbl" spätlatènezeitliche Gruben und frühbronzezeitliche Hockergräber entdeckt worden (zur Lage vgl. Abb. 10). Die Siedlungsstelle liegt an einem flachen Südhang an der Wörnitz, zu Füßen des befestigten Burgbergs[68]. 1925–1926 und 1928 konnte Frickhinger hier die Grundrisse von drei Gebäuden aufdecken: Haus I (Abb. 4) maß ca. 5 x 6 m und hatte auf zwei Seiten je drei Pfosten, zwei weitere Pfosten im Innenraum dienten möglicherweise als Dachstütze. Etwas nördlich des Mittelpunkts war der Boden angeziegelt, woraus Frickhinger auf eine Herdstelle schloß. Haus II (Abb. 4) hatte bei trapezförmigem Grundriß ungefähr die gleiche Größe, zwei

Seiten wiesen je fünf Pfostengruben auf, die beiden anderen lediglich eine oder zwei. Im Zentrum dieses Grundrisses wurde ein Herdunterbau aus handgroßen Steinen aufgedeckt, um den drei (nach Frickhinger eher vier) Pfostengruben lagen. Frickhinger erklärte diese als Spuren eines Dachaufbaus über dem Rauchabzug. Haus III (Abb. 4) war im Grundriß lediglich 4,5 x 3 m groß, die Konstruktion scheint ähnlich wie bei Haus I (lediglich schmäler): je drei Pfosten auf zwei Seiten und drei Pfosten im Innenraum (als Firststütze?). Wie bei Haus II fand sich ein Steinunterbau einer Herdstelle. Im Innenraum lagen große Teile der verbrannten Flechtwerkwand in Form des verziegelten Lehmbewurfs (auf der Skizze schraffiert)[69]. Reste eines weiteren Gebäudes bilden wohl die von Frickhinger beschriebenen „Abfallgruben". Wegen der außergewöhnlich guten Befunde würde sich diese Siedlungsstelle für weitere Untersuchungen direkt anbieten, zudem enthielten die Gebäudegrundrisse in ihrem erhaltenen Begehungshorizont reiches Fundmaterial (vgl. Anhang im Katalog), das einen guten Eindruck der materiellen Kultur einer ländlichen spätlatènezeitlichen Siedlung vermittelt. Ein Grubenhaus mit einer Ausdehnung von 1,8 x 2,6 m konnte Frickhinger 1934 in Nördlingen am Nähermemminger Weg untersuchen (Abb. 5). Die rechteckige Grube war ca. 40 cm in den Boden eingetieft, an den beiden Schmalseiten fanden

65 Caesar, Bell. Gall. I, 5, 2; daß die Helvetier 58 v. Chr. ihr Stammesgebiet nach Caesar hauptsächlich in der Nordschweiz und dem Schweizer Mittelland haben, ist hier zweitrangig. Problematisch ist das weitgehende Fehlen der Viereckschanzen in der Schweiz, auch wenn jetzt vereinzelt Anlagen bekannt werden. Zur Überlieferung der Siedlungsformen bei Caesar vgl. E. M. Wightman, The pattern of rural settlement in Roman Gaul. ANRW II, 4 (1975) 584 ff., bes. 587 ff.

66 H.-E. Joachim, Ländliche Siedlungen der vorrömischen Eisenzeit im rheinischen Raum. Offa 39, 1982, 155 ff., bes. 158 mit Abb. 2. Vgl. zu dieser Grundrißform auch Schindler, Altburg 37 f.

67 Fischer/Rieckhoff-Pauli/Spindler, Berching-Pollanten 318 ff.

68 E. Frickhinger, Hallstatt- und latènezeitliche Hausgrundrisse aus dem Ries. In: Festschr. K. Schumacher (1930) 62 ff., bes. 64 ff. mit Abb. 6; vgl. auch H. P. Uenze in: Führer zu vor- u. frühgesch. Denkmälern 40 (Mainz 1979) 175 f.

69 Frickhinger a. a. O. (Anm. 68) 65.

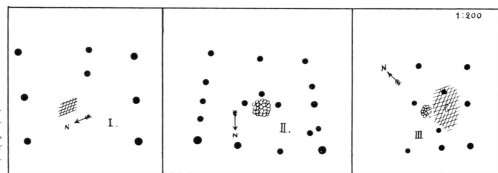

Abb. 4: Harburg-Heroldingen, „Kalbläcker". Spätlatènezeitliche Hausgrundrisse, Skizzen von E. Frickhinger (nach Festschr. K. Schumacher (1930) 64 Abb. 6.

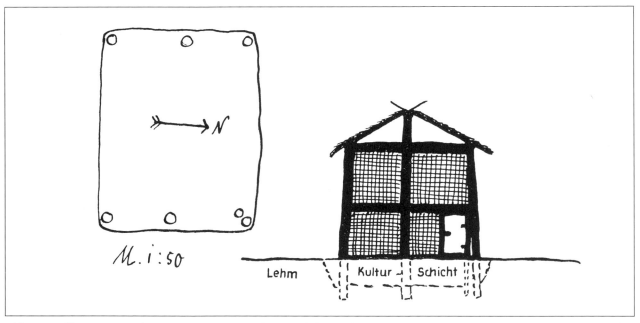

Abb. 5: Nördlingen, „Am Nähermemminger Weg". Spätlatènezeitliches Grubenhaus, Skizze von E. Frickhinger (nach E. Frickhinger, Jahrb. Hist. Ver. Nördlingen 18, 1934, 8).

sich je drei Pfostengruben. Die Keramik datiert diesen Befund in die Spätlatènezeit[70]. Reste eines weiteren spätkeltischen Baus konnte Frickhinger schließlich 1937 bei Zoltingen feststellen[71].

Die relativ kleinen Hausgrundrisse von Heroldingen mit ca. 4 x 5 m Grundfläche finden ihre Entsprechungen auf der Altburg bei Bundenbach[72]. Daß es auch größere Gebäude gegeben hat zeigt der Befund von Haunstetten bei Augsburg, wo die Grundrisse zweier Firstsäulenbauten mit 120 und 160 m² freigelegt wurden[73]. Wie eingangs bereits betont, läßt sich bei diesem Forschungsstand kein zuverlässiges Bild von der Struktur ländlicher Siedlungen in der jüngeren Latènezeit zeichnen. Die Befunde von Bopfingen-Flochberg versprechen hier für die nahe Zukunft weitere Informationen. Vor allem die Frage der Einzel- oder Rechteckhöfe, die man hinter den von Caesar überlieferten „aedificia privata" oder den „loci tutissimi" bei Velleius Paterculus vermuten darf[74], kann an diesem Beispiel ausführlich diskutiert werden.

II.1.1.2 Topographie der Siedelplätze

Über die Topographie der Siedelplätze läßt sich bereits jetzt einiges aussagen, auch wenn dieses Bild sicher noch unvollständig ist.

Bei manchen Siedelplätzen scheint bewußt eine flache Hanglage gewählt worden zu sein: An einigen Beispielen am Rand der fruchtbaren Langenauer Senke kann diese bevorzugte Lage an Süd- und Südosthängen am Anstieg zur Flächenalb beobachtet werden (Kat.-Nr. 722, 723, 725).

Höhenrücken und flache Bergkuppen haben mehrfach Siedlungsreste ergeben (Kat.-Nr. 34, 122, 173, 191, 196, 335, 737, 749, 764). Auf der tertiär überformten Flächenalb mit ihren durch flache Erosionsrinnen gegliederten Hochebenen liegen die Siedelplätze gern auf spornartigen Höhenrücken (z. B. Kat.-Nr. 714, 734). Regelrechte Terrassensiedlungen an Talhängen sind ebenfalls bekannt (Kat.-Nr. 154, 489, 583, 692, 731). Zu diesen gehören in aller Regel auch die unten ausführlicher besprochenen Siedlungsreste aus dem Kalktuff. Bei den Siedlungsresten von Gomadingen-Grafeneck (Kat.-Nr. 426) könnte es sich um eine kleine Niederlassung am Rand eines heute verlandeten Sees gehandelt haben.

Siedelplätze im Bereich der Talauen sind in einiger Zahl nachgewiesen worden. Sie befinden sich meist auf flachen Schuttfächern, die von Bachläufen in die Talaue vorgeschoben wurden. Die Wichtigkeit dieser Schwemmkegel wurde vom Menschen offenbar sehr früh erkannt: Sie boten günstige Möglichkeiten der

70 E. Frickhinger, Spätkeltische Siedlung mit Nahrungsmittelresten am Nähermemminger Weg in Nördlingen. Jahrb. Hist. Ver. Nördlingen 18, 1934, 6 ff.

71 E. Frickhinger, Spätlatènezeitliche Siedlung bei Zoltingen. Jahrb. Hist. Ver. Nördlingen 21, 1938/39, 16 ff.

72 Schindler, Altburg 36 Abb. 11.

73 S. Wirth, Eine Siedlungsstelle der Spätlatènezeit bei Haunstetten. Arch. Jahr Bayern 1990 (1991) 80 f., Abb. 53.

74 Vgl. Caesar, Bell. Gall. I, 5; VI, 30; Schindler, Spätkeltische Befestigungen 281.

Flußüberquerung und zur Anlage von Siedlungen und Ackerflächen[75].

Die schon mehrfach erwähnte Siedlung mit Viereckschanze von Bopfingen-Flochberg (Kat.-Nr. 15) demonstriert diesen Lagetyp sehr deutlich: Die Siedlung lag auf dem breiten Hangschuttfächer, den der Heidmühlbach vom Albtrauf her ins Egertal vorgeschoben hatte (vgl. Abb. 11). Die Lage im hochwasserfreien Bereich über den fruchtbaren Auelehmböden und dennoch nahe am Wasser bot ideale Voraussetzungen. Die Untersuchungen ergaben, daß gelegentlich Wildwässer vom Albtrauf her die Siedlung überschwemmt haben. Mit künstlichen Abzugskanälen wollte man diese ableiten. Offenbar war man nicht geneigt, so günstige Plätze deswegen aufzugeben[76]. Weitere Siedelplätze in oder knapp über der Talaue und dicht an Bachläufen sind aus dem gesamten Arbeitsgebiet bekannt (Kat.-Nr. 127, 199, 221, 223, 225, 259, 349, 639, 728, 729). Hinsichtlich der Überlieferung solcher Siedelplätze sei auf einen Faktor hingewiesen, der den Nachweis sehr erschwert, nämlich die z. T. erheblichen Veränderungen unseres Oberflächenreliefs in historischer Zeit. Bei manchen der oben genannten Fundstellen lag die fundführende Schicht in bis zu 2 m Tiefe unter der heutigen Oberfläche (z. B. Kat.-Nr. 199). Hierfür sind umfangreiche Vorgänge der Hangerosion und der Auffüllung

der Talböden verantwortlich (z. B. Auelehmbildung): Oft besteht die nachgewiesene „Kulturschicht" nur noch aus erodierten Siedlungsresten, die an ihrem ursprünglichen Platz spurlos verschwunden sind. Diese Erosions- und Akkumulationsvorgänge in historischen Zeiten stehen mit großflächigen Eingriffen des Menschen in seine Umwelt im Zusammenhang, etwa der Ausweitung landwirtschaftlich genutzter Flächen und Waldrodung[77]. Die Untersuchungen H. W. Smettans in der Neckarschlinge bei Lauffen haben beispielsweise ergeben, daß sich von etwa 100 n. Chr.– ca. 1500 2,8 m Sediment auf dem Talgrund abgelagert haben[78]. Einem sehr charakteristischen Lagetyp von Siedelplätzen in den Tälern der Schwäbischen Alb und des Muschelkalkgebietes sei hier noch besondere Aufmerksamkeit gewidmet: Spätkeltische Funde sind in einiger

75 Ausfürlich zur Entstehung von Schwemmkegeln: G. Wagner, Einführung in die Erd- und Landschaftsgeschichte (Öhringen 1960) 130 ff.

76 Ausführliche Bearbeitung in Vorbereitung, vgl. einstweilen Krause/Wieland, Bopfingen.

77 Vgl. Wagner a. a. O. (Anm. 75) 124 ff.; Jankuhn, Siedlungsarchäologie 51 f.

78 H. W. Smettan, Naturwissenschaftliche Untersuchungen in der Neckarschlinge bei Lauffen am Neckar. Fundber. Baden-Württemberg 15, 1990, 437 ff., bes. 452.

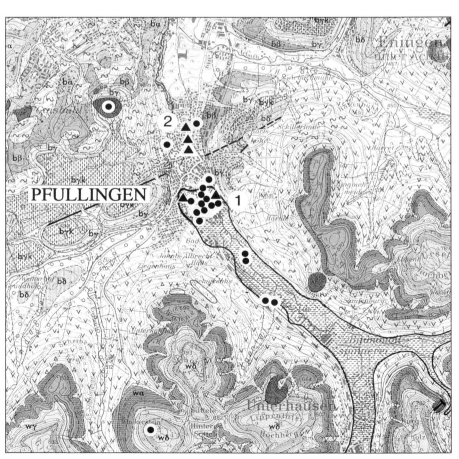

Abb. 6: Pfullingen, vorgeschichtliche Funde aus dem Kalktuff. Die spätlatènezeitlichen Funde stammen aus dem Bereich der Fundkonzentration bei 1 (nach R. Kreutle, Denkmalpfl. Baden-Württemberg 21, 1992, 79 Abb. 2).

Zahl aus den Kalktuffterrassen der Täler bekannt geworden (Kat.-Nr. 147 A, 205, 206, 222, 402, 445, 504, 505, 667), als dieser früher begehrte Baustoff noch in großem Maße abgebaut wurde. Durch Ausfällung und Ablagerung von Kalk an organischen Substanzen (Moos, Gras, Zweige) kommt es am Austritt von Quellen zum Anwachsen regelrechter Terrassen aus porösem Stein. Die Kalktufflagen haben in manchen Tälern der Schwäbischen Alb bis zu 25 m Mächtigkeit erreicht. Zeugnisse für das schnelle Wachstum dieser Ablagerung sind entsprechende Fundeinschlüsse: Beispielsweise lagen merowingerzeitliche Gräber bei Gültlingen unter 2–3 m starken Kalktuffablagerungen[79]. Wegen der erhöhten Lage gegenüber der Talaue und der Nähe zum Wasser wurden Kalktuffterrassen gerne als Siedelplatz gewählt. Im südlichen Stadtgebiet von Pfullingen (Kat.-Nr. 445) wurden seit 1932 beim Abbau der Tufflager des Echaztales spätlatènezeitliche und römische Funde geborgen, die auf eine größere Siedlung hinweisen. Die Funde lagen in 2–3 m, vereinzelt sogar in bis zu 7 m Tiefe[80].

Die oben erwähnten Veränderungen des Landschaftsreliefs in historischer Zeit sind sicher mit ein Grund für die geringe Kenntnis spätkeltischer Siedelplätze in unserem Arbeitsgebiet. Bei aller Vorsicht hinsichtlich der Fundüberlieferung und der Spärlichkeit sicherer Siedlungsbefunde scheint sich folgendes Bild abzuzeichnen: Ein beträchtlicher Teil der Siedlungen lag auf hochwassergeschützten Schwemmkegeln oder Tuffterrassen in den fruchtbaren Talauen. Aber auch verkarstete Hochebenen wie im Bereich der Schwäbischen Alb wurden besiedelt, das damit verbundene Problem der Wasserversorgung auf diesen quellfreien Flächen wurde möglicherweise mit Zisternen gelöst (vgl. dazu den Befund von Tomerdingen, Kap. II.2.3).

II.1.1.3 Lagebeziehungen Viereckschanzen – Siedelplätze

Während man sich zur Deutung der Viereckschanzen schon früh viele Gedanken gemacht hat (s.u.), wurde ein anderer wesentlicher Aspekt lange nicht seiner Bedeutung entsprechend beachtet. Die Forscher zu Beginn des Jahrhunderts hatten bei ihren Deutungsversuchen das Umland der Schanzen noch in ihre Überlegungen einbezogen[81], sobald die Forschung aber die sakrale Deutung aller Viereckschanzen konstatiert hatte, konzentrierte sich das Interesse praktisch ausschließlich auf die Befunde innerhalb der Umwallung. Der Befund von Holzhausen und anderen Viereckschanzen schien auf die Lage im Bereich kleiner „Rodungsinseln" inmitten dichter Wälder hinzudeuten. K. Schwarz sprach geradezu von einer „gesuchten Abgeschiedenheit der heiligen Plätze". Schon früher hatte er am Beispiel des Raums an der mittleren Isar die Konzentration von Viereckschanzen auf siedlungsfeindlichem Terrain herausgestellt und zu interpretieren versucht[82].

Auch K. Bittel ging in Verbindung mit den Lagebeziehungen zu älteren Grabhügelgruppen (vgl. Kap. II.2.2) bei manchen Viereckschanzen von einer „siedlungsfernen" Lage aus, konnte aber gleichzeitig auf Anlagen verweisen, die innerhalb spätkeltischer Siedelareale lagen, etwa auf die Schanze auf dem Donnersberg in der Pfalz[83].

Mittlerweile wurden im direkten Vorfeld mehrerer Schanzen weitgehend zeitgleiche Siedlungsreste oder wenigstens zahlreiche Funde festgestellt. Es scheint sinnvoll, die für unseren Raum wichtigen Beispiele hier kurz zu beleuchten:

1. Markvartice (Böhmen)

Die Schanze von Markvartice[84], die auch mit einem Gebäude in der Südostecke und einer wannenartigen Vertiefung im Innenraum einige auffällige Parallelen zu den süddeutschen Viereckschanzen aufweist, war zumindest zeitweise von einer Siedlung umgeben, die wohl nur aus einigen Gehöften bestand. Waldhauser konnte auf der Nord-, Ost- und Südseite größere Mengen von jüngerlatènezeitlichen Lesefunden feststellen. Ca. 100 m SSO der Südostecke deckte er außerdem zwei Grubenhäuser auf. 250 m südöstlich der Schanze konnte ein kleiner Graben, wohl der Rest einer Art Palisadenumfriedung auf einer Länge von 52,5 m verfolgt werden[85].

2. Msecké Zehrovice (Böhmen)

Im Fall von Msecké Zehrovice[86] scheint die Siedlung älter als die Viereckschanze zu sein. Die Siedlungsreste liegen dort östlich der Anlage und werden von ihr zum Teil überlagert. Ein Weiterbestehen der östlichen Sied-

79 Vgl. ausführlich zur Kalktuffbildung: Wagner (Anm. 75) 49 ff.; Vorgeschichtliche Funde: A. Rieth, Vorgeschichtliche Funde aus dem Kalktuff der Schwäbischen Alb und des württembergischen Muschelkalkgebiets. Mannus 30, 1938, 562 ff.

80 Ebd. 569 ff.; vgl. jetzt auch R. Kreutle, Spuren vor- und frühgeschichtlicher Besiedlung in Pfullingen. Denkmalpfl. Baden-Württemberg 21, 1992, 78 ff.

81 Z. B. Schumacher (Anm. 3) 82; Bittel, Kelten 102 f.; Auch E. Frickhinger hat auf Siedlungen in der näheren Umgebung der Viereckschanze von Amerdingen hingewiesen: E. Frickhinger, Latène-Siedlungen bei Amerdingen, B.-A. Nördlingen. Germania 15, 1931, 37 ff.

82 Schwarz, Temenos 327. – Ausführlich: Ders., Ein Bezirk keltischer Heiligtümer an der mittleren Isar bei Holzhausen und Deisenhofen. In: Führer vor- u. frühgesch. Denkmäler 18 (Mainz 1971) 258 ff., bes. 275 ff.

83 Bittel, Viereckschanzen und Grabhügel 12.

84 J. Waldhauser, Die keltischen Viereckschanzen in Böhmen. Alba Regia 14, 1975, 235 ff.; ders., Etat de la recherche sur les enceintes quadrilatérales latèniennes (dites Viereckschanzen) en Boheme. In: Buchsenschutz/Olivier, Les Viereckschanzen 43 ff., bes. 50.

85 Vgl. Waldhauser, Alba Regia 14, 1975, 235 ff., bes. 236 Abb. 1; 238.

Anmerkung 86 siehe nächste Seite

lungsteile nach Errichtung der Viereckschanze ist allerdings nicht ausgeschlossen (vgl. auch Bopfingen-Flochberg). Aus einigen Grubenhäusern der Siedlung wurden Funde der Mittellatènezeit (LT C1/C2) geborgen, die Funde aus der Viereckschanze gehören nach LT C2/D1[87].

3. Königheim-Brehmen, Main-Tauber-Kreis

Die schon außerhalb unseres Arbeitsgebietes gelegene Anlage von Königheim-Brehmen (Abb. 7) gehört zu den Schanzen mit erweiterter Umwallung. Die eigentliche Schanze hat schon zwei kleine Annexe. Weiterhin zieht von ihrer Südostecke ein hakenförmiger Wall zunächst nach Süden (160 m) und dann nach Westen (570 m!)[88].

Innerhalb dieses Walls wurden 1981 ein Gerätedepot und weitere Eisenwerkzeuge entdeckt, bei Nachgrabungen durch I. Stork kam eine Pfostengrube zutage, die möglicherweise zur Wallkonstruktion gehört hat[89]. Ob die Funde als Hinweis auf eine Siedlung innerhalb dieses Außenwalls zu verstehen sind, ist ohne flächige Untersuchung nicht zu entscheiden. Gerätedepots innerhalb von Siedlungen sind z.B. aus Böhmen bekannt[90].

4. Dornstadt-Tomerdingen (Kat.-Nr. 714)

Die Viereckschanze bei Tomerdingen (Abb. 8) liegt auf einer wasserlosen (!) Hochfläche im Bereich der sog. Flächenalb zwischen Lauter- und Lonetal. Die Karsthochfläche wird hier von flachen West-Ost verlaufenden Höhenrücken gegliedert und weist zahlreiche Dolinen auf. Hier steht z.T. der stark verwitterte oberste Weißjura an, darüber und in den Senken liegen teilweise mächtige tertiäre Rotlehmschichten. In jüngster Zeit wurden auf den Höhenrücken durch Begehungen ehrenamtlicher Mitarbeiter zahlreiche vorgeschichtliche Siedlungsstellen vom Neolithikum bis in römische Zeit festgestellt[91].

Bei seinen Grabungen in der Viereckschanze konnte H. Zürn unter dem Wall eine Kulturschicht mit spätkeltischen Funden feststellen, die er in Anlehnung an die Befunde von Holzhausen als Überreste einer „vorwallzeitlichen" Phase deutete[92]. Zwar dachte er auch an eine unmittelbar vorangehende Siedlung, doch wurden keine weiteren Versuche unternommen, diese außerhalb der Schanze nachzuweisen. Die nähere Umgebung bestand zum Zeitpunkt der Grabungen (1958/59) aus Wiesenland, so daß auch keine Eingrenzung aufgrund von Lesefunden möglich war. Interessanterweise wurden aber bei Phosphatmessungen im Boden östlich der Schanze ungewöhnlich hohe Werte festgestellt[93]. Etwa seit 1978 wird die Westhälfte der Schanze und die gesamte nähere Umgebung überpflügt. Regelmäßige Begehungen haben ein reiches Fundmaterial erbracht, das eine jüngerlatènezeitliche Siedlung in unmittel-

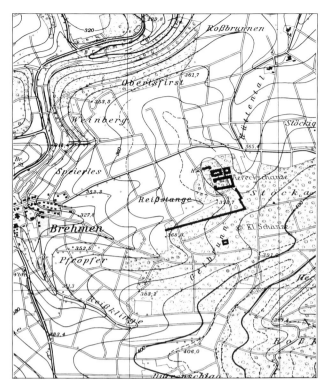

Abb. 7: Königheim-Brehmen, Viereckschanze mit Fundstelle der Eisenhorte (nach Bittel/Schiek/Müller, Viereckschanzen Beilage 34).

barer Nachbarschaft zur Schanze belegt (vgl. Kat.-Nr. 714). Die Fundkonzentration erstreckt sich von der Schanze aus ca. 300 m nach Osten und 250 m nach Süden (Abb. 8). Die Funde lassen sich meist nicht genauer datieren als LT C2/D, im Vergleich zu dem Material aus der Viereckschanze fällt auf, daß sich unter den Lesefunden des Siedlungsbereiches kaum Scherben mit der charakteristischen Kammstrich-Grübchen-Verzierung, welche in einen fortgeschritteneren Abschnitt der Spätlatènezeit gehören (vgl. Kap. III.5.4.4), finden[94]. Diese Verzierung scheint im Bestand der Grobkeramik aus der Viereckschanze doch einen erheblichen Teil auszumachen, woraus man evtl. auf eine zeitliche Abfolge offene Siedlung – Viereckschanze schließen könn-

---

86 N. Venclova, Msecké Zehrovice, Bohemia, excavations 1979–88. Antiquity 63, 1989, 142 ff.; dies., L'enceinte quadrilatérale de Msecké Zehrovice (Boheme Centrale). In: Buchsenschutz/ Olivier, Les Viereckschanzen 37 ff.; Dies., Structure et fonction de l'enclos de Msecké Zehrovice. In: Brunaux, Sanctuaires 139 ff.
87 Vgl. Venclova, Antiquity 63, 1989, 142 f.
88 Vgl. die Beschreibung bei Bittel/Schiek/Müller, Viereckschanzen 211 ff.
89 Vgl. Wieland ebd. 57, 218 ff. mit Abb. 125–128.
90 Rybová/Motyková, Kolín 144 ff.
91 Meist unpubliziert, vgl. Fundmeldungen in den Ortsakten des LDA Tübingen. Einzelne Fundstellen knapp erwähnt in den Fundber. Baden-Württemberg 15, 1990, 713.
92 Zürn/Fischer, Tomerdingen 37; 41 f.
93 Ebd. 37 Abb. 22.
94 Vgl. ebd. 44; z.B. Taf. 18,4; 28,1.6; 36,2–4.

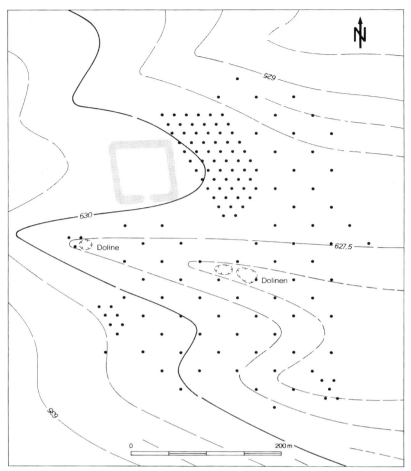

Abb. 8: Dornstadt-Tomerdingen, Viereckschanze mit Streuung der Lesefunde im zugehörigen Siedelareal (nach Krause/Wieland, Germania 71, 1993, 98 Abb. 26).

te. Leider hat F. Fischer keine weiteren Informationen zur mengenmäßigen Zusammensetzung des Keramikmaterials gegeben (vgl. hierzu auch Kap. III.5.7)[95]. Interessant erscheint in diesem Zusammenhang, daß auf einer Luftaufnahme von O. Braasch eine Verfärbung erkennbar ist, die von der Südostecke aus in der Flucht des Südgrabens nach Osten zu ziehen scheint[96]. Es könnte sich hier durchaus um eine Umgrenzung des Siedelbereichs handeln, wie sie etwa für Markvartice (s.o.), Königheim-Brehmen (s.o.) und Bopfingen-Flochberg (s.u.) nachgewiesen bzw. erschließbar ist.

Ca. 0,8 km nordwestlich der Tomerdinger Schanze wurden ebenfalls einige spätlatènezeitliche Scherben aufgelesen, ob es sich hier um einen weiteren Siedlungsplatz handelt ist aber bislang noch ungeklärt.

Im Zusammenhang mit dem Problem der Wasserversorgung auf dieser Karsthochfläche scheint auch der Befund in einer Doline ca. 50 m südwestlich interessant zu sein[97]: Am Grund der Doline stellte Zürn bei einer Sondage eine eingetiefte Grube fest, aus deren obersten Schichten er mittelalterliche und römische Funde bergen konnte. In der ganzen Füllung verstreut fand sich auch vorgeschichtliche Keramik. In 2,3 m Tiefe lag neben gut erhaltenen Pflanzenresten eine römische Axt

mit erhaltenem Holzstiel[98]. Zürn betonte, daß diese Grube noch tiefer reicht und nicht bis zum Grund verfolgt werden konnte[99]. Dagegen zog F. Fischer den Schluß, daß die Grube in römischer Zeit offenlag, „…aber anscheinend vorher nicht benutzt wurde"[100]. Mittlerweile wurden am Rand dieser Doline zahlreiche vorgeschichtliche Scherben (hauptsächlich Urnenfelderzeit, weniger Latène) gefunden, die wohl aus angepflügten Gruben stammen und eine Nutzung der Doline in vorrömischer Zeit wahrscheinlich machen. Es liegt nahe, diese mit Rotlehm zugeschwemmte und somit abgedichtete Doline als eine Art Zisterne für die benachbarte Siedlung zu deuten. Klarheit könnte hier nur eine erneute Untersuchung bringen[101]. Vielleicht

95 Ebd. 47. Wie die Untersuchungen am Keramikmaterial von Fellbach-Schmiden und Ehningen gezeigt haben, kann sich ein Auszählen der Scherben nach Keramikgattungen durchaus lohnen.
96 Bei den beiden Streifen, die bei Zürn/Fischer, Tomerdingen 12 Abb. 3 erkennbar sind, handelt es sich evtl. um Spuren einer alten Flureinteilung.
97 Vgl. im Folgenden Zürn/Fischer, Tomerdingen 35.
98 Ebd. Taf. 48,1.
99 Ebd. 35.
100 Ebd. 45.
101 Die Funde befinden sich zum größten Teil in der Slg. Wieland, Tomerdingen.

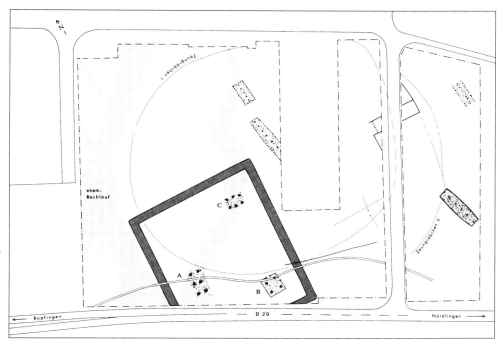

Abb. 9: Bopfingen-Flochberg, Viereckschanze und Siedlungsreste auf einem Schuttfächer im Egertal (nach R. Krause, Vom Ipf zum Goldberg. Führer arch. Denkm. Baden-Württemberg 16 [Stuttgart 1992] 79 Abb. 47).

sind auch der z. T. unter dem Wall gelegene Schacht und die wannenartigen Vertiefungen in der Viereckschanze von Tomerdingen in ähnlicher Weise zu interpretieren[102].

5. Bopfingen-Flochberg (Kat.-Nr. 15)
Ca. 80 m östlich der Viereckschanze im Industriegebiet Nord-Ost („Brühläcker") wurden bei den Grabungen 1989 spätkeltische Siedlungsstrukturen angetroffen (Abb. 9). Kurze Gräbchen und mächtige Pfostengruben enthielten Funde (z. B. Reste einer Drehmühle, Keramik, Fragmente eines Glasarmrings) die in die späte Mittellatènezeit und die Spätlatènezeit zu datieren sind. Leider konnte wegen eines Weges, der den größten Teil des Befundes überdeckt, keine vollständige Untersuchung des Gebäudegrundrisses vorgenommen werden, weshalb seine genauen Ausmaße und seine Konstruktion unbekannt bleiben. Es konnte jedoch klar festgestellt werden, daß die Wandgräbchen die gleiche Orientierung wie die Viereckschanze aufweisen (Abb. 9)[103]. Ca. 50 m nördlich der Schanze wurden im Verlauf eines ehemaligen Bachbetts mehrere Gruben, die ebenfalls jüngerlatènezeitliche Funde enthielten, festgestellt.
Vor allem durch die gleiche Orientierung der Baureste scheint hier ein klarer Bezug zur Viereckschanze gegeben. Daß der Zugang zur Schanze an der Ostseite lag, die Bauten diesem also vorgelagert waren, macht eine Gleichzeitigkeit noch wahrscheinlicher. Unklar ist bislang, ob die jüngerlatènezeitliche Siedlung direkt an eine LT B-Siedlung anschließt, so daß man von einer echten Siedlungskontinuität sprechen könnte. Unklar hinsichtlich seiner Zeitstellung ist auch ein Befund, der erst

im Sommer 1992 aufgedeckt wurde. Nordöstlich der Schanze und teilweise noch von dieser überdeckt, konnte eine rechteckige Palisadeneinfriedung mit mehreren Gebäuden freigelegt werden. Die Innenfläche dieses „Quadrathofes" ist ungefähr halb so groß wie die der Viereckschanze. Die Vermutung einer Vorgängeranlage liegt wegen der gleichen Orientierung nahe. Das hat natürlich auch Konsequenzen für die Deutung der Viereckschanze, die in diesem Ensemble kaum als reine Kultanlage zu sehen ist (vgl. Kap. II.2.4).

6. Pfullendorf-Aach-Linz (Kat.-Nr. 624)
Etwa 300 m nordöstlich der Viereckschanze im „Gertholz" wurden angeblich 1911 am Rande eines Drainagegrabens spätlatènezeitliche Scherben gefunden. Älteren Angaben zufolge sollten sie aus der Viereckschanze stammen, doch konnte S. Schiek 1987 nachweisen, daß sie am Waldrand 300 m nordöstlich des Zugangs zur Viereckschanze gefunden worden sind[104]. Anscheinend wurde dort 1911 eine Grube oder eine Kulturschicht angeschnitten, eine genauere Deutung der Funde könnte nur auf der Basis erneuter Grabungen erfolgen.

7. Hohenstadt und Westerheim (Kat.-Nr. 228 und 757)
Nur ca. 0,4 km nördlich der bekannten Viereckschanze im „Faulenhau" auf Markung Westerheim wurde

---

102 Vgl. Zürn/Fischer, Tomerdingen 31.
103 Zur Siedlungsabfolge: Krause/Wieland, Bopfingen.
104 S. Schiek, Zu den spätkeltischen Scherben von Aach-Linz, Gde. Pfullendorf, Lkr. Sigmaringen. Fundber. Baden-Württemberg 12, 1987, 299 ff.

1985 aus der Luft eine rechteckige Verfärbung entdeckt, bei der es sich um eine weitere Viereckschanze handeln dürfte. Diese liegt bereits auf Markung Hohenstadt[105]. Im Gelände selbst ist heute praktisch nichts mehr zu erkennen, dagegen zeichnete sich die Anlage im alten Flurbild (vor der Flurbereinigung ca. 1980) deutlich ab[106].

Etwa 100 m südöstlich dieser verebneten Schanze und 300 m nördlich der Westerheimer Anlage fanden sich bei Flurbegehungen in den letzten Jahren jüngerlatènezeitliche Scherben und eine blaue Glasperle, die hier auf eine Siedlung hindeuten könnten (vgl. Kat.-Nr. 228)[107].

8. Lauchheim (Kat.-Nr. 35)
Ungefähr 250 m WNW der Viereckschanze in der Flur „Burstel" kamen schon 1969 in Flur „Vorderer Lindich" mehrere jüngerlatènezeitliche Scherben zutage. Dicht östlich der Schanze wurde in jüngster Zeit u. a. eine Graphittonscherbe gefunden[108].

9. Nattheim (Kat.-Nr. 264)
Im Gemeindewald „Kirchberg", 1,3 km östlich von Nattheim liegt eine gut erhaltene Viereckschanze. 1951 wurde auf dem Acker, der unmittelbar westlich am Waldrand liegt, eine Graphittonscherbe gefunden[109]. Die Fundstelle ist vom ehem. Zugang zur Schanze etwa 100 m entfernt.

10. Oberndorf a.N.-Boll (Kat.-Nr. 492)
1,3 km NNW von Boll liegt im Wald „Burgstall" eine Viereckschanze. Vor 1968 wurde etwa 80 m nördlich der Nordecke im Aushub eines Drainagegrabens eine jüngerlatènezeitliche Scherbe gefunden. Weitere Funde vorgeschichtlicher und neuzeitlicher Keramik stammen angeblich aus dem Bereich direkt südlich der Schanze[110].

11. Fellbach-Schmiden (Kat.-Nr. 780)
Ob es sich bei den keltischen Siedlungsresten ca. 1,1 km NNO der Viereckschanze von Schmiden um eine zeitgleiche Siedlung mit Bezug zur Schanze gehandelt hat, scheint wegen der großen Entfernung fraglich, ist aber auch nicht auszuschließen[111].

12. Ditzingen-Schöckingen (Kat.-Nr. 364)
In Flur „Mühlrain" wurden schon früher (1962) jüngerlatènezeitliche Scherben gefunden. 1982 wurde aus der Luft eine Viereckschanze mit Annex entdeckt. Die Funde stammen aus dem Bereich der Schanze und ihrer Umgebung.

Die besprochenen Beispiele zeigen, daß sich durch Erforschung des Umlandes Veränderungen im Erscheinungsbild der Viereckschanzen abzeichnen. Dies kann nicht ohne Folgen auf die Deutung der Anlagen bleiben und warnt gleichzeitig davor, alle Viereckschanzen

als einheitliches Phänomen zu sehen. Den lange in den Vordergrund gestellten kultischen Aspekt sollte man dabei keineswegs ganz durch einen profanen ersetzen, vielmehr würde sich eine vielschichtigere Betrachtungsweise empfehlen. L. Pauli hat dies kürzlich ebenfalls betont und nochmals auf Zeugnisse aus der antiken Literatur hingewiesen, die Rechteckbezirke als Versammlungsort beschreiben[112]. Religiöse und profane Dinge waren in der Vorgeschichte sehr eng verflochten. Man könnte sich durchaus vorstellen, daß eine umwallte Rechteckanlage als ideeller oder tatsächlicher Mittelpunkt einer Siedelgemeinschaft neben Kultbauten auch Speicher für gemeinsame Güter und Brunnen umschloß. Caesar erwähnt als Siedelformen bei den Helvetiern „vici" und „aedificia", was man als Hinweis auf kleinere Siedlungen und Gehöfte verstehen könnte[113]. Für die bei Velleius Paterculus für das 1. Jahrhundert erwähnten „loci tutissimi" dachte bereits R. Schindler an umfriedete Gehöftsiedlungen[114]. Befunde, wie sie jetzt in Bopfingen und Riedlingen zum Vorschein kommen, werfen grundsätzliche Fragen auf: Verbergen sich hinter dem Bodendenkmal „Viereckschanze" Anlagen mit unterschiedlichster Funktion? Sind sie nur die letzten oberflächig sichtbaren Reste eines Siedlungsensembles unbekannter Gestalt? Sind es gar regelrechte Quadrathöfe?

Da wir die Strukturen ländlicher Siedlungen dieser Zeit in unserem Arbeitsgebiet bislang kaum kennen, sind solche Überlegungen natürlich spekulativ. Festzuhalten bleibt jedenfalls, daß wir mit den Viereckschanzen ein Charakteristikum des ländlichen Siedelwesens der jüngeren Latènezeit fassen[115]. Der Bezug zu zeitgleichen Siedlungsresten ist bei manchen dieser Anlagen klar erkennbar und sollte bei zukünftigen Untersu-

---

105 Luftbild: Bittel/Schiek/Müller, Viereckschanzen 374 ff., 385 L 11.
106 Vgl. Flurkarte 1:2500 NO 0139/0140.
107 Ausführliche Fundmeldung in den Ortsakten LDA Stuttgart, Publikation in den Fundber. Baden-Württemberg in Vorbereitung.
108 Fundber. Baden-Württemberg 2, 1975, 119.; Bittel/Schiek/Müller, Viereckschanzen 238.
109 Bittel/Schiek/Müller, Viereckschanzen 265 ff., bes. 269.
110 Bittel/Schiek/Müller, Viereckschanzen 295 ff., bes. 297 f.
111 Ebd. 168 ff., bes. 171.
112 L. Pauli, Heilige Plätze und Opferbräuche bei den Helvetiern und ihren Nachbarn. Arch. Schweiz 14, 1991, 124 ff., bes. 128 f.; davor schon: L. Berger, Poseidonios Fragment 18: Ein Beitrag zur Deutung der spätkeltischen Viereckschanzen. Ur-Schweiz 27, 1963, 26 ff.; W. Kimmig, Götter-Druiden-Heiligtümer. Zeugnisse keltischer Religionsübung. Jahrb. der Wittheit zu Bremen 20, 1976, 43 ff.
113 Z. B. Caesar, Bell. Gall. I, 5, 2.
114 Schindler, Spätkeltische Befestigungen 273 ff., bes. 281.
115 Die Schanze auf dem Donnersberg ist der einzige gesicherte Nachweis für eine Viereckschanze im Innenraum eines Oppidums. Sie könnte auch älter oder jünger als die Wehranlagen sein. Vgl. Engels, Donnersberg Taf. 21.

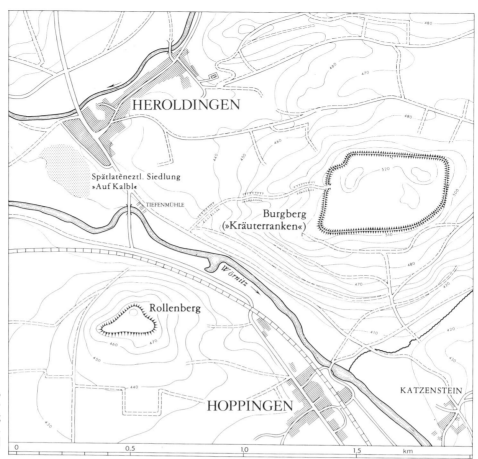

Abb. 10: Harburg-Heroldingen, Lage der spätlatènezeitlichen Siedlung und Befestigung Burgberg (nach S. Winghart in: Führer vor- u. frühgesch. Denkm. 41 [Mainz 1979] 176 Abb. 1).

chungen einen der Schwerpunkte darstellen (vgl. hierzu ausführlich Kap. II.2.4).

II.1.2 Befestigte Siedlungen

II.1.2.1 Das Oppidum Heidengraben

Der Heidengraben bei Grabenstetten (Kat.-Nr. 431) muß nach wie vor als einzige nachgewiesene befestigte Großsiedlung im Arbeitsgebiet gelten[116]. Die Anlagen von Altenburg-Rheinau (Gem. Jestetten, Lkr. Waldshut) am Hochrhein und von Finsterlohr (Gem. Creglingen, Main-Tauber-Kreis) liegen bereits außerhalb des gewählten geographischen Rahmens, ihr direkter Einflußbereich dürfte aber noch gut in unser Arbeitsgebiet hineingereicht haben[117]. Über die Art der Beziehungen zwischen diesen großflächigen Befestigungen und den verstreuten ländlichen Siedlungen ist praktisch nichts bekannt. Es muß bei letzteren auch Abstufungen gegeben haben, die von rein landwirtschaftlich strukturierten Weilern und Einzelgehöften bis zu handwerklich und wirtschaftlich spezialisierten größeren Siedlungen reichten (s.u.).

In jüngster Zeit wurde die Bezeichnung „oppidum" hinsichtlich ihrer Bedeutung in Caesars Bericht über den gallischen Krieg und ihrer archäologisch erschlossenen Funktion eingehend untersucht[118]. Danach hat Caesar diesen Terminus sehr großzügig gebraucht und damit nicht ausschließlich stadtartige Siedlungen angesprochen. Anscheinend kann mit „oppidum" jegliche größere Befestigung gemeint sein, ohne Berücksichtigung der Besiedlungsstruktur und Bedeutung[119]. Verwendet man den Begriff lediglich für die groß dimensionierten Befestigungen[120] und läßt die innere Struktur außer Betracht, wäre für einige Anlagen in unserem Arbeitsgebiet aufgrund ihrer Größe und ihrer spezifischen Befestigungstechnik eine Entstehung oder Benutzung in der jüngeren Latènezeit möglich (s.u.). Ver-

---

116 Zur Forschungsgeschichte und Literatur vgl. Kat.-Nr. 431.

117 Vgl. zu den Oppida in Baden-Württemberg: F. Fischer, Die keltischen Oppida Südwestdeutschlands und ihre historische Situation. Arch. Rozhledy 23, 1971, 417 ff.

118 Boos, Oppidum 53 ff.. Auch andere Autoren haben sich schon mit dieser Problematik auseinandergesetzt (vgl. ebd. 54 Anm. 3), am umfassendsten wohl: W. Dehn, Die gallischen „Oppida" bei Cäsar. Saalburg-Jahrb. 10, 1951, 36 ff.; J. Collis, Oppida. Earliest Towns North of the Alps (1984).

119 Boos, Oppidum 67.

120 Boos empfiehlt eine Verwendung des Begriffs nur für Anlagen über 20 ha Innenfläche: ebd. 73; Furger-Gunti verwendet den Terminus „oppidum" schon für die nur 5 ha große Befestigung auf dem Münsterhügel: Furger-Gunti, Basler Münster 132.

31

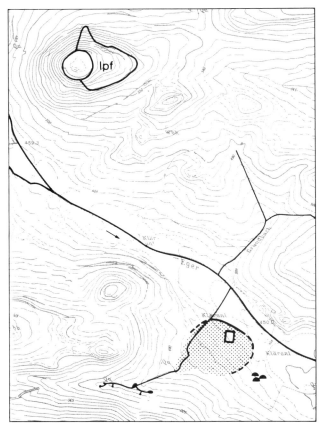

Abb. 11: Bopfingen, Lage von Viereckschanze, Siedlung und Befestigung auf dem Ipf (nach R. Krause, Vom Ipf zum Goldberg. Führer arch. Denkm. Baden-Württemberg 16 [Stuttgart 1992] 72 Abb. 40).

einfach könnte man also eine Zweiteilung der „oppida" vornehmen, in stadtartige befestigte Großsiedlungen und in siedlungsleere Großbefestigungen im Sinne von Fliehburgen. Daß von den Oppida Tarodunum und Finsterlohr nur sehr wenige Funde aus dem Innenraum bekannt sind, spricht für die Zuweisung dieser Anlagen zur letztgenannten Variante[121].

Auch der sekundären Nutzung älterer Großbefestigungen und ihrer Instandsetzung als temporäre Zufluchtsstätten für mehrere Siedelgemeinschaften in der jüngeren Latènezeit kommt m. E. große Bedeutung zu. Funde belegen eine kurzfristige Besiedlung, vielleicht sogar eine erneute Fortifikation auch von kleineren Höhensiedlungen (s. u.).

Für den Ipf bei Bopfingen (Kat.-Nr. 11–12) wurde schon in der Vergangenheit angenommen, daß seine letzte Ausbauphase mit einem weit den Hang hinabziehenden Wall (vgl. Abb. 11) als spätkeltisches Oppidum zu deuten sei. Als Indizien dafür wurde die „Pfostenschlitzmauer" dieses Walls sowie ein angebliches Zangentor angeführt. Letzteres besteht aber lediglich aus einer winkelförmigen Führung des Walls. Soweit die Lesefunde und Altgrabungen die Lage bislang beurteilen lassen, kann eine stadtartig besiedelte Anlage

wohl ausgeschlossen werden[122]. Als „Fliehburg" für eine größere Anzahl von Menschen – denn nur eine solche kann eine Befestigung dieser Größe überhaupt verteidigen – kann der Ipf natürlich sehr wohl gedient haben. Vorerst entzieht sich eine solche Vermutung aber dem archäologischen Nachweis. Jüngerlatènezeitliche Siedlungsreste in nächster Umgebung (Kat.-Nr. 10, 13–15) sind jedenfalls bekannt. Die Situation ist mit dem Burgberg bei Harburg-Heroldingen (Lkr. Donau-Ries) und der an seinem Fuß gelegenen Siedlung in den Kalbläckern gut vergleichbar (Abb. 10). Auch dort fehlen bislang jüngerlatènezeitliche Funde aus dem Bereich der Befestigung[123]. Noch weitere befestigte Großanlagen in unserem Arbeitsgebiet könnten – nur von ihren Dimensionen her[124] – jüngerlatènezeitliche Oppida (im Sinne von Fliehburgen) darstellen, wobei das Fundmaterial in den meisten Fällen ältere Höhenbefestigungen wahrscheinlicher macht. Der Rosenstein am Trauf der Ostalb wäre hier zu nennen, den C. Mehlis bereits 1921 mit dem bei Ptolemaios überlieferten „Riusiava" identifizieren wollte[125]. Mit ca. 30 ha Innenfläche würde dieser Berg genau so wie der benachbarte Hochberg (27 ha) im Größenbereich vergleichbarer Oppida liegen. Entsprechende Funde fehlen aber bislang[126]. Der Dreifaltigkeitsberg bei Spaichingen (Kat.-Nr. 685) fiele mit ca. 12 ha Innenfläche bereits unter die von Boos vorgeschlagene Mindestgröße von 20 ha. Man könnte hier weitere Beispiele anschließen, m. E. sollte aber die Größe einer vorgeschichtlichen Befestigung allein nicht zu weitreichenden Spekulationen über ein keltisches Oppidum verleiten. Überlegungen dieser Art sind bei typischen Konstruktionsdetails (Zangentore) sowie entsprechenden archäologischen

121 Die Befestigung von Tarodunum wurden anscheinend nicht fertiggestellt: Vgl. R. Dehn/H. Wagner/G. Weber, Arch. Ausgr. Baden-Württemberg 1987, 85 ff.; H. Zürn, Grabungen im Oppidum auf Finsterlohr. Fundber. Baden-Württemberg 3, 1977, 231 ff.; zusammenfassend: Boos, Oppidum 67 ff.

122 Ausführlich zum Ipf: R. Krause/G. Wieland in: R. Krause, Vom Ipf zum Goldberg. Führer arch. Denkm. Baden-Württemberg 16 (Stuttgart 1992) 50 ff., bes. 66.

123 Vgl. S. Winghart in: Führer vor- u. frühgesch. Denkm. 41 (Mainz 1979) 175 ff.

124 Boos hat auf die willkürlichen Grenzziehungen bei den Größenordnungen hingewiesen. Die von ihm empfohlene Untergrenze von ca. 20 ha hält er für geeignet, da sie von älteren und jüngeren Befestigungen nur relativ selten überschritten wird: Boos, Oppidum 73 mit Anm. 174.

125 C. Mehlis, Rosenstein und Riusiava. Schwäb. Merkur Nr. 323 vom 16. Juli 1921; R. Nierhaus, Zu den topographischen Angaben in der „Geographie" des Klaudios Ptolemaios über das heutige Süddeutschland. Fundber. Baden-Württemberg 6, 1981, 475 ff.; Zusammenfassend: C. Oeftiger/E. Wagner, Der Rosenstein bei Heubach. Führer arch. Denkm. Baden-Württemberg 10 (Stuttgart 1985) bes. 33 f.;

126 Ebd. 108 f.; 113 ff.: Oeftiger hält eine Datierung von Wall A des Rosenstein in die Spätlatènezeit für sehr wahrscheinlich. Mittlerweile wurden vorgeschichtliche Scherben gefunden, darunter angeblich auch jüngerlatènezeitliche Graphittonware.

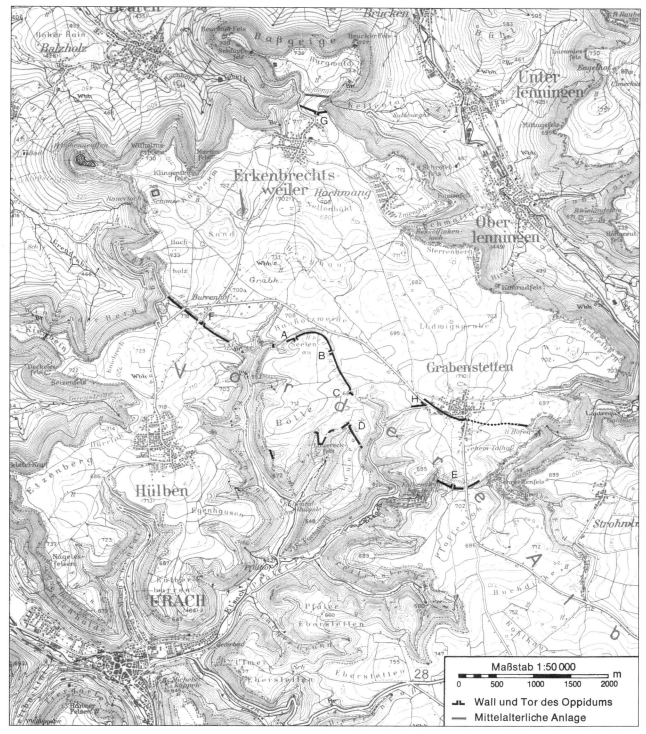

Abb. 12: Der Heidengraben bei Grabenstetten. Gesamtplan des Oppidums (nach Fischer, Heidengraben Beil. 1).

Nachweisen aus dem Innenraum oder der näheren Umgebung (vgl. oben Ipf und Burgberg) eher angebracht.

Wie eingangs schon erwähnt, ist der Heidengraben bei Grabenstetten (Kat.-Nr. 431) das einzige sicher nachweisbare Oppidum in unserem Arbeitsgebiet. Seine Topographie[127] beeindruckt durch die geschickte Aus-

nutzung der natürlichen Gegebenheiten (genaue Beschreibung im Katalog): Durch eine Reihe von Abschnittsbefestigungen zwischen den tief eingeschnittenen Tälern wird ein geschützter Raum von 1662 ha von der Albhochfläche abgegrenzt (Abb. 12). Die ehemals

───────

Anmerkung 127 siehe nächste Seite

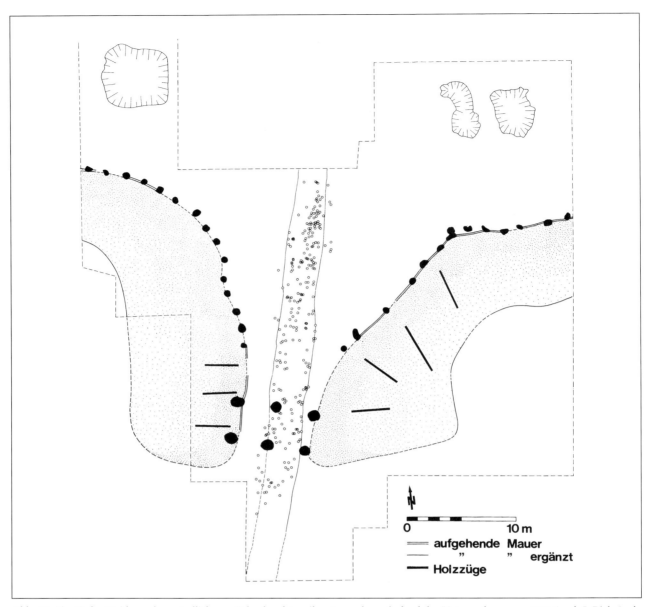

Abb. 13: Tor G des Heidengraben nördlich von Erkenbrechtsweiler. Ausgrabungsbefund der Untersuchung von 1981 (nach J. Biel, Arch. Ausgr. Baden-Württemberg 1981, 79 Abb. 50).

als Pfostenschlitzmauern angelegten Befestigungen weisen nach Süden sogar eine Staffelung auf, hier dürfte auch der ehemalige Hauptzugang gelegen haben (durch die Tore E und H). Ob diese Abschnittsbefestigungen alle gleichzeitig sind[128], läßt sich nicht sicher entscheiden. Bei den wenigen Untersuchungen konnte auch an keiner Stelle eine Mehrphasigkeit der spätkeltischen Befestigung festgestellt werden[129]. Das Tor G in der

---

127 Zur Topographie spätkeltischer Oppida: W. Dehn, „Mediolanum". Lagetypen spätkeltischer Oppida. In: R. v. Uslar (Hrsg.), Studien aus Alteuropa. Festschr. K. Tackenberg. Bonner Jahrb., Beih. 10, Bd. II (1965) 117 ff., bes. 123 ff.

128 Das Straßennetz auf dem Plateau nahm bis in die jüngste Zeit Rücksicht auf die Wallanlagen und war nach der Lage der ehemaligen Tore orientiert (vgl. Abb. 12): Sehr deutlich wird dies am Beispiel des „Heerweges", dessen Trasse durch die Tore E und H bei Grabenstetten und dann geradlinig zum Tor G und der Befestigung auf der „Baßgeige" zieht. Seine Zeitstellung wäre auch in Verbindung mit den römischen Funden beim Tor

G zu diskutieren. Die alte Verbindungsstraße von Hülben nach Erkenbrechtsweiler zog durch das Tor F beim Burrenhof, geradewegs durch Erkenbrechtsweiler und durch das Tor G ins Kellental nach Unterlenningen. Zum „Heerweg" und den Wällen südlich von Grabenstetten vgl. F. Fischer/D. Müller/H. Schäfer, Neue Beobachtungen am Heidengraben bei Grabenstetten, Kr. Reutlingen. Fundber. Baden-Württemberg 6, 1981, 333 ff., bes. 337 mit Anm. 18.

129 Allerdings ist für manche der Wälle eine Überformung im Mittelalter anzunehmen: Der Wall nördlich von Erkenbrechtswei
Fortsetzung siehe nächste Seite

34

nördlichsten Abschnittsbefestigung konnte J. Biel 1981 flächig untersuchen[130]. Es zeigte sich überraschenderweise kein echtes „Zangentor", sondern eine trichterartige Torsituation mit einem starken Torbau, dessen Pfostengruben in den anstehenden Fels eingearbeitet

waren (Abb. 13)[131]. Am Südwestrand der zusammenhängenden Plateaus mit ihren Befestigungsriegeln liegt die sog. „Elsachstadt". Hier wird durch einen bogenförmigen Wall mit doppeltem Graben ein Areal von 153 ha nochmals gegen den gesamten umwehrten

Fortsetzung Anmerkung 129
 ler (mit Tor G) wurde im Zusammenhang mit der wohl frühmittelalterlichen Befestigung der nördlichen Berghalbinsel „Baßgeige" mit einem rückwärtigen Graben versehen (vgl. J. Biel, Arch. Ausgr. Baden-Württemberg 1981, 80). Der Hauptzugang zur Festung Hohenneuffen führte ebenfalls durch die Wälle des Heidengraben. Diese waren sicher im Spätmittelalter und der Neuzeit als Annäherungshindernisse ausgebaut, wie dies schriftliche Belege für den Wall südlich von Grabenstetten

zeigen: vgl. Fischer, Heidengraben 53; 133 ff.; Fischer/Müller/Schäfer, Fundber. Baden-Württemberg 6, 1981, 345 f.
130 J. Biel, Der keltische „Heidengraben" nördlich Erkenbrechtsweiler, Kreis Esslingen. Arch. Ausgr. Baden-Württemberg 1981, 77 ff.
131 Biel hat darauf hingewiesen, daß auch das Tor D an der Elsachstadt diesen Typ verkörpert. Vergleichbare Tore (durch Grabungen untersucht) z. B.: Caster (Limbourg, Belgien): H. Roosens, Arch. Belgica 186, 1976, 54 ff., bes. Fig. 20.

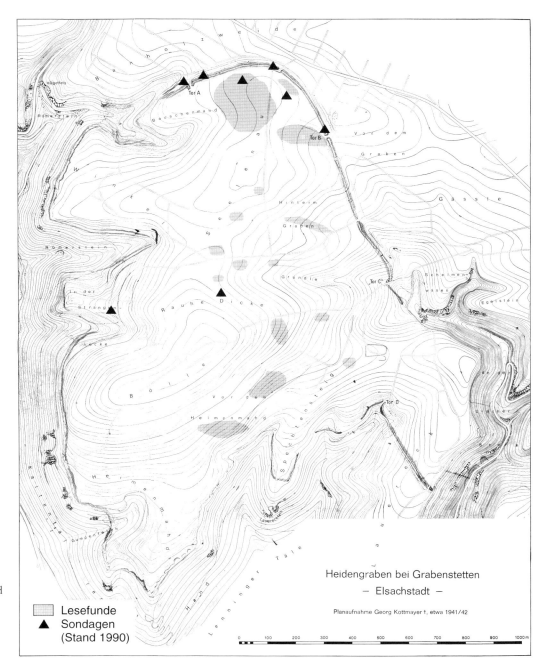

Abb. 14: Die Elsachstadt, der eigentliche Siedlungsbereich des Oppidums Heidengraben. Lesefunde und lokalisierte Sondagen (nach F. Fischer, Heidengraben Beilage 2 mit Ergänzungen durch den Autor).

Heidengraben bei Grabenstetten
— Elsachstadt —

Planaufnahme Georg Kottmayer †, etwa 1941/42

Lesefunde
▲ Sondagen
(Stand 1990)

Raum abgegrenzt (Abb. 14). Der Wall weist an zwei Stellen Zangentore auf (A und B); im Süden wird durch eine weitere Abschnittsbefestigung der Zugang vom Kaltental (Tor D) gesichert. Die Untersuchung der Wälle zu Beginn unseres Jahrhunderts ergab überall Pfostenschlitzmauern.

Wir dürfen sicherlich von einer nicht unbedeutenden Siedlung im Innenraum der 153 ha großen Elsachstadt ausgehen. Kleinere Grabungen (vor allem 1923 in der Flur „Strangenhecke", vgl. Katalog) im Innenraum ergaben z. T. Kulturschichten mit spätkeltischen und römischen Funden. Durch systematische Flurbegehungen konnte in den letzten Jahren an mehreren Stellen eine Fundkonzentration festgestellt werden, die auf flächige Besiedlung schließen läßt (Abb. 14)[132]. Ältere Fundnotizen belegen, daß gelegentlich auch Funde aus der Wallschüttung und einmal sogar aus der Mauerfront[133] geborgen wurden. Bei zwei kleineren Sondagen im Norden der Elsachstadt, nahe am Durchbruch des Feldwegs zwischen Tor A und B konnten 1990 spärliche Reste von Gruben festgestellt werden.

Früher schon wurden Eisenschlacken angetroffen, die auf eine Eisengewinnung im Oppidum hindeuten[134]. Es kann vermutet werden, daß hier die Bohnerze der Albhochfläche, vielleicht aber auch schon der Toneisenstein des am Albtrauf anstehenden Braunen Jura verhüttet wurden[135]. Eine sichere zeitliche Eingrenzung der Besiedlungsdauer aufgrund des Fundspektrums kann derzeit kaum erfolgen. Die bislang bekannten Funde legen ein Ende vor oder um die Mitte des 1. Jahrhunderts v. Chr. nahe[136]. Einige Keramikfunde und eine eiserne Fibel mit Spiralstütze vom benachbarten Grabhügelfeld beim Burrenhof (Kat.-Nr. 429) sprechen aber gegen einen zu frühen Ansatz für diesen Abbruch (vgl. Kap. III.1.1.7). Es wäre ohnehin zu fragen, ob mit dem Ende eines Oppidums in seiner Funktion als zentrale Örtlichkeit eine völlige Entvölkerung des Areals verbunden gewesen sein muß. Kleine bäuerliche Gemeinschaften haben hier vielleicht weiter gesiedelt. Die stadtartigen Oppida (also die Großbefestigungen mit nachgewiesener flächiger Besiedlung des Innenraums) als Handwerkerzentren und als Örtlichkeiten mit „Verteilerfunktionen" im Handelsnetz verfügten sicher auch über eigene landwirtschaftliche Betriebe, wie das die Grabungen in Manching gezeigt haben[137]. Ein wesentlicher Teil der Versorgung mit alltäglichen Gebrauchsgütern (z. B. Nahrungsmittel, Brennholz) und Rohmaterialien für die Handwerker (z. B. Felle und Häute, Holzkohle) dürfte aber auch vom Umland abhängig gewesen sein. Das Bestehen kleinerer Siedlungen im Umland ist auch im Fall des Heidengrabens anzunehmen (z. B. Kat.-Nr. 152, 188). Die Beziehung der Siedlungen im Vorland der mittleren Alb (z. B. Kat.-Nr. 190, 191, 193, 194, 199) zum

Heidengraben ist unklar. Zu bedenken ist, daß von einigen dieser Siedelplätze eine sehr junge Ausprägung der Grobkeramik stammt, die vom Heidengraben bislang noch nicht nachgewiesen ist (vgl. Kap. III.5.4). Die Erforschung solcher Ensembles innerhalb von Siedlungskammern steht in unserem Arbeitsgebiet aber noch ganz am Anfang; es bedarf hier großflächiger Prospektion und gezielter Grabungen, um die Frage der siedlungsgeographischen, wirtschaftlichen und gesellschaftlichen Strukturen zu klären.

II.1.2.2 Spätkeltische Funde von Höhenbefestigungen

Bei der Bearbeitung der Funde von vorgeschichtlichen Höhensiedlungen in Südwürttemberg hat J. Biel 1972 festgestellt, daß auf den Bergen keine Siedlungsniederschläge aus der Spätlatènezeit nachgewiesen sind[138]. Mittlerweile sind von einigen Höhensiedlungen jüngerlatènezeitliche Funde bekannt geworden, darunter auch Stücke, die sicher nach LT D zu datieren sind. Neben den oben schon erwähnten fraglichen Funden vom Ipf (Kat.-Nr. 11–12) wären hier die Fibeln, Glasreste und Keramikfunde vom Runden Berg bei Urach (Kat.-Nr. 400) zu nennen. Die Kleinfunde aus Glas und Bronze wurden früher gerne als im Frühmittelalter auf den Berg verschleppte Altfunde gesehen[139]; die spätlatènezeitliche Keramik kann so aber nicht erklärt werden. Auch ohne daß bislang diese Funde bestimmten Baustrukturen auf dem Plateau zugeordnet werden können, darf mit einer kleinen Ansiedlung auf dem Runden Berg gerechnet werden[140]. Ob diese allerdings von einer Befestigung umgeben war, ist fraglich. Von der Heuneburg (Kat.-Nr. 612) stammen ebenfalls Funde der Stufe LT D, anhand der wenigen Stücke kann aber noch nicht auf eine Siedlung geschlossen werden. Funde, die nicht näher innerhalb von LT C und D eingeordnet werden können, sind von einigen Höhensiedlungen bekannt (Kat.-Nr. 112, 586, 759, 256). Bei wenigen Höhensiedlungen, die frühlatènezeitliches Material erge-

---

132 Die Abbildung basiert auf einer Flurkarte, in der Herr Ch. Bizer (Oberlenningen) seine Fundpunkte markiert hat. Eine Kopie dieser Karte verdanke ich Herrn Dr. F. Klein, LDA Tübingen.

133 So etwa die Funde ca. 40 m östlich von Tor A im Wall oder beim Wegdurchbruch am Wanderparkplatz 1891: Fischer, Heidengraben 156 f. Das Unterteil einer Drehmühle aus Sandstein wurde unter der Mauer der östlichen Torwange von Tor A gefunden: Fundber. Schwaben 14, 1906, 7.

134 Fischer, Heidengraben 119 ff.

135 Bislang stammt der früheste Nachweis für eine Verhüttung von Toneisenstein in diesem Gebiet aus dem frühen Mittelalter: L. Szöke, Schlackenhalden und Schürfgruben im Braunen Jura zwischen Reutlingen und Weilheim an der Teck. Fundber. Baden-Württemberg 15, 1990, 353 ff.

136 Fischer, Spätlatènezeit 244.

137 Vgl. etwa F. Maier u. a., Germania 63, 1985, 32 f.

138 Biel, Höhensiedlungen 156.

139 Vgl. Koch, Runder Berg VI 319 ff.

140 J. Pauli in: H. Bernhard u. a., Der Runde Berg bei Urach. Führer arch. Denkm. Baden-Württemberg 14 (Stuttgart 1991) 62 ff.

ben haben, könnte die Siedlungsdauer aufgrund weniger Funde noch in die Mittellatènezeit hineinreichen (Kat.-Nr. 397, 596, 685). Vereinzelte oder hinsichtlich der Fundortangaben zweifelhafte Funde von Höhen (z.B. Münzen, Kat.-Nr. 226) können ebenfalls nicht als Nachweis für eine Besiedlung gelten. Für die Abschnittsbefestigung „Radberg" bei Herbrechtingen (Kat.-Nr. 256) hat F. Fischer aufgrund von Grabungen eine Datierung des Walls in die Spätlatènezeit angenommen, allerdings stammen von dort auch ältere Funde[141].

Eine Wallanlage auf der nördlichen Schwäbischen Alb wurde mit Vorbehalt in den Katalog aufgenommen: Auf dem Nordalbberg bei Deggingen (Kat.-Nr. 218) befindet sich ein Abschnittswall, der zwei regelrechte Zangentore aufweist. Ob dieses Kriterium allein für eine Datierung in die jüngere Latènezeit ausreicht, ist fraglich. Funde sind bislang überhaupt nicht bekannt. Mit einer Größe von ca. 1,5 ha wäre die befestigte Fläche durchaus im Rahmen von spätkeltischen Höhenbefestigungen des Trierer Landes[142]. Für den Wall auf dem Nordalbberg kommt natürlich auch eine Datierung in das frühe oder hohe Mittelalter in Frage. Eine sichere Datierung aufgrund von Merkmalen der Befestigungstechnik kann ohne Untersuchung nicht erfolgen[143]. Aus dem südwestdeutschen Raum ist bislang keine unmittelbar vergleichbare Anlage bekannt.

R. Schindler wollte in den oben erwähnten kleinen Höhenbefestigungen im Hunsrück und Moselgebiet die bei Caesar überlieferten „castella" sehen, welche Velleius Paterculus auch aus dem Gebiet der Räter und Vindeliker nennt[144]. Aufgrund von gezielten Untersuchungen konnte er die meisten dieser Anlagen in die Spätlatènezeit datieren. Schindler brachte diese Höhenburgen mit den treverischen „nobiles" in Zusammenhang[145]. Für den südwestdeutschen Raum sind derartige Anlagen bislang nicht nachweisbar. In allen oben aufgeführten Fällen aus unserem Arbeitsgebiet dürfte es sich um ein Besiedeln – vielleicht nur temporärer Art – von älteren Befestigungen handeln[146]. Vermutlich liegt hier ein ähnliches Phänomen vor wie bei einigen der im weitesten Sinne als Oppida angesprochenen Großbefestigungen (s.o.). Befestigte Anhöhen wurden offensichtlich nicht dauerhaft besiedelt, sondern nur aus einem kurzfristigen Schutzbedürfnis heraus aufgesucht. Eine ähnliche Situation ist bei manchen Höhlen festzustellen (s.u., Kap. II.3).

II.2 Viereckschanzen

II.2.1 Exkurs: Zur Forschungsgeschichte. Vielfältige Deutungsversuche eines Bodendenkmals

Im Kapitel zum ländlichen Siedlungswesen wurde der Problemkreis der Viereckschanzen bereits angeschnit-

ten und die Vermutung geäußert, daß sich dahinter ein vielschichtigeres Phänomen verbergen könnte.

Eine Erörterung in einem eigenen Kapitel wird diesen Problemen daher gerechter als ein Einbinden der Thematik in die Bereiche Siedelwesen oder Kult, zumal sich eine solche Klassifizierung ohnehin nicht verallgemeinernd treffen läßt.

Ausgewogene und übersichtliche Darstellungen zur Erforschungsgeschichte der Viereckschanzen haben Planck und Bittel publiziert[147]. Beide Autoren gehen von einer Deutung der Viereckschanzen als Kultplätze im weitesten Sinne aus. Die Befunde von Ehningen (Kat.-Nr. 65), Bopfingen-Flochberg (Kat.-Nr. 15) und Riedlingen (Kat.-Nr. 96 A) passen nicht ohne weiteres in dieses fest umrissene Deutungsschema. Hat man sich seit dem Erscheinen von F. Drexels wegweisendem Aufsatz „Templum" zu wenig mit anderen (älteren) Interpretationsmöglichkeiten auseinandergesetzt[148]?

Eine erneute Durchleuchtung der Forschungsgeschichte scheint aus verschiedenen Gründen angebracht: Wie überzeugend haben die einzelnen Forscher ihre Deutungen vertreten? Wie tragfähig war jeweils die Basis des durch Grabungen gewonnenen Forschungsstandes? Während 160 Jahren ernsthafter Forschung wurde unterschiedlichen Erklärungsversuchen der Vorzug gegeben: Dachte man zunächst an römische Lager, schwankte die Deutung später längere Zeit zwischen Fliehburgen, Rechteckhöfen und Viehgehegen. Erst seit ungefähr 40 Jahren traten alle anderen Möglichkeiten gegenüber der Erklärung als keltische Kultplätze zurück.

A. „Römische Castra"

Die rechteckige Form der Wall-Graben-Anlagen war sicher ausschlaggebend dafür, daß J. N. von Raiser die

---

141 F. Fischer, Arch. Ausgr. Baden-Württemberg 1986, 83 f.

142 Vgl. Schindler, Spätkeltische Befestigungen 273 ff., bes. 274 Abb. 1.

143 Zusammenfassend zu den angeblichen Charakteristika frühgeschichtlicher Abschnittsbefestigungen: H.-W. Heine, Studien zu Wehranlagen zwischen junger Donau und westlichem Bodensee. Forsch. u. Ber. Arch. Mittelalter Baden-Württemberg 5 (Stuttgart 1978) 22.

144 Caesar, Bell. Gall. II, 29; Schindler, Spätkeltische Befestigungen 279. Vgl. zur Deutung der „castella" bei Caesar: W. Dehn, Die gallischen Oppida bei Cäsar. Saalburg-Jahrb. 10, 1951, 37; Boos, Oppidum 59 mit Anm. 39.

145 Schindler, Spätkeltische Befestigungen 279, 285; ders., Altburg 79 f.

146 Der Radberg (Kat.-Nr. 256) entzieht sich bis zur endgültigen Bearbeitung und Vorlage einer Beurteilung. Im Vorbericht hat Fischer die Befestigung als spätlatènezeitlich eingestuft: Fischer, Arch. Ausgr. Baden-Württemberg 1986, 83.

147 Planck, Fellbach-Schmiden 106 ff.; K. Bittel in: Bittel/Schiek/Müller, Viereckschanzen 9 ff.; vgl. jetzt auch Krause/Wieland, Bopfingen 59 ff. Viele der folgenden Überlegungen haben in verkürzter Form Eingang in diesen Aufsatz gefunden.

148 F. Drexel, Templum. Germania 15, 1931, 1 ff.

Viereckschanzen ganz selbstverständlich zu den „römischen Castra" zählte. Daher verwunderte ihn auch der Fund einer römischen Münze aus der Schanze „Poenburg" bei Türkheim (Lkr. Mindelheim) nicht weiter[149]. Die erste Erwähnung einer Grabung in einer Viereckschanze stammt ebenfalls aus den Beschreibungen v. Raisers[150].

In den ersten Oberamtsbeschreibungen Württembergs war die Datierung in römische Zeit obligatorisch, erste Zweifel hatten dann E. von Paulus (1877), E. Kapff (1894, s.u.) und K. Miller (1897)[151]. Auch W. Conrady mußte nach den ersten Sondagen 1896 die Schanze beim badischen Gerichtstetten aus der Liste der römischen Lager streichen. Er erwog bereits verschiedene Deutungsmöglichkeiten der „rätselhaften germanischen Anlage"[152]. Noch 1913 hat F. Ohlenschlager die Viereckschanzen als römische Militäranlagen betrachtet[153] Wohl eher einem Versehen des Autors oder der Redaktion dürfte es dagegen zuzuschreiben sein, daß die Viereckschanze von Tomerdingen noch 1977 als „römisches Marschlager" abgebildet wurde[154].

B. Vorrömische Befestigungsanlagen

E. Kapff hat 1894 erstmals eine vorgeschichtliche Datierung der „Römerschanzen" auf dem Härtsfeld (Ostalbkreis) vorgeschlagen. Vorgeschichtliche Scherben, die er nahe beim Eingang der Viereckschanze im „Röserhau" bei Kleinkuchen (auf Markung Heidenheim-Schnaitheim) gefunden hatte, gaben hier sicher den Ausschlag[155]. K. Schumacher trat 1899 für eine „multifunktionale" Deutung der Schanze von Gerichtstetten ein: Er dachte hauptsächlich an ein spätkeltisches Gehöft, wollte aber auch die Aspekte „Herrensitz" und „Fliehburg für die Bevölkerung der Umgebung" nicht außer acht lassen. Dabei ging er von einer Zweiphasigkeit der Anlage aus: „Erst später, wohl in drohenden Kriegszeiten, wurde dasselbe [Gehöft] mit Wall und Graben umgeben, im Interesse des Besitzers und der im Thalgrunde zerstreut wohnenden Stammesgenossen, um ihren Herden eine Zufluchtsstätte zu schaffen"[156]. Mit einem bemerkenswerten Weitblick hat Schumacher damals eine Mehrphasigkeit der Viereckschanzen angenommen – spätere Grabungen sollten ihm recht geben. Auch ist es sein Verdienst, die Anlagen erstmals in den richtigen zeitlichen und kulturellen Zusammenhang gestellt zu haben. G. Bersu dachte 1911 an vorrömische Befestigungen, was sich hauptsächlich an einzelnen Formulierungen in seinen Grabungsberichten über die Schanze beim Einsiedel im Schönbuch (heute Pliezhausen-Rübgarten) zeigt: So verwendete er öfters die Bezeichnungen Wehrgang, Brustwehr und Befestigungswerk. Die Deutung als Gehöft mochte er vorerst noch nicht völlig ausschließen[157].

Ein Jahr später war Bersu (aufgrund des Fundmaterials) davon überzeugt, daß die Schanze bei Einsiedel noch in römischer Zeit bewohnt war:

„Nach dem jetzt vorliegenden Material muß es als sicher gelten, daß die Befestigungsanlagen mindestens im 2. nachchristlichen Jahrhundert noch standen und auch der Innenraum der großen Schanze in dieser Zeit noch bewohnt wurde. Zu einer genaueren Datierung langen die römischen Reste leider noch nicht. Da römische Gefäße in der barbarischen Ware imitiert werden, war es die alte einheimische Bevölkerung, die die Schanzen noch in römischer Zeit bewohnte"[158].

1922 wiesen O. Paret und G. Bersu am Beispiel der Schanzen von Heiligkreuztal auf die Ähnlichkeit der Anlagen zu römischen Lagern hin: „Sie erinnern so sehr an die römischen Lager, daß eine Beziehung zwischen beiden, eine Abhängigkeit der spätkeltischen Anlagen von den römischen angenommen werden muß." Als Folge davon datierten sie die Viereckschanzen in nachcaesarische Zeit, die späteren römischen Funde erklär-

149 J. N. von Raiser, Der Oberdonaukreis im Königreiche Bayern unter den Römern I (Augsburg 1830) 67 f., Taf. II, Fig. 23: „...Ist daselbst bey der Ziegelhütte die Tab. II, Fig. 23 abgebildete Römer-Schanze, ist die „Pöneburg" genannt. Ihr Viereck umfaßt 352', sie hat auf 3 Seiten Eingänge. Eine hier gefundene große römische Münze aus Erz von Traian v. J. 116, als dem VIten seines Consulats, mit „Rex Parthis datus S.C.", und mit dem Bilde der Proklamation des Kaisers als König der Parther, befindet sich in der Nummotheca Raiseriana". Vgl. auch: FMRD I 7 Nr. 7247–1; I. Moosdorf-Ottinger, Der Goldberg bei Türkheim. Münchner Beitr. Vor- u. Frühgesch. 24 (München 1981) 10; 22 ff. Ein römischer Münzhort des 3. Jh. kam nach Berichten v. Raisers auch in der Viereckschanze von Olgishofen bei Illertissen zum Vorschein. Vgl. hierzu B. Eberl, Das Schwäb. Mus. 8, 1932, 49 ff., bes. 50.

150 v. Raiser (Anm. 149) 68 mit Anm. 100. – Vgl. Bittel in: Bittel/Schiek/Müller, Viereckschanzen 9.

151 E. von Paulus, Die Altertümer in Württemberg (1877) 98: „...vielleicht noch aus der Grabhügelzeit..."; K. Miller in: OAB Ulm (1897): „...rechteckige Schanzen, deren Alter jedoch nicht ganz sicher ist" (zit. nach Bittel/Schiek/Müller, Viereckschanzen 11 f.); vgl. auch zur Schanze von Kirchheim-Jagstheim, Ostalbkreis: E. Monninger, Das Ries und seine Umgebung (Nördlingen 1893) 227.

152 Zit. nach Bittel in: Bittel/Schiek/Müller, Viereckschanzen 14 Anm. 10.

153 Vgl. Bittel, ebd. 14 mit Anm. 7.

154 F. G. Maier, Neue Wege in die alte Welt. Methoden der modernen Archäologie (Hamburg 1977) Abb. 12.

155 E. Kapff, Das Härdtfeld in vorrömischer Zeit und die „Römerschanzen" in Württemberg. In: Schwäbische Kronik des Schwäbischen Merkurs, zweite Abteilung vom 18. Juli 1894 (zit. nach Bittel in: Bittel/Schiek/Müller, Viereckschanzen 14 mit Anm. 8).

156 K. Schumacher, Gallische Schanze bei Gerichtstetten (Amt Buchen). Veröff. Großherzogl. Badische Sammlungen f. Altertums- und Völkerkde. Karlsruhe und Karlsruher Altertumsver. 2, 1899, 75 ff., bes. 82.

157 G. Bersu, Zwei Viereckschanzen. I: Die Riesenschanze auf der Federlesmad bei Echterdingen und II: Die Viereckschanze bei Einsiedel O.A. Tübingen. Fundber. Schwaben 19, 1911, 13 ff., bes. 23.

158 G. Bersu, Fundber. Schwaben 20, 1912, 29 ff., bes. 31 f.

ten sie als Spuren der beginnenden römischen Besetzung[159]. In sehr zuversichtlicher Weise äußerten sich damals Bersu und Paret zu dem jetzt wieder aktuellen Problem der keltischen Restbevölkerung in römischer Zeit, bzw. zur Frage der Siedlungskontinuität: „Die Lücke, die in der Geschichte des Landes um den Beginn unserer Zeitrechnung bestand, scheint sich zu schließen"[160].

Bersu führte dann 1926 am Beispiel der Schanze von Oberesslingen nochmals Argumente gegen eine Deutung als Gehöft an: Er wies u. a. auf die relativ kurze Benutzungsdauer, die ungünstige Lage und die Größe der Befestigung hin, die seines Erachtens für eine militärische Anlage sprächen. Bei der Suche nach historischen Begründungen für seine Deutung, zog er die Kimbernzüge, Ariovist und die römische Okkupation Süddeutschlands in Erwägung[161].

P. Goessler gab 1929 keiner der beiden damals aktuellen Deutungen den Vorzug: Er hielt sowohl „Gutshöfe" als auch „richtige Schanzen keltischer Bauern" für möglich[162].

W. Hardes und K. H. Wagner vertraten 1940 wiederum sehr deutlich die Theorie einer militärischen Anlage: „Die Deutung der Viereckschanze Radertshausen als kleine Fliehburg dürfte daher unzweifelhaft sein"[163].

O. Paret publizierte 1950 eine Zusammenstellung aller bis zu diesem Zeitpunkt vertretenen Deutungsversuche und verfocht nochmals die Erklärung als keltische Fliehburg oder Militärlager. Auch zehn Jahre später hat er diese Argumentation (etwas verkürzt) in seiner Abhandlung über die Vorgeschichte Württembergs nochmals festgehalten[164].

C. Spätkeltische Rechteckhöfe

K. Schumacher dachte 1899 noch an eine „Doppelfunktion" der Schanze von Gerichtstetten als Herrenhof *und* Fliehburg (s. o.).

Wenig Beachtung fand bisher eine Untersuchung von G. Hock in der Viereckschanze von Bütthardt in Unterfranken. Der Ausgräber berichtete 1907, daß er bei Grabungen in der Südostecke Pfostengruben und Hüttenlehm mit Rutenabdrücken gefunden habe. Ausdrücklich erwähnte er auch zahlreiche Scherben der jüngeren Latènezeit. Hock deutete die Befunde als Reste eines Eckturms. Dies dürfte der erste Bericht über einen Befund sein, der sich später als ein Charakteristikum der Viereckschanzen herausstellen sollte, nämlich die Gebäude in der Ecke. Auch Hock dachte im Vergleich mit anderen Anlagen an ein „gemeinschaftliches Siedlungsprinzip" (befestigte Gutshöfe)[165].

P. Reinecke formulierte 1910/11 erstmals eine Reihe von Argumenten gegen den römischen Ursprung der Schanzen und führte gleichzeitig den bis heute gebräuchlichen Terminus der „spätkeltischen Viereck-

schanzen" ein. Eines der damals von ihm vorgebrachten Argumente (Fehlen römischer Funde) hat er bald darauf selbst als nicht zutreffend erkannt: Römerzeitliche Funde wurden noch in größerer Menge aus Viereckschanzen bekannt (s. u.)[166].

In Anlehnung an Schumacher sprach F. Hertlein 1912 von „gallischen Gutshöfen adeliger Herren"[167].

1922 argumentierte Reinecke (in Anlehnung an seine früheren Ausführungen) mit dem Fundmaterial und der Innenbebauung der Schanzen für die Deutung als „befestigter spätkeltischer Gutshof".

Er sah in ihnen die direkten Vorläufer der „viereckig ummauerten provinzialrömischen Meierhöfe"[168].

„Zweifellos besteht zwischen diesen Siedlungsformen ein innerer Zusammenhang." Diese Feststellung Reineckes wäre durchaus einer erneuten Überprüfung wert, zumal man mittlerweile auch aus dem süddeutschen Raum römische Gutshöfe kennt, die nie in Stein ausgebaut worden sind (s. u.)[169].

E. Wahle machte 1929 auf die Anlage von Königheim-Brehmen (Main-Tauber-Kreis) mit ihren Erweiterungen aufmerksam und dachte sich die umfangreichen Wallanlagen als „eine Art Einfriedung des Gutshofes, um das Vieh zusammenzuhalten". Dabei ging er aber nicht so weit, die Schanzen als reine Viehgehege zu bezeichnen (s. u.). Wahle hat bereits gefordert, mehrere Schanzen planmäßig durch Grabungen zu erforschen, um zu einer befriedigenden Erklärung zu kommen[170].

159 G. Bersu/O. Paret, Heiligkreuztal. Keltische Viereckschanzen im Oberamt Riedlingen. Fundber. Schwaben N.F. 1, 1922, 64 ff., bes. 73 f.

160 Ebd. 74.

161 G. Bersu, Die Viereckschanze bei Oberesslingen. Fundber. Schwaben N.F. 3, 1926, 61 ff., bes. 69 f.

162 P. Goessler, Aus der ältesten Geschichte des Herrenberger Bezirks. In: Festschr. zum 700jährigen Bestehen der Stadt Herrenberg (1929) 8 ff., bes. 15 (zit. nach Bittel in: Bittel/Schiek/Müller, Viereckschanzen 16 Anm. 19).

163 W. Hardes/K. H. Wagner, Spätkeltische Viereckschanze bei Mainburg (Niederbayern). Germania 24, 1940, 16 ff., bes. 19.

164 O. Paret, Die spätkeltischen Viereckschanzen. In: H. Kirchner (Hrsg.), Ur- und Frühgeschichte als historische Wissenschaft. Festschr. E. Wahle (Heidelberg 1950) 154 ff.; ders., Württemberg in vor- und frühgeschichtlicher Zeit. Veröff. Komm. f. gesch. Landeskde Baden-Württemberg, Reihe B Bd. 17 (Stuttgart 1961) 306 f.

165 G. Hock, Ber. RGK 3, 1906/1907 (1909), 42 ff., bes. 43.

166 P. Reinecke, Alter und Bedeutung der Viereckschanzen in Süddeutschland. Deutsche Gaue 11, 1910, 180 f.; Ders., Kelheim (Ndb.), Spätkeltische Viereckschanze. Röm.-Germ. Korrbl. 4, 1911, 19 ff.

167 F. Hertlein, Die Altertümer des Oberamts Heidenheim (Esslingen 1912) 28 ff.

168 P. Reinecke, Die spätkeltischen Viereckschanzen in Süddeutschland. Bayer. Vorgeschichtsfreund 1–2, 1921–22, 39 ff., bes. 42 f.

169 Ebd. 43.

170 E. Wahle, Eine neue keltische Viereckschanze im badischen Taubergrund. In: Alt-Heidelberg. Wochenbeil. zum Heidelberger Tageblatt, Nr. 27 vom 8. 7. 1933, 205 f. (zit. nach Bittel in: Bittel/Schiek/Müller, Viereckschanzen 16 mit Anm. 16).

K. Bittel beschäftigte sich in seiner 1934 gedruckten Dissertation sehr eindringlich mit der Frage der Viereckschanzen. Die Frage nach dem Zweck versuchte er zunächst aufgrund ihrer Lage im Gelände zu ergründen: Reine Befestigungsanlagen waren es wohl kaum, wie das Beispiel der strategisch äußerst ungeschickt angelegten Schanze von Fleinheim (Kr. Heidenheim) deutlich zeigte.

Die hauptsächlich von Paret und Bersu vertretene These, daß die Viereckschanzen auf die Vorbilder der römischen Lager zurückgehen, konnte Bittel entkräften: Er verwies auf die unregelmäßigen Lagergrundrisse der republikanisch-frühaugusteischen Zeit. Regelmäßige Kastelle seien erst seit augusteischer Zeit allmählich aufgekommen[171]. Bittel vertiefte auch die von Reinecke 1922 geäußerten Gedanken (s. o.) von den Beziehungen der keltischen Viereckschanzen zu den römischen Gutshöfen: Er nannte aus Württemberg 14 Beispiele, wo in unmittelbarer Nähe der Schanze ein römischer Gutshof bekannt oder durch Funde zu erschließen war[172]. Bittel äußerte in diesem Zusammenhang die Vermutung, „…daß der Bewohner der Viereckschanze der Wegbereiter des römischen Bauern war"[173]. Diese Vermutung, daß sich nämlich die ländliche Besiedlung in römischer Zeit zunächst an den bereits gerodeten, schon vorher landwirtschaftlich genutzten Kleinräumen orientierte, wäre durchaus ein interessanter Ansatzpunkt für siedlungsarchäologische Forschungen.

Mit dem Verweis auf die unsichere Datierung spätkeltischer Keramik, die „allem Anschein nach noch in römische Zeit hineinreicht", dachte Bittel an eine Datierung einiger Viereckschanzen noch in römische Zeit. Dabei könnten auch römische Gutshöfe als Vorbilder gedient haben. Diese Ansicht stand aber wieder in gewissem Widerspruch zu Bittels oben angeführten Argumenten gegen die Vorbildfunktion römischer Lager[174].

H. Bernhard hat 1983 nochmals an einem Beispiel aus dem nördlichen Oberrheingebiet die Deutung der Viereckschanzen als Rechteckhöfe in Erwägung gezogen, wohlweislich in einer vorsichtigen Formulierung: „…und man muß sich fragen, ob es sich bei den (…) Anlagen immer um Kultplätze handeln muß und nicht nur um befestigte Hofsiedlungen, die in dieser Form durchaus seit der älteren Eisenzeit nachweisbar sind"[175]. Die befestigte Siedlung von Westheim bei Speyer (Abb. 15), auf die Bernhard hier hinwies, ähnelt im Grundriß tatsächlich in verblüffender Weise bislang untersuchten Viereckschanzen, auch wenn die Zugehörigkeit einiger Hausgrundrisse fraglich erscheint[176].

D. Viehgehege?

Von einigen Forschern wurde die „Umwehrung" der als Gutshöfe gedeuteten Schanzen auch als eine Art Zu-

fluchtsstätte für die ansonsten frei grasenden Viehherden gesehen (etwa Schumacher und Wahle, s. o.). Erst B. Eberl erwog 1932 eine Funktion als reines Viehgehege, wobei er sich die Erdwälle hauptsächlich als Windschutz für die Herden vorstellte. Ein weiteres Indiz für seine Deutung war ihm die Lage der Schanzen „in den äußersten Winkeln der Gemeindeflur auf dem Boden der ehemaligen Gemeindeviehweiden". Folglich hätte Eberl, wenigstens bei diesen Anlagen, eine vorgeschichtliche Zeitstellung ablehnen oder eine Platz- und Funktionskontinuität von der Latènezeit bis ins Spätmittelalter postulieren müssen[177].

In jüngster Zeit (1988) wurde von J. Beeser die Deutung als Viehgehege nochmals aktualisiert. Die Ergebnisse neuerer Grabungen (z. B. Fellbach-Schmiden und Ehningen) sprechen aber schon wegen der zahlreichen Funde gegen die von ihm formulierten Thesen[178].

E. Kultanlagen

Auch wenn schon W. Conrady 1896 bei der Schanze von Gerichtstetten u. a. an eine „alte Kult-, Ding- und Malstätte für Gauversammlungen mit ihren verschiedenen Zwecken" gedacht hat[179], war doch F. Drexel der erste, der sich intensiv mit einer Deutung der Viereckschanzen als Spuren keltischer Kultplätze beschäftigt hat. Er betonte die ausgesprochen unmilitärische Lage und wertete den Umstand, daß die „Umwehrung" ein reines Erdwerk und keine (in der Latènezeit ja schon bekannte) Holz-Stein-Konstruktion war als ein Indiz für sakrale Deutung[180]. Die Ähnlichkeit zur „Urform des römischen Templum" und die formalen Beziehun-

171 Bittel, Kelten 100 ff., bes. 102.
172 Ebd. 102 f.
173 Ebd. 103.
174 Ebd. 104. Die Frage der ältesten Villenbesiedlung im südwestdeutschen Raum ist nach wie vor unklar. Sicher sind zunächst Einzelhöfe in Holzbauweise anzunehmen, die auch von der Luftbildarchäologie nur schwer nachzuweisen sind. Abhilfe könnte nur eine systematische Erforschung geographischer Kleinräume nach dem Vorbild der nordwestdeutschen Küstengebiete oder der Niederlande schaffen.
175 Bernhard, Militärstationen 105 ff., bes. 114.
176 Ebd. 116 Abb. 11. Vor allem für die sehr massiv wirkenden Firstsäulenbauten lassen sich bisher keine Entsprechungen aus Viereckschanzen nennen. Besonders hingewiesen sei hier auch auf die Lage der holzverschalten Brunnen nahe an der Umwehrung – eine auffallende Ähnlichkeit zur Lage der Schächte in Viereckschanzen.
177 B. Eberl, Die Viereckschanze bei Olgishofen (Illertissen). Das Schwäb. Mus. 8, 1932, 49 ff., bes. 50.
178 J. Beeser, Die keltischen Viereckschanzen – vielleicht doch Viehgehege? Schwäb. Heimat 39, 1988, 134 ff.; vgl. dazu die Stellungnahme von S. Schiek in: Schwäb. Heimat 39, 1988, 356 f.; Ablehnung der Beeserschen Theorie auch in: Bittel/Schiek/Müller, Viereckschanzen 16 mit Anm. 18; 54 Anm. 92; 55 Anm. 95; 72 Anm. 173.
179 Vgl. Bittel in: Bittel/Schiek/Müller, Viereckschanzen 14 Anm. 10.
180 F. Drexel, Templum. Germania 15, 1931, 1 ff., bes. 3.

Abb. 15: Westheim bei Speyer. Befestigte Siedlung oder Rechteckhof der Spätlatènezeit (nach Bernhard, Militärstationen 116 Abb. 11).

gen zu gallorömischen Tempelbauten waren für Drexel weitere Argumente, dennoch betonte er am Ende seiner Ausführungen, daß er diese Gedanken nur als Anregung verstand[181].

P. Goessler, der sich vormals (s. o.) für eine Deutung der Schanzen als Befestigung oder Gehöft ausgesprochen hatte, legte 1952 den Grundstein für eine speziellere Interpretation innerhalb des kultischen Bereichs, die K. Bittel später wesentlich vertiefen sollte (s.u.): Er stellte an Beispielen aus Südwürttemberg (Heiligkreuztal und Obermarchtal) die Lagebeziehungen zwischen manchen Viereckschanzen und älteren Grabhügelnekropolen heraus und vermutete, die Schanzen könnten bereits zur Zeit der Grabhügel angelegt worden sein[182].

1959 konnte K. Schwarz das auf eine Anregung von W. Krämer zurückgehende Atlaswerk der spätkeltischen Viereckschanzen in Bayern vorlegen. Die genaue Vermessung und Dokumentation der bayerischen Schanzen war ein entscheidender Schritt sowohl für die Viereckschanzen-Forschung, als auch für den Aufbau einer systematischen „topographischen Archäologie" im Rahmen der Denkmalpflege[183]. In den Jahren 1957–1963 untersuchte Schwarz dann weite Teile einer Viereckschanze im bayerischen Holzhausen: Durch die sorgfältige und aufwendige Ausgrabung konnten wesentliche Grundzüge gefunden werden, die sich bei späteren Grabungen in anderen Schanzen bestätigt finden sollten[184]. Schwarz konnte fünf Ausbauphasen der Holzhausener Schanze feststellen:

Temenos 1: Lückenhafte Einfriedung durch eine Pfahlwand, der Zugang ist nur durch zwei Pfosten markiert. Nicht ganz sicher ist die Zugehörigkeit des tiefen Nordostschachtes zu dieser ersten Anlage.

Temenos 2: Die Südwest- und die Nordwestseite sind durch eine durchgehende Pfahlwand begrenzt, der Zugang wiederum nur durch zwei Pfosten. Der Nordostschacht ist vermutlich noch in Funktion.

Temenos 3: Allseitige lineare Einfriedung durch Pfahlwände, der Zugang wird jetzt durch „große breitovale Gruben von 1–1,5 m Durchmesser" flankiert[185]. Das erste Gebäude in der Westecke und der Südwestschacht werden angelegt.

Temenos 4: „Umwehrung" mit Wall und Graben, z. T. scheint die ältere Pfahlwand als Stabilisierung der Wallschüttung verwendet worden zu sein. Anlage des zweiten Gebäudes in der Westecke. Der Südwestschacht ist zunächst noch in Funktion und wird dann verfüllt. Der Nordschacht wird neu angelegt.

Temenos 5: Der Graben wird verfüllt, die Torlücke im Wall von 4 auf 12 m verbreitert; ein regelrechter Torbau mit acht großen Pfosten entsteht, das Gebäude in der Westecke und der Schacht in der Nordecke werden weiter benutzt.

So weit die knappe Abfolge der von Schwarz ermittelten Bauphasen. Durch eine Vertiefung der von Drexel und Goessler angestellten Überlegungen und durch Vergleiche mit nachweisbaren Heiligtümern aus dem mediterranen Raum kam Schwarz zu einer Deutung der Viereckschanzen als „temenē"[186]. Eine wesentliche Rolle spielten hierbei die drei Schächte, die er auch aufgrund naturwissenschaftlicher Analysen als Opferschächte deutete: Der Gedanke, daß man hier chthonischen Mächten Blut- und Fleischopfer dargebracht hatte, lag sicher nahe (zu „Schachtopfern" vgl. auch die spätlatènezeitlichen Funde aus Schachthöhlen, Kap. II.3.2).

Es ist ein unbestreitbares Verdienst von Schwarz, eine Reihe von gemeinsamen Zügen vieler Viereckschanzen herausgestellt zu haben: Man denke an die Lage der Tore, die sich niemals an der Nordseite finden, oder an die „vorwallzeitliche" Bauphase mit Palisadenumgrenzung sowie an die z. T. auffallend ähnlichen Schächte (vgl. Tomerdingen, Schönfeld)[187]. Die Untersuchung der Holzhausener Schanze zählt darüber hinaus bis heute zu den aussagekräftigsten und interessantesten Grabungen in einer solchen Anlage. Sie hat den weiteren Gang der Viereckschanzen-Forschung in hohem Maße beeinflußt. Der Tod von Schwarz hat leider weitere Forschungen in diese Richtung verhindert. Eine Weiterführung und Aufarbeitung seiner Untersuchungen in Holzhausen wäre ein dringendes Desiderat, auch vor dem Hintergrund des mittlerweile erreichten Forschungsstandes: So ist beispielsweise der von Schwarz erwähnte Fund eines römischen Gefäßes des späten 1. Jahrhunderts n. Chr. im Graben von großer Bedeutung, da er ja eine Datierung seines Temenos 5 (verfüllter Graben!) in römische Zeit bedeuten würde[188]. Denkt man an die mittlerweile in großer Zahl bekannten rö-

181 Ebd. 6.

182 P. Goessler, Auf den Spuren altkeltischer Religionsübung in Süddeutschland. In: Neue Beitr. Archäologie u. Kunstgesch. Schwabens. Festschr. J. Baum (Stuttgart 1952) 27 ff., bes. 31.

183 K. Schwarz, Atlas der spätkeltischen Viereckschanzen Bayerns (München 1959).

184 Vgl. im Folgenden: K. Schwarz, Spätkeltische Viereckschanzen. Ergebnisse der topographischen Vermessung und der Ausgrabungen 1957–1959. Ber. Bayer. Landesamt f. Denkmalpfl. 18, 1959, 51 ff.; ders., Die Geschichte eines keltischen Temenos im nördlichen Alpenvorland. In: Ausgr. in Deutschland 1 (Mainz 1975) 324 ff.; ders., Vom Werden und von den Aufgaben der Landesarchäologie, vornehmlich erläutert an Beispielen aus Bayern. Jahresber. Bayer. Bodendenkmalpfl. 13/14, 1972/73, 99 ff., bes. 245 ff.

185 Die Gruben wiesen keine eindeutigen Pfostenstandspuren auf. In diesem von Schwarz ausdrücklich erwähnten Detailbefund zeigt sich eine auffallende Parallele zu den Gruben der Gebäude in der Schanze von Bopfingen (s.u.).

186 Schwarz, Temenos 351.

187 Ebd. 327 ff.

188 K. Schwarz, Jahresber. Bayer. Bodendenkmalpfl. 1, 1960, 40.

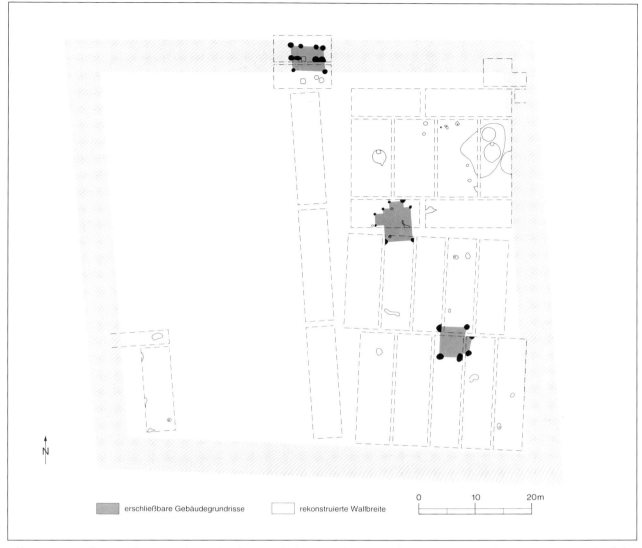

Abb. 16: Dornstadt-Tomerdingen. Grabungsplan der Viereckschanze (nach Zürn/Fischer, Tomerdingen Beil. 3 mit Ergänzungen durch den Autor).

mischen Funde aus Viereckschanzen (vgl. etwa Ehningen, Rübgarten), wäre Holzhausen auch in der Frage nach der Besiedlungskontinuität von der Spätlatène- in die römische Zeit und der Nutzung der Schanzen in römischer Zeit von höchstem Interesse[189].

Auch die Untersuchungen von H. Zürn in der Viereckschanze von Tomerdingen (1958/59), die so verblüffend ähnliche Befunde wie in Holzhausen erbrachten (Schacht), haben wesentlich dazu beigetragen, daß in der Folge kaum jemand Zweifel daran hatte, daß es sich bei allen Viereckschanzen um relativ gleichförmige Kultanlagen handelt. Zu eindeutig erschienen die identischen Befunde der immerhin 160 km voneinander entfernten Anlagen[190].

Zürn untersuchte in Tomerdingen die Westhälfte des Schanzeninnenraums flächig und legte an jeder Seite ein Profil durch Wall und Graben. Den Torbereich in der

Mitte der Südseite legte er ebenfalls flächig frei (vgl. Abb. 16). Auf der untersuchten Fläche konnte er 17 Pfostengruben feststellen, ihre Verteilung bezeichnete er als „völlig unregelmäßig und ohne jeglichen Zusammenhang"[191]. Dennoch wies er auf zwei „Häufungen von Gruben", eine im Nordwest- und eine im Südwest-Teil hin. Zumindest bei den letztgenannten dürfte es sich um Reste eines Gebäudes handeln (Abb. 16), viel-

---

189 Vgl. zur Frage der Kontinuität auch Bittel in: Bittel/Schiek/Müller, Viereckschanzen 65; Wieland, ebd. 59 f.

190 Vorbericht: H. Zürn, Die keltische Viereckschanze bei Tomerdingen, Krs. Ulm (Württemberg). Proc. Prehist. Soc. 37, 1971 (Festschr. G. Clarke), 218 ff.; Jetzt als Monographie vorgelegt: H. Zürn/F. Fischer, Die keltische Viereckschanze von Tomerdingen. Materialh. Vor- u. Frühgesch. Baden-Württemberg 22 (Stuttgart 1991).

191 Zürn/Fischer, Tomerdingen 30.

In der Legende: erschließbare Gebäudegrundrisse — rekonstruierte Wallbreite — 0 10 20m

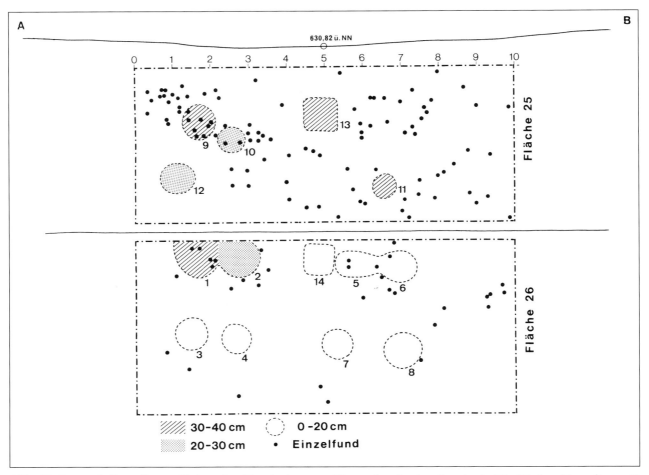

A · B

630,82 ü. NN

Fläche 25

Fläche 26

13
9
10
12
11

1
2
14
5
6
3
4
7
8

///// 30-40 cm   ◯ 0-20 cm
▦ 20-30 cm   • Einzelfund

Abb. 17: Dornstadt-Tomerdingen. Torbau der Viereckschanze. Möglicherweise bildeten die Pfosten 1–8 und 11–12 einen aus zehn Pfosten bestehenden Bau (nach Zürn/Fischer, Tomerdingen 20 Abb. 10).

leicht von der gleichen Form wie es 1984 aus der Schanze von Ehningen bekannt wurde (s.u.)[192]. Zwei größere Gruben nahe der Südwestecke deutete Zürn als Wassersammler, was angesichts der wasserarmen Albhochfläche, auf der die Schanze liegt, sehr wahrscheinlich ist[193]. Interessanterweise liegen sie in direkter Nachbarschaft zum „vorwallzeitlichen" Schacht – vielleicht haben sie ihn in seiner Funktion ersetzt?

Das inmitten der Südseite gelegene Tor scheint zumindest zweiphasig gewesen zu sein. Zürn selbst unternahm hier keinen Versuch, die beiden Bauphasen zu trennen, dagegen schlug S. Schiek zwei einfache kleine Torbauten vor[194]. Eine weitere Möglichkeit wäre eine Rekonstruktion als massiver Torbau mit zehn Pfosten, wie er auch von anderen Schanzen bekannt ist (Abb. 17). Nahe der Südwestecke stieß Zürn unter dem westlichen Wall auf einen Schacht, der eine auffällige Ähnlichkeit zu den Befunden von Holzhausen hatte: In der 5,5 m tiefen Sohle steckte ursprünglich eine über 2 m lange Stange (vgl. die Befunde von Holzhausen und Schönfeld)[195]. Eine sehr interessante Erklärung dieser Stangen schlug S. Schiek vor: Er interpretierte sie als

Reste einer Schöpfvorrichtung, bei der Stangen mit dem Schöpfgefäß am Wippbalken über der Brunnenöffnung hingen. Die Interpretation als Brunnen steht nach Schiek in keinem Widerspruch zur kultischen Deutung der Schanze[196]. Für die Deutung von Schiek würde vielleicht auch die Beobachtung sprechen, daß derartige Stangen bislang nur in mäßig tiefen Schächten beobachtet wurden[197].

Zürn konnte nach Abschluß der Grabungen festhalten, daß vor der Anlage der Schanze mit Wall und Graben

---

192 Vgl. Schiek in: Bittel/Schiek/Müller, Viereckschanzen 155 Abb. 85 Geb. B und C.
193 Zürn/Fischer, Tomerdingen 31. Künstlich mit Lehm ausgeschlagene Vertiefungen, sog. „Hülen", waren bis ins späte 19. Jh. die einzigen Wasserspeicher auf der verkarsteten Albhochfläche. Der Schacht der Tomerdinger Schanze wurde nach Zürn bei der Grabung immer wieder von „Grundwasser" überflutet; es kann sich dabei aber nur um Wasser aus einem staunassen Bereich (Lehmschicht) handeln, das sich in Zeiten starker Regenfälle ansammelt.
194 Schiek in: Bittel/Schiek/Müller, Viereckschanzen 40 Abb. 19; 41 ff.
195 Vgl. Zürn/Fischer, Tomerdingen 31 ff.
196 Schiek in: Bittel/Schiek/Müller, Viereckschanzen 50 f.
Anmerkung 197 siehe nächste Seite

an dieser Stelle bereits eine Vorgängeranlage bestanden haben muß: Zum einen zeugten hiervon Funde und eine regelrechte Kulturschicht unter dem Wall sowie die Lage des Schachtes, zum anderen die Mehrphasigkeit des Torbaus. Den Schacht und die Feuerstellen im Innenraum wertete Zürn als auffällige Parallelen zu Holzhausen, dagegen hob er den relativ hohen Fundanfall in Tomerdingen hervor. Er betonte sogar, daß man die „Liste der Einzelfunde aus Tomerdingen (…) auch als reines Siedlungsmaterial akzeptieren würde". Erklärbar waren diese Funde entweder mit einer der Schanze an diesem Platz unmittelbar vorhergehenden Siedlung (was nach neueren Funden auch zutrifft, s.o.), oder mit der Folge, „daß die bisherige Annahme einer Fundleere der Schanzen nicht zu verallgemeinern ist". Auch diese Vermutung hat sich mittlerweile bestätigt. Zürn wertete das Gesamtergebnis dennoch als Bestätigung dafür, daß es sich bei allen Viereckschanzen um Kultplätze handelte[198]. K. Bittel hat im Begleitband des Atlaswerkes zu den Viereckschanzen in Baden-Württemberg den Diskussionsstand und die Erkenntnisse zu den Anlagen in Südwestdeutschland knapp dargelegt[199]. Eine Zusammenfassung der Forschungsgeschichte und Argumente für eine Deutung als Heiligtümer, die sich auf einheimischer Basis entwickelt haben (Schwarz hatte Anregungen aus Griechenland in Erwägung gezogen), wurde kürzlich von A. Reichenberger publiziert[200].

II.2.2 Viereckschanzen und Grabhügel

Schon Goessler hatte 1952 auf die Lagebeziehungen von keltischen Viereckschanzen zu älteren Grabhügelgruppen hingewiesen (s. o.). Kurt Bittel legte diese „kaum zu übersehende Beziehung von Grab- und Kultbezirk" 1978 in ausführlicher Weise dar. Die wichtigste Frage war dabei, ob die zeitliche Distanz zwischen spätesten Grabhügelbestattungen und den Schanzen zu überbrücken ist[201]. Bittel postulierte mehr oder weniger Vorgängeranlagen der spätkeltischen temenē, die in die Hallstattzeit zurückreichen. Er brachte die Schanzen also mit einem über Jahrhunderte überlieferten Totenbzw. Ahnenkult in Verbindung. Sehr wesentlich erscheint hier aber eine einschränkende Bemerkung Bittels: „Die vorgeschlagene Deutung ist gewiß nicht für alle keltischen Kultbezirke verbindlich. Es hat sicher sehr viele gegeben, die keinen unmittelbaren räumlichen Bezug zu Grab und Grabkult hatten…"[202]. Dieser Feststellung ist auch heute noch voll zuzustimmen, Bittel hat damit ansatzweise einer monokausalen Deutung der Viereckschanzen widersprochen: Zwar nimmt er für alle einen kultischen Hintergrund an, doch unterscheidet er solche, die anscheinend Bezug auf ältere Grabhügelgruppen nehmen, von anderen, die eindeutig mit Sied-

lungen in Verbindung stehen (z. B. im Oppidum Donnersberg).

S. Schiek stellte 1982 20 Beispiele aus dem südwestdeutschen Raum vor, die einen Bezug Viereckschanze – Grabhügel nahelegten, er forderte zur Klärung dieses Phänomens gezielte Grabungen[203].

Mittlerweile haben neue Untersuchungen – teils zufällig – weitere Aspekte zur Lagebeziehung Viereckschanze–Grabhügel erbracht: Aus einem der bronzezeitlichen Grabhügel ca. 100 m nordwestlich der Viereckschanze bei Blaubeuren-Sonderbuch kamen 1988 Reste einer mittellatènezeitlichen Nachbestattung zum Vorschein (Fibel und Armring, LT C1, vgl. Kat.Nr. 708), was F. Klein an eine Funktion der Viereckschanzen im Totenbrauchtum denken ließ[204].

Jüngerlatènezeitliche Lesefunde (Keramik, vgl. Kat.-Nr. 757) stammen auch aus der Schüttung zweier Grabhügel, die 240 m ONO der Viereckschanze von Westerheim liegen[205].

Reste von jüngerlatènezeitlichen (und römischen) Nachbestattungen fanden sich auch (sekundär verlagert) bei den Grabungen im hallstattzeitlichen Gräberfeld beim „Burrenhof" direkt vor einem Tor des Oppidums „Heidengraben" auf der Uracher Alb (siehe Kat.-Nr. 729). Dies ist nur so zu verstehen, daß die Sitte der Grabhügelnachbestattung in der jüngeren Latènezeit bekannt war und anscheinend von der ländlichen Bevölkerung (Dörfer, Einzelhöfe) und den Bewohnern der Oppida geübt wurde[206].

---

197 Holzhausen, Nordschacht: 6,1 m, Tomerdingen: 5,5 m, Großrinderfeld-Schönfeld: etwas über 4,25 m. An der Datierung der Schanze von Schönfeld und somit auch des Schachtes bestehen berechtigte Zweifel. Natürlich ist auch die mittelalterliche Nutzung einer Viereckschanze nicht auszuschließen. Für die Erklärung der Stangen im Schacht ist die Datierung hier zweitrangig. Vgl. Bittel/Schiek/Müller, Viereckschanzen 179 f.; Bei tieferen Schächten wie in Fellbach-Schmiden (21 m) ist als Fördervorrichtung natürlich ein Seil und eine Winde nötig.

198 Zürn/Fischer, Tomerdingen 37 ff.

199 Bittel/Schiek/Müller, Viereckschanzen 61 ff.

200 A. Reichenberger, Temenos–Templum–Nemeton–Viereckschanze. Bemerkungen zu Namen und Bedeutung. Jahrb. RGZM 35, 1988 (1991) 285 ff.

201 K. Bittel, Viereckschanzen und Grabhügel – Erwägungen und Anregungen. Zeitschr. Schweiz. Arch. u. Kunstgesch. 35, 1978, 1 ff., bes. 10 f.

202 Ebd. 12.

203 S. Schiek, Zu Viereckschanzen und Grabhügeln. Eine Ergänzung. Fundber. Baden-Württemberg 7, 1982, 221 ff.

204 Vgl. F. Klein in: D. Planck (Hrsg.), Archäologie in Württemberg (Stuttgart 1988) 228; Seine Vermutung („Die Viereckschanzen scheinen nun eine wesentliche Rolle im veränderten Totenbrauchtum zu übernehmen") hat Klein mittlerweile unter dem Eindruck der Befunde von Riedlingen revidiert. Die Schanze von Riedlingen deutet er als Rechteckhof: F. Klein, Arch. Ausgr. Baden-Württemberg 1991, 111 f.

205 Funde bislang unpubliziert, zu den Hügeln siehe Bittel/Schiek/Müller, Viereckschanzen 379.

Anmerkung 206 siehe nächste Seite

Grundsätzlich ist aber zu fragen, ob aus den scheinbaren oder tatsächlichen Beziehungen von Viereckschanzen zu Grabhügeln zwingend auf einen Temenos für einen Toten- oder Ahnenkult geschlossen werden darf? Niemand würde anhand von römischen Nachbestattungen aus Grabhügeln in der Nachbarschaft von Gutshöfen auf einen kultischen Zweck der Villen schließen. Das Problem der Überlieferung obertägiger Bodendenkmäler kommt hinzu: Grabhügel wurden ursprünglich innerhalb oder am Rande weitgehend kultivierter Siedelräume errichtet. Man kann davon ausgehen, daß nachfolgende Bevölkerungen diese Kleinräume in aller Regel weiter bewirtschaftet haben, was langfristig zur Konzentration archäologischer Bodendenkmäler auf einem relativ kleinen Raum geführt hat[207]. Erhalten haben sich die obertägig sichtbaren Denkmäler bis heute nur in Gebieten, die von Grünland oder Wald bedeckt sind, was wiederum den Eindruck von Verbreitungsschwerpunkten aufkommen läßt. Die Häufung von (erhaltenen) Viereckschanzen und Grabhügeln auf der Ostalb ist beispielsweise sicher z.T. auf die heutigen großen Waldgebiete dieser Region zurückzuführen.

Die mittlerweile nachgewiesenen Siedlungsreste, die sich meist direkt neben der Anlage finden, machen eine Deutung von benachbarten Grabhügeln als Bestattungsplatz einer kleinen Siedlungsgemeinschaft wahrscheinlich. Die Funktion der Viereckschanze ist dabei letztlich zweitrangig.

II.2.3 Die Viereckschanzen von Fellbach-Schmiden und Ehningen: Zur Deutung der Schächte

In den Jahren 1977–1980 konnte D. Planck in Fellbach-Schmiden Teile einer Viereckschanze untersuchen, die durch eine Lehmgrube gefährdet war[208]. Spuren einer evtl. vorhandenen Innenbebauung waren durch Erosionsvorgänge beseitigt, nur noch der Graben konnte teilweise erfaßt werden. Nahe der Nordseite konnte im Innenraum ein holzverschalter Schacht festgestellt werden, der noch über 20 m tief war. Der Schacht war ursprünglich durch in der Ecke eingefügte Sprossen begehbar. Aus seiner Verfüllung stammen neben den bekannten hölzernen Tierfiguren und einer beträchtlichen Anzahl von Keramikfunden[209] einige Holzgegenstände, die für die Interpretation des Schachts nicht ohne Bedeutung sind: ein Holzdaubeneimer sowie Holzspindeln und Holzdübel, die von Planck als Reste einer Hebevorrichtung des Wassereimers erklärt wurden[210]. Wie oben schon erwähnt, ist bei tieferen Brunnenschächten statt einer Stangenkonstruktion eine Seilzugvorrichtung nötig. Eine auffällige Ähnlichkeit zu dem Schacht von Fellbach-Schmiden haben einige römische Brunnen, etwa in Bopfingen und Welzheim[211]. Ein ähnlicher Befund wie in Schmiden wurde 1980 bei Lauffen a. N. festgestellt (Kat.Nr. 307): Leider konnte der Brunnenschacht dort nicht vollständig untersucht werden, Keramikfunde datieren ihn aber in die Latènezeit (wohl Spätlatène). Durch Bohrungen konnte eine Tiefe von über 5,8 m festgestellt werden. Die organischen Reste in der Füllung weisen auf eine Holzverschalung hin[212].

Die Funde und Befunde lassen im Fall von Fellbach-Schmiden keinen Zweifel daran, daß es sich bei dem Schacht um einen Brunnen gehandelt hat. Auch bodenkundliche Untersuchungen bestätigten dies[213]. Ein interessanter Befund im Schacht konnte durch die botanischen Untersuchungen erklärt werden: In Schichten mit einem besonders hohen Phosphatgehalt (vgl. Holzhausen!) konnte eindeutig eine starke Konzentration von Stallmist festgestellt werden[214]. Dies kann wohl kaum mit irgendwelchen Opferbräuchen in Zusammenhang gebracht werden, dagegen ist es eine sehr einfache und wirkungsvolle Methode, um einen Brunnen unbrauchbar zu machen. F. Fischer hat auf diese Tatsache wiederholt hingewiesen, auch mit der Anregung, die Ergebnisse von Holzhausen in dieser Hinsicht nochmals zu überprüfen[215]. Fischer hat ähnliche Befunde in einem römischen Brunnen von Pforz-

206 Vgl. S. Kurz, Nachhallstattzeitliche Funde aus dem Grabhügelfeld vom Burrenhof. In: Opuscula. Festschr. F. Fischer. Tübinger Beitr. Vor- u. Frühgesch. 2 (Tübingen 1987) 101 ff., bes. 107 ff. Besonders hinzuweisen ist auf die Liste der Bestattungsfolgen in Grabhügeln: Ebd. 127.

207 Ein gutes Beispiel ist die Flur „Blumenhau" bei Tomerdingen: Auf engstem Raum liegen hier Siedlungsreste aus fast allen vorgeschichtlichen Epochen und der römischen Zeit, ebenso Grabhügel der Hallstattzeit mit römischen Nachbestattungen.

208 Planck, Fellbach-Schmiden 105 ff.; ders., Fundber. Baden-Württemberg 9, 1984, 642 ff.

209 Vgl. Planck, Fellbach-Schmiden 129 ff. Die Aufarbeitung des umfangreichen Fundmaterials war Teil meiner Magisterarbeit (Wieland, Fellbach-Schmiden und Ehningen) und wird ebenfalls in der Reihe „Forsch. u. Berichte Vor- u. Frühgesch. Baden-Württemberg" gedruckt.

210 Planck, Fellbach-Schmiden 138 ff.

211 Bopfingen: R. Krause, Denkmalpfl. Baden-Württemberg 20, 1991, 99 Abb. 14.; Welzheim, Brunnen 2: U. Körber-Grohne/M. Kokabi/U. Piening/D. Planck, Flora und Fauna im Ostkastell von Welzheim. Forsch. u. Ber. Vor- u. Frühgesch. Baden-Württemberg 14 (Stuttgart 1983) 13 f.; Aalen: Fundber. Schwaben N.F. 12, 1952, 51 f., Taf. 20.; Vgl. allgemein zu römischen Brunnen: D. Baatz in: RGA 4 (Berlin 1981) 3 ff.(s.v.Brunnen); Allgemeines zur Konstruktionstechnik: B. Grodde, Hölzernes Mobiliar in vor- und frühgeschichtlichen Mittel- und Nordeuropa. Europ. Hochschulschr., Reihe XXXVIII, Archäologie, Bd. 26 (Frankfurt 1989) 28.

212 D. Planck, Fundber. Baden-Württemberg 9, 1984, 650 f.

213 K. E. Bleich in: Planck, Fellbach-Schmiden 150 ff.

214 U. Körber-Grohne in: Planck, Fellbach-Schmiden 154 ff., bes. 156.

215 Fischer, Spätlatènezeit 248 mit Anm. 66; Jetzt ausführlicher: F. Fischer, Lieber Don Guillermo...In: C. Dobiat/K. Leidorf (Hrsg.), Internationale Archäologie 1. Festschr. W. Schüle. Veröff. des vorgesch. Sem. Marburg, Sonderbd 6 (Buch a. Erlbach 1991) 145 ff.

heim[216] hervorgehoben und in diesem Zusammenhang an eine systematische Zerstörung heidnischer Kultstätten durch christliche Missionare im frühen Mittelalter gedacht. Andeutungsweise zieht er dies auch für einige der keltischen Viereckschanzen in Erwägung[217]. So verlockend der Gedanke auch ist, bislang fehlt dafür der archäologische Beweis: Der Schacht von Fellbach-Schmiden etwa hat in seiner Verfüllung nur spätlatènezeitliches Material enthalten. Man kann hier sicher davon ausgehen, daß er nicht erst im 7. Jahrhundert verfüllt worden ist[218].

Die Brunnenschächte in der spätkeltischen Siedlung von Breisach-Hochstetten lassen sich übrigens recht gut mit den Schächten in den Viereckschanzen vergleichen: Auch dort ist eine viereckige Holzverschalung feststellbar, zahlreiche Knochenfunde und deutlich erkennbare Einfüllschichten sprechen für ein Auflassen und Verfüllen der Brunnen nach einer gewissen Zeit[219]. Die oben schon erwähnten Pfähle in den weniger tiefen Schächten hat Schiek als Reste von Hebevorrichtungen der Wassereimer zu erklären versucht (s. o.). Befunde wie in Holzhausen, wo dieser Pfahl mit Steinen verkeilt war, lassen sich so allerdings nicht deuten. Eine interessante Parallele dazu findet sich in der frühkaiserzeitlichen Archsumburg: Dort wird ein Pfahl in einem seichten Schacht als Mittelstütze einer Abdeckung gedeutet. Eine Verwendung als Brunnen scheidet dort allerdings wegen des Brackwassers aus[220]. Dies warnt vor zu voreiligen Schlüssen und monokausalen Deutungen aller Viereckschanzen-Schächte. Brunnen waren es jedenfalls in einigen Fällen, ob sie deswegen zwangsläufig immer so zu deuten sind, kann nicht entschieden werden. Möglicherweise bieten zukünftige Grabungsbefunde zu diesen Problemen noch weitere Erklärungsmöglichkeiten[221].

Die komplette Freilegung einer Viereckschanze bei Ehningen, Kr. Böblingen, durch S. Schiek 1984 und die vergleichbaren Befunde von Bopfingen-Flochberg (s. u.) sind in diesem Zusammenhang ebenfalls von einiger Bedeutung: Es hat also auch Schanzen ohne Schacht gegeben, die darüber hinaus hinsichtlich ihrer Innenbebauung größte Ähnlichkeit aufweisen (s. u.). Diese Tatsache scheint ein Ansatzpunkt für eine funktionale Untergliederung dieser Bodendenkmäler.

II.2.4 Die Viereckschanze von Bopfingen-Flochberg: Zur Frage der Innenbebauung und der damit verbundenen Funktion der Anlagen

Bei den Grabungen 1989–1992 im Industriegebiet Nordost von Bopfingen-Flochberg (Ostalbkreis) wurde neben umfangreichen Resten vorgeschichtlicher Siedlungen auch der größte Teil einer Viereckschanze freigelegt, die schon vor längerer Zeit von O. Braasch

aus der Luft entdeckt worden war[222]. Zahlreiche Gebäudespuren gehören zum größten Teil zu einer Latène B-Siedlung, die vor der Viereckschanze hier bestanden hatte. Östlich der Viereckschanze konnten auch Baustrukturen untersucht werden, die aufgrund des Fundmaterials ebenfalls in die jüngere Latènezeit zu datieren sind (LT C2/D1). Wie bei der Viereckschanze von Tomerdingen (s. o.) ist auch hier mit einer zeitgleichen Siedlung im Vorfeld der Schanze zu rechnen[223]. Allerdings ist das Fundmaterial nicht so fein datierbar, daß man eine Ablösung der offenen Siedlung durch die Wall-Graben-Anlage innerhalb von LT C2–D1 völlig ausschließen könnte. Während der Grabungskampagne 1992 konnte nordöstlich der Schanze eine rechteckige Palisadenanlage freigelegt werden, die eine etwas kleinere Innenfläche wie die umwallte Viereckschanze hat. In ihrem Innenraum scheinen mehrere zugehörige Gebäudegrundrisse zu liegen; für eine genaue Beurteilung muß aber noch die Bearbeitung des Fundmaterials erfolgen.

Dieser Befund erinnert jedenfalls an die von Schwarz in Holzhausen entdeckten Palisaden unter dem Wall (s.o). Auch Schiek hat in Ehningen eine Palisadenreihe vor der Nordostseite festgestellt und darin Reste einer älteren Umzäunung vermutet[224]. Wahrscheinlich ist auch die rechteckige Palisadenanlage von Bopfingen als

216   Ebd. 147 f. (mit weiterer Literatur). In Pforzheim war ein Brunnen mit Mist vergiftet worden, ein anderer mit Leichenteilen. In letzterem fand sich zuunterst ein Kultbild der Sirona.

217   Ebd. 148: „...bis ihre Zerstörung mit dem Beginn der christlichen Mission einzusetzen begann. Noch aufregender aber ist die Konsequenz, daß dies offenbar hier und dort auch für die keltischen Viereckschanzen und ihre Kultbilder, auch für einige ihrer Brunnenschächte gelten müßte."

218   Vgl. Wieland, Fellbach-Schmiden und Ehningen 109 ff.

219   Vgl. G. Kraft, Bad. Fundber. 3, 1933–36, 244 ff.

220   O. Harck, Archsum auf Sylt, Teil 3. Röm.-Germ. Forsch. 50 (Mainz 1990) 87 ff. mit Abb. 69; 256 f.

221   Die Möglichkeit, in Erdschächten wegen der dort herrschenden Kühle leicht verderbliche Lebensmittel im Sommer frisch zu halten, sei hier nur als Gedanke geäußert. Das würde etwa die Abdeckung erklären.

222   Vorberichte zur Grabung: R. Krause, Vorgeschichtliche Siedlungen, Grabenwerke und Gräber von Bopfingen-Flochberg, Ostalbkreis. Arch. Ausgr. Baden-Württemberg 1989 (1990), 117 ff.; ders., Die Archäologie des Egertals bei Bopfingen (Ostalbkreis) im Lichte neuer Ausgrabungen. Ein Vorbericht zu den Arbeiten des Landesdenkmalamtes Baden-Württemberg 1989 und 1990. Ellwanger Jahrb. 33, 1989–90, 11 ff.; ders., Industriesiedlung im Egertal bei Bopfingen. Zur Archäologie einer Talaue. Denkmalpfl. Baden-Württemberg 20, 1991, 92 ff.; R. Krause/G. Wieland, Eine keltische Viereckschanze bei Bopfingen am Westrand des Rieses. Germania 71, 1993, 59 ff.

223   Ähnliche Situation bei der Viereckschanze von Markvartice: J. Waldhauser, Die keltischen Viereckschanzen in Böhmen. Alba Regia 14, 1975, 235 ff. Eine zeitliche Abfolge anscheinend bei der Schanze von Msecké Zehrovice: N. Venclova, Msecké Zehrovice, Bohemia: excavations 1979–88. Antiquity 63, 1989, 142 ff.

224   Schiek in: Bittel/Schiek/Müller, Viereckschanzen 33.

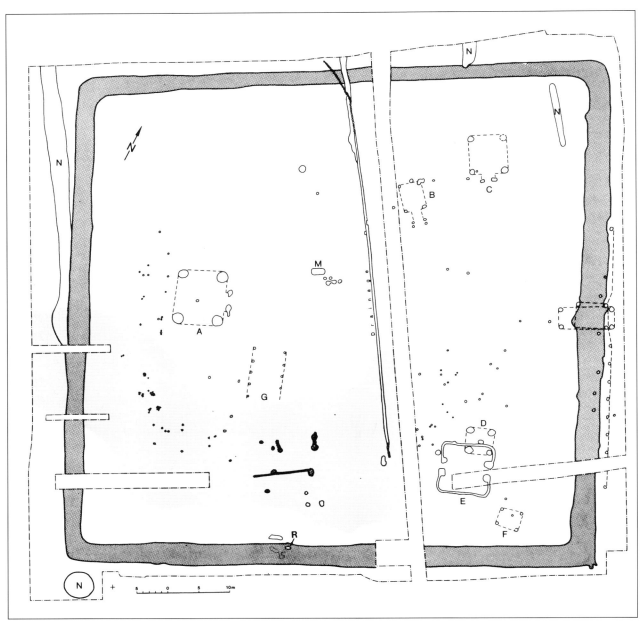

Abb. 18: Ehningen, Grabungsplan der Viereckschanze (nach Bittel/Schiek/Müller, Viereckschanzen 155 Abb. 185).

Vorläufer der Wall-Graben-Anlage zu sehen. Hier wurde die jüngere Anlage lediglich ein Stück weiter nach Südwesten versetzt errichtet[225].

Durch charakteristisches Fundmaterial und aufgrund einiger Konstruktionsmerkmale konnten innerhalb der Wall-Graben-Anlage mindestens vier Gebäudegrundrisse identifiziert werden, die zur Innenbebauung gehört haben dürften:

Etwa in der Mitte der Westhälfte wurden sechs mächtige Gruben aufgedeckt (Abb. 9 A). Bei einer erhaltenen Tiefe von bis zu 1,20 m hatten sie einen Durchmesser von über 1 m. Sie hatten eine schräge Rampe, meist an der Südostseite. Größe und Anordnung dieser Gruben lassen an ein nach Osten, auf den Eingang

zur Schanze hin orientiertes großes Gebäude denken. Kammstrichkeramik und ein großes Randfragment eines Graphittontopfes der Zeitstufe Latène C2/D1 unterstreichen ebenfalls die Zugehörigkeit dieser Befunde zur Viereckschanze[226].

---

225 Auf die Siedlungsabfolge wird ausführlich im Vorbericht in der Germania 71, 1993, 59 ff. eingegangen.

226 Ähnliche Befunde in Gournay-sur-Aronde, dort aber anders gedeutet: J.L. Brunaux/P. Meniel/F. Poplin, Gournay I. Les fouilles sur le sanctuaire et l'oppidum (1975–84). Rev. Arch. Picardie No. spécial (Paris 1985) 75 ff. Ein zentraler Pfostenbau wurde jetzt auch bei den Grabungen von F. Klein in der Viereckschanze von Riedlingen festgestellt: Arch. Ausgr. Baden-Württemberg 1991, 111 ff.

In der Nordostecke wurden sechs Pfostengruben mit ähnlich stattlichen Ausmaßen untersucht (Abb. 9 C): Sie bilden ein längliches Sechseck. Ähnliche Grundrisse mit sechs Pfosten wurden in letzter Zeit aus Nordwestfrankreich bekannt, dort gehören sie in den Zeitraum vom 5. bis zum 1. Jahrhundert v. Chr.[227].

In der Südostecke der Bopfinger Schanze wurde der Grundriß eines Gebäudes aufgedeckt, der sich von allen älteren und zeitgleichen Befunden unterscheidet (Abb. 9 B; Abb. 19). Es handelt sich um einen nahezu quadratischen Bau von 9,5 x 10 m, dessen Begrenzung ein schmales Wandgräbchen mit abgerundeten Ecken bildet. Die abgerundeten Ecken deuten auf eine Flechtwerkkonstruktion hin. An der Nord- und Ostseite ist das Gräbchen durch ca. 1 m breite Durchgänge mit je zwei flankierenden Pfostengruben unterbrochen.

Im Innenraum fallen vier mächtige, im Planum birnenförmige Gruben auf, deren Durchmesser bis zu 1,60 m beträgt. Die Untersuchung ergab, daß sie bis zu 1 m tief waren und eine schräge Rampe aufwiesen. Damit sind sie den Gruben des oben erwähnten „Zentralbaus" (Abb. 9 A) sehr ähnlich. Die Gruben bilden ein Geviert

von ca. 6 x 6 m. Aus ihnen stammen ebenfalls Funde, die nach Latène C2/D1 zu datieren sind[228].

Ein rechteckiger Sechspfostenbau mit zwei vorgesetzten Pfosten nicht weit nördlich dieses Wandgräbchenbaus gehört zu einem Gebäudetyp der aus anderen Viereckschanzen und jüngerlatènezeitlichen Siedlungen gleichermaßen bekannt ist[229].

Die Innenbauten der Schanze von Bopfingen bilden

227 Y. Menez/M.-Y. Daire/J. Hyvert/L. Langonet/J.-P. Le Bihan/D. Tanguy, Les bâtiments de l'Age du Fer en Armorique. In: A. Duval/J.-P- Le Bihan/Y. Menez, Les gaulois d'Armorique. La fin de l'Age du Fer en Europe tempérée. Actes du XIIe colloque de l'A.F.E.A.F. Quimper, Mai 1988. Rev. archéol. Ouest, Suppl. No. 3, 1990, 121 ff., bes. 123, 124 Abb. 3, 4, 7.

228 Kammstrichverzierte Keramik und eine Eisenfibel vom Mittellatèneschema (LT C2).

229 Langenau: F. Klein, Arch. Ausgr. Baden-Württemberg 1987 (1988), 65 ff., Abb. 45 Bau E; Ulm-Eggingen: Kind, Ulm-Eggingen 273 Abb. 154; Ehningen: S. Schiek in: Bittel/Schiek/Müller, Viereckschanzen 155 Abb. 85 Geb. B und C; Donnersberg: Engels, Donnersberg Taf. 26; Königsbrunn, Lkr. Augsburg: Ausgr. u. Funde Bayerisch-Schwaben 1983–84, 46 Abb. 9; Zusammenfassend zur Innenbebauung der Viereckschanzen: Schiek in: Bittel/Schiek/Müller, Viereckschanzen 43 ff.

Abb. 19: Bopfingen-Flochberg, quadratisches Gebäude in der Südostecke der Viereckschanze (nach Krause/Wieland, Bopfingen 79 Abb. 13).

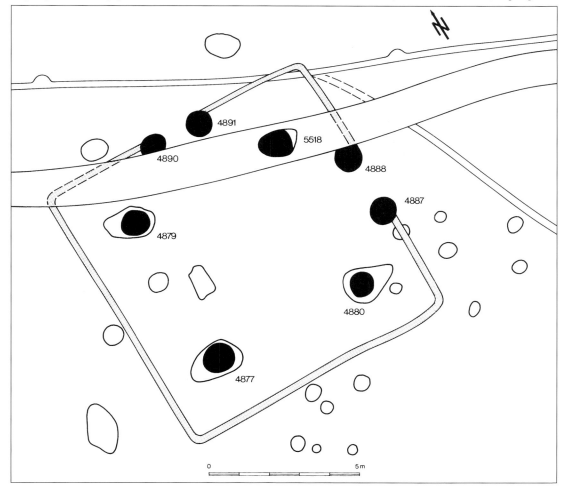

mit ihrer Lage ein ähnliches, auf das Tor ausgerichtetes Dreieck wie die Bauten A, C und E der Schanze von Ehningen (Abb. 18)[230].

Die beste Parallele zu dem Wandgräbchenbau findet sich ebenfalls in Ehningen[231]. Mit 7,5 x 7,8 m ist der Ehninger Grundriß etwas kleiner. Die beiden ebenfalls von Pfosten flankierten Zugänge liegen sich dort auf der Ost- und Westseite gegenüber. Auffälligerweise fehlen die großen Gruben im Inneren. Hält man diese Gruben für die Spuren einer stabilen Trägerkonstruktion für das Dach, so könnte man für Ehningen bestenfalls an eine Konstruktion mit Punktfundamenten aus Stein wie bei dem Gebäude von Oberesslingen[232] denken. Ein gemeinsamer Zug zeigt sich wieder bei der Lage innerhalb der Schanze: das Gebäude lag ebenfalls in der Südostecke, links vom Eingang, was exakt der Situation in Bopfingen entspricht.

Ein weiteres Gebäude in der Südwesthälfte der Viereckschanze von Ehningen (Abb. 18 A) könnte ebenfalls ursprünglich von einen Gräbchen umgeben gewesen sein: An den vorgelagerten Pfosten ist noch ein Ansatz erkennbar. Der größte Teil des Gräbchens könnte wegen relativ geringer Tiefe der Erosion zum Opfer gefallen sein[233].

Auf einem Luftbild, das O. Braasch 1981 von der Viereckschanze bei Riekofen, Lkr. Regensburg/Oberpfalz, aufnahm, sind dank des Untergrunds aus Terrassenschotter deutlich Baustrukturen sichtbar: Neben anderen Befunden ist ein Wandgräbchenbau mit abgerundeten Ecken und vier großen Gruben im Inneren erkennbar[234]. Über die Lage des Grundrisses in Bezug zum Eingang der Schanze läßt sich hier nichts sagen.

Anhand dieser drei bislang bekannten Beispiele aus Süddeutschland scheint es gerechtfertigt, von einem Gebäudetyp zu sprechen, der für einen Teil der Viereckschanzen charakteristisch ist, während aus zeitgleichen Siedlungen kaum vergleichbare Bauten bekannt sind[235]. Auf einen entfernt ähnlichen Befund von Manching wird im weiteren noch einzugehen sein.

Als wesentliche Charakteristika der beschriebenen Bauten können wir vorerst den quadratischen Grundriß, das Wandgräbchen mit abgerundeten Ecken, zwei Eingänge mit flankierenden Pfosten sowie die Tragkonstruktion aus vier mächtigen Pfosten im Inneren (außer bei Ehningen) festhalten.

Auf zwei weitere Grundrisse aus Viereckschanzen sei hier noch hingewiesen, weil sie hinsichtlich ihrer Lage und Konstruktion enge Beziehungen zu den oben beschriebenen Bauten zeigen:

A. Reichenberger deckte 1984/85 in der Viereckschanze von Arnstorf-Wiedmais, Lkr. Rottal-Inn/Niederbayern, einen nahezu quadratischen Pfostenbau von ca. 14,5 m Seitenlänge auf, den er als Umgangstempel deu-

tete[236]. Ausdrücklich hingewiesen wurde von ihm auf engere Pfostenstellungen in der Ost- und Westseite, die möglicherweise Eingänge bezeichnen[237]. In diesem Detail käme der Befund dem Grundriß von Ehningen mit seinen gegenüberliegenden Zugängen sehr nahe. Auch in Wiedmais liegt dieser Bau in der Südostecke der Schanze, links vom Zugang.

In der Nordwestecke der Viereckschanze von Msecké Zehrovice in Böhmen konnte N. Venclová 1987 einen Wandgräbchenbau von 12 x 14 m freilegen, in dessen Innenraum ein 9 x 8 m messendes Rechteck von 12 großen Pfostengruben gebildet wurde. Nicht weit davon war 1943 der bekannte Sandsteinkopf gefunden worden. Dies bestärkte Venclová in der Deutung dieser Strukturen als Reste eines Tempelbaus[238].

Ähnliche Befunde aus Manching sind im Zusammenhang mit diesen Gebäuden aus Viereckschanzen interessant: Schon 1955 wurde dort ein Grundriß mit annähernd quadratischem Umfassungsgraben freigelegt, für den W. Krämer die Deutung als Tempel vorschlug[239]. H. Gerdsen brachte 1982 den Fund eines eisernen Hallstattschwertes im Bereich des Gebäudes mit der Deutung als Tempel in Verbindung[240]. Funde älterer Epochen in Anlagen, deren Deutung unabhängig davon im kultischen Bereich gesucht wird, sind sicher keine zufällige Erscheinung, man könnte hier weitere Beispiele nennen[241]. Ein weiterer Grundriß dieser Form aus Manching wurde 1983 von F. Schubert be-

---

230 Schiek, ebd. 47.

231 Vgl. ebd. 155 Abb. 85 Geb. E.

232 Schiek, ebd. 44 Abb. 23.

233 Vgl. ebd. 155 Abb. 85 Geb. A; 45 Abb. 24, 1–3.

234 O. Braasch, Flugbeobachtungen an spätkeltischen Viereckschanzen in Südbayern. In: Ch. Léva (Hrsg.), Aerial Photography and Geophysical Prospection in Archeology 2. Proceedings of the Second International Symposium Brussels 8.11.1986 (Brüssel 1990) 49 ff., bes. 66 Fig. 18.

235 Die Bauten mit Fundamentgräbchen der Altburg bei Bundenbach haben mit den hier beschriebenen keine nennenswerte Ähnlichkeit: Schindler, Altburg 44. Direkt außerhalb der Viereckschanze von Bopfingen ist 1992 allerdings ein vergleichbarer Grundriß entdeckt worden, der in seiner Ausrichtung aber deutlich Bezug auf die Schanze nimmt.

236 A. Reichenberger, Ausgrabungen in einer Viereckschanze bei Arnstorf-Wiedmais. Arch. Jahr Bayern 1985 (1986), 88 ff., bes. 89 Abb. 49 Geb. D; ders., Zum Stand der Ausgrabungen in einer keltischen Viereckschanze bei Wiedmais. In: B. Engelhardt/K. Schmotz (Hrsg.), Vortr. des 4. Niederbayer. Archäologentages (Deggendorf 1986) 99 ff., bes. 102 ff. mit Abb. 33; Gegen die Deutung als Umgangstempel: Schiek in: Bittel/Schiek/Müller, Viereckschanzen 46.

237 A. Reichenberger, Vortr. des 4. Niederbayer. Archäologentages (Deggendorf 1986) 104.

238 N. Venclová, Antiquity 63, 1989, 144 ff.

239 W. Krämer, Zu den Ausgrabungen in dem keltischen Oppidum von Manching 1955. Germania 35, 1957, 39.

240 H. Gerdsen, Das Fragment eines eisernen Hallstattschwertes aus dem Oppidum von Manching. Germania 60, 1982, 560 ff., bes. 564.

Anmerkung 241 siehe nächste Seite

schrieben und seine Beziehung zu späteren gallorömischen Tempelbauten diskutiert[242].

Schubert stellte dabei eine Gruppe von Rund- und Polygonalbauten heraus, die in einem kleinen Temenos in Form eines annähernd quadratischen Grabenvierecks liegen. Als charakteristisches Merkmal wird u. a. die ungewöhnliche Größe der Pfostengruben im Inneren genannt[243].

Dies erinnert sehr an die eingangs beschriebenen Befunde von Bopfingen und an den Grundriß in der Schanze von Riekofen, allerdings mit dem Unterschied, daß es sich dort nicht um Rund- oder Polygonalbauten, sondern um eine rechteckige Grundkonstruktion in einem Grabenviereck handelt.

Auf eine sehr interessante Parallele aus einem ganz anderen geographischen Bereich sei hier noch hingewiesen: 1971 und 1974–1976 wurde in Ménil-Anelles, Dep. Ardennes (Champagne), ein jüngerlatènezeitliches Gräberfeld ausgegraben, dessen Bestattungen rechteckige oder runde Umfriedungen in Form von Gräbchen aufwiesen (Abb. 20)[244]. Neben den Grabanlagen wurden auch zwei Gräbchen-Rechtecke mit vier großen Pfostengruben im Inneren freigelegt[245]. Eines dieser Gebäude wurde z. T. von einer mittellatènezeitlichen Bestattung überlagert. Die Ausgräber deuteten diese Strukturen ebenfalls als Grabanlagen, deren Bestattungen schon dem Pflug zum Opfer gefallen waren[246]. Es scheint hier die Frage berechtigt, warum ausgerechnet bei diesen Anlagen durch den Pflug jede Spur einer Grabgrube beseitigt sein soll, während sie bei allen anderen Gräbern des untersuchten Friedhofausschnitts gut erhalten waren.

Es wäre naheliegend, die Gebäude von Ménil-Annelles als kleine Sakralbauten zu deuten, in deren Umfeld während der Mittel- und Spätlatènezeit die Nekropole angelegt wurde.

An diesem Punkt sei daran erinnert, daß auch die süddeutschen Viereckschanzen mit dem Totenritual im weitesten Sinne in Verbindung gebracht wurden, diese Deutung erfolgte aber nur aufgrund der vermeintlichen Lagebeziehungen zu Grabhügeln (s. o.)[247].

Die bislang aufgezählten Parallelen legen eine Deutung des Gebäudes als Sakralbau nahe. Daneben gibt es aber auch Argumente, die an eine profane Funktion als Speicher denken lassen.

So ist die Ähnlichkeit der Innenkonstruktion zu den hinlänglich bekannten Vierpfostenspeichern[248] nicht von der Hand zu weisen.

Bei den meisten der großen Gruben der Bopfinger Gebäude waren keine Pfostenstandspuren erkennbar; statt dessen hatte man den Eindruck, als wären die Pfosten entfernt und die Gruben aufgefüllt worden. Hier zeigt sich übrigens eine interessante Parallele zu den Gruben des Tors von Holzhausen (s. o.).

Die volkskundliche Hausforschung bietet für diesen Befund eine interessante Erklärungsmöglichkeit: Noch im Mittelalter gehörten in manchen Gegenden Europas die turmartigen hölzernen Speicher der Bauernhöfe zur „beweglichen Habe", d. h. sie waren in einer Art und Weise konstruiert, die einen Abbau, Transport und Wiederaufbau erlaubten[249]. Ein sehr gewichtiges Argument gegen eine sakrale Funktion des Baus scheint die Lage eines Eingangs im Norden. Die Forschungen von K. Schwarz hatten gezeigt, das sich bei den bislang bekannten Viereckschanzen und gallorömischen Tempeln kein Zugang nach Norden öffnet[250].

Direkt außerhalb der Viereckschanze von Bopfingen wurde im Sommer 1992 der Grundriß eines Vierpfostenbaus mit vorgestellten Pfosten an zwei Seiten freigelegt. Er befindet sich direkt vor der Ostseite der Schanze und hat die gleiche Ausrichtung wie diese. Seine Gruben sind nicht so tief, ansonsten kommt er den Dimensionen des Wandgräbchenbaus in der Viereckschanze sehr nahe. Das Gräbchen hat sich vielleicht deshalb hier nicht erhalten, weil außerhalb der Umwallung

---

241 Vgl. hierzu Wieland in: Bittel/Schiek/Müller, Viereckschanzen, 59 mit Anm. 26 (weitere Literatur). Vielleicht gehört auch ein vollständig erhaltener späturnenfelderzeitlicher Becher aus der Viereckschanze auf dem Donnersberg in einen ähnlichen Zusammenhang (allerdings sind vom Berg auch Lesefunde der Urnenfelderzeit bekannt): Engels, Donnersberg 19, 21; Taf. 37,10; 41,6.

242 F. Schubert, Neue Ergebnisse zum Bebauungsplan des Oppidums von Manching. Vortrag zur Jahressitzung 1983 der Röm.-Germ. Kommission. Ber. RGK 64, 1983, 5 ff., bes. 10 ff.; Vgl. auch die Anlage von Lousonna-Vidy aus dem 1. Jh. n. Chr.: D. Paunier u. a., Le vicus gallo-romain de Lousonna-Vidy. Lousonna 7. Cahiers d'Arch. Romande No.42 (Lausanne 1989) 56 ff., bes. Abb. 70–72.

243 F. Schubert, Ber. RGK 64, 1983, 14.

244 J.-L. Flouest/I.M. Stead, Iron Age cemeteries in Champagne. The Third Interim Report. British Museum Occasional Paper No. 6 (London 1979) 18 ff., bes. 21 Fig. 10; Sehr ähnliche Anlagen: J.-P. Pantreau, La Croix Vertre à Antrau (Vienne). In: F. Audouze/O. Buchsenschutz (Hrsg.), Architectures des Ages des Metaux. Fouilles Recentes. Doss. de Protohistoire No.2 (1988) 47 ff., bes.49 fig.3; L. Baray, Les enclos du second Age du Fer du Nord Sénonais. In: Buchsenschutz/Olivier, Les Viereckschanzen 123 ff., bes. 134/135 Abb. 12,10.22.

245 Flouest/Stead (Anm. 244) 21 Fig. 10, Geb. H und J.

246 Ebd. 20.

247 Vgl. Bittel (Anm. 201) 1 ff.; Schiek (Anm. 203) 221 ff.; F. Klein, Die frühe und mittlere Latènezeit in Württemberg. Forschungsgeschichte und Forschungsstand. In: D. Planck (Hrsg.), Archäologie in Württemberg (Stuttgart 1988) 228; Bittel in: Bittel/Schiek/Müller, Viereckschanzen 70 f.

248 Etwa aus Manching oder von der Altburg bei Bundenbach bekannt: F. Maier, Germania 63, 1985, Beil. 2; Schindler, Altburg 33 ff.

249 H. Ellenberg, Bauernhaus und Landschaft in ökologischer und historischer Sicht (Stuttgart 1990) 157.

250 Schwarz, Temenos 344 Abb. 19; zu den gallorömischen Umgangstempeln jetzt: Y. Cabuy, Les temples gallo-romains des Cités des Tongres et des Trévires. Publications Amphora, Vol. XII (Bruxelles 1991) bes. 24 ff. (Beziehungen zu Viereckschanzen).

andere Bodenbildungs- und Erosionsbedingungen geherrscht haben. Eine Deutung als Tempelbau ist hier unwahrscheinlich. Weder von diesem Bau, noch von dem Wandgräbchenbau in der Viereckschanze sind Funde bekannt, die sich in irgendeiner Weise mit kultischen Handlungen in Verbindung bringen ließen.

Bei einem anderen Gebäude innerhalb der Viereckschanze, nämlich dem sechseckig-ovalen Grundriß in der Nordostecke, liegt die Deutung als Speicher nahe. Er erinnert an ähnliche Strukturen aus ländlichen Siedlungen des frühen Mittelalters, die als Heubergen oder Pfahlspeicher für Getreide erklärt werden[251].

Den Gedanken, daß es sich bei manchen „Viereckschanzen" um profane Anlagen, nämlich befestigte Rechteckhöfe, handeln könnte, hat Bernhard 1983 am Beispiel der Siedlung von Westheim (Kr. Germersheim) bei Speyer geäußert (s. o.). Auch Venclová hat bis 1987 eine profane Bestimmung der Schanze von Msecké Zehrovice erwogen[252]. Die mittlerweile von F. Klein in großen Teilen untersuchte Viereckschanze von Riedlingen, in deren Innenraum auch zugehörige Grubenhäuser aufgedeckt wurden, wird direkt als Rechteckhof angesprochen[253]. In Frankreich und England sind Rechteck- und Quadrathöfe feste Bestandteile des ländlichen Siedlungswesens in der jüngeren Latènezeit[254]. An einem Beispiel aus England konnte nachgewiesen werden, daß die einheimische Bevölkerung auch nach der römischen Okkupation diese Siedelform beibehalten hat[255]. Angesichts der Tatsache, daß durch antike Autoren und entsprechende Funde (z. B. auch Kammstrich-Grübchen-Keramik) ein Zuzug von keltischer Bevölkerung aus Südwestdeutschland in die Schweiz nachgewiesen ist, hat L. Pauli kürzlich auf das weitgehende Fehlen der Viereckschanzen in der Nordschweiz hingewiesen. Es wäre in der Tat verwunderlich, wenn eine Stammesgemeinschaft wesentliche Grundzüge ihres religiösen Verhaltens wegen einer kaum nennenswerten räumlichen Verlagerung geändert hätte[256]. Siedlungsformen sind dagegen als Anpassungsmuster des Menschen an seine Umgebung zu verstehen und sind wandlungsfähig[257]. Denkt man an die palisadenumwehrten Vorgängeranlagen von Holzhausen, Ehningen und Bopfingen, fragt man sich, warum diese plötzlich durch eine Wall-Graben-Anlage ersetzt wurden. Zwar stellen diese keine regelrechten Festungswerke dar, dazu liegen sie oft zu ungünstig, aber ein besserer Schutz und Verteidigungsfähigkeit für eine kleine Siedelgemeinschaft war allemal gewährleistet. War der Ausbau mit Wall und Graben vielleicht eine Reaktion auf veränderte gesellschaftliche Verhältnisse, die ein gewisses Schutzbedürfnis geweckt hatten? Fühlten sich die Teile der Bevölkerung, die in die Nordschweiz gezogen waren dort so sicher, daß sie diese Form des Bauens wieder aufgegeben haben?

Es scheint durchaus berechtigt, solche Überlegungen zur profanen Nutzung der Schanzen weiter zu verfolgen und einen weiteren Aspekt einzubringen: Selbst wenn es sich bei dem Bopfinger „Wandgräbchenbau" um einen Tempel gehandelt haben sollte, muß die Existenz eines Sakralbaus in der Ecke dann die ganze Anlage als Kultplatz kennzeichnen?

Kleine Tempel gehören etwa im Bereich römischer Gehöfte oder Straßenstationen nicht zu den Seltenheiten, und über die profane Nutzung der Kirchhöfe im Mittelalter gibt es zahlreiche schriftliche Belege[258]. Es wäre daher auch zulässig, bei den Viereckschanzen ein breiteres Funktionsspektrum anzunehmen als bisher. Im Hinblick auf angrenzende Siedlungen wäre beispielsweise auch an besonders geschützte Stapelplätze für Erntevorräte zu denken, wie sie etwa aus den norddeutschen Küstengebieten und den Niederlanden bekannt sind[259].

Nach neueren Untersuchungen kann man somit nicht mehr von einer monokausalen Deutung aller Viereckschanzen ausgehen. Die hier herausgehobene regelhafte Lage und Form mancher Bauten ist sehr bemerkens-

251 Vgl. das Beispiel aus Warendorf: P. Donat, Haus, Hof und Dorf in Mitteleuropa vom 7. bis 12. Jh. Arch. Beitr. zur Entwicklung und Struktur der bäuerlichen Siedlung (Berlin 1980) 78 Abb. 20, 7–8; 79 f.; G. P. Fehring, Einführung in die Archäologie des Mittelalters (WBG Darmstadt 1987) 165 Abb. 64.

252 N. Venclová, Antiquity 63, 1989, 143.

253 F. Klein, Erste Untersuchungen in einer Viereckschanze bei Riedlingen, Kreis Biberach. Arch. Ausgr. Baden-Württemberg 1991, 111 ff.;

254 D. S. Neal/A. Wardle/J. Hum, Excavation of the Iron Age, Roman and medieval settlement at Gorhambury, St. Albans (London 1990) 22 Fig. 26; C. Haselgrove, Later Iron Age Settlement in the Aisne Valley: Some current problems and hypotheses. Rev. archéol. Ouest, Suppl. No. 3, 1990, 249 ff.

255 Es handelt sich um die Rechteckanlage „Robin Hood's Arbour" in Berkshire: M. Aylwin, Celticum III, 1962, 7 ff.

256 L. Pauli, Arch. Schweiz 14, 1991, 129. Eine gesicherte Viereckschanze bei Marin: B. Arnold, L'enceinte quadrangulaire de Marin-les Bourguignonnes (Marin-Epagnier, canton de Neuchâtel). In: Les Celtes dans le Jura. Kat. Pontarlier/Yverdon 1991, 114 ff.

257 vgl. G. Kossack, Offa 39, 1982, 271.

258 Etwa in der direkt benachbarten Straßenstation, vgl. R. Krause, Arch. Ausgr. Baden-Württemberg 1990, 165 ff.; D. Planck, Ein römisches Mithräum bei Mundelsheim, Lkr. Ludwigsburg. Arch. Ausgr. Baden-Württemberg 1989, 177 ff.; H. U. Nuber, Die römische Siedlung Sontheim/„Braike", Kr. Heidenheim. Ebd. 195 ff. Profane landwirtschaftliche Nutzung der Kirchhöfe (Getreidelagerung): N. Kyll, Tod, Grab, Begräbnisplatz, Totenfeier. Zur Geschichte ihres Brauchtums im Trierer Lande und in Luxemburg unter besonderer Berücksichtigung des Visitationshandbuches des Regino von Prüm. Rhein. Archiv 81 (Bonn 1972) 88 ff., bes. Anm. 404.

259 Vgl. etwa: G. Kossack/K.-E. Behre/P. Schmid, Archäologische und naturwissenschaftliche Untersuchungen an ländlichen und frühstädtischen Siedlungen im deutschen Küstengebiet vom 5. Jahrhdt. v. Chr. bis zum 11. Jahrhdt. n. Chr. Bd. 1: Ländliche Siedlungen. DFG Acta humaniora (Weinheim 1984) 222 ff.

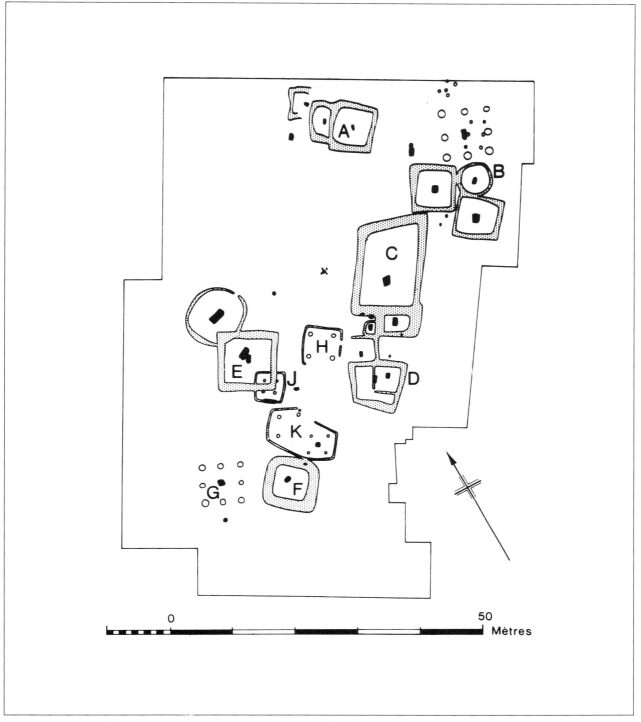

Abb. 20: Ménil-Annelles, Ardennes. Grabgärten und Gebäudereste (nach J.-L. Flouest/I. M. Stead, Iron Age cemeteries in Champagne. The Third Interim Report. British Museum Occasional Paper No. 6 [London 1979] 21 Abb. 10).

wert. Daß es sich in jedem Fall um Sakralbauten handelt, scheint zweifelhaft. Eine Deutung der Wandgräbchenbauten als Speicher sollte gleichgewichtig neben der Erklärung als Sakralbau in Erwägung gezogen werden. Zumindest sollte man Speicherbauten innerhalb der Schanzen nicht von vornherein ausschließen. Eine kultische Funktion der Gesamtanlage sollte ebensowe-

nig von einzelnen Gebäuden im Inneren abgeleitet werden. Wichtig scheint, daß man bei einem Teil der Viereckschanzen einen regelrechten „Bauplan" annehmen darf: Gebäude eines bestimmten Typs, also wohl mit gleicher Zweckbestimmung (sei sie nun profan oder sakral), hatten offenbar einen festen Platz im Grundplan der Schanze. Vielleicht deuten sich hier Möglichkeiten an, diese Bodendenkmäler hinsichtlich ihrer Funktion zu differenzieren. Drei Deutungsmöglichkeiten sollte man dabei im Blick behalten:

Einmal die Funktion umwallter Bezirke als Kult- und Versammlungsplätze im Sinne der bisher üblichen Erklärung der Viereckschanzen. Daneben könnten manche Wallanlagen den Mittelpunkt eines Siedlungsgefüges dargestellt haben, dessen Funktionen kultische und profane Bereiche umfaßt haben. Schließlich wäre an Quadrathöfe zu denken, eine Siedlungsform, die aus älteren Epochen bekannt ist und im Zuge der römischen Besiedlung in entwickelterer Form als Villa rustica wieder auftritt.

Noch sind zu wenige dieser obertägig gleichförmigen Denkmale so sorgfältig untersucht, daß man einer dieser drei Möglichkeiten mehr Gewicht gegenüber den anderen geben könnte. Die Klärung dieser Fragen muß daher in Zukunft Bestandteil siedlungsarchäologischer Forschungen zur jüngeren Latènezeit sein.

II.3 Höhlenfunde

Die recht zahlreichen jüngerlatènezeitlichen Höhlenfunde in unserem Arbeitsgebiet stellen wie die Viereckschanzen ein Phänomen dar, das keine monokausale Deutung erfahren kann. Die Konzentration auf den westlichen Teil der Schwäbischen Alb (Karte 3) kann man in erster Linie mit der Häufigkeit der Karsthöhlen im Weißen Jura erklären[260], dennoch fällt dieses Übergewicht gegenüber den wenigen Nachweisen von der Ostalb auf. Als einzig bislang bekannter Höhlenfund außerhalb des Jura-Karstgebiets der Schwäbischen Alb sind die spätlatènezeitlichen Reste aus einer Primärhöhle im Kalktuff des Jagsttales bei der Kapelle St. Wendel zum Stein (Dörzbach, Kat.-Nr. 344) zu nennen.

Die meisten Funde aus Höhlen lassen sich nicht näher innerhalb der Mittel- und Spätlatènezeit datieren (Kat.-Nr. 41, 46, 51, 113, 119, 128, 142, 183, 331, 332, 401, 409, 411, 427, 432, 437, 439, 444, 453, 455 A, 471, 599, 607, 621, 633, 643, 644, 645, 669, 671, 672, 674, 675, 676, 677, 694, 695, 701, 705, 709, 710, 738, 741, 742, 743). Vor allem im Bereich des oberen Donautals und des Traufs der mittleren Alb können aber Höhlenfunde genannt werden, die sicher in die Spätlatènezeit (LT D) gehören (Kat.-Nr. 116, 118, 141, 143, 151, 240, 344, 430, 433, 446, 600, 601, 602, 603, 605, 618, 620, 630, 640, 641, 642, 670, 673). Vor allem in den Höhlen des oberen Donautals findet sich mit zahlreicher Kammstrich-Grübchen-Keramik ein Material, das schwerpunktmäßig in einen jüngeren Abschnitt der Spätlatènezeit gehört und noch in augusteischer Zeit in Gebrauch war (vgl. Kap. III.5.4.2). Fundmaterial, das sich auf die Mittellatène-

zeit beschränken ließe, fehlt dagegen bisher ganz. In der überwiegenden Zahl handelt es sich bei den jüngerlatènezeitlichen Höhlenfunden um Reste von Keramikgefäßen, nur in wenigen Fällen fanden sich auch Geräte, Schmuck und Waffen (z. B. Kat.-Nr. 151, 344, 430, 433). Leider sind die Fundumstände meist nicht genau überliefert, vor allem bei den wichtigen Komplexen aus dem oberen Donautal handelt es sich durchweg um Funde aus unerlaubten Grabungen, zufälligen Aufsammlungen und Restbeständen von Altgrabungen, deren Dokumentation und Fundmaterial während des Krieges verlorenging[261]. Bei Höhlenuntersuchungen der Vergangenheit galt das Hauptinteresse oftmals nur den paläolithischen Kulturresten, zudem sind die obersten Schichten der Höhlensedimente häufig gestört[262]. Deshalb können in diesem Rahmen lediglich die Möglichkeiten jüngerlatènezeitlicher Höhlennutzung diskutiert werden, nur für einzelne Fälle können diese Möglichkeiten eingegrenzt werden. Nach wie vor ist das Problem der postmesolithischen Höhlennutzung im übergreifenden Rahmen ein Desiderat der Forschung. Abgesehen von Einzelstudien[263] und wieder abgebrochenen Forschungsunternehmen[264] ist es bislang noch zu keinen größeren Arbeiten gekommen. Gerade das Gebiet der Schwäbischen Alb bietet hier noch ein reiches Betätigungsfeld, das eine monographische Aufarbeitung längst verdient hätte[265].

---

260 Vgl. etwa G. Wagner, Einführung in die Erd- und Landschaftsgeschichte mit besonderer Berücksichtigung Süddeutschlands (Öhringen 1960) 43 f.; Binder, Höhlenführer 19 ff., bes. 38 (größere Mächtigkeit des Weißen Jura Beta und stärkere Heraushebung der Schichten im Westteil).

261 Vgl. hierzu etwa Peters, Meine Tätigkeit 3 ff.

262 Vgl. Walter, Thüringer Höhlen 5 f.

263 F. Vollrath, Siedlungskeramik aus Höhlen der mittleren Frankenalb. Abhandl. Naturhist. Ges. Nürnberg 28, 2 (Nürnberg 1959); G. Smolla, Höhlenprobleme. Fundber. Schwaben N.F. 17, 1965, 61 ff.; A. Krebs, Die westfälischen Höhlen in jungvorgeschichtlicher Zeit. Mannus 25, 1933, 207 ff.; Ch. Seewald, Postmesolithische Funde vom Hohlenstein im Lonetal (Markung Asselfingen, Kr. Ulm) Fundber. Schwaben N.F. 19, 1971, 342 ff., bes. 383 ff.; K. Grote, Die Felsschutzdächer (Abris) im südniedersächsischen Bergland. Ihre archäolog. Funde und Befunde. Nachr. Nieders. Urgesch. 51, 1983, 17 ff.; W. Weißmüller, Postmesolithische Funde aus Höhlen und Abris am Beispiel des südlichen Riesrandgebietes. BAR Intern. Ser. 279 (Oxford 1986).

264 Eine Dissertation über die postmesolithischen Höhlenfunde der Schwäbischen Alb war in den 1950er Jahren an der Universität Tübingen in Arbeit, wurde aber nicht zum Abschluß gebracht. Jetzt soll das Thema erneut aufgegriffen werden.

265 J. Biel hat bei der Bearbeitung der Funde von den Höhensiedlungen in Südwürttemberg die Funde aus Höhlen zum Vergleich herangezogen (Neolithikum-Frühlatènezeit); Vgl. Biel, Höhensiedlungen Liste II, IV, VI, VIII, X, XII; Eine kurze Zusammenfassung zu den Höhlenfunden des oberen Donautals bei H. Reim, Die Burghöhle bei Dietfurt, Gde. Inzigkofen-Vilsingen, Krs. Sigmaringen. Zur nachmesolithischen Besiedlung von Höhlen im Donautal zwischen Tuttlingen und Sigmaringen. Mitt. d. Verbands Deutscher Höhlen- u. Karstforscher 22, Nr. 3, 1976, 85 ff.

Profaner Bereich	Kultischer Bereich

– Siedlungsplatz
– vorübergehender Rast-
  platz, zufällige Begehung,
  Aufenthaltsort spielender
  Kinder
– Zufluchtsort
– Rohstoffabbau
– Werkplatz
– Lagerung und Verstecken
  von Gütern
– Viehstall
	– Bestattungsplatz
	  (Sonderbestattungen)
	– Kultplatz
	  (Deponierungen und
	  kultische Handlungen)

Abb. 21: Möglichkeiten der Höhlennutzung im profanen und kultischen Bereich.

Höhlen werden von Menschen immer genutzt, auch heute noch. Je nach den gebotenen Voraussetzungen (Topographie, Raumangebot, raumklimatische Verhältnisse) kann die Nutzung sehr unterschiedlich sein, D. Walter hat die Möglichkeiten der Interpretation 1985 zusammengestellt[266]. Diese Klassifizierung bildet die Grundlage unserer Überlegungen. Neben einer Unterteilung in die beiden Hauptbereiche, der profanen und kultischen Nutzung, wurde sie noch um die Kategorien „Versteck oder Lagerraum für Güter" und „Viehstall" erweitert (Abb. 21).

II.3.1 Möglichkeiten der Höhlennutzung im profanen Bereich

A. Siedlungen

Höhlen als dauernde Siedlungsplätze kennen wir in Südwestdeutschland noch aus der jüngeren Vergangenheit[267], in anderen Gegenden sogar bis in die Gegenwart, es sei hier nur an die aus dem vulkanischen Tuff gehauenen Höhlenwohnungen Kappadokiens erinnert. In historischen Zeiten sind Höhlen oft als Wohnstätten oder Aufenthaltsorte von Rechtsbrechern und aus der Gemeinschaft ausgestoßenen Menschen bezeugt[268]; es seien hier auch die „Einsiedler" erwähnt, die ihre selbstgewählte und oft religiös motivierte Einsamkeit in Höhlen suchten[269]. Bei letzterem Beispiel wird möglicherweise schon die Grenze zur kultischen Höhlennutzung überschritten, da die Höhle in solchen Fällen ja nicht nur Wohnung, sondern auch Meditations- und Gebetsraum sein kann.

Um einen längeren Aufenthalt von Menschen zu ermöglichen, muß eine Höhle verschiedene Voraussetzungen bieten. Wichtig sind zunächst erträgliche raumklimatische Verhältnisse: Die Höhle darf nicht zu feucht sein, das Vorhandensein einer kleinen Deckenöffnung oder eines vertikalen Gangs (Kamin) wirkt sich günstig

auf die Luftzirkulation aus und dient als Rauchabzug. Für die Temperaturen im Innenraum ist ausschlaggebend, ob dieser höher (Backofen-Typ) oder tiefer (Eiskeller-Typ) als der Eingang liegt[270]. Von der Größe und der Entfernung des Eingangs vom eigentlichen Wohnbereich ist auch die Lichtintensität abhängig. Der Grad der Versturzgefährdung dürfte die Wahl einer Höhle als Behausung ebenfalls wesentlich beeinflußt haben, somit sind die stabilen Höhlen im Massenkalk (Weißer Jura, Kimmeridge 2.4 bis Tithonium) weitaus besser geeignet als diejenigen in den gebankten Kalken (Weißer Jura, Kimmeridge 2.1–2.3), wo sich gern einzelne Blöcke von der Höhlendecke lösen[271].

Die gute Zugänglichkeit spielt sicher eine wichtige Rolle, d. h. Höhlen, die schwer erreichbar an steilen Hängen liegen, eignen sich weniger für solche Zwecke. Eine Lage nahe dem Talboden und somit oft auch nahe am Wasser ist der Idealfall. Auch sollte der Eingang so geformt sein, daß er einen bequemen Zugang ermöglicht.

Auch für die jüngere Latènezeit dürfen wir die Existenz von solchen Höhlenwohnungen annehmen, ohne daß wir Genaueres über ihre Bewohner (s. o.) aussagen könnten. Die aufgezählten Voraussetzungen treffen für einige Höhlen zu, die entsprechende Funde ergeben haben (z. B. Kat.-Nr. 433, 602, 618, 633, 642–644, 676, 701, 709, 742). Aus der Art und Menge der Funde kann in keinem dieser Fälle ein sicherer Schluß gezogen werden: Meist handelt es sich lediglich um Keramikreste, zudem sind Störungen der oberen Sedimentschichten in jüngerer Zeit nicht auszuschließen[271]. Berichte über Herdstellen mit jüngerlatènezeitlichen Scherben (z. B. Kat.-Nr. 183) sagen meist über die Art der Nutzung nichts aus, sie könnten auch auf einen vorübergehenden Rastplatz oder gar eine kultische Handlung zurückzuführen sein. Bestenfalls die bis zu 0,6 m mächtige Aschenschicht der Feuerstelle in der Mockenrainhöhle bei Wittlingen (Kat.-Nr. 409) weist auf eine längere Nutzung der Höhle als Wohnung hin. Bei Funden aus relativ gut zugänglichen Abris (z. B. Kat.-Nr. 240) könnte man auch an entsprechende Hüttenanbauten

---

266 Walter, Thüringer Höhlen 6 Abb. 1.
267 Oft leitet sich dann der Höhlenname von den Bewohnern ab: Die Schuntershöhle wurde z. B. um 1780 von einer Familie Schunter bewohnt: Binder, Höhlenführer 174.
268 Walter, Thüringer Höhlen 6. Die Reichsstadt Ulm ließ 1591 die Höhle „Stadel" im Lonetal durch eine Mauer verschließen, da sie als beliebter Lagerort für Störer der allgemeinen Ordnung galt: J. Hahn/H. Müller-Beck/W. Taute, Eiszeithöhlen im Lonetal. Führer arch. Denkm. Baden-Württemberg 3 (1985) 178.
269 So dienten etwa auch die Tuffhöhlen bei der Wallfahrtskirche St. Wendel zum Stein (Kat.-Nr. 344) als Einsiedelei.
270 Binder, Höhlenführer 29 f.
271 Zu den geologischen Formationen der Schwäbischen Alb und den darin vorkommenden Höhlenformen vgl. ebd. 19 ff.

denken, die sich natürlich nur durch Grabungen nachweisen lassen.

B. Vorübergehender Rastplatz, zufällige Begehung, Aufenthaltsort spielender Kinder

Daß Höhlen kurzfristig als Rastplatz oder als Schutz vor Unwettern aufgesucht werden, ist heute noch üblich und dürfte es zu jeder Zeit gewesen sein. Aus reiner Neugierde haben sicherlich Erwachsene und spielende Kinder auch schwieriger zu begehende Höhlen betreten. Es ist nicht ausgeschlossen, daß dabei einzelne Gegenstände zurückgelassen oder verloren wurden. Neben anderen Deutungen (s.u.) könnte man so z.B. die Fibeln aus der Bettelmannshöhle im großen Lautertal (Kat.-Nr. 433) und der Falkensteiner Höhle (Kat.-Nr. 430) erklären. Zahlreiche kleine Fundkomplexe in Form von wenigen Gefäßfragmenten können natürlich ebenfalls auf kurzfristige Höhlennutzung zurückgehen. Diese Art der Nutzung oder „Begehung" im Befund nachzuweisen, ist praktisch nicht möglich.

C. Zufluchtsort

Als Zufluchtsort in Notzeiten haben Höhlen ebenfalls eine Tradition bis in die heutige Zeit[273]. Im Gegensatz zu den o.g. Voraussetzungen für eine Nutzung zu Siedelzwecken weisen Höhlen, die als Zufluchtsstätte genutzt werden, in der Regel gänzlich andersartige Gegebenheiten auf: Sie liegen abseits der eigentlichen Siedlungen, oft sind sie schwer zugänglich und haben keine auffallende oder weithin sichtbare Eingangsöffnung. Da solche Zufluchtsstätten wohl kaum für einen dauerhaften Aufenthalt gedacht waren, bieten sie meist nicht die günstigen raumklimatischen Verhältnisse der „Wohnhöhlen". Die Innenräume sind oft unwegsam, feucht und kalt.

Höhlen wie das Griebenloch bei Storzingen (Kat.-Nr. 641) und die Kaiseringer Höhle (Kat.-Nr. 141) könnte man sich beispielsweise gut als derartige versteckte Zufluchtsstätten vorstellen. Beide Höhlen haben Reste von gepichten Grobkeramik-Töpfen ergeben, die wohl als Behälter für haltbar gemachte Lebensmittel zu deuten sind (vgl. Kap. III.5.4.3). Aus der Kaiseringer Höhle stammt auch das Fragment einer Drehmühle, was darauf schließen läßt, daß man sich auch auf längere Aufenthalte in der Höhle eingestellt hatte. Beide Höhlen liegen versteckt am Hang und sind schwer zugänglich. Sie haben sehr kleine Eingangsöffnungen, die als solche erst erkannt werden, wenn man dicht vor ihnen steht[274]. Man kann hier weitere Höhlen mit jüngerlatènezeitlichen Funden nennen, die solche Voraussetzungen bieten (z.B. Kat.-Nr. 411, 439). Ebenfalls zu den möglichen Zufluchtsorten möchte man Höhlen und Abris rechnen, die extrem schwer zugänglich oder ohne Kletterhilfe praktisch unerreichbar sind. Sehr gute Beispiele dafür sind die Petershöhle bei

Beuron (Kat.-Nr. 601) und das Abri am Schaufelsen bei Stetten a.k. Markt (Kat.-Nr. 640). Beide Fundstellen haben ein verhältnismäßig reiches Fundmaterial ergeben. Während aus der Petershöhle auch Funde aus anderen Epochen bekannt sind, stammen vom Schaufelsen ausschließlich spätlatènezeitliche Reste in Form von teilweise kompletten Gefäßen. Gemeinsames Merkmal dieser Schutzlagen ist die senkrechte abfallende Felswand direkt vor dem Eingang, die nur mit einer Kletterhilfe (Leiter oder Seil) überwunden werden kann. Während die Petershöhle knapp über der Talsohle liegt, befindet sich das Abri im Schaufelsen hoch in den Massenkalkfelsen und ist von keiner Seite einsehbar. Die leicht zu verteidigende Situation der Petershöhle führte im Mittelalter zur Anlage einer regelrechten Höhlenburg (Abb. 22), die wohl als temporäre Zufluchtsstätte des nahen Klosters Beuron diente[275]. Aus dem oberen Donautal sind mehrere Höhlenbefestigungen dieser Art bekannt, von denen noch zwei weitere neben mittelalterlichen auch jüngerlatènezeitliche Funde enthalten haben (Kat.-Nr. 669, 677)[276].

Auch die Spätlatènefunde am Fuß der Wackerstein-Felsen bei Pfullingen (Kat.-Nr. 446) und aus den Grotten des Lochersteins (Kat.-Nr. 437) erinnern von ihrer topographischen Situation her stark an diese Plätze im Donautal[277].

Man sollte sich bei den Fragen nach Kriegsereignissen in spätkeltischer Zeit, die für die Flucht der Menschen in die Höhlen verantwortlich waren, nicht nur auf historisch bekannte Ereignisse wie den Zug der Kimbern, die Unternehmungen Ariovists oder die römische Ok-

---

272 Aus dem „Hohlen Fels" bei Schelklingen (Kat.-Nr. 742) wurden z.B. die ersten Funde 1830 bekannt, als ein Hafner dort Ton zum Töpfern abgrub. 1844 wurde die wegen des Fledermausmistes sehr mineralreiche Höhlenerde als Dünger abgebaut: R. Blumentritt/J. Hahn, Der Hohle Fels. Schelklinger Arch. Führer 1 (Schelklingen, ohne Jahr) 8 ff.

273 Während eines Artillerieangriffs im April 1945 suchten die Bewohner von Stetten u. Holstein Schutz in den Höhlen unter der Burgruine (Kat.-Nr. 128): R. Holzhauer, Ruine Holstein. Bl. d. Schwäb. Albver. 98, 1992, 108.

274 Ein sehr gutes Beispiel hierfür ist die Höhle „Griebenloch", deren unauffälliger Eingang auch von Ortskundigen nicht auf Anhieb entdeckt wird.

275 Die Befestigung wurde evtl. schon im 11. Jh. angelegt, Reste der Frontmauer sind noch sichtbar. Heute erreicht man den Höhleneingang in 5 m Höhe über eine Holztreppe.

276 Vgl. zu diesen Höhlenburgen S. Uhl, Höhlenburgen und Höhlenbefestigungen im Donautal zwischen Sigmaringen und Tuttlingen. Bl. d. Schwäb. Albver. 94, 1988, 8 ff.

277 Spätlatènefunde aus einer Höhle mit ausgesprochener Schutzlage sind auch aus dem Schweizer Jura bekannt: G. Kaenel, La Grotte du Four (Boudry, canton de Neuchâtel). In: Les Celtes dans le Jura. Katalog Pontarlier/Yverdon (Yverdon 1991) 111 ff.; Ähnliche Höhlenfunde auch aus dem französischen Jura: P. Petrequin, La grotte de la Tuilerie á Gondemans-les-Monthy. Ann. Litt. Univ. Besancon 137, 1972, 111 ff. (mit frührömischen Funden).

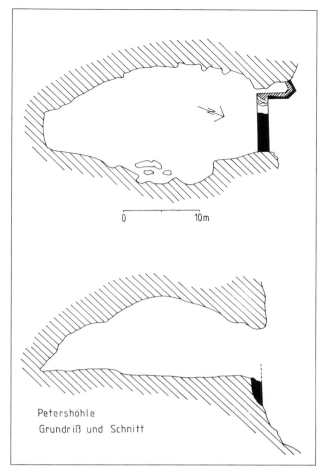

Abb. 22: Die Petershöhle bei Beuron (nach S. Uhl, Bl. des Schwäb. Albvereins 94, 1988, 11).

die für 1830 und 1844 bezeugte Gewinnung von Dünger und Ton aus dem Hohlen Fels bei Schelklingen hingewiesen[279], die auch für andere Höhlen nachweisbar ist.

Tonerde für den Töpferbedarf wurde vielleicht auch schon in vorgeschichtlicher Zeit aus den Höhlen gewonnen. Höhlenlehm entsteht, wenn durch das kohlendioxidhaltige Wasser bei der Auflösung des Kalksteins die unlöslichen Tonpartikel freigesetzt werden[280]. Das Hauptinteresse dürfte in der jüngeren Latènezeit aber einem ganz anderen Rohstoff gegolten haben: Das in den Verwitterungsböden aus der Kreidezeit enthaltene Bohnerz wurde durch die Verkarstungsvorgänge in Spalten, Dolinen und Höhlen gespült. Waren diese Lagerstätten zugänglich, wurden sie sicher abgebaut[281]. Ein wichtiger Beleg für eine derartige Eisengewinnung in der Spätlatènezeit stammt möglicherweise aus der Jägerhaushöhle im Donautal (Kat.-Nr. 674), die vor allem wegen ihrer bedeutenden mesolithischen Schichtenfolge bekannt ist. Neben Gruben mit Spätlatènekeramik wurden Holzkohle und zahlreiche Eisenschlacken gefunden, die auf eine Verhüttung des Bohnerzes hindeuten. Ob der Zusammenhang mit den Spätlatènefunden sicher ist, konnte in diesem Fall leider nicht ermittelt werden[282].

Bedeutende Bohnerzlager befinden sich auch in der näheren Umgebung von Veringenstadt, was eine mögliche Erklärung der Spätlatènefunde aus den dortigen Höhlen wäre[283].

E. Werkplatz, Lagerung und Verstecken von Gütern, Viehstall

Die letzten hier in Betracht zu ziehenden Möglichkeiten der profanen Höhlennutzung in der jüngeren Latènezeit lassen sich nicht durch spezifische Befunde belegen, doch müssen sie aufgrund von Nachweisen aus anderen Epochen ebenfalls angenommen werden. Als Werkplatz kommen wieder nur gut zugängliche und

kupation des Voralpengebiets beschränken, auch wenn derartige Überlegungen sehr reizvoll und berechtigt sind. Es dürfte zahlreiche kleinere Auseinandersetzungen gegeben haben, die sich auf einem eng begrenzten Gebiet abgespielt und die ländliche Bevölkerung zur kurzfristigen Flucht in versteckte oder gut zu verteidigende Höhlen gezwungen haben. Abgesehen von kriegerischen Ereignissen könnte man sich auch einen vorübergehenden Aufenthalt zum Schutz vor Naturkatastrophen vorstellen. In letzter Zeit wurden jüngerlatènezeitliche Siedlungen bekannt, die auf Schuttfächern in der Talaue angelegt waren (s. o.). Die meisten Höhlen liegen in hochwasserfreien Hanglagen der Täler. Vielleicht hat man diese auch bei plötzlichen Wildwassern (vor allem wohl Frühjahrshochwassern) aufgesucht, die im Karstgebiet der Schwäbischen Alb durchaus verheerende Ausmaße annehmen können[278].

D. Rohstoffabbau

Eine völlig andere Art der Höhlennutzung stellt die Gewinnung von Rohstoffen dar. Auch hierzu gibt es Belege bis in die jüngste Vergangenheit, es sei nur auf

278 Binder, Höhlenführer 36; 140; H. Binder, Die Wasserführung der Lone. Jahresh. für Karst- und Höhlenkunde 1, 1960, 211 ff.; S. Trautwein, Die Erd- und Landschaftsgeschichte des Brenz-Lone-Gebiets. Ebd. 1 ff., bes. 15 ff.

279 Blumentritt/Hahn (Anm. 272) 8 f.; H. Binder, Gewinnung von Montmilch und Höhlendünger und andere Arten der Höhlennutzung in alter und neuer Zeit. Jahresh. für Karst- u. Höhlenkunde 4, 1963, 347 ff.

280 Binder, Höhlenführer 27.

281 Ebd. 27; E. Zillenbiller, Bohnerzgewinnung auf der Schwäbischen Alb (Gammertingen 1975); H.-J. Bayer, Zur früheren Eisengewinnung aus der Schwäbischen Alb. Bl. d. Schwäb. Albver. 94, 1988, 200 ff.; P. Groschopf, Die Eisenerze der Ostalb – Entstehung und Vorkommen. Aalener Jahrb. 1980, 18 ff.; Kempa, Antike Eisenverhüttung 8 ff.

282 Kurz erwähnt: Fundber. Schwaben N.F. 18/I, 1967, 21. Funde und Befunde sind bislang unpubliziert.

283 Binder, Höhlenführer 28.

raumklimatisch geeignete Höhlen in Frage, die ebenso wie für Wohnzwecke auch als handwerklich genutzter Raum dienen konnten. Für das Lagern und Verstecken von Gütern in Höhlen lassen sich Beispiele aus anderen Epochen bis in die jüngste Vergangenheit anführen[284]. Einige Höhlen im oberen Donautal und bei Veringenstadt wurden als Bierkeller genutzt (Kat.-Nr. 633). Gerade für die Aufbewahrung von Lebensmitteln boten die Höhlen als natürliche Kühlschränke gute Voraussetzungen, die der prähistorische Mensch sicher zu nutzen wußte. Fleisch war dort vor Insekten geschützt, die Dunkelheit und die niedrige Raumtemperatur begünstigten die Lagerung von Milch und Milchprodukten, dem Lagern und Reifen von Käse kam dabei vielleicht eine besonders wichtige Rolle zu[285].

Als Viehstall wurden Höhlen ebenfalls bis vor kurzem genutzt, manchen hat diese Nutzung auch ihren heutigen Namen gegeben. So etwa den Kühstellengrotten (Kat.-Nr. 142), dem Schafstall (Kat.-Nr. 644) und dem Geißenklösterle[286]. Auch die Kellerhöhle bei Gutenstein (Kat.-Nr. 633) wurde zeitweise als Stall genutzt, wovon als sichtbare Reste Mauerfundamente, ein Eisentor und ein Luftschacht zeugen. Außerdem hat sich in der Gegend der Name „Pferdestall" für die Höhle gehalten[287]. Von weiteren Höhlen ist die Nutzung als Stall schriftlich überliefert (vgl. Kat.-Nr. 676). In der Vergangenheit hat neben dem Schutz vor ungünstiger Witterung sicher auch der Schutz vor Raubtieren die Höhlen zu einem willkommenen Unterschlupf für Hirten und Herden gemacht. Da die Viehwirtschaft in der jüngeren Latènezeit eine bedeutende Rolle gespielt hat, dürfen wir eine solche Nutzung geeigneter Höhlen voraussetzen[288].

II.3.2. Möglichkeiten der Höhlennutzung im kultischen Bereich

A. Bestattungen (Sonderbestattungen)

Das Phänomen der Bestattung in Höhlen zieht sich durch alle vorgeschichtlichen Kulturen und findet historische Belege bis in die Neuzeit[289]. In unserem Arbeitsgebiet ist bislang kein gesicherter Befund einer jüngerlatènezeitlichen Höhlenbestattung bekannt geworden, während sich aus den Nachbargebieten Beispiele nennen lassen[290]. Aus einigen Höhlen in Württemberg liegen aber Funde vor, deren Deutung als Reste von Bestattungen möglich wäre. Dies gilt in erster Linie für die Marderhöhle bei St. Wendel zum Stein (Kat.-Nr. 344), bei der bereits E. Kost an einen spätkeltischen Bestattungsplatz gedacht hat[291]. Möglicherweise gehörte auch die Fibel aus der Bettelmannshöhle (Kat.-Nr. 433) ursprünglich zu einer Bestattung, aus der Höhle stammt auch das Fragment eines Bronze-

hohlblech-Armringes, der aber auch in die Hallstatt- oder Frühlatènezeit gehören kann[292].

In einigen Höhlen fanden sich auch menschliche Skelettreste (z. B. Kat.-Nr. 141), allerdings ist dabei in keinem Fall der Befund so überliefert, daß man die Zusammenhänge mit spätkeltischen Kulturresten sicher bestätigen könnte[293]. Zudem sei hier an das Phänomen der menschlichen Skelettreste in latènezeitlichen Siedlungen erinnert, die bereits vielfältige Erklärungsversuche erfahren haben (s.u.)[294]. Das Vorkommen von Skelettresten als solches ist also noch kein Beweis für eine Bestattung.

Der Befund aus einer Höhle an der Riethalde bei Thayngen, Kt. Schaffhausen, zeigt, daß man auch mit jüngerlatènezeitlichen Brandgräbern in Höhlen zu rechnen hat: Der Leichenbrand war anscheinend in einem grobkeramischen Topf geborgen, der mit einer Schüssel abgedeckt war. Als Beigabe fand sich ein ei-

284 In diesen Zusammenhang gehört möglicherweise auch ein Metallhort der jüngeren Urnenfelderzeit (Ha B1) aus der Paulshöhle bei Beuron (Kat.-Nr. 602), vgl. Biel, Höhensiedlungen 200; 1944 wurde der Hohle Fels bei Schelklingen von der Luftwaffe für militärische Zwecke beschlagnahmt, es wurden darin bis Kriegsende Produkte der Ulmer Firma Klöckner-Humbold-Deutz gelagert: Blumentritt/Hahn (Anm. 272) 11; Die Burkhardtshöhle bei Wiesensteig wurde 1945 gesprengt, weil Munition in ihr gelagert war: Binder, Höhlenführer 120.

285 Siebgefäße zur Käseherstellung sind in spätkeltischen Zusammenhängen relativ häufig, vgl. Stöckli, Keramik 20 f.

286 Binder, Höhlenführer 179; Zur Namengebung vgl. H. Binder, Ein kleines Kapitel zu Höhlennamen und Höhlensagen. Bl. d. Schwäb. Albver. 78, 1972, 110.

287 Binder, Höhlenführer 199 f.

288 Ein Hinweis auf die Nutzung von Höhlen als Stall in vorgeschichtlicher Zeit findet sich im 9. Gesang der Odyssee: Der Zyklop Polyphem sperrt seine Schafherde über die Nacht in eine Höhle!

289 Belege vom Neolithikum bis in die Frühlatènezeit in den Listen bei Biel, Höhensiedlungen 159 ff.; H. Reim, Ein frühalamannischer Bestattungsplatz in der Sontheimer Höhle bei Heroldstatt-Sontheim, Alb-Donau-Kreis. Arch. Ausgrab. 1977, 79 f.; In der bekannten paläolithischen Höhlenstation Bockstein im Lonetal (Kat.-Nr. 738) wurde 1739 eine Selbstmörderin mit ihrem Kind bestattet: Hahn/Müller-Beck/Taute (Anm. 268) 178; Zu einem in der Falkensteiner Höhle verunglückten und dort bestatteten Schatzgräber vgl. Kat.-Nr. 430.

290 Jahrb. SGU 26, 1934, 38; Höneisen, Merishausen-Barmen 106. Möglicherweise gehören auch die Skelettreste aus der Höhlenburg am Isteiner Klotz, Kr. Lörrach, zu spätkeltischen Höhlenbestattungen: Hecht/Jud/Spichtig, Südl. Oberrhein 102 f. mit Abb. 9. G.

291 E. Kost, Die Besiedlung Württembergisch-Frankens in vor- und frühgeschichtlicher Zeit. Württ. Franken N.F. 17/18, 1936, 65 f.

292 Biel, Höhensiedlungen 140.

293 Möglicherweise gehören Stücke aus einer Höhle bei Hürben im Lonetal ebenfalls in den Kreis latènezeitlicher Höhlenfunde: In der Fuchsenhöhle wurden neben mittelalterlichen Scherben menschliche Skelettreste und ein bronzener Gürtelhaken gefunden, der „vielleicht jünger" ist: Binder, Höhlenführer 145 f.; Fundber. Schwaben N.F. 18/II, 1967, 160; Diese Angabe konnte bisher nicht überprüft werden.

294 Vgl. G. Lange, Die menschlichen Skelettreste aus dem Oppidum von Manching. Die Ausgr. in Manching 7 (Stuttgart 1983).

serner Schildbuckel[295]. Vor dem Hintergrund dieses Beispiels betrachtet, können sich natürlich auch hinter einigen der Keramikfunde aus unserem Arbeitsgebiet Reste solcher Brandbestattungen verbergen, allerdings ist in keinem dieser Fälle Leichenbrand erwähnt. Für die Funde aus der Marderhöhle bei St. Wendel zum Stein (Kat.-Nr. 344) ist eine Erklärung als Reste einer oder mehrerer Bestattungen noch am wahrscheinlichsten. Die Gegenstände und Skelettreste von mindestens 20 Personen wurden leider 1936 tumultuarisch geborgen. Neben spätlatènezeitlichen Funden stammen aus der Höhle auch ältere (Späthallstatt-Frühlatène) und jüngere (Frühmittelalter) Gegenstände, auch kann man die Möglichkeit mittelalterlicher Sonderbestattungen nicht völlig ausschließen. Auffällig ist aber, daß sich unter den spätkeltischen Funden relativ zahlreiche Kleidungsbestandteile (Kette, Fibelpaar) und Schmuckstücke (Armring, Glasperlen, Amulette) befinden, die in ähnlicher Kombination aus Gräbern bekannt sind. Bei Gegenständen wie den Bernsteinringen und dem silbernen Büschelquinar ist die Zugehörigkeit zu den Skelettresten zwar ebenfalls nicht belegbar, dennoch fällt auf, daß sich Bernsteinschmuck und Münzbeigabe auch in dem Prunkgrab von Dühren (LT C2)[296] und dem (leider ebenfalls nur schlecht überlieferten) Körpergrab von Neckarsulm (wohl eher LT D) finden. Da es sich auch in diesen Fällen nicht um die übliche Bestattungsweise jener Zeit handelt, sind spätkeltische Sonderbestattungen in der Marderhöhle sehr wahrscheinlich[297].

B. Kultplatz

Höhlen als Kultplätze, als Orte an denen sich der Mensch den von ihm gefürchteten oder verehrten chthonischen Mächten näher fühlte, kennen wir aus den meisten vorgeschichtlichen Epochen[298]. Besonders hingewiesen sei in diesem Zusammenhang auf die Reste einer urnenfelderzeitlichen Kultanlage in der Burghöhle Dietfurt im oberen Donautal, da dieser Fall eindrucksvolles Beispiel dafür ist, daß Höhlen zu unterschiedlichsten Zeiten als Rahmen für kultische Handlungen aufgesucht wurden: Die jüngste bekannte Nutzung dieser Höhle zu kultischen Zwecken erfolgte 1928/29 durch eine Religionsgemeinschaft, dabei wurde sie mit beträchtlichem Aufwand umgestaltet[299]. Für die kultische Nutzung von Höhlen in spätkeltischer Zeit gibt es Hinweise aus der Schweiz und aus Ostfrankreich. Aus einer Höhle im Doubstal stammen beispielsweise mehrere Münzen, Fibeln, ein Glasarmring, ein Silberring und eine Ringperle, aber anscheinend kaum Keramik[300]. Dieses selektive Opfern ist auch von anderen keltischen Heiligtümern bekannt.
Unter bestimmten topographischen Voraussetzungen der Höhlen wird eine kultische Deutung von aus ihnen

geborgenen Kulturresten sehr wahrscheinlich. Gemeint sind hier die Spalt- und Schachthöhlen der Karstgebiete, die nur mit Kletterhilfen zugänglich und auch dann noch sehr schwierig zu begehen sind. Bei Funden aus solchen Höhlen dürfen wir annehmen, daß dahinter die Motivation der unwiederbringlichen Veräußerung steht. Somit sind solche Funde den Versenkungsopfern in Mooren und Gewässern verwandt (s.u.). Zahlreiche Funde dieser Art aus verschiedenen Epochen sind von der Fränkischen Alb bekannt geworden, während die Schachthöhlen der Schwäbischen Alb in dieser Hinsicht praktisch noch unerforscht sind[301].
Es können in diesem Rahmen aber bereits einige Höhlen mit jüngerlatènezeitlichen Funden namhaft gemacht werden, die wegen ihrer topographischen Bedingungen als Opferstätten gedeutet werden können. Bei den wenigen Funden aus dem Heilenbergschacht etwa (Kat.-Nr. 128) wäre dies möglich. Der Zugang zu dieser Höhle ist nur durch ein Deckenloch in 8 m Höhe möglich, allerdings ist nicht bekannt, wann der eigentliche Eingang verschüttet wurde[302]. Hinzuweisen ist weiter auf zwei vollständige Gefäße aus einer Felsspal-

295 Höneisen, Merishausen-Barmen 106 mit Abb. 8; 123 Taf. 13,1–2.

296 Vgl. K. Schumacher, Grabfund der sog. Mittel-La Tène-Zeit von Dühren (Bez.-A. Sinsheim, Grossh. Baden). AuhV V (1900) 73 ff., Taf. 15.

297 Polenz, Münzen in latènezeitlichen Gräbern 212 ff.; der weiter unten erwähnte Fundkomplex aus dem französischen Jura könnte wegen seiner Zusammensetzung (zwei Fibeln, Glasarmringe, Ringperlen, Silberring, Münzen) auch in diesen Rahmen passen: G. Aime/F. Bonnefoi, Sondage dans la Grotte du Château de la Roche, à Chamesol (Doubs). Ann. Litt. Univ. Besancon 299, 1985, 693 ff.

298 Zu diesem Thema gibt es eine große Zahl von Publikationen, vgl. etwa O. Kunkel, Die Jungfernhöhle bei Tiefenellern. Münchn. Beitr. Vor- u. Frühgesch. 5 (München 1955); G. Behm-Blancke, Höhlen, Heiligtümer, Kannibalen. Archäologische Forschungen im Kyffhäuser (Leipzig 1962); G. Behm-Blancke, Zur Funktion bronze- und früheisenzeitlicher Kulthöhlen im Mittelgebirgsraum. Ausgr. u. Funde 21, 1976, 86 ff.; R. A. Maier, Schachthöhlen und Felstürme als urgeschichtliche Opferplätze. In: Führer arch. Denkm. Deutschland 5/I (Stuttgart 1984) 204 ff., bes. 211; M. Geschwinde, Höhlen im Ith. Urgeschichtliche Opferstätten im südniedersächsischen Bergland (Hildesheim 1988).

299 Binder, Höhlenführer 199; H.-W. Dämmer/H. Reim/W. Taute, Probegrabungen in der Burghöhle von Dietfurt im oberen Donautal. Fundber. Baden-Württemberg 1, 1974, 1 ff.; Vorberichte über die Grabungen der jüngsten Zeit von W. Taute und Mitarbeitern: Arch. Ausgr. Baden-Württemberg 1987, 32 ff.; ebd. 1989, 38 ff.; ebd. 1991, 25 ff.

300 Kaenel (Anm. 277) 111 ff.; G. Aime/F. Bonnefoi, Sondage dans la Grotte du Château de la Roche, à Chamesol (Doubs). Ann. Besancon 299, 1985, 639 ff. Oben wurde bereits darauf hingewiesen, daß hier auch Reste einer Sonderbestattung vorliegen könnten.

301 Maier (Anm. 298) 204 ff.; ders., Urgeschichtliche Opferreste aus einer Felsspalte und einer Schachthöhle der Fränkischen Alb. Germania 55, 1977, 21 ff.; M. G. Moser, Opferhöhlen. Der Zwiebelturm 11, 1969, 276 ff.

302 Binder, Höhlenführer 156.

te im Wald bei Winterlingen (Kat.-Nr. 143). Ursprünglich sollen es vier Gefäße gewesen sein. Funde dieser Art lassen sich am plausibelsten mit Speiseopfern für chthonische Mächte erklären. Gefäßreste aus einer Felsspalte bei Römerstein-Zainingen gehören vielleicht in einen ähnlichen Zusammenhang (Kat.-Nr. 454). Eine Nauheimer Fibel wurde ca. 100 m im Inneren der Falkensteiner Höhle bei Grabenstetten (Kat.-Nr. 430) gefunden. Es handelt sich bei dem Fundort um eine halbaktive Quellhöhle, die in ihrem Inneren immer Wasser führt; lediglich bei hohem Wasserstand fließt der Höhlenbach aus dem Eingang[303]. Die Fibel kann zwar auch bei einer Begehung der Höhle verlorengegangen sein, vorstellbar wäre aber eher, daß hier ein Versenkungsopfer vorliegt, wie man es für den größten Teil der Gewässerfunde annehmen kann (s.u.). Vielleicht gehört dieser Fund auch in den engeren Kreis der Quellenverehrung, für die sich in der Latènezeit einige Belege finden (vgl. auch Kap. II.5)[304]. Eine Eisenfibel vom Mittellatèneschema fand sich neben zahlreichen älteren und jüngeren Kulturresten und menschlichen Skelettresten im Schuttkegel unter dem Deckeneinstiegsloch zur Erpfinger Höhle, die Situation ist gut mit dem oben erwähnten Heilenbergschacht vergleichbar (Kat.-Nr. 455 A)[305]. Eine Deutung dieser Funde als Überreste von Opferungen hat hier gegenüber der Möglichkeit von Bestattungen mehr Wahrscheinlichkeit[306]. Ein natürlicher Schacht von 10 m Tiefe und 5–6 m Durchmesser öffnet sich im Felsen der Burgruine Grannegg bei Egesheim (Kat.-Nr. 670). Aus ihm stammen einige spätlatènezeitliche Scherben, die man ebenfalls mit Speiseopfern in Verbindung bringen darf[307].

II.3.3 Zusammenfassende Bewertung der Höhlenfunde

Wegen mangelnder oder nicht aussagekräftiger Befundüberlieferung konnte hier in keinem Fall die Art der jüngerlatènezeitlichen Höhlennutzung eindeutig erschlossen werden. Daher blieb letztlich nur der Weg, alle Möglichkeiten der profanen und der kultischen Nutzung von Höhlen unter Berücksichtigung der natürlichen Voraussetzungen zu diskutieren und diese mit den topographischen Gegebenheiten unserer Fundorte zu vergleichen. Dabei wurde eines sehr deutlich: Eine monokausale Deutung von Höhlenfunden einer Epoche ist praktisch auszuschließen. Es bieten sich vielfältige Erklärungsmöglichkeiten für das Vorkommen von Funden in Höhlen, die sich nur in manchen Fällen durch die Fundzusammensetzung und die topographischen und raumklimatischen Verhältnisse der Höhlen etwas einschränken lassen. Die weitere archäologische Erforschung postmesolithischer Höhlennutzung, auch durch neue Grabungen an geeigneten Plät-

zen, ist ein dringendes Desiderat der Forschung. Besonders den schwer zugänglichen Höhlen und Schachthöhlen sollte dabei das Interesse gelten, da hier bereits Vergleichsmöglichkeiten mit der Fränkischen Alb bestehen und zudem die Wahrscheinlichkeit neuzeitlicher Störung der Einlagerungen relativ gering ist. Die oben erwähnte Entdeckung eines urnenfelderzeitlichen Kultplatzes in der Burghöhle Dietfurt hat gezeigt, womit in einzelnen Fällen noch zu rechnen ist.

II.4 Gräber

Die Seltenheit spätlatènezeitlicher Gräber in Süddeutschland hat die Forschung schon geraume Zeit beschäftigt; meist wurde als Hintergrund der Verfall der Beigabensitte vermutet[308].
Für Württemberg haben erstmals 1934 K. Bittel und 1967 F. Fischer jüngerlatènezeitliche Grabfunde zusammengestellt, die möglicherweise nach LT D zu datieren sind[309]. Die in der Liste von Fischer aufgeführten Grabfunde von Ludwigsburg-Oßweil, Waiblingen (Kat.-Nr. 788) und Walheim wurden von ihm zu Recht mit einem Fragezeichen versehen, da sie kein Material enthalten haben, das man mit gutem Gewissen nach LT D datieren könnte[310]. Lediglich zwei Grabfunde nennt Fischer (unter Berufung auf Bittel): Eine Körperbestattung von Neckarsulm (Kat.-Nr. 314) dürfte wegen

303 Binder, Höhlenführer 93 f.
304 Zu diesem Thema: F. Heger, Großer Fund prähistorischer Bronzen bei Dux in Böhmen. Mitt. Anthr. Ges. Wien 12, 1882, 80 ff.; V. Kruta, Le trésor de Duchcov dans les collections tchécoslovaques (Éstí nad Labem 1971); F. Muthmann, Mutter und Quelle. Studien zur Quellenverehrung im Altertum und im Mittelalter (Basel/Mainz 1975); F. Gschwendt, Der vor- und frühgeschichtliche Mensch und die Heilquellen (Hildesheim 1972).
305 Genauere Beschreibung der Fundumstände bei A. Rieth, Die Erpfinger Höhlen in vor- und frühgeschichtlicher Zeit. In: G. Wagner (Hrsg.), Die Bärenhöhle von Erpfingen (Öhringen 1952) 23 ff., Taf. 16.
306 Vgl. auch Biel, Höhensiedlungen 140.
307 Interessant scheint in diesem Zusammenhang, daß nur ca. 0,6 km NW dieses Felsens das sog. Heidentor, eine Naturbrücke, liegt. Hier konnte R. Dehn 1991 einen Opferplatz der Späthallstatt- und Frühlatènezeit feststellen, der durch Raubgrabungen schon größtenteils zerstört war. Kultische Handlungen an markanten Felsbildungen sind somit in diesem Raum auch schon aus vorangehenden Epochen belegt: R. Dehn, Das „Heidentor" bei Egesheim, Kr. Tuttlingen: Ein bedeutendes arch. Denkmal der Hallstatt- und Frühlatènezeit durch Raubgrabungen zerstört. Arch. Ausgr. Baden-Württemberg 1991, 102 ff.
308 W. Krämer, Germania 30, 1952, 330 ff.; Fischer, Alte und neue Funde 90; S. Schiek in: Bittel/Kimmig/Schiek, Die Kelten in Baden-Württemberg 134; R. Christlein, Bayer. Vorgeschbl. 47, 1982, 275 ff.; Krämer, Grabfunde 34 ff.
309 Bittel, Kelten 76 f.; Fischer, Alte und neue Funde 101 Liste 7.
310 Ebd. 101 Liste 7, Nr. 1, 6–7. Bei dem Brandgrab von Mannheim-Sandhofen handelt es sich um eine Bestattung der Stufe LT D1, der Fundpunkt liegt aber bereits weit außerhalb unseres Arbeitsgebietes.

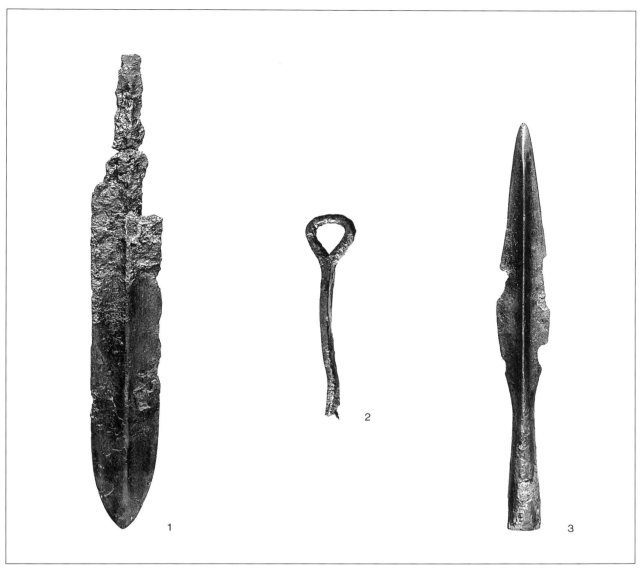

Abb. 23: Kirchberg a.d. Murr (vgl. Kat.-Nr. 782). Schwertklinge, Schlüsselgriff und Lanzenspitze aus jüngerlatènezeitlichem Grab. M = ca. 1:2 (nach Bittel, Kelten Taf. 6).

der Kreuzmünze vom Typ Dühren an das Ende von LT C oder den Beginn von LT D zu datieren sein. Möglicherweise war ein Beigabengefäß mit Kammstrich-Grübchen verziert, was die Datierung nach LT D unterstreichen würde[311]. H. Polenz hat sich im Rahmen der Aufarbeitung latènezeitlicher Gräber mit Münzbeigabe auch mit dem Inventar des Grabes von Nekkarsulm beschäftigt. Aufgrund der Münzbeigabe, der Bernsteinringperlen und der Bronzeblechperle stellt er diesen Grabfund anderen Frauengräbern der ausgehenden Mittel- und beginnenden Spätlatènezeit an die Seite[312]. Besondere Beachtung verdient die Feststellung von Polenz, daß alle Gräber mit Münzbeigaben auch aufgrund der übrigen Beigaben und teilweise auch der Grablege einen Sonderstatus einnehmen. Auffällig ist vor allem die Beigabe zahlreicher Gegenstände, denen

man Amulettcharakter zumessen möchte. Polenz vermutet hinter diesen meist isoliert gelegenen Gräbern die Bestattungen von fremden Personen und denkt dabei in erster Linie an „eingeheiratete" Frauen[313]. Die Funde von Neckarsulm sind mittlerweile leider verschollen, so daß eine Nachprüfung am Original nicht mehr vorgenommen werden kann.

Fischer zitierte 1967 weiterhin nach Bittel einen Grabhügelfund von Nattheim (Kat.-Nr. 268), der aus Eisenringen und einem eisernen Schlüssel bestand. Seine

---

311 Soweit auf den Skizzen von O. Paret zu erkennen ist, hat das Gefäß Gruppen von horizontalen Strichen auf der Schulter.
312 Polenz, Münzen in latènezeitlichen Gräbern 192 f.
313 Ebd. 212 ff.

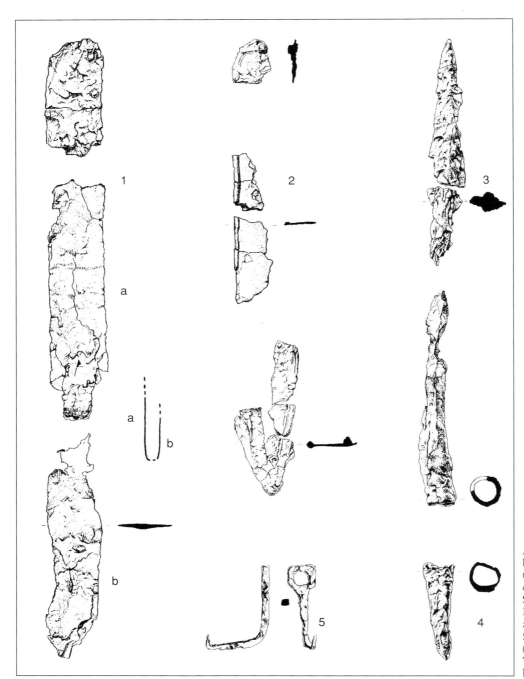

Abb. 24: Baden-Kappelerhof, Kanton Aargau. Inventar eines spätlatènezeitlichen Grabes. 1: verbogene Schwertklinge, 2: Reste der Eisenblechscheide, 3: Lanzenspitze, 4: Lanzenschuh, 5: Hakenschlüssel; M = 1:3 (nach Hartmann/Bellettati/Widmer, Baden-Kappelerhof 51 Abb. 10).

Deutung als spätlatènezeitliche Nachbestattung könnte durchaus zutreffend sein[314]. Bittel hat diesen Fund wegen des Schlüssels als spätlatènezeitliche Nachbestattung angesehen, weil er davon ausging, daß solche Stücke in unserem Raum erstmals in der Spätlatènezeit in Gebrauch kamen[315]. Jacobi hat in der Zwischenzeit gezeigt, daß der Hakenschlüssel nördlich der Alpen bereits in Frühlatènesiedlungen vorkommt, von den zahlreichen Manchinger Exemplaren dürfte ein Teil auch in die Mittellatènezeit gehören. Allerdings nennt Jacobi eine große Anzahl von Beispielen für Schlüssel in Spätlatènegräbern[316].

Für einen weiteren Grabfund von Kirchberg a. d. Murr (Kat.-Nr. 782, Abb. 23) hat Bittel wohl ebenfalls wegen des eisernen Schlüssels eine Datierung nach LT D erwogen, während ihn Fischer mit einem Fragezeichen

---

314 Fischer, Alte und neue Funde 101, Liste 7, Nr. 3; vgl. Bittel, Kelten 24.

315 Ebd. 78.

316 Jacobi, Werkzeug und Gerät 168 ff.; vgl. auch den Hakenschlüssel in dem spätlatènezeitlichen Waffengrab von Baden-Kappelerhof: Hartmann/Bellettati/Widmer, Baden-Kappelerhof 51 Abb. 10,5. Möglicherweise handelt es sich bei dem Haken aus der Höhle bei St. Wendel zum Stein (Kat.-Nr. 344, Taf. 40,26) ebenfalls um das Fragment eines Schlüssels.

versehen in die Liste seiner Mittellatène-Bestattungen setzte[317]. Wegen der darin enthaltenen Schwertklinge mit Mittelgrat wäre eine Datierung in die Spätlatènezeit im Bereich des Möglichen (vgl. Kap. III.4.1). Leider wurde der Befund des Grabes von Kirchberg nicht näher beobachtet; nach Bittel sollen die Schwertklinge, der Schlüsselgriff und eine Lanzenspitze aus einem Brandgrab stammen. Damit würde das Beigabenensemble in auffälliger Weise demjenigen eines Waffengrabes von Baden-Kappelerhof im Kanton Aargau gleichen (Abb. 24)[318]. Bei diesem Fund haben die Bearbeiter darauf hingewiesen, daß der Brauch der Brandbestattung in dieser Gegend nur sporadisch geübt wurde und eigentlich ein „südlicher, römischer Grabritus" gewesen sei[319]. Da sich die Leichenverbrennung in Südwestdeutschland bereits in der Mittellatènezeit nachweisen läßt[320], ist ein Einfluß aus diesem geographischen Raum wahrscheinlicher. Zudem ist das Keramikmaterial aus der zugehörigen Siedlung sehr gut mit dem Spätlatènefundstoff unseres Arbeitsgebietes vergleichbar (Kammstrich-Grübchen-Keramik, vgl. Kap. III.5.4.2).

Im Befund wirklich gesicherte Grabfunde der Spätlatènezeit (LT D) lassen sich bislang im Arbeitsgebiet kaum nachweisen. Auf Karte 4 sind die Fundkomplexe zusammengestellt, bei denen es sich höchstwahrscheinlich um Gräber aus der Spätlatènezeit oder dem Übergang von LT C nach D gehandelt hat. Das oben beschriebene Grab von Neckarsulm darf dabei noch als ein relativ sicherer Nachweis gelten[321], bei dem soeben besprochenen Fund von Kirchberg sind die Fundumstände unklar. Bei den Skelettresten und den Spätlatènefunden aus der Höhle bei St. Wendel zum Stein (Kat.-Nr. 344) kann es sich ebenfalls um eine oder mehrere Bestattungen der Stufe LT D handeln (s. o. Kap. II.3.2), durch die unsachgemäße Bergung sind die Fundumstände und die Grabzusammenhänge aber unbekannt geblieben. Zwei Fibeln, die Reste einer Kette (Gürtelkette?) und mehrere Gegenstände mit Amulettcharakter würden für eine reich ausgestattete Frauenbestattung sprechen, die sich sehr gut in die von Polenz charakterisierte Gruppe einfügen würde. Die Wahl einer Höhle als Bestattungsort würde ebenfalls zu dem von Polenz herausgestellten Sonderstatus der Gräber mit Münzen passen (s. o.). Die Tatsache, daß es sich hier anscheinend um Körperbestattungen handelte, ist auch deswegen interessant, weil die nachfolgend aufgeführten Funde alle aus Brandgräbern stammen sollen[322].

Auf den Befund von Oedheim-Degmarn (Kat.-Nr. 320) ist hier noch besonders hinzuweisen: Dort wurden sechs Steinsetzungen beobachtet, von denen eine untersucht wurde. Innerhalb einer trapezförmigen Steinsetzung von 6 x 6,5 x 2,5 m wurde Leichenbrand entdeckt, bei einer zweiten Steinsetzung fand sich ein stabförmiger eiserner Haken, bei dem es sich möglicherweise um einen spätlatènezeitlichen Gürtelhaken handelt. Mittlerweile wurde bei Lauffen a. N. ein angeblich identischer Befund aufgedeckt[323]. Ob es sich hier tatsächlich um jüngerlatènezeitliche Bestattungen handelt, kann beim derzeitigen Forschungsstand leider nicht beurteilt werden.

Vom Gebiet der Schwäbischen Alb lassen sich einige jüngerlatènezeitliche Fundkomplexe nennen, bei denen es sich höchstwahrscheinlich um Grabhügelnachbestattungen handelt. Bei keinem dieser Komplexe ist aber Leichenbrand beobachtet worden, es handelt sich entweder um Altfunde ohne weitere Angaben oder um Funde, die aus abgeschwemmten Hügelschüttungen geborgen wurden. Die meisten von ihnen können nicht genauer datiert werden als LT C2-D (Kat.-Nr. 116 A, 268, 438, 614, 757). Auch die Funde aus der Hügelschüttung des Großgrabhügels Magdalenenberg wären hier anzuschließen (Kat.-Nr. 773).

Einzelfunde in Form von keltischen Münzen und Glasarmringfragmenten sind ebenfalls aus einigen Grabhügeln des Vorlandes der Schwäbischen Alb überliefert, doch handelt es sich dabei entweder um zweifelhafte Angaben, oder die Funde sind nicht sicher bestimmt (Kat.-Nr. 149, 179, 229, 652).

Vier Fundkomplexe von der Schwäbischen Alb haben dagegen Material enthalten, daß nach LT D zu datieren ist: Am Fuß von Grabhügeln bei Dautmergen (Kat.-Nr. 129) wurden Gruben mit Spätlatènekeramik und Steinen beobachtet, aus der Abschwemmschicht am Fuß der Grabhügel bei Kleinengstingen (Kat.-Nr. 420) wurden u. a. Scherben mit Kammstrich-Grübchen-

317 Ebd. 26; 76 f.; Fischer, Alte und neue Funde 99 Liste 5, Nr. 24.
318 Hartmann/Bellettati/Widmer, Baden-Kappelerhof 51 Abb. 10.
319 Ebd. 50 mit Anm. 9 (Hinweis auf das spätlatènezeitliche Brandgrab von Oberwinterthur, Jahrb. SGU 34, 1943, 139 ff.); vgl. hierzu Hecht/Jud/Spichtig, Südl. Oberrhein 105 f. mit Anm. 18.
320 Fischer, Alte und neue Funde 61 ff.; 99 Liste 5. Schon von Reinecke konstatiert: Mainzer Zeitschr. 8/9, 1913/14, 111 ff. Die Brandbestattungen von Bettingen bei Tauberbischofsheim, die Wahle elbgermanischen Gruppen der Spätlatènezeit zuweisen wollte (wobei er u. a. mit dem Bestattungsritus argumentierte), gehören in die Mittellatènezeit und enthalten keinerlei Beigaben, die man mit germanischer Sachkultur verbinden könnte: E. Wahle, Zur ethnischen Deutung frühgeschichtlicher Kulturprovinzen. Sitzungsber. Heidelb. Akad. Wiss., Phil.-Hist. Klasse 1940/41, 2. Abhandl. (Heidelberg 1941) 5 ff.; A. Dauber/W. Kimmig, Bad. Fundber. 20, 1956, 139 ff.; Nierhaus, Diersheim 7.
321 Es wird auch bei der jüngsten Zusammenfassung des Forschungsstandes durch Fischer als einzige LT D-Bestattung in unserem Arbeitsgebiet angeführt: Fischer, Spätlatènezeit 238 Abb. 1.
322 Bereits Bittel hat bei dem Grab von Neckarsulm auf das späte Vorkommen einer Körperbestattung hingewiesen: Bittel, Kelten 77.
323 Freundl. Hinweis F. Klein aufgrund mündl. Mitteilung eines ehrenamtlichen Mitarbeiters des Landesdenkmalamtes.

Verzierung und Fragmente eines Füßchengefäßes geborgen. Bei Untersuchungen in der Nekropole beim Burrenhof (Kat.-Nr. 429) kamen zahlreiche jüngerlatènezeitliche Funde zum Vorschein, darunter Kammstrich-Grübchen-Keramik und eine eiserne Spätlatènefibel mit Spiralstütze. Ein Altfund aus einem Grabhügel bei Gammertingen-Kettenacker (Kat.-Nr. 611) besteht aus mehreren Scherben eines Topfes mit Kammstrich-Grübchen und dem Fragment einer Schüssel. Ein sicherer Zusammenhang mit Leichenbrand ist aber auch hier nirgends beobachtet worden. Alle diese Funde stammen aus der Schüttung älterer Grabhügel[324], so daß allein aufgrund der Fundumstände eine Deutung als Nachbestattungen naheliegt, wie sie ja bereits aus der Mittellatènezeit bekannt sind[325].

S. Kurz hat sich 1987 mit den nachhallstattzeitlichen Funden aus dem Bereich der Grabhügel beim Burrenhof (Kat.-Nr. 429) beschäftigt und auf vergleichbare Stücke in spätlatènezeitlichen Gräbern hingewiesen[326]. Eine Deutung als Reste späterer Siedeltätigkeit im Bereich der Hügel hat er dabei mit guten Gründen abgelehnt und statt dessen eine Interpretation als Überreste von Totenbrauchtum und Totenverehrung in den Vordergrund gestellt[327]. Der Hinweis auf die unterschiedlichen Überlieferungs- und Selektionsmechanismen von Körper- und Brandgräbern als Erklärung für den fehlenden Befund jüngerlatènezeitlicher Nachbestattungen in Grabhügeln ist dabei von großer Bedeutung: Körperbestattungen müssen im Gegensatz zu Brandgräbern mindestens 1–1,5 m tief unter der Oberfläche sein, um vor aasfressenden Tieren sicher zu sein. Die flacher eingetieften Brandgräber fallen also weitaus schneller der Erosion zum Opfer[328]. Auf jüngerlatènezeitliche Funde aus der Umgebung von älteren Grabhügeln in anderen Gebieten hat Kurz ebenso hingewiesen[329] wie auf die mittlerweile nachgewiesenen Grabfunde im Zugangsbereich anderer Oppida[330], denn auch diese Situation ist am Burrenhof gegeben (vgl. Kat.-Nr. 430).

Das oben bereits erwähnte Fehlen von Leichenbrand bei den Beispielen aus unserem Arbeitsgebiet ist nach Kurz auch bei einzelnen „Gräbern" der spätkeltischen Bestattungsplätze von Wederath und Regensburg beobachtet worden[331].

Die Interpretation dieser Funde als Reste von mittel- und spätlatènezeitlichen Bestattungen ist m. E. dennoch wahrscheinlicher als die Vermutung von Ahnenkult und Totenopfern. Schließlich hat es sich dabei nicht um ungestörte Befunde, sondern um verlagertes Material gehandelt, so daß der fehlende Leichenbrand auch auf diese Weise erklärt werden kann. Die Nachbarschaft von Viereckschanzen und Grabhügeln (natürlich unter Ausschluß einer direkten Kontinuität) kann wohl nicht auf eine Totenverehrung in der Art eines Heroenkults[332] zurückgeführt werden. Zudem ist durch neuere Forschungen an Viereckschanzen die einseitig-kultische Bestimmung dieser Bodendenkmäler in Frage gestellt worden (vgl. Kap. II.2.4), weshalb die früher geäußerte Vermutung F. Kleins, daß in der Spätlatènezeit die Viereckschanzen eine wichtige Rolle im Totenritual gespielt hätten, kaum zutreffen dürfte[333]. Vor dem Hintergrund des mittlerweile erreichten Forschungsstandes möchte man eher vermuten, daß in einem Teil der Viereckschanzen die letzten obertägig sichtbaren Reste ländlicher Siedlungen oder gar Rechteckhöfe zu sehen sind. Die Siedlungsreste in der unmittelbaren Umgebung der Anlagen sprechen jedenfalls dafür, wobei letztlich die Frage nach kultischer oder profaner Nutzung der Schanzen durch die Siedelgemeinschaft zweitrangig ist (vgl. Kap. II.1.1.3). Falls aus benachbarten älteren Grabhügelgruppen jüngerlatènezeitliche Funde stammen, ist es naheliegend, darin Reste des Bestattungsplatzes dieser Siedelgemeinschaft zu sehen (z. B. Kat.-Nr. 708, 757, evtl. auch 179). Der gleiche Bezug ist noch bei römischen Gutshöfen zu beobachten: Reste einer römischen Nachbestattung stammen z. B. aus einem hallstattzeitlichen Grabhügel nur ca. 20 m außerhalb der Hofmauer einer römischen Villa unweit der Viereckschanze von Tomerdingen (Kat.-Nr. 714). Niemand würde in diesem Fall wegen der unmittelbaren Nähe (10–50 m) des römischen Gutshofes zu drei Grabhügeln auf eine kultische Bedeutung der Villa im Rahmen eines Totenkults schließen[334]. Es wäre interessant, in diesem Zusammenhang und im Hinblick auf die oben (Kap. II.2.2) dargelegten angeblichen Beziehungen Viereckschanzen – Grabhügel einmal den römischen (oder besser: römerzeitlichen) Grabhügelnachbestattungen nachzugehen, die auch Bittel 1934 schon zusammengestellt hat[335]. Zu den von Bittel genannten Beispielen könnten noch weitere hinzugefügt werden[336]. Es kann sich hier wohl kaum um die gängige römische Bestattungssitte in Rätien und Obergermanien gehandelt haben. Der Verdacht, daß sich in solchen Befunden das „keltische Substrat" der römischen Bevölkerung zeigt, liegt sicher nahe. Diese Frage berührt wieder die früher von Reinecke und Bittel erwogene Beziehung römische Villen – keltische Viereckschanzen (Kap. II.2.1).

---

324 Im Fundmaterial aus den Grabungen F. Sautters (1900–1910) in bronzezeitlichen Hügeln der mittleren Schwäbischen Alb sollen sich auch spätlatènezeitliche Scherben befinden (unpubl., freundl. Mitt. J. Biel).

325 Fischer, Alte und neue Funde 66 f., Liste 5; vgl. auch die jüngste Kartierung von F. Klein, Die frühe und mittlere Latènezeit in Württemberg. In: D. Planck (Hrsg.), Archäologie in Württemberg (Stuttgart 1988) 228 f. mit Abb. 7.

326 Kurz, Nachhallstattzeitliche Funde 101 ff.

Anmerkung 327–336 siehe nächste Seite

Römische Reste fanden sich neben spätlatènezeitlichen auch in den Grabhügeln beim Burrenhof (Kat.-Nr. 429) und bei Dautmergen (Kat.-Nr. 129), ohne daß sich bislang eine direkte Kontinuität davon ableiten ließe. Reste von frühmittelalterlichen bis neuzeitlichen Gräbern aus vorgeschichtlichen Grabhügeln zeigen, daß die alten Bestattungsplätze immer wieder benutzt wurden, in christlich geprägter Zeit wohl ausschließlich für Sonderbestattungen[337].

Es bleibt vorerst bei der Feststellung, daß gesicherte Befunde spätlatènezeitlicher Gräber im Arbeitsgebiet fehlen. Bei entsprechenden Feldforschungen wäre ihr Nachweis aber lediglich eine Frage der Zeit. Aus den o. g. Fundkomplexen darf man vermuten, daß ein Teil der ländlichen Bevölkerung in Grabhügeln nachbestattet hat. Weil diese Sitte auch in römischer Zeit nachweisbar ist und in manchen Fällen gar spätkeltische und römische Reste aus ein und derselben Grabhügelgruppe stammen, liegt hier vielleicht ein Ansatzpunkt zur Erforschung des einheimisch-keltischen Bevölkerungsteils im römischen Südwestdeutschland. Ob es daneben regelrechte Gräberfelder am Rand größerer Spätlatènesiedlungen gegeben hat, entzieht sich bislang einer Beurteilung und wäre nur durch großflächige Untersuchungen der Siedlungsareale und der näheren Umgebung systematisch zu ermitteln.

II.5 Depotfunde

II.5.1 Münzdepots

An sicheren Münzhortfunden lassen sich im Arbeitsgebiet nur die Funde von Schönaich (Kat.-Nr. 79) und Langenau (Kat.-Nr. 724) nennen, der letztgenannte enthielt zu den Münzen auch noch vier Fibeln (s. u.). Bei einigen Münzfunden gibt es aber Hinweise, die auf ehemalige Hortfunde schließen lassen (Karte 5).

Die Altfunde sind hinsichtlich der Fundumstände mit erheblichen Unsicherheiten behaftet, und es ist durchaus vorstellbar, daß ein im 19. Jahrhundert entdeckter Münzhort aufgeteilt wurde und die Einzelmünzen den wissenschaftlichen Bearbeitern erst sehr viel später bekannt wurden. Eine auffällige Häufung von Münzfunden in unmittelbarer Nachbarschaft wäre auf diese Weise plausibel zu erklären. Für die Münzen „aus der Umgebung von Ellwangen" (Kat.-Nr. 19–25) wäre dies möglich, etwas wahrscheinlicher wird die Zugehörigkeit zu einem Hortfund bei den Viertelstateren von Königsbronn (Kat.-Nr. 261/262, evtl. auch zugehörig Kat.-Nr. 260–263), den KALETEDOY-Quinaren von Pforzheim (Kat.-Nr. 398), den Büschelmünzen von Crailsheim (Kat.-Nr. 542), den Viertelstateren von Crailsheim-Westgartshausen (Kat.-Nr. 543) und sechs

Regenbogenschüsselchen aus dem „Salzbrunnen" bei Waiblingen (Kat.-Nr. 785)[338]. Weitere Funde dieser Art könnten im Falle von Öhringen (Kat.-Nr. 359), Ludwigsburg-Poppenweiler (Kat.-Nr. 387), Dettingen an der Erms (Kat.-Nr. 413, evt. 412–416), Metzingen (Kat.-Nr. 441), Achberg (Kat.-Nr. 478), Gerabronn-Morstein (Kat.-Nr. 548) und Schwäbisch Hall-Sulzdorf (Kat.-Nr. 591) vorliegen. Es gibt noch weitere Meldungen über angebliche Massenfunde keltischer Münzen (z. B. Kat.-Nr. 634), allerdings wurde deren Glaubwürdigkeit schon früher in Zweifel gezogen, weil kein wissenschaftlicher Bearbeiter die Stücke je zu Gesicht bekommen hat, während bei den o. g. Funden glaubwürdig dokumentierte Fundortangaben und (teilweise) gleiche Münztypen eine etwas verläßlichere Basis darstellen. Es muß aber nochmals betont werden, daß ein Hortfund in keinem dieser Fälle zweifelsfrei nachzuweisen ist. Dies kann z. T. auch auf die Unsicherheiten bei der Anzeige von Münzhorten durch die Finder zurückgehen, gerade wenn es sich um Münzen aus Edelmetall handelt, deren beträchtlicher Wert zu jeder Zeit erkannt wurde. Sicher wurden solche Funde nicht immer der Obrigkeit oder später den Denkmalschutzbehörden gemeldet. Bei keiner anderen Fundgattung dürfte daher der offiziell bekannte Bestand so

327 Ebd. 110 f.

328 Ebd. 112.

329 J. Röder, Bonner Jahrb. 148, 1948, 424; K. Schwarz, Jahresber. Bayer. Bodendenkmalpfl. 3, 1962, 56 ff.; L. Jansová, Das Ende der latènezeitlichen Hügelgräber in Südböhmen. Památky Arch. 53, 1962, 330; Kurz, Nachhallstattzeitliche Funde 127 Liste 1.

330 Ebd. 114; Ch. Schlott/D. R. Spennemann, Ein spätlatènezeitlicher Brandbestattungsplatz vor dem Nordosttor des Heidetränk-Oppidums im Taunus. Germania 62, 1984, 446 ff.; vgl. dazu mittlerweile Ch. Schlott/D. R. Spennemann/G. Weber, Ein Verbrennungsplatz und Bestattungen am spätlatènezeitlichen Heidetränk-Oppidum im Taunus. Germania 63, 1985, 439 ff.; G. Jacobi, Die Metallfunde vom Dünsberg. Mat. Vor- u. Frühgesch. Hessen 2 (Frankfurt 1977) 36 ff.; F. Müller, Arch. Schweiz 8, 1985, 76 f.

331 Vgl. die Hinweise bei Kurz, Nachhallstattzeitliche Funde 124 f. mit Anm. 59–61.

332 Bittel in: Bittel/Schiek/Müller, Viereckschanzen 70 f.

333 Klein (Anm. 325) 228.

334 Zu dem Gutshof vgl. Ph. Filtzinger/D. Planck/B. Cämmerer, Die Römer in Baden-Württemberg, (Stuttgart ³1986) 271 ff.; Die Funde aus dem Grabhügel sind bislang unpubliziert.

335 Bittel, Kelten 27 f.

336 Vgl. zu Beispielen für römische Nachbestattungen die Liste bei Kurz, Nachhallstattzeitliche Funde 127. Anzufügen wäre hier z. B. noch Böblingen, Flur „Brand", Hügel 13: H. Zürn, Grabhügel bei Böblingen, Fundber. Baden-Württemberg 4, 1979, 65, 108 Abb. 62,6; Rottenburg-Lindele: H. Reim, Arch. Ausgr. Baden-Württemberg 1988, 77.

337 Vgl. K. Sippel, Die Kenntnis vorgeschichtlicher Hügelgräber im Mittelalter. Germania 58, 1980, 137 ff., bes. 141; Frühmittelalterliche Nachbestattungen in unserem Arbeitsgebiet etwa von Nagold und Heidenheim-Schnaitheim: R. Christlein, Die Alamannen (Stuttgart 1979) 158; 164; Kurz, Nachhallstattzeitliche Funde 127 Liste 1.

Anmerkung 338 siehe nächste Seite

weit unter dem tatsächlichen liegen, wie bei den Münzhorten.

Um zweifelsfreie Hortfunde handelt es sich lediglich bei Schönaich (Kat.-Nr. 79) und Langenau (Kat.-Nr. 724). Bei der Untersuchung des römischen Gutshofes in der Flur „Steinhäuser" südlich von Langenau kam 1979 unter der Versturzschicht eines Nebengebäudes ein spätlatènezeitlicher Hort zum Vorschein, der aus vier Fibeln und zehn Münzen bestand (vgl. Kat.-Nr. 724)[339]. Bei den Münzen handelt es sich um ein „vindelikisches" Regenbogenschüsselchen (Streber 37/38), acht silberne Büschelquinare und einen Rauraker-Quinar[340]. Die vier Fibeln gehören zu einem hauptsächlich im Saalegebiet verbreiteten Typ von Bronzefibeln vom Frühlatèneschema mit Korallenzier (s. u.)[341]. Das wichtigste Stück für die Datierung bildet hier der Rauraker-Quinar vom Typ NINNO-MAUC, der auf das Vorbild eines römischen Denars von 78 v. Chr. zurückgeht. Polenz geht daher davon aus, daß der Hort frühestens seit der Mitte des dritten Jahrzehnts des 1. Jahrhunderts v. Chr. in den Boden gekommen sein kann[342]. H. Reim nahm eine Datierung um die Mitte des 1. Jahrhunderts v. Chr. an und sprach bei den Fibeln vom „ältesten germanischen Fund im südwestdeutschen Raum"[343]. Eine vergleichbare Fibel stammt aus dem Oppidum von Altenburg-Rheinau, was die von M. Maute anhand von anderen Fibeln angesprochenen Kontakte zum germanischen Raum noch wahrscheinlicher macht[344]. Deutlicher hatte dies schon drei Jahre früher ohne Kenntnis des Altenburger Exemplars K. Peschel zum Ausdruck gebracht: „Schon seit dem Beginn der Spätlatènezeit sind Beziehungen von Mitteldeutschland zum Gebiet südlich der Donau erkennbar, etwa im Bereich der Keramik oder in Form von fremdem Frauenschmuck im Oppidum von Manching"[345]. Den Langenauer Fund wertete Peschel als ein weiteres Indiz in diese Richtung und möchte ihn in Verbindung mit den Ereignissen um den Zug des Ariovist sehen[346]. Diese Datierung würde sehr gut dazu passen, daß jetzt in der Umgebung von Langenau Reste von Spätlatènesiedlungen festgestellt wurden (vgl. etwa Kat.-Nr. 722), deren Keramikmaterial in ein fortgeschrittenes Spätlatène gehört.

Der 1853 zwischen Schönaich und Stuttgart-Rohr gefundene Münzhort aus 20 Kreuzmünzen, einem Regenbogenschüsselchen, einer goldenen Kreuzmünze und einem silbernen Büschelquinar stellt nach Mannsperger immer noch den aufschlußreichsten Komplex einheimischer Keltenmünzen dar[347]. Es dürfte nach der Fundbeschreibung (vgl. Kat.-Nr. 79) als sicher gelten, daß die Münzen sich ursprünglich in einem Tongefäß befanden, angeblich wurde auch ein Hammer aus Stein (Wetzstein?) dabei gefunden.

Die Deutung von Münzhorten in historischer Zeit wird gewöhnlich mit Unruhezeiten, Kriegsereignissen u. a.,

die wir durch schriftliche Nachrichten kennen, in Verbindung gebracht[348]. Für den oben beschriebenen Hort von Langenau, der aus einer kleinen „Barschaft" und dem Schmuckensemble einer Person besteht, wäre eine solche Deutung auch nach den Fundumständen naheliegend: Die Gegenstände fanden sich in einem kleinen Erdloch auf einer Fläche von ca. 20 x 20 cm und waren vielleicht ursprünglich in einem Tuch eingewickelt (vgl. Katalog). Diese Fundumstände erinnern z. B. sehr stark an die Hortfunde vom Anfang des 6. Jahrhunderts am Hang des Runden Berges bei Urach, die mit einer Zerstörung der alamannischen Höhensiedlung um 506 in Verbindung gebracht werden[349]. Für den Fund von Langenau wurde ein Zusammenhang mit den Ereignissen um den Zug des Ariovist in der Mitte des 1. Jahrhunderts v. Chr. in Betracht gezogen, weil es sich hier um ein schriftlich überliefertes Ereignis handelt, das im Einklang mit der Datierung der Fundstücke steht. Daneben würde natürlich jede kleinere kriegerische Aktion bis hin zu nachbarschaftlichen Überfällen aus irgendwelchen Gründen (Fehden, Plünderungen, etc.) in Frage kommen.

Neben diesen „katastrophenbedingten" Horten kann und muß es auch andere Motivationen für Münzdepots gegeben haben[350]. Für die Opferung von Münzen in der Latènezeit gibt es konkrete archäologische Beweise. F. Müller hat hier die Münzen in der spätlatènezeitlichen Statue von Villeneuve am Genfer See, die weit über 1000 Münzen aus dem Heiligtum von La Villeneuve-au-Chatelot (Dép. Aube) und die Münzen vom Paßheiligtum auf dem Großen Sankt Bernhard als Beispiele

---

338 Bei diesen Münzen, die direkt aus der Quellnische stammen sollen, wäre auch an eine kultische Deponierung zu denken.

339 H. Reim, Ein Versteckfund von Münzen und Fibeln aus der Spätlatènezeit bei Langenau, Alb-Donau-Kreis. Arch. Ausgr. 1979 (1980) 50 ff.

340 Nach Polenz, Münzen aus latènezeitlichen Gräbern 155.

341 Ebd. 155 Anm. 293. Vgl. auch Peschel, Kelten und Germanen 167 ff., bes. 183 ff.

342 Polenz, Münzen in latènezeitlichen Gräbern 159 f.

343 Reim, Arch. Ausgr. 1979 (1980) 53; in diesem Sinne auch Peschel, Kelten und Germanen 184.

344 Vgl. M. Maute, Das Fibelspektrum aus dem spätlatènezeitlichen Oppidum Altenburg, Kr. Waldshut. Arch. Korrbl. 21, 1991, 393 ff., bes. 394 Abb. 1. Dort findet sich allerdings kein Hinweis auf diese Fibel oder die Stücke von Langenau, noch auf die Parallelen im Saalegebiet.

345 Peschel, Kelten und Germanen 182.

346 Ebd. 185 f.

347 Mannsperger in: Bittel/Kimmig/Schiek, Die Kelten in Baden-Württemberg 233.

348 Vgl. Müller, Bern-Tiefenau 98.

349 Zusammenfassend: Pauli, Problem der Hortfunde 196 f.; vgl. jetzt auch H. Bernhard u. a., Der Runde Berg bei Urach. Führer arch. Denkm. Baden-Württemberg 14 (Stuttgart 1991).

350 Vgl. hierzu: A. Furger-Gunti, Der „Goldfund von Saint-Louis" bei Basel und ähnliche keltische Schatzfunde. Zeitschr. f. Schweiz. Arch. u. Kunstgesch. 39, 1982, 1 ff., bes. 36 ff.

genannt[351]. L. Pauli hat z. B. im Alpenraum festgestellt, daß dort in römischer Zeit die Münzopfer das gegenständliche Votiv weitgehend ersetzt haben, vielleicht waren sie vorher schon üblich[352]. Ausgehend von britischen Funden hat auch N. B. Aitchison an eine kultische Interpretation mancher Münzhorte aus römischer Zeit gedacht[353]. Für unser Arbeitsgebiet könnte man für die möglichen Hortfunde bei der Pfäfferquelle in Königsbronn (Kat.-Nr. 261–262) und die Münzen aus dem Salzbrunnen bei Waiblingen (Kat.-Nr. 785) eine kultische Motivation im Sinne von Versenkungsopfern annehmen.

II.5.2 Eisenbarrendepots

Depots (zwei und mehr Exemplare) von Eisenspitzbarren sind im Arbeitsgebiet mehrfach bekannt geworden (Kat.-Nr. 60, 64 B, 76, 91 (?), 101, 102, 170, 276, 279, 297, 338, 342, 468, 481, 484, 485, 693, 761). Auch die Funde von einzelnen Barren sollen hier mit berücksichtigt werden (Kat.-Nr. 187, 247, 469, 507 B), obwohl nicht geklärt werden kann, ob es sich in den einzelnen Fällen um „Einstückhorte" oder Barren aus Siedlungszusammenhängen handelt (Karte 6)[354]. Die bislang bekannten Funde stammen aus Gewässern (Kat.-Nr. 247, 276 [?], 279, 342) und Mooren (Kat.-Nr. 481 [?], 484); oft sind es auch Bodenfunde, oder aber die Fundumstände sind nicht näher bekannt (Kat.-Nr. 60, 64 B, 76, 101, 102, 170, 187, 297, 338, 468, 469, 485, 507 B, 693, 761).

Eine sichere Bewertung der Depots von eisernen Doppelspitzbarren gestaltet sich in erster Linie wegen der unklaren Datierung dieser Barrenform problematisch. Allem Anschein nach liegt ihr zeitlicher Beginn in der Hallstatt- oder Frühlatènezeit, die spätesten Vertreter sollen in das frühe Mittelalter gehören. Der zeitliche Schwerpunkt dürfte aber in der jüngeren Latènezeit liegen[355].

K. Christ hat sich bereits im Rahmen der Aufarbeitung antiker Münzfunde aus Württemberg mit den Eisenbarrendepots beschäftigt, da er sie in sachlichem und historischem Zusammenhang mit den Problemen des keltischen Münzwesens sah[356]. Christ hob schon hervor, daß sich die Verbreitung der Eisenbarrendepots teilweise auf seine „Konzentrationsräume des Wirtschaftsverkehrs", für die er auch die Besiedlungsschwerpunkte annahm, erstreckt. Damit meinte er die Gebiete des mittleren Neckarraums, die Reutlinger Alb und ihr Vorland, die Ulmer Alb und die Ostalb, in eingeschränktem Maße auch den Raum zwischen Donauursprung und Bodensee (vgl. Karte 6)[357]. Die Konzentration der Eisenbarrenfunde in Oberschwaben bezeichnete er als auffallend, weil diese Region sonst nur dürftige Funde ergeben hat. An dieser Feststellung hat

sich bis heute nichts geändert. Christ trat der Meinung Reineckes entgegen, der die Barrendepots ebenso wie die Münzhorte als Folge der Bedrohung keltischen Gebietes durch Germanen und Römer sah. Lediglich für den oberschwäbischen Raum hielt er diese Deutung für möglicherweise zutreffend, d. h. er dachte dabei an einen Zusammenhang mit dem römischen Alpenfeldzug[358]. Der archäologische Nachweis für die Theorien Reineckes und Christs ist bislang ausgeblieben. Erschwerend kommt hinzu, daß der Forschungsstand in Oberschwaben aufgrund der naturräumlichen Gegebenheiten (Grünlandwirtschaft) weit schlechter als im übrigen Arbeitsgebiet ist. Vor dem Hintergrund des gesamten mittlerweile bekannt gewordenen jüngerlatènezeitlichen Fundstoffs fallen zwei Tatsachen auf (vgl. Karte 5 und 6):

Vergleicht man die Kartierung der Barrendepots mit der Verbreitung der möglichen Münzhorte, so schließen sich diese bis auf Überlappungen im Bereich mittleres Neckargebiet/Reutlinger Alb und auf der Ostalb gegenseitig aus. Sicher ist diese Feststellung wegen der Unsicherheit in der Fundüberlieferung der Münzen nur als vorläufige Arbeitsthese zu sehen, sie gewinnt aber durch die Verbreitung weiterer Sachgruppen an Bedeutung. Ohne der Besprechung der einzelnen Fundgattungen vorgreifen zu wollen, sei hier bereits erwähnt, daß sich die Region des mittleren Neckars und der Reutlinger Alb mit ihrem Vorland auch bei der Kartierung anderer Funde als Grenze, bzw. Überlappungsregion zeigt. Deutlich wird dies etwa bei der Kartierung der Münzen (Potinmünzen, Karte 14), der Graphittonkeramik (Karte 16) und bestimmter Grobkeramik-Verzierungen (Karte 21–22). Die Lage des Oppidums Heidengraben innerhalb dieser „Kontaktzone" dürfte kaum auf Zufall beruhen.

Eine zweite auffällige Erscheinung bildet die Spärlichkeit von Eisenbarrendepots auf der Ostalb, wo in frühgeschichtlicher Zeit eine intensive Erzförderung und Eisenverhüttung nachgewiesen ist. Einzelne Funde belegen, daß bereits in der jüngeren Latènezeit hier mit

351 Müller, Bern-Tiefenau 98; vgl. Pauli, Problem der Hortfunde 201; ders., Heilige Plätze und Opferbräuche bei den Helvetiern und ihren Nachbarn. Arch. Schweiz 14, 1991, 124 ff., bes. 130 ff.
352 L. Pauli, Einheimische Götter und Opferbräuche im Alpenraum. ANRW II, 18.1 (1986) 850 f.
353 N. B. Aitchison, Roman Wealth, Native Ritual: Coin Hoards within and beyond Roman Britain. World Archaeology 20, 1988, 270 ff.
354 Zur Problematik der Einzelfunde: Winghart, Vorgesch. Deponate 92 ff.
355 Reinecke, Ber. RGK 24/25, 1934/35, 128 ff.; W. Kimmig/E. Gersbach, Die Grabungen auf der Heuneburg 1966–1969. Germania 49, 1971, 54 ff. (mit weiterer Literatur).
356 Christ, Münzfunde 53 ff.
357 Ebd. 54.
358 Ebd. 55.

Eisenverhüttung gerechnet werden muß (vgl. Kat.-Nr. 257 und 725)[359]. Die unmittelbare Nachbarschaft der Eisenschmelzöfen in einer Siedlung bei Langenau (Kat.-Nr. 725) und eines Eisenbarrendepots bei Albeck-Osterstetten (Kat.-Nr. 693) spricht für sich. Um so mehr verwundert es, daß in einem archäologisch so gut erforschten Gebiet wie der Ostalb bisher nur ein weiteres Barrendepot (Kat.-Nr. 60) und ein einzelner Barren (Kat.-Nr. 247) bekannt geworden sind. Es ist deshalb sehr wahrscheinlich, daß die Verbreitung von Eisenbarrendepots nicht die Räume des verstärkten Eisenerzabbaus und der Eisenerzeugung widerspiegelt. Welche Interpretationsmöglichkeiten bieten sich als Alternative?

F. Müller wies kürzlich darauf hin, daß die Doppelspitzbarren in der Schweiz häufig aus Gewässern stammen. Auch einige Barrendepots in unserem Arbeitsgebiet weisen Fundumstände auf, die eher für eine unwiederbringliche Veräußerung sprechen. Daß allerdings auch Unglücksfälle nicht auszuschließen sind, zeigt der Fund aus der Kochermündung, wo vier Eisenbarren anscheinend mit dem Boot untergegangen sind (Kat.-Nr. 276). Als zeitlichen Rahmen für die Spitzbarren setzte Müller die Latène- und Römerzeit an und vermutete eine intentionelle Versenkung im Sinne einer Votivgabe[360]. Da Müller eine ähnliche Deutung auch für einen Teil der Münzschätze postulierte, stehen wir wieder bei der Diskussion eines ursächlichen Zusammenhangs beider Hortgruppen[361].

Mit der gebotenen Vorsicht und unter Berücksichtigung der fragwürdigen Fundüberlieferung bei Münzhorten seien hierzu einige Gedanken gestattet. Diese bedürfen freilich noch einer genauen Überprüfung von numismatischer und archäologischer Seite, wie sie im Rahmen dieser Arbeit nicht erfolgen kann. Mit den keltischen Münzen stehen wir am Beginn der Geldwirtschaft mit geprägten Münzen nördlich der Alpen. Es ist weitgehend ungeklärt, ob man hier bereits mit einem regulären Münzgeldverkehr wie in römischer Zeit rechnen kann[362]. Zumindest für den ländlichen Bereich darf man wohl noch geraume Zeit mit einem Handel auf der Basis des Gütertausches rechnen, daneben wäre aber auch nach genormten Gegenständen zu fragen, die eine „Geldfunktion" gehabt haben könnten. Zur „Geldfunktion" gehorteter Gegenstände hat kürzlich L. Pauli interessante Überlegungen angestellt und dabei mit dem Hinweis auf ethnologische Parallelen für diverse Gegenstände eine Verwendung als „Geld" nahegelegt[363]. Üblicherweise sucht man vor allem die Münzhorte mit historischen Ereignissen zu verbinden und regelrechte „Hortfund-Horizonte" zu schaffen. In der Spätlatènezeit befinden wir uns jedoch erst an der Schwelle von der „Vorgeschichte" zur „Geschichte", deshalb liegt die Frage nahe, ob man „historische" Ver-

hältnisse so einfach auf diese Übergangsphase übertragen darf[364]. Müssen die Münzhorte und Barrendepots denn in jedem Fall Zeugnis für Eroberungszüge germanischer Scharen oder römischen Militärs sein? Auch wenn dieser Deutung nicht generell widersprochen werden soll, sei eine weitere Möglichkeit mindestens gleichwertig daneben gestellt: Die Münzhorte und Depots von Eisenbarren (eine Geldfunktion für diese einmal vorausgesetzt) könnten teilweise als Opferfunde angesehen werden. L. Pauli hat darauf hingewiesen, daß bei den Opferbräuchen in römischer Zeit die Münze das gegenständliche Votiv weitgehend abgelöst hat[365]. Vielleicht fassen wir mit dem Nebeneinander von Münzen-, Eisenbarren- und Gerätedepots in der Spätlatènezeit bereits den Übergang zu diesem Phänomen.

II.5.3 Gerätedepot

Der zwischen 1921 und 1931 in fünf Gruppen aus dem Moor geborgene Depotfund von Kappel (Kat.-Nr. 87) ist der einzige gesicherte Geräte-Depotfund im Arbeitsgebiet. Er bestand aus teilweise zerstörten Metallgefäßen (Kanne, Pfanne, Kessel, Eimer, Schöpfer), Herdgerät (Feuerbock, Gestell, Kesselhaken, Herdschaufel), Wagenteilen (Radreifen, Nabenringe, Achskappen, Zügelführungsring), landwirtschaftlichem Gerät (Sense, Sichel), Geräten zur Holzbearbeitung (Äxte, Beile, Tüllenmeißel), Schmiedewerkzeug (Hämmer, Zangen) und Kultgerät (carnyx). Waffen fehlen ganz und an Schmuck wurde nur das Fragment eines Bronzedraht-Armringes gefunden (ausführliche Beschreibung und Datierung der Gegenstände im Katalog und im Kap. III.3). Der Fund gehört in den Kreis der aus ganz Europa bekannten keltischen „Massenfunde" in dem Sinne, daß Gegenstände aufgehäuft und übernatürlichen Mächten als Votivgaben dargeboten wurden. Dafür spricht in erster Linie die Topographie der Fund-

359 Vgl. hierzu M. Kempa, Antike Eisenverhüttung.
360 Müller, Bern-Tiefenau 94 ff.; besonders interessant ist der Hinweis Müllers, daß die Barren aus der Höhle „Trou de l'Ambre" bei Eprave sternförmig angeordnet waren. Die gleiche Anordnung hatten angeblich die Barren von Radolfzell (Kat.-Nr. 338).
361 Ebd. 99.
362 Ebd. 98; Kellner rechnet für Manching mit einem regulären Geldverkehr: Kellner, Münzen; vielleicht war dieser aber in der Anfangsphase auf die Oppida und ihr Umland beschränkt.
363 L. Pauli, Die Alpen in Frühzeit und Mittelalter (München 1980) 288 ff.; ders., Problem der Hortfunde 200 ff.; Pauli hat auch an eine Geldfunktion von Formsalz gedacht, wie sie die Ethnologie bei Eingeborenenzivilisationen noch in der Neuzeit feststellen konnte: Ebd. 201 mit Anm. 65. Diesen Gedanken für die Vorgeschichte Europas einmal zu verfolgen, wäre eine reizvolle Aufgabe; Caesar überliefert Eisenbarren als Zahlungsmittel aus Britannien: Bell. Gall. V, 12.
364 Müller, Bern-Tiefenau 98.
365 Pauli, Problem der Hortfunde 201.

stelle, die mit den Hortfunden aus dem Wauwiler Moor im Kanton Luzern, vom Attersee, von Lozna und von Kolín gute Parallelen hat[366]. Über die Frage, ob der Hortfund von Kappel auf damals begehbarem Grund niedergelegt oder in den Morast geworfen wurde, besteht nach wie vor keine Klarheit[367]. Nach den Fundberichten wurde der Gesamtkomplex beim Torfstechen in fünf Gruppen entdeckt, zumindest bei einer Gruppe (C) wird berichtet, daß sich die Gegenstände auf einer Steinplatte, innerhalb eines Eisenrings (Randeinfassung eines Kessels) fanden[368], was die Möglichkeit der Deponierung auf begehbarem Grund wahrscheinlicher macht. Wegen der fragmentarischen Erhaltung vieler Gegenstände liegt zunächst der Gedanke an ein Altmetalldepot nahe. Ebenso ist die absichtliche Zerstörung von Gerätschaften aber auch bei Opferhandlungen nachzuweisen[369].

Von größtem Interesse ist die inhaltliche Zusammensetzung des Depotfundes, welche ihn wiederum gut mit den o. g. Komplexen vergleichbar macht[370]. A. Rybová und K. Motyková haben sich – ausgehend vom Depot von Kolín – ausführlich mit diesen und ähnlichen Funden beschäftigt, wobei sie folgende Übereinstimmungen feststellen konnten: Es fanden sich jedesmal Bestandteile des Herdgeräts (Kappel: Kesselhaken, Herdschaufel, Feuerbock), Metallgefäße (Kappel: Kesselränder, Bronzeeimer, Kanne, Schöpfer, Pfanne), Haushaltsgeräte (Messer), Werkzeuge zur Metallbearbeitung (Kappel: Hammer, Meißel, Zange), Wagen- und Geschirrteile (Kappel: Radreifen, Nabenringe, Zügelring, Achskappen), Geräte zur Holzbearbeitung (Kappel: Tüllenmeißel, Axt, Beil) und landwirtschaftliches Gerät (Kappel: Sichel, Sense)[371]. Diese Aufteilung in funktionale Gruppen ist für den Hortfund von Kappel insofern von Bedeutung, als die oben schon erwähnte Fundgruppe C, die ja möglicherweise in einem Kessel deponiert war, aus einem Bronzeeimer und fünf Geräten zur Holzbearbeitung (vier Äxte, ein Tüllenmeißel) bestand. Auf ein ähnliches Werkzeugdepot aus der Viereckschanze von Königheim-Brehmen sei in diesem Zusammenhang hingewiesen[372]. Der Gedanke, daß es sich hier um Votivgaben von Landhandwerkern handelt, liegt nahe; eine weitere Möglichkeit wäre eine Deutung als Selbstausstattung für das Leben nach dem Tode. Für letzteres spricht auch das Vorkommen von Werkzeug und Gerät in latènezeitlichen Gräbern[373]. In einem ähnlichen Zusammenhang könnte man zudem die Einzelfunde von Schwertern in Gewässern sehen (s. u.). Daß zerstückelte Waffen im Grabzusammenhang als „pars pro toto"-Beigabe auf tief in der keltischen Religion verwurzelte Motive zurückgehen, hat A. Haffner an einem Beispiel aus Wederath diskutiert. Der Grundgedanke, daß durch die Zerstörung von Gegenständen diese der menschlichen Sphäre entzogen

und gleichzeitig den Göttern nähergebracht werden, verbindet nach Haffner die rituell zerstörten Gegenstände in Heiligtümern und Gräbern[373]. Daß im Hortfund von Kappel nur einzelne Teile von Wagen oder der Schirrung auftauchen, könnte als ähnliche „pars pro toto"-Sitte betrachtet werden. Der Aspekt der Selbstausstattung sollte neben den üblichen Deutungen als Weihefund oder Altmetallhort nicht außer acht gelassen werden. Dies hauptsächlich vor dem Hintergrund, daß in unserem Arbeitsgebiet bisher kein sicher nachgewiesener Befund einer spätlatènezeitlichen Bestattung mit Beigaben zu nennen ist; es sind nur einige fragmentarisch überlieferte Fundkomplexe bekannt, die als Überreste von Grabbeigaben angesehen werden können (vgl. Kap. II.4).

Rybová und Motyková haben anhand einzelner Gegenstände versucht, den Votivcharakter von Hortfunden wie Kolín, Attersee, Körner, Lozna, Wauwil und Kappel nachzuweisen. Der Kesselhaken, die Metallgefäße und der Feuerbock spielen dabei als Bestandteile des Herdgeräts vermögender Haushalte eine wichtige Rolle. Der Kesselhaken wird wegen seines Vorkommens in Prunkgräbern der jüngeren Latènezeit und der römischen Kaiserzeit als regelrechter Luxusgegenstand eingeschätzt[375]. Kessel finden sich in kultischen Zusammenhängen immer wieder, oft als Behälter für Opfergaben[376].

Eine Bronzekanne und das Fragment einer Griffschale im Hort von Kappel sind in dieser Kombination als Weinservice aus reich ausgestatteten Gräbern belegt[377].

---

366 E. Vogt, Anz. Schweizer. Altkde 34, 1932, 167 ff.; H. Amberger, Ein spätlatènezeitlicher Fund vom Attersee. Mitt. Anthr. Ges. Wien 57, 1927, 206 ff.; S. Teodor, Das Werkzeugdepot von Lozna (Kr. Botosani). Dacia 24, 1980, 133 ff.; Rybová/Motyková, Kolín 96 ff.

367 W. H. Zimmermann, Urgeschichtliche Opferfunde 53 ff., bes. 69 ff.; Fischer in: Bittel/Kimmig/Schiek, Die Kelten in Baden-Württemberg 301.

368 Fischer, Kappel 35 (mit älterer Literatur).

369 Hierzu zusammenfassend Müller, Bern-Tiefenau 102 ff. (mit weiterer Literatur). Das bekannteste Beispiel ist das Heiligtum von Gournay-sur-Aronde: Brunaux/Rapin, Gournay II.

370 Vergleichbar in seiner Zusammensetzung ist auch der seit 1915 etwas in Vergessenheit geratene Depotfund von Altdorf, Kt. Uri. Vgl. jetzt: J. Speck, Ein latènezeitliches Eisengerätedepot von Altdorf. Der Geschichtsfreund 139, 1986, 5 ff.

371 Rybová/Motyková, Kolín 149 ff. mit Tab. 1.

372 Wieland in: Bittel/Schiek/Müller, Viereckschanzen 218 ff. mit Abb. 125–126.

373 S. Nebehay, Das latènezeitliche Gräberfeld von der Kleinen Hutweide bei Au am Leithagebirge, p.B. Bruck a. d. Leitha, Niederösterreich (1973) 14 ff.; M. Taus, Ein spätlatènezeitliches Schmied-Grab aus St. Georgen am Steinfeld, p.B. St. Pölten, Niederösterreich. Arch. Austriaca 34, 1965, 13 ff.

374 Haffner, Zur pars pro toto-Sitte 207 ff.

375 Rybová/Motyková, Kolín 153 ff.

376 Ebd. 154 f. (mit Beispielen).

377 Vgl. J. Werner, Die Bronzekanne von Kelheim. Bayer. Vorgeschbl. 20, 1954, 43 ff.

Die Feuerböcke haben als Grabbeigabe eine lange Tradition. Eiserne Feuerböcke als Untergestell für Bratspieße sind nördlich der Alpen seit der Hallstattzeit bekannt und finden sich wiederum in den Prunkgräbern[378]. Bei weiteren „Feuerbockteilen" aus Kappel wies S. Piggott 1971 nach, daß es sich um Teile eines kunstvollen viereckigen Gestells handelte, wie es aus reichen Grabfunden in Südengland und Frankreich bekannt ist[379]. Die Herdschaufel sollte man im Gegensatz zu Rybová und Motyková nicht zum luxuriösen Herdgerät zählen, weil sie notwendiger Bestandteil jeden Herdfeuers und aus zahlreichen Siedlungsfunden bekannt ist[380].

Das Fragment eines Carnyx im Hort von Kappel zählten Rybová und Motyková zur Waffen- und Kampfausrüstung, allerdings lassen Darstellungen auch auf eine Verwendung bei Kulthandlungen schließen[381]. Da das angebliche Schwertfragment eher eine Herdschaufel darstellt, bleibt bestenfalls ein tüllenförmiger Lanzenschuh als Bestandteil der Waffenausrüstung übrig (vgl. Kap. III.4). Dies erscheint im Vergleich zu anderen Depots mit Waffen sehr spärlich. Da die Eisentülle auch zum Schaft eines Gerätes gehört haben kann, ist es nicht unwahrscheinlich, daß Waffen und Kriegsgerät im Fund von Kappel überhaupt nicht vertreten sind[382]. Das Erscheinungsbild von Massenfunden mit latènezeitlichen Waffen hat Müller kürzlich, ausgehend vom Fund von der Tiefenau bei Bern, charakterisiert: Sehr wesentlich scheint dabei die Feststellung, daß sich dem Betrachter „das Bild einer männer- bzw. kriegerbeherrschten Sphäre aufdrängt"[383]. Gegenstände aus der Männerwelt finden sich auch in Kappel in Form von Schmiedegeräten, den Werkzeugen zur Holzbearbeitung und einigen Geräten der Landwirtschaft[384]. Charakteristische Gegenstände aus der Frauenwelt fehlen praktisch ganz[385].

Wie beim Hortfund von Kolín darf man auch die Zusammensetzung des Fundes von Kappel als Ausdruck unterschiedlicher Schichtungen und Bereiche der Gesellschaft interpretieren[306]: Herdgerät, Metallgefäße und kunstvolle Wagenteile repräsentieren eine wohlhabende Oberschicht, während sich das übrige Gerät den Bauern und spezialisierten Landhandwerkern zuweisen läßt. Eine Deutung als kollektive Votivgabe einer Siedelgemeinschaft oder gar als mehrfach aufgesuchter Opferplatz[387] liegt deshalb nahe. Unklar und mit archäologischen Mitteln wohl kaum zu ergründen ist allerdings die Motivation, die zur Niederlegung der zerstörten Gegenstände geführt hat. Rätselhaft scheint auch das Opfern von Gerätschaften: Man würde eher erwarten, daß ein Bauer oder Handwerker die Produkte seiner Tätigkeit opfert, als daß er sich der Grundlagen seines Schaffens beraubt. Am ehesten könnte man dies mit der These erklären, daß die Werkzeuge, mit de-

nen der eigene Wohlstand erwirtschaftet wurde, in die Hände der Götter gegeben wurden[388]. An dieser Stelle sei aber auch nochmals an den Aspekt der Selbstausstattung für das Jenseits erinnert. Eine Deutung des Hortfundes von Kappel als Altmetalldepot ist jedenfalls auszuschließen.

II.5.4 Einzelfunde

Einige einzeln gefundene Gegenstände gehören mit Sicherheit in den Kreis der kultischen Deponierungen, speziell der Versenkungsopfer. Zur Deutung dieser Gewässerfunde sind schon mehrere umfangreiche Arbeiten verfaßt worden, von denen hier nur die umfangreichen Studien von W. H. Zimmermann, W. Torbrügge und A. P. Fitzpatrick genannt seien[389].

Als sichere Flußfunde können das Knollenknaufschwert aus der Donau bei Ulm (Kat.-Nr. 747) und ein Schwert mit Bronzescheide vom Typ Ludwigshafen aus der Fils bei Göppingen (Kat.-Nr. 227) genannt werden. Letzteres war ursprünglich in der Mitte abgeknickt, also absichtlich unbrauchbar gemacht worden. Ein weiteres Knollenknaufschwert aus Eislingen (Kat.-Nr. 220) wurde angeblich bei Grabarbeiten im Keller unter dem Rathaus gefunden. Möglicherweise stammt es aus einem ehemaligen Bachlauf der Fils. Für das Schwert von Veringenstadt (Kat.-Nr. 647), das ebenfalls eine Scheide vom Typ Ludwigshafen aufweist, konnten die näheren Fundumstände bislang nicht geklärt werden. Es ist aber nicht auszuschließen, das es aus der Lauchert stammt. Auch das Schwert von Veringenstadt war in der Mitte abgeknickt, während die

---

378 Ausführlich dazu Rybová/Motyková, Kolín 156 ff.
379 Ebd. 159.
380 Ebd. 164; vgl. Jacobi, Werkzeug und Gerät 101 ff.
381 Rybová/Motyková, Kolín 151; vgl. Hachmann, Gundestrup-Studien 821 ff.
382 In den drei vergleichbaren Werkzeugdepots aus der Schweiz fehlen die Waffen ebenfalls ganz: Müller, Bern-Tiefenau 99 f.
383 Müller, Bern-Tiefenau 92.
384 Die Sense als Erntegerät wurde bis in die jüngste Vergangenheit überwiegend von Männern benutzt (höherer Kraftaufwand). Die Sichel war dagegen eher ein Frauengerät.
385 Ob es sich bei dem Bronzedrahtarmring um einen typischen Frauenschmuck handelt ist fraglich. Im Gräberfeld von Horath scheinen sie in Männer- und Frauengräbern vorzukommen: Miron, Horath 100 ff.
386 Rybová/Motyková, Kolín 164.
387 Zimmermann, Urgeschichtliche Opferfunde 74; R. Wyss, Eisenzeitliche Mooropfer aus dem Wauwilermoos. Helv. Arch. 15, 1984, 131 ff.
388 Fitzpatrick, Deposition 186 f.
389 Zimmermann, Urgeschichtliche Opferfunde; Torbrügge, Flußfunde; Fitzpatrick, Deposition; vgl. auch L. Pauli, Gewässerfunde aus Nersingen und Burlafingen. In: M. Mackensen, Frühkaiserzeitliche Kleinkastelle bei Nersingen und Burlafingen an der oberen Donau. Münchner Beitr. Vor- u. Frühgesch. 41 (München 1987) 281 ff.

Knollenknaufschwerter keine Spuren einer solchen absichtlichen Zerstörung zeigen, was vielleicht mit ihrer Verwendung außerhalb der profanen Bereiche zu erklären ist (vgl. Kap. III.4.2).

Fitzpatrick hat die Hintergründe von Waffenopfern in Gewässern mit der besonderen Symbolik dieser Gegenstände in der keltischen Gesellschaft begründet: Durch die Nachrichten antiker Schriftsteller kennen wir als Spitze der keltischen Hierarchie eine wohlhabende Kriegerschicht und die Druiden. Die Garantie für Wohlstand und Sicherheit war der Erhalt militärischer Macht. Vor einem solchen Hintergrund verstehen sich die Waffenopfer nach Fitzpatrick als ein Weitergeben der Werkzeuge, mit denen der eigene Wohlstand geschaffen wurde, in die Hände der Götter[390]. Dabei schien es zweitrangig, ob es sich um erbeutete oder eigene Waffen handelte[391]. Möglicherweise stehen die römischen Waffenopfer des 1. Jahrhunderts n. Chr. (meist Helme oder Gladii)[392] noch in der Tradition dieses spätkeltischen Opferbrauchs.

Eine zweite Deutungsmöglichkeit könnte man aus dem bisherigen Fehlen von gesicherten spätlatènezeitlichen Grabfunden der Art, wie wir sie aus der Nordschweiz oder dem linksrheinischen Gebiet kennen, ableiten. Dort kommen u. a. auch absichtlich deformierte, geradezu zerstückelte Schwerter vor, ein Phänomen, das in unserem Arbeitsgebiet auch schon an mittellatènezeitlichen Waffengräbern zu beobachten ist[393]. A. Haffner meinte, daß der Zerstörung von Waffen im Bestattungsritus und bei Opferungen die gleiche religiöse Idee zugrundeliege. Möglicherweise äußert sich mit diesen zerstörten und versenkten Schwertern der Gedanke der Selbstausstattung für ein Leben nach dem Tode, um den Kriegerstatus ins Jenseits hinüberzuretten[394]. Ähnliches könnte auch für die Gerätedeponierungen gelten (s. o.).

Für weitere Einzelfunde (Kat.-Nr. 93, 347, 379, 443, 480, 486, 519, 689, 720, 781) kennen wir die Fundumstände nicht, so daß es fraglich ist, ob hier kultische Deponierungen vorliegen. Es könnte sich bei den Waffen in den meisten Fällen auch um nicht erkannte mittellatènezeitliche Grabfunde handeln, während andere Gegenstände (Pflugschare, Werkzeug) auch aus Siedlungszusammenhängen stammen könnten. Hervorzuheben sind lediglich die Kesselhaken von Kernen-Rommelshausen (Kat.-Nr. 781) und Nürtingen (Kat.-Nr. 192 A). Sie waren bei der Auffindung intakt und stellen vielleicht Weihefunde ähnlicher Art dar wie das Ensemble Kessel/Kesselhaken von Emmendingen in Baden[395]. Ein Mittellatèneschwert aus einer Kiesgrube bei Ulm-Söflingen (Kat.-Nr. 753) dürfte ebenfalls noch in den Kreis der Gewässerfunde gehören[396].

Auch die oben schon erwähnten Einzelfunde von Eisenbarren lassen sich in diesem Rahmen nicht sicher bewerten. In einem Fall (Kat.-Nr. 247) dürfte es sich um einen Gewässerfund gehandelt haben, für den die oben bereits erörterten Hintergründe gelten.

II.5.5 Zusammenfassende Bewertung der Depotfunde

Diskussionen zur allgemeinen Problematik der Depotfunde finden sich in der Fachliteratur in großer Zahl[397], auch „Einzelfunden" schenkt man vermehrt Beachtung, weil durch entsprechende Studien ihr Depotcharakter in vielen Fällen nachgewiesen ist[398].

Bis vor kurzem hatten eisenzeitliche Depotfunde im Vergleich zu jenen aus älteren Epochen keine so umfassende monographische Aufarbeitung erfahren, von

---

390 Fitzpatrick, Deposition 186 f.; Hier sei auf eine interessante Schilderung hingewiesen, die vielleicht mit den Schwertopfern in Gewässern zusammenhängt: Die Frage der keltischen Elemente in der erstmals im 12. Jh. von Geoffrey of Monmouth schriftlich fixierten Artus-Sage wird sehr kontrovers diskutiert (stark befürwortet z. B. bei R. S. Loomis (Hrsg.), Arthurian Literature in the Middle Ages [Oxford 1959]). Dennoch wird in dieser Erzählung ein Beispiel für ein Schwertopfer geschildert, das möglicherweise ähnliche Motivationen ausdrückt: Als der tödlich verwundete König sein Ende nahen fühlt, befiehlt er, sein Schwert in die See zu werfen, was der beauftragte Ritter wegen des Wertes der Waffe zunächst nicht tut. Erst als ihm der König vorwirft, sein Leben in Gefahr zu bringen, gehorcht er widerwillig. Erst danach wird der König von der Barke in das „Tal von Avalon" gebracht (vgl. Sir Th. Malory, Die Geschichten von König Artus und den Rittern seiner Tafelrunde. Übertr. von H. Findeisen auf der Grundlage der Lachmannschen Übersetzung. 3. Band [Leipzig 1973] 989 ff., Kap. 5). Möglicherweise äußert sich hier eine Auffassung vom Sterben als „rite de passage", der nur stattfinden kann, wenn bestimmte Voraussetzungen erfüllt werden. Es wäre sicher lohnend, die keltischen Opfer- und Bestattungssitten vor diesem Hintergrund einmal zu analysieren.

391 Fitzpatrick, Deposition 186 f.; vgl. auch Müller, Bern-Tiefenau 92 f.

392 Vgl. Pauli (Anm. 389) 302.

393 Vgl. z. B. Hartmann/Bellettati/Widmer, Baden-Kappelerhof 51 Abb. 10; Haffner, Zur pars pro toto-Sitte 197 ff.; LT C-Gräber von Darmsheim und Geislingen: Fischer, Fundber. Schwaben N.F. 18/I, 1967, 61 ff.

394 Haffner, Zur pars pro toto-Sitte 208 f.; Für Waffen in Gewässern hat Torbrügge in Anlehnung an H.-J. Hundt schon den Aspekt der Selbstausstattung in die Diskussion gebracht: Torbrügge, Flußfunde 1 ff., bes. 121 (mit Anm. 719); H. Geißlinger, Depotfund. In: RGA 5 (1984) 320 ff., bes. 328 f.

395 Der Kessel von Emmendingen wurde im Bereich eines Altwasserarms des Brettenbachs gefunden und gehört somit sicher in den Kreis der kultischen Deponierungen in Gewässern. Vgl. Wagner, Fundstätten I 198 Nr. 330; Winghart, Vorgeschichtliche Deponate 192 Nr. 102.

396 Mittlerweile sind aus Kiesgruben im Ulmer Raum weitere Metallfunde im Privatbesitz bekanntgeworden, darunter evtl. auch jüngerlatènezeitliche Schwerter. Freundl. Mitt. K. Wehrberger.

397 Wichtige grundsätzliche Überlegungen: Pauli, Problem der Hortfunde 195 ff.; Rybová/Motyková, Kolín 144 ff. (speziell zu latènezeitlichen Depotfunden); Müller, Bern-Tiefenau 92 ff.

398 Winghart, Vorgeschichtliche Deponate 91 ff.

wenigen Ausnahmen einmal abgesehen[399]. Erst in jüngster Zeit wurden einzelne Komplexe ausführlich publiziert und in weiterführende Überlegungen eingebunden, so daß die Grundlagen für weitere Forschungen ständig besser werden[400].

Die Ursachen für die Deponierung von Gegenständen in vorgeschichtlicher Zeit sind nur in wenigen Fällen einigermaßen zu ergründen. Falls die Fundumstände genau bekannt sind, kann man wenigstens eine grobe Zweiteilung vornehmen: Verwahrfunde sollten nur vorübergehend aus irgendwelchen Gründen verborgen werden, während Weihefunde, die als Opfer an Gottheiten oder numinose Mächte gedacht waren, für den Eigentümer unwiederbringlich verloren waren. Für die Hortfunde in unserem Arbeitsgebiet hat sich gezeigt, daß man eine Deutung nicht allein an der Art der deponierten Gegenstände festmachen kann. Die Fundumstände spielen eine weitaus größere Rolle. So können Münzhorte in manchen Fällen (Langenau) durchaus als Verwahrfund gedeutet werden, die Fundumstände anderer vermutlicher Münzdepots machen dagegen eine kultisch motivierte Entäußerung wahrscheinlich. Gleiches gilt für die hinsichtlich ihrer Datierung mit Unsicherheiten behafteten Spitzbarrendepots. Diese Barren hatten in der jüngeren Latènezeit vielleicht auch eine „Geldfunktion" im weitesten Sinne, was sie funktional mit den Münzhorten gleichstellen würde. Die Verbreitung von Barrendepots sowie gesicherten und möglichen Münzhorten spricht für diese Deutung. Das Gerätedepot von Kappel und die allermeisten Einzelfunde in Gewässern gehören sicher zu den Opfer- und Weihefunden, die unbrauchbar gemacht und/oder unwiederbringlich beseitigt wurden. Neben der Beschwörung göttlicher Gunst hat dabei möglicherweise auch der Gedanke der Selbstausstattung für das Jenseits eine Rolle gespielt.

---

399 Fischer, Kappel.
400 Rybová/Motyková, Kolín; Müller, Bern-Tiefenau; 1990 wurde an der Universität Tübingen eine Dissertation über „Keltische Hort- und Gewässerfunde" abgeschlossen. 1991 waren die Hortfunde Thema der AG Eisenzeit bei der Tagung des West- und Süddeutschen Verbandes für Altertumsforschung in Heilbronn.

III. Das Fundmaterial

III.1 Kleidungszubehör und Schmuck

III.1.1 Fibeln

Die Fibelformen stellen aufgrund ihrer weiten Verbreitung und den daraus resultierenden guten Vergleichsmöglichkeiten mit anderen Gebieten eine wichtige Stütze des chronologischen Grundgerüsts dar. In diesem Kapitel werden lediglich die spätlatènezeitlichen Fibeln des Arbeitsgebietes behandelt, d. h. Fibeln vom Mittel- und Spätlatèneschema, die während der Latènestufe D im Sinne Reineckes und Krämers getragen wurden[401]. Da hier im Gegensatz zu einem großen Teil des keramischen Fundgutes eine relativ gute Trennung von mittel- und spätlatènezeitlichen Formen möglich ist, scheint diese Einschränkung sinnvoll. In einigen Fundkomplexen befinden sich auch ältere Fibeln der Mittellatènezeit, auf die hier nur am Rande eingegangen werden kann. Zwei wesentliche Probleme des Fundstoffs und des Forschungsstandes im Arbeitsgebiet werden hier (wie auch noch an anderer Stelle) sehr deutlich:

– Fibeln gehören in den Fundkomplexen zu den Seltenheiten. Oft sind es lediglich kaum datierbare Fragmente. Der Grund für diese Unterrepräsentierung ist sicherlich zum größten Teil in fehlenden archäologischen Untersuchungen im Bereich spätkeltischer Siedlungen zu suchen, die wenigen Fibeln stammen fast alle aus unsicheren oder sekundär verlagerten Fundzusammenhängen oder stellen Einzelfunde dar.

– Durch das Fehlen von gesicherten oder ungestörten spätlatènezeitlichen Grabfunden im Arbeitsgebiet scheidet eine wichtige Gruppe geschlossener Funde aus. Eine zeitliche Verknüpfung des Fibelmaterials mit anderen Funden aufgrund der Fundumstände ist nur in wenigen Fällen möglich.

III.1.1.1 Nauheimer Fibeln

Im bearbeiteten Gebiet sind bislang elf Nauheimer Fibeln[402] (oder Fragmente von solchen) bekannt. Die bronzenen Fibeln dieses Typs (Abb. 25,1–10) weisen unterschiedliche Bügelverzierungen auf, die von M. Feugère erstmals an einem größeren Bestand aus Frankreich typologisiert wurden[403]. Auf diese Zusammenstellung hat auch Gebhard bei der Bearbeitung des Manchinger Fibelbestands zurückgegriffen[404]. Sehr ausführlich hat sich A. Miron mit der Chronologie der

Nauheimer Fibeln beschäftigt, besonders im Zusammenhang mit ihrer definitorischen Rolle für die Spätlatènestufe LT D1[405]. Galt es vorher als Grundsatz, daß mit dem Erscheinen dieser Fibel die Spätlatènezeit beginnt, konnte Miron in Anlehnung an einige Vordenker[406] eine „Prä-Nauheimer" Spätlatènestufe konstruieren[407]. Für sehr wesentlich darf man seine Überlegungen zum Chronologieschema P. Reineckes ansehen: „…Reineckes Umschreibung der Latènestufen ist in vielen Punkten bewußt flexibel gehalten, um seiner vorwiegend an süddeutschen Materialien orientierten Einteilung auch überregionale Gültigkeit zu verleihen. Bei unseren heutigen Adaptionen seines Systems sollte man diesen Aspekt wieder stärker hervorheben und – zunächst auf regionaler Ebene – die Definition der Stufe C und D sowie ihre Untergliederung neu überdenken"[408]. Daß man hier neben den Grabfunden auch den Siedlungsfunden feinchronologische Aspekte abgewinnen kann, haben entgegen der Meinung Mirons[409] schon I. Stork und kürzlich R. Gebhard gezeigt[410].

Die Nauheimer Fibel aus Bronze mit einer Bügelverzierung aus randparallelen Rillen ist in unserem Rahmen die geläufigste Variante (Abb. 25,1–4). Solche Fibeln stammen aus dem Fundmaterial der Viereckschanze von Fellbach-Schmiden (Kat.-Nr. 780) sowie als Einzelfunde von Böbingen an der Rems (Kat.-Nr. 9), aus der Falkensteiner Höhle bei Grabenstetten (Kat.-Nr. 430) und von Sigmaringen-Laiz (Kat.-Nr. 637).

---

401 P. Reinecke, Mainzer Aufsätze zur Chronologie der Bronze- und Eisenzeit (1965) 100; W. Krämer, Germania 40, 1962, 293 ff.

402 Zur Nauheimer Fibel: O. Tischler, Die Gewandnadeln oder Fibeln. In: A. B. Meyer, Gurina im Obergailthal, Kärnthen (1855) 24; J. Werner, Die Nauheimer Fibel. Jahrb. RGZM 2, 1955, 171 ff.; A. Furger-Gunti, Zur Herstellungstechnik der Nauheimer Fibel. In: Festschr. E. Schmid (Basel 1977) 75 ff.

403 Feugère, Fibules 203 ff.

404 Gebhard, Fibeln 11 f.

405 Miron, Horath 142 ff. und 154 ff.

406 Miron weist in diesem Zusammenhang auf die Überlegungen von R. Wyss (Repertorium Ur- u. Frühgesch. Schweiz 3, 1957, 21 ff.), R. Hachmann (Ber. RGK 41, 1960, 251) und L. Berger (Ur- und frühgesch. Arch. der Schweiz IV [1974] 71 ff.) hin.

407 Miron, Horath 151.

408 Ebd. 142.

409 Ebd. 144.

410 Stork, Breisach-Hochstetten 193 ff.; Gebhard, Fibeln aus Manching 67 ff.

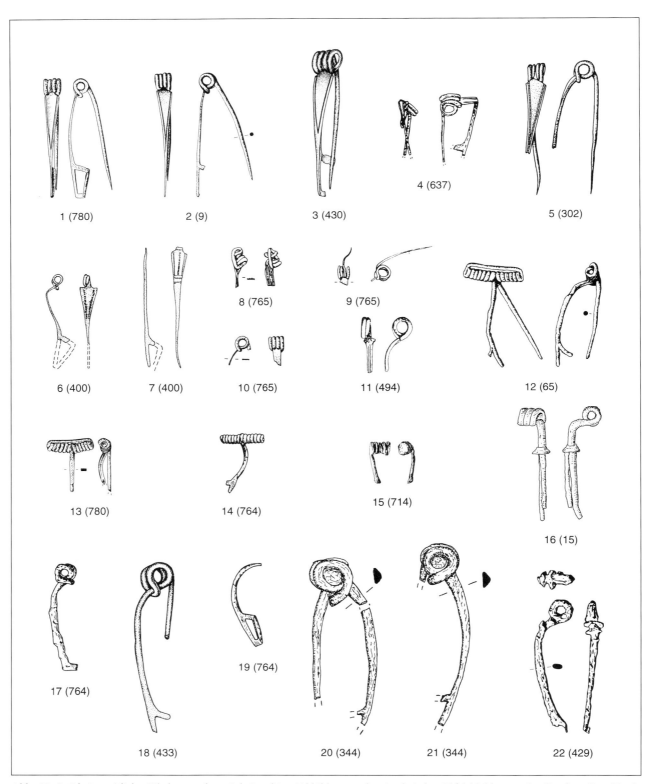

Abb. 25: Spätlatènezeitliche Fibeln aus dem Arbeitsgebiet (Abbildungsnachweise bei den Tafelabbildungen im Katalog. Kat.-Nr. in Klammern).

Im Rahmen der Magisterarbeit des Verfassers wurde 1988 diese Variante A (sie entspricht Feugères Typ 5a, Var. 12), näher untersucht[411]. Es zeigte sich, daß diese Form im gesamten Verbreitungsgebiet der Nauheimer Fibel eine der häufigsten gewesen sein muß, zur damals aus der Literatur zusammengestellten Liste mit 78 Fundorten (die teilweise mehrere Exemplare erbrachten) sind in der Zwischenzeit noch mehr hinzugekom-

411 Wieland, Fellbach-Schmiden und Ehningen 8 ff.

74

men[412]. Das Stück von Fellbach-Schmiden (Abb. 25,1) ist in unserem Arbeitsgebiet das einzige, das aus gesicherten spätlatènezeitlichen Zusammenhängen kommt, es fand sich zusammen mit zahlreicher Spätlatènekeramik und einem Fragment einer Eisenfibel mit langer Spirale (s.u., Abb. 25,13) im Graben einer Viereckschanze. Das Exemplar von Böbingen an der Rems (Abb. 25,2) wurde bei Bauarbeiten als Einzelfund im Bereich eines römischen Vicus geborgen. Die Fibel aus der Falkensteiner Höhle bei Grabenstetten (Abb. 25,3) ist mit dem unmittelbar oberhalb der Höhle gelegenen Oppidum „Heidengraben" in Zusammenhang zu bringen; bemerkenswert ist der Fund dieser Fibel in einer halbaktiven Quellhöhle (temporärer Wasseraustritt) 120 m vom Ausgang entfernt, was an kultische Deponierung oder an einen Verlust während der Begehung der Höhle denken läßt (vgl. auch Kap. III.3.2). Auch die Fibel von Sigmaringen-Laiz (Abb. 25,4) ist als Einzelfund zu sehen. Obwohl von dieser Gemarkung einige Spätlatène-Fundstellen bekannt sind, ermöglicht die ungenaue Fundortangabe keine nähere Zuweisung. Von Heilbronn-Neckargartach (Abb. 25,5) und vom Runden Berg bei Bad Urach (Abb. 25,6) stammt je eine Nauheimer Fibel mit randbegleitenden Punzreihen (Feugère Typ 5a, Var. 26). Während die erstgenannte wieder ein Einzelfund ist, wurde auf dem Runden Berg durch weitere Funde eine kleine Höhensiedlung der Spätlatènezeit nachgewiesen (vgl. Kat.-Nr. 400). Unter diesen Funden befindet sich auch eine weitere Nauheimer Fibel (Abb. 25,7), bei der lediglich das obere Drittel des Bügels (gegen die Spirale hin) mit randbegleitenden Rillen und einer Punzreihe in der Mitte verziert ist. Die Verzierung wird nach unten durch drei Querrillen abgeschlossen (Feugère Typ 5a, Var. 31).

Ein Fragment aus dem römischen Vicus von Hüfingen-Mühlöschle (Abb. 25,8) zeigt eine flächige Bügelverzierung mit drei breiten Punzreihen (Feugère Typ 5a, Var. 29 oder 30). Zwei weitere Fragmente vom selben Fundort lassen keine Bügelverzierung erkennen (Abb. 25,9.10). Ob der Bügel einer Nauheimer Fibel von Hüfingen-Galgenberg verziert ist, läßt sich nicht beurteilen, da dieses Stück nicht mehr erhalten und in der Literatur nur als unmaßstäbliche Skizze in Seitenansicht abgebildet ist (vgl. Kat.-Nr. 764).

Ob die Bügelverzierung der Nauheimer Fibeln für eine Feinchronologie Relevanz hat, kann im Rahmen dieser Arbeit nicht ausreichend untersucht werden. Dazu bedarf es ausführlicher Studien und einer gründlichen Materialaufnahme im gesamten Verbreitungsgebiet[413]. Ansätze in dieser Richtung werden jedenfalls auch an begrenzten Materialkomplexen deutlich. Wie oben schon angedeutet, wurde in der Magisterarbeit des Verfassers der Versuch unternommen, die Nauheimer Fibel mit randbegleitenden Rillen als die älteste Va-

riante herauszustellen. Vergesellschaftungen in Grabfunden mit Formen, die noch in ein ausgehendes Mittellatène und ganz an den Beginn der Spätlatènezeit gehören, lassen diesen Schluß wahrscheinlich werden. Hier wäre etwa der Grabfund von Frankfurt-Fechenheim zu nennen, dessen Inventar das jüngste in einer Reihe von Bestattungen der ausgehenden Mittel- und frühen Spätlatènezeit mit beigegebenen Hundeplastiken darstellt[414]. Im Gräberfeld von Wederath kommen unter den bis 1991 publizierten Gräbern in 19 Fällen Nauheimer Fibeln vor[415]. In vier Gräbern sind diese mit Fibeln vom Mittellatèneschema vergesellschaftet, davon handelt es sich dreimal um die Nauheimer Variante mit randbegleitenden Rillen[416]. Auch im Gräberfeld von Horath kommt diese Variante zusammen mit einer Eisenfibel vom Mittellatèneschema vor[417]. Allerdings wird diese Form auch gelegentlich von anderen Nauheimer Varianten und Fibeln vom Mittellatèneschema in geschlossenen Grabinventaren begleitet[418].

Ob man für die Nauheimer Fibeln mit abgesetzter Verzierung am Kopf, wie sie mit einem Exemplar vom Runden Berg bei Urach vorliegt (Abb. 25,7), eine etwas jüngere Zeitstellung veranschlagen darf, ist beim derzeitigen Forschungsstand noch unsicher. Hinweise auf eine zeitliche Differenzierung gegenüber den Formen mit gänzlich verziertem Bügel gibt es jedenfalls: So hat etwa R. Gebhard zwar von einem einheitlichen Horizont seiner Gruppen 5–9 gesprochen, der die Nauheimer Fibel als Leitform aufweist, gleichzeitig hat er aber die Möglichkeit einer Aufteilung in ältere und jüngere Formen erwähnt. Für seine Gruppe 6d, die schmalen Bronzefibeln mit abgesetzter Verzierung am Kopf, hat er aufgrund der Kombination mit jüngeren Fibelformen in Grab 219 von Wederath und dem Grab von Uffhofen, Lkr. Alzey-Worms, eine jüngere Zeitstellung erwogen[419]. Eben diese Fibeln weisen z. T. eine fast identische Verzierung wie die Nauheimer Varianten mit abgesetzter Verzierung auf (entspr. Gebhard Gruppe 7, Var. 13, 29, 30, 31, 49, 50).

---

412 Ebd. 145 ff. Liste 1.
413 Die Nauheimer Fibel in ihrem gesamten Verbreitungsgebiet wurde im Rahmen einer Marburger Dissertation untersucht.
414 H. Polenz, Latènezeitliche Hundeplastiken aus Süd- und Rheinhessen. Fundber. Hessen 14, 1974, 255 ff., bes. 260 ff.
415 Grab Nr. 17, 20, 112, 196, 203, 207, 255, 268, 302, 324, 465, 554, 556, 1174, 1175, 1181, 1206, 1207, 1208; vgl. Haffner, Wederath I–III.
416 Grab 196, 268, 1181.
417 Grab 4; G. Mahr/A. Miron, Trierer Zeitschr. 43/44, 1980/81, 20 f., Taf. 2.
418 Etwa im Grabfund von Ülversheim bei Mainz: B. Stümpel, Mainzer Zeitschr. 54, 1959, 47 f. Abb. 1; Nierstein, Kr. Mainz-Bingen: Polenz, Münzen in latènezeitlichen Gräbern 79 Abb. 12; Udenheim, Kr. Alzey-Worms, Grab 47: B. Stümpel, Mainzer Zeitschr. 81, 1986, 218, 220 f., Abb. 7–8.
419 Gebhard, Fibeln 92 ff.; vgl. Haffner, Wederath I 51, Taf. 51; Polenz, Münzen in latènezeitlichen Gräbern Abb. 15.

Auch aus der Verteilung von Fibeltypen und Varianten in flächig untersuchten Siedlungsausschnitten läßt sich unter Umständen ein Rückschluß auf die genauere zeitliche Differenzierung ziehen, wie dies die Beispiele Manching und Basel-Gasfabrik zeigen. Die Verteilung der Nauheimer Varianten in der Siedlung Basel-Gasfabrik ergab ein interessantes Bild: Die Variante mit randbegleitenden Rillen und die Nauheimer Fibeln mit abgesetzter Bügelverzierung am Kopf schließen sich in ihrer Verbreitung weitgehend aus. Möglicherweise ist dies mit kurzfristigen Siedlungsverlagerungen zu erklären[420].

Interessanterweise scheint die Nauheimer Fibel mit randbegleitenden Rillen im Fundmaterial des Oppidums von Altenburg-Rheinau zu fehlen[421]. Nach Auskunft des mittlerweile als Vorbericht publizierten Fibelspektrums[422] besteht für diese Großsiedlung durchaus die Möglichkeit eines relativ späten Beginns, d. h. erst in LT D: Von 234 bestimmbaren Fibeln und Fibelfragmenten gehören nur 11 zu Fibeln vom Mittellatèneschema. Die Nauheimer Fibeln sind mit 83 Exemplaren gut vertreten, die Variante mit randbegleitenden Rillen fehlt wie gesagt[423]. Ebenso scheint die Eisendrahtfibel mit langer Spirale zu fehlen, die ja anscheinend einen relativ engen Zeitraum am Ende von LT C und ganz am Beginn von LT D (evtl. noch vor Auftreten der Nauheimer Fibel) umschreibt (s. u.). Man sollte allerdings nicht vergessen, daß auch hier nur ein kleiner Siedlungsausschnitt untersucht ist, die älteren Siedlungsstrukturen könnten an einer anderen Stelle im Innenraum gelegen haben.

Es wäre im Rahmen einer eigenen Studie zu prüfen, ob die Spätlatènefibeln mit abgesetzter Bügelzier (also auch die entsprechenden Nauheimer Varianten) ein modisches Zugeständnis an das Aufkommen der frühesten Knotenfibeln sein könnten.

Wie oben schon betont, können diese Überlegungen nur Anreize zu einer umfassenden Untersuchung zur zeitlichen Gliederung der Nauheimer Fibeln sein. Ein Versuch der zeitlichen Gliederung auf der Basis der Bügelgestaltung wäre nicht uninteressant.

III.1.1.2 Fibel vom Typ Lauterach (?)

Als Altfund liegt aus dem Stadtgebiet von Rottweil ein Fragment einer Bronzefibel vor, das zu einer Fibel vom Typ Lauterach gehören könnte (Abb. 25,11)[424]. Es ist wohl bereits als Altstück in römische Fundzusammenhänge geraten. R. Hachmann wollte in der Lauteracher Fibel die „typologisch-genetische Vorform" der Nauheimer Fibel sehen[425]. Die gängigen Vorstellungen von der Datierung der Lauteracher Fibel bewegen sich um den Beginn des 1. Jahrhunderts v. Chr.[426]. Da die Lauteracher Fibel mittlerweile auch aus verhältnismäßig späten Fundzusammenhängen bekannt geworden ist

und formal eher als Vorform der Schüsselfibel gesehen werden kann, scheint eine zeitliche Parallelität mit der Nauheimer Fibel sehr wahrscheinlich. In der Siedlung von Basel-Gasfabrik sind Fibeln dieser Art mehrfach vertreten[427]. Bei einem Fragment aus Schicht 2 des Basler Münsterhügels, das bei Furger-Gunti als Nauheimer Fibel bezeichnet ist, könnte es sich nach I. Stork auch um eine Fibel vom Typ Lauterach handeln[428]. Einige Forscher rechnen damit, daß die Lauteracher Fibel bis in die zweite Hälfte des 1. Jahrhunderts v. Chr. getragen wurde[429].

III.1.1.3 Eisendrahtfibeln vom Mittel- und Spätlatèneschema mit langer Spirale

Neben der Nauheimer Fibel gehört die Eisenfibel mit langer Spirale zu den häufigsten Formen der Spätlatènezeit[430]. Eine solche Fibel vom Spätlatèneschema aus der Viereckschanze von Ehningen (Abb. 25,12) und ein Fragment aus der Schanze von Fellbach-Schmiden (Abb. 25,13) wurden bereits in der Magisterarbeit des Verfassers ausführlich beschrieben und mit gut datierbaren Vergleichsfunden parallelisiert[431]. Weitere Fibeln dieser Art stammen vom Galgenberg bei Hüfingen (Spätlatèneschema, Abb. 25,14) und aus der Viereckschanze von Dornstadt-Tomerdingen (Abb. 25,15). Bei den Grabungen 1992 in der Viereckschanze von Bopfingen-Flochberg (Kat.-Nr. 15) kamen ebenfalls zwei

420 Gebhard, Fibeln 52 ff., bes. 66 f.; Wieland, Fellbach-Schmiden und Ehningen 15 ff., bes. 17 Abb. 5.

421 Freundl. Mitteilung M. Maute.

422 M. Maute, Das Fibelspektrum aus dem spätlatènezeitlichen Oppidum Altenburg, Kr. Waldshut. Arch. Korrbl. 21, 1991, 393 ff.

423 Ebd. 394 Abb. 1.

424 Planck vermutete hier eine römische Fibel, vgl. Planck, Arae Flaviae I, Teil II, 28.

425 R. Hachmann, Die Chronologie der jüngeren vorrömischen Eisenzeit. Ber. RGK 41, 1960, 251.

426 W. Krämer, Silberne Fibelpaare aus dem letzten vorchristlichen Jahrhundert. Germania 49, 1971, 111 ff.; Stork, Breisach-Hochstetten 153 ff.; Polenz, Münzen in latènezeitlichen Gräbern 27 ff.; B. Overbeck, Geschichte des Alpenrheintales in römischer Zeit auf Grund der archäologischen Zeugnisse. Münchner Beitr. Vor- u. Frühgesch. 20 (München 1982) 178 ff.; J. Rychener, Die ur- und frühgeschichtliche Fundstelle Bot da Loz bei Lantsch/Lenz, Kt. Graubünden. Schr. Sem. für Urgesch. Univ. Bern 8 (Bern 1983) 43 ff.

427 Furger-Gunti/Berger, Basel-Gasfabrik Taf. 3–4.

428 Furger-Gunti, Basler Münster 51 ff., Abb. 36,3–4; I. Stork, Rezension zu Furger-Gunti, Basler Münster. Fundber. Baden-Württemberg 7, 1982, 580.

429 Feugère, Fibules 226; In der formalen Beziehung dieses Typs zu der silbernen Knotenfibel des bekannten Manchinger Fibelpaares sieht auch Gebhard ein Indiz für eine relativ späte Zeitstellung innerhalb der Stufe LT D1: Gebhard, Fibeln 90 f.

430 Vgl. N. Bantelmann, Fibeln vom Mittellatèneschema im Rhein-Main-Mosel-Gebiet. Germania 50, 1972, 98 ff.; W. E. Stöckli, Bemerkungen zur räumlichen und zeitlichen Gruppierung der Funde im Oppidum von Manching. Germania 52, 1974, 368 ff.; Stork, Breisach-Hochstetten 191 ff.; Feugère, Fibules 186 ff.; Miron, Horath 61 ff., 130 ff.

431 Wieland, Fellbach-Schmiden und Ehningen 20 ff.

Fragmente solcher Fibeln zum Vorschein, davon eines vom Mittellatèneschema[432]. Ein Bügelfragment mit Rahmenfuß vom Hüfinger Galgenberg (Abb. 25,19) dürfte wegen seines hochgewölbten Bügelkopfes eher zur Gruppe der Fibeln vom Spätlatèneschema mit langer Spirale gehören, da diese Bügelform hier wesentlich häufiger vorkommt als bei den Fibeln mit vierschleifiger Spirale und innerer Sehne.

Nach Gebhard stellen Eisenfibeln mit langer Spirale eine geschlossene Gruppe dar, „…die offenbar einer Zeitmode entspringt"[433]. Dabei sind enge formale Beziehungen zwischen Fibeln vom Mittel- und vom Spätlatèneschema erkennbar. Gebhard zieht wegen des geschlossenen Verbreitungsbildes in Manching einen „Horizont der Fibeln mit breiter Spirale" in Erwägung[434]. Bei der Datierung geht er von einem ersten Auftreten am Ende von LT C aus, der Höhepunkt wird (nördlich der Alpen) um die Wende zum LT D erreicht, die Form scheint dann aber relativ rasch aus der Mode gekommen zu sein[435]. Eine zeitliche Überschneidung mit der Nauheimer Fibel wird durch einige geschlossene Grabfunde dokumentiert. Hier wäre etwa der Grabfund von Oberwinterthur, Kt. Zürich, der noch eine Nauheimer Fibel mit randbegleitenden Rillen enthielt, zu nennen[436]. In Grab 302 von Wederath liegt die gleiche Kombination vor[437].

III.1.1.4 Gestreckte Eisendrahtfibel vom Mittellatèneschema

Ein Fragment einer Eisenfibel vom Mittellatèneschema mit „gestrecktem" Bügel und rechtwinkligem Knick vor der Spirale stammt aus dem Innenraum der Viereckschanze von Bopfingen-Flochberg (Abb. 25,16)[438]. Gebhard konnte diese Fibeln in Manching anhand der Form des Bügelkopfes in vier Gruppen gliedern (Gebhard Gruppe 19 a–d). Unser Exemplar gehört zu seiner Gruppe 19c, den Fibeln mit senkrecht geknicktem Bügelkopf[439]. In Anlehnung an Krämer weist Gebhard darauf hin, daß die gestreckten Mittellatènefibeln in Südbayern nicht in Grabfunden enthalten sind (von einer fraglichen Ausnahme abgesehen)[440]. Im Rhein-Main-Mosel-Gebiet sind sie in Gräbern der ausgehenden Mittellatènezeit gut vertreten, gelegentliche Vergesellschaftung mit Spätlatènefibeln weist auf ein Weiterlaufen dieser Form bis nach LT D[441]. Bei einem Fibelfragment aus der Viereckschanze von Hardheim-Gerichtstetten, Neckar-Odenwald-Kreis, dürfte es sich ebenfalls um eine gestreckte Mittellatènefibel handeln[442].

III.1.1.5 Eiserne Fibeln vom Spätlatèneschema mit drahtförmigem Bügel und vierschleifiger Spirale mit unterer Sehne

Fibeln dieses Typs stammen vom Galgenberg bei Hüfingen (Abb. 25,17) und aus der Bettelmannshöhle bei

Hayingen-Münzdorf (Abb. 25,18). Ein Spiralfragment mit unterer Sehne aus der Viereckschanze von Ehningen (Kat.-Nr. 65) gehört wohl ebenfalls zu diesem Typ. Die Formen entsprechen der Gruppe 26c der Manchinger Fibeln nach Gebhard[443]. Diese Fibeln erscheinen Ende des 2. Jahrhunderts v. Chr. und werden hauptsächlich in der ersten Hälfte des 1. Jahrhunderts v. Chr. getragen, sind also gleichzeitig mit der Nauheimer Fibel[444].

III.1.1.6 Eiserne Fibeln vom Spätlatèneschema mit verdicktem Bügel und dachförmigem Bügelquerschnitt

Die beiden eisernen Spätlatènefibeln aus der Höhle von St. Wendel zum Stein bei Dörzbach (Abb. 25,20.21) könnten mit ihrem dachförmigen Bügelquerschnitt und dem andeutungsweise erkennbaren Ausschwingen des Bügels gegen die Spirale eiserne Varianten der Lauteracher Fibel sein (s. o.). Diese Fibeln müssen hier in Umzeichnung der Skizzen von Wallrauch wiedergegeben werden, weil die Originale 1991 in so verrostetem und fragmentiertem Zustand vorgefunden wurden, daß sie ohne Restaurierung nicht zu zeichnen sind (vgl. Kat.-Nr. 344). Eine sichere Typenzuweisung im Hinblick auf die Bügelform und -verzierung kann ebenfalls erst nach einer Restaurierung erfolgen[445]. Eiserne Spätlatènefibeln mit gegen die Spirale ausschwingender Bügelverbreiterung, vierschleifiger Spirale und innerer Sehne gehören in die Gruppe 29 der Manchinger Fibeln[446]. Sie werden von Gebhard ebenso wie die bronzenen Lauteracher Fibeln als entwickelte Form der

---

432 Die Funde werden im Rahmen der Gesamtpublikation der Grabungen von R. Krause und vom Verfasser ausgewertet.

433 Gebhard, Fibeln 21 (Gruppe 21), 23 (Gruppe 25).

434 Ebd. 85 Abb. 38, 86.

435 Ebd. 84.

436 V. Gessner, Das spätlatènezeitliche Brandgrab von Oberwinterthur (Zürich). Jahrb. SGU 34, 1943, 139 ff.

437 Haffner, Wederath I 67, Taf. 76; Weitere Grabfunde, die für die Datierung interessant sind: Gebhard, Fibeln 84 ff. und Wieland, Fellbach-Schmiden und Ehningen 20 ff.

438 Das Stück kam bei den Grabungen im Herbst 1991 zum Vorschein und wurde nicht mehr in den Katalog dieser Arbeit aufgenommen.

439 Gebhard, Fibeln 18 ff.

440 Ebd. 19, 82.

441 Vgl. die bei Gebhard zitierten Beispiele.

442 R.-H. Behrends, Die Funde aus der Viereckschanze von Gerichtstetten, Gem. Hardheim, Neckar-Odenwald-Kreis. Fundber. Baden-Württemberg 6, 1981, 318 Abb. 6; G. Wieland in: Bittel/Schiek/Müller, Viereckschanzen 55 f., 56 Abb. 30a,1 (mit älterer Literatur).

443 Gebhard, Fibeln 23.

444 Ebd. 87 ff.

445 Eine Restaurierung der Stücke wurde 1991 von der Leitung des Hällisch-Fränkischen Museums in Schwäbisch Hall in Aussicht gestellt.

446 Gebhard, Fibeln 26.

Nauheimer Fibel gesehen und in ein fortgeschrittenes LT D1 datiert[447].

III.1.1.7 Eiserne Fibel vom Spätlatèneschema mit Stützbalken

Bei den Grabungen im hallstattzeitlichen Grabhügelfeld am Burrenhof bei Grabenstetten (Kat.-Nr. 429) wurden Reste jüngerlatènezeitlicher Nachbestattungen und Grabstrukturen zwischen den Hügeln entdeckt. Aus einem Graben stammt das Fragment einer eisernen Spätlatènefibel mit Stützbalken (Abb. 25,22), das von S. Kurz als eiserne Variante der Nauheimer Fibel bezeichnet wurde[448]. Für diese Fibel finden sich im Bestand aus Manching keine direkten Entsprechungen. Ähnlichkeit besteht zu einer Bronzefibel mit schildförmiger Bügelplatte (Gruppe 9a)[449]. Gebhard vermutet in den Fibeln dieser Gruppe Importe aus dem nordmediterranen Bereich und verweist auf Parallelen vom Hradischt bei Stradonitz und aus Südfrankreich[450]. Unsere Fibel mit Stützbalkenkonstruktion und den beiden flügelartigen Fortsätzen am Bügel macht einen typologisch entwickelteren Eindruck. Ein gutes Vergleichsstück stammt aus der Spätlatènesiedlung von Boritov in Mähren[451]. Eine Datierung in einen jüngeren Abschnitt von LT D scheint in Anlehnung an die Manchinger Fibel gerechtfertigt[452].

III.1.1.8 Eisenfibel vom Spätlatèneschema mit Bügelknoten und verdicktem Bügelkopf

Von der Heuneburg bei Herbertingen-Hundersingen stammt das Fragment einer eisernen Fibel vom Spätlatèneschema mit hochgewölbtem Bügel, Bügelknoten, verdicktem Bügelkopf und vierschleifiger Spirale mit innerer Sehne (Abb. 26,1).
Auch für diese Fibel finden sich in Manching keine unmittelbaren Parallelen, gewisse Ähnlichkeit besteht zu Gebhards Gruppe 33a oder 34a, allerdings zeigen diese einen dickeren Bügelkopf[453]. Da bei der Fibel von der Heuneburg der vordere Teil des Bügels stark verrostet ist, läßt sich nicht sicher entscheiden, ob sich hinter dem Bügelknoten der für die Gruppe 33 typische flügelartige Fortsatz befand. Ungewöhnlich ist auch die Spiralkonstruktion mit innerer Sehne. Gebhard kann im Manchinger Bestand der Gruppe 33 nur noch zwei Stücke benennen, deren Spiralen sich konstruktiv an die seiner Gruppen 26–29 anlehnen, aber selbst diese weisen eine äußere Sehne auf[454]. Die Spirale unserer Fibel entspricht dagegen noch völlig derjenigen von Gebhards Gruppen 26–29, während der hochgewölbte Bügel eher an die Gruppe 33 oder 34 erinnert. Ein formal gut entsprechendes Stück (allerdings aus Bronze) stammt aus Mailhac, Le Cayla, nach Feugère gehört diese Form in den Zeitraum von 60 bis 20 v. Chr[455]. Das Fragment von der Heuneburg ist in den

Umkreis der eisernen Nachahmungen der bronzenen Knotenfibeln vom Typ Almgren 65 zu setzen. Diese Fibeln scheinen nördlich der Alpen weit verbreitet gewesen zu sein, zahlreiche Beispiele stammen u. a. aus dem Oppidum von Altenburg-Rheinau[456]. In den Gräberfeldern des Saar-Mosel-Gebietes kommen ähnliche Knotenfibeln ebenfalls vor[457]. Die Fibel von der Heuneburg dürfte wie die Manchinger Exemplare in einen jüngeren Abschnitt von LT D gehören.

III.1.1.9 Bronzene Knotenfibel mit bandförmigem Bügel

Im Bereich eines spätrömischen Gräberfeldes in Konstanz wurde eine bronzene Knotenfibel mit verziertem Bügel gefunden (Abb. 26,2). Möglicherweise geriet sie als Altstück in römische Fundzusammenhänge; sie könnte auch aus einer bislang unbekannten Spätlatènesiedlung in der Umgebung stammen (Vgl. Kat.-Nr. 336). Die Fibel gehört zu einer Variante der Knotenfibel Almgren 65, die hauptsächlich in Ostfrankreich verbreitet ist und ihren Ursprung in Oberitalien hat[458]. Eine nahezu identische Fibel stammt beispielsweise aus Vindonissa[459]. Diese Form gehört in die zweite Hälfte des 1. Jahrhunderts v. Chr.

III.1.1.10 Bronzene Spiralbogenfibeln vom Typ Jezerine

Ein weiterer Fibeltyp aus der zweiten Hälfte des 1. Jahrhunderts v. Chr. ist für die kulturellen Verhältnisse dieser Zeit in Süddeutschland von Bedeutung, nämlich die bronzene Spiralbogenfibel vom Typ Jezerine. Zwei dieser Fibeln wurden im Arbeitsgebiet bislang gefunden, die eine stammt zusammen mit einer eisernen Scharnierbogenfibel und zwei fragmentierten Nauheimer Fibeln aus dem römischen Vicus von Hüfingen-

447 Ebd. 90 f.; gute Parallelen etwa von Vienne, St. Blandine: Feugère, Fibules Taf. 53,755.758.
448 Kurz, Nachhallstattzeitliche Funde 101 ff., bes. 117 (mit Verweis auf die u. g. Bronzefibel von Manching)
449 Gebhard, Fibeln Taf. 9, 171.
450 Ebd. 13; vgl. J. Bren, Vyznam spon pro datování keltskych oppid v Čechách. Sborník Praha 18, 1964, 195 ff., bes. Taf. 10,350; Feugère, Fibules Taf. 63,876–879.
451 Vgl. M. Cizmár, Die Erforschung der spätlatènezeitlichen Siedlung in Boritov, Bez. Blansko (Mähren, CSFR). Arch. Korrbl. 20, 1990, 311 ff., bes. 314 Abb. 2,6.
452 Gebhard, Fibeln aus Manching 90 f.
453 Ebd. 27 f., 91 ff.; ähnlich etwa Taf. 60,918.
454 Ebd. 28, Taf. 59,895.907.
455 Feugère, Fibules 238, Taf. 70,974.
456 Ebd. 28, 91 f.; Maute, Altenburg 393.
457 Z.B. Wederath Grab 1232: Haffner, Wederath III Taf. 316,16.
458 Furger-Gunti, Basler Münster 56 mit Anm. 77, 124 mit Anm. 301; Beispiele auch bei Feugère, Fibules 238 (mit Hinweisen auf weitere Stücke), Taf. 71,993.994.996.
459 Ch. Meyer-Freuler, Das Praetorium und die Basilika von Vindonissa. Veröff. Ges. Pro Vindonissa 9 (Brugg 1991) 22 Abb. 10.

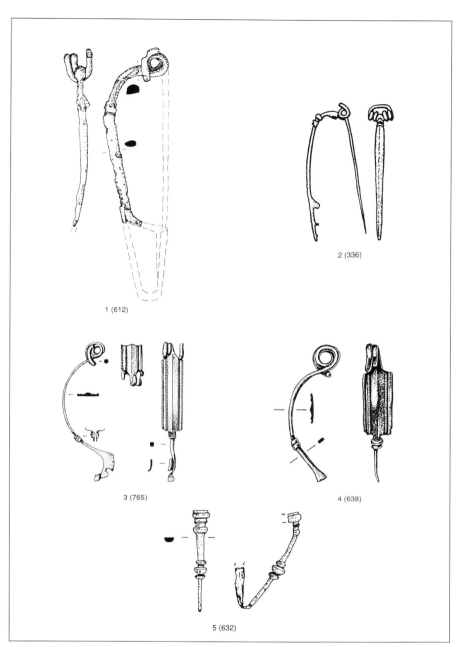

Abb. 26: Fibeln der entwickelten und ausgehenden Spätlatènezeit aus dem Arbeitsgebiet (Abbildungsnachweise bei den Tafelabbildungen im Katalog).

Mühlöschle (Abb. 26,3)[460], die zweite wurde bei Sigmaringen-Laiz (Abb. 26,4) ebenfalls an der oberen Donau gefunden[461]. Für das letztere Exemplar, das als Altfund in den Fürstl. Hohenzollerischen Sammlungen in Sigmaringen liegt, wurden schon Zweifel an der Glaubwürdigkeit der Fundortangabe geäußert[462], weil die Sigmaringer Sammlungen auch angekaufte Exponate aus dem Ausland besitzen.

Zur genaueren Zeitstellung dieser Fibeln haben sich in jüngerer Zeit S. Rieckhoff und vor allem M. Feugère sowie A.-M. Adam geäußert[463]. Rieckhoff hat diesen Typ wegen seines häufigen Vorkommens in den dalmatinischen Gräberfeldern als „Typ Jezerine" bezeichnet. In Anlehnung an J. Werner, der hier von einem „end-

republikanischen Fibeltyp Italiens" gesprochen hatte, datierte sie diese Fibeln aufgrund ihres Vorkommens in spätlatènezeitlichen Zusammenhängen in die zweite Hälfte des 1. Jahrhunderts v. Chr. und zog eine Entstehung in der Gallia Cisalpina (östliche Adriaküste) in

460 Rieckhoff, Hüfingen Taf. 1,2.
461 S. Schmidt-Lawrenz, Der römische Gutshof von Laiz, Flur „Berg", Kr. Sigmaringen. ein Beitrag zur Villenbesiedlung in der Umgebung von Sigmaringen. Fundber. Baden-Württemberg 16, 1991, 441 ff., bes. 483 Abb. 33,3.
462 Ebd. 502 Anm. 149.
463 Rieckhoff, Hüfingen 24 ff.; Feugère, Fibules 253 ff.; A.-M. Adam/M. Feugère, Un aspect de l'Artisant du Bronze dans l'Arc Alpin Oriental et en Dalmatie au Ier s. av. J.-C.: Les fibules du Type dit „de Jezerine". Aquileia Nostra 53, 1982, 129 ff.

Betracht[464]. A.-M. Adam und M. Feugère versuchten, durch umfangreiche Vergleiche die Herstellung und Benutzungsdauer der Fibeln enger zu fassen. Sie gingen von einer Entstehung um 40/30 v. Chr. aus und kamen zu dem Ergebnis, daß die Fibeln vom Typ Jezerine hauptsächlich von 30/20 v. Chr. bis ca. 1/10 n. Chr. getragen wurden; damit könnten die Fibeln von Hüfingen und Sigmaringen-Laiz theoretisch auch im Zusammenhang mit den augusteischen Militäraktionen im Rahmen des Alpenfeldzuges zu sehen sein[465].

Für die oben angesprochenen Fibeln aus dem Vicus des claudischen Donaukastells Hüfingen im „Mühlöschle" nahm S. Rieckhoff eine Herkunft aus einer spätkeltischen Siedlung an (es wäre unter diesem Gesichtspunkt sicher lohnenswert, die Keramik vom „Mühlöschle" im Hinblick auf „spätestlatènezeitliche" Stücke zu überprüfen). Natürlich könnte eine solche Siedlung auch in der näheren Umgebung gelegen haben[466].

Auch für die Fibel von Sigmaringen-Laiz wäre theoretisch eine Herkunft aus einer Spätlatènesiedlung denkbar, da von der Gemarkung noch weitere Funde dieser Zeit bekannt sind (Kat.-Nr. 635–638), u. a. auch eine Nauheimer Fibel (s. o.). Als unsicherer Einzelfund kann die Jezerine-Fibel von Laiz bislang aber nur als Basis für eine Diskussion der Möglichkeiten und nicht als gesicherter Siedlungsnachweis dienen.

III.1.1.11 Fragment von gegossener Bronzefibel vom Mittellatèneschema mit profilierten Bügelknöpfen

Zusammen mit spälhallstattzeitlichen Fibelfragmenten wird in den Fürstl. Hohenzollerischen Sammlungen Sigmaringen das Fragment einer gegossenen Bronzefibel vom Mittellatèneschema mit profilierten Knöpfen auf dem Bügel aufbewahrt (Abb. 26,5). Die Funde sollen aus Altgrabungen von Grabhügeln in der Sigmaringer Umgebung stammen. Die Fibel gehört nach Guštin zum sog. „Typ Picugi", dessen Verbreitung hauptsächlich im nördlichen Adriagebiet liegt[467]. Gut vergleichbare Stücke hat F. Fischer schon 1966 aus Aquileia publiziert[468]. Diese Fibelform ist während der ganzen Spätlatènezeit in Gebrauch, eine entwickeltere Form ist beispielsweise in Grab 11 des Gräberfeldes von Reka in Slowenien mit einer Variante der Aucissafibel vergesellschaftet[469]. Bemerkenswert scheint, daß eine weitere Fibel vom Typ Picugi von Karlstein bei Bad Reichenhall stammt[470]. Guštin hat mit dem Hinweis auf ein weiteres Stück aus Südfrankreich auf eine Verbreitung durch Handel geschlossen[471].

Wie bei anderen Altfunden aus der Sigmaringer Sammlung ist auch bei diesem Stück nicht sicher auszuschließen, daß es durch Ankauf nach Sigmaringen geriet[472]. Trotz dieser Unsicherheiten dürfte es kaum auf Zufall beruhen, daß im oberen Donautal auf einer Länge von ca. 70 km mehrere Funde zum Vorschein kamen, die in

die zweite Hälfte des 1. Jahrhunderts v. Chr. gehören. Die Rolle des oberen Donautals als Handelsweg in vorgeschichtlicher Zeit war sicher sehr bedeutend (vgl. Kap. IV); hier sei etwa an die Überlegungen von S. Rieckhoff erinnert, die für weitere Jezerine-Fibeln von Weißenburg in Bayern sowie aus der Altmark und Ostpreußen eine Verbreitung über eine Art Fernhandelsnetz für Bernstein annahm[473]. Auch nach dem Zusammenbruch der „Oppidazivilisation" wurde dieser Weg offenbar weiterhin benutzt, möglicherweise hat er bei der römischen Okkupation des Voralpenlandes eine Rolle gespielt. Daher wäre es auch eine verlockende Interpretationsmöglichkeit, die beiden Jezerine-Fibeln aus dem oberen Donautal zusammen mit weiteren Einzelfunden dieser Zeitstellung in den Umkreis augusteischer Militäranlagen zu stellen, die diesen Weg hätten kontrollieren können. Überlegungen in diese Richtung wurden kürzlich publiziert[474].

III.1.1.12 Bronzedrahtfibel vom Spätlatèneschema mit vierkantigem Bügelquerschnitt

Ein Fibelfragment von Ingelfingen (Kat.-Nr. 349, Taf. 44,3) könnte zu einer Drahtfibel vom Spätlatèneschema mit vierschleifiger Spirale und innerer Sehne (?) gehören. Der vierkantige Bügelquerschnitt ist ein nicht

464 Rieckhoff, Hüfingen 24 f.

465 A.-M. Adam/M. Feugère, Aquileia Nostra 53, 1982, 167; Ein Fibelfragment desselben Typs stammt aus einer spätlatènezeitlichen Siedlung der 2. Hälfte des 1. Jh. v. Chr. bei Bregenz: P. Gleirscher, Topographisches zum antiken Brigantium. Montfort 37, 1985, 283 ff., bes. 283 Abb. 1,3; zur Möglichkeit augusteischer Militäraktionen an der oberen Donau: G. Wieland, Augusteisches Militär an der oberen Donau? Germania 72, 1994, 205 ff.

466 Rieckhoff, Hüfingen 26. R. Nierhaus hatte sich gegen einheimische Spätlatènetradition in der Keramik vom Mühlöschle ausgesprochen: Badische Fundber. 20, 1956, 115 ff., bes. 117.

467 Vgl. M. Guštin, Posocje in der jüngeren Eisenzeit (Ljubljana 1991) 38 ff.; ders., La Tène Fibulae from Istria. Arch. Iugoslavica 24, 1987, 43 ff., bes. 51 ff; gute Vergleichsstücke aus Gorica: J. Truhelka, Wiss. Mitt. Bosnien u. Hercegowina 8, 1902, 20 Fig. 27–28.

468 F. Fischer, Frühe Fibeln aus Aquileia. Aquileia Nostra 37, 1966, 7 ff., bes. 19 Abb. 1,11–12.

469 Guštin (Anm. 467) 38, Taf. 34,4. Die Aucissa-Variante gehört zu einer hauptsächlich in Südgallien verbreiteten Form, die ca. 20 v. Chr. in Gebrauch kommt. Guštin geht davon aus, daß die Variante Picugi in diesem Zusammenhang ein Altstück darstellt, vgl. ebd. 45; Vgl. Feugère, Fibules 312 ff.

470 M. Menke, Zur Struktur und Chronologie der spätkeltischen und frührömischen Siedlungen im Reichenhaller Becken. In: Ausklang der Latène-Zivilisation und Anfänge der germanischen Besiedlung im mittleren Donauraum. Symposium Male Vozokany 1972 (Bratislava 1977) 239 ff., bes. Abb. 1,1141.

471 Guštin (Anm. 467) 38 mit Anm. 49.

472 Der Ankauf einer vollständigen Fibel wäre verständlich, aber hier handelt es sich um ein Fragment. Dies spricht m.E. eher gegen diese Möglichkeit.

473 Rieckhoff, Hüfingen 24.

474 G. Wieland, Augusteisches Militär an der oberen Donau? Germania 72, 1994, 205 ff.

allzuhäufiges Charakteristikum, das der besseren Stabilität dient. Nach Gebhard gehören diese Formen in den Horizont der Nauheimer Fibeln und nehmen innerhalb von diesem eine jüngere Zeitstellung ein[475]. Das Fragment wurde hier nicht mit den anderen Spätlatènefibeln abgebildet, da es sich auch um eine Drahtfibel vom Typ Almgren 15 handeln könnte, womit sie zum kaiserzeitlichen Fundstoff aus Ingelfingen zu zählen wäre[476].

III.1.1.13 Fibeln vom Frühlatèneschema mit Korallenzier

Im 1979 aufgefunden Hortfund von Langenau (vgl. Kat.-Nr. 724) befanden sich neben den Münzen zwei Fibelpaare vom Frühlatèneschema mit Korallenzier, die aus dem Saalegebiet stammen[477]. Ein ähnliches Exemplar ist aus dem Oppidum von Altenburg bekannt[478]. In ihrem Ursprungsgebiet datieren diese Fibeln in die erste Hälfte des 1. Jahrhunderts v. Chr.[479]; sie bezeugen für diese Zeit Kontakte zwischen dem süddeutschen Raum und dem Saalegebiet (vgl. hierzu auch Ausführlicheres bei der Besprechung dieses Hortfundes, Kap. II.5.1).

Die spätlatènezeitlichen Fibeln zeigen hinsichtlich ihrer zeitlichen Spannweite einen deutlichen Schwerpunkt in LT D1a im Sinne von Fischer und Gebhard, also am Ende des 2. und in der ersten Hälfte des 1. Jahrhunderts v. Chr. Demgegenüber ist die Zahl der jüngeren Fibeln mit vier Exemplaren verschwindend gering. Es sei aber nochmals daran erinnert, daß noch in keiner spätlatènezeitlichen Siedlung umfangreichere Grabungen stattgefunden haben. Deshalb kann dieses Verhältnis nur als vorläufig und dem Zufall unterworfen gelten. Ob es ebenfalls ein Zufall ist, daß die jüngeren Fibeln alle im Bereich der oberen Donau und des Bodensees gefunden wurden, sei dahingestellt. Weil sich die Fibeln der Stufe LT D1a im ganzen Arbeitsgebiet verstreut finden, fällt diese Tatsache ins Auge (Karte 7). Sie paßt sehr gut dazu, daß aus dem oberen Donautal auch relativ junge Keramikformen und -verzierungen stammen (vgl. Kap. III.5.4.4).

III.1.2 Der Glasschmuck

III.1.2.1 Forschungsstand

Bis vor kurzem bildete die Arbeit von Th. E. Haevernick das wichtigste Nachschlagewerk zum Glasringschmuck der jüngeren Latènezeit[480]. Diese schon 1939 fertiggestellte Dissertation gelangte erst 1960 zum Druck. Neben einer ausführlichen Untersuchung zur Technik der keltischen Glasherstellung wurde von Haevernick eine Gruppeneinteilung der Glasarmringe und Ringperlen nach formalen Kriterien erstellt[481].

Aufgrund der Grabfunde kam sie zu dem Schluß, daß es sich bei den Glasarmringen ausschließlich um Frauenschmuck handeln muß, die Ringperlen aber in Frauen- und Männergräbern vorkommen[482].

Anhand der über 600 bestimmbaren Glasarmring-Fragmente und ca. 300 Fragmenten von Ringperlen aus dem Oppidum von Manching legte R. Gebhard 1989 eine verfeinerte Gliederung vor, die neben formalen Kriterien auch die Farbe des Glases berücksichtigte[483]. Nach einer eindringlichen Analyse der stratigraphischen Gegebenheiten im Oppidum von Manching wurde auch die Verteilung und das Vorkommen in enger datierbaren Befunden für die Chronologie der Glasfunde herangezogen[484]. Diese lokale Chronologie wurde durch überregionale Vergleiche mit Grab- und Siedlungsfunden abgesichert[485]. Auf ein dabei gewonnenes Teilergebnis bei Gebhard sei besonders hingewiesen, da es ein Phänomen betrifft, das in ähnlicher Weise auch für Württemberg feststellbar ist: So sind in Thüringen ganze 5 Prozent der Glasarmringe spätlatènezeitlich, während 95 Prozent noch in der Mittellatènezeit hergestellt worden sind. Dieses Verhältnis erklärt sich dort am ehesten mit relativ frühen germanischen Einflüssen und dem gleichzeitigen Zurückdrängen keltischer Schmuckgewohnheiten[486]. Für unser Arbeitsgebiet wäre ein solcher Einfluß wenig wahrscheinlich, hier ist eher an eine Verlagerung der Absatzgebiete des Glasvertriebs zu denken. Eine eigene Produktion in den wenigen zentralen „Großsiedlungen" zwischen Schwarzwald und Ries ist bislang jedenfalls nicht nachzuweisen (s.u.). Gebhard fixierte den Beginn der keltischen Glasproduktion in einem frühen Abschnitt von LT C (LT C1a) um 260/250 v. Chr. und stellte seine Ringformen der Reihe 1–3, 33 und der Farbgruppe 29 (Form 56) an den Beginn.

---

475 Gebhard, Fibeln 9 (Gruppe 5b); 92 (in Anlehnung an Feugère, Fibules 223 ff.).

476 Ähnliche Fibeln etwa aus Rottweil (Planck, Arae Flaviae I Taf. 67,7) und Augst (Riha, Fibeln von Augst Taf. 3,92.94).

477 H. Reim, Arch. Ausgr. 1979, 50 ff.; Peschel, Kelten und Germanen 185 f.

478 Maute, Altenburg 394 Abb. 1.

479 Peschel, Kelten und Germanen 185.

480 Th. E. Haevernick, Glasarmringe.

481 Ein älterer Gliederungsversuch bereits bei J. Déchelette, Manuel d'Archéologie Préhistorique, Celtique et Gallo-Romaine II-3 (Paris 1914) 1323 ff.

482 Haevernick, Glasarmringe 39 ff.

483 R. Gebhard, Glasschmuck.

484 Ebd. 26 ff.

485 Ebd. 46 ff.

486 Ebd. 69 f.; vgl. auch U. Lappe, Keltische Glasarmringe und Ringperlen aus Thüringen. Alt-Thüringen 16, 1979, 84 ff.; Lappe glaubte für alle „Glasgruppen" einen jüngeren Zeitansatz als in Süddeutschland vertreten zu können. Von wenigen Fundzusammenhängen ausgehend postulierte sie für viele Glasformen eine Datierung nach LT D2 und in die frühe römische Kaiserzeit. Diese späte Datierung darf mittlerweile als überholt gelten.

Für einen jüngeren Abschnitt von LT C1 (LT C1b) charakterisierte er gelbe und weiße Zickzackfadenverzierung auf mehrrippigen kobaltblauen Armringen sowie Ringe aus klarem Glas mit gelber Folie. In der späten Mittellatènezeit ist eine deutliche Tendenz zu immer breiteren Formen („Armbänder") spürbar, bis hin zu den breiten „barocken" Armbändern mit starker plastischer Verzierung (LT C2). Für die Spätlatènezeit sind schließlich einfache glatte Ringe, meist von violett-purpurner Farbgebung, charakteristisch[487].

Wesentliches konnte Gebhard auch zur Herstellungstechnik der Glasarmringe feststellen: Im Gegensatz zu Haevernick, die von einer Herstellung im „Schleuderspieß-Verfahren" ausgegangen war, machte er aufgrund von Werkspuren einen anderen Herstellungsprozeß wahrscheinlich, bei dem der Ring zunächst auf seine endgültige Größe gebracht und dann erst die plastische Verzierung angebracht wurde[488]. Dabei konnte er auf Argumente und Beispiele von M. Korfmann aufbauen, der schon früher aufgrund von Beispielen aus der Ethnologie derartige Überlegungen angestellt hatte[489].

Abgesehen von einigen kleinen Unterschieden, die vielleicht regionaler Natur sein können, kam auch N. Venclová 1990 zu einer ähnlichen Chronologie der Glasfunde in Böhmen. Sie beschäftigte sich u. a. mit der Frage, ob die schmalen dunklen Glasarmringe der Spätlatènezeit als Ersatz für die nur bis LT C2 hergestellten Sapropelit-Armringe gedient haben[490].

III.1.2.2 Glasarmringe

Die Glasarmringfragmente in unserem Arbeitsgebiet wurden in aller Regel nach der Gruppeneinteilung von Haevernick beschrieben. Viele Nachweise sind so in der Literatur zitiert und mußten übernommen werden, weil die Fundstücke mittlerweile verschollen sind. Nur in einigen Fällen war eine Bestimmung nach dem Reihensystem von Gebhard möglich[491]. Auf Abb. 27 sind die bislang im Arbeitsgebiet bekannten Formen zusammengestellt, die Mengenanteile werden durch das Diagramm Abb. 28 verdeutlicht.

Die nur mit drei Fragmenten vertretenen Ringe der Gruppe Haevernick 14 (Kat.-Nr. 583, 598, 714) sind relativ schmal und haben spitze oder rundliche Noppen. Das Glas ist bei all diesen Ringen hellblau, sie dürften zur Reihe 1 nach Gebhard gehören oder zumindest dieser nahestehen. Somit wurden sie im ersten Abschnitt der Glasproduktion im keltischen Kerngebiet hergestellt, den Gebhard mit LT C1a umschrieben und auf ca. 260/250 v. Chr. festgelegt hat[492]. Er vermutete für diese Ringe ein Herstellungszentrum im Schweizer Mittelland[493]. Die Fundpunkte in unserem Arbeitsgebiet liegen im Bereich der Kocher-Jagst-Ebene und der Haller Ebene, sowie auf der Ulmer Alb (Karte 8).

Ein Bruchstück eines ebenfalls hellblauen Glasarmrings mit schräg gekerbter Mittelrippe ist bislang das einzige Stück der Gruppe Haevernick 8a (Kat.-Nr. 714). Auch hier ist wegen der Farbe eine Herstellung in der frühen Mittellatènezeit wahrscheinlich, nach Venclová kommt diese Form während der ganzen Mittellatènezeit bis zum Beginn der Spätlatènezeit vor[494].

Drei Fragmente von blauen Armringen mit schräg gekerbter Mittelrippe und weißer oder gelber Auflagenverzierung gehören zur Gruppe Haevernick 8b und würden damit Gebhards Reihe 12 oder 13 angehören (Kat.-Nr. 374, 400, 574). Für diese Reihen hat Gebhard eine Herstellung in Manching in Frage gestellt und an eine Herkunft aus dem Schweizer Mittelland gedacht. Ihre Produktion fällt in die entwickelte Mittellatènezeit (LT C1b)[495]. Die Fundorte befinden sich weit verstreut am mittleren Albtrauf, im mittleren Neckarland und am nordöstlichen Ende der Hohenloher und Haller Ebene (Karte 8).

Die Ringe der Gruppe 13 nach Haevernick haben zwei bis drei gekerbte Rippen. Acht Fragmente sind einfarbig blau, eines trägt zusätzlich eine weiße Auflagenverzierung. Einige dieser Stücke gehören zu Gebhards Reihe 4 oder 9, die in der entwickelten und späten Mittellatènezeit (LT C1b/C2) hergestellt wurden. Nach Venclová kommt diese Form noch im LT D vor[496]. Die Verbreitung dieser Armringfragmente ergibt ein interessantes Bild: Die meisten Fundpunkte liegen im Neckarbecken und im Bereich der oberen Gäulandschaften (Kat.-Nr. 73 B, 197, 304, 372, 503, 657). Einzelne Funde sind aus dem oberen Donautal (Kat.-Nr. 684), vom mittleren Albtrauf (Kat.-Nr. 400) und von der Ostalb (Kat.-Nr. 275) bekannt (Karte 8).

Mit 19 Fragmenten ist die Gruppe Haevernick 7b im Arbeitsgebiet am zahlreichsten vertreten. Diese fünfrippigen Ringe aus blauem Glas weisen auf den mittle-

---

487 Gebhard, Glasschmuck 128 ff.

488 Ebd. 142 ff.

489 M. Korfmann, Zur Herstellung nahtloser Glasringe. Bonner Jahrb. 166, 1966, 48 ff.

490 N. Venclová, Prehistoric glass in Bohemia (Praha 1990) 131 ff.

491 Gebhard, Glasschmuck 11 ff.

492 Ebd. 12, 128 (mit Hinweisen auf Parallelen im Schweizer Mittelland); Venclová verzeichnet diese Armringe in gut datierten LT C1- und LT C2-Zusammenhängen: Venclová, parure celtique 88 f., bes. Fig. 3.

493 Vgl. im Folgenden auch die Korrespondenz-Tafel von Gebhard zur Gruppeneinteilung nach Haevernick: R. Gebhard, Pour une nouvelle typologie des bracelets celtiques en verre. In: M. Feugère (Hrsg.), Le verre préromain en Europe occidentale (Montagnac 1989) 73 ff., bes. 80–82.

494 Gebhard, Glasschmuck 71; Venclová, parure celtique 88 Fig. 3; vgl. allgemein zu den Datierungen von Venclová die berechtigte Kritik von Gebhard: Gebhard, Glasschmuck 56.

495 Gebhard, Glasschmuck 15; 128, 130 Abb. 50,5.

496 Ebd. 12 f.; 130 Abb. 50,2.8.; 131 Abb. 51,3; Venclová, parure celtique 88 Fig. 3.

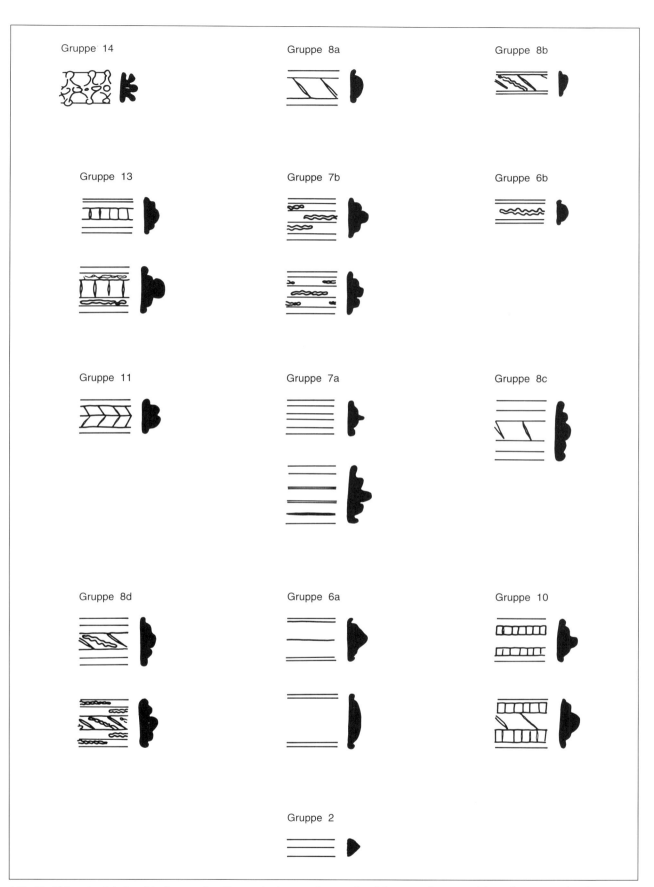

Abb. 27: Bislang im Arbeitsgebiet festgestellte Glasarmringformen, Gruppenbezeichnung nach Haevernick (nach Haevernick, Glasarmringe Beilage 1).

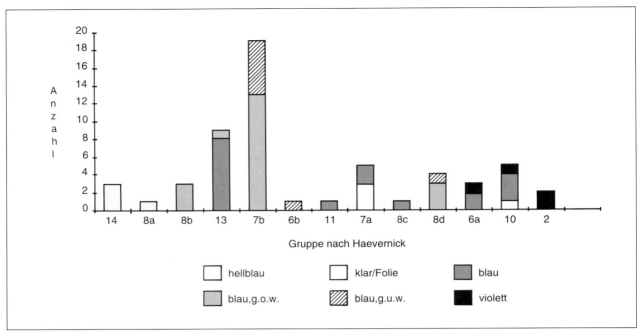

Abb. 28: Mengenanteile der Glasarmringformen im Arbeitsgebiet. Die Anordnung der Formgruppen von links nach rechts entspricht etwa ihrer zeitlichen Abfolge (g.o.w. = gelbe oder weiße Auflagen, g.u.w. = gelbe und weiße Auflagen).

ren drei Rippen eine Zickzackfadenauflage auf, die aus weißem oder gelbem (bei 13 Exemplaren) bzw. abwechselnd aus weißem und gelbem Glas besteht (bei 6 Exemplaren). Die Gruppe entspricht Gebhards Reihe 14 und bildet auch in Manching die größte geschlossene Gruppe. Ihre Produktion fällt hauptsächlich in die späte Mittellatènezeit (LT C2), sie scheinen noch in Spätlatènezusammenhängen vorzukommen[497]. Die Fundpunkte liegen locker gestreut im ganzen Arbeitsgebiet (Karte 9), kleinere Konzentrationen möchte man für die Ringe mit weißer Fadenauflage im Bereich der Kocher-Jagst-Ebenen und im Nordosten der Hohenloher und Haller Ebene erkennen (Kat.-Nr. 536, 545, 578), die Ringe mit gelber Fadenauflage sind mit drei Exemplaren im mittleren Neckarbecken (Kat.-Nr. 288, 295, 300) und mit sechs im Bereich der Schwäbischen Alb und der Baar vertreten (Kat.-Nr. 40, 137, 171, 172, 400, 774). Von den Ringen mit gelber und weißer Fadenauflage wurden bisher je zwei aus dem Bereich der Haller Ebene (Kat.-Nr. 572, 583), der oberen Gäue (Kat.-Nr. 495, 653) und der Schwäbischen Alb (Kat.-Nr. 429, 729) bekannt (Karte 9).

Von der Gruppe Haevernick 6b ist bislang nur ein Fragment aus blauem Glas mit gelben und weißen Auflagen bekannt (Kat.-Nr. 622). Es entspricht der Reihe 11a nach Gebhard, die nach LT C2 datiert wird[498]. N. Venclová hat die Ringe der Gruppe 6b nochmals nach der Art der Auflagenverzierung in eine ältere (LT C1) und jüngere Variante unterteilt. Unser Fragment zählt zu dieser jüngeren Gruppe, die nach Venclová hauptsäch-

lich aus spätlatènezeitlichen Fundzusammenhängen bekannt ist[499].

Ein Fragment aus blauem Glas mit geperlter Mittelrippe gehört zur Gruppe 11 nach Haevernick (Kat.-Nr. 157). Nach der Beschreibung wäre aber auch eine Zugehörigkeit zur Gruppe Haevernick 13, somit zur Reihe 4 nach Gebhard möglich, die in die entwickelte Mittellatènezeit gehört (s. o.)[500].

Fünf Ringfragmente zählen zu Haevernicks Gruppe 7a, den einfarbigen fünfrippigen Glasarmringen. Drei davon sind aus klarem Glas und gehören somit zu Gebhards Reihe 27[501], während zwei Bruchstücke aus blauem Glas bestehen und zu der in Manching seltenen Reihe Gebhard 17 gehören. Gebhard hat für diese Reihe einen Verbreitungsschwerpunkt im Westen festgestellt, die Herstellung der Reihen 27 und 17 dürfte in LT C2 erfolgt sein, nach Venclová sind Ringe der Gruppe Haevernick 7a noch im LT D verbreitet[502]. Die Fundpunkte liegen locker gestreut auf der Schwäbischen Alb (Kat.-Nr. 204 A, 275, 473), im oberen Neckartal (Kat.-

---

497 Gebhard, Glasschmuck 15; 128 ff., bes. 131 Abb. 51,1; Venclová, parure celtique 88 Fig. 3.
498 Gebhard, Glasschmuck 13 ff.; 131 Abb. 51,2.
499 Venclová, parure celtique 85 f., bes. 86 Fig. 1; 88 Fig. 3.
500 Gebhard, Glasschmuck 12.; vgl. 130 Abb. 50,2.6. Venclová datiert die Gruppe 11 in den „Horizont LT C2-D": Venclová, parure celtique 88 Fig. 3.
501 Gebhard, Glasschmuck 18.
502 Ebd. 16; 128 ff., bes. 132 Abb. 52,3; Venclová, parure celtique 88 Fig. 3; 90.

Nr. 487) und auf den Fildern (Kat.-Nr. 199, Karte 8). Ein Fragment der Gruppe Haevernick 8c aus blauem Glas mit fünf Rippen und gekerbter Mittelrippe (Kat.-Nr. 275) entspricht Gebhards Reihe 21 und gehört nach LT C2[503].

Mit vier Beispielen ist die Gruppe Haevernick 8d, die blauen Armringe mit fünf Rippen, gekerbter Mittelrippe und Auflagenverzierung aus weißem und/oder gelbem Glas vertreten. Gebhard hat diese Ringe in Manching zu seiner Reihe 20 zusammengefaßt und als charakteristisch für den westkeltischen Raum bezeichnet. Sie sind in Manching selten und kommen vor allem in Siedlungen in der Schweiz und in Frankreich vor. Sie wurden in der entwickelten und späten Mittellatènezeit produziert[504]. Die Fundpunkte liegen am mittleren Albtrauf (Kat.-Nr. 400), im mittleren Neckarbereich (Kat.-Nr. 778) und im oberen Gäu (Kat.-Nr. 657, Karte 8).

Von drei Armringen der Gruppe Haevernick 6a (dreirippig, mit breiter Mittelrippe) sind zwei blau und einer violett, sie lassen sich keiner Reihe von Gebhard anschließen, stehen aber formal seinen Reihen 25 und 26 nahe. Sie dürften in die späte Mittellatènezeit, das violette Exemplar vielleicht auch schon an den Übergang zur Spätlatènezeit gehören[505]. Venclová datiert einen Teil der Ringe Haevernick 6a nach LT C1, setzt die purpurfarbenen Exemplare wegen der Glasfarbe aber nach LT D[506]. Alle Fundpunkte dieser Gruppe in unserem Arbeitsgebiet liegen auf der mittleren und westlichen Alb (Kat.-Nr. 109, 400, 431, vgl. Karte 8).

Gut abgrenzbar sind die Ringe der Gruppe Haevernick 10 (fünf Rippen, davon 1–3 gekerbt). Von den fünf Exemplaren sind drei aus blauem und einer aus dunkelblau-violettem Glas. Sie gehören zu Gebhards Reihe 21 oder 22[507]; ein Fragment ist aus klarem Glas mit gelber Folie, womit es der Reihe Gebhard 30 oder 31 entspricht. Diese Ringformen dürften am Ende der Mittellatènezeit hergestellt und noch in der Spätlatènezeit getragen worden sein[508]. Alle Ringe dieser Art wurden bislang im mittleren Neckarbereich und auf den Fildern (Kat.-Nr. 199, 780), auf der Ostalb (Kat.-Nr. 15) und im Bereich der Kocher-Jagst-Ebenen (Kat.-Nr. 349) gefunden (Karte 8). Der Südwesten des Arbeitsgebietes mit der mittleren und westlichen Alb und den Gäulandschaften ist bislang frei von Funden. Allerdings sollte dies wegen der geringen Gesamtzahl und der meist auf Zufälligkeiten basierenden Fundüberlieferung vorerst nicht überbewertet werden.

Lediglich zwei Fragmente der Gruppe Haevernick 2 aus purpurfarbenem Glas sind bekannt, sie zählen zu Gebhards Reihe 36 oder 37. Diese einfachen D-förmigen Ringe wurden erst in der Spätlatènezeit hergestellt[509]. Die Fragmente stammen aus dem Oppidum Heidengraben (Kat.-Nr. 431) oder seiner unmittelbaren Umgebung (Kat.-Nr. 400, Karte 8).

III.1.2.3 Glasringperlen und Buckelperlen

Die Glasringperlen werden hier nach der Einteilung von Haevernick[510] benannt, obwohl Gebhard am Beispiel des Manchinger Bestandes ein neues Gliederungssystem aufgestellt hat, das sich an der Einteilung der Glasarmringe orientiert. Er hat dabei aber auch betont, daß man mit der Einteilung nach Haevernick beim derzeitigen Forschungsstand durchaus noch arbeiten kann[511]. Da die wenigsten der in unserem Katalog aufgeführten Glasringperlen einer Autopsie unterzogen werden konnten, mußten die Bestimmungen aus der Literatur übernommen werden. Schon aus diesem Grund müssen wir in diesem Rahmen mit der Gruppenansprache nach Haevernick arbeiten. Glasringperlen oder Fragmente von solchen sind bei weitem seltener als Glasarmringe. Von den Gruppen Haevernick 19–25 sind einzig die Gruppen 20 (klares Glas mit gelber Folie; Kat.-Nr. 65, 447, 795) und 23 (blaue Ringperlen mit Schraubenfäden; Kat.-Nr. 194, 400, 584) mit je drei Exemplaren vertreten, alle anderen Formen sind bislang nur mit 1–2 Stücken belegt (Haevernick 19: Kat.-Nr. 291, 714; Haevernick 21: Kat.-Nr. 431, 447; Haevernick 22: Kat.-Nr. 795; Haevernick 24: Kat.-Nr. 291; Haevernick 25: Kat.-Nr. 657).

Gebhard hat die Schwierigkeiten betont, einfarbige Glasperlen näher innerhalb von LT C und D zu datieren[512]. Gut datierbar ist lediglich die Gruppe 19, die in einigen Grabfunden der Stufe LT C2 belegt ist[513]. Die Perlen der Gruppe 20 lassen sich lediglich in den Produktionszeitraum des klaren Glases mit gelber Folie vom ausgehenden LT C1 bis an den Beginn von LT D datieren[514].

Für die verzierten Ringperlen der Gruppen Haevernick 22–25 hat Gebhard einen Herstellungsbeginn am Übergang zur Spätlatènezeit vorgeschlagen. Sie bilden eine Leitform der Stufe LT D und verdrängen anscheinend allmählich die Glasarmringe[515]. Vor allem die Ringperlen mit Schraubenfäden (Haevernick 23) scheinen innerhalb der Spätlatènezeit länger als Schmuck getragen

503 Gebhard, Glasschmuck 17; 128 ff.
504 Ebd. 16; 128.
505 Ebd. 17 f.; 72; 128 ff., bes. 132 Abb. 52,2.
506 Venclová, parure celtique 88 Fig. 3; 89 ff.
507 Gebhard, Glasschmuck 18.
508 Ebd. 18; 71 f.; 128 ff., bes. 131 Abb. 51,3; Venclová, parure celtique 88 Fig. 3; 90 f.
509 Gebhard, Glasschmuck 19 f.; 72 f.; 128 ff., bes. 133 Abb. 53,7; Venclová, parure celtique 88 Fig. 3; 91.
510 Haevernick, Glasarmringe 67 ff.
511 Gebhard, Glasschmuck 168.
512 Ebd. 174.
513 Ebd. 175 (mit Beispielen); vgl. Haevernick, Glasarmringe 223 ff.
514 Gebhard, Glasschmuck 71 f.
515 Ebd. 178.

worden zu sein. Sie sind in Grabfunden oft mit Nauheimer Fibeln vergesellschaftet, als Beispiel für einen späten Nachweis nennt Gebhard ein Brandgrab aus der Lombardei, das später als 10 v. Chr. in den Boden gekommen sein muß[516].

Für Manching hat Gebhard auf die auffällige Verbreitung der Ringperlen hingewiesen, einige konzentrieren sich anscheinend in den jüngsten Siedlungsbereichen des Oppidums[517]. Betrachten wir die Verbreitung der Glasringperlen in unserem Arbeitsgebiet, fällt gegenüber den Armringen sofort die Konzentration am Trauf und im Vorland der mittleren Alb bzw. auf den Fildern und im oberen Gäu auf (Karte 10). Die Funde aus Welzheim (Kat.-Nr. 795) stammen vermutlich aus römischen Zusammenhängen und dürften in diesem Kontext bereits Altfunde darstellen. Der Welzheimer Wald und die gesamten schwäbisch-fränkischen Waldberge sind sonst fast völlig frei von jüngerlatènezeitlichen Funden.

Die Buckelperlen mit drei bis vier deutlichen Buckeln, auf denen sich Spiraleinlagen aus weißem oder gelbem Glas befinden, zeigen enge Beziehungen zu den Augenperlen. Gebhard verwendet diesen Namen auch für die Buckelperlen[518]. In unserem Arbeitsgebiet sind bislang fünf Exemplare von vier Fundorten bekannt (Karte 10), sie liegen auf der Ulmer Alb (Kat.-Nr. 714), im mittleren Neckarraum (Kat.-Nr. 789) und im Bereich der Hohenloher und Haller Ebene (Kat.-Nr. 583, 588). Bereits im Bestand aus Manching finden sich gute Parallelen[519], die aber keine genauere Datierung innerhalb der Mittel- und Spätlatènezeit erlauben. M. A. Zepezauer hat diese Perlen 1989 im mitteleuropäischen Rahmen untersucht und in vier Gruppen sowie mehrere Untergruppen unterteilt[520]. Aus Dornstadt-Tomerdingen stammt eine Perle ihrer Gruppe I0.1 mit rundem Ringkörper, alle anderen gehören zu ihrer Gruppe III0.2 mit deutlich herausragenden Buckeln[521]. Bei der Verbreitung dieser Perlen konnte Zepezauer zwei deutliche Schwerpunkte in Rheinhessen und im Schweizer Mittelland feststellen, somit scheinen sie eine charakteristische Schmuckform des westkeltischen Gebietes zu sein. Darauf weist auch die Verbreitung dieser und ähnlicher Perlen im inselkeltischen Bereich hin[522]. Sie scheinen am Übergang von LT B2 nach LT C1 aufgekommen zu sein, der größte Teil dürfte nach LT C2 gehören und noch im älteren Abschnitt von LT D (LT D1) in Gebrauch gewesen zu sein, wie entsprechende Grabinventare belegen[523].

III.1.2.4 Zusammenfassende Bewertung der Glasfunde

Die zwischen Schwarzwald und Nördlinger Ries gefundenen Glasarmringe, Ringfragmente, Ringperlen und Buckelperlen decken zeitlich die gesamte Mittel-

latènezeit und den älteren Abschnitt der Spätlatènezeit ab. Verzierte Ringperlen wurden möglicherweise noch bis zum Ende der Spätlatènezeit getragen (s. o.). Im Arbeitsgebiet wurde bislang keine Siedlung flächig durch Grabungen untersucht. Die hier behandelten Glasfunde stammen teilweise aus kleineren Grabungen, zum größten Teil handelt es sich aber um Lesefunde und Stücke aus sekundärem Fundkontext (z. B. aus frühmittelalterlichen Gräbern)[524]. Dies macht deutlich, wie stark die Glasfunde hinsichtlich der Fundüberlieferung und der Mengenverhältnisse einzelner Formen dem Zufall unterliegen. Eine verläßliche Bewertung dieser Funde ist demnach sehr schwierig. Gebhard hat zu Recht darauf hingewiesen, daß durch die Beurteilung von zu kleinen Fundkomplexen die Gefahr von Fehlschlüssen besteht: Bei der ersten Publikation von Glasringen aus Manching durch W. Krämer waren von 32 Fragmenten nur drei in die Spätlatènezeit zu datieren, während nach heutigen Erkenntnissen die während LT D produzierten Glasarmringe in Manching ungefähr ein Drittel des gesamten Bestandes ausmachen[525]. Daher sollte man z. B. auch die geringe Zahl von späten Armringen (Gruppe Haevernick 2) in unserem Arbeitsgebiet nur als vorläufigen Stand sehen, hier könnte eine Grabung im Bereich einer Siedlung das Mengenverhältnis glatt umkehren[526]. Der lokalen Verbreitung der bislang gefundenen Armringfragmente und Glasringperlen kann man noch am ehesten einen Aussagewert zugestehen. Doch auch hier können neue Funde das Bild wesentlich verändern: Vorerst scheint sich bei den Glasringformen Haevernick 13 und Haevernick 10, die während der späten Mittellatènezeit produziert und zumindest zeitweise gleichzeitig getragen

---

516 Ebd. 179; vgl. auch den Hinweis von S. Rieckhoff-Pauli auf den hohen Anteil dieser Form in den böhmischen Oppida. Gebhard betont aber zu Recht, daß dies allein für eine Spätdatierung nicht zwingend ist: Fischer/Rieckhoff-Pauli/Spindler, Berching-Pollanten 353 f.

517 Gebhard, Glasschmuck 179 mit Anm. 821.

518 Ebd. 174.

519 Ebd. Taf. 59–60.

520 M. A. Zepezauer, Perles à décor oculé spiralé de La Tène moyenne et finale. In: M. Feugère (Hrsg.), Le verre préromain en Europe occidentale (Montagnac 1989) 107 ff.

521 Ebd. 110 ff., Fig. 1,1.9.

522 Ebd. 116 Fig. 3; zu den inselkeltischen Funden vgl. M. Guido, The glass beads of the prehistoric and Roman periods in Britain and Ireland. Reports Research Commitee Soc. Antiq. London 35 (London 1978).

523 Zepezauer (Anm. 520) 117 f.

524 Für die Glasfunde aus sekundären Fundlagen darf man in aller Regel eine Herkunft aus der näheren Umgebung annehmen.

525 Gebhard, Glasschmuck 65 mit Anm. 265.

526 Die Grabung in der Siedlung von Berching-Pollanten in der Oberpfalz hat beispielsweise auf ca. 1800 m² untersuchter Fläche an die 100 Glasarmringfragmente erbracht: Fischer/ Rieckhoff-Pauli/Spindler, Berching-Pollanten 311 ff., bes. 348 ff.

wurden (s. o.), eine einigermaßen abgrenzbare Verbreitung zu zeigen (vgl. oben und Karte 8). Gruppe 13 scheint im gesamten Neckargebiet und dem oberen Gäu bevorzugt getragen worden zu sein, während die Ringe der Gruppe 10 auf der Ostalb und im mittleren Albvorland verbreitet sind. Ob es sich dabei um Schmuckgewohnheiten handelt, die mit „modischem Empfinden" oder mit unterschiedlichen Herstellungsorten der Ringe zu erklären sind, könnte man am ehesten mit naturwissenschaftlichen Analysen nach dem Manchinger Vorbild ermitteln[527]. Bei dem Verbreitungsbild der Gruppe Haevernick 13 drängt sich der Gedanke auf, daß diese Ringe aus dem Schweizer Mittelland über das Klettgautal und die Baar in die oberen Gäulandschaften und das Neckargebiet gelangt sein könnten (vgl. dazu Kap. IV). Der Besprechung der Keramikformen soll hier nicht vorgegriffen werden, dennoch scheint der Hinweis interessant, daß im Hauptverbreitungsgebiet der mit Kammstrich-Grübchen verzierten „Kochtöpfe" (westliche Alb und oberes Donautal, vgl. Karte 21) bislang auffällig wenig Glasfunde bekannt sind. Möglicherweise ist dies auf die späte Zeitstellung der Fundkomplexe mit dieser Keramik zurückzuführen, die in der Mehrzahl jünger als die späteste Glasproduktion in Manching sein dürfte. Es sei aber auch an die oben dargelegten Einwände hinsichtlich der Fundüberlieferung erinnert.

Eine Herstellung von Glasschmuck im Arbeitsbereich ist bislang nicht nachgewiesen. Denkt man an die auffällige Konzentration von Ringfragmenten und Glasringperlen in der Nachbarschaft und im direkten Vorland (Filderebenen) des Oppidums Heidengraben, könnte man eine solche bestenfalls dort vermuten. Wie Gebhard am Manchinger Glas gezeigt hat, erforderte die Weiterverarbeitung des importierten Rohglases hochspezialisierte Handwerker, die wohl in wenigen lokalen Werkstätten arbeiteten[528]. Daher sollte man nicht in jedem größeren Oppidum diesen Handwerkszweig erwarten, entsprechende Fundkonzentrationen sind auch mit der Verteilerfunktion der Großsiedlungen im Handelsnetz zu erklären.

III.1.3 Sonstiger Schmuck und Kleidungszubehör

III.1.3.1 Radamulett

Angeblich zusammen mit einem Regenbogenschüsselchen wurde am oder auf dem Ipf bei Bopfingen ein bronzenes Radamulett gefunden (Kat.-Nr. 11)[529]. Die Fundumstände sind allerdings nicht gesichert. Radamulette gehören als kultische Symbole zu den weitverbreiteten Funden der jüngeren Latènezeit und werden mit einem keltischen Radgott (Taranis?) in Verbindung gebracht; sie sind auch in römischen Zusammenhängen noch nachweisbar[530]. Im Gräberfeld und der Siedlung von Basel-Gasfabrik kommen Radamulette mehrfach vor[531]. Ihr zeitlicher Schwerpunkt scheint in der Spätlatènezeit zu liegen, doch sei hier auch auf ein Radamulett im mittellatènezeitlichen Prunkgrab von Dühren hingewiesen[532].

In Gräbern kommen Radanhänger ausschließlich bei Frauenbestattungen vor, sie dürften folglich zum geschlechtsspezifischen Schmuck gehört haben[533].

III.1.3.2 Knotenringe

Ein eiserner Knotenring wurde in Köngen gefunden (Kat.-Nr. 177), bronzene Exemplare stammen von Heilbronn-Klingenberg (Kat.-Nr. 299) und Bönnigheim (Kat.-Nr. 362). Ein goldenes Knotenringchen wurde angeblich zusammen mit einem Regenbogenschüsselchen bei Gerabronn-Bügenstegen gefunden (Kat.-Nr. 546). Perl- oder Knotenringe sind charakteristische Amulette der Spätlatènezeit und kommen noch in der römischen Kaiserzeit vor[534]. D. van Endert hat auf die Vergesellschaftung eines Knotenringchens aus Manching mit einer silbernen Fibel vom Typ Lauterach und einer Schüsselfibel hingewiesen[535].

Ein Bronzearmring aus Giengen (Kat.-Nr. 245, Taf. 32,22) weist lediglich drei Verdickungen auf. Diese Form findet sich bereits in einem Grab von Darmsheim, Kr. Böblingen, das nach LT C1 gehört[536].

III.1.3.3 Bronzedrahtarmringe

Bronzedrahtarmringe mit gekerbten Enden stammen aus dem Hortfund von Kappel (Kat.-Nr. 87) und aus der Höhle von Dörzbach (Kat.-Nr. 344). Einfache glatte Bronzedrahtarmringe oder Reste davon sind von Giengen a. d. Brenz (Kat.-Nr. 245), Dörzbach (Kat.-Nr. 344)

527 Gebhard, Glasschmuck.
528 Ebd. 181 f.
529 Jetzt abgebildet bei R. Krause/G. Wieland, Vorgeschichtliche Befestigungsanlagen auf dem Ipf – Zeugnisse eines bronze- und eisenzeitlichen Zentrums. In: R. Krause, Vom Ipf zum Goldberg. Führer arch. Denkm. Baden-Württemberg 16 (Stuttgart 1992) 62 Abb. 35,3.
530 R. Wyss, Das Rad in Kult und Brauchtum der Ur- und Frühgeschichte. In: B. A. Schüle/D. Studer/Ch. Oechslin, Das Rad in der Schweiz vom 3. Jt. vor Christus bis um 1850. Kat. Sonderausstellung Schweiz. Landesmus. Zürich 1989 (Zürich 1989) 91 ff., bes. 97 f.; R. Degen, Das Rad in Kult und Brauchtum der antiken und frühmittelalterlichen Welt. Ebd. 101 ff.; M. J. Green, The Wheel as a Cult-Symbol in the Romano-Celtic World. Coll. Latomus 183 (Bruxelles 1984).
531 Furger-Gunti/Berger, Basel-Gasfabrik Taf. 9.
532 AuhV V, Taf. 15, 276.
533 D. van Endert, Die Bronzefunde aus dem Oppidum von Manching. Die Ausgrabungen in Manching 13 (Stuttgart 1991) 15 ff.
534 Schlott/Spennemann/Weber (Anm. 330) 472 (mit Beispielen).
535 van Endert, Bronzefunde 21 f.
536 Fischer, Alte und neue Funde der Latène-Periode 66 Abb. 3,9.

und aus der Viereckschanze von Fellbach-Schmiden (Kat.-Nr. 780)[537] bekannt.

Vergleichbare Drahtarmringe finden sich in Manching[538], in den Siedlungen von Basel-Gasfabrik und Berching-Pollanten[539] sowie in Spätlatènegräbern der Wetterau und des Rhein-Mosel-Gebiets[540].

Sie tauchen erstmals in Gräbern der Stufe LT C1 auf und sind auch in spätlatènezeitlichen Grabfunden belegt. Einfache Drahtarmringe wurden anscheinend sowohl von Frauen als auch von Männern getragen[541].

III.1.3.4 Bronzene Hohlblecharmringe

Im Zusammenhang mit den übrigen Kleinfunden aus der Viereckschanze von Fellbach-Schmiden (Kat.-Nr. 780) wurde auch das Fragment eines Hohlblecharmrings schon beschrieben[542]. Ein Fragment aus der Höhle von St. Wendel zum Stein bei Dörzbach (Kat.-Nr. 344) gehört möglicherweise ebenfalls zu einem solchen Ring, könnte aber auch älter sein. Hohlblecharmringe sind aus zahlreichen Frauengräbern der Spätlatènezeit bekannt. Nach H. Polenz kommen sie bereits in der ausgehenden Mittellatènezeit vor, haben ihren zeitlichen Schwerpunkt aber im älteren Abschnitt der Spätlatènezeit[543]. Auch aus Siedlungen sind Fragmente solcher Ringe in einiger Zahl bekannt[544]. Im jüngeren Abschnitt von LT D kommen kaum noch Hohlblechringe vor[545]. Anscheinend handelt es sich bei diesen Ringen um ein Wiederaufleben einer frühlatènezeitlichen Schmuckform, das in der ausgehenden Mittellatènezeit in Süddeutschland, der Schweiz und dem Rhein-Main-Gebiet faßbar ist. Im linksrheinischen Gebiet scheinen die Ringe erst in der Spätlatènezeit üblich zu werden[546].

III.1.3.5 Fingerringe

Ein Spiralfingerring aus Bronzedraht mit übereinandergreifenden profilierten Enden war angeblich eine Beigabe des verschollenen Grabfunds in der Salinenstraße von Neckarsulm (Kat.-Nr. 314). Ein ähnlicher Ring fand sich in Ingelfingen (Kat.-Nr. 349, Taf. 44,4). Spiralfingerringe dieser Art kommen schon in der Mittellatènezeit (ab LT C1) vor, wie zahlreiche Beispiele aus der Schweiz zeigen[547]. Auch der Goldfingerring aus dem reichen Grabfund von Dühren (LT C2) gehört in diesen Zusammenhang[548]. In der Spätlatènezeit sind solche Fingerringe ebenfalls verbreitet; in Süddeutschland und der Nordschweiz sind sie eine geschlechtsspezifische Beigabe der Frauengräber[549].

III.1.3.6 Bernstein

Zwei Bernsteinringe aus dem Grab von Neckarsulm (Kat.-Nr. 314), sowie eine profilierter Ring aus der Höhle von St. Wendel zum Stein (Kat.-Nr. 344, Taf. 40,16) gehören in den Bereich keltischer Amulette der jüngeren Latènezeit[550], sie sind aus Gräbern der Mittellatènezeit bekannt[551]. Auch eine Bernsteinperle als Nadelkopf aus der Höhle von St. Wendel (Taf. 40,18) findet eine Entsprechung im Grabfund von Dühren[552].

III.1.3.7 Bronzeblechperle

Eine hohle Bronzeblechperle mit abgesetztem Mittelloch aus dem Grab von Neckarsulm (Kat.-Nr. 314) findet keine direkten Entsprechungen. Polenz hat auf ähnlich geformte Glasperlen und zweischalige Bronzeperlen aus jüngerlatènezeitlichen Gräbern hingewiesen[553]; in Siedlungen finden sich ebenfalls Reste von Bronzeblechperlen[554].

III.1.3.8 Sapropelitarmring

Ein Sapropelitarmring aus der Viereckschanze von Ehningen (Kat.-Nr. 65) wurde bereits bei der Bearbeitung

537 Wieland, Fellbach-Schmiden und Ehningen Taf. 1,5–6.
538 van Endert, Bronzefunde 9 ff.
539 Furger-Gunti/Berger, Basel-Gasfabrik 70/71 Taf. 10,190–191; Fischer/Rieckhoff-Pauli/Spindler, Berching-Pollanten 354 f., Abb. 33.
540 Schönberger, Wetterau Taf. 6,79.81; 12,34; 16,5–6; Miron, Horath 68.
541 van Endert, Bronzefunde 10 (mit zahlreichen Beispielen).
542 Wieland, Fellbach-Schmiden und Ehningen 24 ff.
543 Polenz, Dietzenbach 43; 81 ff.; vgl. auch N. Bantelmann, Fibeln vom Mittellatèneschema im Rhein-Main-Moselgebiet. Germania 50, 1972, 104 ff.; Tab. 1; Miron, Horath 68 u. Beil. 19; Auch im Gräberfeld von Wederath sind Hohlblechringe mehrfach nachgewiesen (Grab 112, 207, 236, 255, 268, 276, 294, 302, 398, 463, 1207, 1216), vgl. Haffner, Wederath I–III passim.
544 Furger-Gunti/Berger, Basel-Gasfabrik Taf. 10,199–207; 154, 2400–2401; Fischer/Rieckhoff-Pauli/Spindler, Berching-Pollanten 354 ff., Abb. 33,5; van Endert, Bronzefunde 5 ff., Taf. 2,13–25.
545 Ein Ring z. B. noch in Grab 10 von Hoppstädten: A. Haffner, Das Treverer-Gräberfeld mit Wagenbestattungen von Hoppstädten-Weiersbach, Kr. Birkenfeld. Trierer Zeitschr. 32, 1969, 84 ff.
546 van Endert, Bronzefunde 5 ff.
547 J. Bill, Die latènezeitlichen Gräber von Horgen. Zeitschr. Schweiz. Arch. u. Kunstgesch. 38, 1981, 173 ff., bes. 174 mit Anm. 16.
548 AuhV V, Taf. 15, 255; Polenz, Münzen in latènezeitlichen Gräbern 113.
549 van Endert, Bronzefunde 14 f.
550 Vgl. L. Pauli, Keltischer Volksglaube. Münchner Beitr. Vor- u. Frühgesch. 28 (München 1975).
551 Grab 1 von Frauenfeld-Langdorf, Kt. Thurgau: D. Viollier, Die gallischen Gräber in Langdorf bei Frauenfeld (Thurgau). Anz. Schweizer. Altkde. N.F. 12, 1910, 1 ff.; vgl. auch A. Tanner, Die Latènegräber der nordalpinen Schweiz. Heft 4/2, Kt. Schaffhausen und Thurgau. Schr. Sem. Urgesch. Univ. Bern 4 (Bern 1979) 32 f. (Grab 4). Dühren: AuhV V, Taf. III,22–25; Montefortino: Mon. antichi 9, 1899, Taf. 7,15.17; Vevey: Anz. Schweizer. Altkde. 1902/1903, 263.
552 AuhV V, Taf. III,22; Polenz, Münzen in latènezeitlichen Gräbern 114.
553 Ebd. 112.
554 Furger-Gunti, Basel-Gasfabrik Taf. 11,222.227; vgl. auch ein Fragment, das bei van Endert als Phalera beschrieben ist: van Endert, Bronzefunde 70 ff., Taf. 21,374.

der Kleinfunde aus dieser Schanze vorgelegt[555]. Sapropelitringe sind aus spätkeltischen Siedlungen gut bekannt (z. B. Heroldingen, vgl. Taf. 118,6–8), O. Rochna hat sich intensiver mit diesen Stücken beschäftigt[556], deren zeitlicher Schwerpunkt in der Mittellatènezeit zu liegen scheint. Sie sind aber auch in der Spätlatènezeit gelegentlich noch nachgewiesen[557].

III.1.3.9 Riemenzunge

Mit einer Bronzeriemenzunge vom Heidengraben (Kat.-Nr. 431, Taf. 61,3) hat sich R. Nierhaus eindringlich beschäftigt, da sie zu einer im spätkeltischen Bereich weit verbreiteten Form gehört[558]. Die bislang bekannten Beispiele stammen allerdings alle aus dem rechtsrheinischen Gebiet. Diese Riemenzungen scheinen erst in der Spätlatènezeit aufzukommen, jedenfalls fehlen sie in Mittellatènegräbern. Aus Manching, Altenburg-Rheinau, Stradonitz und Staré Hradisko sind vergleichbare Stücke bekannt[559].

III.1.3.10 Gürtelhaken

Ob ein eiserner Gürtelhaken mit Knopf und eine evtl. zugehörige Schlaufe aus Eisen aus der Höhle bei St. Wendel zum Stein (Kat.-Nr. 344, Taf. 40,3–4) in die jüngere Latènezeit gehören, ist fraglich. Aus La Tène sind ähnliche Stücke bekannt, doch weisen diese alle eine Lasche oder Öse zur Befestigung des Riemens auf[560]. Möglicherweise handelt es sich um ein Trachtbestandteil jüngeren Alters.

Ein stabförmiger Eisenhaken, der möglicherweise aus einem Brandgrab mit Steinsetzung bei Oedheim-Degmarn (Kat.-Nr. 320, Taf. 37 E) stammt, könnte als Gürtelhaken zu deuten sein. Aus dem ostgermanischen Raum sind ähnliche Gürtelhaken bekannt[561]. In Mähren finden sich solche Stücke auch in spätkeltischen Siedlungen der Stufe LT D[562].

III.1.3.11 Fibel- oder Gürtelkette

Reste einer feingliedrigen Bronzekette aus der Höhle bei St. Wendel zum Stein (Kat.-Nr. 344, Taf. 40,9) könnten ursprünglich als Verbindungskette zu dem Fibelpaar oder aber zu einer Gürtelkette gehört haben. Beispiele sind aus mittellatènezeitlichen Frauengräbern bekannt[563]. Auch unter den Kleinfunden aus dem Oppidum von Manching und von Basel-Gasfabrik finden sich gute Entsprechungen[564].

III.1.3.12 Schnallen (?)

Rätselhaft scheint ein D-förmiger Gegenstand aus dem Grab von Neckarsulm (Kat.-Nr. 314), der als Eisenschnalle beschrieben wurde[565]. Vielleicht handelt es sich um einen Gegenstand wie aus der Höhle von St. Wendel zum Stein (Taf. 40,5), der aber weder hinsichtlich seiner Funktion noch seiner Zeitstellung zu er-

klären ist. Regelrechte Gürtelschnallen mit Dorn sind für die Latènezeit nicht belegt. Polenz hat auf ähnliche Gegenstände aus Grab 31 von Manching-Steinbichel (LT C1), Flonheim (LT D) und Bern-Engehalbinsel (LT C2) hingewiesen[566].

III.2 Bemerkungen zu den keltischen Münzfunden

III.2.1 Forschungsstand

Es kann im Rahmen dieser Arbeit keine umfassende Studie zu den keltischen Münzen Württembergs geboten werden, schon deshalb nicht, weil sich die keltische Numismatik immer mehr zu einem eigenständigen Fachgebiet entwickelt und die keltischen Münzfunde Baden-Württembergs eine eigene monographische Bearbeitung verdienen. Unstimmigkeiten zwischen Archäologen und Numismatikern bezüglich der zeitlichen Einordnung bestimmter Münztypen haben sich weitgehend gelegt. Die Numismatiker haben auch vor dem Hintergrund dieser „Umbruchstimmung" eine Gesamtschau zum keltischen Münzwesen in Baden-Württemberg frühestens für das Ende dieses Jahrhunderts angekündigt[567].

Über die Bedeutung der keltischen Münzfunde für eine siedlungsgeschichtliche Auswertung mag man unterschiedlicher Meinung sein, da ihr Verbreitungsbild

---

555 Wieland, Fellbach-Schmiden und Ehningen 34 f. (dort wurde auch die Möglichkeit eines hallstattzeitlichen Altstücks diskutiert). Ein Stück dieses Ringes wurde jetzt Frau Dr. N. Venclová, Prag, für naturwissenschaftliche Untersuchungen im Rahmen einer größer angelegten Studie zur Zeitstellung und Herkunft der Sapropelitringe zur Verfügung gestellt.

556 O. Rochna, Zur Herkunft der Manchinger Sapropelit-Ringe. Germania 39, 1961, 329 ff.

557 z.B. in einem Grab mit Nauheimer Fibeln: H. Müller-Beck/E. Ettlinger, Ein helvetisches Brandgrab von der Engehalbinsel in Bern. Jahrb. SGU 50, 1963, 46 Taf. 1.

558 R. Nierhaus, Eine spätlatènezeitliche Riemenzunge der Stradonitz-Kultur von Grabenstetten. Fundber. Schwaben N.F. 14, 1957, 100 ff.

559 van Endert, Bronzefunde 30 ff., bes. 32 f.

560 P. Vouga, La Tène (Leipzig 1923) Taf. 8,37.

561 Z.B.: W. Heiligendorff/F. Paulus, Das Latènezeitliche Gräberfeld von Berlin-Blankenfelde. Berliner Beitr. Vor- u. Frühgesch. 6 (Berlin 1965) 66 ff., z. B. Taf. 10,53b (dort mit einer Fibel vom Mittellatèneschema vergesellschaftet).

562 M. Čižmár, Die Erforschung der spätlatènezeitlichen Siedlung in Boritov, Bez. Blansko (Mähren, ČSFR). Arch. Korrbl. 20, 1990, 311 ff., bes. 314 Abb. 2,12–13.

563 Vgl. Grab 2 von Horgen: J. Bill, Die latènezeitlichen Gräber von Horgen. Zeitschr. Schweiz. Arch. u. Kunstgesch. 38, 1981, 176.

564 van Endert, Bronzefunde 35, Taf. 8,222–226; Furger-Gunti/Berger, Basel-Gasfabrik Taf. 11,250–252.255.

565 Polenz, Münzen in latènezeitlichen Gräbern 112.

566 Ebd. 112.

567 Mannsperger, Keltische Münzen 230 Anm. 3.

auch durch spätere Faktoren beeinflußt sein kann. Sicher galten sie spätestens in tiberischer Zeit nicht mehr als offizielles Zahlungsmittel[568]. Darüber sollte man aber nicht den Metallwert vergessen. Vor allem die goldenen Regenbogenschüsselchen dürften zu jeder Zeit einen beträchtlichen Wert dargestellt haben. Einzelne Münzfunde dürfen sicher nicht als Siedlungsnachweise gelten, häufen sich die Funde aber in einem eng begrenzten Gebiet, gewinnen sie an Bedeutung.

Es scheint angebracht, auf die wichtigsten Arbeiten zu den keltischen Münzfunden Südwestdeutschlands einzugehen:

Bereits 1757 erwähnt der Historiker Ch. F. Sattler eine von ihm bei Stuttgart-Zazenhausen (Kat.-Nr. 524) gefundene Silbermünze, die er den keltischen Sequanern zuwies[569]. Es handelte sich um einen Silberquinar der „Büschel"-Serie, wie er mittlerweile von einigen Fundorten bekannt geworden ist (s.u.). 1853 rückten mit dem Schatzfund von Schönaich (Kat.-Nr. 79) die keltischen Münzen stärker in das Interesse der Forschung. Der Fund gab einem Typ der silbernen Kreuzmünzen seinen Namen.

Einer der bedeutendsten Schritte in der Erforschung des keltischen Münzwesens war die zweibändige Arbeit von F. Streber über die süddeutschen Regenbogenschüsselchen[570]. Er hat diesen Prägungen, für die vorher die verschiedensten Deutungsversuche publiziert worden waren[571], den in der antiken Literatur überlieferten keltischen Stämmen der Vindeliker, Helvetier, Boier und Tectosagen zugewiesen. Seine Typeneinteilung ist noch immer in Gebrauch und der von ihm damals erwogene Zeitansatz für ihre Entstehung vor dem Kimbernzug von 113 v. Chr. hat sich im Grunde als richtig erwiesen: Freilich lag sein damaliger Vorschlag von ca. 400 v. Chr. viel zu hoch. Eine der ersten umfassenden Studien zu den keltischen Münzen Württembergs ist die 1898 erschienene Zusammenstellung von G. Sixt und W. Nestle. Sixt stellte auf der Grundlage des Katalogs von Nestle die häufigsten Münztypen zusammen. Er wies auch auf die wichtige Rolle der Regenbogenschüsselchen im Volksaberglauben hin und erwähnte Stücke, die sich im Familienbesitz oft über Jahrhunderte vererbt hatten[572]. Auf diese Zusammenstellung und Typisierung konnte 1904 F. Hertlein aufbauen[573]. Er äußerte bereits Zweifel an der von Nestle vorgenommenen Zuweisung der Münzen an einzelne Stämme, da er einen wesentlichen Grundzug der älteren keltischen Münzprägung in der Nachahmung sah[574]. Hertlein zog umfassende Vergleiche mit den benachbarten Regionen und betrachtete die Münzen nicht im regionalen, sondern im mitteleuropäischen Rahmen. Neben einer genaueren Typisierung beschäftigte er sich mit der Chronologie der Münzen und stellte Überlegungen zur Lokalisierung der Prägestätten an[575]. Er-

wähnenswert ist die Tatsache, daß Hertlein die (oft zweifelhaften) Funde keltischer Münzen in Grabhügeln besonders hervorhob: Er wertete sie gar als Hinweis auf ein jüngeres Alter der Hügel, dagegen zog er die Möglichkeit von Nachbestattungen nicht in Betracht[576].

Im Rahmen seiner Dissertation über „Die Kelten in Württemberg" führte K. Bittel 1930 die Münzfunde im Katalog auf, allerdings ohne wesentlich darauf einzugehen[577].

Durch K. Christ wurden die keltischen Fundmünzen in Baden-Württemberg im Rahmen des Projekts „Fundmünzen der Römerzeit in Deutschland" (FMRD) um 1960 neu aufgenommen und katalogisiert[578]. Eine detaillierte Auswertung der antiken Münzfunde Südwestdeutschlands, bei der auch die keltischen Münzen berücksichtigt wurden, konnte Christ bereits 1960 vorlegen[579]. Am charakteristischen Verbreitungsbild der Münzen hat sich seit den Kartierungen Christs nichts Wesentliches geändert: Er stellte bereits die beiden Konzentrationsräume für Goldnominale fest, nämlich einmal den Bereich der Hohenloher Ebene und des fränkischen Nadelholzgebiets, zum anderen die weitere Nachbarschaft des Heidengraben-Oppidums auf der mittleren Alb[580]. Auch die auffällige Häufung der Vier-

---

568 Vgl. etwa Rieckhoff, Hüfingen 16; H. Chantraine, Novaesium III. Die antiken Fundmünzen der Ausgrabungen in Neuss. Limesforsch. 8 (Berlin 1968) 11.

569 Mannsperger in: Bittel/Kimmig/Schiek, Die Kelten in Baden-Württemberg 232 f.; Vgl. Ch. F. Sattler, Geschichte des Herzogthums Württemberg bis 1260 (Stuttgart 1757) Taf. 25 fig. 3.

570 F. Streber, Über die sogenannten Regenbogenschüsselchen. 1. Abteilung. Abhandl. d. Königl. Bayer. Akademie d. Wiss. 1. Cl. IX, 1. Abt. (München 1860), 2. Abt. (München 1862).

571 Vgl. etwa die Beispiele bei Mannsperger in: Bittel/Kimmig/Schiek, Die Kelten in Baden-Württemberg 229 ff.

572 G. Sixt, Regenbogenschüsselchen und andere keltische Münzen aus Württemberg (und Hohenzollern). Fundber. Schwaben 6, 1898, 37 ff.; W. Nestle, Verzeichnis der in Württemberg (und Hohenzollern) gefundenen keltischen Münzen. Ebd. 41 ff. Die Zusammenstellung ist praktisch die erweiterte Fassung des Bestands aus: ders., Funde antiker Münzen im Königreich Württemberg (Stuttgart 1893).

573 F. Hertlein, Die geschichtliche Bedeutung der in Württemberg gefundenen Keltenmünzen. Fundber. Schwaben 12, 1904, 60 ff.

574 Ebd. 62.

575 Ebd. 89 ff.

576 Ebd. 102 f. Die mehrfache Erwähnung von keltischen Münzfunden in oder bei Grabhügeln könnte durchaus als Hinweis auf ehemalige Nachbestattungen verstanden werden, rätselhaft scheint in diesem Zusammenhang auch das Fragment einer Schrötlingsform aus der Schüttung des Großgrabhügels „Magdalenenbergle" bei Villingen (vgl. Kat.-Nr. 773).

577 Bittel, Kelten 28 ff.

578 FMRD II 1 (Nordbaden), II 2 (Südbaden), II 3 (Südwürttemberg-Hohenzollern), II 4 (Nordwürttemberg).

579 K. Christ, Antike Münzfunde Südwestdeutschlands. Vestigia. Beitr. Alte Gesch., hrsg. von der Komm. Alte Gesch. u. Epigraphik, Bd. 3 (Heidelberg 1960).

580 Ebd. 44.

telstatere im Osten (vgl. Karte 12) und Nordosten des Landes sowie die Mengenanteile der einzelnen Goldprägungen haben sich nur unwesentlich verändert, während sich das Verhältnis der Silbermünzen (Kreuzmünzen, Büschelmünzen, Kaletedu-Quinare) praktisch umgekehrt hat (s.u.). Christ sah in den Eisenbarren-Hortfunden eine Gruppe, die mit den Problemen der keltischen Münzen in sachlichem und historischem Zusammenhang stand. Daher behandelte er diese Fundgruppe in einem kurzen Exkurs, wobei er die auffällige Konzentration der Barrendepots in Oberschwaben, aber auch die unsichere Datierung dieser Funde ansprach[581].

Auf der Grundlage einer differenzierten Analyse des Fundanfalls in Baden-Württemberg versuchte Christ „die speziellen Strukturprobleme der keltischen Geldwirtschaft, die Fragen der Verbreitung, der Prägehoheit, Prägeherren und Prägestätten, der Chronologie und Entwicklung des Geldverkehrs, dessen Beziehungen und Kommunikationswege und endlich die sich daraus ergebenden Rückschlüsse auf Verkehrs-, Handels- und Wirtschaftsweise" zu erörtern[582]. Er ging bei seiner Beurteilung hauptsächlich von zwei Grundlagen aus: Zum einen von seinen Kartierungen der Münzfunde, zum anderen von der Karte des „Altsiedlungslandes" nach R. Gradmann[583]. Daß hierbei die negative Evidenz in weiten Teilen identisch war, d.h. siedlungsfeindliche Gebiete wie der Schwarzwald und die schwäbisch-fränkischen Waldberge auch fast keine Münzfunde aufwiesen, verwunderte nicht weiter. Daß aber andererseits „dichte Altsiedlungsgebiete" wie Hegau, Baar und Teile des Oberrheintals keine Münzfundzeugnisse geliefert hatten, verführte Christ zur Feststellung, daß die Karte des Altsiedlungslandes eine wesentlichere Grundlage für die Beurteilung der „Räume des Geldverkehrs" darstelle als die Karte der Siedlungsfunde[584]. Hier führte das damals noch relativ unklare Bild der latènezeitlichen Besiedlung zu einer Unterschätzung der Möglichkeiten. Vor allem die Ungleichmäßigkeit der Funderfassung im Arbeitsgebiet wurde von Christ kaum berücksichtigt.

Mittlerweile hat sich das Fundbild für die jüngere Latènezeit doch erheblich verändert, was eine erneute Beurteilung der Münzfundverbreitung interessant machen würde: Von einer Siedlungsleere der Albhochfläche in der Mittel- und Spätlatènezeit, wie sie Bittel noch feststellen wollte[585], kann heute keine Rede mehr sein. Die Zunahme der Münzfunde ist, wie oben schon erwähnt, im Vergleich dazu unwesentlich. Teile des konträren Fundbildes, das Christ solche Rätsel aufgab, sind heute überholt.

Christ war sicher, daß die „Münzhoheit" nur in starken politischen Zentren gelegen haben konnte, er dachte hier an die Oppida und an größere offene Siedlun-

gen[586]. Die chronologische Fixierung der keltischen Geldwirtschaft bereitete Christ nach eigenen Worten „nicht unbeträchtliche Schwierigkeiten"[587]. Viele Forscher gingen davon aus, daß man mit einem Prägebeginn der Regenbogenschüsselchen „vor 100 v.Chr." und einem Ende des Umlaufs im Zusammenhang mit der römischen Okkupation zu rechnen habe. Dies konnte Christ dahingehend präzisieren, daß er die Regenbogenschüsselchen-Prägung auf die Zeit zwischen 100 und 50 v.Chr. eingrenzte[588]. Für die keltischen Potinmünzen, die überwiegend aus dem Südwesten des Arbeitsgebiets stammten, nahm er eine Zugehörigkeit zu einer scharf umgrenzten Bevölkerungsgruppe an, er dachte dabei auch an eine Begleiterscheinung der römischen Okkupation, was natürlich mittlerweile durch die Korrektur des Zeitansatzes dieser Münzen ausgeschlossen ist[589].

Für Nord- und Südbaden gab 1964 F. Wielandt nochmals eine Übersicht über die keltischen Münzfunde, wobei er einige der Angaben in den FMRD korrigieren konnte[590].

Wichtig für die Chronologie der sog. „Büschelmünzen" war die Studie von D. F. Allen zu den Münzen aus dem Oppidum von Altenburg-Rheinau. Er teilte die Büschelquinare in drei geographische Gruppen, eine schwäbische, eine bayerische und eine schweizerische, die er jeweils noch in Untergruppen gliederte. Als Datierungsspielraum für diese Münzen nahm er die Zeit vom Beginn bis ins letzte Viertel des 1. Jahrhunderts v. Chr. in Anspruch, wobei die schweizerische Gruppe die jüngste Entwicklung darstellte[591]. Speziell zu den Büschelquinaren wird demnächst eine Monographie von B. Overbeck publiziert, in der dieser Münztyp am Beispiel des Hortfundes von Neuses, Lkr. Forchheim, ausführlich behandelt wird[592].

Von archäologischer Seite konnte I. Stork 1981 einen bedeutenden Beitrag zur Chronologie spätkeltischer

---

581 Ebd. 53 ff.
582 Ebd. 55.
583 Ebd. 56 f.; vgl. R. Gradmann, Altbesiedeltes und jungbesiedeltes Land. Studium Generale 1, 1948, 163 ff.
584 Christ, Münzfunde 57. Die archäologische Quellenlage der damaligen Zeit wurde von Christ etwas zu optimistisch eingeschätzt. Vor allem der Vergleich mit der Verbreitung der Viereckschanzen oder angeblichen Konzentrationen von solchen wurde zu unkritisch gesehen. Hier hat mittlerweile die Luftbildarchäologie einige Veränderung erbracht.
585 Bittel, Kelten 107.
586 Christ, Münzfunde 59 ff., bes. 63.
587 Ebd. 66.
588 Ebd. 68 f.
589 Ebd. 69 ff., bes. 71 f.
590 F. Wielandt, Keltische Fundmünzen aus Baden. Jahrb. Numismatik u. Geldgesch. 14, 1964, 97 ff.
591 D. F. Allen, The Coins from the Oppidum of Altenburg and the Bushel Series. Germania 56, 1978, 190 ff., bes. 195.
592 Der Hortfund von Neuses war Thema der Habilitationsschrift von B. Overbeck. Vgl. Kellner, Münzfunde 4.

Potinmünzen leisten: Am Beispiel der Siedlung von Breisach-Hochstetten am Oberrhein konnte er die bereits von D. F. Allen, A. Furger-Gunti und H. M. von Kaenel[593] für die Schweiz erstellte Chronologie und Typisierung der Sequaner-Potinmünzen bestätigen und verfeinern[594]. Dabei hat er auch auf das ähnliche keltische Münzspektrum von Hüfingen hingewiesen, was evtl. mit einem Verbindungsweg über den Schwarzwald erklärt werden kann. Stork konnte den Beginn der Sequaner A1-Potinmünzen noch in der Stufe LT C2 wahrscheinlich machen[595].

In der Arbeit von H. Polenz über die Münzen in latènezeitlichen Gräbern Mitteleuropas wurden einige wichtige Münzfunde aus Württemberg berücksichtigt, so das Grab von Neckarsulm und der Hortfund von Langenau[596].

Eine knappe Übersicht über die wissenschaftlich erfaßten keltischen Münzen in Baden-Württemberg und eine neue Kartierung legte 1984 D. Mannsperger vor[597]. Er hat dabei zu Recht auf die Gefahren statistischer Betrachtung hingewiesen. So haben sich seit Christs Bearbeitung die Mengenanteile bei den Silbermünzen geradezu umgekehrt. Die damals mengenmäßig vorherrschenden Kreuzmünzen (Hortfund von Schönaich) wurden durch die Büschel- und Kaletedu-Quinare (z. B. Altenburg-Rheinau und Langenau) auf den dritten Platz zurückgedrängt[598]. Dagegen hat sich die regionale Verteilung der Münztypen eher noch bestätigt, Mannsperger nennt hier vor allem die zahlenmäßig überwiegende frühe Goldprägung, die „aus dem Aufeinandertreffen östlicher und westlicher Einflüsse erwachsen ist"[599]. Einen ausgreifenden Einblick in die allgemeine Forschungssituation zum Münzwesen der Kelten gab 1982 H.-J. Kellner (publ. 1986)[600].

B. Ziegaus veröffentlichte 1989 eine Arbeit zum latènezeitlichen Münzumlauf in Franken, in der auch Württembergisch-Franken und die Ostalb berücksichtigt wurden[601]. Schon im einführenden Teil werden die Arbeiten von Mannsperger und Christ (s. o.) sehr kritisch beurteilt, allerdings ohne dabei zu den jeweiligen Problemen wesentliche konstruktive Lösungsvorschläge zu bieten[602]. Die neueste und bislang umfassendste Arbeit zu den Regenbogenschüsselchen stammt aus der Feder von H.-J. Kellner[603]. Neben einem umfangreichen Katalog der Manchinger Fundmünzen und der südbayerischen Münzfunde legte Kellner eine Typenübersicht über die keltischen Prägungen vor, für die eine Entstehung in Süddeutschland angenommen wird[604].

III.2.2 Die Münztypen im Arbeitsgebiet und ihre Verbreitung

Wie zu Beginn des Kapitels schon betont wurde, kann hier keine vollständige Aufarbeitung der keltischen Münzen Württembergs vorgelegt werden, dazu wäre eine systematische Materialaufnahme mit Autopsie durch einen Numismatiker notwendig. In unserem Rahmen wurden die keltischen Münzen lediglich aus der Literatur aufgenommen. Es besteht daher grundsätzlich die Möglichkeit falscher Typenansprachen. Bei vielen Münzen ist eine Überprüfung ohnehin nicht mehr möglich, weil sie zerstört oder verschollen sind. Bei weitaus den meisten Münzen handelt es sich um Einzelfunde, oftmals sind Fundortangaben und Fundzusammenhänge zweifelhaft. Konzentrationen von Münzfunden auf einer Gemarkung bzw. eng benachbarte Fundstellen können Hinweis auf eine Siedlung sein. Fehlt anderes Fundmaterial (etwa Keramik) besteht bei einigen Komplexen auch der Verdacht, daß der Rest eines Münzhorts vorliegt, wie sie aus Bayern ja mehrfach bekannt sind.

Bis zum Frühjahr 1992 wurden in unserem Katalog 284 keltische Münzen erfaßt (vgl. Abb. 29). Den größten Anteil daran haben mit 164 Stück die Goldprägungen, es folgen mit nahezu gleichen Anteilen die Silbermünzen (64 Exemplare) und die gegossenen Bronze- und Potinmünzen (57 Exemplare)[605].

A. Goldmünzen

Am Beginn der einheimischen Goldprägung stehen die Nachahmungen der Goldstatere Philipps II. und Alex-

---

593 Vgl. hierzu A. Furger-Gunti, Oppidum Basel-Münsterhügel. Jahrb. SGU 58, 1974/75, 106 ff.

594 I. Stork, Überlegungen zur Chronologie spätlatènezeitlicher Potinmünzen am südlichen Oberrhein. In: G. Grassmann/W. Janssen/M. Brandt (Hrsg.), Keltische Numismatik und Archäologie. Veröff. der Referate des Kolloq. kelt. Numismatik vom 4. bis 8. Februar 1981 in Würzburg. BAR Intern. Ser. 200 (Oxford 1984) 420 ff.

595 Ebd. 425 f.

596 H. Polenz, Münzen in latènezeitlichen Gräbern.

597 D. Mannsperger, Keltische Münzen 230 ff.

598 Ebd. 231.

599 Ebd. 232.

600 H.-J. Kellner in: K. H. Schmidt/R. Ködderitzsch, Geschichte und Kultur der Kelten. Vorbereitungskonferenz Bonn 1982 (Heidelberg 1986) 216 ff.

601 B. Ziegaus, Der latènezeitliche Münzumlauf in Franken. Bayer. Vorgeschbl. 54, 1989, 69 ff. Fälschlicherweise zählt Ziegaus den Ostalbkreis und den Kreis Heidenheim noch zu „Württembergisch Franken", obwohl diese Kreise bereits außerhalb dieser Region liegen.

602 Ebd. 76 f. Es wird beispielsweise das „unbefriedigende Kartenwerk" bei Mannsperger kritisiert, ohne zu bedenken daß im Rahmen des knappen Referats weder eine detaillierte Kartierung vorgelegt noch kommentiert werden konnte. Bei Christ bemängelt er, hauptsächlich für die FMRD, ungenaue Katalogangaben und unzeitgemäße Terminologie.

603 H.-J. Kellner, Die Münzfunde von Manching und die keltischen Fundmünzen aus Südbayern. Die Ausgr. in Manching 12 (Stuttgart 1990).

604 Ebd. 8 ff.

605 Zur Verteilung und den Mengenverhältnissen in ganz Baden-Württemberg, also auch unter Berücksichtigung des Hoch- und Oberrheingebietes, vgl. Mannsperger, Keltische Münzen 230 ff.

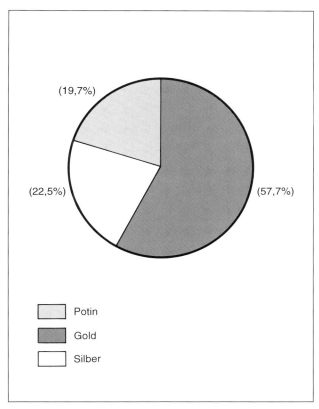

(19,7%)

(22,5%)

(57,7%)

Potin

Gold

Silber

Abb. 29: Keltische Münzen. Anteile der Gold-, Silber- und Potinmünzen an der Gesamtmenge.

anders des Großen, die wegen ihrer frühen Zeitstellung
(4./3. Jh. v. Chr.) ebenso wie die wenigen Originale dieser Münzen in Württemberg hier weitgehend unberücksichtigt bleiben. Kurz erwähnt werden sollten je
ein Alexanderstater aus Pfahlheim (Kat.-Nr. 27), Neu-
ler (Kat.-Nr. 45) und Markgröningen[606] sowie frühe
Nachahmungen von Philippstateren aus Brackenheim,
Rottweil, Schramberg, Rottenburg-Obernau und Villingen (vgl. Kat.-Nr. 285, 493, 500, 659, 772). Alexan-
der-Nachprägungen wurden bei Ellwangen (Kat.-
Nr. 18), Schorndorf (Kat.-Nr. 783) und Ostfildern-
Ruit gefunden. Dieses Verbreitungsbild hat Mannsperger als das „Aufeinandertreffen östlicher und westlicher Einflüsse" beschrieben[607]: Die auf das Rheintal
konzentrierten Nachprägungen der Philippstatere kommen nur spärlich östlich des Schwarzwalds im oberen
Neckargebiet und nach Osten bis zum mittleren Neckar vor, während die Alexanderstatere und ihre Nachprägungen von Osten her bis zum Gebiet des mittleren
Neckars verbreitet sind[608]. Es zeigt sich hier bereits eine Grenzlinie, die auch bei anderen Fundgruppen (z. B.
Glasarmringtypen und bestimmte Keramikformen)
noch festzustellen ist.
Für die Zeitstellung einer frühen Gruppe von Münzen
ist ein goldener Vierundzwanzigstelstater aus einem
Grab bei Giengen an der Brenz von Bedeutung (vgl.

Kat.-Nr. 243). Die Grabbeigaben datieren das gesamte
Ensemble an den Beginn von LT C1. Somit müssen diese Münzen vor allem im schwäbisch-bayerischen Raum
um oder vor 200 v. Chr. geprägt worden sein[609].
Mit dem Aufkommen der „Regenbogenschüsselchen"
in ihrer ganzen Typenvielfalt verdichtet sich das Fundbild. Die Viertelstatere haben mit nahezu 60 Prozent
den größten Anteil an der Fundmenge, gegenüber 38,4
Prozent an Stateren. Die anderen Münzgewichte fallen
kaum ins Gewicht. Die Verbreitung der Statere hauptsächlich zwischen Schwarzwald und mittlerem Neckar
mit ihrem Schwerpunkt auf der mittleren Alb (Karte
11) und der Viertelstatere vorwiegend östlich des mittleren Neckars mit einer sehr deutlich hervortretenden
Verdichtung im Bereich der Hohenloher und Haller
Ebene (Karte 12) gehört zu einer schon früh erkannten
Charakteristik der keltischen Münzfunde[610].
Bereits Christ hat die wenigen Typen der Statere hervorgehoben, deren Menge eine einigermaßen verläßliche Kartierung erlaubt. Es nannte hier die Typen Streber 57/80, 26/35, 19/21, 5, 101, 52/53[611]. Bei diesen Typen zeigt sich ein Verbreitungsschwerpunkt auf der
Reutlinger Alb und ihrem weiteren Vorland, also im
unmittelbaren Umland des Oppidums Heidengraben.
Bei einer Kartierung der Typen nach den Angaben in
den FMRD und in der jüngeren Literatur[612] scheint
sich dieses Verhältnis noch zu verdeutlichen (Karte 11):
Vor allem die Typen Streber 5, 19/21, 101, 57/80, 69 und
81 konzentrieren sich im Bereich der mittleren Alb und
ihrem Vorland. Bei den anderen Typen ist aufgrund der
geringen Zahl und der großen räumlichen Distanz zwischen den einzelnen Fundorten kein Verbreitungsschwerpunkt zu ermitteln (Karte 11).
Weit deutlicher zeigen sich (wegen der größeren Zahl)
die Schwerpunkte bei den Viertelstateren. Den weitaus
größten Teil stellen hier die verwandten Typen Streber
97/98 und 95/96 sowie Streber 99/100, 83 und 56 (Karte 12)[613]. Sehr klar wird hier die Häufung der Funde im
Nordosten des Landes in der Hohenloher und Haller

606 Vgl. Mannsperger in: Bittel/Kimmig/Schiek, Die Kelten in
    Baden-Württemberg 242.
607 Ebd. 242 f.
608 Mannsperger, Keltische Münzen 232.
609 Ausführlich hierzu: ebd. 234 ff.; J. Biel, Ein mittellatènezeitli-
    ches Brandgräberfeld in Giengen an der Brenz, Kreis Heiden-
    heim. Arch. Korrbl. 4, 1974, 225 ff.; Polenz, Münzen in latène-
    zeitlichen Gräbern 65 ff.
610 Vgl. Christ, Münzfunde 45.
611 Ebd. 45 ff.
612 Die Angaben und Typenbezeichnungen bei Christ, Münzfunde
    und in den FMRD stimmen oftmals nicht überein. Wir halten
    uns hier an die Angaben in den FMRD und an korrigierte Anga-
    ben aus jüngeren Werken (z. B. Ziegaus, Münzumlauf).
613 Christ, Münzfunde 47 ff. Christ hat noch die veralteten Typen-
    bezeichnung nach Hertlein verwendet, vgl. hierzu Ziegaus,
    Münzumlauf 76 f.

Ebene, etwas lockerer gestreut finden sie sich auf der Ostalb, der mittleren Alb und im mittleren Neckarraum. Die verhältnismäßig gut eingrenzbare Verbreitung dieser Viertelstatere veranlaßte Christ dazu, hier von einer „einheitlichen Geldlandschaft" zu sprechen.

B. Silbermünzen

Die wichtigsten Silberprägungen im Arbeitsgebiet stellen die Kreuzmünzen, die Büschelmünzen und die Quinare vom Kaletedu-Typ dar. Im Vergleich zu den Goldmünzen scheint das Hauptverbreitungsgebiet der Silbermünzen etwas nach Westen gerückt, der mittlere Neckarraum und die Reutlinger Alb zeigen ein verhältnismäßig dichtes Bild (Karte 13). War bei der Bearbeitung der Funde durch Christ das Verhältnis von Silber- zu Goldprägungen noch ca. 1:4, so ist es mittlerweile durch Neufunde und Grabungen auf 3:5 gestiegen (auf ganz Baden-Württemberg bezogen). Bei den Silbermünzen ist der Anteil der Büschelmünzen und Kaletedu-Quinare gegenüber den Kreuzmünzen stark gestiegen, dennoch stellen letztere in unserem Arbeitsgebiet noch die stärkste Gruppe dar (der Hoch- und Oberrhein bleiben hier ja außer Betracht)[614]. Der Schatzfund von Schönaich mit seinen 19 Kreuzmünzen beeinflußt das Bild natürlich stark (Abb. 30). Die in drei Typen vorkommenden Kreuzmünzen zeigen im wesentlichen noch das gleiche Verbreitungsbild wie zur Zeit Christs: Der obere und mittlere Neckarbereich zeigt hier die meisten Funde. Die Büschelquinare greifen in ihrer Verbreitung dagegen noch weiter nach Osten aus (Karte 13). Sie haben sich durch Neufunde erheblich vermehrt, der Hortfund von Langenau (s.u.) enthielt z. B. schon acht solche Prägungen.

Die Kaletedu-Quinare finden sich nördlich des Albtraufs in lockerer Streuung zwischen Schwarzwald und Oberlauf der Jagst (Karte 13). Hervorzuheben sind hier noch die wohl aus Gallien stammenden Prägungen vom Typ Forrer 6[615], die bislang bekannten vier Exemplare stammen alle aus dem mittleren Neckarraum (Karte 13).

C. Potin- und Bronzemünzen

Die „innere Geschlossenheit" des Verbreitungsbildes der Potin- und Kupfermünzen nannte Christ „außerordentlich eindrucksvoll"[616]. Die Konzentration im Südwesten hat sich noch verstärkt, allein aus Hüfingen und Umgebung stammen 31 Potinmünzen (vgl. Kat.-Nr. 764–768). Mittlerweile sind aber auch andernorts mehr Exemplare hinzugekommen, so daß die von Christ konstatierte Fundleere nördlich der Schwäbischen Alb nicht mehr zutrifft (Karte 14). Im Bereich der mittleren Alb und am Bodensee haben sich zwei weitere Fundverdichtungen gebildet. Die Sequaner-Typen bilden mit 32 Exemplaren im Arbeitsgebiet immer noch die stärkste Gruppe, es folgen mit 8 Münzen die Helvetier- und mit 6 Stück die Leucer-Münzen (vgl.

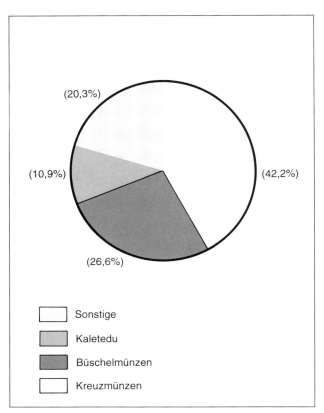

Abb. 30: Keltische Silbermünzen. Anteile der wichtigsten Typen.

Abb. 31). Die Stammeszuweisungen der Sequaner-Typen werden in letzter Zeit vermehrt in Zweifel gezogen, eine Fertigung im südwestdeutschen Raum scheint im Bereich des Möglichen[617].

Bei den fünf Bronzemünzen (Karte 14) kann es sich evtl. z. T. auch um Potinmünzen mit relativ geringem Zinngehalt[618] handeln. Hervorzuheben sind eine Treverer-Münze aus der Umgebung von Böblingen (Kat.-Nr. 64) und eine Aduatuker-Münze vom Rutschenbrunnen beim Runden Berg (Kat.-Nr. 462). Diese Münzen (und hier vor allem die letztgenannte) sind wegen ihres späten Prägedatums interessant. Zwei nicht näher bekannte Münzen stammen aus Köngen (Kat.-Nr. 175).

III.2.3 Chronologische und kulturhistorische Aspekte

Auch wenn eine zusammenfassende Auswertung der Münzfunde aus den zu Beginn angeführten Gründen nicht gegeben werden kann, sollen hier kurz einzelne

614 Christ, Münzfunde 50 ff.; Mannsperger, Keltische Münzen 231.
615 Christ, Münzfunde 51.
616 Ebd. 52.
617 Mannsperger, Keltische Münzen 234; U. Klein, Arch. Ausgr. Baden-Württemberg 1990 (1991) 321.
618 Potin ist eine stark zinnhaltige Bronze, bei starker Korrosion ist ein Unterschied nur schwer zu erkennen.

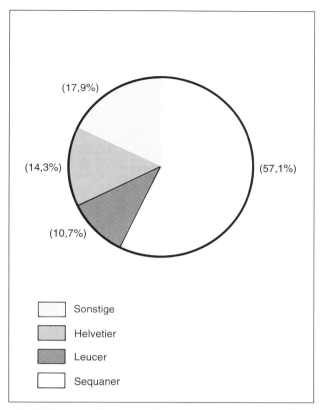

(17,9%)

(14,3%)

(57,1%)

(10,7%)

Sonstige

Helvetier

Leucer

Sequaner

Abb. 31: Keltische Bronze- und Potinmünzen. Anteile der wichtigsten Typen.

Aspekte herausgegriffen werden, die für die Beurteilung der spätkeltischen Kulturverhältnisse von Bedeutung sind.

Oben wurde bereits auf den mittellatènezeitlichen Grabfund von Giengen an der Brenz hingewiesen, der wegen der Vergesellschaftung einer Münze mit Funden der Stufe LT C1 von Bedeutung ist. Als weitere Grabfunde mit eine Münzbeigabe wurden das Grab von Neckarsulm-Salinenstraße (Kat.-Nr. 314) und evtl. die Reste aus der Marderhöhle bei St. Wendel zum Stein (Kat.-Nr. 344) genannt (Kap. II.4). Bereits bei der Besprechung der Grabfunde wurde auf die Arbeit von H. Polenz verwiesen, der für die latènezeitlichen Frauengräber mit Münzbeigabe einen Sonderstatus postuliert hat[619]. Die Kreuzmünze von Neckarsulm ist mit dem Stück aus dem reichen Grab von Dühren identisch, das typische Fundstücke der Stufe LT C2 enthalten hat. Diese Datierung darf als frühest mögliche auch für den Grabfund von Neckarsulm gelten, wobei die übrigen Beigaben eher an eine Datierung nach LT D1 denken lassen. Die Büschelmünze aus der Marderhöhle gehört zu Allens Typ A/B und würde damit zeitlich gut zu den übrigen Beigaben der möglichen Bestattung passen, die alle nach LT D zu datieren sind (vgl. Kap. II.4).

Die Münzfunde aus dem Oppidum Heidengraben und seinem engeren Umland zeigen die größte Spannweite

und Vielfalt der Münztypen, während im Bestand aus dem Oppidum von Altenburg die Regenbogenschüsselchen und die Kreuzmünzen fehlen[620]. Wegen der unklaren Umlaufzeit der Regenbogenschüsselchen kann bislang nicht beurteilt werden, ob dieses Phänomen chronologische Hintergründe hat oder lediglich auf die oben schon dargestellten unterschiedlichen Verbreitungsräume bestimmter Münztypen zurückgeht. Interessant ist jedenfalls, daß auch zwei sonst weitverbreitete Fibelformen der beginnenden Spätlatènezeit (Fibeln mit langer Spirale und Nauheimer Fibeln mit randbegleitenden Rillen) in Altenburg-Rheinau zu fehlen scheinen (vgl. Kap. III.1.1.1). Da für beide Oppida durch Importkeramik weitläufige Handelsbeziehungen dokumentiert sind, würde man auch für Altenburg ein breiteres Münzspektrum erwarten. Die große Vielfalt der Münztypen vom Heidengraben paßt dagegen sehr gut zur Lage dieses Oppidums in der „Kontaktzone" zweier Formenkreise, was sich auch bei anderen Fundgruppen zeigt (z. B. Keramik, vgl. Kap. III.5.7). Wie bereits erwähnt, könnte es sich bei einigen Funden von keltischen Münzen auch um Reste von Hortfunden handeln (vgl. Kap. II.5.1). Auffällig ist hier, daß sich diese im Nordosten des Landes zu häufen scheinen. Dies als einen Hinweis auf germanische Vorstöße in dieses Gebiet zu sehen, wäre sehr gewagt, weil konkrete archäologische Beweise für derartige Theorien bislang fehlen und die Fundumstände der Münzen zu unsicher sind.

Zwei Münzen aus dem Arbeitsgebiet sind wegen ihrer späten Zeitstellung von Bedeutung: Ein Rauraker-Quinar aus dem Hortfund von Langenau (Kat.-Nr. 724) geht auf das Vorbild eines römischen Denars von 78 v. Chr. zurück[621], was für die zeitliche Einordnung dieses Depots von Bedeutung ist (Kap. II.5.1). Eine Aduatuker-Bronzemünze vom Rutschenbrunnen beim Runden Berg (Kat.-Nr. 462) ist in zweierlei Hinsicht interessant: Diese Münzen haben zum einen ihr Hauptverbreitungsgebiet zwischen dem Niederrhein und der Mainmündung, zum anderen wurden sie anscheinend erst im letzten Jahrzehnt v. Chr. geprägt. Sie kommen in frührömischen Lagern dieser Zeit vor (etwa Augsburg-Oberhausen und Neuss) und belegen angeblich die Anwesenheit gallischer Hilfstruppen[622].

619 Polenz, Münzen in latènezeitlichen Gräbern 212 ff.
620 Mannsperger in: Bittel/Kimmig/Schiek, Die Kelten in Baden-Württemberg 244 f.
621 Polenz, Münzen in latènezeitlichen Gräbern 159 f.
622 H. Chantraine, Keltische Münzen in frühen rheinischen Legionslagern. In: G. Grassmann/W. Janssen/M. Brandt (Hrsg.), Keltische Numismatik und Archäologie. Veröff. der Referate des Kolloquiums keltische Numismatik 1981 in Würzburg. BAR Intern. Ser. 200 (Oxford 1984) 1 ff., bes. 15. Zur Datierung *Fortsetzung siehe nächste Seite*

Allerdings ist der Aussagewert dieser einzelnen Münze sehr eingeschränkt, es kommt schließlich auch eine sekundäre Verlagerung des Stücks in Frage. Als Einzelfund sollte man sie nicht überbewerten.

III.3 Werkzeug und Gerät

Die 1974 publizierte Bearbeitung der Werkzeuge und Geräte aus dem Oppidum von Manching durch G. Jacobi ist immer noch eines der vorbildlichsten Werke im Bereich der vorgeschichtlichen Geräteforschung. Jacobi hat dabei die Notwendigkeit betont, bei Fragen zur Verwendung einzelner Werkzeuge und generell bei technischen Problemen die Nachbardisziplinen Volkskunde und Technikgeschichte mit heranzuziehen[623]. Dies beginnt bereits bei der Terminologie: Die volkskundliche Geräteforschung sieht oft lediglich Gerätschaften aus dem bäuerlich-landwirtschaftlichen, landhandwerklichen und ländlich-technischen Bereich als ihren Forschungsgegenstand an, während z.B. Gegenstände aus dem höheren Kunsthandwerk (z.B. Kunstmaler, Bildhauer, Goldschmied) und der Waffentechnik nicht dazugehören[624]. In der vorgeschichtlichen Archäologie ist hier eine Trennung weit schwieriger, da wir in aller Regel weder über die gesellschaftliche Stellung noch die Organisationsformen des Handwerks informiert sind. Eine systematische Gliederung der Werkzeuge und Geräte fällt demnach schwer, bieten sie doch oft vielfältige Anwendungsmöglichkeiten. Dennoch wurde versucht, sich an der volkskundlichen Gerätesystematik zu orientieren; hier sei besonders auf die mit großer Sachkenntnis vorgenommene Gliederung von H. Sperber verwiesen[625].
Bei der Fundüberlieferung ist an erster Stelle der Hortfund von Kappel im Federseemoor zu nennen, der ein großes Spektrum spätlatènezeitlicher Werkzeuge und Gerätschaften enthielt. F. Fischer hat sich in der monographischen Vorlage 1959 ausführlich mit den Fundumständen und der Deutung des Hortes auseinandergesetzt[626]. Die übrigen Funde in unserem Arbeitsgebiet sind entweder Einzelfunde oder stammen aus Siedlungszusammenhängen. In kaum einem dieser Fälle sind sichere Aussagen zur handwerklichen Struktur der jeweiligen Siedlung möglich, mancherorts lassen sich lediglich durch weitere Indizien bestimmte Schlüsse ziehen (z.B. Schwäbisch Hall: Salzsiederei; vgl. Kap. V).

III.3.1 Geräte zur Bodenbearbeitung

III.3.1.1 Pflugteile

Vermutlich jüngerlatènezeitliche Pflugschare sind aus Kornwestheim (Kat.-Nr. 379), Neuenbürg (Kat.-Nr. 397) und Stuttgart-Stammheim (Kat.-Nr. 519) bekannt. Angeblich soll noch eine weitere bei Dettenhausen im Schönbuch gefunden worden sein[627]. Ein Stück aus einer Siedlungsgrube bei Hermaringen (Kat.-Nr. 257) könnte von den Ausmaßen noch als kleine Pflugschar[628] angesprochen werden, ebenso ist aber auch eine Verwendung als Tüllenspitzhacke vorstellbar (s.u.). Jacobi hat anhand der Manchinger Funde und durch weiträumige Vergleiche die Formen spätlatènezeitlicher Pflugschare zusammengestellt: Grundsätzlich können zwei Hauptformen unterschieden werden, nämlich lange schmale Schare mit einer ausgeprägten Spitze sowie kurze gedrungene mit gerundeter Sohle. Letztere wurden in der Kaiserzeit häufiger und waren im Mittelalter und bis in die Neuzeit in nahezu unveränderter Form gebräuchlich[629]. Die Stücke aus Kornwestheim und Stammheim gehören zu diesem letztgenannten Typ, ihre Datierung aufgrund mitgefundener jüngerlatènezeitlicher Scherben ist daher mit Vorbehalt zu sehen. Die beiden Pflugschare vom Schloßberg bei Neuenbürg gehören dagegen zu dem aus Manching bekannten Typ. Möglicherweise gehören sie zu den ältesten Vertretern dieses Pflugtyps, der nach Jacobi seinen Schwerpunkt in der Spätlatènezeit hat[630] Eine Erklärung für das frühe Vorkommen auf dem Schloßberg

---

Fortsetzung Anmerkung 622
  vgl. P. Ilisch, Die Münzen aus den Ausgrabungen im Lager Oberaden. In: Die römische Okkupation nördlich der Alpen zur Zeit des Augustus. Vorträge des Kolloquiums Bergkamen 1989. Bodenaltert. Westfalens 26 (Münster 1991) 141 ff., bes.146 f.; vgl. auch A. Furger-Gunti, Frühe Auxilien am Rhein – Keltische Münzen in römischen Militärstationen. Arch. Korrbl. 11, 1981, 231 ff., bes. 232 mit Anm. 9.
623 Jacobi, Werkzeug und Gerät VI; Auch die Bearbeitung der Eisenfunde von Sanzeno im Nonsberg ist als eine der wegweisenden Arbeiten auf dem Gebiet der Geräteforschung zu nennen: J. Nothdurfter, Die Eisenfunde von Sanzeno im Nonsberg. Röm.-Germ. Forsch. 38 (Mainz 1979).
624 Vgl. hierzu etwa H. Sperber, Arbeit und Gerät. In: E. Harvolk, Wege der Volkskunde in Bayern. Veröff. Volkskde. u. Kulturgesch. 25. Beitr. zur Volkstumsforschung 23 (München/Würzburg 1987) 87 ff.
625 Ebd. 109 ff.; Sperber wies bereits auf die Schwierigkeiten hin, einzelne Sachgruppen gegeneinander abzugrenzen, da die verwendeten Werkzeuge praktisch identisch sind.
626 Fischer, Kappel.
627 Fundber.Schwaben N.F. 4, 1928, 89.
628 Vgl. etwa die Pflugschare von Joressant im Schweizer Mittelland: Schwab, Correction 228 Fig. 16 a–b.
629 Jacobi, Werkzeug und Gerät, 67 ff. mit Abb. 21; vgl. zu keltischen Pflugscharen: I. Balassa, The earliest ploughshares in Central Europe. Tools and Tillage 2.4, 1975, 242 ff.; R. Spehr, Zum Auftreten eiserner Ackerbaugeräte bei den Kelto-Iberern, Kelten und Dakern. IXe Congrès UISPP, Résumés des communications (Nice 1976) 568 ff.; M. Beranová, Zemedelstvi starych Slovanu (Praha 1980); zusammenfassend: Rybová/Motyková, Kolín 133 ff.
630 Jacobi, Werkzeug und Gerät 70; Jensen, Neuenbürg Taf. 38,1–2; vgl. aber auch zwei mögliche Pflugschare aus einer frühlatènezeitlichen Siedlung bei Ledce, Bez. Kladno/CSFR: Rybová/Motyková, Kolín 135 f.

von Neuenbürg wäre vielleicht der Hinweis Mildenbergers, daß eiserne Pflugschare hauptsächlich dort auftreten, wo Eisenerzlagerstätten eine Herstellung von Eisengerät begünstigten. Das Vorhandensein solcher Lagerstätten hat vermutlich zur Gründung der Frühlatènesiedlung auf dem Schloßberg von Neuenbürg im Nordschwarzwald geführt, deren zeitliche Dauer sicher noch auf den Übergang zur Mittellatènezeit auszudehnen ist. Vielleicht haben sich vor diesem wirtschaftlichen Hintergrund technische Neuerungen wie das Bewehren des Pflughauptes mit einer eisernen Schar schneller etabliert[631].

Aus Münsingen-Hundersingen (Kat.-Nr. 443) stammt ein eisernes Sech (Vorschneidemesser), das 1906 zusammen mit Spätlatènescherben gefunden worden sein soll. Leider sind die Funde heute nicht mehr auffindbar (Kriegsverlust?), so daß sie mit gewissen Unsicherheiten behaftet bleiben müssen. Aufgrund einer Abbildung kann das Sech zwar praktisch identischen Stücken aus gesicherten Spätlatènezusammenhängen an die Seite gestellt werden[632], allerdings haben sich diese Vorschneidemesser der Pflugschar von der Spätlatènezeit bis in die Neuzeit formal nicht wesentlich verändert. Das Vorhandensein eines Sechs läßt auf den Gebrauch des Beetpflugs, der durch ein Streichbrett die Scholle wendet, schließen. Zwar kennt die volkskundliche Pflugforschung das Vorschneidemesser auch an Pflügen, die kein Streichbrett haben, doch dürfte das kaum mit vorgeschichtlichen Verhältnissen vergleichbar sein. Eine einseitig abgearbeitete Pflugschar aus dem Hortfund von Kolín in Böhmen weist ebenfalls auf die Existenz des Beetpflugs in der Spätlatènezeit hin[633].

III.3.1.2 Tüllenhacken

Eiserne Tüllenhacken sind aus dem Oppidum Heidengraben (Kat.-Nr. 431) und aus der Viereckschanze von Fellbach-Schmiden bekannt[634]. Jacobi hat bei den Manchinger Tüllenhacken drei Typen unterschieden, die sich in der Länge und Breite des Blattes unterscheiden. Während das Schmidener Stück in seine Gruppe 2 mit runder Tülle und schmalem Blatt gehört, ist das Exemplar vom Heidengraben ein Vertreter seiner dritten Gruppe mit verbreitertem Blatt und bogenförmig geschwungener Schneide[635].

Ein Eisengerät aus einer Grube bei Hermaringen (Kat.-Nr. 257) wäre mit einer Länge von 18,3 cm noch im Bereich kleiner Pflugschare[636], wofür auch die im Querschnitt eher ovale Tülle sprechen würde. Die abgesetzte Spitze wäre ein Indiz für eine relativ späte Zeitstellung innerhalb der Latènezeit[637].

Genauso wäre eine Verwendung als Tüllenspitzhacke möglich, diese haben aber nach Jacobi in der Regel einen runden oder viereckigen Tüllenquerschnitt[638]. Die Tatsache, daß in der Grube neben Keramik und diesem Eisengerät zahlreiche Eisenschlacken gefunden wurden, läßt den Gedanken an eine Verwendung der Tüllenspitzhacken beim Abbau der Bohnerze aufkommen[639]. Genauso wurden diese Geräte aber auch für Erdarbeiten wie das Ausheben von Gruben und Gräbchen verwendet, während die Tüllenflachhacken eher in der Feldarbeit gebraucht wurden. Jacobi hat auch schon an eine senkrechte Schäftung dieser Geräte gedacht, womit sie den aus der volkskundlichen Geräteforschung bekannten Pflugreuten ähnlich wären. Diese Begleitgeräte des Pflugs hatten vielfältige Anwendungsgebiete, die vom Antreiben der Zugtiere bis zum Säubern von Schar und Streichbrett reichten[640]. Tüllenflach- und spitzhacken lassen sich zeitlich nicht näher innerhalb der Latènezeit einordnen, als reine Zweckform unterliegen sie kaum wesentlichen Änderungen[641].

III.3.2 Erntegerät

An Erntegeräten sind aus dem Arbeitsgebiet lediglich ein vermutliches Sichelfragment aus dem Hortfund von Kappel (Kat.-Nr. 87) sowie Sensenblätter vom Schloßberg bei Neuenbürg (Kat.-Nr. 397) und wiederum von Kappel (Kat.-Nr. 87) bekannt. Für das Sichelfragment von Kappel läßt sich die ursprüngliche Gestalt nicht sicher ermitteln, es muß aber zu einem Sicheltyp mit breitem und gekrümmtem Blatt gehört haben, wie er von verschiedenen Fundorten bekannt ist. Sicheln dürften ausschließlich zur Getreideernte verwendet worden sein und wurden seit der Spätlatènezeit von der Sense stark in den Hintergrund gedrängt[642]. Die Sense bot darüber hinaus noch vielfältigere Einsatzmöglichkeiten, z. B. bei der Grünfutterbeschaffung in der Viehwirtschaft[643].

---

631 Vgl. ebd. 98 ff.; neben den Pflügen mit eiserner Schar waren Holzpflüge sicher weiter im Einsatz: Vgl. Jacobi, Werkzeug und Gerät 70 mit Anm. 305.

632 Depotfund von Hainbach bei Nußdorf (Mus. Salzburg): Die Kelten in Mitteleuropa. Kat. Salzburg 1980 (Salzburg 1980) 301 f.

633 Rybová/Motyková, Kolín 134 f.

634 Wieland, Fellbach-Schmiden und Ehningen 28; Taf. 1,7.

635 Jacobi, Werkzeug und Gerät 71 ff.; vgl. auch Rybová/Motyková, Kolín 138 f.

636 Vgl. Jacobi, Werkzeug und Gerät Taf. 27,474–477.

637 Rybová/Motyková, Kolín 134.

638 Jacobi, Werkzeug und Gerät 73 f.

639 Die Bohnerze der Ostalb sind in den Lehm über dem Jurakalk eingebettet; sie wurden oberirdisch abgebaut, wie heute noch zahlreiche Erzgruben in den Wäldern belegen: Kempa, Antike Eisenverhüttung 7 ff., bes. 11.

640 Jacobi, Werkzeug und Gerät 72; zur Pflugreute vgl. H. Sperber, Die Pflüge in Altbayern. Veröf. Volkskde. u. Kulturgesch. 7 (Würzburg 1982) 113 ff., bes. Abb. 377–394.

641 Jacobi, Werkzeug und Gerät 72.

642 Ebd. 78 ff.; Vgl. frühere Stücke bei Nothdurfter, Sanzeno 45.

643 Rybová/Motyková, Kolín 139 f.

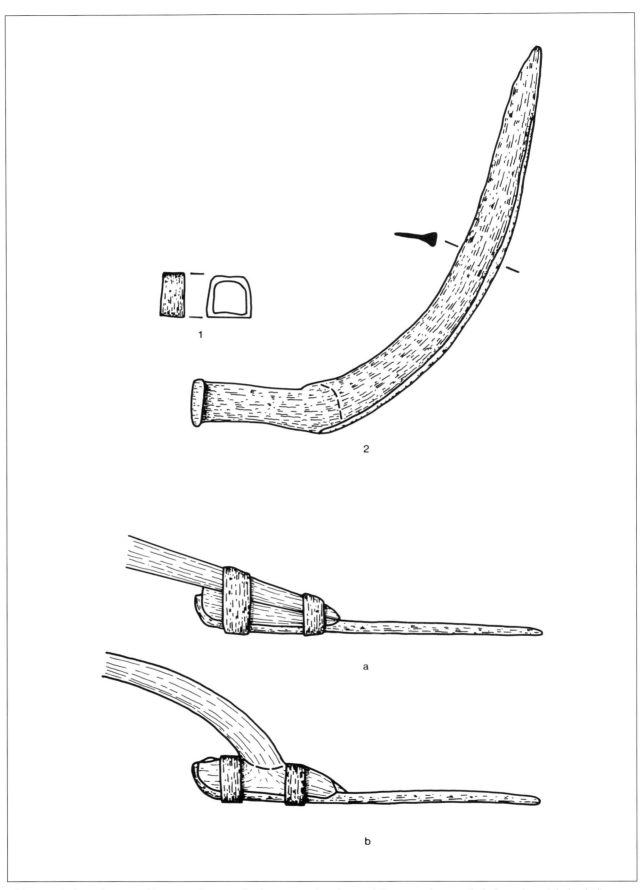

Abb. 32: Schäftung des Sensenblattes aus dem Hortfund von Kappel (Rekonstruktionsversuch); a: Keilschäftung, b: Knieholzschäftung.

Die Sensenblätter von Neuenbürg[644] und aus dem Hortfund von Kappel gehören zu einem in der Spätlatènezeit weit verbreiteten Typ, bei dem das Blatt im stumpfen Winkel zur Griffangel steht. Das bewirkt einen größeren Schnittradius beim Mähen[645]. Die Sensenblätter waren mittels zweier steigbügelförmiger Ringe am Stiel befestigt (vgl. Abb. 32,1), möglicherweise handelt es sich bei den Ringen aus der Marderhöhle bei Dörzbach (Kat.-Nr. 344, Taf. 49,26–27) um solche Sensenringe. Blatt und Stiel liegen bei den keltischen Sensen in einer Ebene, was nach Jacobi zu einer sehr flachen Handhabung zwingt[646]. Vielleicht wurden die Sensenblätter aber auch in einer Weise geschäftet, bei der das Ende des Stiels den nötigen Neigungswinkel zum Blatt ausmachte. Solche Stiele können in zweierlei Form angebracht werden: Durch Anbringen eines Holzkeils auf der Blattangel, was aber zwei verschieden große Sensenringe voraussetzt (Abb. 32,a), oder in Form einer auch sonst in der Spätlatènezeit gebräuchlichen Knieholzschäftung (Abb. 32,b). Diese beiden Schäftungen würden den sonst hinderlichen nach oben gebogenen Enden der Sensenblatt-Griffzungen einen Sinn geben, weil sie so das Blatt gegen Herausrutschen sichern würden. In einem normalen Holzstiel kann man diese Stifte schon wegen ihrer Größe nicht verankern[647]. Nach Jacobi tauchen die Sensen in der entwickelten Mittellatènezeit auf, werden aber erst in der Spätlatènezeit üblich, während Nothdurfter auch einen etwas früheren Zeitansatz in Erwägung zog[648]. Die Sensenblätter vom Schloßberg bei Neuenbürg stehen hinsichtlich dieses Zeitansatzes in einem sehr frühen Fundzusammenhang. Da sie den Berichten zufolge auch Teil eines Werkzeughorts sein könnten, gehören sie vielleicht nicht in direkten Zusammenhang mit der Siedlung auf dem Schloßberg und können auch jünger sein[649].

III.3.3 Nahrungswesen und Hauswesen

III.3.3.1 Drehmühlen

Von mehreren Fundorten im Arbeitsgebiet sind die Reste von zweiteiligen Drehmühlen bekannt (Kat.-Nr. 15, 81, 141, 357, 421, 687, 780). Diese aus unterschiedlichen Gesteinsarten angefertigten Mühlen dienten ausschließlich zur Getreideverarbeitung und scheinen ein wichtiges Utensil jüngerlatènezeitlicher Nahrungsbereitung gewesen zu sein. Auf die Unverzichtbarkeit dieses Gerätes deuten Funde aus Höhlen, die wohl kurzzeitig als Zufluchtsstätte aufgesucht wurden (Kat.-Nr. 141). Da Drehmühlen nicht gerade zu den leicht transportablen Geräten gehören, spricht dies ebenso für ihre Bedeutung wie in späteren Zeiten ihr Mitführen im Marschgepäck des römischen Heeres[650]. Die exakte Datierung der zweiteiligen Drehmühlen ist schwierig, sie gehören in der jüngeren Latènezeit zu

den geläufigen Formen[651]. Kürzlich wurden aus Mähren Funde bekannt, die möglicherweise schon in die späte Frühlatènezeit gehören[652]. Im Verlauf der Mittel- und Spätlatènezeit sowie in römischer Zeit wurden solche Drehmühlen aus besonders geeignetem Gestein (z.B. Eifelbasalt oder Quarzporphyr) auch über weite Strecken verhandelt[653]. Ein Mühlenfragment aus Süßwasserkalk von Bopfingen-Flochberg macht deutlich, daß auch weniger geeignete Gesteine der näheren Umgebung verarbeitet wurden[654].

III.3.3.2 Kesselhaken

Fragmente von mehrteiligen eisernen Kesselhaken sind von Kappel (Kat.-Nr. 87), Kernen i.R.-Rommelshausen (Kat.-Nr. 781) und Nürtingen (Kat.-Nr. 192 A) bekannt. Die Datierung der beiden letztgenannten Stücke in die Spätlatènezeit ist nicht gesichert, da es sich um Einzelfunde handelt. Möglicherweise sind sie auch römisch. Die Form spricht aber eher für eine latènezeitliche Datierung.

G. Jacobi hat die Entwicklung der eisernen Kesselhaken von der Frühlatènezeit bis in die römische Kaiserzeit beschrieben. Als chronologisch empfindliches Kriterium hat sich dabei die Mehrteiligkeit des Oberhakens herausgestellt: Die älteren Exemplare (LT B/LT C) haben alle einen einteiligen Oberhaken, während seit der Spätlatènezeit ein mehrteiliger (zwei- oder dreigliedriger) Oberhaken die Regel ist[655].

Das Fragment aus dem Hortfund von Kappel dürfte zum Oberteil einer solchen mehrteiligen Konstruktion

---

644 Jensen, Neuenbürg Taf. 145,10–12.
645 Jacobi, Werkzeug und Gerät 76 ff.
646 Ebd. 78.
647 Das nach oben gebogene Ende der Griffzunge beim Sensenblatt von Kappel hat die gleiche Breite wie die Griffzunge, eine normale geradlinige Schäftung ist hier unmöglich. Eine interessante Schäftungsvariante mit durchgehenden Nieten bei Nothdurfter, Sanzeno Taf. 22,330.
648 Ebd. 46; Jacobi, Werkzeug und Gerät 77.
649 Jensen, Neuenbürg 55; Jensen hält eine Datierung in die Frühlatènezeit für möglich: Ebd. 89.
650 Vgl. etwa M. Junkelmann, Die Legionen des Augustus. Der römische Soldat im archäologischen Experiment (Mainz 1986) 86 f.
651 J. Waldhauser, Keltische Drehmühlen in Böhmen. Památky Arch. 72, 1981, 153 ff.
652 M. Čičmar, Zwei frühlatènezeitliche Drehmahlsteine aus Mähren. Acta Musei Moraviae Casopis Moravského Muzea 75, 1990, 53 ff.
653 M. Joos, Eine permische Brekzie aus dem Südschwarzwald und ihre Verbreitung als Mühlstein im Spätlatène und in frührömischer Zeit. Arch. Korrbl. 5, 1975, 197 ff.; H.-E. Joachim, Zu eisenzeitlichen Reibsteinen aus Basaltlava, den sog. Napoleonshüten. Arch. Korrbl. 15, 1985, 359 ff.
654 Unpubl.; Die Fragmente fanden sich neben solchen aus Sandstein in einer jüngerlatènezeitlichen Grube außerhalb der Viereckschanze.
655 Jacobi, Werkzeug und Gerät 111 ff., bes. 112. Zu Kesselhaken in römischen Zusammenhängen: W. H. Manning, The Cauldron Chains of Iron Age and Roman Britain. In: Rome and her Northern Provinces. Festschr. S. Frere (1983) 132 ff.

Abb. 33: Rekonstruktion des Feuerbocks aus dem Hortfund von Kappel (nach S. Piggott in: J. Boardman/M. A. Brown/T. G. E. Powell, The European Community in Later Prehistory. Studies in honour of C. F. C. Hawkes [London 1971] 248 Fig. 55).

gehören; es hatte ursprünglich an seinem unteren Ende noch zwei Haken, die zur Höhenverstellung des Mittelteils (Kette) dienten. Der als Einzelfund beim Kiesbaggern gefundene Haken von Nürtingen hat einen zweiteiligen Oberhaken. Vom Unterteil waren nur sechs ringförmige Kettenglieder und zwei Stangenglieder erhalten, die aber schon durch ihre geringe Länge eine Mehrgliedrigkeit des Unterteils belegen. Auch der Kesselhaken aus Rommelshausen besteht aus einem zweigliedrigen Oberteil[656]. Die Haken zur Höhenverstellung sind abgebrochen. Das Mittelteil besteht aus sechs runden Kettengliedern, das Unterteil aus zwei Stangengliedern, die in abgeplattete Haken auslaufen. Alle Stangenglieder sind mehrfach tordiert (der obere Endhaken nur einfach). Die eingliedrigen unteren Endhaken sind für die Spätlatènezeit ungewöhnlich, normalerweise bestehen sie aus zwei Stangengliedern[657]. Die Aufhängung der Unterteile in zwei getrennten Ringen ist nicht häufig belegt, findet sich aber auch an dem Kesselhaken aus dem Hortfund von Kolín in Böhmen[658].

Für die außergewöhnliche Wertschätzung der Kesselhaken spricht ihr Vorkommen in Prunkgräbern[659]. Jacobi hat zu Recht betont, daß es sich hier kaum um einen Bestandteil des durchschnittlich ausgestatteten Haushaltes, sondern um ein Gerät der vermögenderen Schichten handeln dürfte[660].

III.3.3.3 Metallgefäße

Erhaltene Metallgefäße sind in unserem Arbeitsgebiet bislang nur aus dem Hortfund von Kappel bekannt: Er enthielt eine getriebene Bronzekanne vom Kelheimer Typ (Taf. 2,1), einen situlenförmigen Eimer vom Typ Eggers 20 (Taf. 4,1)[661], einen zylindrischen Eimer mit umgeschlagenem Rand vom Typ Eggers 16 (Taf. 5 A,1), ein Fragment eines Weinschöpfers aus Bronzeblech (Taf. 7,1) und ein Fragment einer Pfanne vom Typ Aylesford (Taf. 8,4)[662]. Diese Formen gehören alle in die Spätlatènezeit.

Die Kelheimer Kanne[663] von Kappel war möglicherweise mit einem eisernen Henkel versehen, wie dies Jacobi an Manchinger Beispielen gezeigt hat[664]. Vielleicht handelt es sich bei dem Eisenbügel aus der gleichen

656 Der oberste Aufhängungshaken wurde auf der Rekonstruktionszeichnung (Taf. 105) verkehrt herum gezeichnet: Das Hakenende gehört nach oben, mittels des Ringes ist die Aufhängung mit dem zweiten Stab des Oberteils beweglich verbunden.

657 Vgl. Jacobi, Werkzeug und Gerät 114 Abb. 28; eingliedrige Unterteile hat der Kesselhaken aus La Tène: Vouga, La Tène Taf. 27,4.

658 Rybová/Motyková, Kolín 105 Abb. 7; dort auch ausführlich zur Chronologie spätlatènezeitlicher Kesselhaken mit Beispielen aus ganz Europa: ebd. 120 ff.

659 Z.B. schon in dem Mittellatènegrab von Dühren: AuhV V, 5 (Mainz 1912) Taf. 15,284; Wincheringen, Kr. Saarburg: Trierer Zeitschr. 12, 1937, 59 Abb. 10,24; vgl. zusammenfassend: Rybová/Motyková, Kolín 153 ff. (mit weiteren Beispielen).

660 Jacobi, Werkzeug und Gerät 113.

661 Fischer legt sich in der Typenzuweisung (Eggers 20 oder 21) nicht fest, wir folgen hier der Zuweisung von Jacobi, Werkzeug und Gerät 140 mit Anm. 619.

662 A. Radnóti, Rez. zu Fischer, Kappel. Germania 42, 1964, 311; vgl. zusammenfassend: van Endert, Bronzefunde 89 f.

663 Vgl. J. Werner, Zur Bronzekanne von Kelheim. Rückblick und Ausblick. Bayer. Vorgeschbl. 43, 1978, 1 ff.

664 Jacobi, Werkzeug und Gerät 150 f. mit Abb. 36.

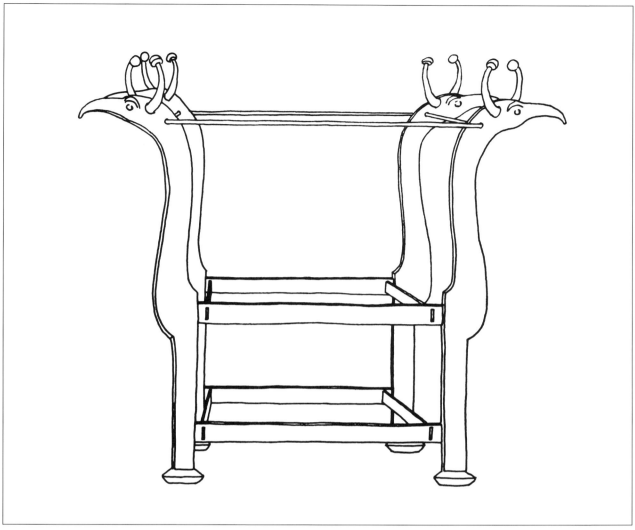

Abb. 34: Rekonstruktion des vierfüßigen Gestells aus dem Hortfund von Kappel (nach S. Piggott in: J. Boardman/M. A. Brown/T. G. E. Powell, The European Community in Later Prehistory. Studies in honour of C. F. C. Hawkes [London 1971] 248 Fig. 56).

Fundgruppe A (Taf. 2,8) um diesen Henkel, er würde sich formal dem Rand und der Ausbauchung der Kanne gut anpassen.

Das Fragment des Weinschöpfers gehört zu dem von J. Werner zusammengestellten „Typ Pescate" und findet sich u. a. in der Siedlung von Karlstein und auf dem Hradischt von Stradonitz sowie im Grabzusammenhang (Grab 5 von Idria)[665].

Die Kanne, das Fragment einer Pfanne vom Typ Aylesford und eines Weinschöpfers belegen für den Hort von Kappel ein vollständiges Weinservice, wie es aus Prunkgräbern der jüngeren Latènezeit und der römischen Kaiserzeit bekannt ist[666].

Fragmente von Bronzegefäßen fanden sich in Form von Bodenbeschlägen und Füßchen in der Viereckschanze von Bopfingen-Flochberg (Kat.-Nr. 15) und im Heidengraben (Kat.-Nr. 431). Das Füßchen aus Bopfingen-Flochberg gehört sicher zu einer der oben erwähnten Kannen vom Typ Kappel-Kelheim, es sei hier nur auf Vergleichsstücke aus Manching verwiesen[667].

Die drei Eisenreifen aus Kappel mit einem Durchmesser von 40–60 cm (Taf. 8,1–3) deutete Fischer wegen anhaftender Holzreste als Reifen von Holzbottichen. Jacobi hat aufgrund von Parallelen wahrscheinlich gemacht, daß es sich bei diesen Reifen um die Randeinfassung von Metallkesseln handelt, die möglicherweise noch als Halbfabrikate anzusehen sind[668].

Metallkessel haben im Alltagsleben als Kochgefäße eine wichtige Rolle gespielt, daneben hatten sie auch im

665 J. Werner, Die Bronzekanne von Kelheim. Bayer. Vorgeschbl. 20, 1954, 54 f., 69 f. (Liste E).
666 Vgl. Werner (Anm. 663) 8 ff.; Rybová/Motyková, Kolín 153 f.
667 van Endert, Bronzefunde 85, Taf. 27,438–447.
668 Jacobi, Werkzeug und Gerät 146; vgl. auch die Fragmente aus Sanzeno: Nothdurfter, Sanzeno 68, Taf. 49,669–670.

kultischen Bereich vielfältige Funktionen, wie vor allem prunkvoll gearbeitete Beispiele zeigen (Gundestrup). Als kultische Votivgaben sind sie aus Gewässern und Mooren bekannt, auch als Behälter für umfangreichere Deponierungen wurden sie verwendet[669]. Wenigstens bei einem der Kesselränder von Kappel dürfte man nach den Fundnachrichten an einen Behälter für weitere Gegenstände des Horts denken, da alle Bestandteile der Fundgruppe C innerhalb dieses Ringes gefunden worden sein sollen[670].

III.3.3.4 Herdschaufeln

Je ein Fragment einer Herdschaufel stammt aus der Viereckschanze von Bopfingen-Flochberg (Kat.-Nr. 15) und aus einem jüngerlatènezeitlichen Grubenhaus von Herrenberg-Gültstein (Kat.-Nr. 69, Taf. 1D,1). Ein Fragment aus dem Hortfund von Kappel (Kat.-Nr. 87, Taf. 8,14) dürfte eher zu einer Herdschaufel als zu einem Schwert gehören[671]. In den beiden letztgenannten Fällen ist der Griff abgebrochen, er dürfte ursprünglich mindestens 30–35 cm lang gewesen sein[672]. Nach Jacobi gehören die Herdschaufeln zum Aufhäufen der glühenden Holzkohle zum festen Gerätebestand jedes Hauses, sind aber auch in allen Werkstätten anzutreffen, in denen mit Feuer gearbeitet wird[673]. Im Gegensatz zu frühlatènezeitlichen Herdschaufeln mit lanzettförmigem Blatt haben diese Geräte seit der jüngeren Latènezeit ein trapezförmiges oder rechteckiges Blatt[674].

III.3.3.5 Feuerböcke

Mit den Fragmenten von Feuerböcken mit Tierköpfen aus dem Hortfund von Kappel (Kat.-Nr. 87, Taf. 3; Taf. 6,6–7, dazu gehören könnten auch die Dreibeine Taf. 7,23–24) hat sich bereits F. Fischer ausführlich beschäftigt[675]. Jacobi hat darauf hingewiesen, daß ähnliche Feuerböcke mit gehörnten Tierköpfen erstmals in der Frühlatènezeit vorkommen und wohl auf Vorläufer in Oberitalien zurückgehen[676]. Der Stierkopf mit Kugelenden am Gehörn (Taf. 3,5; Abb. 33) läßt sich gut mit einem Exemplar aus Manching vergleichen[677], dagegen zeigen die beiden großen Vogelköpfe Taf. 3,1 und Taf. 6,7 Löcher hinter den Augen, die zur Aufnahme von Gehörnen mit Kugelenden (Taf. 3,2) dienten. Vielleicht sollte man daher korrekterweise von Greifenköpfen sprechen. Die gleiche Konstruktion zeigen die kleinen Tierköpfe Taf. 3,3–4. Diese Teile gehören möglicherweise zu einem viereckigen Gestell, wie es aus reichen Gräbern bekannt ist (Abb. 34)[678]. Feuerböcke sind ein charakteristischer Bestandteil jüngerlatènezeitlicher Prunkgräber, auf zahlreiche Parallelen aus Gräbern und Depots haben Rybová und Motyková hingewiesen und die Rolle dieses Herdgeräts im kultischen Bereich diskutiert[679].

III.3.3.6 Messer

Die Messer werden hier als Bestandteil des Küchengeräts angesehen und zu den Geräten des Nahrungs- und Hauswesens gezählt, auch wenn sie ebenso in anderen Bereichen Verwendung gefunden haben können. Einfache Messer mit Griffangel und Klingenfragmente stammen aus dem Hortfund von Kappel (Kat.-Nr. 87, Taf. 2,7), von Ostfildern-Scharnhausen (Kat.-Nr. 199, Taf. 20,4), Engen-Neuhausen (Kat.-Nr. 333), Dörzbach (Kat.-Nr. 344, Taf. 40,24) sowie aus den Viereckschanzen von Dornstadt-Tomerdingen (Kat.-Nr. 714) und Altheim-Heiligkreuztal (Kat.-Nr. 84)[680]. Sie lassen sich hinsichtlich ihrer Funktion und engeren Zeitstellung nicht näher bestimmen[681].

Ein Messer mit geschwungener Klinge ist aus der Höhle bei St. Wendel zum Stein bei Dörzbach bekannt (Kat.-Nr. 344, Taf. 40,25). Es könnte sich um ein Rasiermesser handeln, die in dieser und ähnlicher Form von der Frühlatènezeit bis in die Kaiserzeit belegt sind[682]. Geschwungene Klingen gibt es aber auch bei anderen Messern[683].

Ein Eisenfragment aus Dörzbach (Taf. 40,6) könnte zu einem Messer mit Ringgriff gehören, wie es z.B. auch aus der Siedlung von Harburg-Heroldingen bekannt ist (Taf. 110,1). Ringgriffmesser sind eine charakteristische Form der jüngeren Latènezeit und sind in Manching in unterschiedlichster Größe vertreten[684].

III.3.3.7 Hakenschlüssel

Aus einer angeblich jüngerlatènezeitlichen Grabhügelnachbestattung bei Nattheim (Kat.-Nr. 268) stammt ein eiserner Hakenschlüssel. Leider sind die Funde ver-

---

669 Jacobi, Werkzeug und Gerät 148 ff.; Rybová/Motyková, Kolín 154 f.

670 Fischer, Kappel 35 Nr. 72.

671 Ebd. 35, Taf. 18,69; dort mit Vorbehalt als Schwert beschrieben.

672 Vgl. Nothdurfter, Sanzeno 64 f.; Rybová/Motyková, Kolín 127 f.

673 Jacobi, Werkzeug und Gerät 101 ff., Taf. 30.

674 Ebd. 102 f.; Rybová/Motyková, Kolín 155 f.

675 Fischer, Kappel 26 f.

676 Jacobi, Werkzeug und Gerät 107.

677 Ebd. Taf. 34,593.

678 Ebd. 108 ff. mit Abb. 26. Die Rekonstruktion als solches Gestell hat S. Piggott vorgeschlagen: S. Piggott, Firedogs in Iron Age Britain and beyond. In: J. Boardman/M.A. Brown/T.G.E. Powell, The European Community in Later Prehistory. Studies in honour of C.F.C. Hawkes (London 1971) 245 ff., bes. 247; vgl. auch M. G. Spratling, The Function of the Bull-headed Iron Upright from Stradonice, Bohemia. Germania 53, 1975, 160 ff.

679 Rybová/Motyková, Kolín 156 ff.; vgl. auch G. Gallay/K. Spindler, Der Feuerbock von St. Bernhard (Ain, Frankreich). Arch. Korrbl. 2, 1972, 169 ff.; Piggott a. a. O. (Anm. 678) 245 ff.

680 Vgl. Zürn/Fischer, Tomerdingen Taf. 46,6.8; Wieland in: Bittel/Schiek/Müller, Viereckschanzen 103 Abb. 47,7.

681 Vgl. Jacobi, Werkzeug und Gerät 122 ff.

682 Ebd. 91 ff.

683 Ebd. z. B. Taf. 20,337–338.

684 Ebd. 116 ff.

scholen, so daß die Form nicht bekannt ist. Ein Griff eines Hakenschlüssels stammt auch aus dem Grab von Kirchberg a. d. Murr (Kat.-Nr. 782), das in die ausgehende Mittellatènezeit oder beginnende Spätlatènezeit gehören dürfte. Für unsere Stücke ist wegen der unbekannten Form keine nähere Bestimmung möglich. Das Vorkommen im Grabzusammenhang und die geringe Größe spricht nach Jacobi dafür, daß es sich um Schlüssel für Kästchen handelt[685].

Auch ein hakenförmiger Ösenstift aus der Höhle bei St. Wendel zum Stein (Dörzbach, Kat.-Nr. 344, Taf. 40,26) könnte den Rest eines Hakenschlüssels darstellen, wie sie aus Manching in großer Zahl bekannt sind. Jacobi hat die Entwicklung der Hakenschlüssel ausführlich beschrieben[686]. Eiserne Hakenschlüssel dieser Art sind bereits in der Frühlatènezeit nördlich der Alpen belegt und tauchen vermehrt in Gräbern der Spätlatènezeit auf[687]. Der Schlüsselgriff im Grab von Kirchberg a. d. Murr (Kat.-Nr. 782) war anscheinend mit einer Schwertklinge und einer Lanzenspitze vergesellschaftet[688]. Genau die gleiche Beigabenkombination (Schwert/Lanze/Schlüssel) enthielt ein spätlatènezeitliches Waffengrab von Baden-Kappelerhof im Kanton Aargau[689]. Neben einer Deutung als Schlüssel für die hier erwähnten Stücke sei noch auf ähnliche Ösenstifte mit Kopfplatte hingewiesen, die zum Wagen gehören[690].

III.3.4 Werkzeuge zur Leder- und Textilbearbeitung

III.3.4.1 Spinnwirtel

Jacobi hat in Manching zwei Gruppen von Spinnwirteln unterschieden: zum einen aus Ton geformte kegelförmige oder doppelkonische Wirtel, zum anderen aus Topfscherben rundlich zugeschlagene und durchbohrte Scheiben[691]. Von den zahlreichen Spinnwirteln der ersten Gruppe aus der Marderhöhle bei St. Wendel zum Stein (Kat.-Nr. 344) könnten einige durchaus in die Mittel- oder Spätlatènezeit gehören. Die Stücke Taf. 41,24 und 30 finden hinsichtlich ihrer speichenförmigen Ritzverzierung gute Parallelen in Manching[692]. Allerdings ist diese Spinnwirtelform auch in älteren Fundzusammenhängen bereits üblich. Die auch in Manching weit zahlreicheren Scherbenwirtel scheinen dagegen für die jüngere Latènezeit charakteristisch[693]. Sie kommen auch in unserem Arbeitsgebiet häufig vor (Kat.-Nr. 10, 15, 32, 65, 191, 206, 245, 275, 333, 344, 349, 601, 614, 615, 624, 714, 780). Diese Scherbenwirtel sind auch noch in römischen Zusammenhängen feststellbar, was für die Frage der keltischen Traditionen in römischer Zeit von Interesse ist.

III.3.4.2 Nähnadel

Nähnadeln kommen im Manchinger Gerätebestand mit rund 60 Exemplaren vor. Sie sind in der Mehrzahl aus Eisen, nur einige der kleineren Exemplare bestehen aus Bronze[694]. Aus Lonsee-Ursprung (Kat.-Nr. 729) stammt eine solche Nähnadel, wie üblich befindet sich das Öhr im oberen Drittel. Mit einer Länge von ca. 8 cm gehört sie zu den kleineren Vertretern, die meisten der Manchinger Exemplare sind 10–12 cm lang[695]. Dieser Nadeltyp kommt in ähnlicher Form, aber nicht mit so deutlich ausgezogener Spitze, bereits in hallstattzeitlichen Zusammenhängen vor[696].

III.3.4.3 Eisenpfrieme

Eisenpfrieme aus der Viereckschanze von Ehningen (Kat.-Nr. 65)[697], vom Heidengraben (Taf. 60,2) und von Langenau (Kat.-Nr. 726) gehören zu einem Typ der aus zahlreichen latènezeitlichen Siedlungen bekannt ist. Charakteristisch ist der vierkantige Querschnitt und die gestreckt-doppelpyramidenförmige Gestalt[698]. Pfrieme dienten wohl hauptsächlich zur Bearbeitung von dickem Leder.

III.3.4.4 Knochen- und Holzpfrieme (?)

Neben Metallgeräten kommen in der jüngeren Latènezeit auch noch solche aus Geweih und Knochen vor. Hierzu zählen Pfrieme unterschiedlicher Größe aus Röhrenknochen, die von einigen Fundorten vorliegen (Kat.-Nr. 245, 349, 583, 639). Aus Manching sind entsprechende Stücke bekannt[699].

Ein zweischaliges Holzgerät mit Spitze, durch das eine Schnur gezogen war, befindet sich unter den Funden von Schwäbisch Hall (Kat.-Nr. 583). Die Deutung fällt schwer, da sich die sicher in großer Zahl vorhandenen Holzgerätschaften in aller Regel nicht erhalten haben. Formal ist es mit den Knochenpfriemen vergleichbar. Kost dachte an ein Gerät zur Herstellung von Fischernetzen, vielleicht gehört es auch zu den Seilergeräten[700].

---

685 Ebd. 171.
686 Jacobi, Werkzeug und Gerät 153 ff.
687 Jacobi, Werkzeug und Gerät 168 ff. (mit zahlreicher Literatur).
688 Bittel, Kelten 26; Taf. 6,4.7.9.
689 Hartmann/Bellettati/Widmer, Baden-Kappelerhof 51 Abb. 10.
690 K. Raddatz, Das Wagengrab der jüngeren vorrömischen Eisenzeit von Husby, Kreis Flensburg. Offa-Bücher 20 (Neumünster 1967) 30 f., Abb. 8,4–7.
691 Jacobi, Werkzeug und Gerät 59 ff.
692 Ebd. Taf. 86,1704–1708.
693 Ebd. 60 f.; Taf. 87–88.
694 Jacobi, Werkzeug und Gerät 57 ff.; van Endert, Bronzefunde Taf. 14,256–263.
695 Ebd. 58.
696 Vgl. etwa S. Sievers, Die Kleinfunde der Heuneburg. Heuneburgstudien 5. Röm.-Germ. Forsch. 42 (Mainz 1984) 36, Taf. 67/68.
697 Vgl. Wieland, Fellbach-Schmiden und Ehningen Taf. 29,7.
698 Jacobi, Werkzeug und Gerät 54 ff., Taf. 11.
699 Ebd. 56 f., Taf. 81.
700 Zum Seilerhandwerk: G. Klein, Die Seilerwerkstätte im Elsässischen Museum Straßburg. Volkskunst 8, 1985, Heft 2, 32 ff.

Eine genaue Funktionsbestimmung ist kaum möglich, weshalb es mit Vorbehalt den Geräten zur Textilbearbeitung zugeordnet wurde.

III.3.5 Wagenteile und Schirrung

Ein bronzener Zügelführungsring und ein Radnabenstift (?) mit Ringkopf sind bislang die einzigen Wagenteile aus dem Oppidum Heidengraben (Kat.-Nr. 431, Taf. 61,1.5). Vielleicht gehört eine eiserne Riemenschlaufe vom gleichen Fundort (Taf. 60,3) ebenfalls zur Schirrung oder Anspannung von Zugtieren, allerdings ist die Datierung des Stückes unklar, es könnte genausogut mittelalterlich oder neuzeitlich sein.

Zahlreiche Zeugnisse antiker Autoren legen nahe, daß die Stellmacherei der bekannteste und bedeutendste Zweig des keltischen Holzhandwerks war, was auch aus der Fülle unterschiedlicher Wagentypen hervorgeht[701].

III.3.5.1 Zügelringe

Der Zügelring vom Heidengraben und ein fast identisches Stück aus dem Hortfund von Kappel (Kat.-Nr. 87, Taf. 6,9) gehören zu einer geläufigen Form bronzener Zügelringe, die ursprünglich auf hölzerne Joche aufgesetzt zur Führung der Zügel für die Zugpferde dienten. Sie sind aus Manching und anderen spätkeltischen Fundzusammenhängen bekannt[702]. Das Vorkommen in Wagengräbern der ausgehenden Mittel- und Spätlatènezeit stellt den zeitlichen Rahmen für diese weit verbreitete Form.

III.3.5.2 Radnabenstifte

Ein anthropomorpher Radnabenstift aus der Uracher Gegend (Kat.-Nr. 407) soll nach Goessler und Jacobsthal „bei Grabenstetten" gefunden worden sein, womit er aus dem Bereich des Heidengraben stammen würde. F. Fischer hat für dieses singuläre Stück eine Datierung in die Mittellatènezeit erwogen[703]. Bemerkenswert ist nach Jacobi eine an den Schaft angesetzte Eisenfeder, die ein neues Konstruktionsmerkmal darstellt und der Sicherung des Stifts diente. Der Stift mit bronzenem Ringkopf vom Heidengraben (s. o.) läßt sich nicht mit Sicherheit als Achsnagel ansprechen. Jacobi hat für formal entsprechende Federstifte mit Ringkopf aus Manching neben einer Deutung als Schloßteile auch an eine Verwendung als Achsnägel gedacht[704]. Ein Radnabenstift mit Eisenfeder und brillenförmigem Kopf findet sich auch im Hortfund von Kolín[705].

III.3.5.3 Nabenringe

Der Hortfund von Kappel hat verschiedene Wagenteile enthalten, darunter auch fünf Nabenringe aus Bronze (Taf. 6,1–5), die unmittelbare Vergleichsstücke am

Wagen von Dejbjerg finden[706]. Die charakteristische Rippenverzierung findet sich mehrfach an Beispielen aus französischen Wagengräbern und ist auch von Sanzeno sowie aus dem Massenfund von Bern-Tiefenau bekannt[707]. Die Ringe saßen wohl beidseits der Speichen auf der Achse, die geschlossenen Ringe wurden warm aufgezogen und konnten sich so beim Abkühlen „festschrumpfen"[708]. Die Tatsache, daß die Nabenringe von Kappel aus Bronze bestehen (üblich sind eiserne Exemplare) und eine Zierrippe aufweisen, läßt auf einen aufwendigen Wagen schließen, der sicher nicht einfachen landwirtschaftlichen Zwecken gedient hat.

III.3.5.4 Radreifen

Die Eisenbandfragmente aus dem Hortfund von Kappel (Kat.-Nr. 87) dürften zu Radreifen gehören, die von einigen anderen Fundorten bekannt sind[709]. Ein komplett erhaltener Radreifen aus Manching zeigt noch zwei gegenüberliegende Nagellöcher[710]. Im Verlauf der Mittellatènezeit verschwindet die zusätzliche Nagelung der warm aufgezogenen Radreifen[711]. Die Fragmente von Kappel zeigen, soweit erkennbar, keine Spuren von Nagellöchern mehr.

III.3.5.5 Achskappen

Für eine profilierte Bronzetülle aus Kappel (Taf. 7,2) hat Fischer eine Verwendung als Achskappe erwogen, doch dürfte der Durchmesser von 1,7 cm dafür zu gering sein. Jacobi hat für diesen und einen zweiten Tül-

---

701 Vgl. die eindrucksvolle Menge schriftlicher Zeugnisse bei Timpe, Handwerk 51 ff.
702 Jacobi, Werkzeug und Gerät 198 ff., Taf. 52,809–811.814–816; Das Exemplar Nr. 814 ist praktisch identisch mit dem Zügelring von Kappel, während die Nr. 811 am ehesten dem Stück vom Heidengraben nahekommt. Jacobi verweist auf weitere Beispiele vom Staré Hradisko und vom Dünsberg (ebd. 200); vgl. auch van Endert, Bronzefunde 67 ff., Taf. 18,349–353.
703 Fischer, Heidengraben 108 ff.
704 Jacobi, Werkzeug und Gerät 162, 219.
705 Rybová/Motyková, Kolín 141.
706 H. Petersen, Vognfundene. I. Dejbjerg praestegaardsmose ved Ringkjobing 1881 og 1883 (1888) Taf. 1,1a; 4,1a.
707 Nanterre: L'Anthropologie 13, 1902, 67 Abb. 2; Nothdurfter, Sanzeno Taf. 36,470–471; Müller, Tiefenau 53 (Eisen).
708 Nothdurfter, Sanzeno 56.
709 Jacobi, Werkzeug und Gerät 209 ff. (mit weiteren Hinweisen), Taf. 55,835–841; 97,1796; Nothdurfter, Sanzeno 54; Taf. 32,415; 33; 34,422–429; Rybová/Motyková, Kolín 141; Ob der Massenfund von Bern-Tiefenau Radreifen enthalten hat, ist unsicher: Müller, Bern-Tiefenau 52 ff.
710 Jacobi, Werkzeug und Gerät Taf. 97,1796.
711 Vgl. W. Drack, Das Rad in der Eisenzeit. In: B. A. Schüle/D. Studer/Ch. Oechslin, Das Rad in der Schweiz vom 3. Jt. v. Chr. bis um 1850. Kat. Sonderausstellung Schweiz. Landesmus. Zürich 1989 (Zürich 1989) 31 ff., bes. 39.; zur Herstellungstechnik, bes. dem warmen Aufziehen der Radreifen vgl. P. Ringger, Ein Rad entsteht. Ebd. 47 ff.

lenaufsatz (Taf. 5B,2) an eine nicht näher bekannte Funktion am Wagenaufbau gedacht[712]. Dagegen könnte es sich bei den drei kalottenförmigen Bronzeblechen Taf. 7,3–5 um solche Achskappen handeln[713], die vor allem in der Hallstattzeit als funktionaler und ornamentaler Bestandteil der Achskonstruktion nachgewiesen sind[714]. Dazu würden auch die oben schon genannten bronzenen Nabenringe passen.

III.3.6 Werkzeuge zur Holzgewinnung und -verarbeitung

III.3.6.1 Tüllenbeile und -äxte

Tüllenbeile und -äxte sind von mehreren Fundorten im Arbeitsgebiet bekannt (Kat.-Nr. 87, 199, 333, 347, 429, 445, 480, 577, 720). Sie werden hier als Werkzeug betrachtet, obwohl sie im Grabzusammenhang auch schon als Waffen gedeutet wurden[715]. Von Interesse ist dies im Zusammenhang mit den Beilen, die aus Nachbestattungen in der Grabhügelnekropole beim Burrenhof stammen (Kat.-Nr. 429). Allerdings sind Tüllenbeile auch schon in mittellatènezeitlichen Grabfunden mit Schwertern vergesellschaftet, so daß die Annahme Schumachers, es handele sich bei solchen Beilen in Gräbern um eine spezifische Nahkampfbewaffnung des linksrheinischen Gebiets, auf einer zu kleinräumigen Betrachtung beruht[716].

Jacobi hat Tüllenbeile und -äxte anhand des Gewichts unterschieden, weil für die Beile eine einhändige Führung anzunehmen ist. Grundsätzlich handelt es sich hier um vielseitige Werkzeuge, die neben der Holzgewinnung (Fällen) und -verarbeitung auch anderen Zwecken dienten (z. B. zum Schlachten)[717]. Anhand der Schneidengestaltung lassen sich unterschiedliche Verwendungszwecke vermuten, bereits Jacobi hat etwa auf die besonders breite Schneide des Beils aus dem Hortfund von Kappel (Taf. 8,7) hingewiesen, das an die breiten Zimmermannsbeile zum Zurichten von Balken erinnert[718]. Als charakteristisch für die jüngere Latènezeit hat Jacobi die einfacher zu schmiedende offene Tülle herausgestellt, während die geschlossene Tülle in der Hallstatt- und Frühlatènezeit üblich war[719].

III.3.6.2 Schaftlochäxte

Aus dem Hortfund von Kappel (Kat.-Nr. 87) stammen zwei schwere Schaftlochäxte (Taf. 5A,4.6). Sie gehören zu einem Ensemble von Werkzeugen zur Holzbearbeitung (Äxte, Beil, Tüllenmeißel), das angeblich innerhalb eines Kesselrandes zusammen mit dem Bronzeeimer Taf. 5A,1 gefunden wurde (Fundgruppe C). Schaftlochäxte sind auch an anderen latènezeitlichen Fundorten nicht gerade häufig, aus Manching sind z. B. nur zwei Exemplare bekannt. Die kleineren Schaftlochbeile sind dagegen etwas häufiger belegt[720].

III.3.6.3 Tüllenmeißel

Die Tüllenmeißel aus Kappel (Taf. 5A,5) und Pfullingen (Kat.-Nr. 445) gehören zu geläufigen Formen der jüngeren Latènezeit. Sie dienten ausschließlich der Holzbearbeitung und sind nach Jacobi seit der Frühlatènezeit nachgewiesen[721].

III.3.7 Schmiedewerkzeug und Werkzeug zur Metallbearbeitung

III.3.7.1 Hämmer

Aus dem Hortfund von Kappel stammen zwei Schmiedehämmer (Taf. 2,5; 6,8) und ein schwerer Setzhammer (Taf. 2,3). Schmiedehämmer sind durch eine rechteckige Bahn und eine zum Auge querstehende Finne charakterisiert, sie wurden sicher sehr vielseitig verwendet[722]. Einer der Schmiedehämmer von Kappel hat am Auge eine Querdurchbohrung, die zur Arretierung des Stiels diente. Die Setzhämmer dienten zur indirekten Bearbeitung von Eisen, indem sie auf die Werkstücke gesetzt wurden. Mit einem Schmiedehammer wurde dann auf das Oberteil des Setzhammers geschlagen. Setzhämmer sind durch die beiden Bahnen und das runde Auge charakterisiert. Aus Manching sind sie mit zwei Beispielen belegt. Jacobi rechnet mit einer Entwicklung verschiedener Hammerformen seit der Mittellatènezeit, was für eine zunehmende Spezialisierung des Handwerks spricht. Einige dieser Formen haben sich bis in die Gegenwart unverändert erhalten[723].

III.3.7.2 Zangen

Zwei fragmentierte Flachzangen aus dem Hortfund von Kappel (Taf. 4,2.5) gehören zu einem gut bekann-

---

712 Jacobi, Werkzeug und Gerät 222; vgl. van Endert, Bronzefunde 101 f., Taf. 34,521.
713 Ebd. 222; nach Jacobi gibt es in der Spätlatènezeit nichts Entsprechendes.
714 Vgl. Drack (Anm. 711) 35 Abb. 4,11–13.
715 F.-J. Schumacher, Das frührömische Grab 978 mit Beil und Axt. Waffen oder Werkzeuge? In: A. Haffner, Gräber – Spiegel des Lebens (Mainz 1989) 247 ff.
716 Ebd. 254; vgl. z. B. das Grab von Auingen bei Münsingen, das Schwert, Schild, Lanze und Tüllenaxt enthalten hat: Fundber. Schwaben N.F. 9, 1935–38, 67 ff.; in diesem Sinne auch Jacobi, Werkzeug und Gerät 31 f. (mit weiteren Beispielen).
717 Jacobi, Werkzeug und Gerät 28 ff.
718 Ebd. 31 mit Anm. 122. Zu Zimmermannsbeilen vgl. G. Heine, Das Werkzeug des Schreiners und Drechslers (Hannover 1990).
719 Jacobi, Werkzeug und Gerät 32.
720 Ebd. 33 f.; Nothdurfter, Sanzeno 33 ff.; Die von Nothdurfter aufgrund des runden Auges in römische Zeit datierte Axt Taf. 13,204 (vgl. 34 f.) findet eine gute Entsprechung in einem Stück aus Kappel, dürfte also ebenfalls spätlatènezeitlich sein.
721 Jacobi, Werkzeug und Gerät 35 ff.; Nothdurfter, Sanzeno 29.
722 Jacobi, Werkzeug und Gerät 5 ff.
723 Ebd. 7 f.

ten Typ keltischer Schmiedegeräte[724]. Sie haben sich in ihrer Form bis in die Neuzeit unverändert gehalten.

III.3.7.3 Meißel

Ein breiter, massiver Meißel stammt aus dem Hortfund von Kappel (Taf. 2,6), ein etwas zierlicherer aus der Viereckschanze im Ruchenholz bei Heiligkreuztal (Kat.-Nr. 84)[725]. Meißel dienten nicht ausschließlich der Metallbearbeitung, sondern fanden bei der Gestaltung vieler Materialien Verwendung. Dadurch erklärt sich ihr relativ häufiges Vorkommen in latènezeitlichen Fundzusammenhängen[726]. Die beiden Beispiele aus unserem Arbeitsgebiet gehören beide zur Gruppe der Flachmeißel mit vierkantigem Schaft. Das Stück aus Kappel dürfte aufgrund seiner Größe zum Abschroten (Zerteilen) von Eisen[727] gedient haben, es stammt auch aus einer Fundgruppe (A), in der noch weitere schwere Schmiedewerkzeuge enthalten waren. Wegen seiner schmalen Form und der Spitze dürfte sich der Meißel von Heiligkreuztal dagegen eher zur Bearbeitung von weicheren Materialien geeignet haben.

III.3.7.4 Schleifsteine

Schleifsteine und Fragmente von solchen sind in größerer Zahl aus dem Arbeitsgebiet bekannt (Kat.-Nr. 115, 199, 205, 349, 438, 630, 640, 641, 714, 715). Sie dienten wohl vorrangig dem Schärfen von Messern. In ihrer Form und Größe treten beträchtliche Unterschiede auf: So sind große boots- oder beilförmige Wetzsteine (z. B. Taf. 20,5; 79B,5) eher selten[728], während die mittelgroßen Exemplare mit vierkantig-quadratischem Querschnitt am häufigsten sind (Taf. 66A,12; 84,9)[729]. Seltener sind kleine flach-rechteckige Wetzsteine (Taf. 80,17), von denen einer durchbohrt ist (Taf. 10B,4)[730]. Wetzsteine gehören zum festen Gerätebestand des Hauses und kommen deshalb in den Siedlungen häufiger vor. Es sind auch Beispiele aus Grabfunden bekannt, vermutlich handelt es sich auch bei den Funden von Mehrstetten (Kat.-Nr. 438) um eine Nachbestattung in einem Grabhügel[731].

III.3.8 Verschiedenes Eisengerät

III.3.8.1 Ketten

Kettenfragmente stammen aus dem Hortfund von Kappel (Taf. 8,19–22) und aus der Viereckschanze von Tomerdingen[732]. Da Ketten sehr vielfältige Funktionen haben können, ist die Frage nach der jeweiligen Verwendung ohne weitere Anhaltspunkte kaum zu beantworten[733]. Insgesamt sind in unserem Material drei verschiedene Formen der Kettenglieder feststellbar: Die ringförmigen Glieder aus Kappel (Taf. 8,21–22) könnten zu einem mehrteiligen Kesselhaken gehört haben, zumal ein Stangenfragment eines solchen im Hort ent-

halten ist (s. o., Taf. 8,11)[734]. Die achterförmigen Kettenglieder von Kappel und Tomerdingen finden zahlreiche Parallelen in spätkeltischen Siedlungen, auch ovale Kettenglieder sind mehrfach nachgewiesen. Achterförmige und runde Kettenglieder waren auch in römischer Zeit, ovale Kettenglieder zudem noch während des Mittelalters und bis in die Neuzeit gebräuchlich[735].

III.3.8.2 Spiralförmige Zwinge

Eine spiralförmige Zwinge aus dem Hortfund von Kappel (Taf. 8,18) diente möglicherweise zur Reparatur eines zerbrochenen Holzstabs. Jacobi wies mit Vorbehalt auf ähnliche Zwingen im Fund von Llyn Cerrig Bach hin und dachte an eine Verwendung im Wagenbau[736].

III.3.8.3 Eisenklammern

Eisenklammern sind in verschiedener Form und Größe bekannt. Bei den kleinen bandförmigen Klammern, die zudem gewölbt sind (Taf. 33A,2–4), kann man auf Reparaturklammern für zerbrochene Keramikgefäße schließen[737]. Die große Klammer vom Heidengraben (Taf. 61,8) dürfte als regelrechte Bauklammer zum Zusammenhalten von Holzkonstruktionen anzusehen sein[738]. Auf kleinere Klammern für Holzverbindungen aus der Viereckschanze von Fellbach-Schmiden wurde bereits bei der Bearbeitung dieses Fundkomplexes hingewiesen, aus Manching und anderen Siedlungen gibt es zahlreiche Beispiele dafür[739].

III.3.8.4 Ösenstifte

Verschiedene Ösenstifte aus Eisen lassen sich hinsichtlich ihrer Funktion nicht näher bestimmen. Ein Exem-

---

724 Jacobi, Werkzeug und Gerät 9 ff.; Nothdurfter, Sanzeno 38.
725 Vgl. Wieland in: Bittel/Schiek/Müller, Viereckschanzen 103 Abb. 47,3.
726 Nothdurfter, Sanzeno 35 f.; Jacobi, Werkzeug und Gerät 18 ff.
727 Ebd. 20.
728 Vgl. Beispiele aus Manching: Jacobi, Werkzeug und Gerät Taf. 58,1693.1701.
729 Ebd. Taf. 83.
730 Diese Form scheint in Manching zu fehlen; Jacobi betont das Fehlen von gelochten Wetzsteinen in der Spätlatènezeit, es kann sich bei unserem Exemplar auch um ein Altstück aus der Hallstattzeit handeln. Vgl. Jacobi, Werkzeug und Gerät 130.
731 Holheim bei Nördlingen: H. P. Uenze, Führer vor- und frühgesch. Denkm. Deutschland 40 (Mainz 1979) 171 Abb. 9.
732 Zürn/Fischer, Tomerdingen Taf. 16,1–2.
733 Fischer dachte in Tomerdingen z. B. an Ketten zum Führen von Rindern (Opfertiere): ebd. 43.
734 Vgl. auch eine Ringkette aus Manching: Jacobi, Werkzeug und Gerät 226 ff., Taf. 58,884.
735 Ebd. Taf. 57–58; Nothdurfter, Sanzeno 77 f., Taf. 68.
736 Jacobi, Werkzeug und Gerät 232.
737 Ebd. 236; Kappel, Graphittonkeramik Taf. 15,215–219.
738 Jacobi, Werkzeug und Gerät 235, Taf. 70,1302–1310.
739 Wieland, Fellbach-Schmiden und Ehningen 30; Jacobi, Werkzeug und Gerät 235 f.

plar mit eingehängtem Ring aus Kappel (Taf. 2,10) könnte man sich am ehesten als sichtbaren Beschlag auf einem Holzgerät vorstellen, während Ösenstifte mit schmalem, gebauchtem Schaft wie Taf. 33A,1 und Taf. 40,7 nach Jacobi zu einer nicht näher bekannten Verriegelungsvorrichtung gehört haben[740].

III.3.8.5. Haken

Gerade Haken wie im Hortfund von Kappel (Taf. 7,17) sind aus Manching gut bekannt. Jacobi hat für diese Stücke – wie für die Klammern – eine Verwendung in der Zimmermannstechnik erwogen[741]. Einfache U-förmig gebogene Haken (Taf. 65C,7) können im Haushalt zum Aufhängen von Gegenständen und Lebensmitteln gedient haben[742].

III.3.8.6 Nägel

Jüngerlatènezeitliche Nägel sind in unterschiedlicher Form und Größe bekannt: Die großen Nägel mit vierkantigem Schaft aus der Viereckschanze im Ruchenholz bei Heiligkreuztal (Kat.-Nr. 84)[743] fanden sicher bei der Konstruktion von Holzbauten Verwendung, wie sie dort ja in Form eines Torgebäudes nachgewiesen sind. Ein feiner dünner Nagel mit Flügelkopf aus Kappel (Taf. 2,9) gehört zu einem in Manching sehr häufigen Typ[744]. Das „Hämmerchen" mit tordiertem Schaft vom Heidengraben (Taf. 61,4) gehört in Wirklichkeit zu einem Nageltyp mit T-förmigem Kopf und gelegentlich tordiertem Schaft, dessen Verwendung aber nicht klar ist[745].

III.3.8.7 Bügelschere

Auf das Fragment einer Bügelschere aus Fellbach-Schmiden (Kat.-Nr. 780) wurde bereits bei der Bearbeitung dieser Funde ausführlich eingegangen[746]. Solche Scheren können sowohl zum Toilettbesteck (zum Haare- und Bartschneiden), als auch zum Gerät (Stoffschneiden, Schafschur) gezählt werden, sie sind aus zahlreichen jüngerlatènezeitlichen Siedlungen und Gräbern bekannt[747].

III.3.8.8 Unbekanntes Eisengerät zum Töpfern (?)

In der Nikolaushöhle bei Veringenstadt grub E. Peters ein keilförmiges Eisengerät mit einseitiger Zähnung aus (Taf. 87,8). Rieth dachte an ein Töpfergerät, mit dem der Kammstrich auf der Gefäßwandung angebracht wurde[748]. Zweifellos läßt sich das Gerät dazu verwenden, auch gibt es Parallelen aus der volkskundlichen Geräteforschung; allerdings dürfte der Gerätebestand eines ländlichen Töpfers der Latènezeit kaum speziell angefertigte Eisengeräte für diese Verwendung enthalten haben, wo ein Holz- oder Knochenkamm den gleichen Zweck erfüllt[749]. Man möchte hier eher an einen Einsatzmeißel oder ein Stecheisen denken, wie sie in

ähnlicher Form aus Manching bekannt sind[750]. Die einseitige Zähnung könnte vom „Strecken", d. h. vom Verbreitern des Kopfes mit der Hammerfinne oder einem Schroteisen herrühren[751].

III.3.9 Fragment eines Carnyx (?)

Eine gebogene Röhre aus gefalztem Blech aus dem Hortfund von Kappel (Taf. 5B,1) wurde von Fischer sehr einleuchtend als Fragment eines Blechblasinstruments, eines sog. „Carnyx" gedeutet[752].
In der gleichen Technik gefertigt ist eine mittellatènezeitliche Pferdeplastik aus Eisenblech von Manching[753]. Für das Fragment von Kappel dürfte wegen der gebogenen Form die Deutung von Fischer zutreffen, Darstellungen des Carnyx zeigen deutlich, daß dieses Instrument aus mehreren Röhren zusammengesetzt war[754].

III.4 Spätlatènezeitliche Waffen

Die Besprechung der Waffen wird hier im wesentlichen auf zwei Schwertformen beschränkt. Die Hiebschwerter in Blechscheiden mit Stegverzierung oder in Scheiden vom Typ Ludwigshafen und die rapierartigen Knollenknaufschwerter sind bislang die einzigen Waffentypen im Arbeitsgebiet, die sich in die Spätlatènezeit datieren lassen. Mittellatène-Schwerter, Schildbuckel, Lanzen- und Pfeilspitzen bleiben in diesem Rahmen unberücksichtigt[755]. Nach den umfangreichen Studien zu den Waffen von Gournay[756] und Manching[757] lassen

740 Ebd. 230 f., Taf. 63,1070–1074.
741 Jacobi, Werkzeug und Gerät 234 f., Taf. 66.
742 Ebd. 234.
743 Wieland in: Bittel/Schiek/Müller, Viereckschanzen 103 Abb. 47,1–2;50,8–9.
744 Jacobi, Werkzeug und Gerät 237 f., Taf. 73,1401–1416.
745 Ebd. 238, Taf. 75,1485.
746 Wieland, Fellbach-Schmiden und Ehningen 28 f.
747 Jacobi, Werkzeug und Gerät 87 ff.
748 A. Rieth, Mannus 29, 1937, 124 ff.
749 Vgl. etwa ein Beispiel für heutiges Töpferhandwerkzeug in Zypern, das z.T. aus wiederverwendeten Gegenständen besteht: Unter den Geräten befindet sich lediglich ein Eisen zum Schaben. G. London u. a., Töpferei auf Zypern, damals – heute (Mainz 1989) 54 Abb. 70.
750 Jacobi, Werkzeug und Gerät 37 f., Taf. 7,104–111.
751 Vgl. die Darstellung ebd. 259 Abb. 58,4.
752 Fischer, Kappel 21 f.; Fischer argumentierte u. a. mit der aufwendigen Abdichtung, die nur für ein Blasinstrument sinnvoll scheint. Zum Carnyx vgl. S. Piggott, The Carnyx in Early Iron Age Britain. The Antiquaries Journal 39, 1959, 19 ff.
753 W. Krämer, Das eiserne Roß von Manching. Germania 67, 1989, 519 ff.
754 Fischer hat bereits auf die Darstellung auf einer Platte des Kessels von Gundestrup verwiesen (Fischer, Kappel 22), vgl. dazu jetzt Hachmann, Gundestrup-Studien 821 ff.
755 Auf mittellatènezeitliche Grabfunde wird nur zu Vergleichszwecken eingegangen.
756 Brunaux/Rapin, Gournay II.
757 Sievers, Waffen von Manching 97 ff.

sich zwar Schildbuckel[758], Lanzenspitzen und -schuhe[759] sowie Pfeilspitzen[760] einigermaßen gut in mittel- und spätlatènezeitliche Typen unterteilen, doch setzt dies in aller Regel gute Erhaltungsbedingungen voraus. Wie bei anderen Funden macht sich auch hier das Fehlen großflächiger Untersuchungen in Siedlungen bemerkbar. Die wenigen sicher datierbaren spätlatènezeitlichen Waffen oder Waffenteile in unserem Arbeitsgebiet sind alle als Einzelfunde anzusehen[761].

Zwei Lanzenspitzen (Kat.-Nr. 151, Kat.-Nr. 188) sind zu stark fragmentiert, als daß man sie genauer bestimmen könnte. Aufgrund der keramischen Beifunde dürfte das Exemplar aus der Rauberweidhöhle (Kat.-Nr. 151, Taf. 13,6) in die Spätlatènezeit gehören, während die stark fragmentierte kleine Spitze von Unterlenningen (Kat.-Nr. 188, Taf. 15A,5) wohl älter ist[762]. Die Lanzenspitze von Bad Wurzach-Arnach (Kat.-Nr. 480) läßt sich kaum beurteilen, ihre Fundumstände sind auch zu wenig bekannt.

Ein tüllenförmiger Lanzenschuh aus dem Hortfund von Kappel (Kat.-Nr. 87, Taf. 8,12) könnte aufgrund von Parallelen aus Grabfunden in die Spätlatènezeit gehören; es könnte sich bei dieser Tülle aber auch um den Bestandteil eines Gerätes handeln[763].

Bei der Untersuchung von Tor G des Heidengrabens bei Erkenbrechtsweiler fanden sich stark korrodierte Eisenspitzen in der Wallschüttung, bei denen es sich evtl. um Pfeilspitzen handeln könnte. Eine zeitliche Einordnung der Stücke ist nicht möglich[764].

III.4.1 Hiebschwerter

Schwertklingen und -scheiden (oder Fragmente) von breiten Hiebschwertern sind mit mehreren Nachweisen zwischen Schwarzwald und Nördlinger Ries belegt. Ein Klingenfragment stammt vom Heidengraben (Kat.-Nr. 431, Taf. 61,2), bei einem Fragment aus dem Hortfund von Kappel (Kat.-Nr. 87, Taf. 8,14) dürfte es sich dagegen um eine Herdschaufel handeln (s. o. Kap. III.3.3.4). Weitgehend erhaltene Schwerter mit Scheide oder Resten von dieser sind aus der Fils bei Göppingen (Kat.-Nr. 227, Taf. 27), von Ravensburg-Riesen (Kat.-Nr. 486) und aus Veringenstadt (Kat.-Nr. 647, Taf. 78A) bekannt. Das Grab von Neckarsulm (Kat.-Nr. 314) soll ebenfalls Reste eines Schwertes enthalten haben. Bei den Funden von Langenenslingen (Kat.-Nr. 93), Tuttlingen (Kat.-Nr. 689) und Ulm-Söflingen (Kat.-Nr. 753) ist nicht sicher zu entscheiden, ob es sich noch um mittel- oder schon spätlatènezeitliche Schwerter handelt. Gleiches gilt für den Grabfund von Kirchberg an der Murr (Kat.-Nr. 782).

Das Bruchstück vom Heidengraben wurde angeblich 1908 im oder beim Wall, nahe dem Durchbruch der Straße nach Neuffen beim Burrenhof gefunden. An-

geblich wurde ein weiteres Schwert bereits früher am Durchbruch der Straße Grabenstetten–Böhringen durch den Wall südlich von Grabenstetten gefunden[765]. Obwohl es sich hier um alte Fundnotizen handelt, deren Verläßlichkeit in Frage gestellt werden kann, sollte man diese Nachrichten von zwei Waffenfunden aus dem Bereich der äußeren Befestigung des Oppidums nicht vergessen. In diesem Zusammenhang sei auch auf die möglichen Pfeilspitzen aus dem Heidengraben nördlich von Erkenbrechtsweiler nochmals hingewiesen (s. o.). Das Klingenfragment vom Heidengraben zeigt eine kantige, deutlich erhöhte Mittelrippe und leicht erhöhte Schneidenbahnen. So entsteht der Eindruck von flachen Rinnen zu beiden Seiten der Mittelrippe, die Spitze ist deutlich ausgezogen. Diese Klingenform scheint typisch für die Spätlatènezeit, jedenfalls sind bislang keine eindeutigen Beispiele aus der Mittellatènezeit bekannt[766]. Auch die Schwerter von Göppingen und Veringenstadt zeigen diesen Klingenquerschnitt (s. u.).

Das Schwert vom Hof Riesen bei Ravensburg soll vor 1925 von Graf von Uexküll auf einer Wiese ausgegraben worden sein (vgl. die Literaturhinweise im Katalog). Die Schwertklinge zeigt einen angedeuteten Mittelgrat und dürfte im Querschnitt flache Rautenform haben. Bemerkenswert ist der asymmetrische Heftabschluß, der vielleicht lediglich Folge einer Beschädigung ist. Die Spitze ist relativ kurz, die Klinge zeigt einige Scharten. Der untere Teil der zweischaligen Eisenblechscheide ist fragmentarisch erhalten, ebenso Reste des Ortbandes bzw. der Randzwinge mit Querstegen. Aufgrund dieser Querstege dürfte das Schwert in die Spätlatènezeit gehören, über die nähere Form läßt sich aber nichts sagen.

---

758 Zur Typologie und Gliederung vgl. A. Rapin, Das keltische Heiligtum von Gournay-sur-Aronde. Antike Welt 13, H. 2, 1981, 51 f. Abb. 14; ders., L'armamento. In: I Celti. Kat. Venedig 1991 (Milano 1991) 321 ff., bes. 325 Abb. A.

759 Zur Gliederung: A. Rapin, Antike Welt 13, H. 2, 1981, 56 ff.; Sievers, Waffen von Manching 101; Brunaux/Rapin, Gournay II.

760 Ein charakteristischer Pfeilspitzentyp der Spätlatènezeit mit nur einem Widerhaken ist aus Manching und Alesia bekannt: Sievers, Waffen von Manching 101, 106 Abb. 5,2–4.

761 Aus Manching stammen z. B. ca. 600 Waffenfragmente: Sievers, ebd. 99; In Berching-Pollanten scheinen relativ wenig Waffen nachgewiesen zu sein: Fischer/Rieckhoff-Pauli/Spindler, Berching-Pollanten 332 ff.

762 Die Graphittonscherbe Taf. 15A,4 und die Randscherbe mit Keulenrand Taf. 15A,8 gehören in die Mittellatènezeit (wohl LT C1).

763 Hartmann/Bellettati/Widmer, Baden-Kappelerhof 51 Abb. 10,4.

764 Die Funde sind unpubliziert, zur Grabung vgl. J. Biel, Arch. Ausgr. Baden-Württemberg 77 ff.

765 Fischer, Heidengraben 110 f.

766 Vgl. etwa die Schwerter von Kelheim: Krämer, Grabfunde Taf. 70,1.6; Nothdurfter, Sanzeno Taf. 74,1257; Das Schwert aus dem Grab von Kirchberg a.d. Murr (Kat.-Nr. 782) hat eine ähnliche Klingenform, allerdings ist die Datierung des Grabes schwierig. Es scheint am ehesten an den Übergang von LT C2 nach LT D zu gehören.

Die Scheiden der beiden Schwerter von Göppingen und Veringenstadt lassen sich dagegen einem gut bekannten Typ zuordnen, der erst im älteren Abschnitt der Spätlatènezeit entstanden ist und nach dem bekanntesten Fundort als „Schwertscheide mit Ortband vom Typ Ludwigshafen" bezeichnet wird (Abb. 35)[767]. Unsere beiden Stücke und die Schwertscheide von Ludwigshafen wurden 1900 von Lindenschmit publiziert[768], nachdem er schon vorher das Göppinger Schwert abgebildet und beschrieben hatte, allerdings mit der falschen Fundortangabe Ulm. 1934 beschrieb K. Bittel dieses Schwert nochmals[769]. H.-J. Engels hat sich dann 1970 eindringlicher mit diesen Schwertscheiden beschäftigt und ihre Merkmale beschrieben. Charakteristisch ist das große gegossene Ortband, das auf das untere Drittel der zweischaligen Blechscheide aufgeschoben ist. Es hat einen geraden oberen Abschluß und ein von Stegen gebildetes ovales Mittelfeld sowie einen gerundet-verdickten unteren Abschluß. Engels hat auch bereits auf die Parallelen von Port, Ornavasso und Châlon-sur-Saône hingewiesen und die große Ähnlichkeit der Scheiden von Göppingen und Ludwigshafen betont. Diese zeigen gleiche Verzierungsdetails, z.B. die halbmondförmigen Ornamente in den Ecken unterhalb des oberen Abschlußstegs und die Zwischenstege mit den doppelten S-Haken (Abb. 35). Diese Ornamente finden sich auch auf den Schwertern von Manching (Abb. 35,3), Regensburg (Abb. 35,7) und auf dem Fragment von Bex (Abb. 35,2)[770]. U. Schaaff hat diesen Schwertscheidentyp 1984 zusammengestellt. Es handelt sich demnach um eine weitverbreitete Form, Verbreitungsschwerpunkte finden sich im Mittelrheingebiet, in Süddeutschland und im Alpenraum[771]. Anhand eines fragmentierten Stücks aus Grab 296 des Gräberfeldes von Wederath im Hunsrück (Abb. 35,4) hat sich 1989 A. Haffner wieder detailliert mit diesen Schwertscheiden beschäftigt und auf zwei weitere Exemplare hingewiesen. Die Datierung dieser Stücke nach LT D1 ist durch die Grabzusammenhänge in Wederath gesichert, die französische Forschung hält eine jüngere Datierung für möglich[772]. Mittlerweile sind weitere Fundpunkte aus Ostfrankreich und der Schweiz bekanntgeworden (vgl. Abb. 37)[773]. Haffner hat bei der Schwertscheide von Wederath nochmals auf ein wichtiges Detail aufmerksam gemacht: Die sekundär angebrachte Riemenhalterung (Reparatur) befindet sich auf der reicher verzierten Schauseite, was auch der Scheide von Ludwigshafen entspricht (Abb. 35,1). Dies bezeichnete Haffner als untypisch für Latènescheiden und wertete es als weiteren Hinweis auf die gleiche Werkstatt für die Scheiden von Wederath und Ludwigshafen[774]. Allerdings zeigt sich dieses Detail auf allen Schwertscheiden vom Typ Ludwigshafen, ihren eisernen Varianten (Abb. 35) und auch auf evtl. noch mit-

tellatènezeitlichen Stücken, die typologisch als Vorläufer angesprochen werden können[775]. Auch die Scheiden mit abgerundet-spitzem Ortband vom Typ Ormes (Abb. 36) haben den Riemendurchzug auf der stärker verzierten Seite[776]. Deshalb darf man wohl eher davon ausgehen, daß es sich bei dieser Art um die geläufige Aufhängung spätlatènezeitlicher Schwerter handelt. Man könnte in dieser technischen Neuerung vielleicht den Versuch sehen, die besonders bruchgefährdete Aufhängung weniger zu belasten, da auf diese Weise der Gurt um die Scheide herumgreift[777]. Die Schwertscheide von Veringenstadt zeigt auf ihrer Schauseite ein peltaförmiges Ornament (Taf. 78A), das bislang auf keiner anderen Scheide vom Typ Ludwigshafen festgestellt werden konnte. Sie ist auch breiter und wirkt gedrun-

767 U. Schaaff, Untersuchungen zur Geschichte der Kelten. Jahrb. RGZM 31, 1984, 622 ff.

768 AuhV IV (1900) Taf. 32,4–6. Das Schwert von Göppingen wurde dort versehentlich mit dem Fundort Ulm publiziert, für das Ludwigshafener Stück wurde der Fundort „Ludwigshöhe" angegeben.

769 AuhV II, Heft 7, Taf. 6,1a–b; Lindenschmit hat das Schwert vielleicht mit dem Knollenknaufschwert aus der Donau verwechselt (s.u.). Auch in der OAB Ulm wird erwähnt (S. 359), daß sich eine Schwertscheide aus der Donau in der Staatssammlung Stuttgart befindet; Bittel, Kelten 23; 77; Taf. 5,11.

770 H.-J. Engels, Eine bronzene Schwertscheide der Spätlatènekultur aus Ludwigshafen. Pfälzer Heimat 21, 1970, 81 ff., bes. 82.

771 Vgl. U. Schaaff, Jahrb. RGZM 31, 1984, 622 ff.

772 Haffner, Zur pars pro toto-Sitte 197 ff.; Datierung nach „LT D2" (ohne weitere Erläuterung): J.-L. Brunaux/B. Lambot, Guerre et Armement chez les Gaulois 450–52 av. J.-C. (Paris 1988) 124 f., 198 Fig. 62.

773 Weitere Bronzescheiden (bzw. Fragmente) vom Typ Ludwigshafen: Bex, Kanton Waadt: G. Kaenel, Recherches sur la Periode de La Tène en Suisse Occidentale (1990) 159; 445 Taf. 79; Lux bei Châlon-sur-Saône (Kat. Château St. Michel de Rully 1983, 30).

774 Haffner, zur pars pro toto-Sitte 205. Bereits Engels hat auf die Halterung auf der Schauseite hingewiesen und auf eine andersartige Trageweise geschlossen: Engels (Anm. 770) 82.

775 Vgl. z. B. die Schwerter von Göppingen und Veringenstadt, außerdem Manching (Sievers, Waffen von Manching 106 Abb. 5,1), Conthey (S. Peyer, Zur Eisenzeit im Wallis. Bayer. Vorgeschbl. 45, 1980, 71 Abb. 7,6), Regensburg (A. Stroh, Germania 29, 1951, Abb. 1,3), Port, Kt. Bern (UFAS IV, 73 Abb. 16,2), Pommeroeul (Arch. Belgica 248, 1982, 28 Fig. 8,47.50; 29 Fig. 9,48). Eiserne Variante: Alizay, Haute-Normandie (U. Schaaff, Rev. Aquitania Suppl. 1, 1986, 294 Abb. 2). Auch schon bei den Vorgängerformen aus Bronze- und Eisenblech, die in den Zeitraum LT C2-D1 gehören: Heidelberg (Bad. Fundber. 1, 1925, 71 ff.), Sion (Arch. Schweiz 6, 1983, 48 Fig. 11,1–2), Saint-Marcel, Saône (Mem. Châlon-sur-Saône 53, 1984, Fig. 18, 1), Port, Kt. Bern (Jahrb. Bern. Hist. Mus. 37–38, 1957–58, 181 Abb. 14–15).

776 Vgl. z. B. Ormes-Boyer/Saône (Mem. Châlon-sur-Saône 49, 1980, 61 Fig. 5,30), Champdivers/Doubs (Mem. Châlon-sur-Saône 55, 1985–86, 41 Abb. 11,F). Auf der Kartierung der Schwerter vom Typ Ormes bei Schaaff wäre auch die Schwertscheide aus dem Illerkanal bei Neu-Ulm nachzutragen: E. Pressmar, Die Vor- und Frühgeschichte des Ulmer Winkels (München/Berlin 1938) 50 Abb. 34.

777 Die Rekonstruktion nach A. Rapin bei Haffner, zur pars pro toto-Sitte 200 Abb. 2 ist demnach nicht zutreffend, das Schwert wäre mit der Aufhängung nach außen zu drehen.

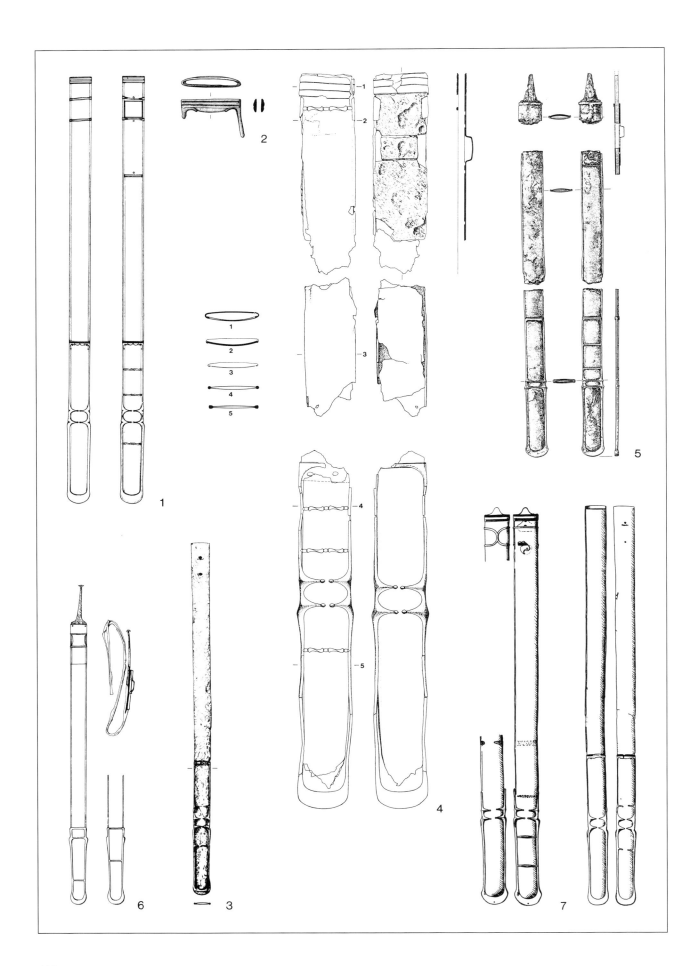

gener als die Scheiden von Göppingen, Ludwigshafen und Wederath. In den Proportionen ähnelt das Schwert am meisten dem von Port. Diesen beiden Stücken sowie einem Exemplar aus Grab 1192 von Wederath (Abb. 35,6) fehlen auch die charakteristischen Stegverzierungen mit doppelten S-Haken, die sich auf den meisten Scheiden vom Typ Ludwigshafen und Ormes, aber auch schon auf den älteren Vorformen finden[778]. Aus diesen Detailunterschieden kann man schließen, daß Schwertscheiden vom Typ Ludwigshafen in mehreren Werkstätten gefertigt wurden. Vielleicht wurde im Fall des Schwerts aus Veringenstadt das Produkt eines bekannten Schwertfegers nachgeahmt. Andererseits zeigt die Klinge dieses Schwerts die gleiche hervorragende Qualität wie die Göppinger Waffe, weshalb zumindest nicht von einer qualitativ schlechteren Kopie die Rede sein kann. Eine auffällige Gemeinsamkeit zeigen die beiden Schwerter von Göppingen und Veringenstadt: Ursprünglich waren sie in der Mitte abgeknickt, sie wurden erst bei der Restaurierung wieder geradegebogen. Damit gehören sie in die Gruppe der als Weihegaben unbrauchbar gemachten keltischen Waffen, deren bekannteste das „Schwert des Korisios" sein dürfte[779]. Die Opferpraktiken des Verbiegens und Zerstückelns von Waffen läßt sich in Heiligtümern wie Gournay ebenso nachweisen wie bei Gewässerfunden und Funden aus Geröllhalden und Felsspalten[780]. Auch beim Bestattungsbrauchtum scheint das Zerstören der Waffen ein fester Bestandteil gewesen zu sein, dessen Hintergrund A. Haffner kürzlich sehr plausibel als Vervollkommnung eines verherrlichten Kriegerstatus im Jenseits zu erklären versuchte[781]. Beim Schwert aus Göppingen handelt es sich sicher um einen Gewässerfund, während das Exemplar aus Veringenstadt auch aus einer der zahlreichen Höhlen beim Ort stammen könnte, die Spätlatènefunde enthalten haben (vgl. Kat.-Nr. 642–645)[782].

Die beiden qualitätvollen Schwerter von Göppingen und Veringenstadt bezeugen auch für die Schwäbische Alb und ihr Vorland in der Spätlatènezeit die Anwesenheit einer sozial hochstehenden Kriegerschicht, in der man vielleicht die Führungsschicht der Siedelgemeinschaften sehen darf.

III.4.2 Knollenknaufschwerter

Aus dem Arbeitsgebiet sind bislang zwei Knollenknaufschwerter bekannt geworden: Zwischen 1896 und 1898 wurde das Schwert von Eislingen a.d. Fils (Kat.-Nr. 220, Taf. 26 A) bei Grabarbeiten unter dem Rathaus entdeckt, möglicherweise stammt es aus einem ehemaligen Flußbett der Fils. Im Schotter der Donau wurde 1911 bei Brückenbauarbeiten das Exemplar aus Ulm (Kat.-Nr. 747, Taf. 102 A) gefunden. Es handelt sich also um einen sicheren und einen vermutlichen Gewässerfund, womit sich die beiden Schwerter in das übliche Bild der Fundumstände dieses Typs einfügen. Diese rapierartigen Schwerter wurden erstmals von O. Richter und M. Jahn am Beispiel der beiden o.g. Stücke und eines Fragments aus „Lengenfeld bei Neuburg in Bayern" in den richtigen kulturellen Kontext gestellt[783]. Vorher hatte schon Schwietering versucht, die Knollenknaufschwerter in vorgeschichtliche Zeit zu datieren. Er setzte sie sogar damals schon ans Ende der Latènezeit, wollte aber aus der Form eine Herkunft aus Spanien ableiten[784]. Dagegen wurde diese Schwertform von Goessler ins 15./16. Jahrhundert verwiesen[785]. Anhand von Fundstücken aus Ostfrankreich, hauptsächlich aufgrund eines in seiner Geschlossenheit aber frag-

---

778 Vgl. die Beispiele in Anm. 774; Doppelte S-Haken finden sich auch schon früher weit verbreitet auf Schwertscheiden, vgl. L. Zachar, K chronologickému postaveniu posiev mecov s esovitou svorkou ústia. Musaica. Zbornik filozof. fakulty univerz. Komenského Bratislava 25, 1974, 63 ff.; für eine lange zeitliche Präsenz dieses plastischen Ornaments spricht das Vorkommen im Waffengrab von Siemiechów in Polen, das ans Ende des 1. Jh. v. Chr. datiert wird: M. Jazdzewska, Ein römischer Legionärshelm aus Polen. Germania 64, 1986, 61 ff., bes. 71 Abb. 10,3.

779 R. Wyss, Das Schwert des Korisios. Jahrb. Bern. Hist. Mus. 34, 1954, 201 ff.

780 R. Wyss, Ein keltisches Schwertopfer. Helv. Arch. 85, 1991, 11 ff., bes. 14 f. (mit weiterer Literatur). Zusammenfassend zu keltischen Heiligtümern mit Waffenopfern: J.-L. Brunaux, Les Gaulois, sanctuaires et rites (Paris 1986) 140 f.

781 Haffner, zur pars pro toto-Sitte 207 ff.

782 Nachforschungen im dortigen Gemeindearchiv und dem persönlichen Nachlaß von E. Peters wurden mir bislang leider nicht ermöglicht.

783 O. Richter/M. Jahn, Eine neue keltische Schwertform aus Süddeutschland. Mannus 17, 1925, 92 ff.; Das Fragment aus Lengenfeld ist hinsichtlich seiner Herkunft immer noch mit erheblichen Unsicherheiten behaftet: Richter und Jahn haben bereits darauf hingewiesen, daß es ein „Lengenfeld" oder „Langenfeld" bei Neuburg/Donau in Bayern nicht gibt, auch als Flurname ist es nicht sicher belegbar (Richter/Jahn, ebd. 94 f.). Es sei hier noch darauf hingewiesen, daß es auch in Württemberg einen Ort Neuburg an der Donau gibt, nämlich an der Mündung des Großen Lautertals bei Lauterach, Alb-Donau-Kreis (vgl. TK 1:50 000 L 7722 Munderkingen; im Katalog der Privatsammlung, aus der das Knollenknaufschwert stammt, ist als Fundort lediglich „Lengenfeld bei Neuburg a.D." vermerkt!).

784 Schwietering, Prähistorische Schwerter und Dolche im Kgl. Zeughaus zu Berlin. Prähist. Zeitschr. 10, 1919, 180 f.

785 3. Ber. Mus. vaterländ. Altert. Stuttgart 1920, 9 f.

◄ **Abb. 35:** Schwertscheiden vom Typ Ludwigshafen. 1: Ludwigshafen (nach H.-J. Engels, Pfälzer Heimat 21, 1970, 83 Abb. 1), 2: Bex, Kt. Waadt (nach G. Kaenel, Recherches sur la Periode de Lat Tène en Suisse Occidentale [Genf 1990] Taf. 79), 3: Manching (nach Sievers, Waffen von Manching 106 Abb. 5,1), 4: Wederath, Grab 296 (nach Haffner, Zur pars pro toto-Sitte 198), 5: Alizay, Dep. Haute-Normandie (nach U. Schaaff, Rev. Aquitania Suppl. 1, 1986, 294 Abb. 2), 6: Wederath, Grab 1192 (nach Haffner, Wederath III), 7: Regensburg (nach A. Stroh, Germania 29, 1951, Abb. 1,3).

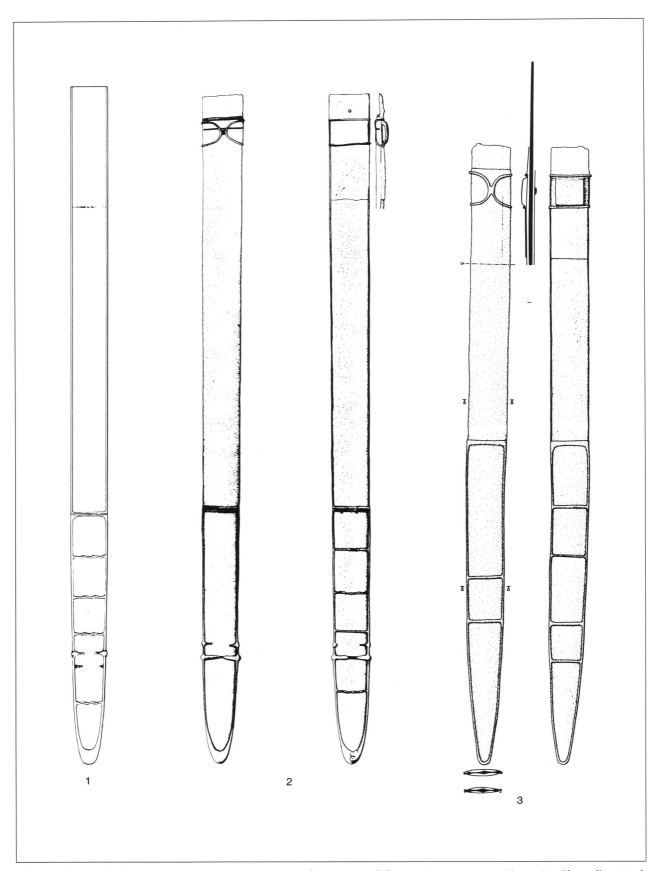

Abb. 36: Schwertscheiden vom Typ Ormes, M = ca. 1:4. 1: Neu-Ulm (nach E. Pressmar, Die Vor- und Frühgeschichte des Ulmer Winkels [München/Berlin 1938] 50 Abb. 34), 2: Ormes-Boyer/Saône (nach Mem. Châlon-sur-Saône 49, 1980, 61 Fig. 5,30), 3: Champdivers (nach Mem. Châlon-sur-Saône 55, 1985/86, 41 Abb. 11 F).

würdigen Grabfundes aus Sivry, Côte d'Or, kamen Richter und Jahn zu einer Datierung der Knollenknaufschwerter in die Frühlatènezeit (LT A) und versuchten diese mit stilistischen Beziehungen zu den Kurzschwertern mit anthropomorphen Griffen zu festigen[786]. K. Bittel übernahm diese Datierung für die

Funde aus Württemberg, wollte sich aber angesichts der unsicheren Anhaltspunkte für die Datierung und Benutzungsdauer nicht darauf festlegen[787]. W. Krämer

786 Richter/Jahn (Anm. 783) 100 f.
787 Bittel, Kelten 62 f.; ders., Germania 15, 1931, 153.

Abb. 37: Verbreitung der bronzenen Schwertscheiden vom Typ Ludwigshafen (nach A. Haffner, Gräber – Spiegel des Lebens [Mainz 1989] 206 Karte 1, mit Ergänzungen).
Fundorte: 1 Pommeroeul, 2 Plaidt, 3 Neuwied-Wollendorf, 4 Heuchelheim, 5 Wederath, 6 Nieder-Olm, 7 Donnersberg, 8 Eich, 9 Lud-wigshafen, 10 Göppingen, 11 Regensburg, 12 Manching, 13 Veringenstadt, 14 Lux bei Chalon-sur-Saône (Kat. Chat. St. Michel de Rully 1983, 30), 15 Port bei Nidau, 16 Bex, Kt. Waadt (G. Kaenel, Recherches sur la Periode de La Tène en Suisse Occidentale, 1990, 159 Taf. 79), 17 Conthey, 18 Ornavasso, 19 Giubiasco.

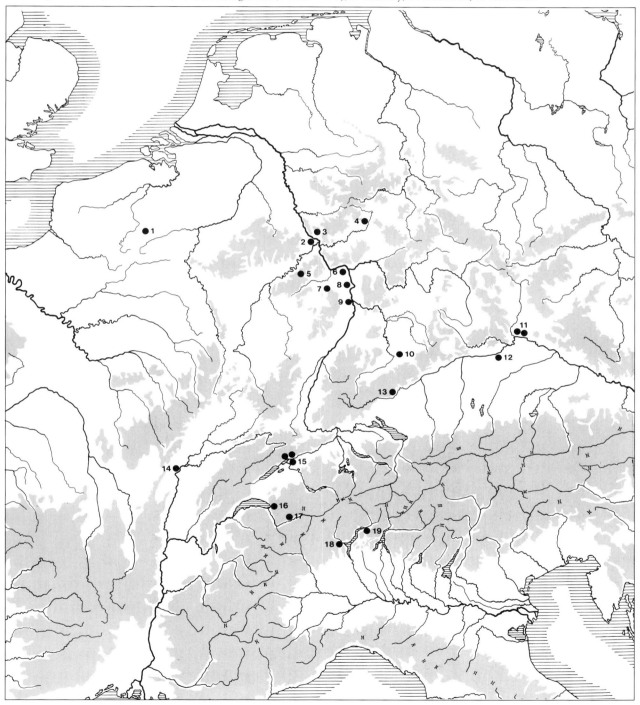

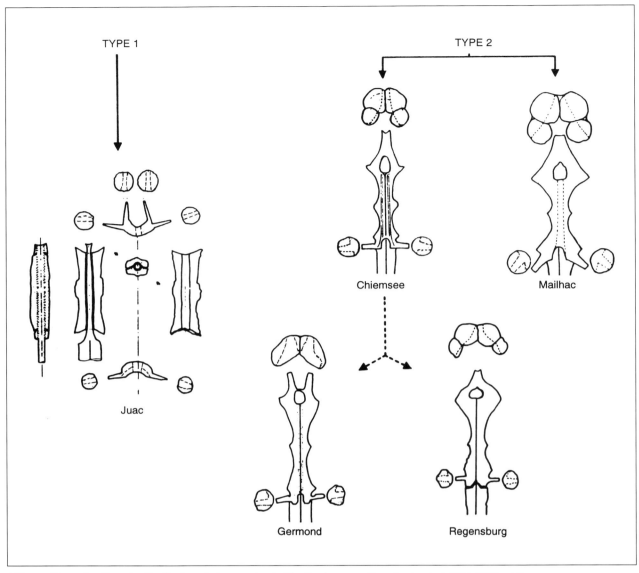

TYPE 1

TYPE 2

Juac

Chiemsee

Mailhac

Germond

Regensburg

Abb. 38: Typeneinteilung der Knollenknaufschwerter (nach Ch. Gendron u. a., Rev. Aquitania 4, 1986, 52 Fig. 14).

hat 1962 die bis dahin bekannten Knollenknaufschwerter (17 Exemplare von 15 Fundorten) zusammengestellt und in zwei Haupttypen unterteilt. Unsere beiden Schwerter von Eislingen und Ulm gehören beide zu seinem zweiten Typ[788].

Krämer verwies auf die Fundumstände dieser Schwerter und argumentierte, daß Gewässerfunde nicht gerade in den bislang bekannten Rahmen von Opfergewohnheiten der Späthallstatt- und Frühlatènezeit passen, dagegen vermehrt in der jüngeren Latènezeit festzustellen sind. Auch auf die schon von Richter und Jahn hervorgehobene Konstruktion der Eisenblechscheide mit an den Rändern übereinander gefalzten Blechen und geschwungenem Scheidenmund, die sehr an mittel- und spätlatènezeitliche Scheiden erinnert, hat Krämer nochmals hingewiesen. Ausgehend von diesen beiden Tatsachen nannte er weitere Argumente,

die für eine Datierung der Knollenknaufschwerter in einen jüngeren Abschnitt der Latènezeit sprechen könnten, stellte aber klar heraus, daß sichere Anhaltspunkte für eine Datierung fehlen und es sich folglich nur um eine vollständige Darstellung der Möglichkeiten handeln kann[789].

K. Spindler beschäftigte sich 1980 anhand eines neuen Knollenknaufschwerts aus der Donau bei Regensburg erneut mit diesen Waffen. Er versuchte nachzuweisen, daß sich die beiden von Krämer herausgestellten Typen

---

788 W. Krämer, Ein Knollenknaufschwert aus dem Chiemsee. In: Aus Bayerns Frühzeit. Festschr. F. Wagner. Schriftenr. Bayer. Landesgesch., hrsg. von der Komm. für bayer.Landesgesch. bei der Bayer. Akad. der Wiss. Bd. 62 (München 1962) 109 ff., bes. 113.

789 Ebd. 117 f.

nur formal, nicht aber herstellungstechnisch unterscheiden (vgl. dazu unten die Ergebnisse von Gendron u. a.). Auch wegen des einheitlichen Verbreitungsbildes beider Typen und der Schwierigkeit, manche Stücke dem ersten oder zweiten Typ eindeutig zuzuordnen, schlug Spindler vor, die Knollenknaufschwerter als Produktion eines sehr eng begrenzten Werkstattkreises zu sehen[790]. Mit Hinweis auf die Fundumstände des Hortfundes von Cayla, Mailhac, der mindestens 16 Knollenknaufschwerter enthält, trat Spindler deutlich für eine Datierung dieser Schwerter in die Spätlatènezeit ein: Dieser Hortfund lag in einem Spitzgraben und wurde von einer Strate mit augusteischer Terra Sigillata überdeckt, während der Füllung des Grabens Campana der ersten Hälfte des 1. Jahrhunderts v. Chr. angehörte[791]. Wie vor ihm schon Krämer, suchte auch Spindler das Ursprungsgebiet der Knollenknaufschwerter in Burgund. Durch weitere Neufunde scheint dies immer wahrscheinlicher zu werden[792].

Die bislang genaueste und umfassendste Studie zu den technischen Aspekten dieses Schwerttyps haben Ch. Gendron, J. Gomez de Soto, Th. Lejars, J.-P. Pautreau und L. Uran vorgelegt[793]. Sie konnten durch Röntgenuntersuchungen nachweisen, daß die Griffe der Schwerter von Krämers Typ 1 (Typ Juac) viel komplizierter und aus mehr Einzelteilen aufgebaut sind als diejenigen von Krämers Typ 2. Für die letztgenannten konnten sie noch eine Untergliederung in Gruppen herausarbeiten, die einer typologisch ermittelten Entwicklung entsprechen (Abb. 38). Dadurch ist es sehr wahrscheinlich geworden, daß die Schwerter vom Typ 1 die älteren sind[794]. Gendron und seine Mitarbeiter haben auch die bislang vollständigste und differenzierteste Kartierung der Knollenknaufschwerter publiziert (vgl. Abb. 39), die eine deutliche Konzentration im östlichen Zentralfrankreich zeigt. Eine kleinere Gruppe von Fundpunkten liefert Westfrankreich. Die Schwerter von Eislingen und Ulm gehören zu einer Gruppe von fünf Fundpunkten, die abgesetzt im Osten liegt[795]. Der Raum zwischen dem Hauptverbreitungsgebiet und dieser Gruppe ist bis auf ein fragliches Stück im Berner Historischen Museum fundleer. Denkt man daran, daß gerade aus dem Schweizer Mittelland zahlreiche spätkeltische Gewässerfunde (vor allem mit Schwertern, ich nenne hier nur La Tène und Port) bekannt sind, so kann diese Verbreitung kein zufälliges Bild darstellen. Unwillkürlich wird man daran erinnert, daß auch die Viereckschanzen in der Schweiz weitgehend fehlen. An einen ursächlichen Zusammenhang in dem Sinne, daß die Knollenknaufschwerter in kultischem Zusammenhang mit den Schanzen zu sehen sind, sollte man dennoch nicht denken, da die Viereckschanzen auch im Hauptverbreitungsgebiet dieser Schwerter kaum nachgewiesen und zudem nicht in jedem Fall als Kultanlagen gedeutet werden müssen (vgl. Kap. II.2.4)[796]. Krämer und Spindler haben schon eine kultische Verwendung angedeutet. In jüngster Zeit hat sich R. Hachmann im Rahmen seiner Studien zum Kessel von Gundestrup mit diesem Problem beschäftigt und die Möglichkeit betont, daß es sich bei den auf dem Kessel dargestellten Schwertern um Knollenknaufschwerter handeln könnte. Eine Deutung dieser Rapiere als „Kultgeräte" zum „gezielten Töten von Tier- (und wohl auch Menschen-)opfern" schien ihm naheliegend[797]. Es scheint beim derzeitigen Stand der Forschung sehr wahrscheinlich, daß die Funktion dieser Schwerter außerhalb der profanen Bereiche zu suchen ist; sie sind weder aus Siedlungen noch aus Gräbern sicher belegt.

III.5 Keramik

Die folgenden Kapitel basieren auf meinen Ausführungen zur Keramik aus den Viereckschanzen von Fellbach-Schmiden und Ehningen im Rahmen meiner Magisterarbeit (1988)[798]. Anhand des Materials von diesen beiden Fundkomplexen, die neben Tomerdingen zu den umfangreichsten der Spätlatènezeit im Arbeitsgebiet gehören, wurde damals eine erste Gliederung der Keramik nach dem Vorbild der Gruppeneinteilung des Manchinger Materials vorgenommen[799]. Durch die Aufnahme der Spätlatènekeramik zwischen Schwarzwald und Nördlinger Ries wurde der Formenschatz erheblich vermehrt. Die Funde aus den Viereckschanzen wurden bereits im Atlas der keltischen Viereckschanzen vorgelegt und in einem Kapitel kurz beurteilt. Dank der mittlerweile erfolgten Publikation der Funde aus der Viereckschanze von Tomer-

---

790 K. Spindler, Ein neues Knollenknaufschwert aus der Donau bei Regensburg. Germania 58, 1980, 105 ff., bes. 107 f.; Übrigens verwendet Spindler nicht die Typenbezeichnung Krämers, sondern hat diese umgedreht (d. h. Krämer Typ 1 = Spindler Typ 2). Dies kann bei Betrachtung seiner Karte (113 Abb. 7) verwirrend sein.

791 M. M. Leglay, Gallia 24, 1966, 485 ff.; Spindler (Anm. 790) 112 verweist auch auf W. H. Zimmermann und W. Torbrügge, die schon vor ihm auf diesen Fund und seine Bedeutung für die Zeitstellung der Knollenknaufschwerter hingewiesen haben.

792 Spindler (Anm. 790) 114.

793 Ch. Gendron/J. Gomez de Soto/Th. Lejars/J.-P. Pautreau/L. Uran, Deux épées à sphères du centre-ouest de la France. Rev. Aquitania 4, 1986, 39 ff.

794 Ebd. 52 ff., Fig. 14.

795 Ebd. 53 Fig. 15.

796 Vgl. die Verbreitungskarte bei Bittel/Schiek/Müller, Viereckschanzen 19 Abb. 9.

797 Hachmann, Gundestrup-Studien 759 f.

798 Wieland, Fellbach-Schmiden und Ehningen 36 ff.

799 Vgl. Kappel, Graphittonkeramik; Maier, Keramik; Pingel, Drehscheibenkeramik; Stöckli, Keramik.

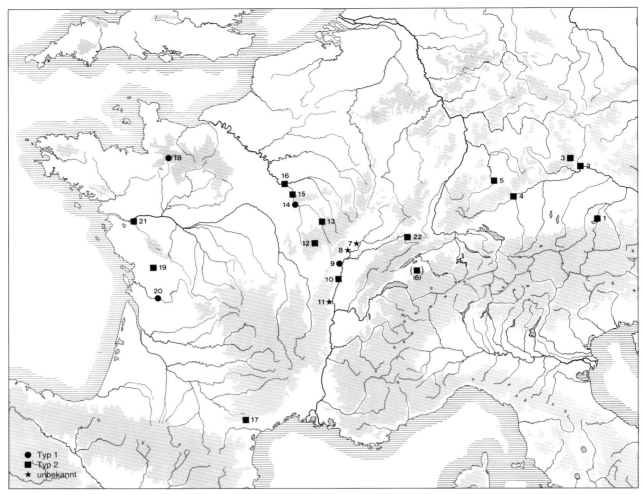

Abb. 39: Verbreitung der Knollenknaufschwerter (nach Ch. Gendron u. a., Rev. Aquitania 4, 1986, 53 Fig. 15, mit Ergänzungen). Fundorte: 1 Chiemsee, 2 Donau bei Regensburg, 3 Lengenfeld bei Neuburg?, 4 Donau bei Ulm, 5 Eislingen (Fils), 6. FO?, Bern. Hist. Mus., 7 Saint-Jean-de-Losne (Côte-d'Or), 8 Pouilly-sur-Saône (Côte-d'Or), 9 Saône bei Chalon, 10 Préty (Saône-et-Loire), 11 Villefranche-sur-Saône (Rhone), 12 Sivry-les-Amay (Côte-d'Or), 13 Seine bei Vis (Côte-d'Or), 14 Villeneuve-sur-Yonne, 15 Sens (Yonne), 16 Yonne bei Cannes-Ecluse, 17 Cayla, Mailhac (Aude), 18 Jouanne bei Evron (Mayenne), 19 Germond, Champdeniers (Deux-Sèvres), 20 Charente bei Juac (Charente), 21 Mareis de Goulaine, Nantes (Loire-Atlantique), 22 Saint-Germain-du-Plain (Saône), (nach Mem. Châlon-sur-Saône 55, 1985-86, 64).

dingen durch F. Fischer[800] kann jetzt auf einen weit größeren Bestand zurückgegriffen werden.

Die zeitliche Eingrenzung der Keramikformen erfolgt ausschließlich über Analogdatierung im Vergleich zu den Nachbargebieten, weil im Arbeitsgebiet weder geschlossene Grabfunde noch Stratigraphien vorhanden sind, die eine verläßliche Basis für eine relativchronologische Abfolge ermöglichen könnten.

III.5.1 Bemalte Keramik

Die Gruppe der bemalten Spätlatènekeramik wurde 1969 von F. Maier anhand des Materials aus dem Oppidum von Manching umfassend behandelt, dabei wurde auch auf ältere Forschungsansätze und Zusammenstellungen eingegangen[801]. In der Zwischenzeit sind weitere Funde aus den Nachbargebieten (vor allem aus

der Schweiz und aus dem Rheingebiet) publiziert, die hinsichtlich des Formenspektrums und der zeitlichen Einordnung dieser Keramik von Bedeutung sind[802].

Bemalte Keramik gehört in den Fundkomplexen des Arbeitsgebiets zu den Seltenheiten. Ein Nachweis, daß sie hier hergestellt worden ist, fehlt bislang, was mangels Untersuchungen in spätkeltischen Siedlungen auch nicht verwunderlich ist. Neben den bereits in meiner Magisterarbeit ausführlich beschriebenen Funden von Fellbach-Schmiden (Kat.-Nr. 780) und Ehningen (Kat.-Nr. 65) sind bislang von folgenden Fundstellen (vgl. Karte 15) Fragmente bemalter Keramik bekannt:

---

800 Zürn/Fischer, Tomerdingen 41 ff.
801 Maier, Keramik 7 ff.
802 F. Maier, Ein Gefäßdepot mit bemalter Keramik von Manching. Germania 54, 1976, 63 ff.; Furger-Gunti/Berger, Basel-Gasfabrik, Taf. 102 ff.; Haffner, Wederath I–III, passim.

Heiligkreuztal (Kat.-Nr. 84), Glatten-Böffingen (Kat.-Nr. 206), Brackenheim (Kat.-Nr. 285 A), Konstanz (Kat.-Nr. 335), Schwieberdingen (Kat.-Nr. 390), Hayingen-Indelhausen (Kat.-Nr. 432), Schwäbisch Hall (Kat.-Nr. 583), Veringenstadt (Kat.-Nr. 642), Langenau (Kat.-Nr. 722) und Hüfingen (Kat.-Nr. 764). Bei folgenden Fundorten soll ebenfalls bemalte Keramik festgestellt worden sein, es handelt sich dabei allerdings nur um knappe oder unsichere Angaben, oder die erhaltenen Fragmente waren nicht sicher bestimmbar: Ingelfingen (Kat.-Nr. 314), Künzelsau (Kat.-Nr. 351), Mehrstetten (Kat.-Nr. 438), Herbertingen-Hundersingen, Heuneburg (Kat.-Nr. 612), Dornstadt-Tomerdingen (Kat.-Nr. 714).

Auf der Karte 15 lassen sich keine Verbreitungsschwerpunkte erkennen, was sicher auf die geringe Anzahl der bekannten Funde zurückgeht. Wie oben schon erwähnt, fehlt bislang der Nachweis für eine Produktion bemalter Keramik in unserem Arbeitsgebiet. Zumindest für das Oppidum Heidengraben wäre sie anzunehmen[803], da Werkstätten für diese Keramik durch Fehlbrände in entsprechenden Großsiedlungen nachgewiesen sind[804]. Eine Fertigung im Bereich kleiner ländlicher Siedlungen dürfte auszuschließen sein.

Die Tonne aus dem Schacht von Fellbach-Schmiden (Abb. 40,1) stellt immer noch das vollständigste und aussagekräftigste Gefäß dieser Keramikgruppe im Arbeitsgebiet dar. Das dendrochronologisch auf 123 v. Chr. datierte Schalholz des Brunnenschachts bildet einen guten absolutchronologischen Angelpunkt für die Fundeinschlüsse, somit auch für diese Tonne[805]. Sie gehört zur Gruppe der Tonnen mit Randlippe (nach Maier), die im Manchinger Bestand nur in relativ geringer Zahl vorkommen[806]. Für das in Sepia aufgetragene Ornament der Hauptschmuckregion finden sich im Manchinger Bestand keine direkten Parallelen, doch sind sehr ähnliche Motive feststellbar[807].

Gute Parallelen hat die Tonne von Fellbach-Schmiden in Fragmenten bemalter Keramik aus Yverdon-les-Bains, Kt. Waadt: Dort fand sich ein Oberteil mit der gleichen Verzierung aus Rauten und hängenden, sphärischen Dreiecken, lediglich das Füllornament der Rauten weicht geringfügig ab. Zwei Dendrodaten aus diesem Siedlungsareal belaufen sich auf 173/172 v. Chr. und 161–158 v. Chr.[808]. Ähnliche Ornamentsysteme finden sich weiter in Basel-Gasfabrik, Bern-Engehalbinsel sowie etwas weiter entfernt in Frankreich und Böhmen[809]. Die Schmidener Tonne scheint aufgrund stilistischer Vergleiche zu einem Formenkreis zu gehören, der Südwestdeutschland, das Hochrheingebiet und das Schweizer Mittelland umfaßt[810]; interessanterweise zeigt sich dieselbe räumliche Verbreitung bei einigen Formen und Verzierungen der Grobkeramik (Kap. III.5.4). Neben diesem Gefäß stammen noch weitere Fragmente bemalter Keramik aus Schmiden, darunter eine Randscherbe einer Flasche mit abgesetztem Hals und Schachbrettmuster (Abb. 40,2)[811] sowie eine Wandscherbe mit roter und weißer Grundierung und einem Gittermuster in Sepia (Abb. 40,3)[812]. Aus der Viereckschanze von Ehningen stammen Fragmente einer Tonne mit Randlippe, die eine rote und weiße Streifenbemalung trägt (Abb. 40,4)[813]. In der Viereckschanze im Ruchenholz bei Altheim-Heiligkreuztal wurden mehrere Scherben bemalter Keramik gefunden[814], hervorzuheben ist das Randstück einer Tonne (Abb. 40,5), die Ähnlichkeit zu den Manchinger Tonnen mit abgesetztem Hals[815] aufweist, aber viel dünnwandiger gearbeitet ist und kein deutlich abgesetztes Oberteil hat. Auch diese Scherben tragen nur rote und weiße Streifenbemalung. Bessere Entsprechungen als in Manching finden sich wieder in Basel[816]. Unter den zahlreichen Keramikfunden aus den Grabungen Kosts in Schwä-

803 Allerdings konnte bislang im Fundmaterial aus der Elsachstadt keine Scherbe sicher als bemalte Keramik bestimmt werden, was evtl. auch auf die schlechten Erhaltungsbedingungen für Keramik zurückgehen kann.

804 Z.B. Manching: Maier, Keramik 70; Basel-Gasfabrik: Furger-Gunti/Berger, Basel-Gasfabrik Taf. 99,1793.

805 Vgl. die ausführliche Beschreibung dieser Tonne bei Wieland, Fellbach-Schmiden und Ehningen 39 ff. Eine eingehende Analyse mit zahlreichen Vergleichen wird im Rahmen der Gesamtpublikation der Viereckschanzen von Fellbach-Schmiden und Ehningen erfolgen.

806 Maier, Keramik 29 ff.; vgl. auch Planck, Fellbach-Schmiden 133 ff.

807 Planck, ebd. 134. Ähnliche Motive z. B. Maier, Keramik Taf. 83,1189.

808 Ph. Curdy/M. Klausener, Yverdon-les-Bains VD. Un complexe céramique du milieu du 2ème siècle avant J.-C. Arch. Schweiz 8, 1985, 236 ff., bes. 239 fig. 9; P. Kasser, Le tonnelet celtique d'Yverdon „à triangles". Helvetia Arch. 19, 1988, 101 ff.

809 Furger-Gunti/Berger, Basel-Gasfabrik, Taf. 105,1800 und 116,1942; G. Lüscher, Vier Latènegruben der Engehalbinsel bei Bern. Jahrb. SGU 72, 1989, 127 ff., bes. 141 Abb. 10,28–29; M. Bessou, La poterie peinte gauloise à Roanne (Loire) an 1er siècle avant Jésus-Christ. Ogam 19, 1967, 109 ff., bes. Taf. 47,19; J. Břen, Sbornik Narodn. Mus. Praze 27, 1973, Taf. 8.

810 Darauf hat bereits 1985 F. Fischer hingewiesen: Fischer, Handel der Mittel- und Spätlatènezeit 287 ff. Vgl. dazu Ph. Curdy (Anm. 808) 245 ff., bes. 250 Anm. 14. Mittlerweile sind weitere Parallelen bekannt geworden, die dies bestätigen (s. o.).

811 Entspr. Maiers Typ 3: Maier, Keramik 15. Entsprechungen für das Schachbrettmuster finden sich in Manching, Basel-Gasfabrik und Roanne: Maier, Keramik Taf. 85,1206; Furger-Gunti/Berger, Basel-Gasfabrik, Taf. 132,2122; M. Bessou, Ogam 19, 1967, Taf. 45,10.14–2; 46,16–2.17.

812 Ähnliche Stücke z. B.: Maier, Keramik Taf. 59,1002; 86,1211; Furger-Gunti/Berger, Basel-Gasfabrik Taf. 99, 1792; 115, 1940–1941; Müller-Vogel, Sissach-Brühl Taf. 27,804; Ruoff, Marthalen 61 Abb. 15,1.

813 Wieland, Fellbach-Schmiden und Ehningen 42 ff.; vgl. Maier, Keramik 29 ff.

814 Vgl. Wieland in: Bittel/Schiek/Müller, Viereckschanzen 105 f., bes. Abb. 49,1–2.

815 Maier, Keramik 26 ff.

816 Nach der Basler Formenansprache würde es sich um einen Topf mit rund ausladendem Rand handeln: Furger-Gunti/Berger, Basel-Gasfabrik 28 (Typ 1), z. B. Taf. 90–91.

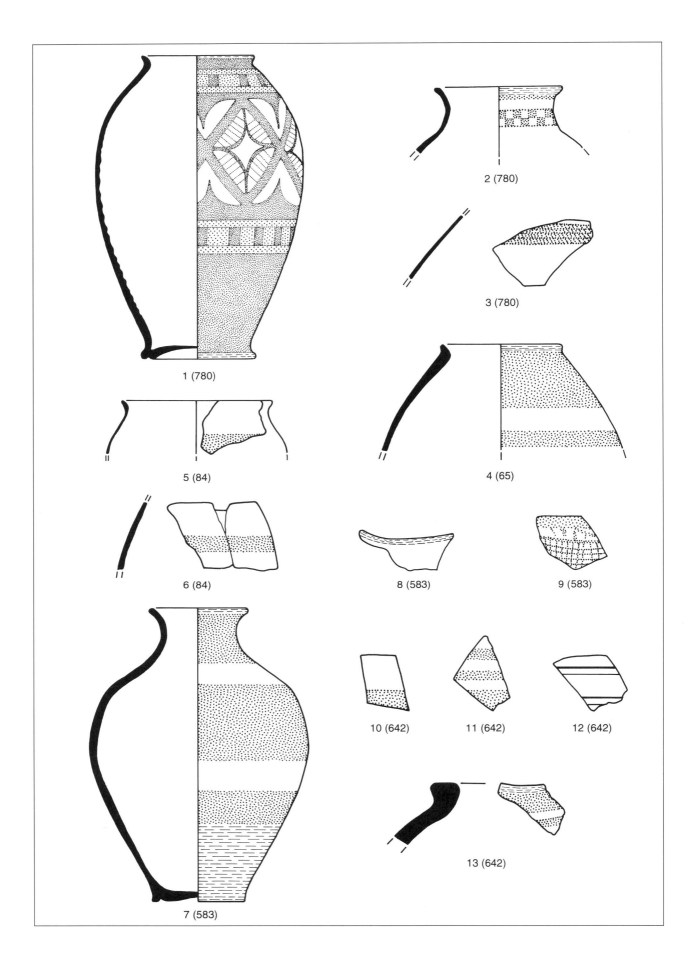

1 (780)

2 (780)

3 (780)

5 (84)

4 (65)

6 (84)

8 (583)

9 (583)

10 (642)

11 (642)

12 (642)

13 (642)

7 (583)

bisch Hall befinden sich auch bemalte Scherben und eine fast vollständige Flasche mit roter Grundierung und weißer Zonenbemalung auf Bauch und Schulter (Abb. 40,7). Sie gehört zu dem von Maier beschriebenen Typ 3b (bauchiger bis gestrecktovoider Typ mit deutlich abgesetztem Hals, bauchige Variante mit hochliegendem Schwerpunkt)[817]. Für diese Form und Verzierung finden sich gute Vergleichsstücke in Manching: Maier hat genau dieses Malsystem beschrieben: Rotgrundierung des Oberteils bis auf die untere Wandung mit eingeschobenen Weißzonen. Die Randlippe und das Unterteil bleiben tongrundig[818]. Allerdings scheint dort die weiße Grundierung mit roten Horizontalstreifen das bevorzugte Malsystem bei solchen Flaschen zu sein, während das Gefäß von Schwäbisch Hall umgekehrt weiße Streifen auf rotem Grund zeigt[819]. Von der Komposition her sind die Bemalungen aber praktisch identisch. In Basel finden sich hierzu keine direkten Entsprechungen. Weitere Scherben zeigen eine weiße Bemalung und z. T. ein Gittermuster in Sepia (Abb. 40,8–9)[820], wie es bereits aus Fellbach-Schmiden bekannt ist (s. o.).

Auch die bei den Grabungen von Peters in der Nikolaushöhle von Veringenstadt gefundenen Scherben lassen nur wenig konkrete Aussagen zu, da sie verschollen sind und hier nach den Abbildungen bei Rieth (vgl. Kat.-Nr. 642) wiedergegeben werden. Erkennbar ist lediglich eine rote und weiße Zonenbemalung und weiße Streifenbemalung auf rotem Grund (Abb. 40,10–12). Nach dem abgebildeten Randprofil (Abb. 40,13) dürfte es sich um eine gedrungene Tonne mit Randlippe gehandelt haben[821], ungewöhnlich ist lediglich der gerade abgestrichene Rand.

Bei den anderen gesicherten Funden bemalter Keramik handelt es sich um Wand- oder Bodenscherben, die meist nur noch Spuren der Bemalung zeigen (Langenau, Glatten-Böffingen, Schwieberdingen), oder die Fragmente sind nicht abgebildet oder nicht genau beschrieben. So werden etwa bemalte Spätlatènescherben von der Heuneburg nur beiläufig erwähnt, wegen einer dort gefundenen Spätlatènefibel und weiterer jüngerlatènezeitlicher Keramik wird diese Angabe aber untermauert (vgl. Kat.-Nr. 612). Schwieriger ist eine Zuweisung über die spezifische Beschaffenheit des Tons wie Farbe, Magerung, Brennweise und Härte. So wäre etwa ein Randfragment eines Gefäßes (es gehören noch weitere Wandscherben dazu) aus einer Grabhügel-

nachbestattung (?) bei Mehrstetten (Kat.-Nr. 438, Taf. 66,4) hinsichtlich des Tons durchaus als „bemalte Keramik" anzusprechen, auch formal würden sich im Manchinger Bestand gute Parallelen bei den weitmundigen Töpfen und den Tonnen mit abgesetztem Hals finden[822]. Weitere Scherben dieser Art stammen etwa aus Tomerdingen (Taf. 92,1): Hier könnte man etwa an eine halbkugelige Schale in der Art einer „bol roanne" denken, wie sie ebenfalls aus Manching bekannt ist[823]. Das Kriterium der Tonbeschaffenheit verspricht bei so großen Materialkomplexen wie Manching oder Basel-Gasfabrik eine akzeptable Zuverlässigkeit, Maier ging davon aus, daß die Kennzeichen der bemalten Keramik im gesamten Verbreitungsgebiet gleich sind und naturwissenschaftliche Analysen des Tons nur bedingt weiterführen würden[824]. Mittlerweile von R. Gebhard vorgenommene Analysen haben allerdings gezeigt, daß es hier durchaus Unterschiede geben kann (bereits zwei lokale Gruppen im Manchinger Material)[825]. Bei den kleinen und weitverstreuten Fundgruppen in unserem Arbeitsgebiet dürfte es schwierig sein, hier eine statistisch auswertbare Basis zu erhalten. Immerhin deuten auch die analysierten Proben bemalter Keramik aus Baden-Württemberg auf lokale Tongruppen hin, was nach Gebhard dafür spricht, daß der Export von Feinkeramik eher auf das Umland der Oppida beschränkt war[826]. Durch künftige Untersuchungen sind hier sicher konkretere Ergebnisse zu erwarten[827]. Beim derzeitigen Stand wäre es jedenfalls sehr gewagt, Fragmente ohne deutliche Bemalungsreste aufgrund der

817 Maier, Keramik 16.
818 Ebd. 19 (Typ 3).
819 Ebd. 21. Von den abgebildeten Stücken zeigen nur sehr wenige die gleiche Farbanordnung wie das Stück aus Schwäbisch Hall, z. B. Taf. 50,933.
820 Die Scherben müssen hier nach Fotografien von Kost abgebildet werden, da sie bei der Materialaufnahme 1990 im Museum Schwäbisch Hall nicht mehr auffindbar waren.
821 Maier, Keramik 29 ff.
822 Ebd. z. B.: Taf. 21,458.462; 27,567–568; Der Topf Taf. 28,287 und die Tonne Taf. 34,691 hätten sogar ein tongrundiges Oberteil, was eine Erklärung für fehlende Bemalungsreste beim Exemplar von Mehrstetten wäre. In Basel-Gasfabrik finden sich gute formale Entsprechungen bei der Feinkammstrichware: Furger-Gunti/Berger, Basel-Gasfabrik Taf. 83.
823 Ebd. Taf. 40,789–793. Die relativ späte Zeitstellung dieser Form (vgl. Maier, Keramik 101 f.) wäre übrigens eine schöne Bestätigung für die Datierung von F. Fischer, der für einen Teil des Tomerdinger Materials aufgrund der Kammstrich-Grübchen-Verzierung eine relativ junge Zeitstellung innerhalb des Spätlatène vorgeschlagen hat: Zürn/Fischer, Tomerdingen 44.
824 Maier, Keramik 63 f.
825 Vgl. den Vorbericht von R. Gebhard/U. Wagner: Mit Kernphysik auf den Spuren der Kelten. Arch. in Deutschland 1, 1992, 6 ff., bes. 10.
826 Ebd. 11. Aus Baden-Württemberg wurden neben Proben aus Altenburg auch solche von Fellbach-Schmiden, Ehningen, Heiligkreuztal und Langenau untersucht.
Anmerkung 827 siehe nächste Seite

◄ **Abb. 40:** Bemalte Keramik: 1–3 Fellbach-Schmiden (Kat.Nr. 780, nach Wieland, Fellbach-Schmiden und Ehningen Taf. 3,1.2.5), 4 Ehningen (Kat.Nr. 65, nach Wieland, Fellbach-Schmiden und Ehningen Taf. 30,1), 5–6 Altheim-Heiligkreuztal (Kat.-Nr. 84, nach Wieland in: Bittel/Schiek/Müller, Viereckschanzen 105 Abb. 49,1–2), 7–9 Schwäbisch Hall (Kat.-Nr. 583), 10–13: Veringenstadt, Nikolaushöhle (Kat.-Nr. 642).

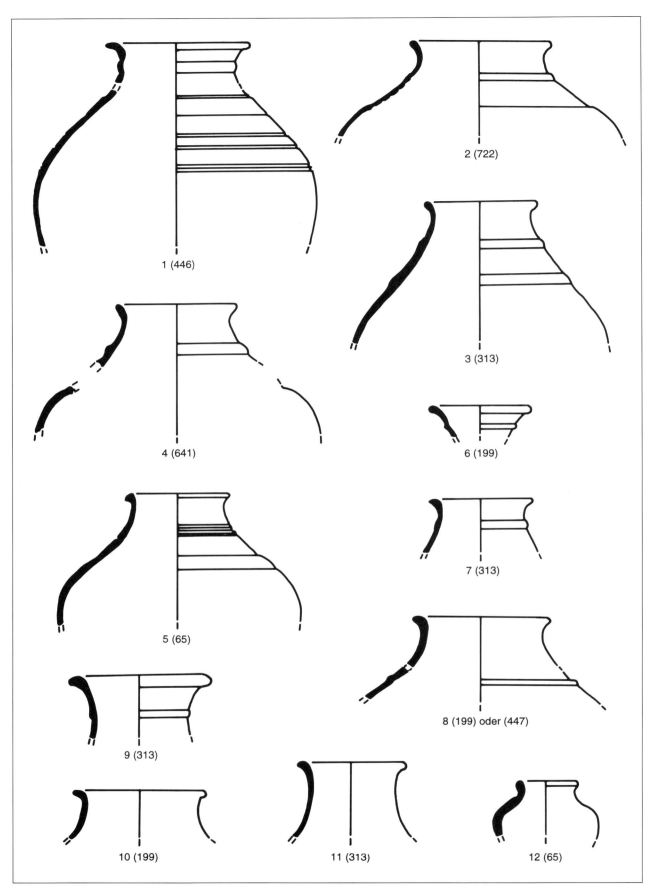

Abb. 41: Formen der glatten Drehscheibenware: Flaschen (Nr. 12 nach Wieland, Fellbach-Schmiden und Ehningen Taf. 31,14).

Tonbeschaffenheit der bemalten Keramik zuzuweisen, weshalb diese unsicheren Nachweise auf der Karte auch eine getrennte Signatur erhielten (Karte 15).

Das Vorkommen bemalter Keramik in einem Fundkomplex wird im Rahmen dieser Arbeit als ein Indiz für eine Datierung nach LT D betrachtet. Damit folgen wir der relativchronologischen Vorgabe durch die Gliederung des Manchinger Materials[828]. Es wurde schon von verschiedener Seite ein Beginn der bemalten Keramik in LT C2 postuliert[829], doch scheint dies in erster Linie ein definitorisches Problem zu sein, nämlich welche Formen man als „typisch" für seine Zeitstufeneinteilung bezeichnet. Auch die Genauigkeit der zeitlichen Abgrenzung aufeinander folgender „Stufen" wird öfters überschätzt. Die oben erwähnten frühen Dendrodaten aus Yverdon geben nur einzelne Anhaltspunkte innerhalb der Gesamtdauer der Siedlung, sie können kaum als Eingrenzung auf LT C2 gewertet werden.

III.5.2 Glatte Drehscheibenkeramik

Nach der handgemachten Grobkeramik folgt bei den Mengenanteilen mit einigem Abstand die glatte Drehscheibenware (s. u.). Die Herstellung dieser Keramik im Arbeitsgebiet ist durch den Fund eines Töpferofens in Neckarsulm belegt (Kat.-Nr. 313). Die Gliederung und Auswertung der glatten Drehscheibenkeramik aus Manching durch V. Pingel ist nach wie vor das Standardwerk zur Beurteilung dieser Keramikgattung. Für die Formansprache und die Grundgliederung wird daher die Terminologie dieser Arbeit verwendet[830]. Da meist nur Randfragmente und selten ganze Gefäße erhalten sind, gestaltet sich die Formansprache insofern manchmal schwierig, als z. B. manche Topf- und Schalenformen nahezu identische Oberteile aufweisen und die Benennung in diesen Fällen von den Proportionen des ganzen Gefäßes abhängt[831]. Anhand des Bestands der glatten Drehscheibenkeramik von Fellbach-Schmiden und Ehningen wurde bereits eine erste Formenübersicht erstellt, auf die hier teilweise zurückgegriffen wird[832]. Schon während der Aufnahme der Spätlatènefunde in Württemberg hat sich allerdings gezeigt, daß mit einer Vielzahl von Formen zu rechnen ist und die meist kleinen Fundkomplexe eine regelrechte Formentypologie sehr schwierig machen. Größere Mengen an glatter Drehscheibenware stammen lediglich von Fellbach-Schmiden (Kat.-Nr. 780), Ehningen (Kat.-Nr. 65), Neckarsulm (Kat.-Nr. 313), Dornstadt-Tomerdingen (Kat.-Nr. 714) und Hüfingen (Kat.-Nr. 764). Wiederum macht sich hier bemerkbar, daß bislang keine jüngerlatènezeitliche Siedlung in größerem Maße untersucht wurde. Der Befund des schon 1928/29 entdeckten Töpferofens von Neckarsulm macht es wahrscheinlich, daß glatte Drehscheibenkeramik in weit

mehr Siedlungen produziert wurde als etwa bemalte Feinkeramik. Darauf lassen auch die teilweise starken Qualitätsunterschiede schließen. Daß sie aber doch nicht beliebig verfügbar war, möchte man daraus ableiten, daß einige Formen in handgemachter Ware imitiert wurden[833].

Die folgende Übersicht zu den wichtigsten ansprechbaren Formen im Arbeitsgebiet kann sicher nicht als vollständig angesehen werden, eine Grabung in einer größeren Siedlung könnte das Spektrum weiter verbreitern. Ein Vergleich mit den Formen aus Siedlungen und Grabfunden der benachbarten Gebiete vermag daher schon wegen der relativ geringen Zahl nur grobe Hinweise zu geben, die sich für eine Synchronisation ganzer Fundbestände kaum eignen.

III.5.2.1 Formen und Verzierungen

A. Flaschen

Fragmente von scheibengedrehten Flaschen lassen sich im Bestand am besten identifizieren, auch Wand- und Halsfragmente zeigen hier formal eine so charakteristische Ausprägung, daß sie meist mit einiger Sicherheit dieser Form zugeordnet werden können (vgl. Abb. 41) Große bauchige Flaschen mit enger Mündung kommen praktisch nur als Drehscheibenware vor, eine Herstellungsweise durch Aufwulsten ist technisch zwar möglich, aber zu aufwendig und zu instabil. Soweit genügend Reste der Gefäßwandung vorhanden sind, lassen sich die meisten Exemplare zu den Flaschen mit ovalem und gestreckt ovalem Körper nach Pingel zuordnen (Abb. 41,1–5)[834]. Eher selten sind kleine, gedrungene flaschenartige Töpfchen wie die Exemplare aus Ehningen (Abb. 41,12) und Schwäbisch Hall (Kat.-Nr. 583)[835].

827 Mineralogische Untersuchungen an bemalter Keramik werden in letzter Zeit vermehrt durchgeführt, vgl. etwa Th. Fischer/W. Polz, Mineralogisch-petrographische Untersuchungen an spätlatènezeitlicher bemalter Keramik aus Bayern. Arch. Korrbl. 19, 1989, 137 ff.

828 Vgl. Gebhard, Glasschmuck 36 f. mit Anm. 118.

829 So etwa: U. Geilenbrügge, Germania 63, 1985, 50; Chronologie. Arch. Daten der Schweiz. Antiqua. Veröff. Schweiz. Ges. Ur- u. Frühgesch. 15 (Basel 1986) 165; 236.

830 Pingel, Drehscheibenkeramik 14 ff.

831 Darauf hat bereits Pingel hingewiesen, auch wenn er für die Topfformen eher gestreckte Oberteile nachweisen konnte: Ebd. 46.

832 Wieland, Fellbach-Schmiden und Ehningen 59 ff.

833 Diese Stücke sind dann bestenfalls auf langsam rotierender Scheibe nachgedreht, wie dies auch für viele handgemachte Schüsseln anzunehmen ist. Beispiele für Imitationen glatter Drehscheibenware z. B. Fischer/Zürn, Tomerdingen Taf. 26,13; Wieland in: Bittel/Schiek/Müller, Viereckschanzen 109 Abb. 52,3.

834 Pingel, Drehscheibenkeramik 20 ff.

835 Das entspricht auch den Verhältnissen in Manching und Basel: Pingel, ebd. 22.; Furger-Gunti/Berger, Basel-Gasfabrik Taf. 95, 1777.1780.

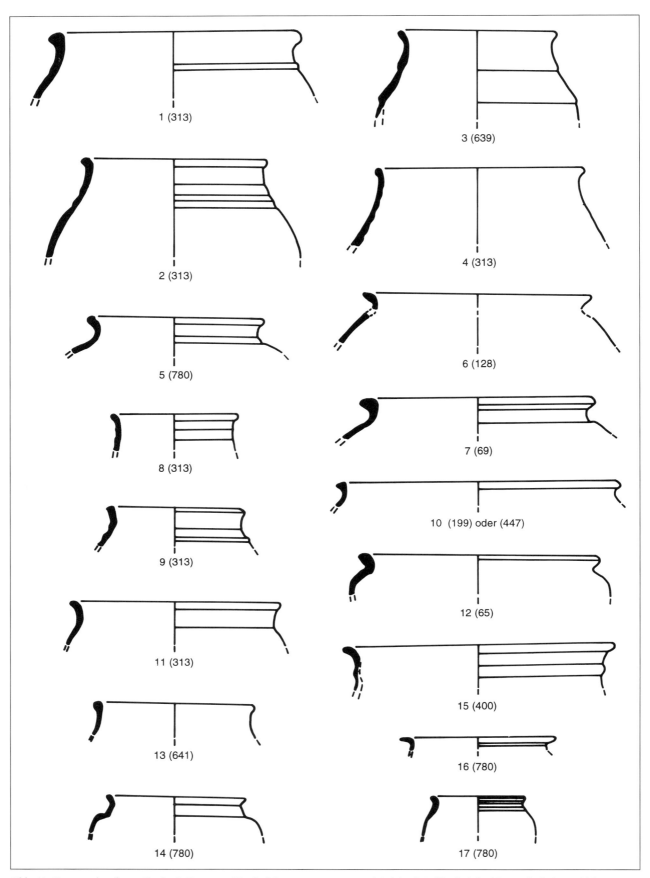

Abb. 42: Formen der glatten Drehscheibenware: Töpfe (Nr. 5, 12, 14, 16, 17 nach Wieland, Fellbach-Schmiden und Ehningen Taf. 4,1; 30,8; 4,7; 4,8; 4,10).

Bei erhaltenen Oberteilen läßt sich meist eine Gliederung in Form von Rippen, Wülsten und Rillen erkennen. Eine regelrechte „Wulsthalsform" mit regelmäßiger Profilierung wie in Manching ist bislang nicht festgestellt[836]. Die bestimmbaren Stücke gehören alle zu den Flaschen mit unregelmäßiger Profilierung; breite und schmale Wülste und Rippen laufen einzeln oder in Kombination um die Gefäßoberteile[837]. Relativ häufig sitzt etwa eine einzelne Rippe auf dem Hals, bzw. dicht unter der Mündung (Abb. 41,1.2.4.6.7.9). Ein enghalsiges Fragment mit weiter Mündung und ausgeprägter Rippe aus Ostfildern-Scharnhausen (Abb. 41,6) erinnert an die Flaschen mit gewellter Mündung vom Basler Münsterhügel, es besteht allerdings auch die Möglichkeit, daß es sich um den Fuß einer Hochform (Fußschale) handelt[838]. Flaschenoberteile ohne plastische Gliederung (Abb. 41,10–11) dürften aufgrund der Vergleiche mit Manching und Basel die jüngste Ausprägung der glatten Drehscheibenware darstellen.

B. Töpfe

Wie bei den Flaschen stellt sich auch hier das erhaltungsbedingte Problem der genaueren Formansprache. So könnten etwa die Randfragmente Abb. 42,8–9 auch zu Flaschen mit weiter Mündung gehören, während für die Stücke Abb. 42,10.12.15 auch eine Ergänzung als Schale möglich wäre. Wie bei den Flaschen fehlen echte Wulsthalsformen[839], bestenfalls bei dem Stück Abb. 42,15 wäre eine Zuordnung möglich. Allerdings ist bei diesem Randfragment zu wenig von der Wandung erhalten. Töpfe mit unregelmäßiger Profilierung oder Rippengliederung[840] sind dagegen wieder vertreten (Abb. 42,1–2). Eine Sonderstellung nimmt das Fragment Abb. 42,3 ein, es gehört vermutlich zusammen mit einem Fußfragment (Taf. 82,1) zu einem tonnenartigen Gefäß.

Töpfe mit ungegliedertem Oberteil und mehr oder weniger abgesetztem Hals[841] kommen ebenfalls mehrfach vor (Abb. 42,10–11.13–14), dabei sei besonders auf die Form Abb. 42,14 hingewiesen, die in Manching zu fehlen scheint. Für diese bauchigen Töpfe mit abgesetztem Kegelhals finden sich auch in den anderen benachbarten Gebieten wenig gute Parallelen[842]. Die bauchigen Töpfe mit ausgebogenem Trichterrand (Abb. 42,5–7) sind in dieser Art in Manching und Basel nicht allzu häufig[843]. Für die kleinen Töpfchen mit Trichterrand wie Abb. 42,17 findet sich in Manching kaum Vergleichbares, dagegen läßt sich eine Reihe von „kleinen bauchigen Töpfchen" aus Basel-Gasfabrik gut mit diesen vergleichen, mit etwas kürzerem und steilerem Rand findet sich diese Form auch noch auf dem Basler Münsterhügel und in Augst[844]. Randscherben wie Abb. 42,16 könnten am ehesten zu Töpfen mit stark S-förmig geschwungenem Oberteil gehören[845].

C. Schalen

Ein Randfragment mit riefengegliedertem Oberteil (Abb. 43,1) macht einen relativ frühen Eindruck[846], hier wäre in Analogie zu den Manchinger Formen auch an eine Ergänzung als terrinenförmiger Topf zu denken[847]. Das Fragment Abb. 43,2 dürfte zum Typ der Schalen mit regelmäßig gegliedertem Oberteil und Schulterknick gehören[848]. Formen wie Abb. 43,3–4 lassen sich an die Manchinger Schalen mit rippengegliedertem Oberteil und gerundeter Schulter anschließen[849], während Abb. 43,5–6 zum gleichen Typ, aber mit Schulterknick gehören[850]. Sie leiten zu einer jüngeren Form über, den Schalen mit ungegliedertem Oberteil, die in Varianten mit einfachem, S-förmig geschwungenem Profil, mit einfachem Trichterrand (Abb. 43,7) und mit abgesetztem Hals (Abb. 43,8) vorkommen[851]. Die im Oberrheingebiet geläufigen geknickten Schalen mit hohem Rand fehlen bislang, obwohl sich bei anderen Formen der Drehscheibenkeramik deutliche Beziehungen zu diesem Gebiet abzeichnen[852]. Nach der Terminologie von Pingel handelt es sich bei den Formen Abb. 43,9–11 um „Schüsseln mit außen abgesetztem Rand". Er betonte aber bereits, daß die recht unterschiedlichen Einzelformen dieser Gruppe im Grenzbereich zu anderen Formen liegen[853]. Da diese Gefäße

836 Pingel, Drehscheibenkeramik 21.

837 Ebd. 21 f.

838 Furger-Gunti/Berger, Basel-Gasfabrik 32 (Randform 7); Pingel, Drehscheibenkeramik Taf. 56,862.

839 Pingel, Drehscheibenkeramik 26 f.

840 Ebd. 27 ff.

841 Ebd. 29 f.

842 Vom Aufbau her ähnlich, aber viel weitmundiger: ebd. Taf. 33, 411; entfernt ähnliche Stücke: Schönberger, Wetterau Taf. 6,74; 24,25; B. Stümpel, Pfälzer Spätlatènekeramik mit Glättverzierung. Mitt. Hist. Ver. Pfalz 58, 1960 (Festschr. Pfälz. Mus. Speyer zum fünfzigjährigen Bestehen) 29 Abb. 3; Furger-Gunti/Berger, Basel-Gasfabrik Taf. 87,1660; 93,1748; Müller-Vogel, Sissach-Brühl 96 f. Topf e 6 (ähnliches Oberteil).

843 Furger-Gunti/Berger, Basel-Gasfabrik 29 (Typ 7), Taf. 89,1704; Pingel, Drehscheibenkeramik 37 ff., Taf. 42; Müller-Vogel, Sissach-Brühl 96 f.

844 Furger-Gunti/Berger, Basel-Gasfabrik 29 (Typ 8); Taf. 88, 1673–1674; Furger-Gunti, Basler Münster Taf. 13,194; Ettlinger, Augster Thermen Taf. 9,10; vgl. auch E. Heinzel, Zur keltoromanischen Siedlung Mainz-Weisenau. Mainzer Zeitschr. 66, 1971, 168 Abb. 2a,Aa.12.

845 Pingel, Drehscheibenkeramik Taf. 34,430.

846 Ein ähnliches Fragment stammt zusammen mit LT C-Funden aus einer Siedlungsgrube von Bopfingen-Flochberg (Kat.-Nr. 15). Vgl. R. Krause/G. Wieland, Eine keltische Viereckschanze bei Bopfingen am Westrand des Nördlinger Rieses. Vorbericht zu den Grabungen 1989–1991. Germania 71, 1993, 66 ff.

847 Pingel, Drehscheibenkeramik Taf. 32, 392.

848 Ebd. Taf. 61

849 Ebd. Taf. 62, z. B. 947–948.

850 Ebd. Taf. 63.

851 Pingel, Drehscheibenkeramik 50 ff., Taf. 64; 67; 71; Furger-Gunti/Berger, Basel-Gasfabrik Taf. 129,2104; 130 ff.

852 Furger-Gunti/Berger, Basel-Gasfabrik 36 (Typ 4).

853 Pingel, Drehscheibenkeramik 57 f., Taf. 80.

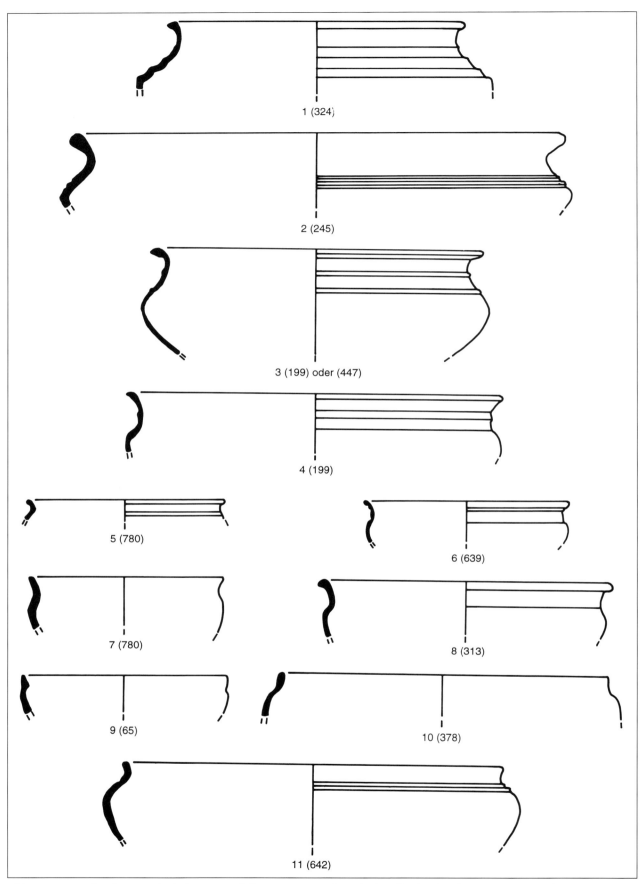

Abb. 43: Formen der glatten Drehscheibenware: Schalen (Nr. 5, 7, 9 nach Wieland, Fellbach-Schmiden und Ehningen Taf. 4,15; 4,17; 30,16).

den o. g. Schalen mit Trichterrand nahestehen, werden sie hier noch unter dem Oberbegriff Schalen abgehandelt. In Manching und am Oberrhein finden sich zwar ähnliche Gefäße, doch gehören sie dort nicht zu den häufigen Formen[854].

D. Becher und Tonnen
Die Becher und ihre Großform, die sog. Humpen[855], gehören im Bestand der glatten Drehscheibenware nicht zu den häufigeren Formen. Sie kommen sowohl

mit gegliedertem Rand (z. B. Abb. 44,1–2)[856] als auch völlig glatt (Abb. 44,3)[857] vor. Für Formen wie Abb.

854 Ähnlich etwa ebd. Taf. 80,1212–1213.1223; Furger-Gunti/ Berger, Basel-Gasfabrik Taf. 136,2150; 142,2201; Müller-Vogel, Sissach-Brühl 106 f., Taf. 4,62.
855 Pingel unterscheidet Becher und Humpen nach dem Volumen (Becher ca. 0,5 l, Humpen 1–1,5 l) und nach dem Randdurchmesser (Grenze bei ca. 15 cm). Pingel, Drehscheibenkeramik 33 f.
856 Vgl. ebd. Taf. 38,506–507; Furger-Gunti/Berger, Basel-Gasfabrik Taf. 126.
857 Pingel, Drehscheibenkeramik Taf. 38,495–496.

Abb. 44: Formen der glatten Drehscheibenware: Becher, Tonnen, Deckel und Schüsseln (Nr. 1, 5, 7–11 nach Wieland, Fellbach-Schmiden und Ehningen Taf. 5,5; 5,8; 5,10; 5,17; 31,9; 6,4; 6,1).

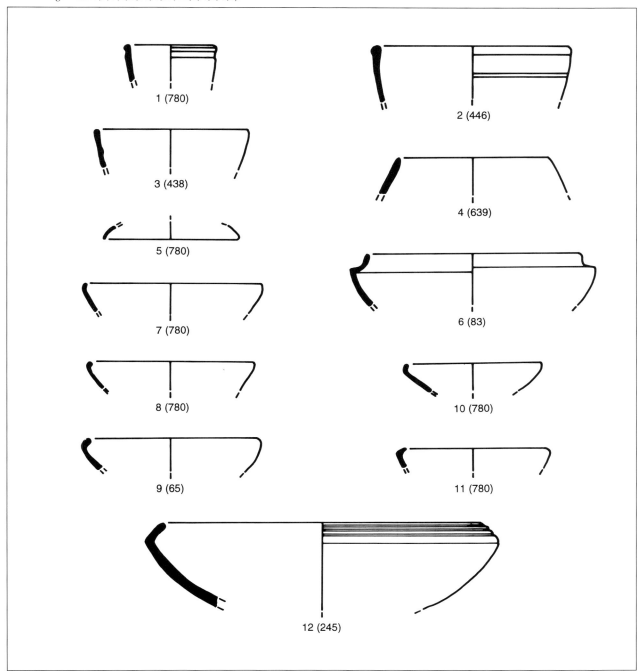

44,4 wäre in Anlehnung an die bemalte Keramik eigentlich schon die Bezeichnung „Tonne" gerechtfertigt, Parallelen finden sich auch hier im Manchinger und Basler Bestand[858].

E. Deckel
Eher zu den Seltenheiten gehören Fragmente von Deckeln (Abb. 44,5) oder schüsselförmigen Gefäßen mit Randfalz (Abb. 44,6). Pingel hat hierzu bereits dargelegt, daß Gefäße mit gefalztem Rand nicht immer als Deckel verwendet worden sind, bei diesen Formen kann eine einfache Schüssel diesen Zweck erfüllt haben[859]. Interessanterweise scheinen Deckel mit Falzrand in Basel-Gasfabrik und Sissach-Brühl zu fehlen, während sie vom Münsterhügel und aus Altenburg bekannt sind[860].

F. Schüsseln
Unter dem Begriff „Schüsseln" werden hier ausschließlich Gefäße mit weiter Mündung und eingebogenem oder steil aufgebogenem Rand verstanden. Die Formen lassen sich nach dem Manchinger Vorbild anhand der Randform gliedern[861]: Die Schüsseln mit geschwungen einbiegendem Rand (Abb. 44,7.9) stellen die häufigste Form dar, daneben gibt es noch rundstabig nach innen verdickte (Abb. 44,8) und steil aufgebogene (Abb. 44,10) oder geknickte Ränder (Abb. 44,11), die z. T. verziert sind (Abb. 44,12).

G. Feinkammstrichware
Verhältnismäßig wenig Fragmente liegen von der sog. Feinkammstrichware vor. Formal lehnt sich diese stark an die Graphittonkeramik an[862], während sie vom Ton her praktisch mit der glatten Drehscheibenware identisch ist. Mehrere Scherben dieser Art wurden bereits bei der Bearbeitung der Keramik von Fellbach-Schmiden und Ehningen festgestellt, die Formen lehnen sich (soweit feststellbar) eng an den Bestand aus Manching und Basel an[863]. Weitere Scherben, meist nur kleine Wandfragmente, stammen aus Altheim-Heiligkreuztal (Kat.-Nr. 83 und 84)[864] Esslingen-Sirnau (Kat.-Nr. 166, Taf. 14, 19–21), Reichenbach a.d. Fils (Kat.-Nr. 203, Taf. 15B, 3), Giengen a.d. Brenz (Kat.-Nr. 245, Taf. 32,1), Neckarsulm (Kat.-Nr. 313, Taf. 35,18), Konstanz (Kat.-Nr. 335, Taf. 39,23), vom Heidengraben (Kat.-Nr. 431, Taf. 57,6–7), Schwäbisch Hall (Kat.-Nr. 583), Beuron (Kat.-Nr. 601, Taf. 72,19.21; Kat.-Nr. 603, Taf. 75A, 5), Veringenstadt (Kat.-Nr. 642, Taf. 87,6), Dornstadt-Tomerdingen (Kat.-Nr. 714, Taf. 92,14; 91, 10.12)[865], Langenau (Kat.-Nr. 723, Taf. 94,1) und Hüfingen (Kat.-Nr. 764).
Wie die Feinkammstrichtöpfe aus Graphitton dürften auch diejenigen aus graphitfreiem Ton nach LT D gehören[866].

H. Verzierung der glatten Drehscheibenware
Nur von wenigen Fundorten liegen mehrere verzierte Scherben der Drehscheibenkeramik vor, eine größere Anzahl wurde bereits im Zusammenhang mit den Funden von Fellbach-Schmiden und Ehningen vorgelegt[867]. Pingel hat bei der Bearbeitung der Manchinger Drehscheibenware einen Anteil von maximal 5 Prozent für die verzierten Gefäße errechnet. Der größte Teil dieser Keramik ist unverziert oder weist lediglich die schon oben erwähnten plastischen Verzierungs- und Gliederungselemente in Form von Rippen und Riefen auf. Bei den verzierten Stücken stellt die Einglättverzierung ein weit verbreitetes Charakteristikum dieser Keramikgattung dar, das auch über weite Entfernungen große Übereinstimmungen zeigt. In Manching sind 80 Prozent der verzierten Scherben glättverziert, der Rest trägt Eindruck-, Stempel- oder Kammstrichornamente[868]. Auch in unserem Arbeitsgebiet tritt die Einglättverzierung am häufigsten auf, sie ist von Ehningen (Kat.-Nr. 65)[869], Geislingen-Altenstadt (Kat.-Nr. 221, Taf. 26C, 2–3), Konstanz (Kat.-Nr. 335, Taf. 39A,10), Dörzbach (Kat.-Nr. 344, Taf. 42A, 2–3), Grabenstetten-Burenhof (Kat.-Nr. 429, Taf. 56,6), Pfullingen (Kat.-Nr. 446, Taf. 63,1–2), Dornstadt-Tomerdingen (Kat.-Nr. 714)[870], Hüfingen (Kat.-Nr. 764) und Fellbach-Schmiden (Kat.-Nr. 780)[871] bekannt.
Es handelt sich fast immer um zonale Verzierungen in Form von umlaufenden Geraden und Wellenlinien. Weniger geläufig ist eine Rollrädchenverzierung, die bereits auf der Feinkeramik von Fellbach-Schmiden festgestellt wurde (Kat.-Nr. 780)[872]. Nahezu identische Verzierungen hat bereits 1971 R. Koch aus Ilsfeld (Kat.-Nr. 305, Taf. 37A), Neckarsulm (Kat.-Nr. 313, Taf. 36,12–16) und Ingelfingen (Kat.-Nr. 349, Taf. 45,7) vorgelegt[873]. Von der Drehscheibenware aus Basel-Gasfabrik sowie aus den Oppida von Manching und Al-

---

858 Ebd. Taf. 38,492.499; Furger-Gunti/Berger, Basel-Gasfabrik 34 (Randform 1).
859 Pingel, Drehscheibenkeramik 58 f.
860 Furger-Gunti/Berger, Basel-Gasfabrik 29 (Typ 11); Fischer, Altenburg-Rheinau 304 Abb. 8,2.
861 Pingel, Drehscheibenkeramik 54 ff.
862 Vgl. Kappel, Graphittonkeramik 15 ff.
863 Wieland, Fellbach-Schmiden und Ehningen 69 ff.
864 Abb.: Bittel/Schiek/Müller, Viereckschanzen 105 Abb. 49,15; 107 Abb. 50,2–6.
865 Weitere Fragmente bei Zürn/Fischer, Tomerdingen, z. B. Taf. 46,12.
866 Kappel, Graphittonkeramik 55.
867 Wieland, Fellbach-Schmiden und Ehningen 68.
868 Pingel, Drehscheibenkeramik 69 ff; vgl. auch H. Polenz, Stud. u. Forsch. Offenbach N.F. 5, 1972, 19.
869 Abb. bei Wieland, Fellbach-Schmiden und Ehningen Taf. 32,8.
870 Abb. bei Zürn/Fischer, Tomerdingen Taf. 24,13.
871 Vgl. Wieland, Fellbach-Schmiden und Ehningen Taf. 6,16–23.
872 Ebd. 68, Taf. 7,1–2.
873 R. Koch, Siedlungsfunde der Latène- und Kaiserzeit aus Ingelfingen. Fundber. Schwaben N.F. 19, 1971, 124 ff., bes. 152 ff. und 132 Abb. 7.

tenburg ist diese Verzierung ebenfalls bekannt[874]. Auf einer grobkeramischen Wandscherbe von Schwäbisch Hall (Kat.-Nr. 583) befindet sich ebenfalls Rollrädchendekor, soweit dies anhand der Abbildung zu beurteilen ist. Da diese Zierweise im mittleren Neckarraum und der Hohenloher Ebene mehrfach bezeugt ist (in Neckarsulm allein schon 5 Fragmente), liegt hier der Verdacht auf germanische Einflüsse aus dem Main-Tauber-Gebiet nahe. Andere Funde (Fibeln) aus den Oppida von Manching und Altenburg haben für diese Siedlungen Beziehungen zum germanischen Raum wahrscheinlich gemacht (vgl. zu den Fibeln Kap. III.1.1.13)[875].

Fingerdellen oder halbmondförmige Eindrücke wie von Esslingen-Sirnau (Kat.-Nr. 166, Taf. 14B, 16), Rottweil (Kat.-Nr. 496, Taf. 67A) und Fellbach-Schmiden[876] finden sich auch auf einer Scherbe der glatten Drehscheibenware von Manching[877].

Eher zu den Ausnahmen gehören Ritzverzierungen und Kerben wie auf den Fragmenten von Glatten-Böffingen (Kat.-Nr. 206, Taf. 25,25) und Schwäbisch Hall (Kat.-Nr. 583)[878].

Hervorzuheben wäre noch ein sehr interessantes Verzierungsmotiv, das durch Abrollung eines tordierten Rings oder eines anderen Instruments angebracht worden sein muß. Es findet sich auf Scherben aus der Höhle bei St. Wendel zum Stein bei Dörzbach (Kat.-Nr. 344, Taf. 42A, 13) und von der Petershöhle bei Beuron (Kat.-Nr. 601, Taf. 73,18). Identische Muster gibt es in Manching und vom Mont Vully im Schweizer Mittelland[879]. Für die Verzierung mit eng aneinandergesetzten Kreisstempeln von Esslingen-Sirnau (Kat.-Nr. 167, Taf. 11C, 4) und vom Heidengraben (Kat.-Nr. 431, Taf. 57, 8–9) gibt es Parallelen im Fundmaterial aus der Viereckschanze von Gerichtstetten in Nordbaden[880].

III.5.2.2 Zur Zeitstellung der glatten Drehscheibenkeramik

Die Datierung dieser Keramik kann in unserem Rahmen größtenteils nur über Vergleiche mit dem Manchinger und Basler Material vorgenommen werden, einige mittellatènezeitliche Grabfunde aus Württemberg geben zusätzliche Anhaltspunkte zur zeitlichen Eingrenzung. Durch den Vergleich mit der Keramik aus den Flachgräbern von Manching konnte Pingel bereits einige Anhaltspunkte finden, die für die Zeitstellung der Drehscheibenkeramik von Bedeutung sind: So können nur Formen mit gegliederten Oberteilen den Grabfunden an die Seite gestellt werden. Becher, Humpen und Tonnen fehlen in den Gräbern vollständig, Breitformen wie Schale und Schüssel spielen keine bedeutende Rolle und Verzierung ist selten[881]. Pingel schlug für die Hochformen eine grobe Zweiteilung in einen älteren und jüngeren Horizont vor, augenfälligstes Merkmal der jüngeren Formen ist das weitgehen-

de Fehlen oder wenigstens die starke Reduzierung der Rippen- und Riefengliederung. Den zeitlichen Schwerpunkt für diese Gefäße setzte Pingel aufgrund des Vergleichs mit Formen der bemalten Keramik nach LT D[882]. Als chronologisch sicher zu beurteilendes Merkmal darf das Vorkommen oder Fehlen plastischer Verzierung in Form einzelner Rippen sicher nicht gewertet werden, da sich diese auf der Scheibenware aus Gräbern der Stufe LT D2 in Südbayern ebenfalls noch finden[883]. Die Tendenz zu bauchigeren Formen bei diesen Gefäßen läßt auch für unsere bauchigen Töpfe wie Abb. 42,6–7 an eine Zeitstellung innerhalb eines voll ausgeprägten LT D denken. Schalen mit relativ enger Mündung und Riefengliederung wie Abb. 43,1 scheinen für die frühe Mittellatènezeit (LT C1) charakteristisch, sie entwickeln sich aus späten LT B-Formen, wie etwa Beispiele von der Höhensiedlung Schloßberg bei Neuenbürg zeigen[884]. Schalen mit ungegliedertem Oberteil oder lediglich einer Rippe wie unsere Abb. 43,4–8 finden sich auch in den Grabfunden von Münsingen-Auingen, Kr. Reutlingen[885], und Holheim bei Nördlingen[886]. Beide Gräber gehören anscheinend an das Ende von LT C2 und unterscheiden sich in der Ausstattung von typischen Mittellatène-Grabfunden[887]. Die Scheibenware aus den Viereckschanzen von Fellbach-Schmiden und Ehningen zeigt meist Formen, die sich mit den jüngeren Typen von Manching und Basel vergleichen lassen, der zeitliche Schwerpunkt dieses Materials liegt sicher im LT D[888]. Wurde bei der Bear-

---

874 Vgl. Furger-Gunti/Berger, Basel-Gasfabrik Taf. 154,2396–2397; Manching: Pingel, Drehscheibenkeramik Taf. 97,1526–1527; Altenburg: Freundl. Mitt. P. Rau (die einheimische Keramik von Altenburg war Thema der Tübinger Dissertation von P. Rau. Diese Arbeit soll zusammen mit den übrigen Funden demnächst als Monographie vorgelegt werden).

875 Peschel, Kelten und Germanen 185 f.

876 Wieland, Fellbach-Schmiden und Ehningen Taf. 8,11.

877 Pingel, Drehscheibenkeramik Taf. 97,1520.

878 Ebd. Taf. 97,1516–1518.

879 Pingel, Drehscheibenkeramik Taf. 94,1464; 97,1523; G. Kaenel/Ph. Curdy, Das Wistenlacher Oppidum (Mont Vully). Arch. Führer Schweiz 23 (Sugiez/Vully 1988) 30 Abb. 22.

880 Behrends, Gerichtstetten 323 Abb. 11,4.

881 Pingel, Drehscheibenkeramik 100.

882 Ebd. 104 ff.

883 Ebd. 108 Abb. 17,1–2; Vgl. auch Krämer, Grabfunde Taf. 104 C.F.

884 Jensen, Neuenbürg Taf. 32.

885 O. Paret, Ein Mittel-La-Tène-Grab von Auingen bei Münsingen. Fundber. Schwaben N.F. 9, 1935–38, 67 ff., Taf. 20,2–3. Auf die genauere Zeitstellung und Bedeutung dieses wichtigen Grabfundes wird im Rahmen einer Studie des Verfassers zum jüngerlatènezeitlichen Totenritual eingegangen werden.

886 H. P. Uenze in: Führer vorgesch. Denkm. 40, Bd. I (Mainz 1979) 170 ff., bes. 171 Abb. 9.

887 Bei der Fibel von Auingen handelt es sich – soweit erkennbar – um eine gestreckte Fibel vom Mittellatèneschema, die an den Übergang LT C2/D1 gehört; für das Grab von Holheim nahm Uenze aufgrund von Vergleichen mit dem Mittelrheingebiet und der Wetterau sogar eine Datierung nach LT D an: ebd. 173 f.

888 Wieland, Fellbach-Schmiden und Ehningen 68 f.

beitung dieses Materials noch eher an Beziehungen zur Drehscheibenkeramik des Oberrheingebietes gedacht, scheint sich mittlerweile aus dem wesentlich erweiterten Spektrum eine lokale Ausprägung für das Gebiet des mittleren Neckars (etwa die Keramik aus Neckarsulm) und der mittleren und westlichen Alb (z. B. die Formen Abb. 43,3–4.11; 41,1.4.6) abzuzeichnen. Für eine sichere Beurteilung ist der Bestand an Drehscheibenware von den einzelnen Fundorten aber noch zu gering. Auswertbare größere Mengen wären nur bei systematischen Siedlungsgrabungen zu gewinnen.

III.5.3 Graphittonkeramik

III.5.3.1 Verbreitung

Die Graphittonkeramik läßt sich auch noch anhand von kleinen und kleinsten Fragmenten identifizieren. Dies ist sicher mit ein Grund dafür, daß sie von relativ zahlreichen Fundorten im Arbeitsgebiet bekannt ist. Die erste Zusammenstellung aus der Feder von O. Paret stammt aus dem Jahr 1929. Damals waren 20 Fundorte, die vornehmlich im mittleren Neckargebiet lagen bekannt[889]. In seinem späteren zusammenfassenden Werk zur Vor- und Frühgeschichte Württembergs ist 1961 bereits von etwa 60 Fundpunkten die Rede[890], und I. Kappel konnte 1969 schon 74 Fundorte in ganz Baden-Württemberg verzeichnen[891]. Mittlerweile sind es (in unserem Arbeitsgebiet) 121 Fundorte, von denen jüngerlatènezeitliche Graphittonkeramik nachgewiesen ist. Die bereits von Paret festgestellte Konzentration im mittleren Neckarbereich tritt mittlerweile noch stärker hervor (vgl. Karte 16), mehrere Fundpunkte finden sich in den Gäulandschaften westlich des Neckars, im Bereich der Hohenloher Ebene und dem Jagsttal. Mit deutlichen Fundkonzentrationen heben sich dann wieder die Ostalb und der Bereich um das Oppidum Heidengraben ab. Auf der mittleren und westlichen Alb wird die Fundstreuung merklich dünner, wir befinden uns hier im Bereich der westlichen Verbreitungsgrenze dieser Keramik. F. Fischer hat dieses Phänomen sehr treffend als eine „von Landschaft und Verkehr vorgezeichnete Kulturgrenze" beschrieben[892]. Die Verbreitung anderer Funde, etwa der Kammstrich-Grübchen-Keramik (Karte 21), bestätigt dies.

III.5.3.2 Formen und Zeitstellung der Graphittongefäße

Innerhalb des Gesamtverbreitungsgebiets der jüngerlatènezeitlichen Graphittonkeramik[893] gehört unser Arbeitsgebiet zu der von Kappel herausgestellten Westgruppe[894].
Innerhalb dieser Gruppe, die anscheinend durchweg aus Passauer Graphitton besteht, wurden von Kappel aufgrund der Randprofile verschiedene Formengrup-

pen ermittelt: Als Hauptmerkmal ihrer „Formengruppe Manching" stellte sie den Wulstrand ohne Rippe unter dem Rand heraus (vgl. etwa unsere Abb. 45, Reihe 2, 780.199). Starke Variationen in der Randgestaltung machten eine differenziertere Typologie sehr schwierig, was auch zu gewissen Inkonsequenzen bei der Zuordnung führte[895]. Bei der weitverbreiteten Formengruppe „Südbayern" (vgl. unsere Abb. 45, Reihe 1, 764.236.163.431.32.243) räumte Kappel bereits „vielfältige Randprofilformen" ein, die meist eine Rippe unter dem Rand aufweisen[896]. Auch die Formen mit verzierter Rippe zählte sie zu dieser Gruppe. Die Abgrenzung der Formengruppe „Dürrnberg" ist wiederum unklar. Kappel nennt hier etwa zwei Rippen unter dem Rand[897]. Für die Formengruppe „Hallstatt" wurde die Häufigkeit von hohen Wulsträndern mit Rippe unter dem Rand (etwa unsere Abb. 45, Reihe 1, 83.206) betont[898].
Weitgehend unabhängig von der typologischen Gliederung nach Kappel wurden auf Abb. 45 die aussagekräftigen Randprofile der jüngerlatènezeitlichen Graphittongefäße und der verwandten Gefäße aus graphitfreiem Ton aus dem Raum zwischen Schwarzwald und Nördlinger Ries zusammengestellt (vgl. hierzu auch Karte 16), als Gliederungskriterium wurde dabei ausschließlich die Randform verwendet. Ein ähnlicher Gliederungsversuch für die Manchinger Graphittontöpfe wurde von U. Geilenbrügge vorgestellt[899]. Schon

889 O. Paret, Der Graphit im vorgeschichtlichen Europa. Sudeta 5, 1929, 30 ff., bes. 43/44 mit Abb. 10. Die Konzentration im mittleren Neckarraum beruhte zum damaligen Zeitpunkt sicher auch auf der Aktivität einiger Lokalforscher, der bedeutendste war der in Heutingsheim als Pastor tätige Vater Parets.

890 Paret, Württemberg 300 ff.

891 Kappel, Graphittonkeramik 156 ff.

892 Fischer in: Bittel/Kimmig/Schiek, Die Kelten in Baden-Württemberg 70, 75.

893 Vgl. Paret, Sudeta 5, 1929, 35 ff.; L. Horáková-Jansová, Laténská tuhová keramika v Čechách a na Moravě. Die latènezeitliche Graphitkeramik in Böhmen und Mähren. Památky Arch. 46, 1955, 284; Kappel, Graphittonkeramik, 65 ff.

894 Kappel, Graphittonkeramik 66 ff.

895 Die Abgrenzung der einzelnen Formengruppen bei Kappel ist teilweise sehr unklar: So wird zunächst betont, zur Ermittlung der Töpferzentren bleibe „...allein der Weg über die Typologie" (ebd. 67). Dennoch werden Randstücke nur wegen des Tons in die Formengruppe Manching eingeordnet, obwohl sie der Form nach in eine andere Gruppe gehören (ebd. 69). Für die Formengruppe Manching wird das Fehlen der Rippe im Halsbereich als Merkmal genannt (ebd. 67), dennoch „...gehören wohl auch einige Randformen mit Rippe zur Formengruppe Manching" (ebd. 69).

896 Kappel, Graphittonkeramik 69 f.

897 Ebd. 72.

898 Ebd. 72 f.

899 U. Geilenbrügge, Les repères chronologiques fournis par la céramique mise au jour dans le remplissage des fosses de l'oppidum de Manching, Bavière. In: A. Duval/J.P. Le Bihan/Y. Menez, Les gaulois d'Armorique. La fin de l'Age du Fer en Europe tempérée. Actes du XIIe colloque de l'A.F.E.A.F. Quimper, Mai 1988. Rev. Arch. de l'Ouest, suppl. Nr. 3 (Brest 1990) 233 ff., bes. 241 Fig. 12.

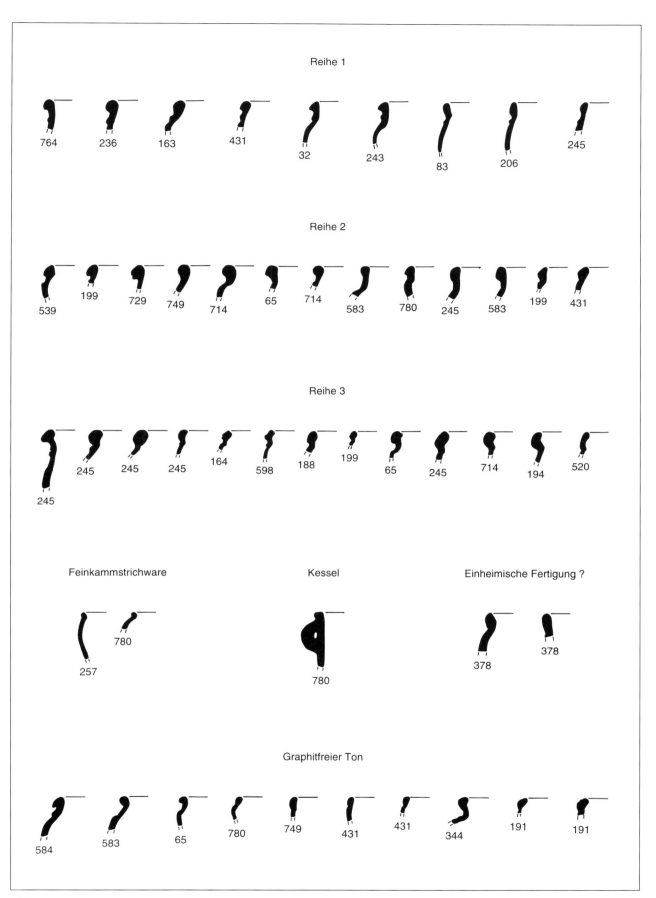

Abb. 45: Randprofile der Graphittonkeramik (die Zahlen entsprechen den Katalognummern der Fundorte).

eine erste Übersicht zeigt, daß sich darunter nur wenige Stücke befinden, die formal nahezu identisch sind. Die Schwierigkeiten, die Kappel bei der Gliederung der Manchinger Graphittonkeramik hatte, sind daher durchaus verständlich.

In Abb. 45, Reihe 1 sind Randprofile mit Rippe im Halsbereich und wulstiger Randlippe zusammengestellt. Diese Formen würden nach Kappel in die Formengruppen „Südbayern" und „Hallstatt" gehören (s. o.). Reihe 2 zeigt Randscherben mit mehr oder weniger deutlicher Halsbildung ohne Rippe und verschiedenen Wulsträndern, das Spektrum reicht hier von unterschnittenen ovalen Profilen (539.199.729) über nahezu rundstabige Randlippen (65.714) bis zu hohen und schmalen Wulsträndern (583.199.431). Als eigene Gruppe werden hier die sichelförmigen Randprofile verstanden (Reihe 3), die man evtl. noch in Formen mit oder ohne Rippe im Halsbereich unterteilen könnte. Auch hier kommen neben fast rundstabigen Wulstrandprofilen (245.188.65) kolbenförmige und hohe schmale Ränder vor (714.194.520). Die Randprofile aus graphitfreiem Ton könnte man ohne weiteres in diese Grobgliederung einfügen (Reihe 1: 584; Reihe 2: 583.65.780.749.431; Reihe 3: 344.191).

Entgegen der von Kappel vertretenen Meinung, daß bei der Graphittonkeramik keine deutliche und allgemein zu beobachtende Entwicklung zu erkennen sei[900], zeigt dieses Beispiel m. E. eine Tendenz der Formgebung, die von eher gedrungenen Gefäßoberteilen mit dicken Wulsträndern zu gestreckteren Formen mit hohen Rändern geht. Bereits 1952 hat M. Hell anhand von Beispielen aus dem Salzburger Land hohe und schmale Wulstränder an das Ende der Latènezeit datiert, diese Formen scheinen die direkten Vorläufer der frühkaiserzeitlichen „Auerbergtöpfe" zu sein[901]. Als jüngste Ausprägung der Graphittontöpfe wären hier die schmalen Sichelränder wie Reihe 3, 520 zu nennen[902]. Die gekerbte Leiste im Halsbereich kommt bei den typologisch jüngeren Formen praktisch nicht mehr vor, was anscheinend dafür spricht, daß dieses bereits auf frühlatènezeitlicher Graphittonkeramik vorhandene Zierelement[903] im frühen LT D1 allmählich ausläuft. Die Tendenz zu glattflächigen gestreckten Formen ist beispielsweise auch bei den jüngeren Formen der glatten Drehscheibenware erkennbar (s. o.). Kappel hat aufgrund von Vergleichen mit Grabfunden für alle Kammstrichtöpfe mit Schulterverzierung an mittellatènezeitliche Zeitstellung gedacht[904], was auch für ein stempelverziertes Wandfragment von Giengen a. d. Brenz (Kat.-Nr. 243, Taf. 30,4) zutreffen dürfte.

Die Feinkammstrichtöpfe mit Randlippe aus Hermaringen und Fellbach-Schmiden (Abb. 45,257.780) gehören zu einer in Manching geläufigen Gruppe, die allerdings nicht gerade häufig ist. Sie zeichnen sich durch einen

sehr feinen, dichten Kammstrich, im Falle von Hermaringen durch eine regelrechte Kammstrich-Schraffur aus, der Ton hat einen sehr geringen Graphitgehalt, was durch Oberflächengraphittierung verdeckt wird. Kappel machte für diese tonnenförmigen Töpfe mit Randlippe eine Herstellung in oder um Manching sehr wahrscheinlich, da die Gefäße dort auch relativ häufig aus graphitfreiem Ton vorkommen[905]. Auch aus der Spätlatènesiedlung von Heroldingen sind mehrere Fragmente dieser charakteristischen Form belegt (Taf. 111,11; 114,9). Zu dem schon früher beschriebenen Stück aus Fellbach-Schmiden gesellt sich ein Fragment aus Hermaringen (Kat.-Nr. 257) westlich außerhalb des von Kappel umrissenen Verbreitungsgebietes[906]. Die Produktion dieser Form wurde nach Kappel erst im LT D aufgenommen, auch das Vorkommen in einigen Grabzusammenhängen würde diesen Zeitansatz bestätigen[907].

Zu dem Randfragment eines Graphittonkessels mit Henkel aus Fellbach-Schmiden ist möglicherweise ein weiteres Henkelfragment aus Uhingen-Holzhausen (Taf. 28B, 2) hinzugekommen[908]. Diese Kessel wurden bereits von Reinecke als Nachahmung von Metallvorbildern erkannt[909], nach Kappel dürften sie (in Anlehnung an die Datierung der Metallvorbilder nach Eggers) in die Spätlatènezeit gehören[910]. Das Schmidener und das Holzhausener Exemplar befinden sich ebenfalls westlich außerhalb des bisher bekannten Verbreitungsgebiets[911].

Zwei interessante Randfragmente aus Graphitton stammen neben kammstrichverzierter Graphittonware und

900 Ebd. 51.
901 M. Hell, Arch. Austriaca 11, 1952, 84; vgl. Ulbert, Lorenzberg 87 ff.; Kappel hielt sich mit der Datierung ähnlicher Profile aus Manching in einen jüngeren Abschnitt von LT D eher zurück: Kappel, Graphittonkeramik 55.
902 Eine relativ junge Zeitstellung für diese Sichelränder haben auch schon S. Rieckhoff und U. Geilenbrügge erwogen: S. Rieckhoff-Pauli, Spätlatènezeitliche und frühgermanische Funde aus Regensburg. Bayer. Vorgeschbl. 48, 1983, 63 ff.; U. Geilenbrügge in: F. Maier u. a., Vorbericht über die Ausgrabung 1984 in dem spätkeltischen Oppidum von Manching. Germania 63, 1985, 51.
903 Vgl. etwa die Beispiele bei Kappel, Graphittonkeramik 63 Abb. 19,2; 64 Abb. 20,9.
904 Ebd. 53.
905 Kappel, Graphittonkeramik 73 ff.
906 Wieland, Fellbach-Schmiden und Ehningen 52; Kappel, Graphittonkeramik 74 Abb. 23.
907 Ebd. 55.
908 Eine mittelalterliche Zeitstellung ist für das relativ kleine Fragment letztlich nicht sicher auszuschließen, auch von der nicht weit entfernten Burg Helfenstein bei Geislingen stammen große Fragmente mittelalterlicher Graphittontöpfe (unpubl., Mus. Geislingen).
909 P. Reinecke, Antremont und Gundestrup. Prähist. Zeitschr. 34/35, 1949–50 (Festgabe Gero von Merhart) 361 ff.
910 Kappel, Graphittonkeramik 55 mit Anm. 123.
911 Ebd. 78 Abb. 26.

glatter Drehscheibenkeramik aus einer Siedlungsgrube bei Kornwestheim (Kat.-Nr. 378, Abb. 45). Die Gefäße sind handgeformt, bereits die Profile wirken sehr ungewöhnlich, sie sind der handgemachten Grobkeramik ähnlich. Am Ton ist deutlich erkennbar, daß zermahlener Graphitton als Magerungsbestandteil zugefügt wurde (Schamottmagerung). Wir können darin wohl Beispiele für ein „Recycling" von zerbrochener Graphittonware sehen. Ob dabei die erhöhte Wärmeleitfähigkeit des Graphittons oder der metallische Effekt der Oberfläche ausschlaggebend war, entzieht sich unserer Kenntnis. Die gelegentlich im Siedlungsmaterial gefundenen, völlig glattgeschliffenen Graphittonfragmente finden so eine plausible Erklärung[912].

Eine ungewöhnliche Verzierung zeigen flächig graphitierte Scherben aus einer Siedlung bei Langenau (Kat.-Nr. 723, Taf. 95,13–14). Die unregelmäßigen Strichbündel finden im Manchinger Material keine Entsprechungen. Eine ähnliche Verzierung ist von Uhingen-Holzhausen (Kat.-Nr. 234, Taf. 28C) bekannt. Vielleicht handelt es sich auch hier um eine lokale Ausprägung von Graphittonkeramik (s. o.).

Bei den Randprofilen aus graphitfreiem Ton sei hier noch auf die beiden kolbenförmigen Sichelränder aus Nürtingen (Kat.-Nr. 191, Taf. 16,2–3) hingewiesen. Die Rillen auf dem Rand eines dieser Stücke könnten ein Hinweis auf eine junge Zeitstellung innerhalb von LT D sein.

III.5.3.3 Zusammenfassung

Aufgrund der Randprofile scheint sich eine zeitliche Gliederung der Graphittontöpfe abzuzeichnen, die von gedrungenen Wulsträndern zu gestreckten, sichelförmigen Randprofilen geht. Feinkammstrichtöpfe scheinen erst im LT D aufzukommen. Das Verbreitungsgebiet der Graphittonware reicht etwas weiter nach Westen, als es aufgrund der Kartierung von Kappel den Anschein hat. Die Wertschätzung des Graphittons zeigt sich darin, daß zerbrochene Gefäße zermahlen wurden, um bei der Herstellung handgemachter Töpfe als Magerung zu dienen. Daraus kann man auch ableiten, daß Graphittonware in unserem Arbeitsgebiet nicht in großen Mengen verfügbar war. Deutlich erkennbar ist eine Westgrenze der Verbreitung im Bereich der mittleren Alb, die sich auch bei der Verbreitung anderer Funde zeigt.

III.5.4 Grobkeramik

Die handgemachte Gebrauchskeramik stellt den weitaus größten Anteil am jüngerlatènezeitlichen Fundmaterial zwischen Schwarzwald und Nördlinger Ries. Anhand der Keramik aus den Viereckschanzen von Fellbach-Schmiden und Ehningen wurde auch hier be-

reits eine Gliederung der Formen vorgenommen[913]. Diese Einteilung bildet die Grundlage der hier vorgestellten Übersicht und Typenbildung.

III.5.4.1 Formen der Grobkeramik

Die Hochformen der Grobkeramik werden hier zusammenfassend als Töpfe bezeichnet, die Breitformen als Schüsseln. Nur wenige Formen fügen sich nicht in dieses grobe Spektrum ein; so wurden z. B. feinkeramische Schalenformen von Hand nachgetöpfert[914]. Wenn hier von „handgeformter" Grobkeramik die Rede ist, sollte erwähnt werden, daß die Oberteile der Töpfe und vor allem die Schüsseln manchmal auf der langsam rotierenden Töpferscheibe „nachgedreht" sind, d. h. das aufgewulstete Gefäß wurde nachgeformt[915]. Bei den Töpfen wäre ein Grund für nachgedrehte Oberteile vielleicht darin zu suchen, daß eine regelmäßig gerundete Mündung einfacher und dichter zu verschließen ist als eine unregelmäßige[916].

Die Töpfe lassen sich formal in drei Gruppen einteilen, die in aller Regel (je nach Erhaltung) deutlich voneinander getrennt werden können: Der Hauptanteil der bestimmbaren Formen gehört hier zu zwei Gruppen. Es sind dies einmal die Töpfe mit ausgebogenem Rand, die nach E. Major auch als „Kochtöpfe" bezeichnet werden[917], zum anderen die tonnenförmigen Töpfe ohne Hals, die nach Stöckli in der Manchinger Grobkeramik die dominierende Form bilden[918]. Eine weitere Gruppe, die formal zwischen diesen beiden steht, wird durch einen steil aufgebogenen Rand charakterisiert[919]. Auch die Schüsselformen unterscheiden sich hauptsächlich durch die Gestaltung des Rands. Neben den häufigen Formen mit eingebogenem und steil aufgebogenem Rand kommen solche mit gerader (steiler) Wandung und mit verdicktem Rand vor.

Die feinere Unterteilung der Töpfe wurde anhand der Gestaltung der Gefäßoberteile bzw. der Ränder vorgenommen. Daß hier die Grenzen zwischen den einzel-

---

912 Solche Stücke wurden z. B. in Bopfingen-Flochberg gefunden. Daß auch bei der Graphittonkeramik von Manching mit lokaler Fertigung unter Verwendung von Graphit gerechnet werden muß konnte jetzt R. Gebhard nachweisen: Arch. in Deutschland 1, 1992, 9. Ähnliche Stücke wie die von Kornwestheim wurden bereits bei Kappel abgebildet und beschrieben: Kappel, Graphittonkeramik Taf. 33,809–810.813.

913 Wieland, Fellbach-Schmiden und Ehningen 71 ff., 72 Abb. 20 a, 73 Abb. 20 b.

914 Vgl. Bittel/Schiek/Müller, Viereckschanzen 109 Abb. 52,3.

915 Stöckli, Keramik 2.

916 Dies ist beim Konservieren von Lebensmitteln wichtig, z. B. beim Einpökeln von Fleisch. Vgl. hierzu auch die Pichung der Gefäße.

917 E. Major, Gallische Ansiedlung mit Gräberfeld bei Basel (Basel 1940) 44 ff.

918 Stöckli, Keramik 26.

919 Zur Terminologie der Randformen vgl. ebd. 26 Abb. 5.

nen Untergruppen manchmal unklar sind, versteht sich bei handgemachter Keramik von selbst. Eine zu eng definierte Formengliederung scheint daher nicht angebracht. Manche der hier vorgestellten Formengruppen können durchaus im Sinne lokaler Ausprägung einer verbreiteten Form verstanden werden, dies um so mehr, als zum Formkriterium noch eine lokale Verzierungsart hinzukommt. Charakteristika im Bereich des Tons (Magerung) können dagegen nicht als eigenes Kriterium berücksichtigt werden, da hier zu viele unterschiedliche Fundkomplexe bearbeitet wurden, die zudem oft aus wenigen Stücken bestanden. Für Untersuchungen dieser Art sind dagegen große Fundmengen nötig. Eine Gliederung der Grobkeramik nach dem Manchinger Vorbild von W. E. Stöckli, der Ton und Magerung als Hauptkriterium seiner Einteilung heranzog[920], fällt damit aus. Allerdings können einige Magerungsbestandteile durchaus Hinweise geben; so etwa die auf der Schwäbischen Alb gelegentlich in den Ton eingebackenen Bohnerzkügelchen oder im Bereich der Ostalb und am Übergang zum Nördlinger Ries die auch in Manching vertretene Magerung mit Goldglimmer (vgl. die Keramik von Heroldingen).

III.5.4.1.1 Töpfe

Ovoide Töpfe mit ausgebogenem Rand (Form I,1–2; Abb. 46, 47): Diese Töpfe stellen die häufigste Form im Arbeitsgebiet dar. Wesentliches Merkmal ist hier die gleichmäßige Führung des Wandprofils ohne Absätze und Kehlen. Man kann hier noch eine Unterteilung vornehmen, einmal in Formen mit kurzem Schulterbereich, die ihren größten Durchmesser im oberen Drittel haben (I,1 Abb. 46) und zum anderen in Formen, die eine gestreckte Schulter haben und den größten Durchmesser eher in der Gefäßmitte aufweisen (I,2 Abb. 47). Diese Töpfe sind im gesamten Arbeitsgebiet eine geläufige Form, Konzentrationen im Verbreitungsbild möchte man bestenfalls im mittleren Neckarraum, auf den Fildern und im Bereich mittlere Alb/oberes Donautal erkennen.

Ovoide Töpfe mit abgesetztem Hals und verdickter Randlippe (Form I,3; Abb. 48): Diese Töpfe zeigen bei einer gleichmäßig geführten Wölbung des Gefäßkörpers den größten Durchmesser im oberen Drittel. Der kurze Halsteil ist mehr oder weniger deutlich abgesetzt, steil oder leicht nach außen geneigt. Die deutlich verdickte Randlippe zeigt im Profil einen gerundet-dreieckigen Querschnitt. Die Fundpunkte dieser Form zeigen eine lockere Streuung im ganzen Arbeitsgebiet.

Töpfe mit waagrecht oder schräg ausgezogener, breiter Randlippe (Form I,4; Abb. 49): Von dieser Topfform ist kein vollständiges Gefäß erhalten, das definierende

Merkmal ist hier die waagrecht oder schräg gestellte Randlippe, die im Gegensatz zur vorhergehenden Form weiter nach außen gezogen ist. Sie kann im Profil gerundet-dreikantig, gerundet-rechteckig oder nahezu oval sein, der Übergang zur Innenwandung kann scharfkantig oder eher gerundet sein. Manche Stücke zeigen einen abgesetzten Halsbereich. Bei der Verbreitung scheint sich hier ein eingeschränkteres Bild abzuzeichnen, die Fundpunkte liegen auf der Ulmer Alb, in der Langenauer Senke, im Schönbuch und im Neckarbecken. Ausgezogene Randlippen könnten eine lokale Ausprägung der Grobkeramik darstellen, dafür spricht auch der relativ hohe Anteil dieser Form im Fundmaterial von Tomerdingen, „Blumenhau" (Kat.-Nr. 714)[921].

Weitmundige Töpfe mit abgesetztem Trichterrand (Form I,5; Abb. 50): Die Gefäße haben eine steile, wenig ausgebauchte Wandung, der größte Durchmesser sitzt sehr hoch, z.T. direkt unter dem Rand (z.B. Abb. 50,603.151). Der durch eine deutliche Kehlung abgesetzte Rand ist meist deutlich trichterartig ausgebogen, kann aber auch fast steil sein (Abb. 50,446). Auffällig ist, daß es sich hier fast immer um kleinere Töpfe handelt. Diese Form ist im ganzen Arbeitsgebiet anzutreffen, die meisten Fundpunkte liegen am mittleren Albtrauf und im oberen Donautal.

Töpfe mit abgesetztem konischen Hals (Form I,6; Abb. 51): Bei den erhaltenen oder rekonstruierbaren Töpfen dieser Form zieht die Gefäßwandung geradlinig bis zum maximalen Durchmesser nach oben. Dieser scheint meist unterhalb des Schulterabsatzes zu liegen (Abb. 51,583). Der Hals ist deutlich von der Schulter abgesetzt, die Randlippe biegt nach außen und ist meist abgerundet. Die relativ seltene Form ist der im folgenden beschriebenen (I,7) in manchen Zügen ähnlich, doch fehlt jenen Töpfen der charakteristische kegelförmige Hals. Die Fundpunkte der Töpfe mit konischem Hals liegen weit voneinander entfernt nördlich der Schwäbischen Alb.

Ovoide Töpfe mit abgesetztem ausgebogenen Rand (Form I,7; Abb. 52): Bei gleichmäßig geschwungener Wandung haben die Gefäße den größten Durchmesser im oberen Drittel, aber noch unterhalb des markanten Schulterabsatzes. Direkt auf dem Schulterabsatz sitzt der deutlich ausgebogene Rand, der in den meisten Fällen nachgedreht ist. Die Randlippe zeigt bei manchen Stücken eine deutliche Verdickung. Diese Töpfe kommen als Groß- und Kleinform vor. Ihre Verbreitung

---

920 Ebd. 4 ff.
921 Vgl. dazu auch Zürn/Fischer, Tomerdingen Taf. 6,6; 7,2; 13,8; 25,3; 28,5; 34,2–3.

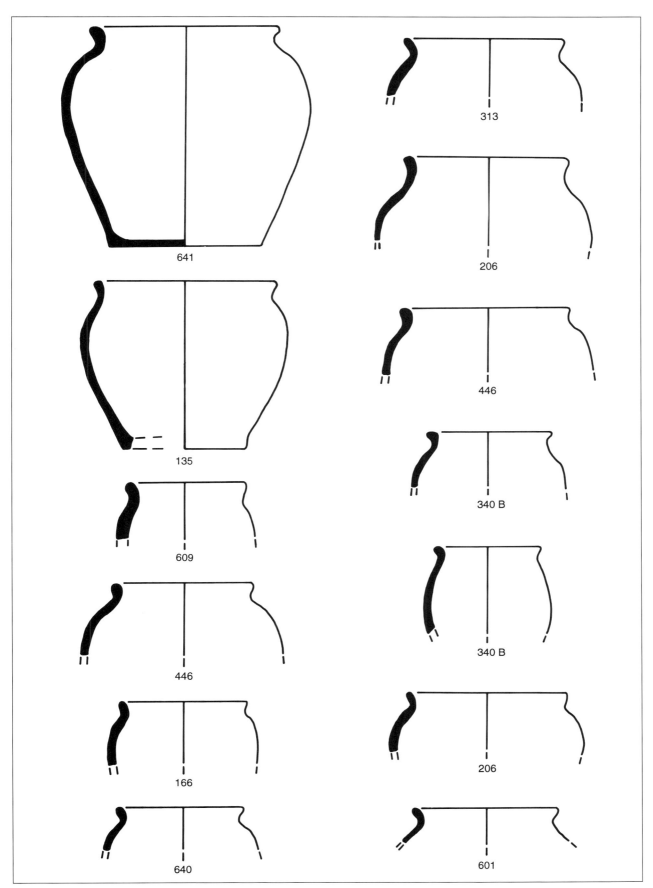

Abb. 46: Grobkeramische Töpfe, Form I,1 (die Zahlen entsprechen den Katalognummern der Fundorte).

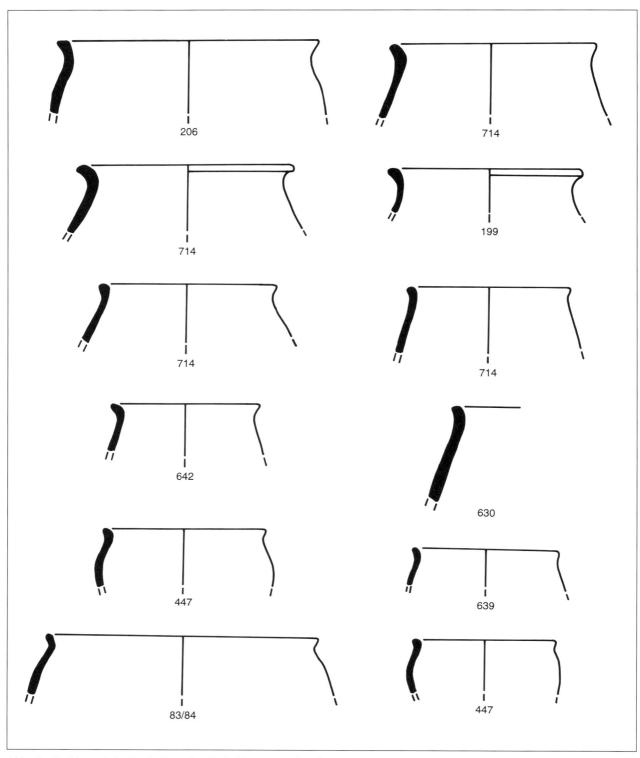

Abb. 47: Grobkeramische Töpfe, Form I,2 (die Zahlen entsprechen den Katalognummern der Fundorte).

kennzeichnet sie als eine lokale Form (Karte 17), die Fundpunkte liegen an der oberen Donau, in Hüfingen und Konstanz.

Bauchige Töpfe mit nach außen geknicktem Trichterrand (Form I,8; Abb. 53): Kennzeichnendes Merkmal dieser Form ist der nach außen geknickte Rand, der in der Regel ohne erkennbaren Hals auf dem Gefäßkörper sitzt. Eine Ausnahme oder Sonderform bildet hier vielleicht ein Randfragment aus Sigmaringendorf-Laucherttal (Kat.-Nr. 639, vgl. Abb. 53 links unten), das eine deutliche Halsbildung erkennen läßt. Der Ge-

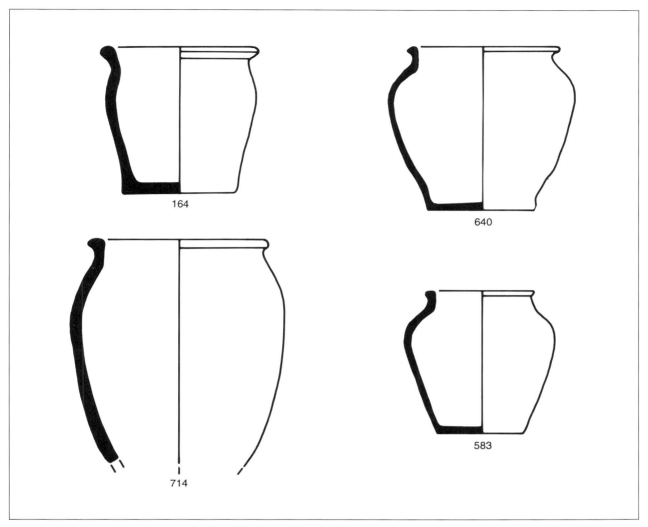

Abb. 48: Grobkeramische Töpfe, Form I,3 (die Zahlen entsprechen den Katalognummern der Fundorte).

fäßkörper ist bei den erhaltenen Exemplaren eher ge-drungen-bauchig, die Randlippe zum Teil keulenför-mig verdickt oder kantig abgestrichen. Auch hier ma-chen sich lokale Ausprägungen bemerkbar, so zeigen beispielsweise die Ränder aus Sigmaringendorf-Lau-cherttal (Abb. 53, 639) häufig eine Tendenz zur Sichel-form bei kantig abgestrichener Randlippe. Diese Form erscheint fast nur auf der Schwäbischen Alb und scheint hier eher für den Südwesten charakteristisch zu sein (Donautal, Baar), einzelne Fundpunkte liegen in der Langenauer Senke, auf der Uracher Alb und am Über-gang vom Schönbuch zu den oberen Gäuen (Karte 17).

Steilwandige Töpfe mit leicht abgesetztem Rand (Form I,9; Abb. 54): Diese Form zeigt eine enge Verwandt-schaft zu den weitmundigen Töpfen mit abgesetztem Trichterrand (Form I,5, s.o.). Im Gegensatz zu jenen zeigen diese Töpfe aber kaum eine merkliche Ausbau-chung des Gefäßkörpers, die meist kurze Randlippe ist nicht so deutlich abgesetzt. Der maximale Gefäß-

durchmesser liegt hier meist an der Mündung. Die Form der Randlippen zeigt eine größere Variations-breite, sie sind teilweise nach innen abgestrichen oder keulenförmig ausgebildet. Gegenüber den beiden zu-letzt beschriebenen Formen scheinen diese Töpfe eher auf der östlichen Alb vorzukommen, weitere Fund-punkte liegen in den oberen Gäuen und im Neckar-becken (Karte 17). Diese Verbreitung deckt sich z. T. mit derjenigen von Form I,5 (s.o.), allerdings ist jene auch auf der mittleren Alb und im oberen Donautal nachgewiesen, wo die Form I,9 zu fehlen scheint.

Töpfe mit ausgebogenem Rand und doppelter Schulter-riefe (Form I,10; Abb. 55): Die Töpfe zeigen in ihrer Gesamtform starke Beziehungen zu den ovoiden Töp-fen mit ausgebogenem Rand (I,1), allerdings haben je-ne keine plastische Gliederung. Der Gefäßkörper zeigt auch hier den größten Durchmesser im oberen Drittel, die schmale Randlippe biegt oberhalb der doppelten Schulterriefe leicht und gleichmäßig aus. Die relativ

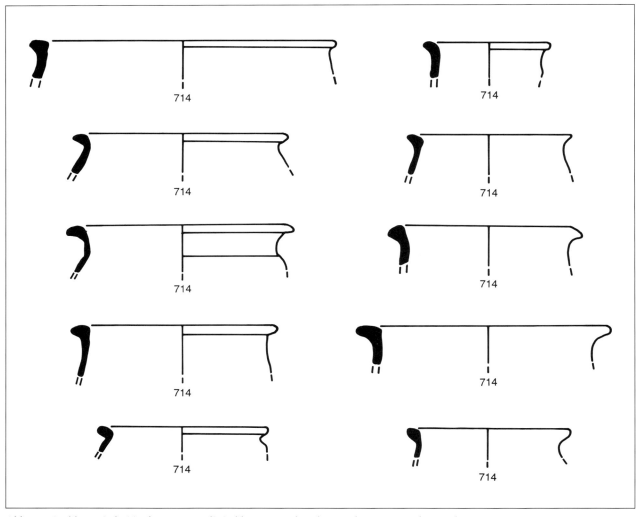

Abb. 49: Grobkeramische Töpfe, Form I,4 (die Zahlen entsprechen den Katalognummern der Fundorte).

wenigen Fundpunkte dieser Topfform liegen weit verstreut im Arbeitsgebiet.

Töpfe mit steilem oder leicht ausgebogenem Rand und kolbenförmig verdickter Randlippe (Form I,11; Abb. 56): Der Gefäßkörper ist bei diesen Töpfen von ovoider Form, der größte Durchmesser befindet sich im oberen Drittel. Der markante Kolbenrand ist nur leicht abgesetzt und kaum nach außen gebogen, eher nach außen verdickt. Es besteht eine gewisse Ähnlichkeit zu den Töpfen mit nach außen geknicktem Trichterrand (Form I,8). Die Randlippe ist meist gerade abgestrichen, seltener gerundet-kolbenförmig oder gerillt. Diese Töpfe kommen in einiger Zahl auf der mittleren Alb und im oberen Donautal vor, weitere Fundpunkte liegen im Neckarbecken, auf den Fildern, auf der Ostalb und am Bodensee.

Bauchige Töpfe mit Wulstrand (Form I,12; Abb. 57): Von diesen Gefäßen ist keines vollständig erhalten, die

Oberteile zeigen eine gleichmäßig ansteigende Schulterregion, der größte Durchmesser des Gefäßkörpers scheint hier eher gegen die Mitte gerückt. Ohne erkennbaren Hals sitzt ein kaum ausgebogener Wulstrand auf dem Gefäßkörper. Die Randlippe zeigt unterschiedliche Dicke. Auch hier sind die Übergänge zu anderen Formen erkennbar, ein Gefäß aus Tomerdingen (Abb. 57, unten rechts) kommt den Töpfen der Form I,2 sehr nahe (s. o.). Die bauchigen Töpfe mit Wulstrand kommen auf der Schwäbischen Alb und im mittleren Neckarraum vor, im letztgenannten Bereich scheinen sie etwas häufiger.

Töpfe mit steilem Wulstrand (Form I,13; Abb. 58): Charakteristisch für diese Töpfe ist das steile Oberteil mit dem mehr oder weniger ausgeprägten Wulstrand, der selten abgesetzt erscheint. Die Form scheint von den typischen Wulsträndern der Graphittonkeramik beeinflußt. Auch zeigen sich wieder Beziehungen zu anderen Topfformen. Töpfe mit Wulstrand finden sich auf

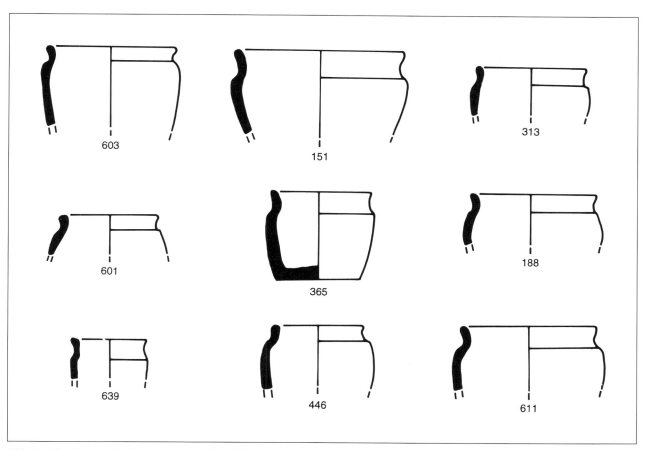

Abb. 50: Grobkeramische Töpfe, Form I,5 (die Zahlen entsprechen den Katalognummern der Fundorte).

Abb. 51: Grobkeramische Töpfe, Form I,6 (die Zahlen entsprechen den Katalognummern der Fundorte).

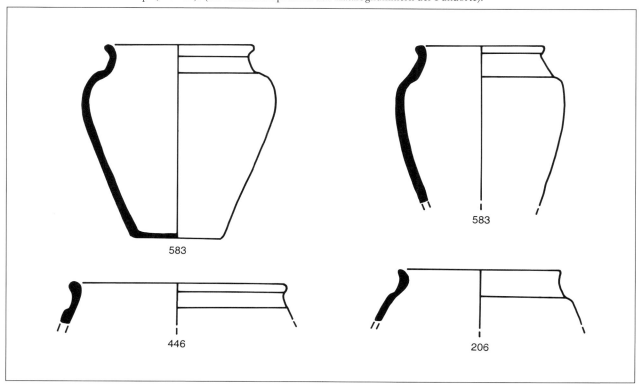

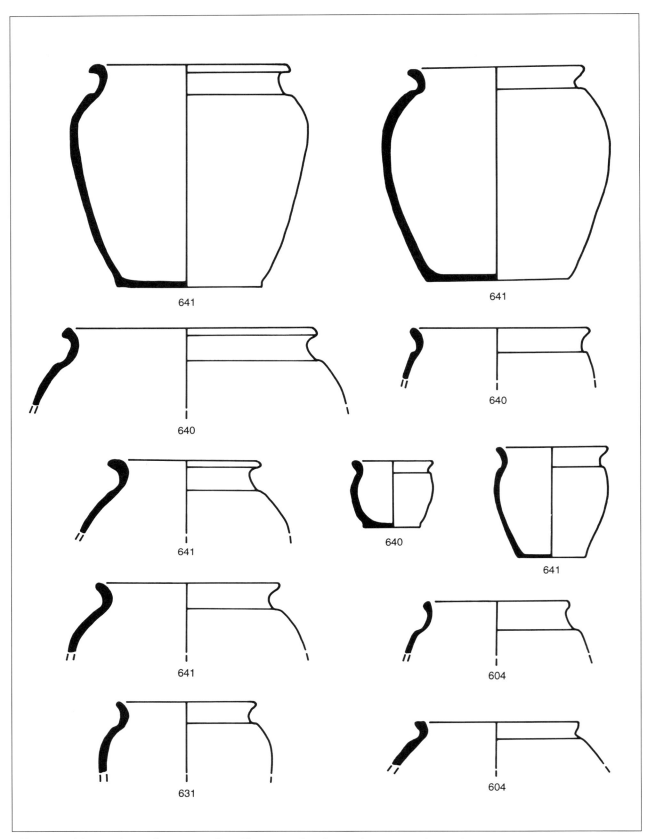

641 641

640

640

641 640

641

641

604

631 604

Abb. 52: Grobkeramische Töpfe, Form I,7 (die Zahlen entsprechen den Katalognummern der Fundorte).

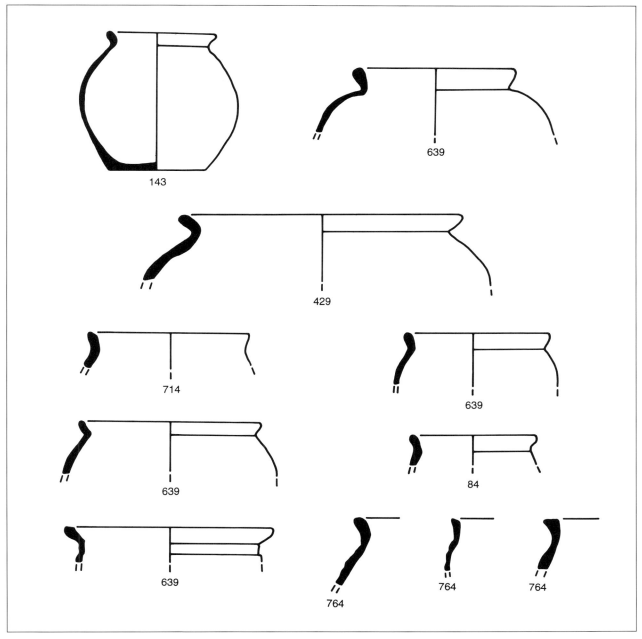

Abb. 53: Grobkeramische Töpfe, Form I,8 (die Zahlen entsprechen den Katalognummern der Fundorte).

der ganzen Schwäbischen Alb und in ihrem Vorland bis hin zum mittleren Neckarraum.

Töpfe mit sichelförmigem Wulstrand (Form I,14; Abb. 59): In der Gesamtform ist diese Gruppe eng mit den Töpfen mit steilem Wulstrand (s. o.) verwandt. Der Gefäßkörper scheint meist gestreckt und wenig ausgebaucht zu sein. Der oftmals kaum abgesetzte Wulstrand zeigt an der Innenseite des Profils eine sichelartige Krümmung. Man könnte innerhalb dieser Gruppe noch Formen mit gedrungenen Randprofilen (Abb. 59,714.590. 335) von solchen mit hohen und schmalen Sichelrändern (Abb. 59,118.425) unterscheiden. Letz-

tere dürften in Anlehnung an die Formentwicklung der Graphittontöpfe eine sehr junge Ausprägung darstellen. Während diese jüngeren Formen bislang nur von der mittleren Alb bekannt sind (Kat.-Nr. 118, 425), kommen die Töpfe mit gedrungenem Sichelrand auch im mittleren Neckarraum und im Bereich der Haller Ebene vor.

Bauchige Töpfe mit ausgebogenem Rand und Warzendekor (Form I,15): Diese kleinen bauchigen Töpfe mit gleichmäßig ausgebogenem Rand kommen nur relativ selten vor, sie lassen sich auch anhand kleinerer Wandfragmente identifizieren. Die wenigen Fundpunkte lie-

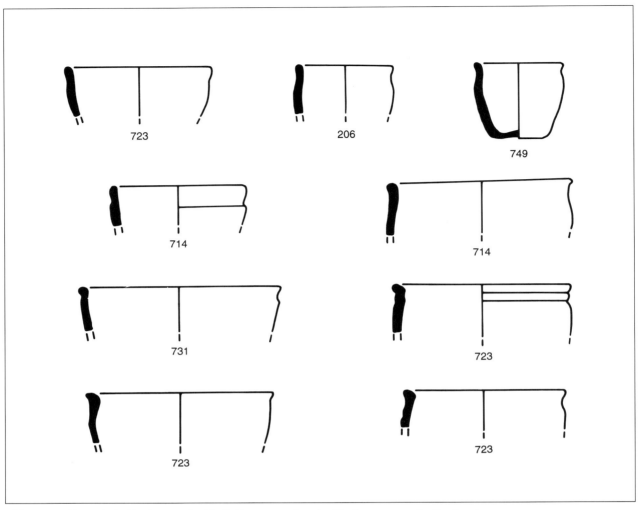

Abb. 54: Grobkeramische Töpfe, Form I,9 (die Zahlen entsprechen den Katalognummern der Fundorte).

Abb. 55: Grobkeramische Töpfe, Form I,10 (die Zahlen entsprechen den Katalognummern der Fundorte).

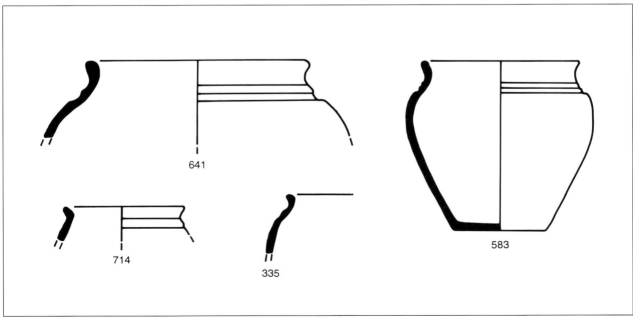

gen weit gestreut im Arbeitsgebiet (Kocher-Jagst-Ebene, mittlere Alb, oberes Donautal).

Bauchige Töpfe mit steil aufgebogenem Rand (Form II; Abb. 60): Diese Töpfe nehmen formal eine Mittelstellung zwischen den Töpfen mit ausgebogenem Rand (I) und den tonnenförmigen Töpfen (III) ein. Der meist bauchige Gefäßkörper hat den größten Durchmesser in der Gefäßmitte, der steil aufgebogene Rand ist gleichmäßig ausgezogen und kaum verdickt. Die Form ist im ganzen Arbeitsgebiet verbreitet.

Tonnenförmige Töpfe mit Randlippe und Riefen unter dem Rand (Form III,1; Abb. 61): Bei meist bauchiger Gesamtform zeigen diese Tonnentöpfe ein ziemlich einheitliches Merkmal: Die Randlippe ist tropfenför-

mig verdickt, meist spitz ausgezogen, außen unterhalb des Randes verlaufen eine oder zwei Riefen. Das Oberteil ist oft nachgedreht. Die Form III,1 ist eine ausgeprägte Lokalform, die für die Ostalb und den mittleren Neckarraum typisch ist (Karte 18), ein Fund in Konstanz stellt bislang eine vereinzelte Erscheinung dar.

Tonnenförmige Töpfe mit Simsrand (Form III,2; Abb. 62): Auf diese markante Form mit der abgesetzten Deckelleiste außen am Rand, die einen regelrechten Simsrand darstellt, wurde bereits bei der Bearbeitung der Keramik aus der Viereckschanze von Ehningen hingewiesen[922]. In unserem Arbeitgebiet scheint diese

---

922 Wieland, Fellbach-Schmiden und Ehningen 84 ff.

Abb. 56: Grobkeramische Töpfe, Form I,11 (die Zahlen entsprechen den Katalognummern der Fundorte).

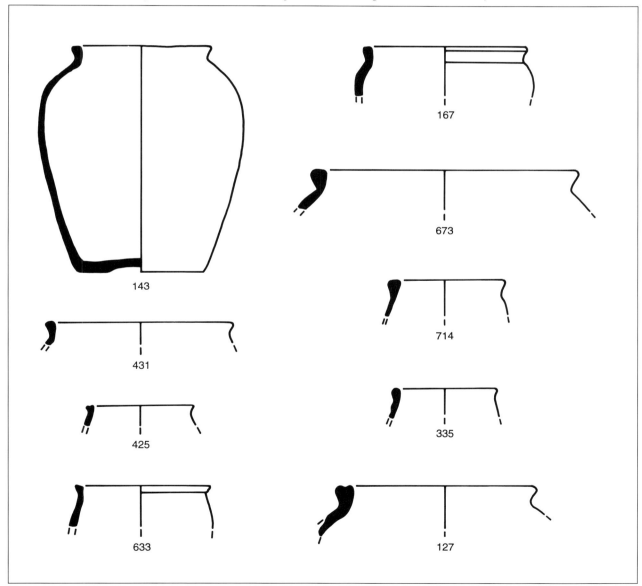

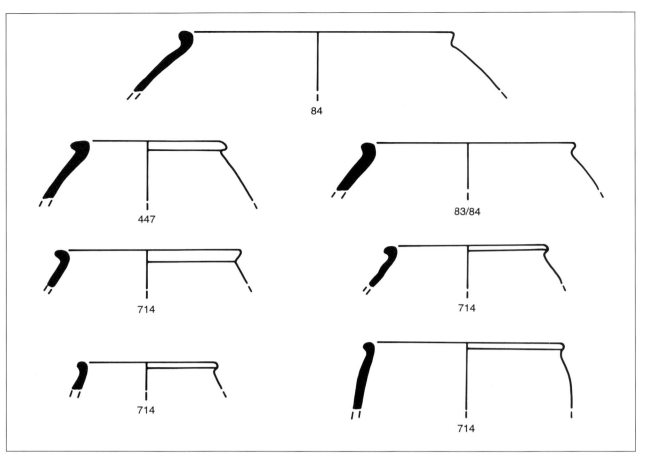

Abb. 57: Grobkeramische Töpfe, Form I,12 (die Zahlen entsprechen den Katalognummern der Fundorte).

Abb. 58: Grobkeramische Töpfe, Form I,13 (die Zahlen entsprechen den Katalognummern der Fundorte).

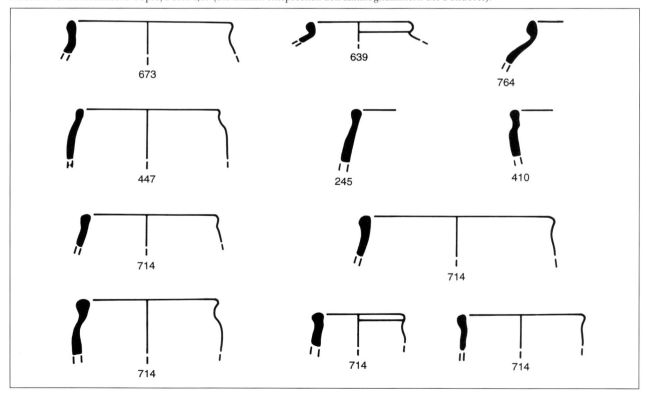

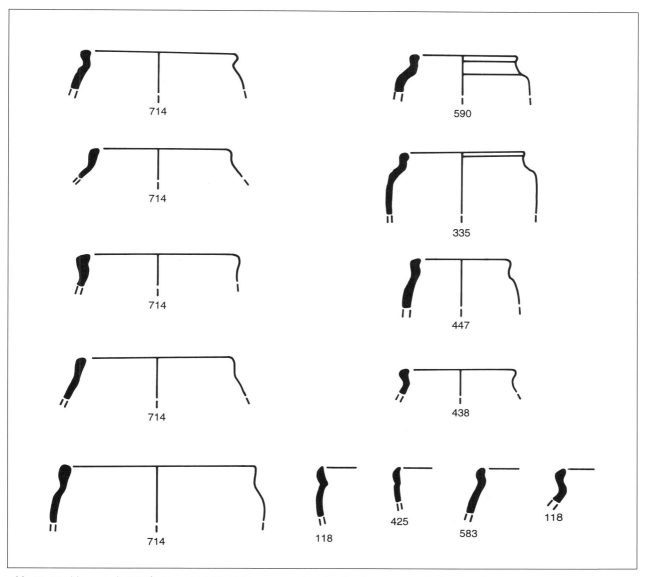

Abb. 59: Grobkeramische Töpfe, Form I,14 (die Zahlen entsprechen den Katalognummern der Fundorte).

Form typisch für das Gebiet des mittleren Albtraufs und seines Vorlandes zu sein (Karte 18), Belege stammen aus Ehningen (Kat.-Nr. 65), Ostfildern-Scharnhausen (Kat.-Nr. 199), vom Heidengraben (Kat.-Nr. 431) und vom Wackerstein bei Pfullingen (Kat.-Nr. 446).

Tonnenförmige Töpfe mit Randlippe und innerer Deckelleiste (Form III,3; Abb. 63): Neben der spitz ausgezogenen Randlippe ist die innen am Rand verlaufende Deckelleiste das charakterisierende Merkmal dieser Topfform. Das Randfragment Abb. 63,194 stellt mit seinem lang ausgezogenen Rand eine Sonderform dar, die formal eigentlich zu den Töpfen mit ausgebogenem Rand gehört, aufgrund der deutlichen Deckelleiste aber zur hier beschriebenen Form gezählt wird. Die Tonnentöpfe mit innerer Deckelleiste zeigen von allen Formen im Arbeitsgebiet am deutlichsten das Bild einer Lokalform der handgemachten Grobkeramik (Karte 18). Von sporadischen Vorkommen am Übergang vom Schönbuch in die Gäulandschaften (Ehningen, Kat.-Nr. 65) und auf der Ostalb (Kat.-Nr. 240) abgesehen scheint diese Topfform innerhalb unseres Arbeitsgebietes charakteristisch für das unmittelbare Vorland der mittleren Alb bzw. die Fildern zu sein, wo sie etwa aus der Siedlung von Nürtingen-Bärlenberg (Kat.-Nr. 191) mehrfach bezeugt ist.

Tonnenförmige Töpfe mit verdicktem Rand und abgerundeter Randlippe (Form III,4; Abb. 64): Der Gefäßkörper erscheint mäßig stark gebaucht, der größte Durchmesser befindet sich in der oberen Hälfte, meist im oberen Drittel. Die Randpartie ist unterschiedlich gestaltet, es kommen leicht abgesetzte Ränder ebenso

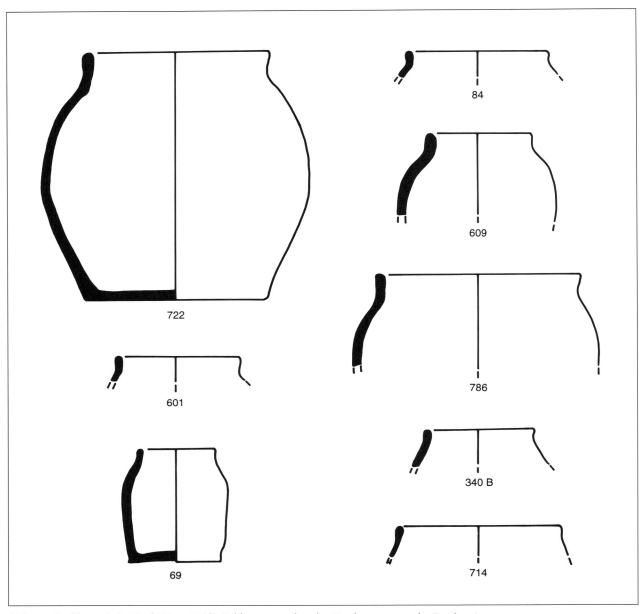

Abb. 60: Grobkeramische Töpfe, Form II (die Zahlen entsprechen den Katalognummern der Fundorte).

vor wie gedrungene, ansatzlose Wulstränder. Einheitliches Merkmal ist die verdickte, abgerundete Randlippe, die nicht die spitz ausgezogene Tropfenform der vorher beschriebenen Tonnentöpfe aufweist. Die Töpfe der Form III,4 haben fast immer einen größeren Durchmesser als die Formen III,1–3. Sie zeigen ein aufgelockertes Verbreitungsbild und kommen auf der Ostalb, am mittleren Albtrauf, auf den Fildern und am Rand der Gäulandschaften sowie (vereinzelt) im oberen Donautal vor.

Bauchige Tonnentöpfe mit kurzer, abgerundeter Randlippe (Form III,5; Abb. 65): Diese Töpfe sind mit den oben beschriebenen der Form III,4 eng verwandt, zeigen aber eine Tendenz zu einem fast schon kugeligen

Gefäßkörper und haben einen sehr kurzen Rand, der nicht abgesetzt ist, sowie eine mäßig stark verdickte Randlippe. Sie sind bislang von der Haller Ebene und von der Ostalb bekannt.

Tonnenförmige Töpfe mit spitz ausgezogener Randlippe (Form III,6; Abb. 66): Auch diese Form zeigt enge Beziehungen zu den Tonnentöpfen mit verdicktem Rand der Form III,4. Hier ist der Rand außen nicht abgesetzt, und die Randlippe ist deutlich spitz nach außen gezogen. Der Gefäßkörper ist mäßig gebaucht und zeigt keine plastische Gliederung wie Riefen oder Absätze. Wie die Form III,4 sind auch die Tonnentöpfe mit spitz ausgezogener Randlippe fast im ganzen Arbeitsgebiet verbreitet, mehrere Fundpunkte liegen am Trauf

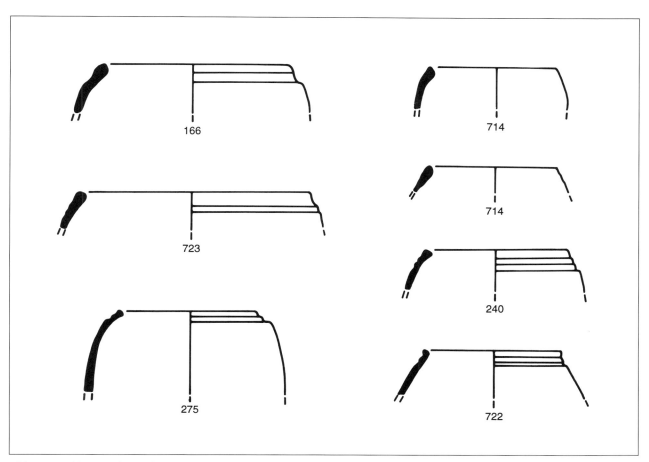

Abb. 61: Grobkeramische Töpfe, Form III,1 (die Zahlen entsprechen den Katalognummern der Fundorte).

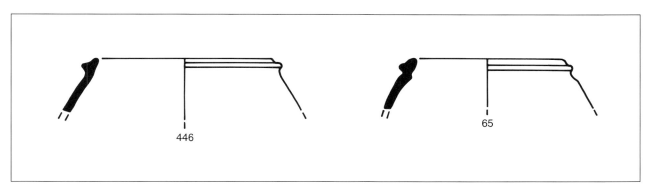

Abb. 62: Grobkeramische Töpfe, Form III,2 (die Zahlen entsprechen den Katalognummern der Fundorte).

Abb. 63: Grobkeramische Töpfe, Form III,3 (die Zahlen entsprechen den Katalognummern der Fundorte).

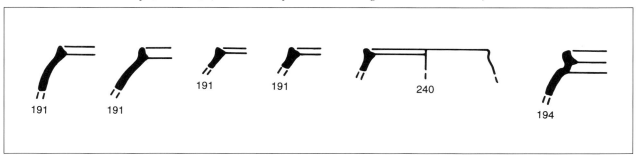

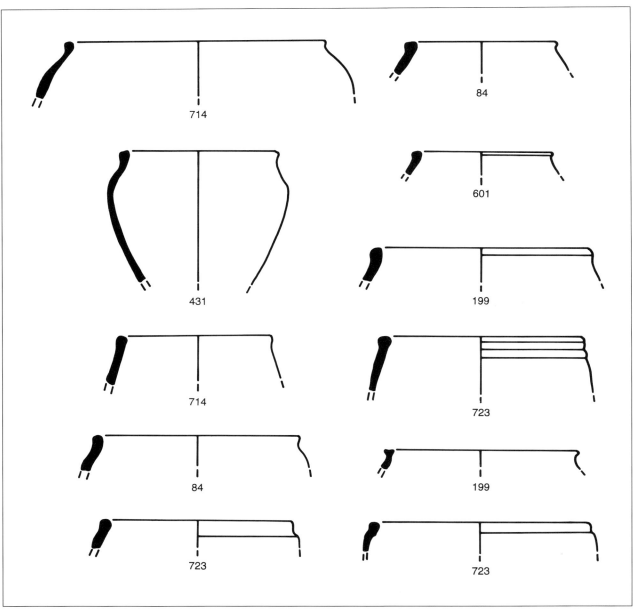

Abb. 64: Grobkeramische Töpfe, Form III,4 (die Zahlen entsprechen den Katalognummern der Fundorte).

der mittleren und westlichen Alb, im mittleren Neckarraum, dem oberen Donautal und auf der Ostalb.

Tonnenförmige Töpfe mit schmalem abgesetztem Steilrand (Form III,7; Abb. 67): Kennzeichnendes Merkmal dieser Form ist der deutlich abgesetzte Steilrand, die Randlippe ist meist sehr schmal ausgebildet. Diese charakteristische Randform diente wahrscheinlich der Fixierung eines Deckels. Diese Töpfe sind in ihrer Verbreitung wieder sehr eng begrenzt, sie finden sich lediglich auf der Ostalb und im Raum mittlerer Albtrauf–Fildern–Neckarbecken.

Tonnenförmige Töpfe mit eingebogenem Rand ohne deutliche Randlippenbildung (Form III,8; Abb. 68): Im

Gegensatz zu allen vorher beschriebenen Tonnentöpfen zeigt diese Form keine deutliche Randlippenbildung. Die Wandung des Gefäßkörpers hat eine gleichmäßig einbiegende Krümmung ohne erkennbaren Absatz, der maximale Gefäßdurchmesser liegt dicht unter der Mündung. Diese Töpfe scheinen lediglich im Osten (Ostalb) und im Nordosten (mittlerer Neckarraum, Haller und Hohenloher Ebene, Kocher-Jagst-Gebiet) des Verbreitungsgebiets vorzukommen (Karte 19).

III.5.4.1.2 Schüsseln

Die häufigste Form der Grobkeramik stellt die Schüssel dar. Im Material aus dem Oppidum von Manching hatten die Schüsseln mit eingebogenem Rand einen Anteil von 61 Prozent an den grobkeramischen Rand-

146

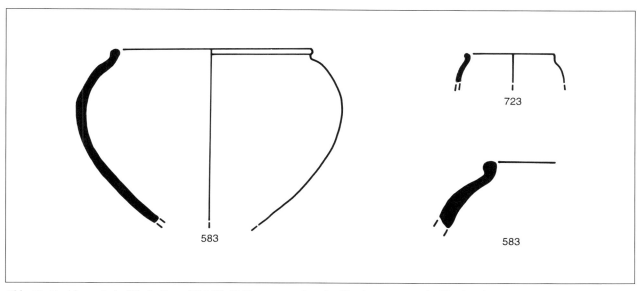

Abb. 65: Grobkeramische Töpfe, Form III,5 (die Zahlen entsprechen den Katalognummern der Fundorte).

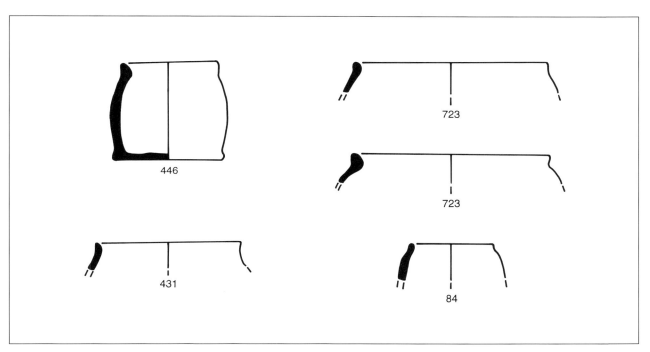

Abb. 66: Grobkeramische Töpfe, Form III,6 (die Zahlen entsprechen den Katalognummern der Fundorte).

Abb. 67: Grobkeramische Töpfe, Form III,7 (die Zahlen entsprechen den Katalognummern der Fundorte).

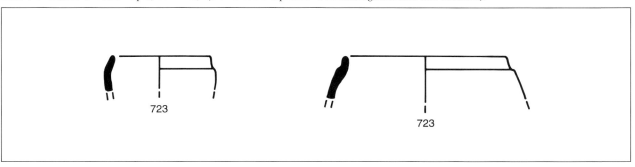

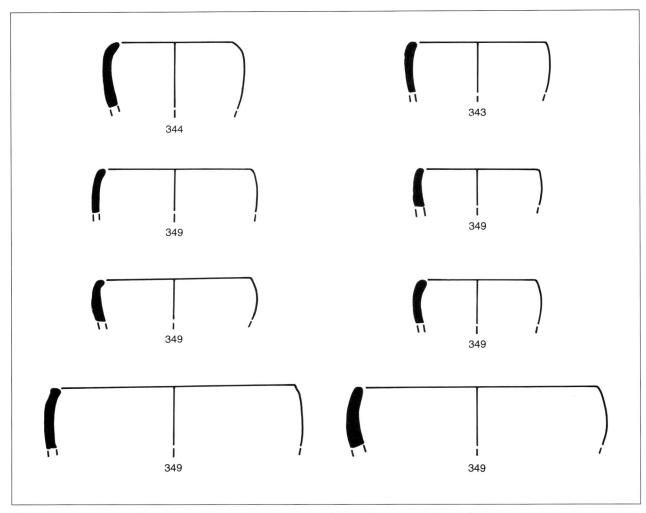

Abb. 68: Grobkeramische Töpfe, Form III,8 (die Zahlen entsprechen den Katalognummern der Fundorte).

scherben. Stöckli hat bereits die Schwierigkeiten einer Gliederung der Schüsselformen beschrieben[923]. Da es sich hier zum größten Teil um handgeformte und nachgedrehte Gefäße handelt, treten wie bei manchen Töpfen wieder starke lokale Prägungen hervor. Das äußert sich etwa in häufigem Auftreten einer markanten Randform innerhalb eines Fundkomplexes. Die Untersuchung derartiger Phänomene würde aber große Fundmengen, möglichst aus komplett ergrabenen Siedlungen, voraussetzen. Selbst bei diesen Bedingungen ist eine Auswertung im Hinblick auf chronologisch signifikante Unterschiede sehr schwierig[924]. Angesichts der großen Anzahl und der starken Schwankungen in der Größe muß es sich bei den Schüsseln um Gefäße mit vielfältigen Funktionen gehandelt haben. Bei den „Siebgefäßen" mit Löchern im Boden (z.B. Kat.-Nr. 640, Taf. 81,8) ist eine Verwendung bei der Käseherstellung sehr wahrscheinlich[925]. Auch sekundär aus Gefäßunterteilen gefertigte schüsselähnliche Näpfe mit herausgetrenntem Boden und Löchern in der Wand bzw. Kerben auf dem Rand (Kat.-Nr. 257) dürften diesem

Zweck gedient haben[926]. Sicher waren die kleinen bis mittelgroßen Formen wichtiger Bestandteil des Eßgeschirrs. Echte Tellerformen, wie sie in der römischen Gebrauchskeramik relativ zahlreich sind, fehlen im Spätlatène fast ganz[927]. Bei diesen Überlegungen sollte man allerdings Geschirr aus vergänglicheren Materialien nicht vergessen. Wie man etwa aus Nachlaßinventaren schließen kann, waren hölzerne Teller und flache Schüsseln noch im 18. Jahrhundert im ländlichen Bereich ein häufiges Geschirr[928].
Die Gliederung der Schüsselformen erfolgt wiederum

923 Stöckli, Keramik 18 ff.
924 Ebd. 19.
925 Vgl. E. Pressmar, Spätlatènezeitliche Siedlungsfunde von Nersingen, Ldkr. Neu-Ulm/Donau. Bayer. Vorgeschbl. 39, 1974, 76 Abb. 5,1.
926 Ebd., vgl. auch Stöckli, Keramik 20 Abb. 1,1.
927 Schon im augusteischen Lager von Dangstetten, das ja noch spätkeltische Töpfe ergeben hat, scheinen die Spätlatène-Schüsseln durch römische Tellerformen nahezu vollständig ersetzt zu sein.
Anmerkung 928 siehe nächste Seite

auf der Basis der Formeneinteilung des Materials von Fellbach-Schmiden und Ehningen[929], allerdings hat sich mittlerweile gezeigt, daß eine feine Formentypologie, etwa anhand der Randlippengestaltung, an diesem Material zu keinem verwertbaren Ergebnis führt. Es lassen sich bestenfalls Tendenzen erkennen. Die Formansprache wurde daher auf die Hauptformen reduziert.

Schüsseln mit eingebogenem Rand (Form IV,1; Abb. 69): Definierendes Merkmal dieser Schüsselform mit unterschiedlich steiler Wandung ist der eingebogene Rand, der abgerundet, abgestrichen oder leicht verdickt sein kann. Der eingebogene Rand ist eine reine Zweckform, er verhindert etwa das Überschwappen von Flüssigkeiten oder hat bei einer Verwendung des Gefäßes als Deckel eine stabilisierende Wirkung (der Deckel kann nicht so leicht seitlich von der Mündung rutschen). Die Form ist überall im Arbeitsgebiet häufig.

Schüsseln mit nach innen verdicktem Rand (Form IV,2; Abb. 69): Bei nur leicht eingebogenem Rand zeigen diese Schüsseln eine deutliche Verdickung nach innen. Die so entstandene Randlippe hat meist einen rundstabigen Querschnitt. Diese Form ist auch bei der glatten Drehscheibenware geläufig[930]. Möglicherweise war diese Form auf der Schwäbischen Alb und ihrem Vorland gebräuchlicher, sie ist hier von mehreren Fundorten belegt (Kat.-Nr. 199, 236, 425, 438, 601, 639, 640, 723, 729, 764), während im mittleren Neckarland weniger Stücke bekannt sind (Kat.-Nr. 307, 787).

Schüsseln mit nach innen geknicktem Rand (Form IV,3; Abb. 69): Die Form ist eng mit den Schüsseln mit eingebogenem Rand (IV,1) verwandt. Der Rand biegt hier aber mit einem deutlich erkennbaren Knick nach innen, die Gestaltung der Randlippe ist unterschiedlich (abgestrichen, spitz ausgezogen). Schüsseln mit geknicktem Rand sind im gesamten Arbeitsgebiet bekannt, sie gehören aber nicht zu den häufigeren Formen.

Schüsseln mit steil aufgebogenem Rand (Form IV,4; Abb. 69): Neben den Schüsseln mit eingebogenem Rand ist diese Form am häufigsten. Die Ausprägung des Randes ist wieder unterschiedlich, allerdings scheinen hier häufiger kantige oder abgestrichene Randlippen vorzukommen. Ob sich anhand der unterschiedlichen Randgestaltung konkrete Schlüsse auf den Verwendungszweck dieser Schüsseln ziehen lassen, ist fraglich. Ergologisch gesehen können z. B. Gefäße mit steil aufgebogenem Rand besser mit einem Deckel versehen werden. Flüssigkeiten lassen sich bei einer solchen Randgestaltung eher gezielt ausgießen als bei einem eingebogenen Rand oder einer geradlinig-steilen

Wandung (s.u.). Schüsseln mit steil aufgebogenem Rand kommen im ganzen Arbeitsgebiet vor.

Schüsseln mit geradlinig-steiler Wandung (Form IV,5; Abb. 69): Diese Schüsselformen zeigen keine Krümmung oder Verdickung der Randpartie, die Wandung verläuft geradlinig steil vom Boden bis zur Mündung. Es handelt sich meist um kleine bis mittelgroße Gefäße. Sie sind mit relativ wenigen Exemplaren im gesamten Arbeitsgebiet verbreitet.

Schüsseln mit steiler Wandung und keulenförmig verdicktem Rand (Form IV,6; Abb. 69): Die Form zeigt enge Beziehungen zu den oben beschriebenen Schüsseln mit steiler Wandung. Kennzeichnendes Merkmal ist hier eine keulen- oder kolbenförmige Verdickung des Randes (wohl aus Stabilitätsgründen). Ist der Rand noch schräg nach außen abgestrichen, entsteht der Eindruck eines dreieckig nach außen verdickten Randes. Als einzige der Schüsselformen zeigt diese ein eingegrenzteres Verbreitungsbild: Man möchte hier mit dem oberen Donautal einerseits und dem mittleren Albtrauf und den Fildern andererseits zwei Räume mit höherer Funddichte erkennen.

Schüsseln mit außen abgesetztem Rand (Form IV,7): Mit sehr wenigen Exemplaren belegt sind Schüsseln, die eine deutlich abgesetzte Randlippe aufweisen (Kat.-Nr. 583; Kat.-Nr. 618; Kat.-Nr. 764). Auch hier könnte man in diesem Detail eine Zweckmäßigkeit zum besseren Sitz eines Deckels vermuten.

III.5.4.1.3 Sonderformen

Henkelgefäße

Zu den großen Seltenheiten der jüngerlatènezeitlichen Keramik gehören Gefäße mit Henkeln[931]. Auf die Graphittonkessel mit Ösenhenkeln wurde oben bereits hingewiesen, sie finden ihre Entsprechungen in Manching und sind letztendlich auf Metallvorbilder zurückzuführen[932]. Innerhalb unseres Arbeitsgebietes finden sich aber auch Henkel an Gefäßen der handgemachten Grobkeramik: Ein Fragment aus der Viereckschanze im Wald „Bann" bei Altheim-Heiligkreuztal (Kat.-Nr.

---

928 So nennt etwa ein Inventarverzeichnis eines Halbbauernhofes aus Niederbayern von 1706 als Eßgeschirr lediglich 5 Tonschüsseln und daneben 8 Holzlöffel und 5 Holzteller: T. Gebhard/H. Sperber, Alte bäuerliche Geräte aus Süddeutschland (München/Bern/Wien 1978) 17 ff.

929 Wieland, Fellbach-Schmiden und Ehningen 77 ff.; vgl. zur Formansprache die Benennungen bei Pingel, Drehscheibenkeramik 55 ff.

930 Vgl. z. B. Pingel, Drehscheibenkeramik Taf. 77,1161–1169.

931 Vgl. Stöckli, Keramik 17 f.

932 Kappel, Graphittonkeramik 76 ff.

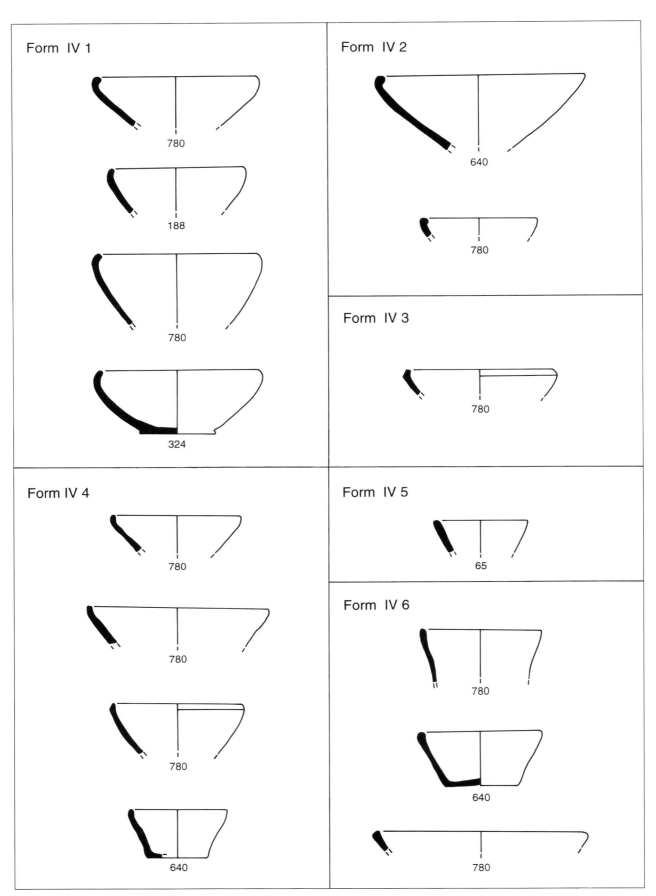

Abb. 69: Grobkeramische Schüsseln, Form IV,1–6 (die Zahlen entsprechen den Katalognummern der Fundorte).

83)[933] gehört zu einem kesselförmigen Gefäß, vielleicht handelt es sich hier um eine Nachahmung eines Graphittonkessels. Eine weitere Scherbe der gleichen Art aus Glatten-Böffingen (Kat.-Nr. 206, Taf. 24,4) ist hinsichtlich der Fundortangabe mit gewissen Unsicherheiten behaftet[934]. Gute Vergleichsmöglichkeiten für dieses steilwandige Gefäß finden sich in Manching[935]. Weiterhin wäre das Bruchstück eines Ösenhenkels aus einer Grube bei Hermaringen (Kat.-Nr. 257) zu nennen[936]. Bei dem Henkel vom Wackerstein bei Pfullingen (Kat.-Nr. 446, Taf. 63,9) ist dagegen die spätlatènezeitliche Datierung fraglich, da vom gleichen Ort auch urnenfelderzeitliche Scherben stammen[937]. Aus der Siedlung von Heroldingen am Südrand des Rieses liegen ebenfalls zwei Henkelfragmente vor (Taf. 112,9; 114,22). Ein Charakteristikum scheint der Querschnitt der Henkel zu sein, der fast immer nicht exakt rundstabig, sondern facettiert ist.

Füßchengefäße

Lediglich von zwei Fundorten im Arbeitsgebiet sind bislang Fragmente von Füßchengefäßen bekannt, nämlich aus der Viereckschanze von Ehningen (Kat.-Nr. 65)[938] und aus den Resten einer vermutlichen Grabhügel-Nachbestattung bei Kleinengstingen (Kat.-Nr. 420, Taf. 52B,1). Aus Manching ist bislang nur ein Beispiel bekannt[939], mehrere Belege stammen aus den Oppida von Altenburg und Basel-Münsterhügel[940]. Bereits F. Fischer hat auf Parallelen von der augusteischen Militärstation Zürich-Lindenhof hingewiesen, mittlerweile sind Füßchengefäße auch aus Dangstetten bekannt[941]. Schon aus diesen Vorkommen leitet sich eine relativ späte Zeitstellung für diese Gefäße ab (s.u.).

III.5.4.2 Verzierungen

Stöckli hat bei der Untersuchung der Manchinger Grobkeramik diese in zwei Gruppen unterteilt, nämlich in unverzierte und verzierte Grobkeramik[942]. Bei einem derartig umfangreichen Materialkomplex ist diese Unterteilung sinnvoll, schon wegen relativ zahlreicher kompletter oder rekonstruierbarer Gefäße. Im Rahmen dieser Arbeit wurde diese grundsätzliche Teilung wegen der kleinen Fundmengen und der Seltenheit kompletter Gefäße nicht vorgenommen. Die einzelnen Verzierungsarten sind oft nur durch Wandscherben belegt, so daß über die Gefäßform kaum etwas ausgesagt werden kann. Schon deswegen scheint es angebracht, die Formen und die Verzierungen der Grobkeramik hier getrennt zu behandeln. Grundsätzlich ist festzustellen, daß die hier beschriebenen Verzierungsformen nicht an bestimmte Gefäßformen gebunden sind, es lassen sich bestenfalls Schwerpunkte feststellen.

Eine erste Übersicht zu den Verzierungsvarianten jüngerlatènezeitlicher Grobkeramik in Württemberg wurde im Rahmen der Bearbeitung der Keramik von Fellbach-Schmiden und Ehningen gegeben[943]. Auf die dort erzielten Ergebnisse wird hier z. T. aufgebaut. Ob der Ausdruck „Verzierung" in jedem Fall zutreffend ist, darüber kann man angesichts mancher Kamm- oder Spatelstrich-„Ornamente" durchaus geteilter Meinung sein. Es dürfte sich oft um eine Oberflächenrauhung handeln, die lediglich zur besseren Handhabung des Gefäßes diente. Denkbar wäre auch, daß beispielsweise tiefer und dichter Kammstrich noch eine weitere Funktion hatte: Werden solche Gefäße außen mit Wasser befeuchtet, wird der Verdunstungs-Kühleffekt durch die so vergrößerte Oberfläche gesteigert. Folglich hätten sich frische Lebensmittel in solchen Töpfen besser gehalten. A. Rieth hat sich bereits anhand eines gezähnten Eisengerätes aus der Nikolaushöhle von Veringenstadt (Kat.-Nr. 642, Taf. 87,8) mit der Frage der Kammstrichverzierung beschäftigt[944]. Ob hier aber tatsächlich ein Töpfergerät vorliegt, dessen Hauptzweck im Anbringen von Kammstrichornamenten zu suchen ist, scheint fraglich. In aller Regel dürften die Kämme und Spatel aus organischem Material bestanden haben, da Holz- oder Beinkämme weitaus einfacher vom Töpfer selbst hergestellt werden konnten[945].

933 Vgl. Wieland in: Bittel/Schiek/Müller, Viereckschanzen 95 Abb. 43,9. Vielleicht ist dieses Fragment, das heute nicht mehr auffindbar ist, mit dem unten genannten aus Glatten-Böffingen identisch, s.u.

934 Vielleicht handelt es sich bei den Scherben von Heiligkreuztal und Böffingen um Fragmente vom gleichen Gefäß, da in den Vorkriegsjahren Funde von diesen beiden Grabungen vermischt worden sein können. Bei der Bearbeitung der Viereckschanzenfunde im Rahmen des Atlaswerkes war dies noch nicht bekannt.

935 Stöckli, Keramik Taf. 38,354.

936 Ein Altstück kann man hier wegen der identischen Magerung und Tonbeschaffenheit des Fundkomplexes wohl ausschließen.

937 Vgl. Fundber. Baden-Württemberg 2, 1975, 326; weitere Scherbenfunde vom Bergplateau sind noch unpubliziert, vgl. Fundmeldung von G. Wieland in den Ortsakten des LDA Tübingen.

938 Wieland, Fellbach-Schmiden und Ehningen Taf. 40,11–12. Die Stücke wurden damals als Henkelfragmente gedeutet, dürften aber wie ein weiteres nicht abgebildetes Fragment von Füßchengefäßen stammen.

939 Stöckli, Keramik Taf. 62,839.

940 Fischer, Altenburg-Rheinau, 305 Abb. 8,6; Furger-Gunti, Basler Münster.

941 Fischer, Altenburg-Rheinau 300 mit Anm. 56; Vogt, Lindenhof 174 Abb. 38,1; Fingerlin, Dangstetten 461 Bef.Nr. 584,19.

942 Stöckli, Keramik 4 ff., 33 ff.

943 Wieland, Fellbach-Schmiden und Ehningen 81 ff.

944 A. Rieth, Mannus 29, 1937, 52 ff., bes. 67 f. Abb. 20 a.

945 Die Töpfer kommen mit sehr wenigen Geräten aus, das meiste wird aus einfachsten Mitteln gefertigt. Dies gilt auch im Mittelalter und bis in die heutige Zeit: R. Hampe/A. Winter, Bei Töpfern und Töpferinnen in Kreta, Messenien und Zypern (1962) 82 f.; G. London/F. Egoumenidou/V. Karageorghis, Traditional Pottery in Cyprus. Töpferei auf Zypern damals – heute (Mainz 1989) 54 Abb. 70.

Solche Geräte sind etwa aus Manching, Stradonitz und Basel-Gasfabrik bekannt[946].

Stöckli hat darauf hingewiesen, daß es in Manching keinen echten „Besenstrich" gibt[947]. Auch in unserem Materialbestand läßt er sich nicht zweifelsfrei feststellen. Es scheint ohnehin fraglich, ob man mit einem „Besen", also mit einem Bündel elastischer Borsten oder sehr dünner Zweige ein charakteristisches Ornament schaffen kann, das sich immer zweifelsfrei erkennen läßt. Schon deshalb ist der Ausdruck „Spatelstrich" sicher treffender (s.u.).

Die Verzierungstechniken und Ornamente der Grobkeramik sowie ihre Verbreitung sollen im Folgenden kurz vorgestellt werden. Die Zeitstellung der Formen und Verzierungen wird in einem anschließenden Kapitel untersucht.

Kamm- und Spatelstrich: Beim Kammstrich werden mit einem mehrzinkigen Gerät parallele Rillen in den weichen Ton gegraben. Diese Rillen können durchaus unterschiedliche Tiefen haben (unterschiedlich lange Zinken des Kamms)[948]. Man kann regelmäßigen Kammstrich, der in fast allen Fällen vertikal auf dem Gefäßkörper angebracht ist, von unregelmäßigem Kammstrich unterscheiden. Bei letzterem wechselt oft die Richtung der Kammstrichbahnen, es entsteht manchmal eine regelrechte „Schraffur", wobei sich die Bahnen gegenseitig überschneiden. Diese Oberflächenrauhung bedeckt meist flächig den Gefäßkörper. Echte Ornamente sitzen dagegen auf der Gefäßschulter: Hier kann durch horizontale Wellenlinien oder horizontale Kammstrichbahnen mit dazwischenliegenden Einstichen ein Abschluß gegen das unverzierte Oberteil des Gefäßes gebildet werden.

Der Spatelstrich besteht im Gegensatz zum Kammstrich aus einzelnen unregelmäßigen Rillen unterschiedlichster Breite und Tiefe. Es dürfte sich hier meist um Vertiefungen handeln, die mit abgebrochenen Zweigen, Knochensplittern und ähnlichem in den Ton eingegraben wurden. Im Unterschied zu Stöckli werden hier nicht nur parallele Strichbündel als Spatelstrich bezeichnet, es kommen auch unregelmäßige Rillen vor, die kreuz und quer verlaufen[949].

Regelmäßiger Kamm- und Spatelstrich kommt im gesamten jüngerlatènezeitlichen Kulturbereich vor, nicht nur auf Grobkeramik, sondern auch auf Drehscheibenware (Feinkammstrichware) und auf Graphittonkeramik. Für letztere ist er geradezu typisch. Die Anfänge dieser charakteristischen Oberflächenbehandlung liegen wohl im ausgehenden Frühlatène, in größerem Maße tritt Kammstrichverzierung erst im Verlauf von LT C auf[950].

Unregelmäßiger Kammstrich und Kammstrich-Schraffur: Im Unterschied zum regelmäßigen Kamm- und

Spatelstrich bedecken bei dieser Verzierung kurze und unregelmäßige Kammstrichbahnen den Gefäßbauch (z.B. Taf. 11A,1). Sie verlaufen kreuz und quer. Oftmals wird die so verzierte Zone nach oben von einem anderen Ornament abgeschlossen, z.B. einer Wellenlinie (Taf. 14B,17), Kammstrich-Grübchen (Taf. 52B,4) oder Fingertupfen (Taf. 39C,3). Diese Verzierung ist auch in der Siedlung von Heroldingen (Taf. 113,1) und in Manching geläufig[951].

Die Verbreitung innerhalb unseres Arbeitsgebietes zeigt einen deutlichen Schwerpunkt auf der Zollernalb und im oberen Donautal. Auch die mittlere Alb und ihr Vorland bis zum Neckarbecken weisen mehrere Funde auf, während auf der Ostalb, der Haller Ebene und im Kocher-Jagst-Gebiet nurmehr einzelne Fundpunkte liegen.

Kammstrich- oder Spatelstrichwellenlinie: Oben wurde bereits angesprochen, daß die flächige Rauhung oder Verzierung durch regelmäßigen Kammstrich oder Kammstrich-Schraffur oftmals durch Kamm- oder Spatelstrich-Wellenlinien nach oben begrenzt wird. Die Wellenlinien können manchmal eher girlandenähnlich (z.B. Taf. 13,14) oder als Zickzack-Linien[952] ausgebildet sein. Diese Verzierung dürfte eine der geläufigsten sein, sie ist aus den Nachbargebieten ebenfalls in einiger Zahl belegt[953]. Möglicherweise besteht ein Zusammenhang zu den Einglättmustern auf der glatten Drehscheibenware, weil dort die horizontale Wellenlinie ebenfalls eine wichtige Rolle spielt (s.o.). Daneben kommt die Kamm- oder Spatelstrich-Wellenlinie auch als einziges Ornament vor (soweit dies der Erhaltungszustand der Gefäße beurteilen läßt, vgl. Taf. 36,3); bemerkenswert ist auch ein Ornament aus vertikal verlaufenden Wellenlinien aus Sigmaringendorf-Laucherttal (Kat.-Nr. 639, Taf. 83,16) und Schwäbisch Hall (Kat.-Nr. 583), das in der Nordschweiz gute Vergleichsstücke findet[954].

946 Kappel, Graphittonkeramik 45 mit Anm. 72–75. Jacobi hat allerdings darauf hingewiesen, daß es sich bei den großen gezähnten Knochengeräten eher um Webkämme handeln dürfte: Jacobi, Werkzeug und Gerät 64.

947 Stöckli, Keramik 34.

948 Ebd.34, mit Beispielen aus Manching.

949 Ebd. 34. Stöckli hat auch auf die Schwierigkeiten hingewiesen, Spatelstrich von unregelmäßigem Kammstrich zu unterscheiden.

950 Stöckli, Keramik 41. Kammstrich kommt auch in früheren und späteren Epochen vor, allerdings nicht in dieser Häufigkeit.

951 Z.B. Stöckli, Keramik Taf. 52,750; 55,781; 60,822.

952 Vgl. z. B. Wieland, Fellbach-Schmiden und Ehningen Taf. 9,2.

953 Manching: Stöckli, Keramik z.B. Taf. 50,734; 51,740; 60, 818–825; Heroldingen: Vgl. z.B. Katalog Taf. 108; Merishausen-Barmen, Kt. Schaffhausen: Jahrb. SGU 72, 1989, 113,1–2.

954 Spätlatène-Grabfund von Thayngen-Riethalde, Kt. Schaffhausen. Jahrb. SGU 26, 1934, 38; Jahrb. SGU 72, 1989, 123 Taf. 13,1.

Im Gegensatz zur Kammstrich-Schraffur (s. o.) und den Kammstrich-Grübchen (s. u.) zeigen die Kamm- und Spatelstrich-Wellenlinien keinen so dichten Verbreitungsschwerpunkt auf der westlichen Alb. Statt dessen scheint dieses Ornament dort eher selten gewesen zu sein. Auf den Fildern, im Neckarbecken bis zum Heilbronner Raum, an Kocher und Jagst sowie in Schwäbisch Hall finden sich Nachweise in lockerer Streuung. Am ehesten möchte man noch auf den Fildern eine Verdichtung des Fundbildes erkennen (Karte 20). Daß sich hier lediglich regional unterschiedliche Verzierungsgepflogenheiten darstellen, möchte man schon wegen vergleichbarer Funde in der Schweiz eher verneinen, wahrscheinlicher ist eine chronologische Relevanz mancher Zierweisen (vgl. dazu unten Kap. III.5.4.4).

Kammstrich-Grübchen und Kammeinstiche (vgl. Liste 1 und 2): Die charakteristische Kammstrich-Grübchen-Verzierung und Kammeinstiche sind für die zeitliche Gliederung und regionale Abgrenzung der südwestdeutschen Spätlatènekultur sicher eines der wichtigsten Kriterien, weil sich an dieser Verzierung eine bruchlose Herstellungstradition bis in die Zeit der römischen Okkupation des Voralpenlandes verfolgen läßt (s. u.)[955]. Die Verzierungstechnik besteht im Eindrücken und kurzen Ziehen des Kamms, was zu geradlinig-kurzen Grübchen oder leicht bogenförmigen Gebilden führen kann. Der Kamm wurde beim Eindrücken meist leicht schräg zur Achse des Gefäßes gestellt.

Kammstrich-Grübchen sind ein Verzierungselement, das in den allermeisten Fällen auf die Schulterregion beschränkt ist, es dient oft als Abschluß einer flächigen Kammstrichzone (z. B. Taf. 85,2). Seltener ist eine mehr oder weniger flächige Verzierung des Gefäßkörpers mit Kammstrich-Grübchen (z. B. Taf. 36,5)[956]. Gleiches gilt für die Kammeinstiche, die mit den Kammstrich-Grübchen formal eng verwandt sind: Auch hier scheinen zonale Verzierungen als optischer Abschluß einer Kammstrichzone (Taf. 10B,2) die Regel zu sein, als einzelnes Ornament (Taf. 80,11) sind sie immerhin häufiger belegt als Kammstrich-Grübchen[957].

Die Kammstrich-Grübchen-Verzierung zeigt ein sehr signifikantes Verbreitungsbild (Karte 21): Vom Trauf der mittleren Alb über die Zollernalb bis ins oberes Donautal liegt eine deutliche Konzentration von Fundpunkten. Nicht so dicht sind die Nachweise auf den Fildern. Eine locker gestreute Gruppe von Fundpunkten findet sich auch im Osten abgesetzt auf der Ulmer und Heidenheimer Alb. Der Norden und Nordosten ist bis auf einen sicheren und zwei fragliche Fundpunkte bislang ohne Nachweis. Es scheint berechtigt, hier von einem definierenden Merkmal der spätlatènezeitlichen Keramik auf der Schwäbischen Alb zu sprechen. Auch

wenn diese Verzierung außerhalb des Arbeitsgebietes ebenfalls nachgewiesen ist (s. u., Kap. III.5.4.4), kann man davon ausgehen, daß hier der Kernraum ihrer Verbreitung liegt.

Nicht so deutlich abgegrenzt zeigt sich das Verbreitungsbild der Kammeinstiche (Karte 21): Die Zollernalb, von der so zahlreiche Kammstrich-Grübchen-Nachweise stammen, bleibt hier fundleer. Lockerere Fundkonzentrationen liegen im Bereich der mittleren Alb und ihrem Vorland, im oberen Donautal und wieder auf der Ulmer und Heidenheimer Alb.

Kamm- und Spatelstrichbögen (vgl. Liste 3): Eine verhältnismäßig seltene Verzierungsweise stellen die Kamm- und Spatelstrichbögen dar, die eng mit den Kammstrich-Grübchen verwandt scheinen. Dieses Schulterornament tritt später in römischen Zusammenhängen weit häufiger und in verschiedenen Varianten auf, seine Ursprünge scheinen wir (zumindest teilweise) in der spätkeltischen Grobkeramik fassen zu können. Während die Belege aus Fellbach-Schmiden und Ehningen[958] – soweit beurteilbar – noch nicht so ausgeprägt erscheinen und eher an girlandenartige Abschlüsse einer Kammstrichverzierung erinnern, sind die Beispiele aus Sigmaringendorf-Laucherttal (Taf. 82, 3.9) bereits als großflächigeres Schulterornament anzusehen. Die wenigen Fundpunkte im Arbeitsgebiet liegen ohne sichtbare Konzentration zwischen Neckarbecken und oberer Donau, allerdings ist die Verzierung auch im östlich angrenzenden Gebiet von Heroldingen und Manching bekannt[959].

Fingertupfen: Zu den nicht gerade häufigen Verzierungen gehören einfache Fingertupfen, die in den weichen Ton gedrückt werden. Sie kommen sowohl als Abschlußornament einer Kammstrichzone (Taf. 39C,3)[960] als auch als flächig den Gefäßkörper bedeckendes Muster vor (Taf. 42A,19)[961]. Fingertupfenverzierungen finden sich mit mehreren Fundpunkten am Trauf der mittleren Alb und auf den Fildern sowie im Nordosten (Kocher-Jagst-Gebiet, Schwäbisch Hall). Einzelne Fundpunkte liegen auf der Ostalb, in der Baar und im Hegau (Karte 22).

Fingernageleindrücke: Von der Ausführung her sind die Ornamente aus Fingernageleindrücken den oben

---

955 Wieland, Spätkeltische Traditionen.
956 Vgl. auch Zürn/Fischer, Tomerdingen Taf. 36,3.
957 Vgl. auch Wieland, Fellbach-Schmiden und Ehningen Taf. 25,3.
958 Ebd. Taf. 11,4–5; 32,13; 34,4.
959 Vgl. Katalog Taf. 108,6; Stöckli, Keramik Taf. 51,746; 56, 783; 59,816.
960 Vgl. auch Heroldingen: Taf. 113,1; Manching: Stöckli, Keramik 35, Taf. 62,841.
961 Vgl. ebd. Taf. 63.

beschriebenen Fingertupfen verwandt, die Muster sind meist flächendeckend. Von einer Ausnahme am oberen Neckar abgesehen, liegen die relativ wenigen Fundpunkte im Osten des Arbeitsgebietes (Karte 22). Die Funde von der Ostalb (Hermaringen, Kat.-Nr. 257, Gerstetten-Heldenfingen, Kat.-Nr. 240) zeigen ein sehr einheitliches Bild. In Hermaringen bilden sie sogar das geläufigste Ornament auf der Grobkeramik, was dort wohl chronologische Gründe haben dürfte (s.u.). Weitere Funde stammen aus dem Remstal und aus Schwäbisch Hall. Bei manchen Verzierungen aus Heroldingen und Manching dürfte es sich auch um Fingernageleindrücke handeln[962], allerdings weichen diese Verzierungen von jenen auf der Ostalb deutlich ab. Verzierungen dieser Art sind auch auf germanischer Keramik der Kaiserzeit bekannt[963].

Senkrechte Strichgruppen: Um eine echte Lokalform der Verzierung scheint es sich bei horizontalen Reihen von Strichen oder schmalen Spateleinstichen (z.B. Taf. 29,11)[964] zu handeln, die bislang ausschließlich von der Ulmer und Heidenheimer Alb bekannt sind (Karte 22). Ein ähnliches Ornament ist allerdings aus Manching bekannt[965]. Möglicherweise geht diese Zierweise auf frühe germanische Einflüsse zurück, jedenfalls ist sie aus Mainfranken auch auf kaiserzeitlicher germanischer Keramik bekannt[966].

Halbmondförmige Stempelgrübchen: Ein regelrechter Gürtel aus halbmondförmigen Grübchen auf der Schulter ist eine typische Verzierung der grobkeramischen „Kochtöpfe" des Oberrheingebiets[967]. Diese Verzierung kommt in etwas unterschiedlicher Ausprägung auch in unserem Arbeitsgebiet vor, gehört hier aber zu den Seltenheiten (z.B. Taf. 76,9). Die Unterscheidung dieser mit einem halbrunden Spatel eingestochenen Vertiefungen von Fingernageleindrücken fällt oft schwer: Die Spatelgrübchen sind meist dichter gesetzt und wirken fast wie ein schuppenartiges Ornament. Sie scheinen sich in ihrer Verbreitung eher auf die Südwestalb, die Baar und das Hegau zu orientieren, einzelne Funde stammen aber auch von der Ostalb, den Fildern und aus dem Neckarbecken.

Kreisstempel: Ein seltenes Ornament stellen flächige Kreisstempel dar, die in unserem Arbeitsgebiet bislang nur aus Tomerdingen[968], Hüfingen (Taf. 103,19) und der Umgebung von Sigmaringen (Taf. 77A,1) bekannt sind. Für eine Abgrenzung als lokale Verzierungsform ist dies natürlich zu wenig, auch gibt es Entsprechungen auf scheibengedrehter Keramik vom Heidengraben und aus der Viereckschanze von Hardheim-Gerichtstetten in Nordbaden[969]. Für die Zeitstellung

dieser Verzierung ist ihr Nachweis im frührömischen Lager von Dangstetten von Interesse (s.u.).

Fingerkniffe: Bei dieser Verzierung wird durch das Kneifen mit Zeigefinger und Daumen ein Wulst zwischen zwei Vertiefungen herausgeformt. Fingerkniffe kommen als Schulterornament in Form von Reihen vor (Taf. 39A,1) oder bedecken den ganzen Gefäßkörper (Taf. 10A,3; 70B,2). Sie kommen ohne erkennbare Konzentration im gesamten Arbeitsgebiet vor.

Warzendekor: Eine sehr markante Verzierung sind mittels eines Spatels oder durch Fingerkniffe aus der Wand herausmodellierte Warzen, die oft pyramidenförmig sind (Taf. 79B,4; 64,9). Die so verzierten Scherben gehören zu kleinen bauchigen Töpfen (sog. „Igeltöpfe", vgl. Kap. III.5.4.1), die hauptsächlich im südwestlichen Viertel des Arbeitsgebietes nachgewiesen sind (mittlere Alb und Zollernalb, Donautal, Oberschwaben, Hegau). Zwei weitere Fundpunkte liegen auf den Fildern und im Jagsttal.

Verzierte Schüsseln: Die Schüsseln mit eingebogenem Rand sind zum größten Teil unverziert und geglättet, relativ wenige tragen eine Verzierung. Meist handelt es sich um flächige Kammstrichverzierung (z.B. Taf. 76,1), seltener kommen Kammstrich-Grübchen (Taf. 101,9) und Fingertupfen (Taf. 42A,19) vor. Bei der Untersuchung der Keramik aus den Viereckschanzen von Fellbach-Schmiden und Ehningen wurde bereits herausgestellt, daß in Schmiden praktisch alle Schüsseln unverziert sind (vielleicht eine Ausnahme), während in Ehningen über ein Drittel (10 von 28) der Schüsseln eine Außenverzierung haben[970]. Damals wurde vermutet, daß dieser Unterschied chronologisch zu deuten sei, was auch nach dem derzeitigen Forschungsstand möglich scheint. Angesichts des Verbreitungsgebiets der verzierten Schüsseln kommt nun auch die Möglichkeit eines regionalen Unterschieds hinzu: Fellbach-Schmiden würde außerhalb des Hauptverbreitungsraums liegen, dieser erstreckt sich von den Fildern über die mittlere Alb in Richtung oberes Donautal. Eine abgesetzte kleine Gruppe liegt auf der Ulmer und Heidenheimer

---

962 Katalog Taf. 113,1; Stöckli, Keramik Taf. 64,858.
963 Z.B. Ch. Pescheck, Die germanischen Bodenfunde der römischen Kaiserzeit in Mainfranken. Münchner Beitr. Vor- u. Frühgesch. 27 (München 1978) Taf. 33,19; 43,2; 44,2.5.10; 83,16.20.
964 Vgl. auch Zürn/Fischer, Tomerdingen Taf. 8,1.10.
965 Stöckli, Keramik Taf. 71,936.
966 Pescheck, Mainfranken Taf. 41,6.12.
967 Vgl. z.B. Furger-Gunti/Berger Basel-Gasfabrik Taf. 36,945; 37, 954; 57,1256.
968 Zürn/Fischer, Tomerdingen Taf. 18,2.
969 R.-H. Behrends, Gerichtstetten 323 Abb. 11,4.
970 Wieland, Fellbach-Schmiden und Ehningen 82, 85 f.

Alb. Zwei vereinzelte Funde liegen im Kocher- und Jagsttal. Das Verbreitungsgebiet deckt sich in auffallender Weise mit dem der Kammstrich-Grübchen-Verzierung (s. o.), so daß die verzierten Schüsseln auch zeitlich in den gleichen Horizont gehören dürften.

III.5.4.3 Pichung

Bereits bei der Aufnahme des Fundmaterials von Fellbach-Schmiden und Ehningen war an manchen Gefäßen ein glänzender, schwarzer Überzug aufgefallen[971]. Diese „Pichung" ist ein weitverbreitetes und schon länger bekanntes Phänomen[972], das geradezu regelhaft auf spätkeltischer Grobkeramik auftritt, oft sind nur noch Reste des Überzugs erhalten. Die Pichung bedeckt meist nur die Rand-Hals-Partie der Gefäße, seltener den ganzen Körper[973], sie kommt auf Töpfen weitaus häufiger als auf Schüsseln vor. L. Süß hat diese schwarze Substanz als Birkenpech identifiziert, das nach dem Brand aufgetragen wurde[974]. Diese Töpfe können nicht als Kochtöpfe gedient haben, weil Birkenpech leicht entflammbar ist und völlig verbrannt wäre. Am ehesten könnte man sich eine Funktion als Abdichtungsmittel beim Haltbarmachen von Lebensmitteln vorstellen: mit dem Birkenpech wurde ein Deckel, vielleicht auch nur ein Stück Leder oder Stoff auf die Gefäßmündung geklebt. Süß hat zudem auf die bakterizide Wirkung des Birkenpechs hingewiesen, was dieser Verwendung sehr entgegenkäme. Auch eine Abdichtung der porösen Gefäßwandung gegen durchsickernde Flüssigkeit wäre mit Birkenpech erreichbar, obwohl hier einfachere Methoden bekannt sind[975]. Sehr gut vorstellbar wäre eine Verwendung gepichter Gefäße im Zusammenhang mit der Herstellung von Pökelfleisch. Strabo berichtet, daß ganz Italien mit keltischem Pökelfleisch versorgt werde[976]. Die Pichung verhindert ein Eindringen der Salzlake in die Gefäßwandung, was wegen der Salzkristallisierung das Springen des Gefäßes zur Folge hätte. Auch wurde bei Versuchen beobachtet, daß kristallisiertes Salz allmählich an der Gefäßwandung hochwächst, während dieser Vorgang durch die hydrophobe Birkenteer-Pichung verhindert wird. Es liegt daher auf der Hand, die gepichten Gefäße als Vorratsgefäße für Pökelfleisch oder andere, durch Einlegen in Salzlake haltbar gemachte Lebensmittel (z. B. Käse, Gemüse, Fisch) zu deuten[977].

III.5.4.4 Datierung der Grobkeramik

Stöckli hat bei der Bearbeitung der Manchinger Grobkeramik die Bedeutung dieser Fundgattung sehr treffend charakterisiert:

„Gibt es mit der Keramik oft Schwierigkeiten für chronologische Parallelisierungen über größere Distanzen, so hat sie in kultureller Hinsicht großen Aussagewert. Besonders gilt das für die Grobkeramik, die für sich al-

lein chronologisch sehr schwer eingrenzbar ist, aber um so besser lokale Traditionen repräsentiert, die man dann gegen andere in anderen Räumen recht gut absetzen kann"[978]. Die Datierung bereitet in unserem Arbeitsgebiet insofern ein besonderes Problem, als sichere Grabfunde mit vergesellschafteten Kleinfunden (z. B. Fibeln) fehlen, und auch nur wenig größere Siedlungskomplexe Fundmaterial, das eine überregional vergleichende Datierung ermöglicht, enthalten. Die mittellatènezeitlichen Grabfunde haben in diesem Zusammenhang praktisch keine Bedeutung, da sie selten Keramik enthalten. Ein wichtiger Eckpunkt der zeitlichen Einordnung unserer Keramik sind die Funde aus der Viereckschanze von Fellbach-Schmiden. Hier wird durch Kleinfunde und importierte Feinkeramik eine Synchronisation mit LT D1-Fundkomplexen außerhalb des Arbeitsgebiets möglich. Zudem bietet das an den Schachthölzern gewonnene Dendrodatum von 123 v. Chr. einen relativ verläßlichen absolutchronologischen Anknüpfungspunkt[979]. Dieses Datum markiert allerdings lediglich die Errichtung der Brunnenverschalung, über die genaue Benutzungsdauer der Anlage sagt es nichts aus[980]. Für eine zeitliche Ordnung des württembergischen Materials ist man fast ausschließlich auf Vergleiche mit den Nachbargebieten angewie-

971 Ebd. 83.

972 Vgl. etwa Furger-Gunti, Basel-Gasfabrik Taf. 58,1274; Stöckli, Keramik 5 Tabelle 3; Pichung tritt auch schon früher auf, vgl. Beispiele aus hallstattzeitlichen Gräbern in Sopron/Ungarn. Dort findet sich die Pichung interessanterweise bevorzugt bei Situlen und den dazugehörigen Deckeln: A. Persy, Bemerkungen zum „Harz"-Überzug auf hallstattzeitlichen Gefäßen aus Ödenburg. Arch. Austriaca 41, 1967, 22 ff.; F. Sauter, Chemische Untersuchung von „Harzüberzügen" auf hallstattzeitlicher Keramik. Ebd. 25 ff.

973 In Manching scheint dies gerade umgekehrt zu sein, dort ist bei mehr Gefäßen eine flächige Pichung der Außenseite feststellbar: Stöckli, Keramik 7 f.

974 L. Süß, Schwarze Schüsseln mit Zinnapplikationen aus Bad Nauheim. In: Festschr. W. Dehn. Fundber. Hessen Beih. 1 (1969) 279 ff.

975 So läßt sich etwa eine gute Abdichtung erreichen, wenn man in einem frisch getöpferten Gefäß Milch sauer werden läßt. Diese Methode ist noch heute in ländlichen Gegenden der Balkanhalbinsel üblich. Daneben gibt es dort bis heute verschiedene Techniken der Pichung: R. Hampe/A. Winter, Bei Töpfern und Töpferinnen in Kreta, Messenien und Zypern (1962) 95.

976 Strabo 4, 197; zit. nach Timpe, Handwerk 56.

977 R. C. A. Rottländer, Keramik mit Randverpichung und Schwarzrandware. Arch.Korrbl. 4, 1974, 95 ff.; vgl. zur Verwendung und Herstellung J. Weiner, Praktische Versuche zur Herstellung und Verwendung von Birkenpech. Arch.Korrbl. 18, 1988, 329 ff.

978 Stöckli, Keramik 198.

979 Vgl. Planck, Fellbach-Schmiden 105 ff.

980 Zwei Eichenäste aus der Brunnenfüllung sind leider dendrochronologisch nicht datierbar (zu geringe Ringzahl). B. Becker vermutet für diese aber aufgrund völlig abweichender Kurvenbilder eine um mindestens 10–20 Jahre jüngere Zeitstellung als für die Schachthölzer: B. Becker, Jahrringdatierung von Eichenhölzern aus dem Schacht in Fellbach-Schmiden. In: Planck, Fellbach-Schmiden 169 ff.

sen. Am Oberrhein sind hier vor allem die Siedlungen Basel-Gasfabrik und -Münsterhügel zu nennen, die aber bereits eine Gebrauchskeramik anderer Ausprägung haben und somit nur mehr selten vergleichbar sind. Mit dem Oppidum von Altenburg-Rheinau und dem augusteischen Legionslager von Dangstetten liegen in unmittelbarer Nachbarschaft zwei gut datierte Komplexe vor, die eine verläßliche Datierungsgrundlage bieten und die Abgrenzung der jüngsten Latèneformen und -verzierungen in Südwestdeutschland erlauben. Vergleiche mit dem Material aus dem Oppidum von Manching im östlich angrenzenden Gebiet sind ebenfalls möglich, allerdings ist die chronologische Einordnung dort nur sehr grob. Die Abgrenzung einer erst in LT D besiedelten „Zone 8" durch Stöckli[981] wurde von R. Gebhard wiederholt kritisiert. Zwar sind Stöcklis Grundgedanken richtig, doch können seine Zonen keine Datierung für einzelne Fundstücke geben[982]. Statt dessen hat Gebhard im Rahmen der Bearbeitung des Fibelmaterials Möglichkeiten einer Siedlungschronologie im Oppidum aufgezeigt, die auf einer eindringlichen Analyse der Abfallverteilung und des Fundverhaltens basieren. Seiner konsequenten Forderung, das Fundmaterial der Grabungen bis 1974 unter diesen Gesichtspunkten neu zu untersuchen, kann man nur zustimmen. Hier bieten sich (gerade bei der mengenmäßig dominierenden Keramik) noch Möglichkeiten, die für die Chronologie spätlatènezeitlicher Siedlungsfunde äußerst vielversprechend wären[983]. Da die Bearbeitung des Manchinger Fibelmaterials auch Stücke aus der zweiten Hälfte des 1. Jahrhunderts v. Chr. ergeben hat, muß auch ein Teil der Keramik jünger sein, als man bisher dachte. Von einem LT D2-Fundstoff nach der Definition von Krämer[984] kann man hier aber nicht sprechen. Gebhard schlägt statt dessen eine Unterteilung in LT D1a und D1b vor, was F. Fischer bereits vorher für das Oberrheingebiet vermutet hat[985]. Festzuhalten bleibt somit auf jeden Fall, daß ein Teil der Manchinger Grobkeramik jünger ist als der Horizont der Nauheimer Fibel.

Direkt an der östlichen Grenze des Arbeitsgebiets liegt die spätlatènezeitliche Siedlung von Harburg-Heroldingen. Die Funde aus den drei ausgegrabenen Häusern wurden zum Zweck des Vergleiches in den Katalog aufgenommen: Zum einen gewinnt man aus diesen Inventaren einen Einblick in die Keramikausstattung ländlicher Spätlatènesiedlungen, zum anderen ist hier durch Feinkeramikformen und Kleinfunde eine Datierung nach LT D abgesichert. Außerdem zeigt die lokal ausgeprägte Grobkeramik Beziehungen zu den Formen auf der Ostalb. Für die Abgrenzung später Formen sind weiterhin noch endlatènezeitliche Siedlungen und frührömische Militärstationen am nördlichen Oberrhein wichtig.

Der größte Teil unserer grobkeramischen Formen läßt sich zeitlich nicht genauer eingrenzen und scheint bereits im Verlauf der Mittellatènezeit aufgekommen zu sein. Einige Topfformen können dagegen durch Vergleiche mit gut datierten Fundkomplexen innerhalb der Spätlatènezeit einigermaßen abgegrenzt werden, gleiches gilt für einige Verzierungsmuster, vor allem das Kammstrich-Grübchen-Ornament (vgl. Liste 1).

Die *Töpfe mit ausgebogenem Rand der Formen I,1 und I,2* sind gängige Formen im keltischen Formenschatz. Sie finden sich bereits im frühlatènezeitlichen Keramikbestand, etwa auf dem Schloßberg von Neuenbürg[986], dort gehören sie aber (noch) nicht zu den häufigen Formen. In Manching überwiegen zwar tonnenförmige Töpfe (vgl. unsere Form III), doch kommen sowohl bei der unverzierten als auch bei der verzierten Grobkeramik Töpfe mit ausgebogenem Rand immer wieder vor[987]. In Basel sind diese „Kochtöpfe" in der Siedlung bei der Gasfabrik und im Oppidum auf dem Münsterhügel die dominierende Form[988]. Allerdings ist dort meist der Rand höher und bildet eine deutlichere Trichterform. Auch in anderen Fundkomplexen der ausgehenden Mittellatènezeit und der Spätlatènezeit in der Nordschweiz stellen die Töpfe unserer Form I,1 und I,2 die häufigste Hochform dar[989]. Unter der Grobkeramik aus dem Oppidum von Altenburg[990] finden sich ebenfalls diese Formen, und von den Spätlatène-Töpfen aus dem augusteischen Legionslager von Dangstetten[991] gehören ebenfalls noch zahlreiche Gefäße formal zu diesen Gruppen. Die Topfform mit einfachem ausgebogenem Rand ist demnach während der gesamten Mittel- und Spätlatènezeit in Gebrauch.

Die *Töpfe mit abgesetztem Hals und verdickter Randlippe der Form I,3* gehören in Manching nicht zu den häufigeren Formen und kommen auch in Basel vor[992]. Einige Töpfe aus Dangstetten[993] wären hier ebenfalls

981 W. E. Stöckli, Bemerkungen zur räumlichen und zeitlichen Gruppierung der Funde im Oppidum von Manching. Germania 52, 1974, 368 ff.
982 Gebhard, Glasschmuck 32 ff.; ders., Fibeln von Manching 97 ff.
983 Ebd. 52 ff., bes. 67 ff.
984 W. Krämer, Germania 40, 1962, 304 ff.
985 Gebhard, Fibeln 100 ff.; Fischer, Spätlatènezeit 235 ff., bes. 237 f.
986 Z.B. Jensen, Neuenbürg Taf. 2,14; 4,31. Vgl. auch einen Topf vom Dreifaltigkeitsberg: Biel, Höhensiedlungen Taf. 143,150.
987 Z.B. Stöckli, Keramik Taf. 22,187; 50,735; 61,826.
988 Furger-Gunti, Basel-Gasfabrik 20 (Typ 2).
989 Vgl. etwa Bern-Engehalbinsel: G. Lüscher, Vier Latènegruben der Engehalbinsel bei Bern. Jahrb. SGU 72, 1989, 134; Merishausen: M. Höneisen, Merishausen-Barmen 103 f.
990 Bad. Fundber. 17, 1934, 169, Taf. 7.
991 Z.B. Fingerlin, Dangstetten 236 Fdst. 4,16; 240 Fdst. 28,13.
992 Ähnlich etwa Stöckli, Keramik Taf. 62,845; Furger-Gunti/Berger, Basel-Gasfabrik 22 (Randform 10).
993 Fingerlin, Dangstetten 254 Fdst. 62,20; 393 Fdst. 455–457,31.

wieder zu nennen. Mehrere Beispiele in Manching und Basel finden die *Töpfe mit breiter, ausgezogener Randlippe (Form I,4).* Interessanterweise findet sich diese Randlippenform in Manching meist auf der unverzierten Grobkeramik, die zudem oft organisch gemagert ist[994]. Diese Keramik läßt sich leider nicht näher innerhalb der Mittel- und Spätlatènezeit eingrenzen, als chronologisch einigermaßen verläßliches Kriterium hat Stöckli lediglich die Entwicklung von Gefäßformen mit abfallender Schulter zu solchen mit flacher, ausgeprägter Schulter genannt[995]. In Dangstetten scheint die Form bei der handgemachten Keramik nicht vorzukommen, vielleicht spielt hier aber auch die lokale Verbreitung eine Rolle[996].

Die *kleinen weitmundigen Töpfe mit abgesetztem Trichterrand (I,5)* sind zu den gängigen und weitverbreiteten Formen der Spätlatènezeit zu rechnen, wie Funde aus den Nachbargebieten belegen[997]. Weniger gut datierbar sind die wenigen *Töpfe mit kegelförmigem Hals (I,6),* vielleicht wurden hier Formen der glatten Drehscheibenware nachgeahmt, wie sie beispielsweise im Bestand von Fellbach-Schmiden vorhanden sind[998]. Bei den *ovoiden Töpfen mit ausgebogenem Rand und Halskehle (Form I,7)* ist schon anhand der Verbreitung eine Orientierung auf das Hochrheingebiet feststellbar. Fast immer tragen diese Töpfe eine flächige Kammstrichverzierung und auf der Schulter einen Kammstrich-Grübchen-Gürtel. In Manching sind zwar ähnliche Gefäße vertreten, allerdings zeigen sie nicht den hochsitzenden Umbruch und die stärker geschwungene Randlippe wie unsere Beispiele[999]. Auch in der Siedlung von Basel-Gasfabrik sind nur wenig ähnliche Töpfe vorhanden, die zudem eine gestrecktere Gesamtform und einen deutlicheren Trichterrand zeigen[1000]. Die besten Entsprechungen finden die Töpfe der Form I,7 im Oppidum von Altenburg und in Dangstetten[1001]; eine jüngere Zeitstellung innerhalb von LT D wird dadurch wahrscheinlich. Eine starke Ähnlichkeit besteht im übrigen auch zu der scheibengedrehten römischen Grobkeramik von Dangstetten[1002]. Im Fundmaterial von Merishausen-Barmen (Kt. Schaffhausen), das aufgrund der Fibeln nach LT C2 und LT D1 gehört[1003], fehlen solche Töpfe. Man könnte dies als einen weiteren Hinweis darauf werten, daß Töpfe der Form I,7 mit Kammstrich-Grübchen-Verzierung in der Spätlatènezeit aufkommen, ihren zeitlichen Schwerpunkt aber deutlich im fortgeschrittenen LT D während der zweiten Hälfte des 1. Jahrhundert v. Chr. haben. Eine weitere Form, die zeitlich eher spät anzusetzen ist, bilden die *bauchigen Töpfe mit nach außen geknicktem Trichterrand (I,8).* Ebenso wie Form I,7 tragen sie häufig einen Kammstrich-Grübchen-Gürtel, wieder finden sich gute Parallelen in Altenburg und Dangstetten[1004]. Vor allem die Töpfe aus dem oberen

Donautal mit ihrer Tendenz zu sichelförmig geschwungenen Randlippen finden nahezu exakt entsprechende Gegenstücke in Dangstetten[1005]. In Manching gibt es keine direkt vergleichbaren Formen, auch wenn dort gelegentlich geknickte Ränder vorkommen. Aus Basel-Gasfabrik sind nur wenig ähnliche Randformen publiziert[1006]. Auch bei den Töpfen der Form I,8 ist wieder eine starke Ähnlichkeit zu scheibengedrehter Grobkeramik aus Dangstetten feststellbar[1007]. Fast entsteht der Eindruck, daß es sich um Nachahmung geläufiger Formen handelt. Dabei bleibt aber vorerst unklar, welches hier der gebende und welches der nehmende Teil war. Sicher wäre es eine reizvolle Überlegung, daß hier ein keltischer Töpfer auf der Drehscheibe seinen Formenschatz weiter produziert hat.

Für die *weitmundigen Töpfe mit abgesetztem Rand der Form I,9* war schon aufgrund der Verbreitung auf der Ostalb und im Neckargebiet eine formale Beziehung zur Keramik des Hochrheingebiets unwahrscheinlich, ähnliche Randprofile finden sich bislang nur im Osten. Einige Beispiele aus Manching[1008] sind hauptsächlich der verzierten Grobkeramik zuzuweisen, die nach Stöckli zum großen Teil nach LT D datiert[1009]. *Töpfe mit ausgebogenem Rand und doppelter Halsriefe (Form I,10)* sind im Manchinger Bestand nachgewiesen[1010],

994 Stöckli, Keramik Taf. 4,22–24; 7,51; 23,193; 24,208; 25,211. 214–215; Furger-Gunti/Berger, Basel-Gasfabrik 23 (Randform 22/23–24).
995 Stöckli, Keramik 32.
996 Vgl. ebd. Taf. 23,193; 24,208.
997 Ebd. Taf. 49,725; 55,775; Höneisen, Merishausen 115 Taf. 5,1; 121 Taf. 11,12;
998 Wieland, Fellbach-Schmiden und Ehningen Taf. 4,5–7.
999 Stöckli, Keramik Taf. 55,780–781.
1000 Z.B. Furger-Gunti/Berger, Basel-Gasfabrik Taf. 35,934.
1001 Fischer, Altenburg-Rheinau 304 Abb. 7,12; ders., Arch. Ausgr. Baden-Württemberg 1985, 107 Abb. 92,1; Fingerlin, Dangstetten 235 Fdst. 3,9; 241 Fdst. 30,25; 350 Fdst. 362,8; 353 Fdst. 363,84; 361 Fdst. 374,21; 368 Fdst. 397,35; 378 Fdst. 419,6; 453 Fdst. 561,51.
1002 Z.B. ebd. 246 Fdst. 42,28–29; 251 Fdst. 52,36.
1003 Höneisen, Merishausen 112 Taf. 2; 125.
1004 Bad. Fundber. 17, 1934, 169 Abb. 7; Fingerlin, Dangstetten 253 Fdst. 56,31; 259 Fdst. 104,24; 273 Fdst. 150,10; 302 Fdst. 225,11; 303 Fdst. 226,16; 330 Fdst. 318,70; 338 Fdst. 334,12; 361 Fdst. 374,19; 445 Fdst. 551,74; 458 Fdst. 575,25; 467 Fdst. 597,12.
1005 Besonders Fingerlin, Dangstetten 361 Fdst. 374,19 ist formal praktisch identisch mit zwei Töpfen aus Sigmaringendorf-Laucherttal, vgl. Katalog Taf. 82,3.8.
1006 Stöckli, Keramik Taf. 59,813; 64,863; Furger-Gunti/Berger, Basel-Gasfabrik Taf. 51,1148; 52,1149; interessanterweise trägt der Topf Taf. 57,1260 auch eine Kammeinstich-Verzierung und dürfte in Basel nicht zu den einheimischen Gefäßen gehören.
1007 Z.B. hat ein Randfragment aus Laucherttal (Katalog, Taf. 82,10) sehr starke Ähnlichkeit zu scheibengedrehten Töpfen bei Fingerlin, Dangstetten 468 Fdst. 602,22–23.
1008 Stöckli, Keramik Taf. 49,725.727; 55,775.779; 65,874; 69,911.
1009 Ebd. 41.
1010 Ebd. Taf. 30,266–268; 35,317–318.

lassen sich aber kaum näher datieren. Auch die *Töpfe mit verdicktem Kolbenrand der Form I,11* sind anscheinend eine weitverbreitete Form, aber weder in Manching noch am Hochrhein besonders häufig. Einige Parallelen finden sich auch in Basel-Gasfabrik[1011]. *Große bauchige Töpfe mit Wulstrand und ohne Halsbildung (Form I,12)* finden sich dagegen häufig in der unverzierten Manchinger Grobkeramik[1012] und sind am Hoch- und Oberrhein nicht üblich[1013]. Formal enge Beziehungen zeigen die *Töpfe mit Wulstrand der Form I,13* zu den *Töpfen der Form I,14*: Bei letzteren haben die Wulstränder eine Tendenz zur Sichelform, die mit den typologisch am weitesten entwickelten Formen mit hohem und schmalen Sichelrand endet (z. B. Kat.-Nr. 118, 425, Taf. 10C,1–2 und 53B,5). Während die einfachen Wulstränder eine häufige Form der Mittel- und Spätlatènezeit darstellen[1014], und sich die Wulstränder mit sichelartiger Kehlung in Manching ebenfalls noch mehrfach belegen lassen[1015], sind voll ausgebildete Sichelränder dort nicht mehr so häufig[1016]. Dagegen sind sie im Oppidum von Altenburg anscheinend in einiger Menge vorhanden[1017]. Daß sich im Grobkeramikbestand aus Dangstetten keine hohen Sichelränder finden, ist vielleicht auch durch eine funktionsbedingte Auswahl der Gefäße zu erklären, daß die Form bekannt war, zeigen einige scheibengedrehte Beispiele[1018]. Die Randentwicklung der Graphittongefäße scheint sich hier in der Grobkeramik zu wiederholen (s.o. Kap. III.5.3). Extrem schlanke Sichelränder wie die o.g. Beispiele gehören sicher in die zweite Hälfte des 1. Jahrhunderts v.Chr. Aus der endlatènezeitlichen Siedlung von Mainz-Weisenau sind etwa zwei vergleichbare Randprofile von Töpfen mit hohem Sichelrand bekannt[1019].

Die kleinen bauchigen „*Igeltöpfe*" der *Form I,15* treten anscheinend erst im LT D auf. Sie haben in Manching keinerlei Parallelen[1020], was mit ihrer Verbreitung vornehmlich im Westen zusammenhängen dürfte[1021].

Bauchige Töpfe mit abgesetztem Steilrand (Form II) sind während der gesamten jüngeren Latènezeit in Gebrauch, wie Funde aus Manching, Basel und Dangstetten zeigen[1022].

Einige Varianten der tonnenförmigen Töpfe lassen sich chronologisch eingrenzen. Wie bereits bei der Beschreibung der einzelnen Gruppen (s.o.) gezeigt wurde, ist die Tonnenform der grobkeramischen Töpfe eine regionale Erscheinung, deren Hauptverbreitungsgebiet eher auf der Ostalb, im mittleren Neckargebiet und im nordöstlichen Württemberg liegt. Das Hoch- und Oberrheingebiet bietet daher nur wenig Vergleichsmöglichkeiten.

Für die *Tonnentöpfe mit Randlippe und Riefen unter dem Rand (Form III,1)* findet sich in Manching nur ein entsprechendes Gefäß[1023], einige ähnliche Randprofile

stammen dagegen aus der Spätlatènesiedlung von Heroldingen (vgl. Taf. 108,4; 112,12–13). Aus der endlatènezeitlichen Siedlung von Mainz-Weisenau stammt eine Reihe vergleichbarer Profile, womit diese Topfform auch für das Ende des 1. Jahrhunderts v.Chr. belegt ist[1024].

Die *tonnenförmigen Töpfe mit Simsrand (Form III,2)* sind schon bei der Bearbeitung der Funde aus der Viereckschanze von Ehningen als chronologisch empfindliche Form herausgestellt worden[1025]. Auf ähnliche Stücke aus Bad Nauheim und aus Grab 14 von Hoppstädten wurde in diesem Zusammenhang hingewiesen[1026]. Es finden sich auch in enger benachbarten Regionen formale Entsprechungen: Auf dem Basler Münsterhügel kommt diese Topfform bei der bemalten Feinkeramik vor. Sie gehört dort zu den jüngsten Spätlatènefunden, die der augusteischen Militärstation unmittelbar vorausgehen[1027]. Aus dem Oppidum von Altenburg sind ebenfalls Töpfe mit Simsrand bekannt, allerdings weisen diese meist einen abgesetzten Hals und einen leicht ausgebogenen Rand auf[1028]. Gewisse Ähn-

---

1011 Ebd. Taf. 60,821; Fingerlin, Dangstetten 361 Fdst. 374,21; Furger-Gunti/Berger, Basel-Gasfabrik Taf. 31,889–890; 53,1177.

1012 Z.B. Stöckli, Keramik Taf. 14 und 15.

1013 Ähnlich: Furger-Gunti/Berger, Basel-Gasfabrik Taf. 43,1013.

1014 Zahlreiche Beispiele in Manching, z. B. Stöckli, Keramik Taf. 46,659–661; 54; 69,907–908; einige Wulstrandprofile in Basel: Furger-Gunti/Berger, Basel-Gasfabrik Taf. 48,1098; 50,1134; 51,1146.

1015 Ebd. z. B. Taf. 5,36; 53,760.

1016 Ebd. Taf. 6,48; 33,302; 48,694; 66,882.

1017 Fischer, Altenburg-Rheinau 304 Abb. 7,1–3.60.9–10.

1018 Geht man davon aus, daß die handgemachte Spätlatèneware als Transportbehälter für Nahrungsmittel in das Lager gekommen ist, wäre das fast ausschließliche Vorkommen von Formen mit ausgebogener Randlippe vielleicht durch deren Funktion als Vorratsgefäße (gute Verschließbarkeit, z. B. mittels eines Tuches und einer Schnur unter der Randlippe) zu erklären. Dafür spricht auch die Tatsache, daß die Dangstettener Töpfe häufig gepicht sind, was sie als Kochgefäße ausschließt. Vermutlich handelt es sich um Behälter für Pökelfleisch (vgl. Kap. Wirtschaftliche Grundlagen). Sichelränder in der Scheibenware z. B. Fingerlin, Dangstetten 468 Fdst. 602,21.

1019 Heinzel, Mainz-Weisenau 169 Abb. 2b G a 5–6.

1020 Eine ähnliche Verzierung hat lediglich die Schüssel bei Stöckli, Keramik Taf. 65,877.

1021 Außerhalb unseres Arbeitsgebietes z. B. Mannheim-Seckenheim, „Waldspitze" (Gropengießer, Spätlatènezeit 125 Abb. 5).

1022 Z.B. Stöckli, Keramik Taf. 18,152; 33,294; 36,323; Furger-Gunti/Berger, Basel-Gasfabrik 22 (Randform 12); Fingerlin, Dangstetten 320 Fdst. 300,10.

1023 Stöckli, Keramik Taf. 69,900.

1024 Heinzel, Mainz-Weisenau 170 Abb. 2c H b 1–7. G. Lenz-Bernhard nimmt für diesen Siedlungsplatz einen Beginn in der ausgehenden Latènezeit an: Lenz-Bernhard, Alzey 150.

1025 Wieland, Fellbach-Schmiden und Ehningen 84 ff.

1026 Schönberger, Wetterau Taf. 18,53; G. Mahr, Die jüngere Latènekultur des Trierer Landes. Berliner Beitr. Vor- u. Frühgesch. 12 (Berlin 1967) Taf. 13,4.

1027 Furger-Gunti, Basler Münster 33 Abb. 18,18; Bereits aus augusteischen Zusammenhängen: Taf. 41,739–741.

1028 Fischer, Altenburg-Rheinau 304 Abb. 7,11.13.; Bad. Fundber. 19, 1951, Taf. 32,25.

lichkeit zeigt auch der Rand eines Topfes aus Dang-stetten[1029]. Wichtig für die Datierung sind ähnliche Randprofile von der Eisenverhüttungsstelle Kloster-marienberg im Burgenland, die in die letzten Jahrzehn-te v. Chr. gehört[1030]. Aus einer Siedlung bei Mainz-Wei-senau, die vom Ende der Spätlatènezeit bis in claudische Zeit bestand, sind ebenfalls Tonnentöpfe mit Simsrand belegt, die dort angeblich in augusteische bis frühtibe-rische Zeit gehören, vielleicht aber noch endlatène-zeitlich sind[1031]. Die Form wird in römischer Zeit in der Drehscheibenware weiter produziert.

Ebenfalls als Deckelgefäße konzipiert sind die *Ton-nentöpfe der Form III,3*, bei denen sich innen am Rand ein deutlich ausgeprägter Deckelfalz befindet. Ein Topf mit innerem Deckelfalz aus Oberboihingen (Taf. 18B,9) hat einen abgesetzten Hals und einen ausgebo-genen Rand, womit er eigentlich zur Gruppe I (Töpfe mit ausgebogenem Rand) gehören würde, wegen der deutlichen formalen Verbindung aber hier bei den Ton-nentöpfen aufgeführt wird. In der Manchinger Grob-keramik findet sich keine vergleichbare Form, auch aus Altenburg ist bislang nichts Vergleichbares publiziert. Dem o. g. Randprofil aus Oberboihingen sehr ähnlich ist ein Topf mit Steilrand aus Dangstetten, allerdings ist dort die Deckelauflage nur als Absatz ausgebildet. Ein weiterer ähnlicher Topf ist scheibengedreht[1032]. Von der augusteischen Militärstation Zürich-Lindenhof ist ein vergleichbarer Tonnentopf mit Kammstrich-Grüb-chen-Verzierung bekannt; ein ähnliches Profil zeigt auch ein scheibengedrehter Topf aus Schicht 4 des Bas-ler Münsterhügels[1033]. Aus Speyer stammt ein sehr gut-es Vergleichsstück, das übrigens auch die gleiche flächi-ge Verzierung mit Grübchen trägt. Das Stück stammt aus einer Grube, die zu einem römischen Kastell der Zeit um 10 v. Chr. gehört[1034]. Weitere gute Parallelen sind von Alzey und Mainz-Weisenau bekannt, wo sie ebenfalls aus Fundverbänden stammen, die ganz an das Ende der Spätlatènezeit gehören[1035]. Die Beziehungen in Form und Verzierung sind so deutlich, daß man für das Randfragment aus Oberboihingen eine Datierung an das Ende des 1. Jahrhunderts v. Chr. und eine Her-kunft aus dem nördlichen Oberrheingebiet annehmen möchte. Daß es Beziehungen zu diesem Gebiet gege-ben hat zeigt wiederum ein weitmundiger Topf mit Kammstrich-Grübchen-Verzierung aus der o. g. Gru-be in Speyer, der in unserem Material zahlreiche Paral-lelen findet[1036].

Die Tonnentöpfe mit Randfalz aus Nürtingen (Kat.-Nr. 191) lassen sich ebenfalls gut mit augusteisch-frühti-berischen Formen aus Mainz-Weisenau vergleichen[1037].
Tonnenförmige Töpfe mit verdicktem Rand der Form III,4 sind eine relativ häufig belegte Form, was auch z. T. durch die Definition begründet ist. Abgerundete Randlippen von abweichender Form werden hier zu-

sammengefaßt. Aus Manching sind zahlreiche Beispie-le bekannt[1038], ebenso aus Heroldingen. Sie dürften während der ganzen Spätlatènezeit in Gebrauch gewe-sen sein.

Bauchige Tonnentöpfe mit abgerundeter Randlippe (Form III,5) finden sich ebenfalls im Manchinger For-menspektrum[1039], bei einem eher terrinenförmigen Topf dieser Art aus Schwäbisch Hall (Taf. 70A,1) möchte man Anklänge an germanische Gefäßformen erkennen[1040].

Eine der häufigsten Randformen der Tonnentöpfe stellt die *spitz ausgezogene Randlippe dar (Form III,6)*, wie sie in Manching und Heroldingen bei verzierter und un-verzierter Grobkeramik vorkommt[1041]. Sicher handelt es sich dabei um formale Anlehnungen an scheibenge-drehte Feinkeramik: Vor allem die „Tonnen mit Rand-lippe" der bemalten Ware sind sehr ähnlich[1042], wäh-rend sich in der glatten Drehscheibenware kaum Pa-rallelen finden. Daraus könnte man schließen, daß die Tonnentöpfe mit Randlippe erst im LT D in Gebrauch kommen, oder zumindest ihren zeitlichen Schwer-punkt dort haben. Dafür spricht auch das zahlreiche Vorkommen dieser Form in Mainz-Weisenau[1043] oder den ebenfalls in die ausgehende Spätlatènezeit datier-ten Siedlungen von Alzey, Speyer und Westheim[1044]. Ähnlich dürfte es sich mit den *Tonnentöpfen mit abge-setztem Steilrand (Form III,7)* verhalten, die in Man-ching relativ selten sind[1045] und in Mainz-Weisenau ei-nige Vergleichsstücke finden[1046]. *Hohe Töpfe mit ein-*

1029 Fingerlin, Dangstetten 248 Fdst. 44,9.

1030 K. Kaus, Zur Zeitstellung von ur- und frühgeschichtlichen Ver-hüttungsanlagen des Burgenlands auf Grund der Kleinfunde. In: Arch. Eisenforschung in Europa. Symp. Eisenstadt 1975. Wiss. Arbeiten aus dem Burgenland H. 59 (Eisenstadt 1977) 63 ff., bes. 68 Abb. 4,47 oben rechts, Abb. 4,34 unten rechts.

1031 Heinzel, Mainz-Weisenau 165 ff., bes. 170 Abb. 2c, H a 7–8. Zur Datierung vgl. Lenz-Bernhard, Alzey 150.

1032 Fingerlin, Dangstetten 356 Fdst. 367,33; 430 Fdst. 543,48.

1033 Vogt, Lindenhof 158 Abb. 31,17; Furger-Gunti, Basler Mün-ster Taf. 41,742.

1034 Bernhard, Militärstationen 108 Abb. 5,10, 111 ff.

1035 Lenz-Bernhard, Alzey 149 Abb. 4,1–2; Heinzel, Mainz-Wei-senau 169 Abb. 2b F, G a 1.

1036 Bernhard, Militärstationen 108 Abb. 5,11.

1037 Heinzel, Mainz-Weisenau 170 Abb. 2c H c 8–9.

1038 Z.B. Stöckli, Keramik Taf. 52,759; 55,771.776; 57,789–791.

1039 Ebd. Taf. 53,760–761; 58,804.

1040 Vgl. etwa zwei Terrinen aus tiberischen Fundzusammenhän-gen von Dannstadt-Schauernheim, die lediglich eine andere Randgestaltung aufweisen: Bernhard, Militärstationen 119 Abb. 15,1.11.

1041 Z.B. Stöckli, Keramik Taf. 10,79–80; 19,155–156; 63,849; 65,870. Heroldingen: Katalog Taf. 108,8–9; 13,1–2.

1042 Vgl. Maier, Keramik 29 ff.; dazu auch Stöckli, Keramik 45 ff.

1043 Heinzel, Mainz-Weisenau 169 Abb. 2b F a 2–12.

1044 Lenz-Bernhard, Alzey 149 Abb. 4,5–6; Bernhard, Militärsta-tionen 106 Abb. 3,2–3; 117 Abb. 12,5.10.15 (z.T. Drehschei-benware).

1045 Ebd. Taf. 18,152–153; 33,304.

1046 Heinzel, Mainz-Weisenau 169 Abb. 2b F a 1, 170 Abb. 2c H d 1.

fachem eingebogenen Rand (Form III,8) sind wieder häufiger belegt. Zahlreiche Beispiele wären aus Manching, Heroldingen und Mainz-Weisenau zu nennen. Diese Form dürfte in den meisten Fällen nach LT D zu datieren sein[1047].

Schwierig gestaltet sich eine zeitliche Eingrenzung der Schüsselformen. *Schüsseln mit eingebogenem oder aufgebogenem Rand* kommen seit der Hallstattzeit vor; die jüngerlatènezeitlichen Exemplare lassen gegenüber diesen lediglich eine Tendenz zu einem gestreckten Unterteil, einem höher sitzenden Umbruch und einer verdickten Randlippe erkennen. Dies allein ist aber kein sicheres Kriterium. Stöckli hat am Manchinger Material die Tendenz zu verdickten Rändern bei jüngeren Schüsselformen (LT D) bereits erkannt[1048]. Die *Schüsseln mit keulenförmig verdicktem steilen Rand (Form IV,6)* stellen vielleicht eine der jüngsten Ausprägungen dar und sind in Manching nicht gerade häufig[1049].

Auch die *verzierten Schüsseln*, die im Manchinger Material ebenfalls selten sind[1050], möchte man zeitlich eher im fortgeschrittenen LT D ansetzen. Diese Datierung wurde bereits bei der Bearbeitung der Funde aus Ehningen vorgeschlagen, unabhängig davon hat auch F. Fischer anhand des Tomerdinger Materials für eine späte Zeitstellung innerhalb von LT D plädiert[1051]. Von der nach LT D1 datierten Brücke von Cornaux im Schweizer Mittelland sind einige verzierte Schüsseln belegt, allerdings treten sie dort gegenüber glatten Formen zurück[1052].

Verzierungen

Wie oben schon angesprochen, werden Formen und Verzierungen der Grobkeramik hier getrennt betrachtet, da in aller Regel Verzierungen nicht an bestimmte Formen gebunden sind. Stöckli hat aufgrund seiner Untersuchungen in Manching die verzierte Grobkeramik zum größten Teil nach LT D1 datiert und für die Mittelatènezeit nur wenige Stücke angenommen. Durch Grabfunde ist *regelmäßiger Kammstrich* auf Graphittontöpfen bereits am Beginn der Mittelatènezeit nachgewiesen[1053], weshalb er auf der Grobkeramik ebenfalls früh einsetzen dürfte. Für den unregelmäßigen Kammstrich und die *Kammstrich-Schraffur* ist ein Beginn in LT D sehr wahrscheinlich: Diese Oberflächenbehandlung ist in Manching nicht allzu häufig, sie scheint in den (nach Stöckli) jüngeren Fundkomplexen der „Zone 8" etwas häufiger zu werden. Diese Datierung ist allerdings sehr unsicher[1054]. In Dangstetten ist Kammstrich-Schraffur mit einigen Beispielen vertreten[1055]; weitere Beispiele lassen sich aus der Nordschweiz und dem Schweizer Mittelland benennen[1056]. Der zeitliche Schwerpunkt dürfte im voll ausgebildeten LT D liegen. Ähnliche Ornamente kommen auch auf germanischer Keramik vor und werden dort in die Jahrzehnte vor und nach der Zeitenwende datiert[1057]. Die *Kammstrich- oder Spatelstrich-Wellenlinie* läßt sich ebenfalls zeitlich nicht näher eingrenzen. Sie kommt in unterschiedlicher Form als Einzelornament oder in Kombination mit anderen Verzierungen von der ausgehenden Mittelatènezeit bis an das Ende der Spätlatènezeit vor. Ältere Fundzusammenhänge (LT C2/D1) liegen etwa in Merishausen-Barmen[1058] vor. In Basel, Manching und Heroldingen gibt es zahlreiche Beispiele[1059]; Belege für die zweite Hälfte des 1. Jahrhunderts v. Chr. und aus augusteischer Zeit stammen aus Altenburg, Dangstetten und Mainz-Weisenau[1060].

Etwas ausführlicher soll hier auf die Verzierung mit *Kammstrich-Grübchen und Kammeinstichen* eingegangen werden. Für diese charakteristische Zierweise nahm F. Fischer bereits 1966 eine späte Zeitstellung innerhalb von LT D an, weil diese noch in frührömischen Militärstationen (Zürich-Lindenhof) vorhanden ist[1061]. Anhand der Funde aus Gammertingen (Kat.-Nr. 609), die er wegen ihrer großen Ähnlichkeit zu Funden aus Altenburg-Rheinau nach LT D2 datiert hat, wies er 1988 erneut auf diese Keramik hin und ermunterte zu weiterer systematischer Nachsuche. Gleichzeitig begründete Fischer den geringen Anteil der Keramik mit starker plastischer Oberflächenbehandlung (weniger als 2%, hierzu gehört auch Kammstrich-Grübchen-

1047 Stöckli, Keramik Taf. 8,64; 50,738; 71,928–929; Heroldingen: Katalog Taf. 115,1; Heinzel, Mainz-Weisenau 170 Abb. 2c H c 2.4.6.
1048 Stöckli, Keramik 19.
1049 Ebd. Taf. 44,524; 45,601.620.
1050 Ebd. 38; Taf. 52,752; 56,788; 69,913; 70,923.926.
1051 Wieland, Fellbach-Schmiden und Ehningen 85 f.; Zürn/Fischer, Tomerdingen 44 mit Anm. 10 und 11.
1052 Schwab, Correction 109 Fig. 112,90.105; 112 Fig. 113,113.
1053 Vgl. Kappel, Graphittonkeramik 52 Abb. 15,14.
1054 Stöckli, Keramik Taf. 52,750; 69,900.903; 70,919. R. Gebhard hat zu der Datierung Stöcklis aufgrund dieser Zoneneinteilung zu Recht kritisch Stellung genommen: Gebhard, Glasschmuck 32 ff.; ders., Fibeln aus Manching 97 ff.
1055 Fingerlin, Dangstetten 256 Fdst. 67,12; 258 Fdst. 86,20; 277 Fdst. 163,23–25.
1056 Bern-Engehalbinsel: G. Lüscher, Jahrb. SGU 72, 1989, 143 Abb. 12,69–70; Basel-Gasfabrik: Furger-Gunti/Berger, Basel-Gasfabrik Taf. 35,929; 39,972; Cornaux: Schwab, Correction 102 Fig. 107,65; 109 Fig. 112,105.
1057 H. Polenz, Germanische Funde vom Johannisberg bei Bad Nauheim. Wetterauer Geschichtsbl. 26, 1977, 17 ff., bes. 19 Abb. 1.
1058 Höneisen, Merishausen 113 Taf. 3,1–2; 115 Taf. 5,3.
1059 .B. Furger-Gunti/Berger, Basel-Gasfabrik Taf. 57,1265–1267; Stöckli, Keramik Taf. 51,740–742; 53,760–761; 60; Heroldingen: Katalog Taf. 108,13; 113,4.
1060 Z.B. Fischer, Altenburg-Rheinau 304 Abb. 7,9.11.13.17; Fingerlin, Dangstetten 273 Fdst. 150,10; 278 Fdst. 164,52; 324 Fdst. 311,32; Heinzel, Mainz-Weisenau 169 Abb. 2b G b 5.
1061 Fischer, Altenburg-Rheinau 300, 309 f.

Dekor) in Manching mit dem späten Erscheinen dieser Verzierung. Er warnte in diesem Zusammenhang aber auch vor einem zu frühen Ansatz für das „Ende" des Oppidums[1062]. In jüngster Zeit wies Fischer nochmals auf einige Schüsseln und Töpfe mit Kammstrich-Grübchen-Verzierung aus der Tomerdinger Viereckschanze (Kat.-Nr. 714) hin und betonte ihre späte Zeitstellung[1063]. Auch G. Fingerlin hat 1972 auf die zahlreichen Funde aus dem Lager von Dangstetten hingewiesen und sie mit einheimischer Bevölkerung in augusteischer Zeit in Zusammenhang gebracht[1064].

Wie bereits oben beschrieben, liegt der Verbreitungsschwerpunkt der Kammstrich-Grübchen- und Kammeinstich-Verzierung auf der westlichen Schwäbischen Alb (vgl. Karte 21). Darüber hinaus findet sie sich am Hochrhein und der Nordschweiz bis ins Schweizer Mittelland. Einzelne Belege stammen aus dem Neckarmündungsgebiet, dem nördlichen Oberrheingebiet, Ostfrankreich und aus Bayern (vgl. Liste 1 und 2). Das Aufkommen der Kammstrich-Grübchen-Verzierung zeitlich zu fixieren gestaltet sich beim derzeitigen Forschungsstand noch schwierig. Schließlich fehlen im Hauptverbreitungsgebiet auswertbare Grabfunde und Siedlungsstratigraphien, die hier weiterhelfen könnten. Sicher ist, daß es bislang keinen Nachweis aus mittellatènezeitlichen Fundzusammenhängen gibt. Im älteren Abschnitt von LT D oder dem Horizont der Nauheimer Fibel ist diese Verzierung dann durch Grab- und Siedlungsfunde nachgewiesen. Ein fast vollständiger Topf aus einer Siedlungsgrube bei Nersingen (Lkr. Neu-Ulm, Bayern)[1065] zeigt große Ähnlichkeit zu einem ebenfalls mit Kammstrich-Grübchen verzierten Topf aus Langenau (Taf. 97,4). In der Grube fand sich außerdem eine Schüssel mit Kammstrichverzierung und mehrere Drehscheibengefäße. Unter letzteren sind neben Wulsthalstöpfen, die eher noch in ein spätes Mittellatène gehören[1066], auch Formen wie Becher, Feinkammstrichtöpfe und Flaschen, die sicher in ein voll entwickeltes LT D gehören[1067]. Aus der Siedlung von Harburg-Heroldingen (Lkr. Donau-Ries, Bayern) stammen keine echten Kammstrich-Grübchen-Ornamente, bestenfalls auf einem Tonnentopf findet sich ein verwandtes Ornament (Taf. 108,8). Auch Kammeinstiche sind selten (Taf. 119,8). Durch Kleinfunde und Feinkeramik (u. a. Nauheimer Fibel, bemalte Ware) ist die Siedlung in einen älteren Abschnitt von LT D datiert. Aus der benachbarten Siedlung von Zoltingen stammt dagegen ein Topf mit ausgebogenem Rand und echter flächiger Kammstrich-Grübchen-Verzierung[1068], so daß man diesen Unterschied chronologisch interpretieren möchte.

In der Siedlung Basel-Gasfabrik kommt Kammstrich-Grübchen-Verzierung nur sporadisch vor, dort dominieren die typischen oberrheinischen Stempelgrüb-

chen-Verzierungen[1069]. Auf ein ganzes Gefäß aus Grab 8a des zugehörigen Gräberfeldes sei in diesem Zusammenhang hingewiesen[1070]. Bei Baden-Kappelerhof im Kanton Aargau wurden 1984–1988 spätlatènezeitliche Gräber und Siedlungsreste untersucht. Die Funde, u. a. einige Scherben mit Kammeindrücken und Kammstrich-Grübchen, gehören in ein voll entwickeltes LT D. Eine Lauteracher Fibel und ein Topf mit hohem Sichelrand (vgl. die Datierung dieser Form) machen eine Siedlungsdauer bis in die zweite Hälfte des 1. Jahrhunderts v. Chr. wahrscheinlich[1071]. Auf der Engehalbinsel bei Bern wurde bereits 1866 eine Grube angeschnitten, die in ihrem reichen Keramikmaterial auch eine Scherbe mit Kammstrich-Grübchen-Dekor aufwies[1072]. Allerdings soll es sich dabei um scheibengedrehte Feinkeramik handeln. G. Lüscher datiert diese Funde mit Vorbehalt an das Ende von LT C2, doch sind manche Scherben dem Material von Basel-Gasfabrik so ähnlich, daß die Grube wohl eher in die Spätlatènezeit gehört[1073]. Die Siedlungsfunde von Merishausen-Barmen gehören nach Aussage der Kleinfunde ebenfalls an die Wende von der Mittel- zur Spätlatènezeit, unter den relativ zahlreichen Keramikresten befindet sich lediglich ein Gefäß mit Kammstrich-Grübchen, während die anderen Scherben verschiedene Kammstrich- und Eindruckverzierungen aufweisen[1074]. Weitere Nachweise, die aufgrund ihrer stratigraphischen Lage in einen älteren Abschnitt gehören, stammen aus Vindonissa und Yverdon-les-Bains[1075]. Die Funde von Rorschacherberg, Schänis-Gasterholz und Marthalen lassen sich

1062 Fischer, Spätlatènezeit 247 mit Anm. 62. R. Gebhard konnte dies anhand des Fibelmaterials jetzt bestätigen: Gebhard, Fibeln 100 ff.

1063 Zürn/Fischer, Tomerdingen 44.

1064 G. Fingerlin, Dangstetten, ein augusteisches Legionslager am Hochrhein. Ber. RGK 51–52, 1970–71, 217.

1065 E. Pressmar (Anm. 925) 66 ff., bes. 72 Abb. 4,2.

1066 Ebd. 72 Abb. 4,7–8; auch die Flasche Abb. 6,12 würde zeitlich noch dazu passen.

1067 Ebd. 72 Abb. 4,1; 74 Abb. 52,4.

1068 E. Frickhinger, Jahrb. Hist. Ver. Nördlingen 21, 1938/39, 16 ff., Taf. 5.

1069 Vgl. Furger-Gunti/Berger, Basel-Gasfabrik Taf. 47,1078; 48, 1093; 57,1259–1262.

1070 Ebd. Taf. 44,1021.

1071 Hartmann/Bellettati/Widmer, Baden-Kappelerhof 49 Abb. 8.

1072 H. Müller-Beck, Grabungen auf der Engehalbinsel bei Bern 1957 und 1959. Jahrb. Berner Hist. Mus. 39/40, 1959/60, 397 Abb. 17.

1073 G. Lüscher (Anm. 809) 127 ff., bes. 134 f. mit 135 Abb. 5. Vor allem die Feinkammstrichscherbe Abb. 5,3 dürfte bereits nach LT D gehören.

1074 Höneisen, Merishausen 114 Taf. 4,10.

1075 M. Hartmann/O. Lüdin, Zur Gründung von Vindonissa. Jahrb. Ges. Pro Vindonissa 1977, 5 ff., Taf. 1,1; Ph. Curdy/A. Benkert/J. Bernal/C. Masserey, Intervention archéologique à Yverdon-les-Bains (VD)-Rue-des-Philosophes: La Tène finale-Epoque romaine précoce. Jahrb. SGU 67, 1984, 126 C 5a, 4, 5.

zeitlich nicht näher innerhalb der Spätlatènezeit eingrenzen[1076].

Nach Aufzählung dieser Beispiele bleibt zunächst festzuhalten, daß die Kammstrich-Grübchen-Verzierung (und Kammeinstiche) im älteren Abschnitt der Spätlatènezeit (bzw. Horizont der Nauheimer Fibel) bereits vorkommt, von der Menge her aber praktisch unbedeutend ist. Die meiste Grobkeramik zeigt andere Verzierungen. Auf die Beispiele aus Altenburg-Rheinau hat Fischer bereits hingewiesen (s. o.); dort hat diese Keramik bereits einen weitaus größeren Anteil. Von wesentlicher Bedeutung für die zeitliche Fixierung ist das relativ zahlreiche Vorkommen dieser Verzierung in den augusteischen Militärstationen: Von Zürich-Lindenhof und Dangstetten lassen sich so viele Beispiele nennen, daß diese Fundplätze dem zeitlichen Schwerpunkt der Kammstrich-Grübchen-Verzierung sicher näher stehen als die o. g. LT D1-Komplexe. Weitere Funde aus augusteischen Zusammenhängen sind von Basel (Münsterhügel, Rittergasse, Bäumleingasse) und Vindonissa (Töpferofen, Kanalisation „Schicht 3", SO-Teil des Legionslagers) bekannt[1077]. Auch aus einer gut datierten mittelaugusteischen Militärstation in Speyer ist ein Topf mit dieser Verzierung bekannt[1078]. Kammstrich-Grübchen-Dekor und Kammeinstiche lassen sich in römischen Fundkomplexen bis in das späte 1. Jahrhundert n. Chr. verfolgen (vgl. Liste 4 und 5).

Die Verzierung des Gefäßkörpers mit *Kamm- oder Spatelstrichbögen* ist in Manching mit Beispielen belegt und kommt auch in anderen Fundverbänden aus Bayern vor, die nach LT D1 datieren[1079]. Auch aus dem Neckarmündungsgebiet und dem nördlichen Oberrheingebiet ist dieses Ornament bekannt (Mannheim-Straßenheim, vgl. Liste 3). Einige Beispiele aus der Schweiz (Bern-Tiefenau, Lausen, Marthalen, Merishausen, Thaynge, Yverdon, vgl. Liste 3) gehören zum größten Teil in einen älteren Abschnitt von LT D. Aus dem Oppidum von Altenburg sind ebenfalls Töpfe mit Kammstrichbögen publiziert. Weitere Belege können aus dem augusteischen Legionslager von Dangstetten genannt werden. Kamm- und Spatelstrichbögen sind von der Art der Ausführung her mit der Kammstrich-Grübchen-Verzierung verwandt. Insgesamt sind sie aber auf der Spätlatènekeramik unseres Arbeitsgebiets nicht so häufig wie jene, auch in den zum Vergleich herangezogenen Nachbarregionen sind die Beispiele nicht übermäßig zahlreich[1080]. Kamm- und Spatelstrichbögen kommen später auf römischer Grobkeramik häufig vor, bereits in Dangstetten sind sie in einiger Menge vorhanden. Bei den späteren römischen Funden gestaltet sich eine sichere Beurteilung sehr schwierig, da auch mit germanischen Einflüssen gerechnet werden muß. D. Planck hat auf diese Proble-

matik schon hingewiesen[1081]. Im keltischen Kulturbereich ist ein zeitlicher Schwerpunkt dieser Zierweise am Ende von LT D möglich.

Flächige plastische Verzierung der Gefäße in Form von *Fingertupfen und Fingernageleindrücken* scheint vor allem im Nordosten des Arbeitsgebiets üblich gewesen zu sein (s. o.). Aus Manching sind einige Beispiele bekannt[1082]. Interessante Parallelen zeigen Scherben aus der Viereckschanze von Gerichtstetten in Nordbaden. R.-H. Behrends hat anhand dieser Funde auf Beziehungen zu germanischer Siedlungskeramik hingewiesen und eine Datierung in das frühe 1. Jahrhundert n. Chr. erwogen[1083]. Bei der Datierung der Tonnentöpfe der Form III,3 wurde bereits auf die endlatènezeitliche Siedlung von Mainz-Weisenau hingewiesen, wo Töpfe dieser Art, u. a. mit flächiger Tupfen- und Fingernagelkerben-Verzierung vorkommen (s. o.)[1084]. Relativ selten scheint die Verzierung in dieser Ausprägung im Hoch- und Oberrheingebiet: Auf ein Gefäß aus Altenburg hat F. Fischer hingewiesen, wenige Beispiele finden sich in Dangstetten[1085]. Innerhalb unseres Arbeitsgebiets ist für die Tupfen- und Fingernagelkerben-Verzierung eine jüngere Zeitstellung innerhalb von LT D sehr wahrscheinlich, der Verbreitungsschwerpunkt im Nordosten läßt an germanische Einflüsse denken[1086].

Oben wurde bereits die *Verzierung mit Gruppen senkrechter Striche* als lokale Besonderheit der Ulmer und Heidenheimer Alb herausgestellt. Von dem diesem Gebiet unmittelbar benachbarten Fundort Nersingen ist ein nahezu komplettes Gefäß mit dieser Verzierung bekannt, das aus einer Siedlungsgrube der älteren Spätlatènezeit stammt[1087]. Ein Tonnentopf aus Manching zeigt eine ähnliche Verzierung[1088]. Eine genauere Eingrenzung innerhalb der Spätlatènezeit ist beim derzei-

---

1076 Vgl. hierzu die Nachweise in Liste 1 und 2.
1077 Vgl. hierzu die Aufzählung der Stücke in Liste 4.
1078 Bernhard, Militärstationen 108 Abb. 5,11.
1079 Vgl. die Nachweise in Liste 3.
1080 Bezogen auf die Gesamtmenge an verzierter Gebrauchskeramik machen die Kamm- und Spatelstrichbögen nur einen geringen Anteil aus.
1081 D. Planck, Der obergermanisch-rätische Limes in Südwestdeutschland und seine Vorläufer. In: D. Planck (Hrsg.), Archäologie in Württemberg (Stuttgart 1988) 272 f. mit Abb. 9. Vgl. auch Fischer, Spätlatènezeit 248 ff.
1082 Stöckli, Keramik Taf. 63–64.
1083 R.-H. Behrends, Gerichtstetten 316 ff., 323 Abb. 11.
1084 Tupfenverzierung: Heinzel, Mainz-Weisenau 169 Abb. 2b G a 1; 170 Abb. 2c H c 2.
1085 F. Fischer, Das Oppidum Altenburg-Rheinau, Gem. Jestetten, Kr. Waldshut und Kanton Zürich, Schweiz. Arch. Ausgr. Baden-Württemberg 1985, 101 ff., bes. 107 Abb. 92,1; Fingerlin, Dangstetten 247 Fdst. 42,38; 353 Fdst. 363,85.
1086 Vgl. zahlreiche Beispiele bei Pescheck, Mainfranken passim.
1087 Pressmar, Bayer. Vorgeschbl. 39, 1974, 75 Abb. 6,4.
1088 Stöckli, Keramik Taf. 71,936.

tigen Forschungsstand nicht möglich. Auf die *halb-mondförmigen Stempelgrübchen* wurde bereits mehrfach hingewiesen. Im südlichen Oberrheingebiet bilden sie als Schulterverzierung der „Kochtöpfe" ein charakteristisches Ornament, das an das Ende der Mittellatènezeit und in den älteren Abschnitt der Spätlatènezeit gehört[1089]. Als flächige Verzierung ist es (wie auch die im folgenden beschriebenen Ornamente) zu den von Fischer beschriebenen Ornamenten mit starker plastischer Behandlung der Oberfläche zu zählen[1090], für die er ja bekanntlich einen zeitlichen Schwerpunkt in der entwickelten Spätlatènezeit angenommen hat. Gute Vergleichsstücke sind von Altenburg-Rheinau und Yverdon bekannt[1091]; in Dangstetten fehlen sie. Beispiele aus Merishausen-Barmen belegen, daß sie auch im älteren Abschnitt der Spätlatènezeit schon vorhanden waren. Ähnliche Ornamente reichen vielleicht noch in die Mittellatènezeit zurück[1092]. Wenige Beispiele aus Manching sind dort sicher zu den seltenen Verzierungen zu rechnen[1093]. Eine genauere Datierung innerhalb der Spätlatènezeit kann auch hier nicht vorgenommen werden.

Die auf der Grobkeramik seltene *Verzierung mit Kreisstempeln* leitet sich möglicherweise von der glatten Drehscheibenware ab, wo diese Ornamente seit der ausgehenden Frühlatènezeit bekannt sind[1094]. Allerdings sind bei den älteren Beispielen die Kreisstempel in Gruppen angeordnet, während sie bei den jüngerlatènezeitlichen Stücken oft als flächige Verzierung den Gefäßkörper bedecken[1095]. Aus Dangstetten stammt ein Topf, bei dem die Kreisstempel in Dreiergruppen, also mit einer Art dreizinkiger Gabel eingestochen wurden[1096]. Eine nähere Datierung innerhalb der jüngeren Latènezeit ist wegen der wenigen Beispiele kaum möglich.

Auch die den Fingernagelkerben (s. o.) ähnliche Verzierung mit *Fingerkniffen* kann zeitlich nicht enger gefaßt werden, Beispiele stammen aus Manching und Altenburg-Rheinau[1097]. Das charakteristische *Warzendekor* ist bislang aus Fundkomplexen der späten Mittellatènezeit unbekannt. Die sog. „Igeltöpfe" scheinen erst im Verlauf der Spätlatènezeit aufzukommen und sind noch aus frührömischen Zusammenhängen bekannt. H. Polenz hat am Beispiel von solchen Scherben aus germanischen Fundzusammenhängen von Bad Nauheim eine Datierung des Dekors mit pyramidenartig geformten Warzen in das 2.–4. Jahrhundert n. Chr. vorgeschlagen, womit er R. von Uslars Datierungsvorschlag folgt[1098]. Entgegen der Argumentation von Polenz scheint eben diese Verzierungsform im Spätlatène durchaus schon vorzukommen, wie etwa die Beispiele vom Wackerstein (Taf. 64,9) und von Oberboihingen (Taf. 19,24) zeigen.

III.5.5 Briquetage oder Stapelkeramik

Im Keramikmaterial aus den Viereckschanzen von Fellbach-Schmiden und Ehningen waren bereits bei der Materialaufnahme mehrere Wand- und Randfragmente aufgefallen, die ein sehr einheitliches Bild boten[1099]: Es scheint sich zum einen um Fragmente von becher- oder tonnenförmigen Gefäßen, zum anderen um Schüsseln zu handeln, die einen stark nach innen verdickten oder gefalzten Rand haben. Der Mündungsdurchmesser liegt zwischen 16 und 28 cm, meist bewegt er sich um 20 cm. Charakteristisch ist die Dickwandigkeit und grobe mineralische Magerung der Scherben, der blättrig-spröde orangerote Ton zeigt Spuren starker Hitzeeinwirkung. Die Oberfläche zeigt nirgends Spuren einer Glättung. Lediglich der Rand ist oben sorgfältig ebengestrichen, die Gefäße waren also zur Aufnahme eines Deckels oder als Stapelbehälter gedacht[1100]. In unserem Arbeitsgebiet und aus den Nachbarregionen sind mittlerweile weitere Fundpunkte hinzugekommen (vgl. Liste 6). Stöckli hat für solche Randfragmente aus Manching eine Deutung als Ofenränder vorgeschlagen. Dagegen spricht m. E. die geringe Anzahl von solchen Fragmenten im Manchinger Bestand[1101]. In jüngeren Arbeiten zur Manchinger Keramik wurde auch an eine Deutung dieser „Stapelkeramik" als Brennhilfe beim Töpfern gedacht[1102]. Wichtig

---

1089 Z. B. Furger-Gunti/Berger, Basel-Gasfabrik Taf. 34,920; 35,935; 37,951–952.
1090 Zuletzt Zürn/Fischer, Tomerdingen 44.
1091 Bad. Fundber. 17, 1934, Taf. A,8; Sitterding, Yverdon Taf. 6,24–25; vgl. auch die Funde von der Brücke bei Cornaux/Les Sauges, die nach LT D1 gehören: Schwab, Correction 106 Fig. 110,77–79.
1092 Höneisen, Merishausen 120 Taf. 10,15.17–18; vgl. ein Gefäß von Bern-Aaregg bei L. Berger, UFAS IV (1974) 78 Abb. 21,3.
1093 Stöckli, Keramik Taf. 64,858–859.
1094 Vgl. L. Süß, Neue zinnapplizierte Latènekeramik aus Bad Nauheim. Fundber. Hessen 14, 1974, 361 ff.
1095 Auf ein Beispiel aus der Nordschweiz sei hier hingewiesen: Hartmann/Bellettati/Widmer, Baden-Kappelerhof 49 Abb. 8,3. Bei der Scherbe aus der Viereckschanze von Gerichtstetten handelt es sich wohl auch um Drehscheibenware: Behrends, Gerichtstetten 323 Abb. 11,4; vgl. auch Sitterding, Yverdon Taf. 6,34.
1096 Fingerlin, Dangstetten 339 Fdst. 339,11.
1097 Stöckli, Keramik Taf. 64,856; Bad. Fundber. 19, 1951, Taf. 20,17.
1098 H. Polenz, Germanische Funde vom Johannisberg bei Bad Nauheim. Wetterauer Geschichtsbl. 26, 1977, 20 ff., bes. 21 Abb. 2,1; weitere Beispiele aus germanischen Zusammenhängen bei Pescheck, Mainfranken Taf. 9,71.16; 40,2.
1099 Vgl. im Folgenden Wieland, Fellbach-Schmiden und Ehningen 86 ff.
1100 Einige Hinweise und Anregungen zur Frage der Briquetagetiegel verdanke ich F. Klein, Tübingen.
1101 Stöckli, Keramik 21, Taf. 43,438–439. Zum Zeitpunkt der Bearbeitung durch Stöckli waren lediglich 7 Fragmente bekannt, Fellbach-Schmiden hat dagegen 14, Ehningen sogar 22 Randscherben solcher Gefäße erbracht.
1102 U. Geilenbrügge in: F. Maier u. a., Die Grabungen in Manching.

für die Datierung dieser Ränder ist ein Nachweis in einem Spätlatènegrab von Mannheim-Sandhofen[1103]. Ein Fragment aus der hallstattzeitlichen Grabhügelnekropole vom Burrenhof beim Heidengraben (Kat.-Nr. 429, Taf. 54C,1) gehört wahrscheinlich ebenfalls in nicht näher bekannte Zusammenhänge des spätlatènezeitlichen Totenrituals, da von diesen Hügeln auch Reste jüngerlatènezeitlicher Nachbestattungen bekannt sind. Unter den bei Schumacher abgebildeten und beschriebenen Funden aus der Viereckschanze von Gerichtstetten findet sich ein identisches Randstück[1104]. Innerhalb unseres Arbeitsgebiets sind Fragmente von solchen Gefäßen noch von Leingarten-Großgartach (Kat.-Nr. 309, Taf. 37C,1), Ingelfingen (Kat.-Nr. 349, Taf. 45,17–28), Gerlingen (Kat.-Nr. 370, Taf. 50B,1–2), Schwäbisch Hall (Kat.-Nr. 583, Taf. 71,2), Vellberg (Kat.-Nr. 596) und möglicherweise Heilbronn-Bökingen (Kat.-Nr. 294) bekannt (Karte 23). Bereits außerhalb des Arbeitsgebiets liegen die Funde von Bad Mergentheim[1105] und Weißenburg (vgl. Liste 6)[1106].

Neben der oben erwähnten Deutung dieser charakteristischen Keramik als Ofenränder oder Brennhilfen wäre auch an Briquetage zu denken. R. Koch hat für den südwestdeutschen Raum erstmals jüngerlatènezeitliche schüsselförmige Gefäße mit nach innen gefalztem Rand als Briquetagetiegel erkannt und auf weitere Beispiele verwiesen[1107]. Mit diesen Formsalzbehältern hat sich in jüngerer Zeit vor allem L. Süß beschäftigt, nachdem bei den Grabungen in Bad Nauheim eine latènezeitliche Saline nachgewiesen worden war[1108]. Süß glaubte, daß der gesamte Prozeß der Salzgewinnung (Gradierung, Sieden, Salzausfällung) und der Formsalzherstellung in demselben Gefäß vor sich gegangen sei. Diese steilkonischen Töpfe, die unseren tonnenförmigen Briquetagetiegeln sehr nahe kommen, sah er als typisch für den älteren Abschnitt der Spätlatènezeit an[1109]. K. Riehm und W. Jorns hatten dagegen schon früher vermutet, daß die Tiegel nur zur Formsalzgewinnung gedient haben: Das ausgefällte feuchte Salz wurde nach dem Warmgradieren in die Briquetagetiegel gefüllt, und diese wurden in die Glut gestellt. Der so gewonnene Formsalzblock kann nur durch Zerschlagen vom Formgefäß getrennt werden (wegen des nach innen gefalzten Randes). Nach Jorns wurden die Tiegel am Produktionsort bereits zerschlagen und nur der Salzblock wurde weiter verhandelt. Das gelegentliche Vorkommen dieser Tiegel in Fundkomplexen, die weiter entfernt von Salinen liegen, läßt darauf schließen, daß der Salzblock manchmal auch mit seiner schützenden Keramikhülle verhandelt wurde. Das hätte durchaus auch einen Sinn gehabt, wenn man etwa an die hygroskopische Eigenschaft des Salzes denkt. Auch konnten die Blöcke in ihren „Stapelbehältern" besser aufeinandergeschichtet werden, denn die Salzblöcke allein sind zu brüchig. Letzteres ist vor allem bei einem Transport über Land, etwa in Karren, zu bedenken. Daß der Handel mit Salz über sehr weite Strecken erfolgen konnte, wurde am Beispiel von Nordsee-Salz belegt, das bis ins Rheinland gelangte[1110]. Auch für Briquetage-Funde aus dem Weser-Ems-Gebiet wurde eine Verwendung als Transportbehälter in Erwägung gezogen[1111].

Die Verbreitung schüssel- und becherförmiger Briquetagetiegel der jüngeren Latènezeit in Württemberg (Karte 23) ergibt ein sehr aussagekräftiges Bild: Die Konzentrationen im mittleren Neckarbereich, im Kocher-Jagst-Gebiet sowie in Schwäbisch Hall sprechen für eine Salzgewinnung in größerem Maße, die sicher eine der wichtigsten wirtschaftlichen Grundlagen dieses Gebiets darstellte (vgl. hierzu Kap. V).

Neben den Briquetagetiegeln wäre auf die „Säulenbriquetage" aus Schwäbisch Hall hinzuweisen (Taf. 71,1,6–7). Diese Tonblöcke und -säulen dienten zur Fixierung von Formsalzgefäßen in der Glut und sind daher nur im Bereich von Salinen zu finden.

III.5.6 Importkeramik

III.5.6.1 Amphoren

Reste von importierten Weinamphoren sind nur von vier Fundorten im Arbeitsgebiet sicher belegt, nämlich

---

1103 Gropengießer, Spätlatènezeit 106 Nr. 7.

1104 K. Schumacher, Gallische Schanze bei Gerichtstetten (Amt Buchen). Veröff. Großherzogl. Bad. Slg. für Altertums- und Völkerkunde Karlsruhe 2, 1899, 80, Taf. 12 Fig. 30. Das Fragment findet sich nicht mehr in der Publikation von Behrends.

1105 I. Stork, Vorgeschichtliche Siedlungen in Bad Mergentheim, Main-Tauber-Kreis. Arch. Ausgr. Baden-Württemberg 1983, 76 ff., bes. 78 Abb. 66; F. Klein, Zu den vor- und frühgeschichtlichen Funden von Bad Mergentheim, Main-Tauber-Kreis. In: Opuscula. Festschr. F. Fischer. Tübinger Beitr. Vor- u. Frühgesch. 2 (Tübingen 1987) 35 ff., bes. 50 mit Anm. 36.

1106 Unter den Spätlatènefunden aus Weißenburg, die im Herbst 1990 beim Kolloquium „Keltische Traditionen im römischen Süddeutschland" der RGK in Ingolstadt gezeigt wurden, befand sich ein Randfragment.

1107 R. Koch, Fundber. Schwaben 19, 1971, 155 f.

1108 L. Süß, Zur latènezeitlichen Salzgewinnung in Bad Nauheim. Versuch einer Deutung einiger wichtiger Briquetagetypen. Fundber. Hessen 13, 1973, 167 ff. Vorher schon: W. Jorns, Zur Salzgewinnung in Bad Nauheim während der Spätlatènezeit. Germania 38, 1960, 178 ff.; ders., L'industrie du sel aux sources de Bad Nauheim à la fin de La Tène à l'époque carolingienne. Celticum III, Suppl. Ogam 14, 1962, 237 ff.; K. Riehm, Werkanlagen und Arbeitsgeräte urgeschichtlicher Salzsieder. Germania 40, 1962, 379 ff; A. Jodlowski, Die Salzgewinnung auf polnischem Boden in vorgeschichtlicher Zeit und im frühen Mittelalter. Jahresschr. Halle 61, 1977, 85 ff.

1109 Fundber. Hessen 13, 1973, 171.

1110 A. Simons, Archäologischer Nachweis eisenzeitlichen Salzhandels von der Nordseeküste ins Rheinland. Arch. Informationen 10/1, 1987, 8 ff.

1111 E. Först, „Briquetage"-Funde im Weser-Ems-Gebiet. Arch. Korrbl. 18, 1988, 357 ff.

aus den beiden Viereckschanzen von Altheim-Heilig-kreuztal (Kat.-Nr. 83 und 84)[1112] und aus dem Oppidum Heidengraben (Taf. 58–59) sowie von dem benachbarten Grabhügelfeld beim Burrenhof (Kat.-Nr. 429). Da diese Lokalitäten jeweils sehr dicht beieinanderliegen, kann man eigentlich nur von zwei Fundorten sprechen. Ob es sich bei dem Amphorenhenkel, der 1933 zusammen mit Spätlatènescherben in einer Sandgrube bei Deizisau gefunden worden ist, um ein frührömisches Stück handelt, scheint fraglich (vgl. Kat.-Nr. 155). Dasselbe gilt für den angeblichen Fund von Korntal-Münchingen (Kat.-Nr. 376). Die Funde sind verschollen, deshalb müssen die Zweifel hier bestehen bleiben. Eine Wandscherbe aus der Siedlung bei der Viereckschanze von Dornstadt-Tomerdingen (Kat.-Nr. 714, Taf. 91,15) läßt sich ebenfalls nicht sicher beurteilen. Wahrscheinlich handelt es sich um ein Fragment, das mit dem nur ca. 0,5 km entfernten römischen Gutshof oder einer anderen römischen Anlage in unmittelbarer Umgebung in Verbindung gebracht werden muß. Ähnlich verhält es sich mit einem Fußzapfen und einem Henkelfragment, das möglicherweise aus der Viereckschanze von Pliezhausen-Rübgarten stammt[1113]. Die Fragmente sind nicht so signifikant, daß sie näher bestimmt werden könnten, auch ist die Fundortangabe zweifelhaft.

Zur Bestimmung und zeitlichen Einordnung der Amphorenreste aus Altheim-Heiligkreuztal und vom Heidengraben werden hauptsächlich Parallelen aus Manching, Basel und Altenburg-Rheinau herangezogen. Stöckli hat 1979 den Manchinger Bestand an Amphorenresten eindringlich untersucht und kam zu dem Ergebnis, daß die meisten Fragmente zu dem von N. Lamboglia[1114] beschriebenen Typ Dressel 1A gehören, den er in die zweite Hälfte des 2. und die erste Hälfte des 1. Jahrhunderts v. Chr. datierte[1115]. Er beschrieb nur wenige Fragmente der älteren Form Lamboglia 4 und der jüngeren Form Dressel 1B[1116]. 1982 hat E. L. Will die Manchinger Amphoren erneut untersucht und die Formen feiner definiert. Sie kam dabei zu Ergebnissen, die z. T. erheblich von denen Stöcklis abweichen und für die Chronologie der Amphorenfunde nördlich der Alpen von großer Bedeutung sind[1117]. Am bedeutsamsten ist sicher die Feststellung Wills, daß ca. die Hälfte der Manchinger Fragmente zu sog. „graeco-italischen" Weinamphoren gehört. Unter diese Sammelbezeichnung fällt u. a. auch die oben erwähnte Form Lamboglia 4. Will bezeichnet die in Manching vorkommenden Amphoren dieser Gruppe als Typ 1c und 1d, wobei der erstgenannte in die Zeit um 200 v. Chr. und der zweite in die erste Hälfte und das dritte Viertel des 2. Jahrhunderts v. Chr. gehört. Damit wurde ein großer Teil der Manchinger Amphoren älter datiert als der von Stöckli angenommene Importbeginn um 150 v. Chr.[1118]

Lediglich ca. ein Viertel der Manchinger Amphoren rechnet Will zur Form Dressel 1A, ihrem Typ 4a. Dieser hat sich in der zweiten Hälfte des 2. Jahrhunderts aus der Form 1D entwickelt. Vom verbleibenden Viertel gehören zahlreiche Fragmente zur frühen Form von Wills Typ 4b, was Dressel 1B entspricht. Für diese jüngsten Formen in Manching nimmt Will einen Beginn um 80 v. Chr. an, die entwickelteren Formen gehören hauptsächlich in die zweite Hälfte des 1. Jahrhunderts v. Chr.[1119].

Betrachtet man die bislang bekannten Amphorenreste von Heiligkreuztal und vom Heidengraben so ist an keinem dieser Stücke eines der Merkmale feststellbar, die Will für die Definition ihres Typs 1c genannt hat (Längsrippe auf den Henkeln, trianguläre Henkelquerschnitt, niedriger Rand, relativ großer Mündungsdurchmesser um 18 cm, Henkelansatz berührt die Randlippe oder ist nur wenige Millimeter entfernt, kleiner Fußzapfen mit Endknopf, gelbe Oberflächenfarbe)[1120].

Von den Henkelfragmenten aus Heiligkreuztal[1121] wären alle im Bereich der Querschnittsmaße von ca. 23 x 45 cm für den Typ Will 1d, vom Heidengraben wären es lediglich drei Fragmente (Taf. 59,9; 58,2.3). Wahrscheinlicher ist aber eine Zugehörigkeit zur Form Dressel 1A. Die Randfragmente Taf. 59,1–2.3.7 vom Heidengraben und eines von Heiligkreuztal[1122] liegen alle innerhalb der Mündungsdurchmesser-Größen des Typs Dressel 1A (= Will 4a), die ca. 14–16, selten bis 18 cm betragen. Die Randhöhen liegen bei allen Fragmenten zwischen 3,5 und 4,5 cm, was eher für Dressel 1A sprechen würde (durchschnittlich 4,4 cm)[1123]. Auch die Henkelfragmente vom Heidengraben dürften eher zu Dressel 1A gehören, wofür bei dem Bruchstück Taf. 59,10 auch die gestreckte Form sprechen würde (Will 1d hat meist leicht S-förmig geschwungene Henkel).

Es bleibt vorerst festzuhalten, daß die meisten Amphorenfragmente im Arbeitsgebiet mit großer Wahrscheinlichkeit zum Typ Dressel 1A (Will 4a) zählen und

---

1112 Vgl. Wieland in: Bittel/Schiek/Müller, Viereckschanzen 95 Abb. 43,4; 105 Abb. 49,16–19; 112 Abb. 54,9.
1113 Vgl. Wieland in: Bittel/Schiek/Müller, Viereckschanzen 316 Abb. 193,17.19.
1114 N. Lamboglia, Sulla cronologia delle anfore romane di età repubblicana (II-I secolo A.C.). Riv. Stud. Liguri 21, 1955, 241 ff.
1115 Stöckli, Keramik 177 ff.
1116 Ebd. 120 ff.
1117 Will, Amphoras from Manching 21 ff.
1118 Ebd. 22 f.
1119 Ebd. 24.
1120 Ebd. 26 ff.
1121 Wieland in: Bittel/Schiek/Müller, Viereckschanzen 105 Abb. 49,19–19.
1122 Ebd. 95 Abb. 43,4.
1123 Will, Amphoras from Manching 34.

damit in die Jahrzehnte vor und nach 100 v. Chr. datiert werden.

Bei einem Henkelbruchstück und drei Randscherben vom Heidengraben (Taf. 59,4–6) sowie einer Randscherbe aus Heiligkreuztal[1124] dürfte es sich um jüngere Typen handeln: Der Henkel Taf. 59,9 ist aufgrund seines rundlichen Querschnitts zur Form Dressel 1B (Will 4b) zu rechnen. Die Randscherben Taf. 59,4–6 und das oben erwähnte Fragment von Heiligkreuztal weisen mit ihrer fast vertikalen Außenseite der Randlippe bereits ein Merkmal des Typs Dressel 1B auf, liegen aber mit einem Durchmesser von 14 bis 16 cm und einer Randhöhe von 3,5 bis 4,2 cm noch unter deren Durchschnittsmaßen (18 und 4,6 cm) und näher beim Typ Dressel 1A. Damit erfüllen sie die Kriterien, die Will in Manching für ihre frühesten Vertreter der Form Dressel 1B herausgestellt hat[1125]. Sie nahm für solche Amphoren eine Datierung von ca. 80 bis 70 v. Chr. an[1126]. Der Rand Taf. 59,6 macht den entwickeltsten Eindruck, für ihn fehlen Entsprechungen in Manching. Gewisse Ähnlichkeit haben einige Ränder aus Altenburg-Rheinau, doch liegen deren Mündungsdurchmesser und Randhöhen über den Maßen des Fragments vom Heidengraben[1127]. Die besten bislang bekannten Parallelen stammen aus Basel-Gasfabrik[1128] und aus der augusteischen Militärstation von Zürich-Lindenhof; letztere zeigt bei fast gleicher Form auch annähernd den gleichen Mündungsdurchmesser[1129]. Auch aus Dangstetten lassen sich formal ähnliche Randscherben benennen[1130], die aber einen größeren Mündungsdurchmesser haben und allgemein einen entwickelteren Eindruck machen. Es liegt nahe, dieses eine Fragment vom Heidengraben einer fortgeschritteneren Form des Typs Dressel 1B (Will 4b) zuzuweisen, es könnte damit in die Mitte oder in die zweite Hälfte des 1. Jahrhunderts v. Chr. gehören. Die Aussagekraft der Amphoren für das Ende des Oppidums Heidengraben sollte nicht zu hoch eingeschätzt werden, da es sich um relativ wenige Lesefunde handelt. Für eine verläßliche Beurteilung wäre eine wesentlich höhere Anzahl notwendig. Bislang scheint die Zeit von ca. 150 bis 50 v. Chr. abgedeckt, doch sind ältere Funde (wie in Manching) nicht auszuschließen.

III.5.6.2 Mögliche Funde von Campana oder Arretina

Bei Flurbegehungen im Bereich der Elsachstadt wurde 1990 ein Wandfragment mit Glanztonüberzug gefunden, bei dem es sich evtl. um Präsigillata handeln könnte (Taf. 57,5). Der schwarzfleckig-rote Glanztonüberzug erinnert stark an Stücke von Basel-Gasfabrik und vom Basler Münsterhügel[1131]. Ein Fragment aus der Siedlung von Heroldingen (Taf. 114,5) ist vom Ton und vom Überzug her sehr ähnlich. Eine sichere Bestimmung könnte hier nur durch einen direkten Ver-

gleich der fraglichen Stücke mit Campana und Präsigillata von anderen Fundorten erfolgen[1132]. Da sowohl vom Heidengraben als auch von Heroldingen spätere römische Funde bekannt sind[1133], sollte man diesen Fragmenten bis zu einer sicheren Bestimmung nicht allzuviel Gewicht zumessen.

III.5.6.3 Römische Gebrauchskeramik

Ein römisches Gefäßunterteil (Henkelkrug?) im Fundkomplex von Glatten-Böffingen (Taf. 24,3) ist ebenfalls nicht sicher zu datieren. Auch hier sind in der näheren Umgebung spätere römische Funde bekannt geworden[1134]. Man sollte die Möglichkeit eines republikanischen Importstücks aber nicht ganz aus den Augen verlieren; immerhin stammt von der Engehalbinsel bei Bern ein ähnliches Stück, das nach der Beschreibung einen ähnlichen Ton und Überzug aufweist. Dort ist das Krugunterteil stratigraphisch in die Erbauungszeit des sog. Südwalls datiert und somit spätlatènezeitlich[1135].

III.5.7 Überlegungen zum Mengenverhältnis und zur Verbreitung einzelner Keramikgattungen und Formen

Einige grundsätzliche Überlegungen und Anmerkungen zum Mengenverhältnis einzelner Keramikgattungen und Formen innerhalb der Fundkomplexe und zur lokalen Verbreitung derselben scheinen angebracht. Die volkskundliche Keramikforschung fordert beispielsweise, daß eine Objektanalyse das gesamte von Töpfern hergestellte Warenrepertoire umfassen muß, um die Einbindung der Produkte in das Sozialgefüge zu erschließen. In der Archäologie ist dies nur in Ausnahmefällen möglich, da hier andere Überlieferungsumstände herrschen. Die Analyse der Einzelbereiche Herstellung, Handel und Funktion spielen aber auch hier die wichtigste Rolle[1136].

1124 Wieland in: Bittel/Schiek/Müller, Viereckschanzen 112 Abb. 54,9.
1125 Entsprechungen für die beiden anderen Randscherben vom Heidengraben z. B. bei Stöckli, Keramik Taf. 73,958.961.962; 74,975. Vgl. Will, Amphoras from Manching 35.
1126 Will, Amphoras from Manching 36.
1127 Fischer, Altenburg-Rheinau 305 Abb. 9,5.7.12.
1128 Furger-Gunti/Berger, Basel-Gasfabrik Taf. 23,567.
1129 Vogt, Lindenhof 158 Abb. 31,23; vgl. auch Stöckli, Keramik 148 Abb. 31,2.
1130 Fingerlin, Dangstetten 376 Fdst. 404,66; 436 Fdst. 544,132.
1131 Vgl. die Farbabbildungen bei Hecht/Jud/Spichtig, Südl. Oberrhein 110 Abb. 23 und 111 Abb. 24.
1132 Ein Vergleich mit den Funden von Basel, Altenburg und Manching ist vorgesehen, doch konnte das Fragment von Heroldingen im Mus. Nördlingen bislang nicht ausgeliehen werden.
1133 Vgl. Fundber. Schwaben N.F. 2, 1924, 17 f.
1134 Fundber. Schwaben N.F. 1, 1924, 85.
1135 K. Roth-Rubi, Ein Krugfragment vom Südwall des Oppidums auf der Engehalbinsel Bern. Arch.Korrbl. 6, 1976, 305 ff.
Anmerkung 1136 siehe nächste Seite

Schon bei der Bearbeitung der Keramikkomplexe von Fellbach-Schmiden und Ehningen wurden diese hinsichtlich der Mengenanteile der Keramikgattungen (Bemalte Ware, Glatte Drehscheibenware, Graphittonkeramik, Grobkeramik) und der einzelnen Formen (Töpfe, Schüssel) mit anderen Fundorten verglichen[1137]. Im Hintergrund dieser Vergleiche steht die Hypothese, daß sich der Charakter des Fundkomplexes in der Zusammensetzung des Inventars widerspiegelt und hier im besonderen in der Keramik. So ist beispielsweise im Keramikbestand einer Großsiedlung oder eines Oppidums mit einem höheren Anteil an qualitätvoller Drehscheibenkeramik zu rechnen, während kleine ländliche Siedlungen oder Gehöfte weit mehr handgemachte Keramik enthalten[1138]. Die Herstellung von scheibengedrehter Feinkeramik erfordert ein nicht geringes Können und viel Erfahrung; es ist hier durchaus berechtigt, auch schon in der Latènezeit von einem spezialisierten „Handwerk" zu sprechen. Bei einer Massenproduktion, wie wir sie etwa für die Graphittonkeramik in Manching annehmen können, wäre bereits an eine Manufaktur zu denken, wenn auch noch nicht in dem Maßstab wie sie später die römischen Sigillatatöpfereien darstellten. Dagegen darf man sich die Herstellung von handgemachter Grobkeramik technisch nicht zu perfektioniert vorstellen. Beispiele aus der Ethnologie zeigen, daß die einfache Gebrauchskeramik oft nicht von „hauptberuflichen" Handwerkern hergestellt wurde, sondern zu bestimmten Terminen von Mitgliedern der Siedelgemeinschaft, meist von Frauen, getöpfert wurde[1139]. Die Reparaturbohrungen, die oft auf Feinkeramik und Graphittonware zu finden sind, manchmal aber auch bei einfacher Grobkeramik vorhanden sind, machen dennoch eine gewisse Wertschätzung der Keramik deutlich: Offenbar war es einfacher, ein zerbrochenes Gefäß mittels Eisenklammern zu reparieren, als ein neues herzustellen oder zu beschaffen[1140]. Interessanterweise wurde in den Großsiedlungen einfache Grobkeramik neben der Feinkeramik von den gleichen Töpfern hergestellt[1141], was man am ehesten mit einer nachfrageorientierten Produktion erklären kann: Bereits Stöckli hat darauf hingewiesen, daß sich die scheibengedrehte Feinkeramik nicht als Kochgeschirr eignet[1142]. Auch zur Lebensmittelaufbewahrung wird man nicht gerade die bemalte Feinkeramik benutzt haben, die schon wegen ihres optisch attraktiveren Erscheinungsbildes eher als Tafelgeschirr anzusprechen ist. Somit bestand auch in Großsiedlungen ein gewisser Bedarf an grobkeramischen Töpfen und Schüsseln. Ein Teil der Grobkeramik kam vielleicht auch in der Funktion als Transportbehälter für Lebensmittel in die Siedlung. Zur damit verbundenen Frage nach der Beziehung von Siedlungen zu ihrem Umland könnten naturwissenschaftliche Keramikana-

lysen sicher Nützliches beitragen. Die Anteile der weitgehend funktionsgebundenen Hoch- und Breitformen (Töpfe und Schüsseln) im Gesamtmaterial eines Fundkomplexes können ebenfalls ein Hinweis auf den Charakter sein: Vergleicht man etwa die Formenanteile aus den Viereckschanzen von Fellbach-Schmiden und Ehningen, fällt der mit 63 Prozent ungewöhnlich hohe Anteil der Schüsseln in Fellbach-Schmiden auf (Abb. 70), während Ehningen mit 36,1 Prozent noch relativ gut mit dem Bestand aus der Siedlung von Harburg-Heroldingen (44,2 %) zu vergleichen ist. Auch chronologische oder geographische Besonderheiten können hier eine Rolle spielen, denn in Manching ist der Schüsselanteil mit 58 Prozent ähnlich hoch, während in Basel-Gasfabrik und Sissach-Brühl die Schüsseln gerade 38 und 33 Prozent der grobkeramischen Formen ausmachen[1143].

Einen zweiten Punkt stellen die geographisch unterschiedlichen Verhältnisse der Keramikgattungen dar: So hat etwa Stöckli anhand des Abnehmens der scheibengedrehten Keramik von Süden nach Norden drei Zonen unterschieden[1144]. Zu seiner Südzone mit 50 Prozent und mehr scheibengedrehter Keramik hat er u.a. die Nordschweiz, Süddeutschland, Mittel- und Südböhmen sowie Mähren gerechnet. In der „Mittelzone" mit ca. 20 Prozent und weniger Scheibenware liegen u.a. Siedlungen in Nordbayern, dem nördlichen Baden-Württemberg (Ingelfingen und Schwäbisch Hall), Mitteldeutschland und Hessen. Die Ergebnisse Stöcklis sind hier von zwei Seiten her zu hinterfragen: Zum einen beruhen seine Mengenangaben auf dem Auszählen der abgebildeten Stücke in der jeweiligen Publikation, wobei nicht bekannt ist, wie repräsentativ

---

1136 Vgl. hierzu B. Kerkhoff-Hader, Vermittlung von Handwerkstechniken und -formen am Beispiel des Töpferhandwerks. In: K. Roth (Hrsg.), Handwerk in Mittel- und Südosteuropa. Mobilität, Vermittlung und Wandel im Handwerk des 18. bis 20. Jahrhunderts. Südosteuropa-Studien 38 (München 1987) 109 ff.; zusammenfassend zur Geschichte und Arbeitsweise der Keramikforschung: I. Bauer, Keramikforschung. In: E. Harvolk, Wege der Volkskunde in Bayern. Veröff. Volkskde. u. Kulturgesch. 25. Beitr. Volkstumsforschung 23 (München/Würzburg 1987) 161 ff.

1137 Wieland, Fellbach-Schmiden und Ehningen 93 ff.; vgl. auch ders. in: Bittel/Schiek/Müller, Viereckschanzen 57 f.

1138 Vgl. auch Fischer, Handwerk bei den Kelten 46 f.

1139 N. David/H. David-Hennig, Zur Herstellung und Lebensdauer von Keramik. Untersuchungen zu den sozialen, kulturellen und ökonomischen Strukturen am Beispiel der Ful aus der Sicht des Prähistorikers. Bayer. Vorgeschbl. 36, 1971, 289 ff.

1140 Fischer, Handwerk bei den Kelten 47.

1141 R. Gebhard/U. Wagner, Mit Kernphysik auf den Spuren der Kelten. Arch. in Deutschland 1, 1992, 9 f.

1142 Stöckli, Keramik 55 f.

1143 Vgl. zu den Mengenangaben: Stöckli, Keramik 55 Tab. 5; Furger-Gunti, Basler Münster 91 Abb. 45; 49,85; Müller-Vogel, Sissach-Brühl 13, 60.

1144 Vgl. im Folgenden Stöckli, Keramik 106 ff.

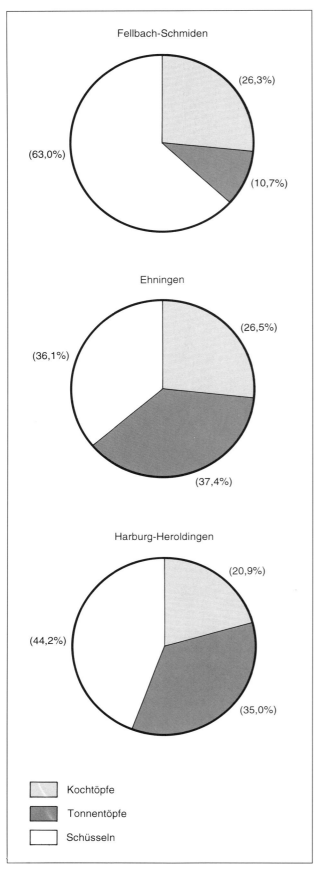

Abb. 70: Mengenanteile der grobkeramischen Gefäßformen im Vergleich.

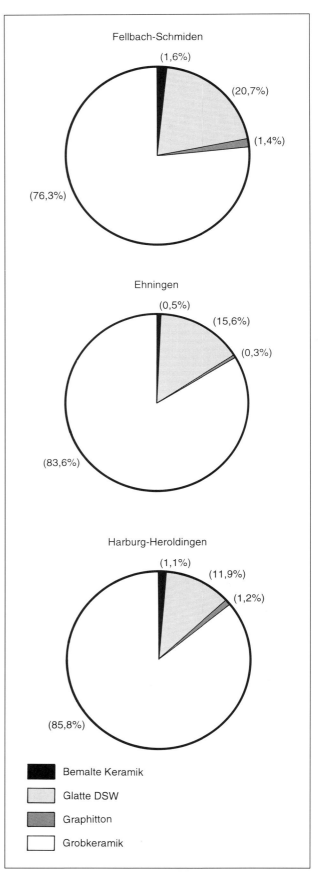

Abb. 71: Mengenanteile der Keramikarten im Vergleich.

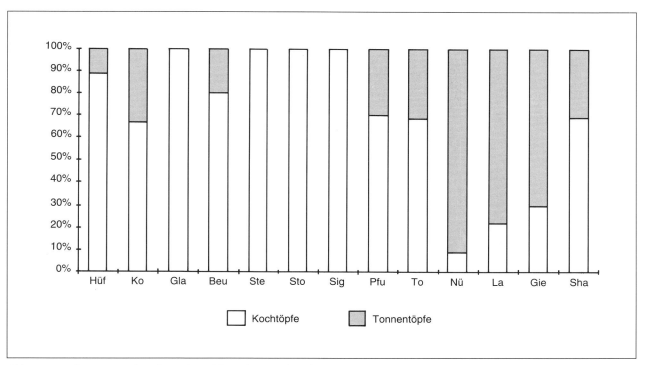

Abb. 72: Anteile von „Kochtöpfen" mit ausbiegendem Rand und Tonnentöpfen im Vergleich. Die Anordnung der Fundorte von links nach rechts entspricht ungefähr ihrer geographischen Lage von W nach O (Hüf = Hüfingen, Ko = Konstanz, Gla = Glatten-Böffingen, Beu = Beuron, Ste = Stetten a.k.M., Sto = Stetten a.k.M.-Storzingen, Sig = Sigmaringendorf-Laucherttal, Pfu = Pfullingen, To = Dornstadt-Tomerdingen, Nü = Nürtingen, La = Langenau, Gie = Giengen a.d. Brenz, Sha = Schwäbisch Hall).

die jeweilige Auswahl ist[1145], zum anderen hat er auf den unterschiedlichen Charakter der Siedlungen keine Rücksicht genommen: Beispielsweise würde Heroldingen geographisch im Bereich von Stöcklis Südgruppe liegen, obwohl die Scheibenware nur ca. 14 Prozent erreicht (vgl. Abb. 71), was man wohl auf den ländlichen Charakter der Siedlung und ihre Lage fern von stadtartigen Zentren zurückführen darf[1146]. Auch die niedrigen Anteile der Scheibenware im Fundmaterial der Viereckschanzen von Fellbach-Schmiden (23,7 %) und Ehningen (16,4 %) lassen sich auf diese Weise erklären (Abb. 71)[1147]. Von den Siedlungsfunden in unserem Arbeitsgebiet ist leider kein Komplex so umfangreich, daß eine Auszählung der Keramikgattungen zu statistisch verwertbaren Ergebnissen führen würde. Bei einigen Komplexen aus Südwürttemberg fällt dennoch der sehr geringe Anteil an Scheibenware auf (z. B. Kat.-Nr. 639, 640, 641, 723). Oft handelt es sich dabei um Fundmaterial, das eine sehr späte Ausprägung der Grobkeramik enthält. Somit wäre auch der Gedanke an eine chronologische Relevanz der Anteile der Keramikgattungen in die Diskussion zu bringen. Das Abnehmen der Scheibenware in späten Fundkomplexen würde mit dem Aufgeben der Großsiedlungen und Oppida und dem damit verbundenen Ende der dortigen Handwerkerzentren sowie dem Zusammenbruch des Handelsnetzes eine plausible Erklärung finden.

Beim derzeitigen Stand der Forschung ist das Problem der Deutung unterschiedlicher Anteile der Keramikgattungen sicher noch nicht zufriedenstellend zu lösen, dazu sind gerade die ländlichen Siedelstrukturen noch viel zu wenig erforscht.

Bereits mehrfach wurde auf die lokale Verbreitung bestimmter Formen und Verzierungen hingewiesen. Sehr deutlich zeigen sich z. B. bei den Topfformen der Grobkeramik zwei Hauptverbreitungsgebiete, wenn man diese nicht näher differenziert, sondern nur in die Hauptformen „Kochtöpfe" mit ausgebogenem Rand (Form I) und Tonnentöpfe mit eingebogenem Rand (Form III) unterteilt. Auf einem Diagramm (Abb. 72) sind die Anteile dieser beiden Hauptformen in einigen größeren Komplexen dargestellt[1148]: Dabei wurden die Fundkomplexe bewußt so von links nach rechts im

---

1145 Z.B. ebd. 70.
1146 Der direkt bei Heroldingen gelegene „Burgberg", der gerne als spätkeltisches Oppidum gesehen wird, hat noch keine entsprechenden Funde geliefert. So sollte man hier eher an eine ältere Befestigung denken, die in der jüngeren Latènezeit vielleicht als Refugium benutzt worden ist (vgl. Kap. II.1.2). Vgl. Führer vor- u. frühgesch. Denkm. 41 (Mainz 1979) 175 ff.
1147 Vgl. Wieland in: Bittel/Schiek/Müller, Viereckschanzen 57 f.
1148 Hier gilt natürlich die Einschränkung, daß es sich um kleine Fundmengen handelt, die in ihrer Aussagekraft für die gesamte Fundstelle unsicher sind. Da hier aber lediglich eine Tendenz darzustellen ist, sind die genauen Zahlen zweitrangig.

Diagramm angeordnet, wie es ihrer geographischen Lage im Arbeitsgebiet von Südwesten nach Nordosten entspricht. Zwar kommen in den Fundkomplexen von Hüfingen (Baar), Konstanz (Bodensee) und Beuron (oberes Donautal) einige Tonnentöpfe vor, jedoch fehlen sie in Glatten-Böffingen (Oberes Gäu), Stetten a. k. Markt, Storzingen und Sigmaringendorf (oberes Donautal). In Pfullingen (mittlerer Albtrauf) und Tomerdingen (Ulmer Alb) machen die Tonnentöpfe bereits fast ein Drittel der Topfformen aus, während sie dann in Nürtingen (Albvorland–Filderebene), Langenau und Giengen (Ostalb) einen Anteil von 70–90 Prozent haben und in Schwäbisch Hall wieder mit ca. 30 Prozent vertreten sind. Die lokale Verbreitung der beiden Hauptformen läßt sich ungefähr folgendermaßen umreißen: Bei den Tonnentöpfen könnte man die Form III,8 noch von den übrigen absetzen, da diese sich deutlich im Nordosten (Haller und Hohenloher Ebene, Kocher- und Jagsttal) konzentrieren. Hier zeigen sich möglicherweise bereits Formen, die auf Einflüsse aus dem z. T. germanisch besiedelten Main-Tauber-Gebiet zurückgehen. Die übrigen tonnenförmigen Töpfe haben ihren Schwerpunkt deutlich auf der Ostalb. Westlich davon, im Bereich der mittleren und westlichen Alb, konzentrieren sich die „Kochtöpfe" mit ausgebogenem Rand. Ein Überlappungsbereich dieser beiden Zonen liegt im Vorland der mittleren Alb auf den Filderebenen, wo beide Formen geläufig scheinen. In eben diesem Bereich verlaufen interessanterweise weitere Abgrenzungslinien im Verbreitungsbild von Keramikgattungen, Formen und Verzierungen:

So zeigt sich südwestlich dieses Gebietes ein deutliches Ausdünnen der Graphittonkeramik (s. o., vgl. Karte 16). Verzierungen mit Fingertupfen, Fingernageleindrücken und senkrechten Strichgruppen sind fast nur östlich dieser Grenze feststellbar (Karte 22), während Warzendekor und halbmondförmige Stempelgrübchen mit einer Ausnahme nur westlich davon vorkommen. Auch die Kammstrich-Grübchen-Verzierung hat ihren Schwerpunkt deutlich südwestlich davon (Karte 21). Vergleicht man dies mit der Verbreitung der Kleinfunde (s. o.), zeigt sich diese Grenze nochmals, so etwa bei den Glasarmringen der Form Haevernick 10 und Haevernick 13 (Karte 8) sowie den Potinmünzen (Karte 14) und den Viertelstateren der Regenbogenschüsselchen (Karte 12). Es scheint berechtigt, hier von zwei Formenkreisen zu sprechen, die sich im Bereich des mittleren Albvorlandes überlappen. Diese beiden Verbreitungsgebiete können aber nicht von sich aus mit den Siedlungsgebieten der historisch überlieferten Stämme der Helvetier und Vindeliker in Verbindung gebracht werden. Mitten in dieser „Kontaktzone" liegt das Oppidum Heidengraben, das mit seinem Umland offensichtlich eine „Vermittlerrolle" zwischen diesen

beiden Formenkreisen gespielt hat (vgl. auch Kap. V, Wirtschaftliche Grundlagen).

III.6 Figürliche Kunst

W. Kimmig hat 1981 die Seltenheit von Zeugnissen für P. Jacobsthals „Plastischen Stil" in Baden-Württemberg betont und die Funde aufgezählt, die er in einem weiterführenden Sinne diesem Spätstil zuordnen wollte[1149]. Er nannte an erster Stelle den Silberring von Epfendorf-Trichtingen (Kr. Rottweil), der bereits 1928 gefunden worden war und dessen Deutung und Datierung die Forschung seitdem bewegt[1150]. Die mit dem Ring verbundenen Probleme seiner Herkunft und seines genauen Alters wurden kontrovers diskutiert und sind bis heute nicht gänzlich ausgeräumt. Die Datierungsvorschläge reichten von der Spätlatènezeit bis in das 5./4. Jahrhundert v. Chr.[1151]. Wegen dieser Unsicherheiten wurde der Ring nicht in den Katalog aufgenommen und bleibt hier außer Betracht, auch wenn die jüngsten Forschungen eher für ein jüngerlatènezeitliches Alter[1152], möglicherweise sogar für eine Datierung in die fortgeschrittene Spätlatènezeit sprechen[1153].

Unsicher ist auch die genaue Datierung des anthropomorphen „Achsnagels" von Grabenstetten (vgl. Kap. III.3), dessen Verwendung ebenfalls rätselhaft ist.

1838 oder 1848 wurde bei Holzgerlingen die bekannte doppelgesichtige Steinfigur gefunden (Kat.Nr. 70, Abb. 73), deren Datierung ebenfalls kontrovers datiert wird. Aufgrund technischer Merkmale, nämlich den Glättspuren eines Flacheisens, möchte man diese Stele in die jüngere Latènezeit datieren[1154]. Innerhalb der Mittel- und Spätlatènezeit läßt sie sich kaum näher einordnen, auch die Darstellung eines Doppelkopfes auf dem Vierundzwanzigstel-Stater aus einem LT C1-Grab von Giengen vermag hier keine verläßlichen Hinweise zu geben[1155]. F. Fischer schlug für die Stele sogar eine Datierung in die erste Hälfte des 4. Jahrhunderts v. Chr.

1149 Bittel/Kimmig/Schiek, Die Kelten in Baden-Württemberg 193 ff.

1150 P. Goessler, Der Silberring von Trichtingen. Festschr. Arch. Ges. Berlin 1929 (Berlin 1929).

1151 Vgl. F. Fischer, Der Trichtinger Ring und seine Probleme. Kolloquium zum 70. Geb. von K. Bittel (Heidenheim 1978) 22 ff.

1152 Herstellungstechnisch steht der Ring den Goldringen mit Eisenkern der jüngeren Latènezeit nahe: Ch. Eluère, Goldringe mit Eisenkern der jüngeren Latènezeit. Fundber. Baden-Württemberg 12, 1987, 241 ff.

1153 Aufgrund ähnlicher Ornamente auf einem Helm vom Typ Mannheim: Hachmann, Gundestrup-Studien 715 ff.

1154 J. Röder in: H. Zürn, Hallstattforschung in Nordwürttemberg. Veröff. des Staatl. Amtes f. Denkmalpfl. Stuttgart Reihe A, Heft 16 (Stuttgart 1970) 71.

1155 Einen Zusammenhang dieser Darstellung mit der Stele von Holzgerlingen hat F. Klein in Erwägung gezogen: F. Klein in: D. Planck, Archäologie in Württemberg (Stuttgart 1988) 227.

Abb. 73: Stele von Holzgerlingen (nach Bittel/Kimmig/Schiek, Die Kelten in Baden-Württemberg 97 Abb. 32).

vor[1156]. Das Motiv der „Blattkrone" findet sich jedenfalls auch auf älteren Bildwerken, z.B. der Stele von Pfalzfeld. Jacobsthal hat es geradezu als charakteristisch für keltische Kopfdarstellungen angesehen[1157], auch für die Zweigesichtigkeit nannte er bereits einige Beispiele (Roquepertuse)[1158].

Ein bronzenes Eberfigürchen aus einer römischen Villa bei Starzach-Bierlingen (Kat.Nr. 661, Taf. 89) gehört zu einer gut abgrenzbaren Gruppe spätkeltischer Kleinplastiken, es dürfte in diesem Fundverband ein Altstück darstellen, das vielleicht aus der näheren Umgebung stammt[1159].

1156 Fischer in: Bittel/Kimmig/Schiek, Die Kelten in Baden-Württemberg 88.
1157 P. Jacobsthal, Early Celtic Art (Oxford 1944) 15 ff.
1158 Ebd. 3 ff.; vgl. auch Kimmig in: Bittel/Kimmig/Schiek, Die Kelten in Baden-Württemberg 96 ff.
Anmerkung 1159 siehe nächste Seite

171

Wohl das bekannteste plastische Kunstwerk spätkeltischer Zeit aus Württemberg stellen die Reste eines hölzernen Kultbildes aus der Viereckschanze von Fellbach-Schmiden (Kat.Nr. 780) dar. Hier ist durch die Vergesellschaftung mit LT D-Funden die Datierung gesichert. Eine ausführliche Bearbeitung dieses Bildwerkes ist im Rahmen der Publikation der Funde aus dieser Schanze vorgesehen, der hier nicht vorgegriffen werden soll. Dennoch seien einige knappe Bemerkungen zum Bildinhalt gestattet, da sie in einen Bereich führen der bei bisherigen Betrachtungen weitgehend außer acht blieb. D. Planck ging in seinem Vorbericht davon aus, daß es sich bei den beiden antithetischen Tieren um Steinböcke zu beiden Seiten einer menschlichen Figur handelt. Die unvoreingenommene Betrachtung gibt dieser Ansprache der Tiere völlig recht. Planck verwies zwar auf die ebenfalls antithetisch angeordneten Ziegenböcke am Lebensbaum auf einer Schwertscheide von Mihovo, vermerkte aber dennoch, daß die Darstellung von Böcken als Flankierung des Motivs der „Herrin der Tiere" ungewöhnlich ist[1160]. R. Pittioni versuchte 1981 die Figurengruppe als Apollo Maponos-Darstellung zu erklären, wobei er u. a. mit den Böcken als Attribut dieser Gottheit argumentierte[1161]. Kürzlich hat nun R. Wyss anhand von Darstellungen auf keltischen Schwertscheiden aus der Schweiz und auf den Münzen vom Züricher Typ auf die Problematik der Identifizierung der abgebildeten Tiere hingewiesen: Auch dort wurde an dargestellte Steinböcke gedacht, nach Wyss handelt es sich dagegen um Pferde[1162]. Auf einer Schwertscheide aus La Tène ist ein Pferd mit einem lockenartigen Mähnenfortsatz dargestellt, der sehr an die Hörner der Schmidener „Böcke" erinnert[1163]. Das Problem liegt also in einer Stilisierung und Ausschmückung der Tierdarstellungen, wie sie gerade für den keltischen Spätstil charakteristisch scheint. Die genannten Münzbilder geben hier eindrucksvolle Beispiele. Vor diesem Hintergrund bleibt an der Ausdeutung des Schmidener Kultbildes einiges unklar: Sind Böcke, Fabeltiere oder stilisierte Pferde dargestellt? Diese Fragestellung berührt auch den Bereich der in zahlreichen Varianten bekannten Epona-Darstellungen. Auf sehr interessante Parallelen hinsichtlich der Darstellung von Gottheiten zwischen antithetischen Tieren sei hier kurz hingewiesen: Ein römisches Relief aus Spanien zeigt eine menschliche Figur auf einem Klappschemel zwischen zwei aufgerichteten Pferden. Die dargestellte Gottheit hat interessanterweise auch noch einen „Januskopf" (vgl. oben Holzgerlingen). Ein weiteres Relief zeigt eine aufgerichtete menschliche Gestalt zwischen Pferden[1164]. Aus Westfrankreich sind ähnliche Darstellungen mit Stieren bekannt[1165]. Daß in römischer Zeit in Württemberg – und hier vor allem im mittleren Neckarraum – zahlreiche Epona-Darstellun-

gen vorkommen[1166], macht die Möglichkeit, in der Schmidener Figurengruppe die Vorform einer Epona-Darstellung zu sehen noch interessanter. Das Schmidener Kultbild wird die Forschung jedenfalls noch beschäftigen.

III.7 Zusammenfassung zur Datierung des Fundmaterials

Es scheint angebracht, die Datierung der einzelnen Fundmaterialien hier kurz zusammenzufassen. Aufgrund der überregional vergleichbaren und relativ gut erforschten Zeitstellung können die Kleinfunde wie Fibeln und Glasarmringe in einen enger umrissenen Zeitrahmen gestellt werden. Bei dem Großteil der Keramik kann bestenfalls eine Datierung in einen älteren oder jüngeren Abschnitt der Spätlatènezeit erfolgen; oft lassen sich auch nur tendenzielle Schwerpunkte erkennen. Das Fehlen von geschlossenen Grabfunden und flächigen Siedlungsgrabungen im Arbeitsgebiet macht sich hier – wie schon mehrfach betont – unangenehm bemerkbar. Das bislang bekannte Fundmaterial reicht aus, um ein relativ grobes Zeitgerüst zu erstellen, für die Herausarbeitung feinchronologischer Nuancen eignet es sich nicht.

Die Fibeln decken den Zeitraum von der späten Mittellatènezeit bis ans Ende der Spätlatènezeit ab, die jüngeren Formen sind merklich seltener (vgl. Kap. III.1.1). Eisendrahtfibeln vom Mittel- und Spätlatèneschema mit langer Spirale und „gestreckte" Drahtfibeln vom Mittellatèneschema gehören noch an das Ende von LT C oder ganz an den Beginn von LT D. Die Nauheimer Fibeln und eiserne Varianten von diesen repräsentieren den von Fischer und Gebhard definierten Zeitabschnitt

1159 S. Gerlach, Eine spätkeltische Eberplastik aus Karlstadt am Main, Lkr. Main-Spessart, Unterfranken. Arch. Korr.Bl. 20, 1990, 427 ff., bes. 431.

1160 Planck, Fellbach-Schmiden 146 f.; Auch auf dem bekannten Schwert des Korisios findet sich diese Schlagmarke: R. Wyss, Das Schwert des Korisios. Jahrb. Hist. Mus. Bern 34, 1954, 201 ff., bes. 204 Abb. 3.

1161 R. Pittioni, Über zwei keltische Götterfiguren aus Württemberg. Anz. der Österr. Akad. 118, 1981, 338 ff.

1162 R. Wyss, Ein keltisches Schwertopfer. Helv. Arch. 85, 1991, 11 ff., bes. 14.

1163 Ebd. 14 Abb. 4. Daneben weist Wyss noch auf weitere Beispiele hin, die hier nicht aufgezählt werden.

1164 A. García y Bellido, Esculturas Romanas de España y Portugal (Madrid 1949) 283 Abb. 399, 401.

1165 L. Lerat, Le sanctuaire gallo-romaine de Montjustin (Haute-Saône). Ann. Litt. Univ. Besançon 20 (Paris 1958) Taf. 13.

1166 Vgl. G. Fellendorf-Börner, Die bildlichen Darstellungen der Epona auf den Denkmälern Baden-Württembergs. Fundber. Baden-Württemberg 10, 1985, 77 ff., bes. 132 Abb. 47; Die zahlreichen Funde aus dem mittleren Neckarraum sind möglicherweise auch Ausdruck des besseren Forschungsstandes in diesem Gebiet.

LT D1a. Eine eiserne und eine bronzene Knotenfibel sowie evtl. eine Fibel mit Spiralstütze gehören in den Abschnitt LT D1b, der bereits in die zweite Hälfte des 1. Jahrhunderts v. Chr. hineinreicht. Spiralbogenfibeln vom Typ Jezerine sind noch jünger, sie wurden noch um die Zeitenwende getragen. Allerdings sind die Fundumstände der beiden Exemplare aus dem oberen Donautal nicht gesichert.

Der Glasschmuck konnte durch Vergleiche mit den gut aufgearbeiteten Nachbargebieten relativ genau datiert werden (Kap. III.1.2.4). Glasarmringe und Buckelperlen decken den gesamten Zeitraum der Mittellatènezeit und den älteren Abschnitt der Spätlatènezeit ab. Die spätesten Formen sind relativ selten. Ringperlen mit Schraubenfäden, die in einiger Zahl bekannt sind, wurden wahrscheinlich noch im jüngeren Abschnitt der Spätlatènezeit getragen. Möglicherweise ist ein Wechsel der Schmuckgewohnheiten gegen Ende von LT D1 faßbar. Die übrigen Gegenstände aus dem Bereich des Schmucks und der Amulette sowie des Kleidungszubehörs sind wegen ihrer Fundumstände oder ihrer längeren Gebrauchsdauer meist nicht genauer als in die Mittel- oder Spätlatènezeit zu datieren.

Die Datierung der keltischen Münzfunde ist ein zu komplexes Problem, als daß im Rahmen dieser Arbeit darauf eingegangen werden könnte. Feinchronologische Eingrenzungen der Umlaufzeiten einzelner Münztypen müssen Gegenstand künftiger Forschungen der keltischen Numismatik sein. Ein großer Teil der Münzen scheint in den Zeitraum der ausgehenden Mittellatènezeit und den älteren Abschnitt der Spätlatènezeit (LT D1) zu gehören. Wenige Münzen (z. B. Aduatuker-Bronzemünze) dürften erst in der zweiten Hälfte des 1. Jahrhunderts v. Chr. angefertigt worden sein (Kap. III.2.3).

Werkzeuge und Geräte konnten nicht näher innerhalb der Spätlatènezeit differenziert werden. Bei den Waffen wurden nur die spätlatènezeitlichen Schwerter bearbeitet, die sich ebenfalls nicht näher innerhalb von LT D einordnen lassen. Hiebschwerter mit Scheiden vom Typ Ludwigshafen sind jedenfalls in LT D1 nachgewiesen; wie lange sie in Gebrauch waren, ist nicht bekannt.

Die bemalte Feinkeramik wird als charakteristisch für LT D betrachtet, womit wir uns den chronologischen und typologischen Vorgaben des Manchinger Materi-

als anschließen (Kap. III.5.1). Bemalte Keramik, die sicher in einen jüngeren Abschnitt von LT D gehört, konnte nicht sicher ermittelt werden. Auch die glatte Drehscheibenkeramik (Kap. III.5.2) konnte nach dem Manchinger Vorbild nur in mittel- und spätlatènezeitliche Formen aufgeteilt werden. Bei der Graphittonkeramik (Kap. III.5.3) haben sich neben der Gliederung in mittel- und spätlatènezeitliche Formen in Anlehnung an einen neuen Gliederungsversuch des Manchinger Materials auch Ansätze für die Herausstellung von Formen mit charakteristischen hohen Sichelrändern ergeben, die wahrscheinlich in den jüngeren Abschnitt der Spätlatènezeit hineinreichen.

Die zeitliche Ordnung von Formen und Verzierungen der Grobkeramik bildet einen der wichtigsten Teile der Arbeit (Kap. III.5.4). Neben Formen, die ohne deutliche Veränderung von der jüngeren Mittellatènezeit bis in die Spätlatènezeit in Gebrauch waren, konnten auch Ausprägungen der Grobkeramik herausgestellt werden, die in einen jüngeren Abschnitt von LT D gehören oder ihren zeitlichen Schwerpunkt in der zweiten Hälfte des 1. Jahrhunderts v. Chr. haben.

Als wichtigste Vertreter dieser jüngeren Formen wären die ovoiden Töpfe mit Halskehle, bauchige Töpfe mit Trichterrand, Töpfe mit ausgeprägtem Sichelrand, tonnenförmige Töpfe mit Simsrand und Tonnentöpfe mit innerem Deckelfalz zu nennen. Die Verzierungsarten mit Kammstrich-Grübchen, Kammeinstichen, Kammstrichbögen, flächigen Fingertupfen und Fingernageleindrücken dürften ebenfalls ihren zeitlichen Schwerpunkt im jüngeren Abschnitt von LT D haben (vgl. ausführlich Kap. III.5.4.4). Bei den Fundkomplexen, die diese jüngere Keramik enthalten, ist der Anteil von Scheibenware oft sehr gering. Möglicherweise äußert sich auch darin ein chronologisch relevantes Kriterium. Die relativ wenigen Amphorenfragmente gehören – soweit bestimmbar – in die ausgehende Mittel- und den älteren Abschnitt der Spätlatènezeit. Eine Scherbe vom Heidengraben ist möglicherweise auch etwas jünger. Festzuhalten bleibt, daß zweifelsfrei Funde aus der zweiten Hälfte des 1. Jahrhunderts v. Chr. im Arbeitsgebiet feststellbar sind. Eine gezielte Feldforschung (Untersuchung von Siedelplätzen, die bereits entsprechendes Material ergeben haben) könnte hier genauere Ergebnisse erbringen.

IV. Die verkehrsgeographische Situation

K. Christ hat aufgrund der Verbreitung keltischer Münzfunde versucht, die Verkehrsverbindungen in spätkeltischer Zeit zu rekonstruieren[1167]. Er stellte damals die Routen einer Südwest-Nordost-Fernverbindung durch Württemberg heraus, auf die schon von anderer Seite hingewiesen worden war: K. Pink dachte an eine Verbindung von Frankreich nach Böhmen, die vom Doubstal über den Ober- und Hochrhein ins Donautal und dieses entlang führte. Von anderer Seite wurde mehrfach auf die in römischer Zeit ausgebaute Verbindung vom Schweizer Mittelland über den Hochrhein, das Klettgautal, die obere Donau und das obere Neckartal in das mittlere Neckarland hingewiesen[1168]. Die Bedeutung der letztgenannten Verbindung möchte man mittlerweile auch aus den formalen Beziehungen mancher Keramikformen zum Schweizer Mittelland für sehr wahrscheinlich halten (vgl. Kap. III.5.4.4). Innerhalb von Württemberg wollte Christ den Mittellauf des Neckars und die Täler von Kocher und Jagst als wichtige Verkehrswege sehen. Eine Verbindung zum Heidengraben oder auf die Schwäbische Alb suchte Christ im Bereich der Fildern; sie ist durch die zahlreichen Siedlungsfunde dort sehr wahrscheinlich geworden. Das Filstal, das vom Neckarknie bei Plochingen bis zum Albtrauf zieht, dürfte ebenfalls als gute Möglichkeit zur Überquerung der Alb genutzt worden sein. Von der mittleren Alb zu den Donauübergängen bei Sigmaringen vermutete Christ ebenfalls schon eine Verbindung[1169]. Sie könnte durch das Laucherttal geführt haben, auch hier sind mittlerweile zahlreiche spätkeltische Funde bekannt geworden. Die Verkehrswege spielten in erster Linie für den Handel eine wichtige Rolle[1170]. Die Bedeutung der Flüsse als Verkehrsverbindungen in Gallien haben die antiken Autoren ausdrücklich betont[1171], man darf hier zumindest für den Neckar und die Donau ähnliche Verhältnisse annehmen[1172]. Als greifbaren archäologischen Beweis für die Nähe eines wichtigen Handelsweges, darf man die Funde von Importkeramik werten[1173]. Die Amphorenreste vom Heidengraben (Kat.-Nr. 431) sprechen für die Bedeutung dieses Oppidums als Stapel- und Umschlagplatz. Man darf beim derzeitigen Forschungsstand davon ausgehen, daß hier eines der wichtigsten Handelszentren lag, dessen Einflußbereich die mittlere Schwäbische Alb sicher ebenso umfaßte, wie deren Vorland und das Neckarbecken. Funde von Amphorenresten sind aus kleineren Siedlungen und Viereck-schanzen im Arbeitsgebiet bislang nicht sicher nachgewiesen, von einer Ausnahme abgesehen: Es dürfte kein Zufall sein, daß die Viereckschanze von Heiligkreuztal, aus der die Amphorenreste stammen, am Rande des oberen Donautals und damit direkt an einem wichtigen Fernhandelsweg liegt[1174]. Die Bedeutung dieses Weges schon in älterer Zeit wird ja durch die befestigte Höhensiedlung auf der Heuneburg mit ihren zugehörigen Prunkgräbern und dem Südimport betont[1175]. Daß gerade aus dem oberen Donautal Fibeln und zahlreiche Keramikfunde stammen, die in einen jüngeren Abschnitt der Spätlatènezeit gehören (s. o.), spricht ebenfalls für seine wichtige Rolle als Verkehrsweg. Möglicherweise versuchte das römische Militär bereits in augusteischer Zeit diese Route unter seine Kontrolle zu bringen. Daß die römische Militärstraße von Vindonissa ins mittlere Neckarland einem vorrömischen Weg gefolgt sein dürfte, wurde bereits früh von Drack und Kimmig betont[1176].

Betrachtet man die Verbreitung der spätkeltischen Bodendenkmäler und Funde auf unserer Gesamtkartierung (Beilage), so möchte man dieser Verbindung vom Hochrhein über die obere Donau und das Brigachtal

---

1167 Christ, Münzfunde 80 ff.

1168 Ebd. 80 f.; vgl. jetzt zu dieser Straßenverbindung in römischer Zeit: G. Fingerlin, Vom Hochrhein zur Donau. Archäologische Anmerkungen zu einer wichtigen Römerstraße. Arch. Nachr. Baden 32, 1984, 3 ff.

1169 Christ, Münzfunde 82.

1170 Zum Begriff „Handel" und zur Problematik des archäologischen Nachweises vgl. Fischer, Handel der Mittel- und Spätlatènezeit 285 ff.

1171 Timpe, Handel nach historischen Quellen 260.

1172 Vgl. hierzu auch G. Wagner, Die Abhängigkeit des Verkehrs von Tektonik und Flußgeschichte in Süddeutschland. Alemann. Jahrb. 1953, 33.

1173 Fischer, Handel der Mittel- und Spätlatènezeit 298 ff.

1174 Vgl. Bittel/Schiek/Müller, Viereckschanzen 91 ff.

1175 Zum Südimport und den Handelswegen in der Hallstattzeit z. B.: W. Kimmig, Die griechische Kolonisation im westlichen Mittelmeer und ihre Wirkung auf die Landschaften des westlichen Mitteleuropa. Jahrb. RGZM 30, 1983, 5 ff., bes. 30 Abb. 20.; K. Spindler, Die frühen Kelten (Stuttgart 1983) 349; M. K. H. Eggert, Prestigegüter und Sozialstruktur in der Späthallstattzeit: Eine kulturanthropologische Perspektive. Saeculum 42, 1991 (Festschr. K. J. Narr) 1 ff., bes. 9 ff.

1176 W. Drack, Ein Mittellatèneschwert mit drei Goldmarken von Böttstein (Aargau). Zeitschr. Schweiz. Arch. u. Kunstgesch. 15, 1954/55, 194; W. Kimmig/S. Unser, Ein Grabfund der Hügelgräberbronzezeit von Tiengen, Ldkr. Waldshut. Germania 32, 1954, 147 ff.

zum oberen Neckar große Bedeutung zumessen. R. Nierhaus hat auf die Lage der spätkeltischen Siedlungen auf dem „Bürglebuck" (Kat.-Nr. 759) und dem Galgenberg bei Hüfingen (Kat.-Nr. 764) an dieser Straße hingewiesen und wollte auch die Lage mancher Höhenbefestigungen am Albtrauf (u. a. Heidengraben) damit in Verbindung bringen[1177]. Über das Neckar-Seitental der Glatt führte möglicherweise schon eine Verbindung über das Nagoldtal (vielleicht auch durch das Tal der Murg) an den nördlichen Oberrhein. Die siedlungsfeindlichen schwäbisch-fränkischen Waldberge riegeln die Haller und Hohenloher Ebene nach Süden weitgehend ab. Da man als Absatzgebiet der Saline von Schwäbisch Hall kaum den mittleren Neckarrraum sehen kann (dort liegen zahlreiche Salzquellen), besteht die Möglichkeit von Verkehrswegen in den Tälern von Kocher und Jagst, die über die Aalener Bucht und das Sechtatal ins Ries führten. Münzfunde und vereinzelte Siedlungsfunde in diesen Tälern machen diese Verbindungen wahrscheinlich. K. Schwarz hat die Bedeutung der „Salzstraßen" im Frühmittelalter betont, wir dürfen ihnen auch in vorrömischer Zeit einige Bedeutung als Fernwege zugestehen[1178]. Im Früh- und Hochmittelalter wurden diese Täler jedenfalls teilweise von einer Fernstraße benutzt, die von Worms durch das Neckartal nach Wimpfen und über die Hohenloher Ebene nach Ellwangen führte[1179]. Auch das Remstal dürfte als direkte West-Ost-Verbindung vom mittleren Neckarraum ins Ries von Bedeutung gewesen sein.

1177 R. Nierhaus, Eine spätlatènezeitliche Riemenzunge der Stradonitz-Kultur von Grabenstetten (Kr. Reutlingen). Fundber. Schwaben N.F. 16, 1962, 100 ff., bes. 103 f.

1178 K. Schwarz, Archäologisch-Topographische Studien zur Geschichte frühmittelalterlicher Fernwege und Ackerfluren im Alpenvorland zwischen Isar, Inn und Chiemsee. Aus dem Nachlaß hrsg. von G. Kossack. Materialh. Bayer. Vorgesch., Reihe A 45 (Kallmünz 1989) 17 ff.

1179 Vgl. K. und A. Weller, Württembergische Geschichte im südwestdeutschen Raum (Stuttgart ⁶1971) 75.

V. Wirtschaftliche Grundlagen

Die Frage nach den wirtschaftlichen Grundlagen der Bevölkerung in der jüngeren Latènezeit stellt sich schon angesichts der lokal verschiedenen Siedlungsdichte, auch wenn hier der unterschiedliche Forschungsstand das Bild verzerrt. Die naturräumlichen Voraussetzungen wie Oberflächenrelief, Vegetation, Vorkommen von Rohstoffen und kleinklimatische Verhältnisse spielten hier sicher eine wichtige Rolle, die oben beschriebene verkehrsgeographische Situation war wegen der Einbindung in das Handelsnetz ebenfalls von Bedeutung.

Zwei übergeordnete Bereiche müssen hier getrennt werden, die wir trotz der relativen Spärlichkeit von direkten archäologischen Nachweisen für das Arbeitsgebiet feststellen können: Die landwirtschaftliche Produktion und die Gewinnung und Verarbeitung von Rohstoffen[1180].

Der direkte archäologische Nachweis landwirtschaftlich genutzter Flächen für die jüngere Latènezeit steht im Arbeitsgebiet noch aus. Die bislang bekannten Akkerterrassen[1181], Wölb- und Beetäcker, Ackerumgrenzungen und Pflugspuren[1182] lassen sich kaum datieren. Dennoch können wir wenigstens einige Hinweise in Form von gefundenen landwirtschaftlichen Geräten sowie vegetationsgeschichtlichen und osteoarchäologischen Forschungen gewinnen: Der Nachweis des Beetpfluges für die Spätlatènezeit ist bislang zwar noch nicht gegeben, allerdings legen Funde der typischen Vorschneidemesser (Sech) seine Verwendung nahe (vgl. Kap. III.3.1.1). Für unser Arbeitsgebiet bezeugen Funde von Sicheln und Sensen im Hortfund von Kappel (Kat.-Nr. 87) Getreideanbau, möglicherweise auch Grünlandnutzung durch Mahdwirtschaft oder Abmähen des Grünfutters (im Gegensatz zur Weidewirtschaft)[1183]. Keramikformen wie die schüsselartigen Siebgefäße zur Käseherstellung belegen eine Milchviehwirtschaft. Hinsichtlich der Tierknochen ist als bislang einziger aussagekräftiger Komplex Fellbach-Schmiden zu nennen. Dort ist das Rind als häufigstes Wirtschaftstier belegt, gefolgt von Schwein, Schaf, Ziege und Pferd. Neben Knochen von Hunden fanden sich auch solche vom Haushuhn und wenige Nachweise für Wildtiere: Offenbar hat die Jagd kaum eine Rolle gespielt[1184]. Wenige Tierknochen stammen aus zwei Höhlen im oberen Donautal (Kat.-Nr. 640, 641): Neben Rind und Schwein sind hier interessanterweise auch Reh, Damhirsch und Bär nachgewiesen[1185]. Wegen der geringen Anzahl und der letztlich nicht sicher nachweisbaren Zugehörigkeit zu den spätlatènezeitlichen Funden ist der Aussagewert dieser Komplexe aber stark eingeschränkt.

Archäobotanische Untersuchungen helfen ebenfalls, ausschnitthafte Bilder der Landwirtschaft in spätkeltischer Zeit zu vermitteln: Durch die Untersuchungen von U. Körber-Grohne konnte in der Füllung des Brunnenschachts von Fellbach-Schmiden Stallmist nachgewiesen werden, es ist also mit der Stallhaltung von Tieren zu rechnen. An Getreideresten wurden Dinkel, Emmer, Einkorn oder Saatweizen, Gerste, Hafer, Roggen und Rispenhirse nachgewiesen. Durch die Analyse der Pflanzenreste im Tierkot konnte Körber-Grohne als Weideareale in unmittelbarer Umgebung der Viereckschanze Brachäcker erschließen, ferner gibt es Hinweise auf Heugewinnung[1186]. Die Untersuchungen von H. W. Smettan in der Neckarschlinge bei Lauffen ergaben den Anbau von Weizen, Gerste, Hafer und

---

1180 Vgl. Jankuhn, Siedlungsarchäologie 16 ff.; Zu den Möglichkeiten bäuerlicher Wirtschaftsweise und ihrem Nachweis vgl. ders., Archäologische Beobachtungen zur bäuerlichen Lebens- und Wirtschaftsweise im 1. nachchristlichen Jahrtausend. In: R. Wenskus/H. Jankuhn/K. Grinda, Wort und Begriff „Bauer". Kongr. Rheinhausen 1973. Abhandl. Akad. Wiss. Göttingen, Phil.Hist. Kl. 3, Nr. 89 (Göttingen 1975) 29 ff. (mit weiterer Literatur).

1181 Ackerterrassen z. B. am Südhang des Ipf bei Bopfingen: R. Krause/G. Wieland in: Führer arch. Denkm. Baden-Württemberg 16 (Stuttgart 1992) 50 ff., bes. Abb. 28. Vgl. allgemein zu Wirtschaftsflächen und ihrer Nutzung (am Beispiel der römischen Landwirtschaft): Haversath, Agrarlandschaft 52 ff.

1182 Pflugspuren wurden bei den Flächengrabungen in Bopfingen-Flochberg (Kat.-Nr. 15) aufgedeckt, allerdings konnten sie nicht näher datiert werden. Bei den ebenfalls dort beobachteten Zaungräbchen, die an die eigentliche Siedlungseinfriedung anbinden, könnte es sich theoretisch um Ackerumgrenzungen handeln: ebd. 73 ff., bes. 74 Abb. 42. Bei großflächigen Eingrenzungen durch Palisadengräben, ohne daß sichere zeitgleiche Gebäudegrundrisse festgestellt sind, wäre ebenfalls an eine Art „celtic fields" zu denken: G. Wieland in: Führer arch. Denkm. Baden-Württemberg 16 (Stuttgart 1992) 139 ff., bes. 145.

1183 Jacobi, Werkzeug und Gerät 76 ff.; Rybová/Motyková, Kolín 139 (mit weiterer Literatur).

1184 Unpubl.; vgl. M. Kokabi, Osteoarchäologie. In: D. Planck (Hrsg.), Archäologie in Württemberg (Stuttgart 1988) 474 mit Anm. 35.

1185 Die Bestimmung der Knochenreste verdanke ich Frau M. Weisgerber vom Institut für Urgeschichte der Univ. Tübingen.

1186 U. Körber-Grohne, Der Schacht in Fellbach-Schmiden aus botanischer und stratigraphischer Sicht. In: Planck, Fellbach-Schmiden 154 ff.

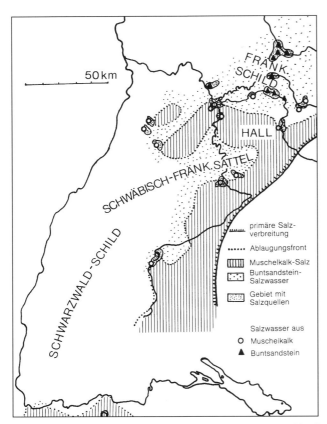

Abb. 74: Salzlagerstätten und Salzquellen in Südwestdeutschland (nach K. Ulshöfer/H. Beutter (Hrsg.)), Hall und das Salz. Forsch. Württ. Franken 22 (Sigmaringen 1983) 37 Abb. 15).

Roggen. Leider lassen sich die untersuchten Proben nicht genauer innerhalb der Latènezeit datieren[1187].

Den Überresten der „Urproduktion" im Bereich der Rohstoffgewinnung hat H. Jankuhn einen speziellen Aussagewert siedlungskundlicher Art zugesprochen[1188]. Schon früh sind neben bäuerlichen Ansiedlungen auch gewerblich orientierte Niederlassungen entstanden, die völlig andere „Standortbedingungen" aufweisen: Sie liegen oftmals in Naturräumen, die für bäuerliches Wirtschaften weniger geeignet sind, ein Beispiel hierfür wäre die keltische Saline bei Schwäbisch Hall (Kat.-Nr. 583). Die Salzgewinnung stellte zweifellos einen sehr bedeutenden Wirtschaftsfaktor dar, wie die Funde zahlreicher Formsalzgefäße belegen (vgl. Kap. III.5.5). Zum Konservieren von Lebensmitteln spielte Salz eine bedeutende Rolle: Strabo berichtet, daß mit gallischem Pökelfleisch ganz Italien versorgt wird[1189]. Höchstwahrscheinlich bildeten die gepichten grobkeramischen Töpfe die Transportbehälter für dieses Pökelfleisch (vgl. Kap. III.5.4.3).

W. Carlé hat auf die wenigen kleinen Räume mit frei ausfließenden Salzquellen in Württemberg hingewiesen, denn höchstwahrscheinlich wurden hier nur diese in vorgeschichtlicher Zeit zur Salzgewinnung genutzt: Salzquellen finden sich am oberen und mittleren Nek-

kar sowie im Kocher- und Jagsttal (vgl. Abb. 74)[1190]. Latènezeitliche Salzgewinnung ist für Schwäbisch Hall (Kat.-Nr. 583) durch Befunde bezeugt und aufgrund der Briquetage-Funde auch an anderen Orten (evtl. Kat.-Nr. 349) anzunehmen[1191]. Wegen der Frage, ob die Formsalzgefäße nur am Ort der Produktion verwendet wurden oder ob sie auch als Transportbehälter dienten, kann der Fund von Briquetagetiegeln allein noch nicht als sicherer Nachweis für Salzgewinnung am Ort gewertet werden (vgl. Kap. III.5.5). Man wird nicht fehlgehen, hinter den Fund- und Siedlungskonzentrationen um Schwäbisch Hall und im mittleren Neckarbereich das Salz als wesentlichen Wirtschaftsfaktor zu sehen. Der Betrieb der Saline in Schwäbisch Hall scheint sich aufgrund von pollenanalytischen Untersuchungen im nahen Kupfermoor kontinuierlich von der Frühlatènezeit bis ins 3. Jahrhundert n. Chr. erstreckt zu haben. Jedenfalls geht Smettan von einer regelmäßigen Abholzung des Niederwaldes in diesem Zeitraum aus, die man gut mit dem großen Holzbedarf der Solesiederei erklären kann[1192]. Das Fundspektrum würde gut zu diesen Daten passen.

Die zweite bedeutende Rohstoffquelle in unserem Arbeitsgebiet stellen die Eisenerze der Schwäbischen Alb dar. Während das Stuferz (oolithisches Brauneisenerz) nur in den Braunjura-Schichten des Albtraufs zutage tritt, findet sich das Bohnerz in Lehmeinbettungen auf der gesamten Albhochfläche und kann hier im Tagebau gewonnen werden[1193]. Für den Bereich der Ostalb ist die Eisengewinnung in vorgeschichtlicher Zeit Gegenstand eines eigenen Projekts[1194]. Die meisten antiken Autoren überliefern Eisenverarbeitung von den keltischen Stämmen[1195]. Eisenschlacken als Nachweis für Eisengewinnung oder -verarbeitung stammen aus zahl-

---

1187 H. W. Smettan, Naturwissenschaftliche Untersuchungen in der Neckarschlinge bei Lauffen a. N. Fundber. Baden-Württemberg 15, 1990, 459 ff.

1188 Jankuhn, Siedlungsarchäologie 17 ff.

1189 Vgl. Timpe, Handwerk 56.

1190 W. Carlé, Zur Frage der vor- und frühgeschichtlichen Salinen in Baden-Württemberg. Oberrhein. geol. Abhandlungen 14, 1965, 141 ff.

1191 Ebd. 146 ff.; K. Ulshöfer/H. Beutter (Hrsg.), Hall und das Salz (Sigmaringen 1983) 83 ff.

1192 H. W. Smettan, Naturwissenschaftliche Untersuchungen im Kupfermoor bei Schwäbisch Hall – ein Beitrag zur Moorentwicklung sowie zur Vegetations- und Siedlungsgeschichte der Haller Ebene. In: Festschr. U. Körber-Grohne. Forsch. u. Ber. Vor- u. Frühgesch. Baden-Württemberg 31 (Stuttgart 1988) 81 ff., bes. 110 f.

1193 P. Groschopf, Das Eisenerz der Ostalb – Entstehung und Vorkommen. Aalener Jahrb. 1980, 13 ff.; D. Planck, Eisen in der Vor- und Frühgeschichte Baden-Württembergs. Jahrb. Heimat- und Altertumsver. Heidenheim 1985/86, 48 ff.; H.-J. Bayer, Zur früheren Eisengewinnung auf der Schwäbischen Alb. Bl. d. Schwäb. Albver. 94, 1988, 200 ff.

1194 Kempa, Antike Eisenverhüttung 10 ff.

1195 Vgl. die Beispiele bei Timpe, Handwerk 38 ff.

reichen Fundkomplexen unseres Arbeitsgebietes (Kat.-Nr. 127, 217, 257, 266, 417, 421, 426, 431, 590, 674, 714, 725, 729, 737), allerdings ist nur in wenigen Fällen eine sichere Zugehörigkeit zu jüngerlatènezeitlichen Siedlungsresten festzustellen. Die Schlacken aus einer Grube in Hermaringen (Kat.-Nr. 257), aus Kulturschichten bei Engstingen (Kat.-Nr. 417) und Gomadingen-Grafeneck (Kat.-Nr. 426) dürften mit einiger Sicherheit in solche Zusammenhänge gehören. Auch aus dem Innenraum des Oppidums Heidengraben (Kat.-Nr. 431) wurden Schlackenfunde gemeldet, doch sind von dort auch ältere und jüngere Funde bekannt. Bei Langenau wurden die Reste zweier Schmelzöfen aufgedeckt, die durch zwei mitgefundene Fibeln in die Mittellatènezeit gehören könnten (Kat.-Nr. 725), im Areal der Siedlung bei der Viereckschanze von Tomerdingen (Kat.-Nr. 714) wurden vor kurzem u. a. Rennfeuerschlacken und Erzklumpen aufgelesen[1196].

Ob das Oppidum Heidengraben auch unter wirtschaftlichen Gesichtspunkten an dieser Stelle am Albtrauf errichtet wurde, ist nicht zu beweisen, liegt aber sehr nahe[1197]. Gerade die Lage auf der Albhochfläche erschließt hier einerseits die Bohnerze aus den Weißjura-Klüften der Hochfläche, zum anderen liegen die Brauneisenerze des Braunen Jura direkt zu Füßen des Albtraufs und können über den natürlichen Anstieg der Trockentäler erreicht werden. Zahlreiche Schlackenhalden im Vorland der mittleren Alb haben hier schon früh zu entsprechenden Vermutungen geführt, Untersuchungen haben bislang aber lediglich frühmittelalterliche Eisenverhüttung nachgewiesen[1198]. Ob die Häufung von spätlatènezeitlichen Siedlungen im Vorland der mittleren Alb und auf den Fildern ebenfalls auf die Eisenerzvorkommen zurückzuführen ist, kann beim derzeitigen Forschungsstand ebenfalls nicht nachgewiesen werden.

1196 Die Bestimmung verdanke ich M. Kempa, LDA Baden-Württemberg.
1197 Beispiele zu ähnlichen Lagen bei Fischer, Handwerk bei den Kelten 39 f.
1198 L. Szöke, Schlackenhalden und Schürfgruben im Braunen Jura zwischen Reutlingen und Weilheim an der Teck. Fundber. Baden-Württemberg 15, 1990, 353 ff.

VI. Zusammenfassung und Ausblick

Zahlreiche Fragen und Detailprobleme zur Spätlatènezeit zwischen Schwarzwald und Nördlinger Ries mußten ungeklärt bleiben. Teilweise haben sich aus den Versuchen, sie einer Antwort näher zu bringen, weitere Fragen ergeben. Wenn hier der Versuch unternommen wird, ein ungefähres Bild der spätkeltischen Kulturverhältnisse im 1. Jahrhundert v. Chr. zu zeichnen, muß immer daran erinnert werden, wie schmal die Basis verwertbarer Befunde ist. Zwangsläufig weist daher dieses Bild große Lücken auf, die man mit Vermutungen und durch Vergleiche mit den Verhältnissen in den Nachbargebieten nur dürftig abdecken kann. Dennoch ist eine Basis für weiterführende Forschungen geschaffen, die sich eindringlicher mit Detailproblemen beschäftigen können. Möglicherweise müssen dadurch einmal einige der hier vorgetragenen Thesen revidiert werden. Die wesentlichen Punkte sollen nochmals zusammengefaßt werden: Es zeichnet sich für die Spätlatènezeit eine unterschiedlich strukturierte ländliche Besiedlung ab. Neben dorfartigen Siedlungen scheint es auch Rechteckhöfe gegeben zu haben. Ein großer Teil der Siedlungen scheint im Bereich der Talauen gelegen zu haben; deshalb sind sie heute wegen der Umformungsprozesse der Tallandschaften in historischer Zeit oft nicht mehr nachweisbar. Konzentrationen von Siedelplätzen in einer Region lassen auf besondere wirtschaftliche Faktoren schließen, etwa das Vorkommen von Rohstoffen. Aus den wenigen Siedlungsausschnitten kennen wir Grundrisse von Wohnbauten und Speichern, die sich mit Bauformen der jüngeren Latènezeit in den benachbarten Gebieten gut vergleichen lassen. Die Siedelplätze waren anscheinend z. T. mit Einfriedungen in Form von Palisaden und Gräben umgeben. Als einziges nachweisbares Oppidum im Arbeitsgebiet darf der Heidengraben auf der Schwäbischen Alb gelten. Andere Höhenbefestigungen haben vielleicht als Fluchtburgen für die ansonsten in offenen Siedlungen lebende Bevölkerung gedient. Dauerhaft besiedelte kleine Höhenbefestigungen („castella"), wie sie aus dem linksrheinischen Gebiet bekannt sind, konnten bislang nicht sicher nachgewiesen werden.
In seiner Funktion als Handels- und Handwerkerzentrum scheint der Heidengraben um die Mitte des 1. Jahrhunderts v. Chr. aufgegeben worden zu sein, doch legen die Funde für ländliche Siedlungen in seiner näheren und weiteren Umgebung ein Weiterbestehen nahe. Ein Abbruch der ländlichen Siedlungen ist jedenfalls

nicht aus den Funden abzuleiten. Diesem Einschnitt im Siedlungswesen und der Erforschung der ländlichen Siedlungen muß in Zukunft das Interesse gelten.
Die „Viereckschanzen" dürfen als ein Charakteristikum gesehen werden, das eng mit dem ländlichen Siedelwesen verbunden ist. Dies hat sich schon aufgrund der Lagebeziehungen zu zeitgleichen Siedlungsresten gezeigt. Eine pauschale Deutung als spätkeltische Kultplätze ist für diese Anlagen nicht mehr angezeigt. Möglicherweise verbergen sich hinter den gleichförmigen Schanzen Anlagen unterschiedlichster Zweckbestimmung. Diese kann neben kultischen Funktionen auch profane umfaßt haben, vielleicht darf man in einem Teil auch regelrechte Quadrathöfe sehen.
Mehrere Deutungsmöglichkeiten haben sich auch für die spätlatènezeitlichen Höhlenfunde ergeben. Neben profaner Nutzung der Höhle als Wohnung, Stall, Lagerraum, Rohstoffquelle und Zufluchtsstätte, konnte auch eine kultische Nutzung als Bestattungs- und Opferplatz wahrscheinlich gemacht werden.
Wegen der unsicheren Befundlage wären hier weitere Forschungen notwendig. Manche Fundstellen würden sich gut für gezielte Sondagen eignen.
Es gibt nach wie vor im Arbeitsgebiet keinen Grabfund der Stufe LT D, dessen Befund ungestört oder vollständig erschlossen wäre. Einige fragmentarisch überlieferte Komplexe konnten aber aufgrund der Fundumstände und durch Vergleiche mit benachbarten Regionen mit großer Wahrscheinlichkeit als spätlatènezeitliche Grabfunde identifiziert werden. Demnach ist mit Grabhügelnachbestattungen und Sonderbestattungen in Höhlen zu rechnen. Bei gezielter Nachforschung müßte das Auffinden spätlatènezeitlicher Gräber lediglich eine Frage der Zeit sein.
Hinter manchen Münzfunden verbergen sich evtl. Reste von unvollständig überlieferten Hortfunden; teilweise kann aus den Fundumständen (Quelle) auf einen kultischen Hintergrund geschlossen werden. Ähnliche Motivationen dürften für einen Teil der Barrenhorte und das Gerätedepot von Kappel gelten.
Die Untersuchung des Fundmaterials hat ergeben, daß Funde der zweiten Hälfte des 1. Jahrhunderts v. Chr. durchaus vorhanden sind. Es handelt sich dabei nur um sehr wenig Kleinfunde wie Fibeln und Münzen. Ein Teil der Grobkeramik konnte aber durch Vergleiche mit Material aus spätestlatènezeitlichen Siedlungen und frührömischen Militärlagern ebenfalls in die zwei-

te Hälfte des 1. Jahrhunderts v. Chr. datiert werden. Eine feinere Datierung oder eine Bildung von Formengruppen, die für die aufeinanderfolgenden Zeitabschnitte typisch sind, kann allein auf der Basis der bekannten Funde nicht erfolgen, dazu wären umfangreichere Materialkomplexe notwendig.

Die charakteristische Verteilung mancher Formen läßt zudem auf zwei Formenkreise schließen, die sich im Bereich des mittleren Albtraufs überlappen. Vielleicht ist es kein Zufall, daß in diesem Bereich das Oppidum Heidengraben liegt. Auch das Oppidum Altenburg-Rheinau am Hochrhein weist übrigens eine Lage nahe an der Grenze zum oberrheinischen Formenkreis auf, obwohl es hauptsächlich Keramikformen wie im südwestdeutschen und nordschweizerischen Raum ergeben hat.

Zwar lassen identische Formen in der Nordschweiz und die Konzentration der jüngsten Funde im Südwesten des Arbeitsgebiets an das literarisch überlieferte Zurückweichen der keltischen Bevölkerung vor germanischen Stämmen im Verlauf des 1. Jahrhunderts v. Chr. denken, doch kann von einer vollständigen Entvölkerung keine Rede sein. Kleine ländliche Siedlungen haben möglicherweise bis zur Zeitenwende weiterbestanden, jedenfalls läßt sich das Fundmaterial direkt mit den Keramikformen aus augusteischen Lagern vergleichen. Ausläufer der charakteristischen Formen und Zierweisen finden sich noch bis an das Ende des 1. Jahrhunderts n. Chr. im Keramikbestand römischer Siedlungen und Kastelle. Möglicherweise sind diese Traditionen auf Reste einer einheimischen Bevölkerung zurückzuführen. Hier bieten sich in Zukunft interessante Ansätze für weitere Forschungen zum Prozeß der „Romanisierung", die sich zunächst mit der Siedelweise der einheimischen Bevölkerung beschäftigen müßten. Weitere Feldforschungen wären hier erforderlich.

Es hat sich gezeigt, daß wir auch über die wirtschaftlichen Grundlagen in der Spätlatènezeit nur unzureichend informiert sind. Neben verbreiteter landwirtschaftlicher Nutzung kam der Eisengewinnung und der Salzsiederei große Bedeutung zu, die vielleicht bereits zur Bildung von wirtschaftlich orientierten Siedlungszentren geführt hat.

Alle hier angedeuteten Detailfragen werden in absehbarer Zeit sicher nicht zu lösen sein. Ein wesentliches Ziel dieser Arbeit wäre aber erreicht, wenn auf den hier erörterten Grundlagen weitere Studien zum Siedelwesen der ausgehenden Latènezeit aufgebaut werden könnten, um die Wissenslücke in der Besiedlungsgeschichte Südwestdeutschlands weiter zu verkleinern.

Résumé et Perspectives

En ce qui concerne l'époque de La Tène tardive entre la Forêt Noire et le Nördlinger Ries, de nombreuses questions et problèmes de détail devaient rester indécis. En partie les essais, de les approcher à une réponse, ont eu pour résultat d'autres questions en plus. En essayant à dessiner un image approximatif des relations culturelles de La Tène tardive au 1er siècle avant J.-C., il faut se rappeler toujours que la base des vestiges archéologiques à évaluer est très étroite. Par conséquence cet image montre de grands déficits qui sont à peine réduits par des hypothèses et des comparaisons avec les situations aux régions voisines. Pourtant, une base fut créé pour continuer des recherches futures, qui peuvent s'occuper plus intensives des problèmes de détail. Il sera probablement nécessaire à réviser quelques-unes des thèses présentées ici.

Les points essentiels sont résumés encore une fois par suite. Pendant la période de La Tène tardive il existe un aménagement rural de structure différente. A côté de petites agglomérations de maisons, des fermes à cour carrée semblent avoir existé également. Un grand nombre de villages s'était établi dans la région des plaines de vallées. A cause des procès d'aménagement paysagers des vallées aux époques historiques leurs traces ne sont plus démontrables. Les concentrations d'habitats dans une certaine région laissent supposer des facteurs économiques particuliers, comme l'exploitation des ressources de matières premières. Nous connaissons des plans de base de maisons et de silos de quelque peu de villages, qui peuvent bien être comparés aux formes de bâtiments à La Tène ancienne dans des régions voisines. Il semble que les places d'habitation étaient entourées partiellement avec des enceintes en forme de palissades et de fossés. Le Heidengraben au Jura Souabe est le seul oppidum démontrable dans la région de recherche. D'autres „habitats de hauteur" ont probablement servi comme fortifications de refuge pour une population rurale, qui vivait normalement dans des villages ouverts. De petits habitats élevés („castella") avec résidence permanente, comme ils sont connus des régions à la rive gauche du Rhin, n'ont pu être découverts jusqu'à présent.

Le Heidengraben dans sa fonction comme centre de commerce et d'artisanat semble avoir été abandonné vers le milieu du 1er siècle avant J.-C.. Pourtant les trouvailles de villages ruraux aux alentours proches et loins soutiennent une existence continuée. Le mobilier archéologique n'implique pas un abandon des habitats ruraux. La cause de cette rupture dans la manière de colonisation au Heidengraben de même que l'exploration des villages ruraux seront à poursuivre dans l'avenir.

Les „Viereckschanzen" sont à regarder comme caractéristique, étroitement liés aux habitations rurales. Cela devenait évident en vue de la situation topographique des „Viereckschanzen" par rapport aux villages contemporains. Jadis considérés comme sanctuaires rectangulaires pendant La Tène tardive, cette explication générale n'est plus acceptable. Probablement ces „Schanzen" de constructions uniformes ont servi pour des buts tout à fait différents. Hors des fonctions rituelles, des actions profanes y peuvent avoir eu lieu également, peut-être une partie entre eux doit être comprise comme fermes quadrangulaires.

De maintes possibilités d'interprétation se sont présentées en ce qui concerne les objets de La Tène tardive trouvés dans les cavernes. Ici une utilisation profane de la caverne peut-être supposée soit comme maison, étable, magasin, source de matière première et place de refuge, de même qu'un usage cultuel comme place de rites funéraires ou de sacrifice.

A cause des vestiges incertains, des recherches futures seraient nécessaires. Quelques sites se prêteraient bien aux sondages ponctuels.

Il n'existe toujours pas de sépulture du temps de La - Tène D dans la région investiguée, dont la situation serait non dérangée ou bien complètement examinée. Quelques ensembles livrés fragmentairement pouvaient être identifiés comme tombes de l'époque de La Tène tardive grace aux circonstances de découverte et par comparaison avec d'autres sites. Il en résulte qu'on peut expecter des enterrements postérieurs dans des tombeaux ou des sépultures spéciales dans des cavernes. Ce n'est qu'une question de temps que des recherches précises devraient rendre possible à trouver des tombes de La Tène tardive.

Quant à quelques trouvailles de monnaies, il s'agit probablement des restes de trésors livrés incomplets; selon les circonstances de mise en cachette (source), le dépôt peut être regardé dans un contexte rituel. Des motivations pareilles seront à supposer pour une partie des dépôts de lingots et le dépôt d'outillage à Kappel.

L'analyse du matériel trouvé a montré, que les objets datant à la deuxième moitié du 1er siècle avant J.-C. existent bien clairement. Il n'y s'agit que de très peu d'objets petits comme des fibules et des monnaies. La datation d'une partie de la poterie grosse également vers la deuxième moitié du 1er siècle avant J.-C. résulte d'une comparaison avec le matériel provenant des villages de La Tène finale et des camps militaires du début de l'époque romaine. Une chronologie plus fine ou bien la formation de groupements d'objets, étant caractéristiques pour les périodes successives, ne peut pas être élaborée seul sur base des trouvailles connues, car des complexes de matériaux plus vastes seraient nécessaires pour en obtenir des résultats valables.

La distribution caractéristique de certaines formes céramiques fait ressortir deux cercles de formes, qui chevauchent dans la région du Albtrauf central. Peut-être ce n'est pas un hasard que l'oppidum du Heidengraben est situé précisément dans ce territoire. Par ail-

leurs, l'oppidum Altenburg-Rheinau est localisé au bord du cercle de formes céramiques du Haut Rhin, bien qu'il s'y trouvaient surtout des formes de céramiques typiques en Allemagne du Sud et en Suisse du Nord-Est.

Les formes identiques dans la Suisse du Nord et la concentration d'objets les plus récents au Sud-Ouest de la région investiguée laissent penser à une retraite de la population celtique menacée par les tribus germaniques au cours du 1er siècle avant J.-C., comme transmis dans la littérature, pourtant un dépeuplement complèt est certainement à désavouer. De petits habitats ruraux continuaient probablement leur existence jusqu'à l'An Zéro, parce que le matériel trouvé se laisse comparer directement avec les formes de poterie provenant des camps augustéens. Des parties de formes caractéristiques et d'éléments de décor se trouvent encore dans l'inventaire céramique des habitats et castels romains jusqu'à la fin du 1er siècle après J.-C. Probablement ces traditions sont héréditaires des restes d'une population locale. En ce contexte, des aspects intéressants s'offrent dans l'avenir à inciter des recherches concernant le procès de la „romanisation", qui devraient s'occuper avant tout de la mode de colonisation de la population locale. D'autres investigations archéologiques seraient indispensables.

Comme démontré, nous ne sommes informés qu'insuffisamment en ce qui concerne les bases économiques à l'époque de La Tène tardive. A coté de l'agriculture exécutée à grand échelle, l'extraction du minerai de fer et l'industrie du sel jouaient certainement de plus en plus un grand rôle, ce qui menait sans doute à l'organisation de centres d'habitats orientés vers une économie spécialisée.

Toutes les questions détaillées ci-dessus ne seront certainement pas solues dans un avenir proche. Un but essentiel de cet ouvrage serait d'inciter des études futures de l'habitation pendant La Tène tardive, pour amoindrir le déficit de notre connaissance sur l'histoire de l'occupation en Allemagne du Sud-Ouest.

(Traduction: A. Busse)

Summary and Future Aspects

Many questions and detailed problems regarding the Late La Tène period between the Black Forest and the Nördlinger Ries must remain undecided. Sometimes the attempts of approaching an answer resulted in many more further questions. When trying to draw an approximate picture of cultural relations during the Late La Tène period at the first century B.C., it must always be reminded that the basis of valuable archaeological finds is very narrow. Consequently, this picture shows big gaps, which can hardly be filled by hypotheses and comparisons of situations in neighbouring regions. However, a basis was created for further research work, which can deal more intensely with detailed problems. Probably it will become necessary to revise some of the theses presented.

The essential ideas are summarized again in the following. During the Late La Tène period rural settlement of different structures can be noticed. Farms with rectangular courtyards seem to have existed apart from small village-like settlements. A great number of villages were located in areas along valley basins. Due to transformation processes of valley landscapes during historical periods, their existence is no longer ascertainable. Concentrations of settlements in a certain region make assume particular economical factors, such as the exploitation of raw materials. We know ground plans of houses and cellars from a few settlements, which can be well compared with early Celtic construction forms in neighbouring regions. It seems that village places were partly surrounded by enclosures such as fences and ditches. The Heidengraben at the Swabian Jurassic Mountains is the only traceable oppidum in the research area. Other „hilltop settlements" were probably used as sporadical refuge fortifications by the rural population, which normally lived in surrounding open villages. Small hillforts („castella") of permanent residence, such as they are known in countries west of the Rhine, have not been discovered so far. The Heidengraben in its function as trading and crafts centre seems to have been abandoned around the middle of the 1st century B.C. Finds from rural settlements in its near and far-reaching environments, however, affirm a continuous existence. Moreover, the finds do not imply a giving up of rural settlements. The reason for this cut in settlement manners at the Heidengraben as well as the research of rural villages must be of main interest in the future.

The „Viereckschanzen" may be considered as characteristic, closely related to rural settlements. This fact became obvious with regard of the topographic situation of the „Viereckschanzen" in connection with contemporary villages. Formerly being considered as late Celtic sanctuaries, this general explication is no longer valid. Probably these uniformly built quadrangular enclosures have served for a variety of aims. Ritual as well as profane functions can be included in the range of activities, may be part of them can even be regarded as quadrangular farms.

There are several possibilities of interpretation about Late La Tène objects found in caves. Apart from a profane multi-purpose use of the caves as lodging, stable, storage room, source of raw material and place of refuge, its ritual utilization as sacrifice or burial place is likely as well.

The uncertain state of archaeological finds would claim further research work. Some sites would be proper for special trial excavations.

So far, there is not a single grave of the La Tène D period in the research area, which is undisturbed or completely investigated. Due to circumstances of discovery and by way of comparison with adjacent regions, some units, which were delivered in fragmentary state, could be identified as late Celtic graves. Therefore, additional graves in burial mounds or exceptional burials in caves can be expected accordingly. In doing special research work, the discovery of late Celtic burials should be only a matter of time.

Some of the coins are probably remnants of incomplete treasures; according to the circumstances of hiding (fountain), the deposit can partly be seen in ritual connection. Similar motivations must be presumed for part of the ingot hoards and the tool hoard at Kappel.

An examination of the material discovered has shown that objects dating at the second half of 1st century B.C. have well existed. There are only very few tiny objects such as brooches and coins. By way of comparing coarse ceramics with the material originating from latest Celtic villages of Final La Tène period and Early Roman military camps, a dating into the second half of the 1st century B.C. could equally be obtained. A more detailed chronology or even the formation of typical object groups, to classify succeeding periods, cannot be worked out solely on the basis of known findings; for gaining valid results, more extensive material series would be required.

Moreover, the characteristical distribution of certain pottery styles make assume two form circles, which overlap in the region of the central Albtrauf. May be, it is by coincidence that the oppidum of Heidengraben is located exactly in this territory. By the way, the oppidum Altenburg-Rheinau is also bordering the ceramic form circle of the Upper Rhine, although pottery forms were discovered as are mainly typical for South Germany and North-Eastern Switzerland.

Identical ceramic forms in Northern Switzerland and a concentration of most recent findings in the South West of the research area give the idea of a retreat of Celtic population, threatened by German tribes during the 1st century B.C., as passed on by literature, however, a complete depopulation is certainly to deny. Possibly, small rural communities continued to exist until the turn of the eras, because the material found can be compared directly with ceramic forms from Augustan military camps. Parts of characteristical forms and decoration elements can be discovered in ceramic inventories of Roman settlements and forts as far as the end of the 1st century A.D. Probably these traditions can be attributed to remains of a local population. In this context, interesting aspects are offered to stipulate future research in regard to the process of „romanization“; research, which should at first take up studies of settlement manners of the local population. Further field research work would be required.

As to economical bases during the Late La Tène period, we are insufficiently informed as well. Next to agriculture as main supply source, the mining of iron ore and salt-works were certainly of major importance, as they led to the formation of community centres specialized in economy.

All detailed questions above can certainly not be answered in due time. However, an essential main point of this book would be reached, when future studies concerning settling manners during the Late La Tène period could be stipulated to reduce the gap of knowledge in the settlement history of South-West Germany.

(Translated by A. Busse)

VII. Listen

Liste 1: Kammstrich-Grübchen-Verzierung auf Spätlatènekeramik

(vgl. Karte 21)

Baden-Württemberg:

Innerhalb unseres Arbeitsgebietes:

Albstadt-Ebingen BL, Postschutzschule
(Kat.-Nr. 105)
Albstadt-Laufen a.d. Eyach/Zillhausen BL, Schalksburg
(Kat.-Nr. 112)
Albstadt-Onstmettingen BL, Brunnental
(Kat.-Nr. 115)
Altheim-Heiligkreuztal BC, Viereckschanze im „Bann"
(Kat.-Nr. 83)
Altheim-Heiligkreuztal BC, Viereckschanze im „Ruchenholz"
(Kat.-Nr. 84)
Bad Urach-Wittlingen RT, Hohenwittlingen
(Kat.-Nr. 410)
Beuron SIG, Petershöhle
(Kat.-Nr. 601)
Beuron SIG, unbekannte Höhle
(Kat.-Nr. 604)
Bissingen a.d. Teck ES, Rauberweidhöhle
(Kat.-Nr. 151)
Blaubeuren-Asch UL, Wasserbuch
(Kat.-Nr. 704)
Burladingen-Ringingen BL, Im Lai (?)
(Kat.-Nr. 125)
Burladingen-Stetten u.H. BL, Eschle
(Kat.-Nr. 127)
Dornstadt-Tomerdingen UL, Viereckschanze u. Siedlung im Blumenhau
(Kat.-Nr. 714; Zürn/Fischer, Tomerdingen Taf. 1,9; 8,3; 18,4; 28,1.6; 36,3; 48,12).
Dörzbach KÜN, St. Wendel zum Stein(?)
(Kat.-Nr. 344)
Egesheim TUT, Grannegg
(Kat.-Nr. 670)
Ehningen BB, Viereckschanze
(Kat.-Nr. 65)
Fridingen TUT, Burgstallhöhle
(Kat.-Nr. 673)
Gammertingen SIG, Schrot
(Kat.-Nr. 609)
Gammertingen-Kettenacker SIG, Riedlinger Wäldchen
(Kat.-Nr. 611)
Glatten-Böffingen FDS, Bellenstein
(Kat.-Nr. 206)
Grabenstetten-Burrenhof RT, Bitzlishau
(Kat.-Nr. 429)
Hüfingen VS, Galgenberg
(Kat.-Nr. 764)

Konstanz KN, Brückengasse
(Kat.-Nr. 335)
Langenau UL, Oberes Feld
(Kat.-Nr. 722)
Lonsee-Urspring UL, Dorfäcker (?)
(Kat.-Nr. 729)
Neckarsulm HN, Olgastraße
(Kat.-Nr. 313)
Neckarsulm HN, Salinenstraße (?)
(Kat.-Nr. 314)
Neuhausen auf den Fildern ES, Egelsee
(Kat.-Nr. 190)
Nürtingen ES, Bärlenberg
(Kat.-Nr. 191)
Oberboihingen ES, Rübholz
(Kat.-Nr. 194)
Öllingen UL, Hohler Berg
(Kat.-Nr. 737)
Ostfildern-Scharnhausen ES, Riedäcker
(Kat.-Nr. 199)
Pfullingen RT, Südl. Stadtgebiet
(Kat.-Nr. 445)
Pfullingen RT, Wackerstein
(Kat.-Nr. 446)
Pliezhausen-Rübgarten RT, Viereckschanze bei Einsiedel
(Kat.-Nr. 447)
Rottweil-Neukirch RW, Erlengraben
(Kat.-Nr. 498)
Sigmaringen (Umgebung) SIG, Höhle?
(Kat.-Nr. 630)
Sigmaringendorf-Laucherttal SIG, NO vom Hüttenwerk
(Kat.-Nr. 639)
Singen am Hohentwiel KN, Nordstadt
(Kat.-Nr. 340 B)
St. Johann-Gächingen RT, Degental
(Kat.-Nr. 464)
Stetten a.k.M. SIG, Schaufelsen
(Kat.-Nr. 640)
Stetten a.k.M.-Storzingen SIG, Griebenloch
(Kat.-Nr. 641)
Ulm-Eggingen UL, Lippenöschle
(Kat.-Nr. 749)
Veringenstadt SIG, Nikolaushöhle
(Kat.-Nr. 642)

Außerhalb unseres Arbeitsgebietes:

Jestetten-Altenburg WT, Oppidum
(Fischer, Altenburg-Rheinau 304 Abb. 7,8.15.16, Taf. 25,2; Bad. Fundber. 17, 1934, 169).
Mannheim-Seckenheim MA, Waldspitze
(Gropengießer, Spätlatènezeit 124 Abb. 7)
Mannheim-Straßenheim MA, Straßenheimer Hof
(Gropengießer, Spätlatènezeit 162 Abb. 2).

Bayern:

Manching, Kr. Ingolstadt, Oppidum
(Stöckli,Grob- und Importkeramik Taf. 61,829; 62,834–
835.840.843; 64,868; 69,904).
Nersingen, Lkr. Neu-Ulm, Haldeberg
(E. Pressmar, Spätlatènezeitliche Siedlungsfunde von Ner-
singen, Ldkr. Neu-Ulm/Donau. Bayer. Vorgeschbl. 39, 1974,
66 ff., bes. 72 Abb. 4,2).
Zoltingen, Lkr. Donau-Ries
(E. Frickhinger, Spätlatènezeitliche Siedlung bei Zoltingen.
Jahrb. Hist. Verein Nördlingen 21, 1939, 16 ff., bes. Taf. 5,
Abb. 11).

Schweiz:

Baden-Kappelerhof AG, Bruggerstraße
(M. Hartmann/R. Bellettati/R. Widmer, Eine spätlatènezeitliche Fundstelle in Baden-Kappelerhof. Arch. Schweiz 12,
1989, 49 Abb. 8, 6–10).
Basel-Gasfabrik BL
(Furger-Gunti/Berger, Basel-Gasfabrik Taf. 44,1021 [Grab
8A]; 47,1077–1078; 48,1093; 57,1259.1262).

Bern BE, Tiefenau, „Siedlungsgrube 1866"
(H. Müller-Beck, Grabungen auf der Engehalbinsel bei Bern
1957 und 1959. Jahrb. Berner Hist. Museum 39/40, 1959/60,
397 Abb. 17; G. Lüscher, Vier Latènegruben der Engehalbin-
sel bei Bern. Jahrb. SGU 72, 1989, 127 ff., bes. 135 Abb. 5,5).
Merishausen-Barmen SH
(Jahrb. SGU 64, 1981, 239 Abb. 16,6; M. Höneisen, Die latè-
nezeitlichen Siedlungsfunde von Merishausen-Barmen SH.
Jahrb. SGU 72, 1989, 114 Taf. 4,10).
Rorschacherberg SG, Obere Burg
(Jahrb. SGU 43, 1953, 122 Abb. 31,6).
Schänis SG, Gasterholz
(Jahrb. SGU 43, 1953, 91 Abb. 23,4–5).
Windisch/Vindonissa, „Kanalisation, Schicht 1"
(M. Hartmann/O. Lüdin, Zur Gründung von Vindonissa.
Jahrb. Ges. Pro Vindonissa 1977, 5 ff., Taf. 1 Nr. 1).
Yverdon VD, „Rue des Philosophes", Schicht 5a
(Sitterding, Yverdon Taf. 6,33; Ph. Curdy/A. Benkert/J. Ber-
nal/C. Masserey, Intervention archéologique à Yverdon-les-
Bains [VD]-Rue des Philosophes: La Tène finale-Epoque
romaine précoce. Jahrb. SGU 67, 1984, 126 C 5a, 4, 5).

Liste 2: Kammeinstiche auf Spätlatènekeramik

Baden-Württemberg:

Innerhalb unseres Arbeitsgebietes:

Altheim-Heiligkreuztal BC, Viereckschanze im Bann
(Kat.-Nr. 83)
Altheim-Heiligkreuztal BC, Viereckschanze im Ruchenholz
(Kat.-Nr. 84)
Beuron SIG, Petershöhle
(Kat.-Nr. 601)
Dornstadt-Tomerdingen UL, Blumenhau
(Kat.-Nr. 714; Zürn/Fischer, Tomerdingen Taf. 4,1,11; 36,2)
Engstingen-Kleinengstingen RT, Wasserstall
(Kat.-Nr. 420)
Fridingen TUT, Burgstallhöhle
(Kat.-Nr. 673)
Glatten-Böffingen FDS, Bellenstein
(Kat.-Nr. 206)
Grabenstetten-Burrenhof RT, Bitzlishau
(Kat.-Nr. 429)
Konstanz KN, Brückengasse
(Kat.-Nr. 335)
Lonsee-Ursprung UL, Römerstraße
(Kat.-Nr. 729)
Neckarsulm HN, Olgastraße
(Kat.-Nr. 313)
Nürtingen ES, Bärlenberg
(Kat.-Nr. 191)
Oberboihingen ES, Rübholz
(Kat.-Nr. 194)
Ostfildern-Scharnhausen ES, Riedäcker
(Kat.-Nr. **199**)
Pfullingen RT, Wackerstein
(Kat.-Nr. 446)

Pliezhausen-Rübgarten RT, Viereckschanze bei Einsiedel
(Kat.-Nr. 447)
Sigmaringendorf-Laucherttal SIG, NO vom Hüttenwerk
(Kat.-Nr. 639)
Steinheim a.A.-Sontheim im Stubental HDH, Hochfeld
(Kat.-Nr. 275)
Stetten a.k.M. SIG, Schaufelsen
(Kat.-Nr. 640)
Stetten a.k.M.-Storzingen SIG, Griebenloch
(Kat.-Nr. 641)

Außerhalb unseres Arbeitsgebietes:

Jestetten-Altenburg WT, Oppidum
(Fischer, Altenburg-Rheinau 304 Abb. 7,16; Bad. Fundber.
17, 1934, 169).
Mannheim-Straßenheim MA, Straßenheimer Hof
(Gropengießer, Spätlatènezeit 168 Abb0.1–3, 5, 9).

Bayern:

Harburg-Heroldingen, Lkr. Donau-Ries
(unpubl., vgl. Anhang zum Katalog)
Manching, Lkr. Ingolstadt, Oppidum
(Stöckli, Grob- und Importkeramik Taf. 64,861; 65,868–869;
71,935.937)

Schweiz:

Baden-Kappelerhof
(Hartmann/Bellettati/Widmer, Baden-Kappelerhof 49
Abb. 8,11).

Basel-Gasfabrik, Grube 54
(Furger-Gunti/Berger, Basel-Gasfabrik Taf. 57,1259)
Basel BL, Augustinergasse 2
(Basler Zeitschr. für Gesch. und Altertumskunde 1979, 355 Abb. 40,6898).
Bern BE, Tiefenau, „Siedlungsgrube 1866"
(Müller-Beck, Jahrb. Berner Hist. Museum 37/38, 1957/58, 180 Abb. 13; 39/40, 1959/60, 397 Abb. 17; Jahrb. SGU 72, 1989, 129 Abb. 4).
Marthalen ZH
(U. Ruoff, Eine Spätlatènesiedlung bei Marthalen. Jahrb. SGU 51, 1964, 60 Abb. 13,7.16).
Merishausen-Barmen SH
(Höneisen, Merishausen-Barmen 115 Taf. 5,3).

Schänis SG, Gasterholz
(Jahrb. SGU 43, 1953/54, 91 Abb. 23,2).
Waldenburg BL, Gerstelflue
(Baselbieter Heimatbuch 14, 1981, 31, 84 Abb. 33,180).

Frankreich:

Grotte de Génissiat, Dep. Ain
(M.-R. Sauter/A. Gallay, Les matériaux néolithiques et protohistoriques de la station de Génissiat (Ain, France). Genava N.S. 8, 1960, 97 Fig. 33,1.3).

Liste 3: Kamm- oder Spatelstrichbögen auf Spätlatènekeramik

Baden-Württemberg:

Innerhalb unseres Arbeitsgebietes:

Burladingen-Stetten unter Holstein BL, Eschle
(Kat.-Nr. 127)
Ehningen BB, Hörnle
(Kat.-Nr. 65, vgl. Wieland, Fellbach-Schmiden und Ehningen Taf. 34,4)
Fellbach-Schmiden WN, Langen
(Kat.-Nr. 780, vgl. Wieland, Fellbach-Schmiden und Ehningen Taf. 11,4–5)
Glatten-Böffingen FDS, Bellenstein
(Kat.-Nr. 206)
Sigmaringendorf-Laucherttal SIG, Beim Hüttenwerk
(Kat.-Nr. 639)
Winterlingen BL, Felsspalte im Wald
(Kat.-Nr. 143)

Außerhalb unseres Arbeitsgebietes:

Jestetten-Altenburg WT, Oppidum
(Fischer, Altenburg-Rheinau 304 Abb. 7, 12; Bad. Fundber. 19, 1951, 169, Taf. ,6).
Mannheim-Straßenheim MA, Straßenheimer Hof
(Gropengießer, Spätlatènezeit 168 Abb. 13–14).

Bayern:

Harburg-Heroldingen, Lkr. Donau-Ries
(Vgl. Kat. **Taf. 108,4.6.12**)

Manching, Lkr. Ingolstadt, Oppidum
(Stöckli, Grob- und Importkeramik Taf. 51,743.746; 53,762; 56,783.787; 57,789.792; 58,800.804; 59,810.816; 66,878.879; 70,914.920).
Nersingen, Lkr. Neu-Ulm
(Bayer. Vorgeschbl. 39, 1974, 75 Abb. 6,5).

Schweiz:

Bern BE, Tiefenau, „Siedlungsgrube 1866"
(Müller-Beck, Jahrb. Berner Hist. Museum 39/40, 1959/60, 397 Abb. 17).
Lausen BL, Bündten
(evtl. auch aus römischen Zusammenhängen?; Jahrb. SGU 58, 1974/75, 183 Abb. 2).
Marthalen ZH
(Ruoff, Jahrb. SGU 51, 1964, 56 Abb. 8, 2).
Merishausen-Barmen SH
(Jahrb. SGU 64, 1981, 239 Abb. 16, 2; Höneisen, Merishausen-Barmen 114 Taf. 4,8; 5,4).
Thayngen SH
(Grabfund von der „Riethalde" und Siedlungsfunde von der „Rohrwiese"; Jahrb. SGU 72, 1989, 123 Taf. 13,1.3).
Yverdon VD, Rue des Philosophes
(M. Sitterding, La céramique de l'époque de la Téne à Yverdon. Jahrb. SGU 52, 1965, 100 ff., bes. Taf. 6, 2.3.6).
Schänis SG, Gasterholz
(Jahrb. SGU 43, 1953, 91 Abb. 23,7).

Liste 4: Kammstrich-Grübchen-Verzierung in römischen Fundzusammenhängen

Baden-Württemberg:

1. Küssaberg-Dangstetten WT: Legionslager, 15–9 v. Chr.
(Fingerlin, Dangstetten 235 Fdst. 3, 9; 240 Fdst. 28, 13; 247 Fdst. 42, 37; 249 Fdst. 48, 7; 274 Fdst. 151, 29; 275 Fdst. 158, 8; 276 Fdst. 159, 10; 276 Fdst. 161, 25; 294 Fdst. 207, 14; 343 Fdst. 352 A/B, 28; 356 Fdst. 367, 33; 357 Fdst. 371, 32; 387 Fdst. 448, 34; 390 Fdst. 450, 44; 445 Fdst. 551, 71, 73; 456 Fdst. 591, 7; 467 Fdst. 597, 12; 602 Fdst. 602, 28).
2. Rißtissen UL: Donaukastell, 50–80 n. Chr.
(Ulbert, Aislingen und Burghöfe Taf. 56,3.12)
3. Rottweil RW: Markthalle (Geb. J), 2. Jh.?
(Klee, Arae Flaviae III Taf. 5,12)

Bayern:

4. Kempten im Allgäu, Gräberfeld Keckwiese, Grab 130: mittel- bis spättiberisch, ca. 25–37 n. Chr.
(M. Mackensen, Das römische Gräberfeld auf der Keckwiese in Kempten. Cambodunumforschungen IV. Materialh. bayer. Vorgesch. Reihe A, Bd. 34 [Kallmünz/Opf. 1978] 108; Taf. 49,8).
5. Oberstimm, Kastell: Ca. 40–80 n. Chr.
(H. Schönberger u. a., Kastell Oberstimm. Limesforsch. 18 [Berlin 1978] Taf. 61, D 6, D 7).

Rheinland-Pfalz:

6. Speyer, Alter Markt: august. Militärstation, ca. 10 v. Chr.-Chr.Geb.
(Bernhard, Militärstationen 108 Abb. 5,11).

Schweiz:

7. Basel-Münsterhügel, Schicht 4: august. Militärstation, ca. 11 v. Chr.- Chr.Geb.
(Furger-Gunti, Basler Münster Taf. 39,704–705)
8. Basel-Rittergasse: frühaugust. Kastellvicus, ca. 15 v. Chr.
(Arch. Schweiz 13, 1990, 163 Abb. 5,33)

9. Eschenz TG: ohne stratigraph. Befund, 1.-3. Jh.
(H. Urner-Astholz, Die römerzeitliche Keramik von Eschenz-Tasgetium. In: Thurgauische Beiträge zur vaterländischen Geschichte, hrsg. vom Hist. Ver. des Kt. Thurgau, Heft 78 [Frauenfeld 1942] 154 Taf. 29,3).
10. Oberwinterthur ZH: röm. Vicus, 20–70/80 n. Chr.
(Rychener u. a., Oberwinterthur 2 Taf. 34 B, 103, 375: Bauphase C 1, ca. 50–70/80 n. Chr. Taf. 78,973 [Streufund]; Rychener, Oberwinterthur 3 Taf. 31,103: Planierschicht 311 und 114, ca. 20 n. Chr.).
11. Schleitheim SH: ohne datierende Fundzusammenhänge, 1.–3. Jh.
(H. Urner-Astholz, Die römerzeitliche Keramik von Schleitheim-Juliomagus. In: Schaffhauser Beitr. vaterländ. Gesch., hrsg. vom Hist. Ver. des Kt. Schaffhausen 23 [Thayngen 1946] Taf. 52,6).
12. Vindonissa AG: august. Töpferofen, um 15 v. Chr.
(H. Koller, Ein Töpferofen aus augusteischer Zeit in Vindonissa. Jahresber. Ges. Pro Vindonissa 1990 [1991] 3 ff., 35 Taf. 11, 110–111).
13. Vindonissa AG: Kanalisation, Schicht 3; august., um 15 v. Chr.
(Jahrb. Ges. Pro Vindonissa 1977, Taf. 6 Nr. 103).
14. Vindonissa AG, SO-Teil des Legionslagers: Ca. 10 v. Chr.–16/17 n. Chr.
(Ch. Meyer-Freuler, Das Prätorium und die Basilika von Vindonissa. Veröff. Ges. Pro Vindonissa 9 [Baden 1989] Taf. 6, 87, 92–93).
15. Vindonissa AG, „Schutthügel": Ca. Mitte des 1. Jh.
(E. Ettlinger, Römische Keramik aus dem Schutthügel von Vindonissa. Veröff. Ges. Pro Vindonissa 3 [Basel 1952] 11; Taf. 1, 22).
16. Zürich-Lindenhof ZH: august. Militärstation, ca. 15 v. Chr.
(Vogt, Lindenhof 160 Abb. 32 , 14, 15; 165 Abb. 34, 8, 9, 13).

Frankreich:

17. Stephansfeld-Brumath (Alsace): Gräber, 1. Jh.
(Cah. Alsace 13–17, 1922–26, Taf. 8, 22; Cah. Alsace 105–127, 1937–46, 167 ff.)

Liste 5: Kammeinstich-Verzierung in römischen Fundzusammenhängen

Baden-Württemberg:

1. Geislingen a.R. BL, Häsenbühl: ab ca. 70 n. Chr.
(Heiligmann, Alblimes Taf. 28,8 [Scheibenware]).
2. Küssaberg-Dangstetten WT, Legionslager: 15–9 v. Chr.
(Fingerlin, Dangstetten 236 Fdst. 4, 16; 292 Fdst. 206, 13; 301 Fdst. 221, 22; 382 Fdst. 435, 12; 402 Fdst. 484, 43).
3. Rißtissen UL, Donaukastell: ca. 50–80 n. Chr.
(Ulbert, Aislingen und Burghöfe Taf. 56,5).
4. Rottweil RW, Grabenverfüllung (Schicht c) von Kastell III: Ende des 1. Jh.
(Planck, Arae Flaviae I 49 f.; Taf. 20,4).

Bayern:

5. Munningen, Lkr. Donau-Ries: Kastellgraben, 2. Jh.n. Chr.
(D. Baatz, Das Kastell Munningen im Nördlinger Ries. Saalburg-Jahrbuch 33, 1976, 52 Abb. 27,13).
6. Oberstimm, Kastell: ca. 40–80 n. Chr.
(Schönberger, Oberstimm Taf. 61, D 11–12).

Schweiz:

7. Basel-Münsterhügel, Bäumleingasse, Grube 10, frühaugust.: ca. 15 v. Chr.

(R. Fellmann, Basel in römischer Zeit. Monogr. zur Ur- und Frühgesch. der Schweiz 10 [Basel 1955] 94 Taf. 5,21).

8. Basel-Münsterhügel, august. Militärstation: ca. 15 v. Chr.
(Furger-Gunti, Basler Münster Taf. 18, 294 [Schicht 3 unten]; Taf. 30,524 [Schicht 3 oben]).

9. Oberwinterthur ZH: röm. Vicus, Bauphase A, 1 v. Chr.–20 n. Chr.
(Rychener u. a., Oberwinterthur 2 Taf. 4 A, Komplex 410,27).

10. Schleitheim SH, ohne datierende Fundzusammenhänge: 1.–3. Jh.
(Urner-Astholz, Schleitheim Taf. 52,2).

11. Vindonissa AG, Legionslager: ca. 10 v. Chr.–16/17 n. Chr.
(Meyer-Freuler, Vindonissa Taf. 21,336 [wohl sekundär verlagert]).

12. Vindonissa AG, Legionslager: 16/17–45/46 n. Chr.
(T. Tomasevič, Die Keramik der XIII. Legion aus Vindonissa. Veröff. Ges. Pro Vindonissa 7 [Brugg 1970] Taf. 19,18).

13. Zürich-Lindenhof, august. Militärstation: ca. 15 v. Chr.
(Vogt, Lindenhof 158 Abb. 31,17).

Liste 6: JüngerlatènezeitlicheBriquetagetiegel in Südwestdeutschland

(Vgl. Karte 23)

Ehningen BB, Hörnle
(Kat.-Nr. 65, vgl. Wieland, Fellbach-Schmiden und Ehningen Taf. 39,15; 40,1–4).

Fellbach-Schmiden WN, Langen
(Kat.-Nr. 780, vgl. Wieland, Fellbach-Schmiden und Ehningen Taf. 25,20–21; Taf. 26,1–6).

Forchtenberg-Wülfingen KÜN
(schüsselförmige Tiegel; evtl. auch jüngere Zeitstellung, unpubl., nach Koch, Fundber. Schwaben N.F. 19, 1971, 155 Anm. 55)

Gerlingen LB, Breitwiesen
(Kat.-Nr. 370)

Grabenstetten-Burrenhof RT, Bitzlishau
(Kat.-Nr. 429)

Heilbronn-Böckingen HN, Klingenberger Str.
(Kat.-Nr. 294)

Ingelfingen KÜN, Löhle
(Kat.-Nr. 349)

Leingarten-Großgartach HN, Hafnerstraße
(Kat.-Nr. 309)

Neckarsulm HN
(Kat.-Nr. 313)

Schwäbisch Hall SHA, Milchmarkt
(Kat.-Nr. 583)

Vellberg SHA, Stöckenburg
(Kat.-Nr. 596)

Außerhalb unseres Arbeitsgebietes:

Bad Mergentheim TBB, Mittlere Au
(I. Stork, Arch. Ausgrabungen Baden-Württemberg 1983, 78 Abb. 66).

Mannheim-Sandhofen MA, Grabfund
(Gropengießer, Spätlatènezeit 106 Abb. 7; vgl. auch B. Heukemes, Römische Keramik aus Heidelberg [1964] Taf. 40).

Weißenburg, Lkr. Gunzenhausen
(unpubl.)

VIII. Abkürzungen und Literatur

Die Abkürzungen entsprechen den Richtlinien der Römisch-Germanischen Kommission des DAI von 1991 (vgl. Ber. RGK 71, 1990, 975 ff.). Dort aufgeschlüsselte Abkürzungen werden hier nicht nochmals aufgeführt. Die folgende Auflistung enthält die mehrfach mit Titelschlagwort zitierten Arbeiten und einige andere Abkürzungen.

Abkürzungen:

BS	Bodenscherbe(n)	Priv.Bes.	Privatbesitz
DSW	Drehscheibenware	RS	Randscherbe(n)
Inv.-Nr.	Inventarnummer	Slg.	Sammlung(en)
JLT	Jüngere Latènezeit	SLT	Spätlatène
LDA	Landesdenkmalamt	WLM	Württembergisches Landesmuseum
MK	Münzkabinett des Württem-bergischen Landesmuseums		Stuttgart
		WS	Wandscherbe(n)
MLT	Mittellatène	ZV	Zugangsverzeichnis

Abgekürzte Literatur:

AuhV	Altertümer unserer heidnischen Vorzeit
Behrends, Gerichtstetten	R.-H. Behrends, Die Funde aus der Viereckschanze von Gerichtstetten, Gem. Hardheim, Neckar-Odenwald-Kreis. Fundber. Baden-Württemberg 6, 1981, 311 ff.
Bernhard, Militärstationen	H. Bernhard, Militärstationen und frührömische Besiedelung in augusteisch-tiberischer Zeit am nördlichen Oberrhein. In: Studien zu den Militärgrenzen Roms III. Vortr. des 13. Intern. Limeskongress Aalen 1983. Forsch. u. Ber. Vor- u. Frühgesch. Baden-Württemberg 20 (Stuttgart 1986) 105 ff.
Biel, Höhensiedlungen	J. Biel, Vorgeschichtliche Höhensiedlungen in Südwürttemberg-Hohenzollern. Forsch. u. Ber. Vor- u. Frühgesch. Baden-Württemberg 24 (Stuttgart 1987).
Binder, Höhlenführer	H. Binder, Höhlenführer Schwäbische Alb. Höhlen-Quellen-Wasserfälle. (Stuttgart ³1989).
Binder, Nacheiszeitliche Funde	U. Binder, Nacheiszeitliche Funde aus Höhlen der Schwäbischen Alb. Unterlagen für ein Dissertationsvorhaben (Masch. Manuskript Tübingen 1954/55).
Bissinger, Münzen	K. Bissinger, Funde römischer Münzen im Großherzogtum Baden (Karlsruhe/Bielefeld 1889).
Bittel, Kelten	K. Bittel, Die Kelten in Württemberg. Röm.-Germ. Forsch. 8 (Berlin/Leipzig 1934).
Bittel, Viereckschanzen und Grabhügel	K. Bittel, Viereckschanzen und Grabhügel – Erwägungen und Anregungen. Zeitschr. Schweiz. Arch. und Kunstgesch. 35, 1978, 1 ff.
Bittel/Kimmig/Schiek, Die Kelten in Baden-Württemberg	K. Bittel/ W. Kimmig/S. Schiek, Die Kelten in Baden-Württemberg (Stuttgart 1981).
Bittel/Schiek/Müller, Viereckschanzen	K. Bittel/S. Schiek/D. Müller, Die keltischen Viereckschanzen. Atlas arch. Geländedenkm. Baden-Württemberg 1 (Stuttgart 1990).
Boos, Oppidum	A. Boos, „Oppidum" im caesarischen und im archäologischen Sprachgebrauch – Widersprüche und Probleme. Acta Praehist. et Arch. 21, 1989, 53 ff.
Buchsenschutz/Olivier, Les Viereckschanzen	O. Buchsenschutz/ L. Olivier, Les Viereckschanzen et les enceintes quadrilaterales en Europe Celtique. Actes du IXe Colloque de l'A.F.E.A.F., Chateaudun, 16–19 mai 1985 (Paris 1989).

Brunaux, Sanctuaires	J.-L. Brunaux, Les sanctuaires celtiques et leurs rapports avec le monde mediterranéen. Actes du colloque de St.-Riquier, 8 au 11 novembre 1990 (Paris 1991).
Brunaux/Rapin, Gournay II	J. L. Brunaux/A. Rapin, Gournay II. Boucliers et Lances. Dépôts et Trophées. Rev. Arch. Picardie, No. spécial (Paris 1988).
Christ, Münzfunde	K. Christ, Antike Münzfunde Südwestdeutschlands. Vestigia 3, 1 und 2 (Heidelberg 1960).
van Endert, Bronzefunde	D. van Endert, Die Bronzefunde aus dem Oppidum von Manching. Die Ausgr. in Manching 13 (Stuttgart 1991).
Engels, Donnersberg	H. J. Engels, Der Donnersberg: Ausgrabungen, Forschungen, Geschichte. Bd. 1: Die Viereckschanze (Wiesbaden 1976).
Ettlinger, Augster Thermen	E. Ettlinger, Die Keramik der Augster Thermen. Monogr. zur Ur- und Frühgesch. der Schweiz (Basel 1949).
Ettlinger, Novaesium IX	E. Ettlinger, Die italische Sigillata von Novaesium. Novaesium IX. Limesforsch. 21 (Berlin 1983).
Feugère, Fibules	M. Feugère, Les Fibules en Gaule Méridionale. Rev. Arch. Narbonnaise Suppl. 12 (1985).
Fiedler, Kat. Kirchheim	R. Fiedler, Katalog Kirchheim unter Teck. Die vor- und frühgeschichtlichen Funde im Heimatmuseum. Veröff. Staatl. Amtes Denkmalpfl. Stuttgart Reihe A, Vor- u. Frühgesch. Heft 7 (Stuttgart 1962).
Filtzinger/Planck/Cämmerer,	Ph. Filtzinger/D. Planck/B. Cämmerer, Die Römer in Baden-Württemberg (Stuttgart ³1986).
Fingerlin, Dangstetten	G. Fingerlin, Dangstetten I. Katalog der Funde, Fundstellen 1–603. Forsch. u. Ber. Vor- u. Frühgesch. Baden-Württemberg 22 (Stuttgart 1986).
Fischer, Kappel	F. Fischer, Der spätlatènezeitliche Depot-Fund von Kappel (Kreis Saulgau). Urk. Vor- u. Frühgesch. Südwürttemberg u. Hohenzollern 1 (Stuttgart 1959).
Fischer, Altenburg-Rheinau	F. Fischer, Das Oppidum von Altenburg-Rheinau. Germania 44, 1966, 286 ff.
Fischer, Alte und neue Funde	F. Fischer, Alte und neue Funde der Latène-Periode aus Württemberg. Fundber. Schwaben N.F. 18/I, 1967, 61 ff.
Fischer, Heidengraben	F. Fischer, Der Heidengraben bei Grabenstetten. Führer arch. Denkm. Baden-Württemberg 2 (Stuttgart ³1982).
Fischer, Handwerk bei den Kelten	F. Fischer, Das Handwerk bei den Kelten zur Zeit der Oppida. In: H. Jankuhn/W. Janssen/R. Schmidt-Wiegand/H. Tiefenbach (Hrsg.), Das Handwerk in vor- und frühgeschichtlicher Zeit, II. Abhandl. Akad. Wiss. Göttingen, Phil.-hist. Klasse, 3. Folge 123 (Göttingen 1983) 34 ff.
Fischer, Handel der Mittel- und Spätlatènezeit	F. Fischer, Der Handel der Mittel- und Spätlatènezeit in Mitteleuropa aufgrund archäologischer Zeugnisse. In: K. Düwel/H. Jankuhn/H. Siems/D. Timpe (Hrsg.), Untersuchungen zu Handel und Verkehr der vor- und frühgeschichtlichen Zeit in Mittel- und Nordeuropa. Abhandl. Akad. Wiss. Göttingen, Phil.-hist. Klasse, 3. Folge 143 (Göttingen 1985) 285 ff.
Fischer, Spätlatènezeit	F. Fischer, Südwestdeutschland im letzten Jahrhundert vor Christi Geburt. Anmerkungen zum Forschungsstand der Spätlatènezeit. In: D. Planck (Hrsg.), Archäologie in Württemberg (Stuttgart 1988) 235 ff.
Fischer/Rieckhoff-Pauli/Spindler, Berching-Pollanten	Th. Fischer/ S. Rieckhoff-Pauli/K. Spindler, Grabungen in der spätkeltischen Siedlung im Sulztal bei Berching-Pollanten, Lkr. Neumarkt/Opf. Germania 62, 1984, 311 ff.
Fitzpatrick, Deposition	A. P. Fitzpatrick, The Deposition of La Tène Iron Age Metalwork in Watery Contexts in Southern England. In: B. Cunliffe/D. Miles (Hrsg.), Aspects of Iron Age in Central Southern Britain (Oxford 1984).
Forrer, Kelt. Numismatik	R. Forrer, Keltische Numismatik der Rhein- und Donaulande. Erg. Neuausg., Bd. 1–2 (Graz 1968/69).
Furger-Gunti, Basler Münster	A. Furger-Gunti, Die Ausgrabungen im Basler Münster I. Basler Beitr. Ur- u. Frühgesch. 6 (Derendingen/Solothurn 1979).
Furger-Gunti/Berger, Basel-Gasfabrik	A. Furger-Gunti/L. Berger, Katalog und Tafeln der Funde aus der spätkeltischen Siedlung Basel-Gasfabrik. Basler Beitr. Ur- u. Frühgesch. 7 (Derendingen/Solothurn 1980).
Gebhard, Glasschmuck	R. Gebhard, Der Glasschmuck aus dem Oppidum von Manching. Die Ausgr. in Manching 11 (Stuttgart 1989).
Gebhard, Fibeln von Manching	R. Gebhard, Die Fibeln aus dem Oppidum von Manching. Die Ausgr. in Manching 14 (Stuttgart 1991).
Gerlach, Lebach-Motte	G. Gerlach, Das Gräberfeld „Die Motte" bei Lebach. Katalog: Saarbrücker Beitr. zur Altertumskde. 16 (Bonn 1986). Text: Saarbrücker Beitr. Altertumskde. 15 (Bonn 1986).
Gropengiesser, Spätlatènezeit	E. Gropengiesser, Die Spätlatènezeit im unteren Neckarland und die Suebi Nicretes. (Masch. Diss. Heidelberg 1956).

Hachmann, Gundestrup-Studien   R. Hachmann, Gundestrup-Studien. Untersuchungen zu den spätkeltischen Grundlagen der frühgermanischen Kunst. Ber. RGK 71, 1990, 565 ff.

Haevernick, Glasarmringe   Th. E. Haevernick, Die Glasarmringe und Ringperlen der Mittel- und Spätlatènezeit auf dem europäischen Festland (Bonn 1960).

Haffner, Wederath I–III   A. Haffner, Das keltisch-römische Gräberfeld von Wederath-Belginum. Trierer Grab. u. Forsch. VI,1 (Mainz 1971), VI,2 (Mainz 1974), VI,3 (Mainz 1978).

Haffner, zur pars pro toto-Sitte   A. Haffner, Grab 296. Zur pars pro toto-Sitte und rituellen Zerstörung von Waffen während der Latènezeit. In: A. Haffner, Gräber-Spiegel des Lebens. Schriftenr. des Rhein. Landesmus. Trier 2 (Mainz 1989) 197 ff.

Hartmann/Bellettati/Widmer, Baden-Kappelerhof   M. Hartmann/R. Bellettati/R. Widmer, Eine spätlatènezeitliche Fundstelle in Baden-Kappelerhof. Arch. Schweiz 12, 1989, 45 ff.

Haversath, Agrarlandschaft   J.-B. Haversath, Die Agrarlandschaft im römischen Deutschland der Kaiserzeit (1.–4. Jh.n. Chr.). Passauer Schriften zur Geographie Heft 2 (Passau 1984).

Heinzel, Mainz-Weisenau   E. Heinzel, Zur keltoromanischen Siedlung Mainz-Weisenau. Mainzer Zeitschr. 66, 1971, 165 ff.

Hecht/Jud/Spichtig, Südl. Oberrhein   Y. Hecht/P. Jud/N. Spichtig, Der südliche Oberrhein in spätkeltischer Zeit. Beispiele einer frühgeschichtlichen Region. Arch. Schweiz 14, 1991, 98 ff.

Heiligmann, Alblimes   J. Heiligmann, Der „Alb-Limes". Ein Beitrag zur römischen Besetzungsgeschichte Südwestdeutschlands. Forsch. u. Ber. Vor- u. Frühgesch. Baden-Württemberg 35 (Stuttgart 1990).

Hertlein, Altertümer OA Heidenheim   F. Hertlein, Die Altertümer des Oberamtes Heidenheim (Esslingen 1912).

Höneisen, Merishausen-Barmen   M. Höneisen, Die latènezeitlichen Siedlungsfunde von Merishausen-Barmen (SH). Jahrb. SGU 72, 1989, 99 ff.

Jacobi, Werkzeug und Gerät   G. Jacobi, Werkzeug und Gerät aus dem Oppidum von Manching. Die Ausgr. in Manching 5 (Wiesbaden 1974).

Jankuhn, Siedlungsarchäologie   H. Jankuhn, Einführung in die Siedlungsarchäologie (Berlin/New York 1977).

Jensen, Neuenbürg   I. Jensen, Der Schloßberg von Neuenbürg. Eine Siedlung der Frühlatènezeit im Nordschwarzwald. Materialh. Vor- u. Frühgesch. Baden-Württemberg 8 (Stuttgart 1986).

Kahrstedt, decumates agri   U. Kahrstedt, Die Kelten in den decumates agri. Nachr. Ges. Wiss. Wien, Phil.-Hist. Klasse, Heft 3, 1933, 261 ff.

Kappel, Graphittonkeramik   I. Kappel, Die Graphittonkeramik von Manching. Die Ausgr. in Manching 2 (Wiesbaden 1969).

Kellner, Münzen   H.-J. Kellner, Die Münzfunde von Manching und die keltischen Fundmünzen aus Südbayern. Die Ausgr. in Manching 12 (Stuttgart 1990).

Kelt. Numismatik und Archäologie   G. Grassmann/W. Janssen/M. Brandt (Hrsg.), Keltische Numismatik und Archäologie. Veröff. der Referate des Kolloquiums Keltische Numismatik vom 4. bis 8. Februar 1981 in Würzburg. BAR Intern. Ser. 200 (Oxford 1984). Darin: I. Stork, Überlegungen zur Chronologie spätlatènezeitlicher Potinmünzen am südlichen Oberrhein 420 ff.

Kempa, Antike Eisenverhüttung   M. Kempa, Antike Eisenverhüttung auf der Ostalb. Zwei Jahre archäometallurgische Forschungen. Arch. Inf. Baden-Württemberg 20 (Stuttgart 1991).

Kind, Ulm-Eggingen   C.-J. Kind, Ulm-Eggingen. Die Ausgrabungen 1982–1985 in der bandkeramischen Siedlung und der mittelalterlichen Wüstung. Forsch. u. Ber. Vor- u. Frühgesch. Baden-Württemberg 34 (Stuttgart 1989).

Klee, Arae Flaviae III   M. Klee, Arae Flaviae II. Der Nordvicus von Arae Flaviae. Forsch. u. Ber. Vor- u. Frühgesch. Baden-Württemberg 18 (Stuttgart 1986).

Koch, Kat. Esslingen   R. Koch, Katalog Esslingen. Die vor- und frühgeschichtlichen Funde im Heimatmuseum. Veröff. d. Staatl. Amtes f. Denkmalpfl. Stuttgart. Reihe A, Vor- u. Frühgesch. 14/I–II (Stuttgart 1969).

Koch, Runder Berg VI   U. Koch, Der Runde Berg bei Urach VI. Die Glas- und Edelsteinfunde der Plangrabungen 1967–83. Heidelb. Akad. Wiss. Komm. f. Alamann. Altkde. Schriften Bd. 12 (Heidelberg 1987).

Kost, Württ. Franken   E. Kost, Die Keltensiedlung über dem Haalquell im Kochertal in Schwäbisch Hall. Württ. Franken N.F. 20/21, 1939/40, 39 ff.

Krämer, Grabfunde   W. Krämer, Die Grabfunde von Manching und die latènezeitlichen Flachgräber in Südbayern. Die Ausgr. in Manching 9 (Wiesbaden 1986).

Krahe, Oberschwaben   G. Krahe, Die vorgeschichtliche Besiedlung im württembergischen Oberschwaben (Masch. Diss. Tübingen 1958).

Krause/Wieland, Bopfingen   R. Krause/G. Wieland, Eine keltische Viereckschanze bei Bopfingen am Westrand des Rieses. Ein Vorbericht zu den Ausgrabungen und zur Interpretation der Anlage. Germania 71, 1993, 59 ff.

Kurz, Nachhallstattzeitliche Funde	S. Kurz, Nachhallstattzeitliche Funde aus dem Grabhügelfeld vom Burrenhof. In: Opuscula. Festschr. F. Fischer. Tübinger Beitr. Vor- u. Frühgesch. 2 (Tübingen 1987) 101 ff.
Lenz-Bernhard, Alzey	G. Lenz-Bernhard, Spätlatènezeitliche Siedlungsfunde aus Alzey. Alzeyer Geschichtsbl. 16, 1981, 144 ff.
Mackensen, Kempten-Keckwiese	M. Mackensen, Das römische Gräberfeld auf der Keckwiese in Kempten. Cambodunumforsch. IV. Materialh. Bayer. Vorgesch. A 34 (Kallmünz 1978).
Maier, Keramik	F. Maier, Die bemalte Spätlatène-Keramik in Manching. Die Ausgr. in Manching 3 (Wiesbaden 1970).
Mannsperger, Keltische Münzen	D. Mannsperger, Keltische Münzen aus Baden-Württemberg. Neue Aspekte und Funde. In: G. Grassmann/W. Janssen/M. Brandt (Hrsg.), Keltische Numismatik und Archäologie. Referate des Kolloq. kelt. Numismatik 1981 in Würzburg. BAR Intern. Ser. 200 (Oxford 1984) 230 ff.
Maute, Altenburg	M. Maute, Das Fibelspektrum aus dem spätlatènezeitlichen Oppidum Altenburg, Kr. Waldshut. Arch. Korrbl. 21, 1991, 393 ff.
Merzbacher	E. Merzbacher, Verzeichnis der von Prof. Dr. Otto Seyffer in Stuttgart hinterlassenen Sammlung griechischer und römischer Münzen. I. Nichtrömische, II. Römische Münzen (München 1891).
Meyer-Freuler, Vindonissa	Ch. Meyer-Freuler, Das Praetorium und die Basilika von Vindonissa. Veröff. Ges. Pro Vindonissa 9 (Baden 1989).
Miron, Horath	A. Miron, Das Gräberfeld von Horath. Trierer Zeitschr. 49, 1986, 10 ff.
Müller, Bern-Tiefenau	F. Müller, Der Massenfund von der Tiefenau bei Bern. Antiqua 20 (Basel 1990).
Müller-Vogel, Sissach-Brühl	V. Müller-Vogel, Die spätkeltische Töpfersiedlung von Sissach-Brühl, Kt. Basel-Land. Arch. u. Mus. 5 (Basel 1986).
Nestle, Kgr. Württemberg	W. Nestle, Funde antiker Münzen im Königreich Württemberg (Stuttgart 1893).
Nierhaus, Diersheim	R. Nierhaus, Das swebische Gräberfeld von Diersheim. Röm.-Germ. Forsch. 28 (Berlin 1966).
Nothdurfter, Sanzeno	J. Nothdurfter, Die Eisenfunde von Sanzeno im Nonsberg. Röm.-Germ. Forsch. 38 (Mainz 1979).
OAB	Beschreibung des Oberamtes.
Paret, Urgesch. Württembergs	O. Paret, Urgeschichte Württembergs mit besonderer Berücksichtigung des mittleren Neckarlandes (Stuttgart 1921).
Paret, Württemberg	O. Paret, Württemberg in vor- und frühgeschichtlicher Zeit. Veröff. Komm. Gesch. Landeskde Baden Württemberg Reihe B, 17 (Stuttgart 1961).
Pauli, Problem der Hortfunde	L. Pauli, Einige Anmerkungen zum Problem der Hortfunde. Arch. Korrbl. 15, 1985, 195 ff.
Pescheck, Mainfranken	Chr. Pescheck, Die germanischen Bodenfunde der römischen Kaiserzeit in Mainfranken. Münchner Beitr. Vor- u. Frühgesch. 27 (München 1978)
Peschel, Kelten und Germanen	K. Peschel, Kelten und Germanen während der jüngeren vorrömischen Eisenzeit (2.–1. Jh. v.u.Z.). In: F. Horst/F. Schlette (Hrsg.), Frühe Völker in Mitteleuropa. Historiker-Gesellschaft der DDR, 12. Tagung der Fachgruppe Ur- u. Frühgesch. vom 8.–10. November 1983 in Meiningen (Berlin 1988) 167 ff.
Peters, Meine Tätigkeit	E. Peters, Meine Tätigkeit im Dienst der Vorgeschichte Südwestdeutschlands (Gammertingen 1946).
Pingel, Drehscheibenkeramik	V. Pingel, Die glatte Drehscheibenkeramik von Manching. Die Ausgr. in Manching 4 (Wiesbaden 1971).
Planck, Arae Flaviae I	D. Planck, Arae Flaviae. Neue Untersuchungen zur Geschichte des römischen Rottweil. Forsch. u. Ber. Vor- u. Frühgesch. Baden-Württemberg 6 (Stuttgart 1975).
Planck, Fellbach-Schmiden	D. Planck, Eine neuentdeckte keltische Viereckschanze in Fellbach-Schmiden, Rems-Murr-Kreis. Germania 60, 1982, 105 ff.
Polenz, Dietzenbach	H. Polenz, Mittel- und spätlatènezeitliche Brandgräber aus Dietzenbach, Lkr. Offenbach am Main. Stadt und Kreis Offenbach a.M., Studien u. Forsch. N.F. 4 (Offenbach 1971).
Polenz, Münzen in latènezeitlichen Gräbern	H. Polenz, Münzen in latènezeitlichen Gräbern Mitteleuropas in der Zeit zwischen 300 und 50 v. Chr. Bayer. Vorgeschbl. 47, 1982, 27 ff.
v. Raiser, Oberdonaukreis	J. N. von Raiser, Der Oberdonaukreis im Königreiche Bayern unter den Römern (Augsburg 1830).
Rieckhoff, Hüfingen	S. Rieckhoff, Münzen und Fibeln aus dem vicus des Kastells Hüfingen. Saalburg-Jahrb. 32, 1975, 5 ff.
Rieth, Schwäb. Alb	A. Rieth, Vorgeschichte der Schwäbischen Alb unter besonderer Berücksichtigung der mittleren Alb. Mannus-Bücherei 61 (Leipzig 1938).

Riha, Fibeln von Augst	E. Riha, Die römischen Fibeln aus Augst und Kaiseraugst. Forsch. Augst 3 (Augst 1979).
RiW	F. Hertein/O. Paret/P. Goessler, Die Römer in Württemberg I (Stuttgart 1928), II (Stuttgart 1930), III (Stuttgart 1928).
Ruoff, Marthalen	U. Ruoff, Eine Spätlatènesiedlung bei Marthalen. Jahrb. SGU 51, 1964, 47 ff.
Rybová/Motyková, Kolín	A. Rybová/K. Motyková, Der Eisendepotfund der Latènezeit von Kolín. Památky Arch. 74, 1983, 96 ff.
Rychener u. a., Oberwinterthur 2	J. Rychener/P. Albertin u. a., Beiträge zum römischen Vitudurum-Oberwinterthur 2. Ber. Zürcher Denkmalpfl., Monogr. 2 (Zürich 1986).
Rychener, Oberwinterthur 3	J. Rychener, Beiträge zum römischen Oberwinterthur-Vitudurum 3. Ber. Zürcher Denkmalpfl., Monogr. 6 (Zürich 1988).
Schindler, Spätkeltische Befestigungen	R. Schindler, Die Altburg von Bundenbach und andere spätkeltische Befestigungen im Trevererland. In: Ausgrabungen in Deutschland I (Mainz 1975) 273 ff.
Schindler, Altburg	R. Schindler, Die Altburg von Bundenbach. Trierer Grab. u. Forsch. 10 (Mainz 1977).
Schönberger, Wetterau	H. Schönberger, Die Spätlatènezeit in der Wetterau. Saalburg-Jahrb. 11, 1952, 21 ff.
Schönberger, Oberstimm	H. Schönberger, Kastell Oberstimm. Die Grabungen von 1968 bis 1971. Limesforsch. 18 (Berlin 1978).
Schreiber, Taschenbuch	H. Schreiber, Taschenbuch für Geschichte und Alterthumskunde in Süddeutschland III (1841).
Schwab, Correction	H. Schwab, Archéologie de la 2e Correction des Eaux du Jura. Vol. 1 – Les Celtes sur la Broye et la Thielle. Arch. Fribourgeoise 5 (Fribourg 1989).
Schwarz, Temenos	K. Schwarz, Die Geschichte eines keltischen Temenos im nördlichen Alpenvorland. In: Ausgrabungen in Deutschland I (Mainz 1975) 324 ff.
Seewald, Kr. Ulm	Ch. Seewald, Archäologischer Fundkatalog. Beilage zu: Der Stadt- und der Landkreis Ulm. Amtl. Kreisbeschreibung (Ulm 1972).
Sievers, Waffen von Manching	S. Sievers, Die Waffen von Manching unter Berücksichtigung des Übergangs von LT C zu LT D. Ein Zwischenbericht. Germania 67, 1989, 97 ff.
Sitterding, Yverdon	M. Sitterding, La céramique de l'époque de La Tène à Yverdon. Fouilles de 1961. Jahrb. SGU 52, 1965, 101 ff.
Sixt	G. Sixt, Regenbogenschüsselchen und andere keltische Münzen aus Württemberg (und Hohenzollern). Fundber. Schwaben 6, 1898, 37 ff.
Staehelin, Schweiz	F. Staehelin, Die Schweiz in römischer Zeit (Basel ³1948).
Stather, Militärpolitik	H. Stather, Die römische Militärpolitik am Hochrhein unter besonderer Berücksichtigung von Konstanz. Konstanzer Dissertationen 100 (Konstanz 1986).
Stein, Hortfunde	F. Stein, Katalog der vorgeschichtlichen Hortfunde in Süddeutschland. Saarbrücker Beitr. Altkde. 24 (Bonn 1979).
Stöckli, Keramik	W. E. Stöckli, Die Grob- und Importkeramik von Manching. Die Ausgr. in Manching 8 (Wiesbaden 1979).
Stoll, Oberes Gäu	H. Stoll, Urgeschichte des Oberen Gäus (Öhringen 1933).
Stoll, Oberes Neckargebiet/Baar	H. Stoll, Urgeschichte des Oberen Neckargebiets und der Baar. Abschrift des Masch. Manuskripts (Rottweil 1945).
Stork, Breisach-Hochstetten	I. Stork, Die mittel- und spätlatènezeitliche Siedlung von Breisach-Hochstetten. (Diss. München 1979).
Timpe, Handwerk	D. Timpe, Das keltische Handwerk im Lichte der antiken Literatur. In: H. Jankuhn/ W. Janssen/R. Schmidt-Wiegand/H. Tiefenbach (Hrsg.), Das Handwerk in vor- und frühgeschichtlicher Zeit, I. Abhandl. Akad. Wiss. Göttingen, Phil.-Hist. Klasse, 3. Folge 123 (Göttingen 1983) 36 ff.
Timpe, Handel nach historischen Quellen	D. Timpe, Der keltische Handel nach historischen Quellen. In: K. Düwel/ H. Jankuhn/H. Siems/D. Timpe (Hrsg.), Untersuchungen zu Handel und Verkehr der vor- und frühgeschichtlichen Zeit in Mittel- und Nordeuropa. Abhandl. Akad. Wiss. Göttingen, Phil.-hist. Klasse, 3. Folge 143 (Göttingen 1985) 258 ff.
Torbrügge, Flußfunde	W. Torbrügge, Vor- und frühgeschichtliche Flußfunde. Zur Ordnung und Bestimmung einer Denkmälergruppe. Ber. RGK 51/52, 1970/71, 1 ff.
Tour, de la	H. de la Tour, Atlas de monnaies Gauloises (Paris 1892).
UFAS IV	Ur- und frühgeschichtliche Archäologie der Schweiz IV (Basel 1974).
Ulbert, Aislingen und Burghöfe	G. Ulbert, Die römischen Donaukastelle Aislingen und Burghöfe. Limesforsch. 1 (Berlin 1959).
Ulbert, Lorenzberg	G. Ulbert, Der Lorenzberg bei Epfach. Die frührömische Militärstation. Epfach 3. Münchner Beitr. Vor- u. Frühgesch. 9 (München 1965).

Urner-Astholz, Eschenz	H. Urner-Astholz, Die römerzeitliche Keramik von Eschenz-Tasgetium. Thurgauische Beitr. zur vaterländ. Geschichte 78 (Frauenfeld 1942).
Urner-Astholz, Schleitheim	H. Urner-Astholz, Die römerzeitliche Keramik von Schleitheim-Juliomagus. Schaffhauser Beitr. zur vaterländ. Geschichte 23 (Thayngen 1946).
Venclová, parure celtique	N. Venclová, La parure celtique en verre en Europe centrale. In: M. Feugère (Hrsg.), Le verre préromain en Europe occidentale (Montagnac 1989) 85 ff.
Vogt, Lindenhof	E. Vogt, Der Lindenhof in Zürich (Zürich 1948).
Vouga, La Tène	P. Vouga, La Tène. Monographie de la station-publiée au nom de la Commission des Fouilles de La Tène (Leipzig 1923).
Wagner, Fundstätten	E. Wagner, Fundstätten und Funde aus vorgeschichtlicher, römischer und alamannisch-fränkischer Zeit im Großherzogtum Baden. 1. Teil: Das badische Oberland (Tübingen 1908). 2. Teil: Das badische Unterland (Tübingen 1911).
Walter, Thüringer Höhlen	D. Walter, Thüringer Höhlen und ihre holozänen Bodenaltertümer. Weimarer Monogr. Ur- u. Frühgesch. 14 (Weimar 1985).
Wieland, Fellbach-Schmiden und Ehningen	G. Wieland, Die Keramik und die Kleinfunde aus den keltischen Viereckschanzen von Fellbach-Schmiden (Rems-Murr-Kreis) und Ehningen (Kr. Böblingen). Mag.-Hausarbeit München 1988.
Wieland, Spätkeltische Traditionen	G. Wieland, Spätkeltische Traditionen in Form und Verzierung römischer Grobkeramik. Fundber. Baden-Württemberg 18, 1993, 61 ff.
Wieland, Augusteisches Militär	G. Wieland, Augusteisches Militär an der oberen Donau? Germania 72, 1994, 205 ff.
Wielandt, Fundmünzen	F. Wielandt, Keltische Fundmünzen aus Baden. Jahrb. f. Numismatik u. Geldgesch. 14, 1964, 97 ff.
Will, Amphoras from Manching	E. L. Will, The Roman Amphoras from Manching: a Reappraisal. Bayer. Vorgeschbl. 52, 1987, 30 ff.
Winghart, Vorgesch. Deponate	S. Winghart, Vorgeschichtliche Deponate im ostbayerischen Grenzgebirge und im Schwarzwald. Zu Horten und Einzelfunden in Mittelgebirgslandschaften. Ber. RGK 67, 1986, 89 ff.
Ziegaus, Münzumlauf	B. Ziegaus, Der latènezeitliche Münzumlauf in Franken. Bayer. Vorgeschbl. 54, 1989, 69 ff.
Zimmermann, Urgesch. Opferfunde	W. H. Zimmermann, Urgeschichtliche Opferfunde aus Flüssen, Mooren, Quellen und Brunnen Südwestdeutschlands. Neue Ausgr. u. Forsch. Niedersachsen 6, 1970, 53 ff.
Zürn, Göppingen und Ulm	H. Zürn, Die vor- und frühgeschichtlichen Geländedenkmale und die mittelalterlichen Burgstellen der Kreise Göppingen und Ulm. Veröff. Staatl. Amtes f. Denkmalpf. Stuttgart, Reihe A, Vor- u. Frühgesch. 6 (Stuttgart 1961).
Zürn, Grabfunde	H. Zürn, Hallstattzeitliche Grabfunde in Württemberg und Hohenzollern. Forsch. u. Ber. Vor- u. Frühgesch. Baden-Württemberg 25 (Stuttgart 1987).
Zürn, Kat. Schwäbisch Hall	H. Zürn, Katalog Schwäbisch Hall. Die vor- und frühgeschichtlichen Funde im Keckenburgmuseum. Veröff. Staatl. Amt f. Denkmalpfl. Stuttgart, Reihe A, Vor- u. Frühgesch. 9 (Stuttgart 1965).
Zürn/Fischer, Tomerdingen	H. Zürn/F. Fischer, Die keltische Viereckschanze von Tomerdingen (Gem. Dornstadt, Alb-Donau-Kreis). Materialh. Vor- u. Frühgesch. Baden-Württemberg 14 (Stuttgart 1991).

IX. Katalog

Vorbemerkungen zum Katalog und zur Fundkartierung

Der vorliegende Katalog umfaßt die jüngerlatènezeitlichen (LT C/D) Siedlungs- und Einzelfunde, die Viereckschanzen, sowie einige Grabfunde. Ursprünglich sollten nur die spätlatènezeitlichen (LT D) Funde katalogisiert werden, allerdings war in vielen Fällen eine zeitliche Eingrenzung nach LT C oder D nicht möglich, so daß der Katalog jetzt auch einen Teil der mittellatènezeitlichen Funde einschließt (vor allem die Aufnahme der jüngeren mittellatènezeitlichen Funde im Sinne von LT C2 war notwendig).

Unter dem Oberbegriff *Siedlungsfunde* werden hier Objekte verstanden, die aus entsprechenden Befunden geborgen wurden (z. B. Gruben, Grubenhäuser). Bei einer starken Konzentration von Lesefunden und Hinweisen auf Baustrukturen scheint es ebenfalls angebracht, von Siedlungsfunden zu sprechen. Die zahlreichen Höhlenfunde können auf verschiedenste Art der Höhlennutzung im profanen und kultischen Bereich hinweisen. *Einzelfunde* umfassen sowohl Depot- und Gewässerfunde, als auch einzelne Fundmünzen und vereinzelte Lesefunde (meist Keramik). Die *Viereckschanzen* wurden als Bodendenkmale der jüngeren Latènezeit ebenfalls in den Katalog aufgenommen, da ein Bezug dieser Anlagen zu zeitgleichen ländlichen Siedlungen besteht. Die Funde aus Viereckschanzen wurden aber hier nicht nochmals abgebildet und beschrieben, da sie erst 1990 von S. Schiek und vom Autor im Atlas der Viereckschanzen katalogisiert worden sind. Auf dieses Werk wird an den jeweiligen Stellen verwiesen.

Von den *Grabfunden* wurden nur solche in den Katalog aufgenommen, die möglicherweise in die Spätlatènezeit, bzw. an den Übergang LT C/D gehören. Es handelt sich meist um Grabhügelnachbestattungen. Einige Grabfunde, die in der älteren Literatur als spätlatènezeitlich geführt werden, deren Datierung aber in Frage gestellt werden muß, sind ebenfalls berücksichtigt.

In seinem Aufbau ist der Katalog folgendermaßen gegliedert: Die Fundstellen wurden nach Landkreisen geordnet aufgelistet und durchlaufend numeriert (diese Nummer wird auch auf der Übersichtskarte beim jeweiligen Fundstellensymbol angegeben). Die Landkreise sind in der alphabetischen Reihenfolge ihrer offiziellen Kurzbezeichnungen, bzw. KFZ-Kennungen, aufgeführt (vgl. hierzu: Gemeinden und Gemeindeteile in Baden-Württemberg. Ein Verzeichnis mit Lageangaben für etwa 7300 Ortsnamen, hrsg. vom Landesvermessungsamt Baden-Württemberg (Stuttgart 1981-Ausgabe 1987)):

AA:	Ostalbkreis
BB:	Böblingen
BC:	Biberach
BL:	Zollernalbkreis
CW:	Calw
ES:	Esslingen
FDS:	Freudenstadt
FN:	Bodenseekreis
GP:	Göppingen
HDH:	Heidenheim
HN:	Heilbronn
KN:	Konstanz
KÜN:	Hohenlohekreis
LB:	Ludwigsburg
PF:	Enzkreis
RT:	Reutlingen
RV:	Ravensburg
RW:	Rottweil
SHA:	Schwäbisch Hall
SIG:	Sigmaringen
TÜ:	Tübingen
TUT:	Tuttlingen
UL:	Alb-Donau-Kreis
VS:	Schwarzwald-Baar-Kreis
WN:	Rems-Murr-Kreis

Innerhalb der Kreise wurden die Fundorte alphabetisch angeordnet. Ortschaften, die bei der Verwaltungsreform 1975 in eine größere Ortschaft eingemeindet wurden, werden unter dieser aufgeführt (z. B. Ursprung unter Lonsee-Ursprung). Das Landkreis-Kürzel hinter dem Ortsnamen dient zur leichteren Orientierung und erspart das Blättern und Suchen nach dem zugehörigen Landkreis. Liegen mehrere Fundstellen auf dem Gebiet einer Gemeinde, werden diese in der Regel auch als eigene Katalognummer geführt. Ausgenommen sind benachbarte Fundstellen, bei denen die Zugehörigkeit zu einem großen Komplex (z. B. eine große Siedelfläche) wahrscheinlich ist und nicht mehr lokalisierbare Altfunde. Fundort und Gemeinde stehen hinter der Katalognummer, die nähere Fundstellenbezeichnung (z. B. Flurname, Straße, Höhle, etc.) in der nächsten Zeile darunter. Unter der Fundortbezeichnung findet sich die Nummer der zugehörigen topographischen Karte 1:25000. Nach der Beschreibung der Fundstelle und der Fundumstände wird der Verbleib der Funde angegeben (falls bekannt). Es folgt (bei abgebildeten Objekten) der Tafelverweis und die Beschreibung. Aus anderen Publikationen übernommene Abbildungen werden am Ende der jeweiligen Beschreibung nachgewiesen. Am Ende jeder Katalognummer werden die Quellen und Literaturhinweise angegeben.

Im Anhang des Katalogs sind die Funde aus der Siedlung von Harburg-Heroldingen, Lkr. Donau-Ries (Bayern) erfasst.

Die im Katalog verwendeten Abkürzungen sind nach den neuesten Richtlinien der RGK aufgeschlüsselt (vgl. Ber. RGK 71, 1990, 973 ff.), für nach Autorennamen abgekürzt zitierte Monographien oder größere Aufsätze vergleiche man das Abkürzungsverzeichnis .

Es wurde versucht den Abbildungsmaßstab möglichst einheitlich zu gestalten (Keramik 1:3, Kleinfunde 1:1), was aber bei manchen aus der Literatur übernommenen Abbildungen und großen Objekten (z. B. Schwerter) nicht möglich war. Der jeweilige Maßstab ist auf den Tafeln angegeben. Münzen wurden bis auf wenige Ausnahmen nicht abgebildet, da der dazu nötige arbeitstechnische und finanzielle Aufwand den Rahmen der Arbeit gesprengt hätte.

Der Katalog wurde auf dem Stand der Forschung von 1991 erstellt. Letzte Nachträge erfolgten bis 1994, was dazu führte, daß die bereits erfolgte Katalognumerierung durch angehängte Buchstaben ergänzt werden mußte (z. B. 96 A).

Ostalbkreis (AA)

1. Aalen AA
Maueräcker oder Burgstall
7126
Bei den Maueräckern oder beim Burgstall wurde ein Regenbogenschüsselchen (Streber 60) gefunden.
Verbleib?
Lit.: FMRD II 4 Nr. 4001–1; Bittel, Kelten 28 Nr. 1a; Fundber. Schwaben 6, 1898, 43 Nr. 51,2; Fundber. Schwaben 12, 1904, 84 c3; Ziegaus, Münzumlauf 95 Nr. 154.

2. Aalen AA
Aus der Umgebung von Aalen
7126

Ein Regenbogenschüsselchen (Viertelstater, Streber 83) wurde 1827 in der Umgebung von Aalen gefunden.
Verbleib?
Lit.: FMRD II 4 Nr. 4001–2; Bittel, Kelten 28 Nr. 1b; Fundber. Schwaben 6, 1898, 43 Nr. 51,1; Fundber. Schwaben 12, 1904, 87 c5; Württ. Jahrb. 1831, II, 105; Ziegaus, Münzumlauf 95 Nr. 155.

3. Aalen AA
Bei Aalen
7126
Ein Regenbogenschüsselchen (Viertelstater, Streber 100) wurde bei Aalen gefunden.
Verbleib: Priv.Bes.
Lit.: FMRD II 4 Nr. 4001–3; Bittel, Kelten 28 Nr. 1c; Fundber. Schwaben N.F. 2, 1922/24, 38; Ziegaus, Münzumlauf 95 Nr. 156.

4. Aalen-Wasseralfingen AA
Im Ort
7126
Ein Regenbogenschüsselchen wurde 1828 beim Kanalbau gefunden.
Verbleib?
Lit.: FMRD II 4 Nr. 4050–1; Bittel, Kelten 36 Nr. 124; Memminger, Württ. Jahrb. 1831, 105; Fundber. Schwaben 12, 1904, 87 c5; Ziegaus, Münzumlauf 108 Nr. 298.

5. Aalen-Wasseralfingen AA
Schanze
7126
2,1 km NW des Bahnhofs Wasseralfingen liegt in Flur „Schanze" eine Viereckschanze. 1954 und 1981 wurden hier vorgeschichtliche Scherben gefunden.
Funde: WLM 54/17
Lit.: Bittel/Schiek/Müller, Viereckschanzen 79 ff.

6. Aalen-Westhausen AA
Beim Ort
7127
Beim Ort wurden angeblich keltische Münzen gefunden; vielleicht sind damit die Stücke „aus der Umgebung von Aalen" gemeint.
Verbleib?
Lit.: FMRD II 4 Nr. 4052–1; OAB Ellwangen (1886) 355; Nestle, Kgr. Württemberg Nr. 156; Fundber. Schwaben 6, 1898, 43 Nr. 59, 1; Ziegaus, Münzumlauf 109 Nr. 303.

7. Abtsgmünd AA
Beim Ort
7125
Ein Regenbogenschüsselchen (Viertelstater, Streber 97/98) wurde vor 1904 beim Ort gefunden.
Verbleib: Priv.Bes.
Lit.: FMRD II 4 Nr. 4003–1; Bittel, Kelten 28 Nr. 2; Fundber. Schwaben 12, 1904, 89 l 10; Ziegaus, Münzumlauf 95 Nr. 157.

8. Adelmannsfelden AA
Beim Ort
7026
Ein Regenbogenschüsselchen (Viertelstater, Streber 83) wurde Ende des 19. Jh. bei Adelmannsfelden gefunden.
Verbleib: MK Stuttgart 15 572
Lit.: FMRD II 4 Nr. 4004–1; Bittel, Kelten 29 Nr. 5; Fundber. Schwaben 8, 1898, 78 Nr. 1; Fundber. Schwaben 12, 1904, 87 c 4; Ziegaus, Münzumlauf 95 f Nr. 158.

9. Böbingen a.d. Rems AA
Langer Weg
7125
Bei der Baulanderschließung in Flur „Langer Weg" wurde
1977 eine bronzene Nauheimer Fibel gefunden.
Verbleib: Priv.Bes.
Taf. 1 A
Nauheimer Fibel aus Bronze, auf dem Bügel randbegleiten-
de Rillen; Länge 5,3 cm.
Lit.: Fundber. Baden-Württemberg 8, 1983, 221 f., Abb. 60.

10.Bopfingen AA
Alte Neresheimer Straße
7128
Beim Bau der neuen Volksschule (1967?) wurden jüngerlatè-
nezeitliche Scherben gefunden, darunter drei Kammstrich-
scherben, ein Scherbenwirtel, zwei RS von grobkeramischen
Töpfen mit ausgebogenem Rand (Skizzen der Funde in den
Ortsakten des LDA Stuttgart). Hier wurden angeblich schon
früher Funde gemacht (?).
Funde: Verbleib anscheinend in der Schule Bopfingen. Älte-
re Funde im WLM, Inv.-Nr. 51/102, 56/13 ?
Lit.: Fundber. Schwaben N.F. 12, 1952, 103; Fundber.
Schwaben N.F. 15, 1959, 180; Fundber. Baden-Württemberg
2, 1975, 111.

11.Bopfingen AA
Ipf
7128
Ein subaerates (Bronzekern, vergoldet) Regenbogenschüsselchen (Streber 53) und ein Radamulett sollen zu den Zeiten,
als die „Ipfmesse" noch auf dem Berg stattfand (also vor
1837), auf dem Ipf gefunden worden sein. Anderen Angaben
zufolge sollen sie „beim Ipf" gefunden worden sein. Viel-
leicht ist die Münze identisch mit Kat.-Nr. 12 (s.u.).
Funde: Priv.Bes., heute angeblich verschollen.
Lit.: Arch. Ausgr. Baden-Württemberg 1986 (1987) 324, 323
Abb. 243a; Ziegaus, Münzumlauf 96 Nr. 166; G. Wieland in:
R. Krause, Vom Ipf zum Goldberg. Führer arch. Denkm.
Baden-Württemberg 16 (Stuttgart 1992) 14 ff.

12. Bopfingen AA
Ipf
7128
J. N. von Raiser erwähnt neben römischen Münzen vom Ipf
ein Regenbogenschüsselchen. Möglicherweise ist hier das
oben (Kat.-Nr. 11) erwähnte subaerate Stück gemeint; allerdings zeigt dieses nur noch Reste der Vergoldung. Von Raiser spricht aber ausdrücklich von einem „goldenen Regenbogenschüsselchen" (nicht kartiert, vgl. Kat.-Nr. 11).
Verschollen.
Lit.: v. Raiser, Oberdonaukreis II 68; Nestle, Kgr. Württemberg Nr. 171, 3; FMRD II 4 Nr. 4007–1; Ziegaus, Münzumlauf 96.

13. Bopfingen-Trochtelfingen AA
Oberes Ried/Eschenbuck
7128
Aus dem Bereich des bekannten römischen Gutshofs stam-
men angeblich jüngerlatènezeitliche Funde, u. a. Graphitton-
keramik.
Funde: Priv.Bes.
Lit.: Ortsakten LDA Stuttgart.

14. Bopfingen-Trochtelfingen AA
Kapf
7128
Vor 1841 wurde angeblich „in der nächsten Umgebung von

In einer kleinen Sandgrube war 1922 eine Grube angeschnitten. Aus ihr wurden Scherben, Knochen und ein Spinnwirtel
geborgen, angeblich aus der jüngeren Latènezeit.
Funde: WLM Inv.-Nr. A 1143/1256. Verschollen.
Lit.: Fundber. Schwaben N.F. 1, 1922, 63; Fundber. Schwaben N.F. 2, 1924, 22; Bittel, Kelten 45; Ortsakten LDA Stuttgart.

15. Bopfingen-Flochberg AA
Industriegebiet NO
7128
Bei den Grabungen des LDA kamen 1989–1991 östlich der
Viereckschanze JLT-Siedlungsreste zum Vorschein. In eini-
gen größeren Gruben, die zu einem Gebäudegrundriß
gehören, fanden sich jüngerlatènezeitliche Scherben, große
Teile einer zweiteiligen Drehmühle und ein Fragment eines
dunkelvioletten Glasarmrings der Form Haevernick 10 (LT
C2/D). Aus der Viereckschanze selbst stammen ebenfalls
Keramik und Kleinfunde der jüngeren Latènezeit.
Funde und Befunde dieser Grabung werden von R. Krause
und dem Verfasser wissenschaftlich bearbeitet und zur Publi-
kation vorbereitet.
Funde: LDA Stuttgart.
Lit.: R. Krause, Vorgeschichtliche Siedlungen, Grabenwerke
und Gräber von Bopfingen-Flochberg, Ostalbkreis. Arch.
Ausgr. Baden-Württemberg 1989, 117 ff.; ders., Arch. Ausgr.
Baden-Württemberg 1991; ders., Industriansiedlung im
Egertal bei Bopfingen. Zur Archäologie einer Talaue. Denk-
malpfl. Baden-Württemberg 20, 1991, 92 ff.; ders. in: Führer
arch. Denkm. Baden-Württemberg 16 (Stuttgart 1992) 71 ff.;
ders., Arch. Ausgr. Baden-Württemberg 1991 (1992) 114 ff.;
Krause/Wieland, Bopfingen.

16. Ellenberg AA
Beim Ort
6927
Angeblich wurden bei Ellenberg im 19. Jh. keltische Münzen
gefunden.
Verbleib?
Lit.: FMRD II 4 Nr. 4015–1; Nestle, Kgr. Württemberg
Nr. 149,2; OAB Ellwangen, 355; Ziegaus, Münzumlauf 98
Nr. 185.

17. Ellwangen AA
S der Mühlbergkaserne
7026
Ca. 1949/50 wurde südlich der Mühlbergkaserne eine griechische Münze (Bidrachme, Dat. ca. 300–190 v. Chr.) gefunden. Es scheint aber fraglich, ob das Stück aus jüngerlatènezeitlichen Fundzusammenhängen stammt (nicht kartiert).
Verbleib: Priv.Bes., verschollen.
Lit.: Ortsakten LDA Stuttgart.

18. Ellwangen AA
Umgebung von Ellwangen
7027
In der zweiten Hälfte des 19. Jh. wurde angeblich im Ober-
amt Ellwangen ein Goldstater vom Alexander-Typ gefunden
(nicht kartiert).
Verbleib?
Lit.: FMRD II 4 Nr. 4018–1; Fundber. Schwaben 12, 1904, 82;
Bittel, Kelten 30 Nr. 31 a; Ziegaus, Münzumlauf 98 Nr. 187.

19. Ellwangen AA
Umgebung von Ellwangen
7026
Vor 1841 wurde angeblich „in der nächsten Umgebung von

Ellwangen" ein Regenbogenschüsselchen (Streber Typ 68) gefunden. Die Fundortangabe ist unsicher, evtl. stammt das Stück auch aus Bayern (nicht kartiert).
Verbleib: MK Stuttgart 7841.
Lit.: FMRD II 4 Nr. 4018–2; Fundber. Schwaben 12, 1904, 84 c 7); Schreiber, Taschenbuch III 406, Taf. II,6; Bittel, Kelten 30 Nr. 31 b; Ziegaus, Münzumlauf 98 Nr. 188.

20. Ellwangen AA
Umgebung von Ellwangen
7026
Ein Regenbogenschüsselchen (Viertelstater, Streber 64) wurde angeblich in der Umgebung von Ellwangen gefunden.
Verbleib?
Lit.: FMRD II 4 Nr. 4018–3; Fundber. Schwaben 12, 1904, 86 Nr. 19 a) 1; Bittel, Kelten 30 Nr. 31 c; Ziegaus, Münzumlauf 99 Nr. 190.

21. Ellwangen AA
Umgebung von Ellwangen?
7026
Im 19. Jh. wurde ein Regenbogenschüsselchen (Viertelstater, Streber 99/100) angeblich bei Ellwangen gefunden.
Verbleib: Münzkabinett Augsburg, Inv.-Nr. 6.
Lit.: FMRD II 4 Nr. 4018–4; Fundber. Schwaben 12, 1904, 88 Nr. i) 3; Bittel, Kelten 30 Nr. 31 d; Ziegaus, Münzumlauf 99 Nr. 189.

22. Ellwangen AA
Umgebung von Ellwangen?
7026
Ein Regenbogenschüsselchen (Viertelstater, Streber 95/96) wurde angeblich in der Umgebung von Ellwangen gefunden.
Verbleib: Münzkabinett Augsburg Inv.-Nr. 5.
Lit.: FMRD II 4 Nr. 4018–5; Fundber. Schwaben 12, 1904, 88 Nr. k) 2; Bittel, Kelten 30 Nr. 31 e; Ziegaus, Münzumlauf 99 Nr. 191.

23. Ellwangen AA
Bei Ellwangen
7026
Ein Regenbogenschüsselchen (Streber 44/45) wurde bei Ellwangen gefunden.
Verbleib?
Lit.: FMRD II 4 Nr. 4018–6; Nestle, Kgr. Württemberg Nr. 147,6; Ziegaus, Münzumlauf 99 Nr. 192.

24. Ellwangen AA
Umgebung von Ellwangen?
7026
Ein Regenbogenschüsselchen (ähnlich Streber 53) stammt angeblich aus der Umgebung von Ellwangen (nicht kartiert).
Verbleib: Priv.Bes., verschollen
Lit.: FMRD II 4 Nr. 4019–1; Nestle, Kgr. Württemberg Nr. 147,7; Schreiber, Taschenbuch III 406; Ziegaus, Münzumlauf 99 Nr. 193.

25. Ellwangen AA
Bei Ellwangen
7026
Bei Ellwangen wurde ein Regenbogenschüsselchen (Streber 86) gefunden.
Verbleib: MK Stuttgart 1304.
Lit.: Ziegaus, Münzumlauf 99 Nr. 194.

26. Ellwangen-Pfahlheim AA
Berg
7027

In der Flur „Berg", 0,5 km N von Halheim und 0,2 km O von Punkt 523,9, fand R. Schmid jüngerlatènezeitliche Keramik, u. a. eine RS einer Schüssel.
Verbleib: Priv.Bes.
Lit.: Fundber. Schwaben N.F. 16, 1962, 206.

27. Ellwangen-Pfahlheim AA
Bei Pfahlheim?
7027
Angeblich wurde bei Pfahlheim ein Goldstater (Alexander d.Gr.) gefunden.
Verbleib: Priv.Bes.
Lit.: FMRD II 4 Nr. 4040–1; Nestle, Kgr.Württemberg Nr. 153,1.

28. Ellwangen-Pfahlheim AA
Altes Schloß
7027
2,7 km ONO der Kirche von Pfahlheim liegt in der Waldabteilung „Altes Schloß" eine Viereckschanze.
Lit.: Bittel/Schiek/Müller, Viereckschanzen 149 ff.

29. Ellwangen-Röhlingen AA
Hornbreite/Lindenstumpf
7027
Neben mesolithischen und neolithischen Funden fand R. Schmid in den Fluren „Hornbreite" und „Lindenstumpf" auch jüngerlatènezeitliche Scherben, darunter Graphittonkeramik.
Funde: Priv.Bes.
Lit.: Fundber. Schwaben N.F. 16, 1962, 206; Fundber. Schwaben N.F. 18/II, 1967, 36.

30. Ellwangen-Röhlingen AA
Haselfeld
7027
Neben neolithischen Silexgeräten fand R. Schmid in der Flur „Haselfeld" JLT-Scherben, u. a. Graphittonkeramik.
Verbleib: Priv.Bes.
Lit.: Fundber. Baden-Württemberg 2, 1975, 45.

31. Eschach-Vellbach AA
Götzenloch
7125
Angeblich wurde vor 1789 in der Flur „Götzenloch" ein Regenbogenschüsselchen gefunden.
Verbleib?
Lit.: FMRD II 4 Nr. 4426–1; Fundber. Schwaben N.F. 7, 1930/32, 19, 63; Bittel, Kelten 36 Nr. 123; Prescher, Geschichte von Limpurg II (1789) 289; Ziegaus, Münzumlauf 108 Nr. 296.

32. Iggingen AA
Birkichäcker
7125
Neben mesolithischen und neolithischen Funden fanden sich in den „Birkichäckern", 1 km WSW vom Ort auch zahlreiche jüngerlatènezeitliche Reste, u. a. Kammstrichkeramik, Graphitton, Scherbenwirtel und eine blaue Glasperle.
Funde: Priv.Bes.
Taf. 1 C
1.–2. RS von Töpfen oder Schüsseln mit eingebogenem Rand.
3. RS von Topf mit Steilrand (?).
4. RS von Gefäß mit ausgebogenem Rand.
5.–7. RS von Töpfen (?) mit nach außen gestrichenem Wulstrand.
8. RS von Topf mit Wulstrand, Graphitton?

9. RS von Graphittontopf, DSW, Rippe im Halsbereich.
10. WS, Graphitton, DSW, Kammstrich.
11. WS, Kammstrich.
12. WS, Kammstrich.
13. WS, Graphitton, DSW, grober Kammstrich.
14. Scherbenrundel, Dm. ca. 3 cm.
15. profilierter Spinnwirtel.
16. RS von Gefäß mit ausgebogenem Rand, DSW?, Bohrung im Halsbereich.
(Abb. nach Fundber. Schwaben N.F. 16, 1962, Taf. 31 B).
Lit.: Fundber. Schwaben N.F. 16, 1962, 243, Taf. 31 B; Fundber. Baden-Württemberg 5, 1975, 4; Ortsakten LDA Stuttgart.

33. Kirchheim am Ries AA
Kirchheimer Holz
7128
1,5 km NW des Klosters Kirchheim und 0,15 km S der Kapelle von Jagstheim liegt im Wald „Kirchheimer Holz" eine Viereckschanze.
Lit.: Bittel/Schiek/Müller, Viereckschanzen 208 ff.

34. Kirchheim am Ries-Benzenzimmern AA
Ohrenberg
7128
Schon Frickhinger erwähnt spätkeltische Lesefunde vom „Ohrenberg" bei Benzenzimmern. Nachdem ein Sammler aus Kirchheim von dort einige Frühlatènefunde und JLT-Glasfunde vorgelegt hatte, nahm das LDA Stuttgart 1989 eine Grabung vor. Im Fundmaterial sind Kleinfunde und Keramik des Zeitabschnitts Ha D3 bis LT C2 vertreten. Auch einige römische Stücke fanden sich. Das Fundmaterial wird im Rahmen einer Tübinger Magisterarbeit vorgelegt.
Funde: Priv.Bes.; LDA Stuttgart; Mus. Nördlingen.
Lit.: Nördlinger Jahrb. 9, 1922/24, 20; 10, 1925/26, 31; W. Dehn, Bodendenkmale Ries 14; Fundber. Schwaben N.F. 9, 1935–38, 69; R. Krause, Ein keltischer Siedlungsplatz am Westrand des Rieses bei Kirchheim-Benzenzimmern, Ostalbkreis. Arch. Ausgr. Baden-Württemberg 1989, 112 ff.

35. Lauchheim AA
Vorderer Lindich
7127
Ca. 0,25 km WNW der Viereckschanze bei Hettelsberg fand R. Schmid neben einigen Silices jüngerlatènezeitliche Scherben, darunter auch Graphitton.
Funde: Priv.Bes.
Lit.: Fundber. Baden-Württemberg 2, 1975, 119.

36. Lauchheim AA
Stettberg
7127
In Flur „Stettberg" nahe der Viereckschanze wurde eine Goldmünze (Typ „Globule à la croix", vgl. Forrer I, 468) gefunden.
Verbleib: MK Stuttgart, ZV 3097.
Lit.: FMRD II 4 Nr. 4032–1; Fundber. Schwaben 18, 1910, 78 Nr. 2; Bittel, Kelten 32 Nr. 68; Ellwanger Jahrb. 1910, 118 f.; Ziegaus, Münzumlauf 103 Nr. 236.

37 A. Lauchheim AA
Burstel
7127
1,7 km N der Kirche von Lauchheim und 0,3 km O von Hettelsberg liegt in Flur „Burstel" eine Viereckschanze. 1984 wurde im Innenraum eine wohl jüngerlatènezeitliche Randscherbe gefunden. Direkt außerhalb der Anlage und 0,25 km

WNW („Vorderer Lindich", s.o.) fanden sich weitere jüngerlatènezeitliche Scherben.
Funde: WLM.
Lit.: Bittel/Schiek/Müller, Viereckschanzen 234 ff.

37 B. Lorch AA
Römisches Gräberfeld
7124
In einem römischen Brandgrab wurde der Boden eines Graphittongefäßes gefunden.
Verbleib: WLM.
Lit.: Fundber. Schwaben N.F. 13, 1952–54, 62 f.

38 A. Neresheim AA
Beuge
7228
1,5 km S vom Ort in der Waldecke der Flur „Beuge" fanden sich 1957 neben urnenfelderzeitlicher und römischer Keramik kammstrichverzierte WS, Graphittonscherben und RS einer Schüssel mit eingebogenem Rand.
Funde: WLM Inv.-Nr. V 58/12.
Lit.: Fundber. Schwaben N.F. 15, 1959, 148.

38 B. Neresheim AA
Gärtnerei Brenner
7228
Im Juni 1975 wurde im Bereich der Gärtnerei Brenner ein alamannisches Gräberfeld untersucht. Dabei kamen auch latènezeitliche Siedlungsreste zum Vorschein: Es konnten vier runde Zisternen (Dm. ca. 2,5 m) untersucht werden, die in den Lehm eingetieft waren. Aus diesen Gruben stammt spätlatènezeitliche Keramik und eine römische Aucissa-Fibel der Zeit um 50 n. Chr.
Funde: WLM.
Lit.: J. Biel, ein alamannisches Gräberfeld in Neresheim, Ostalbkreis. Arch. Ausgr. 1975 (1976) 58 f.

39. Neresheim AA
Auf dem Härtsfeld
7228
Auf dem Härtsfeld bei Neresheim wurde ein Regenbogenschüsselchen (Viertelstater, Streber 97/98) gefunden.
Verbleib: Priv.Bes.
Lit.: Fundber. Baden-Württemberg 2, 1975, 352; Ziegaus, Münzumlauf 104 Nr. 255.

40. Neresheim-Dorfmerkingen AA
Schloßhof
7127
Im Bereich des römischen Gutshofs in Flur „Schloßhof" fand sich 1958 das Fragment eines dreirippigen blauen Glasarmrings mit gelber Auflage.
Verbleib: Priv.Bes.
Taf. 1 B
Fragment von kobaltblauem Glasarmring, drei Rippen, gelbe Fadenauflage auf allen Rippen (Haevernick 7b; Abb. nach Fundber. Schwaben N.F. 16, 1962, Taf. 29 F).
Lit.: RiW III 296; OAB Neresheim 273; Fundber. Schwaben N.F. 16, 1962, 241, Taf. 29 F; Fundber. Schwaben N.F. 18/II, 1967, 45, 85.

41. Neresheim-Dorfmerkingen AA
Höhle im Dossinger Tal
7127
Aus einer Höhle im Dossinger Tal, 1,1 km SW vom Ort wurden 1963 Scherbenfunde gemeldet. Neben UK-Keramik befanden sich auch JLT-Scherben (u. a. mit Kammstrich) darunter.

Funde: WLM Inv.-Nr. V 60/17; Priv.Bes.
Lit.: Fundber. Schwaben N.F. 16, 1962, 228; Fundber. Schwaben N.F. 18/II, 1967, 70.

42. Neresheim-Kösingen AA
Bei Hohlenstein
7228
Ca. 0,9 km NNW von Hohlenstein und 0,35 km W Pkt. 593,2 fanden sich 1957 auf einer Kuppe vorgeschichtliche Scherben, darunter RS einer Schüssel mit eingebogenem Rand und Graphittonware.
Funde: WLM Inv.-Nr. F 57/23.
Lit.: Fundber. Schwaben N.F. 16, 1959, 160, 202.

43. Neresheim-Kösingen AA
Farzach
7228
1,2 km SW der Kirche von Kösingen liegt im Wald „Farzach" eine Viereckschanze. 1935 wurde hier von E. Frickhinger gegraben, dabei kamen im Wall vorgeschichtliche Scherben und angeblich ein TS-Fragment zutage.
Funde: Mus. Nördlingen.
Lit.: Bittel/Schiek/Müller, Viereckschanzen 272 ff.

44. Neresheim-Ohmenheim AA
An der Straße Neresheim–Hohlenstein
7228
1,2 km SSO vom Ort liegen in den Äckern südlich des Straßenknies der Straße Neresheim–Hohlenstein Siedlungsreste der jüngeren Latènezeit. Es fanden sich eine WS mit Kammstrichbahnen und eine kammstrichverzierte Graphittonscherbe.
Funde: WLM V 57/53.
Lit.: Fundber. Schwaben N.F. 15, 1959, 161.

44 A. Neresheim-Schweindorf AA
Beim Ort
7228
Bei Schweindorf wurde jüngerlatènezeitliche Graphittonkeramik gefunden.
Verbleib: Mus. Nördlingen?
Lit.: Kappel, Graphittonkeramik 158.

45. Neuler AA
Beim Schönberger Hof
7026
Beim Schönberger Hof wurde eine Goldmünze (Teilstück eines Staters Alexander d.Gr.) gefunden. Aus jüngerlatènezeitlichen Zusammenhängen? (nicht kartiert).
Verbleib: Germ. Nationalmuseum Nürnberg, verschollen.
Lit.: FMRD II 4 Nr. 4035–1; Nestle, Kgr. Württemberg Nr. 154,1; Fundber. Schwaben 6, 1898, 43; Fundber. Schwaben 12, 1904, 82; Bittel, Kelten 35 Nr. 105.

46. Oberkochen AA
Höhle im Schmiedefelsen
7226
1,5 km SSW vom Ort liegt im „Schmiedefelsen" oberhalb des Kocherursprungs eine kleine Höhle. Eine kleine Schürfung wurde 1946–1950 von privater Seite vorgenommen, dabei wurden kammstrichverzierte WS und RS einer Schüssel mit eingebogenem Rand gefunden. Als Lesefunde wurden 1972 römische Scherben und eine RS von einem Wulstrandtopf gemeldet.
Funde: WLM Inv.-Nr. 53/45; Priv.Bes.
Lit.: Fundber. Schwaben N.F. 12, 1952, 37; Fundber. Schwaben N.F. 14, 1956, 194; Fundber. Baden-Württemberg 5, 1980, 199.

47. Rainau-Buch AA
Burstel
7026
Beim „Burstel" am Ortsrand wurden angeblich keltische Münzen gefunden.
Verbleib?
Lit.: FMRD II 4 Nr. 4009–1; Nestle, Kgr. Württemberg Nr. 148,18; Ziegaus, Münzumlauf 97 Nr. 171.

48. Rainau-Dalkingen AA
Lindenstumpf
7026
Die unter Ellwangen-Röhlingen genannte Fundstelle in Flur „Lindenstumpf" dehnt sich auch auf Markung Dalkingen aus (hier nicht kartiert).
Funde: Priv.Bes.
Lit.: Fundber. Schwaben N.F. 16, 1962, 241.

49. Rainau-Schwabsberg AA
Umgebung von Schwabsberg
7026
Angeblich wurden in der Umgebung von Schwabsberg im 19. Jh. keltische Münzen gefunden.
Verbleib?
Lit.: FMRD II 4 Nr. 4046–1; Nestle, Kgr. Württemberg Nr. 155; OAB Ellwangen 355; Ziegaus, Münzumlauf 106 Nr. 275.

50. Riesbürg-Goldburghausen AA
Beim Goldberg
7128
Beim Goldberg wurde angeblich ein subaerates Regenbogenschüsselchen (Halbstater) gefunden.
Verbleib: Fürstl. Oettingen-Wallersteinsche Bibliothek und Kunstsammlung Schloß Harburg, Inv.-Nr. 103 b.
Lit.: Ziegaus, Münzumlauf 100 Nr. 204.

51. Riesbürg-Utzmemmingen AA
Höhle Barfüßerloch
7128
E. Frickhinger grub 1928 im „Barfüßerloch"; aus diesen Untersuchungen stammen vorgeschichtliche, römische und mittelalterliche Scherben. Darunter befindet sich auch wenig jüngerlatènezeitliches Material.
Funde: Mus. Nördlingen.
Lit.: RiW III, 388; Fundber. Schwaben N.F. 5, 1930, 24; Binder, Nacheiszeitliche Funde 4; Weismüller, Riesrandgebiet 65.

52. Riesbürg-Pflaumloch AA
Strich
7128
0,5 km N vom Ort wurde in Flur „Strich" 1926 eine spätkeltische Graphittonscherbe gefunden.
Verbleib: WLM A 2247.
Lit.: Fundber. Schwaben N.F. 4, 1928, 64.

53. Schwäbisch Gmünd AA
Bei Schwäbisch Gmünd
7124
Bei Schwäbisch Gmünd wurde angeblich ein Regenbogenschüsselchen (Streber 31) gefunden.
Verbleib?
Lit.: FMRD II 4 Nr. 4432–1; Fundber. Schwaben 12, 1904, 84 Nr. d2; Nestle, Kgr. Württemberg Nr. 157–2; Bittel, Kelten 31 Nr. 43a; Ziegaus, Münzumlauf 106 Nr. 276.

54. Schwäbisch Gmünd AA

Bei Schwäbisch Gmünd?

7124

Angeblich wurde bei Schwäbisch Gmünd eine Silbermünze vom Thasos-Typ gefunden. Unsichere Typenzuweisung und Fundortangabe (nicht kartiert).

Verbleib: Priv.Bes.

Lit.: FMRD II 4 Nr. 4432–1; Fundber. Schwaben 12, 1904, 84 Nr. d2; Nestle, Kgr. Württemberg Nr. 157–2; Bittel, Kelten 31, Nr. 43a; Ziegaus, Münzumlauf 106 f. Nr. 277.

55. Tannhausen AA

Zöbinger Heide

7028

Im Südteil der Zöbinger Heide fand R. Schmid 1962 neben neolithischen Silices vorgeschichtliche Keramik, darunter Graphitton; vermutlich handelt es sich um eine jüngerlatènezeitliche Siedelstelle.

Funde: Priv.Bes.

Lit.: Fundber. Schwaben N.F. 16, 1962, 208.

56. Unterschneidheim AA

Bleiche

7028

Neben mesolithischen Funden fand R. Schmid 1962 in der Flur „Bleiche" auch jüngerlatènezeitliche Keramik, darunter Graphitton.

Funde: Priv.Bes.

Lit.: Fundber. Schwaben N.F. 16, 1962, 208.

57. Unterschneidheim AA

Fischgrüble

7028

Im südlichen Teil der Flur fand R. Schmid jüngerlatènezeitliche Keramik, darunter Graphitton (1962).

Funde: Priv.Bes.

Lit.: Fundber. Schwaben N.F. 16, 1962, 208.

58. Unterschneidheim-Geislingen AA

Lehle

7028

0,8 km O der Kirche von Geislingen liegt im Wald „Lehle" eine Viereckschanze.

Lit.: Bittel/Schiek/Müller, Viereckschanzen 366 ff.

59. Unterschneidheim-Nordhausen AA

NNW vom Ort

7028

0,7 km NNW der Kirche von Nordhausen wurde 1986 aus der Luft eine vermutliche Viereckschanze entdeckt.

Lit.: Bittel/Schiek/Müller, Viereckschanzen 391.

60. Unterschneidheim-Zöbingen AA

Hart

7028

Bei Drainagearbeiten wurden 1936 in der Flur „Hart" in 0,6 m Tiefe zwei eiserne Spitzbarren gefunden.

Funde: WLM Inv.-Nr. A 37/4.

Lit.: Fundber. Schwaben N.F. 9, 1938, 79; Stein, Hortfunde 225.

Kreis Böblingen (BB)

61. Böblingen BB

Am Galgenberg

7320

1921 wurde bei Grabarbeiten in der Landhausstr. 5 am Galgenberg ein vorgeschichtliches Gefäß gefunden, angeblich aus der jüngeren Latènezeit.

Funde: WLM Inv.-Nr. A 1114, verschollen.

Lit.: Fundber. Schwaben N.F. 1, 1922, 61.

62. Böblingen BB

Schönaicher Forst

7320

Beim Baumfällen im Schönaicher Forst wurden 1961 größere Fragmente eines Graphittontiegels gefunden (MA oder LT?).

Funde: WLM Inv.-Nr. F 61/7.

Lit.: Fundber. Schwaben N.F. 16, 1962, 292.

63. Böblingen BB

Bei Böblingen

7320

Im 19. Jh. wurde bei Böblingen eine Silbermünze gefunden (vgl. Forrer 352).

Verbleib: MK Stuttgart.

Lit.: FMRD II 4 Nr. 4074–1; Bittel, Kelten 29 Nr. 16; Fundber. Schwaben 12, 1904, 75 f., XII,1; Nestle, Kgr. Württemberg Nr. 10,4.

64 A. Böblingen BB

Bei Böblingen

7320

Angeblich im 19. Jh. wurden bei Böblingen zwei keltische Münzen gefunden, eine davon soll eine Bronzemünze der Treverer gewesen sein.

Verbleib?

Lit.: FMRD II 4 Nr. 4075–1,2; Nestle, Kgr. Württemberg, Nr. 10; 5,6.

64 B. Böblingen BB

Diezenhalde

7319

1,2 km SSW vom Ort wurden 1859 zwei eiserne Spitzbarren gefunden, die näheren Fundumstände sind unbekannt.

Verbleib?

Lit.: Bittel, Kelten 25 Nr. 15; Christ, Münzfunde 53; Stein, Hortfunde 222 Nr. 513.

65. Ehningen BB

Hörnle

7319

0,9 km SO der Kirche von Ehningen lag in Flur „Hörnle" eine Viereckschanze. Sie wurde vor der Überbauung 1984 von S. Schiek vollständig untersucht, wobei ein reiches Fundmaterial zum Vorschein kam. Die Funde wurden von G. Wieland im Rahmen einer Magisterarbeit ausgewertet und werden zusammen mit denen aus der Schanze Fellbach-Schmiden (Kat.-Nr. 780) publiziert.

Funde: WLM.

Lit.: Bittel/Schiek/Müller, Viereckschanzen 153 ff.; S. Schiek, Arch. Ausgr. Baden-Württemberg 1984, 78 ff.; ders. in: Studien zu Siedlungsfragen der Latènezeit (FS W. Dehn). Veröff. vorgesch. Sem. Marburg 3 (Marburg 1984) 187 ff.; Wieland, Fellbach-Schmiden und Ehningen.

66. Gäufelden-Nebringen BB

Scholler

7419

An der Straße nach Öschelbronn wurden 1931 in Flur Scholler 0,6 km SSW vom Ort Siedlungsreste festgestellt. Es wurden jüngerlatènezeitliche Scherben, u. a. mit Kammstrichverzierung gefunden.

Funde: WLM Inv.-Nr. A 31/332.

Lit.: Bittel, Kelten 44; Fundber. Schwaben N.F. 7, 1932, 43; Fundber. Schwaben N.F. 8, 1933–35, 43; Stoll, Oberes Gäu 98.

67. Herrenberg BB

Bei Herrenberg

7319

Im 19. Jh. wurde bei Herrenberg ein Regenbogenschüsselchen gefunden (Streber 5).

Verbleib?

Lit.: FMRD II 4 Nr. 4081–1; Fundber. Schwaben 12, 1904, 83 a) 2; Bittel, Kelten 31 Nr. 51a; Nestle, Kgr. Württemberg Nr. 80,3.

68. Herrenberg BB

Bei Herrenberg

7319

1880 wurde bei Herrenberg eine keltische Goldmünze („Boii", Drittelstater) gefunden (vgl. Sixt Abb. 11).

Verbleib: MK Stuttgart.

Lit.: FMRD II 4 Nr. 4081–2; Fundber. Schwaben 12, 1904, 92 b) 1; Bittel, Kelten 31 Nr. 51b; Nestle, Kgr. Württemberg Nr. 80,4.

69. Herrenberg-Gültstein BB

Mittlerer Boll

7419

Bei Bauarbeiten im Sommer 1974 wurde ein Grubenhaus von 9 x 4,5 m aufgedeckt. An beiden Schmalseiten und in der Mitte befand sich ein 60 cm tiefes Pfostenloch. Auf dem Boden des Grubenhauses lag eine bis zu 15 cm starke Schicht mit Holzkohleteilen und Scherben. Es fand sich jüngerlatènezeitliche Keramik und das Fragment einer eisernen Herdschaufel.

Funde: Priv.Bes.

Taf. 1 D

1. Eisengerät mit vierkantigem Griff und rechteckigem Blatt (Herdschaufel?), Länge noch 21,9 cm.
2. WS von Graphittongefäß, DSW, sehr dünnwandig, flächige Kammstrichverzierung.
3. RS von tonnenförmigem Topf mit abgesetzter Schulter und nach innen abgestrichenem Rand, Dm. ca. 18 cm; schwarzbrauner Ton, auf der Schulter senkrechte Kerben.
4. RS von Topf mit ausgebogenem Rand, DSW, Dm. 18 cm, feinsandiger Ton, schwarze geglättete Oberfläche.
5. Schüssel mit nach außen abgestrichenem Rand, Dm. 22 cm, schwarzer Ton.
6. Kleiner Topf mit steil aufgebogenem verdicktem Rand, Dm. 11 cm, schwarzer rauher Ton, auf der Schulter verwischter Spatelstrich.

Lit.: Fundber. Baden-Württemberg 8, 1983, 229 Nr. 1, Taf. 128 B.

70. Holzgerlingen BB

Schützenbühl

7320

1848 (nach E. Paulus schon 1838) wurde 1,2 km NNW vom Ort im Schützenbühl die Steinfigur einer doppelgesichtigen Gottheit gefunden. Die 2,3 m hohe Figur besteht aus gelbbraunem Stubensandstein und zeigt eine sorgfältige Bearbeitung. Nach Röder ist die Stele jüngerlatènezeitlich, da die Technik der abschließenden Glättung mit dem Flacheisen erst im Hellenismus aufkommt (vgl. Abb. 73).

Verbleib: WLM Stuttgart.

Lit.: Germania 5, 1921, 11; Bittel, Kelten 79; J. Röder in: H. Zürn, Hallstattforschung in Nordwürttemberg. Veröff. Staatl. Amtes Denkmalpfl. Stuttgart Reihe A, Vor- u. Frühgesch., Heft 16 (Stuttgart 1970) 71.

71. Jettingen-Oberjettingen BB

Lehleshau/Birkenäcker

7418

1,2 km SW der Kirche von Oberjettingen liegt im Wald „Lehleshau" eine Viereckschanze. 1983 wurde unmittelbar SO dieser Anlage in den „Birkenäckern" eine zweite Schanze aus der Luft entdeckt (s. u.).

Lit.: Bittel/Schiek/Müller, Viereckschanzen 203 ff.

72. Jettingen-Unterjettingen BB

W vom Ort

7418

1,1 km W der Kirche von Unterjettingen und nur 50 m SO der Schanze im „Lehleshau" (s. o.) wurde aus der Luft 1983 eine weitere vermutliche Viereckschanze entdeckt.

Lit.: Bittel/Schiek/Müller, Viereckschanzen 385.

73A. Leonberg BB

Disteläcker

7220

In der Sammlung von Dr. Bühler, Leonberg, befinden sich nach H. Zürn (1953) neben neolithischen und urnenfelderzeitlichen Funden von der Flur Disteläcker auch jüngerlatènezeitliche Scherben. Skizzen von Zürn sind in den Ortsakten des LDA Stuttgart vorhanden.

Verbleib: Priv.Bes.

Lit.: OAB Leonberg (2.Aufl.) 143; Ortsakten LDA Stuttgart.

73B. Leonberg BB

Buchhalde

7220

In der Buchhalde wurde neben latènezeitlicher Keramik das Fragment eines vierrippigen Glasarmrings (Haevernick 13, blau mit gelber Auflage) gefunden.

Verbleib: Rathaus Leonberg.

Lit.: Fundber. Schwaben N.F. 12, 1938–51, 46; Haevernick, Glasarmringe 185 Nr. 23.

74. Leonberg BB

Goldäcker

7220

Eine Kammstrichscherbe und ein „Graphitstück" (wohl Graphittonscherbe) wurden in einer alten Lehmgrube in den Goldäckern, 1 km NNO vom Ort gefunden.

Funde: Priv.Bes., WLM Inv.-Nr. A 29/204.

Lit.: Fundber. Schwaben N.F. 5, 1930, 52; Ortsakten LDA Stuttgart.

75. Leonberg-Eltingen BB

Bei Eltingen

7220

1885 wurde bei Eltingen ein Regenbogenschüsselchen (Streber 16/17) gefunden.

Verbleib?

Lit.: FMRD II-4 Nr. 4309–1; Fundber. Schwaben 12, 1904, 83 b) 1; Bittel, Kelten 30 Nr. 32.

76. Renningen BB
Hummelbaum
7219

In Flur „Hummelbaum" wurde 1960 beim Ausheben eines Wasserleitungsgrabens ein Spitzbarrenhort gefunden. Die Eisenbarren waren angeblich sauber aufeinander geschichtet, ein Stück wurde auf dem Acker aufgelesen (Baggeraushub). Es sind 17 Barren erhalten, angeblich sollen es mehr gewesen sein. Es könnten auch noch Stücke in Privatbesitz gelangt sein.
Funde: WLM Inv.-Nr. F 63/11; Mus. Renningen.
Lit.: Fundber. Schwaben N.F. 18/I, 1967, 282 f.; Fundber. Schwaben N.F. 18/II, 1967, 75; Stein, Hortfunde 224.

77. Sindelfingen BB
Böblinger Straße
7220

Bei den Grabungen des LDA 1980 im Bereich der Böblinger Straße (Parz. 1624–27 und 1631–33) kamen neben römischen Funden zwei kammstrichverzierte Graphittonscherben, grobkeramische Kammstrichscherben und ein Topf mit Kammstrichbögen zum Vorschein (freundl. Hinweis J. Heiligmann).
Funde: Slg. Diegel, Sindelfingen, jetzt Inst. für Vor- und Frühgesch. Univ. Tübingen.
Lit.: J. Heiligmann in: Sindelfinger Fundstücke. Von der Steinzeit bis zur Gegenwart. Veröff. Stadtarchiv Sindelfingen 1 (Sindelfingen 1991) 23 ff.

78. Sindelfingen-Darmsheim BB
Bei Darmsheim
7319

Vor 1898 wurde bei Darmsheim ein Regenbogenschüsselchen gefunden; angeblich soll es sich um einen Grabfund gehandelt haben.
Verbleib?
Lit.: FMRD II 4 Nr. 4077–1; Bittel, Kelten 30 Nr. 23; Fundber. Schwaben 6, 1898, 41 Nr. 4,1; Fundber. Schwaben 12, 1904, 102.

79. Schönaich BB
Oberes Lehle
7320

Im Juni 1853 wurde in Flur „Oberes Lehle" bei Schönaich ein keltischer Münzhort entdeckt. Er bestand aus zwei Regenbogenschüsselchen (davon eines ein Viertelstater, ähnlich Streber 100) und 20 Silberquinaren (Kreuzmünzen). Möglicherweise gehört noch eine Büschelmünze zu diesem Fund. Diese Art der Kreuzmünzen wird in der Numismatik nach diesem Fund „Typ Schönaich" genannt. Über die Fundumstände berichtet E. Paulus 1854, daß die Münzen unter einem alten Fahrweg von Schönaich nach Rohr gefunden wurden. Mit den Münzen fand sich ein Hammer aus Liassandstein (vielleicht ein jüngerlatènezeitlicher Wetzstein?) und ein zerdrücktes Gefäß, das wohl als Behälter für den Hort gedient hatte. Die Münzen lassen sich in den Zeitraum um 100 v. Chr. datieren.
Verbleib: WLM.
Lit.: FMRD II 4 Nr. 4089, 1–22; E. Paulus, Schr. des Württ. Altertumsver. 3, 1854, 24; Nestle, Kgr. Württemberg 48 Nr. 12,4–25; Fundber. Schwaben 6, 1898, 41 Nr. 5; Fundber. Schwaben 12, 1904, 70 f.; Bittel, Kelten 35 Nr. 104; K. Castelin, Die Kreuzmünzen in Süddeutschland. Schweiz. Numism. Rundschau 40, 1970, 77 ff.; D. Mannsperger in: Kelt. Numismatik u. Arch. 231 Anm. 4.

80. Waldenbuch BB
Braunackersteig
7320

2,6 km SSW der Kirche von Waldenbuch liegt in der Waldabteilung „Braunackersteig" eine Viereckschanze.
Lit.: Bittel/Schiek/Müller, Viereckschanzen 369 ff.

81. Weil der Stadt BB
Reuteweg
7219

Neben neolithischen Funden stammen von der Flur „Reuteweg" eine Kammstrichscherbe und eine Drehmühle aus Stein (JLT?).
Funde: Museum Weil der Stadt; Priv.Bes.
Lit.: Fundber. Schwaben N.F. 16, 1962, 225; Ortsakten LDA Stuttgart.

82. Weil der Stadt BB
Beim Ort
7219

Vor 1896 wurde bei Weil der Stadt ein Regenbogenschüsselchen (vgl.Sixt, Abb. 10) gefunden.
Verbleib: MK Stuttgart Inv.-Nr. 61, 6a.
Lit.: FMRD II 4 Nr. 4318–1; Fundber. Schwaben 4, 1896, 56 n. 2; Fundber. Schwaben 6, 1898, 41 Nr. 9–1; Fundber. Schwaben 12, 1904, 87 f) 4; Bittel, Kelten 36 Nr. 127.

Kreis Biberach (BC)

83. Altheim-Heiligkreuztal BC
Bann
7822

Im Wald „Bann" liegt 1,2 km WSW der Klosterkirche von Heiligkreuztal eine Viereckschanze. Bei den Grabungen von G. Bersu und O. Paret wurden spätkeltische Funde, darunter Graphittonscherben und Amphorenfragmente gefunden. 1,2 km S liegt eine weitere Schanze im Wald „Ruchenholz" (s.u.).
Funde: WLM Inv.-Nr. A 1137, A 1137 I, A 1137 II.
Lit.: Bittel/Schiek/Müller, Viereckschanzen 91 ff.

84. Altheim-Heiligkreuztal BC
Ruchenholz
7822

1,1 km S der Klosterkirche Heiligkreuztal liegt im Wald „Ruchenholz" eine Viereckschanze. Bei den Grabungen von G. Bersu 1921 wurden zahlreiche spätkeltische Funde, darunter Eisengerät, bemalte Keramik und Amphorenreste sowie ein römischer Falzziegel gefunden. Nur 1,2 km NW liegt die Schanze im Wald „Bann" (s.o.).
Funde: WLM Inv.-Nr. A 1137, A 1137 I, A 1137 II.
Lit.: Bittel/Schiek/Müller, Viereckschanzen 96 ff.

85. Altheim-Heiligkreuztal BC
Speckhau
7922

2,1 km NNW der Kirche von Hundersingen liegt im Wald „Speckhau", 70 m O des Großgrabhügels „Hohmichele" eine Viereckschanze. 1921 fand O. Paret bei kleineren Sondagen vorgeschichtliche Scherben.
Funde: WLM.
Lit.: Bittel/Schiek/Müller, Viereckschanzen 113 ff.

86. Attenweiler-Aigendorf BC

Oberer Tannenwald

7824

0,7 km SO der Kapelle von Aigendorf liegt im „Oberen Tannenwald" eine Viereckschanze. 1958 fanden sich einige vorgeschichtliche Scherben, darunter der Rand einer wohl jüngerlatènezeitlichen Schüssel.

Funde: WLM Inv.-Nr. F 58/6.

Lit.: Bittel/Schiek/Müller, Viereckschanzen 116 ff.

87. Bad Buchau-Kappel BC

Dürnau-Vollocher Ried

7923

Zwischen 1921 und 1931 kam im „Dürnau-Vollocher Ried" der bekannte Depotfund von Kappel zum Vorschein. Die Metallgegenstände wurden in fünf Gruppen (A–E) beim Torfstechen nahe der alten Poststraße Riedlingen–Buchau gefunden. Die Fundstellen lagen z.T. dicht beieinander auf drei benachbarten Grundstücken (auf einer Fläche von ca. 156 x 40 m), so daß die Zugehörigkeit der Gegenstände zum selben Fundort höchstwahrscheinlich ist. Der Hort ist entweder als Materialdepot (Altmetall) oder als Weihefund (kultische Zerstörung der Gegenstände) zu interpretieren. Ein von K. Bertsch an Fundstelle B entnommenes Pollenprofil ergab angeblich, daß die Gegenstände ursprünglich auf begehbarem Grund deponiert und erst später vom Hochmoortorf eingeschlossen worden sind. Die Auswertbarkeit dieses Profils wurde später aber bestritten.

Funde: Federseemuseum Bad Buchau.

Die Funde werden hier nach Fundgruppen geordnet abgebildet und nur knapp beschrieben. Für eine ausführliche Beschreibung sei auf die Monographie von F. Fischer verwiesen (dort sind die Funde nach Material und, wenn bestimmbar, nach Gerätetyp geordnet). Die entsprechende Katalognummer bei Fischer wird hier in Klammern angegeben. Das Material ist Eisen, wenn nicht anders angegeben.

Fundgruppe A

1921 wurden beim Torfstechen die ersten Gegenstände entdeckt. Da man ihre Bedeutung nicht erkannte, wurde ein Teil an einen Alteisenhändler verkauft, weitere Teile wurden von spielenden Kindern verschleppt.

Erhaltene Teile:

Taf. 2

1. Getriebene Bronzekanne mit runder Mündung, Dm. 11,9 cm, Höhe 21,2 cm (Fischer Nr. 2).

2. Gewölbter Beschlag aus Bronzeblech mit Punzverzierung, Dm. 4,9 cm (Fischer Nr. 22).

3. Schwerer Setzhammer, 17,4 x 5,2 x 4,9 cm (Fischer Nr. 46).

4. Blatt von kleiner Sichel, Länge 13 cm, max. Breite 3,9 cm (Fischer Nr. 67).

5. Fragment eines Hammers mit Bahn und Finne, ovales Auge, Länge noch 11 cm (Fischer Nr. 48).

6. Massiver Spaltkeil, Länge 13,6 cm (Fischer Nr. 59).

7. Griffangelmesser, Klinge abgebrochen, erhaltene Länge noch 9,6 cm; auf der Klinge undeutliche Schlagmarke (Fischer Nr. 68).

8. Bandförmiger Bügel mit umgebogenen Enden, in der Bügelmitte rechteckiges Loch (Fischer Nr. 77).

9. Nagel mit dachförmigem Kopf, Länge 10 cm (Fischer Nr. 108).

10. Beschlagstück mit Öse, darin ein offener Ring; Länge noch 17,5 cm, Dm. des Rings 4,57 cm (Fischer Nr. 78).

Taf. 3

1. Feuerbockständer mit Vogelkopf, Höhe 73 cm (Fischer Nr. 31).

2. Verbogenes Doppelhorn mit kugeligen Enden, Länge 27,8 cm (Fischer Nr. 35).

3. Fragment eines Feuerbockständers mit Tierkopf, Höhe noch 19,9 cm (Fischer Nr. 39).

4. Fragment eines Feuerbockständers mit Tierkopf, Höhe noch 11,5 cm (Fischer Nr. 40).

5. Feuerbockständer mit Stierkopf, Höhe noch 43,1 cm (Fischer Nr. 34).

Fundgruppe B

1922 wurden „in der Nähe" vom Fund A, angeblich ca. 20 m entfernt, weitere Gegenstände angetroffen:

Taf. 4

1. Situlenförmiger Eimer aus Bronzeblech, Eggers Typ 21 (?), Dm. 25,6 cm, Höhe noch 28,4 cm (Fischer Nr. 4).

2. Fragmentierte Feuerzange mit flachen gebogenen Backen, max. Länge noch 44,7 cm (Fischer Nr. 43).

3. Eisenfragment, vielleicht vom Griff einer Feuerzange, Länge noch 15,4 cm (Fischer Nr. 45).

4. Eisenstabfragment, Länge noch 19,2 cm (Fischer Nr. 121).

5. Hälfte einer Feuerzange mit flachen geschwungenen Backen, Länge 47,5 cm (Fischer Nr. 44).

Fundgruppe C

Beim Einebnen eines Torfstichs wurde 1930 ca. 2 m von Fundstelle B entfernt ein weiterer Fundkomplex entdeckt. Angeblich fanden sich alle Gegenstände innerhalb eines eisernen Rings von 60 cm Durchmesser (Taf. 8,2) auf einer Steinplatte (Rest eines Kessels oder eines großen Behälters aus organischem Material?):

Taf. 5 A

1. Zylindrischer Eimer aus Bronzeblech mit waagerechtem Rand, Eggers Typ 16, Dm. 25,7 cm, Höhe 22,5 cm (Fischer Nr. 3).

2. Fragment einer Axt mit Schaftloch, Länge noch 10,2 cm (Fischer Nr. 51).

3. Schwere Tüllenaxt, Länge noch 16,1 cm (Fischer Nr. 54).

4. Schwere Axt mit Schaftloch, zerbrochen, Länge noch 17,3 cm (Fischer Nr. 50).

5. Tüllenmeißel, Länge noch 18 cm (Fischer Nr. 58).

6. Schwere Axt mit Schaftloch, Länge 14,3 cm (Fischer Nr. 49).

Taf. 8

2. Eisenring, Dm. 61,5 cm (Fischer Nr. 72).

Fundgruppe D

H. Reinerth unternahm 1930 eine Nachgrabung, wobei er dicht neben Fundstelle C weitere Gegenstände bergen konnte:

Taf. 5 B

1. Gebogenes Rohr, aus zwei Bronzeblechhälften zusammengesetzt, wohl Teil einer Carnyx; Länge 31,8 cm, Dm. 3,8–8 cm (Fischer Nr. 1).

2. Zylindrischer Knauf aus Bronzeblech, mit Profilierung; Höhe 2,4 cm, Dm. bis 4,6 cm (Fischer Nr. 8).

3. Fragment von Bronzering (Zügelring?), Dm. 4,4 cm (Fischer Nr. 7).

Taf. 8

3. Eisenring, in fünf Teile zerbrochen, anhaftende Holzreste, Dm. ca. 51 cm (Fischer Nr. 73).

Fundgruppe E

1931 wurden beim Torfstechen wieder in unmittelbarer Nachbarschaft der früheren Fundstellen weitere Gegenstände angetroffen:

Taf. 6

1. Radnabenring aus Bronze, max. Dm. 13,5 cm (Fischer Nr. 10).

2. Radnabenring aus Bronze, max. Dm. 13,5 cm (Fischer Nr. 11).

3. Radnabenring aus Bronze, max. Dm. 13,6 cm (Fischer Nr. 12).

4. Radnabenring aus Bronze, max. Dm. 13,5 cm (Fischer Nr. 13).

5. Radnabenring aus Bronze, max. Dm. 13,5 cm (Fischer Nr. 14).

6. Fragment eines Feuerbockständers, Höhe noch 23,6 cm (Fischer Nr. 33).

7. Vogelkopf von einem Feuerbockständer, Länge noch 19,6 cm (Fischer Nr. 32).

8. Hammer mit Bahn und Finne, ovales Auge mit Querbohrung, 14,8 x 2,0 x 1,9 cm (Fischer Nr. 47).

9. Zügelring aus Bronze, profiliert, Höhe 7,45 cm (Fischer Nr. 6).

10. Sensenblatt, in drei Fragmente zerbrochen, Länge ursprünglich mindestens 56 cm, max. Blattbreite 5,07 cm (Fischer Nr. 66).

Nicht zuweisbar:
Folgende Fundstücke gehören zu den Fundgruppen C, D und E. Sie tragen lediglich den Fundortvermerk „Dürnau 1930" und lassen sich nicht sicher den einzelnen Fundgruppen zuweisen.
Taf. 7

1. Fragmentierter Weinschöpfer aus Bronzeblech, Dm. 4,9 cm, Höhe noch 3,18 cm (Fischer Nr. 5).

2. Profilierte Bronzetülle (Achskappe?), Höhe noch 4,2 cm, Dm. 1,7 cm (Fischer Nr. 9).

3. Kalottenförmiger Beschlag aus Bronzeblech, max. Dm. 7,3 cm, Höhe 1,5 cm (Fischer Nr. 15).

4. Kalottenförmiger Beschlag aus Bronzeblech, max. Dm. 7,5 cm, Höhe 1,6 cm (Fischer Nr. 16).

5. Kalottenförmiger Beschlag aus Bronzeblech, max. Dm. 6,85 cm, Höhe 1,5 cm (Fischer Nr. 17).

6. Vierkantiger Bronzestab (Barren?), Länge 23,45 cm (Fischer Nr. 18).

7. Vierkantiger Bronzestab (Barren?), Länge 27,4 cm (Fischer Nr. 19).

8. Fragment eines Bronzedrahtarmrings mit profiliertem Ende, erg. Dm. ca. 7 cm (Fischer Nr. 20).

9. Gegossener hutförmiger Bronzeknopf, Dm. 1,6 cm, Höhe 0,6 cm (Fischer Nr. 21).

10. Sichelförmiger Bronzeblechstreifen, Länge noch 11 cm (Fischer Nr. 23).

11. Sichelförmiger Bronzeblechstreifen, Länge noch 13,5 cm (Fischer Nr. 24).

12.–16. Bronzeblechfragmente, z.T. mit Nieten (Fischer Nr. 25–29).

17. Rechtwinklig gebogener Haken mit rechteckigem Querschnitt, Länge 18,9 cm (Fischer Nr. 60).

18. Bandförmiges Eisenfragment, aus mehreren Bändern zusammengeschmiedet, Länge noch 18,4 cm (Fischer Nr. 126).

19. Facettierter Beingriff eines Geräts, in zwei Hälften zerbrochen, Länge 9 cm (Fischer Nr. 127).

20. Eisenstab mit rechteckigem Querschnitt, Länge noch 14 cm (Fischer Nr. 120).

21. Tüllenbeil, Länge ca. 8 cm, verschollen (Fischer Nr. 56).

22. Fragment eines Tüllenbeils, Länge noch ca. 7,5 cm, verschollen (Fischer Nr. 57).

23. Dreibeiniger Fuß (für Feuerbockständer?), Höhe 10,45 cm, größte Breite 29,2 cm (Fischer Nr. 41).

24. Fragmentierter dreibeiniger Fuß (für Feuerbockstän-

der?), Höhe ca. 8 cm, größte Breite noch 23,2 cm (Fischer Nr. 42).

Folgende Fundstücke lassen sich keiner der fünf Gruppen mehr zuweisen:
Taf. 8

1. Eisenring, in zwei Teile zerbrochen, Dm. ca. 40–42 cm (Fischer Nr. 74).

4. Verziertes Bronzeblechfragment, evtl. von einem Gefäß (Fischer Nr. 30).

5. Fragment einer Axt, Länge noch 6,5 cm (Fischer Nr. 53).

6. Fragment einer Axt, Länge noch 15,4 cm (Fischer Nr. 52).

7. Beschädigte Tüllenaxt, Länge noch 13,5 cm (Fischer Nr. 55).

8. Horn mit Kugelende, vermutlich von Feuerbock, Länge noch 13,9 cm (Fischer Nr. 36).

9. Horn mit Kugelende, vermutlich von Feuerbock, Länge noch 13 cm (Fischer Nr. 37).

10. Fragmentierter Tierkopf mit Hörnern (von Feuerbock?), Länge 10,4 cm (Fischer Nr. 38).

11. Tordierter Eisenstab mit Öse und Doppelhaken (von Kesselhaken), Länge 23,6 cm (Fischer Nr. 65).

12. Kleine spitze Tülle (Lanzenschuh?), Länge 6,4 cm (Fischer Nr. 64).

13. Tüllenartiges Fragment, Länge noch 6,5 cm (Fischer Nr. 63).

14. Schwertfragment (?), Länge noch 11,8 cm, Klingenbreite 4,9 cm (Fischer Nr. 69).

15. Fragmentierter Haken, Länge noch 6 cm (Fischer Nr. 70).

16. Eisenteil mit eingeschmiedetem Stab (Amboßhorn?), Länge 10 cm (Fischer Nr. 61).

17. Tüllenartig zusammengeschmiedetes Bandeisen (Fragment von schwertförmigem Barren?), Länge noch 9,5 cm.

18. Bandeisen, spiralförmig aufgerollt, Länge 3,36 cm (Fischer Nr. 71).

19. Doppelschleife, rechteckiger Querschnitt (Kettenglied?), Länge 5,8 cm (Fischer Nr. 79).

20. Doppelschleife, rechteckiger Querschnitt, mit eingehängter Zwinge oder Rest einer weiteren Doppelschleife (Kettenfragment?), Länge 10,6 cm (Fischer Nr. 80).

21. Offener Ring (Kettenglied?), Dm. 4 cm (Fischer Nr. 82).

22. Zwei ineinanderhängende Ringe (Kettenfragment?), Dm. 4 und 4,1 cm (Fischer Nr. 81).

Taf. 9

1. Randbeschlag mit U-förmigem Querschnitt, Länge noch 66 cm (Fischer Nr. 75).

2. Randbeschlag mit U-förmigem Querschnitt, Länge noch 37,8 cm (Fischer Nr. 76).

3. Eisenstab, runder Querschnitt, Länge noch 9,8 cm (Fischer Nr. 83).

4. Eisenstab, rechteckiger Querschnitt, Schlagfläche (Durchschlag?) Länge noch 8,9 cm (Fischer Nr. 84).

5. Spitze von kleinem Tüllenmeißel, Länge noch 11,1 cm (Fischer Nr. 109).

6. Tordiertes Eisenstabfragment, Länge noch 10,8 cm (Fischer Nr. 110).

7. Rechtwinklig gebogener Haken, Länge 9,4 cm (Fischer Nr. 85).

8. Fragment von Radreifen (?), Breite 1–2,4 cm (Fischer Nr. 112–117).

9.–17. Fragmente von Radreifen, Breite 2,3–3 cm (Fischer Nr. 86–107).

18. Eisenfragment mit rechteckigem Querschnitt, Länge noch 7,5 cm (Fischer Nr. 111).

19.–20. Fragmente von Radreifen (?), Breite 1–2,4 cm (Fischer Nr. 112–117).

21.–26. Fragmente von Radreifen, Breite 2,3–3 cm (Fischer Nr. 86–107).

27.–29. Fragmente von Radreifen (?), Breite 1–2,4 cm (Fischer Nr. 112–117).

30. Eisenstab mit rechteckigem Querschnitt, Länge noch 7,5 cm (Fischer Nr. 118).

31. Eisenstab mit flach dreieckigem Querschnitt, Länge noch 16 cm (Fischer Nr. 119).

32.–35. Fragmentierte Eisenstäbe, stark korrodiert (Fischer Nr. 122–125).

36.–42. Fragmente von Radreifen, Breite 2,3–3 cm (Fischer Nr. 86–107).

Lit.: F. Fischer, Der spätlatènezeitliche Depotfund von Kappel (Kr. Saulgau). Urkunden Vor- u. Frühgesch. Südwürttemberg-Hohenzollern 1 (1959). F. Stein, Hortfunde 222f.; F. Fischer in: Bittel/Kimmig/Schiek, Kelten in Baden-Württemberg, 300ff. (mit zahlreichen Verweisen auf weitere Literatur).

88. Berkheim BC
Beim Ort
7926
Bei Berkheim wurde Ende des 19. Jh. ein Regenbogenschüsselchen (Stater, „Boii") gefunden. Näheres ist nicht bekannt.
Verbleib?
Lit.: FMRD II 3 Nr. 3032–1; Fundber. Schwaben 12, 1904, 35; Bittel, Kelten 29 Nr. 12.

89. Berkheim-Bonlanden BC
Im Durchgang
7926
0,7 km O der Klosterkirche liegt in Flur „Im Durchgang" eine Viereckschanze.
Lit.: Bittel/Schiek/Müller, Viereckschanzen 129ff.

90. Biberach BC
Bei Biberach
7824
Bei Biberach wurde im 19. Jh. ein Regenbogenschüsselchen (Viertelstater, Streber 100) gefunden.
Verbleib: RGZM Mainz 27576.
Lit.: FMRD II 3 Nr. 3033–1; Fundber. Schwaben 12, 1904, 88 i) 4; Bittel, Kelten 29 Nr. 13.

91. Biberach BC
Umgebung von Biberach
7824
Aus der Umgebung oder dem Stadtgebiet von Biberach sollen drei Eisenbarren stammen (JLT?), evtl. gehören sie auch zum Depotfund von Uttenweiler-Sauggart „Sulzegert" (vgl. Kat.-Nr. 101).
Verbleib: Slg. Sigmaringen Inv.-Nr. 445/446; WLM Inv.-Nr. A 2500.
Lit.: Bittel, Kelten 25 (?); Ortsakten LDA Tübingen; Stein, Hortfunde 224.

92. Eberhardzell BC
Kirche St. Margarethe
7924
Bei Grabungen der Abteilung Archäologie des Mittelalters kamen in der Kirche vorgeschichtliche Scherben zum Vorschein; angeblich sollen sie mittel- oder spätlatènezeitlich sein.

Funde: LDA Tübingen, Arch. des Mittelalters.
Lit.: Ortsakten LDA Tübingen.

93. Langenenslingen BC
Beim Ort
7822
Bei Langenenslingen wurde ein mittel- oder spätlatènezeitliches Eisenschwert gefunden, die näheren Fundumstände sind unbekannt.
Verbleib: Mus. Berlin.
Lit.: Bittel, Kelten 26.

94. Langenenslingen-Wilflingen BC
Schanz
7822
2,5 km S des Schlosses von Wilflingen liegt im Wald „Schanz" eine Viereckschanze.
Lit.: Bittel/Schiek/Müller, Viereckschanzen 230 ff.

95. Mittelbiberach-Oberdorf BC
Junkersghau
7924
2,5 km SW des Schlosses von Mittelbiberach liegt im Wald „Junkersghau" eine Viereckschanze.
Lit.: Bittel/Schiek/Müller, Viereckschanzen 258 ff.

96 A. Riedlingen BC
Klinge
7822
Schon 1989 wurde am N-Rand von Riedlingen auf einem nach SW verlaufenden Rücken aus der Luft eine Viereckschanze entdeckt. Sie wird seit 1991 flächig untersucht. Im Inneren wurden zahlreiche Gruben und Pfostenspuren entdeckt, die teilweise zur Bebauung der Schanze gehören. Die Anlage wurde im Bereich älterer Siedlungen errichtet (vgl. Bopfingen-Flochberg AA). Das Fundmaterial gehört in die Mittel- und Spätlatènezeit.
Funde: LDA Tübingen.
Lit.: F. Klein, Erste Untersuchungen in einer Viereckschanze bei Riedlingen, Kr. Biberach. Arch. Ausgr. Baden-Württemberg 1991 (1992) 111 ff.

96 B. Riedlingen-Pflummern BC
Am Ortsrand
7822
Am SO-Ende des Ortes wurden im Bereich der Parz. 18/1, S von Haus Nr. 90 und 91 spätkeltische oder frühalamannische Scherben gefunden.
Funde: WLM Inv.-Nr. A 1134.
Lit.: OAB Riedlingen (1923) 245; Ortsakten LDA Tübingen.

97. Tannheim BC
Bauernschanze
7926
1,3 km NNW des Schlosses von Tannheim liegt im Wald „Bauernschanze" eine Viereckschanze. 1909 ließ P. Goessler einen Wallschnitt vornehmen, wobei keine Funde zum Vorschein kamen. 1,5 km WNW wurde aus der Luft eine weitere vermutliche Viereckschanze entdeckt (s.u.).
Lit.: Bittel/Schiek/Müller, Viereckschanzen 349 ff.

98. Tannheim BC
W von Krimmel
7926
0,4 km W des Weilers Krimmel wurde 1982 aus der Luft eine vermutliche Viereckschanze entdeckt. Nur 1,5 km OSO liegt die „Bauernschanze" (s.o.).
Lit.: Bittel/Schiek/Müller, Viereckschanzen 390.

99. Tiefenbach BC
Maiersbuch
7924
1,4 km O der Kapelle von Tiefenbach liegt im Wald „Maiersbuch" eine Viereckschanze.
Lit.: Bittel/Schiek/Müller, Viereckschanzen 352 ff.

100. Uttenweiler-Offingen BC
Bussen
7823
Vom Bussen stammen neben anderen vorgeschichtlichen Funden jüngerlatènezeitliche Scherben: Aus der Kiesgrube am Berghang stammen u. a. auch Latènescherben. Im mittleren Bereich der Berghochfläche fanden sich 1922 neben vorgeschichtlichen und mittelalterlichen Funden auch mittellatènezeitliche (?) Scherben.
K. Bittel fand an der Wegböschung dicht O vom Mesnerhaus Fragmente einer latènezeitlichen Schale. Die Berghochfläche war sicher schon in vorgeschichtlicher Zeit befestigt, allerdings wurden die Wall- und Grabenanlagen im Mittelalter stark überformt.
Funde: Priv.Bes.; Mus. Biberach, Slg. Forschner.
Lit.: Fundber. Schwaben N.F. 1, 1922, 64; Bittel, Kelten 38; OAB Riedlingen (1923) 232 ff.; Biel, Höhensiedlungen 308 ff.

101. Uttenweiler-Sauggart BC
Sulzegert
7823
2 km SO vom Ort wurden 1875 am Sulzbach in Flur „Sulzegert" 15 eiserne Spitzbarren gefunden. Sie sollen nebeneinander aufgereiht angetroffen worden sein. Evtl. gehören auch die drei unter Biberach genannten Barren (Kat.-Nr. 91) zu diesem Hort.
Funde: Mus. Biberach (?); Mus. Friedrichshafen; Germ. Nat. Mus. Nürnberg; Schule Sauggart; Slg. Sigmaringen; Mus. Ulm; WLM Inv.-Nr. A 33/63–64.
Lit.: OAB Riedlingen (1923) 245; Goessler/Veeck, Kat. Ulm 69; Bittel, Kelten 25 Nr. 22b; Fundber. Schwaben N.F. 8, 1933–35, 92; Fundber. Schwaben N.F. 12, 1938–51, 47; G. G. Krahe, Die vorgeschichtliche Besiedlung im württembergischen Oberschwaben (Masch. Diss. Tübingen 1958) 276, 280; Stein, Hortfunde 224 f. (mit weiterer Literatur).

102. Uttenweiler-Sauggart BC
Fünfhau
7823
Nur 2,2 km SO der Fundstelle des Depots vom „Sulzegert" wurde 1933 im Wald „Fünfhau" bei Rodungsarbeiten in 0,4 m Tiefe ein weiterer Spitzbarrenhort gefunden. Die Nachuntersuchung ergab zu den 24 schon geborgenen noch 4 weitere Barren in situ, die auf einer ca. 1,5 x 1,5 m messenden Fläche lagen. Es fanden sich auch Scherben und ein Spinnwirtel.
Funde: Federseemus. Bad Buchau; WLM Inv.-Nr. A 33/64.2.
Lit.: Fundber. Schwaben N.F. 8, 1933–35, 91 f., Taf. 20,4; Fundber. Schwaben N.F. 12, 1938–51, 49 f.; Bittel, Kelten 25 Nr. 22b; G. Krahe, die vorgeschichtliche Besiedlung im württembergischen Oberschwaben (Masch. Diss. Tübingen 1958) 280; Stein, Hortfunde 225.

Zollernalbkreis (BL)

103. Albstadt-Ebingen BL
Ehestetter Hof
7820
0,5 km SO vom Ehestetter Hof fand J. Halm, Ebingen, beim Neubau der B 463 durch das Schmiechatal im Sommer 1962 auf ca. 400 m Länge vorgeschichtliche Scherben (überwiegend Hallstattzeit), darunter auch Stücke aus der jüngeren Latènezeit (freundl. Hinweis J. Scheff).
Funde: Mus. Albstadt Inv.-Nr. C 29, a.
Taf. 10 A
1. RS von Schüssel mit verdicktem Rand, Dm. 24 cm, dunkelgrauer harter Ton, etwas porös, mittelfeine mineralische Magerung, geglättete Oberfläche.
2. WS, rotbraun-dunkelgrauer harter Ton, mittelgrobe mineralische Magerung, mit kleinen Kalksteinchen, rauhe sandige Oberfläche, regelmäßiger vertikaler Kammstrich.
3. WS, mittelgrauer harter Ton, grobe mineralische Magerung, Kalksteinchen, rauhe Oberfläche, leicht porös, flächig Fingernagelkniffe.
4. WS, hellrot-orangefarbener Ton, mäßig hart, mittelfeine mineralische Magerung, Kalksteinchen, rauhe Oberfläche, etwas porös, grober Kamm- und Spatelstrich.
Lit.: Fundber. Schwaben N.F. 18/II, 1967, 66 Nr. 1; Taf. 96 A; Inventarverz. Mus. Albstadt.

104. Albstadt-Ebingen BL
Degenwand/Riedbach
7720
In der Slg. J. Binder befanden sich Funde mit der Ortsangabe „Riedbach, Flur Degerwand". Die Fundstelle liegt ca. 1 km W von Ebingen, von hier sollen neben jüngerlatènezeitlichen Scherben auch Fragmente von römischen Leistenziegeln stammen, die Stücke wurden angeblich 1913–1915 gefunden.
Funde: Priv.Bes.
Lit.: Fundber. Schwaben N.F. 5, 1928–30, 49 Nr. 1; Bittel, Kelten 39 Nr. 20b; Rieth, Schwäb. Alb 248 Nr. 1.

105. Albstadt-Ebingen BL
Postschutzschule
7720
Bei Bauarbeiten im Bereich der Postschutzschule im SW der Stadt wurden 1940 Spätlatènescherben gefunden. Im alten Inventarverzeichnis des Museums Albstadt existiert noch ein Foto von zwei Scherben, die Funde sind wohl im Krieg verlorengegangen.
Verbleib: WLM Inv.-Nr. 40/6 (Kriegsverlust?).
Abb. 75
1. WS mit Ansatz eines ausgebogenen Randes, auf der Schulter Kammstrich-Grübchen, darunter Kammstrichbögen.
2. WS mit Reihen von halbmondförmigen Grübchen.
(nach Foto im Inventarverz. Mus. Albstadt)
Lit.: Fundber. Schwaben N.F. 11, 1938–50, 89; Inventarverz. Mus. Albstadt.

106. Albstadt-Ebingen BL
Samtfabrik Ott
7720
Am W-Ende von Ebingen wurde beim Neubau der Samtfabrik Ott Spätlatènekeramik, darunter kammstrichverzierte Wandscherben gefunden.
Funde: Mus. Albstadt (verschollen).
Lit.: Fundber. Schwaben N.F. 4, 1926–28, 63; Bittel, Kelten 39; Rieth, Schwäb. Alb 248.

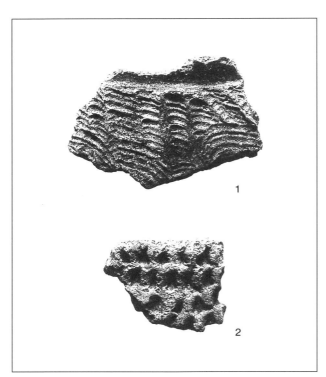

Abb. 75: Albstadt-Ebingen, Postschutzschule (Kat.-Nr. 105). M = ca. 1:2.

107. Albstadt-Ebingen BL
Bei der Hochstraße
7720
1873 wurde „bei der Hochstraße zwischen Ebingen und Sigmaringen" beim Pflügen ein Regenbogenschüsselchen (Streber 57/80) gefunden.
Verbleib: Priv.Bes.
Lit.: FMRD II 3 Nr. 3005–1; Fundber. Schwaben 6, 1898, 42; Fundber. Schwaben 12, 1904, 84 c) 6; Bittel, Kelten 30; Rieth, Schwäb. Alb 249.

108. Albstadt-Ebingen BL
Bei Ebingen?
7720
Im Museum Albstadt befinden sich neben einer Tetradrachme Philipps II. zwei Regenbogenschüsselchen (1.: Viertelstater, Forrer 395; 2.: Nominal unbekannt, evtl. Streber 57/80). Die Münzen stammen angeblich aus der Umgebung von Ebingen.
Verbleib: Mus. Albstadt.
Lit.: FMRD II 3 Nr. 3005-2-4.

109. Albstadt-Ebingen BL
Westliches Stadtgebiet
7720
Im W Stadtgebiet von Ebingen liegt ein schon länger bekannter merowingerzeitlicher Friedhof. Bei den Grabungen von Breeg 1935 wurde in Grab 16 eine gelochte Sequaner-Potinmünze gefunden, die vermutlich im Frühmittelalter als Amulett getragen worden ist. Aus einem anderen Grab stammt ein Fragment eines blauen Glasarmrings (Haevernick 6a).
Funde: Mus. Albstadt.
Lit.: FMRD II 3 Nr. 3006–1; Fundber. Schwaben N.F. 9, 1935–38, 113 Nr. 2, 122; Haevernick, Glasarmringe 127 Nr. 32.

110. Albstadt-Bitz BL
Kritter
7720
1,5 km SW von Bitz wurden schon 1926 in Flur „Kritter" zahlreiche vorgeschichtliche Scherben gefunden, darunter angeblich auch Spätlatènematerial.
Funde: Mus. Albstadt; WLM.
Lit.: Fundber. Schwaben N.F. 4, 1926–28, 63; Rieth, Schwäb. Alb, 248.

111. Albstadt-Bitz BL
Beim Ort
7720
Bei Bitz soll im 19. Jh. eine keltische Silbermünze gefunden worden sein. Sie kam in eine Privatsammlung und befindet sich heute angeblich in einer Sammlung in Amerika.
Verbleib?
Lit.: FMRD II 3 Nr. 3002–1; Nestle, Kgr. Württemberg Nr. 72; Fundber. Schwaben 12, 1904, 64 Anm. 1; Bittel, Kelten 29 Nr. 14.

112. Albstadt-Laufen an der Eyach/Zillhausen BL
Schalksburg
7719
1 km N von Laufen ragt der Bergvorsprung mit den Resten der mittelalterlichen Schalksburg aus dem Albtrauf heraus. Teile der Abschnittsbefestigungen könnten auch vorgeschichtlich sein, jedenfalls war die 2,7 ha große Gipfelfläche während mehrerer Epochen besiedelt. Davon zeugen zahlreiche Funde, meist aus abgestürzten Kulturschichten am N-Hang, der bereits auf Markung Balingen-Zillhausen liegt. Neben bronzezeitlichen, urnenfelderzeitlichen, hallstattzeitlichen Funden stammen vom N-Hang auch Kammstrichscherben, Kammstrich-Grübchen-Keramik, Drehscheibenware, die in die Mittel- und Spätlatènezeit gehören. Auch einige römische Scherben sollen gefunden worden sein.
Funde: WLM Inv.-Nr. V 69/173; 41/8–9; Mus. Albstadt. Ohne Abb.
– WS mit horizontalem Wulst, grauschwarzer, sehr feiner Ton mit schwarz überfangener, weicher, leicht seifiger Oberfläche (nach der Beschreibung wohl glatte DSW).
– WS, schwarzbrauner sandiger Ton, hellbraune Oberfläche, unregelmäßiger Kammstrich.
– WS, rotbrauner harter Ton, bogenförmiger grober Kammstrich.
– WS, grauer, sehr harter Ton, Steinchenmagerung, vertikaler Kammstrich, nach oben von zwei Horizontallinien begrenzt.
– WS, roter harter Ton, mit Kalkgrus gemagert, unregelmäßiger Kammstrich.
– RS von Schüssel oder tonnenförmigem Topf, brauner harter Ton, geglättete Oberfläche, Kammstrich-Grübchen.
– WS, brauner Ton, grobe mineralische Magerung, Kalksteinchen, hellbraune Oberfläche, auf der Schulter Fingernageleindrücke.
– WS, schwarzer harter Ton, rotbraune Oberfläche, grober senkrechter Kammstrich.
– WS, schwarzer harter Ton, sandig, rotbraune Oberfläche, unregelmäßiger Kammstrich.
– RS von Schüssel mit eingebogenem Rand, schwarzbrauner Ton, grobe mineralische Magerung, geglättete Oberfläche.
– RS von Schüssel mit eingebogenem Rand, brauner harter Ton, sandig, abgewitterte Oberfläche.
– Nadel und Spirale einer Bronzedrahtfibel; Spirale mit zwei Windungen und innerer Sehne, Länge noch 8 cm.

– RS von Schüssel mit eingebogenem Rand, Dm. 23 cm, brauner harter Ton, leicht sandig.

– RS von Schüssel mit eingebogenem und leicht verdicktem Rand, grauer harter Ton, gelbe Oberfläche.

(Beschreibung nach Biel, Höhensiedlungen, Taf. 117,79–92).

Lit.: Biel, Höhensiedlungen 294 ff.; Taf. 117 (mit weiterer Literatur).

113. Albstadt-Burgfelden BL
Schalksburg/Höhle „Stilles Loch"
7719

Aus einer Höhle am N-Hang der Schalksburg, 14 km SW vom Ort ,stammen vorgeschichtliche Scherben, darunter auch jüngerlatènezeitliche Kammstrichkeramik. Die Höhle dürfte mit dem „Stillen Loch" (oder Karlshöhle) identisch sein, das direkt N des Aussichtsturms der Schalksburg liegt.

Funde: Mus. Albstadt (nicht aufgefunden).

Lit.: Fundber. Schwaben N.F. 4, 1928, 63; Stoll, Oberes Neckargebiet/Baar 117; Bittel, Kelten 38 Nr. 10; Rieth, Schwäb. Alb 248; Binder, Höhlenführer 151.

114. Albstadt-Lautlingen BL
Totland
7719

Im Graben des römischen Kastells wurden bei Untersuchungen durch G. Bersu (1924) angeblich Spätlatènescherben gefunden. Es ist auch möglich, daß es sich dabei um handgemachte römische Keramik gehandelt hat.

Funde: WLM; Mus. Albstadt.

Lit.: G. Bersu, Das Kastell Lautlingen. In: Württemberg. Studien. Festschr. zum 70. Geb. von Prof. E. Nägele (1926) 177 ff. Germania 8, 1924, 168; Germania 9, 1925, 167; RiW II, 215; RiW III, 334; Stoll, Oberes Neckargebiet/Baar 116; Fundber. Schwaben 3, 1895, 12; Fundber. Schwaben 21, 1913, 60; Filtzinger/Planck/Cämmerer, Römer in Baden-Württemberg 212 ff.; Heiligmann, Alblimes 45 ff., bes. 47 Abb. 11,1–5.

115. Albstadt-Onstmettingen BL
Brunnental
7719

Im Brunnental am SO-Rand vom Ort wurden im Sommer 1935 bei Bauarbeiten spätlatènezeitliche Scherben, zwei Wetzsteinfragmente und verbrannte Knochen gefunden. Die Fundmeldung erfolgte im August 1935 durch Oberlehrer Benz aus Tailfingen, in dessen Besitz die Funde verblieben. Die Abbildungen wurden nach Skizzen in den Ortsakten des LDA Tübingen angefertigt.

Funde: Priv.Bes.

Taf. 10 B

1. RS von Topf mit ausgebogenem Rand, auf der Schulter Wellen- oder Zickzacklinie mit Kamm eingedrückt.
2. RS von tonnenförmigem Topf mit verdicktem Rand, auf der Schulter Kammeinstiche oder Kammstrichgrübchen (dreizinkig), auf dem Gefäßkörper unregelmäßiger Kammstrich.
3. Fragment eines Schleifsteins, nach der Beschreibung: gelber Sandstein, stark abgenützt.
4. Rechteckiger Schleifstein, an einem Ende durchbohrt, 4,5 x 2,2 x 1,3 cm, nach der Beschreibung: feiner Sandstein.

Lit.: Fundber. Schwaben N.F. 9, 1935–38, 77; Ortsakten LDA Tübingen.

116. Albstadt-Truchtelfingen BL
Bernlochhöhle
7720

Im Wald Bernloch, 2,5 km O vom Ort und ca. 0,75 km S von der Höhle „Hüttenkirchle", liegt die Bernlochhöhle. Hinter dem 2 m hohen und 5 m breiten Eingang liegt ein ca. 13 m langer Gang, an seinem Ende befindet sich ein verschütteter Kamin. Bei Grabungen von Breeg (1933) wurden bereits Scherben mit Besenstrich gefunden. 1939 ergab eine Untersuchung durch A. Rieth neben älteren Kulturresten spätlatènezeitliche Scherben.

Funde: Mus. Albstadt, verschollen.

Lit.: Fundber. Schwaben N.F. 8, 1933–35, 65; Rieth, Schwäb. Alb 249; Stoll, Oberes Neckargebiet/Baar 117 f.; Binder, Nacheiszeitliche Funde 6; Kreisbeschreibung Balingen (1960/61); Fundber. Baden-Württemberg 1, 1974, 85 ff.; Binder, Höhlenführer 160.

116 A. Albstadt-Truchtelfingen BL
Degerfeld
7720

Aus einem bronzezeitlichen Grabhügel auf dem Degerfeld stammen nach Paret Gefäßreste einer spätlatènezeitlichen Nachbestattung.

Es sollen auf dem Degerfeld angeblich noch weitere Scherben der jüngeren Latènezeit gefunden worden sein.

Verbleib?

Lit.: Paret, Württemberg 303

117. Balingen BL
Beim Ort
7719

Bei Balingen wurde eine silberne Kreuzmünze („Volcae Tectosages") gefunden.

Verbleib: MK Stuttgart ZV 756.

Lit.: FMRD II 3 Nr. 3001–1; Fundber. Schwaben 12, 1904, 71 (19); Nestle, Kgr. Württemberg Nr. 71; Bittel, Kelten 29 Nr. 10.

118. Burladingen BL
Hohe Wacht/Höhle Hölloch
7720

0,5 km N von Burladingen liegt die steil abfallende Felsgruppe „Hohe Wacht". Auf ihrer O-Seite öffnet sich das „Hölloch" oder die Hochwarthöhle. In ihrer Eingangshalle sollen schon früher vorgeschichtliche Scherben gefunden worden sein. Ca. 1983 fand G. Schneider, Burladingen, in einer Felsspalte im Inneren der Höhle Spätlatènescherben. Die Keramik zeigt eine Ausprägung, die ganz an das Ende der Spätlatènezeit gehört. Nach einer Mitteilung (1990) von J. Scheff, Albstadt, ist im hinteren Raum der Höhle eine Kulturschicht mit Scherben angeschnitten.

Funde: LDA Tübingen.

Taf. 10 C

1. Zwei RS von Topf mit Sichelrand, Dm. 24 cm, mittelgrauer harter Ton, porös, mittelgrobe mineralische Magerung, geglättete dunkelgraue Oberfläche, porös.
2. RS von Topf mit ausgebogenem Rand, facettiert, Tendenz zu Sichelrand, Dm. 12 cm, dunkelgrauer harter Ton, porös, mittelfeine mineralische Magerung, geglättete Oberfläche, grober Kamm- und Spatelstrich.
3. RS von dickwandigem Topf mit steil aufgebogenem Rand, Dm. 20 cm, dunkelgrauer harter Ton, porös, grobe mineralische Magerung, geglättete Oberfläche, Reihen von Fingernagelkniffen.
4. BS, steilwandig, Dm. 16 cm, mittel- bis rötlichbrauner harter Ton, porös, grobe mineralische Magerung, rötliche geglättete Oberfläche, Ansätze von grobem Kammstrich.
5. WS, mittelgrauer harter Ton, mittelfeine mineralische Magerung, stumpfe dunkelgraue Oberfläche, unregelmäßiger Kamm- und Spatelstrich.

6. WS, mittelgrauer harter Ton, grobe mineralische Mage-rung, hellbraune, etwas geglättete Oberfläche, zwei horizon-tale Leisten, davon eine quer gekerbt (Latène?).
Lit.: Funde unpubliziert (freundl. Hinweis F. Klein), zur Höhle: Binder, Höhlenführer 156 f.

119. Burladingen-Gauselfingen BL
Höhle beim Schlößle
7720/7721
Aus einer kleinen verschütteten Höhle unterhalb der Ruine „Schlößle" stammen vorgeschichtliche Scherben, darunter auch jüngerlatènezeitliche Kammstrichscherben (gefunden 1952).
Funde: WLM Inv.-Nr. V 66/94.
Lit.: Binder, Nacheiszeitliche Funde 24; Fundber. Baden-Württemberg 8, 1983, 223; Ortsakten LDA Tübingen.

120. Burladingen-Gauselfingen BL
Gauselfinger Mühle
7720/7721
In den Slg. Sigmaringen befinden sich Fragmente von drei scheibengedrehten Schalen mit dem Vermerk „aus drei Grab-hügeln bei Gauselfingen". Vermutlich handelt es sich hier um Stücke aus Grabhügeln im Sumpf bei der Gauselfinger Müh-le, die 1854 durch v. Mayenfisch untersucht wurden. In der Hügelschüttung waren wohl jüngerlatènezeitliche Nachbe-stattungen (vermutlich LT C) eingetieft (nicht kartiert).
Funde: Mus. Sigmaringen Inv.-Nr. 612/613.
Lit.: Inventarverz. Slg. Sigmaringen; Zürn, Grabfunde 221.

121. Burladingen-Hausen BL
Schlichte
7720
Bei den Grabungen von G. Bersu 1914 im Bereich des Albli-meskastells soll auch eine Grube mit Latènekeramik ange-schnitten worden sein.
Verbleib?
Lit.: Germania 1, 1917, 115; Stoll, Oberes Neckargebiet/Baar 115; Heiligmann, Alblimes 58 Anm. 20.

122. Burladingen-Hausen BL
Ebnet
7720
In der Flur Ebnet, nahe der B 32, wurde 1984–85 eine römi-sche Straßenstation untersucht. Dabei kamen auch Pfosten-spuren und Gruben mit Funden der Spätlatènezeit zum Vor-schein. Die Funde waren 1991 noch nicht so weit aufgearbei-tet, daß sie aufgenommen werden konnten.
Funde: LDA Tübingen.
Lit.: J. Heiligmann, Arch. Ausgr. Baden-Württemberg 1984 (1985) 99; Arch. Ausgr. Baden-Württemberg 1985 (1986) 128.

123. Burladingen-Hermannsdorf BL
Beim Ort
7720
Um 1860 wurde vom Adlerwirt Blickle ein Regenbogen-schüsselchen gefunden und an den Verein für Geschichte und Altertumskunde in Hohenzollern verschenkt. Es gelangte später in die Fürstl. Hohenzoll. Slg. in Sigmaringen und ist unter den dort aufbewahrten Münzen nicht mehr zu identi-fizieren.
Verbleib: Slg. Sigmaringen.
Lit.: Mitt. Ver. f. Gesch. u. Altkde. Hohenzollern 1, 1867/68, 7 f.; Fundber. Baden-Württemberg 10, 1985, 638.

124. Burladingen-Melchingen BL
Brühl
7620
In Flur Brühl wurde Ende des 19. Jh. ein Regenbogenschüs-selchen (Streber 19/21) gefunden.
Verbleib: Mineralog. Slg. Tübingen oder Mus. Reutlingen.
Lit.: FMRD II 3 Nr. 3102–1; Fundber. Schwaben 12, 1904, 85 e) 7; Bittel, Kelten 33 Nr. 75.

124 A. Burladingen-Melchingen BL
Sommerkirchhöhle
7620
SO vom Ort liegt im Hirschental die Sommerkirchhöhle. Bei verschiedenen Grabungen, u. a. durch Peters 1941/42, kamen zahlreiche Spätlatènescherben zum Vorschein.
Verbleib: WLM (verschollen).
Lit.: Binder, Nacheiszeitliche Funde 80; Peters, Meine Tätig-keit 9, 19.

125. Burladingen-Ringingen BL
Im Lai
7620
0,3 km W der Kirche wurden 1960 hinter Haus Nr. 13 und 15 neben älteren Stücken (UK, Ha) auch angeblich spätlatène-zeitliche Scherben gefunden (Lesefunde Chr. Kraus), darun-ter evtl. eine WS mit Kammstrich-Grübchen. Die Fundstelle liegt 45 m SO eines alamannischen Gräberfeldes, aus dessen Bereich ebenfalls jüngerlatènezeitliche Funde bekannt sind.
Funde: Mus. Burg Hohenzollern; WLM Inv.-Nr. V 76/10.
Lit.: Fundber. Schwaben N.F. 16, 1962, 303 Abb. 37; Fund-ber. Baden-Württemberg 5, 1980, 61 f., Abb. 40.

126. Burladingen-Ringingen BL
Beim Ort
7620
Bei Ringingen wurde im 19. Jh. ein Regenbogenschüsselchen („Boii") gefunden (Typ vgl. Sixt Abb. 10).
Verbleib: Slg. Eisenlohr, Reutlingen.
Lit.: FMRD II 3 Nr. 3106–1; Fundber. Schwaben 6, 1898, 45 Nr. 98 (fälschlich unter Renningen); Fundber. Schwaben 12, 1904, 87 f) 5; Bittel, Kelten 34 Nr. 97.

127. Burladingen-Stetten unter Holstein BL
Eschle
7621
N vom Ort wurden im Neubaugebiet „Eschle" 1983 vorge-schichtliche Siedlungsreste entdeckt. Neben späturnenfel-der- und hallstattzeitlichen Funden (Ha B–D) kamen auch spätlatènezeitliche Scherben zum Vorschein. Eisenschlacken und Bohnerzfunde könnten auf Eisengewinnung hindeuten. Die Siedlungsstelle liegt an einem flachen W-Hang wenige Meter über der Talsohle.
In der Umgebung dieser Fundstelle wurden durch ehren-amtliche Mitarbeiter zahlreiche spätlatènezeitliche Funde geborgen, darunter auch Kammstrich-Grübchen-Keramik. Die Funde sollen im Rahmen einer Tübinger Magisterarbeit vorgelegt werden (Mitt. F. Klein, LDA Tübingen, 1989).
Funde: LDA Tübingen.
Taf. 10 D
RS von Topf mit ausgebogenem und verdicktem Rand, Dm. 14,6 cm, auf der Schulter Ansätze von bogenförmigem Kammstrich.
Lit.: H. Reim, Arch. Ausgr. Baden-Württemberg 1983, 81 ff.

128. Burladingen-Stetten unter Holstein BL
Heilenbergschacht
7621

Im 19. Jh. wurde „in einer Höhle unter der Ruine Holstein", 0,4 km O vom Ort durch Dorn, Hölder und Zingeler gegraben. Die Funde, u. a. auch latènezeitliche Scherben, sollen in die Slg. Sigmaringen gekommen sein, sind dort aber nicht mehr zu identifizieren. Evtl. hat es sich bei dieser Höhle um den Heilenbergschacht (im Volksmund „Muetesloch" oder „Bärenhöhle") ca. 1, 25 km SO von Erpfingen gehandelt. Dort fanden sich 1981 in einem alten Grabungsschnitt neben älteren vorgeschichtlichen Scherben einige jüngerlatènezeitliche Stücke.
Funde: Slg. Sigmaringen (verschollen); Mus. Albstadt Inv.-Nr. A 21 a.
Taf. 10 E
1. WS, mittelgraubrauner harter Ton, spröde, sehr grobe mineralische Magerung mit Quarzsand, rötlichbraune rauhe Oberfläche, unregelmäßiger Kammstrich.
2. WS, mittelbrauner mäßig harter Ton, mittelfeine mineralische Magerung, rötlichbraune stumpfe Oberfläche, zweizinkiger Spatelstrich.
3. RS und WS von feinkeramischem Topf mit ausgebogenem Rand, DSW, Dm. 18 cm, dunkelgrauer harter Ton, fein sandig, sehr feine mineralischer Magerung, glänzende schwarze Oberfläche.
4. RS von Schüssel mit eingebogenem Rand, mittelbrauner harter Ton, spröde, grobe mineralische Magerung mit Bohnerz, Kalksteinchen, Quarz, stumpfe Oberläche, etwas porös.
Lit.: Fundber. Schwaben 2, 1894, Erg. 45 f. (=Fundber. Hohenzollern); Rieth, Schwäb. Alb 249; Biel, Höhensiedlungen 216; Binder, Höhlenführer 156; Inventar Mus. Albstadt.

129. Dautmergen BL
Heuberg
7718
In der Flur „Heuberg" wurde 1977 sowie 1982 und 1983 von H. Reim eine Nekropole der Urnenfelder- und Hallstattzeit untersucht. Bereits 1977 fanden sich in einer Grube im Bereich von Hügel 3 zahlreiche Spätlatènescherben. 1983 wurde wieder eine Grube mit Resten von verschiedenen Gefäßen und einem großen Stein aufgedeckt. Leichenbrandreste fanden sich nicht. Einige römische Scherben könnten in einen ähnlichen Zusammenhang gehören. Möglicherweise handelt es sich um Reste von Nachbestattungen. Es liegt hier ein ähnlicher Befund wie bei den Grabhügeln am Burrenhof vor (vgl. Kat.-Nr. 429).
Funde: LDA Tübingen.
Lit.: H. Reim, Arch. Ausgrabungen 1977, 28; ders., Arch. Ausgr. Baden-Württemberg 1982, 69 ff.; ders., Arch. Ausgr. Baden-Württemberg 1983, 79 ff.; ders., Arch. Ausgr. Baden-Württemberg 1984, 61 ff.

130. Dautmergen BL
W vom Ort
7718
1,2 km W der Kirche von Dautmergen wurde 1984 aus der Luft eine vermutliche Viereckschanze entdeckt.
Lit.: Bittel/Schiek/Müller, Viereckschanzen 384.

131. Dotternhausen BL
Gründen
7718
1 km W vom Ort wurden 1925 in der Flur „Gründen" spätlatènezeitliche Scherben gefunden. Nach R. Koch sollen die Stücke eher frühalamannisch sein.
Funde: WLM Inv.-Nr. A 1640; Heubergmuseum (?).
Lit.: Fundber. Schwaben N.F. 3, 1924–26, 58 f.; Bittel, Kelten 39.

132. Haigerloch-Owingen BL
Warrenberg
7618
2,1 km SW der Kirche von Owingen liegt im Wald „Warrenberg" eine Viereckschanze.
Lit.: Bittel/Schiek/Müller, Viereckschanzen 180 ff.

133. Hausen am Tann BL
Lochenstein
7719/7819
Der Lochenstein (früher nur „Lochen" genannt) ist als hochragender Massenkalkstotzen dem Albtrauf bei Balingen vorgelagert. Mit seinen steil abfallenden Felswänden bietet er sehr guten natürlichen Schutz. Die durch Terrassen gegliederte Hochfläche ist ca. 2,5 ha groß und war in vorgeschichtlicher und historischer Zeit immer wieder besiedelt. Grabungen durch O. Fraas (1880) und G. Bersu (1923) ergaben zahlreiche Funde und Befunde aus der Bronze-, Urnenfelder-, Späthallstatt- und Frühlatènezeit. Weitere Funde datieren in römische Zeit (2./3. Jh.) und in die Völkerwanderungszeit. Unter der Latènekeramik befinden sich einige Kammstrichscherben und eine Graphittonscherbe, die in die jüngere Latènezeit gehören dürften. Sie belegen zumindest eine Begehung des Berges in dieser Zeit.
Funde: WLM Inv.-Nr. A 1494, A 1486, A 1405/39/86.
Ohne Abb.
– RS von Graphittontopf mit gerilltem Wulstrand, DSW, unter dem Rand durchbohrt.
– WS, grauer grober Ton, Kammstrichverzierung.
– WS von gebauchtem Gefäß, schwarzer grober Ton, braune Oberfläche, unregelmäßiger Kammstrich.
– WS, schwarzer grober Ton, braune Oberfläche, unregelmäßiger Kammstrich.
– WS, graubrauner grober Ton, feiner Kammstrich.
– WS, schwarzer grober Ton, braune Oberläche, feiner Kammstrich.
– WS, schwarzer grober Ton, braune Oberfläche, feiner unregelmäßiger Kammstrich.
– WS, schwarzer grober Ton, gelbe Oberfläche, unregelmäßiger Kammstrich.
– WS, brauner weicher Ton, unregelmäßiger Kammstrich und Kammeinstiche.
– WS, brauner weicher Ton, unregelmäßiger Kammstrich.
– WS, schwarzer grober Ton, braune Oberfläche, unregelmäßiger Kammstrich.
– WS mit Bodenansatz, schwarzer grober Ton, braune Oberfläche, unregelmäßiger Kammstrich.
(Beschreibung nach Biel, Höhensiedlungen, Taf. 87,642; Taf. 88,646–656).
Lit.: Fundber. Schwaben N.F. 2, 1922–24, 73 ff.; Bittel, Kelten 51; Biel, Höhensiedlungen 255 ff. (mit zahlreicher älterer Literatur).

134. Meßstetten BL
Im Ort
7819
130 m SW der Kirche wurden Scherben aus der Hallstatt- und Spätlatènezeit gefunden.
Funde: WLM.
Lit.: Fundber. Baden-Württemberg 5, 1980, 78.

135. Meßstetten-Hossingen BL
Ludwigstraße
7819
Im Herbst 1963 wurden beim Hausbau (Haus Nr. 186) ca. 250 m SW der Kirche spätlatènezeitliche Scherben gefunden,

darunter mehrere kammstrichverzierte Fragmente, drei Schüsselränder und wenige Scherben von glatter DSW.
Funde: Priv.Bes.
Taf. 11 A
1. RS und WS von Topf mit ausgebogenem Rand, Dm. 19,5 cm, Höhe 19,5 cm, rotbrauner grober Ton, unregelmäßiger Kammstrich.
2. RS von Schüssel mit verdicktem Rand, Dm. ca. 15 cm, unregelmäßiger Kammstrich.
3. RS von Schüssel mit eingebogenem Rand, Dm. ca. 13,5 cm, DSW?
4. WS, grobtonig, unregelmäßiger Kammstrich.
(Abb. und Beschr. nach Fundber. Schwaben N.F. 18/II, 1967, Taf. 98 B).
Lit.: Fundber. Schwaben N.F. 18/II, 1967, 72, Taf. 98 B.

136. Meßstetten-Tieringen BL
Hörnle
7819
SSO des „Hörnle" und 1,6 km NNO der Kirche von Tieringen wurden 1964 vorgeschichtliche Scherben gefunden, angeblich aus der Spätlatènezeit.
Funde: Priv.Bes.
Lit.: Fundber. Schwaben 18/II, 1967, 76 f.

137. Nusplingen BL
Alamannisches Gräberfeld
7819
Im Bereich des alamannischen Gräberfeldes wurde 1935 eine Graphittonscherbe gefunden (JLT?). Aus dem Grab 142 stammt außerdem ein Fragment eines dreirippigen Glasarmrings, blau mit gelber Auflage (Haevernick 7b).
Verbleib: WLM.
Lit.: Fundber. Schwaben N.F. 9, 1935–38, 77; Fundber. Schwaben N.F. 11, 1938–50, 95; Haevernick, Glasarmringe 148 Nr. 199.

138. Nusplingen-Heidenstadt BL
Krautländer
7819
2,3 km O von Nusplingen und unmittelbar S des Weilers Heidenstadt liegt in Flur „Krautländer" eine Viereckschanze. Hier fand P. Reiser 1940 einige vorgeschichtliche Scherben.
Funde: WLM.
Lit.: Bittel/Schiek/Müller, Viereckschanzen 284 ff.

139. Schömberg BL
Beim Ort
7718
Bei Schömberg wurden im 19. Jh. angeblich zwei keltische Münzen gefunden, davon eine aus Gold. Sie sollen sich im Museum Rottweil befinden, sind dort aber nicht auffindbar. Evtl. sind sie unter den bei Rottweil gefundenen Münzen.
Verbleib: Mus. Rottweil.
Lit.: FMRD II 3 Nr. 3021–1-2; Nestle, Kgr. Württemberg; Fundber. Schwaben 6, 1898, 43 Nr. 43,12; Fundber. Schwaben 12, 1904, 64; Bittel, Kelten 34 Nr. 103.

140. Straßberg BL
Am Bahnhof
7820
Am Straßberger Bahnhof wurden 1950/51 Scherben gefunden, darunter Kammstrichkeramik (JLT?).
Verbleib?
Lit.: Ortsakten LDA Tübingen.

141. Straßberg-Kaiseringen BL
Kaiseringer Höhle
7820
NW oberhalb von Kaiseringen liegt der Bergvorsprung „Ziegelkopf". Am Fuß einer Felswand befindet sich eine kleine Höhle. In und vor dieser wurden Spätlatènescherben, ein menschlicher Oberschenkelknochen und das Fragment einer Drehmühle gefunden. Die Funde wurden von einem Färbermeister Schemmer vor dem Krieg dem Museum Ebingen (Albstadt) übergeben. Sie sind heute z.T. verschollen, doch fanden sich im Inventarverzeichnis noch zwei Fotos davon (Abb. 76) Der Mühlstein befindet sich angeblich im Museum der Burg Hohenzollern. Gegraben haben in der Höhle H. Bellemann (keine Dokumentation) und H. Breeg/P. Eith (1928). Die Höhle wurde von J. Scheff 1983 lokalisiert. Sie liegt 350 m NNW der Allerheiligenkapelle.
Funde: Mus. Albstadt Inv.-Nr. A 15 a (z.T. verschollen).
Taf. 11 B
1. RS von Topf mit ausgebogenem Rand, Dm. 18 cm, rötlichbrauner harter Ton, mittelfeine mineralische Magerung, glänzende Oberfläche, porös, leicht übersintert.
2. WS von flaschenartigem Gefäß oder Trichter, mittelgrauer harter Ton, feine mineralische Magerung, Kalksteinchen, mittelbraune, etwas geglättete Oberfläche, porös.
3. WS, mittelgraubrauner harter Ton, spröde-blättrig, mittelfeine mineralische Magerung mit Quarz, glänzende Oberfläche, etwas porös, regelmäßiger Kammstrich.
4. WS, rotbrauner harter Ton, spröde-blättrig, mittelfeine mineralische Magerung mit Quarz, etwas geglättete Oberfläche, Kammstrich.
5. WS, dunkelgrauer harter Ton, spröde-blättrig, mittelfeine mineralische Magerung mit Quarz, mittelbraune Oberfläche, etwas geglättet, unregelmäßiger Kammstrich.
6. RS von Schüssel mit steil aufgebogenem Rand, rotbrauner harter Ton, spröde, mittelfeine mineralische Magerung mit Kalksteinchen, mittelbraune glänzende Oberfläche.
7. WS, mittelgraubrauner harter Ton, grobe mineralische Magerung, Kalksteinchen und Bohnerz, rotbraune stumpfe Oberfläche, porös, horizontaler und vertikaler Kammstrich.
Lit.: Fundber. Schwaben N.F. 5, 1928–30, 139; Bittel, Kelten 42; Rieth, Schwäb. Alb 248; Binder, Nacheiszeitliche Funde 51; Inventarverz. Mus. Albstadt.

142. Winterlingen BL
Kühstellengrotten
7820
4,3 km N von Winterlingen liegen im Wald „Kühstelle" beieinander die drei Kühstellengrotten. R. R. Schmidt grub hier 1905/6 Geräte aus dem Spätmagdalénien aus. Angeblich fanden sich auch Scherben der Hallstatt- und jüngeren Latènezeit.
Funde: Mus. Albstadt (verschollen).
Lit.: Rieth, Schwäb. Alb 245; Binder, Höhlenführer 160.

143. Winterlingen BL
Dürrenbühl
7820
5,5 km NW von Winterlingen wurden im „Dürrenbühl" in einer Felsspalte vier Spätlatènegefäße gefunden. Zwei davon befinden sich im Museum Albstadt, die beiden anderen sind verschollen. Die genaue Fundstelle ließ sich bislang nicht ermitteln.
Funde: Mus. Albstadt.
Taf. 12
1. Topf mit ausgebogenem Rand, Dm. 14 cm, Höhe 24 cm,

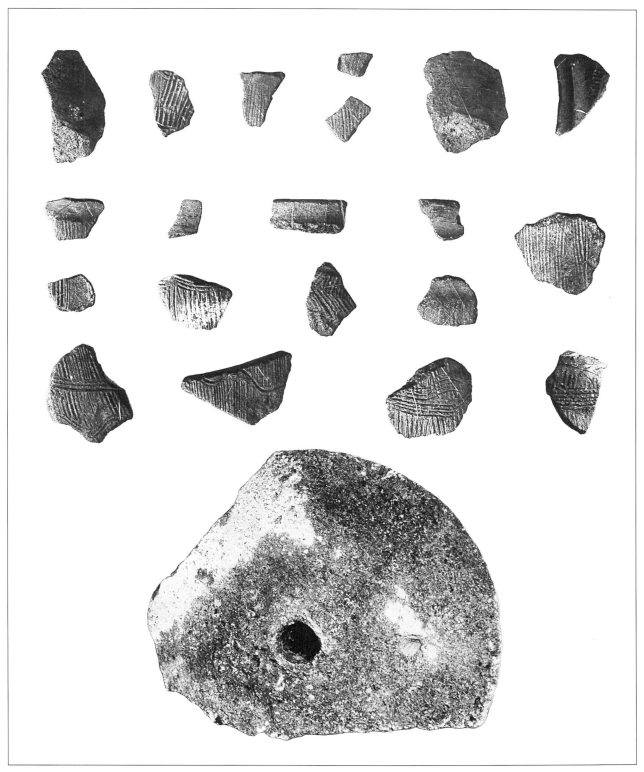

Abb. 76: Straßberg-Kaiseringen, Kaiseringer Höhle (Kat.-Nr. 141).

mittelgrau-rotbrauner mäßig harter Ton, porös, mittelgrobe mineralische Magerung mit Kalksteinchen, organisch verunreinigt, stumpfe Oberfläche, porös, Spatelstrichbögen
2. Kleiner bauchiger Topf mit ausgebogenem Rand, Dm. 10,5 cm, Höhe 14,5 cm, rotbrauner mäßig harter Ton, porös, mittelfeine bis grobe mineralische. und organische Mage-

rung, Kalksteinchen, rauhe Oberfläche, sehr porös, auf dem ganzen Gefäß Reste von Pichung.
Lit.: Fundber. Schwaben N.F. 8, 1933–35, 94; Rieth, Schwäb. Alb 249; Der Landkreis Balingen. Amtl. Kreisbeschreibung. Bd. 1 (Balingen 1960) 177.

Kreis Calw (CW)

144. Calw CW
Beim Ort
7218
Bei Calw wurden im 19. Jh. zwei Regenbogenschüsselchen (Viertelstatere, davon eines Streber 56) gefunden.
Verbleib: MK Stuttgart.
Lit.: FMRD II 3 Nr. 3049–1, 2; Nestle, Kgr. Württemberg Nr. 77; Fundber. Schwaben 12, 1904, 86b) 1, 88g) 2; Bittel, Kelten 29 Nr. 21a,b.

145. Calw-Stammheim CW
Beim Ort
7218
Im 19. Jh. wurde bei Stammheim ein Regenbogenschüsselchen (Streber 16) gefunden.
Verbleib?
Lit.: FMRD II 3 Nr. 3063–1; Nestle, Kgr. Württemberg Nr. 79; Fundber. Schwaben 6, 1898, 42 Nr. 27; Fundber. Schwaben 12, 1904, 83 b) 2.

146. Nagold CW
Bei Nagold
7418
Bei Nagold wurden im 19. Jh. ein Regenbogenschüsselchen (Streber 86) und eine keltische Silbermünze (Typ?) gefunden. Außerdem soll in der Gegend ein Hortfund von ca. 500 keltischen Münzen zum Vorschein gekommen sein; diese Angabe ist allerdings sehr zweifelhaft.
Verbleib ?
Lit.: FMRD II 3 Nr. 3058–1, 2; 3060; Nestle, Kgr. Württemberg Nr. 90; Fundber. Schwaben 6, 1898, 42 Nr. 29,3; Fundber. Schwaben 7, 1899, 43; Fundber. Schwaben 12, 1904, 65, 67 VI-1, 80; Bittel, Kelten 33 Nr. 81a–c.

147. Nagold CW
Schloßberg
7418
Auf dem über der Stadt gelegenen Schloßberg von Hohennagold bestanden zu verschiedenen vorgeschichtlichen Zeiten Höhensiedlungen. Funde sind aus der Urnenfelder- und der Späthallstatt/Frühlatènezeit bekannt. Im Fundmaterial befinden sich auch wenige Scherben, die bereits in die Mittellatènezeit gehören dürften (Biel, Höhensiedlungen Taf. 130,119–120; 123–124).
Funde: WLM, Museum Nagold, Priv.Bes.
Lit.: Biel, Höhensiedlungen 302 ff. (mit älterer Literatur).

147 A. Nagold-Emmingen CW
Erlach
7418
Vor 1910 wurde in einem Tuffsteinbruch in Flur „Erlach" eine Kulturschicht mit spätlatènezeitlichen, römischen und mittelalterlichen Scherben festgestellt. Die Funde könnten von einem darüber gelegenen Plateau abgeschwemmt worden sein.
Funde: WLM A 492 (verschollen).
Lit.: Fundber. Schwaben 19, 1911, 10.

148. Wildberg CW
Beim Ort
7318
Bei Wildberg wurde im 19. Jh. eine keltische Silbermünze mit der Legende ADNAMAT (vgl. de la Tour 10024) gefunden.
Verbleib: MK Stuttgart ZV 741.
Lit.: FMRD II 3 Nr. 3064–1; Nestle, Kgr. Württemberg Nr. 91; Fundber. Schwaben 6, 1898, 42 Nr. 30; Fundber. Schwaben 12, 1904, 78; Bittel, Kelten 36 Nr. 132.

Kreis Esslingen (ES)

149. Aichtal-Aich ES
Galgenberg
7321
Vor Jahrzehnten wurde auf dem Galgenberg bei Feldarbeiten ein Regenbogenschüsselchen gefunden (Streber 45). Anderen Angaben zufolge könnte es sich bei dem Fund auch um ein Stück aus Raubgrabungen aus dem großen Grabhügel bei Schlaitdorf handeln (Hinweis auf Nachbestattungen?). Mitt. K. Ehmert, 1980.
Verbleib?
Lit.: Fundber. Baden-Württemberg 10, 1985, 635.

150. Altbach ES
Hinteres Feld
7222
0,7 km NNW vom Ort wurde in der Flur „Hinteres Feld" ein Regenbogenschüsselchen (Viertelstater, vgl. Forrer, Taf. 27, 1) gefunden.
Verbleib: Mus. Esslingen.
Lit.: FMRD II 4 Nr. 4122–1; Fundber. Schwaben N.F. 12, 1938/51, 92 n.3; Fundber. Schwaben N.F. 13, 1952/54, 43; Koch, Kat. Esslingen 20.

151. Bissingen a.d. Teck ES
Rauberweidhöhle
7322
3 km SSO von Bissingen und 1,2 km SW von Ochsenwang liegt in einem Felsen an der Albkante (Staatswald Distr.XI, Rauber, Abt.3, Kennberg) unterhalb der „Rauberweide" die Rauberweidhöhle (nicht zu verwechseln mit dem wenige Meter unterhalb gelegenen „Bissinger Loch"). Die schwer zugängliche Spalthöhle (Eingangshöhe 4 m, Breite max. 2,5 m, Länge 70 m) öffnet sich nach NNO.
Bei Grabungen durch G. Riek 1931 fanden sich spätkeltische Scherben und eine eiserne Lanzenspitze. Die Grabungsspuren sind noch deutlich zu erkennen.
Oberhalb der Höhle legte Riek auf der Rauberweide einen jüngerlatènezeitlichen Hausgrundriß frei (s. Kat.-Nr. 152).
Funde: Alle Funde befinden sich in der Slg. des Instituts für Vor- und Frühgeschichte der Univ. Tübingen.
Taf. 13
1. RS und WS von Schüssel mit steil aufgebogenem Rand, Dm. 38 cm, dunkelgrauer spröder Ton, grobe mineralische Magerung, Oberfläche geglättet und porös.
2. RS von Topf mit ausgebogenem Rand, Dm. 30 cm, rötlichbraungrauer Ton, etwas porös, leicht sandig, mittelfeine mineralische Magerung, Oberfläche geglättet.
4. RS von Schüssel mit eingebogenem Rand, Dm. 18 cm, hellgrauer harter Ton, leicht sandig, feine mineralische Magerung, z.T. mit Kalksteinchen, Oberfläche etwas geglättet, auf dem Rand Reste von Pichung, nachgedreht.
5. RS und WS von Topf mit abgesetzter Schulter, Dm. 18 cm, dunkelgrauer, harter Ton, grobe mineralische Magerung, glänzende Oberfläche, dreizinkige Kammstrichgrübchen und unregelmäßiger Kammstrich.
6. Eiserne Lanzenspitze mit scharfem Mittelgrat. Erh. Länge: 20,8 cm, max. Breite: 4,4 cm.
7. RS von Schüssel mit steilem Rand, mittelgraubrauner har-

ter Ton, leicht sandig, feine mineralische Magerung, Oberfläche dunkelgrau, geglättet, rissig.

8. RS von Topf mit sichelförmigem Wulstrand, Dm. 13,5 cm, dunkelgrauer harter Ton, porös, feine mineralische Magerung, organisch verunreinigt, poröse Oberfläche, etwas geglättet.

9. RS, mittelgrauer harter Ton, spröde, sandig, leicht porös, mittelfeine mineralische Magerung, Oberfläche leicht geglättet.

10. RS von Topf mit nach außen gestrichenem Rand, mittelgraubrauner harter Ton, mittelfeine bis grobe mineralische Magerung, leicht poröse Oberfläche, Kammstrich und Wellenkammstrich.

11. WS, mittelgrauer harter Ton, leicht sandig, mittelfeine mineralische Magerung (etwas Bohnerz), leicht geglättet, Kammstrich.

12. RS, hellbraun-grauer Ton, leicht sandig, etwas porös, feine mineralische Magerung, Oberfläche leicht porös und sandig.

13. WS, mittelgraubrauner spröder Ton, porös, mittelfeine mineralische Magerung, organisch verunreinigt, unregelmäßiger Kammstrich.

14. RS von Topf mit ausgebogenem Rand, dunkelgrau-rötlichbrauner Ton, leicht porös, mittelfeine mineralische Magerung (mit kleinen Kalksteinchen), Oberfläche etwas geglättet, Kammstrich mit girlandenförmiger Begrenzung im Halsbereich, auf dem Rand Reste von Pichung.
Lit.: Zürn, Geländedenkmale Stuttgart 29, Taf. X; Fundber. Schwaben N.F. 7,1932,43 (unter Ochsenwang); Bittel, Kelten 45; Binder, Höhlenführer 85.

152. Bissingen a.d. Teck ES
Rauberweide
7422
Auf der Rauberweide, 0,4 km O der Diepoldsburg, legte Riek 1934 den Grundriß einer rechteckigen Latène-Hütte mit Feuerstelle frei. Er konnte Scherben von mindestens sechs jüngerlatènezeitlichen Gefäßen, u. a. mit Besenstrich, und einen Lanzenschuh bergen. Die Fundstelle ist nicht mehr genau zu ermitteln, sie kann auch schon auf Markung Lenningen (Unterlenningen) liegen.
Funde: Verbleib unbekannt.
Lit.: Fundber. Schwaben N.F. 8, 1935, 90.

153. Bissingen a.d. Teck-Ochsenwang ES
Brand
7423
2,5 km SO vom Ort, ca. 1 km O von Randeck fand G. Riek 1931 Scherben einer Schüssel mit eingebogenem Rand.
Funde: Slg. Inst. Tübingen (bei den Funden aus der Rauberweidhöhle).
Taf. 13
3. RS von Schüssel mit eingebogenem Rand, Dm. 24 cm, mittelgraubrauner harter Ton, spröde, mittelfeine mineralische Magerung, Oberfläche glänzend, schwarzfleckig.
Lit.: Fundber. Schwaben N.F. 7,1932, 43.

154. Bissingen a.d. Teck-Ochsenwang ES
Klettenhau
7423
1,3 km O vom Ort fand Stoll 1930/31 über dem tiefsten Punkt des Randecker Maares auf zwei Terrassen JLT-Scherben und Tierknochen.
Die Fundstelle liegt direkt O der Straßengabelung an der Stelle, wo der Zipfelbach das Maar verläßt. Die Terrassen sind durch Hangrutschung entstanden.

Funde: Verbleib unbekannt.
Lit.: Fundber. Schwaben N.F. 7, 1932, 43; Bittel, Kelten 45; Ortsakten LDA Stuttgart (handschriftl. Fundbericht Stoll).

155. Deizisau ES
Schwarzenhalde
7222
In der Flur „Schwarzenhalde" am W-Ausgang des Ortes wurden 1933 in einer Sandgrube jüngerlatènezeitliche Scherben gefunden. Unter den Scherben soll auch ein Amphorenhenkel gewesen sein.
Funde: WLM Inv.-Nr. A 33/52; 34/62.
Lit.: Bittel, Kelten 38; Fundber. Schwaben N.F. 8, 1933/35, 86.

156. Denkendorf ES
Felbenbrunnen
7321
Neben neolithischen Funden fand M. Goldner 1979 in Flur „Felbenbrunnen" wenige LT-Scherben, u. a. mit Kammstrichverzierung.
Funde: Priv.Bes.
Lit.: Fundber. Baden-Württemberg 12, 1987, 495.

157. Denkendorf ES
Erlach
7321
1960 wurde in Flur „Erlach", ca. 0,2 km S vom Erlachsee das Fragment eines blauen Glasarmrings gefunden (Haevernick Gruppe 11).
Verbleib: WLM Inv.-Nr. F 61/15.
Lit.: Fundber. Schwaben N.F. 16, 1962, 241; Taf. 29,6.

158. Erkenbrechtsweiler ES
Heidengraben, Tor G
7422
Bei der Untersuchung von Tor G des Oppidums „Heidengraben" kamen 1981 neben vorgeschichtlichen und römischen Funden einige spätkeltische Stücke zum Vorschein: Einige Kammstrichscherben, Eisenreste (Nägel, Pfeilspitzen?) und eine Kleinsilberprägung vom Manchinger Typ (vgl. zum Heidengraben unter Grabenstetten RT, Kat. Nr. 431).
Funde: WLM, MK Stuttgart.
Lit.: J. Biel, Arch. Ausgr. Baden-Württemberg 1981, 77 ff.; 208 f.

159. Erkenbrechtsweiler ES
Beim Ort
7422
Bei Erkenbrechtsweiler wurde 1889 ein Regenbogenschüsselchen (Streber 35) gefunden.
Verbleib: MK Stuttgart ZV 654.
Lit.: FMRD II 4 Nr. 4373–1; Fundber. Schwaben 3, 1895, 57 nr. 4; Fundber. Schwaben 6, 1898, 42 nr. 31,2; Fundber. Schwaben 12, 1904, 84 d) 7; Fundber. Schwaben N.F. 1, 1917/22, 102 n.4; Bittel, Kelten 30 Nr. 34b; Fischer, Heidengraben 158.

160. Erkenbrechtsweiler ES
Beim Burrenhof
7422
Etwa 250 m NW vom Burrenhof wurde 1913 ein Regenbogenschüsselchen gefunden.
Verbleib: MK Stuttgart.
Lit.: FMRD II 3 Nr. 3166–2 (irrtümlich unter Grabenstetten); Fischer, Heidengraben 158.

161. Erkenbrechtsweiler ES
Im Kirchhof
7422
Im Kirchhof von Erkenbrechtsweiler wurde eine Leuker-Potinmünze gefunden (de la Tour 9147).
Verbleib: Priv.Bes.
Lit.: FMRD II 4 Nr. 4373–2; Fundber. Schwaben 6, 1898, 48 n. 5 (dort fälschlich als Goldmünze der Boier); Fundber. Schwaben 12, 1904, 77, Taf. 14, Abb. 2; Fundber. Schwaben N.F. 1, 1917/22, 102 n. 5; Bittel, Kelten 30 Nr. 34a; Fischer, Heidengraben 158 f.

162. Esslingen-Oberesslingen ES
Bei Oberesslingen
7221
Bei Oberesslingen wurde ein Regenbogenschüsselchen (Viertelstater, Forrer 395) gefunden.
Verbleib: Priv.Bes.
Lit.: FMRD II 4 Nr. 4128–1; Fundber. Schwaben N.F. 5, 1928/30, 93 n.6; Bittel, Kelten 34 Nr. 88.

163. Esslingen-Oberesslingen ES
Schulgarten
7221
Bei den Grabungen in der römischen Villa in Flur „Schulgärten" wurde 1910 auch der Rand eines Graphittontopfes gefunden.
Verbleib: Mus. Esslingen L 30.
Taf. 14 A
– RS von Graphittontopf mit Wulstrand, Dm. 25 cm, im Halsbereich schräg gekerbte Leiste, auf der Schulter Ansatz von vertikalem Kammstrich (Abb. nach Koch, Kat. Esslingen, Taf. 23,1).
Lit.: Fundber. Schwaben 18, 1910, 57; Koch, Kat. Esslingen 20.

164. Esslingen-Oberesslingen ES
Burgstall
7222
4,6 km O des Bahnhofs Esslingen und 1,1 km SO des Jägerhauses liegt in der Waldabteilung „Burgstall" eine Viereckschanze. 1922 und 1924 wurde hier von Bersu gegraben, dabei fand sich auch jüngerlatènezeitliche Keramik.
Funde: WLM Inv.-Nr. A 1255.
Lit.: Bittel/Schiek/Müller, Viereckschanzen 162 ff.

165. Esslingen-Rüdern ES
Ailenberg
7221
Neben urnenfelderzeitlichen Funden stammt vom „Ailenberg" oder „Ölberg" auch eine LT-Scherbe mit Kammstrich.
Verbleib: WLM.
Lit.: Fundber. Baden-Württemberg 2, 1975, 112.

166. Esslingen-Sirnau ES
Untere Ebene/Wasenacker
7222
Im Bereich des alamannischen Gräberfeldes kamen bei den Grabungen 1936 zahlreiche jüngerlatènezeitliche Scherben zum Vorschein, die auf eine spätkeltische Siedlung hinweisen.
Funde: Mus. Esslingen.
Abb. und Beschr. der Funde nach Koch, Kat. Esslingen, Taf. 23, für die einzelnen Inventarnummern sei auf diesen Katalog verwiesen.
Taf. 14 B
1. RS und WS von flachbodigem Napf, Dm. 8 cm (aus Schnitt 19).

2. RS von Graphittontopf mit Wulstrand, Dm. 18 cm (aus Grab 215).
3. RS von Topf mit ausgebogenem und verdicktem Rand, Dm. 18 cm, dunkelgrauer feinsandiger Ton (aus Grab 194).
4. RS von tonnenförmigem Topf, Dm. 20 cm, feinsandiger Ton, vertikaler und horizontaler Kammstrich (aus Schnitt 19).
5. RS von Topf mit nach innen gefalztem Rand, Dm. 13 cm, feinsandiger Ton (aus Schnitt 2).
6. BS, feinkeramisch, DSW, Dm. 12 cm, schwarzer feiner Ton, Standrille (aus Schnitt 10).
7. RS von Topf oder Flasche mit Wulstrand, feinkeramisch, DSW, schwarzer feiner Ton (aus Schnitt 10).
8. WS, brauner Ton, Kammstrich (aus Schnitt 13).
9. WS mit Schulterknick, umlaufende Reihe von Kerben (aus Schnitt 10).
10. WS einer Flasche, feinkeramisch, DSW (Lesefund).
11. RS von Schüssel mit eingebogenem Rand, feinsandiger grauer Ton (aus Schnitt 10).
12. RS von Schüssel mit eingebogenem Rand (Lesefund).
13. RS von Topf mit ausgebogenem Rand, Dm. 13,5 cm, grober Spatelstrich (aus Schnitt 4).
14. WS, dickwandig, brauner Ton, grobsandig, grober Kamm- und Spatelstrich (Lesefunde).
15. WS, Feinkammstrichware, schwarzer feinsandiger Ton (aus Graben beim Alamannenweg).
16. WS, grauer sandiger Ton, Fingerdellen (aus Schnitt 16).
17. WS, dickwandig, unregelmäßiger Kamm- und Spatelstrich, Spatelstrich-Wellenlinie auf der Schulter (aus Schnitt 4).
18. WS, Feinkammstrichware, schwarzer feinsandiger Ton (Ecke Alamannen-/Bussardweg).
19. WS, Feinkammstrichware, schwarzer feinsandiger Ton (Ecke Alamannen-/Bussardweg).
20. WS, Feinkammstrichware, schwarzer Ton (Verlängerung Häherweg).
21. BS, feinkeramisch, DSW, Dm. 8,1 cm, grauschwarzer sandiger Ton (Baugrube Haus 9).
22. RS und WS von Schüssel mit aufgebogenem Rand, Dm. 36 cm, dunkelgrauer Ton (aus Schnitt 23).
23. WS mit Kammstrich (Ecke Alamannen-/Bussardweg).
Lit.: Koch, Kat. Esslingen I 21 ff., Taf. 23.

167. Esslingen-Sirnau ES
Gartenacker
7222
Etwa 500 m O des Sirnauer Hofes wurde in Flur Gartenäcker 1938 eine Kiesgrube angelegt. 50 m SW von dieser wurde 1941 eine zweite Grube angelegt. Aus beiden Gruben stammen zahlreiche vorgeschichtliche Lesefunde; in der ersten wurde 1939 in 1 m Tiefe eine Kulturschicht festgestellt. Schon 1938 wurde in beiden Kiesgruben jüngerlatènezeitliche Keramik gefunden.
Funde: Mus. Esslingen.
Taf. 11 C
1. RS von Topf mit ausgebogenem Rand, Dm. 17,1 cm, graubrauner Ton, geglättet.
2. WS von Flasche, feinkeramisch, DSW, schwarzer feinsandiger Ton, auf der Schulter horizontale Rippen.
3. WS von kleiner Flasche, feiner schwarzer Ton, auf der Schulter Horizontalrille (DSW?).
4. WS, feiner schwarzer Ton, Rillen und Kreisstempel (DSW?).
5. WS, grauer sandiger Ton, Kammstrich.
6. WS von Flasche, feinkeramisch, DSW, schwarzer feinsandiger Ton, auf der Schulter horizontale Rippe und Riefe.

(Abb. und Beschr. nach Koch, Kat. Esslingen, Taf. 24 A,1–6).
Lit.: Fundber. Schwaben N.F. 11, 1951, 63; Koch, Kat. Esslingen 21, Taf. 24 A.

168. Esslingen-Weil ES
Beim Ort
7221
Bei Weil wurde angeblich eine keltische Goldmünze gefunden (Nominal nicht näher bekannt).
Verbleib: Angeblich MK Stuttgart.
Lit.: FMRD II 4 Nr. 4131; Fundber. Schwaben 10, 1902, 52 n.1; Fundber. Schwaben 12, 1904, 64 Anm. 1; Bittel, Kelten 36 Nr. 126.

169. Filderstadt-Bonlanden ES
Am Pfaffenweg
7321
Um 1865 wurde von einem Schäfer beim römischen Gutshof am Pfaffenweg ein Regenbogenschüsselchen gefunden.
Verbleib: unbekannt.
Lit.: RiW III, 288; Fundber. Schwaben N.F.8, 1933/35, 119 n.1; FMRD II 4 Nr. 4123–1.

170. Filderstadt-Plattenhardt ES
Weilerhau
7321
Vor 1850 wurde im Wald Weilerhau ein Spitzbarrenhort gefunden (mehrere eiserne Spitzbarren).
Verbleib: unbekannt.
Lit.: Bittel, Kelten 25 Nr. 19a; Stein, Hortfunde 224 Nr. 521.

171. Kirchheim/Teck-Oetlingen ES
Speck/Asang
7322
1993 wurde 1 km W vom Ort in der Flur Speck/Asang das Fragment eines kobaltblauen Glasarmrings mit gelber Auflage (Haevernick 7b) aufgelesen. Das Stück wurde im Gebiet einer mittelalterlichen Wüstung gefunden.
Verbleib: Mus. Kirchheim.
Lit: Unpubliziert, freundl. Mitt. R. Laskowski und R. Hartmayer.

172. Kirchheim/Teck ES
Rauner
7322
Im SO des Stadtkerns wurde im „Rauner" (Bereich Bismarckstraße) 1928/29 ein großer frühmittelalterlicher Reihengräberfriedhof z.T. ausgegraben. Aus dem Grab 39 stammt das Fragment eines dreirippigen Glasarmrings (Haevernick 7b), blau mit gelber Auflage.
Verbleib: Mus. Kirchheim Inv.-Nr. 34.
Lit.: Haevernick, Glasarmringe 152 Nr. 253; Fiedler, Kat. Kirchheim 26, Taf. 30 3.

173. Kirchheim/Teck ES
Hegelesberg
7322
K. Trenkle, Ditzingen, fand 1975 auf dem Hegelesberg neben bandkeramischen Resten auch die RS einer Schüssel mit Kammstrichverzierung. Bei einer Notbergung im Bereich einer neolithischen Siedlung wurden 1994 weitere Kammstrichscherben gefunden (freundl. Mitt. R. Laskowski).
Funde: Priv.Bes.
Taf. 18 A
– RS von Schüssel mit aufgebogenem Rand, brauner Ton, grober Kammstrich (nach Fundber. Baden-Württemberg 8, 1983, 230).

Lit.: Fundber. Baden-Württemberg 8, 1983, 121, 230, Taf. 126F.

174. Kirchheim/Teck ES
Umgebung von Kirchheim
7322
Im „Amtsbezirk Kirchheim" wurde Anfang des Jh. ein Regenbogenschüsselchen (Viertelstater, vgl. Hertlein Abb. 10) gefunden. Die Fundortangabe ist unsicher (nicht kartiert).
Verbleib: Priv.Bes.
Lit.: FMRD II 4 Nr. 4381–1; Fundber. Schwaben 22/24, 1914/16, 32 n.4; Bittel, Kelten 32 Nr. 63.

175. Köngen ES
Burg
7322
1975 wurde im Neubaugebiet „Burg III" im Bereich des römischen Vicus vor dem Bauplatz W. Gutekunst eine keltische Bronzemünze gefunden:
VS: barbarisierter Kopf nach links, in flacher, undeutlicher Prägung, umgeben von kleinen Kreuzen in Wulstring.
RS: leicht konvex, ohne erkennbare Prägung.
Gewicht: 0,672 g; Dm. 12,7 mm.
Verbleib: Priv.Bes.
Lit.: Fundber. Baden-Württemberg 10, 1985, 643; 663 Abb. 104,1.

176. Köngen ES
Bereich des römischen Kastells
7322
1971 wurde von E. Koch im Bereich des römischen Kastells eine keltische Bronzemünze gefunden.
Verbleib: Priv.Bes.
Lit.: Fundber. Baden-Württemberg 2, 1975, 338, 339 Abb. 195.

177. Köngen ES
SW vom Kastell
7322
F. Meid, Köngen, fand SW vom Kastell ein massives eisernes Noppenringchen (Spätlatène?).
Verbleib: Priv.Bes.
Lit.: Unpubliziert; freundl. Hinweis M. Luik.

178. Leinfelden-Echterdingen ES
Beim Ort
7320
1889 wurde bei Echterdingen ein Regenbogenschüsselchen (Streber 5) gefunden.
Verbleib: MK Stuttgart ZV 735.
Lit.: FMRD II 4 Nr. 4124–1; Nestle, Kgr. Württemberg Nr. 60–1; Fundber. Schwaben 12, 1904, 83 nr. a) 3; Bittel, Kelten 30 Nr. 27a.

179. Leinfelden-Echterdingen ES
Federlesmahd
7320
Vor 1898 wurde angeblich in einem Grabhügel auf der Federlesmahd ein Regenbogenschüsselchen gefunden (Nachbestattung?). Die beiden Grabhügelgruppen auf der Federlesmahd liegen in unmittelbarer Nachbarschaft einer Viereckschanze (s.u.).
Verbleib: Priv.Bes.
Lit.: FMRD II 4 Nr. 4125; Fundber. Schwaben 6, 1898, 42 n.2; Fundber. Schwaben 12, 1904, 102; Bittel, Kelten 30; Zürn, Grabfunde 67 ff.; Bittel/Schiek/Müller, Viereckschanzen 247.

180. Leinfelden-Echterdingen ES
Riesenschanze
7320
2,1 km WSW der alten Kirche von Echterdingen liegt in der „Federlesmahd" in der Waldabteilung „Riesenschanze" eine Viereckschanze. 1911 wurde hier von Bersu gegraben, dabei fand sich im Graben eine vorgeschichtliche Scherbe. 80 m S und 140 m O der Schanze liegen Grabhügel, aus einem davon soll ein Regenbogenschüsselchen stammen (s. o.).
Lit.: Bittel/Schiek/Müller, Viereckschanzen 241 ff.

181. Leinfelden-Echterdingen ES
Kühtorhau
7220
2,5 km WNW von Leinfelden liegt im Wald „Kühtorhau" eine Viereckschanze.
Lit.: Bittel/Schiek/Müller, Viereckschanzen 247 ff.

182. Leinfelden-Echterdingen-Stetten a.d. Fildern ES
Holderäcker
7320
Auf den Fluren „Zeiläcker" und „Holderäcker" am N-Ende des Ortes wurden 1932 neben römischen Bauresten keltische Scherben, darunter Graphittonware, gefunden.
Funde: WLM Inv.-Nr. A 34/71.
Lit.: Fundber. Schwaben N.F. 8, 1935, 94.

183. Lenningen-Gutenberg ES
Heppenloch
7423
Vor der Höhle Heppenloch wurde von G. Riek 1934 eine Probegrabung durchgeführt; er fand neben Hallstattscherben zahlreiche jüngerlatènezeitliche Keramik (u. a. Graphittonware und WS mit Besenstrichverzierung) in einer Brandschicht mit Tierknochen.
Verbleib: WLM oder Slg. Institut Tübingen (Kriegsverlust?).
Lit.: Fundber. Schwaben N.F. 8, 1935, 86.

184. Lenningen-Schopfloch ES
Torfgrube
7423
Um 1865 wurde in einer Torfgrube bei Schopfloch ein Silberquinar (Kreuzmünze) gefunden (vgl. Sixt Abb. 21).
Verbleib: MK Stuttgart ZV 778.
Lit.: FMRD II 4 Nr. 4394–1; Fundber. Schwaben 5, 1897, 45 n.4; Fundber. Schwaben 6, 1898, 44 n.83,2 (dort irrtümlich als Goldmünze); Fundber. Schwaben 12, 1904, 71 n.21; Bittel, Kelten 35 Nr. 107; Fischer, Heidengraben 160.

185. Lenningen-Schopfloch ES
Beim Ort
7423
Vor 1893 wurde bei Schopfloch ein Siberquinar vom Büscheltyp (Forrer 512) gefunden; nach Fischer wurde dieses Stück zusammen mit der Kreuzmünze (s. o.) um 1865 in der Torfgrube gefunden.
Verbleib: MK Stuttgart ZV 777?
Lit.: FMRD II 4 Nr. 4394–2; Fundber. Schwaben 1, 1893, 44 n.2 (dort fälschlich als Regenbogenschüsselchen); Fundber. Schwaben 12, 1904, 72, Taf. 8,3; Fischer, Heidengraben 160.

186. Lenningen-Schopfloch ES
Otto-Hoffmeister-Haus
7423
2,5 km NNW von Schopfloch liegt in unmittelbarer Nähe der Torfgrube (s. o.) das Otto-Hoffmeister-Haus. In seiner Umgebung fand G. Romberg neben anderen vorgeschichtlichen und römischen Scherben auch jüngerlatènezeitliche Keramik, u. a. Graphittonware.
Verbleib: Priv.Bes.
Lit.: Unpubliziert, freundl. Hinweis Ch. Bizer.

187. Lenningen-Unterlenningen ES
Bahnhof
7423
Beim Bau des Bahnhofs wurde 1898/99 ein Eisenspitzbarren gefunden.
Verbleib: Mus. Kirchheim, Inv.-Nr. 173.
Lit.: R. Fiedler, Kat. Kirchheim 23.

188. Lenningen-Unterlenningen ES
Engelhof/Himmelreich
7423
1910 grub ein „Ökonom Renz" in der Flur Himmelreich, 0,3 km N vom Engelhof. Er fand „eine Menge grober Latèneware, darunter Graphittongefäße, ein Pferdezahn und eine eiserne Speerspitze". Die Funde wurden von Dr. Ebner, Kirchheim, dem WLM übergeben.
Funde: WLM Inv.-Nr. A 364.
Taf. 15 A
1. RS von Schüssel mit eingebogenem Rand, Dm. 28 cm, mittelgrauer, relativ weicher Ton, mittelfeine mineralische Magerung, organisch verunreinigt, stumpfe Oberfläche, etwas porös.
2. RS und WS von Schüssel mit eingebogenem Rand, Dm. 23,5 cm, mittelgraubrauner harter Ton, blättrig-spröde, mittelfeine mineralische Magerung, stumpfe Oberfläche, leicht porös.
3. RS von Schüssel mit aufgebogenem Rand, Dm. 20 cm, mittelgraubrauner Ton, mineralische Magerung, glatte Oberfläche.
4. RS von Graphittontopf mit Wulstrand, Dm. 22,5 cm, mittelgraubrauner weicher Ton, mittelfeine mineralische Magerung, hoher Graphitanteil, glänzende Oberfläche.
5. Eiserne Speerspitze, stark korrodiert, Länge noch 10,6 cm, rhombischer Blattquerschnitt, schwach ausgeprägte Mittelrippe.
6. RS von Topf mit ausgebogenem Rand, Dm. 15 cm, dunkelgraubrauner harter Ton, sehr porös, spröde, mittelgrobe mineralische Magerung, Kalksteinchen, rauhe Oberfläche, sehr porös, angedeuteter Schulterabsatz.
7. WS, Graphitton, DSW, dunkelgraubrauner weicher Ton, mittelfeine mineralische Magerung, hoher Graphitanteil, glänzende Oberfläche, auf der Schulter Halbbögen, Reste von Kammstrich.
8. RS von Topf oder Schale mit keulenartig verdickter Randlippe, mittelgrauer, mäßig harter Ton, mittelfeine mineralische und organische Magerung, glänzende Oberfläche, porös.
Lit.: Fundber. Schwaben 18, 1910, 20; Bittel, Kelten 39.

189. Neuffen ES
Hohenneuffen
7422
Angeblich wurde im 19. Jh. im Bereich der Festung Hohenneuffen eine keltische Münze gefunden (unsichere Angabe). Die Fundstelle liegt innerhalb der Außenwerke des Oppidums Heidengraben.
Verbleib: Priv.Bes.
Lit.: FMRD II 4 Nr. 4377–1; Fundber. Schwaben 6, 1898, 42 Nr. 32–1; Fundber. Schwaben 12, 1904, 64; Bittel, Kelten 32 Nr. 54; Fischer, Heidengraben 159.

190. Neuhausen auf den Fildern ES

Egelsee

7321

Beim Ort liegt in Flur „Egelsee" eine Lehmgrube. Neben zahlreichen vorgeschichtlichen Scherben wurde hier eine kammstrichverzierte WS und ein Topfrand der Spätlatènezeit gefunden.

Funde: Priv.Bes.

Taf. 23 C

1. RS von Topf mit ausgebogenem Rand, auf der Schulter Kammstrich-Grübchen.
2. WS mit Kammstrichverzierung.

(Abb. und Beschr. nach Fundber. Baden-Württemberg 2, 1975, Taf. 177A).

Lit.: Fundber. Baden-Württemberg 2, 1975, 69, Taf. 177A.

191. Nürtingen ES

Bärlenberg

7322

Neben neolithischen Funden stammt vom „Bärlenberg", 3 km NNO, auch eine Anzahl spätlatènezeitlicher Scherben. Die Funde aus der Sammlung Bizer konnten 1991 aufgenommen werden.

Verbleib: Mus. Kirchheim; Slg. Bizer, Oberlenningen; Slg. Keuerleber, Nürtingen (jetzt WLM).

Taf. 16

1. RS von Graphittontopf mit Wulstrand, DSW, Dm. 30 cm, mittelgrauer weicher Ton, feine mineralische Magerung, hoher Graphitanteil, glänzende seifige Oberfläche.
2. RS von Topf mit gerilltem Wulstrand, DSW, Dm. 27 cm, mittelbraungrauer sandiger Ton, feine mineralische Magerung, graphitfrei, rauhe sandige Oberfläche, stark verwittert.
3. RS von Topf mit schmalem Wulstrand, DSW, Dm. 18 cm, hellbraungrauer sandiger Ton, feine mineralische Magerung, graphitfrei, rauhe sandige Oberfläche, stark verwittert.
4. BS, steilwandig, Dm. 26 cm, mittelgraubrauner harter Ton, porös, mittelfeine mineralische und organische Magerung, rötliche poröse Oberfläche, Kammstrich.
5. RS von tonnenförmigem Topf mit Falzrand, mittelgraubrauner Ton, mäßig hart, sehr feine mineralische Magerung, braun-rötliche sandige Oberfläche, verwaschene Reste von Kammstrich-Grübchen.
6. RS von tonnenförmigem Topf mit Falzrand, dunkelgrauer harter Ton, spröde, mittelfeine mineralische Magerung, etwas geglättete Oberfläche, auf der Schulter Kammstrich-Grübchen, darunter horizontaler Kammstrich.
7. RS von tonnenförmigem Topf mit Randlippe, schwarzgrauer harter Ton, blättrig-spröde, mittelfeine mineralische Magerung, dunkelbraunrote stumpfe Oberfläche, auf der Schulter Kammstrich-Grübchen.
8. RS von tonnenförmigem Topf mit Randlippe, dunkelgrauer harter Ton, sehr feine mineralische Magerung, graubraune Oberfläche, etwas geglättet.
9. RS von tonnenförmigem Topf mit Falzrand, mittelgraubrauner harter Ton, etwas porös, mittelfeine mineralische Magerung, stumpfe sandige Oberfläche.
10. RS von tonnenförmigem Topf mit Falzrand, mittelgraubrauner, relativ weicher Ton, porös, feine mineralische Magerung, rötlichbraune seifige Oberfläche.
11. RS von Topf mit steil aufgebogenem gerilltem Rand, mittelbraun-rötlicher harter Ton, mittelfeine mineralische Magerung, mittelgraue Oberfläche, etwas geglättet, Reste von Kamm- oder Spatelstrich.
12. RS von tonnenförmigem Topf (?) mit Falzrand, mittel-

graubrauner, sehr harter Ton, leicht porös, feine mineralische Magerung, graubraune glatte Oberfläche.

13. RS von Topf mit ausgebogenem Rand, mittelgrauer harter Ton, porös, mittelfeine mineralische Magerung, rauhe braune Oberfläche, Reste von groben Kammstrich-Grübchen.
14. RS von Topf (?) mit profiliertem Steilrand, dunkelgrauer harter Ton, blättrig-spröde, mittelfeine mineralische Magerung, organisch verunreinigt, rötlichbraune stumpfe Oberfläche.
15. RS von Topf (?) mit Wulstrand, dunkelgrauer harter Ton, feine mineralische Magerung, graphitfrei, mittelbraune Oberfläche, etwas geglättet, im Halsbereich Reste von Pichung.
16. RS von Topf (?) mit spitz ausgezogenem Wulstrand, hellgrauer, sehr harter Ton, mittelfeine mineralische Magerung, rötlichbraune sandige Oberfläche.
17. RS von Schüssel mit verdicktem Rand, dunkelgrauer harter Ton, leicht porös, feine mineralische Magerung, rötlichbraune geglättete Oberfläche, Reste von Pichung.
18. RS von Schüssel mit steil aufgebogenem Rand, mittelgrauer harter Ton, sehr feine mineralische Magerung, mittelbraune glatte Oberfläche.
19. RS von Schüssel mit geknicktem Rand, dunkelgrauer harter Ton, feine mineralische Magerung, mittelgraubraune glatte Oberfläche.
20. RS von Schüssel mit eingebogenem Rand, mittelgrauer harter Ton, feine mineralische Magerung, dunkelgraubraune glatte Oberfläche.
21. RS von Schüssel mit steiler Wandung, dunkelgrauer weicher Ton, feine mineralische Magerung, mittelbraune lederartige Oberfläche, unter dem Rand umlaufende Riefe.
22. RS von Schüssel mit steil aufgebogenem Rand, dunkelgrauer harter Ton, sehr feine mineralische Magerung, rötlichbraune glatte Oberfläche, nachgedreht?
23. RS von Schüssel mit geknicktem Rand, dunkelgrauer harter Ton, feine mineralische Magerung, mittelbraune glatte Oberfläche, nachgedreht?
24. WS, mittelgraubrauner harter Ton, leicht porös, feine mineralische Magerung, mittelbraune sandige Oberfläche, auf der Schulter Reste von Kammstrich-Grübchen.
25. WS, mittelbrauner harter Ton, mittelfeine mineralische Magerung, rotbraune rauhe Oberfläche, Kammstrichbahnen.
26. WS, mittelbrauner harter Ton, mittelfeine mineralische Magerung, rötlichbraune Oberfläche, etwas geglättet, regelmäßiger Kammstrich.
27. WS von Flasche, feinkeramisch, DSW, mittelgrauer harter Ton, feine mineralische Magerung, glatte dunkelgraue Oberfläche, horizontale Rippen und Rille.

Taf. 17 A

1. RS von tonnenförmigem Topf mit Falzrand, Tupfenverzierung.
2. WS mit drei Bohrlöchern.
3. WS mit Kammstrich-Grübchen und horizontalem Kammstrich.
4. WS mit Tupfenverzierung.
5. WS mit Resten von Spatelstrich.
6. WS mit Kammstrich.
7. WS mit Kammstrich.
8. Scherbenrundel, durchbohrt, max. Dm. 4,8 cm.
9.–14. RS von Schüsseln mit eingebogenem Rand.

(Abb. und Beschr. nach Fiedler, Kat. Kirchheim 19, Taf. 19H).

Lit.: Fiedler, Kat. Kirchheim 19, Taf. 19H.

192. Nürtingen ES
Stockert
7421
3,6 km SW der Stadtkirche von Nürtingen liegt in der Waldabteilung „Stockert" eine Viereckschanze.
Lit.: Bittel/Schiek/Müller, Viereckschanzen 281 ff.

192 A. Nürtingen ES
Oberboihinger Straße
7322
Im Winter 1958/59 wurden 1,5 km NO vom Ort in der Kiesbaggerei H. Fischer, ca. 0,5 km S vom Haus Oberboihinger Str. 26, in 3 m Tiefe ein eisernes Beil und ein mehrgliedriger Kesselhaken gefunden. Das Beil ist römisch oder mittelalterlich; der Kesselhaken ist wegen seiner Form eher spätlatènezeitlich als römisch.
Verbleib: WLM.
Taf. 17 B
– Mehrgliedriger Kesselhaken.
Lit.: Fundber. Schwaben N.F. 16, 1962, 259, 260 Abb. 16.

192 B. Nürtingen ES
Aspen
7322
Im Wald Aspen liegt 5,5 km OSO der Stadtmitte und 1,25 km SO von Reudern wenig S der Markungsgrenze und direkt W des „Verbotenen Weges" eine trapezförmige Wallanlage mit Seitenlängen zwischen 50 und 65 m. In der Mitte der W-Seite scheint eine Torlücke erkennbar. Möglicherweise handelt es sich um eine keltische Viereckschanze.
Lit.: Fundber. Baden-Württemberg 15, 1990, 748 f.

193. Nürtingen-Oberensingen ES
Höhe
7321
In Flur Höhe, 1 km N vom Ort, wurden neben zahlreichen anderen vorgeschichtlichen Scherben auch Fragmente jüngerlatènezeitlicher Keramik, u. a. Graphittonware (wohl LT C) aufgelesen. Es scheint sich um eine größere Siedlungsstelle zu handeln.
Funde: Priv. Bes.
Taf. 18 C
1. RS von Topf oder Schüssel mit T-förmigem Rand, Dm. 16,5 cm, Rand schräg gekerbt, auf der Schulter Spatelstrichmuster.
2. WS mit Kammstrich.
3. RS von Topf oder Schale mit ausgebogenem und getupftem Rand.
4. kugeliger unregelmäßiger Spinnwirtel (LT?), max. Dm. 2,5 cm.
5. RS von Topf oder Schale mit ausgebogenem Rand.
6. RS von Topf oder Schale mit ausgebogenem Rand, DSW?, auf der Schulter horizontale Rippe.
7. WS mit Fingertupfenreihen.
8. RS von Topf mit Steilrand
9. RS von Topf mit Steilrand, im Halsbereich horizontale Rippe.
10. WS mit Kammstrich.
11.–12. RS von Topf oder Schale mit ausgebogenem Rand.
13. RS von Topf mit ausgebogenem verdicktem Rand, abgesetzte Schulter, darauf Wellenkammstrich.
14. RS von Topf mit leicht ausgebogenem Rand.
15. RS einer bauchigen Schale mit ausgebogenem Rand.
16. RS von bauchigem Topf mit leicht ausgebogenem Rand, auf der Schulter Fingertupfen.

(Abb. und Beschr. nach Fundber. Baden-Württemberg 12, 1987, 545, Taf. 37A).
Lit.: Fundber. Baden-Württemberg 12, 1987, 545, Taf. 37A.

194. Oberboihingen ES
Rübholz
7322
In der Flur „Rübholz", 0,75 km NO vom Tachenhäuser Hof wurden neben neolithischen Funden auch spätlatènezeitliche Scherben und eine Glasringperle gefunden. Hier liegt eine größere Siedlungsstelle.
Funde: Priv.Bes.
Taf. 19
1.–10. WS mit Kammstrichverzierung.
11. WS mit Spatelstrichverzierung.
12.–13. WS mit Spatel- oder Kammstrich-Grübchen.
14. WS mit Spatelstrichbögen.
15. WS mit Kammstrich-Grübchen.
16. WS mit Kammstrichverzierung.
17. WS mit Kamm- oder Spatelstrich.
18.–19. WS mit Spatelstrichverzierung.
20.–21. WS mit Spatel- oder Kammstrich-Grübchen.
22. WS mit Kamm- oder Spatelstrich.
(nach Fundber. Schwaben N.F. 18/II, 1967, Taf. 160).
23. RS mit flächiger Fingerkniff-Verzierung.
24.–25. WS mit Warzenverzierung.
26. Glasringperle, max. Dm. 2 cm, blau mit gelben Spiralfäden (Haevernick 23).
(nach Fundber. Baden-Württemberg 2, 1975, 116 Abb. 52).
Taf. 18 B
1. RS von Topf mit steil aufgebogenem Rand.
2. RS von Topf oder Schale mit ausgebogenem Rand.
3. RS von Graphittontopf mit Sichelrand, DSW.
4.–5. RS von Graphittontöpfen mit Wulstrand, DSW.
(nach Fundber. Baden-Württemberg 2, 1975, 122, Taf. 246).
6. BS mit Standring, DSW.
7. RS von tonnenförmigem Topf mit Randlippe, auf der Schulter Kammstrich-Grübchen.
8. RS von tonnenförmigem Topf mit Randlippe, auf dem Bauch Fingernagelkniffe.
9. RS von tonnenförmigem Topf mit Falzrand, auf der Schulter Fingernageleindrücke.
10. RS von tonnenförmigem Topf mit T-förmigem Rand, auf der Schulter Fingernageleindrücke.
11. RS von Schüssel mit eingebogenem Rand.
(nach Fundber. Baden-Württemberg 8, 1983, 234, Taf. 133F).
Lit.: Fundber. Schwaben N.F. 18/II, 1967, 75, Taf. 160; Fundber. Baden-Württemberg 2, 1975, 116 Abb. 52,122, Taf. 246D; Fundber. Baden-Württemberg 8, 1983, 234, Taf. 133F.

195. Oberboihingen ES
Schmelleräcker
7322
In Flur Schmelleräcker, 1,3 km SO vom Ort, wurden Kammstrich- und Graphittonscherben gefunden.
Funde: Priv.Bes.
Lit.: Fundber. Baden-Württemberg 2, 1975, 122.

196. Oberboihingen ES
Möllesbrunnen
7322
Auf der Anhöhe Möllesbrunnen, 1,5 km SSO, wurde in einem Graben der Landeswasserversorgung eine jüngerlatènezeitliche Fundstelle angeschnitten. Es scheint sich um eine größere Siedlungsstelle zu handeln.

Funde: WLM Inv.-Nr. V 72/98; Priv.Bes.
Abb. 77
1.–7; 9. WS mit Kamm- und Spatelstrich.
8. WS mit Spatelgrübchen.
(nach Fundber. Baden-Württemberg 2, 1975, 116 Abb. 52).
Taf. 18 D
1. RS von Schüssel mit eingebogenem Rand.
2. RS von Schale, DSW.
3.–5. RS von Töpfen mit ausgebogenem oder verdicktem Rand.
6. RS von Schüssel mit eingebogenem Rand.
7. RS von Schale oder Topf, DSW?
8. RS von Topf mit ausgebogenem oder verdicktem Rand.
9. RS von Schüssel mit eingebogenem Rand.
10. Fragment einer Bronzedrahtfibel mit innerer Sehne und vierschleifiger Spirale.
(nach Fundber. Baden-Württemberg 2, 1975, 116 Abb. 52, 122, Taf. 246E).
Lit.: Fundber. Baden-Württemberg 2, 1975, 116 Abb. 52,122, Taf. 246E.

197. Ostfildern-Nellingen auf den Fildern ES
Beim Ort
7221
Bei Nellingen auf den Fildern wurde das Fragment eines blauen fünfrippigen Glasarmrings (Haevernick 13) gefunden.

Verbleib: WLM Inv.-Nr. A 38/90
Lit.: Haevernick, Glasarmringe 194 Nr. 141.

198. Ostfildern-Scharnhausen ES
Hagenbrunnen
7221
In Flur „Hagenbrunnen", 1,2 km SW vom Ort, wurden bei Flurbegehungen jüngerlatènezeitliche Scherben gefunden; es scheint sich um eine ausgedehntere Siedlungsstelle zu handeln, die vermutlich mit der benachbarten Fundstelle „Riedäcker" zusammenhängt (nicht kartiert, siehe Kat.-Nr. 199).
Funde: Priv.Bes.
Taf. 23 B
1. WS mit zwei horizontalen Riefen, brauner gemagerter Ton.
2. BS von Graphittontopf mit Kammstrich, schwarzer Ton, geringer Graphitanteil.
(Abb. und Beschr. nach Fundber. Baden-Württemberg 8, 1983, 236, Taf. 133G).
Lit.: Fundber. Baden-Württemberg 8, 1983, 236, Taf. 133G.

199. Ostfildern-Scharnhausen ES
Riedäcker
7221
In den Riedäckern, 1,2 km WSW vom Ort, wurde 1928 bei Anlage von Entwässerungsgräben nördlich vom Rohrbach in

Abb. 77: Oberboihingen, Möllesbrunnen (Kat.-Nr. 196).

1,8–2 m Tiefe (!) eine Kulturschicht mit zahlreichen Spätlatènefunden angetroffen.

Ein Teil der Funde ging während des Krieges verloren, von einer Schachtel mit spätlatènezeitlicher Drehscheibenkeramik im WLM ist nicht sicher, ob sie zu diesem Fundkomplex oder zur Viereckschanze von Pliezhausen-Rübgarten (Einsiedel) gehört.

Verbleib: WLM Inv.-Nr. A 28/69; A 28/70; A 28/71.

Taf. 20

1. Fragment von eiserner Tüllenaxt, Länge noch 9,1 cm, max. Querschnitt noch 3,2 x 2,2 cm; Tülle auf einer Seite offen.
2. Fragment von fünfrippigem Glasarmring, klares Glas mit gelber Folie (Haevernick Typ 10). Abb. nach Bittel, Taf. 4,12.
3. Fragment von dreirippigem Glasarmring, klares Glas mit gelber Folie (Haevernick Typ 7a). Abb. nach Bittel, Taf. 4,13.
4. Fragment von eisernem Messer, stark korrodiert, Länge noch 7,9 cm.
5. Spitzovaler Wetzstein, graugelber Sandstein, Länge noch 19,6 cm, max. Querschnitt 8,1 x 4,9 cm.

Taf. 21

1. RS von feinkeramischem Topf oder Schale, DSW, Dm. 31,5 cm, hellbraun-rötlicher harter Ton, mittelfeine mineralische Magerung, fein sandige Oberfläche (vgl. Fundber. Schwaben N.F. 4, 1928, Taf. XI,2).
2. RS von Graphittontopf mit Wulstrand, DSW, Dm. 23,5 cm, mittelgrauer weicher Ton, mittelfeine mineralische Magerung, hoher Graphitanteil, glänzende Oberfläche.
3. RS von feinkeramischer Schale (?), DSW, Dm. 23,5 cm, mittelgrauer harter Ton, sehr feine mineralische Magerung, glatte Oberfläche, unter dem Rand horizontale Rippe.
4. RS von feinkeramischem Topf oder Schale, DSW, Dm. 22 cm, hellbrauner harter Ton, feine mineralische Magerung, fein sandige Oberfläche.
5. RS von Graphittontopf mit Wulstrand, DSW, Dm. 22 cm, hellbrauner, mäßig harter Ton, mittelfeine mineralische Magerung, geringer Graphitanteil, rauhe Oberfläche.
6. RS von feinkeramischem Topf (?), DSW, Dm. 16,5 cm, mittelbraun-rötlicher harter Ton, sehr feine mineralische Magerung, dunkelgraue glatte Oberfläche.
7. RS von feinkeramischem Topf (?), DSW, Dm. 17,2 cm, mittelgrau-rötlichbrauner harter Ton, sehr feine mineralische Magerung, dunkelgraue glatte Oberfläche.
8. RS von feinkeramischem Topf (?), DSW, Dm. 15 cm, mittelgraubrauner harter Ton, sehr feine mineralische Magerung, rote bis schwarze Oberfläche, geglättet (sekundär verbrannt).
9. WS von feinkeramischer Schale, DSW, mittelgrauer harter Ton, feine mineralische Magerung, seifig-sandige Oberfläche, größtenteils abgewittert.
10. WS von feinkeramischer Schale, DSW, mittelgraubrauner harter Ton, feine mineralische Magerung, dunkelgraue glatte Oberfläche.
11. RS von Graphittontopf mit Wulstrand, DSW, mittelgrauer weicher Ton, mittelfeine mineralische Magerung, hoher Graphitanteil, stumpfe seifige Oberfläche.
12. WS, Graphitton, mittelgraubrauner weicher Ton, mittelfeine mineralische Magerung, hoher Graphitanteil, glänzende Oberfläche, Kammstrich.
13. RS von Graphittontopf mit Wulstrand, DSW, mittelgrauer weicher Ton, mittelfeine mineralische Magerung, hoher Graphitanteil, glänzende Oberfläche.
14. BS, flachwandig, feinkeramisch, DSW, Dm. 8,5 cm, mittelgraubrauner harter Ton, feine mineralische Magerung, dunkelgraue glatte Oberfläche, abgesetzter Boden.

15. BS, steilwandig, feinkeramisch, DSW, Dm. 10,8 cm, mittelgraubrauner harter Ton, sehr feine mineralische Magerung, mittelgraue glatte Oberfläche, abgesetzter Boden mit Standrille.
16. BS, steilwandig, feinkeramisch, DSW, Dm. 10,5 cm, hellbrauner, relativ weicher Ton, mittelfeine mineralische Magerung, fein sandige Oberfläche, abgesetzter Boden mit Standrille; bemalte Ware?
17. BS, flachwandig, feinkeramisch, DSW, Dm. 8,5 cm, hellbrauner harter Ton, feine mineralische Magerung, rissige, sandige Oberfläche, Standrille, sekundär verbrannt.
18. RS von feinkeramischer Flasche, DSW, Dm. 7,8 cm, mittelgrauer, sehr harter Ton, feine mineralische Magerung, dunkelgraue glatte Oberfläche, horizontale Rippe unter dem Rand.
19. RS von feinkeramischer Flasche, DSW, Dm. 10,2 cm, mittelgrauer harter Ton, feine mineralische Magerung, sandige Oberfläche (abgewittert).
20. RS von feinkeramischer Schüssel mit eingebogenem Rand, DSW, Dm. 15 cm, mittelgraubrauner harter Ton, sehr feine mineralische Magerung, dunkelgraue glatte Oberfläche.

Taf. 22

1. RS von Schüssel mit eingebogenem Rand, Dm. 32,2 cm, mittelgrauer sehr harter Ton, mittelfeine mineralische Magerung, mittelbraun-dunkelgraue Oberfläche, geglättet, nachgedreht.
2. RS von Topf mit verdicktem, steil aufgebogenem Rand, Dm. 10,7 cm, ziegelroter weicher Ton, feine mineralische Magerung, sandig-seifige Oberfläche, Ansätze von Kammstrich, sekundär verbrannt.
3. RS von tonnenförmigem Topf (?) mit T-förmigem Rand, Dm. 23,4 cm, mittelgrauer harter Ton, mittelfeine mineralische Magerung, dunkelgraue glatte Oberfläche, nachgedreht.
4. RS von Schüssel (?) mit steilem Rand, nach innen verdickt, gerillt, Dm. 23,8 cm, rotbrauner seifiger Ton, mittelfeine mineralische Magerung, sandige Oberfläche, sekundär verbrannt?
5. RS von Topf mit ausgebogenem Rand, Dm. 23,4 cm, mittelgrauer harter Ton, mittelfeine mineralische Magerung, hellbraungraue rauhe Oberfläche, Ansätze von Kammstrich, darüber Wellenlinie, sekundär verbrannt (vgl. Fundber. Schwaben N.F. 4, 1928, Taf. XI,2).
6. RS von Schüssel mit verdicktem Steilrand, Dm. 21 cm, dunkelgraubrauner Ton, relativ weich, grobe mineralische Magerung, organisch verunreinigt, glatte poröse Oberfläche.
7. RS von tonnenförmigem Topf, abgestrichener Rand, Dm. 25,5 cm, hellgraubrauner harter Ton, leicht sandig, mittelfeine mineralische Magerung, rauhe Oberfläche, Ansatz von Kamm- oder Spatelstrich.
8. RS von Schüssel mit eingebogenem Rand, Dm. 23,2 cm, rotbraun-dunkelgrauer harter Ton, mittelfeine mineralische Magerung, rauhe sandige Oberfläche, sekundär verbrannt.
9. RS von Schüssel mit eingebogenem Rand, Dm. 25,5 cm, mittelgrauer harter Ton, mittelfeine mineralische Magerung, Bohnerzkügelchen, fein sandige Oberfläche, Rille unter dem Rand.
10. RS von Schüssel mit steil aufgebogenem gerilltem Rand, Dm. 25,5 cm, rotbrauner weicher Ton, mittelfeine mineralische Magerung, poröse, seifige Oberfläche, sekundär verbrannt.
11. RS von Schüssel mit eingebogenem Rand, Dm. 24,3 cm, mittelgrauer harter Ton, feine mineralische Magerung, mit-

telgraubraune glatte Oberfläche, Reste von verwaschenem Kammstrich.

12. RS von Schüssel mit eingebogenem Rand, Dm. 26 cm, mittelgraubrauner harter Ton, mittelfeine mineralische Magerung, dunkelgraue rauhe Oberfläche, nachgedreht.

13. RS von tonnenförmigem Topf mit Randlippe, mittelgrauer harter Ton, porös, feine mineralische Magerung, organisch verunreinigt, mittelgraubraune glatte Oberfläche, Kammstrich-Grübchen , darunter Kammstrich, unter dem Rand Reste von Pichung (vgl. Fundber. Schwaben N.F. 4, 1928, Taf. XI,2).

14. RS von tonnenförmigem Topf mit Simsrand, mittelgraubrauner harter Ton, mittelfeine mineralische Magerung, dunkelgraue rauhe Oberfläche, unregelmäßiger Kammstrich (vgl. Fundber. Schwaben N.F. 4, 1928, Taf. XI,2).

15. WS, mittelgrauer harter Ton, mittelfeine mineralische Magerung, mittelbraune glatte Oberfläche, grober Kammstrich (vgl. Fundber. Schwaben N.F. 4, 1928, Taf. XI,2).

16. WS, mittelgrauer harter Ton, mittelfeine mineralische Magerung, dunkelgraue Oberfläche, leicht porös, verwaschener Kammstrich und Kammeinstiche.

Die folgenden Scherben stammen entweder von der Fundstelle Scharnhausen-Riedäcker oder aus der Viereckschanze von Pliezhausen-Rübgarten (Einsiedel):

Taf. 23 A

1. RS und WS von feinkeramischer Flasche, DSW, Dm. 10,7 cm, mittelgrauer harter Ton, feine mineralische Magerung, mittelgraue glatte Oberfläche, horizontale Rippe auf der Schulter.

2. RS und WS von feinkeramischer Schale, DSW, Dm. 27,7 cm, hellbrauner harter Ton, feine mineralische Magerung, mittelgraue sandige Oberfläche, zwei horizontale Rippen im Halsbereich.

3. RS von feinkeramischem Topf, DSW, Dm. 23,2 cm, hellgraubrauner Ton, mäßig hart, sehr feine mineralische Magerung, sandig-seifige Oberläche.

4. BS, steilwandig, feinkeramisch, DSW, Dm. 12,7 cm, mittelgrauer harter Ton, sehr feine mineralische Magerung, glatte mittelgraue Oberfläche, abgesetzter Boden.

Lit.: Fundber. Schwaben N.F. 4, 1926, 62, Taf. XI,2; Bittel, Kelten 45, Taf. 4, Taf. 18; Haevernick, Glasarmringe 135 Nr. 26, 176 Nr. 2.

200. Owen ES
Teck/Gelber Felsen
7422

Beim „Gelben Felsen" auf dem Teckberg wurde 1926 neben weiterer vorgeschichtlicher Keramik eine Graphittonscherbe gefunden.
Funde: WLM Inv.-Nr. A 2135 (?)
Lit.: Fundber. Schwaben N.F. 3, 1926, 48.

201. Owen ES
Teck/Herzogsbrunnen
7422

Unter zwei Steinhügeln (Lesesteinhaufen?) beim Herzogsbrunnen auf dem Teckberg wurden 1957/1960 neben zahlreichen urnenfelderzeitlichen Scherben auch einige jüngerlatènezeitliche Stücke gefunden.
Funde: Mus. Kirchheim.
Lit.: Fiedler, Kat. Kirchheim 18; Taf. 18A,21,22.

202. Plochingen ES
Beim Ort
7222

Beim Ort wurde 1884 angeblich ein Regenbogenschüsselchen (Streber 101) gefunden.
Verbleib: MK Stuttgart.
Lit.: FMRD II 4 Nr. 4136–1; Fundber. Schwaben 12, 1904, 85 f.) 2; Bittel, Kelten 34 Nr. 93.

203. Reichenbach a.d. Fils ES
Fürstenstraße
7222

In einer Baugrube an der Ecke Fürsten-/Grundstraße wurden 1965 Gruben angeschnitten, es fand sich jüngerlatènezeitliche Keramik. Schon früher waren in der Fürstenstraße Nr. 16, 100 m O dieser Fundstelle, Siedlungsreste angetroffen worden.
Funde: WLM Inv.-Nr. F 62/23; Priv.Bes.

Taf. 15 B

1. RS von Schüssel mit eingebogenem Rand, Dm. 28,5 cm, mittelgraubrauner Ton, mäßig hart, mittelfeine mineralische und organische Magerung, glatte poröse Oberfläche.

2. BS, steilwandig, dunkelgrauer harter Ton, mittelgrobe mineralische Magerung, organisch verunreinigt, mittelgraubraune poröse Oberfläche.

3. WS, Feinkammstrichware, DSW, mittelgrauer harter Ton, sehr feine mineralische Magerung, dunkelgraue sandige Oberfläche, Feinkammstrich z.T. überglättet.

4. RS und WS von Schüssel mit eingebogenem Rand, Dm. 12,9 cm, Höhe 4,8 cm. (nach Fundber. Schwaben N.F. 18/II, 1967, Taf. 100D).

Lit.: Fundber. Schwaben N.F. 16, 1962, 245; Fundber. Schwaben N.F. 18/II, 1967, 75, Taf. 100D.

204. Schlaitdorf ES
Römerweg
7321

Vor 1899 wurde am „Römerweg" nach Grötzingen, „rechts vor dem Wald" ein Regenbogenschüsselchen (Viertelstater, Streber 98) gefunden.
Verbleib: Priv.Bes.
Lit.: FMRD II 4 Nr. 4392–1; Reutlinger Geschbl. 1899, 78; Fundber. Schwaben 9, 1901, 38 n.2; Fundber. Schwaben 12, 1904, 88g) 3; Bittel, Kelten 34 Nr. 101.

204 A. Weilheim u. Teck-Pfundhardthof ES
Nußbäumle
7323

1980 fand Ch. Bizer 3 km SSO von Weilheim auf der Berghalbinsel zwischen dem Pfundhardthof und der ehemaligen Burg Lichtenstein das Fragment eines kobaltblauen Glasarmrings (Haevernick 7a).
Verbleib: Priv.Bes.
Lit.: Fundber. Baden-Württemberg 9, 1984, 661.

Kreis Freudenstadt (FDS)

205. Dornstetten FDS
Brunnenberg
7516

Von einer „Opferstätte" genannten Fundstelle soll neben einem Schleifsteinbruchstück und einem Geweihstück eine Scherbe mit Kammstrich stammen. Vermutlich ist mit dieser Fundstelle eine Kalktuffterrasse am W-Hang des Brunnenbergs, 0,3 km O vom Ort, gemeint. 1930 wurden dort von Stoll in einer Kulturschicht spätkeltische Scherben gefunden.
Verbleib: WLM Inv.-Nr. A 2619.

Lit.: Fundber. Schwaben N.F. 4, 1930, 63; Fundber. Schwaben N.F. 5, 1930, 48.

206. Glatten-Böffingen FDS
Bellenstein/Tuffgrube Siegel
7517

1 km SW vom Ort wurde 1926 von O. Paret in einem Seitental der Glatt in der Tuffgrube Siegel (Flur Bellenstein) eine bis zu 0,8 m starke Kulturschicht mit römischen und spätlatènezeitlichen Scherben, u. a. bemalte Ware, festgestellt. Nur 30 m davon entfernt waren schon 1920 in der Tuffgrube Heinzelmann römische Brandgräber angeschnitten worden.
Funde: WLM Inv.-Nr. A 1528–1532 (z.T. verschollen und mit anderen Komplexen vermischt).
Taf. 24

1. RS von Graphittontopf mit Wulstrand, DSW, Dm. 29 cm, dunkelgrauer, mäßig harter Ton, mittelfeine mineralische Magerung, relativ hoher Graphitanteil, Oberfläche abgewittert, Leiste im Halsbereich, sekundär verbrannt.
2. WS, feinkeramisch, bemalte Ware, orangeroter, relativ weicher Ton, sehr feine mineralische Magerung, glatte Oberfläche, Reste von flächiger weißer Bemalung, innen tongrundig.
3. BS, steilwandig, DSW, Dm. 12,7 cm, hellbraun-rötlicher weicher Ton, sehr feine mineralische Magerung, glatte seifige Oberfläche, ockerbraun, Rille über dem abgesetzten Boden, vollkommen untypischer Ton (römisch?).
4. RS von steilwandigem Topf mit Henkel, Dm. 16 cm, hellgrauer, mäßig harter Ton, mittelgrobe mineralische Magerung, sandig-rauhe Oberfläche, Henkel mit gerundet-vierkantigem Querschnitt.
5. RS von Topf mit ausgebogenem Rand, Dm. 19,5 cm, dunkelgraubrauner harter Ton, spröde, grobe mineralische Magerung (Quarz), dunkelgraue stumpfe Oberfläche, grober Kammstrich, z.T. mit Spatel überstrichen.
6. RS von Topf mit ausgebogenem Rand, auf der Schulter Doppelreihe von Einstichen, darunter Kammstrich-Grübchen (nach Fundber. Schwaben N.F. 3, 1926, 58 Abb. 32,1).
7. RS von Topf mit ausgebogenem Rand, Dm. 19,5 cm, mittel- bis ockerbrauner Ton, mäßig hart, mittelfeine mineralische Magerung (Quarz), mittelbraune rauhe Oberfläche, fleckig, grober Kamm- und Spatelstrich, sekundär verbrannt.
8. BS, steilwandig, Dm. 17 cm, dunkelgraubrauner harter Ton, grobe mineralische Magerung, graue bis rotbraune fleckige Oberfläche, Spatelstrich.
9. RS von bauchigem Topf mit ausgebogenem Rand, Dm. 19,5 cm, mittelgraubrauner harter Ton, mittelfeine bis grobe mineralische Magerung, rotbraune stumpfe Oberfläche, etwas porös, fleckig.
10. BS, steilwandig, feinkeramisch, DSW, Dm. 7,5 cm, mittelgrauer harter Ton, sehr feine mineralische Magerung, mittelgrau-schwarzfleckige Oberfläche, geglättet, sekundär verbrannt.
11. RS von Topf mit ausgebogenem Rand, Dm. 21 cm, mittelgrauer, mäßig harter Ton, grobe mineralische Magerung, ockerfarbene rauhe Oberfläche, Kammstrich und Spatelstrichbögen, innen und am Rand Reste von Pichung.
12. RS von kleinem Topf mit leicht ausgebogenem Rand, Dm. 10,6 cm, mittelgraubrauner harter Ton, feine mineralische Magerung, fleckige stumpfe Oberfläche, etwas porös, Spatelstrich und Spatel-Grübchen, innen auf dem Rand Reste von Pichung.
Taf. 25
1.–2. RS von Töpfen mit ausgebogenem Rand.
3. RS von Topf mit leicht ausgebogenem Rand.

4.–6. RS von Töpfen (?) mit ausgebogenem Rand.
7.–8. RS von Töpfen mit T-förmigem Rand (römisch?).
9. RS von steilwandigem Topf.
10.–16. RS von Schüsseln mit eingebogenem Rand.
17. BS, steilwandig, abgesetzter Boden.
(nach Fundber. Schwaben N.F. 3, 1926, 58 Abb. 31, 32).
18. WS, rotbrauner harter Ton, mittelfeine mineralische Magerung, stumpfe Oberfläche, rissig, kräftiger Kammstrich.
19. WS, mittelgrauer harter Ton, mittelfeine mineralische Magerung, rotbraune sandige Oberfläche, Kammstrich.
20. WS, dunkelgrauer harter Ton, mittelfeine mineralische Magerung, rotbraune Oberfläche, fleckig, stumpf, Spatelstrich.
21. WS mit Kammstrich (nach Fundber. Schwaben N.F. 3, 1926, 58 Abb. 32).
22. RS von Schüssel mit verdicktem Rand, gerillt, ockerfarbener Ton, relativ weich, grobe mineralische Magerung, rissige Oberfläche, etwas porös, sekundär verbrannt.
23. WS, mittelgrauer, mäßig harter Ton, feine mineralische Magerung, dunkelgraubraune stumpfe Oberfläche, Kammstrich.
24. WS, mittelgraubrauner harter Ton, spröde-blättrig, mittelfeine mineralische Magerung, organisch verunreinigt, rötlichbraune stumpfe Oberfläche, Kammstrichbahnen.
25. WS, DSW?, dunkelgrauer harter Ton, mittelfeine mineralische Magerung, stumpfe Oberfläche, schräge Kerben und horizontale Linien.
26. WS, hellgrau-ockergelber Ton, mäßig hart, grobe mineralische Magerung, organisch verunreinigt, stumpfe poröse Oberfläche, grober Kamm- und Spatelstrich.
27. WS, mittelgrauer, mäßig harter Ton, feine mineralische Magerung, organisch verunreinigt, mittelbraune Oberfläche, etwas porös, Kammstrich und Kammstrich-Grübchen.
28. WS, hellbraun-rötlicher harter Ton, mittelfeine mineralische Magerung, stumpfe Oberfläche, leicht sandig, horizontaler und vertikaler Kammstrich, Kammstrich-Grübchen (gehört vielleicht zu Nr. 27).
29. WS, mittelgraubrauner harter Ton, mittelfeine mineralische Magerung, stumpfe Oberfläche, Kammstrich-Grübchen.
30. WS, dunkelgraubrauner harter Ton, grobe mineralische Magerung, fleckige stumpfe Oberfläche, leicht porös, Einstiche und Kammstrich-Grübchen (vgl. Taf. 24,6).
31. WS, mittelbrauner harter Ton, sehr spröde-blättrig, grobe mineralische Magerung, rissig-blättrige Oberfläche, Kammeinstiche.
32. Scherbenrundel, durchbohrt, max. Dm. 6,2 cm, Dm. des Bohrlochs 0,8 cm, rotbrauner harter Ton, mittelfeine mineralische Magerung, rissige Oberfläche.
Lit.: Fundber. Schwaben N.F. 1, 1924, 85; Fundber. Schwaben N.F. 3, 1926, 57 f.; Bittel, Kelten 38; Mannus 30, 1938, 578 f.; Fundber. Schwaben N.F. 18/I, 1967, 101.

207. Horb-Bildechingen FDS
Abendholz
7518

1,2 km NW der Kirche von Bildechingen liegt im Wald „Abendholz" eine Viereckschanze.
Lit.: Bittel/Schiek/Müller, Viereckschanzen 199 ff.

208. Schopfloch FDS
Beim Ort
7517

Bei Schopfloch wurde ein Regenbogenschüsselchen (Streber 101) gefunden.
Verbleib: MK Stuttgart ZV 749.
Lit.: FMRD II 3 Nr. 3095–1; Fundber. Schwaben 12, 1904, 86 f.) 3; Bittel, Kelten 35 Nr. 106.

Bodenseekreis (FN)

209. Friedrichshafen FN
Beim Ort
8322
In oder bei Friedrichshafen wurden zwei Sequaner-Potin-münzen (vgl. de la Tour 5367/5368) gefunden. Näheres ist nicht bekannt.
Verbleib: RGZM Mainz Inv.-Nr. 25661.
Lit.: FMRD II 3 Nr. 3271–1-2.

210. Friedrichshafen-Kluftern FN
Beim Kegelwasen
8322
In der Nähe des „Kegelwasen" wurde 1905 ein Regenbogen-schüsselchen (Viertelstater) gefunden.
Verbleib: MK Bad. Landesmus. Karlsruhe Inv.-Nr. C 9535.
Lit.: FMRD II 3 Nr. 2269–1; Wagner, Fundstätten I 77.

211. Markdorf-Ittendorf FN
W von Kluftern
8322
2,1 km W der Kapelle von Kluftern wurde 1981 aus der Luft eine vermutliche Viereckschanze entdeckt.
Lit.: Bittel/Schiek/Müller, Viereckschanzen 388.

212. Tettnang FN
Bei Tettnang?
8323
Bei Tettnang wurde eine Goldmünze (vgl. de la Tour 9377) gefunden, angeblich soll es sich dabei um einen Grabfund gehandelt haben. Die Fundortangaben sind allerdings zweifelhaft (nicht kartiert).
Verbleib: RGZM Mainz Inv.-Nr. 17505.
Lit.: FMRD II 3 Nr. 3275–1; Fundber. Schwaben N.F. 1, 1922, 105 Nr. 8; Bittel, Kelten 35 Nr. 117.

213. Tettnang-Laimnau FN
Chorlehen
8323
1978 fand A. Krumm, Tettnang, in Flur Chorlehen „keltische Scherben" (Fundmeldung 1984); JLT?
Funde: Priv.Bes.
Lit.: Ortsakten LDA Tübingen.

214. Überlingen FN
Bei Überlingen
8220
Bei Überlingen wurde angeblich ein Regenbogenschüsselchen gefunden. Näheres ist nicht bekannt.
Verbleib: Slg. Donaueschingen (verschollen?).
Lit.: FMRD II 2 Nr. 2275–1; Christ, Münzfunde 50;

215. Überlingen-Lützelstetten FN
Bussensee
8220
Aus der Nähe von Bussensee stammt eine Latèneschüssel mit eingebogenem Rand; JLT?
Verbleib: Mus. Überlingen Inv.-Nr. 150.
Lit.: Ortsakten LDA Tübingen.

Kreis Göppingen (GP)

216. Bad Überkingen GP
Kahlensteinhöhle
7324
1976 wurden bei Untersuchungen durch die „Höhlenfreun-de Kahlenstein" ein Spinnwirtel (LT?) und angeblich römische Scherben gefunden. In den Ortsakten des LDA ist darüber nichts vermerkt (nicht kartiert).
Verbleib?
Lit.: Binder, Höhlenführer 47.

217. Böhmenkirch-Treffelhausen GP
Hürbenloh
7325
Neben römischer und hallstattzeitlicher Keramik wurden in Flur Hürbenloh nach Mitteilung von A. Kley auch zahlreiche Eisenschlacken und Kammstrichscherben gefunden.
Verbleib: Priv.Bes.
Lit.: Fundber. Schwaben N.F. 12, 1952, 44.

218. Deggingen GP
Nordalbberg
7324
N von Deggingen liegt das von Tälern aus der Albhochfläche herausgeschnittene Plateau des Nordalbbergs. Eine gegen S vorspringende Zunge wird von einem gut erhaltenen bogenförmigen Abschnittswall mit vorgelagertem Graben gesichert. Nahe den beiden Bergflanken liegt je ein Durchgang. Es handelt sich dabei um regelrechte Zangentore, allerdings sind die einbiegenden Torwangen relativ kurz. Die Anlage hat einen Innenraum von ca. 1,5 ha, Funde liegen von hier bisher noch nicht vor. Von der Lage und Größe her könnte man durchaus an ein kleines „castellum" denken, wie man sie aus dem linksrheinischen Gebiet kennt. Die Befestigung kann aber genausogut mittelalterlich sein (nicht kartiert).
Lit.: Bittel, Kelten 51; Zürn, Kr. Göppingen und Ulm 6.

219. Ebersbach a.d. Fils-Roßwälden GP
Steinmorgen
7322
1914 wurde auf Flur Steinmorgen ein Regenbogenschüsselchen gefunden. Die VS zeigt einen Kopf vom Romatyp mit Flügelhelm nach rechts, die RS ein nach links gehendes Pferd mit einer Triquetra zwischen den Beinen.
Verbleib: MK Stuttgart ZV 4540.
Lit.: FMRD II 4 Nr. 4153–1; Fundber. Schwaben N.F. 1, 1917/22, 105 n.1, Taf. III c; Bittel, Kelten 34 Nr. 98.

220. Eislingen GP
Im Ort
7324
Ca. 1896–1898 wurde bei Grabarbeiten im Keller unter dem Rathaus ein eisernes Knollenknaufschwert gefunden. Es gelangte 1912 durch Kauf in das Museum Stuttgart. Über die näheren Fundumstände ist nichts bekannt.
Verbleib: WLM Inv.-Nr. A 13791.
Taf. 26 A
– Eisernes Knollenknaufschwert mit Scheide, Typ 2 nach Krämer, Länge 1,05 m, Grifflänge 11,5 cm; Spitze abgebrochen.
Lit.: O. Richter/M. Jahn, Eine neue keltische Schwertform aus Süddeutschland. Mannus 17, 1925, 92 ff., bes. 92 f., Taf. II,1–3; Bittel, Kelten 9; W. Krämer, Ein Knollenknaufschwert aus dem Chiemsee. In: Aus Bayerns Frühzeit. Festschr. F.

Wagner (München 1962) 109 ff., bes. 119; K. Spindler, Ein neues Knollenknaufschwert aus der Donau bei Regensburg. Germania 58, 1980, 105 ff., bes. 113 Abb. 6 und 7 (auf der Karte Abb. 7 ist die Typenbezeichnung vertauscht).

221. Geislingen/Steige-Altenstadt GP
Eybachstraße
7324
Schon 1947 wurden von Burkhardt LT-Scherbenfunde aus dem Bereich Eybach-/Rheinlandstraße gemeldet. Später fand A. Kley neben mittelalterlicher und vorgeschichtlicher Keramik drei Fragmente eines feinkeramischen Topfes mit Glättlinien (DSW).
Funde: Priv.Bes.
Taf. 26 C
1. RS von feinkeramischem Topf mit ausgebogenem Rand, facettiert, DSW, Dm. 18 cm, hellbraun-rötlicher Ton, relativ weich, feine mineralische Magerung, mittelgraue Oberfläche, Halsbereich geglättet, Glättlinien, Rille auf dem Rand.
2. WS, feinkeramisch, DSW, hellbraun-rötlicher Ton, relativ weich, feine mineralische Magerung, glatte Oberfläche, horizontale und wellenförmige Glättlinien.
3. WS, feinkeramisch, DSW, hellbraun-rötlicher Ton, relativ weich, feine mineralische Magerung, glatte Oberfläche, Glättlinien.
(1–3 evtl. vom gleichen Gefäß).
Lit.: Fundber. Schwaben N.F. 11, 1951, 90.

222. Geislingen/Steige-Altenstadt GP
Kantstraße
7324
Nach Mitteilung von A. Kley (1951) wurden bei Arbeiten an der Kanalisation im Talgraben (Bereich Kantstr. Nr. 12) in 1,2 m Tiefe im Tuffsand „Scherben mit LT-Charakter" angetroffen. Auch in der nur 30 m entfernten Tuffsandgrube Scholl wurde vorgeschichtliche Keramik und wenige TS-Scherben gefunden. Möglicherweise hat es sich bei den Funden auch um frühalamannische Keramik gehandelt.
Funde: Priv.Bes.
Lit.: Fundber. Schwaben N.F. 12, 1952, 45.

223. Geislingen/Steige-Altenstadt GP
Keplerstraße
7324
Im Bereich der Keplerstr. Nr. 15 wurde eine Kulturschicht und Gruben, die auf eine Siedlung schließen lassen, angeschnitten. Die Funde sollen in die jüngere Latènezeit gehören. Nicht weit davon entfernt wurde ein mittellatènezeitliches Brandgrab mit Waffenbeigaben entdeckt.
Funde: Heimatmus. Geislingen/Steige.
Lit.: Fundber. Schwaben N.F. 18/I, 1967, 69 ff.

224. Geislingen/Steige-Eybach GP
Christophshof
7324
Beim Christophshof sollen „vor längerer Zeit" mehrere keltische Gold- und Silbermünzen gefunden worden sein. Die Angabe ist unsicher, die Münzen lagen schon Hertlein 1904 nicht mehr vor (nicht kartiert).
Verbleib?
Lit.: FMRD II 4 Nr. 4141; Fundber. Schwaben 1, 1893, 44; Fundber. Schwaben 12, 1904, 64 Anm. 1.

225. Gingen/Fils GP
Ferrenbrunnen
7324
Im Bereich der Flur Ferrenbrunnen, 0,5–1 km NW von Gin-

gen, unmittelbar O der Bundesstraße 10 liegen zwei, möglicherweise auch drei jüngerlatènezeitliche Fundstellen: Funde stammen von den Fluren „Ob dem Ferrenbrunnenweg" und „Ob der Unteren Brücke"; dazwischen liegt eine ca. 300 m breite fundleere Zone, möglicherweise ein alter Bachlauf. Nahe bei der erstgenannten Fundstelle, vielleicht noch mit dieser verbunden, wurden in Flur „Unter der Unteren Brücke" ebenfalls JLT-Funde aufgelesen (freundl. Mitt. R. Schreg).
Die Altfunde, die 1927 geborgen wurden, befinden sich im Heimatmuseum Geislingen und waren 1991 nicht auffindbar (nach Auskunft von A. Kley). In den Ortsakten des LDA Stuttgart befinden sich einige Skizzen, die H. Zürn von diesen Funden angefertigt hat. Weitere Funde sollen sich in der Slg. Kley, Geislingen, befinden (1991 nach Auskunft von A. Kley nicht auffindbar).
1991 fand R. Schreg, Faurndau, weitere JLT-Scherben, darunter kamm- und besenstrichverzierte WS, WS mit Reihen von Spateleinstichen, RS von Schüsseln, Graphittonware und Drehscheibenware sowie das Fragment einer Fibel vom MLT-Schema.
Funde: Mus. Geislingen, Priv.Bes.
Lit.: Fundber. Schwaben N.F. 5, 1930, 51; Bittel, Kelten 40.

226. Göppingen-Hohenstaufen GP
Hohenstaufen
7224
Angeblich wurde vor 1898 auf dem Hohenstaufen oder in der Nähe eine keltische Goldmünze gefunden.
Verbleib?
Lit.: FMRD II 4 4151–1; Nestle, Kgr. Württemberg Nr. 214–2; Fundber. Schwaben 6, 1898, 44 Nr. 82; Fundber. Schwaben 12, 1904, 64 Anm. ; Bittel, Kelten 32 Nr. 55.

227. Göppingen GP
Aus der Fils
7224
Aus der Fils wurde im 19. Jh. ein eisernes Spätlatèneschwert mit Bronzeblechscheide geborgen. Es gehört zum sog. Typ Ludwigshafen (vgl. Veringenstadt SIG, Kat.-Nr. 647). Nähere Fundumstände sind unbekannt.
Verbleib: WLM Inv.-Nr. A 1165.
Taf. 27
– Damasziertes (?) Eisenschwert; Klinge mit deutlicher Mittelrippe, erhöhte Schneidenbahnen; zweiteilige Bronzeblechscheide, Aufhängung abgerissen, gegossenes kahnförmiges Ortband. Länge der Scheide 93 cm.
Lit.: Lindenschmit, AuhV IV (1900) Taf. 32 Nr. 4 (dort fälschlich Ulm als Fundort angegeben); AuhV II, 7, Taf. 6,1a und b; Bittel, Kelten 23, Taf. 5,11; H.-J. Engels, Pfälzer Heimat 21, 1970, 81 ff.; U. Schaaff, Jahrb. RGZM 31, 1984, 622 ff.

228. Hohenstadt GP
Waldstetten
7423
Nur ca. 0,4 km N der Viereckschanze im Faulenhau bei Westerheim (Alb-Donau-Kreis, vgl. Kat.-Nr. 757) liegt auf Markung Hohenstadt in Flur „Waldstetten" eine weitere vermutliche Viereckschanze. Sie wurde 1985 von R. Gensheimer aus der Luft entdeckt. In der alten Flurkarte 1:2500 (NO 0139/0140) zeichnet sich die Anlage noch im Bild der Flurgrenzen ab. Ca. 100 m SO dieser Anlage wurden 1989/90 jüngerlatènezeitliche Scherben, u. a. Graphitton und eine hellblaue Glasperle aufgelesen.
L. Reichardt erklärt den Namen Waldstetten u. a. als Ableitung von Walstetten (von mhd. walche) und sieht hier einen

volksetymologischen Hinweis auf eine abgegangene voralamannische Siedlung. Vielleicht bezog sich der Name auch lediglich auf die im Mittelalter noch sichtbare Viereckschanze.

Funde: Priv.Bes.

Lit.: Bittel/Schiek/Müller, Viereckschanzen 385 Abb. 240; L. Reichardt, Ortsnamenbuch des Alb-Donau-Kreises und des Stadtkreises Ulm. Veröff. d. Komm. für gesch. Landeskde Baden-Württemberg Reihe B, Bd. 105 (Stuttgart 1986) 317 f.

229. Kuchen GP
Bei der Hunnenburg
7324
Aus den Grabhügeln nahe der mittelalterlichen Burganlage „Hunnenburg" sollen im 19. Jh. mehrere keltische Münzen geborgen worden sein. Die Angabe erscheint sehr fraglich, sie beruht auf einer Meldung von v. Tröltsch, der sich wiederum auf eine Mitteilung von Obermedizinalrat v. Hölder beruft (nicht kartiert).

Verbleib?

Lit.: FMRD II 4 Nr. 4152–1; Fundber. Schwaben 6, 1898, 44 n.77; Bittel, Kelten 32 Nr. 66.

230. Mühlhausen im Täle GP
Burgstall
7423
Aus der Wallschüttung des mittelalterlichen Burgstalls am O-Rand des Orts stammen vorgeschichtliche Scherben, u. a. eine WS mit Kammstrich und eine RS einer Schüssel.

Verbleib: WLM Inv.-Nr. 56/31.

Taf. 26 B

1. RS von Schüssel mit aufgebogenem Rand, Dm. 21 cm, rotbrauner, mäßig harter Ton, blättrig spröde, mittelfeine mineralische Magerung, mittelbraune lederartige Oberfläche, JLT?

2. WS, dunkelgrauer harter Ton, mittelgrobe mineralische Magerung, Kalksteinchen, rauhe rotbraune Oberfläche, Kammstrich.

Lit.: Fundber. Schwaben N.F. 15, 1959, 203.

231. Schlierbach GP
Haslacher Weg
7323
Neben neolithischen Funden stammen aus der Flur „Haslacher Weg" eine RS und eine kammstrichverzierte WS.

Verbleib?

Lit.: Fundber. Baden-Württemberg 2, 1975, 47.

232. Süßen-Näherhof GP
Geigenweg
7324
Auf dem „Geigenweg" beim Näherhof wurde vor 1898 angeblich eine keltische Goldmünze gefunden (unsichere Angabe, nicht kartiert).

Verbleib: Priv.Bes.

Lit.: FMRD II 4 Nr. 4155–1; Fundber. Schwaben 6, 1898, 44 Nr. 78,1; Fundber. Schwaben 12, 1904, 64; Bittel, Kelten 33 Nr. 82.

233. Uhingen-Holzhausen GP
Rauwiesen
7223
In der Flur „Rauwiesen" fand G. Esenwein, Holzhausen, eine Graphittonscherbe mit Henkelansatz (Graphittonkessel?). In der angrenzenden Flur „Rauwiesenhau" wurde eine RS aus Graphitton mit Kammstrichverzierung gefunden. Die Fundstellen liegen benachbart zur Flur „Waldfeld", von

wo ebenfalls Funde stammen; evtl. handelt es sich um ein Siedlungsareal.

Verbleib: Priv.Bes.

Taf. 28 B

1. RS von Graphittontopf mit Kammstrich.

2. WS mit Henkelansatz, Graphitton.

Lit.: Fundber. Baden-Württemberg 8, 1983, 245, Taf. 138 B,C.

234. Uhingen-Holzhausen GP
Birk
7223
Neben jungsteinzeitlichen und römischen Funden stammen aus der Flur „Birk" WS aus Graphitton, darunter eine mit Kammstrich. Gefunden 1975 von G. Esenwein.

Verbleib: Priv.Bes.

Taf. 28 C

– WS, Graphitton, geometrische Ritzverzierung (?)

Lit.: Fundber. Baden-Württemberg 8, 1983, 245, Taf. 138 D.

235. Uhingen-Holzhausen GP
Handroß
7223
Im Frühjahr 1980 fand G. Esenwein auf der Ackerparzelle 314 in der Flur „Handroß" einen Silberquinar vom Kalete-du-Typ (vgl. Forrer Bd. 2, Taf. 13,10). Der Fund wurde von Bürgermeister Jahn an das LDA gemeldet.

Verbleib: Priv.Bes.

Lit.: Fundber. Baden-Württemberg 10, 1985, 668; 663 Abb. 104,7.

236. Wäschenbeuren GP
Im Schießhaus
7224
1950 wurde am Ortsausgang von Wäschenbeuren an der Straße nach Lorch in der Flur „Im Schießhaus" (früher „Am breiten Weg") in zwei benachbarten Baugruben eine Kulturschicht angetroffen. In 1,5 m Tiefe konnte die Fundschicht auf einer Ausdehnung von 28 x 10 m von A. Nuber und P. Käßer untersucht werden. Dabei wurde eine von zwei halbmondförmigen Lehmwülsten eingefaßte Feuerstelle (Brennofen?) entdeckt; auch wurden gut erhaltene Hölzer geborgen, die anscheinend von Gebäuden stammen. Das Fundmaterial umfaßt neben Knochen zahlreiche Scherben, darunter nach der Beschreibung von A. Nuber bemalte Keramik, glatte DSW, Graphittonkeramik und Fragmente eines römischen Henkelkrugs. Die Funde gelangten zum größten Teil in die Privatsammlung Paul Käßer und wurden nach dessen Tod weggeworfen (Mitt. R. Schreg). Wenige Scherben befinden sich im WLM und im Nachlaß A. Nuber.

Verbleib: WLM Inv.-Nr. 51/2; Slg. A. Nuber (jetzt Prof. H.U. Nuber, Freiburg); Slg. Käßer, Wäschenbeuren (jetzt verschollen).

Taf. 28 A

1. RS von Graphittontopf mit Wulstrand, DSW, Dm. 24 cm, mittelgraubrauner weicher Ton, mittelfeine mineralische Magerung, mäßiger Graphitanteil, stumpfe Oberfläche, Leiste im Halsbereich, stark verwittert.

2. RS von Schüssel mit eingebogenem Rand, Dm. 30 cm, dunkelgraubrauner spröder Ton, feine mineralische Magerung, hellbraune Oberfläche, etwas geglättet.

3. RS von Schüssel mit eingebogenem Rand, Dm. 32 cm, mittelgrauer seifiger Ton, feine mineralische Magerung, organisch verunreinigt, seifige Oberfläche.

4. RS von Schüssel mit eingebogenem Rand, DSW, Dm. 27 cm, hellgrauer sandiger Ton, feine mineralische Magerung, sandige Oberfläche, sekundär verbrannt.

5. RS von Schüssel mit eingebogenem Rand, DSW, Dm. 20 cm, mittelbraun-rötlicher harter Ton, mittelfeine mineralische Magerung, dunkelgraue rauhe Oberfläche.

6. RS von Schüssel mit eingebogenem Rand, DSW, Dm. 21,5 cm, mittelbrauner harter Ton, mittelfeine mineralische Magerung, rauhe Oberfläche.

7. RS von feinkeramischem Topf oder Flasche, DSW, Dm. 14 cm, mittelgrauer, sehr harter Ton, feine mineralische Magerung, glatte dunkelgraue Oberfläche.

8. RS von Graphittontopf mit Wulstrand, DSW, mittelgrauer weicher Ton, mittelfeine mineralische Magerung, mäßiger Graphitanteil, seifige Oberfläche.

9. RS von Schüssel mit verdicktem Rand, DSW, harter hellbrauner Ton, feine mineralische Magerung, sandige Oberfläche; ungewöhnlicher Ton, evtl. römisch?

10. WS, Graphitton, DSW, mittelgrauer Ton, mäßig hart, mittelfeine mineralische Magerung, geringer Graphitanteil, rotbraune Oberfläche, grober Kammstrich.

11. WS, hellgrau-ziegelroter spröder Ton, mittelfeine mineralische Magerung, organisch verunreinigt, stumpfe Oberfläche, porös, grober Kammstrich.

12. WS, mittelgraubrauner poröser Ton, sehr feine mineralische und organische Magerung, seifige Oberfläche, porös, verwaschener Kammstrich.

13. WS, Graphitton, DSW, mittelgrauer weicher Ton, mittelfeine mineralische Magerung, hoher Graphitanteil, glänzende Oberfläche, regelmäßiger Kammstrich.

14. WS, Graphitton, DSW, mittelgrauer weicher Ton, mittelfeine mineralische Magerung, sehr hoher Graphitanteil, seifige Oberfläche, verwaschener Kammstrich.

Lit.: Fundber. Schwaben N.F. 11, 1952, 98; A. Nuber, Fundbericht über eine keltoromanische Siedlung bei Wäschenbeuren, Kr. Göppingen (Masch. Manuskr. 1950); Ortsakten LDA Stuttgart.

Kreis Heidenheim (HDH)

237. Dischingen-Dunstelkingen HDH
Kohlplatte
7228
1,7 km SSO der Kirche von Dunstelkingen liegt im Wald „Kohlplatte" eine Viereckschanze.
Lit.: Bittel/Schiek/Müller, Viereckschanzen 136 ff.

238. Dischingen-Eglingen HDH
Oberer Birkhau
7328
2,7 km SO der Kirche von Eglingen und 0,75 km NNW von Schloß Duttenstein liegt im Wald „Oberer Birkhau" eine Viereckschanze.
Lit.: Bittel/Schiek/Müller, Viereckschanzen 141 ff.

239. Gerstetten HDH
Beim Ort
7326
Um 1860 wurde angeblich in der Nähe des Ortes ein Regenbogenschüsselchen (Viertelstater, Streber 97/98) gefunden.
Verbleib: Priv.Bes.
Lit.: FMRD II 4 Nr. 4177–1; Fundber. Schwaben 21, 1913, 83 n.1; Bittel, Kelten 31 Nr. 42; Ziegaus, Münzumlauf 100.

240. Gerstetten-Heldenfingen HDH
Abri im Hinteren Hau
7426
Im Hungerbrunnental, 1,5 km SW vom Ort, wurden 1949 in der Waldabteilung „Hinterer Hau" vor dem Abri „Hohler Stein" bei einer Raubgrabung zahlreiche Spätlatènescherben und einige Fragmente einer römischen Schüssel zutage gefördert. 1951 wurden die Funde dem WLM Stuttgart überlassen. 1951 besuchten O. Paret und H. Zürn die Fundstelle; im Jahr 1961 wurden wieder Grabungsspuren beobachtet, es ist also mit weiteren Funden in Privatbesitz zu rechnen.
Das kleine Abri öffnet sich nach W, es liegt am Fuß des Felsens „Hohler Stein" direkt an dem Feldweg an der N-Seite des Tals.
Funde: WLM Inv.-Nr. 51/65.
Taf. 29

1. RS von tonnenförmigem Topf mit verdicktem Rand, Dm. 17,2 cm, rötlichbrauner harter Ton, mittelfeine mineralische Magerung, leicht poröse Oberfläche, zwei Riefen unter dem Rand, verwaschener horizontaler Kammstrich, Reste von Pichung auf dem Rand.

2. RS von Schüssel mit eingebogenem Rand, DSW, Dm. 25,5 cm, hellgrauer weicher Ton, feine mineralische Magerung, mittelgraubraune seifige Oberfläche.

3. RS von Schüssel mit eingebogenem Rand, DSW, Dm. 27,5 cm, hellgraubrauner weicher Ton, sehr feine mineralische Magerung, dunkelgraue glatte Oberfläche.

4. RS von feinkeramischer Schüssel mit eingebogenem Rand, DSW, Dm. 29,5 cm, hellbrauner harter Ton, sehr feine mineralische Magerung, dunkelgraue glatte Oberfläche.

5. RS von Schüssel mit eingebogenem Rand, DSW, facettiert, Dm. 25,5 cm, braungrauer harter Ton, feine mineralische Magerung, dunkelgraue glatte Oberfläche.

6. RS von Schüssel mit eingebogenem Rand, DSW, Dm. 23 cm, hellgrauer harter Ton, feine mineralische Magerung, glatte Oberfläche, leicht sandig.

7. RS von Schüssel mit eingebogenem Rand, Dm. 23 cm, graubrauner harter Ton, feine mineralische Magerung, mittelgraue sandige Oberfläche, etwas geglättet, nachgedreht?

8. RS von Schüssel mit eingebogenem Rand, Dm. 21 cm, mittelgrauer harter Ton, feine mineralische Magerung, sandige Oberfläche, nachgedreht?

9. RS von tonnenförmigem Topf mit Falzrand, Dm. ca. 15 cm, dunkelgrauer harter Ton, mittelfeine bis grobe mineralische Magerung, rötlichbraune Oberfläche, etwas geglättet, Ansatz von grobem Kammstrich.

10. WS, dunkelgraubrauner harter Ton, mittelfeine mineralische Magerung, rotbraune rauhe Oberfläche, flächige Verzierung mit Fingernagel- oder Spatelkerben.

11. WS, mittelgraubrauner harter Ton, mittelfeine mineralische Magerung, rotbraune stumpfe Oberfläche, umlaufende Reihen von senkrechten Strichen.

12. RS von feinkeramischem Topf oder Schale, DSW, mittelgraubrauner harter Ton, feine mineralische Magerung, glatte Oberfläche.

13. WS mit Bohrloch, mittelgraubrauner weicher Ton, feine mineralische Magerung, glatte Oberfläche, leicht sandig.

14. BS, steilwandig, mittelbrauner harter Ton, feine mineralische Magerung, organisch verunreinigt, feinsandige Oberfläche, etwas porös, überglätteter Spatelstrich.

15. Römische Knickwandschüssel, DSW, Dm. 15 cm, mittelbrauner harter Ton, sehr feine mineralische Magerung, hellbraune glatte Oberfläche, Rille über dem Umbruch; Datierung: 1./2. Jh. n. Chr.

Lit.: Fundber. Schwaben N.F. 11, 1951, 93; Fundber. Schwaben N.F. 12, 1952, 46.

241. Gerstetten-Gussenstadt HDH

Beim Ort

7325

Bei Gussenstadt wurde vor 1878 angeblich ein Regenbogenschüsselchen gefunden.

Verbleib?

Lit.: FMRD II 4 Nr. 4181–1; Fundber. Schwaben 1, 1893, 42 n.2; Fundber. Schwaben 6, 1898, 44 n.67; Württ. Jahrb. 1878, 117; Ziegaus, Münzumlauf 100 Nr. 205.

242. Gerstetten-Heuchlingen HDH

Straße nach Heldenfingen

7426

SW des Umspannwerks und S der Straße Heuchlingen–Heldenfingen fand A. Kley 1951 jüngerlatènezeitliche Scherben, darunter Graphittonware.

Funde: Priv.Bes.

Lit.: Fundber. Schwaben N.F. 12, 1952, 46.

243. Giengen/Brenz HDH

Baugebiet Wanne

7327

Am Südrand des Neubaugebiets „Wanne", 1 km NW der Stadtmitte, konnte W. Kettner ab 1973 einige JLT-Fundstellen feststellen:

1. Fundstelle 23, Grube 7 (nach Kettner): Im Bereich der Schwagestraße und der Bernauerstraße neben mittelalterlichen Befunden eine Grube mit JLT-Funden.

2. Fundstelle 13, Grube 1: Keramik, Spinnwirtel und ein menschliches Schädeldach (1973).

3. Fundstelle 9: JLT-Keramik aus einer rechteckig eingetieften Grube (1975).

Nicht weit N von Fundstelle 1 liegt ein mittellatènezeitlicher Friedhof.

Funde: Mus. Giengen; Priv. Bes.

Taf. 30

1. RS und WS von hoher Schüssel mit eingebogenem Rand, Dm. 18 cm, Höhe 14,1 cm.

2. WS, roter Ton mit schwarzer Streifenbemalung, hallstattzeitlich.

3. WS, Graphitton, DSW.

4. WS von Graphittontopf, DSW, mit gekerbter Leiste und Kreisstempeln.

5. WS, Graphitton, DSW.

6. RS von Schüssel mit steil aufgebogenem Rand, Dm. 16,5 cm.

7. RS von Schale mit Wulstrand, DSW, Dm. 17,4 cm.

8. RS von Schüssel mit eingebogenem Rand, Dm. 19,2 cm.

9. RS von Graphittontopf mit Wulstrand, DSW, Dm. 17,4 cm, im Halsbereich horizontale Rippe, regelmäßiger Kammstrich.

10. RS von Topf mit verdicktem Rand, DSW, Dm. 18 cm.

11. RS von Topf mit Wulstrand, DSW, Dm. 21 cm, unter dem Rand horizontale Rippe.

12. RS von Topf mit ausgebogenem Rand, DSW, Dm. 21 cm.

13. RS von Schale mit verdicktem Rand, Dm. 24 cm.

Abb. und Beschr. nach Fundber. Baden-Württemberg 5, 1980, Taf. 117.

Lit.: H. W. Kettner, Arch. Fundstellen im Raum Giengen a.d. Brenz. (Masch. Manuskript 1975) 29 ff.; Fundber. Baden-Württemberg 5, 1980, 95, Taf. 117; Ortsakten LDA Stuttgart.

244. Giengen/Brenz HDH

Schießberg

7327

Auf dem Schießberg sammelte W. Kettner 1969 vorgeschichtliche Keramik auf, darunter auch latènezeitliche Scherben. Von dort sind bereits früher vorgeschichtliche Scherben bekannt geworden.

Funde: Priv.Bes.

Lit.: Fundber. Schwaben N.F. 14, 1957, 222; Fundber. Baden-Württemberg 2, 1975, 318.

245. Giengen/Brenz HDH

Ehbach/Herbrandtstraße

7327

Im Bereich des alamannischen Gräberfelds in der Herbrandtstraße (Flur „Ehbach") kamen 1969 vorgeschichtliche Befunde zum Vorschein: Es wurden fünf Gruben mit urnenfelderzeitlichen Funden untersucht und im Bereich der Gräber 45–50 wurde ein Gebäudegrundriß (2 Reihen von je 4 Pfostengruben, ca. 3 x 6 m) freigelegt. Einige Gruben enthielten jüngerlatènezeitliche Funde, u. a. Kammstrichkeramik, Graphitton, Glasfunde, Metallreste (Kettner 1969).

Funde: Mus. Giengen

Taf. 31

1.–4. RS von tonnenförmigen Töpfen.

5. RS von Topf (?) mit Wulstrand.

6.–8. RS von Töpfen mit steilem Rand.

9. RS von Topf mit Wulstrand, Graphitton?

10.–11. RS von Töpfen oder Schüsseln mit eingebogenem Rand.

12. RS von Topf mit Wulstrand, Graphitton?

13. RS von Topf oder Schale mit ausgebogenem Rand, DSW?

14. RS von Topf mit Wulstrand.

15. RS von Schale mit ausgebogenem Rand.

16.–19. RS von Töpfen mit steilem, verdicktem Rand.

20. RS von steilwandiger Schüssel.

21.–22. RS von Schüsseln mit eingebogenem Rand.

23.–25. RS von Töpfen mit eingebogener oder steiler Mündung.

26. WS mit Bodenansatz, feinkeramisch, DSW, zwei horizontale Rippen.

27.–33. RS von Schüsseln mit eingebogenem Rand, z.T. DSW?

34. RS von feinkeramischer Schüssel mit geknicktem Rand, DSW, Dm. 25 cm, dunkelbraungrauer Ton, auf dem Rand Rillen.

35. RS von Schüssel mit eingebogenem Rand, Bohrloch, DSW?

36. RS von feinkeramischer Schale mit ausgebogenem Rand, DSW, Dm. 37,5 cm, grauschwarzer Ton, geglättet.

Taf. 32

1. WS, hellgrauer harter Ton, graphitfrei, horizontale Rippe und regelmäßiger Kammstrich.

2.–4. BS mit Standrille oder Standring, DSW.

5.8. BS mit konzentrischen Rillen auf der Unterseite (Bodenmarken?).

6.–7. RS von Graphittontopf mit Wulstrand, DSW, im Halsbereich gekerbte Leiste.

9. WS von Graphittontopf, DSW, im Halsbereich gekerbte Leiste, darunter regelmäßiger Kammstrich.

10. WS mit Bodenansatz von Graphittontopf, DSW, Kammstrich, nach unten von Horizontallinie begrenzt.

11. RS von Graphittontopf mit T-förmigem Wulstrand,

DSW, gekerbte Leiste im Halsbereich, darunter regelmäßiger Kammstrich, Bohrloch unter dem Rand.

12.–13. konische Spinnwirtel.

14.–16. flach doppelkonische Spinnwirtel.

17. Scherbenwirtel, max. Dm. 6 cm.

18. Fragment einer eisernen Fibel vom MLT-Schema, vierschleifige Spirale, äußere Sehne, Länge noch 10,5 cm (Dat.: LT C2).

19. Fragment einer eisernen Fibel, zweischleifige Spirale, äußere Sehne, Länge noch 7 cm (LT B?).

20. Fragment von blauem Glasarmring mit geflochtener Mittelrippe (Haevernick 10).

21. Fragmente eines Bronzedrahtrings (Armring?).

22. Bronzearmring mit drei Verdickungen, Dm. 8 cm.

23. Beinpfriem, Länge ca. 9,5 cm.

Taf. 33 A

1. Eisenbeschlag mit Öse.

2.–5. Eisenklammern, wohl von Keramik-Reparaturen.

6. RS von Schüssel mit eingebogenem Rand, Dm. 34,5 cm, brauner Ton, schwarzfleckige Oberfläche, Oberteil geglättet, Unterteil mit horizontalem Kammstrich.

7. RS von Schüssel mit eingebogenem Rand, Dm. 18,6 cm.

8. RS von Schüssel mit steil aufgebogenem Rand.

9. RS von Graphittontopf mit Wulstrand, gelbbrauner Ton, mäßiger Graphitgehalt.

10. WS, feinkeramisch, DSW, auf der Schulter Horizontalrippe.

Abb. und Beschr. nach Fundber. Baden-Württemberg 2, 1975, Taf. 234–236.

Lit.: Fundber. Baden-Württemberg 2, 1975, 113, Taf. 234–235; 236A; Ortsakten LDA Stuttgart.

246. Giengen/Brenz-Hohenmemmingen HDH
Kühlenberg
7327

1,8 km NW vom Ort und 0,7 km W von Pkt. 497,6 fand W. Kettner auf dem Kühlenberg neben neolithischen und bronzezeitlichen Funden eine Kammstrichscherbe.

Funde: Priv.Bes.

Lit.: Fundber. Baden-Württemberg 12, 1987, 497.

247. Giengen/Brenz-Hohenmemmingen HDH
Eisweiher
7327

Anfang der 1960er Jahre kamen bei Baggerarbeiten am ehemaligen Eisweiher, 1,7 km NNW, Eisenspitzbarren und bearbeitete Geweihteile zum Vorschein (Kettner 1969).

Funde: Mus. Giengen; Slg. H. Stark, Giengen.

Lit.: Ortsakten LDA Stuttgart.

248. Giengen/Brenz-Hürben HDH
Friedrich-Hestler-Spalte
7427

In der Friedrich-Hestler-Spalte, einer kleinen Höhle ca. 50 m NW der Charlottenhöhle wurden bei einer Schürfung durch F. Hestler vorgeschichtliche Scherben entdeckt. Direkt vor dem Eingang kam in 1,2 m Tiefe eine Feuerstelle, ebenfalls mit vorgeschichtlicher Keramik zum Vorschein. Unter den Funden befindet sich die RS einer verzierten Schüssel, die möglicherweise in die jüngere Latènezeit gehört (nach Zürn dagegen am ehesten Frühmittelalter).

Funde: WLM Inv. Nr. V 70/75.

Lit.: Fundber. Schwaben N.F. 13, 1955, 17.

249. Heidenheim HDH
Olgastraße
7326

In einem Wasserleitungsgraben in der Olgastraße fanden sich 1951 neben römischen Resten wenige vorgeschichtliche Scherben, angeblich der jüngeren Latènezeit.

Funde: WLM Inv. Nr. 51/107; Priv.Bes.

Lit.: Fundber. Schwaben N.F. 12, 1952, 62.

250. Heidenheim HDH
Friedrichstraße
7326

In einem Graben der Gasleitung wurden 1978 wenige vorgeschichtliche Scherben gefunden, darunter eine mit Kammstrich.

Funde: WLM.

Lit.: Fundber. Baden-Württemberg 8, 1983, 430.

251. Heidenheim HDH
Umgebung von Heidenheim
7326

Ende des 19. Jh. wurde angeblich in der Umgebung von Heidenheim ein Regenbogenschüsselchen (Viertelstater, Streber 99/100) gefunden.

Verbleib: Mus. Heidenheim, Inv.-Nr. 85.

Lit.: FMRD II 4 Nr. 4192–1; Fundber. Schwaben 9, 1901, 38 n.33; Fundber. Schwaben 12, 1904, 88 i5; Bittel, Kelten 31 Nr. 49; Ziegaus, Münzumlauf 100 Nr. 206.

252. Heidenheim-Kleinkuchen HDH
Schlägwiesen
7227

0,8 km SSW der Kirche von Kleinkuchen liegt in Flur „Schlägwiesen" eine Viereckschanze. 1,5 km W liegt auf Markung Schnaitheim eine weitere Schanze.

Lit.: Bittel/Schiek/Müller, Viereckschanzen 188 ff.

253. Heidenheim-Mergelstetten HDH
Stangenhau
7327

2,8 km ONO der alten Kirche von Mergelstetten liegt im Wald „Stangenhau" eine Viereckschanze.

Lit.: Bittel/Schiek/Müller, Viereckschanzen 190 ff.

254. Heidenheim-Schnaitheim HDH
Röserhau
7227

4,7 km ONO der Michaelskirche von Schnaitheim liegt im Wald „Röserhau" eine Viereckschanze. 1894 fand E. Kapff bei einer Schürfung vorgeschichtliche Scherben (möglicherweise gelangten diese in das WLM und wurden dort mit den Scherben aus der Schanze von Einsiedel vermischt). K. Bittel entnahm einer Kulturschicht 1921 u. a. Spätlatènescherben und TS (verschollen). 1,4 km O liegt die Schanze von Kleinkuchen.

Funde: WLM?

Lit.: Bittel/Schiek/Müller, Viereckschanzen 194 ff.

255. Herbrechtingen HDH
Im langen Bach
7327

Im Baugebiet „Im langen Bach" konnten aus zwei Baugruben jüngerlatènezeitliche Scherben geborgen werden: Parz. 908: RS einer Schüssel, kammstrichverzierte Graphittonscherbe; Parz. 934/1: Mehrere vorgeschichtliche Scherben, darunter eine RS einer Schüssel und eine WS mit Kammstrich.

Funde: WLM Inv.-Nr. 53/139; Priv.Bes.

Lit.: Fundber. Schwaben N.F. 13, 1954, 45.

256. Herbrechtingen HDH
Radberg
7327
Die gegen das Eselsburger Tal vorspringende Bergzunge „Radberg" wird von einem Abschnittswall gesichert. Bei den Grabungen des Tübinger Instituts für Vor- und Frühgeschichte (1982–1983, 1986) kamen neben verschiedenen vorgeschichtlichen Funden auch jüngerlatènezeitliche Scherben zum Vorschein. Lesefunde waren schon vorher bekannt. Vermutlich wurde hier (wie an anderen Orten) eine ältere befestigte Höhensiedlung in der jüngeren Latènezeit wieder besiedelt (F. Fischer geht allerdings von einer spätlatènezeitlichen Befestigung aus). Das Fundmaterial und die Befunde sollen im Rahmen einer Tübinger Magisterarbeit vorgelegt werden.
Funde: Slg. Institut Tübingen; WLM Inv.-Nr. A 2469.
Lit.: F. Hertlein, Die Altertümer des Oberamts Heidenheim (Esslingen 1912) 27; Fundber. Schwaben N.F. 4, 1928, 47, 64; F. Fischer, Arch. Ausgr. Baden-Württemberg 1982, 78 f.; ders., Arch. Ausgr. Baden-Württemberg 1983, 87 f.; ders., Arch. Ausgr. Baden-Württemberg 1986, 83 f.

257. Hermaringen HDH
Berger Steig
7327
Bei einer Notbergung wurden 1986 aus einer Grube in Flur „Berger Steig" neben zahlreichen Eisenschlacken und einer großen Tüllenhacke oder Pflugschar einige spätlatènezeitliche Scherben geborgen. Während die Schüsseln sowie die Drehscheiben- und Graphittonkeramik übliche Formen darstellen, zeigt die handgemachte Grobkeramik ausgefallene Formen und Verzierungen, die möglicherweise auf späte Zeitstellung innerhalb der jüngeren Latènezeit hinweisen (freundl. Hinweis J. Biel).
Funde: LDA Stuttgart.
Lit.: M. Kempa, Antike Eisenverhüttung 11.

258. Hermaringen HDH
Benzenberg
7327
Am N-Hang des Benzenbergs, bei einem Abri N des Wasserbehälters fand I. Kettner 1963 das Fragment eines lichtgrünen Glasarmrings.
Verbleib: Priv.Bes.
Lit.: Fundber. Schwaben N.F. 18/I, 1967, 71.

259. Hermaringen HDH
Taublingen
7327
Neben älterer und jüngerer Keramik fanden sich in Flur „Taublingen" auch einige JLT-Scherben. 1990 wurde von Huber in der Trasse der Ferngasleitung eine Notbergung vorgenommen. Dabei kamen neben urnenfelderzeitlichen und hallstattzeitlichen Siedlungsresten auch Gruben mit mittellatènezeitlicher Keramik zum Vorschein, darunter Graphittonware.
Funde: Slg. Kettner; Slg. Huber, Giengen.
Lit.: unpubliziert.

260. Königsbronn-Itzelberg HDH
Bei Itzelberg
7226
Vor 1904 wurde ein Regenbogenschüsselchen (Viertelstater, Streber 97/98) in der Gegend von Itzelberg gefunden.
Verbleib: Priv.Bes.
Lit.: FMRD II 4 Nr. 4200–1; Fundber. Schwaben 12, 1904, 89 l) 9; Bittel, Kelten 32 Nr. 61; Ziegaus, Münzumlauf 101 Nr. 217.

261. Königsbronn HDH
Bei der Pfäfferquelle
7226
Vor 1904 wurden im Garten Bunz bei der Pfäfferquelle zwei Regenbogenschüsselchen (Viertelstatere, Streber 97/98) gefunden.
Verbleib: Mus. Heidenheim, Inv.-Nr. 86, MK Stuttgart Inv.-Nr. 1987/38.
Lit.: FMRD II 4 Nr. 4201–1,2; Fundber. Schwaben 12, 1904, 89 e) 8; Fundber. Schwaben 18, 1910, 78 n.3; Hertlein, Altertümer OA Heidenheim 25; Bittel, Kelten 32 Nr. 65a,b; Ziegaus, Münzumlauf 102 Nr. 225–226.

262. Königsbronn HDH
Bei Königsbronn
7226
Im 19. Jh. wurden auf einem Acker bei Königsbronn angeblich vier Regenbogenschüsselchen gefunden; nach Ziegaus sollen sie ebenfalls im Garten Bunz (s. o. Kat.-Nr. 261) gefunden worden sein. Unsichere Angabe.
Verbleib?
Lit.: FMRD II 4 Nr. 4202–1–4; Fundber. Schwaben 9, 1901, 38 n.1–2; Fundber. Schwaben 18, 1910, 78 n.3; Bittel, Kelten 32 Nr. 65c–f; Ziegaus, Münzumlauf 102 Nr. 227–230.

263. Königsbronn HDH
Auf der Gemarkung
7226
Wahrscheinlich auf Gemarkung Königsbronn wurde ein Regenbogenschüsselchen (Viertelstater, Streber 97/98) gefunden.
Verbleib: Priv.Bes.
Lit.: Fundber. Schwaben N.F. 16, 1962, 311 Nr. 398; Ziegaus, Münzumlauf 102 Nr. 231.

264. Nattheim HDH
Kirchberg
7227
Direkt vor der SW-Ecke der Viereckschanze in Flur Kirchberg fand sich 1951 eine Graphittonscherbe (nicht kartiert).
Verbleib: Priv.Bes. Forstmeister Dürr, Nattheim.
Lit.: Fundber. Schwaben N.F. 12, 1952, 47; Bittel/ Schiek/ Müller, Viereckschanzen 269.

265. Nattheim HDH
Schanze
7227
1,3 km O der Kirche von Nattheim im Gemeindewald liegt in der Waldabteilung „Schanze" eine Viereckschanze. Direkt SW der Anlage wurde eine Graphittonscherbe gefunden (s. o.).
Lit.: Bittel/Schiek/Müller, Viereckschanzen 265 ff.

266. Nattheim HDH
Badwiesen
7327
Am SW Ortsrand wurden 1960 neben Eisenschlacken einige vorgeschichtliche Scherben gefunden, darunter angeblich auch eine jüngerlatènezeitliche WS.
Funde: WLM In.-Nr. V 61/5
Lit.: Fundber. Schwaben N.F. 16, 1962, 244.

267. Nattheim HDH
Bei Nattheim?
7227
Bei Nattheim wurde im 19. Jh. angeblich eine keltische Goldmünze gefunden. Unsichere Angabe.
Verbleib?

Lit.: FMRD II 4 Nr. 4204–1; Fundber. Schwaben 6, 1898, 44 Nr. 68,1; Fundber. Schwaben 12, 1904, 64; Bittel, Kelten 33 Nr. 83; Ziegaus, Münzumlauf 104 Nr. 254.

268. Nattheim HDH

Hülbenhau

7227

2,7 km NNW vom Ort liegen im Wald Hülbenhau zwei Grabhügel. In einem davon wurden Eisenringe und ein Hakenschlüssel gefunden. Bittel deutete diese Funde als spätlatènezeitliche Nachbestattung.

Funde: Mus. Heidenheim (verschollen?).

Lit.: Bittel, Kelten 24; Fundber. Schwaben N.F. 18/I, 1967, 101.

269. Nattheim-Fleinheim HDH

Burg

7227

1,2 km NW der Kirche von Fleinheim liegt auf dem Bergvorsprung „Burg" eine Viereckschanze.

Lit.: Bittel/Schiek/Müller, Viereckschanzen 269 ff.

270. Niederstotzingen HDH

Bei Niederstotzingen

7427

Bei Niederstotzingen wurde ein Regenbogenschüsselchen (Viertelstater, Streber 97/98) gefunden.

Verbleib: Priv.Bes.

Lit.: FMRD II 4 Nr. 4205–1; Fundber. Schwaben N.F. 12, 1938/51, 96 Nr. 5; Ziegaus, Münzumlauf 105 Nr. 259.

271 A. Niederstotzingen HDH

Sparenhau

7427

2 km NNW der katholischen Kirche von Niederstotzingen liegt im Wald „Sparenhau" eine Viereckschanze.

Lit.: Bittel/Schiek/Müller, Viereckschanzen 279 ff.

271 B. Sontheim/Brenz HDH

Beim Ort

7427

Auf einem Acker bei Sontheim wurde 1989 eine silberne Kreuzmünze vom „Reichenhaller Typ" gefunden.

Verbleib?

Lit.: Arch. Ausgr. Baden-Württemberg 1989, 353 Abb. 257, 355.

272. Steinheim am Albuch-Söhnstetten HDH

Stöckelhöhle

7325

Aus der Stöckelhöhle stammen neben neolithischen angeblich auch „keltische" Funde (nicht kartiert).

Verbleib?

Lit.: Ortsakten LDA Stuttgart.

273. Steinheim am Albuch HDH

Bei Steinheim

7326

Angeblich wurde bei Steinheim ein Regenbogenschüsselchen (Viertelstater, Streber 97/98) gefunden.

Verbleib?

Lit.: FMRD II 4 Nr. 4212–1; Fundber. Schwaben N.F. 3, 1922/24, 135 n.6; Bittel, Kelten 35 Nr. 116; Ziegaus, Münzumlauf 107 Nr. 284.

274. Steinheim am Albuch HDH

Bei Steinheim?

7326

In einem Gerichtsprotokoll aus Steinheim vom 18.9.1731 wird

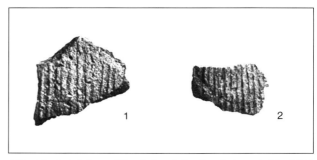

Abb. 78: Steinheim a.Albuch-Sontheim im Stubental, Hochfeld (Kat.-Nr. 275).

ein Regenbogenschüsselchen aus einem Nachlaß erwähnt. Der Fundort ist nicht näher bestimmbar (nicht kartiert).

Verbleib?

Lit.: FMRD II 4 Nr. 4215; Fundber. Schwaben N.F. 14, 1957, 231 Nr. 10.

275. Steinheim am Albuch-Sontheim im Stubental HDH

Hochfeld

7326

Am SO-Rand des Ortes, direkt am S-Rand des Meteorkraters „Steinheimer Becken", wurde im Neubaugebiet „Hochfeld I" 1973 eine frühalamannische Siedlung angeschnitten und 1973/74 z.T. archäologisch untersucht. Aus einem Grubenkomplex wurden dabei neben Funden des 4. Jh. n. Chr. auch urnenfelderzeitliche und jüngerlatènezeitliche Funde geborgen, die von älteren Siedlungen in unmittelbarer Nähe stammen dürften. Neben den hier abgebildeten Scherben befinden sich im Fundmaterial zahlreiche Kamm- und Spatelstrichscherben, die sich aber kaum vom frühalamannischen Fundmaterial unterscheiden lassen. Mineralogische Untersuchungen haben aber Hinweise darauf ergeben, daß sich darunter latènezeitliche Stücke befinden.

Funde: WLM.

Taf. 33 B

1. RS und WS von tonnenförmigem Topf, Dm. ca. 15 cm, grauer Ton, mineralische Magerung, auf der Schulter und auf dem Bauch umlaufende Reihe vertikaler Kammeinstiche, Riefe unter dem Rand, sekundär verbrannt.

2. Fragment von fünfrippigem Glasarmring, klar mit gelber Folie (Haevernick 7a).

3. Fragment von kobaltblauem Glasarmring, fünfrippig mit gekerbter Mittelrippe (Haevernick 8c).

4. Fragment von kobaltblauem Glasarmring mit doppelt geperlter Mittelrippe (Haevernick 11).

5. RS von feinkeramischem Topf oder Flasche, DSW, Dm. 11,2 cm, grauer harter Ton.

6. RS von feinkeramischer Flasche, DSW, Dm. 8,4 cm, brauner Ton, sekundär verbrannt.

7. RS von feinkeramischer Flasche, DSW, Dm. 9,3 cm, brauner Ton, sekundär verbrannt.

8. RS von Topf mit Wulstrand, brauner Ton, mineralische Magerung.

9.–10. RS von Schüsseln mit eingebogenem Rand, rotbrauner Ton.

11. RS von Gefäß mit ausgebogenem Rand.

12. RS von Graphittontopf mit Wulstrand, DSW.

13. Flacher Spinnwirtel aus Graphitton, grobe mineralische Magerung.

Abb. 78

1.–2. WS aus Graphitton, DSW.

(Abb. und Beschr. nach Planck, Fundber. Baden-Württemberg 3, 1977, 539 ff.).
Lit.: D. Planck, Eine frühalamannische Siedlung in Sontheim im Stubental, Kr. Heidenheim. Fundber. Baden-Württemberg 3, 1977, 539 ff.; W. Reiff, Der geologische Befund im Bereich der frühalamannischen Siedlung von Sontheim, Kr. Heidenheim. Fundber. Baden-Württemberg 3, 1977, 575 ff.

Kreis Heilbronn (HN)

276. Bad Friedrichshall-Kochendorf HN
Kochermündung
6821
1924 wurden beim Bau des Neckarkanals unterhalb der Kochermündung bei KM 105 eiserne Spitzbarren gefunden (JLT?); möglicherweise sind mit den von Koch erwähnten vier Barren, die in einem Einbaum gefunden worden sein sollen, diese Stücke gemeint.
Verbleib: Mus. Bad Wimpfen, WLM?
Lit.: Stein, Hortfunde 221; Fundber. Schwaben N.F. 5, 1928–30, 52; Bittel, Kelten 25 Nr. 18; R. Koch, Fundber. Baden-Württemberg 4, 1979, 18.

277. Bad Friedrichshall-Kochendorf HN
Salzwerk
6821
Beim Pulvermagazin des Salzwerkes wurde eine WS aus Graphitton gefunden.
Verbleib: Mus. Heilbronn Inv.-Nr. 10.28/136.
Taf. 37 B
– WS von Graphittontopf, mittelgrauer Ton, mäßig hart, mittelfeine mineralische Magerung, mäßiger Graphitgehalt, seifige Oberfläche, verwaschener Kammstrich.
Lit.: Fundber. Schwaben N.F. 8, 1933–35, 88; Paret, Urgesch. Württemberg 301.

278. Bad Rappenau-Bonfeld HN
Breitloch
6820
In Flur „Breitloch" wurde angeblich jüngerlatènezeitliche Keramik gefunden, u. a. eine RS von einem Topf mit Wulstrand, ein Schalenrand und WS mit Besenstrich (Fundmeldung Hartmann).
Verbleib?
Lit.: G. Beiler, Die vor- u. frühgeschichtliche Besiedelung des Oberamts Heilbronn a.N. 18. Veröff. des Hist. Ver. Heilbronn (Heilbronn 1937) 123; Fundber. Baden-Württemberg 2, 1975, 111; Ortsakten LDA Stuttgart.

279. Bad Wimpfen HN
Neckarkanal
6720
Angeblich wurden beim Bau des Neckarkanals zehn Eisenspitzbarren gefunden (jüngerlatènezeitlich?). Ein Stück befindet sich noch im Museum Bad Wimpfen, dieses könnte aber auch aus der Kochermündung stammen.
Verbleib: Mus. Bad Wimpfen
Lit.: Fundber. Schwaben N.F. 13, 1954, 48; Stein, Hortfunde 221 Nr. 510.

280. Bad Wimpfen HN
Lohwasen
6721
Neben römischen und neolithischen Funden fanden sich in der Flur „Lohwasen" eine Kammstrichscherbe und die RS einer Schüssel mit eingebogenem Rand.
Verbleib: WLM Inv.-Nr. 56/43; 56/4.
Lit.: Fundber. Schwaben N.F. 14, 1957, 207.

281. Bad Wimpfen HN
SW vom Ort
6720
Am SW-Ortsrand von Bad Wimpfen wurde 1984 aus der Luft eine vermutliche Viereckschanze entdeckt.
Lit.: Bittel/Schiek/Müller, Viereckschanzen 382.

282. Beilstein HN
Beim Pfarrgarten
6921
Um 1880 wurde „beim Pfarrgarten über dem Bach" eine keltische Silbermünze (Forrer 6) gefunden.
Verbleib: Priv.Bes.
Lit.: FMRD II 4 Nr. 4226–1; Fundber. Schwaben 18, 1910, 77 Nr. 1; Bittel, Kelten 29 Nr. 11.

283. Brackenheim-Hausen an der Zaber HN
Mutschler/Steinäcker
6920
Bei der Erschließung des Baugebiets Steinäcker wurde eine Grube mit LT-Funden angeschnitten, von den benachbarten Äckern stammen Lesefunde (jüngerlatènezeitlich?).
Verbleib?
Lit.: Fundber. Baden-Württemberg 9, 1984, 638.

284. Brackenheim HN
Beim Gaswerk
6920
0,5 km SO vom Ort wurden 1980 beim Gaswerk zwei Schalenränder und eine BS gefunden. Dort fanden sich angeblich schon früher jüngerlatènezeitliche Scherben.
Verbleib: Slg. A. Schwarzkopf, Kleingartach.
Lit.: Fundber. Schwaben N.F. 4, 1927, 59; Fundber. Baden-Württemberg 9, 1984, 638.

285. Brackenheim HN
Beim Ort
6920
Beim Ort wurde angeblich Ende des 19. Jh. eine keltische Goldmünze (Halbstater, Philipp II.-Typ) gefunden.
Verbleib: MK Stuttgart ZV 732.
Lit.: FMRD II 4 Nr. 4229–2; Fundber. Schwaben 12, 1904, 66 (2); Bittel, Kelten 29 Nr. 18.

285 A. Brackenheim HN
Hoffeld
6920
In der Flur „Hoffeld" am N Ortsrand von Brackenheim wurden von J. Biel jüngerlatènezeitliche Scherben aufgelesen, darunter Graphittonware, glatte Drehscheibenware, kammstrichverzierte Grobkeramik und Randscherben von Schüsseln mit eingebogenem Rand. Hervorzuheben ist eine Scherbe von bemalter Feinkeramik mit weißen Farbresten und eine Eisenklammer.
Das Gelände ist heute überbaut. Das angrenzende Gelände heißt „Schanz", möglicherweise lag hier eine völlig verebnete Viereckschanze. In der O angrenzenden Lehmgrube beobachtete A. Schwarzkopf einen angeschnittenen Schacht, der möglicherweise zur Schanze gehört hat.
Funde: LDA Stuttgart
Lit.: unpubliziert; freundl. Mitt. J. Biel

286. Cleebronn HN
Kalkofen
6920
Im Bereich der bekannten neolithischen Fundstelle in Flur „Kalkofen", Parz. 750–754, fand A. Schwarzkopf auch zwei jüngerlatènezeitliche Scherben.
Verbleib: Slg. A. Schwarzkopf, Kleingartach.
Lit.: Fundber. Schwaben N.F. 4, 1927, 11; Fundber. Baden-Württemberg 10, 1985, 459 f.

287. Gundelsheim-Obergriesheim HN
Sittele
6721
In Flur Sittele, 0,8 km SO vom Ort, wurde 1926 eine jüngerlatènezeitliche Scherbe (?) mit Kammstrichverzierung gefunden.
Verbleib: WLM Inv.-Nr. A 2014
Lit.: Fundber. Schwaben N.F. 3, 1926, 56.

288. Heilbronn HN
Mausklinge/Richard-Wagner-Str.
6821
1935 wurde zusammen mit römischer Keramik bei Kanalisierungsarbeiten das Fragment eines dunkelblauen Glasarmrings mit gelber Folie (Haevernick 7b) gefunden.
Verbleib: Ehem. Mus. Schliz, Inv. 35/6.
Lit.: Fundber. Schwaben N.F. 9, 1938, 74; Haevernick, Glasarmringe, 148 Nr. 197.

289. Heilbronn HN
Haltestelle Karlstor/Villmat
6821
Auf der „Villmat" im Bereich der Goethestraße, G.-Hauck-Straße, Siebennußbaumstraße, Pfühlstraße, Weinsbergerstraße wurden seit Anfang des Jh. immer wieder LT-Scherben gefunden, darunter auch jüngerlatènezeitliche Stücke.
Verbleib: WLM Inv.-Nr. A 2687; Mus. Heilbronn Inv.-Nr. 1042 p; HMH 27/1903; SM 35/72, 36/63, 35/19, 35/29.
Lit.: G. Beiler, Die vor- u. frühgeschichtliche Besiedelung des Oberamts Heilbronn a.N. 18. Veröff. des Hist. Ver. Heilbronn (Heilbronn 1937), 122 f.; Fundber. Schwaben N.F. 3, 1926, 13; Fundber. Schwaben N.F. 4, 1928, 59; Fundber. Schwaben N.F. 9, 1938, 74.

290. Heilbronn HN
Aus der Heilbronner Gegend
6821
Wahrscheinlich aus der Heilbronner Gegend stammt ein Regenbogenschüsselchen (Viertelstater, Streber 100), das Ende des 19. Jh. gefunden worden ist.
Verbleib?
Lit.: FMRD II 4 Nr. 4223–1; Bittel, Kelten 31 Nr. 50; Fundber. Schwaben 12, 1904, 88 i) b.

291. Heilbronn HN
Bühn
6821
In Flur Bühn wurden zwei Ringperlen gefunden: Ringperle mit Grat (Haevernick 19), klares Glas mit Folie; Ringperle mit hellgesprenkelter Oberfläche (Haevernick 24), dunkles Glas mit heller Oberfläche. Nach A. Schliz sollen sie aus einem Grab stammen.
Verbleib: Ehem. Slg. Schliz, verschollen.
Lit.: Fundber. Schwaben 10, 1902, 24, Taf. 1, 23; Haevernick, Glasarmringe 223 Nr. 17; 259 Nr. 13.

292. Heilbronn-Böckingen HN
Schollenhalde/Landwehrstraße
6921
Im Frühjahr 1952 fanden sich im Aushub eines Leitungsgrabens in der Landwehrstraße beim Eingang zum neuen Friedhof jüngerlatènezeitliche Kammstrichscherben.
Verbleib: WLM Inv.-Nr. 52/77
Lit.: Ortsakten LDA Stuttgart.

293. Heilbronn-Böckingen HN
Leonhardstraße/Teichstraße
6821
1950 wurden in der Leonhardstraße und der Teichstraße in einem Wasserleitungsgraben jüngerlatènezeitliche Scherben gefunden, darunter RS von Schüsseln und WS mit Kamm- und Besenstrich.
Verbleib: WLM Inv.-Nr. 51/21
Lit.: Fundber. Schwaben N.F. 12, 1952, 45.

294. Heilbronn-Böckingen HN
Zabergäuerstraße/Klingenberger Straße
6821
Nahe dem Bahnhof wurden 1933 in der Zabergäuerstraße und der Klingenberger Straße latènezeitliche Siedlungsreste aufgedeckt. Unter der Keramik befinden sich auch Reste von Briquetage. Jüngerlatènezeitlich?
Verbleib: WLM Inv.-Nr. A 33/89; 33/90; 33/91.
Lit.: Fundber. Schwaben N.F. 8, 1935, 85.

295. Heilbronn-Böckingen HN
Steinäcker
6821
Im Bereich des römischen Kastells in der ehem. Flur „Steinäcker" wurde das Fragment eines kobaltblauen Glasarmrings mit gelber Auflage (Haevernick 7b) gefunden.
Verbleib: Mus. Heilbronn Inv.-Nr. 02.40/789.
Taf. 37 F
– Fragment von Glasarmring mit drei Rippen, kobaltblau mit gelber Auflage (Haevernick 7b).
Lit.: unpubliziert.

296. Heilbronn-Böckingen HN
Bruch
6821
In Flur „Bruch" an der Grenze zur Markung Großgartach wurden 1926 angeblich Scherben der Spätlatènezeit gefunden.
Verbleib: unbekannt
Lit.: Fundber. Schwaben N.F. 3, 1926, 54.

297. Heilbronn-Horkheim HN
Gutedel/Sontheimer Straße
6821
1924 wurden beim Hausbau (H. Edel) in der Sontheimer Str. LT-Siedlungsreste angeschnitten; es fanden sich Keramikscherben und vier Eisenbarren.
Verbleib: WLM Inv.-Nr. A 1453; Mus. Heilbronn (?)
Lit.: Fundber. Schwaben N.F. 2, 1924, 21; Fundber. Schwaben N.F. 3, 1926, 55; Bittel, Kelten 25, 41; Stein, Hortfunde 222 Nr. 516.

298. Heilbronn-Klingenberg HN
Wolfsglocke
6820
1932 und 1965/66 fanden sich 0,2 km NW vom Ort im Bereich der neolithischen Siedlung in Flur „Wolfsglocke" jüngerlatènezeitliche Scherben.
Verbleib: unbekannt

Lit.: Fundber. Schwaben N.F. 8, 1935, 33 Nr. 4; Fundber. Baden-Württemberg 2, 1975, 28.

299. Heilbronn-Klingenberg HN

Bei Klingenberg?

6820

1904 wurde der Fund eines bronzenen Knotenrings (JLT?) gemeldet, Fundort war angeblich Klingenberg (nicht kartiert).

Verbleib: unbekannt.

Lit.: Bittel, Kelten 24, Taf. 19, 14; Fundber. Schwaben 12, 1904, 121; Fundber. Schwaben N.F. 18/I, 1967, 101.

300. Heilbronn-Neckargartach HN

Wörthalde

6821

0,6 km N vom Ort wurde in Flur „Wörthalde" ein Fragment eines blauen Glasarmrings mit gelber Auflage gefunden. Das Stück wurde im Krieg zerstört.

Verbleib: Mus. Heilbronn Inv.-Nr. 37/6 b (Kriegsverlust).

Lit.: G. Beiler, Die vor- und frühgeschicht. Besiedlung des Oberamtes Heilbronn a.N. Veröff. Hist. Ver. Heilbronn 18 (Heilbronn 1938) 124; Fundber. Schwaben N.F. 9, 1938, 77; Haevernick, Glasarmringe 213 Nr. 12.

301. Heilbronn-Neckargartach HN

Schlegelgrund/Am Frankenbacher Weg

6821

An der Straße nach Frankenbach wurden Siedlungsreste der jüngeren Latènezeit festgestellt, es fanden sich u. a. Graphittonscherben. In der benachbarten Kiesgrube wurden ebenfalls Gruben festgestellt, in einer davon fand sich ein kompletter Topf.

Verbleib: WLM Inv.-Nr. A 2724.

Lit.: Fundber. Schwaben N.F. 3, 1926, 55 f.; Fundber. Schwaben N.F. 4, 1928, 61.

302. Heilbronn-Neckargartach HN

Umgebung von Neckargartach

6821

Aus der Umgebung von Neckargartach stammt eine fragmentierte Nauheimer Fibel aus Bronze. Näheres ist nicht bekannt (nicht kartiert).

Verbleib: Mus. Heilbronn Inv.-Nr. 04/121.

Taf. 37 D

– Nauheimer Fibel aus Bronze, Länge noch 5,4 cm (Nadel), Fuß abgebrochen, auf dem Bügel randbegleitende Rillen mit dichten Punzreihen.

Lit.: unpubliziert.

303. Heilbronn-Neckargartach HN

Nonnenbuckel

6821

1987/1988 konnten in der Flur „Nonnenbuckel" zwei Grabenwerke untersucht werden. Ein quadratisches Grabenviereck enthielt in seinen verfüllten Gräben zahlreiche Keramikscherben der späten Mittellatènezeit (LT C2). Die Deutung der Anlagen ist noch unklar.

Funde: LDA Stuttgart.

Lit.: J. Biel, Zwei eisenzeitliche Erdwerke bei Heilbronn-Neckargartach. Arch. Ausgr. Baden-Württemberg 1988 (1989), 65 ff.

304. Heilbronn-Neckargartach HN

Letten

6821

In Flur Letten, 1 km NNW vom Ort wurde 1936 das Fragment eines kobaltblauen Glasarmrings mit doppelter gekerbter Mittelrippe gefunden (Haevernick 13).

Verbleib: WLM Inv.-Nr. A 38/90.

Lit.: Fundber. Schwaben N.F. 9, 1935–38, 77.

305. Ilsfeld HN

Beim Ort?

6921

G. Scholl fand ca. 1920 bei Ilsfeld jüngerlatènezeitliche Keramik, darunter eine WS Drehscheibenware mit Rollrädchenverzierung.

Verbleib: Mus. Heilbronn Inv.-Nr. B 5510.

Taf. 37 A

– WS von bauchigem Gefäß (Topf oder Flasche?), mittelgraubrauner harter Ton, feine mineralische Magerung, glatte Oberfläche, drei horizontale Rollrädchen-Bahnen.

Lit.: Fundber. Schwaben N.F. 19, 1971, 152 Anm. 23.

306. Lauffen am Neckar HN

Konsten

6921

Im Flurbereinigungsgebiet „Konsten", 2 km SO, fanden sich LT-Siedlungsreste (meist Frühlatène). Darunter sind auch einige jüngerlatènezeitliche Stücke, u. a. kammstrichverzierte Graphittonkeramik und besenstrichverzierte WS.

Verbleib: Priv.Bes.

Lit.: Fundber. Baden-Württemberg 12, 1987, 543.

307. Lauffen am Neckar HN

Kirrberg

6921

Bei der Rebflurbereinigung wurde in der Flur „Kirrberg", 2 km S der Stadt, eine rundovale Grube entdeckt, eine Untersuchung ergab 1980 einen runden Schacht. In 4,8 m Tiefe zeigten sich Spuren einer rechteckigen Holzverschalung. In der Grubenmitte wurde ein rundes Loch von 6–7 cm Durchmesser festgestellt, es konnte ca. 50–60 cm tief verfolgt werden. Abdrücke an der Wand deuten hier auf einen vergangenen Holzast hin. In einer Tiefe von 4,6–4,8 m fanden sich zahlreiche Holzkohlefragmente, Reste von vergangenem Holz, Schlacken, ein Eisenkeil sowie etwas latènezeitliche Keramik. Eine Bohrung ergab, daß der Schacht in 5,8 m Tiefe noch nicht zu Ende war. Möglicherweise handelt es sich bei dem Befund um einen holzverschalten Brunnenschacht, ähnlich dem in der Viereckschanze von Fellbach-Schmiden.

Beim Fortgang der Flurbereinigung konnten ca. 100–120 m S des Schachtes auf einer Fläche von ca. 10 x 30 m jüngerlatènezeitliche Scherben aufgelesen werden, die aber bereits von der Planierraupe verlagert worden waren, eine intakte Fundschicht wurde nicht mehr angetroffen. Vermutlich lag hier eine mittlerweile völlig eingeebnete Viereckschanze.

Funde: Priv.Bes.

Taf. 34 A

1. RS von Topf mit ausgebogenem Rand, auf der Schulter Wellenkammstrich.

2. RS von Topf oder Schüssel mit eingebogenem Rand, Kammstrich.

3. RS von Schüssel mit steilem Rand, Wellenkammstrich.

4. RS von Schüssel mit eingebogenem und nach innen verdicktem Rand.

5.–6. RS von feinkeramischen Töpfen, DSW.

7.–11. RS von Schüsseln mit eingebogenem Rand.

12. WS von feinkeramischem Topf oder Flasche, DSW, horizontale Rippe.

13.–15. RS von Schüsseln mit eingebogenem Rand.

16.–17. BS von feinkeramischen Gefäßen, DSW.

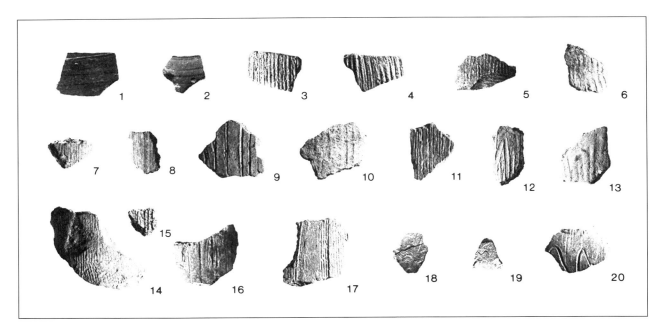

Abb. 79: Lauffen a.N., Kirrberg (Kat.-Nr. 307).

Abb. 79

1.–2. WS von feinkeramischen Gefäßen, DSW, horizontale Glättlinien.

3. WS von Graphittontopf mit Kammstrich.

4.–17. WS von Töpfen (?), Kamm- und Spatelstrichverzierung.

18.–20. WS von Töpfen (?), wellenförmiger Kamm- oder Spatelstrich.

(Abb. und Beschr. nach Fundber. Baden-Württemberg 9, 1984, 650 ff., Abb. 52 und 53).

Lit.: Fundber. Baden-Württemberg 9, 1984, 650 ff.; K. Wehrberger, Die eisenzeitliche Besiedlung des mittleren Neckarlandes um Lauffen a.N. Die Kunde N.F. 37, 1986, 133 ff., bes. 147 ff.; Bittel/Schiek/Müller, Viereckschanzen 50.

308. Leingarten-Großgartach HN

Steingemerr

6820

2,1 km NNW fand G. Scholl 1969 in Flur „Steingemerr" LT-Scherben, u. a. von einem Topf mit ausgebogenem Rand und Besenstrich.

Funde: Mus. Heilbronn Inv.-Nr. 10.34/76.

Taf. 37 C

2. RS von Topf mit ausgebogenem Rand, mittelgrauer Ton, mäßig hart, grobe mineralische Magerung, glatte Oberfläche, etwas porös, dreizinkige Kammstrichbögen.

Lit.: Fundber. Baden-Württemberg 8, 1983, 233.

309. Leingarten-Großgartach HN

Hafnerstraße

6820

Bei Grabungen in der Hafnerstraße kamen u. a. auch jüngerlatènezeitliche Scherben zum Vorschein, darunter auch ein Fragment eines Briquetagetiegels.

Funde: Mus. Heilbronn, Inv.-Nr. 10.34/64.

Taf. 37 C

1. RS von Briquetagetiegel mit nach innen umgeschlagenem Rand, Dm. 23 cm, hellgrau-rötlicher Ton, sehr hart, spröde, sehr grobe mineralische Magerung, rauhe sandige Oberfläche, rissig.

Lit.: unpubliziert.

310. Leingarten-Großgartach HN

Strohäcker

6820

In den „Strohäckern", 1,5 km NNO vom Ort, wurde 1936 eine große Grube mit einem menschlichen Skelett angepflügt. Nach der Lage des Skeletts und den Funden kann es sich nicht um eine regelhafte Bestattung handeln. Es fanden sich jüngerlatènezeitliche Keramik, Tierknochen und Wandlehmstücke.

Funde: ehem. Heilbronn, Mus. Schliz Inv.-Nr. 36/39 (verschollen).

Lit.: Fundber. Schwaben N.F. 9, 1935–38, 73 f.

311. Möckmühl-Assumstadt HN

SO vom Schloß

6721

Im Januar 1948 wurde im Schlamm des Jagst-Hochwassers SO vom Schloß eine Häduer-Silbermünze (Typ Forrer 6) gefunden.

Verbleib?

Lit.: FMRD II 4 Nr. 4285–1; Fundber. Schwaben N.F. 12, 1938–51, 92 n.1.

312. Neckarsulm HN

Napf

6821

Neben urnenfelderzeitlichen und neolithischen Funden kamen 1929 und 1964 in Flur „Napf", 1,7 km S vom Ort auch römische und jüngerlatènezeitliche Scherben zum Vorschein, darunter Graphittonware.

Verbleib: Mus. Heilbronn

Lit.: Bittel, Kelten 44; Fundber. Schwaben N.F. 5, 1930, 53; Fundber. Schwaben N.F. 18/II, 1967, 58.

313. Neckarsulm HN

Olgastraße/Goethestraße

6821

1928 wurde in einem Wasserleitungsgraben in der Olgastraße (heute Goethestraße) ein Töpferofen mit Drehscheibenware angeschnitten. Ein weiterer kam dann 1929 neben weiteren

Gruben beim Bau des Hauses Olgastr. Nr. 5 (H. Müller) zum Vorschein. Unter den Funden befinden sich nach Koch auch Reste von Briquetagetiegeln. Das Fundmaterial gehört in die Spätlatènezeit.

Funde: WLM Inv.-Nr. A 30/62; A 30/63; Mus. Heilbronn Inv.-Nr. 10.60/76, 10.60/81.

Taf. 35

1. RS von feinkeramischer Flasche, DSW, Dm. 10,5 cm, orange-ziegelroter Ton, mäßig hart, spröde, mittelfeine mineralische Magerung, sandige Oberfläche, zwei Rippen im Halsbereich, sekundär verbrannt.
2. RS von feinkeramischem Topf, DSW, Dm. 17 cm, orange-rot-ockerfarbener harter Ton, mittelfeine mineralische Magerung, sandige Oberfläche.
3. RS von feinkeramischem Topf mit verdicktem Rand, DSW, Dm. 15 cm, hellbraun-rötlicher weicher Ton, mittelfeine mineralische Magerung, glatte Oberfläche, etwas seifig, Riefen und Rippen im Halsbereich.
4. RS von feinkeramischem Topf mit Wulstrand, DSW, Dm. 19,5 cm, mittelbrauner Ton, mäßig hart, mittelfeine mineralische Magerung, glatte Oberfläche, horizontale Rippe im Halsbereich.
5. RS von feinkeramischer Schale, DSW, Dm. 23 cm, mittelgrauer, sehr harter Ton, sehr feine mineralische Magerung, hellbraune Oberfläche, geglättet.
6. WS von feinkeramischer Flasche (?) DSW, mittelgrauer Ton, sehr hart, feine mineralische Magerung, Oberfläche geglättet, mittelbraun, horizontale Rillen und Glättlinien.
7. WS von feinkeramischer Flasche, DSW, mittelgraubrauner harter Ton, spröde, mittelfeine mineralische Magerung, Oberfläche abgeplatzt, horizontale Rippe im Halsbereich, sekundär verbrannt.
8. RS von feinkeramischer Flasche, DSW, Dm. 11 cm, orangeroter Ton, mäßig hart, feine mineralische Magerung, glatte Oberfläche, horizontale Rippe im Halsbereich.
9. RS von feinkeramischer Flasche, DSW, Dm. 8 cm, ziegelroter Ton, mäßig hart, mittelfeine mineralische Magerung, mittelgraubraune sandige Oberfläche, sekundär verbrannt.
10. RS von feinkeramischer Flasche, DSW, Dm. 7,7 cm, orangerot-ockerfarbener harter Ton, sandig, mittelfeine mineralische Magerung, rauhe Oberfläche, horizontale Rippe im Halsbereich, sekundär verbrannt.
11. RS von feinkeramischer Flasche (?), DSW, Dm. 10,5 cm, hellbraun-ockerfarbener harter Ton, sandig, feine mineralische Magerung, rauhe Oberfläche, horizontale Riefen unter dem Rand.
12. RS von kleinem Topf oder Flasche, feinkeramisch, DSW, Dm. 10,5 cm, rosa-orangeroter harter Ton, spröde, mittelfeine mineralische Magerung, rauhe Oberfläche, im Halsbereich Rippen und Riefen, Fehlbrand?
13. RS von kleinem Topf oder Tonne mit ausgebogenem Rand, feinkeramisch, DSW, Dm. 10 cm, hellbraun-rötlicher harter Ton, mittelfeine mineralische Magerung, glatte Oberfläche, leicht sandig.
14. RS von kleinem Topf (?), feinkeramisch, DSW, Dm. 17,5 cm, mittelgrauer harter Ton, mittelfeine mineralische Magerung, glatte Oberfläche, mittelgraubraun.
15. RS von Topf oder Schale, feinkeramisch, DSW, Dm. 19 cm, mittelgraubrauner harter Ton, leicht sandig, mittelfeine mineralische Magerung, mittelgraue glatte Oberfläche.
16. RS von feinkeramischem Topf oder Schale, DSW, Dm. 21 cm, orangerot-hellbrauner sandiger Ton, mäßig hart, mittelfeine mineralische Magerung, glatte Oberfläche.
17. WS von feinkeramischer Flasche (?), DSW, hellbraun-ockerfarbener Ton, relativ weich, feine mineralische Magerung, sandige Oberfläche, horizontale Rippe im Halsbereich.
18. WS von Feinkammstrichtopf, DSW, rotbrauner, sehr harter Ton, feine mineralische Magerung, mittelgraue stumpfe Oberfläche, regelmäßiger Kammstrich, sekundär verbrannt?
19. WS, DSW?, orangeroter, mäßig harter Ton, feine mineralische Magerung, innen geglättet, sandige Oberfläche, zweizinkige Spatelstrich-Grübchen.

Taf. 36

1. RS von Topf mit ausgebogenem Rand, Dm. 23 cm, hellbrauner, relativ weicher Ton, grobe mineralische Magerung, organisch verunreinigt, rauhe Oberfläche, etwas porös, nachgedreht?
2. RS von kleinem Topf mit ausgebogenem Rand, Dm. 12,7 cm, hellrot-brauner harter Ton, mittelgrobe mineralische Magerung, rauhe Oberfläche, flächiger Kammstrich, auf der Schulter dreizinkige Kammeinstiche.
3. RS von Topf mit ausgebogenem Rand, Dm. 19 cm, rötlich-mittelbrauner harter Ton, sehr grobe mineralische Magerung, rauhe Oberfläche, rissig, auf der Schulter horizontaler Wellenkammstrich, sekundär verbrannt.
4. RS von Topf mit ausgebogenem Rand, Dm. 10 cm, hellbraun-orangeroter harter Ton, spröde, grobe mineralische Magerung, hellbraune sandige Oberfläche, horizontale Riefen im Halsbereich, sekundär verbrannt.
5. WS, ziegelroter, mäßig harter Ton, sandig, grobe mineralische Magerung, rauhe Oberfläche, Kammstrich-Grübchen.
6. WS, mittelgrauer harter Ton, leicht sandig, feine mineralische Magerung, seifige Oberfläche, Kammstrich-Grübchen.
7. WS, mittelgraubrauner harter Ton, spröde, mittelfeine mineralische Magerung, rauhe Oberfläche, Kammstrich darüber Kammstrich-Grübchen.
8. WS, orangerot-dunkelgrauer harter Ton, mittelfeine mineralische Magerung, rauhe Oberfläche, leicht sandig, unregelmäßiger Kammstrich, Kammeinstiche und Kammstrich-Grübchen.
9. WS, dunkelgrauer harter Ton, spröde-blättrig, grobe mineralische Magerung, mittelgraubraune rauhe Oberfläche, Spatelstrich.
10. WS, hellgrauer, mäßig harter Ton, mittelfeine mineralische Magerung, mittelgraue stumpfe Oberfläche, Kammstrich, schräg überstrichen.
11. WS von Topfschulter, dunkelgrauer, sehr harter Ton, mittelfeine mineralische Magerung, rauhe Oberfläche, auf der Schulter Kammstrich-Grübchen.
12. RS von feinkeramischer Schüssel, DSW, auf dem Unterteil horizontale Rollrädchen-Verzierung.
13. BS, feinkeramisch, DSW, abgesetzter Boden, Standrille, Rollrädchen-Verzierung.
14.–15. WS, feinkeramisch, DSW, Rollrädchen-Verzierung.
16. WS, feinkeramisch, DSW, Rollrädchen-Verzierung (horizontale Linien und hängendes Dreieck).
(12.–16. nach Koch, Fundber. Schwaben N.F. 19, 1971, 132 Abb. 7).

Lit.: Bittel, Kelten 44; Fundber. Schwaben N.F. 5, 1930, 53; R. Koch, Fundber. Schwaben N.F. 19, 1971, 124 ff.

314. Neckarsulm HN
Salinenstraße
6821
1926 kam 200 m NO vom Bahnhof hinter dem Haus des Fotografen Gemmrig in der Salinenstraße ein jüngerlatènezeitliches Körpergrab zum Vorschein. In 1 m Tiefe stieß man auf ein N(Kopf)–S orientiertes Skelett einer ca. 20–25jähri-

gen Person. Am Kopf und an den Füßen fand sich je ein Tongefäß, über die Lage der übrigen Beigaben ist nichts bekannt. Die Funde werden hier nach Aufzeichnungen von O. Paret in den Ortsakten des LDA Stuttgart beschrieben:
– ein Silberquinar (süddeutsche Kreuzmünze, Variante des Typs Dühren).
– Eisernes Schwert in Resten (?).
– Spiralfingerring aus Bronzedraht mit übereinandergreifenden profilierten Enden.
– Eiserne D-förmige Schnalle mit Dorn (?).
– Zwei Bernsteinringe, Dm. 3 cm.
– Hohle Bronzeperle mit abgesetztem Mittelloch, max. Dm. 3 cm.
– Tonwirtel, Dm. 2,6 cm.
– Scherben von zwei Tongefäßen, darunter ein Topf mit ausgebogenem Rand, Kammstrich, auf der Schulter evtl. Kammstrich-Grübchen.
Funde: Ehem. Priv.Slg. Gemmrig (heute verschollen).
Lit.: FMRD II 4 Nr. 4261–1; Bittel, Kelten 24, 33 Nr. 84 (fälschlich als Potinmünze); RiW III, 348; Fundber. Schwaben N.F. 4, 1926/28, 108 n.2,61; Fundber. Schwaben N.F. 9, 1935/38, 94; Fundber. Schwaben N.F.12, 1938/51, 73; Fundber. Schwaben N.F. 14, 1957, 200; H. Polenz, Bayer. Vorgeschbl. 47, 1982, 77, Taf. 2.

315. Neckarsulm HN
Bei Neckarsulm?
6721
Eine Fibel vom MLT-Schema wurde angeblich bei Neckarsulm gefunden (nicht kartiert).
Verbleib: unbekannt.
Lit.: Bittel, Kelten 21; Taf. 3b.

316. Neckarwestheim HN
Beim Ort
6921
Ende des 19. Jh. wurde bei Neckarwestheim ein Goldstater gefunden.
Verbleib: MK Stuttgart ZV 746
Lit.: FMRD II 4 Nr. 4262–1; Fundber. Schwaben 6, 1898, 41 n.2,1; Fundber. Schwaben 12, 1904, 67 V.; Nestle, Kgr. Württemberg Nr. 7–1; Bittel, Kelten 33 Nr. 85.

317. Neuenstadt am Kocher-Bürg HN
W vom Friedhof
6721
W vom Friedhof wurde eine Graphittonscherbe gefunden (JLT?).
Verbleib: WLM Inv.-Nr. A 1875
Lit.: Fundber. Schwaben N.F. 3, 1926, 54; Bittel, Kelten 38.

318. Nordheim HN
Gaißbühl
6820
Am S-Rand von Nordheim wurden in der Flur Gaißbühl in einer Baugrube jüngerlatènezeitliche Scherben gefunden. Hier sollen schon früher vorgeschichtliche Siedlungsfunde zum Vorschein gekommen sein. Auf dem O angrenzenden Grundstück wurde ein Frühlatènegrab angeschnitten.
Funde: Mus. Heilbronn.
Taf. 37 G
1. RS von Flasche, DSW, schwarzer Ton.
2. RS von Schüssel mit eingebogenem Rand.
3. RS von Topf mit ausgebogenem und verdicktem Rand.
(Abb. und Beschr. nach Fundber. Schwaben N.F. 18/II, 1967, Taf. 101 B).

Lit.: Fundber. Schwaben N.F. 8, 1935, 90; Fundber. Schwaben N.F. 18/II, 1967, 74 f., Taf. 101 B.

319. Nordheim HN
NO vom Ort
6820
1,5 km NO der alten Kirche von Nordheim wurde 1980 aus der Luft eine vermutliche Viereckschanze entdeckt.
Lit.: Bittel/Schiek/Müller, Viereckschanzen 389.

320. Oedheim-Degmarn HN
Obere Straßenäcker
6721
In der Flur „Obere Straßenäcker", ca. 1,4 km S vom Ort, wurden 1969 in Drainagegräben an sechs Stellen Steinsetzungen angeschnitten, die aber weder Scherben noch Holzkohle enthielten. Eine dieser Steinsetzungen wurde flächig untersucht: Sie bildete ein Trapez von 6,5 m Länge, die Schmalseiten maßen 2,5 m (W) und 6 m (O). Im Inneren fanden sich Reste von Leichenbrand und wenig Holzkohle. Bei einer zweiten Steinsetzung fand sich ein vierkantiges Eisenfragment, das möglicherweise von einem latènezeitlichen Gürtelhaken stammt (Stabgürtelhaken?).
Es könnte sich bei den Steinsetzungen um die Einfriedung jüngerlatènezeitlicher Brandgräber handeln.
Verbleib: Mus. Heilbronn Inv.-Nr. P 69/23.
Taf. 37 E
– Vierkantiges Eisenfragment mit hakenförmigem Ende, Länge noch 12,8 cm (nach Fundber. Baden-Württemberg 5, 1980, Taf. 121C).
Lit.: Fundber. Baden-Württemberg 5, 1980, 104, Taf. 121C.

321 A. Ödheim-Lautenbach HN
S vom Ammerbacher Feld
6721
Um 1950 sammelte G. Scholl 2 km SW vom Ort, dicht S von Pkt. 206,8 LT-Scherben auf, u. a. WS mit Kammstrichverzierung.
Verbleib: WLM Inv.-Nr. 53/18
Lit.: Fundber. Schwaben N.F. 13, 1952–54, 48.

321 B. Offenau HN
Beim Ort
6721
Bei Offenau wurde eine kammstrichverzierte Graphittonscherbe gefunden.
Verbleib: WLM.
Lit.: Fundber. Schwaben N.F. 16, 1962, 245.

322. Schwaigern HN
Weihental
6820
1,5 km NO vom Ort wurde 1926 im Weihental eine Scherbe mit Kammstrichverzierung gefunden.
Verbleib: WLM Inv.-Nr. A 2014.
Lit.: Fundber. Schwaben N.F. 3, 1926, 56.

323. Schwaigern HN
Leidensberg
6820
Auf dem Leidensberg, 0,75 km WSW, wurden jüngerlatènezeitliche Scherben gefunden, darunter glatte DSW und RS von grobkeramischen Töpfen mit Spateleinstichen und Spatelstrich-Bögen. Es handelt sich wohl um eine mittellatènezeitliche Siedlungsstelle.
Funde: Priv.Bes., Slg. Wagenblast.
Taf. 34 B

1.–5. RS von Töpfen mit ausgebogenem oder verdicktem Rand.
6.11. RS von Schüsseln mit eingebogenem Rand.
7.–8. RS von feinkeramischen Töpfen oder Schalen, DSW.
9. RS von Topf mit Wulstrand.
10. RS von Topf oder Schale, DSW?
12.–13. BS von Töpfen oder Schalen mit Omphalos.
14. BS von feinkeramischem Gefäß, DSW, profilierter Standring.
(Abb. und Beschr. nach Fundber. Baden-Württemberg 2, 1975, Taf. 249A).
Lit.: Fundber. Schwaben N.F. 16, 1962, 304; Fundber. Baden-Württemberg 2, 1975, 125, Taf. 249A.

324. Schwaigern-Niederhofen HN
Holderäcker
6819
0,6 km NO vom Ort, bei Pkt. 220,3 fand A. Schwarzkopf 1978 in der Flur „Holderäcker" im Bereich von dunklen Verfärbungen auf den Äckern jüngerlatènezeitliche Keramik mit Kammstrichverzierung und Scherben von Drehscheibenware.
Verbleib: Priv.Bes.
Taf. 38
1. RS von Topf mit ausgebogenem Rand, Dm. 30 cm, hellbrauner Ton, rauhe Oberfläche.
2. RS und WS von Schüssel mit eingebogenem Rand, Dm. 28 cm, Höhe 11,1 cm, Oberteil geglättet, abgesetzter Boden.
3. RS und WS von Schüssel mit eingebogenem Rand, Dm. 24 cm, schwarzgrauer Ton.
4. RS von feinkeramischer Schale, DSW, Dm. 24 cm, grauer Ton, auf der Schulter Riefen.
5. BS, feinkeramisch, DSW, schwarzer Ton, aufgesetzter profilierter Standring.
6. WS von Schüssel mit eingebogenem Rand.
7. WS mit Kammstrichverzierung.
8. RS von feinkeramischer Schale, DSW, grauer Ton, auf der Schulter schmale Riefen.
(Abb. und Beschr. nach Fundber. Baden-Württemberg 8, 1983, Taf. 135C).
Lit.: Fundber. Baden-Württemberg 8, 1983, 239, Taf. 135C.

325. Schwaigern-Stetten am Heuchelberg HN
Nüssle
6819
In der Flur „Nüssle", 0,75 km NO vom Ort und 0,2 km WSW vom Bahnhof kamen beim Bau des Hauses Reichert JLT-Scherben zum Vorschein (1951), darunter auch kammstrichverzierte WS.
Verbleib: Priv.Bes.; WLM Inv.-Nr. 51/33, 51/70, 51/103, 51/295.
Lit.: Fundber. Schwaben N.F. 12, 1938–51, 48.

326. Schwaigern-Stetten am Heuchelberg HN
Auf dem Stuhl
6819
G. Scholl fand 1965 beim Schulhausneubau in der Flur „Auf dem Stuhl" JLT-Keramik, darunter Kammstrichware und RS von Schüsseln mit eingebogenem Rand.
Verbleib: Mus. Heilbronn.
Lit.: Fundber. Schwaben N.F. 18/II, 1967, 76.

327. Untergruppenbach HN
Kirchgrund
6921
1956 fanden sich beim Hausbau am W-Rand des Ortes in Flur Kirchgrund LT-Siedlungsreste, u. a. Keramik mit Besenstrich (JLT?).
Verbleib: Mus. Heilbronn Inv.-Nr. 56/73, 56/93.
Lit.: Fundber. Schwaben N.F. 15, 1959, 161.

328. Weinsberg HN
Weinberg Renzenberg
6821
Ende des 19. Jh. wurde im Weinberg Renzenberg ein Regenbogenschüsselchen (Viertelstater, Streber 98/100) gefunden.
Verbleib: Priv.Bes.
Lit.: FMRD II 4 Nr. 4277–1; Nestle, Kgr. Württemberg Nr. 66–2; Fundber. Schwaben 6, 1898, 42 Nr. 21,2; Fundber. Schwaben 12, 1904, 88 i) 6 oder g) 4; Bittel, Kelten 36 Nr. 129b.

329. Weinsberg HN
Bei Weinsberg
6821
Ende des 19. Jh. wurde bei Weinsberg ein keltischer Silberquinar (Kreuzmünze, „Volcae Tectosages") gefunden.
Verbleib: MK Stuttgart ZV 757
Lit.: FMRD II 4 Nr. 4277–2; Nestle, Kgr. Württemberg Nr. 66–1; Fundber. Schwaben 6, 1898, 42 Nr. 21,1; Fundber. Schwaben 12, 1904, 71 und Abb. 5; Bittel, Kelten 36 Nr. 129b.

Kreis Konstanz (KN)

330. Engen-Anselfingen KN
Eulenloch/Im Sand
8118
In der Flur „Eulenloch/Im Sand" liegen ausgedehnte jüngerlatènezeitliche Siedlungreste. Sie stehen mit dem angrenzenden Fundgebiet in der Kiesgrube Kohler auf Markung Neuhausen und Welschingen in Verbindung (s.u.). 1971 wurde auch eine Helvetier-Potinmünze (de la Tour 9361) aus der 2. Hälfte des 1. Jh. v. Chr. (?) gefunden. Die Funde und Befunde wurden 1983 in einer Frankfurter Magisterarbeit vorgelegt.
Funde: LDA Freiburg.
Lit.: Fundber. Baden-Württemberg 10, 1985, 678 Nr. 703

331. Engen-Bittelbrunn KN
Hohlefels
8118
Schräg gegenüber dem Petersfels liegt an der N-Seite des Brudertals, 0,45 km SW vom Ort, der Hohlefels. Bei einer Sondage um 1929 fand E. Peters in der Höhle am Fuß des Felsens u. a. latènezeitliche Scherben (JLT?).
Funde: Mus. Engen.
Lit.: Bad. Fundber. II, 1930, 122 ff; Binder, Höhlenführer 222.

332. Engen-Bittelbrunn KN
Bildstockfels
8118
Ca. 2,7 km NO vom Ort liegt im Wasserburgertal der Bildstockfels. In seinen Höhlen fand E. Peters bei Probegrabungen 1927/28 u. a. Latènescherben (JLT?).
Funde: Mus. Engen.
Lit.: Bad. Fundber. II, 1930, 128; Binder, Höhlenführer 223.

333. Engen-Neuhausen KN
Kiesgrube Kohler
8118

Am O-Fuß des Hohenhöwen bei Neuhausen wurden 1926 in der Kiesgrube Kohler, unmittelbar an der Markungsgrenze nach Welschingen und Anselfingen (vgl. Kat.-Nr. 330), vorgeschichtliche Siedlungsreste und Gräber angeschnitten, darunter eine jüngerlatènezeitliche Brandbestattung mit Steinsetzung. Als Beigabe fand sich ein massiver Bronzering mit flachovalem Querschnitt. 1927 wurden zwei Körpergräber der Mittellatènezeit freigelegt: Grab 1 enthielt als Beigaben drei Tongefäße, in einem lagen zwei Knobel aus Knochen. Grab 2 enthielt als Beigabe eine kleine scheibengedrehte Flasche, auf der Brust fand sich eine Eisenfibel vom MLT-Schema.

1935 wurden beim Abräumen eines Ackerstücks zwei jüngerlatènezeitliche Gruben entdeckt. Sie waren noch 1,3 und 1,6 m tief und enthielten zahlreiche Funde, u. a. Fibelfragmente, Eisengerät (Tüllenbeil, Messer), Glasreste (u. a. Glasperle) und Keramik (u. a. DSW und Kammstrichkeramik, Scherbenwirtel). 1947 wurde ein komplettes Gefäß mit Warzendekor gefunden (nicht kartiert, siehe Kat.-Nr. 330).

Funde: Bad. Landesmus. Karlsruhe.
Lit.: Bad. Fundber. I, 1925–28, 211 ff., 334 Abb. 145, 335; Bad. Fundber. II, 1929–32, 285 ff.; Bad. Fundber. III, 1933–36, 367; Bad. Fundber. 13, 1937, 89 f., Taf. 8; Bad. Fundber. 18, 1948–50, 264, Taf. 49 C; F. Fischer in: Festschr. Goessler, 35 ff., Taf. 17; Fundber. Schwaben N.F. 18/I, 1967, 101.

334. Konstanz KN
Stadtgebiet
8320

Aus dem Stadtgebiet von Konstanz waren bis vor kurzem nur drei keltische Münzen bekannt. Die Fundumstände dieser Altstücke sind oft nicht gesichert, eine genauere Lokalisierung ist nicht mehr möglich:
– Ein Regenbogenschüsselchen (Viertelstater), gefunden bei Kreuzlingen (?).
– Ein Regenbogenschüsselchen (Drittelstater, Forrer Abb. 365), gefunden bei Kreuzlingen.
– Ein Sequaner-Quinar „Togirix" (Forrer 117).
Bei den stadtarchäologischen Untersuchungen des LDA in Konstanz wurden bis 1991 insgesamt zehn keltische Münzen gefunden. Den höchsten Anteil daran haben mit sechs Exemplaren die Potinmünzen vom „Züricher Typ".
– Silberquinar, süddeutsche Kreuzmünze vom Schönaicher Typ.
– Zwei Sequaner-Potinmünzen.
– Sechs Helvetier-Potinmünzen, Züricher Typ.

Verbleib: Rosgartenmus. Konstanz.
Lit.: FMRD II 2 Nr. 2114–1, 1a; Bissinger, Münzen 30; 53; Wielandt, Fundmünzen Nr. 256; FMRD II 2, Ergänzung 1 (1980), Nr. 2114 E 1–1; H. Brem, Arch. Ausgr. Baden-Württemberg 1990 (1991) 330 ff.; M. Dumitrache ebd. 236 ff.; H. Brem/H.-U. Geiger, Arch. Ausgr. Baden-Württemberg 1991 (1992) 358 f.

335. Konstanz KN
Stiftskirche St. Johann/Brückengasse
8320

Schon 1894 wurden „im hinteren Hof der ehem. Stiftskirche St. Johann" von K. Beyerle spätlatènezeitliche Funde, u. a. bemalte Keramik geborgen. In unmittelbarer Nachbarschaft, im Bereich der Häuser Brückengasse 5 und 7, wurden 1984 spätlatènezeitliche Pfostenlöcher und Gruben festgestellt. Die Siedlungsstelle liegt auf einem N–S gerichteten Moränenrücken und dürfte mit einem Rheinübergang zusammen-

hängen. Im keramischen Fundmaterial sind glatte DSW und bemalte Keramik vertreten. Ferner wurde eine gallo-italische Silberdrachme aus der 2. Hälfte des 2. Jh. v. Chr. und eine Potinmünze vom „Typ Zürich" (ca. 100–60 v. Chr.) gefunden.

Funde: Rosgartenmus. Konstanz.
Taf. 39 A
1. RS von Topf mit steilem und wulstig verdicktem Rand, auf der Schulter Spatel-Grübchen.
2. WS von bauchigem Gefäß mit eingeglätteten Horizontal- und Wellenlinien, nachgedreht?
3. RS von tonnenförmigem Topf mit Randlippe, auf der Schulter vertikale Spatelstriche, darunter Kammstrich.
4. RS von Topf mit ausgebogenem Rand, auf der Schulter Kammstrich-Grübchen, darunter Kammstrich.
5. RS von Topf mit leicht ausgebogenem Rand, im Halsbereich Kammstrich-Wellenlinie, darüber und darunter horizontale Rillen.
6. RS von Topf mit ausgebogenem Rand, auf der Schulter grobe Spatel-Grübchen.
7. RS von Schüssel mit eingebogenem Rand.
8. RS von Topf mit verdicktem Rand, Kammstrich und Kammstrich-Wellenlinie.
9. RS von Topf mit verdicktem Rand, auf der Schulter winkelförmiger Spatelstrich.
10. WS, feinkeramisch, DSW, mit eingeglätteten Linien.
11. RS von tonnenförmigem Topf, auf der Schulter Kammstrich-Grübchen.
12. RS von Topf mit Wulstrand, im Halsbereich horizontale Rippe, DSW.
13. RS von Topf oder Schale, DSW, im Halsbereich zwei horizontale Rillen.
14. RS von tonnenförmigem Topf, Reste von Dellen auf der Schulter.
15.–16. RS von Töpfen (?) mit ausgebogenem Rand.
17. RS von Topf oder Schale (?) mit ausgebogenem Rand.
18.–20. RS von Schüsseln mit eingebogenem Rand, DSW.
21. BS, steilwandig, grober Kammstrich.
22. BS, feinkeramisch, DSW, mit Standring.
23. BS von Feinkammstrichtopf, DSW.
24.–25. BS, feinkeramisch, DSW, mit Standring.
Lit.: Arch. Ausgr. Baden-Württemberg 1984, 76 ff.; Stather, Militärpolitik 85 f.

336. Konstanz KN
Obere Laube
8320

Im Bereich eines spätrömischen Gräberfeldes in Flur „Obere Laube" wurde eine spätlatènezeitliche Bronzefibel (Variante von Almgren 65) gefunden.

Verbleib: Rosgartenmus. Konstanz Inv.-Nr. Rö 84.
Taf. 39 B
– Bronzefibel vom Spätlatèneschema, Var. Almgren 65, abgeflachter Bügel mit doppeltem Knoten, im Querschnitt leicht dachförmig, Gitterfuß (z.T. abgebrochen), vierschleifige Spirale mit äußerer Sehne, Länge noch ca. 8,1 cm.
Lit.: E. Ettlinger, Die römischen Fibeln in der Schweiz (Bern 1973) 50, Taf. 4,2; Stather, Militärpolitik 150.

337. Mühlhausen-Ehingen KN
Pfarrwald Ehingen
8118

1,2 km O der Kirche von Ehingen liegt im Pfarrwald Ehingen und den angrenzenden Äckern eine Viereckschanze.
Lit.: Bittel/Schiek/Müller, Viereckschanzen 298 ff.

338. Radolfzell am Bodensee KN

Schiedelen/Im Tenn

8219

1936 wurde bei Ausschachtungsarbeiten für eine Kaserne in der Flur „Schiedelen/Im Tenn" in 1 m Tiefe ein Spitzbarrenhort gefunden. Die 12–15 eisernen Spitzbarren sollen im Kreis angeordnet gewesen sein, so daß die Form eines Sterns entstand.

Verbleib: unbekannt.

Lit.: Bad. Fundber. 14, 1938, 18; Nachr.Bl. Dt. Vorzeit 15, 1939, 57; Stein, Hortfunde 224.

339. Reichenau KN

Auf der Reichenau

8220

Auf der Reichenau wurde ein Regenbogenschüsselchen gefunden.

Verbleib: Rosgartenmus. Konstanz.

Lit.: FMRD II 2 Nr. 2120–1.

340 A. Singen am Hohentwiel KN

Bei Singen

8219

Bei Singen wurde im 19. Jh. ein Regenbogenschüsselchen (Viertelstater) gefunden.

Verbleib: Ehem. Slg. Forrer, jetzt Rosgartenmus. Konstanz?

Lit.: FMRD II 2 Nr. 2123–1.

340 B. Singen am Hohentwiel KN

Reckholderbühl

8219

Bei Erschließungsarbeiten im Neubaugebiet „Reckholderbühl" auf der Singener Nordstadtterrasse kamen neben neolithischen und urnenfelderzeitlichen Resten auch spätlatènezeitliche Befunde zum Vorschein: Eine Fläche von mindestens 100 m x 130 m war mit einem noch 1,10 m tiefen und bis zu 1,70 m breiten Graben umgeben und wurde in der Mitte nochmals durch einen Graben unterteilt. Aus dem Graben wurde an unterschiedlichen Stellen spätlatènezeitliche Keramik und Knochen geborgen. Es handelt sich hier entweder um eine Viereckschanze oder um die Einfriedung einer Siedlung. Die Grabungen 1992 sollen hier Klarheit bringen.

Funde: LDA Freiburg.

Taf. 39 C

1. RS von Topf mit steilem Rand, auf der Schulter Kammstrich-Grübchen.

2. RS von Topf mit ausgebogenem Rand, auf der Schulter horizontaler Kammstrich mit Kammeinstichen.

(Abb. nach Arch. Ausgr. Baden-Württemberg 1991 (1992) 88 Abb. 55).

3. RS und WS von Topf mit ausgebogenem Rand, auf der Schulter Doppelreihe von Fingerdellen, darunter unregelmäßiger Kamm- und Spatelstrich.

Lit.: J. Aufdermauer/B. Dieckmann, Archäologische und bodenkundliche Untersuchungen in der Singener Nordstadt, Kreis Konstanz. Arch. Ausgr. Baden-Württemberg 1991 (1992) 84 ff.

341. Singen a.H.-Hausen an der Aach KN

SSO vom Ort

8219

0,6 km SSO der Kirche von Hausen wurde 1984 aus der Luft eine vermutliche Viereckschanze entdeckt.

Lit.: Bittel/Schiek/Müller, Viereckschanzen 390.

342. Stockach-Mahlspüren im Hegau KN

Im Ort

8119

1939/40 wurde 0,75 km S der Ortsmitte beim Säubern eines Wassergrabens ein Hort von 4 eisernen Spitzbarren gefunden.

Verbleib: Mus. Singen.

Lit.: Bad. Fundber. 17, 1941–47, 313; Stein, Hortfunde 223.

Hohenlohekreis (KÜN)

343. Bretzfeld-Bitzfeld KÜN

Umgebung vom Ort

6822

In der Umgebung von Bitzfeld soll Ende des 19. Jh. ein Regenbogenschüsselchen (Viertelstater, Streber 97/98) gefunden worden sein. Die Fundortangabe ist unsicher. Das genannte Stück stammt anderen Nachrichten zufolge aus Ellhofen bei Weinsberg (nicht kartiert).

Verbleib: MK Stuttgart?

Lit.: FMRD II 4 Nr. 4401–1; Fundber. Schwaben 12, 1904, 89 l) 7; Bittel, Kelten 29 Nr. 15; Ziegaus, Münzumlauf 96.

344. Dörzbach KÜN

„Marderhöhle" bei St. Wendel zum Stein

6624

2 km W von Dörzbach liegt am W Talhang knapp über der Jagst eine mächtige Tuffterrasse, die heute noch 70 m lang und ca. 20 m hoch ist. Zwischen Felswand und Fluß liegt die spätgotische Wallfahrtskapelle „St. Wendel zum Stein", beim daneben gelegenen Mesnerhaus entspringt eine salzhaltige (!) Quelle. Die Felswand erscheint heute durch den Tuffabbau sehr beeinträchtigt, sie dürfte früher wesentlich länger gewesen sein. Der Kalktuff wird von kleineren Höhlen und Spalten durchzogen, in einigen künstlich erweiterten Grotten hinter der Kapelle sind Reste wohl mittelalterlicher Einbauten erkennbar (Wandmalereien).

Die zugänglichen Höhlen und Spalten haben ursprünglich sicher ein beträchtliches Fundmaterial enthalten, sie wurden aber schon „früher völlig ausgeräumt" (schriftl. Bericht von Oberlehrer Wallrauch aus Dörzbach in den Ortsakten des LDA). In diesem Zusammenhang scheint auch die Gründungssage der Kapelle St. Wendel interessant: Demnach soll ein Schäfer im Mittelalter in einer der Tuffhöhlen einen Goldschatz gefunden haben und zum Dank dem Schutzheiligen der Schäfer, St. Wendelin, an dieser Stelle eine Kapelle gebaut haben.

Oberlehrer Wallrauch meldete schon 1930 vorrömische Scherbenfunde aus dem Tuff des Kapellenfelsens. Er verwies auch auf mündliche Mitteilungen von älteren Leuten, wonach ähnliche Funde dort schon öfters gemacht worden seien.

Bei der Verfolgung eines angeschossenen Marders wurde vor 1936 eine bislang unbekannte Höhle entdeckt. Sie liegt ca. 15 m NW der Kapelle in einer Höhe von 15 m und ist nur von oben mit Hilfe eines Seils zugänglich. Den Eingang bildet ein nur 60 cm hoher Spalt, innen ist die Höhle weit geräumiger (Länge 10–12 m, Breite 3–4 m, Höhe bis 2 m). Die heutige Lage in der Steilwand ist sicher eine Folge des Tuffabbaus, früher dürfte die Höhle leichter zugänglich gewesen sein.

Im Sommer 1936 ließ Wallrauch die Höhle von zwei Schülern ausräumen, über die Lage einzelner Funde ist überhaupt nichts bekannt. Neben Holzkohle und Tierknochen barg die Höhle die Reste von mindestens 20 Menschen, darunter mindestens ein Mann und 5–6 Kinder. Außer Fibelresten, Ringschmuck, Eisenmessern einer Münze, verschiedenen Perlen, kamen 33 Spinnwirtel und ca. 50 kg Keramikscherben zum Vorschein, darunter auch Graphittonware. Die meisten der datierbaren Funde gehören in die voll entwickelte Spätlatènezeit, Teile der Keramik und die meisten Spinnwirtel dürften in die Späthallstatt-/Frühlatènezeit und die Mittellatènezeit gehören, ein Silberring könnte frühmittelalterlich sein.

Funde: Die Funde wollte Wallrauch ursprünglich als Grundstock eines Museums in Dörzbach verwenden, sie gelangten später in das Museum Schwäbisch Hall und sind heute nur noch teilweise erhalten (Inv. Nr. 818). Ein Teil der Funde war schon bei der Aufnahme durch Zürn nicht mehr vorhanden (1964). Bei einem Besuch 1991 waren auch einige der bei Zürn abgebildeten Stücke nicht mehr auffindbar, andere in so schlechtem Zustand, daß für die Abbildungen auf Skizzen von Kost und Wallrauch zurückgegriffen werden mußte.

Ohne Abb.: Silberquinar vom Büscheltyp (Forrer 512, Typ A/B nach D. F. Allen).

Taf. 40
1. Fragment einer eisernen Fibel vom Spätlatèneschema, vierschleifige Spirale, untere Sehne, dachförmiger Bügelquerschnitt, Länge noch 7,5 cm.
2. Fragment einer eisernen Fibel, wie Nr. 1.
3. Eiserner Gürtelhaken mit Knopf, Länge 1,9 cm (Dat.?).
4. Eisenschlaufe, abgebrochen, Länge noch 1,5 cm, evtl. zu Nr. 3 gehörig (Dat.?).
5. Ringförmige Eisenschnalle(?), Dm. 1,6 cm.
6. Eisenfragment mit Ring, Rest eines Messergriffs?, Länge noch 3,5 cm.
7. Lanzettförmiger Ösenstift aus Bronze, Länge 3,6 cm.
8. Fragment eines Bronzehohlrings.
9. Reste einer Bronzekette (Gürtelkette).
10. Silberner Ohrring (?), Dm. 4 cm (alamannisch?).
11. Offener Bronzearmring, D-förmiger Querschnitt, Dm. 6,5 cm.
12. Offener Bronzearmring mit übereinandergreifenden profilierten Enden, Dm. 4,5 cm.
13. Offener Bronzering, Dm. 2 cm, runder Querschnitt.
14. Bronzering, Dm. 2,1 cm.
15. Kleiner Bronzering, D-förmiger Querschnitt, Dm. 1,6 cm.
16. Profilierte Bernsteinperle, Dm. 2,1 cm.
17. Nadel und Spirale einer Bronzefibel, Länge noch 6 cm.
18. Nadelkopf aus Bernstein.
19.–21. Perlen aus Gagat.
22. Blaue Glasperle, Dm. 0,7 cm.
23. Eisenbeschlag mit Niet, Länge noch 8 cm.
24. Eisenmesser mit Griffangel, Länge noch 10,5 cm.
25. Geschwungenes Eisenmesser (Rasiermesser), Länge noch 10,2 cm.
26. Eisenhaken mit Öse, Länge ca. 7,5 cm (Rest von Schlüssel?).
27.–28. D-förmige Eisenbandringe (Zwingen, Sensenringe?).

Taf. 41
1–30. Spinnwirtel aus Ton, z.T. verziert, meist Späthallstatt/Frühlatène.
31. Durchbohrte Scherbenrundel (Wirtel), Dm. 4,2 cm.
32.–33. Spinnwirtel aus Ton

Taf. 42 A
1. RS von Flasche, DSW, Dm. 10 cm, horizontale Rippe im Halsbereich.

2. RS von Topf oder Flasche, DSW, schwarzgrauer Ton, Glättlinien.
3. WS, DSW, evtl. vom gleichen Gefäß wie Nr. 2.
4. RS von Tonne oder „bol roanne", DSW.
5.–6. RS von Topf, Schale oder Flasche, DSW.
7.–8. RS, DSW, nach Beschreibung „ähnlich Terra Nigra".
9. BS, DSW, „ähnlich Terra Nigra".
10. RS von Schüssel mit eingebogenem Rand, DSW?
11. RS von Topf mit nach außen gestrichenem Rand, im Hals-Schulter-Bereich Kammstrich-Grübchen.
12. WS mit Kammstrichgrübchen, evtl. vom gleichen Gefäß wie Nr. 11.
13. WS von innenverzierter Schale, DSW, Stempel- und Rollrädchendekor.
14. RS von Becher oder Schüssel mit Bohrloch.
15. RS von Topf mit ausgebogenem Rand, Spatelstrich oder Riefenverzierung.
16. RS von Topf mit ausgebogenem Rand, schwarz-graubrauner Ton, Warzenverzierung.
17. Tonnenförmiger Topf mit eingebogenem Rand, Dm. ca. 12 cm, auf dem Rand doppelte Wellenlinie, flächige Spatelstrich-Verzierung.
18. RS von Topf mit facettiertem Wulstrand, DSW, leichte Innenkehlung, dunkelgrauer, sandiger Ton.
19. Schüssel mit eingebogenem Rand, Dm. ca. 20 cm, rotbraun-schwarzer Ton, flächige Verzierung mit Fingerdellen.

Taf. 43
1.–13. WS mit Kamm- und Besenstrichverzierung.

Abbildungsnachweis: Nach Skizzen von Wallrauch und Kost: Taf. 40,1–6.26–28; 42A; Nach Zürn, Kat. Schw. Hall: Taf. 40,7–25 (vgl. Zürn Taf. 37); Taf. 41 (vgl. Zürn Taf. 37); Taf. 43 (vgl. Zürn Taf. 57).

Lit.: O. Paret, Die Keltenhöhle bei Dörzbach im Jagsttal. Fundber. Schwaben N.F. 9, 1935–38, 70–72, 113; Fundber. Schwaben N.F. 12, 1938–51, 45; E. Kost, Württ. Franken N.F. 17/18, 1936, 65 ff.; H. Zürn, Kat. Schwäb. Hall 37, Taf. 37; 57–59; Bittel/Kimmig/Schiek, Die Kelten in Baden-Württemberg 324 f.; F. Fischer in: Führer vor- u. frühgesch. Denkm. 24 (1973) 181 ff.; FMRD II 4177 Nr. 4287–1; D. F. Allen, Germania 56, 1978, 210 ff., bes. 217; Ziegaus, Münzumlauf 98 Nr. 180.

345. Dörzbach KÜN
Haus Meister
6624
1951 wurde im Ort bei Grabarbeiten zum Hausbau Meister jüngerlatènezeitliche Keramik gefunden.
Funde: Mus. Schwäb. Hall Inv.-Nr. 502.

Taf. 42 B
1. Schüsselförmiger Napf mit eingebogenem Rand, Dm. 9 cm, Höhe 5,6 cm, mittelgraubrauner harter Ton, mittelfeine mineralische Magerung, stumpfe Oberfläche (Abb. nach Zürn, Kat. Schwäb. Hall, Taf. 35 G,1).
2. RS von Schüssel mit eingebogenem Rand, Dm. 20 cm, mittelgrauer mäßig harter Ton, feine mineralische Magerung, Oberfläche etwas geglättet.

Lit.: Fundber. Schwaben N.F. 12, 1952, 45; Württ. Franken N.F. 26/27, 1951/52, 28; Zürn, Kat. Schwäb. Hall 37, Taf. 35 G.

346. Forchtenberg-Sindringen KÜN
Beim Ort
6722
Beim Ort wurde „vor längerer Zeit" ein Regenbogenschüsselchen gefunden (Streber 105/106).

Verbleib: Priv.Bes.
Lit.: FMRD II 4 Nr. 4416; Fundber. Schwaben N.F. 5, 1928/30, 95 n.2; Bittel, Kelten 35 Nr. 111; Ziegaus, Münzumlauf 107 Nr. 282.

347. Forchtenberg-Muthof KÜN
Sunkenweiler
6623
0,5 km S vom Muthof fanden sich in der Flur „Sunkenweiler" 1949 beim Graben eines Brunnens in 2–3 m Tiefe eine eiserne Tüllenaxt und latènezeitliche Scherben (JLT?).
Verbleib: Priv.Bes.
Lit.: Fundber. Schwaben N.F. 12, 1938–51, 47.

348. Forchtenberg-Metzdorf KÜN
Rappenholz
6723
Um 1870 wurde im Rappenholz „zwischen Stolzeneck und Sall" ein Regenbogenschüsselchen (Viertelstater, Streber 97/98) gefunden.
Verbleib: Priv.Bes., verschollen.
Lit.: FMRD II 4 Nr. 4420–1; Fundber. Schwaben N.F. 1, 1917/22, 104; Bittel, Kelten 33 Nr. 76; Ziegaus, Münzumlauf 103 f. Nr. 242.

349. Ingelfingen KÜN
Löhle
6723
Schon 1907 wurden in der Flur „Löhle", 0,6 km SW vom Ort, jenseits des Kocher auf dem Schuttkegel einer ehem. Bachmündung in die Talaue, vorgeschichtliche Siedlungsreste festgestellt. Eine 30–50 cm starke Kulturschicht wurde auf einer Länge von 50 m und einer Breite von 30 m erschlossen. 1908 unternahm P. Goessler eine kurze Grabung, wobei er wieder die Kulturschicht, Reste von Gruben und eine Steinsetzung nachweisen konnte. 1932 untersuchte O. Paret eine Fläche von 110 m² und stellte die Kulturschicht bis in eine Tiefe von 1,20 m fest. Das Fundmaterial umfaßt neben wenigen älteren Funden hauptsächlich jüngerlatènezeitliche Stücke (LT C/D) sowie Funde aus der Kaiserzeit (bis ins 2. Jh. n. Chr.). Der heute noch erhaltene Fundbestand läßt sich keinen einzelnen Befunden mehr zuweisen. Es werden hier in aller Regel nur die jüngerlatènezeitlichen Funde abgebildet und kurz beschrieben, für eine ausführliche Beschreibung sei auf die Publikation von R. Koch (Fundber. Schwaben N.F. 19, 1971, 124 ff.) verwiesen.
Verbleib: WLM Inv.-Nr. A 32/289–294, A 32/297, A 32/300; Mus. Schwäbisch Hall; Priv.Bes.
Taf. 44 (= Koch, 128 Abb. 3)
1. Steinbeil, Länge 5,1 cm.
2. Fragment von blauem Glasarmring mit drei Rippen, gekerbte Mittel- und Seitenrippen (Haevernick 10).
3. Fragment von kantiger Bronzedrahtfibel, Länge noch 3,5 cm.
4. Spiralfingerring aus Bronze, Dm. 1,2 cm.
5. Fragment von Wetzstein, Länge noch 7,9 cm.
6. Fragment von Wetzstein, Länge noch 11,9 cm.
7. Knochenpfriem, Länge noch 5,3 cm.
8.–9. Knochenspindeln, Länge 9,6 und 7,2 cm.
10. Mittelalterlicher Spinnwirtel.
11.–22. Spinnwirtel aus Ton, unterschiedliche Formen, z.T. profiliert
23. Fragment von Scherbenrundel, Dm. 6,2 cm.
24.–25. Spinnwirtel aus Ton.
Taf. 45 (= Koch, 131 Abb. 6; 132 Abb. 7,1; 134 Abb. 9)
1. RS von feinkeramischer Flasche oder Topf, DSW.

2. WS von feinkeramischem Topf oder Schale, DSW.
3. RS von feinkeramischer Schüssel mit eingebogenem Rand, DSW.
4. WS von feinkeramischem Topf oder Schale, DSW.
5. WS von Graphittontopf, DSW, Kammstrich.
6. RS von feinkeramischer Schüssel mit eingebogenem Rand, DSW.
7. WS, feinkeramisch, DSW, Rollrädchen-Verzierung.
8. WS von feinkeramischem Gefäß, DSW, horizontale Rippe.
9. RS von Schüssel mit eingebogenem Rand, DSW, horizontale Rille.
10. WS von Graphittontopf, DSW, Kammstrich.
11. WS von Graphittontopf, DSW, grober Kammstrich, horizontale Rille.
12. RS von feinkeramischem Topf oder Schale, DSW.
13. RS von feinkeramischer Flasche oder Topf, DSW.
14. BS von Graphittontopf, DSW.
15. RS von schüsselförmigem Briquetagetiegel mit nach innen gefalztem Rand, sehr harter spröder Ton.
16. RS von feinkeramischen Flaschen oder Töpfen, DSW.
17.–28. RS von schüsselförmigen Briquetagetiegeln mit nach innen gefalztem Rand, sehr harter spröder Ton.
Taf. 46 (= Koch, 136 Abb. 11, 137 Abb. 12)
1. RS von Schüssel mit eingebogenem Rand, Kammstrich.
2. RS von Schüssel mit eingebogenem Rand, schräger Kammstrich.
3. RS von Schüssel mit eingebogenem Rand, Spatelstrich.
4.–13. RS von Schüsseln mit eingebogenem Rand, unverziert.
Taf. 47 (= Koch, 135 Abb. 10)
1. RS von Schüssel mit eingebogenem Rand, außen unter dem Rand horizontale Rille.
2.–7. RS von Schüsseln mit eingebogenem Rand, unverziert.
8. RS von Schüssel mit eingebogenem Rand.
Taf. 48 (= Koch, 138 Abb. 13; 139 Abb. 14)
1. RS von tonnenförmigem Topf, Oberfläche geraubt.
2. RS von tonnenförmigem Topf, Reste von Spatelstrich.
3. RS von tonnenförmigem Topf, Kamm- und Spatelstrich, rauhe Oberfläche.
4. RS von tonnenförmigem Topf, Wellenlinie unter dem Rand, Spateleinstiche, rauhe Oberfläche.
5. RS von Schüssel oder tonnenförmigem Topf, Spatelstrich.
6. RS von tonnenförmigem Topf, Reste von Spatelstrich.
7. RS von tonnenförmigem Topf, Oberfläche z.T. abgeplatzt.
8. RS von tonnenförmigem Topf, gerauhte Oberfläche, Reste von Spatelstrich.
9. WS von Topf mit grober Kamm- und Spatelstrichverzierung.
10. BS, steilwandig, Ansätze von Kamm- und Spatelstrich.
11. BS von becherartigem kleinem Topf mit eingebogenem Rand.
12. BS, steilwandig, ausgebrochener Boden (sekundäre Verwendung).
13. BS, flachwandig, mit omphalosartig gewölbtem Boden.
14. BS, flachwandig.
15. BS, steilwandig, Ansätze von Kamm- oder Spatelstrich.
Taf. 49 (= Koch, 137 Abb. 12; 138 Abb. 13)
1.–4. RS von Schüsseln mit eingebogenem Rand.
5. RS von steilwandigem Topf oder Napf, Kammstrich.
6. RS von Topf oder Flasche mit ausgebogenem Rand, geglättet.
7. BS, steilwandig, abgesetzter Boden, Kammstrich.
8. RS von Topf oder Flasche mit ausgebogenem Rand, geglättet.

9. WS mit Fingertupfen.
10. RS von Topf oder Flasche mit ausgebogenem Rand, geglättet.
11. WS vom Schulterbereich eines bauchigen Gefäßes, eingeritztes Ornament in Form eines Rechtecks mit zwei vertikalen Streifen.
12. RS von großem Topf mit kegelförmigem Oberteil und leicht ausgebogenem Rand.
Lit.: Fundber. Schwaben 15, 1907, 29; Fundber. Schwaben 16, 1908, 25; Bittel, Kelten 41; Fundber. Schwaben N.F. 7, 1932, 39 ff.; O. Paret, Nachr.Bl. Dt. Vorzeit 9, 1933, 169; R. Koch, Fundber. Schwaben N.F. 19, 1971, 124 ff; Haevernick, Glasarmringe 213 Nr. 14.

350. Künzelsau KÜN
Bereich der Stadtkirche
6724
Bei den Grabungen in der Stadtkirche von Künzelsau fanden sich im Lehmestrich des ältesten Kirchenbaus eine Kammstrichscherbe und zwei unverzierte vorgeschichtliche Scherben; JLT?
Verbleib: Priv.Bes.
Lit.: Fundber. Baden-Württemberg 2, 1975, 118.

351. Künzelsau KÜN
Beim Flachswerk
6724
Beim Flachswerk Künzelsau, 1 km außerhalb vom Ort, wurden 1937 LT-Siedlungsreste festgestellt. Unter dem Fundmaterial befanden sich angeblich auch Scherben bemalter Keramik und Gußtiegelreste.
Verbleib: Heimatmus. Künzelsau.
Lit.: Fundber. Schwaben N.F. 12, 1938, 51.

352. Künzelsau-Mäusdorf KÜN
Beim Ort
6724
Bei Mäusdorf wurde vor 1900 ein Regenbogenschüsselchen (Viertelstater, Streber 97/98) gefunden.
Verbleib: Priv.Bes.
Lit.: FMRD II 4 Nr. 4293–1; Fbs 12, 1904, 89 l) 13, 129 n.1; Bittel, Kelten 33 Nr. 73; Ziegaus, Münzumlauf 103 Nr. 240.

353. Kupferzell KÜN
Beim Ort
6724
Bei Kupferzell wurde vor längerer Zeit ein Regenbogenschüsselchen (Viertelstater, Streber 97/98) gefunden. Über die Fundumstände ist nichts Näheres bekannt.
Verbleib: MK Stuttgart ZV 1670.
Lit.: FMRD II 4 Nr. 4403–1; Fundber. Schwaben 13, 1905, 29 n.1; Bittel, Kelten 32 Nr. 67; Ziegaus, Münzumlauf 103 Nr. 234.

354. Mulfingen KÜN
Dünnerberg
6624
Am S-Fuß des Dünnerberges, 1,5 km NW von Mulfingen, wurden 1967 bei Straßenbauarbeiten urnenfelderzeitliche und latènezeitliche Scherben gefunden, darunter auch Graphitton; JLT?
Verbleib: Priv.Bes.
Lit.: Fundber. Baden-Württemberg 2, 1975, 121.

355. Mulfingen-Heimhausen KÜN
Raum Heimhausen?
6624
1954 befand sich ein Regenbogenschüsselchen im Besitz der Wirtin Knörzer in Heimhausen. Es soll aus dem Raum Mulfingen-Heimhausen stammen, Näheres ist nicht bekannt.
Verbleib: Priv.Bes.
Lit.: Hohenloher Chronik Jg. 2, Nr. 7 vom 24. Juli 1954; Ziegaus, Münzumlauf 100 Nr. 208.

356. Mulfingen-Hollenbach KÜN
Beim Ort
6624
Bei Hollenbach wurde ein Regenbogenschüsselchen (Viertelstater, Streber Typ 97/98) gefunden. Näheres ist nicht bekannt.
Verbleib: Priv.Bes.
Lit.: FMRD II 4 Nr. 4289–1; Fundber. Schwaben N.F. 3, 1924/26, 135n.1; Bittel, Kelten 32 Nr. 57; Ziegaus, Münzumlauf 101 Nr. 213.

357. Öhringen-Ohrnberg KÜN
Aussiedlerhof Ehnle
6722
1959 wurden 0,5 km NW vom Ort in einem Leitungsgraben und beim Neubau des Aussiedlerhofs Ehnle Spätlatènescherben und ein Mahlstein gefunden.
Verbleib: WLM Inv.-Nr. F 61/11.
Lit.: Fundber. Schwaben N.F. 16, 1962, 245.

358. Öhringen-Ohrnberg KÜN
Kocherkanal
6722
1928 wurden beim Bau des Kocherkanals angeblich Scherben der Spätlatènezeit gefunden.
Verbleib: WLM Inv.-Nr. A 2665.
Lit.: Fundber. Schwaben N.F. 4, 1928, 64.

359. Öhringen KÜN
Nähere Umgebung vom Ort?
6722
1887 soll in der näheren Umgebung von Öhringen eine keltische Goldmünze (Stater-Teilstück, Nachahmung Nike-Typ) gefunden worden sein. Ebenfalls bei Öhringen sollen vier Regenbogenschüsselchen (Viertelstatere, Streber 97/98) gefunden worden sein. Näheres ist nicht bekannt.
Verbleib: MK Stuttgart ZV 743, 2959, 2960, 2961.
Lit.: FMRD II 4 Nr. 4413–1 bis 5; Fundber. Schwaben 6, 1898, 44 Nr. 71,1.2; Nestle, Kgr. Württemberg 184 Nr.130,131; Fundber. Schwaben 12, 1904, 81 f., Taf. II, 10,88h) 1; Fundber. Schwaben 19, 1911, 139 Nr. 154–156; Bittel, Kelten 34 Nr. 91a–e; Ziegaus, Münzumlauf 105 Nr. 261–265.

360. Fundraum Hohenlohe
6623/6624/6723/6724
Aus dem „Fundraum Hohenlohe" dürften folgende Münzen stammen, deren genauer Fundort nicht mehr feststellbar ist: ein Regenbogenschüsselchen (Streber 88), ein Regenbogenschüsselchen (Viertelstater), eine Silbermünze (Typ Nauheim, de la Tour 9388). Nicht kartiert.
Verbleib: Priv.Bes., teilweise verschollen.
Lit.: FMRD II 4 Nr. 4422–1 bis 3; Schreiber, Taschenbuch f. Gesch. und Altkde. in Süddeutschland III (1841) 405, Taf. II,13; Nestle, Kgr. Württemberg 78 Nr. 172,2; Fundber. Schwaben 12, 1904, 86g), 64, 88 f., 76; Fundber. Schwaben N.F. 1, 1922, 106 Nr. 269, 50; Bittel, Kelten 37 Nr. 140, 142; Ziegaus, Münzumlauf 101 Nr. 210–212.

Kreis Ludwigsburg (LB)

361. Bietigheim-Bissingen LB
Bahnhofstraße
7020
1931 wurden hinter dem Haus Bahnhofstr. 74 aus einer Grube latènezeitliche Scherben geborgen (MLT?).
Funde: WLM Inv.-Nr. 41/31.
Lit.: Fundber. Schwaben N.F. 11, 1951, 86.

362. Bönnigheim LB
Hirschel
6920
In Flur Hirschel konnten 1962 zwei Fundstellen mit JLT-Funden festgestellt werden: Eine Grube und ein Pfostenloch mit JLT-Keramik sowie eine Grube mit Kammstrich-Keramik, einem Knotenring und einem Mahlstein (MLT).
Funde: WLM Inv.-Nr. V 62/93.
Lit.: Fundber. Schwaben N.F. 16, 1962, 239.

363. Ditzingen LB
Dontental
7120
1978 fand W. Schmidt im Dontental S der Färbermühle am Hang mittel- bis spätlatènezeitliche Scherben.
Funde: WLM.
Lit.: Fundber. Baden-Württemberg 9, 1984, 641.

364. Ditzingen-Schöckingen LB
Mühlrain
7120
In Flur Mühlrain, 1,5 km ONO, wurde 1962 Graphittonkeramik mit Kammstrichverzierung gefunden. 1982 wurde hier aus der Luft eine Viereckschanze entdeckt, die auf der S-Seite anscheinend einen Annex aufweist. Die Funde stammen aus der Schanze oder ihrer Umgebung.
Funde: Priv.Bes.
Taf. 50 A
3. WS von Graphittontopf, DSW, kräftiger Kammstrich.
Lit.: Fundber. Schwaben N.F. 18/II, 1967, 75, Taf. 106 C; Fundber. Baden-Württemberg 10, 1985, 509; Bittel/Schiek/Müller, Viereckschanzen 384 L.8.

365. Ditzingen-Schöckingen LB
Lerchenberg
7120
1977 wurden in Flur Lerchenberg N der Straße nach Münchingen Siedlungsreste der jüngeren Latènezeit festgestellt. Aus einer Verfärbung wurden zahlreiche Scherben und ein Bronzering ausgepflügt.
Funde: WLM.
Taf. 50 A
1. RS von feinkeramischer Schale, DSW, Dm. 20,4 cm, schwarzer Ton, auf der Schulter horizontale Riefen.
2. Fast vollständiger Topf mit ausgebogenem Rand, Dm. 10,5 cm, Höhe 10,2 cm, aufgerauhte Oberfläche.
(Abb. und Beschr. nach Fundber. Baden-Württemberg 8, 1983, Taf. 126 D).
Lit.: Fundber. Baden-Württemberg 8, 1983, 226, Taf. 126D.

366. Eberdingen-Nußdorf LB
Bei Nußdorf
7119
Angeblich wurde im März 1980 auf einem Acker bei Nußdorf eine Tetradrachme vom Donaukelten-Typ gefunden.
Verbleib: unbekannt.
Lit.: Fundber. Baden-Württemberg 10, 1985, 639.

367. Erligheim LB
Beim Ort
6920
Bei Erligheim wurde im 19. Jh. ein Silberquinar (Haeduer, vgl. Sixt Abb. 15) gefunden.
Verbleib: MK Stuttgart ZV 731.
Lit.: FMRD II 4 Nr. 4336–1; Nestle, Kgr. Württemberg Nr. 4–1; Fundber. Schwaben 12, 1904, 75; Bittel, Kelten 30 Nr. 35.

368. Freiberg am Neckar-Geisingen LB
Diemen
7021
Ca. 1910 wurde NW von Geisingen auf Parz. 400/401 der Flur Diemen beim Pflügen ein Regenbogenschüsselchen (Viertelstater, Streber 97/98) gefunden.
Verbleib: Priv.Bes.
Lit.: FMRD II 4 Nr. 4337–1; Fundber. Schwaben N.F. 1, 1917/22, 98 n.2; Bittel, Kelten 31 Nr. 40.

369. Freiberg am Neckar-Heutingsheim LB
Incher
7021
Im Bereich der bandkeramischen Siedlung in Flur Incher wurde 1910 ein jüngerlatènezeitlicher Graphittonscherben gefunden.
Verbleib: WLM Inv.-Nr. A 1220
Lit.: Fundber. Schwaben N.F. 3, 1926, 55.

370. Gerlingen LB
Breitwiesen
7120
Bei den Ausgrabungen in der bandkeramischen Siedlung in den „Breitwiesen" am O-Rand von Gerlingen wurden 1972/73 auch jüngerlatènezeitliche Siedlungsreste (?) angeschnitten. Es handelt sich um einen 5 m breiten und bis 1,5 m tiefen Sohlgraben, der auf einer Länge von 152 m in der Fläche beobachtet werden konnte. Die Funde stammen wohl aus einer dunklen Schicht auf seiner Sohle, evtl. auch aus grubenartigen Eintiefungen im Graben.
Neben den hier abgebildeten Stücken fanden sich noch einige Scherben von glatter DSW. Nach Angaben der Bearbeiter fehlt jegliche Grobkeramik.
Funde: WLM.
Taf. 50 B
1.–2. RS von Briquetagetiegeln mit nach innen gefalztem Rand.
3. WS mit Bodenansatz von Graphittontopf, DSW, Kammstrich nach unten durch horizontale Linie begrenzt.
4. WS von Graphittontopf, DSW, Kammstrich.
5.–7. Fragmente von Tüpfelplatten (Schrötlingsformen), z.T. mit geringen Goldresten.
(Abb. und Beschr. nach Festschr. Fischer, 134 f. Abb. 3 und 4)
Lit.: G. Maier/A. Neth, Zu Schrötlingsformen aus Gerlingen, Kr. Ludwigsburg. In: Opuscula. Festschr. F. Fischer. Tübinger Beitr. Vor- u. Frühgesch. Bd. 2 (Tübingen 1987) 129 ff.

371. Großbottwar LB
Beim Ort
6921
Bei Großbottwar wurde ein Regenbogenschüsselchen (Viertelstater) gefunden.
Verbleib: unbekannt.
Lit.: FMRD II 4 Nr. 4379–1; Fundber. Schwaben 12, 1904, 88

h) 4; Fundber. Schwaben 13, 1905, 27; Bittel, Kelten 31 Nr. 45.

372. Kirchheim am Neckar LB

Leeren

6920

In Flur Leeren, 0,5 km SW vom Ort, liegt ein frühmittelalterliches Gräberfeld. Aus einem Grab stammt das Fragment eines vierrippigen blauen Glasarmrings (Haevernick 13).

Verbleib: WLM Inv.-Nr. A 8971.

Lit.: Bittel, Kelten 21, Taf. 18, 11; W. Veeck, Die Alamannen in Württemberg (1931) 186; Haevernick, Glasarmringe 190 Nr. 104.

372 A. Kirchheim am Neckar LB

Hölderlinstr. 7

6920

Am S-Rand von Kirchheim wurde in der Hölderlinstr. 7 beim Hausbau (Parz. 756/3) eine kammstrichverzierte Graphittonscherbe gefunden.

Verbleib: WLM Inv.-Nr. F 57/8

Lit.: Fundber. Schwaben N.F. 15, 1959, 159; Paret, Urgesch. Württemberg 301.

373. Kirchheim am Neckar LB

NW vom Ort

6920

2,6 km NW der Kirche von Kirchheim wurde 1984 aus der Luft eine vermutliche Viereckschanze entdeckt.

Lit.: Bittel/Schiek/Müller, Viereckschanzen 386.

374. Korntal-Münchingen LB

Gipsbruch

7120

Im Gipsbruch bei Korntal kamen angeblich keltische und römische Scherben sowie ein Glasarmring zum Vorschein. Im WLM befindet sich ein Fragment mit gekerbter Mittelrippe (Haevernick 8b), blau mit gelber Auflage.

Funde: WLM Inv.-Nr. A 1387.

Lit.: RiW III 330; K. F. Stähle, Urgeschichte des Enzgebietes (1923) 34 Abb. 18, 65, 114; OAB Leonberg (2. Aufl.), 198; Fundber. Schwaben N.F. 2, 1923, 21; Haevernick, Glasarmringe 165 Nr. 82.

375. Korntal-Münchingen LB

Esslinger Weg

7120

2 km OSO wurden N vom Esslinger Weg und N vom Seewald Siedlungsreste der jüngeren Latènezeit (u. a. Graphittonscherben, Spinnwirtel, Hüttenlehm) festgestellt.

Funde: WLM Inv.-Nr. A 30/16.

Lit.: Fundber. Schwaben N.F. 5, 1930, 53.

376. Korntal-Münchingen LB

Kallenberger Pfad

7120

1,5–2 km O vom Ort und N der Netzbrunnensenke wurden umfangreiche jüngerlatènezeitliche Siedlungsreste festgestellt: Scherben von Schüsseln und Flaschen, Reibsteine, Graphittongefäße einheimischer Fertigung (mit zermahlenem Graphitton gemagert, Schamott-Magerung). Schon 1928 sollen hier beim Bau der Wasserleitung an der Straße Zuffenhausen–Schwieberdingen Fragmente einer „frührömischen Amphore" gefunden worden sein.

Funde: WLM Inv.-Nr. A 30/13, 30/15; 28/131.

Lit.: Fundber. Schwaben N.F. 5, 1930, 53.

377. Kornwestheim LB

Braunloch

7121

1,8 km NO in der Senke zwischen Salonwald und Exerzierplatz wurden im Februar 1932 bei Drainagearbeiten ein Skelettgrab und JLT-Scherben entdeckt, darunter Graphittonware mit Kammstrich.

Funde: WLM Inv.-Nr. A 32/91.

Lit.: Bittel, Kelten 26; Fundber. Schwaben N.F. 7, 1932, 42.

378. Kornwestheim LB

Schellengärten

7121

Im April 1934 wurde im SO der Stadt in den Schellengärten beim Wasserleitungsbau eine Grube (wohl Grubenhaus) mit JLT-Keramik angeschnitten.

Funde: WLM Inv.-Nr. A 34/138.

Taf. 51

1. RS von feinkeramischer Schale mit Steilrand, DSW, Dm. 28 cm, dunkelgrauer harter Ton, feine mineralische Magerung, geglättete Oberfläche, glänzend.

2. RS von Topf mit ausgebogenem Rand, Dm. 19,5 cm, mittelgrauer harter Ton, mittelfeine mineralische Magerung, glatte fleckige Oberfläche, nachgedreht.

3. RS von Topf mit Wulstrand, DSW, Dm. 19,5 cm, mittelgrauer, mäßig harter Ton, feinsandig, sehr feine mineralische Magerung, dunkelgraue glatte Oberfläche.

4. WS von feinkeramischer Flasche, DSW, mittelgrauer harter Ton, feine mineralische Magerung, glatte Oberfläche, auf der Schulter horizontale Riefen und Rippen.

5. WS mit Bodenansatz von Graphittontopf, DSW, mittelgraubrauner weicher Ton, mittelgrobe mineralische Magerung, hoher Graphitgehalt, seifige Oberfläche, Kammstrich.

6. RS von Schüssel mit eingebogenem Rand, Dm. 15 cm, Höhe 6,6 cm, dunkelgrau-rotbrauner harter Ton, mittelfeine mineralische Magerung, Kalksteinchen, dunkelgraue glatte Oberfläche.

7. RS von Graphittontopf, DSW?, mittel- bis dunkelgrauer, mäßig harter Ton, mittelgrobe mineralische Magerung, Kalksteinchen, mäßiger Graphitanteil, hellbraungraue poröse Oberfläche; wohl einheimische Herstellung, mit zerriebenem Graphitton gemagert.

8. RS von Schüssel mit eingebogenem Rand, mittelgrauer harter Ton, feine mineralische Magerung, rauhe Oberfläche.

9. RS von Graphittontopf, handgemacht, mittelgraubrauner weicher Ton, sehr porös, grobe mineralische Magerung, Kalksteinchen, Schamott, sehr poröse Oberfläche; wohl einheimische Herstellung, mit zerriebenem Graphitton gemagert.

Lit.: Fundber. Schwaben N.F. 8, 1935, 88.

379. Kornwestheim LB

N des Bahnhofs

7121

1920/21 wurde N des Bahnhofs eine eiserne Pflugschar zusammen mit LT-Scherben gefunden (angeblich ein identisches Stück von Dettenhausen im Schönbuch).

Funde: WLM Inv.-Nr. A 1154.

Lit.: Fundber. Schwaben N.F. 1, 1922, 62,3; Fundber. Schwaben N.F. 4, 1928, 89.

380–383. Kornwestheim LB

Im Ortsbereich

7121

Im Ortsbereich von Kornwestheim wurden an mehreren

Stellen jüngerlatènezeitliche Siedlungsreste festgestellt (nicht kartiert, s. o.).
Funde: Verbleib unbekannt.
Lit.: Bittel, Kelten 42a; Fundber. Schwaben N.F. 18/I, 1967, 100.

384. Ludwigsburg LB
Brenzstraße
7021
Beim Ausheben einer Baugrube in der Brenzstraße wurde 1935 angeblich ein jüngerlatènezeitliches Grab angeschnitten; es soll sich nach anderen Angaben um JLT-Siedlungsreste gehandelt haben.
Funde: WLM Inv.-Nr. A 35/21.
Lit.: Fundber. Schwaben N.F. 8, 1935, 89.

385. Ludwigsburg LB
Von der Gemarkung
7021
Um 1800 wurde auf Gemarkung Ludwigsburg „gegen Pflugfelden" ein Regenbogenschüsselchen (Viertelstater, Streber 100) gefunden.
Verbleib: unbekannt.
Lit.: FMRD II 4 Nr. 4353; Fundber. Schwaben N.F. 2, 1922/24, 36 n. 2.

386. Ludwigsburg-Eglosheim LB
Beim Ort
7021
Bei Eglosheim wurde im 19. Jh. ein Regenbogenschüsselchen (Viertelstater) gefunden. Angeblich sollen früher noch mehr Regenbogenschüsselchen auf der Gemarkung gefunden worden sein.
Verbleib: unbekannt.
Lit.: FMRD II 4 Nr. 4334–1, 4335–1; Nestle, Kgr. Württemberg Nr. 41–2; Fundber. Schwaben 1, 1893, 39 n.3; Fundber. Schwaben 12, 1904, 87 f) 3; Bittel, Kelten 30 Nr. 28.

387. Ludwigsburg-Poppenweiler LB
SO vom Ort
7021
Auf der Gemarkung Poppenweiler wurden angeblich an drei benachbarten Stellen Regenbogenschüsselchen gefunden:
– Flur „Hochdorfer Weg", 1,2 km SO, auf Parz. 3325.
– Flur „Mühläcker", 0,7 km S, auf Parz. 2356.
– Flur "Sperrbauch", 0,3 km SO.
Von zwei weiteren Regenbogenschüsselchen (Viertelstatere, Streber 83 und 95) ist nur die Gemarkung Poppenweiler als Fundort überliefert. Es könnte sich bei all diesen Funden auch um den Rest eines Hortfundes handeln, dessen genauer ursprünglicher Fundort nicht mehr bekannt ist.
Verbleib: unbekannt.
Lit.: FMRD II 4 Nr. 4365–1-5; Nestle, Kgr. Württemberg Nr. 44–1,2; Fundber. Schwaben 6, 1898, 41 Nr. 12,1,2; Fundber. Schwaben 12, 1904, 87 c) 1, f) 2; Bittel, Kelten 34, Nr. 94a–e; Paret, Urgesch. Württemberg 185.

388. Remseck-Aldingen LB
Beim Klingelbrunnen
7121
In der Flur „Beim Klingelbrunnen" wurde neben römischen Funden und Mauerresten auch JLT-Keramik, u. a. Graphittonware gefunden.
Funde: WLM Inv.-Nr. A 34/106.
Lit.: Fundber. Schwaben N.F. 8, 1935, 85, 95; Fundber. Schwaben N.F. 14, 1962, 249.

389. Sachsenheim-Hohenhaslach LB
Hart
7020
2,1 km SSO der Kirche von Hohenhaslach liegt in Flur „Hart" eine Viereckschanze.
Lit.: Bittel/Schiek/Müller, Viereckschanzen 322 ff.

390. Schwieberdingen LB
Mühläcker
7120
In Flur Mühläcker, 1 km S vom Ort, wurde 1926 neben weiteren vorgeschichtlichen Scherben eine kammstrichverzierte Graphittonscherbe und eine bemalte Scherbe der Spätlatènezeit gefunden.
Verbleib: WLM Inv.-Nr. A 1770 (verschollen).
Lit.: Fundber. Schwaben N.F. 3, 1926, 56.

391. Vaihingen/Enz LB
Beim Ort
7019
Bei Vaihingen a.d. Enz wurde ein Regenbogenschüsselchen gefunden.
Verbleib: unbekannt
Lit.: FMRD II 4 Nr. 4570–1; Fundber. Schwaben 1, 1893, 39 n.2; Fundber. Schwaben 6, 1898, 42 Nr. 18,1; Bittel, Kelten 36 Nr. 122.

392 A. Walheim LB
Koppen
6920
In Flur Koppen, 0,7 km SW, wenig SO vom Steinbruch, wurden Scherben einer jüngerlatènezeitlichen Schüssel mit eingebogenem Rand gefunden. Schon um 1890 wurden hier Siedlungsreste festgestellt.
Funde: WLM Inv.-Nr. A 30/167
Lit.: Fundber. Schwaben N.F. 5, 1930, 55; Paret, Urgesch. Württemberg 175.

392 B. Walheim LB
Bereich des römischen Vicus
6920
Unter den Fundmünzen der Grabungen im römischen Vicus von Walheim 1982–1984 befindet sich auch eine Leucer-Potinmünze.
Verbleib: MK Stuttgart.
Lit.: U. Klein, Arch. Ausgr. Baden-Württemberg 1984, 267 Abb. 239g, 268.

Enzkreis und Stadtkreis Pforzheim(PF)

393. Heimsheim PF
Frühmittelalterliches Gräberfeld
7119
Aus einem Grab des frühmittelalterlichen Friedhofs von Heimsheim stammt eine gelochte Sequaner-Potinmünze.
Verbleib?
Lit.: FMRD II 4 Nr. 4303 a; Fundber. Schwaben N.F. 15, 1959, 207 Nr. 2.

394. Knittlingen PF
S des Schwarzerdhofs
6918
2,1 km N der Kirche von Knittlingen und 0,4 km S des Schwarzerdhofs wurde 1982 aus der Luft eine vermutliche Viereckschanze entdeckt.
Lit.: Bittel/Schiek/Müller, Viereckschanzen 387.

395. Maulbronn PF

Beim Ort

6918

Bei Maulbronn wurde ein Regenbogenschüsselchen gefunden. Nähere Fundumstände sind nicht bekannt.

Verbleib?

Lit.: FMRD II 4 Nr. 4559–1; Fundber. Schwaben 1, 1893, 39, 90; Fundber. Schwaben 6, 1898, 41 Nr. 14,1; Bittel, Kelten 33 Nr. 72.

396. Mühlacker-Lomersheim PF

Mulde

7019

In der Flur Mulde, 1,2 km ONO wurden beim Ausheben von Bewässerungsgräben in der Nähe römischer Baureste spätkeltische Graphittonscherben mit Wulstrand gefunden.

Funde: WLM Inv.-Nr. A 30/21.

Lit.: Fundber. Schwaben N.F. 5, 1930, 52.

397. Neuenbürg PF

Schloßberg

7117

Im Material (LT A/B) der Höhensiedlung „Schloßberg" über Neuenbürg findet sich auch Keramik die schon nach LT C datiert werden kann. Auch einige der Eisengeräte (Sensen, Pflugschare) sind jünger als LT B. Vermutlich reicht die Siedlung zeitlich bis in die Mittellatènezeit.

Funde: Mus. Pforzheim; WLM; Priv.Bes.

Lit.: Bittel, Kelten 17, 24, 44; Fundber. Schwaben N.F. 18/I, 1967, 61 ff; Bittel/Kimmig/Schiek, Die Kelten in Baden-Württemberg 437 ff.; Jensen, Neuenbürg 88 ff.; Biel, Höhensiedlungen 307 f.

398. Pforzheim PF

Bei Pforzheim

7118

Bei Pforzheim wurden zwei Silberquinare vom Kaletedu-Typ gefunden. Angeblich soll der Fund ursprünglich noch mehr Münzen des gleichen Typs umfaßt haben. Hortfund?

Verbleib: RGZM (ehem. Slg. Forrer); MK Stuttgart.

Lit.: FMRD II 1 Nr. 1180–1,2; Bissinger, Münzen II Nr. 63 u. 64; Forrer, Kelt. Numismatik 105 Fig. 193.

399. Sternenfels-Diefenbach PF

NW vom Ort

6919

1 km NW der Kirche von Diefenbach wurde 1982 aus der Luft eine vermutliche Viereckschanze entdeckt.

Lit.: Bittel/Schiek/Müller, Viereckschanzen 390.

Kreis Reutlingen (RT)

400. Bad Urach RT

Runder Berg

7422

Die Grabungen auf dem Runden Berg erbrachten auch einen beträchtlichen Teil an jüngerlatènezeitlichen Funden, darunter kammstrichverzierte Keramik und Graphittonware, Fibeln sowie mehrere Glasfunde. Von letzteren könnten einige auch erst während des frühen Mittelalters auf den Berg gekommen sein (apotropäischer Charakter des blauen Glases). Man darf davon ausgehen, daß auf dem Runden Berg eine kleine spätkeltische Höhensiedlung bestanden hat.

Funde: WLM Stuttgart Inv.-Nr. A 2436, früher Mus. Urach.

Taf. 52 A

1. Fragment von Nauheimer Fibel aus Bronze, Länge noch 3,7 cm, flacher dreieckiger Bügel, Verzierung mit zwei randparallelen Reihen eingepunzter Rechtecke (nach Koch, Rd. Berg V, Taf. 1,5).

2. Fragment von Nauheimer Fibel aus Bronze, Länge noch 6,5 cm, flacher dreieckiger Bügel, nur vorderes Drittel verziert: randparallele Rillen, dazwischen Reihe von eingepunzten Rechtecken, drei Querrillen als Abschluß (nach Koch, Rd. Berg V, Taf. 1,4).

3. Fragment von dreirippigem Glasarmring (Haevernick 8b), blau mit gelber Auflage (nach Christlein, Rd. Berg III, Taf. 7,22).

4. Fragment von dreirippigem Glasarmring (Haevernick 6a), kobaltblau (nach Christlein, Rd. Berg III, Taf. 7,24).

5. Fragment von fünfrippigem Glasarmring (Haevernick 8d), kobaltblau mit weißer Auflage (nach Christlein, Rd. Berg III, Taf. 7,26).

6. Fragment von Glasringperle (Haevernick 23), olivgrün mit gelben Schraubenfäden (nach Christlein, Rd. Berg I, Taf. 23,15).

7. Fragment von dreirippigem Glasarmring (Haevernick 7b), kobaltblau mit gelber Auflage (nach Christlein, Rd. Berg I, Taf. 23,6).

8. Fragment von Glasarmring mit doppelt gekerbter Mittelrippe (Haevernick 13), kobaltblau (nach Christlein, Rd. Berg I, Taf. 23,8).

9. Fragment von Glasringperle (Haevernick 23), blau mit weißen Schlieren (nach Christlein, Rd. Berg I, Taf. 32,13).

10. Fragment von Glasarmring mit D-förmigem Querschnitt (Haevernick 2), dunkelviolett (nach Christlein, Rd. Berg I, Taf. 23,10).

11. Fragment von fünfrippigem blauem Glasarmring mit weißer Auflage (Haevernick 8d) (nach J. Pauli, Führer, 82 Abb. 32).

12. RS von feinkeramischem Topf, DSW, Dm. 20,5 cm (nach J. Pauli, Führer, 81 Abb. 31).

13. RS von feinkeramischer Schüssel mit nach innen verdicktem Rand, DSW, Dm. 26,1 cm (nach J. Pauli, Führer, 81 Abb. 31).

Lit.: Rieth, Schwäb. Alb 249; Bittel, Kelten 46; Fundber. Schwaben N.F. 4, 1926/28, 64; Fundber. Schwaben N.F. 13, 1952/54, 105; Fundber. Baden-Württemberg 2, 1975, 87; R. Christlein, Der Runde Berg bei Urach I Taf. 23; R. Christlein, Der Runde Berg bei Urach III Taf. 7; U. Koch, Der Runde Berg bei Urach V Taf. 1; U. Koch, Der Runde Berg bei Urach VI 319 ff.; J. Pauli in: H. Bernhard u. a., Der Runde Berg bei Urach. Führer arch. Denkm. Baden-Württemberg 14 (Stuttgart 1991) 62 ff.

401. Bad Urach RT

Eppenzillhöhle

7422

In der Eppenzillhöhle am Sattel zwischen Hohenurach und der Albhochfläche wurden 1925 bei Grabungen in ca. 0,35 m Tiefe jüngerlatènezeitliche Scherben mit Kammstrichverzierung gefunden.

Verbleib: WLM Inv.-Nr. A 2584 (verschollen).

Lit.: Fundber. Schwaben N.F. 4, 1926/28, 64; Bittel, Kelten 46; Rieth, Schwäb. Alb 249; Binder, Nacheiszeitliche Funde 16.

402. Bad Urach RT

Kaltental

7422/7522

3,2 km NO von Urach im Kaltental, einem Seitental des Ermstals wurde 1936 durch R. Kapff beim „Kaltentalhäusle" eine 1,2 m in den Tuffsand eingetiefte Grube untersucht, die „typische spätkeltische Scherben" enthielt. Die Fundstelle liegt auf einer 6–8 m mächtigen Tuffterrasse. Aus einer angrenzenden Tuffgrube sollen weitere Latènescherben stammen.
Funde: WLM Inv.-Nr. A 36/43 (verschollen).
Lit.: Germania 21, 1937, 52; Rieth, Schwäb. Alb 249; Fundber. Schwaben N.F. 9, 1935–38, 78; Mannus 30, 1938, 571 f.; Fundber. Schwaben N.F. 12, 1938–51, 48.

403. Bad Urach RT
Bei Urach
7422
Bei Urach wurde angeblich im 19. Jh. ein Regenbogenschüsselchen gefunden (unsichere Angabe). Nicht kartiert.
Verbleib?
Lit.: FMRD II 3 Nr. 3187; Fundber. Schwaben 1, 1893, 42.

404. Bad Urach RT
Umgebung von Urach
7422
Eine Goldmünze (Regenbogenschüsselchen?) wurde „um 1900 im Uracher Bezirk" gefunden. Nicht kartiert.
Verbleib: Priv.Bes.
Lit.: FMRD II 3 Nr. 3186–3; Fundber. Schwaben N.F. 3, 1924/26, 135 Nr. 5; Bittel, Kelten 35 (irrtümlich unter Nr. 120 bei Ulm); Fischer, Heidengraben 160 Nr. 19.

405. Bad Urach RT
Uracher Gegend
7422
„Aus der Uracher Gegend" stammt ein Regenbogenschüsselchen (Viertelstater), angeblich 1901 gefunden. Nicht kartiert.
Verbleib: MK Stuttgart.
Lit.: FMRD II 3 Nr. 3186–2; Fundber. Schwaben 10, 1902, 52 Nr. 4; Fundber. Schwaben 12, 1904, 87e; Bittel, Kelten 35 Nr. 121b; Fischer, Heidengraben 160 Nr. 15.

406. Bad Urach RT
Bei Urach
7422
Bei Urach wurde auf einer Berghalde gegen Grabenstetten 1874 ein Regenbogenschüsselchen (Streber Typ 5) gefunden.
Verbleib: MK Stuttgart.
Lit.: FMRD II 3 Nr. 3186–1; Fundber. Schwaben 12, 1904, 83 a) 4; Bittel, Kelten 35 Nr. 121a; Fischer, Heidengraben 160 Nr. 18.

407. Bad Urach RT
Uracher Gegend
7422
Angeblich aus der Uracher Gegend stammt ein anthropomorpher Radnabenstift, wohl der mittleren Latènezeit. Nach Goessler und Jacobsthal wurde das Stück bei Grabenstetten gefunden (nicht kartiert).
Verbleib: WLM Stuttgart Inv.-Nr. A 1054.
Lit.: AuhV II, 10, Taf. 3, 4; Bittel, Kelten 13 f.; P. Jacobsthal, Early Celtic Art (Oxford 1944) 184 Nr. 160; Fischer, Heidengraben 109 Abb. 49,1; 110 (mit weiterer Literatur).

408. Bad Urach-Seeburg RT
Sandgrube
7522
1,2 km WNW von Seeburg und 0,3 km SO von Punkt 548,2 wurden in einer Sandgrube angeblich Spätlatènescherben gefunden.

Verbleib: WLM, verschollen.
Lit.: Fundber. Schwaben N.F. 9, 1937/38, 78; Rieth, Schwäb. Alb 249.

409. Bad Urach-Wittlingen RT
Mockenrainhöhle
7522
1,5 km WNW vom Ort liegt in einem Seitenzweig des Ermstals die Mockenrainhöhle. Schon 1908 wurden in ihr Latènescherben gefunden. 1937 unternahm hier Kapff eine Probegrabung und stieß im Vorraum auf eine 2,4 x 1,5 m große und bis zu 0,6 m mächtige Aschenschicht (Herdstelle) mit kammstrichverzierten Spätlatènescherben. Im anschließenden Gang fanden sich 3,5 m vom Vorraum entfernt in 0,8 m Tiefe in einer „Kohleschicht" ebenfalls SLT-Scherben, darunter auch glatte DSW.
Funde: Früher Mus. Urach, WLM? (verschollen).
Lit.: OAB Urach, 159; Fundber. Schwaben N.F. 8, 1933/35, 94; Fundber. Schwaben N.F. 9, 1935/38, 8; Rieth, Schwäb. Alb 249.

410. Bad Urach-Wittlingen RT
Bei Hohenwittlingen
7522
Bei Hohenwittlingen wurden schon 1927 hallstattzeitliche oder latènezeitliche Scherben gefunden. 1989 fanden sich gegen den Rand des Ermstales vorgeschichtliche Scherben, ein Fragment einer bearbeiteten Hirschgeweihstange und eine spätlatènezeitliche Randscherbe (gleiche Fundstelle? Freundl. Mitt. F. Klein).
Funde: WLM Inv.-Nr.A 2675; LDA Tübingen.
Taf. 66 B
– RS von Topf mit verdicktem Steilrand, rotbrauner harter Ton, porös, mittelfeine mineralische Magerung, stumpfe Oberfläche, auf der Schulter Kammstrich-Grübchen, darunter Kammstrich.
Lit.: Fundber. Schwaben N.F. 4, 1926/28, 43.

411. Dettingen/Erms RT
Sonnenfelsengrotte
7422
1 km S vom Ort wurden in der Sonnenfelsengrotte „Knochen und Spätlatènescherben" gefunden.
Verbleib: WLM Inv.-Nr.A 2390 (Kriegsverlust).
Lit.: Ortsakten LDA Tübingen, nach Notizen von Paret.

412. Dettingen/Erms RT
Wachental/Goldland
7422
1928 wurde in Flur Wachental ein Regenbogenschüsselchen (Streber 57) gefunden. Die Fundstelle grenzt anscheinend an die Flur Goldland (s.u.).
Verbleib: Priv.Bes.
Lit.: FMRD II 3 Nr. 3159–3; Fundber. Schwaben N.F. 5, 1928/30, 92 Nr. 8; Bittel, Kelten 30 Nr. 24e; Fischer, Heidengraben 159 f. Nr. 11.

413. Dettingen/Erms RT
Goldland
7422
1902 wurde in der Flur „Goldland" (Name!) ein Regenbogenschüsselchen (Streber 101) gefunden. Angeblich wurden dort früher schon zuweilen Münzfunde gemacht. Vielleicht stammen einige Regenbogenschüsselchen ohne nähere Fundortangabe aus der Sammlung des Uracher Altertumsvereins von hier.
Verbleib: MK Stuttgart?, Priv.Bes.

Lit.: FMRD II 3 Nr. 3159–2; Nr. 3160–1; Fr. A. Quenstedt, Ausflüge in Schwaben (Tübingen 1864) 222; Fundber. Schwaben 1, 1893, 42 Nr. 138,3; Fundber. Schwaben 6, 1898, 38, IV, 6, Taf. I, Abb. 5; Fundber. Schwaben 9, 1901, 38 Nr. 138,4.5; Fundber. Schwaben 10, 1902, 52, 138 Nr. 6; Fundber. Schwaben 12, 1904, 86 Nr. f) 4; Bittel, Kelten 30 Nr. 24c; Fischer, Heidengraben 160 Nr. 13.

414. Dettingen/Erms RT
Bei Dettingen
7422
Bei Dettingen wurde im 19. Jh. eine Kreuzmünze (Silberquinar, Volcae, Typ Hertlein VII) gefunden.
Verbleib: MK Stuttgart ZV 755.
Lit.: FMRD II 3 Nr. 3159–4; Nestle, Kgr. Württemberg Nr. 138; Fundber. Schwaben 12, 1904, 71; Bittel, Kelten 30 Nr. 24a; Fischer, Heidengraben 160 Nr. 12.

415. Dettingen/Erms RT
Bei Dettingen
7422
Bei Dettingen wurde ein Regenbogenschüsselchen (Streber 19) gefunden. Näheres ist nicht bekannt.
Verbleib: MK Stuttgart.
Lit.: FMRD II 3 Nr. 3159–1; Nestle, Kgr. Württemberg Nr. 138; Fundber. Schwaben 12, 1904, 85 Nr. e) 3; Bittel, Kelten 30 Nr. 24b; Fischer, Heidengraben 159 Nr. 10.

416. Dettingen/Erms RT
Bei Dettingen
7422
Bei Dettingen wurde eine Potinmünze (Typ Hertlein XIII) gefunden.
Verbleib: MK Stuttgart ZV 5369.
Lit.: FMRD II 3 Nr. 3159–5; Fundber. Schwaben N.F. 4, 1926/28, 105 Nr. 7; Bittel, Kelten 30 Nr. 24d; Fischer, Heidengraben 160 Nr. 14.

417. Engstingen-Großengstingen RT
Am Weg zum Bahnhof
7621
NO vom Ort wurde am Fußweg zum Bahnhof 1951 beim Kanalisieren eine Siedlungsschicht mit jüngerlatènezeitlichen Scherben, Knochen und Eisenschlacken angeschnitten.
Funde: Schulhaus Großengstingen.
Lit.: Fundber. Schwaben N.F. 12, 1938–51, 46.

418. Engstingen-Großengstingen RT
Auf der Haid
7621
Auf der „Haid" wurde eine Sequaner-Potinmünze (de la Tour 5368) gefunden. Näheres ist nicht bekannt.
Verbleib: Priv.Bes.
Lit.: FMRD II 3 Nr. 3168–1; Fundber. Schwaben 12, 1904, 64 Anm. 1, 76, Taf. II,1; Bittel, Kelten 31 Nr. 46.

419. Engstingen-Großengstingen RT
Bei Großengstingen
7621
Nach einer alten Fundnotiz von v. Troeltsch wurde bei Großengstingen eine keltische Münze gefunden (Metall und Nominal unbekannt). Vielleicht ist damit auch die oben genannte Sequaner-Potinmünze gemeint (nicht kartiert).
Verbleib?
Lit.: FMRD II 3 Nr. 3168–2; Fundber. Schwaben 6, 1898, 42 Nr. 34,1.

420. Engstingen-Kleinengstingen RT
Wasserstall
7621
Aus der „Abschwemmschicht" eines hallstattzeitlichen Grabhügels in Flur Wasserstall wurden bei den Grabungen 1983 spätlatènezeitliche Scherben geborgen, die als Siedlungsreste interpretiert wurden. Es könnte sich dabei eher um Reste zerstörter Nachbestattungen handeln.
Funde: LDA Tübingen.
Taf. 52 B
1. BS von Füßchengefäß, schwarzer Ton, rotbraune Oberfläche.
2. WS, schwarzer Ton, dunkelbraune Oberfläche, Ansatz von Kammstrich.
3. WS, schwarzer Ton, rotbraune Oberfläche, Kammstrich. (Abb. und Beschr. nach Maier, 221 Abb. 12).
4. WS, schwarzer Ton, dunkelbraune Oberfläche, Kammstrich-Grübchen, darunter unregelmäßiger Kammstrich.
5. WS, schwarzer Ton, dunkelbraune Oberfläche, Reste von Spatelstrich.
Lit.: G. Maier, Ein hallstattzeitlicher Bestattungsplatz bei Kleinengstingen, Gem. Engstingen, Kr. Reutlingen. Fundber. Baden-Württemberg 11, 1986, 209 ff., bes. 221 Abb. 12.

421. Engstingen-Kleinengstingen RT
Brühl
7621
Beim Bau von Scheune und Haus des Metzgers Stooß wurde 1912 in der Flur „Brühl" eine Kulturschicht mit vorgeschichtlicher und römischer Keramik angeschnitten, darunter waren angeblich auch latènezeitliche Scherben. Eine Nachgrabung im angrenzenden Grundstück ergab eine Schicht mit Spätlatènekeramik und römischen Scherben. 1914 wurden weitere Sondierungen durchgeführt, wobei auch eine Grube angeschnitten wurde. An Lesefunden wurden damals hallstattzeitliche und spätlatènezeitliche Scherben, Eisenschlacke, Hüttenlehm, Mahlsteine und römische Scherben festgestellt. Es scheint sich um eine größere Siedelstelle zu handeln.
Funde: WLM Inv.-Nr. A 679a; A 842 (Kriegsverlust?).
Lit.: Fundber. Schwaben 21, 1913, 25 f.; Fundber. Schwaben 22/24, 1914/16, 14; Bittel, Kelten 42; Rieth, Schwäb. Alb 248.

422. Engstingen-Kleinengstingen RT
Beim Ort
7621
Bei Kleinengstingen wurden 1881 zwei Regenbogenschüsselchen (Viertelstater, Streber 64 und Stater, Streber 5) gefunden. Ob die Münzen von dem gleichen Fundplatz stammen ist nicht bekannt.
Verbleib?
Lit.: FMRD II 3 Nr. 3170–2 u. 3; Nestle, Kgr. Württemberg Nr. 106; Fundber. Schwaben 6, 1898, 42 Nr. 35, 2, 3; Fundber. Schwaben 12, 1904, 83 a) 1; 86 XIX a) 2; Bittel, Kelten 32 Nr. 64b.c.

423. Engstingen-Kleinengstingen RT
Beim Ort
7621
Bei Kleinengstingen wurde im 19. Jh. eine keltische Goldmünze (Viertelstater, Philipper-Nachahmung) gefunden.
Verbleib: MK Stuttgart ZV 733.
Lit.: FMRD II 3 Nr. 3170–1; Nestle, Kgr. Württemberg Nr. 106, Fundber. Schwaben 6, 1898, 42 Nr. 35,1; Fundber. Schwaben 12, 1904, 65, III, 1; Bittel, Kelten 32 Nr. 64a.

424. Eningen unter Achalm RT
Eninger Weide
7521
3 km OSO vom Ort wurden auf der Eninger Weide beim Albgut Lindenhof, 0,1 km vor dem Abhang zum Arbachtal an der alten „Heerstraße" Gächingen-Eningen jüngerlatènezeitliche Siedlungsreste, u.a. Kammstrichkeramik festgestellt.
Funde: WLM A 843 (Kriegsverlust?).
Lit.: Fundber. Schwaben 22/24, 1914/16, 13 f.; Bittel, Kelten 39; Rieth, Schwäbische Alb 248.

425. Gomadingen RT
Sinnwaag/Tiefental
7522/7622
Im Ort und N davon wurden bei Anlage einer Wasserleitung schon 1908 angeblich römische Reste und Spätlatènescherben gefunden. Die hier beschriebenen Scherben wurden in der Flur „Sinnwaag", N vom Ort gefunden. Im Tiefental wurden in Flur „Stiefele" bei einer Quelle zahlreiche Scherben gefunden; es ist unklar, ob es sich dabei um handgemachte römische Keramik oder um „echtes" Spätlatène gehandelt hat.
Funde: WLM Inv.-Nr. A 144, 4a; R 54, 3.
Taf. 53 B
1. BS, steilwandig, feinkeramisch, DSW, Dm. 12,7 cm, mittelgrauer harter Ton, feine mineralische Magerung, dunkelgraue Oberfläche, geglättet, Standring.
2. WS, evtl. von Topf mit Sichelrand, Dm. ca. 13 cm, mittelgrauer spröder Ton, mittelfeine mineralische Magerung, graubraune glatte Oberfläche, etwas porös, nachgedreht.
3. RS von Topf mit nach außen verdicktem gerillten Rand, Dm. 12,6 cm, mittelbrauner harter Ton, sandig, mittelfeine mineralische Magerung, Oberfläche etwas geglättet, leicht porös.
4. RS von Schüssel mit steilem Rand, nach innen abgestrichen, rotbrauner harter Ton, grobe mineralische Magerung, dunkelgraue fleckige Oberfläche, geglättet.
5. RS von Topf mit Sichelrand, mittelgraubrauner harter Ton, mittelfeine mineralische Magerung, mittelgraue Oberfläche, etwas geglättet, nachgedreht?
Lit.: Fundber. Schwaben 17, 1909, 32 f.; Bl. Schwäb. Albver. 26, 1914, 177 ff.; Heiligmann, Alblimes 78 mit Anm. 29.

426. Gomadingen-Grafeneck RT
Seewiesen
7622
2,5 km SW vom Schloß Grafeneck wurde 1912 beim Entwässern der Seewiesen am Dolderbach eine Kulturschicht festgestellt, die jüngerlatènezeitliche Scherben, Spinnwirtel, Knochen und Eisenschlacken enthielt. Die Seewiesen liegen im Bereich eines ehem. Sees, von dem sich anscheinend Torfschichten erhalten haben (evtl. besteht hier die Möglichkeit zur Entnahme von Pollenprofilen). Die Funde lassen auf eine größere Siedlung schließen.
Funde: WLM Inv.-Nr. A 622; A 35/38.
Taf. 53 A
1. RS von Topf mit ausgebogenem Rand, Dm. 30 cm, rotbrauner, sehr harter Ton, grobe mineralische Magerung, Kalksteinchen, dunkelgraue Oberfläche, leicht porös, Reste von flächiger Graphitierung, nachgedreht.
2. RS von Schüssel mit eingebogenem Rand, Dm. 25,5 cm, mittel- bis dunkelgrauer harter Ton, feine mineralische Magerung, stumpfe Oberfläche, etwas porös, innen leicht geglättet.
3. RS von feinkeramischer Schüssel mit eingebogenem

Rand, DSW, Dm. 23,5 cm, mittelgrauer harter Ton, sehr feine mineralische Magerung, dunkelgraue Oberfläche, etwas geglättet.
4. BS von Graphittongefäß, steilwandig, handgemacht, Dm. 6 cm, mittelgraubrauner harter Ton, mittelfeine mineralische Magerung, geringer Graphitanteil, dunkelgraubraune Oberfläche, fleckig, wohl lokale Anfertigung, mit zerriebenem Graphitton gemagert.
5. BS von Graphittongefäß, steilwandig, handgemacht, Dm. 10,5 cm, mittel- bis dunkelgrauer, sehr harter Ton, mittelfeine mineralische Magerung, mäßiger Graphitanteil, dunkelgraue Oberfläche, leicht porös, wohl lokale Anfertigung, mit zerriebenem Graphitton gemagert.
6. RS von tonnenförmigem Topf mit Halskehle, dunkelgrauer, mäßig harter Ton, mittelfeine mineralische Magerung, braungraue glatte Oberfläche, unter der Halskehle Fingernagelkerben.
7. RS von Schüssel mit eingebogenem Rand, dunkelgrauer harter Ton, grobe mineralische Magerung, Kalksteinchen, leicht poröse Oberfläche, innen und außen horizontale Glättstriche.
8. WS, dunkelgraubrauner, sehr harter Ton, grobe mineralische Magerung, Kalksteinchen, dunkelrotbraune Oberfläche, etwas geglättet, Kamm- oder Besenstrich.
9. WS, Graphitton, DSW, mittelgrauer weicher Ton, mittelfeine mineralische Magerung, hoher Graphitanteil, seifige Oberfläche, regelmäßiger Kammstrich.
10. WS, dunkelgraubrauner harter Ton, grobe mineralische Magerung, Kalksteinchen, glänzende Oberfläche, wellenförmiger Spatelstrich.
Lit.: Bl. Schwäb. Albver. 1912, 214 f.; Fundber. Schwaben 21, 1913, 24 ff., Taf. I,15; Bittel, Kelten 40; Rieth, Schwäb. Alb 248.

427. Gomadingen-Offenhausen RT
Höhle beim Ort
7622
400 m WSW der Klosterkirche konnte F. Keuerleber 1961 in einer kleinen Höhle hallstattzeitliche und jüngerlatènezeitliche Reste feststellen.
Funde: Priv.Bes., WLM?
Lit.: Ortsakten LDA Tübingen.

428. Gomadingen-Offenhausen RT
Am Ortsausgang
7622
Am W Ortsausgang von Offenhausen wurde 1935 in ca. 1 m Tiefe eine Kulturschicht mit Hallstatt- und Latènescherben angeschnitten (JLT?).
Funde: WLM Inv.-Nr. A 35/37 (Kriegsverlust?).
Lit.: Ortsakten LDA Tübingen.

429. Grabenstetten-Burrenhof RT
Bitzlishau
7422
Im Bereich der hallstattzeitlichen Grabhügelnekropole beim Burrenhof, die z.T. auf Markung Grabenstetten (RT) und z.T. auf Markung Erkenbrechtsweiler (ES) liegt, kamen zahlreiche mittel- bis spätlatènezeitliche Funde zum Vorschein. Neben drei Fibelfragmenten, einem Glasarmringfragment und zwei eisernen Tüllenbeilen sind das Fragment eines Briquetagetiegels (?) und zahlreiche Amphorenfragmente hervorzuheben. Sie stammen z.T. aus der Abschwemmschicht der Hügel und könnten als Reste von Nachbestattungen gedeutet werden. Einige Funde stammen aus Gruben und Gräbchen zwischen den Hügeln. Auch römische Scherben fanden sich vereinzelt.

Die Funde aus den Grabungen bis 1987 konnten bei der Materialaufnahme berücksichtigt werden, es kamen auch bei den Untersuchungen bis 1991 immer wieder jüngerlatènezeitliche Funde zum Vorschein.

Funde: LDA Tübingen.

Taf. 54 A: Hügel 20
1. RS von Schüssel mit steil aufgebogenem Rand, dunkelgrauer Ton, relativ weich, porös, mittelfeine mineralische Magerung, organisch verunreinigt, mittelbraune blättrige Oberfläche.
2. RS von Schüssel mit steilem Rand, dunkelgrauer weicher Ton, sehr porös, grobe mineralische und organische Magerung, hellbraun-rötliche Oberfläche.
3. WS, hellgraubrauner weicher Ton, porös, grobe mineralische Magerung, braunrote Oberfläche, unregelmäßiger Kammstrich.
4. WS, dunkelgrauschwarzer weicher Ton, feine mineralische Magerung, Bohnerz, rotbraune Oberfläche, grober Kammstrich.

Taf. 54 B: Hügel 17
– Fragment von eiserner Fibel vom Mittellatèneschema, Länge noch 8,6 cm, auf dem hochgeschlagenen Bügelteil profilierter Knopf, vierschleifige Spirale mit äußerer Sehne.

Taf. 54 C: Aus Graben im NW des Grabhügelfeldes
1. RS von Briquetagetiegel, orangerot-hellgrauer, sehr harter Ton, spröde-blättrig, sehr grobe mineralische Magerung, hellgraue, rauhe rissige Oberfläche.
2. Fragment von eiserner Fibel vom Spätlatèneschema, Länge noch 4,5 cm, Stützbalken, darüber knotenförmige Verdickung des Bügels, stark korrodiert (nach S. Kurz in Festschr. Fischer).
3. WS mit flächigen Halbmondmustern aus aneinandergereihten Fingertupfen (nach S. Kurz in Festschr. Fischer).
4. Eisernes Tüllenbeil, geschlossene Tülle.
5. WS aus Graphitton mit Kammstrichverzierung (nach S. Kurz in FS Fischer).

Taf. 54 D: Hügel 8 (nach S. Kurz in Festschr. Fischer)
1. WS mit schrägen Kammeinstichen oder Kammstrich-Grübchen, darunter schräger Spatelstrich.
2. WS mit Kamm- oder Besenstrichverzierung.
3. WS mit Kammeinstichen, darunter Ansätze von Kammstrich.
4. WS mit schrägen Kammeinstichen oder Kammstrich-Grübchen.
5. RS von Gefäß mit ausgebogenem Rand, feinkeramisch, DSW?

Taf. 55 A: Hügel 6 (nach S. Kurz in Festschr. Fischer)
1. Fragment von fünfrippigem Glasarmring (Haevernick 7b), blaues Glas mit weißer und gelber Fadenauflage.
2. WS mit flächigen Fingertupfen.
3. WS mit flächiger feiner Kammstrichverzierung, stark verwitterte Oberfläche.
4. RS von Schüssel mit eingebogenem Rand, Dm. 22 cm.

Taf. 55 B: Hügel 5 (nach S. Kurz in Festschr. Fischer)
1. RS von feinkeramischer Schüssel mit eingebogenem Rand, DSW, sekundär verbrannt.
2. RS von Schüssel mit eingebogenem Rand, sekundär verbrannt.
3. RS von Schüssel mit eingebogenem Rand.

Taf. 55 C: Grube bei Hügel 19 (nach S. Kurz in Festschr. Fischer)
1. Eisernes Tüllenbeil, offene Tülle, Länge ca. 8,4 cm.
2. Fragment von bronzener Fibelspirale, vierschleifig mit innerer Sehne, stark korrodiert.

Taf. 56: Hügel 19
1. RS von großem Topf mit ausgebogenem Rand, Dm. 31 cm, rotbrauner, mäßig harter Ton, mittelgrobe mineralische Magerung, etwas geglättete Oberfläche, leicht porös, außen und innen am Rand Reste von Pichung.
2. RS und WS von Schale mit ausgebogenem Rand, Dm. 13,5 cm, Höhe 6,5 cm, dunkelgrauer harter Ton, feine mineralische Magerung, graubraune geglättete Oberfläche, innen Reste von Pichung.
3. RS von Topf mit ausgebogenem Rand, Dm. 12 cm, dunkelgrauschwarzer spröder Ton, mittelfeine mineralische Magerung, graubraune rauhe Oberfläche, auf der Schulter Gruppen von kurzen, schrägen Spatelstrichen, innen Reste von Pichung.
4. RS von Schüssel mit eingebogenem Rand, dunkelgrauer harter Ton, feine mineralische Magerung, graue rauhe Oberfläche, aneinandergereihte Spatelstrichbögen.
5. RS von Schüssel oder Topf mit abgesetztem Steilrand, mittelgraubrauner spröder Ton, etwas porös, mittelfeine mineralische Magerung, Oberfläche etwas geglättet, außen im Halsbereich Reste von Pichung.
6. WS, feinkeramisch, DSW, mittelgrauer harter Ton, feine mineralische Magerung, Oberfläche abgeplatzt, Reste von umlaufenden Glättlinien.
7. RS von feinkeramischer Schüssel mit steil aufgebogenem Rand, DSW, mittelgrauer harter Ton, feine mineralische Magerung, innen und außen geglättet, zwei umlaufende Rillen.
8. WS, dunkelgrauer harter Ton, mittelfeine mineralische Magerung, rauhe poröse Oberfläche, zwei umlaufende Rillen, darunter Kammstrichbahnen.
9. WS, mittelgraubrauner harter Ton, mittelfeine mineralische Magerung, rötlichbraune rauhe Oberfläche, unregelmäßiger Kammstrich.
10. WS, mittelrotbrauner harter Ton, mittelfeine mineralische Magerung, rauhe sandige Oberfläche, unregelmäßige Kammstrichbögen.
11. BS, steilwandig, rötlichbraun-grauer weicher Ton, grobe mineralische Magerung, seifige poröse Oberfläche, Reste von unregelmäßigem Kammstrich, sekundär verbrannt.
12. WS, graubrauner harter Ton, mittelgrobe mineralische Magerung, rauhe sandige Oberfläche, Kammstrich-Grübchen, darunter flächiger Kammstrich.
13. RS von Topf mit abgesetztem Wulstrand, DSW, Dm. 16 cm, hellgrauer weicher Ton, sehr feine mineralische Magerung, sandig-seifige Oberfläche, z.T. abgeplatzt, römisch.
14. RS von Schüssel mit steil aufgebogenem Rand, DSW, rotbrauner harter Ton, feine mineralische Magerung, Oberfläche abgeplatzt.
15. BS, flachwandig, feinkeramisch, DSW, Dm. 11,5 cm, mittelgraubrauner harter Ton, feine mineralische Magerung, dunkelgraue glatte Oberfläche, Standrille.
16. RS von Topf mit schräg abgestrichenem Wulstrand, mittelgrau-rotbrauner seifiger Ton, mittelfeine mineralische Magerung, organisch verunreinigt, dunkelgraue glatte Oberfläche, etwas porös, Reste von Pichung.
17. WS, dunkelgraubrauner harter Ton, feine mineralische Magerung, rötliche sandige Oberfläche, umlaufende Reihen von Fingertupfen.
18. RS von Teller mit eingebogenem Wandung, DSW, Dm. 20 cm, Höhe 4 cm, orangeroter weicher Ton, mittelfeine mineralische Magerung, seifige Oberfläche, römisch.
19. BS, steilwandig, DSW, dunkelgrauer blättriger Ton, mittelfeine mineralische Magerung, Oberfläche etwas geglättet, Standrille.

Lit.: S. Kurz, Nachhallstattzeitliche Funde aus dem Grabhügelfeld vom Burrenhof. In: Opuscula. Festschr. für F. Fischer.
Tübinger Beitr. zur Vor- und Frühgeschichte 2 (Tübingen
1987) 101 ff.; J. Rehmet, Ausgrabungen im hallstattzeitlichen
Grabhügelfeld am Burrenhof, Gde. Erkenbrechtsweiler, Kr.
Esslingen. Arch. Ausgrabungen Baden-Württemberg 1988,
74 ff.; F. Klein/J. Rehmet, Zur weiteren Untersuchung im
hallstattzeitlichen Grabhügelfeld beim Burrenhof auf Markung Grabenstetten, Kr. Reutlingen. Arch. Ausgr. Baden-
Württemberg 1989, 106 ff.; dies., Abschließende Untersuchungen im hallstattzeitlichen Grabhügelfriedhof beim Burrenhof, Gde. Grabenstetten, Kr. Reutlingen. Arch. Ausgr.
Baden-Württemberg 1990, 74 ff.

430. Grabenstetten RT
Falkensteiner Höhle
7422

Aus dem Inneren der Falkensteiner Höhle (angeblich ca.
100 m vom Eingang entfernt) stammt eine Nauheimer Fibel.
Die Fundumstände sind insofern bemerkenswert, da es sich
bei der Höhle um eine halbaktive Quellhöhle handelt, d. h.
sie führt ständig Wasser, nur die Schüttung unterliegt gewissen Schwankungen. Die Höhle ist daher nur mit Schwierigkeiten begehbar.

Anscheinend wurde die Falkensteiner Höhle in der Volks-
überlieferung schon geraume Zeit als Versteck eines Schatzes
bezeichnet, jedenfalls muß es öfters Nachgrabungen gegeben
haben. Bezeugt sind Nachforschungen aus der Zeit von 1770
bis 1830. Im Jahr 1776 kam ein Schatzsucher dabei ums
Leben und wurde in der Höhle begraben.

Verbleib: WLM Inv.-Nr. A 846.
Taf. 55 D
– Bronzene Nauheimer Fibel, Länge 8 cm, auf dem Bügel
randbegleitende Rillen (Abb. nach Bittel, Taf. 11,10).

Lit.: Fundber. Schwaben 22/24, 1914/16, 16; Bittel, Kelten 23,
Taf. 11,10; Fischer, Heidengraben 113 Abb. 51,1; Binder,
Höhlenführer 93 f.

431. Grabenstetten RT
Heidengraben
7422

Auf einer stark zerklüfteten Halbinsel der Albhochfläche
liegt zwischen Neuffen und Lenninger Tal das Oppidum
„Heidengraben" auf den Gemarkungen der Gemeinden Grabenstetten (RT), Hülben (RT) und Erkenbrechtsweiler (ES).
Der von den Vorbefestigungen und den Tälern abgegrenzte
Raum umfaßt 1662 ha, die eigentliche Siedlung „Elsachstadt"
(so von Hertlein 1906 benannt) hat eine Fläche von 153 ha.
Die äußere Linie mit insgesamt vier Zangentoren wird durch
Abschnittsbefestigungen gebildet, die jeweils einen Zugang
von der Hochfläche her von Tal zu Tal abriegeln, oder aber
auf Zugänge vom Tal her ausgerichtet sind. Es ist durchaus
möglich, daß sich auch im Bereich der äußeren Abschnittsbefestigungen kleinere Siedlungen befunden haben, eine
dichtere Besiedlung ist bislang durch Grabungen und Lesefunde nur aus einigen Stellen im Inneren der Elsachstadt
bekannt.
Der „Haidengraben zu Nyffen" wird bereits 1454 im Uracher Lagerbuch genannt, eine weitere Erwähnung stammt
aus dem Neuffener Kellerei-Lagerbuch von 1551–1558.
Nach anfänglichen Zuweisungen der Wallanlagen in römische Zeit deuteten M. Gratianus 1824 und vor allem H.
Schreiber 1841 die Anlagen erstmals als eine gallische Stadt
in der Art, wie sie bei Caesar beschrieben wird. Eine erste
topographische Aufnahme erfolgte 1893 durch den Major J.

Steiner. Ein wichtiger Schritt in der Erforschung des Heidengraben waren 1906 die Sondagen von F. Hertlein im Auftrag des Schwäbischen Albvereins, die durch jüngerlatènezeitliche Funde die Anlage als Oppidum erwiesen. Dagegen
sprach sich P. Goessler 1908 für eine Datierung der äußeren
Wallanlagen in die Hallstattzeit aus, da ja im Innenraum die
Grabhügelnekropole beim „Burrenhof" lag. Dieser Theorie
hat Hertlein nach einer weiteren Grabung 1909 widersprochen und den gesamten Heidengraben für spätlatènezeitlich
erklärt. Goesslers Meinung wurde aber 1923 durch die Grabungen von W. Veeck in der „Strangeheck", im W der
Elsachstadt bei einer Quelle, nochmals gestärkt: Neben
spätkeltischen und römischen Funden kamen auch Scherben
aus der späten Hallstatt- und der frühen Latènezeit zum
Vorschein. Mit Hinweis auf die für hallstattzeitliche Verhältnisse viel zu großen Befestigungswerke hat auch K.
Bittel den Heidengraben 1934 für spätkeltisch erklärt. Schon P.
Reinecke hat 1924 vorgeschlagen, das bei Ptolemaios genannte „Riusiava" hier zu suchen. 1974 wurde ein Wallstück
beim Burrenhof untersucht. 1975 konnte H. Schäfer eine
bislang unbekannte Abschnittsbefestigung am S-Rand von
Grabenstetten und ein Zangentor an der Uracher Steige
nachweisen. 1981 wurde der Wall und das Tor G N von
Erkenbrechtsweiler von J. Biel untersucht. Im August 1990
wurden von F. Klein und G. Wieland im N der Elsachstadt
(Flur „Seelenau") im Bereich zweier dunkler Verfärbungen
Sondagen vorgenommen, dabei konnten an beiden Stellen
Reste von noch bis zu 0,6 m tiefen Gruben festgestellt wer-
den, die z. T. stark mit Holzkohle durchsetzt waren. Leider
fanden sich nur wenige datierbare Scherben und eine eiserne
Tüllenhacke.
Es wird hier nur eine kurze Beschreibung der Anlagen gege-
ben, für ausführliche Angaben sei auf den Führer von F.
Fischer verwiesen (vgl. Abb. 12).

Die Befestigung S von Grabenstetten mit Tor E
Ca. 1 km S von Grabenstetten wird die Engstelle zwischen
Elsachtal und Schlattstaller Tal (Nebental des Lenninger
Tals) von einem insgesamt 0,63 km langen Wall mit vorge-
lagertem flachen Graben gegen die Albhochfläche abgeriegelt.
Gegen die W Plateaukante liegt das Zangentor E, das auf den
Zugang von S und den Aufstieg vom Elsachtal bezogen ist.
Diese Abschnittsbefestigung wurde im 17. und 18. Jh. durch
Schanzarbeiten überformt.

Die Befestigung durch Grabenstetten und Tor H
W von Grabenstetten liegt über der Uracher Steige ein noch
40 m langer Wallrest, der zu einer ursprünglich ca. 1,5 km langen Befestigungslinie gehörte, die vom Oberen Elsachtal
zum Schlattstaller Tal zog. 1947 wurde beim Hausbau eine
Pfostenschlitzfront beobachtet, nahe dem Aufstieg vom
Elsachtal gibt es im Bereich der 1926 erbauten Mühle Anzei-
chen für ein Zangentor.

Die Befestigung beim Burrenhof und Tor F
Nur 250 m SW vom Burrenhof zieht eine 1,025 km lange
Abschnittsbefestigung vom NW-Kopf des Kaltentals nach
NW zum Neuffener Tal. Dadurch wird die große Hülbener
Berghalbinsel aus dem Innenraum des Oppidums ausge-
schlossen. Ungefähr in seiner Mitte liegt das gut erhaltene
Zangentor F, das 1906 von Hertlein z. T. freigelegt worden
ist. 1974 wurde im Zuge der Straßentrassierung Hülben–
Erkenbrechtsweiler ein Stück des Walles von H. Reim un-
tersucht, dabei wurde eine Pfostenschlitzmauer mit rück-
wärtigen Querankern und ein sehr flacher Sohlgraben festgestellt.

Die Befestigung N von Erkenbrechtsweiler und Tor G

Nur ca. 100 m N von Erkenbrechtsweiler (bereits Kr. Esslingen, vgl. dort) wird die Engstelle zwischen Kellental und Tobelbachtal von einem 350 m langen Wall abgeschnitten. 1976 wurde bei der Verbreiterung der Straße nach Beuren das W-Ende des Walles angeschnitten. Dabei wurde ein gegen N vorgelagerter flacher Graben festgestellt. Überraschend war ein mächtiger Graben an der Innenseite des Walles, dieser dürfte wohl zu den jüngeren Befestigungen der Baßgeige gehören (s.u.). Etwas gegen O gerückt liegt das auf den Aufstieg vom Lenninger Tal gerichtete Tor G. Es wurde 1981 von J. Biel untersucht und anschließend restauriert. Bei diesem Tor handelt es sich nicht um ein echtes Zangentor, es zeigt eher eine unregelmäßige Trichterform. Am Ende der Torgasse wurden Reste des Torbaus in Form von sechs mächtigen, in den Fels gehauenen Pfostengruben freigelegt. Es fanden sich neben wenigen spätkeltischen Scherben und einer Münze römische Funde des 1.–3. Jh., was auf eine Siedlung in unmittelbarer Nähe hinweist. Ca. 175 m N dieser Linie wird die Berghalbinsel „Baßgeige" von einem jüngeren Wall mit einer Trockenmauer aus gesägten Tuffquadern abgeschnitten, die wohl in das frühe Mittelalter gehört.

Die Elsachstadt

Mit einer Gesamtlänge von 1,4 km und bis zu 3 m Höhe ist der Wall der 153 ha großen Elsachstadt das eindrucksvollste Befestigungswerk des Heidengrabens. In weitgeschwungenem Bogen verbindet der Hauptwall mit den Toren A und B den Kopf des Kaltentals mit dem Grabenstetter Tal. Im S sind beim Lauereckfelsen und in der Heimenmahd auch Randbefestigungen nachgewiesen. Im Lauereck zieht nochmals ein Abschnittswall mit 350 m Länge vom Grabenstetter Tal zum oberen Elsachtal und schließt diese Berghalbinsel vom befestigten Bereich aus. An seinem NW-Ende liegt das Tor D, das auf einen Zugang vom Kaltental ausgerichtet ist. Tor A wurde 1906 von Hertlein untersucht, zur gleichen Zeit legte er 100 m O davon einen Schnitt durch den Wall und die beiden vorgelagerten Gräben. Wenig W des Durchbruchs beim heutigen Parkplatz „Seelenau" hat Pfarrer Dr. Losch 1891 in der Wallschüttung spätlatènezeitliche Funde geborgen. 300 m SO dieses Durchbruchs liegt das Zangentor B. Kurz vor dem Ersten Weltkrieg wurde die N-Flanke bis auf 10 m abgetragen, wobei ebenfalls Spätlatènefunde zum Vorschein kamen. Das angebliche Tor C, nahe dem S-Ende des Walles, stellt wohl nur einen Wasserdurchlaß dar. 1923 wurden bei den Ausgrabungen von R. Kapff und W. Veeck im W der Elsachstadt in Flur „Strangenhecke" neben Späthallstatt/Frühlatène-Funden auch jüngerlatènezeitliche und römische Stücke aus einer bis 0,4 m mächtigen Kulturschicht geborgen. Durch langjährige Begehungen und sorgfältige Kartierung durch den ehrenamtlichen Mitarbeiter der Denkmalpflege, Herrn Ch. Bizer, konnten innerhalb der Elsachstadt Stellen mit hoher Fundkonzentration markiert werden. Im Bereich solcher Konzentrationen wurden 1990 zwei Sondagen in Flur „Seelenau" durchgeführt, dabei wurden flache Gruben festgestellt.

Alle bislang untersuchten Befestigungsteile des Heidengraben sind in Pfostenschlitztechnik errichtet, ein echter murus gallicus ist bislang nicht nachgewiesen.

Funde: Priv.Bes. (Slg. Bizer, Slg. Burkert); WLM ; LDA Tübingen. Alle hier abgebildeten Funde stammen, wenn nicht anders vermerkt, aus der Elsachstadt.

Ohne Abbildung:
– Regenbogenschüsselchen (Stater, Streber 19), Vs. Vogelkopf im Kranz, Rs. Stern mit drei Kugeln, vgl. FMRD II 3 Nr. 3166–1; Fischer, Heidengraben 159 Nr. 4 (Priv.Bes.).

– Silberquinar „Strubelkopf", Vs. Kopf nach links, Rs. Pferd nach links, zwischen den Beinen Dreistern, vgl. FMRD II 3 Nr. 3166,5; Fischer, Heidengraben 159 Nr. 5. Gefunden 1904 im Lauereck innerhalb des Oppidums (Slg. Urach).
– Silberquinar, Büschelmünze, vgl. FMRD II 3 Nr. 3166–3; Fischer, Heidengraben 159 Nr. 6. Gefunden 1902 in der Seelenau innerhalb des Oppidums (Slg. Urach).
– Silberquinar, plattiert, KALETEDOY-Typ, vgl. FMRD II 3 Nr. 3166–4; Fischer, Heidengraben 159 Nr. 7. Gefunden 1890 im Lauereck innerhalb des Oppidums (Priv.Bes.).
– Sequaner-Potinmünze, vgl. FMRD II 3 Nr. 3166–6; Fischer, Heidengraben 159 Nr. 8. Gefunden 1902 in der Seelenau innerhalb des Oppidums (Slg. Urach).
– Sequaner-Potinmünze, 1990 im Bereich der Elsachstadt gefunden, vgl. Arch. Ausgr. Baden-Württemberg 1990, 321 (MK Stuttgart).

Taf. 57
1. RS von Graphittontopf mit Wulstrand, DSW, Dm. ca. 28 cm, dunkelgraubrauner, mäßig harter Ton, mittelfeine mineralische Magerung, relativ geringer Graphitanteil, graubraune seifige Oberfläche.
2. RS von feinkeramischem Topf mit Wulstrand, DSW, Dm. 14 cm, hellgrauer harter Ton, mittelfeine mineralische Magerung, Oberfläche abgewittert.
3. RS von Graphittontopf mit Wulstrand, DSW, Dm. 24 cm, dunkelgrauer, mäßig harter Ton, mittelgrobe mineralische Magerung, hoher Graphitanteil, leicht sandige Oberfläche, Riefen im Halsbereich.
4. RS von feinkeramischer Schüssel mit nach innen verdicktem Rand, DSW, Dm. 15 cm, mittelgrauer harter Ton, sehr feine mineralische Magerung, dunkelgraue Oberfläche, fein geglättet.
5. WS, verbrannte TS?, Campana oder Praesigillata? DSW, sehr harter rosafarbener Ton, sehr feine mineralische Magerung, dunkelrot-schwarzfleckiger Glanztonüberzug.
6. WS, Feinkammstrichware, DSW, mittelgraubrauner harter Ton, sehr feine mineralische Magerung, dunkelgraue Oberfläche, leicht sandig, Reste von regelmäßigem Feinkammstrich, von horizontaler Glättlinie überstrichen.
7. WS, Feinkammstrichware, DSW, mittelgrauer harter Ton, feine mineralische Magerung, stark glimmerhaltig, stumpfe dunkelgraue Oberfläche, regelmäßiger Feinkammstrich.
8. WS, feinkeramisch, DSW, mittelgraubrauner harter Ton, feine mineralische Magerung, dunkelgraue Oberfläche, leicht sandig, Horizontalrille, darunter flächig Kreisstempel.
9. WS, feinkeramisch, DSW, mittelgraubrauner harter Ton, feine mineralische Magerung, dunkelgraue Oberfläche, zonale Verzierung mit Kreisstempeln, evtl. gleiches Gefäß wie Nr. 8.
10. RS und WS von tonnenförmigem Topf mit leicht ausgebogenem Rand, Dm. 18 cm, Höhe ca. 19 cm, mittelgraubrauner harter Ton, mittelfeine mineralische Magerung, rötlichbraune Oberfläche, Rand und Hals etwas geglättet, flächiger Kammstrich, Oberteil nachgedreht.
11. RS von Topf mit abgestrichenem Wulstrand, DSW, Dm. ca. 14,5 cm, grauer Ton, graphitfrei (nach Fischer, Abb. 52,5).
12. BS, steilwandig, feinkeramisch, DSW, Dm. ca. 10 cm, grauer harter Ton, abgesetzter Boden mit Standrille (nach Fischer, Abb. 52,8).
13. RS von Topf mit T-förmigem Steilrand, Dm. 16 cm, dunkelgraubrauner spröder Ton, feine mineralische Magerung, mittelgraubraune rauhe Oberfläche, leicht sandig.
14. RS von Topf mit leicht ausgebogenem Rand, Dm. 22 cm, braunroter spröder Ton, mittelfeine mineralische Magerung, sandige Oberfläche (abgewittert), nachgedreht.

15. RS von Topf mit T-förmigem Steilrand, Dm. ca. 16 cm, dunkelgrauer harter Ton, mittelfeine mineralische Magerung, sehr rauhe sandige Oberfläche.

16. RS von Topf oder Schüssel mit nach außen verdicktem Schrägrand, Dm. 25 cm, dunkelrotbrauner blättriger Ton, sehr porös, sehr feine organische und mineralische Magerung, Oberfläche geglättet, sehr porös, innen Reste von Pichung, nachgedreht (römisch?).

17. RS von tonnenförmigem Topf, Dm. 15 cm, dunkelgraubrauner harter Ton, mittelfeine mineralische Magerung, lederartige rotbraune Oberfläche, nachgedreht?

18. WS, dunkelgraubrauner harter Ton, grobe mineralische Magerung, rotbraune blättrige Oberfläche, Reste von Spatelstrich oder Kammstrich-Grübchen.

19. WS, dunkelgrauschwarzer harter Ton, mittelfeine mineralische Magerung, rauhe Oberfläche, bogenförmiger Spatelstrich.

20. RS von tonnenförmigem Topf, schwarzgrauer spröder Ton, mittelfeine mineralische Magerung, rotbraungraue, blättrige Oberfläche, etwas porös.

21. RS von Schüssel mit aufgebogenem sichelartigem Rand, hellbraun-rötlicher harter Ton, sehr spröde, grobe mineralische Magerung, rauhe sandige Oberfläche.

22. WS, dunkelgrauer weicher Ton, mittelfeine mineralische Magerung, rotbraune lederartige Oberfläche, grober Spatelstrich.

23. WS, dunkelbraunroter, relativ weicher Ton, feine mineralische Magerung, rotbraune seifige Oberfläche, Kammeinstiche.

24. RS von tonnenförmigem Topf mit steilem Falzrand, dunkelgraubrauner harter Ton, porös, feine mineralische Magerung, organisch verunreinigt, Oberfläche leicht geglättet.

25. RS von Schüssel mit eingebogenem Rand, mittelgraubrauner harter Ton, spröde-blättrig, mittelfeine mineralische Magerung, innen geglättet, außen rauh (Altfund, gefunden von Pfarrer Lesch vor 1893).

Taf. 58

1. WS von Amphore mit Henkelansatz, Dm. 2,7–6,5 cm, ziegelrot-rosafarbener harter Ton, mittelfeine mineralische Magerung, rauhe sandige Oberfläche.

2. WS von Amphore mit Henkelansatz, Dm. 1,9–4,5 cm, hellrot-orangeroter harter Ton, mittelfeine mineralische Magerung, sandig-seifige Oberfläche.

3. Fragment von Amphorenhenkel, Dm. ca. 2,4–4,5 cm, hellbrauner sandiger Ton (nach Fischer, Abb. 52,9).

4. Fragment von Glasringperle (Haevernick 21), Innendurchm. ca. 3 cm, kobaltblaues Glas.

5. Fragment von dreirippigem Glasarmring (Haevernick 6a), violettes Glas (nach Fundber. Baden-Württemberg 2, 1975, Taf. 233B).

6. Fragment von glattem Glasarmring mit Grat (Haevernick 2), Dm. ca. 6,2 cm, violettes Glas (nach Fischer, Abb. 52,6).

Taf. 59

1. RS von Amphore, Dressel 1A, Dm. 13,2 cm, Randhöhe 3,5 cm, hellbraunroter sandiger Ton, sehr feine mineralische Magerung, seifige Oberfläche.

2. RS von Amphore, Dressel 1A, Dm. 15,5 cm, Randhöhe 3,5 cm, ziegelrot-rosafarbener harter Ton, mittelfeine mineralische Magerung, rauhe sandige Oberfläche.

3. RS von Amphore, Dressel 1A, Dm. 15,5 cm, Randhöhe 3,9 cm, rosaroter weicher Ton, mittelfeine mineralische Magerung, seifig-sandige Oberfläche.

4. RS von Amphore, Dressel 1A, Dm. 16 cm, Randhöhe 4,2 cm, hellbraun-rötlicher harter Ton, sehr feine mineralische Magerung, seifig-sandige Oberfläche.

5. RS von Amphore, Dressel 1A, Dm. 14 cm, Randhöhe 4,0 cm, orangeroter harter Ton, mittelfeine mineralische Magerung, rauhe, sehr sandige Oberfläche.

6. RS von Amphore, Dressel 1B (?), Dm. 14 cm, Randhöhe 3,5 cm, ziegelroter harter Ton, feine mineralische Magerung, leicht sandige Oberfläche.

7. RS von Amphore, Dressel 1A, Dm. 16,2 cm, Randhöhe 4,5 cm, ziegelrot-rosafarbener harter Ton, mittelfeine mineralische Magerung, rauhe sandige Oberfläche.

8. Fragment von Amphorenhenkel, Dm. 3,6–4,7 cm, ziegelroter harter Ton, mittelfeine mineralische Magerung, rauhe sandige Oberfläche.

9. Fragment von Amphorenhenkel, Dm. 2,4–3,8 cm, hellbraun-rötlicher weicher Ton, sehr feine mineralische Magerung, seifige Oberfläche.

10. Amphorenhenkel, Dm. 3,2–4,5 cm, rosafarbener weicher Ton, mittelfeine mineralische Magerung, seifig-sandige Oberfläche.

Taf. 60

1. Eiserne Tüllenhacke, offene Tülle, Länge 6,5 cm, Schneidenbreite 3,5 cm.

2. Vierkantiger Eisenpfriem, doppelpyramidenförmig, Länge 8,4 cm.

3. Eiserner Riemendurchzug (?), Länge 8,2 cm, max. Breite 3,2 cm (LT?).

Taf. 61

1. Radnabenstift aus Eisen mit Bronzering, Länge noch 15 cm (nach Fischer, Abb. 50,4).

2. Fragment von eiserner Schwertklinge mit Spitze, Länge noch 32 cm, ausgeprägte Mittelrippe, damasziert?, gefunden angeblich im Wall beim Burrenhof (nach Fischer, Abb. 50,1).

3. Bronzene profilierte Riemenzunge (Typ Stradonitz), Länge noch 5,4 cm (nach Fischer, Abb. 50,2).

4. Hammerförmiger Nagel aus Eisen mit tordiertem Schaft, Länge 7,4 cm (nach Fischer, Abb. 51,4).

5. Zügelführungsring aus Bronze, Höhe 4,5 cm (nach Fischer, Abb. 50,3).

6. Eiserne Fibelnadel, zwei Spiralwindungen erhalten, Länge noch 7 cm (nach Fischer, Abb. 51,5).

7. Füßchen oder Zierstück von Bronzegefäß, Länge ca. 2 cm (nach Fischer, Abb. 51,3).

8. Eiserne Klammer, Länge 12 cm (nach Fischer, Abb. 51,6).

9. Fragment. Füßchen eines Bronzegefäßes, Länge noch 3,1 cm (nach Fischer, Abb. 51,2).

Lit.: F. Fischer, Der Heidengraben bei Grabenstetten. Ein keltisches Oppidum auf der Schwäbischen Alb. Führer zu vor- und frühgesch. Denkmälern in Baden-Württemberg 2 (Stuttgart ³1982), dort umfangreiches Literaturverzeichnis. J. Biel, Arch. Ausgr. 1976, 24 f.; ders., Der keltische Heidengraben nördlich Erkenbrechtsweiler, Kr. Esslingen. Arch. Ausgr. Baden-Württemberg 1981, 77 ff.; U. Klein, ebd. 208; Bittel/Kimmig/Schiek, Die Kelten in Baden-Württemberg 352 ff.

Ohne Abb.

– RS von Topf mit steilem Rand, Dm. 14 cm, ziegelroter Ton (Fischer Abb. 52,7).

– RS von Schüssel mit leicht eingebogenem verdicktem Rand, Dm. 22 cm, dunkelgrauer Ton (Fischer, Abb. 52,10).

– RS von Schale mit leicht ausgebogenem Rand, Dm. 21 cm, brauner Ton, wohl Frühlatène (Fischer, Abb. 52,1).

– RS von Schüssel mit eingebogenem Rand, Dm. 26 cm, grauer harter Ton (Fischer, Abb. 52,2).

– RS von Schüssel mit eingebogenem Rand, Dm. 24 cm, brauner Ton (Fischer, Abb. 52,3).
– RS von Schüssel mit gerade abgestrichenem Rand, Dm. 31 cm, brauner Ton (Fischer, Abb. 52,4).

432. Hayingen-Indelhausen RT
Gerberhöhle
7722

Bei den Grabungen von U. Binder (1950) in der Gerberhöhle wurden auch SLT-Scherben und eine Potinmünze gefunden. Allerdings befindet sich unter den Funden im WLM nichts, das man in die Mittel- oder Spätlatènezeit datieren könnte. Es sind aber noch Funde im Besitz von Binder verblieben. Nach seiner Beschreibung waren unter den Scherben auch Reste von rot-weiß bemalter Keramik.
In einem Abri bei der Gerberhöhle fand G. Riek neben anderer vorgeschichtlicher Keramik auch eine jüngerlatènezeitliche Kammstrichscherbe.
Funde: WLM o. Nr.; Priv.Bes.
Ohne Abb.
– WS, brauner, sehr harter Ton, grobe mineralische Magerung, feiner unregelmäßiger Kammstrich (Biel, Taf. 108B).
Lit.: Binder, Nacheiszeitliche Funde 25 f.; Ortsakten LDA Tübingen; Biel, Höhensiedlungen 281 f., Taf. 108B.

433. Hayingen-Münzdorf RT
Bettelmannshöhle
7622

Aus der Bettelmannshöhle im Lautertal, gegenüber von Burg Derneck, stammen vorgeschichtliche Funde, darunter eine Eisenfibel vom Spätlatèneschema. Ein Fragment eines Hohlblechringes könnte in die frühe oder jüngere Latènezeit gehören.
Verbleib: WLM Inv.-Nr. A 310.
Taf. 66 C
– Drahtförmige Eisenfibel vom Spätlatèneschema, Länge noch 6,8 cm, vierschleifige Spirale mit innerer Sehne (nach Bittel, Taf. 11,9).
Lit.: Fundber. Schwaben 18, 1910, 20; Bittel, Kelten 23, Taf. 11,9; OAB Münsingen, 228; Rieth, Schwäb. Alb 248; Binder, Nacheiszeitliche Funde 7; Binder, Höhlenführer 165; Biel, Höhensiedlungen 216.

433 A. Hayingen-Münzdorf RT
Höhle im Tiefental
7622

Bei Grabungen nach 1910 und 1950 (Binder) in einer Höhle im Tiefental (Tiefentalgrotte II), 0,8 km NO, Distr. Dernecker Wald, Abt. V „Viehtrieb", wurden auch spätkeltische und römische Scherben gefunden.
Verbleib: WLM Inv.-Nr. A 36/58.
Lit.: Fundber. Schwaben N.F. 9, 1935–38, 38; Binder, Nacheiszeitliche Funde 84.

434. Hohenstein-Meidelstetten RT
Stockäcker
7621

1853 wurde in Flur Stockäcker ein Regenbogenschüsselchen (Viertelstater, Streber 98) gefunden.
Verbleib: Priv.Bes.
Lit.: FMRD II 3 Nr. 3140–1; Fundber. Schwaben 9, 1901, 38 Nr. 399,1 (wohl dieses Stück gemeint); Fundber. Schwaben N.F. 4, 1926/28, 107 Nr. 1; OAB Münsingen, 229; Bittel, Kelten 33 Nr. 74a.

435. Hohenstein-Meidelstetten RT
Am Bernlocher Weg
7621

Am Bernlocher Weg wurde im Garten von Haus Nr. 24 ein Regenbogenschüsselchen (Viertelstater, Streber 98) gefunden.
Verbleib?
Lit.: FMRD II 3 Nr. 3140–2; Fundber. Schwaben N.F. 4, 1926/28, 107 Nr. 2; Bittel, Kelten 33 Nr. 74b.

436. Hohenstein-Meidelstetten RT
Tuchbleiche
7621

Auf der Flur Tuchbleiche am Ortsrand von Meidelstetten wurde eine Potinmünze (Catalauni, Forrer 7) gefunden.
Verbleib: Priv.Bes.
Lit.: FMRD II 3 Nr. 3140–3; Fundber. Schwaben N.F. 4, 1926/28, 107 Nr. 3; Bittel, Kelten 33 Nr. 74c.

437. Lichtenstein-Honau RT
Locherstein
7521

0,5 km OSO von Honau liegt der Traifelberg mit dem Felsmassiv „Locherstein", in dem mehrere kleinere Grotten liegen. In einer dieser Höhlen fand G. Riek bei einer Grabung 1930 bis in einer Tiefe von 1,40 m vorrömische Reste. Darunter befanden sich „viele Scherben der Hallstatt- und Latènezeit", eine große Gagatperle, bronzene Armringe, ein Ohrring und Bronzeblechröhrchen. Daneben kamen in gestörter Fundlage auch menschliche Skelettreste zum Vorschein, weshalb Riek auf Reste von Bestattungen schloß. NW dieser Grotte I konnte A. Rieth 1933 in einer kleineren Grotte II eine Feuerstelle mit zahlreichen kammstrichverzierten Scherben untersuchen.
Funde: WLM Inv.-Nr. A 30/178; A 34/160–161; V 66, 103.
Taf. 62
1. RS von dickwandiger Schüssel mit steilem Rand, Dm. 33 cm, dunkelgrauer harter Ton, grobe mineralische Magerung, Oberfläche etwas geglättet, rotbraun, überglätteter Spatelstrich.
2. RS von Schüssel mit eingebogenem Rand, Dm. 27,5 cm, mittelgrauer Ton, leicht seifig, mittelfeine mineralische Magerung, Oberfläche leicht porös, etwas geglättet; nachgedreht.
3. RS von Schüssel mit steil aufgebogenem Rand, Dm. 27,8 cm, mittelgraubrauner harter Ton, grobe mineralische Magerung, dunkelgraubraune Oberfläche, etwas geglättet.
4. RS von Schüssel mit eingebogenem Rand, Dm. 22 cm, mittelgrauer sandiger Ton, feine mineralische Magerung, dunkelgraue Oberfläche, geglättet.
5. RS von Schüssel mit eingebogenem Rand, DSW, Dm. 27,7 cm, hellgrauer harter Ton, feine mineralische Magerung, sandige Oberfläche, abgewittert, sekundär verbrannt.
6. RS von feinkeramischer Schüssel mit eingebogenem Rand, DSW, Dm. 21,5 cm, hellgrauer harter Ton, feine mineralische Magerung, Oberfläche abgeplatzt, sekundär verbrannt.
7. RS von Schüssel mit steilem Rand, Dm. ca. 21 cm, mittelgrauer harter Ton, mittelfeine mineralische Magerung, mittelbraune glatte Oberfläche, etwas porös, Ansatz von Kammstrich.
8. BS, steilwandig, Dm. 19,2 cm, mittelgraubrauner harter Ton, grobe mineralische Magerung, Kalksteinchen, rotbraune blättrige Oberfläche, abgewittert, kräftiger Kamm- und Spatelstrich.
9. BS, steilwandig, feinkeramisch, DSW, Dm. 10,5 cm, hellgrauer sehr harter Ton, sehr feine mineralische Magerung, hellbraune glatte Oberfläche, Standrille.
10. RS von feinkeramischer Schüssel mit eingebogenem

Rand, DSW, Dm. 15 cm, hellbraungrauer harter Ton, sehr feine mineralische Magerung, dunkelgraue glatte Oberfläche.

11. WS, mittelbrauner spröder Ton, grobe mineralische Magerung, rotbraune rissige Oberfläche, kräftiger Kammstrich.

12. WS, mittelgrau-rotbrauner Ton, leicht sandig, mittelfeine mineralische Magerung, rauhe Oberfläche, etwas porös, sehr grober Spatelstrich.

13. RS von Schüssel oder Napf mit Steilrand, dunkelgrauer harter Ton, mittelfeine mineralische Magerung, graubraune Oberfläche, etwas geglättet.

Lit.: Fundber. Schwaben 20, 1912, 13; Fundber. Schwaben N.F. 5, 1929, 40 f.; Fundber. Schwaben N.F. 8, 1933/35, 87; Bl. des Schwäb. Albvereins 47, 1935, 128; Rieth, Schwäb. Alb 248; J. Biel in: Fundber. Baden-Württemberg 1, 1974, 57 (neolith. Funde); Binder, Höhlenführer 86.

438. Mehrstetten RT
Fleckenhau?
7623

A. Kley fand vor längerer Zeit in einem alten Grabungstrichter eines Grabhügels bei Mehrstetten jüngerlatènezeitliche Scherben und ein Wetzsteinfragment (nach Mitt. A. Kley, Geislingen). Da einige Scherben zusammenpassen, könnte es sich um die Reste einer Nachbestattung handeln, die bei einer Raubgrabung zerstört worden ist. Die genaue Lage des Grabhügels ist unbekannt, möglicherweise handelt es sich um einen der bei H. Zürn beschriebenen Hügel in Flur „Fleckenhau", 2,5 km NW vom Ort: Hier wurde schon 1905 von Sautter gegraben, wobei bronzezeitliche und latènezeitliche Funde zum Vorschein kamen.

Funde: Priv.Bes.

Taf. 66 A

1. RS von Schüssel mit steil aufgebogenem und verdicktem Rand, Dm. 32 cm, dunkelgraubrauner weicher Ton, grobe mineralische und organische Magerung, Kalksteinchen, glatte Oberfläche, sehr porös, nachgedreht?

2. RS von kleinem Topf mit sichelartigem Wulstrand, Dm. 12 cm, rotbrauner harter Ton, etwas porös, mittelfeine mineralische Magerung, lederartige Oberfläche, etwas porös, nachgedreht?

3. RS von Schüssel mit nach innen gestrichenem Rand, dunkelgrau-rotbrauner harter Ton, feine mineralische Magerung, glatte Oberfläche

4. RS von feinkeramischem Topf mit ausgebogenem Wulstrand, DSW, Dm. 16 cm, hellbraun-rötlicher Ton, mäßig hart, sehr feine mineralische Magerung, mit roten und weißen Partikeln (Schamott?), Oberfläche abgewittert; evtl. ursprünglich bemalt?

5. RS von feinkeramischer Flasche, DSW, Dm. 10 cm, mittelgrauer harter Ton, sehr feine mineralische Magerung, dunkelgraue glatte Oberfläche, im Halsbereich Glättlinien.

6. RS von feinkeramischem Becher, DSW, Dm. 12 cm, hellbraun-rötlicher harter Ton, sandig, mittelfeine mineralische Magerung, hellgraue rauhe Oberfläche, sekundär verbrannt?

7. RS von Schüssel mit verdicktem und abgestrichenem Rand, dunkelgraubrauner weicher Ton, mittelfeine mineralische Magerung, organisch verunreinigt, glatte Oberfläche, etwas porös.

8. WS, dunkelgrauer harter Ton, feine mineralische Magerung, Oberfläche etwas porös, unregelmäßiger Kammstrich, innen Reste von Pichung.

9. WS, dunkelgraubrauner weicher Ton, mittelfeine mineralische und organische Magerung, wenig Kalksteinchen, poröse Oberfläche, regelmäßiger Kammstrich.

10. WS, mittelgraubrauner blättriger Ton, grobe minerali-

sche Magerung, Kalksteinchen, Oberfläche etwas porös, unregelmäßiger Kammstrich.

11. WS, dunkelbrauner harter Ton, feine mineralische Magerung, wenig Kalksteinchen, dunkelgraue stumpfe Oberfläche, Reste von flächiger Warzenverzierung.

12. Fragment von rötlich-grauem Wetzstein, Länge noch 4,5 cm, rechteckiger Querschnitt, ca. 1,7 x 1,9 cm.

Lit.: Zürn, Grabfunde 137; Bittel, Kelten 15; Fundber. Schwaben 13, 1905, 10.

439. Mehrstetten RT
Hohlenstein
7623

2 km NNW vom Ort wurde 1933 von G. Riek eine verschüttete Höhle im Hohlenstein ausgegraben. Unter einer Schicht mit mittelalterlicher Funden kamen dabei hallstattzeitliche und spätkeltische Scherben zum Vorschein.

Funde: WLM (Kriegsverlust?).

Lit.: Fundber. Schwaben N.F. 8, 1933/35, 89; Rieth, Schwäb. Alb 248.

440. Metzingen RT
Bongertwasen
7421

Auf dem Bongertwasen wurde „vor langer Zeit" ein Regenbogenschüsselchen (Streber 58) gefunden.

Verbleib: MK Stuttgart ZV 3120, 57 c. 4.

Lit.: FMRD II 3 Nr. 3172–9; Fundber. Schwaben 20, 1912, 54 Nr. 18; Bittel, Kelten 33 Nr. 77d.

441. Metzingen RT
Bei Metzingen
7421

In der Umgebung von Metzingen wurden schon öfters Regenbogenschüsselchen gefunden; von den erhaltenen bzw. noch bekannten Stücken sind die Fundumstände meist überhaupt nicht oder nur sehr ungenau bekannt:

– Regenbogenschüsselchen (Viertelstater, vgl. Sixt Abb. 10), gefunden vor 1898.

– Regenbogenschüsselchen (Stater), gefunden 1888.

– Regenbogenschüsselchen (Stater, vgl. Sixt Abb. 7), gefunden 1880.

– Regenbogenschüsselchen (Stater, Streber 57), vor 1898 gefunden.

– zwei Regenbogenschüsselchen (Statere, Streber 52), vor 1898 gefunden.

– Regenbogenschüsselchen (Stater, Streber 10), 1842 bei Metzingen gefunden.

– Regenbogenschüsselchen (Streber 19/21), gefunden vor 1898.

– Regenbogenschüsselchen (Streber 47), vor 1877 in einem Weinberg bei Metzingen gefunden.

– Regenbogenschüsselchen (Nominal nicht bekannt), Fundort angeblich Metzingen.

Es muß auch damit gerechnet werden, daß hier Reste eines Münzhortes vorliegen.

Verbleib: MK Stuttgart ZV 1630; 57, 3; Arch. Slg. Tübingen (Münzkabinett); Mus. Tübingen.

Lit.: FMRD II 3 Nr. 3172–1 bis 10; Nr. 3173; Fundber. Schwaben 6, 1898, 43 Nr. 50; Fundber. Schwaben 12, 1904, 83 a) 6, 84 c) 1, 84 d) 4–6, 85 e) 8, 87 f) 1, 92 a) 1–2; Nestle, Kgr. Württemberg Nr. 141; Bittel, Kelten 33 Nr. 77; Fischer Heidengraben 161 Nr. 21.

442. Metzingen-Neuhausen RT
Bei Neuhausen
7421

Vor 1898 wurde bei Neuhausen ein Regenbogenschüsselchen (Viertelstater) gefunden.
Verbleib: Mus. Reutlingen (ehem. Slg. Eisenlohr).
Lit.: FMRD II 3 Nr. 3174–1; Fundber. Schwaben 6, 1898, 48 Nr. 1; Fundber. Schwaben 12, 1904, 89 1) 6; Bittel, Kelten 33 Nr. 86.

443. Münsingen-Hundersingen RT
Im Ort
7622
In Hundersingen wurden 1906 „in einem Schüttloch hinter dem Haus von Frau Mautz" angeblich SLT-Scherben und eine „eiserne Pflugschar" (es handelt sich um ein Sech) gefunden.
Funde: WLM Inv.-Nr. A 12 641 (Kriegsverlust?).
Lit.: Fundber. Schwaben 15, 1907, 29, Taf. V,8.

444. Pfronstetten-Geisingen RT
Grastelhöhle
7722
In der Grastelhöhle in Flur „Hengst" fand sich das Fragment einer latènezeitlichen Schale; JLT?
Verbleib: Priv.Bes.
Lit.: Ortsakten LDA Tübingen.

445. Pfullingen RT
S Stadtgebiet
7521
Im S Stadtgebiet von Pfullingen sind immer wieder in den mächtigen Kalktufflagen des Echaztals vorgeschichtliche Funde zum Vorschein gekommen. Darunter befinden sich auch zahlreiche spätkeltische Reste, die auf eine Siedlung in der nächsten Umgebung hinweisen.
1934 wurde in der Tuffsandgrube hinter der Klosterstraße (Haus Nr. 51 und 53) in 1,5 m Tiefe eine Kulturschicht mit Resten eines Latènetopfes angeschnitten. Im gleichen Jahr wurden bei der Papiermühle am S-Rand der Stadt in Flur „Brühl", dicht O der Weberei Burkhardt im Tuff zwei eiserne Tüllenbeile und eine spätlatènezeitliche Scherbe gefunden.
1935 stieß man 150 m O der „Pfullinger Hallen" beim Bau des Kraftwerks in 3 m Tiefe im Tuff mehrfach auf Spätlatènekeramik.
In der Nähe des Südbahnhofs kamen 1941 in einer Baugrube beim „mittleren Werk" der Weberei Burkhardt wiederum in 3 m Tiefe Scherben zum Vorschein.
Die Fundstellen liegen so nahe beieinander, daß man sie als Hinweis auf einen größeren Siedplatz verstehen könnte.
Funde: Mus. Pfullingen, WLM Inv.-Nr. A 35/11.
Taf. 65 B: Flur Brühl
1. Eisernes Tüllenbeil.
2. Eiserne Tüllenaxt.
3. RS von tonnenförmigem Topf mit leicht ausgebogenem Rand, grober Kamm- und Spatelstrich.
Taf. 65 C: Kraftwerk Burkhardt
1a.–1b. Großes Fragment von Topf mit ausgebogenem Rand, flächige Verzierung mit Kammstrich-Grübchen.
2. RS von Schüssel mit nach innen gestrichenem Rand, DSW, durchbohrt.
3. RS von Schüssel mit gerilltem Rand, DSW, römisch?
4. RS von Topf mit leicht ausgebogenem Rand, vertikaler Kammstrich, auf der Schulter horizontal überstrichen.
5. RS von Schüssel mit Kragenrand, DSW, römisch?
6. Fragment von eisernem Tüllenmeißel, Schneide abgebrochen, offene Tülle.
7. Eiserner Haken, S-förmig.(Abb. nach Rieth, Abb. 7 und 8)

Lit.: Reutlinger Geschichtsblätter 38/39, 1931/32, 11; Fundber. Schwaben N.F. 8, 1933/35, 90 f.; Fundber. Schwaben N.F. 9, 1935/38, 78; A. Rieth, Vorgeschichtliche Funde aus dem Kalktuff der Schwäbischen Alb und des württembergischen Muschelkalkgebiets. Mannus 30, 1938, 562 ff.; Fundber. Schwaben N.F. 11, 1938/50, 96; R, Kreutle, Denkmalpfl. Baden-Württemberg 21, 1992, 78 ff.

446. Pfullingen RT
Wackerstein
7521
Ca. 3 km S von Pfullingen ragt das Felsmassiv des „Wackersteins" aus dem Albtrauf heraus. Der Berg ist nur noch durch einen sehr schmalen Felsgrat mit der Albhochfläche verbunden, von seinem nach SO abfallenden Rücken stammen einige vorgeschichtliche Funde. Direkt unterhalb der gegen NW steil abfallenden Felswand wurden 1974 von K. Ponradl zahlreiche Spätlatènescherben gefunden, aus denen sich einige Gefäße rekonstruieren ließen.
Die Felswand ist an dieser Stelle von Klüften und kleinen Höhlen durchzogen, von denen einige begehbar sind. Die Fundstelle erinnert von ihrer Topographie her sehr stark an die Plätze in den Felsgruppen des oberen Donautals (vgl. etwa Kat.-Nr. 640).
Funde: Mus. Pfullingen, Priv.Bes. K. Ponradl (Die meisten der folgenden Beschreibungen stammen von J. Heiligmann, der mir das Material freundlicherweise überlassen hat).
Taf. 63
1. RS und WS von feinkeramischer Flasche, DSW, Dm. ca. 14 cm, graubrauner harter Ton, feine mineralische Magerung, glatte Oberfläche, eingeglättete Linien und Wellenbänder, Rippen im Halsbereich.
2. RS und WS von feinkeramischer Flasche, DSW, Dm. 11,4 cm, schwarzbrauner harter Ton, feine mineralische Magerung, glatte Oberfläche, eingeglättete Horizontallinien und Wellenbänder, Rippe im Halsbereich.
3. WS von feinkeramischer Flasche, DSW, grauer harter Ton, feine mineralische Magerung, glatte Oberfläche, horizontale Glättlinien.
4. RS von steilwandigem Topf oder Schüssel, feinkeram.isch DSW, Dm. ca. 14 cm, braungrau-schwarzer sandiger Ton, sehr feine mineralische Magerung, glänzende Oberfläche, horizontaler Glättstreifen.
5. RS von feinkeramischem Topf mit ausgebogenem Rand, DSW, Dm. 15 cm, rötlichbrauner harter Ton, leicht sandig, mittelfeine mineralische Magerung, Oberfläche abgewittert, Rippe im Halsbereich.
6. RS von Topf mit ausgebogenem Rand (?), graubrauner Ton, mittelfeine mineralische Magerung, Oberfläche leicht glänzend.
7. RS von Topf oder Schale mit ausgebogenem Rand, profiliert, dunkelgraubrauner Ton, feine mineralische Magerung, Oberfläche etwas geglättet.
8. RS von Topf mit nach außen gestrichenem Steilrand, Dm. ca. 29 cm, dunkelbraun-schwarzer Ton, mittelfeine mineralische Magerung, Oberfläche etwas geglättet, Reste von Pichung.
9. Henkelfragment, rotbraun-schwarzer Ton, mittelfeine mineralische Magerung, rauhe Oberfläche, Latène?
Taf. 64
1. RS und WS von Topf mit ausgebogenem Rand, Dm. ca. 19 cm, dunkelbraun-schwarzer harter Ton, mittelfeine mineralische Magerung, glänzende Oberfläche, Kammstrich, darüber Kammstrich-Grübchen.
2. RS und WS von tonnenförmigem Topf mit Simsrand, Dm.

ca. 20 cm, dunkelgraubraun-schwarzer Ton, mittelfeine mineralische Magerung, glänzende Oberfläche, Ansätze von Kammstrich, darüber Kammstrich-Grübchen.

3. RS und WS von Topf mit ausgebogenem Rand, Dm. 15,5 cm, dunkelgrauer harter Ton, sandig, mittelfeine mineralische Magerung, rauhe Oberfläche, Randbereich glatt, auf dem Bauch flächige Fingerkniffe.

4. RS von Topf mit leicht ausgebogenem Rand, Dm. ca. 22 cm, braunschwarzer Ton, mittelfeine mineralische Magerung, Oberfläche etwas geglättet, Kammstrichansätze, ausgezogene Kammstrich-Grübchen.

5. BS, steilwandig, Dm. ca. 14,5 cm, dunkelbrauner Ton, mittelfeine mineralische Magerung, Oberfläche leicht glänzend, vertikaler feiner Kammstrich.

6. WS, orangerot-gelbbrauner Ton, grobe mineralische Magerung, glatte Oberfläche, flächige Verzierung durch Kammeinstiche.

7. Fragmente von kleinem Topf mit steil aufgebogenem Rand, Dm. ca. 11 cm, Höhe ca. 12 cm, rotbraun-schwarzer sandiger Ton, mittelfeine mineralische Magerung, glatte Oberfläche, grober Kammstrich, darüber Gürtel aus Kammstrich-Grübchen.

8. RS und WS von kleinem Topf mit steil aufgebogenem Rand, Dm. 9 cm, dunkelgraubrauner harter Ton, mittelfeine mineralische Magerung, Oberfläche leicht glänzend, Kammstrich.

9. RS und WS von bauchigem Topf mit leicht ausgebogenem Rand, Dm. ca. 12 cm, brunschwarzer bis orangeroter Ton, mittelfeine mineralische Magerung, glatte Oberfläche, flächiges Warzenmuster ("Igeltopf").

10. WS, dunkelgraubrauner Ton, leicht porös, mittelfeine mineralische Magerung, Oberfläche etwas geglättet, Kammstrich, schräg überstrichen.

11. WS, dunkelbraun-orangeroter sandiger Ton, feine mineralische Magerung, glänzende Oberfläche, grober Kammstrich.

12. BS, steilwandig, rotgraubrauner harter Ton, grobe mineralische Magerung, Oberfläche etwas geglättet, vertikaler und schräger Kammstrich.

Taf. 65 A

1. RS von Schüssel mit eingebogenem Rand, Dm. 32 cm, graubrauner harter Ton, feine mineralische Magerung, orangerot-braune Oberfläche, etwas geglättet.

2. RS von Schüssel mit eingebogenem Rand, gelbbrauner bis schwarzer sandiger Ton, sehr feine mineralische Magerung, Oberfläche leicht glänzend.

3. RS von Schüssel mit steil aufgebogenem Rand, Dm. 29 cm, orangerot-grauer sandiger Ton, feine mineralische Magerung, Oberfläche etwas geglättet.

4. RS von kleiner feinkeramischer Schüssel mit eingebogenem Rand, DSW, Dm. 11 cm, dunkelgrauer harter Ton, sehr feine mineralische Magerung, Oberfläche abgewittert.

5. RS von Schüssel mit eingebogenem Rand, Dm. 21 cm, dunkelbraungrauer sandiger Ton, feine mineralische Magerung, Kalksteinchen, Oberfläche etwas geglättet.

6. RS von Schüssel mit eingebogenem Rand, grauschwarzer Ton, feine mineralische Magerung, gelbbraune glänzende Oberfläche.

7. RS von Schüssel mit eingebogenem Rand, dunkelgrauer harter Ton, sandig, feine mineralische Magerung, rauhe gelbbraune Oberfläche.

8. RS von Schüssel mit eingebogenem Rand, Dm. 24 cm, schwarzgrauer harter Ton, mittelfeine mineralische Magerung, gelbbraune glatte Oberfläche.

9. RS von Schüssel mit eingebogenem Rand, dunkelgraubrauner Ton, mittelfeine mineralische Magerung, Bohnerz, Oberfläche leicht glänzend.

10. RS von Schüssel mit leicht eingebogenem Rand, orangerot-brauner Ton, feine mineralische Magerung, glatte Oberfläche, etwas verwittert.
Lit.: Fundber. Baden-Württemberg 2, 1975, 326 (ältere Funde).

447. Pliezhausen-Rübgarten RT
Einsiedel
7420
2,1 km W der Kirche von Rübgarten und 0,8 km N des Schlößchens Einsiedel liegt eine Viereckschanze. 1911 und 1912 wurde hier von Bersu gegraben, dabei kamen zahlreiche spätkeltische und römische Scherben zum Vorschein.
Funde: WLM Inv.-Nr. A 446, A 526, A 553, ohne Nr.
Lit.: Bittel/Schiek/Müller, Viereckschanzen 302 ff.

448. Reutlingen RT
Straße nach Bronnweiler
7421
Beim Setzen einer Telegrafenstange links der Straße nach Bronnweiler, ca. 200 m vor der Abzweigung nach Gmindersdorf wurden im April 1939 Spätlatènescherben gefunden, darunter auch eine RS eines Graphittontopfes.
Funde: WLM Inv.-Nr. 41/37 (Kriegsverlust?).
Lit.: Fundber. Schwaben N.F. 11, 1938/50, 96.

449. Reutlingen RT
Bei Reutlingen
7421
Bei Reutlingen wurde 1854 ein Regenbogenschüsselchen (Streber 69) gefunden.
Verbleib: Münzkabinett Tübingen NR I 4A.5.2.
Lit.: FMRD II 3 Nr. 3178–1; Nestle, Kgr. Württemberg Nr. 101, 48; Fundber. Schwaben 6, 1898, 42 Nr. 33, 1; Fundber. Schwaben 12, 1904, 84 c) 5; Bittel, Kelten 34 Nr. 95.

450. Reutlingen RT
Achalm
7421/7521
Angeblich 1877 wurden an der Achalm zwei Regenbogenschüsselchen (Stater, Streber 5; Viertelstater, Streber 96) gefunden. Ob die Münzen zusammen gefunden wurden ist nicht bekannt.
Verbleib: MK Stuttgart ZV 143.
Lit.: FMRD II 3 Nr. 3179–1 u. 2; Württ. Vierteljahreshefte 1878, 45; Fundber. Schwaben 1, 1893, 40 Nr. 101,49–50; Fundber. Schwaben 6, 1898, 42 Nr. 33,2–3; Fundber. Schwaben 12, 1904, 83 a) 5, 88 k) 1; Bittel, Kelten 29 Nr. 3a.b.

451. Reutlingen-Bronnweiler RT
Beim Ort
7520
0,5 km NO vom Ort und 0,2 km ONO von Pkt. 547,8 wurde die RS einer jüngerlatènezeitlichen Schale gefunden.
Verbleib?
Lit.: Ortsakten LDA Tübingen.

452. Reutlingen-Ohmenhausen RT
Reinenberg
7520
Um 1880 wurde in Flur Reinenberg zwischen Ohmenhausen und dem Bahnhof Mähringen ein Regenbogenschüsselchen (Viertelstater, Streber 98) gefunden.
Verbleib: Priv.Bes.

Lit.: FMRD II 3 Nr. 3175–1; Fundber. Schwaben 1, 1893, 40 Nr. 1; Fundber. Schwaben 6, 1898, 42 Nr. 36–1; Bittel, Kelten 34 Nr. 90; Fundber. Schwaben N.F. 7, 1930/32, 62 Nr. 2; Fundber. Schwaben N.F. 8, 1933/35, 122 Nr. 2.

453. Römerstein-Böhringen RT
Rappenfels
7523
3 km SW von Böhringen liegt bei Schloß Aglishardt der Rappenfels, in dem sich einige kleinere Höhlen und Abris befinden. 1932 unternahm Kapff eine Probegrabung in einer Felsnische, er stellte dabei eine Brandschicht mit Knochenresten sowie mittelalterliche, hallstattzeitliche und jüngerlatènezeitliche Scherben fest. 1933 und 1935 führte er weitere Grabungen durch, die neben älteren Funden auch latènezeitliche und römische Funde erbrachten.
Funde: ursprünglich Mus. Urach, WLM?
Lit.: Fundber. Schwaben N.F. 7, 1930/32, 27; Fundber. Schwaben N.F. 8, 1933/35, 23.

454. Römerstein-Zainingen RT
Wanne
7523
In der Flur Wanne, 2,5 km O vom Ort, wurden 1956 in einer Felsspalte jüngerlatènezeitliche Scherben gefunden, u. a. RS von 2–3 Schüsseln mit eingebogenem Rand und kamm- oder besenstrichverzierte WS sowie Graphittonkeramik.
Verbleib: Priv.Bes.
Lit.: Fundber. Schwaben N.F. 14, 1957, 195; Paret, Württemberg 304.

455 A. Sonnenbühl-Erpfingen RT
Bärenhöhle (Erpfinger Höhle)
7621
Ein Loch im Waldboden führte 1834 zur Entdeckung der Erpfinger Höhle (=Karlshöhle/Bärenhöhle). Unter diesem Einstiegsloch befand sich ein 5 m hoher Schuttkegel mit 12 m Durchmesser, der aus Steinen, Erde und Kulturresten von der Bronzezeit bis ins Mittelalter bestand. Unter den Funden waren auch eine Eisenfibel vom MLT-Schema und römische Scherben. Die Keramik soll zum größten Teil hallstattzeitlich gewesen sein.
Verbleib: WLM Inv.-Nr. A 991, 704, 10 440 (z.T. Kriegsverlust?).
Lit.: Bittel, Kelten 20, Taf. 11, 7; Rieth, Schwäb. Alb, 250; Binder, Nacheiszeitliche Funde 2.

455 B. Sonnenbühl-Erpfingen RT
Untere Wässere
7621
0,5 km W der Kirche von Erpfingen kamen 1966 bei Bauarbeiten umfangreiche Siedlungsreste zum Vorschein, die 1966/67 vom LDA untersucht wurden. Erhaltene Hölzer erlaubten dendrochronologische Datierungen: Neben frühmittelalterlichen Baustrukturen (6./7. Jh.) wurden lange Wandgräbchenbauten erfaßt, deren Maße bei ca. 5–9 m Breite und 20–30 m Länge liegen dürften. Damals vorgenommene 14C- und Dendrodatierungen ergaben ein Alter von ca. 300 v. Chr. (dürfte heute aufgrund verschiedener Korrekturen niedriger liegen). Das Fundmaterial konnte 1991 stichprobenartig gesichtet werden, es gehört in ein spätes Mittellatène (LT C2).
Funde: LDA Tübingen, Arch. des Mittelalters.
Lit.: G. P. Fehring, Erpfingen, Kr. Reutlingen. Südwürttemberg. Wüstung im gewann „Untere Wässere". Denkmalpfl. Baden-Württemberg 13, 1970, 74 ff.

456. Sonnenbühl-Genkingen RT
Nägelesbrunnen
7521
2,7 km WSW der Kirche von Genkingen, N von Pkt. 824,1 an der W-Grenze des Walddistrikts X, Abt.4 „Nägelesbrunnen" fanden sich neben urnenfelderzeitlichen und hallstattzeitlichen Scherben auch solche der jüngeren Latènezeit.
Funde: Schulhaus Undingen.
Lit.: Fundber. Schwaben N.F. 16, 1962, 232, 305.

457. Sonnenbühl-Undingen RT
Greutenweg
7621
3,7 km O der Kirche von Undingen liegt in Flur „Greutenweg" eine rechteckige Anlage. 1909 unternahm E. Nägele kleinere Grabungen und stellte eine breite Trockenmauer, aber keinen Graben fest. Bei den Grabungen und 1988 fanden sich neben anderen vorgeschichtlichen und mittelalterlichen Scherben auch typische Stücke aus der jüngeren Latènezeit. Es ist sehr fraglich, ob es sich hier um eine Viereckschanze handelt. In jüngster Zeit wurden hier wieder jüngerlatènezeitliche Scherben aufgelesen.
Funde: LDA Tübingen.
Lit.: Bittel/Schiek/Müller, Viereckschanzen 337 ff.

458. Sonnenbühl-Undingen RT
Schopfloch
7621
1,4 km OSO der Kirche von Undingen fanden sich am N-Hang der Anhöhe „Schopfloch" hallstattzeitliche und latènezeitliche Scherben (angeblich JLT).
Funde: Schulhaus Undingen.
Lit.: Fundber. Schwaben N.F. 16, 1962, 233.

459. Sonnenbühl-Willmandingen RT
Neidwiesen
7620
Um 1880 wurde auf den Neidwiesen, NO der „Betburg" ein Regenbogenschüsselchen (Streber 69) gefunden.
Verbleib: MK Stuttgart ZV 2493.
Lit.: FMRD II 3 Nr. 3188–1; Fundber. Schwaben 17, 1909, 60; Bittel, Kelten 36 Nr. 133.

460. Sonnenbühl-Willmandingen RT
Beim Ort
7620
Bei Willmandingen wurde im 19. Jh. ein Regenbogenschüsselchen (Viertelstater, Forrer 395) gefunden.
Verbleib: Priv.Bes.
Lit.: FMRD II 3 Nr. 3188–3; Fundber. Schwaben 17, 1909, 60; Bittel, Kelten 36 Nr. 133.

461. Sonnenbühl-Willmandingen RT
Heergasse (?)
7620
W vom Ort wurde im 19. Jh. am Bergabhang S der „Heergasse" ein Regenbogenschüsselchen (Viertelstater, Forrer 395) gefunden (identisch mit Nr. 460?).
Verbleib: Priv.Bes.
Lit.: FMRD II 3 Nr. 3188–2; Fundber. Schwaben 17, 1909, 60; Bittel, Kelten 36 Nr. 133.

462. St. Johann-Bleichstetten RT
Rutschenhoffeld
7522
Auf dem Rutschenhoffeld beim „Rutschenbrunnen" wurden neben hallstattzeitlichen auch jüngerlatènezeitliche Scherben gefunden, darunter RS und WS von Graphittonkeramik

(freundl. Mitt. M. Baumhauer). Die Fundstelle liegt unmittelbar vor dem Bergsattel, der den Runden Berg (Kat.-Nr. 400) mit der Albhochfläche verbindet. Da der Rutschenbrunnen zur Wasserversorgung des Runden Berges diente, besteht vielleicht auch ein Zusammenhang mit den latènezeitlichen Funden vom Berg. Bemerkenswert ist eine Bronze- oder Potinmünze (Aduatuker, de la Tour 8868–8881), die 1976 auf einem Acker NW vom Rutschenbrunnen gefunden wurde. Diese Münzen haben ihr Hauptverbreitungsgebiet zwischen Niederrhein und Mainmündung. Sie wurden vermutlich erst im letzten Jahrzehnt v. Chr. geprägt und kommen häufiger in frühen römischen Lagern vor. Für dieses Fundstück ist eine sekundäre Verlagerung nicht auszuschließen.
Verbleib: Priv.Bes.
Lit.: Fundber. Baden-Württemberg 10, 1985, 668.

463. St. Johann-Bleichstetten RT
Rutschenfelsen
7522
An der Felskante des Rutschenfelsen, 2,5 km NO von Bleichstetten, fanden sich hallstattzeitliche Scherben und ein jüngerlatènezeitlicher (?) Schalenrand.
Funde: Priv.Bes.
Lit.: Fundber. Baden-Württemberg 2, 1975, 111.

464. St. Johann-Gächingen RT
Degental
7522
Im unteren Degental, ca. 2,2 km S vom Ort, wurde 1934 bei Drainagearbeiten in den Wiesen in 0,2–0,6 m Tiefe eine Brandschicht mit Knochen, spätkeltischen Scherben und Schlacken angetroffen. Unter den Funden waren neben den hier abgebildeten Stücken RS von Schüsseln und Graphittonscherben. Nur 250 m W von dieser Stelle war schon 1902 ein mittellatènezeitliches Waffengrab entdeckt worden. An der Einmündung des Degentals, nicht weit von der oben beschriebenen Fundstelle, wurden 1978 beim Bau eines Abwassersammelbeckens wieder aus einer Kulturschicht jüngerlatènezeitliche Funde geborgen (Fundmeldung H. Haupter 1983). Diese konnten 1990 besichtigt werden, es handelt sich um Keramik der späten Mittellatènezeit (LT C2).
Funde: WLM Inv.-Nr. A 35/8; Priv.Bes.
Abb. 80
1. WS mit Wellenlinie.
2. WS, unregelmäßiger Kammstrich.

3. WS, Kammstrichbögen und Kammstrich-Grübchen. (Abb. nach Rieth, Mannus 29, 1937, 131 Abb. 7,1–3).
Lit.: Fundber. Schwaben N.F. 8, 1933/35, 86; Rieth, Schwäb. Alb 248; A. Rieth, Neue spätkeltische Funde im Laucherttale der Schwäbischen Alb. Mannus 29, 1937, 124 ff.

465. St. Johann-Gächingen RT
Ortsrand
7522
250 m SSW der Kirche wurden 1966 am Ortsrand, O der Straße nach Gomadingen Scherben der Hallstatt- und Latènezeit gefunden (JLT?).
Funde: WLM Inv.-Nr. V 66/61.
Lit.: Fundber. Schwaben N.F. 18/II, 1969, 67.

466. St. Johann-Gächingen RT
Am Ortsausgang
7522
Am SO-Ausgang des Ortes wurden im Juni 1938 aus einer Schuttschicht in der Baugrube des Hausbaus Dr. Lutz Scherben geborgen, die angeblich latènezeitlich oder römisch waren. Es wurden auch menschliche Skelettreste beobachtet, es könnte sich bei dem Fund um Reste einer zerstörten Bestattung gehandelt haben.
Funde: WLM Inv.-Nr. A 38/227.
Lit.: Fundber. Schwaben N.F. 12, 1938/51, 61.

467. St. Johann-Gächingen RT
Im Schulgarten
7522
Im Schulgarten von Gächingen konnte R. Kapff bei einer Probegrabung im Oktober 1935 unter einer römischen Schuttschicht eine Kulturschicht mit Scherben der Hallstatt- und Latènezeit feststellen. Unter den Funden war auch jüngerlatènezeitliche Keramik, u. a. Graphittonware.
Funde: WLM Inv.-Nr. A 36/25; 12 792.
Lit.: OAB Urach (1909), 124; Fundber. Schwaben N.F. 9, 1935/38, 50; Rieth, Schwäb. Alb 248.

468. St. Johann-Gächingen RT
Birkhof
7522
2,1 km W vom Ort wurde 1892 auf einem Acker S vom Birkhof ein Eisenbarrenhort gefunden. Die zehn (nach Rieth nur neun) Spitzbarren lagen angeblich nebeneinander.
Verbleib: Mus. Reutlingen, WLM Inv.-Nr. 10 595.
Lit.: OAB Urach (1909) 164 f.; Bittel, Kelten 25; Rieth, Schwäb. Alb 250; Stein, Hortfunde 222.

Abb. 80: St. Johann-Gächingen, Degental (Kat.-Nr. 464).

469. St. Johann-Würtingen RT
Längental
7522
5 km N vom Ort wurden 1924 im Längental, 0,5 km O oder NO von der „Schönen Buche", Laténescherben, u. a. Graphittonware, und eine „Eisenluppe" (Barren?) gefunden.
Funde: WLM, ehem. Mus. Urach.
Lit.: Fundber. Schwaben N.F. 5, 1928/30, 56; Bittel, Kelten 46, 25; Rieth, Schwäb. Alb 249.

470. St. Johann-Würtingen RT
Kreuzbühl/Ried
7522
Im Kreuzbühl, 0,5 km NW vom Ort und SW von Pkt. 726,5 wurden 1932 bei Drainagearbeiten Scherben der Hallstatt- und Laténezeit sowie römische Keramik gefunden.
Funde: WLM Inv.-Nr. 32/107
Lit.: Fundber. Schwaben N.F. 7, 1930/32, 38.

471. St. Johann-Würtingen RT
Höhle „Alter Kern"
7522
R. Kapff führte 1938 0,5 km NW des Dorfes mit dem Uracher Altertumsverein eine Probegrabung in der Höhle „Alter Kern" durch. Dabei wurden jüngerlaténezeitliche Scherben gefunden.
Funde: ehem. Mus. Urach?
Lit.: Ortsakten LDA Tübingen.

472. Trochtelfingen RT
Neuwiese
7621
Bei der Anlage des Neubaugebiets „Neuwiese" wurde eine Grube mit jüngerlaténezeitlichen Funden angeschnitten (Fundmeldung Pfannstiel 1989).
Funde: Priv.Bes.
Lit.: Ortsakten LDA Tübingen.

473. Trochtelfingen RT
Im Gatter
7621
Ca. 1,5 km S, am Riedlinger Postweg, wurde in der Flur „Im Gatter" zwischen Trochtelfingen und Mägerkingen ein ganzer dreirippiger Glasarmring aus klarem Glas mit gelber Folie (Haevernick 7a), angeblich zusammen mit „helvetischer Keramik" gefunden. Nach anderen Berichten wurde der Ring zusammen mit eisernen Schwertern gefunden; höchstwahrscheinlich handelte es sich um Grabfunde.
Funde: WLM Inv.-Nr. A 968; A 29/92 (Ehem. Slg. Edelmann).
Lit.: Bittel, Kelten 22; Fundber. Schwaben N.F. 1, 1922, 75; 3. Ber. Mus. vaterländ. Altertümer, Abb. 2,9; Haevernick, Glasarmringe 138 Nr. 76.

474. Trochtelfingen-Hausen an der Lauchert RT
Hanfgärten
7621
Am S Ortsrand von Hausen wurden 1927/28 bei Bauarbeiten in der Flur „Hanfgärten" spätkeltische und römische Scherben sowie eine römische Fibel und eine Bronzenadel gefunden.
Funde: WLM (Kriegsverlust?).
Lit.: RiW III, 314; Fundber. Schwaben N.F. 4, 1926/28, 79.

475. Trochtelfingen-Mägerkingen RT
Gärtnerei Öttle
7721
Auf dem Gelände der Gärtnerei Öttle sollen vorgeschichtliche Scherben gefunden worden sein, darunter auch Graphittonware (nach Rieth nur graphitiert); JLT?
Funde: WLM Inv.-Nr. 1606.
Lit.: Fundber. Schwaben 20, 1912, 24; Fundber. Schwaben N.F. 3, 1924/26, 59; Bittel, Kelten 43; Rieth, Schwäb. Alb 248.

476. Trochtelfingen-Wilsingen RT
Brunnenwiesen
7721
Beim Anlegen des Sportplatzes wurde 1989 in den Brunnenwiesen ein Grundriß eines Vierpfostenbaus mit steingefüllten Gruben aufgedeckt. Neben hallstattzeitlicher Keramik fanden sich auch jüngerlaténezeitliche Scherben. Die Datierung des Grundrisses ist nicht sicher. Weitere Scherben, darunter auch Graphittonware, sollen sich noch in Privatbesitz befinden.
Funde: LDA Tübingen, Priv.Bes.
Lit.: Ortsakten LDA Tübingen.

477. Zwiefalten-Mörsingen RT
Kette
7722
1985 wurden in Flur „Kette" vorgeschichtliche Scherben gefunden, darunter auch Kammstrichware; JLT?
Funde: WLM.
Lit.: Ortsakten LDA Tübingen.

Kreis Ravensburg (RV)

478. Achberg RV
Beim Ort
8324
Aus der Umgebung von Achberg sollen mindestens drei Regenbogenschüsselchen stammen (Streber 44, Streber 53/54, Streber 52/53); vielleicht gehört auch noch ein viertes dazu (Nominal und Typ unbekannt). Ob die Münzen zusammen gefunden wurden, ist nicht bekannt; sie sind 1860 als Bestandteil der Slg. von Mayenfisch, Sigmaringen, genannt.
Verbleib: Priv.Bes.?
Lit.: FMRD II 3 Nr. 3248–1-3; H. Schreiber, Taschenbuch für Geschichte und Alterthum in Süddeutschland III (1841) Taf. II,5; Fundber. Schwaben 1, 1893, 46; Fundber. Schwaben 12, 1904, 85 d) 8–10; Bittel, Kelten 29 Nr. 4a–c.

479. Altshausen RV
Beim Ort
8023
Bei Altshausen wurde im 19. Jh. ein Regenbogenschüsselchen (Viertelstater, Streber 83) gefunden.
Verbleib?
Lit.: FMRD II 3 Nr. 3227–1; Nestle, Kgr. Württemberg Nr. 244, 3; Fundber. Schwaben 12, 1904, 87 c) 3; Bittel, Kelten 29 Nr. 7.

480. Bad Wurzach-Arnach RV
Beim Ort
8125
Unter der Fundortangabe Arnach befinden sich im WLM als Altfunde eine Eisenlanzenspitze und das Fragment einer eisernen Tüllenaxt.
Es könnte sich um einen Grabfund der Mittellaténezeit oder um jüngerlaténezeitliche Einzelfunde handeln.
Funde: WLM Inv.-Nr. 41/35.
Lit.: Fundber. Schwaben N.F. 11, 1938–50, 85.

481. Baienfurt RV
Bei der Römerstraße
8123
In der Nähe der Römerstraße wurden 1872/73 drei Eisenspitzbarren gefunden, sie lagen angeblich nebeneinander.
Verbleib: Mus. Ravensburg; Mus. Ulm; WLM Inv.-Nr. A 510.
Lit.: Fundber. Schwaben 20, 1912, 33; Bittel, Kelten 24 Nr. 13; Krahe, Oberschwaben 276 Nr. VII, 3; Ortsakten LDA Tübingen; Stein, Hortfunde 221.

482. Baindt RV
Kreuzbühl
8123
3,5 km N der Kirche von Baindt liegt in der Waldabteilung „Kreuzbühl" eine Viereckschanze. 1,1 km SO liegt im „Sulpacher Wald" eine weitere Schanze (s. u.).
Lit.: Bittel/Schiek/Müller, Viereckschanzen 124 ff.

483. Baindt RV
Sulpacher Wald
8124
2,9 km N der Kirche von Baindt liegt im „Sulpacher Wald" eine Viereckschanze. 1,1 km NW liegt die Schanze im „Kreuzbühl"(s. o.).
Lit.: Bittel/Schiek/Müller, Viereckschanzen 126 ff.

484. Bodnegg-Oberaich RV
Bei der Brunnenstube
8224
150 m S vom Ort wurden 1930 im Ried bei der "Brunnenstube" in ca. 1,5 m Tiefe sechs Eisenspitzbarren gefunden.
Verbleib: WLM Inv.-Nr. A 31/4; Mus. Ravensburg; Priv.Bes.
Lit.: Fundber. Schwaben N.F. 7, 1930–32, 43; Bittel, Kelten 25 Nr. 19, Krahe, Oberschwaben 277 Nr. VII, 9; Stein, Hortfunde 221 f.

485. Horgenzell-Zogenweiler RV
Eiben
8122
0,3 km W vom Ort wurden 1934 beim Pflügen in der Flur „Eiben" in 15–20 cm Tiefe zwei Eisenspitzbarren gefunden.
Verbleib: Klosterslg. Weingarten; WLM Inv.-Nr. A 35/25.
Lit.: Fundber. Schwaben N.F. 8, 1933–35, 94; Krahe, Oberschwaben 281 Nr. VII, 35; Stein, Hortfunde 225; Ortsakten LDA Tübingen.

486. Ravensburg-Riesen RV
Beim Hof Riesen
8223
4 km SW von Ravensburg wurde beim Hof Riesen vor längerer Zeit ein Spätlatèneschwert mit Resten der Scheide gefunden. Angeblich wurde es von Graf v. Uexküll auf einer Wiese beim Hof „Riesen" ausgegraben.
Verbleib: Mus. Konstanz.
Ohne Abb.
– Eisenschwert mit (asymmetrischem?) glockenförmigem Heftabschluß, Länge 94 cm, rautenförmiger Klingenquerschnitt, auf der unteren Hälfte Reste der zweischaligen Scheide aus Eisenblech, darauf Gewebeabdrücke und Reste von Querstegen.Vgl. Skizze von E. Wahle in Fundber. Schwaben N.F. 4, 1926–28, 64 Abb. 36).
Lit.: Fundber. Schwaben N.F. 4, 1926–28, 64 Abb. 36; Bittel, Kelten 24; Krahe, Oberschwaben 280.

Kreis Rottweil (RW)

487. Dietingen-Böhringen RW
Klosterbühl
7718
1971 wurde im Bereich des römischen Gutshofes im Klosterbühl das Fragment eines profilierten Glasarmrings, blaues Glas, fünf Rippen (Haevernick 7a) gefunden.
Verbleib: LDA Freiburg.
Taf. 66 D
– Fragment von blauem Glasarmring mit fünf Rippen (Haevernick 7a). Nach Fundber. Baden-Württemberg 8, 1983, 265 Abb. 80.
Lit.: Fundber. Baden-Württemberg 8, 1983, 265, Abb. 80.

488. Epfendorf-Harthausen RW
Müllteich
7717
1916 wurde in Flur „Müllteich" bei Harthausen ein Regenbogenschüsselchen (Streber 31) gefunden.
Verbleib: MK Stuttgart ZV 3664.
Lit.: FMRD II 3 Nr. 3198–1; Fundber. Schwaben N.F. 1, 1917/22, 102 Nr. 1.

489. Oberndorf am Neckar RW
Kameralamtstraße
7717
1962 wurden bei der Erweiterung der Kreissparkasse in der Kameralamtstraße vorgeschichtliche Siedlungsreste angeschnitten. Die Fundstelle liegt auf einem Plateau über der linken Seite des Neckars. Die Befunde kamen in ca. 1,30 m Tiefe in einer Kiesschicht zum Vorschein. Es fanden sich jüngerlatènezeitliche Scherben sowie Hüttenlehm, Holzkohle, Tierknochen und ein menschlicher Schädel.
Verbleib: Mus. Oberndorf.
Taf. 67 C
1. RS von Schüssel mit steil aufgebogenem Rand, Dm. 23,8 cm, Reste von Spatelstrich (?).
2. RS von Schüssel mit steil aufgebogenem Rand.
3. BS, steilwandig, feinkeramisch, DSW, Dm. 7,9 cm, Standring.
4. WS, flächige Verzierung mit Fingernagelkerben.
5. RS von Schüssel mit steil aufgebogenem und verdicktem Rand.
6. RS und WS von Napf oder Schüssel mit eingebogenem Rand, Höhe ca. 6,6 cm, Reste von schwachem Spatelstrich.
7. RS von Topf oder Schale, Dm. 22 cm.
8. RS von Schüssel mit eingebogenem Rand, Dm. 16,8 cm.
9. RS von Schüssel mit eingebogenem Rand.
10. RS von Topf (?) mit Wulstrand.
11. WS, auf der Schulter rhombische Stempeleindrücke oder Kammeinstiche.
(Abb. und Beschr. nach Fundber. Baden-Württemberg 2, 1975, Taf. 244C).
Lit.: Fundber. Baden-Württemberg 2, 1975, 124, Taf. 244C.

490. Oberndorf am Neckar RW
Eichwald
7717
2,9 km SW des Bahnhofs von Oberndorf liegt im Wald „Eichwald" die Viereckschanze „Schwedenschanze". 1921 wurde hier von Paret gegraben, dabei fand sich eine Kammstrichscherbe.
Verbleib: WLM Inv.-Nr. A 1223.
Lit.: Bittel/Schiek/Müller, Viereckschanzen 291 ff.

491. Oberndorf am Neckar-Bochingen RW

Breite/Rankäcker

7717

1 km SO von Bochingen wurde 1975 an der Straße nach Trichtingen in Flur „Breite" oder "Rankäcker" eine kammstrichverzierte Scherbe der jüngeren Latènezeit (?) gefunden.

Verbleib: Mus. Oberndorf.

Lit.: Fundber. Baden-Württemberg 8, 1983, 236.

492. Oberndorf am Neckar-Boll RW

Burgstall

7617

1,3 km NW von Boll liegt im Wald „Burgstall" eine Viereckschanze. Vor 1968 wurde 80 m N der N-Ecke und S des Weges, der die Anlage durchquert, jüngerlatènezeitliche und neuzeitliche Keramik gefunden.

Funde: Mus. Oberndorf.

Lit.: Bittel/Schiek/Müller, Viereckschanzen 295 ff.

493. Rottweil RW

Bei Rottweil

7817

Angeblich wurden bei oder in Rottweil die folgenden keltischen Münzen gefunden. Ein Teil der Stücke ist heute verschollen.

1. Goldstater, „Arverni" (de la Tour 3614), mit Anfeilspur.
2. Goldstater, „Arverni" (de la Tour 3614), Prüfhiebe und Feilspuren.
3. Goldener Viertelstater, „Arverni" (de la Tour 3629var.).
4. Goldstater, „Helvetii" (de la Tour 9302), gelocht (nach Goessler stammt das Stück aus Weilersbach in Baden).
5. Regenbogenschüsselchen (Viertelstater), 1936 gestohlen.

Zwei bei Nestle erwähnte keltische Silbermünzen stammen nicht von Rottweil.

Verbleib: Mus. Rottweil Inv.-Nr. A 1, A 3, A 4; verschollen.

Lit.: FMRD II 3 Nr. 3211; Nestle, Kgr. Württemberg Nr. 113; Fundber. Schwaben 6, 1898, 43 Nr. 41 4 und 5; Fundber. Schwaben 12, 1904, 64, 66 (3–5); Goessler, Arae Flaviae 12 ff.; Bittel, Kelten 34 Nr. 100; E. Nuber, Die antiken Münzen aus Rottweil. In: Arae Flaviae IV. Forsch. u. Ber. Vor- u. Frühgesch. Baden-Württemberg 28 (Stuttgart 1988) 284.

494. Rottweil RW

Aus Rottweil

7817

Als Altfund liegt im Museum Rottweil das Fragment einer bronzenen Spiralfibel mit bandförmigem Bügel, der gegen die Spirale leicht ausschwingt. Nach Planck handelt es sich um eine römische Fibel, nach der Abbildung kann es auch eine Spätlatènefibel vom Typ Lauterach sein.

Verbleib: Mus. Rottweil.

Taf. 67 B

– Fragment von Bronzefibel mit bandförmigem Bügel, gegen die Spirale verbreitert; auf dem Bügel zwei Längsrillen; Spirale hatte ursprünglich wohl vier Windungen und untere Sehne. Länge noch 3,4 cm (Nach Planck, Arae Flaviae I, Taf. 67,9).

Lit.: Planck, Arae Flaviae I, Teil II 28, Taf. 67,9.

495. Rottweil RW

Hochmauren

7817

Von der Flur Hochmauren stammt aus römischen Fundzusammenhängen das Fragment eines fünfrippigen Glasarmrings, blaues Glas mit gelber und weißer Auflage (Haevernick 7b).

Verbleib: Mus. Rottweil.

Lit.: P. Goessler, Führer durch die Altertumshalle (1932) Taf. 23; Haevernick, Glasarmringe 149 Nr. 200.

496. Rottweil RW

Nikolausfeld

7817

Beim Bau des Hauses Hölderlinstr. 5 wurden 1939 auf dem Nikolausfeld neben römischen vorgeschichtliche Befunde angetroffen. Neben bandkeramischen Scherben kam dabei auch eine RS eines jüngerlatènezeitlichen (?) Bechers zum Vorschein. Die Verzierung ist für spätlatènezeitliche DSW allerdings sehr ungewöhnlich.

Verbleib: Mus. Rottweil.

Taf. 67 A

– RS von feinkeramischem Becher oder Tonne, DSW, dunkelgrauer Ton, schwarze seifige Oberfläche, horizontale Reihe von Fingerkniffen (nach Fundber. Baden-Württemberg 10, 1985, 520).

Lit.: Fundber. Baden-Württemberg 10, 1985, 520, Taf. 51A.

497. Rottweil-Bühlingen RW

Beim Ort

7817

Bei Bühlingen wurde angeblich ein Regenbogenschüsselchen gefunden.

Zweifelhafte Angabe.

Verbleib?

Lit.: FMRD II 3 Nr. 3193; Fundber. Schwaben 6, 1898, 43 Nr. 42,1; Fundber. Schwaben 12, 1904, 64 Anm., 89 k) 3; Bittel, Kelten 29 Nr. 20.

498. Rottweil-Neukirch RW

Erlengraben

7718

2 km NNW der Kirche von Neukirch liegt im Wald „Erlengraben" die Viereckschanze „Heidenstädtle". 1957 und 1958 wurden innerhalb der Anlage jüngerlatènezeitliche Scherben, darunter Kammstrich-Grübchen-Keramik gefunden. 300 m S liegt eine weitere Viereckschanze (s.u.).

Funde: WLM Inv.-Nr. F 57/11, F 58/8.

Lit.: Bittel/Schiek/Müller, Viereckschanzen 317 ff.

499. Rottweil-Neukirch RW

Städtle

7718

1,6 km NNW der Kirche von Neukirch liegt in der Waldabteilung „Städtle" eine weitere Viereckschanze, nur ca. 300 m von der o.g. Anlage im „Erlengraben" entfernt.

Lit.: Bittel/Schiek/Müller, Viereckschanzen 320 ff.

500. Schramberg RW

S-Rand der Stadt

7716

Beim Umgraben eines Gartens am S-Rand der Stadt wurde ein keltischer Goldstater (Philipp II-Typ) gefunden.

Verbleib: Mus. Schramberg.

Lit.: FMRD II 3 Nr. 3218–1; Fundber. Schwaben N.F. 13, 1952–54, 84 Nr. 1.

501. Sulz am Neckar RW

Allmandgäßle

7617

1984 wurde in einer Baugrube im „Allmandgäßle" neben römischen und mittelalterlichen Funden eine Kulturschicht mit Scherben der jüngeren Latènezeit festgestellt. 1985 wurde von privater Seite eine aus dieser Baugrube des Edeka-Marktes stammende Sequaner-Potinmünze abgeliefert.

Funde: Mus. Oberndorf, Priv.Bes.
Lit.: Arch. Ausgr. Baden-Württemberg 1985, 24 Abb. 14; Fundber. Baden-Württemberg 12, 1987, 545.

502. Sulz am Neckar RW
Hundsrücken
7617
5 km WSW des Marktplatzes von Sulz liegt in der Waldabteilung „Hundsrücken" eine Viereckschanze. 1914 wurden zwei Wallschnitte angelegt, über die Grabungen gibt es keine Berichte.
Lit.: Bittel/Schiek/Müller, Viereckschanzen 345 ff.

503. Sulz am Neckar-Bergfelden RW
Wiesenbrunnen
7618
Im Bereich des alten Quellgebiets um den „Wiesenbrunnen" wurde 1975 beim Bau der Autobahn A 81 ein Glasarmringfragment gefunden. 1982 wurden jüngerlatènezeitliche Scherben aufgelesen.
Funde: LDA Freiburg; Heimatmus. Oberndorf.
Taf. 66 E
– Armringfragment aus blauem Glas, zwei gekerbte Rippen (Haevernick 13). Länge noch 1,5 cm (nach Fundber. Baden-Württemberg 8, 1983, 244 Abb. 67).
Lit.: Fundber. Baden-Württemberg 8, 1983, 244 Abb. 67; Fundber. Baden-Württemberg 12, 1987, 510.

504. Sulz am Neckar-Dürrenmettstetten RW
Engerstal
7517
Im Engerstal, einem Seitental des Dießener Baches, 2 km N vom Ort und 500 m O des Heidenhofs liegen einige Tuffterrassen. In der südlichsten Tuffgrube des Tales (Tuffgrube Frey) stellte G. Bersu in unmittelbarer Nähe einer Quelle 1,7–2,5 m unter dem Tuff eine spätkeltische Kulturschicht fest, die u. a. Kammstrichscherben, DSW, Hüttenlehm und Knochen enthielt.
Funde: WLM Inv.-Nr. A 1634, 1635, 2144.
Lit.: Fundber. Schwaben N.F. 2, 1924, 16 f.; Fundber. Schwaben N.F. 3, 1926, 49, 59, 110; Bittel, Kelten 39; Mannus 30, 1938, 577 f.; Paret, Württemberg 248, 302.

505. Sulz am Neckar-Neunthausen RW
Reinau/Nißler Tal
7617
In einem Seitental der Glatt bei Neunthausen liegen 0,3 km N des Hofes Nießle in der „Reinau" zwei Tuffterrassen. Im Frühjahr 1959 wurden dort aus einer Kulturschicht jüngerlatènezeitliche Scherben geborgen. Von der oberen Tuffterrasse sind „Spätlatènescherben" bekannt. Die Fundstelle greift auf Markung Dürrenmettstetten über.
Funde: WLM Inv.-Nr. A 2147; Mus. Horb am Neckar.
Lit.: Fundber. Schwaben N.F. 3, 1926, 49; Bittel, Kelten 41; Paret, Württemberg, 248, 302.

506. Villingendorf RW
WSW vom Ort
7817
2,6 km WSW der Kirche von Villingendorf wurde 1986 ca. 0,4 km O der römischen Straße aus der Luft eine vermutliche Viereckschanze entdeckt.
Lit.: Bittel/Schiek/Müller, Viereckschanzen 391.

507 A. Wellendingen RW
Längendorn
7818
1,7 km SW der Kirche von Wellendingen liegt in der Waldabteilung „Längendorn" eine Viereckschanze.
Lit.: Bittel/Schiek/Müller, Viereckschanzen 372 ff.

507 B. Zimmern ob Rottweil-Stetten RW
Beim Ort
7817
1885 wurde an einer nicht näher bekannten Stelle bei Stetten ein Eisenspitzbarren gefunden. Nähere Fundumstände unbekannt.
Verbleib: Mus. Rottweil.
Lit.: Bittel, Kelten 25; Christ, Münzfunde 53.

Stadtkreis Stuttgart (S)

508. Stuttgart-Bad Cannstatt S
Auf der Steig/Römerstraße
7121
1931 wurden in der Baugrube von Haus Römerstr.56 (jetzt „Am Römerkastell 56") spätkeltische Scherben beobachtet, die z.T. unter einer Schicht mit römischen Funden lagen.
Funde: WLM Inv.-Nr. A 31/223.
Lit.: Fundber. Schwaben N.F. 7, 1932, 39; Fundber. Schwaben N.F. 8, 1935, 26; Fundber. Schwaben N.F. 15, 1959, 174; Fundber. Schwaben N.F. 18/I, 1967, 102; Bittel, Kelten 38.

509. Stuttgart-Bad Cannstatt S
Ziegelei Höfer
7121
Auf dem Grundstück der Ziegelei Höfer wurde angeblich ein römisches Grab aufgedeckt. Daraus soll ein Regenbogenschüsselchen (Viertelstater, Streber 97/98) stammen.
Verbleib: Priv.Bes.
Lit.: FMRD II 4 Nr. 4473–1; Fundber. Schwaben N.F. 14, 1957, 231 n.988.

510. Stuttgart-Feuerbach S
Schelmenäcker/Sedanstraße
7121
Nach einem Bericht von W. Veeck wurden im Bereich Sedanstraße/Leobener Str. 1930 zwei Gruben angeschnitten, die Spätlatènescherben enthielten.
Funde?
Lit.: Fundber. Schwaben N.F. 5, 1930, 50; Bittel, Kelten 39.

511. Stuttgart-Heumaden S
Beim Ort
7221
Im 19. Jh. wurde bei Heumaden ein Regenbogenschüsselchen (Streber 101) gefunden.
Verbleib?
Lit.: FMRD II 4 Nr. 4491; Nestle, Kgr. Württemberg Nr. 62–1; Fundber. Schwaben 6, 1898, 42 n.17; Fundber. Schwaben 12, 1904, 85 f) 1.

512. Stuttgart-Hofen S
Heidenschloß
7127
1930,1933 und 1950 konnten in Flur Heidenschloß im Bereich des römischen Gutshofs zahlreiche Funde aus einer jüngerlatènezeitlichen Siedlung (Gruben) geborgen werden, u. a. komplette Gefäße, Graphittonware, RS von Töpfen, Schüsseln, Schalen (Mittellatène).
Funde: WLM Inv.-Nr. A 30/191; A 50/33.
Lit.: Fundber. Schwaben N.F. 5, 1930, 51; Fundber. Schwaben N.F. 8, 1935, 87; Bittel, Kelten 41.

513. Stuttgart-Hofen S
Scillawaldstraße
7127
Aus einer runden Grube in der Scillawaldstraße wurde 1972 Hüttenlehm und LT-Keramik, darunter die RS einer Schüssel mit eingebogenem Rand geborgen (JLT?).
Funde: WLM Inv.-Nr. V 74/98.
Lit.: Fundber. Baden-Württemberg 3, 1977, 107.

514. Stuttgart-Möhringen S
Ziegeläcker
7220
Auf dem Gelände des jetzigen Schulzentrums in der Rembrandtstraße wurden 1937 JLT-Siedlungsreste aufgedeckt, es fanden sich u. a.DSW, kammstrichverzierte Scherben, Graphittonware.
Funde: WLM A 37/79; Mus. Möhringen.
Lit.: Fundber. Schwaben N.F. 9, 1938, 76; Fundber. Schwaben N.F. 18/I, 1967, 102.

515. Stuttgart-Mühlhausen S
Wanne
7121
Schon 1925 fanden sich in der Flur „Wanne" beim Viesenhäuser Hof spätkeltische Scherben, u. a. mit Kammstrich. Bei den Grabungen ab 1982 wurden weitere Gruben mit JLT-Keramik aufgedeckt.
Funde: WLM Inv.-Nr. A 2075; LDA Stuttgart.
Lit.: Fundber. Schwaben N.F. 3, 1926, 55; Fundber. Schwaben N.F. 5, 1930, 53; Fundber. Schwaben N.F. 7, 1932, 15; Bittel, Kelten 43.

516. Stuttgart-Münster S
Lahnweg
7121
0,2 km S vom Pumpwerk wurden im Lahnweg 1927 LT-Siedlungsreste aufgedeckt (JLT?).
Funde: WLM Inv.-Nr. A 2725.
Lit.: Fundber. Schwaben N.F. 4, 1928, 61.

517. Stuttgart-Obertürkheim S
Ailenberg
7221
Neben anderer vorgeschichtlicher Keramik fand F. Dietz 1972 SO und S des Melac-Turms auch JLT-Scherben, u. a. mit Kammstrichverzierung.
Funde: Priv.Bes.
Lit.: Fundber. Baden-Württemberg 5, 1980, 68.

518. Stuttgart-Stammheim S
Korntaler Straße
7120
Beim Hausbau in der Korntaler Straße Nr. 85 wurden LT-Scherben gefunden, darunter WS mit Kammstrich und eine BS mit Töpferzeichen(?)
Funde: WLM Inv.-Nr. 56/3.
Lit.: Fundber. Schwaben N.F. 11, 1951, 97; Fundber. Schwaben N.F. 14, 1957, 223.

519. Stuttgart-Stammheim S
Kornwestheimer Straße
7120
Um 1910 wurde in der Kornwestheimer Straße Nr. 59 eine eiserne Pflugschar gefunden. Das Stück könnte in die jüngere Latènezeit, aber auch in römische Zeit gehören.
Verbleib?
Lit.: Fundber. Schwaben N.F. 5, 1930, 55.

520. Stuttgart-Vaihingen S
Endelbank
7220
Ca. 2 km N der Ortsmitte von Vaihingen liegt in Flur „Endelbank", inmitten des Geländes der Universität Stuttgart, eine Viereckschanze. 1962 und 1974 wurde hier gegraben, dabei fanden sich im Graben und im Innenraum jüngerlatènezeitliche Scherben, u. a. Kammstrichkeramik und Graphittonware.
Funde: WLM.
Lit.: Bittel/Schiek/Müller, Viereckschanzen 341 ff.

521. Stuttgart-Weil im Dorf S
Gschmaid
7120
Um 1870 wurde in Flur Gschmaid, 1,5 km N vom Ort ein Regenbogenschüsselchen (Viertelstater, Streber 96) gefunden.
Verbleib: Priv.Bes.
Lit.: FMRD II 4 Nr. 4503–1; Fundber. Schwaben N.F. 4, 1926/28, 111 n.5.

522. Stuttgart-Weil im Dorf S
Beim Ort
7120
Im 19. Jh. wurde bei Weil im Dorf ein Regenbogenschüsselchen gefunden.
Verbleib: MK Stuttgart?
Lit.: FMRD II 4 Nr. 4503–2; Fundber. Schwaben 2, 1894, 33 n.1; Fundber. Schwaben 6, 1898, 41 n.10.

522 A. Stuttgart-Weil im Dorf S
Beim Ort
7120
Bei Weil im Dorf wurde eine Graphittonscherbe gefunden; die näheren Fundumstände sind unbekannt.
Verbleib?
Lit.: Bittel, Kelten 46; Paret, Württemberg 301.

523. Stuttgart-Zazenhausen S
Mäurach
7121
1,2 km NO vom Ort wurden in Flur Mäurach LT-Siedlungsreste festgestellt; JLT?
Funde: WLM A 28/31.
Lit.: Fundber. Schwaben N.F. 4, 1928, 62; Bittel, Kelten 46.

524. Stuttgart-Zazenhausen S
Beim Ort
7121
Vor 1757 wurde bei Zazenhausen von dem Landeshistoriker Christian Friedrich Sattler eine keltische Silbermünze gefunden. Nach der Abbildung bei Sattler dürfte es sich um eine Büschelmünze handeln.
Verbleib?
Lit.: FMRD II 4 Nr. 4504–1; Ch. F. Sattler, Geschichte des Herzogthums Württemberg bis 1260 (1757), 232 f., Taf. 25 fig. 3; Nestle, Kgr. Württemberg Nr. 23–8; Fundber. Schwaben 6, 1898, 41 Nr. 7; Mannsperger in: Bittel/Kimmig/Schiek, Die Kelten in Baden-Württemberg 232.

525. Stuttgart-Zuffenhausen S
Rotweg (Rotäcker)
7121
Im Wasserleitungsgraben am Rotweg wurden 1950 Gruben angeschnitten, aus denen JLT-Scherben stammen (RS einer Schüssel, WS mit Kammstrich).
Funde: WLM 50/18 a, b.
Lit.: Fundber. Schwaben N.F. 11, 1951, 98.

526. Stuttgart-Zuffenhausen S
Reute
7121
1,5 km SO vom Ort wurden in Flur Reute 1930 angeblich LT-Siedlungsreste festgestellt (JLT?; nicht kartiert).
Funde?
Lit.: Fundber. Schwaben N.F. 5, 1930, 56; Bittel, Kelten 46.

527. Stuttgart-Zuffenhausen S
Bei Zuffenhausen
7121
1879 und 1882 wurde bei Zuffenhausen jeweils ein Regenbogenschüsselchen (Streber 19) gefunden.
Verbleib?
Lit.: FMRD II 4 Nr. 4505–1,2; Nestle, Kgr. Württemberg Nr. 45–1,2; Fundber. Schwaben 12, 1904, 85 e) 1,2.

528. Stuttgart-Zuffenhausen S
Im Friedhof
7121
In einem Wasserleitungsgraben im neuen Teil des Friedhofs wurden 1924 neben römischem Mauerwerk angeblich Spätlatènescherben gefunden (nicht kartiert).
Funde: WLM Inv.-Nr. A 1491.
Lit.: Fundber. Schwaben N.F. 2, 1924, 21; Fundber. Schwaben N.F. 3, 1926, 57; Bittel, Kelten 46.

Kreis Schwäbisch Hall (SHA)

529. Blaufelden SHA
Beim Ort
6625
Bei Blaufelden soll ein Regenbogenschüsselchen gefunden worden sein. Näheres ist nicht bekannt.
Verbleib: Priv.Bes., verschollen.
Lit.: Ziegaus, Münzumlauf 96 Nr. 165.

530. Blaufelden-Brüchlingen SHA
Bei Brüchlingen
6625
Angeblich wurde vor ca. 200 Jahren bei Brüchlingen ein Regenbogenschüsselchen (Viertelstater, Streber 96) gefunden.
Verbleib: Priv.Bes.
Lit.: FMRD II 4 Nr. 4099–1; Fundber. Schwaben N.F. 1, 1922, 103 Nr. 1; E. Kost, Württ. Franken 17/18, 1936, 102; Ziegaus, Münzumlauf 97 Nr. 170.

531. Blaufelden-Gammesfeld SHA
Hagen
6626
In Flur Hagen, 1,3 km SW vom Ort und 1 km SO von Heufelwinden wurde ein Regenbogenschüsselchen (Viertelstater, Streber 97/98) gefunden.
Verbleib: Priv.Bes.
Lit.: FMRD II 4 Nr. 4105–1; Fundber. Schwaben N.F. 12, 1938–51, 94 Nr. 1; Ziegaus, Münzumlauf 99 Nr. 198.

532. Blaufelden-Gammesfeld SHA
Weide
6626
1,2 km NO der Kirche von Gammesfeld liegt im Wald „Weide" eine Viereckschanze.
Lit.: Bittel/Schiek/Müller, Viereckschanzen 134 ff.

533. Blaufelden-Ehringshausen SHA
Beim Ort
6726
Ca. 0,5 km S bis OSO von Ehringshausen wurde jüngerlatènezeitliche Keramik gefunden (=Fundstelle Scharff 638).
Verbleib: Slg. Scharff, jetzt LDA Stuttgart.
Lit.: unpubliziert.

534. Blaufelden-Ehringshausen/Wiesenbach SHA
Beim Ort
6626
Zwischen Ehringshausen und Wiesenbach wurde vor 1930 ein Regenbogenschüsselchen (Viertelstater, Streber 98) gefunden. Ein weiteres unbestimmbares Regenbogenschüsselchen soll in der gleichen Gegend gefunden worden sein.
Verbleib: Priv.Bes.
Lit.: FMRD II 4 Nr. 4106–1,2; Fundber. Schwaben N.F. 5, 1930, 92 Nr. 1; Bittel, Kelten 30 Nr. 30a.b; Ziegaus, Münzumlauf 98 Nr. 183.

535. Blaufelden-Herrentierbach/Simmetshausen SHA
Beim Ort
6625
Bei Herrentierbach oder bei Simmetshausen wurde eine Art Gußform aus Sandstein gefunden, bei der es sich um eine Schrötlingsform handeln könnte. Der Fundort ist nicht sicher feststellbar.
Verbleib: Priv.Bes.
Lit.: Fundber. Baden-Württemberg 2, 1975, 319.

536. Blaufelden-Engelhardtshausen SHA
Wäsigwasen
6726
Neben vorgeschichtlicher Keramik fand W. Scharff in Flur „Wäsigwasen" das Fragment eines blauen Glasarmrings mit weißer Fadenauflage (Haevernick 7b).
Verbleib: Priv.Bes.
Lit.: Fundber. Baden-Württemberg 8, 1983, 221.

537. Blaufelden-Engelhardtshausen SHA
Umgebung vom Ort
6726
In der Umgebung von Engelhardtshausen wurde ein Regenbogenschüsselchen (Viertelstater, Streber 97/98) gefunden. Die nähere Fundstelle ist unbekannt.
Verbleib: Priv.Bes.
Lit.: FMRD II 4 Nr. 4120; Fundber. Schwaben N.F. 5, 1930, 92 Nr. 1; Bittel, Kelten 30 Nr. 33; Ziegaus, Münzumlauf 99 Nr. 195.

538. Blaufelden-Naicha SHA
Beim Ort
6626
Bei Naicha wurde ein Regenbogenschüsselchen (Viertelstater) gefunden. Das Stück wurde im Schulhaus Brettheim aufbewahrt und fiel 1945 einem Brand zum Opfer.
Verbleib: Zerstört.
Lit.: FMRD II 4 Nr. 4121; E. Kost, Württ. Franken 17/18, 1936, 63; Fundber. Schwaben N.F. 12, 1938/51, 96 Nr. 1; Ziegaus, Münzumlauf 104 Nr. 253.

539. Blaufelden-Naicha SHA
Beim Ort
6626
Ca. 500 m SO von Naicha, N des SW–NO verlaufenden Feldweges, fanden sich neben anderen vorgeschichtlichen Funden auch jüngerlatènezeitliche Scherben (=Fundstelle Scharff 657).

Funde: Priv.Bes.
Taf. 68 A
– RS von Graphittontopf mit Wulstrand, DSW, Dm. 22,5 cm, mittelgrauer weicher Ton, mittelfeine mineralische Magerung, mäßiger Graphitgehalt, seifige Oberfläche, regelmäßiger Kammstrich.
Lit.: unpubliziert.

540. Braunsbach-Döttingen SHA
Gänsäcker
6724
Angeblich wurde im 18. Jh. auf den „Gänsäckern", 0,5 km O von Döttingen ein Regenbogenschüsselchen (Viertelstater, Streber 97/98) gefunden.
Verbleib: Priv.Bes.
Lit.: FMRD II 4 Nr. 4440–1; Fundber. Schwaben N.F. 12, 1938/51, 93 Nr. 1; Ziegaus, Münzumlauf 98 Nr. 181.

541. Crailsheim SHA
Kreuzberg
6826
0,75 km SO der Stadtmitte von Crailsheim wurden 1956 latènezeitliche Siedlungsreste festgestellt, darunter auch Graphittonkeramik.
Verbleib: WLM Inv.-Nr. F 57/10.
Lit.: Fundber. Schwaben N.F. 15, 1959, 158.

542. Crailsheim SHA
Bei Crailsheim
6826
Vor 1845 wurden bei Crailsheim fünf silberne Büschelquinare (Nordhelvetier, Gruppe C nach Allen) gefunden. Ein Stück lag bereits Hertlein nicht mehr vor. Die übrigen vier kamen in das Stuttgarter Münzkabinett. heute sind davon noch drei identifizierbar. Möglicherweise handelt es sich um Reste eines Hortfundes.
Verbleib: MK Stuttgart.
Lit.: FMRD II 4 Nr. 4101–1 bis 5; Fundber. Schwaben 1, 1893, 42 Nr. 1–5; Fundber. Schwaben 12, 1904, 72 Nr. VIII, 4–8; Bittel, Kelten 29 Nr. 22a–e; Allen, Germania 56, 1978, 190 ff.; Ziegaus, Münzumlauf 97 f., 175–179.

543. Crailsheim-Westgartshausen SHA
Beim Ort
6826
Vor 1900 wurden bei Westgartshausen drei Regenbogenschüsselchen (Viertelstater, Streber 97/98) gefunden. Alle drei Münzen haben einen ungewöhnlich hohen Silberanteil, was ihre Zusammengehörigkeit bestätigt und darauf hinweisen könnte, daß es sich um Reste eines Hortfundes handelt.
Verbleib: MK Stuttgart Inv.-Nr. 61,6 d.
Lit.: FMRD II 4 Nr. 4119; Fundber. Schwaben 8, 1900, 78 Nr. 1–3; Fundber. Schwaben 12, 1904, 89 l) 2–4; Bittel, Kelten 36 Nr. 130; Ziegaus, Münzumlauf 109 Nr. 300–302.

544. Gaildorf SHA
Beim Ort
6924
Beim Ort wurde ein Regenbogenschüsselchen (Viertelstater, Streber 97/98) gefunden. Drei eingepunzte Sternchen sind vielleicht eine moderne Verfälschung, der Fundort ist unsicher.
Verbleib: MK Stuttgart Inv.-Nr. 61,5.
Lit.: FMRD II 4 Nr. 4056–1; Fundber. Schwaben 5, 1897, 44 Nr. 1; Fundber. Schwaben 12, 1904, 89 l) 1; Ziegaus, Münzumlauf 99 Nr. 197.

545. Gerabronn-Amlishagen SHA
Bereich des Schlosses
6725
Beim Wasserleitungsbau 1952 wurde im Bereich des Schlosses und in der Hauptstraße O davon JLT-Keramik und ein Fragment eines Glasarmrings (Haevernick 7b?) gefunden.
Schon früher soll in der Umgebung ein Regenbogenschüsselchen gefunden worden sein. Vielleicht handelt es sich dabei um einen im MK Stuttgart aufbewahrten Viertelstater (Streber 97/98).
Funde: Mus. Schwäbisch Hall Inv.-Nr. 378; MK Stuttgart.
Taf. 68 C
1. RS von feinkeramischer Flasche oder kleinem Topf, DSW, Dm. 11 cm, mittelbrauner harter Ton, mittelfeine mineralische Magerung, Oberfläche abgeplatzt.
2. Fragment von blauem Glasarmring, fünf (?) Rippen, blau mit weißer Auflage (Haevernick 7b?).
Lit.: Württ. Franken N.F. 26/27, 1951/52, 34; Fundber. Schwaben N.F. 13, 1957, 43; FMRD II 4 Nr. 4098–1; Fundber. Schwaben 12, 1904, 89 l) 12; 129 Nr. 1; Bittel, Kelten 29 Nr. 8; Haevernick, Glasarmringe 213 Nr. 13; Zürn, Kat. Schwäb. Hall 40, Taf. 35E,1, Taf. 39F,4; Ziegaus, Münzumlauf 96 Nr. 159.

546. Gerabronn-Bügenstegen SHA
Beim Ort
6725
Nach einem Bericht von Kost 1936 befindet sich im Besitz der Familie Strecker in Bügenstegen „seit alter Zeit" ein Regenbogenschüsselchen (Viertelstater, Streber 97/98) und ein goldenes Knotenringchen. Die Stücke sollen einst auf einem Acker der Familie gefunden worden sein.
Verbleib: Priv.Bes.
Lit.: FMRD II 4 Nr. 4108–1; Kost, Württ. Franken 17/18, 1936, 102 Anm. 74; Fundber. Schwaben N.F. 9, 1935–38, 113; Ziegaus, Münzumlauf 97 Nr. 172.

547. Gerabronn-Dünsbach SHA
Beim Ort
6725
Bei Dünsbach wurde wohl Ende des 19. Jh. ein Regenbogenschüsselchen (Viertelstater, Streber 83) gefunden.
Verbleib: MK Stuttgart Inv.-Nr. 15563.
Lit.: FMRD II 4 Nr. 4102; Fundber. Schwaben 18, 1910, 78 Nr. 1; Bittel, Kelten 30 Nr. 25; Ziegaus, Münzumlauf 98 Nr. 182.

548. Gerabronn-Morstein SHA
Bei Morstein?
6725
Vom Sattler Bauer aus Morstein wurden 1954 fünf Regenbogenschüsselchen nach Heilbronn verkauft. Möglicherweise wurden sie in der Umgebung von Morstein gefunden. Näheres ist nicht bekannt.
Verbleib: unbekannt.
Lit.: Hohenloher Chronik, Jahrg. 2, Nr. 7 vom 24.7.1954; Ziegaus, Münzumlauf 104 Nr. 247–251.

549. Gerabronn SHA
Auf der Haide
6725
Ende des 19. Jh. wurde „auf der Haide" ein Regenbogenschüsselchen (Viertelstater, Streber 56) gefunden.
Verbleib: Priv.Bes.
Lit.: FMRD II 4 Nr. 4107–1; Fundber. Schwaben 18, 1910, 78 Nr. 1; Bittel, Kelten 31 Nr. 41; Ziegaus, Münzumlauf 100 Nr. 200.

550. Gerabronn-Michelbach a. d. Heide SHA
Am Steinernen Kreuz
6725
Bei einem Steinbruch am „Steinernen Kreuz" wurde um 1830 ein Regenbogenschüsselchen (Achtelstater? ähnlich Streber 97/98) gefunden; möglicherweise handelt es sich um eine Fälschung.
Verbleib: Priv.Bes.
Lit.: FMRD II 4 Nr. 4112–1; Kost, Württ. Franken 17/18, 1936, 102 Anm. 78; Fundber. Schwaben N.F. 9, 1935–38, 113 Nr. 1; Fundber. Schwaben N.F. 15, 1959, 208 Nr. 654 (identisch?); Ziegaus, Münzumlauf 104 Nr. 243

551. Gerabronn-Seibotenberg SHA
Bei Seibotenberg
6725
Bei Seibotenberg wurde ein Regenbogenschüsselchen (Viertelstater, Streber 83) gefunden.
Verbleib: Priv.Bes.
Lit.: FMRD II 4 Nr. 4113–1; Fundber. Schwaben N.F. 9, 1935–38, 114; Ziegaus, Münzumlauf 107 Nr. 280.

552. Ilshofen SHA
Bei Ilshofen?
6825
Bei Ilshofen wurde Ende des 19. Jh. angeblich ein Regenbogenschüsselchen gefunden (unsichere Angabe). Näheres ist nicht bekannt.
Verbleib: unbekannt.
Lit.: FMRD II 4 Nr. 4442; Fundber. Schwaben 1, 1893, 42 Nr. 1; Fundber. Schwaben 6, 1898, 44 Nr. 65–1; Ziegaus, Münzumlauf 101 Nr. 216.

553. Ilshofen-Unteraspach-Gangshausen SHA
Bei Gangshausen
6825
Bei Gangshausen wurde im 19. Jh. ein Regenbogenschüsselchen (Viertelstater, Streber 97/98) gefunden.
Verbleib: MK Stuttgart.
Lit.: FMRD II 4 Nr. 4452–1; Fundber. Schwaben 12, 1904, 129 Nr. 1; Ziegaus, Münzumlauf 99 f. Nr. 199.

554. Kirchberg a.d. Jagst SHA
Beim Ort
6725
Angeblich wurde 1785 „auf einem Acker des Lakay Kuch, jenseits der Jagst" ein Regenbogenschüsselchen (Viertelstater) gefunden.
Verbleib: Schloß Neuenstein.
Lit.: FMRD II 4 Nr. 4109–1; Fundber. Schwaben 12, 1904, 64; Fundber. Schwaben N.F. 13, 1952/54, 83 Nr. 2; Ziegaus, Münzumlauf 102 Nr. 224.

555. Kirchberg a.d. Jagst-Lendsiedel SHA
N der Jagst
6725
1,9 km N der Kirche von Lendsiedel wurde N der Jagst 1985 eine vermutliche Viereckschanze aus der Luft entdeckt.
Lit.: Bittel/Schiek/Müller, Viereckschanzen 386.

556. Kirchberg a.d. Jagst-Lobenhausen SHA
Auf Markung Lobenhausen
6826
Nach einer Fundnotiz von E. Kost wurde auf Markung Lobenhausen ein Regenbogenschüsselchen (Viertelstater, Streber 97/98) gefunden. Das genaue Funddatum ist nicht bekannt.
Verbleib: Priv.Bes.

Lit.: FMRD II 4 Nr. 4103–1; Fundber. Schwaben N.F. 12, 1938–51, 95 Nr. 1; Ziegaus, Münzumlauf 103 Nr. 238

557. Kirchberg a.d. Jagst-Mistlau SHA
Beim Ort
6726
Beim Ort wurde ein Regenbogenschüsselchen (Streber 35) gefunden. Näheres ist nicht bekannt.
Verbleib: MK Stuttgart ZV 3188.
Lit.: FMRD II 4 Nr. 4104–1; Fundber. Schwaben 21, 1913, 82 Nr. 2; Bittel, Kelten 33 Nr. 78; Ziegaus, Münzumlauf 104 Nr. 245.

558. Kirchberg a.d. Jagst-Mistlau SHA
Beim Ort
6726
Bei Mistlau wurde ein Regenbogenschüsselchen (Viertelstater, Streber 97/98) gefunden.
Verbleib:?
Lit.: FMRD II 4 Nr. 4104–2; Fundber. Schwaben 1, 1893, 42 Nr. 1, 60; Fundber. Schwaben 2, 1894, 35 Nr. 1a; Fundber. Schwaben 6, 1898, 43 Nr. 63; Fundber. Schwaben 12, 1904, 88 l; Ziegaus, Münzumlauf 104 Nr. 246.

559. Kirchberg a.d. Jagst-Weckelweiler SHA
Bei Weckelweiler
6725
Bei Weckelweiler wurde ein Regenbogenschüsselchen (Streber 35) gefunden.
Verbleib: MK Stuttgart ZV 3199.
Lit.: FMRD II 4 Nr. 4111–1; Fundber. Schwaben 21, 1913, 82 f.; Bittel, Kelten 36 Nr. 125; Ziegaus, Münzumlauf 108 Nr. 299.

560. Langenburg SHA
An der Halde (?)
6725
Um 1900 wurde an der Halde am SO-Rand der Stadt ein Regenbogenschüsselchen(?) gefunden.
Verbleib: Priv.Bes. (verschollen).
Lit.: FMRD II 4 Nr. 4110; Fundber. Schwaben N.F. 12, 1938–51, 95 Nr. 1; Ziegaus, Münzumlauf 103 Nr. 235.

561. Langenburg SHA
Schänzle
6725
2,2 km O von Schloß Langenburg und 1,45 km WNW der Kirche von Michelbach liegt im Wald „Schänzle" eine Viereckschanze. 1946 fand E. Kost bei Geländebegehungen und Schürfungen jüngerlatènezeitliche Keramik, u. a. Graphittonscherben. Ca. 1,5 km WNW der Schanze liegt die Fundstelle des o.g. Regenbogenschüsselchens (Kat.Nr. 560).
Funde: Mus. Schwäbisch Hall Inv.-Nr. 428.
Lit.: Bittel/Schiek/Müller, Viereckschanzen 224 ff.

562. Mainhardt-Hütten SHA
Beim Ort
6923
Bei Hütten wurde ein Regenbogenschüsselchen (Viertelstater, Streber 99/100) gefunden, Fundumstände unbekannt.
Verbleib: MK Stuttgart, jetzt verschollen.
Lit.: Fundber. Schwaben 6, 1898, 43; Fundber. Schwaben 12, 1904, 88; Ziegaus, Münzumlauf 101 Nr. 214.

563. Rosengarten-Rieden SHA
Im Biberbach
6924
Ein Regenbogenschüsselchen (Viertelstater, Streber 97/98)

wurde um 1800 im Biberbach unmittelbar oberhalb von Rieden gefunden.
Verbleib: Priv.Bes.
Lit.: FMRD II 4 Nr. 4447; E. Kost, Württ. Franken 17/18, 1936, 102 Anm. 70; Fundber. Schwaben N.F. 14, 1957, 230 Nr. 1; Ziegaus, Münzumlauf 106 Nr. 267.

564. Rot am See-Brettenfeld SHA
Auf Markung Brettenfeld
6726
Um 1880 wurde auf der Markung Brettenfeld auf einem Acker ein Regenbogenschüsselchen (ähnlich Streber 105/106) gefunden.
Verbleib: Priv.Bes.
Lit.: FMRD II 4 Nr. 4116–1; E. Kost, Württ. Franken 17/18, 1936, 102 Anm. 75; Fundber. Schwaben N.F. 9, 1935–38, 112; Ziegaus, Münzumlauf 96 Nr. 169.

565. Rot am See-Hilgartshausen SHA
Bei Hilgartshausen
6726
Angeblich wurde auf einem Acker bei Hilgertshausen im Mai 1913 ein Goldstater (Forrer 69) gefunden.
Verbleib: MK Stuttgart ZV 3189.
Lit.: FMRD II 4 Nr. 4100; Fundber. Schwaben 21, 1913, 82 Nr. 1; Bittel, Kelten 32 Nr. 53; Ziegaus, Münzumlauf 100 f. Nr. 209.

566. Rot am See-Hausen am Bach SHA
Auf der Markung
6726
1,5 km ONO vom Ort und 0,1 km S von Punkt 416,0, direkt an der Landesgrenze, wurden 1977 von W. Scharff jüngerlatènezeitliche Scherben gefunden, u. a. Graphitton (=Scharff Fundstelle Nr. 437).
Funde: LDA Stuttgart.
Lit.: Fundber. Baden-Württemberg 8, 1983, 145 Nr. 2.

567. Rot am See-Hausen am Bach SHA
Auf der Markung
6726
1,2 km SO von Hausen fand W. Scharff jüngerlatènezeitliche Scherben (=Scharff Fundstelle Nr. 480).
Funde: LDA Stuttgart.
Lit.: unpubliziert.

568. Rot am See-Hertershofen SHA
Bei Hertershofen
6626
Ca. 0,75 km S von Hertershofen fand W. Scharff jüngerlatènezeitliche Keramik (=Scharff Fundstelle Nr. 641).
Verbleib: LDA Stuttgart.
Lit.: unpubliziert.

569. Rot am See-Musdorf SHA
Bei Musdorf
6726
Bei Musdorf wurde ein Regenbogenschüsselchen (Viertelstater, Typ Unterentfelden) gefunden.
Verbleib: MK Stuttgart ZV 3125.
Lit.: FMRD II 4 Nr. 4117–1; Fundber. Schwaben 20, 1912, 54; Bittel, Kelten 33 Nr. 80; Ziegaus, Münzumlauf 104 Nr. 252.

570. Rot am See SHA
Seeäcker
6726
Ca. 1880 wurde in den Seeäckern bei Rot am See ein Regenbogenschüsselchen (Viertelstater, Streber 97/98) gefunden.

Über ein zweites, angeblich auf Markung Rot am See gefundenes Stück, sind die Berichte widersprüchlich.
Verbleib: Priv.Bes.
Lit.: FMRD II 4 Nr. 4115; Fundber. Schwaben N.F. 5, 1928–30, 94 Nr. 1; Bittel, Kelten 34 Nr. 99; Fundber. Baden-Württemberg 10, 1985, 661 Nr. 578; Ziegaus, Münzumlauf 106 Nr. 268, 269.

571. Rosengarten-Sanzenbach SHA
Beim Ort
6924
Bei Sanzenbach sollen zwei Regenbogenschüsselchen gefunden worden sein. Nähere Fundumstände sind nicht bekannt.
Verbleib: Priv.Bes.
Lit.: Ziegaus, Münzumlauf 106 Nr. 270–271.

572. Satteldorf-Burleswagen SHA
Beim Ort
6826
Bei Burleswagen fand W. Scharff 0,25 km W vom Schloß zwischen der Jagst und der Straße nach Wollmershausen das Fragment eines blauen Glasarmrings (Haevernick 7b) mit weißen und gelben Auflagen (=Scharff Fundstelle Nr. 645).
Verbleib: LDA Stuttgart.
Lit.: unpubliziert.

573. Satteldorf-Ellrichshausen SHA
Beim Ort?
6826
Aus dem Nachlaß von E. Kost stammt ein Regenbogenschüsselchen (Viertelstater, Streber 99/100). Es wurde angeblich auf der Markung Ellrichshausen gefunden, diese Fundortangabe ist aber unsicher. Evtl. stammt das Stück auch von der Markung Satteldorf-Horschhausen.
Verbleib: Priv.Bes.
Lit.: FMRD II 4 Nr. 4102a–1; Fundber. Schwaben N.F. 15, 1959, 206 Nr. 1.

574. Schrozberg-Spielbach SHA
Bei Enzenweiler
6626
Ca. 0,5 km S von Enzenweiler fand W. Scharff zwischen der Straße und dem Bach jüngerlatènezeitliche Keramik (u. a. Graphitton), Schlacke und ein Glasarmringfragment (=Scharff Fundstelle Nr. 545).
Funde: LDA Stuttgart.
Taf. 68 D
– Fragment von blauem Glasarmring mit quergekerbter Mittelrippe und gelber Auflage (Haevernick 8b).
Lit.: unpubliziert.

575. Schrozberg-Spielbach SHA
Bei Spielbach
6626
Ca. 1 km W bis WSW der Kirche von Spielbach fand W. Scharff jüngerlatènezeitliche Keramik (=Scharff Fundstelle 597).
Funde: LDA Stuttgart.
Lit.: unpubliziert.

576. Schrozberg-Hechelein SHA
Beim Ort
6626
Ca. 0,75 km NW von Hechelein fand W. Scharff latènezeitliche Keramik und eine Glasperle (=Scharff Fundstelle 608).
Funde: LDA Stuttgart.
Lit.: unpubliziert.

577. Schrozberg-Untereichenrot SHA
Kuhwasen
6626
0,6 km ONO von Untereichenrot und SO von Pkt. 476,0
fand W. Scharff 1980 jüngerlatènezeitliche Keramik und ein
eisernes Tüllenbeil.
Funde: LDA Stuttgart.
Lit.: Fundber. Baden-Württemberg 9, 1984, 657.

578. Schrozberg-Böhmweiler SHA
Böth
6626
In Flur Böth, 1,25 km NO von Böhmweiler, S der Straße
Schwarzenbronn–Oberrimbach, wenig W der Markungs-
grenze fand W. Scharff 1979 ein Glasarmringfragment (Hae-
vernick 7b) und Graphittonkeramik.
Funde: LDA Stuttgart.
Lit.: Fundber. Baden-Württemberg 9, 1984, 616 f.

579. Schrozberg-Böhmweiler SHA
Auf der Markung
6626
1,4 km NNO von Böhmweiler und 0,1 km SO Pkt. 466,0
fand W. Scharff 1977 zahlreiche vorgeschichtliche Keramik,
darunter auch jüngerlatènezeitliche Graphittonware.
Funde: LDA Stuttgart.
Lit.: Fundber. Baden-Württemberg 8, 1983, 239.

580. Schrozberg-Böhmweiler SHA
Auf der Markung
6626
Ca. 0,9 km NW von Schwarzenbronn fand W. Scharff auf
Markung Böhmweiler jüngerlatènezeitliche Keramik
(=Scharff Fundstelle 265).
Funde: LDA Stuttgart.
Lit.: unpubliziert.

581. Schrozberg-Böhmweiler SHA
Auf der Markung
6626
Ca. 0,5 km WNW von Schwarzenbronn fand W. Scharff auf
Markung Böhmweiler jüngerlatènezeitliche Keramik
(=Scharff Fundstelle 548).
Funde: LDA Stuttgart.
Lit.: unpubliziert.

582. Schrozberg-Kreuzfeld SHA
Straßenholz
6626
0,7 km O von Kreuzfeld liegt im Wald „Straßenholz" eine
Viereckschanze.
Lit.: Bittel/Schiek/Müller, Viereckschanzen 334 ff.

583. Schwäbisch Hall SHA
Neue Str./Hallstraße
6824
Im Bereich zwischen der Neuen Straße, der Michaelskirche,
der Hallstraße und der Schwatzbühlgasse liegt eine umfangreiche Siedlung der Mittel- und Spätlatènezeit, die bereits
dreimal bei Bauarbeiten angeschnitten wurde:

1. Kreissparkassen-Neubau 1939
Beim Bau der Kreissparkasse wurden 1939 umfangreiche
Reste aus der jüngeren Latènezeit entdeckt. Die Fundstelle
liegt auf einer Hangschulter des Kochertals in unmittelbarer
Nähe eines vorgeschichtlichen Flußarms (ungefähr im Verlauf der heutigen Blockgasse). Beim Aushub für den Neubau
stieß man unter mittelalterlichen und neuzeitlichen Schich-

ten in ca. 5 m Tiefe auf Latènescherben. Bei den Untersuchungen durch E. Kost wurde festgestellt, daß die Siedlungsreste auf dem Auelehm des Kochers lagen bzw. darin eingetieft waren. Es konnte eine bis zu 1,20 m mächtige Kulturschicht festgestellt werden, die sich z.T. in einzelne Straten
gliederte. Im oberen Teil der Schicht wurden von Kost zahlreiche gebrannte Wandlehmfragmente mit Flechtwerkab-
drücken geborgen, die angeblich kreisförmig angeordnet
waren. Er deutete sie als Reste von Kuppelöfen und erwähnte auch Tiegelfragmente (wohl Briquetagetiegel).
Im Bereich der späteren Kreissparkasse konnte Kost mehrere
Fundstellen trennen, das zeitliche Spektrum reicht vom ausgehenden Frühlatène bis in ein voll ausgeprägtes Spätlatène.
Besonders interessant waren komplett erhaltene Holztröge
und holzverschalte Gruben, die wohl eine Funktion im
Bereich der Salzgradierung hatten, daneben fanden sich zahlreiche Fragmente von Säulenbriquetage und Tiegeln.
1991 wurden Dendrodaten bekannt, die von diesen Holz-
funden stammen müssen. Demnach wurden die verwendeten
Hölzer frühestens 295 v. Chr. gefällt, die Tröge dürften demnach zu dem Frühlatène-Fundmaterial gehören. Nach W.
Veeck fanden sich in den untersten Fundschichten auch hallstattzeitliche Scherben.

Funde:
Die Funde befinden sich im Mus. Schwäb. Hall (Hällisch-
Fränkisches Museum) und im WLM. In den Sammlungen
des Instituts für Vor- und Frühgeschichte der Universität
Tübingen befindet sich eine bemalte WS (Inv.-Nr. Tü 49/18).
Die bei Zürn aufgeführten Funde waren bei der Materialaufnahme im Winter 1990/91 im Museum Schwäbisch Hall
nicht mehr alle auffindbar. Mittlerweile scheinen sie wieder
aufgetaucht zu sein; ein Teil wurde von G. Lenz-Bernhard
bereits publiziert, eine größere Publikation wurde von ihr
angekündigt (G. Lenz-Bernhard/H. Bernhard, Das Oberrheingebiet zwischen Caesars gallischem Krieg und der flavi-
schen Okkupation (58 v.–73 n. Chr.). Mitt. des Historischen
Vereins der Pfalz e.V. 89, 1991 [1992] 5 ff., bes. 327 ff.)
Hier werden lediglich die 1991 von mir aufgenommenen und
gezeichneten Stücke abgebildet; die zahlreichen übrigen
Funde werden nach Beschreibungen bei Kost aufgeführt, auf
die dortigen Abbildungen wird jeweils verwiesen.
Ohne Abb.: Fundstelle 1, Schicht A
– RS von DSW, evtl. bemalte Ware (nach Beschreibung von
Kost: rottonig, stark sandig); vgl. Kost, Abb. 23,561.
– BS von DSW, wie 1.; vgl. Kost, Abb. 23,566.
– Grobkeramische WS mit Spatelstrich und Kammein-
drücken; vgl. Kost, Abb. 19,562.
– Grobkeramische WS mit Zickzack-Spatelstrich; vgl. Kost,
Abb. 19,558.
– Fragment von Briquetagetiegel; vgl. Kost, Abb. 15,559.
Taf. 69 A: Fundstelle 1–4, Schicht A/B:
4. Glasarmringfragment, Typ Haevernick 14; drei Rippen
mit Noppen, hellblaugrün, Länge noch 2,5 cm; vgl. Kost
Abb. 34,568.
5. Fragment von Buckelperle, dunkelblau mit weißen Spira-
len auf den Buckeln, Dm. ca. 1,9 cm; vgl. Kost Abb. 34,569.
6. Glasarmringfragment, Typ Haevernick 7b; fünf Rippen,
erhöhte Mittelrippe, dunkelblau mit gelber und weißer Folie;
Länge noch 5,5 cm; vgl. Kost, Abb. 34,567.
Ohne Abb.
– Spirale einer Bronzefibel, noch vier Spiralwindungen erhalten; vgl Kost Abb. 32,570.
– Grobkeramische WS mit grobem Spatelstrich; vgl. Kost
Abb. 17,647.

– Grobkeramische WS mit Kammstrich; vgl. Kost Abb. 17,612.

Taf. 69 A: Fundstelle 3:

1. Topf mit ausgebogenem Rand und abgesetzter Schulter, Dm. 16 cm, Höhe 19,5 cm (rekonstr.), harter rotbrauner Ton, Spatelstrich, mittelfeine mineralische Magerung, rötlichbraun glänzende Oberfläche; vgl. Zürn, Kat. Schwäb. Hall 40; Taf. 61,1; (HFM Inv.-Nr. 718).

2. Topf mit Steilrand und nach außen gestrichener Randlippe, Dm. 11 cm, Höhe 16,5 cm (rekonstr.), sehr harter Ton, Spatelstrich, sekundär verbrannt; vgl. Zürn, Kat. Schwäb. Hall 40, Taf. 62,3; (HFM Inv.-Nr. 715).

Taf. 69 A: Fundstelle 3a (Kreissparkasse)

3. Bemalte Flasche, DSW, Dm. 7,3 cm, Höhe 24 cm, dunkelrotbrauner Ton, feine mineralische Magerung, glänzende Oberfläche, Bemalung: weißer Horizontalstreifen auf der Schulter und unterhalb des Umbruchs, rote flächige Grundierung, Randlippe und Unterteil tongrundig; vgl. Zürn, Kat. Schwäbisch Hall 40, Taf. 61,3; (HFM Inv. Nr. 716).

Ohne Abb.

– RS von bemalter Flasche, DSW, flächige weiße Bemalung im Halsbereich; vgl. Kost Abb. 20,1219.

– WS von bemalter Flasche (?), DSW, rote und weiße flächige Bemalung, Gitternetz in Sepia auf weiß; vgl. Kost Abb. 20,1220.

– BS von bemalter Flasche, DSW, rote flächige Bemalung, Unterteil tongrundig; vgl. Kost Abb. 20,1219.

– Bauchige Flasche, DSW, auf der Schulter horizontale Rippe, Glättstreifen, eingeritztes Zickzackband auf der Schulter; vgl. Zürn, Kat. Schwäb. Hall Taf. 61,4.

– WS von bemalter Flasche, DSW, weiße Horizontalstreifen auf roter Grundierung; vgl. Zürn, Kat. Schwäb. Hall Taf. 60,11.

Taf. 70 A: Fundstelle Kreissparkasse (ohne nähere Bezeichnung)

1. Bauchiger Topf mit Randlippe, grobkeramisch, Dm. 22 cm, Höhe 22 cm, harter mittel- bis hellbrauner Ton, mittelfeine mineralische Magerung, mittelgraue stumpfe Oberfläche, flächige Verzierung mit Fingernageleindrücken; vgl. Zürn, Kat. Schwäb. Hall 40; Taf. 62,5; (HFM Inv.-Nr. 717).

2. Bemalte WS, DSW, hellbrauner harter Ton, feine mineralische Magerung, glänzende Oberfläche, weißer Streifen auf roter Grundierung (Inst. für Vor- und Frühgesch. Univ. Tübingen, Inv.-Nr. Tü 49/18).

3. Grobkeramischer Topf mit ausgebogenem Rand, Dm. 17 cm, Höhe 19,8 cm, rotbrauner harter Ton, mittelfeine mineralische Magerung, glänzende Oberfläche, im Halsbereich zwei Riefen; vgl. Zürn, Kat. Schwäb. Hall 40, Taf. 61,2; (HFM Inv.-Nr. 719).

4. Fragment von grobkeramischem Topf mit Schulterabsatz und leicht ausgebogenem Rand, Dm. 13,5 cm, Höhe 20 cm (rekonstr.), mittelbrauner spröder Ton, mittelfeine mineralische Magerung, stumpfe Oberfläche, flächige Besenstrichverzierung; vgl. Zürn, Kat. Schwäb. Hall 40, Taf. 62,4; (HFM Inv.-Nr. 720).

Ohne Abb.

– Steilwandige RS, scheibengedreht; nach Beschreibung von Kost evtl. TS oder Campana(?); vgl. Kost Abb. 23,873.

– BS, DSW, harter Ton, schwarzglänzende Oberfläche, Campana?; vgl. Kost Abb. 23,1095.

– Grobkeramische RS von Topf(?); vgl. Kost Abb. 23,976.

– Feinkeramischer WS, bemalt(?), schwarzes Zickzackband auf flächigem Weiß; vgl. Kost Abb. 19,881.

– BS von grobkeramischem Topf, dreizinkige Kammstrichverzierung; vgl. Kost Abb. 18,839.

– BS von grobkeramischem Topf mit flächiger unregelmäßiger Kammstrichverzierung; vgl. Kost Abb. 18,1074.

Lit.: E. Kost, Württ. Franken N.F. 20/21, 1939/40, 39 ff.; W. Veeck, Eine keltische Solesiederei in Schwäbisch Hall. Württ. Franken N.F. 20/21, 1939/40, 112 ff.; W. Hommel, Keltische und mittelalterliche Salzgewinnung in Schwäbisch Hall. Württ. Franken N.F. 20/21, 1939/40, 129 ff.; E. Kost, Die Keltensiedlung über dem Salzquell von Schwäbisch Hall. Germanenerbe 6, 1941, 135 ff.; Fundber. Schwaben N.F. 11, 1951, 90; Fundber. Schwaben N.F. 12, 1952, 46; K. Riehm, Werkanlagen und Arbeitsgeräte urgeschichtlicher Salzsieder. Germania 40, 1962, 360 ff.; Haevernick, Glasarmringe 148 Nr. 198, 195 Nr. 1; Zürn, Kat. Schwäbisch Hall 39/40; Taf. 38; Taf. 60–62.

2. Grabungen am Milchmarkt 1951

An der Ecke Neue Straße/Milchmarkt wurden 1951 bei Probebohrungen und später beim Ausheben der Baugrube für die neue Landeszentralbank spätkeltische Funde festgestellt. Die Stelle liegt nur ca. 75 m von der Kreissparkasse entfernt, so daß ein Zusammenhang mit den dort angetroffenen Siedlungsresten anzunehmen ist. Bei den Bohrungen wurde unter mittelalterlichen Schuttschichten in einer Tiefe von 6–7 m eine Kulturschicht mit spätkeltischen Funden angetroffen. Neben der Keramik (u. a. Briquetage) fanden sich Reste von Tierknochen und Hüttenlehm sowie erhaltene Holzreste. Durch die anschließenden Grabungen war eine genauere Beobachtung der Schichtenfolge möglich: Die bis 1 m mächtige spätkeltische Kulturschicht wird zweimal von Geröllschwemmschichten unterbrochen. Über den keltischen Schichten liegt eine ca. 30 cm mächtige Auelehmschicht, erst auf dieser liegen die hochmittelalterlichen Schichten auf.

Funde: Mus. Schwäb. Hall Inv.-Nr. 599–606.

Lit.: E. Kost, Württ. Franken N.F. 26/27, 1951/52, 29–34; 62; Zürn, Kat. Schwäb. Hall 40; Taf. 60.

3. Haalstraße

Im April 1959 wurden bei Kanalisationsarbeiten in der Haalstraße Kulturschichten angeschnitten, die zu der ausgedehnten Siedlung gehören dürften, die schon 1939 beim Bau der Kreissparkasse entdeckt worden war. Die Arbeiten konnten nur z.T. durch das Staatl. Amt für Denkmalpflege überwacht werden, aus den Kanalgräben konnten einige Funde geborgen werden.

Funde: WLM Inv.-Nr. F 61/18.

Taf. 71

1. Teil von Säulen-Briquetage.
2. Schüsselförmiger Briquetagetiegel, Dm. 13 cm.
3. WS, Kammstrich.
4. Fragment von Säulen-Briquetage.
5. RS von steilwandigem Napf, Dm. 8 cm, Höhe ca. 5,6 cm.
6. Teil von Säulen-Briquetage.
7. Fragment von Säulen-Briquetage.
8.–11. RS von Töpfen mit ausgebogenem Rand.
12. RS von Topf mit sichelartigem Wulstrand.
13. RS von Topf mit steilem Rand.
14. RS von Schüssel mit steil aufgebogenem und abgesetztem Rand.
15.–17. RS von Schüsseln mit eingebogenem Rand.
18. RS von Schüssel mit leicht eingebogenem und abgesetztem Rand.
19.–20. RS von Schüsseln mit eingebogenem Rand.
21. RS von Topf mit ausgebogenem Rand.
22. RS von großer Schüssel mit eingebogenem Rand.

23. RS von Graphittontopf mit Wulstrand, DSW.
24.–25. BS, flachwandig, DSW, Standring.
(Abb. und Beschr. nach Fundber. Schwaben N.F. 16, 1962, Taf. 36).
Lit.: Fundber. Schwaben N.F. 16, 1962, 245–246; Taf. 36.

584. Schwäbisch Hall SHA
Steinerner Steg
6824
Im Bereich zwischen Kocher und „Unterer Herrngasse" fanden sich schon 1939 jüngerlatènezeitliche Reste, nämlich im Bereich der „Sentergasse" zum Keckenhof. Die Fundstelle dürfte mit der Siedlung bei der Kreissparkasse im Zusammenhang stehen (nicht kartiert).
Funde: Mus. Schwäb. Hall.
Taf. 69 B: Fundstelle 22/23 („Am Steinernen Steg"):
– Ringperle aus Glas, Typ Haevernick 23, gelb mit weißen Spiralfäden, Dm. ca. 3,5 cm; vgl. Kost Abb. 35,1115. Ohne Abb.
– Grobkeramische WS mit Kammstrich, vgl. Kost Abb. 35,1112.
– Grobkeramische WS mit Bohrung, vgl. Kost Abb. 35,1132.
– RS von Topf mit Wulstrand, DSW, graphitfreier Ton, Rippe im Halsbereich, schräger Kammstrich auf der Schulter; vgl. Kost Abb. 35,1114.
– WS von Flasche (?), DSW, Rippen- und Riefengliederung im Hals-Schulter-Bereich; vgl. Kost Abb. 35,1113.
– WS, Graphitton, scheibengedreht(?), Kammstrichverzierung; vgl. Kost Abb. 35,1111.
Lit.: E. Kost, Württ. Franken N.F. 20/21, 1939/40, 84; Haevernick, Glasarmringe 249 Nr. 63.

585. Schwäbisch Hall SHA
Umgebung von Schwäbisch Hall
6824
In den 1930er Jahren wurde in der Nähe von Schwäbisch Hall ein Silberquinar vom Kaletedu-Typ (vgl. Forrer 188/189) gefunden (vorgelegt 1965).
Verbleib: Priv.Bes.
Lit.: Fundber. Schwaben N.F. 18/II, 1967, 189; Ziegaus, Münzumlauf 107 Nr. 279.

586. Schwäbisch Hall SHA
Oberlimpurg
6824
SO von Oberlimpurg direkt O des Walles wurde 1933 jüngerlatènezeitliche Keramik gefunden, darunter Kammstrichscherben und eine Graphittonscherbe.
Verbleib: Mus. Schwäbisch Hall Inv.-Nr. 432.
Lit.: Zürn, Kat. Schwäbisch Hall 40 Nr. 9; Fundber. Schwaben N.F. 4, 1928, 22.

587. Schwäbisch Hall SHA
Blendstatt
6824
1906 wurde im Garten hinter dem Haus Blendstatt Nr. 15 ein Regenbogenschüsselchen (Viertelstater, Streber 97/98) gefunden.
Verbleib: Priv.Bes.
Lit.: FMRD II 4 Nr. 4448-1; Fundber. Schwaben N.F. 8, 1933–35, 120 Nr. 3; Bittel, Kelten 31 Nr. 47; Ziegaus, Münzumlauf 107 Nr. 278.

588. Schwäbisch Hall-Gelbingen SHA
Kirchberg
6824
Am NO-Rand vom Ort wurde 1933 eine vierzipfelige Buckelperle mit Spiralauflagen gefunden (gemeldet von Kost 1950).
Verbleib: Mus. Schwäbisch Hall.
Lit.: Ortsakten LDA Stuttgart.

589. Schwäbisch Hall-Hessental SHA
Wasenwiesen
6824
0,26 km O von Hessental fanden sich neben neolithischen Funden auch spätlatènezeitliche Scherben.
Verbleib: Mus. Schwäbisch Hall.
Lit.: Fundber. Schwaben N.F. 8, 1935, 31; 87; Fundber. Schwaben N.F. 11, 1938–50, 34.

590. Schwäbisch Hall-Hessental SHA
Mittelhöhe
6824
Nicht weit von der Fundstelle „Wasenwiesen" (s. o.) wurden in der Flur Mittelhöhe, 0,7 km WSW vom Ort neben Rössener Scherben wenige jüngerlatènezeitliche Stücke gefunden, u. a. Scherben und Eisenschlacke.
Funde: Mus. Schwäb. Hall Inv. Nr. 507.
Taf. 70 B
1. RS von Topf mit verdicktem Steilrand, Dm. 11 cm, schwarzgrauer harter Ton, mittelfeine mineralische Magerung, Oberfläche etwas geglättet, Ansätze von Fingerdellen.
2. WS, schwarzgrauer harter Ton, mittelfeine mineralische Magerung, orangerot-braune stumpfe Oberfläche, flächige Fingertupfen.
3. WS, mittelgrauer harter Ton, feine mineralische Magerung, mittelgraue stumpfe Oberfläche, Kammstrichbahnen.
4. BS, hellgrauer seifiger Ton, feine mineralische Magerung, orangebraune Oberfläche, leicht porös, Ansätze von Spatelstrich.
Lit.: E. Kost, Württ. Franken N.F. 20/21, 1939/40, 9; 24; Fundber. Schwaben N.F. 11, 1939–50, 34; 93; Zürn, Kat. Schwäb. Hall 40; Taf. 39 F.

591. Schwäbisch Hall-Sulzdorf SHA
Kappeläcker
6825
1933 wurde in Flur „Kappeläcker", 2 km NNW vom Ort und 0,4 km N von Matheshörlebach ein Regenbogenschüsselchen (Viertelstater, Streber 97/98) gefunden. Drei weitere Regenbogenschüsselchen sollen auch von der Gemarkung stammen, möglicherweise hat es sich um einen kleinen Hortfund gehandelt.
Verbleib?
Lit.: FMRD II 4 Nr. 4451; Württ. Franken N.F. 24/25, 1949/50, 36; Fundber. Schwaben N.F. 12, 1938–51, 98 Nr. 1; Ziegaus, Münzumlauf 107 Nr. 285–288.

592. Schwäbisch Hall-Weckrieden SHA
Flürle/Eichwiesen
6824
2,6 km NO Schwäbisch Hall, in unmittelbarer Nähe der „Nibelungenstraße" in Weckrieden wurden 1936 bei der Bachbegradigung Spätlatènescherben, Knochen und Eisenreste gefunden (Meldung von Kost 1937); es sollen auch Gruben angeschnitten worden sein.
Funde: Mus. Schwäbisch Hall Inv.-Nr. 448.
Lit.: Fundber. Schwaben N.F. 9, 1935–38, 79; Württ. Franken N.F. 19, 1937/38, 183; Zürn, Kat. Schwäb. Hall 41.

593. Untermünkheim-Brachbach SHA
Markung Obersteinach
6824

Bei Brachbach wurde auf Markung Obersteinach Ende des 19. Jh. ein Regenbogenschüsselchen (Viertelstater, Streber 97/98) gefunden. Näheres ist nicht bekannt.
Verbleib?
Lit.: FMRD II 4 Nr. 4454–1; Fundber. Schwaben 12, 1904, 129 Nr. 1, 89 l)11; Bittel, Kelten 29 Nr. 17; Ziegaus, Münzumlauf 96 Nr. 167.

594. Untermünkheim SHA
Umgebung von Untermünkheim
6824
Aus der Umgebung von Untermünkheim stammt angeblich ein Regenbogenschüsselchen (Viertelstater).
Verbleib: Priv.Bes.
Lit.: FMRD II 4 Nr. 4453–1; Fundber. Schwaben N.F. 12, 1938–51, 98 Nr. 1; Ziegaus, Münzumlauf 108 Nr. 291.

595. Vellberg SHA
Im Ort?
6925
Ein Regenbogenschüsselchen (Viertelstater, Streber 97/98) soll um 1830 in Vellberg gefunden worden sein.
Verbleib: Priv.Bes.
Lit.: FMRD II 4 Nr. 4455–1; Württ. Franken 17/18, 1936, 102 Anm. 72; Fundber. Schwaben N.F. 9, 1935–38, 115; Ziegaus, Münzumlauf 108 Nr. 297.

596. Vellberg SHA
Stöckenburg
6925
Bei Grabungen auf der Stöckenburg fand sich zahlreiche LT-Keramik (hauptsächlich Frühlatène). Einige Scherben gehören auch in die jüngere Latènezeit (wohl LT C), u. a. Graphittonware, Kammstrichscherben und Briquetagetiegel.
Verbleib: Mus. Schwäbisch Hall Inv.-Nr. 572–581.
Lit.: Zürn, Kat. Schwäb. Hall 38, Taf. 38 B; G. Stachel/R. Koch in: H. Decker-Hauff (Hrsg.), Vellberg in Geschichte und Gegenwart. Forsch. Württ. Franken Bd. 26 (1984) 59 ff. (mit älterer Literatur).

597. Wallhausen-Hengstfeld SHA
Beim Ort
6726
1 km NW-WNW der Ortsmitte von Hengstfeld konnte W. Scharff in der Trasse der Erdgasleitung eine Grube mit Keramik der jüngeren Latènezeit untersuchen (=Scharff Fundstelle 667).
Funde: LDA Stuttgart.
Lit.: unpubliziert.

598. Wallhausen-Michelbach SHA
Beim Ort
6726
Ca. 0,35 km NW der Kirche von Michelbach konnte W. Scharff in der Trasse der Erdgasleitung zwei Gruben mit JLT-Funden untersuchen (=Scharff Fundstelle 666).
Funde: LDA Stuttgart.
Taf. 68 B
1. RS von Graphittontopf mit sichelförmigem Simsrand, DSW, Dm. 18 cm, mittelgrauer weicher Ton, mittelfeine mineralische Magerung, mäßiger Graphitgehalt, rauhe Oberfläche, Leiste im Halsbereich, darunter verwischter Kammstrich.
2. RS von Schüssel mit eingebogenem Rand, Dm. 22 cm, mittelgrauer harter Ton, mittelfeine mineralische Magerung, Oberfläche rissig, leicht porös, nachgedreht?
3. WS, dunkelgrauer harter Ton, mittelfeine mineralische

Magerung, rauhe Oberfläche, etwas porös, grober Spatelstrich, innen Reste von Pichung.
4. Fragment von kobaltblauem Glasarmring, Dm. ca. 7 cm, Mittelrippe mit Noppen (Haevernick 14).
Lit.: unpubliziert (freundl. Hinweis R. Krause).

Kreis Sigmaringen (SIG)

599. Beuron SIG
Höhle im Knopfmacherfels
7919
1,9 km SSW von Beuron liegt W der Donau der Aussichtspunkt „Knopfmacherfels". In einer Höhle am Felsen sollen hallstatt- und spätlatènezeitliche Scherben gefunden worden sein (Fundmeldung Dr. Bertsch, Ravensburg).
Funde: Priv.Bes.?
Lit.: Ortsakten LDA Tübingen.

600. Beuron SIG
Höhle oberhalb des Ortes
7919
In einer Grotte oberhalb von Beuron fand Dr. Bertsch, Ravensburg, 1926 vorgeschichtliche Keramik, darunter jüngerlatènezeitliche Scherben. Die Fundstelle ist nicht mehr genau lokalisierbar. Möglicherweise handelt es sich auch um die o.g. Funde vom Knopfmacherfelsen.
Funde: WLM Inv.-Nr. A 2211.
Taf. 75 A
3. RS von feinkeramischer Schale oder Topf, DSW, Dm. 25,5 cm, hellgrauer harter Ton, sehr feine mineralische Magerung, dunkelgraue glänzende Oberfläche.
7. WS, feinkeramisch, DSW, mittelgrauer harter Ton, sehr feine mineralische Magerung, dunkelgraue glänzende Oberfläche, horizontale Rillen und Glättstreifen.
8. RS von Topf mit steil aufgebogenem Rand, rötlichbrauner harter Ton, mittelfeine mineralische Magerung, dunkelgraue Oberfläche, etwas geglättet.
Lit.: Fundber. Schwaben N.F. 4, 1926–28, 157.

601. Beuron SIG
Petershöhle
7919
1 km SO von Beuron befindet sich der markant aufragende Petersfels. Auf seiner Talseite öffnet sich die stattliche Halle der Petershöhle (ca. 20 x 30 m; Höhe 9–10 m). Der Zugang liegt 5 m hoch in der steilen Felswand und ist nur durch eine Holztreppe erreichbar. Am Eingang sind die Reste einer mittelalterlichen Befestigungsmauer erkennbar (Höhlenburg). Die Höhle hat ein Deckenfenster und ist relativ trocken. Schon Peters hat angemerkt, daß unterhalb des Höhlenportals Massen von Scherben der Bronze- und Latènezeit zu finden sind. Diese Funde sind im Krieg in Sigmaringen verlorengegangen. Chr. Bizer fand in den letzten Jahren direkt unterhalb des Höhlenportals zahlreiche Keramik der jüngeren Latènezeit.
Funde: Priv.Bes.
Taf. 72
1. RS von Topf mit ausgebogenem Rand, Dm. 17,2 cm, dunkelgrauer harter Ton, mittelfeine mineralische Magerung, dunkelgraubraune Oberfläche, leicht porös, Kammstrich-Grübchen.
2. RS von feinkeramischem Topf oder Schale, DSW, Dm. 23,4 cm, mittelgrauer harter Ton, feine mineralische Magerung, dunkelgraue sandige Oberfläche (abgewittert).

3. RS von Topf oder Schale mit ausgebogenem Rand, Dm. 28,6 cm, mittelgraubrauner Ton, mäßig hart, mittelfeine mineralische Magerung, einzelne Kalksteinchen, organisch verunreinigt, Oberfläche geglättet, leicht porös, nachgedreht?

4. RS von Topf (?) mit verdicktem Steilrand, Dm. 25,5 cm, dunkelgraubrauner harter Ton, mittelfeine mineralische Magerung, sandige Oberfläche, nachgedreht?

5. RS von Topf oder Schale mit ausgebogenem Rand, Dm. 21,3 cm, dunkelgraubrauner harter Ton, grobe mineralische Magerung, Kalksteinchen, Oberfläche geglättet, leicht porös.

6. RS von Topf mit leicht ausgebogenem Rand, Dm. 11,2 cm, hellgrauer harter Ton, feine mineralische Magerung, einzelne Kalksteinchen, rauhe sandige Oberfläche, schräge Kammeinstiche, darunter Ansätze von Kammstrich.

7. RS von kleinem Topf oder Flasche mit ausgebogenem Rand, Dm. 10,7 cm, mittelbraungrauer weicher Ton, grobe mineralische Magerung, auch größere Kalksteinchen, rotbraune Oberfläche, etwas geglättet, leicht porös.

8. RS von Topf mit ausgebogenem Rand, Dm. 10,5 cm, rotbrauner weicher Ton, feine mineralische Magerung, organisch verunreinigt, seifige Oberfläche, leicht porös.

9. RS von Topf mit leicht ausgebogenem Rand, Dm. 16 cm, dunkelgrauer Ton, mäßig hart, mittelfeine mineralische und organische Magerung, sandige Oberfläche, porös.

10. RS von Topf mit abgesetzter Schulter und Steilrand, Dm. 17,2 cm, dunkelgrauer harter Ton, mittelfeine mineralische Magerung, größere Kalksteinchen, Oberfläche etwas geglättet, nachgedreht.

11. RS von feinkeramischer Flasche, DSW, Dm. 13,6 cm, ziegelroter weicher Ton, sehr feine mineralische Magerung, mittelgraue sandig-seifige Oberfläche, abgewittert.

12. RS von feinkeramischem kleinen Topf oder Flasche, DSW, Dm. 11 cm, dunkelgrauer harter Ton, mittelfeine mineralische Magerung, Oberfläche etwas geglättet.

13. RS von feinkeramischem kleinen Topf oder Flasche, DSW, Dm. 11 cm, mittelgrauer harter Ton, feine mineralische Magerung, dunkelgraue Oberfläche, sandig, etwas geglättet.

14. BS, steilwandig, feinkeramisch, DSW, Dm. 6,3 cm, hellbrauner harter Ton, mittelfeine mineralische Magerung, glatte mittelgraue Oberfläche, abgesetzter Boden mit Standrille.

15. RS von feinkeramischer Schüssel mit eingebogenem Rand, DSW, Dm. 10,8 cm, hellbraun-rötlicher harter Ton, mittelfeine mineralische Magerung, rauhe sandige Oberfläche (abgewittert).

16. WS, feinkeramisch, DSW, hellgraubrauner harter Ton, feine mineralische Magerung, dunkelgraue Oberfläche, leicht sandig, horizontale Leiste.

17. WS vom Schulter-Hals-Bereich, feinkeramisch, DSW, mittelgrauer harter Ton, feine mineralische Magerung, Oberfläche abgewittert, horizontale Rippe auf der Schulter.

18. WS, mittelgraubrauner spröder Ton, grobe mineralische und organische Magerung, größere Kalksteinchen, hellbraune poröse Oberfläche, unregelmäßiger Kamm- und Spatelstrich.

19. WS, feinkeramisch, DSW, hellgrauer harter Ton, feine mineralische Magerung, dunkelgraue Oberfläche, regelmäßiger Kammstrich (Feinkammstrichware).

20. WS, dunkelgrauer harter Ton, mittelfeine mineralische Magerung, rauhe Oberfläche, verwaschener Kammstrich.

21. WS, mittelgrauer harter Ton, mittelfeine mineralische Magerung, rauhe Oberfläche, leicht sandig, regelmäßiger Kammstrich.

22. RS von feinkeramischem Becher oder Tonne, DSW, rötlichbrauner harter Ton, feine mineralische Magerung, dunkelgraue Oberfläche, abgewittert, horizontale Leiste.

23. WS, orangeroter harter Ton, grobe mineralische Magerung, Kalksteinchen, Oberfläche etwas geglättet, grober Kamm- und Spatelstrich.

24. WS, mittelgraubrauner harter Ton, mittelfeine mineralische Magerung, rauhe Oberfläche, leicht sandig, Kammstrich und Kammstrich-Grübchen.

25. WS, hellgraubrauner weicher Ton, mittelfeine mineralische Magerung, ziegelrote seifige Oberfläche, verwaschener Kammstrich.

26. WS, feinkeramisch, DSW, hellbraun-mittelgrauer Ton, mäßig hart, sehr feine mineralische Magerung, Oberfläche abgeplatzt, regelmäßiger Kammstrich, sekundär verbrannt.

27. RS von feinkeramischem Topf oder Schale, DSW, hellbrauner harter Ton, feine mineralische Magerung, mittelgraue sandige Oberfläche, Bohrloch in der Randlippe (Reparatur).

28. WS, mittelgraubrauner harter Ton, feine mineralische Magerung, vereinzelt Kalksteinchen, dunkelgraue rauhe Oberfläche, Kammstrichbahnen.

Taf. 73

1. RS von Schüssel mit gerilltem Steilrand, Dm. 25,5 cm, hellbraungrauer harter Ton, grobe mineralische Magerung, Kalksteinchen, hellbraune glatte Oberfläche, nachgedreht, Reste von Bohrung.

2. RS von Schüssel mit eingebogenem Rand, Dm. 22,7 cm, mittelgrauer harter Ton, grobe mineralische Magerung, Quarzkörner, rötlichbraune rauhe Oberfläche, etwas porös, innen etwas geglättet.

3. RS von Schüssel mit eingebogenem Rand, Dm. 27,8 cm, mittelgraubrauner harter Ton, grobe mineralische Magerung, dunkelgraue glatte Oberfläche

4. RS von Schüssel mit eingebogenem Rand, Dm. 26 cm, mittelgrauer harter Ton, mittelfeine mineralische Magerung, mittelbraune Oberfläche, leicht sandig, nachgedreht.

5. RS von Schüssel mit eingebogenem Rand, Dm. 19,5 cm, mittelgraubrauner bis dunkelgrauer Ton, mäßig hart, mittelfeine mineralische und organische Magerung, Oberfläche etwas geglättet, porös.

6. RS von Schüssel mit eingebogenem Rand, Dm. 15 cm, hellbraun-rötlicher harter Ton, mittelfeine mineralische Magerung, größere Kalksteinchen, sandige Oberfläche, nachgedreht.

7. RS von feinkeramischer Schüssel mit eingebogenem Rand, DSW, Dm. 10,5 cm, mittelgrauer harter Ton, mittelfeine mineralische Magerung, rötlichgraue sandige Oberfläche, sekundär verbrannt.

8. RS von Schüssel mit eingebogenem Rand, dunkelgrauer harter Ton, sandig, mittelfeine mineralische Magerung, rauhe Oberfläche, etwas porös, nachgedreht?

9. RS von feinkeramischer Schüssel mit eingebogenem Rand, DSW, mittelgrauer harter Ton, feine mineralische Magerung, Oberfläche etwas geglättet.

10. WS, hellgraubrauner spröder Ton, grobe mineralische Magerung, rauhe Oberfläche, sandig, Dreiergruppen von schrägen Kammeinstichen.

11. WS, rötlichbrauner Ton, leicht seifig, sehr grobe mineralische Magerung, Kalksteinchen, dunkelgraubraune Oberfläche, leicht geglättet, Kammstrich und Kammstrich-Grübchen.

12. WS, dunkelgraubrauner harter Ton, grobe mineralische Magerung, Oberfläche etwas porös, Reste von grobem Kammstrich und Kammstrich-Grübchen.

13. WS, dunkelgrauer harter Ton, feine mineralische Magerung, mittelgraubraune sandige Oberfläche, Kammstrich und Kammstrich-Grübchen.

14. WS, mittelgrauer Ton, mäßig hart, mittelfeine mineralische und organische Magerung, größere Kalksteinchen, poröse Oberfläche, Kamm- und Spatelstrich, darüber Kammstrich-Grübchen.

15. WS, mittelgraubrauner harter Ton, grobe mineralische Magerung, vereinzelt Kalksteinchen, rötlichgraue rauhe Oberfläche, Kammeinstiche.

16. WS, rötlichbrauner weicher Ton, mittelfeine mineralische Magerung, einzelne Kalksteinchen, ziegelrote seifige Oberfläche, unregelmäßige Kamm- oder Spatelstrichbögen.

17. WS, mittel- bis dunkelgrauer Ton, mäßig hart, feine mineralische Magerung, organisch verunreinigt, hellgraue Oberfläche, leicht porös, Reihen von halbmondförmigen Spatelgrübchen.

18. WS, hellgraubrauner harter Ton, leicht sandig, mittelfeine mineralische Magerung, rauhe Oberfläche, halbkreisförmige Fächerstempel.

19. WS, dunkelgrauer Ton, mäßig hart, feine mineralische Magerung, organisch verunreinigt, hellbraune seifige Oberfläche, leicht porös, Reihen von halbmondförmigen Spatelgrübchen.

20. WS, mittelgraubrauner harter Ton, grobe mineralische Magerung, ziegelrote rauhe Oberfläche, flächige Warzenverzierung („Igeltopf").

21. WS, dunkelgrauer harter Ton, mittelfeine mineralische Magerung, Bohnerz, mittelbraune rauhe Oberfläche, Fingernagel- oder Spateleinstiche.

22. Scherbenwirtel, max. Dm. 4,7 cm, dunkelgraubrauner harter Ton, mittelfeine mineralische Magerung, rauhe sandige Oberfläche, Bohrung, Dm. 0,8 cm.

23. RS von Schüssel mit eingebogenem Rand, mittelgraubrauner harter Ton, mittelfeine mineralische Magerung, größere Kalksteinchen, rotbraune Oberfläche, etwas geglättet.

24. RS von Schüssel mit abgestrichenem Rand, mittelgraubrauner harter Ton, grobe mineralische Magerung, Kalksteinchen, Oberfläche leicht geglättet.

Lit.: Peters, Meine Tätigkeit 11; Beitr. Karst- u. Höhlenkunde 13, 1977; Binder, Höhlenführer 188; S. Uhl, Höhlenburgen und Höhlenbefestigungen im Donautal zwischen Sigmaringen und Tuttlingen. Bl. Schwäb. Albver. 94–1, 1988, 10 f.

602. Beuron SIG
Paulshöhle
7919
0,5 km NO liegt der Paulsfelsen mit der Paulshöhle. Sie hat eine ähnliche Lage wie die oben beschriebene Petershöhle. Bei seinen Grabungen fand E. Peters hier auch Spätlatènescherben und berichtete, daß Spuren früherer Grabungen zu sehen wären. Die Funde gingen im Krieg verloren.
Verbleib: Slg. Sigmaringen (verschollen).
Lit.: Binder, Höhlenführer 188; Peters, Meine Tätigkeit 11.

603. Beuron SIG
Höhle bei Beuron
7919
In den Fürstl. Hohenzoll. Slg. Sigmaringen befindet sich eine Schachtel mit Keramik (Urnenfelderzeit, Hallstattzeit, Spätlatènezeit, Mittelalter), einer eisernen Pfeilspitze und einer eisernen Bügelschere. Als Fundort ist auf einem Zettel nur vermerkt „Beuron 1874". Die Funde sind z.T. übersintert, was auf eine der Beuroner Höhlen als Fundort schließen läßt (nicht kartiert).
Funde: Slg. Sigmaringen.
Taf. 75 A

2. RS von Topf mit ausgebogenem Rand, Dm. 14 cm, mittelgraubrauner harter Ton, grobe mineralische Magerung, organisch verunreinigt, rotbraune rissige Oberfläche, tiefe vertikale Riefen.

5. RS von feinkeramischem Topf mit abgesetzter Schulter und ausgebogenem Rand, DSW, Dm. 15 cm, hellgrauer weicher Ton, mittelfeine mineralische Magerung, mittelgraubraune Oberfläche, etwas geglättet, Ansätze von regelmäßigem Kammstrich, nach oben von horizontaler Rille begrenzt.

6. RS von Schüssel mit eingebogenem Rand, Dm. 24 cm, mittelgraubrauner harter Ton, mittelfeine mineralische Magerung, dunkelgraue glatte Oberfläche.
Lit.: unpubliziert.

604. Beuron SIG
Unbekannte Höhle?
7919
Im WLM befinden sich wenige Spätlatènescherben ohne Inventarnummer, lediglich mit der Fundortangabe Beuron (ohne Jahr). Es dürfte sich nach der Art der Beschriftung um Altfunde aus der Zeit vor 1930 handeln, die Scherben zeigen Sinterspuren, stammen also wohl aus einer Höhle. Vielleicht sind dies die Funde aus der Höhle am Knopfmacherfelsen (nicht kartiert, vgl. Kat.-Nr. 599).
Funde: WLM ohne Inv.-Nr.
Taf. 75 A

1. RS von Topf mit ausgebogenem gerilltem Rand, Dm. 19,4 cm, dunkelgrauer harter Ton, mittelfeine mineralische Magerung, größere Kalksteinchen, mittelbraune rauhe Oberfläche, Kammstrich-Grübchen.

4. RS von Topf mit ausgebogenem Rand, Dm. 17 cm, mittelgraubrauner harter Ton, grobe mineralische Magerung, größere Kalksteinchen, mittelgraue rauhe Oberfläche, flächiger Kammstrich, darüber horizontale Kammstrich-Grübchen.
Lit.: unpubliziert.

605. Beuron-Thiergarten SIG
Falkensteinhöhle
7919
2 km WSW von Thiergarten liegt die Falkensteinhöhle. Sie wurde 1933 von E. Peters und V. Toepfer ausgegraben. Außer einem umfangreichen Fundmaterial aus dem Mesolithikum kamen Reste aus der Jungsteinzeit, Bronzezeit, Spätlatènezeit und dem Mittelalter zum Vorschein. Die Funde und die Dokumentation dieser Grabung gingen 1945 verloren, evtl. sind einzelne Stücke in der Slg. Sigmaringen (ohne Inv.-Nr.) erhalten, aber nicht mehr zuweisbar. Über Funde aus einer Nachgrabung durch W. Taute 1963/64 ist nichts bekannt.
Funde: Slg. Sigmaringen (verschollen).
Lit.: Bl. d. Schwäb. Albvereins 46, 1934; Hohenzoll. Jahreshefte 2, 1935,175 ff.; Fundber. Hohenzollern 3 (=Anhang II der Fundber. Schwaben N.F. 8, 1935, 2–12); Peters, Meine Tätigkeit 8 (C8); Fundber. Schwaben N.F. 18/II, 1967, 18 f.; Mitt. Verb. Deutschen Höhlen- u. Karstforscher 22, 1976; Binder, Höhlenführer 201 f.

606. Bingen SIG
Kleine Gasse
7821
Bei den Grabungen im alamannischen Gräberfeld von Bingen wurden nach A. Rieth in der Füllung von Grab 2 auch Spätlatènescherben gefunden.
Funde: Mus. Burg Hohenzollern.
Lit.: Rieth, Schwäb. Alb 248; Mannus 31, 1939, 126 ff., bes. 129.

607. Bingen SIG
Bittelschießer Täle
7821
Im Bittelschießer Täle unternahm E. Peters 1943 in einer Nische am Fuß des Felsens unter der Kapelle eine Probeschürfung. Dabei fand er mittelalterliche und jüngerlatènezeitliche Scherben.
Funde: verschollen.
Lit.: Peters, Meine Tätigkeit 14.

608. Gammertingen SIG
Beim Ort
7721
Bei Gammertingen wurde ein Regenbogenschüsselchen (Streber 81) gefunden.
Verbleib: Mus. Burg Hohenzollern.
Lit.: FMRD II 3 Nr. 3251–1; Fundber. Schwaben N.F. 4, 1926–28, 145 Nr. 2, Abb. 15; Bittel, Kelten 31 Nr. 38; Rieth, Schwäb. Alb 249.

609. Gammertingen SIG
Schrot
7721
Am S-Rand von Gammertingen wurde im Bereich einer Sandgrube in Flur „Schrot" 1929 ein römisches Badegebäude untersucht. Dabei kamen auch Spätlatènescherben zum Vorschein.
Funde: Mus. Burg Hohenzollern.
Taf. 74 B
1. RS von bauchigem Topf mit Steilrand, flächige Verzierung mit Kammstrich-Grübchen.
2. RS von kleinem Topf mit ausgebogenem Rand, Kammstrich-Grübchen.
3. WS mit Kammstrich-Grübchen.
4. WS mit Kammstrich.
5. WS mit grobem Kamm- oder Spatelstrich.
6. WS, flächiger Kammstrich, darüber Kammstrich-Grübchen.
(Abb. nach Fischer, 245 Abb. 2).
Lit.: Bittel, Kelten 20; Fischer, Spätlatènezeit 245 Abb. 2, 247.

610. Gammertingen SIG
Breite
7721
In Flur „Breite" wurde ein scheibengedrehtes Gefäß der jüngeren Latènezeit gefunden. Die Fundstelle liegt nicht weit von dem römischen Bad in Flur „Schrot" (s. o.).
Verbleib: Mus. Burg Hohenzollern.
Lit.: Fundber. Schwaben N.F. 4, 1926–28, 146; Bittel, Kelten 20.

611. Gammertingen-Kettenacker SIG
Riedlinger Wäldchen
7721
Im Sommer 1923 unternahm Hauptlehrer Hanner Probegrabungen an zwei Grabhügeln im „Riedlinger Wäldchen", 1,2 km SO von Kettenacker. In einem der Hügel fand er Leichenbrand und Scherben. Unter der angegebenen Inventarnummer werden im WLM Stuttgart Fragmente eines Spätlatènetopfes mit Kammstrich-Grübchen verwahrt. Es dürfte sich hier um eine Nachbestattung in einem Grabhügel gehandelt haben.
Funde: WLM Inv.-Nr. A 1447.
Taf. 78 B
1. RS von Schüssel mit eingebogenem Rand, Dm. 29 cm, mittelgrauer harter Ton, mittelfeine mineralische Magerung, mittelgraue Oberfläche, etwas porös, nachgedreht?

2. RS von Topf mit ausgebogenem Rand, Dm. 16 cm, dunkelbraun-rötlicher Ton, mäßig hart, mittelfeine mineralische Magerung, organisch verunreinigt, rotbraune Oberfläche, leicht porös, kräftige Kammstrich-Grübchen.
3. WS, dunkelbraun-rötlicher Ton, mäßig hart, mittelfeine mineralische Magerung, rotbraune Oberfläche, leicht porös, horizontaler Kammstrich, darüber Kammstrich-Grübchen (vom gleichen Gefäß wie Nr. 2).
Lit.: Fundber. Schwaben N.F. 4, 1926–28, 156 f; Zürn, Grabfunde 176.

612. Herbertingen-Hundersingen SIG
Heuneburg
7922
Bei den Grabungen auf der Heuneburg kam eine eiserne Spätlatènefibel (Var. Almgren 65) zum Vorschein. Angeblich soll im Fundmaterial auch bemalte Spätlatènekeramik (nach Kimmig) und spätkeltische Grobkeramik (Mitteilung F. Fischer) vorhanden sein.
Funde: Slg. Inst. Vor- und Frühgesch. Tübingen.
Taf. 75 B
– Fragment von eiserner Fibel vom Spätlatèneschema (Var. A 65), Länge noch 6,9 cm, Ansatz von Rahmenfuß, drahtförmiger Bügel mit profiliertem Knoten, vierschleifige Spirale mit innerer Sehne (nach Sievers Taf. 52,646).
Lit.: S. Sievers, Die Kleinfunde der Heuneburg. Heuneburgstudien 5. RGF 42 (Mainz 1984) Taf. 52,646; W. Kimmig, Ausgr. in Deutschland I (Mainz 1975) 192 ff., bes. 207.

613. Herbertingen-Hundersingen SIG
Bei Hundersingen
7922
Im 19. Jh. wurde „bei Hundersingen in der Nähe von germanischen Grabhügeln" ein Regenbogenschüsselchen (Viertelstater, Streber 98) gefunden.
Verbleib?
Lit.: FMRD II 3 Nr. 3240–1; Nestle, Kgr. Württemberg Nr. 241,1; Fundber. Schwaben 12, 1904, 87 g) 1; Bittel, Kelten 32 Nr. 59, 55.

614. Hettingen-Inneringen SIG
Bei Inneringen
7821
In den Fürstl. Hohenzoll. Slg. Sigmaringen befindet sich eine Schachtel mit vorgeschichtlichen und jüngerlatènezeitlichen Funden, u. a. RS von Schüsseln mit eingebogenem Rand, WS mit Besenstrichverzierung und ein Scherbenwirtel. Nach einer beiliegenden Notiz stammen die Funde aus „zwei Grabhügeln bei Inneringen, November 1861". Die Stücke könnten aus Grabhügelnachbestattungen stammen, ebenso können hier aber auch Funde vertauscht und vermischt worden sein.
Funde: Slg. Sigmaringen Inv.-Nr. 627.
Taf. 77 D
1. RS von Schüssel mit eingebogenem Rand, Dm. 25 cm, DSW, dunkelgrauer harter Ton, feine mineralische Magerung, glatte Oberfläche.
2. RS von Schüssel mit eingebogenem Rand, Dm. 18 cm, hellbraun-rötlicher harter Ton, feine mineralische Magerung, rotbraune glatte Oberfläche.
3. Scherbenwirtel, max. Dm. 4,7 cm, mittelgrauer harter Ton, mittelfeine mineralische Magerung, Oberfläche etwas geglättet, Reste von feinem Spatelstrich, Bohrloch, Dm. 0,5 cm.
4. WS, mittelgraubrauner harter Ton, feine mineralische Magerung, Oberfläche etwas geglättet, senkrechte Riefen (Spatelgrübchen).

5. RS von Schüssel mit eingebogenem Rand, dunkelgrauer harter Ton, mittelfeine mineralische Magerung, schwarzgraue glatte Oberfläche.

6. RS von Schüssel mit eingebogenem Rand, hell- bis mittelgrauer harter Ton, mittelfeine mineralische Magerung, mittelgraubraune glatte Oberfläche.

Lit.: Inventarverzeichnis Sigmaringen; Zürn, Grabfunde 176 f.

615. Inzigkofen SIG

Krummäcker

7921

Bei den Grabungen im römischen Gutshof von Inzigkofen kam 1970 ein jüngerlatènezeitlicher Scherbenwirtel aus Graphitton zum Vorschein.

Funde: WLM.

Taf. 77 C

– Scherbenwirtel aus Graphitton, Dm. 4,2 cm (nach Reim, Abb. 19,9).

Lit.: H. Reim, Ein römischer Gutshof bei Inzigkofen, Kr. Sigmaringen. Fundber. Baden-Württemberg 3, 1977, 402 ff.

615 A. Inzigkofen-Vilsingen SIG

Bröllerabri

7920

Bei den Grabungen von U. Binder 1950 im Bröllerabri, 1 km NO von Thiergarten, wurden wenige Spätlatènescherben gefunden.

Funde: Verbleib unbekannt.

Lit.: Binder, Nacheiszeitliche Funde 11.

616. Leibertingen SIG

Mühleichen

7920

2,35 km S der Kirche von Leibertingen, unmittelbar O des Mühleichenhofs liegt eine Viereckschanze.

Lit.: Bittel/Schiek/Müller, Viereckschanzen 238 ff.

617. Leibertingen-Kreenheinstetten SIG

Reinstetten

7920

Um 1910 wurde bei der mittelalterlichen Wüstung „Reinstetten" eine keltische Goldmünze gefunden. Vermutlich handelt es sich dabei um den Goldstater, der im Bad. Landesmuseum unter dieser Fundortangabe aufbewahrt wird.

Verbleib: MK Bad. Landesmus. Karlsruhe, 1912, Inv.-Nr. 11 409.

Lit.: FMRD II 2 Nr. 2253–1; Ortsakten LDA Stuttgart.

618. Leibertingen-Lengenfeld SIG

Roter-Brunnen-Höhle

7920

2 km O von Beuron liegt direkt gegenüber der Kapelle St. Maurus die „Roter-Brunnen-Höhle" oder „Maurushöhle". Unmittelbar unter ihrem Eingang entspringt der „Rote Brunnen" und fließt direkt in die Donau. In einem Brief von A. Rebholz an O. Paret (1925) wird mitgeteilt, daß vor Jahren ein junger Mann in einer Höhle gegenüber St. Maurus Scherben ausgegraben hat. Die Funde gelangten z.T. ins WLM, es handelt sich um Spätlatènekeramik. Aufgrund der Beschreibung des Fundorts kann es sich nur um die Roter-Brunnen-Höhle handeln. Seit 1965 wurden von dort Höhlenablagerungen immer wieder durch Wassereinbrüche in die Donau geschwemmt, dabei sollen wiederholt Spätlatènescherben gefunden worden sein (Verbleib?). 1969 wurde von R. Dehn und W. Taute eine Notgrabung durchgeführt.

Funde: WLM Inv.-Nr. A 1627.

Taf. 74 A

1. RS von feinkeramischer Schüssel mit eingebogenem Rand, DSW, Dm. 21,7 cm, mittelgrauer harter Ton, feine mineralische Magerung, dunkelgraue glatte Oberfläche.

2. RS von Schüssel mit aufgebogenem und abgesetztem Rand, Dm. 18,8 cm, dunkelgrauer harter Ton, mittelfeine mineralische Magerung, rötlichbraune glatte Oberfläche, nachgedreht.

3. WS, mittelgrauer spröder Ton, mittelfeine mineralische und organische Magerung, rotbraune poröse Oberfläche, Kammstrich mit horizontalem Wellenkammstrich.

4. WS, mittelgrauer Ton, mäßig hart, mittelfeine mineralische Magerung, organisch verunreinigt, poröse Oberfläche, kräftiger Kammstrich.

Lit.: Ortsakten LDA Tübingen; W. Taute, Urgeschichtliche Kulturreste in Höhlen und unter Felsdächern der Schwäbischen Alb. 5. Intern. Kongreß für Speläologie Stuttgart, Exkursionsführer (München 1969); Binder, Höhlenführer 188.

619. Meßkirch-Heudorf SIG

Birkstock

7920

1,2 km NO der Kirche von Heudorf liegt im Wald „Birkenstock" eine Viereckschanze.

Lit.: Bittel/Schiek/Müller, Viereckschanzen 254 ff.

620. Neufra SIG

Höhle Buloch

7721

2,4 km WNW vom Ort liegt bei Pkt. 852,1 die kleine Höhle „Buloch". Bei den Untersuchungen von A. Rieth 1935 wurden hier Spätlatènescherben gefunden.

Funde: WLM (verschollen).

Lit.: Rieth, Schwäb. Alb 248; Binder, Nacheiszeitliche Funde 11.

621. Neufra SIG

Torhöhle

7721

In und vor der Torhöhle bei Neufra sammelten E. Peters und A. Rieth 1935 zahlreiche vorgeschichtliche Scherben (meist Bronzezeit) auf. Unter den Funden befinden sich auch vier grobe Kammstrichscherben der jüngeren Latènezeit, wohl alle von einem Gefäß (freundl. Hinweis J. Heiligmann).

Funde: Slg. Inst. Vor- und Frühgeschichte Tübingen, Inv.-Nr. 2846–2848, 2851.

Taf. 86B

1. WS, rotbrauner Ton, mäßig hart, grobe mineralische Magerung, Kalksteinchen, mittelgraubraune stumpfe Oberfläche, grober Kammstrich, übersintert.

2. WS, rotbrauner Ton, mäßig hart, grobe mineralische Magerung, Kalksteinchen, mittelbraune stumpfe Oberfläche, grober Kammstrich, übersintert.

Lit.: Peters, Meine Tätigkeit 16.

622. Ostrach-Laubbach SIG

Brühlwiesen

8022

In den „Brühlwiesen" wurde das Fragment eines mittellatènezeitlichen Glasarmrings gefunden (freundl. Hinweis F. Klein).

Verbleib: Priv.Bes.

Taf. 78 D

– Fragment von blauem Glasarmring mit Mittelrippe, weiße und gelbe Fadenauflage (Haevernick 6b).

Lit.: unpubliziert.

623. Pfullendorf SIG
Beim Ort
8021
Bei Pfullendorf wurde ein Regenbogenschüsselchen (Viertel-stater, ähnlich Streber 97/98) gefunden.
Verbleib: MK Stuttgart.
Lit.: FMRD II 2 Nr. 2273–1.

624. Pfullendorf-Aach-Linz SIG
Gertholz
8121
1,8 km SW der Kirche von Aach-Linz liegt im Wald „Gertholz" eine Viereckschanze. P. Revellio erwähnte 1932 Spätlatènescherben aus dieser Schanze. S. Schiek konnte 1987 nachweisen, daß diese Funde ca. 1924–1928 300 m NO der Schanze am Waldrand in einem Drainagegraben gefunden worden sind, also wohl aus einer angrenzenden Siedlung stammen.
Verbleib: Priv.Bes., verschollen.
Taf. 76
1. RS von Schüssel mit eingebogenem Rand, innen horizontale Rille, außen Kammstrichbahnen.
2. WS mit grobem Kammstrich.
3.–5. WS mit Kammstrich.
6. WS mit feinem Kammstrich.
7. BS, steilwandig, DSW?, Ansätze von Kammstrich.
8. Fragment von Scherbenwirtel.
9. WS, flächige Verzierung mit Reihen von halbmondförmigen Spatelgrübchen.
10. WS, unregelmäßige verteilte Fingertupfen oder Fingernagelkniffe.
11. WS mit flächiger Warzenverzierung („Igeltopf").
12. WS mit Kammstrichverzierung.
13. BS, steilwandig.
14. RS von Schüssel mit eingebogenem Rand, DSW?
15. RS von Schüssel mit steiler Wandung.
16. BS von feinkeramischer Tonne oder Flasche, DSW, Standrille.
17. BS, feinkeramisch?, DSW?, abgesetzter Boden.
(Abb. nach Schiek, Fundber. Baden-Württemberg 12, 1987, 301 Abb. 2; 302 Abb. 3).
Lit.: Bad. Fundber. 2, 1929–32, 376 f.; S. Schiek, Fundber. Baden-Württemberg 12, 1987, 299 ff.; Bittel/Schiek/Müller, Viereckschanzen 300 ff.

625. Sauldorf-Boll SIG
Schlichten
8020
1,2 km N von Boll liegt in Flur „Schlichten" eine Viereckschanze. Um 1836 nahm J. A. Eitenbenz hier eine Sondage vor.
Lit.: Bittel/Schiek/Müller, Viereckschanzen 326 ff.

626. Saulgau-Bierstetten SIG
Schloßbühl
7923
1 km N von Bierstetten liegt im Wald „Schloßbühl" eine Viereckschanze.
Lit.: Bittel/Schiek/Müller, Viereckschanzen 328 ff.

627. Saulgau-Bondorf SIG
Schelmberg
7923
1,1 km OSO von Bondorf liegt im Wald „Schelmberg" eine Viereckschanze.
Lit.: Bittel/Schiek/Müller, Viereckschanzen 331 ff.

628. Sigmaringen SIG
Bei Sigmaringen
7921
Mehrere Regenbogenschüsselchen sollen vor 1898 bei Sigmaringen gefunden worden sein. Die Münzen in den Slg. Sigmaringen sind ohne Fundortangabe, können also nicht als diese Stücke identifiziert werden.
Verbleib: Slg. Sigmaringen?
Lit.: FMRD II 3 Nr. 3262–1-2; Fundber. Schwaben 1, 1893, 46 Nr. 4; Fundber. Schwaben 4, 1896, 58 Nr. 9; Fundber. Schwaben 6, 1898, 45 Nr. 99, 1.

629. Sigmaringen SIG
Haus Nazareth
7921
Beim „Haus Nazareth" wurden angeblich Spätlatènescherben gefunden.
Funde: Verbleib unbekannt.
Lit.: Rieth, Schwäb. Alb 249.

630. Sigmaringen SIG
Umgebung von Sigmaringen
7921
In den Fürstl. Hohenzoll. Slg. Sigmaringen befindet sich eine Schachtel mit Fundgegenständen, darunter spätlatènezeitliche Scherben, zwei Wetzsteine sowie Urnenfelder- und Hallstattscherben. Die Funde sind z.T. übersintert, es handelt sich also wohl um Höhlenfunde. Auf einer beiliegenden Notiz wird als Fundort angegeben: „Aus der Umgegend von Sigmaringen (ca. 1860)".
Funde: Slg. Sigmaringen Inv.-Nr. 638
Taf. 79 B
1. RS von Topf oder Schale mit ausgebogenem Rand, Dm. 34 cm, mittelgraubrauner Ton, mäßig hart, grobe mineralische Magerung, Kalksteinchen, mittelgraue Oberfläche, etwas porös, auf der Schulter aneinandergereihte horizontale Kammstrich-Grübchen, darunter verwaschener Kammstrich.
2. RS von Topf mit ausgebogenem Rand, mittelgraubrauner harter Ton, grobe mineralische Magerung, Oberfläche etwas geglättet, leicht porös, Kammstrich-Grübchen, Im Rand-Hals-Bereich Reste von Pichung.
3. WS, dunkelgrau-rotbrauner Ton, mäßig hart, mittelfeine mineralische Magerung, mittelgraubraune Oberfläche, leicht porös, Kammstrich-Schraffur und Kammeinstiche.
4. WS, dunkelgrauer harter Ton, mittelfeine mineralische Magerung, mittel- bis hellbraune sandige Oberfläche, flächige Warzenverzierung („Igeltopf").
5. Wetzsteinfragment, beilklingenförmig, harter Sandstein, Länge noch 9 cm, max. Querschnitt ca. 3,6 x 5 cm.
6. Wetzstein, sanduhrförmig, harter Sandstein, max. Länge 9,5 cm, Querschnitt 3–4,3 x 4,7–6 cm, z.T. übersintert.
Lit.: unpubliziert.

631. Sigmaringen SIG
Kreisgebiet Sigmaringen?
7921
In den Slg. Sigmaringen befindet sich ein Fundkomplex mit wenigen Spätlatènescherben. Diese zeigen schwache Sinterspuren, sie stammen evtl. aus einer Höhle im Kreis Sigmaringen. Es könnte sich auch um verschollen geglaubte Funde aus einer Grabung von Peters handeln (nicht kartiert).
Funde: Slg. Sigmaringen, ohne Inv.-Nr.
Taf. 77 A
1. RS von Topf mit ausgebogenem Rand, Dm. 15 cm, mittelgrauer harter Ton, mittelfeine mineralische Magerung, graue

Oberfläche, sandig, Halsbereich geglättet, flächige Verzierung mit Kreisstempeln, Reste von Pichung, Oberteil nachgedreht.

2. WS, mittelgraubrauner harter Ton, mittelfeine mineralische Magerung, rauhe Oberfläche, unregelmäßiger grober Kammstrich.

Lit.: unpubliziert.

632. Sigmaringen SIG

Kreisgebiet Sigmaringen?

7921

In den Slg. Sigmaringen befindet sich eine Schachtel mit zahlreichen Resten von Bronzedrahtarmringen und Fibelfragmenten der Späthallstatt- und Frühlatènezeit. Ungewöhnlich ist in diesem Ensemble das Fragment einer gegossenen Bronzefibel vom Mittellatèneschema. Die Fundstücke sollen aus alten Grabhügelgrabungen im Kreis Sigmaringen stammen (nicht kartiert).

Verbleib: Slg. Sigmaringen, ohne Inv.-Nr.

Taf. 77 B

– Fragment von gegossener Bronzefibel vom Mittellatèneschema, Länge noch 4 cm, profilierte Manschette und Bügelknopf.

Lit.: unpubliziert.

633. Sigmaringen-Gutenstein SIG

Kellerhöhle

7921

Im Museum Albstadt befinden sich jüngerlatènezeitliche Scherben mit der Fundortangabe „Kellerhöhle, gegenüber Burghöhle Dietfurt". Sie wurden dort 1982 neben weiteren vorgeschichtlichen Scherben und einem TS-Fragment aufgelesen. Nach der Fundortbeschreibung könnte es sich bei der von Wagner erwähnten „Teufelshöhle" ebenfalls um die Kellerhöhle zwischen Dietfurt und Gutenstein handeln, da diese damals als Bierkeller benutzt wurde. 1933 wurde in dieser Höhle von Peters und Toepfer gegraben. Der Verbleib der Funde ist unbekannt.

Funde: Mus. Albstadt Inv.-Nr. A 23 a.

Taf. 78 C

1. RS von Topf mit steilem Rand, schräg abgestrichen, Dm. 15 cm, mittelgraubrauner Ton, sehr hart, mittelfeine mineralische Magerung, hellbraun-orangerote stumpfe Oberfläche.

2. WS, mittelgrauer harter Ton, feine mineralische Magerung, Oberfläche etwas geglättet, Kammstrich, übersintert.

Lit.: Wagner, Fundstätten 44; Bad. Fundber. 3, 1933–36, 140 f.; Peters, Meine Tätigkeit 8 Nr. C 10; Binder, Höhlenführer 199.

634. Sigmaringen-Josefslust SIG

Beim Ort

7921

Vor 1898 wurde bei Josefslust angeblich ein Hortfund von einigen hundert Silbermünzen in einem Tongefäß entdeckt. Es handelt sich um eine sehr unsichere Angabe, höchstwahrscheinlich hat es sich nicht um keltische Münzen gehandelt (nicht kartiert).

Verbleib?

Lit.: FMRD II 3 Nr. 3256–1; Fundber. Schwaben 6, 1898, 45 Nr. 96,1; Fundber. Schwaben 7, 1899, 43; Fundber. Schwaben 12, 1904, 64; Bittel, Kelten 32 Nr. 60.

635. Sigmaringen-Laiz SIG

Breite

7921

Beim Bau des Hauses Stehle kamen 1957 in Flur „Breite" Spätlatènescherben (?) zum Vorschein.

Funde?

Lit.: Ortsakten LDA Tübingen.

636. Sigmaringen-Laiz SIG

Nesselbrunnen

7921

0,5 km W vom Pumpwerk wurden am S-Ufer der Donau bei Pkt. 591 urnenfelderzeitliche, spätkeltische und römische Scherben gefunden. Hier befand sich in vorgeschichtlicher und römischer Zeit ein wichtiger Donauübergang.

Funde: Slg. Sigmaringen Inv.-Nr. 630.

Taf. 79 A

1. RS von Schüssel mit eingebogenem Rand, Dm. 22 cm, mittel- bis dunkelgrauer harter Ton, mittelfeine mineralische Magerung, glatte Oberfläche.

2. RS von Schüssel mit eingebogenem Rand, Dm. 15 cm, mittelgraubrauner harter Ton, mittelfeine mineralische Magerung, dunkelgraue glatte Oberfläche.

Lit.: Fundber. Schwaben N.F. 8, 1933–35, Anhang II (=Fundber. Hohenzollern 3), 17.

637. Sigmaringen-Laiz SIG

Beim Ort

7921

In den Slg. Sigmaringen befindet sich eine fragmentierte Nauheimer Fibel aus Bronze mit der Fundortangabe Laiz. Näheres ist nicht bekannt.

Verbleib: Slg. Sigmaringen Inv.-Nr. 79.

Taf. 79 A

3. Fragment von Nauheimer Fibel aus Bronze, Bügel geknickt, Fuß abgebrochen, Länge noch 2,9 cm, randparallele Rillen.

Lit.: unpubliziert

638. Sigmaringen-Laiz SIG

Beim Ort

7921

In den Slg. Sigmaringen befindet sich eine bronzene Spiralbogenfibel vom Typ Jezerine mit der Fundortangabe Laiz. Das Stück könnte aus bislang nicht näher bekannten frührömischen Zusammenhängen stammen, es scheint eher unwahrscheinlich, daß es aus einer spätkeltischen Siedlung stammt.

Verbleib: Slg. Sigmaringen.

Lit.: S. Schmidt-Lawrenz, Fundber. Baden-Württemberg 16, 1991, 483; G. Wieland, Germania 72, 1994, 205 ff.

639. Sigmaringendorf-Laucherthal SIG

NO vom Hüttenwerk

7921

Bei der Begradigung der Lauchert durch den Reichsarbeitsdienst 1935 kamen 0,6 km NO vom Ort Laucherthal, N vom Hüttenwerk vorgeschichtliche Funde zum Vorschein, die E. Peters gemeldet wurden. In einem Profil (vgl. Rieth Abb. 2) war erkennbar, daß die Funde aus einer Schwemmschicht in einer Tiefe von ca. 0,4 m unter der Oberfläche stammen. Sie wurden vermutlich von einem in unmittelbarer Nähe gelegenen Siedelplatz abgeschwemmt. 1936 wurden weitere Nachgrabungen vorgenommen, dabei fand sich u. a. eine menschliche Schädelkalotte.

Funde: Die Funde befinden sich heute in den Slg. des Instituts für Vor- und Frühgeschichte Tübingen und in den Fürstl. Hohenzoll. Slg. Sigmaringen (Inv.-Nr. 621), dort allerdings ohne Beschriftung. Sie konnten größtenteils aufgrund der Abbildungen bei Rieth identifiziert werden.

Taf. 82

1. RS und BS von Schlauchgefäß, DSW, Dm. 12 cm, mittel-

grauer harter Ton, sehr feine mineralische Magerung, mittel-graue glatte Oberfläche, z.T. abgeplatzt, horizontale Rippen im Halsbereich, Boden mit Standrille, Dm. 11,5 cm (vgl. Rieth Abb. 4,16; 131 Abb. 8).

2. RS von Tonne, DSW, Dm. 12 cm, mittelgrauer harter Ton, sehr feine mineralische Magerung, glimmerhaltig, außen sehr fein geglättet, mittelgrau, innen rauh (vgl. Rieth Abb. 4,19).

3. RS von Topf mit ausgebogenem Rand, nach innen abge-strichen, Dm. 16 cm, dunkelgrauer harter Ton, leicht porös, mittelfeine mineralische Magerung (mit Kalksteinchen), mittelgraubraune stumpfe Oberfläche, Kammstrichbögen, innen am Rand Reste von Pichung (vgl. Rieth Abb. 5,2).

4. RS von Topf oder Schale, DSW, Dm. 23 cm, hellgrauer, blättrig-spröder Ton, sehr feine mineralische Magerung, mittelgraue glatte Oberfläche, zum großen Teil abgeplatzt (vgl. Rieth Abb. 4,20).

5. RS von Schüssel mit eingebogenem Rand, DSW, Dm. 24 cm, hellbrauner seifig-sandiger Ton, sehr feine minerali-sche Magerung, mittelgraue glatte Oberfläche (vgl. Rieth Abb. 4,18).

6. RS von Schale, DSW, Dm. 16 cm, mittelgraubrauner, mäßig harter Ton, feine mineralische Magerung, glimmerhal-tig, dunkelgraue glatte Oberfläche (vgl. Rieth Abb. 5,9).

7. RS von Topf mit ausgebogenem Rand, Dm. 16 cm, dun-kelgrauer harter Ton, spröde und sandig, mittelfeine minera-lische Magerung, mittelgraubraune stumpfe Oberfläche, leicht porös (vgl. Rieth Abb. 3,7).

8. RS von Topf mit nach außen geknicktem Rand, innen leicht gekehlt, Dm. 20 cm, mittelgraubrauner harter Ton, blättrig-spröde, mittelfeine mineralische Magerung, rissig-poröse Oberfläche, Kammstrich-Grübchen (vgl. Rieth Abb. 5,1).

9. RS von bauchigem Topf mit nach außen geknicktem Rand, Dm. 17 cm, mittel- bis dunkelgrauer harter Ton, leicht porös, mittelfeine bis grobe mineralische Magerung, mittel-graubraune stumpfe Oberfläche, Randbereich etwas geglät-tet, Kammstrichbögen, auf dem Rand Reste von Pichung (vgl. Rieth Abb. 3?).

10. RS von Topf mit nach außen geknicktem Rand, innen gekehlt, horizontal abgestrichen, Dm. 23 cm, hellgraubrau-ner harter Ton, grobe mineralische Magerung, mit Kalsteinchen, mittelgraue glatte Oberfläche, doppelte Riefe im Hals-bereich, Oberteil nachgedreht (vgl. Rieth Abb. 3,4).

11. WS, DSW, hellgraubrauner harter Ton, sandig, feine mineralische Magerung, mittelgraue glatte Oberfläche, hori-zontale Leiste (vgl. Rieth Abb. 4,21?).

12. RS von Topf (?) mit ausgebogenem Rand, mittelgrauer harter Ton, rissig, mittelfeine bis grobe mineralische Mage-rung, dunkelgraue stumpfe Oberfläche, doppelte Riefe im Halsbereich (vgl. Rieth Abb. 3,6).

13. RS von kleinem Topf mit steilem Wulstrand, Dm. 11 cm, mittel- bis dunkelgrauer harter Ton, mittelfeine mineralische Magerung, dunkelgraue stumpfe Oberfläche (vgl. Rieth Abb. 3,8).

14. RS von kleinem Topf mit Steilrand und abgesetzter Schulter, Dm. 8 cm, dunkelgrauer harter Ton, spröde, mittel-feine bis grobe mineralische Magerung, glänzende harte Oberfläche, senkrechter, breiter Spatelstrich (vgl. Rieth Abb. 5,10).

Taf. 83

1. RS von Schüssel mit steil aufgebogenem Rand, Dm. 34 cm, mittelgrauer harter Ton, spröde, etwas porös, mittelfeine mineralische Magerung, mittelgraubraune stumpfe Oberflä-che (vgl. Rieth Abb. 4,6 oder 8).

2. RS von Schüssel mit steil aufgebogenem Rand, Dm. 26 cm, mittelgrauer, sandig-seifiger Ton, sehr feine mineralische Magerung, hellbraune glatte Oberfläche (vgl. Rieth Abb. 4,15?).

3. RS von Schüssel mit verdicktem Steilrand, Dm. 24 cm, dunkelgraubrauner, blättrig-spröder Ton, mittelfeine bis grobe mineralische Magerung, organisch verunreinigt, dun-kelgraue glatte Oberfläche, etwas porös, nachgedreht (vgl. Rieth Abb. 4,3?).

4. RS von Schüssel mit eingebogenem Rand, Dm. 22 cm, dunkelgrauer harter Ton, spröde, mittelfeine bis grobe mine-ralische Magerung, mit Bohnerz und Kalksteinchen, mittel-graubraune rissige Oberfläche, leicht porös (vgl. Rieth Abb. 4,13).

5. RS von Schüssel mit eingebogenem Rand, Dm. 22 cm, scheibengedreht, mittelgrauer harter Ton, feine mineralische Magerung, dunkelgraue glänzende Oberfläche, innen und außen graphitiert (vgl. Rieth Abb. 4,6–8?).

6. RS von Schüssel mit eingebogenem Rand, Dm. 20 cm, rot-braun-dunkelgrauer Ton, hart, spröde, sandig, mittelfeine mineralische Magerung, wenig Glimmer, stumpfe sandige Oberfläche (vgl. Rieth Abb. 4,14?).

7. RS von Schüssel mit nach innen gestrichenem Rand, mit-telgraubrauner, leicht sandiger Ton, etwas porös, feine mine-ralische Magerung, dunkelgraue Oberfläche, etwas geglättet (vgl. Rieth Abb. 4,2).

8. WS, mittel- bis rotbrauner harter Ton, spröde-blättrig, mittelfeine bis grobe mineralische Magerung, dunkelgrau-braune stumpfe Oberfläche, etwas porös, Spatelstrich (vgl. Rieth Abb. 5,5).

9. WS, hellgrauer harter Ton, grobe mineralische Magerung, mittelgraubraune stumpfe Oberfläche, Kammstrichbogen.

10. WS, mittel- bis hellgrauer sandiger Ton, leicht porös, mittelfeine mineralische Magerung, organisch verunreinigt, mittelgraubraune stumpfe Oberfläche, porös, Kammstrich-bögen.

11. WS, mittelgrauer harter Ton, mittelfeine mineralische Magerung, stumpfe rauhe Oberfläche, Kammeinstiche und Kammstrich-Grübchen (vgl. Rieth Abb. 5,7).

12. WS, dunkelgrauer harter Ton, leicht sandig, mittelfeine mineralische Magerung, mittelgraubraune stumpfe Ober-fläche, leicht porös, grobe Kammstrich-Grübchen (vgl. Rieth Abb. 5,4).

13. WS, dunkelgrauer harter Ton, leicht sandig, mittelfeine bis grobe mineralische Magerung, rauhe sandige Oberfläche, Kammstrich-Grübchen (vgl. Rieth Abb. 5,8).

14. WS, DSW, mittelgrauer harter Ton, sandig, sehr feine mineralische Magerung, Glimmer, mittelgraue glatte Ober-fläche, im Halsbereich poliert.

15. RS von Schüssel mit nach innen verdicktem Rand, mit-telgrauer harter Ton, spröde, mittelfeine mineralische Mage-rung, auch größere Kalksteinchen, dunkelgraue glatte Ober-fläche (vgl. Rieth Abb. 4,10).

16. WS, mittel- bis dunkelgrauer harter Ton, spröde, leicht porös, mittelfeine bis grobe mineralische Magerung, dunkel-graue harte Oberfläche, senkrechte Spatelstrich-Wellenlini-en, Reste von Pichung (vgl. Rieth Abb. 5,3).

Lit.: A. Rieth, Neue spätkeltische Funde im Laucherttale der Schwäbischen Alb. Mannus 29, 1937, 124–133.

640. Stetten a. k. Markt SIG

Abri im Schaufelsen

7820

3 km SSW von Stetten liegt im Gemeindewald Distr.6, Abt. 14 „Schaufelsen“, am Steilabfall zum Donautal ein nach

NNW offenes Abri. Unter dem Felsüberhang befindet sich ein kleines Plateau, ca. 13 m breit und 6 m tief. Es ist nur sehr schwer über eine ca. 5 m hohe Felswand zugänglich. Das Plateau scheint teilweise von Menschenhand verebnet. An seiner Kante sind deutliche Grabungsspuren sichtbar, dabei wurde eine Steinschichtung in der Art einer Trockenmauer angeschnitten. Von hier stammt neben einigen Tierknochen ein umfangreiches Scherbenmaterial, aus dem sich mehrere Gefäße rekonstruieren ließen. Gefunden wurde die Keramik 1985 von Herrn E. Neusch aus Stetten.

Die Fundstelle ist so schwer zugänglich, daß es sich hier kaum um eine reguläre Siedlungsstelle handeln kann.

Funde: Priv.Bes.

Taf. 80

1. Fragment von Topf mit ausgebogenem Rand, Dm. 28 cm, dunkelgrau-rotbrauner sehr harter Ton, leicht sandig, mittelfeine mineralische Magerung, rauhe dunkelgraue Oberfläche, abgesetzte Kammstrichzonen.

2. Topf mit ausgebogenem Rand, Dm. 16,3 cm, Höhe 19,4 cm, dunkelrotbrauner sehr harter Ton, spröde, mittelfeine mineralische Magerung, fleckige rauhe Oberfläche, flache KammstrichGrübchen, flächiger Kammstrich, z.T. überstrichen, innen auf dem Rand Reste von Pichung.

3. Fragment von Topf mit ausgebogenem Rand, Dm. 20 cm, mittelgraubrauner harter Ton, leicht porös, mittelfeine mineralische Magerung, rauhe Oberfläche, etwas porös, Kammstrich.

4. RS von Topf mit ausgebogenem Rand, Dm. 14 cm, rotbrauner mäßig harter Ton, mittelfeine mineralische Magerung, glatte fleckige Oberfläche, Reste von Pichung.

5. RS von Topf mit ausgebogenem Rand, Dm. 27 cm, rotbrauner harter Ton, mittelfeine mineralische Magerung, rauhe Oberfläche, etwas porös, leicht übersintert.

6. RS von Topf (?) mit ausgebogenem Rand, Dm. 13 cm, rotbrauner, mäßig harter Ton, feine mineralische Magerung, glatte Oberfläche, leicht seifig, nachgedreht.

7. RS von Topf mit ausgebogenem Rand, Dm. 23,5 cm, mittel- bis rotbraun, relativ weich, feine mineralische Magerung, organisch verunreinigt, rauhe, leicht poröse Oberfläche, nachgedreht.

8. RS von Topf mit eingebogenem Rand, Dm. 13,5 cm, dunkelrotbrauner sehr harter Ton, leicht sandig, mittelfeine mineralische Magerung, rauhe fleckige Oberfläche, Ansätze von Kammeinstichen, Reste von Pichung.

9. Fragment von kleinem Topf mit ausgebogenem Rand, Dm. 9 cm, Höhe 7,5 cm, dunkelgrauer harter Ton, leicht porös, mittelfeine mineralische Magerung, rauhe Oberfläche, Kammstrich-Grübchen und unregelmäßiger Kammstrich.

10. WS, dunkelgrauer, sehr harter Ton, leicht sandig, mittelfeine mineralische Magerung, rotbraune rauhe Oberfläche, unregelmäßiger Kammstrich, horizontal überstrichen.

11. WS, mittel- bis rotbrauner harter Ton, mittelfeine mineralische Magerung, rotbraune rauhe Oberfläche, horizontaler Kammstrich mit zwei Reihen Kammstrich-Grübchen.

12. WS, rotbrauner harter Ton, leicht sandig, mittelfeine mineralische Magerung, rauhe sandige Oberfläche, Kammstrich-Grübchen und Ansätze von Kammstrich.

13. WS, rot- bis mittelgraubrauner harter Ton, mittelfeine mineralische Magerung, rauhe graubraunfleckige Oberfläche, unregelmäßiger Kammstrich.

14. WS, mittelgraubrauner, sehr harter Ton, mittelfeine mineralische Magerung, rauhe Oberfläche, leicht porös, flächiger Kammstrich und Kammstrich-Wellenlinie.

15. BS von Siebgefäß, steilwandig, DSW, Dm. 8 cm, rotbrau-

ner harter Ton, sandig, feine mineralische Magerung, rauhe sandige Oberfläche, außen dunkelgrau, noch drei eingestochene Löcher im Bodenansatz.

16. RS von kleinem Topf oder Flasche, DSW, Dm. 10 cm, mittelgrau-rotbrauner mäßig harter Ton, feine mineralische Magerung, glatte Oberfläche, leicht übersintert.

17. Rechteckiger Wetzstein aus braun-rosafarbenem Flußkiesel, Länge 6 cm, Breite 4,5 cm, Stärke 1,2 cm., abgerundete Kanten, leicht übersintert.

Taf. 81

1. Fragment von Schüssel mit kolbenförmig verdicktem Rand, Dm. 34 cm, Höhe ca. 14 cm, rotbrauner weicher Ton, leicht seifig, mittelgrobe mineralische Magerung mit kleinen Kalksteinchen, organisch verunreinigt, glatte mittelbraune Oberfläche, nachgedreht.

2. Fragment von Schüssel mit verdicktem Kolbenrand, Dm. 20 cm, Höhe 9 cm, rotbrauner harter Ton, mittelfeine bis grobe mineralische Magerung, schwarzfleckige Oberfläche, etwas porös, Reste von Pichung, nachgedreht?

3. Fragment von Schüssel mit steilem Rand, Dm. 18 cm, mittelgraubrauner harter Ton, feine mineralische Magerung, glatte rotbraune Oberfläche, innen und außen auf dem Rand deutliche Reste von Pichung.

4. RS von Schüssel mit steil aufgebogenem Rand, Dm. 16,4 cm, mittel- bis rotbrauner sehr harter Ton, mittelfeine mineralische Magerung, glatte fleckige Oberfläche, Reste von Pichung, nachgedreht?

5. RS von Schüssel mit nach innen gestrichenem Rand, Dm. 24 cm, ziegelroter, relativ weicher Ton, sehr feine mineralische Magerung, glatte seifige Oberfläche, nachgedreht?

6. RS von Schüssel mit steilem Rand, Dm. 22 cm, dunkelgraubrauner harter Ton, mittelfeine mineralische Magerung, glatte Oberfläche, leicht sandig, leichte Innenkehlung unter dem Rand.

7. Fragment von Schüssel mit eingebogenem Rand, Dm. 16,4 cm, Höhe 8,2 cm, mittelbrauner harter Ton, mittelgrobe mineralische Magerung, rotbraune fleckige Oberfläche, etwas porös, Reste von Pichung.

8. Schüssel mit eingebogenem Rand, Siebgefäß, Dm. 14,5 cm, Höhe 6,5 cm, mittel- bis dunkelgrauer sehr harter Ton, mittelfeine mineralische Magerung, dunkelgrau-rötliche fleckige Oberfläche, Boden mit flächigen Durchstichen, Oberteil nachgedreht?

9. RS von Schüssel mit steil aufgebogenem Rand, Dm. 18 cm, mittelgraubrauner harter Ton, mittelfeine mineralische Magerung, glatte fleckige Oberfläche.

10. RS von Schüssel mit eingebogenem Rand, mittel- bis dunkelbrauner harter Ton, mittelfeine mineralische Magerung, glatte Oberfläche, leicht porös, Bohrloch.

11. RS von Schüssel mit eingebogenem Rand, dunkelgrauer harter Ton, feine mineralische und organische Magerung, glatte Oberfläche, etwas porös.

12. RS von Schüssel mit eingebogenem Rand, Dm. 33 cm, dunkelgraubrauner harter Ton, grobe mineralische Magerung, organisch verunreinigt, glatte Oberfläche, leicht porös. Ohne Abb.

Lit.: unpubliziert.

641. Stetten a. k. Markt-Storzingen SIG
Höhle „Griebenloch"
7820

0,5 km SO liegt am Hang über Storzingen am Fuß eines kleineren Felsens die Höhle „Griebenloch". Der heutige Zugang erfolgt durch einen spaltenartigen Deckeneinbruch, der ursprüngliche Eingang (nach NW) ist nahezu ganz von altem

Laub und Zweigen verdeckt. Der Innenraum (Höhe ca. 4 m, Breite ca. 3 m, Länge ca. 5 m) ist feucht, der Boden zum größten Teil mit Versturz und hereingefallenem Laub bedeckt (Zustand 1991). Ca. 1975 hat ein Herr von Habsburg mit freiwilligen Helfern aus Storzingen in der Höhle gegraben. Die Funde gelangten zu Prof. W. Kimmig ans Institut für Vor- und Frühgeschichte Tübingen. Kimmig führte daraufhin zusammen mit J. Biel und A. Beck eine Nachgrabung durch (freundl. Mitt. J. Biel und H. Reim).

Funde: Die Funde (neben Keramik auch einige Knochen) befinden sich in der Slg. des Instituts für Vor- und Frühgeschichte Tübingen. Nach Mitteilung von J. Scheff befinden sich vielleicht weitere Scherben noch im Besitz eines damaligen Grabungshelfers aus Storzingen.

Taf. 84

1. Mehrere Fragmente von großem Topf mit ausgebogenem Rand, Dm. 24 cm, dunkelgraubraun-rötlicher harter Ton, leicht porös, mittelfeine mineralische Magerung, z.T. mit Kalksteinchen, etwas geglättete dunkelgraue Oberfläche, etwas porös, im Halsbereich horizontale Rippe, deutlicher Schulterabsatz, Oberteil nachgedreht.
2. RS und WS von Flasche, DSW, Dm. 9 cm, mittelbraun-ockerfarbener harter Ton, leicht seifig, sehr feine mineralische Magerung, glänzende dunkelgraue Oberfläche, Rippe im Halsbereich.
3. RS von Topf oder Tonne, DSW, Dm. 12 cm, hellgraubrauner harter Ton, sehr feine mineralische Magerung, glänzende mittelgraubraune Oberfläche.
4. BS, DSW, Dm. 7,5 cm, hellgrauer harter Ton, leicht seifig, sehr feine mineralische Magerung, glatte mittelgraue Oberfläche, zwei Standrillen.
5. Mehrere Fragmente von Schüssel mit steil aufgebogenem Rand, Dm. 24 cm, rotbrauner, relativ weicher Ton, leicht porös, mittelfeine bis grobe mineralische Magerung, z.T. mit größeren Kalksteinchen, stumpfe dunkelgraue Oberfläche, leicht porös, nachgedreht.
6. Mehrere Fragmente von Topf mit ausgebogenem Rand, Dm. 16 cm, mittelbraun-rotbrauner harter Ton, mittelfeine mineralische Magerung, z.T. mit Kalksteinchen, glänzende dunkelgraubraun-rötliche Oberfläche.
7. RS von Schüssel mit eingebogenem Rand, Dm. 19 cm, mittelgraubrauner harter Ton, feine mineralische Magerung, glänzende dunkelgraue Oberfläche, scheibengedreht?
8. WS, DSW, hellgrauer harter Ton, sehr feine mineralische Magerung, glatte mittel- bis dunkelgraue Oberfläche, z.T. abgeplatzt, horizontale Rippe, darunter eingeglättete Wellenlinie (?).
9. Wetzstein, im Querschnitt rechteckig (ca. 2,4 x 2,5 cm), Länge noch 9,5 cm.

Taf. 85

1. Mehrere Fragmente von Topf mit ausgebogenem Rand, Dm. 20,5 cm, Höhe 26 cm, dunkelgrau-rotbrauner harter Ton, etwas porös, mittelgrobe mineralische Magerung, organisch verunreinigt, dunkelgraue fleckige Oberfläche, etwas porös, auf der Schulter Kammstrich-Grübchen und Kammeinstiche, darunter flächiger Spatelstrich. Reste von Kalksinter.
2. Mehrere Fragmente von Topf mit ausgebogenem Rand, Dm. 21 cm, Höhe ca. 24 cm, rotbrauner, sehr harter Ton, mittelfeine mineralische Magerung, mittel- bis dunkelgraue fleckige Oberfläche, etwas porös, auf der Schulter Kammstrich-Grübchen, darunter Kamm- und Spatelstrich, z.T. unregelmäßig, deutlicher Schulterabsatz, Oberteil nachgedreht.

Taf. 86 A

1. Mehrere Fragmente von Topf mit ausgebogenem Rand, Dm. 19 cm, Höhe ca, 25 cm, mittelgraubrauner bis rotbrauner harter Ton, etwas porös, grobe mineralische Magerung, z.T. mit Kalksteinchen, dunkelgraue bis rotbraune fleckige Oberfläche, etwas porös, auf der Schulter Kammeinstiche, darunter verwischter, unregelmäßiger Kamm- und Spatelstrich, z.T. übersintert.
2. Mehrere Fragmente von Topf mit ausgebogenem Rand, Dm. 20 cm, rotbrauner, sehr harter Ton, grobe mineralische Magerung, mit Kalksteinchen, glänzende dunkelgrauschwarze Oberfläche, auf der Schulter horizontaler Kammstrich mit Kammeinstichen, darunter unregelmäßiger Kamm- und Spatelstrich, deutlicher Schulterabsatz.
3. Mehrere Fragmente von kleinem Topf mit ausgebogenem Rand, Dm. 10 cm, Höhe ca. 14 cm, rotbrauner harter Ton, leicht porös, mittelfeine mineralische Magerung, z.T. mit Kalksteinchen und Bohnerz, rauhe dunkelgraue Oberfläche, auf der Schulter Kammstrich-Grübchen, darunter unregelmäßiger Kammstrich, deutlicher Schulterabsatz, auf dem Rand Reste von Pichung.

Lit.: unpubliziert.

642. Veringenstadt SIG
Nikolaushöhle
7821

Links der Lauchert liegt über Veringenstadt die Nikolaushöhle. Sie wurde 1934–1937 von E. Peters ausgegraben, dabei kamen neben spätpaläolithischen und urnenfelderzeitlichen Funden auch zahlreiche spätlatènezeitliche Scherben, darunter auch bemalte Ware, sowie ein Eisengerät zum Vorschein. Die Funde wurden angeblich in den Nachkriegsjahren samt der Dokumentation weggeworfen (Fundber. Schwaben N.F. 11, 1938–50, 15). Anhand der Abbildungen bei Rieth, Schwäbische Alb, konnten 1990 in den Slg. Sigmaringen einige Scherben ohne Fundortangabe als Stücke aus der Nikolaushöhle identifiziert werden. Andere bei Rieth abgebildete Stücke sind nicht mehr auffindbar. Die Scherben waren z.T. mit denen aus Rieths Grabung in Laucherthal (s.o.) vermischt, konnten aber aufgrund der Inventarnummern getrennt werden.

In den Slg. Sigmaringen befinden sich auch Scherben aus den Grabungen v. Mayenfischs (1862) in der „Höhle ob dem Bierkeller des Engelwirts", womit die Nikolaushöhle gemeint sein dürfte.

Funde: WLM Inv.-Nr. V 69/66; Slg. Sigmaringen Inv.-Nr. 620.

Taf. 87

1. RS von feinkeramischer Schale, DSW, Dm. 29 cm, mittelgraubrauner harter Ton, feine mineralische Magerung, dunkelgraue glänzende Oberfläche, Riefen im Halsbereich.
2. WS von feinkeramischer Tonne oder Flasche, DSW, Dm. noch 8 cm, mittelgrauer harter Ton, mittelfeine mineralische Magerung, dunkelgraue glatte Oberfläche, Rippen und Glättlinien, Rand abgebrochen und Bruchkante sauber abgeschliffen.
3. RS von Topf mit ausgebogenem Rand, Dm. 16 cm, dunkelgrauer harter Ton, mittelfeine mineralische Magerung, rauhe Oberfläche, etwas porös, vertikale Spatelstriche.
4. RS von feinkeramischer Flasche, DSW, Dm. 13 cm, mittelgrauer harter Ton, mittelfeine mineralische Magerung, Oberfläche größtenteils abgewittert.
5. WS mit Bodenansatz, mittelgrauer harter Ton, grobe mineralische Magerung, leicht poröse Oberfläche, grober Spatelstrich.

6. WS, feinkeramisch, DSW, mittelgraubrauner harter Ton, feine mineralische Magerung, glatte Oberfläche, fein sandig, regelmäßiger Kammstrich (Feinkammstrichware).

7. WS, mittelbrauner weicher Ton, grobe mineralische und organische Magerung, Kalksteinchen, Oberfläche stark porös, Kammstrich-Grübchen, Reste von Pichung.

8. Eisengerät, Länge ca. 10 cm, Kopfplatte einseitig gezähnt, LT? (nach Mannus 29, 1937, 67 Abb. 20a).

Taf. 88 A

1. RS von Topf mit ausgebogenem und gerilltem Rand.
2. WS, grober Kammstrich und Kammstrich-Grübchen.
3. WS, Kammstrich.
4. WS, Kammstrich, horizontal überstrichen.
5. RS von Schüssel mit steilem Rand, unregelmäßiger Kammstrich.
6. WS, feinkeramisch, DSW, bemalt (rot und weiß).
7. RS von Schüssel mit eingebogenem Rand, Kammstrich, darüber Kammstrich-Wellenlinie .
8. WS, Kammstrichbögen.
9. WS, Kammstrich.
10. WS, Kammstrichbögen.
11. WS, unregelmäßiger grober Spatelstrich.
12. WS, grober Kammstrich.
13.–14. WS, feinkeramisch, DSW, bemalt (rot und weiß).
15. WS, feinkeramisch DSW, zwei horizontale Riefen, weiß bemalt?
16. RS von Tonne?, feinkeramisch, DSW, Reste von weißer Bemalung.

(Abb. nach Rieth, Schwäbische Alb, 161 Abb. 97)

Lit.: Fundber. Schwaben N.F. 5, 1928–30, 150; E. Peters/A. Rieth, Die Höhlen von Veringenstadt und ihre Bedeutung für die Vor- und Frühgeschichte Hohenzollerns. Jahresh. d. Ver. f. Gesch., Kultur u. Landeskde. Hohenzollerns 1936, 2 ff.; Mannus 29, 1937, 52 ff., bes. 64 u. 67 f., 124 ff.; Rieth, Schwäb. Alb 161, Abb. 97; Peters, Meine Tätigkeit 14 f.; Fundber. Baden-Württemberg 2, 1975, 126; Binder, Höhlenführer 211 f.

643. Veringenstadt SIG

Göpfelsteinhöhle

7821

In der Göpfelsteinhöhle über Veringenstadt fand Peters bei seinen Grabungen 1934/35 neben Artefakten aus dem Moustérien und Aurignacien auch einige jüngerlatènezeitliche Scherben.

Funde: Verschollen.

Taf. 88 B

1.–2. RS von Schüssel mit eingebogenem Rand, grober Kammstrich.
3.–4. WS, horizontale Reihe von Kreisstempeln oder Dellen auf der Schulter.

Lit.: Rieth, Schwäb. Alb 161 Abb. 97; Peters, Meine Tätigkeit 9; Binder, Höhlenführer 211.

644. Veringenstadt SIG

Schafstall

7821

Aus der Höhle Schafstall, nicht weit von der Nikolaushöhle, konnte Peters bei seinen Grabungen 1934 auch jüngerlatènezeitliche Scherben bergen.

Funde: Angeblich Mus. Veringenstadt oder Slg. Sigmaringen.

Lit.: Rieth, Schwäb. Alb 249; Nachr.Bl. Dt. Vorzeit 10, 1934, 142; Peters/Rieth, Hohenzoll. Jahreshefte 1936, 2 ff.; Peters, Meine Tätigkeit 9; Binder, Höhlenführer 212.

645. Veringenstadt SIG

Annakapellenhöhle

7821

Auf der Rückseite des Felsklotzes mit der Göpfelsteinhöhle liegt die kleine Annakapellenhöhle. Hier grub Peters 1934 auch jüngerlatènezeitliche Scherben aus.

Funde: verschollen.

Lit.: Peters/Rieth, Hohenzoll. Jahreshefte 1936, 2 ff.; Peters, Meine Tätigkeit 9; Binder, Höhlenführer 211.

646. Veringenstadt SIG

Lehmgrube

7821

0,6 km N vom Ort und 200 m W von Friedhof und Kirche Deutstetten wurden 1950 beim Siedlungsbau bei der Lehmgrube jüngerlatènezeitliche Scherben, u. a. mit Kammstrichverzierung, gefunden.

Funde: WLM?

Lit.: Fundber. Schwaben N.F. 12, 1938–51, 32.

647. Veringenstadt SIG

In oder bei Veringenstadt

7821

In den AuhV IV, Taf. 32,6 ist ein fragmentiertes Eisenschwert in Bronzescheide vom Typ Ludwigshafen abgebildet. Als Fundort ist „Wäringenstadt bei Sigmaringen" angegeben. Das Stück befindet sich in den Slg. Sigmaringen (dort ohne Fundortangabe, auch nicht im Inventarbuch). Es dürfte zwischen 1860 und 1880 gefunden worden sein, leider sind keine näheren Fundumstände bekannt.

Verbleib: Slg. Sigmaringen Inv.-Nr. 658.

Taf. 78 A

– Fragmentiertes Eisenschwert in Bronzescheide, Griff und Spitze abgebrochen, Länge noch ca. 97 cm; damaszierte Klinge mit ausgeprägter Mittelrippe und zwei Blutrinnen, zweischalige Bronzeblechscheide vom Typ Ludwigshafen, gegossenes Ortband mit peltaförmigem Ornament, auf der Schauseite aufgesetzte Halterung (Riemendurchzug).

Lit.: Inventarbuch Slg. Sigmaringen; AuhV IV (1900) Taf. 32, 6; H.-J. Engels, Pfälzer Heimat 21, 1970, 81 ff., bes. 84; U. Schaaff, Jahrb. RGZM 31, 1984, 622 ff.

Kreis Tübingen (TÜ)

648. Mössingen-Belsen TÜ

Am Kirchenhügel

7620

Vor 1893 wurde bei Belsen ein Regenbogenschüsselchen gefunden: „Am Kirchhügel bei der Anlage eines Hopfengartens, 150 Schritt unterhalb des Brunnens gegen die Straße hin". Ca. 1 km SW liegt eine Viereckschanze (s.u.).

Verbleib?

Lit.: FMRD II 3 Nr. 3310–1; Fundber. Schwaben 1, 1893, 40 Nr. 2.

649. Mössingen-Belsen TÜ

Beibruck

7620

1,3 km SW der Kirche von Belsen liegt in Flur „Beibruck" eine Viereckschanze. Ein Regenbogenschüsselchen wurde direkt am Kirchhügel, also in ca. 1 km Entfernung von der Schanze gefunden (s. o.).

Lit.: Bittel/Schiek/Müller, Viereckschanzen 261 ff.

650. Neustetten-Nellingsheim TÜ
Oberholz
7519
2 km W vom Ort wurden beim Ödenbrunnen im Wald
Oberholz Siedlungsreste der Spätlatènezeit festgestellt.
Funde: Städt. Mus. Tübingen.
Lit.: Bittel, Kelten 44; Stoll, Oberes Gäu 98.

651. Neustetten-Nellingsheim TÜ
Von der Gemarkung
7519
Auf der Gemarkung Nellingsheim wurde eine Graphitton-
scherbe gefunden. Nähere Fundumstände sind nicht
bekannt.
Verbleib?
Lit.: Ortsakten LDA Tübingen.

652. Neustetten-Wolfenhausen TÜ
Müllerwald
7519
1,2 km ONO vom Ort liegt im Tal vor dem Müllerwald eine
Grabhügelgruppe. In Hügel 9 fand sich das Fragment eines
blauen Glasarmrings (Reste einer Nachbestattung?).
Verbleib?
Lit.: Bittel, Kelten 24; Stoll, Oberes Gäu 96 f.; Zürn, Grabfunde 197.

653. Rottenburg TÜ
Sülchenstraße
7519
Bei Grabungen (1973/74) wurden in der Sülchenstraße unter
römischen Steinfundamenten Holzbaureste festgestellt. Aus
diesen Befunden stammen das Fragment eines blauen Glasarmrings mit weißer und gelber Fadenauflage (Haevernick
7b), das Fragment eines Graphittontopfes und ein Fragment
einer Drahtfibel (wohl römisch).
Funde: LDA Tübingen.
Lit.: H. Reim, Neues zum römischen Rottenburg. Der Sülch-
gau 20, 1976, 48 Abb. 6.

654. Rottenburg TÜ
Seebronner Straße
7519
In der Seebronner Straße 2 (?) wurde ein kleines Töpfchen
der jüngeren Latènezeit gefunden. Nähere Fundumstände
sind unbekannt, vielleicht stammt das Stück vom Neubau
Paradeis (1909). Dort wurde schon 1905 ein Skelettgrab mit
einer blauen Glasperle aufgedeckt.
Verbleib: Mus. Rottenburg.
Lit.: Fundber. Schwaben 13, 1909, 12; Stoll, Oberes Gäu 95,
99; Bittel, Kelten 22.

655. Rottenburg-Eckenweiler TÜ
Kohlesäcker
7518
0,7 km SO von Eckenweiler wurden in der Flur Kohlesäcker
von H. Däuble Spätlatènescherben, u. a. Graphittonware
gefunden.
Funde: Priv.Bes.
Lit.: Fundber. Schwaben N.F. 3, 1926, 59; Bittel, Kelten 39;
Stoll, Oberes Gäu 97.

656. Rottenburg-Hailfingen TÜ
Kochenhardt
7419
1,2 km ONO wurden 1930 in Flur „Kochenhardt" am Hang
N der römischen Villa Spätlatènescherben gefunden.
Verbleib?

Lit.: Bittel, Kelten 40; Stoll, Oberes Gäu 97; Fundber. Schwaben N.F. 7, 1930–32, 39.

657. Rottenburg-Hailfingen TÜ
Alamannisches Gräberfeld
7419
Aus Grab 562 des alamannischen Gräberfeldes von Hailfingen stammt das Fragment eines fünfrippigen Glasarmrings
mit gekerbter Mittelrippe (Haevernick 8d), blau mit gelber
und weißer Auflage. Ein weiteres Fragment stammt aus Grab
589a (vier Rippen, blau, Haevernick 13), im Inventar von
Grab 515 befand sich ein Fragment einer Ringperle mit Gitternetz, blau mit weiß und blau (Haevernick 25).
Verbleib: Slg. Inst. Tübingen.
Lit.: H. Stoll, Die Alamannengräber von Hailfingen in Württemberg (1939) 27, Taf. 29,5.6; Haevernick, Glasarmringe 172
Nr. 136, 191 Nr. 115, 261 Nr. 6.

658. Rottenburg-Kiebingen TÜ
Beim Ort
7519
Auf den Äckern bei Kiebingen wurde im 19. Jh. ein Silber-
quinar vom Kaletedu-Typ (vgl. de la Tour 8291) gefunden.
Verbleib?
Lit.: FMRD II 3 Nr. 3305–1; Nestle, Kgr. Württemberg
Nr. 110, 1; Fundber. Schwaben 6, 1898, 43 Nr. 39; Fundber.
Schwaben 12, 1904, 74; Bittel, Kelten 32 Nr. 62.

659. Rottenburg-Obernau TÜ
Tal über Obernau
7519
Im „Tal über Obernau" wurde im 19. Jh. eine keltische Gold-
münze (Viertelstater, Philipp II-Typ) gefunden.
Verbleib: MK Stuttgart.
Lit.: FMRD II 3 Nr. 3315–1; Nestle, Kgr. Württemberg
Nr. 112, 1; Fundber. Schwaben 6, 1898, 42 Nr. 37–1 (unter
Rottenburg); Fundber. Schwaben 12, 1904, 66; Bittel, Kelten
34, Nr. 89.

660. Rottenburg-Schwalldorf TÜ
Schwalldorfer Anhöhe
7519
Auf der „Schwalldorfer Anhöhe" wurde im 19. Jh. ein
Regenbogenschüsselchen (Viertelstater, Streber 56) gefun-
den.
Verbleib?
Lit.: FMRD II 3 Nr. 3323–1; Fundber. Schwaben 1, 1893, 41
Nr. 1; Fundber. Schwaben 6, 1898, 43 Nr. 40; Fundber.
Schwaben 12, 1904, 86 b) 2; Bittel, Kelten 35 Nr. 109.

661. Starzach-Bierlingen TÜ
Großholz
7518
0,6 km S des Schloßguts Neuhaus und ca. 2,7 km S von Bier-
lingen liegt beim Wald Großholz eine römische Villa. Grabungen von 1865–1869 haben die gesamte Anlage freigelegt.
In dem umfangreichen Fundmaterial des 1.–3. Jh. fällt ein
bronzenes Eberfigürchen auf, das aufgrund von Vergleichen
in die Spätlatènezeit zu datieren ist. Es handelt sich wohl um
ein Altstück, in der näheren Umgebung sind bislang keine
Spätlatènefunde bekannt.
Verbleib: WLM.
Taf. 89
– Eberfigürchen aus Bronze, Länge 8,4 cm, Höhe 6 cm,
Augen als Vertiefung ausgearbeitet, Ohren angesetzt, hoher
durchlochter Rückenkamm (nach Fundber. Baden-Würt-
temberg 1, 1974, 523 Abb. 14).

Lit.: D. Planck, Die Villa rustica von Bierlingen-Neuhaus, Lkr. Horb a.N. Fundber. Baden-Württemberg 1, 1974, 522 ff., 523 Abb. 14; S. Gerlach, Eine spätkeltische Eberplastik aus Karlstadt am Main, Lkr. Main-Spessart, Unterfranken. Arch. Korrbl. 20, 1990, 431.

662. Tübingen TÜ
Bei Tübingen
7420
Bei Tübingen wurde angeblich 1853 eine keltische Goldmünze gefunden. Sie gelangte in Privatbesitz (Slg. König, Warthausen) und ist heute verschollen.
Verbleib: Priv.Bes.?
Lit.: FMRD II 3 Nr. 3324–1; Nestle, Kgr. Württemberg Nr. 122, 4; Fundber. Schwaben 6, 1898, 43 Nr. 46, 1; Fundber. Schwaben 12, 1904, 64 Anm. 1; Bittel, Kelten 35 Nr. 118.

663. Tübingen-Unterjesingen TÜ
Beim Bahnhof
7419
Beim Bahnhof wurden 1928 beim Bau des Hauses O. Theurer angeblich spätlatènezeitliche und römische Scherben gefunden.
Verbleib: WLM Inv.-Nr. A 28/115.
Lit.: Fundber. Schwaben N.F. 5, 1928–30, 55; Stoll, Oberes Gäu 99; Bittel, Kelten 45.

Kreis Tuttlingen (TUT)

664. Aldingen TUT
Beim Ort
7918
Bei Aldingen wurde um 1890 ein Regenbogenschüsselchen (Streber 19) gefunden.
Verbleib: MK Stuttgart.
Lit.: FMRD II 3 Nr. 3277–1; Nestle, Kgr. Württemberg Nr. 118, 2; Fundber. Schwaben 12, 1904, 85 e) 4; Bittel, Kelten 29 Nr. 6.

665. Aldingen TUT
Scheerers Allmand/Bei der steinernen Bruck
7918
In Flur „Scheerers Allmand", 2,9 km SW der Kirche, liegt eine Viereckschanze. 0,6 km O von dieser befindet sich in Flur „Bei der steinernen Bruck"eine weitere, z.T. schon auf Markung Spaichingen (dort Flur „Grube").
Lit.: Bittel/Schiek/Müller, Viereckschanzen 84 ff.

666. Aldingen-Aixheim TUT
Stockacker
7817
2,1 km W der Kirche von Aixheim liegt in der Waldabteilung „Stockacker" eine Viereckschanze. Nur 1,4 km SSW liegt eine weitere Schanze auf Markung Trossingen (s.u.).
Lit.: Bittel/Schiek/Müller, Viereckschanzen 88 ff.

667. Bärenthal TUT
Ensisheim
7919
2,4 km NNW vom Ort wurden in den Kalktuffgruben am Rand des Weilers Ensisheim neben mittelalterlichen Scherben angeblich auch jüngerlatènezeitliche Funde und Spuren von Eisenverhüttung entdeckt (1939).
Funde: WLM Inv.-Nr. 41/33.
Lit.: Fundber. Schwaben N.F. 12, 1938–51, 59.

668. Bubsheim TUT
Kirchberg
7818
Aus dem Bereich der früheren Baumschule Häring am S-Hang der Flur „Kirchberg" WSW vom Ort stammen spätlatènezeitliche Scherben.
Funde: Priv.Bes.
Lit.: Fundber. Schwaben N.F. 16, 1962, 241, Taf. 29J; OAB Spaichingen, 270.

669. Buchheim TUT
Höhle im Buttental
7919
1990 entdeckte Ch. Bizer im 2,3 km W von Buchheim gelegenen Buttental (Flur Glatterain) unweit der Schlucht „Teufelsküche" Reste einer mittelalterlichen Höhlenburg im „Kaiserstandfelsen". Im Fundmaterial befinden sich auch jüngerlatènezeitliche Scherben (kammstrichverzierter WS, Schüsselränder).
Funde: Priv.Bes.
Lit.: Binder, Höhlenführer 186; Funde unpubliziert.

670. Egesheim TUT
Ruine Grannegg
8018
0,8 km WSW von Egesheim liegt auf einem felsigen Bergvorsprung gegen das Bäratal die Ruine Grannegg oder Michelstein. Im Inneren der Burgruine führt ein Schacht in den Fels hinunter, er öffnet sich am Fuß des Felsens gegen NO. Vor dieser Öffnung fand Ch. Bizer neben mittelalterlichen Funden spätlatènezeitliche Keramik. Eine rottonige RS erinnert vom Profil her an augusteische Henkelkrüge, ist aber von der Machart eher mittelalterlich (freundl. Hinweis U. Gross und Ch. Unz).
Funde: Priv.Bes.
Taf. 90 A
1. RS von Schüssel mit eingebogenem Rand, Dm. 21 cm, rötlichgraubrauner harter Ton, grobe mineralische Magerung, rauhe Oberfläche.
2. BS, steilwandig, feinkeramisch, DSW, Dm. 10,6 cm, mittelgrauer Ton, mäßig hart, feine mineralische Magerung, hellbraune sandige Oberfläche.
3. RS von Graphittontopf mit Wulstrand, DSW, Dm. 24,3 cm, hellbraungrauer weicher Ton, mittelfeine mineralische Magerung, geringer Graphitanteil, Oberfläche abgewittert.
4. RS von Topf (?) mit steil aufgebogenem Rand, mittelgraubrauner harter Ton, feine mineralische Magerung, rotbraune sandige Oberfläche.
5. WS, dunkelgrauer Ton, mäßig hart, mittelfeine mineralische Magerung, rotbraune seifige Oberfläche, Kammstrich.
6. WS, dunkelgraubrauner Ton, mäßig hart, mittelfeine mineralische Magerung, graubraune poröse Oberfläche, verwaschener Kammstrich.
7. WS, mittelgraubrauner harter Ton, mittelfeine mineralische Magerung, Kalksteinchen, leicht poröse Oberfläche, horizontale Reihen von halbmondförmigen Spatelgrübchen.
8. WS, dunkelgrauer Ton, mäßig hart, mittelfeine mineralische Magerung, größere Kalksteinchen, dunkelbraune Oberfläche, leicht porös, Kammstrich-Grübchen.
9. WS, mittelgrauer harter Ton, mittelfeine mineralische Magerung, größere Kalksteinchen, mittelbraune Oberfläche, leicht porös, Kammstrich-Grübchen.
10. WS, dunkelgraubrauner harter Ton, mittelfeine mineralische Magerung, Oberfläche etwas geglättet, leicht porös, Doppelreihe von Kammstrich-Grübchen.

Lit.: Tuttlinger Heimatblätter N.F. 39, 1976, 76 ff.; Binder, Höhlenführer 191; Funde unpubliziert.

671. Egesheim TUT
Beilsteinhöhle
8018
1 km NNW von Königsheim liegt die Beilsteinhöhle. Aus Grabungen des Naturhistorischen Vereins Spaichingen (1895) gelangten Funde ins WLM, darunter auch jüngerlatènezeitliche Keramik (Kammstrichscherben).
Funde: WLM Inv.-Nr. A 31/329.
Lit.: Fundber. Schwaben 3, 1895, 18 f,; Bl. d. Schwäb. Albvereins 7, 1895; Binder, Nacheiszeitliche Funde 5; Binder, Höhlenführer 191.

672. Fridingen TUT
Höhle Franzosenloch
7919
2,5 km NO vom Ort und 0,3 km NNW vom Jägerhaus liegt auf der rechten Talseite über der Donau der Schwarzwaagfelsen. An seiner Felswand öffnet sich in halber Hanghöhe das Portal des „Franzosenlochs" nach S. Die Höhle ist nur über die steile Schutthalde zugänglich. Bei seinen Grabungen fand E. Peters in der Höhle jüngerlatènezeitliche Scherben.
Funde: Verschollen.
Lit.: Peters, Meine Tätigkeit 8; Fundber. Schwaben N.F. 11, 1951, 31; Mitt. Verb. Deutscher Karst- u. Höhlenforscher 22, 1976; Beitr. Höhlen- u. Karstkunde 13, 1977; Binder, Höhlenführer 186 f.

673. Fridingen TUT
Burgstallhöhle
7919
1,3 km OSO von Fridingen liegt im Naturschutzgebiet zwischen Stiegelesfels und Burgstall die „Schloßfelsenhöhle". Nahe bei ihr liegt nach Bizer in der Schloßhalde die „Burgstallhöhle". Von dieser stammen zahlreiche Keramikfunde der Spätlatènezeit.
Funde: Priv.Bes.
Taf. 90 B
1. RS und WS von großem Topf mit abgestrichenem Keulenrand, Dm. 32 cm, hellbraungrauer harter Ton, grobe mineralische Magerung, organisch verunreinigt, braunrote glatte Oberfläche, etwas porös, nachgedreht.
2. RS von Schüssel mit eingebogenem Rand, Dm. 28 cm, mittelgrauer harter Ton, grobe mineralische Magerung, rissige Oberfläche, etwas geglättet, sekundär verbrannt.
3. RS von feinkeramischer Tonne mit Randlippe, DSW, Dm. 15 cm, mittelgrauer harter Ton, feine mineralische Magerung, glatte Oberfläche.
4. RS von feinkeramischer Schüssel mit eingebogenem Rand, DSW, Dm. 19,5 cm, mittelbrauner harter Ton, mittelfeine mineralische Magerung, sandige Oberfläche (abgeplatzt).
5. RS von Schüssel mit eingebogenem Rand, Dm. 19 cm, mittelfeine mineralische Magerung, graue glatte Oberfläche, etwas porös.
6. RS von feinkeramischer Schüssel mit eingebogenem Rand, DSW, Dm. 23 cm, hellgrauer harter Ton, sehr feine mineralische Magerung, sandige Oberfläche, sekundär verbrannt.
7. RS von Topf mit leicht ausgebogenem Rand, Dm. 19,5 cm, dunkelgrauer harter Ton, grobe mineralische Magerung, orangerote Oberfläche, etwas geglättet.
8. RS von kleinem bauchigem Töpfchen, Dm. 4,5 cm, hell-

graubrauner harter Ton, mittelfeine mineralische Magerung, rauhe sandige Oberfläche, nachgedreht?
9. BS, feinkeramisch, steilwandig, DSW, Dm. 6,3 cm, mittelgrauer harter Ton, sehr feine mineralische Magerung, dunkelgraue glatte Oberfläche, abgesetzter Boden mit Standrille.
10. RS von dickwandigem Topf mit nach außen gestrichenem Rand, mittelgrauer weicher Ton, grobe mineralische Magerung, Kalksteinchen, organisch verunreinigt, graubraune glatte Oberfläche, etwas porös.
11. WS, hellbraungrauer harter Ton, grobe mineralische Magerung, orangerote Oberfläche, etwas geglättet, verwaschener Kammstrich.
12. WS, dunkelgrauer harter Ton, grobe mineralische Magerung, rotbraune Oberfläche, etwas geglättet, regelmäßiger Kammstrich.
13. WS, dunkelgraubrauner harter Ton, mittelfeine mineralische Magerung, sandige Oberfläche, Kammstrich-Grübchen.
14. WS, dunkelgrauer spröder Ton, mittelfeine mineralische Magerung, rauhe Oberfläche, Kammstrich-Grübchen, übersintert, sekundär verbrannt.
Lit.: Fundber. Schwaben N.F. 1, 1917–22, 63; Bittel, Kelten 40; Paret, Württemberg 303; Binder, Nacheiszeitliche Funde 12; Binder, Höhlenführer 185; Ch. Bizer/R. Götz, Vergessene Burgen der Schwäbischen Alb (Stuttgart 1989) 122 ff.;

674. Fridingen TUT
Jägerhaushöhle
7919
Bei den Grabungen von W. Taute in der Jägerhaushöhle (1964–1967), 3 km ONO von Fridingen und 0,3 km NW von Schloß Bronnen, wurden eine Grube mit Spätlatènekeramik und andere Gruben mit Holzkohle und Eisenschlacken untersucht. Es scheint sich um Reste von Eisenerz-Verhüttung zu handeln, ob sie in die jüngere Latènezeit gehören ist aber nicht sicher.
Funde: Verbleib unbekannt.
Lit.: Fundber. Schwaben N.F. 18/I, 1967, 20 f.; Binder, Höhlenführer 187 (mit weiterer Literatur).

675. Fridingen TUT
Höhle Sperbersloch
7919
In der Höhle „Sperbersloch", 2,2 km ONO vom Ort und 0,4 km SW vom Jägerhaus (links der Donau), wurden von Peters jüngerlatènezeitliche Scherben ausgegraben.
Funde: Verschollen.
Lit.: Peters, Meine Tätigkeit 8; Binder, Höhlenführer 186.

676. Fridingen TUT
Bronnenhöhle 1
7919
Direkt unter Schloß Bronnen befinden sich die „Bronnenhöhlen". In der geräumigen Bronnenhöhle 1, die früher als Schafstall genutzt wurde, fand Peters 1932 jüngerlatènezeitliche Scherben. 1948 wurde von W. Potschigmann eine Probegrabung durchgeführt, bei der eine Schicht mit Latènescherben angetroffen wurde.
Funde: WLM Inv.-Nr. A 31/158; Priv.Bes.
Lit.: Fundber. Schwaben N.F. 7, 1930–32, 39; Peters, Meine Tätigkeit 8; Fundber. Schwaben N.F. 11, 1938–50, 31; Binder, Höhlenführer 187.

677. Fridingen TUT
Höhlenburg bei der Ziegelhöhle
7919

1,5 km SO von Fridingen öffnet sich in einer Felswand auf der rechten Talseite der Donau die Ziegelhöhle. Ca. 150 m O von ihr erreicht man über ein schmales Felsband eine weitere Höhle, die noch eine z.T. erhaltene Frontmauer aus dem Mittelalter aufweist (Höhlenburg). In der Höhle fand Bizer neben zahlreicher vorgeschichtlicher Keramik einige jüngerlatènezeitliche Scherben.
Funde: Priv.Bes.
Lit.: Bl. d. Schwäb. Albvereins 94–1, 1988, 12 f.; Binder, Höhlenführer 185; Ch. Bizer/R. Götz, Vergessene Burgen der Schwäbischen Alb (Stuttgart 1989) 99 ff.

678 A. Fridingen TUT
Höhle im Knopfmacherfelsen
7919
In der Höhle am Knopfmacherfelsen fand Dr. Bertsch aus Ravensburg Spätlatènescherben. Möglicherweise liegt die Fundstelle schon auf Markung Beuron SIG (dort kartiert, siehe Kat.-Nr. 599).
Funde: Priv.Bes.
Lit.: Fundber. Schwaben N.F. 4, 1928, 63.

678 B. Fridingen TUT
Spital
7919
Aus Grab 150 des alamannischen Friedhofes in der Flur Spital stammt ein gelochtes Regenbogenschüsselchen (Viertelstater).
Verbleib: WLM.
Lit.: Arch. Ausgr. Baden-Württemberg 1985 (1986), 24; A. von Schnurbein, Der alamannische Friedhof bei Fridingen an der Donau (Kreis Tuttlingen). Forsch. u. Ber. Vor- u. Frühgesch. Baden-Württemberg 21 (Stuttgart 1987) 88 f.

679. Geisingen TUT
Im Ort
8017
Im O-Teil der Hauptstraße, gegenüber der Buchbinderei A. Höfler wurde 1923 eine Grube (Grubenhaus?) oder ein Spitzgraben (Viereckschanze?) angeschnitten. Es fanden sich jüngerlatènezeitliche Funde und ein Ziegelfragment (römisch?).
Funde: Verbleib unbekannt.
Lit.: Bad. Fundber. 1, 1925, 126; Schriften d. Ver. f. Gesch. u. Naturgesch. der Baar 15, 1924, 42 f.

680. Geisingen-Aulfingen TUT
Niedel
8117
N vom Ort fallen am S-Hang in Flur „Niedel" flache Erhebungen auf (Grabhügel?). Von dort stammen jüngerlatènezeitliche Lesefunde; die Fundstelle greift auf Markung Kirchen-Hausen über.
Funde: LDA Freiburg.
Lit.: Ortsakten LDA Freiburg.

681. Geisingen-Kirchen-Hausen TUT
Ganert
8018
Im Steinbruch A. Schmutz kamen 1923/24 drei Gruben mit wenig charakteristischen Scherben der jüngeren Latènezeit zum Vorschein (LT C?).
Funde: Verbleib unbekannt.
Lit.: Bad. Fundber. 1, 1925–28, 126; Schriften d. Ver. f. Gesch. u. Naturgesch. der Baar 15, 1924, 41 f.

682. Geisingen-Kirchen-Hausen TUT
Breite
8017

In der Baugrube Klostermann in Flur „Breite" wurden 1970/71 jüngerlatènezeitliche Scherben (?) gefunden.
Funde: Verbleib unbekannt.
Lit.: Ortsakten LDA Freiburg.

683. Königsheim TUT
Totmen
7919
0,8 km SO vom Ort, N der Doline bei Pkt. 878,7 wurden in Flur „Totmen" jüngerlatènezeitliche Siedlungsreste(?) festgestellt.
Funde: WLM Inv.-Nr. A 30/84.
Lit.: Fundber. Schwaben N.F. 5, 1930, 52; Tuttl. Heimatbl. 14, 1931, 28; Bittel, Kelten 42; Tuttl. Heimatbl. N.F. 17/18, 1960, 31; Paret, Württemberg 293.

683 A. Mühlheim TUT
Mühlheimer Höhle
7919
In der Mühlheimer Höhle (nicht näher lokalisiert) wurde 1899 von Beer gegraben. Dabei fanden sich auch Spätlatènescherben (nicht kartiert).
Funde: WLM (verschollen).
Lit.: Binder, Nacheiszeitliche Funde 60.

684. Seitingen-Oberflacht TUT
Alamannisches Gräberfeld
7918
Aus Grab 112 des alamannischen Gräberfeldes von Oberflacht stammt das Fragment eines blauen Glasarmrings mit vier Rippen (Haevernick 13).
Verbleib: WLM.
Lit.: Haevernick, Glasarmringe 191 Nr. 114.

685. Spaichingen TUT
Dreifaltigkeitsberg
7918
Als Ausläufer des Großen Heubergs springt der Dreifaltigkeitsberg gegen S vor, er ist nur durch einen schmalen Sattel mit der Albhochfläche verbunden. Das ca. 600 x 200 m messende Plateau neigt sich leicht nach O, es trägt fünf hinter einanderliegende Abschnittsbefestigungen. Von hier stammen Funde aus unterschiedlichen vorgeschichtlichen Epochen, hauptsächlich aus dem Endneolithikum, der späten Urnenfelderzeit und der Frühlatènezeit. Teile der Keramik können noch in die jüngere Latènezeit (wohl LT C) gehören.
Funde: WLM.
Ohne Abb.
– WS, schwarzer grober Ton mit Quarzmagerung, gelbe Oberfläche, feiner senkrechter Kammstrich.
– WS, schwarzer Ton, mit Steingrus gemagert, braune Oberfläche, feiner Kammstrich.
– WS, schwarzer, sehr grober Ton, graue Oberfläche, feiner senkrechter Kammstrich.
– WS, schwarzer grober Ton, hart, schwarze Oberfläche, senkrechter Kammstrich.
– WS und BS, steilwandig, Dm. 12 cm, brauner grober Ton, Steingrusmagerung, gelbbraune rauhe Oberfläche, unregelmäßiger feiner Kammstrich.
(nach Biel, Höhensiedlungen, Taf. 140,112–116).
Lit.: Biel, Höhensiedlungen 317 ff. (mit älterer Literatur).

686. Spaichingen TUT
Grube
7918
In Flur „Grube" liegt eine Viereckschanze, z.T. schon auf Markung Aldingen (s.o.).
Lit.: Bittel/Schiek/Müller, Viereckschanzen 86 ff.

687. Trossingen TUT
Waltersweide
7817
3 km N vom Bahnhof Trossingen liegt im Wald „Waltersweide" eine Viereckschanze. Im Innenraum wurde ein Fragment einer jüngerlatènezeitlichen oder römischen Drehmühle gefunden. Die Schanze von Aldingen-Aixheim liegt nur 1,4 km NNO.
Verbleib: unbekannt.
Lit.: Bittel/Schiek/Müller, Viereckschanzen 356 ff.

688. Tuttlingen TUT
Schafrain
8018
Ca. 1912 wurde in der Lehmgrube der Fa. Geyßel in Flur „Schafrain" eine Sequaner-Potinmünze (Forrer 171) gefunden.
Verbleib: MK Stuttgart ZV 4471.
Lit.: FMRD II 3 Nr. 3292–1; Fundber. Schwaben N.F. 1, 1917–22, 102 Nr. 62; Bad. Fundber. 2, 1929–32, 349.

689. Tuttlingen TUT
Bei Tuttlingen
8018
Aus Tuttlingen oder der Umgebung stammt ein jüngerlatènezeitliches Eisenschwert mit Schlagmarke (LT C). Die näheren Fundumstände sind unbekannt.
Verbleib: RGZM.
Lit.: Bittel, Kelten 22; Mainzer Zeitschr. 34, 1939, 3; Zeitschr. Schweiz. Arch. u. Kunstgesch. 15, 1954/55, 230 f.

690. Tuttlingen-Möhringen TUT
Galgensteig
8018
1957 wurden in Flur „Galgensteig" angeblich LT-Scherben gefunden (JLT?).
Funde: Priv.Bes.
Lit.: F. Bühler, Heimatbuch Möhringen (1958) 55; Fundber. Baden-Württemberg 10, 1985, 494.

691. Tuttlingen-Nendingen TUT
Auf Kirch
7919
1950 wurde in der Flur „Auf Kirch" eine Sequaner-Potinmünze (Forrer 482) gefunden.
Verbleib: unbekannt.
Lit.: FMRD II 3 Nr. 3284–1; Fundber. Schwaben N.F. 12, 1938–51, 96 Nr. 1.

692. Tuttlingen-Nendingen TUT
Nendinger Hardt
7919
Auf einer Terrasse im Nendinger Hardt, 3,5 km SO vom Ort und SW von Pkt. 823,9 stellte W. Potschigmann Siedlungsreste der „späteren Latènezeit" fest.
Funde: Priv.Bes.
Lit.: Fundber. Schwaben N.F. 11, 1938–50, 95.

Alb-Donau-Kreis und Stadtkreis Ulm (UL)

693. Albeck-Osterstetten UL
Beim Ort
7526
Bei Osterstetten wurden angeblich drei eiserne Spitzbarren gefunden, Näheres ist unbekannt.

Funde: Verbleib unbekannt.
Lit.: Mannus 7, 1915, 122; Stein, Hortfunde 221;

694. Allmendingen-Weilersteußlingen UL
Schuntershöhle
7623
2 km SSO von Weilersteußlingen liegt im Rauhtal unterhalb des Rappensteins die Schuntershöhle. Der Name leitet sich von einer Familie Schunter ab, die um 1780 in der Höhle gewohnt hat und dieses Wohnrecht sogar von Herzog Carl Eugen von Württemberg zugesprochen bekommen hat. Die Höhle wurde 1938–39 von A. Kley, Geislingen, ausgegraben, wobei mesolithische Artefakte gefunden wurden. Bei einer Nachuntersuchung durch W. Taute (1961–62) kamen auch jungpaläolithische Funde zum Vorschein. Über den mesolithischen Schichten fanden sich Keramikreste, darunter RS von jüngerlatènezeitlichen Schüsseln und DSW. A. Kley erwähnt in seinem Grabungsbericht (Ortsakten LDA) auch Kammstrichscherben.
Funde: Slg. Inst. f. Urgeschichte Tübingen, Slg. A. Kley (?).
Lit.: Peters, Meine Tätigkeit 18; Fundber. Schwaben N.F. 11, 1938–50, 20; Fundber. Schwaben N.F. 12, 1938–51, 14 f.; W. Taute, Grabungen zur mittleren Steinzeit in Höhlen und unter Felsdächern der Schwäbischen Alb, 1961 bis 1965. Fundber. Schwaben N.F. 18/I, 1967, 14 ff.; W. Taute, Untersuchungen zum Spätpaläolithikum und Mesolithikum in Süddeutschland (Habilitationsschrift Tübingen 1971) Taf. 77,4–8; Binder, Höhlenführer 174.

695. Allmendingen-Weilersteußlingen UL
Rappenstein-Höhle
7623
Direkt über der Schuntershöhle liegt der Rappenstein oder Rabenstein. 1961 wurde hier von W. Taute im Eingangsbereich einer verschütteten Höhle eine kleine Sondierung durchgeführt. Dabei kamen auch vorgeschichtliche Scherben zum Vorschein, u. a. RS von zwei Schalen (JLT?).
Funde: Slg. Inst. Urgesch. Tübingen;
Lit.: Fundber. Schwaben N.F. 16, 1962, 237; Fundber. Schwaben N.F. 18/I, 1967, 16; Biel, Höhensiedlungen 216; Ortsakten LDA Tübingen.

696. Amstetten-Bräunisheim UL
Steiniger Berg
7325
Auf dem Steinigen Berg wurde im 19. Jh. ein Regenbogenschüsselchen (Viertelstater) gefunden.
Verbleib: Priv.Bes.
Lit.: FMRD II 4 Nr. 4521–1; Nestle, Kgr. Württemberg Nr. 210,3; Fundber. Schwaben 1, 1893, 43 Nr. 210; Fundber. Schwaben 6, 1898, 44 Nr. 73; Seewald, Kr. Ulm 37.

697. Amstetten-Bräunisheim UL
Acker beim Ort
7325
Vor 1880 wurde auf einem Acker der Markung Bräunisheim ein Regenbogenschüsselchen (Viertelstater, Streber 96) gefunden (vorgelegt von A. Heckel). Vielleicht ist dieses Stück auch mit dem o.g. vom Steinigen Berg identisch.
Verbleib: Priv.Bes.
Lit.: Fundber. Baden-Würtemberg 2, 1975, 334.

698. Amstetten-Hofstett-Emerbuch UL
Hochsträßhau
7425
Im „Hochsträßhau" wurde „in einem römischen Gutshof" ein Regenbogenschüsselchen gefunden. Evt. sind die römi-

schen Gebäudereste im Ziegelwald auf Markung Amstetten gemeint (vgl. Kat.Nr. 700).

Verbleib: unbekannt.

Lit.: FMRD II 4 Nr. 4529–1; Württ. Jahrbuch 1878, 117; Fundber. Schwaben 1, 1893, 44 Nr. 315–1; Fundber. Schwaben 6, 1898, 44 Nr. 76–1; Seewald, Kr. Ulm 48.

699. Amstetten-Schalkstetten UL
An der Römerstraße
7325

Im 19. Jh. wurde „an der Römerstraße zwischen Schalkstetten und Waldhausen" ein Regenbogenschüsselchen gefunden. Mit einem von v. Tröltsch gemeldeten Fund „bei Waldhausen" ist vermutlich das gleiche Stück gemeint.

Verbleib: unbekannt.

Lit.: FMRD II 4 Nr. 4541–1; Württ. Jahrbuch 1878, 117; Fundber. Schwaben 1, 1893, 44 Nr. 211–2; Fundber. Schwaben 6, 1898, 44 Nr. 79–1, 81–1; Seewald, Kr. Ulm 69.

700. Amstetten-Stubersheim UL
Sandrain
7425

Vor 1878 wurde ein Regenbogenschüsselchen im Bereich des römischen Gutshofs im Sandrain gefunden.

Verbleib: unbekannt.

Lit.: FMRD II 4 Nr. 4545–1; Württ. Jahrbuch 1878, 117; Fundber. Schwaben 1, 1893, 44 Nr. 213–3; Fundber. Schwaben 6, 1898, 44 Nr. 80–1; Seewald, Kr. Ulm 72.

701. Asselfingen UL
Höhlen im Hohlenstein
7427

Von den Grabungen in den bekannten paläolithischen Höhlenstationen „Bärenhöhle" und „Stadel" im Felsmassiv „Hohlenstein" liegt im Ulmer Museum ein umfangreiches postmesolithisches Fundmaterial. Darunter befinden sich auch jüngerlatènezeitliche Stücke. Bislang sind die BS eines Kammstrichtopfes und die RS einer scheibengedrehten Schüssel aus der Bärenhöhle bekannt.

Funde: Mus. Ulm.

Lit.: Ortsakten LDA Tübingen, Fundber. Schwaben N.F. 12, 1938–51, 45; Ch. Seewald, Fundber. Schwaben N.F. 19, 1971, 350 Abb. 3 A,1.371; Seewald, Kr. Ulm 17.

702. Balzheim-Oberbalzheim UL
Beim Schloß
7826

1985 wurde in der Nähe des Oberbalzheimer Schlosses ein Regenbogenschüsselchen (Kellner Typ II D) gefunden.

Verbleib: MK Stuttgart.

Lit.: Arch. Ausgr. Baden-Württemberg 1986, 323 Abb. 243b; 324.

703. Blaubeuren UL
Rusenhalde
7524

Im Wald Rusenhalde, am Fuß des „Rusenschloß"-Felsens, ca. 50 m S der Großen Grotte unter einer nach S überhängenden Felswand wurden 1960 zahlreiche jüngerlatènezeitliche Scherben, Spinnwirtel und Getreidereste gefunden. Es handelt sich nach den Funden um eine mittellatènezeitliche Siedlungsstelle (Lt C).

Funde: WLM Inv.-Nr. V 66/48.

Lit.: Zürn, Göppingen und Ulm 19; Fundber. Schwaben N.F. 18/II, 1967, 70, Taf. 97C; Seewald, Kr. Ulm 27 f.

704. Blaubeuren-Asch UL
Hinter dem Wasserbuch
7524

SW des Grabhügelfeldes im Attenlau wurde auf den Äckern der Flur „Hinter dem Wasserbuch" jüngerlatènezeitliche Keramik gefunden, u. a. Graphittonware, kammstrichverzierte WS, RS von Schüsseln, WS mit Kammstrichgrübchen-Verzierung. Die Funde werden zusammen mit den Grabfunden der Hügel im Attenlau in der Tübinger Magisterarbeit von E. von Wallenstern vorgelegt.

Funde: Priv.Bes. (Slg. Mollenkopf).

Lit.: unpubliziert.

705. Blaubeuren-Gerhausen UL
Höhle beim Brunnenstein
7524

3,5 km NO von Gerhausen und ca. 30 m W vom Brunnenstein liegt im Wald „Gairen" an der N-Seite des Blautals ca. 60 m über der Blau am Fuß eines Felsens eine kleine Höhle. Bei einer Grabung 1954 kamen neben mesolithischen und neolithischen Funden auch jüngerlatènezeitliche Scherben (WS mit Kammstrich, RS einer Schüssel) zum Vorschein. Es fanden sich auch wenige römische Scherben.

Funde: Priv.Bes.

Lit.: Fundber. Schwaben N.F. 14, 1957, 159; Seewald, Kr. Ulm 31; Ortsakten LDA Tübingen.

706. Blaubeuren-Sonderbuch UL
Kreuzäcker
7524

Ca. 1830 wurde in den Kreuzäckern N vom Ort nahe der Ascher Straße ein Regenbogenschüsselchen gefunden.

Verbleib: Priv.Bes.

Lit.: FMRD II 4 Nr. 4544–1; Fundber. Schwaben 18, 1910, 78 Nr. 479–1; Goessler, Oberamt Blaubeuren 36; Bittel, Kelten 35 Nr. 112; Seewald, Kr. Ulm 71.

707. Blaubeuren-Sonderbuch UL
Schanzhau
7525

1,9 km O der Kirche von Sonderbuch liegt im Wald „Schanzhau" eine Viereckschanze. 200 m NW davon kamen aus den bronzezeitlichen Grabhügeln in Flur „Schlaghau" Reste von jüngerlatènezeitlichen Nachbestattungen zum Vorschein.

Lit.: Bittel/Schiek/Müller, Viereckschanzen 132 ff.

708. Blaubeuren-Sonderbuch UL
Schlaghau
7525

1,5 km O vom Ort liegen N der Straße nach Wippingen in der Flur „Schlaghau" sieben flache bronzezeitliche Grabhügel. Auf dem südlichsten Hügel der Gruppe wurde 1988 eine fragmentierte Eisenfibel vom Mittellatèneschema und wohl latènezeitliche Scherben gefunden, die von angepflügten Nachbestattungen stammen dürften. Der nahezu eingeebnete Nachbarhügel wurde im Rahmen einer Notbergung 1988 von H. Mollenkopf und G. Wieland untersucht. Es zeigten sich Spuren einer Altgrabung (Trichter), die das Hügelzentrum völlig zerstört hatte. Ein Eisenring und wenige Scherben könnten von einer weiteren jüngerlatènezeitlichen Nachbestattung stammen.

Funde: LDA Tübingen.

Lit.: Zürn, Göppingen und Ulm 26; Ortsakten LDA Tübingen; Funde unpubliziert.

709. Blaubeuren-Weiler UL
Sirgenstein
7624

2 km SSO von Weiler liegt an der W-Seite des Achtales ca. 35 m über der Talsohle der Sirgensteinfelsen mit der gleichnamigen Höhle, einer der wichtigsten paläolithischen Stationen Süddeutschlands. Bei den Grabungen durch R. R. Schmidt (1906) und G. Riek (1937) kamen auch zahlreiche postmesolithische Funde zum Vorschein, darunter angeblich auch Eisenreste und jüngerlatènezeitliche Scherben. Unterhalb des Sirgenstein auf den Äckern und beim Straßenbau wurden ebenfalls jüngerlatènezeitliche Scherben (Graphittonscherbe und RS mit Kammstrich) gefunden, die von der Höhle abgerutscht sein können.
Funde: Slg. Inst. Urgesch. Tübingen, WLM Inv.-Nr. V 65/61; F 63/4.
Lit.: Zürn, Göppingen und Ulm 28; Fundber. Schwaben N.F. 18/II, 1967, 166f.; Seewald, Kr. Ulm 114; Ortsakten LDA Tübingen.

710. Börslingen UL
Höhle im Eisental
7426
2,4 km NW vom Ort lagen in dem Winkel zwischen dem Eisental und dem Märklestal, wenig NO von Pkt. 547, mehrere Höhlen, die nach dem Zweiten Weltkrieg durch Steinbruchbetrieb zerstört wurden. Nach den Ortsakten des LDA wurde dort 1910 von privater Seite gegraben, unter den vorgeschichtlichen Scherben befanden sich nach einer Fundnotiz Goesslers auch solche der Latènezeit.
Funde: Mus. Geislingen, WLM.
Lit.: Fundber. Schwaben N.F. 12, 1952, 29 (unter Neenstetten); Zürn, Göppingen und Ulm 19; Seewald, Kr. Ulm 35; Ortsakten LDA Tübingen.

711. Dornstadt UL
Im Mittelbühl
7525
Beim Bau des Stadions am Rande des Neubaugebiets „Im Mittelbühl" (ca. 1970) wurden von A. Kley zahlreiche vorgeschichtliche Siedlungsreste festgestellt. Das Fundmaterial konnte 1990 durchgesehen werden. Die meisten Funde gehören in die Hallstatt- und Frühlatènezeit, einige Scherben sind jüngerlatènezeitlich; hervorgehoben seien mehrere Fragmente von scheibengedrehten Schüsseln.
Funde: Priv.Bes. (Slg. Kley).
Taf. 102 B
1. RS von feinkeramischer Schüssel mit geknicktem Rand, DSW, Dm. 28 cm, mittelgrauer harter Ton, feine mineralische Magerung, dunkelgraue glatte Oberfläche
2. RS von feinkeramischer Schüssel mit eingebogenem Rand, DSW, Dm. 20 cm, mittelgrauer harter Ton, feine mineralische Magerung, rauhe sandige Oberfläche.
Lit.: unpubliziert, freundl. Mitt. A. Kley.

712. Dornstadt-Bollingen UL
Alter Schloßberg
7525
0,6 km SW von Bollingen liegt am Rand des Kiesentals der „Alte Schloßberg". Auf einem nach W vorspringenden Felsen sind geringe Reste einer mittelalterlichen Burg erhalten. Der langgestreckte Berg wird im SO und NW von Trockentälern begrenzt, so daß eine große, natürlich geschützte Fläche gebildet wird. Auf dem Bergrücken sind Spuren einer rechtwinklig verlaufenden Wallanlage erkennbar, die wohl zur mittelalterlichen Burg gehört haben dürfte. Aus dem Bereich der Wallanlage und von außerhalb stammen vorgeschichtliche Scherben, darunter auch jüngerlatènezeitliche Kammstrichscherben und Schüsselränder.

Funde: WLM Inv.-Nr. V 60/18; Priv.Bes.
Lit.: Zürn, Göppingen und Ulm 19; Fundber. Schwaben N.F. 14, 1957, 180; Fundber. Schwaben N.F. 16, 1962, 300; Seewald, Kr. Ulm 36; Ortsakten LDA Tübingen; Funde unpubliziert.

713. Dornstadt-Bollingen UL
Bei Böttingen
7525
1 km NNW der Kirche von Bollingen und ca. 0,4 km NO des Weilers Böttingen wurde 1984 aus der Luft eine vermutliche Viereckschanze entdeckt. Bei Flurbegehungen fanden sich nicht näher bestimmbare vorgeschichtliche Scherben.
Funde: Priv.Bes.
Lit.: Bittel/Schiek/Müller, Viereckschanzen 384.

714. Dornstadt-Tomerdingen UL
Blumenhau
7525
2,5 km SW von Tomerdingen liegt in Flur „Blumenhau" auf einem langgestreckten Rücken zwischen zwei flachen Trockentalmulden eine Viereckschanze. Sie wurde 1958–59 von H. Zürn z. T. untersucht. Die Schanze lag damals im Grünland, heute ist das Gelände bis auf geringe Reste unter dem Pflug. Die ackerbauliche Nutzung der letzten 10 Jahre hat dazu geführt, daß bei systematischen Begehungen in der Umgebung der Schanze zahlreiche vorgeschichtliche Siedlungsreste festgestellt werden konnten. Dabei wurde auch eine Konzentration jüngerlatènezeitlicher Funde (Scherben, Glasperlen) unmittelbar O sowie S bis SW der Schanze bis in eine Entfernung von 200 m registriert. 1990 wurde durch Bohrungen der Bereich O der SO-Ecke sondiert, da auf einer Luftaufnahme eine Verfärbung in der Flucht der S-Seite erkennbar war, allerdings konnten die Bohrungen keine Klärung des Befundes erbringen. Neben einer Deutung als Annex (vgl. etwa Königheim-Brehmen, Bittel/Schiek/Müller, Viereckschanzen 211 ff.) wäre auch an ein altes Flursystem zu denken, das sich an der Schanze orientiert hat. Für letzteres scheint auch eine Luftaufnahme zu sprechen, die deutlich zu den Wällen parallele Züge S der Schanze zeigt (Zürn/Fischer, Tomerdingen 12 Abb. 3).
Aufgrund der Lesefunde darf O und S der Viereckschanze eine jüngerlatènezeitliche Siedlung vermutet werden, in deren Endphase die Viereckschanze errichtet wurde. Das würde auch die Funde unter dem Wall erklären. Phosphatmessungen außerhalb der Schanze haben zudem auf der O- und S-Seite hohe Werte ergeben, die auf Siedelvorgänge hindeuten können. SW der Schanze wurde von Zürn in einer Doline eine verschalte Grube (Zisterne?) festgestellt, die vorgeschichtliche, römische und mittelalterliche Funde enthielt.
Funde: WLM, LDA Tübingen, Priv.Bes.
Taf. 91
1. RS von großem Topf mit nach außen gestrichenem Rand, Dm. ca. 35 cm, mittelbraun-rötlicher weicher Ton, mittelfeine mineralische und organische Magerung, poröse Oberfläche.
2. RS von Topf oder Schale, mittelbrauner Ton, mäßig hart, feine mineralische Magerung, blättrige lederartige Oberfläche.
3. RS von Schüssel mit eingebogenem Rand, Dm. 28 cm, dunkelgraubrauner Ton, mäßig hart, feine mineralische Magerung, schwarzgraue glatte Oberfläche (aus der Doline in Parz. 3074/3075).
4. RS von Schüssel mit steil aufgebogenem Rand, hellgrau-rötlichbrauner Ton, mäßig hart, mittelfeine mineralische

Magerung, blättrig-rissige Oberfläche, sekundär verbrannt.

5. RS von Schüssel mit steilem Rand, DSW, Dm. 30 cm, dunkelgrauer weicher Ton, feine mineralische Magerung, organisch verunreinigt, glatte Oberfläche, etwas porös.

6. RS von Schüssel mit eingebogenem Rand, mittelgraubrauner harter Ton, mittelfeine mineralische Magerung, glatte Oberfläche.

7. RS von Schüssel mit geknicktem Rand, dunkelgraubrauner spröder Ton, mittelfeine mineralische Magerung, blättrige Oberfläche.

8. BS, feinkeramisch, flachwandig, DSW, Dm. 10,8 cm, mittelgraubrauner harter Ton, feine mineralische Magerung, glatte Oberfläche, abgesetzter Boden.

9. BS, feinkeramisch, steilwandig, DSW, Dm. 8,5 cm, mittelgrauer harter Ton, feine mineralische Magerung, sandige glatte Oberfläche, abgesetzter Boden mit Standrille und Omphalos.

10. WS, feinkeramisch, DSW, mittelgrauer harter Ton, feine mineralische Magerung, sandige Oberfläche, regelmäßiger Kammstrich, von zwei horizontalen Rillen überstrichen (Feinkammstrichware).

11. BS, feinkeramisch, steilwandig, DSW, Dm. 8,5 cm, mittelgrauer harter Ton, mittelfeine mineralische Magerung, sandige orangerote Oberfläche, sekundär verbrannt.

12. WS, Graphitton, DSW, graubrauner weicher Ton, feine mineralische Magerung, hoher Graphitanteil, seifige Oberfläche, horizontale Rippe, darunter regelmäßiger Kammstrich.

13. WS, mittelbrauner harter Ton, mittelfeine mineralische Magerung, organisch verunreinigt, ziegelrote Oberfläche, etwas porös, unregelmäßiger Kammstrich.

14. WS, graubrauner spröder Ton, mittelfeine mineralische Magerung, rotbraun-blättrige Oberfläche, unregelmäßiger Kammstrich.

15. WS von Amphore, orangeroter, sehr weicher Ton, sehr feine mmineralische Magerung, rote und weiße Einsprengsel, seifige Oberfläche (römisch).

16. Fragment von Buckelperle, blaues Glas mit milchigweißer Auflage, Dm. 2,2 cm.

17. Fragment von profilierter Glasringperle, durchscheinend grünes Glas, sechskantiger Querschnitt, Dm. ca. 2,5 cm.

18. Fragment von blauer Glasperle mit weißen Spiralauflagen, D-förmiger Querschnitt, Dm. 1,7 cm.

Taf. 92

1. RS von feinkeramischer Tonne, DSW, Dm. 20 cm, hellbraun-rötlicher harter Ton, sehr feine mineralische Magerung, Oberfläche abgewittert, unter dem Rand umlaufende Rille (bemalte Ware?, bol roanne?).

2. BS, feinkeramisch, steilwandig, DSW, Dm. 8 cm, graubraun-rötlicher harter Ton, mittelfeine mineralische Magerung, rauhe Oberfläche (abgewittert), abgesetzter Boden mit Standrille.

3. WS von feinkeramischer Schale, DSW, rotbraun-grauer harter Ton, sehr feine mineralische Magerung, glatte Oberfläche, auf der Schulter horizontale Rippen.

4. BS, feinkeramisch, steilwandig, DSW, Dm. 6 cm, dunkelgrauer harter Ton, sehr feine mineralische Magerung, sandige Oberfläche, leicht geglättet, Reste von regelmäßigem Kammstrich, innen Reste von Pichung.

5. WS, feinkeramisch, DSW, hellgrauer Ton, mäßig hart, sehr feine mineralische Magerung, seifige Oberfläche, zwei horizontale Rillen, darunter regelmäßiger Kammstrich (Feinkammstrichware), sekundär verbrannt.

6. RS von großem Topf mit steilem Rand, Dm. 26,5 cm, hellgraubrauner weicher Ton, porös, grobe organische Mage-

rung, wenig mineralische Substanz, Bohnerz, sehr poröse Oberfläche, sekundär verbrannt.

7. RS von feinkeramischem Topf oder Schale, DSW, mittelgrauer harter Ton, sehr feine mineralische Magerung, glatte Oberfläche, im Halsbereich Glättlinien.

8. RS von großem Topf mit nach außen gestrichenem Rand, Dm. 27 cm, orangeroter harter Ton, feine mineralische Magerung, etwas Bohnerz, stumpfe Oberfläche, sekundär verbrannt.

9. RS von Topf mit verdicktem, nach außen gestrichenem Rand, Dm. 18 cm, mittelgrauer Ton, mäßig hart, sehr feine mineralische Magerung, organisch verunreinigt, Oberfläche leicht porös, sekundär verbrannt.

10. RS von feinkeramischem Topf oder Schale, DSW, Dm. 21,5 cm, mittelgrauer Ton, mäßig hart, sehr feine mineralische Magerung, feinsandige Oberfläche, sekundär verbrannt.

11. RS von Topf mit verdicktem abgestrichenem Rand, Dm. 18 cm, mittelgrauer weicher Ton, feine mineralische und organische Magerung, rötlichbraune poröse Oberfläche, Reste von Kammstrich und Kammstrich-Grübchen.

12. RS von feinkeramischem Topf mit unterschnittenem Wulstrand, DSW, Dm. 18,5 cm, dunkelgrauer harter Ton, feine mineralische Magerung, glatte Oberfläche.

13. RS von feinkeramischem Topf mit ausgebogenem Rand, DSW, Dm. 16 cm, dunkelgrauer harter Ton, feine mineralische Magerung, mittelgraubraune Oberfläche, etwas geglättet, Reste von Pichung.

14. RS von tonnenförmigem Topf mit Steilrand (?), dunkelrotbrauner harter Ton, mittelfeine mineralische Magerung, Bohnerz, graubraune Oberfläche, z.T. abgeplatzt, Ansätze von Kammstrich.

15. RS von Graphittontopf mit Wulstrand, DSW, mittelbrauner weicher Ton, mittelfeine mineralische Magerung, hoher Graphitanteil, Oberfläche abgewittert.

16. RS von Topf mit ausgebogenem Rand, mittelgraubrauner harter Ton, grobe mineralische Magerung, rauhe sandige Oberfläche, nachgedreht?

17. RS von tonnenförmigem Topf, dunkelgraubrauner harter Ton, mittelfeine mineralische Magerung, etwas Bohnerz, rötlichbraune Oberfläche, etwas geglättet, Reste von horizontalem Kammstrich.

18. WS, mittelgraubrauner harter Ton, feine mineralische Magerung, sandige Oberfläche, bogenförmiger Spatelstrich.

19. WS, mittelgraubrauner harter Ton, feine mineralische Magerung, rauhe Oberfläche, grober Kammstrich.

20. WS, mittelbrauner, sehr harter Ton, feine mineralische Magerung, rauhe sandige Oberfläche, Reste von Kammstrich-Grübchen.

21. WS, rotbrauner spröder Ton, mittelfeine mineralische Magerung, blättrige Oberfläche, Kammeinstiche.

Taf. 93

1. RS von Schüssel mit eingebogenem Rand, Dm. 28 cm, rotbrauner spröder Ton, feine mineralische Magerung, etwas Bohnerz, Oberfläche abgeplatzt, nachgedreht.

2. RS von Schüssel mit steil aufgebogenem Rand, Dm. 29 cm, mittelgrauer harter Ton, feine mineralische Magerung, rauhe Oberfläche, innen etwas geglättet, nachgedreht, Reste von Bohrung.

3. RS von feinkeramischer Schüssel mit eingebogenem Rand, DSW, Dm. 25 cm, hellgraubrauner harter Ton, sehr feine mineralische Magerung, Oberfläche sorgfältig geglättet.

4. RS von Schüssel mit eingebogenem Rand, DSW, Dm. 25,5 cm, mittelgrauer harter Ton, grobe mineralische Magerung, orangerote sandige Oberfläche, sekundär verbrannt.

5. RS von Schüssel mit eingebogenem Rand, Dm. 25,5 cm, mittelgraubrauner spröder Ton, mittelfeine mineralische Magerung, organisch verunreinigt, rissige Oberfläche, sekundär verbrannt.

6. RS von Schüssel mit steil aufgebogenem verdicktem Rand, Dm. 21,5 cm, mittelgrauer harter Ton, sehr feine mineralische Magerung, sandige Oberfläche (abgewittert).

7. RS von feinkeramischem Topf mit ausgebogenem Rand, DSW, Dm. 14,5 cm, dunkelgraubrauner spröder Ton, mittelfeine mineralische Magerung, glatte Oberfläche.

8. RS von Topf mit sichelartigem Wulstrand, Dm. 16,8 cm, dunkelgraubraun-orangeroter harter Ton, mittelfeine mineralische Magerung, Oberfläche etwas geglättet, sekundär verbrannt.

9. RS von feinkeramischem Topf oder Schale, DSW, Dm. 18 cm, m ittelbrauner seifiger Ton, sehr feine mineralische Magerung, Oberfläche abgewittert.

10. RS von Topf mit nach außen geknicktem Rand, Dm. 24,6 cm, mittelgraubrauner weicher Ton, mittelfeine mineralische und organische Magerung, glatte Oberfläche, etwas porös, schräger Kammstrich.

11. RS von feinkeramischer Schüssel mit eingebogenem Rand, DSW, mittelgraubrauner harter Ton, feine mineralische Magerung, sandige Oberfläche, etwas geglättet.

12. RS von Schüssel mit eingebogenem Rand, rotbrauner spröder Ton, mittelfeine mineralische Magerung, ziegelrote sandige Oberfläche, sekundär verbrannt.

13. RS von Graphittontopf mit Wulstrand, DSW, mittelgrauer weicher Ton, feine mineralische Magerung, hoher Graphitanteil, seifige Oberfläche

14. RS von Graphittontopf mit sichelförmigem Wulstrand, DSW, mittelgraubrauner, mäßig harter Ton, mäßiger Graphitanteil, seifige Oberfläche.

15. RS von Topf mit ausgebogenem Rand, Dm. 16,5 cm, mittelbrauner harter Ton, mittelfeine mineralische Magerung, auch größere Quarzkörner, glatte Oberfläche.

16. RS von Topf oder Schale, dunkelgraubrauner Ton, mäßig hart, grobe mineralische Magerung, organisch verunreinigt, Oberfläche etwas porös.

17. RS von Topf mit ausgebogenem Rand, dunkelgrauer harter Ton, feine mineralische Magerung, Oberfläche etwas geglättet, Ansätze von Kammstrich, nachgedreht?

18. RS von Topf mit ausgebogenem Rand, mittelgrau-rotbrauner blättriger Ton, feine mineralische Magerung, Oberfläche etwas porös, leicht geglättet.

Lit.: Seewald, Kr. Ulm 74; Bittel/Schiek/Müller, Viereckschanzen 144 ff.; Zürn/Fischer, Tomerdingen; Ortsakten LDA Tübingen.

715. Dornstadt-Tomerdingen UL
Am Lauteracher Weg
7525
0,7 km SSW vom Ort wurden 1983–1990 S des ehem. Steinbruchs „Am Lauteracher Weg" jüngerlatènezeitliche Funde aufgelesen, darunter kammstrichverzierte Graphittonware, DSW und Wetzsteinfragmente.
Funde: Priv.Bes.
Lit.: Fundber. Baden-Württemberg 15, 1990, 713.

716. Ehingen UL
Beim Ort
7724
Im 19. Jh. wurde bei Ehingen ein Regenbogenschüsselchen (Streber Typ 58) gefunden.
Verbleib: MK Stuttgart.

Lit.: FMRD II 3 Nr. 3067–1; Nestle, Kgr. Württemberg Nr. 195; Fundber. Schwaben 12, 1904, 84 c) 2; Bittel, Kelten 30 Nr. 29.

717. Erbach UL
Kreuthau
7625
2,7 km NW von Schloß Erbach liegt im Wald „Kreuthau" eine Viereckschanze.
Lit.: Bittel/Schiek/Müller, Viereckschanzen 158 ff.

718. Heroldstatt-Ennabeuren UL
Niederhöklingen
7523
3 km WNW vom Ort wurden 1932 beim Verlegen eines Kabels in Flur „Niederhöklingen" W von Pkt. 812, 3 jüngerlatènezeitliche Scherben gefunden, u. a. kammstrichverzierte Graphittonware mit Wulstrand. Die Fundstelle liegt heute im Truppenübungsplatz Münsingen.
Funde: WLM Inv.-Nr. A 33/19 (verschollen).
Lit.: Fundber. Schwaben N.F. 8, 1933–35, 86; Bittel, Kelten 39; Rieth, Schwäb. Alb 248.

719. Illerkirchberg-Unterkirchberg UL
Bleiche
7625
Vom Gelände des römischen Kastells in der Flur Bleiche wurden auch spätkeltische Scherben gemeldet. Es kann sich dabei auch um handgemachte römische Keramik gehandelt haben.
Funde: Verbleib unbekannt.
Lit.: Fundber. Schwaben N.F. 5, 1930, 55; Germania 13, 1929, 17.

720. Illerrieden-Wangen UL
Pfaffenholz
7726
1939 wurde bei Drainagearbeiten in Flur Pfaffenholz W vom Ort in 0,8 m Tiefe ein eisernes Tüllenbeil gefunden (JLT?).
Verbleib: WLM Inv.-Nr. A 39/46 (verschollen).
Lit.: Seewald, Kr. Ulm 48.

721. Laichingen-Feldstetten UL
Bei Feldstetten
7523
Anfang des 19.Jh. wurde bei Feldarbeiten in der Nähe des Ortes ein Regenbogenschüsselchen (Viertelstater) gefunden.
Verbleib: Priv.Bes.
Lit.: Fundber. Baden-Württemberg 10, 1985, 655.

722. Langenau UL
Oberes Feld
7526
Beim Neubau der B 19 wurden 1976 ca. 2 km W von Langenau in der Flur „Oberes Feld" Gruben und Pfoststandspuren beobachtet. Im Rahmen einer Notbergung konnte E. Junginger aus einigen Gruben zahlreiche Funde der Spätlatènezeit bergen, u. a. Kammstrich-Grübchen-Keramik, DSW, bemalte Keramik, Hüttenlehm, Knochen. Die Befunde konnten wegen rasch fortschreitender Baumaßnahmen nicht mehr dokumentiert werden, es sollen aber Pfostenspuren in Reihen beobachtet worden sein. Vermutlich lag hier am W-Rand der Langenauer Senke, am Anstieg zur Flächenalb eine spätkeltische Siedlung.
Funde: LDA Tübingen H-84–3.
Taf. 97
1. Fragment von großem Topf mit steilem Rand, Dm. 20,5 cm, mittelgrauer harter Ton, grobe mineralische Mage-

rung, größere Kiesel und Quarzstücke, fleckige graubraune Oberfläche, etwas porös.

2. RS und WS von tonnenförmigem Topf, Dm. 23,5 cm, hellbraungrauer harter Ton, mittelfeine mineralische Magerung, dunkelgraubraune glatte Oberfläche, unregelmäßiger Kammstrich, im Halsbereich zwei horizontale Riefen, nachgedreht.

3. BS, steilwandig, mittelgraubrauner harter Ton, mittelfeine mineralische Magerung, rauhe Oberfläche, Reste von Kammstrich.

4. RS und WS von tonnenförmigem Topf, Dm. 15 cm, mittelbrauner, sehr harter Ton, feine mineralische Magerung, rauhe Oberfläche, Kammstrich-Grübchen und bogenförmig Kammstrich.

5. RS und WS von feinkeramischer Flasche, DSW, Dm. 12 cm, mittel- bis hellgraubrauner harter Ton, feine mineralische Magerung, Bohnerz, dunkelgraue glatte Oberfläche, horizontale Rippe und geglättete Zonen.

6. BS, bemalte feinkeramische Ware, steilwandig, DSW, Dm. 12,7 cm, ziegelroter harter Ton, sehr feine mineralische Magerung, glatte Oberfläche, fein sandig, Reste von roter Bemalung.

7. WS von feinkeramischer Flasche, DSW, hellgraubrauner harter Ton, sehr feine mineralische Magerung, mittelgraue Oberfläche, z.T. geglättet, horizontale Rippe und geglättete Zonen.

Lit.: unpubliziert, freundl. Mitt. F. Klein und E. Junginger.

723. Langenau UL
Lochwiesen
7526

In der Flur „Lochwiesen" WNW vom Ort wurden 1976 in der Trasse der Autobahn A 7 von E. Junginger jüngerlatènezeitliche Funde (Keramik und Hüttenlehm) geborgen. Es scheint sich um eine größere Siedlungsstelle zu handeln.
Funde: LDA Tübingen Inv.-Nr. H-84–6, H-84–7, H-84–8.
Taf. 94

1. RS von feinkeramischem Topf mit profiliertem Oberteil, DSW, Dm. 14 cm, hellgraubrauner harter Ton, feine mineralische Magerung, mittelgraue glatte Oberfläche, Rand-Hals-Bereich profiliert, regelmäßiger Kammstrich (Feinkammstrichware).

2. RS von feinkeramischem Topf mit leicht ausgebogenem Rand, DSW, Dm. 12,7 cm, rotbrauner harter Ton, feine mineralische Magerung, dunkelgraue glänzende Oberfläche

3. RS von feinkeramischem Topf oder Schale, DSW, Dm. 26 cm, hellgraubrauner harter Ton, feine mineralische Magerung, mittelgraue stumpfe Oberfläche.

4. RS von feinkeramischem Topf oder Schale, DSW, Dm. 15 cm, mittelgrauer harter Ton, feine mineralische Magerung, sandige Oberfläche, im Halsbereich geglättet.

5. BS, feinkeramisch, steilwandig, DSW, Dm. 14,5 cm, hellgraubrauner harter Ton, feine mineralische Magerung, dunkelgraue glänzende Oberfläche, abgesetzter Boden mit Standrille.

6. BS von feinkeramischem Becher (?), DSW, Dm. 6,3 cm, mittelgrauer harter Ton, feine mineralische Magerung, mittelgraubraune glatte Oberfläche.

7. WS von feinkeramischer Flasche, DSW, hellgraubrauner harter Ton, feine mineralische Magerung, mittelgraubraune glänzende Oberfläche, horizontale Rippe.

8. BS, feinkeramisch, steilwandig, DSW, Dm. 10,5 cm, hellgrauer harter Ton, sehr feine mineralische Magerung, Oberfläche abgeplatzt, abgesetzter Boden mit doppelter Standrille, sekundär verbrannt.

9. RS von feinkeramischer Schüssel mit eingebogenem Rand, DSW, Dm. 19,5 cm, hellgrauer, sehr harter Ton, mittelfeine mineralische Magerung, dunkelgraubraune fleckige Oberfläche, sekundär verbrannt.

10. RS von feinkeramischer Schüssel mit eingebogenem Rand, DSW, Dm. 21,3 cm, hellbraun-ockergelber harter Ton, feine mineralische Magerung, stumpfe Oberfläche, leicht sandig.

11. RS von feinkeramischer Schüssel mit eingebogenem Rand, DSW, Dm. 27 cm, mittelgrauer harter Ton, feine mineralische Magerung, glatte Oberfläche.

12. RS von feinkeramischer Schüssel mit eingebogenem Rand, DSW, Dm. 33 cm, mittelgrauer harter Ton, feine mineralische Magerung, dunkelgraue glatte Oberfläche.

13. RS von Schüssel mit eingebogenem Rand, Dm. 22 cm, dunkelgraubrauner Ton, mäßig hart, feine mineralische Magerung, schwarze Oberfläche, geglättet, etwas porös, nachgedreht.

14. RS von Schüssel mit eingebogenem Rand, DSW, Dm. 34 cm, hellgraubrauner harter Ton, sehr feine mineralische Magerung, graubraune glatte Oberfläche, fein sandig.

15. RS von kleinem Topf mit leicht ausgebogenem Rand, Dm. 10,6 cm, mittelgrauer weicher Ton, feine mineralische Magerung, mittelbraune seifige Oberfläche, leicht porös, innen und außen Reste von flächiger Graphitierung.

16. RS von Topf mit verdicktem und gerilltem Rand, Dm. 23,5 cm, mittelgraubrauner harter Ton, mittelfeine mineralische Magerung, Kalksteinchen, blättrige Oberfläche, leicht porös.

17. RS von Topf mit leicht ausgebogener Mündung, Dm. 17 cm, dunkelgraubrauner seifiger Ton, feine mineralische Magerung, dunkelgraue glatte Oberfläche, Reste von Pichung.

18. RS von Topf mit nach außen gestrichenem Horizontalrand, Dm. 24 cm, rotbrauner harter Ton, mittelfeine mineralische Magerung, Bohnerz, dunkelgraue glatte Oberfläche, außen Ansätze von unregelmäßigem Kammstrich, innen Kratzer.

19. RS von Napf oder hoher Schüssel mit eingebogenem Rand, Dm. 20 cm, orangerot-mittelbrauner harter Ton, feine mineralische Magerung, glatte rotbraune Oberfläche, leicht porös, innen unter dem Rand profiliert.

20. RS von Topf mit ausgebogenem und verdicktem Rand, Dm. 23 cm, dunkelgrauer harter Ton, grobe mineralische Magerung, mittelgraubraune glatte Oberfläche.

21. RS von Topf mit nach außen gestrichenem Rand, Dm. 20 cm, mittelgrauer harter Ton, mittelfeine mineralische Magerung, organisch verunreinigt, dunkelgraue glatte Oberfläche, etwas porös, Spatelstrich-Wellenlinie.
Taf. 95

1. RS von tonnenförmigem Topf, Dm. 31 cm, mittelgraubrauner poröser Ton, mittelfeine mineralische und organische Magerung, glatte graue Oberfläche, sehr porös, horizontale Riefen unter dem Rand.

2. RS von tonnenförmigem Topf, Dm. 26 cm, dunkelgrauer harter Ton, mittelfeine mineralische Magerung, rotbraungraue glatte Oberfläche, Kammstrich-Grübchen.

3. RS von tonnenförmigem Topf, Dm. 12 cm, dunkelgrauer harter Ton, feine mineralische Magerung, glatte Oberfläche, innen Reste von Pichung.

4. RS von tonnenförmigem Topf, Dm. 24 cm, mittelgraubrauner poröser Ton, weich und seifig, feine mineralische und organische Magerung, glatte dunkelgraubraune Oberfläche, porös, zwei Riefen unter dem Rand, Kammstrich und Kammstrich-Wellenlinie.

5. RS von Topf mit steiler Mündung, Dm. 20 cm, mittelgraubrauner harter Ton, mittelfeine mineralische Magerung, organisch verunreinigt, glatte Oberfläche, porös, horizontale Riefen unter dem Rand, Ansätze von unregelmäßigem Kammstrich.

6. RS von Topf mit leicht ausgebogenem Rand, Dm. 22 cm, mittelgraubrauner harter Ton, grobe mineralische Magerung, dunkelgraue glatte Oberfläche, Kammstrich-Girlande, darunter regelmäßiger Kammstrich, Rand innen facettiert.

7. RS von tonnenförmigem Topf, Dm. 23 cm, dunkelgraurotbrauner spröder Ton, mittelfeine mineralische Magerung, dunkelgraue glatte Oberfläche, Riefe unter dem Rand.

8. RS von tonnenförmigem Topf mit abgesetztem Steilrand, Dm. 20 cm, mittelgraubrauner harter Ton, mittelfeine mineralische Magerung, Bohnerz, rotbraune glatte Oberfläche, etwas porös.

9. RS von tonnenförmigem Topf oder Schüssel, Dm. 19 cm, mittelgrauer harter Ton, feine mineralische Magerung, graubraune glatte Oberfläche, etwas porös.

10. RS von Topf mit leicht ausgebogenem Rand, Dm. 24 cm, dunkelgrauer harter Ton, feine mineralische und organische Magerung, graubraune glatte Oberfläche, porös.

11. RS von tonnenförmigem Topf, dunkelgrau-orangeroter harter Ton, mittelfeine mineralische und organische Magerung, orangerote poröse Oberfläche, zwei Riefen unter dem Rand, Kammstrich-Wellenlinie, darunter flächiger Kammstrich, nachgedreht.

12. RS von tonnenförmigem Topf, mittelgrau-rotbrauner Ton, sehr hart, mittelfeine mineralische Magerung, Kalksteinchen, graubraune glänzende Oberfläche, Reste von Kamm- und Spatelstrich.

13. WS, mittelgraubrauner weicher Ton, sehr feine mineralische Magerung, seifige glatte Oberfläche, leicht porös, unregelmäßige Kammstrich-Schraffur, Einstiche, flächige Graphitierung.

14. Wie 13., insgesamt ca. 20 WS und 1 BS vom gleichen Gefäß.

15. WS, mittelgraubrauner seifiger Ton, feine mineralische und organische Magerung, rotbraun-mittelgraue glatte Oberfläche, porös, flächige Verzierung mit Spateleinstichen, drei Fragment vom gleichen Gefäß.

16. Doppelkonischer Spinnwirtel, Dm. 3,9 cm, hellgraubrauner weicher Ton, feine mineralische Magerung, Kalksteinchen, glatte Oberfläche, unterschiedliches Mittelloch: Im oberen Drittel fünfeckiger Querschnitt, sonst rund, Dm. 1–1,3 cm.

17. Fragment von Scherbenwirtel, feinkeramisch, DSW, max. Dm. 5,1 cm, hellgraubrauner harter Ton, feine mineralische Magerung, glatte mittelgraue Oberfläche, Bohrung Dm. 1,2 cm.

Taf. 96

1. RS von Schüssel mit steil aufgebogenem Rand, Dm. 32 cm, rotbrauner harter Ton, mittelfeine mineralische Magerung, Bohnerz, graubraune glatte Oberfläche, etwas porös.

2. RS von Schüssel mit eingebogenem Rand, DSW, Dm. 33 cm, mittelgrauer harter Ton, feine mineralische Magerung, dunkelgraue glatte Oberfläche.

3. RS von Schüssel mit steil aufgebogenem Rand, DSW, Dm. 30 cm, orangeroter harter Ton, feine mineralische Magerung, sandige Oberfläche, Reste von Kammstrich, sekundär verbrannt.

4. RS von Schüssel mit eingebogenem Rand, Dm. 28 cm, graubrauner harter Ton, feine mineralische Magerung, mittelgraue glatte Oberfläche, nachgedreht.

5. RS von Schüssel mit eingebogenem Rand, Dm. 32 cm, mittelgraubrauner Ton, mäßig hart, mittelfeine mineral. Magerung, mittelgraue glatte Oberfläche, etwas porös, nachgedreht.

6. RS von feinkeramischer Schüssel mit eingebogenem Rand, DSW, hellgraubrauner weicher Ton, feine mineralische Magerung, mittelgraue glatte Oberfläche.

7. RS von Schüssel mit eingebogenem Rand, DSW, Dm. 28 cm, hellbraunroter harter Ton, feine mineralische Magerung, glatte Oberfläche, fein sandig.

8. RS von Schüssel mit eingebogenem Rand, Dm. 15 cm, hellgraubraun-rötlicher harter Ton, sehr feine mineralische Magerung, glatte Oberfläche.

9. RS von Schüssel mit steil aufgebog. Rand, DSW, Dm. 26 cm, mittelgrauer harter Ton, sehr feine mineralische Magerung, graubraune seifige Oberfläche (abgewittert), 4 Fragmente vom gleichen Gefäß.

10. RS von Schüssel mit eingebogenem Rand, Dm. 33 cm, mittelgrauer harter Ton, sehr feine mineralische Magerung, graubraune glatte Oberfläche.

11. RS von Schüssel mit steil aufgebogenem Rand, Dm. 24 cm, mittelgrauer harter Ton, feine mineralische Magerung, dunkelgraue glatte Oberfläche, etwas porös, nachgedreht.

12. RS von Schüssel mit eingebogenem Rand, Dm. 20 cm, dunkelgraubrauner harter Ton, feine mineralische Magerung, Bohnerz, schwarzgraue glatte Oberfläche, nachgedreht, drei RS vom gleichen Gefäß.

13. RS von Schüssel mit eingebogenem Rand, Dm. 23 cm, mittelgraubrauner harter Ton, feine mineralische Magerung, dunkelgraue glatte Oberfläche.

14. RS von Schüssel mit eingebogenem Rand, Dm. 18 cm, mittelgraubrauner harter Ton, feine mineralische Magerung, dunkelgraue glatte Oberfläche.

Lit.: unpubliziert, freundl. Mitt. F. Klein und E. Junginger.

724. Langenau UL
Steinhäuser
7526

S von Langenau wurde 1979 in der Flur „Steinhäuser" ein römischer Gutshof untersucht. Unter einer Versturzschicht in der NW-Ecke von Nebengebäude 7 kam dabei auf einer Fläche von 20 x 20 cm ein spätlatènezeitlicher Hortfund zum Vorschein, der aus zehn keltischen Münzen und vier Fibeln aus dem Saalegebiet besteht:

Taf. 98 A

1. Ein Paar Bronzefibeln vom Frühlatèneschema, Spirale (sechs Windungen) mit äußerer Sehne, Spiralachse mit aufgesteckten Korallenkugeln und silbervergoldeten profilierten Kugeln. Auf dem Bügel Korallenscheibe mit silbervergoldeter Scheibe mit Punktbuckelzier sowie zwei rechtwinklig angebrachte Bronzestifte mit kegelförmigen Korallen und knospenförmigen Kugeln. Auf dem umgeschlagenen Fuß walzenförmiges Korallenstück mit silbervergoldeten buckelverzierten Scheiben und eine Dreiergruppe knospenförmiger Kugeln.

2. Ein Paar Bronzefibeln vom Frühlatèneschema, Spirale (sechs Windungen) mit äußerer Sehne und Spiralachse, bandförmiger Bügel mit aufgesetzten Zierelementen: Korallenscheibe, Bronzeblech mit konzentrischer Punktbuckel-Verzierung, Korallenkugeln auf rechtwinklig angebrachten Bronzestiften, walzenförmiges Korallenstück und Bronzekugeln auf dem umgeschlagenen Fuß.

3.–4., 7.–12. Acht südhelvetische Büschelquinare, Typ F und H nach D. F. Allen.

5. Regenbogenschüsselchen (Streber 36).

6. Rauraker-Quinar vom Typ NINNO-MAUC.

Die Fibeln und die Münzen datieren den Fund in die Zeit um 60 v. Chr. Der Fund dürfte nicht mit der römischen Villa zusammenhängen, sondern ist als eigenständiger Depotfund anzusehen. Ein Hinweis auf eine spätkeltische Siedlung könnten die Lesefunde bei den nicht weit S gelegenen Schammenhöfen auf Markung Göttingen sein (vgl. Kat.-Nr. 727). Abb. nach Vorlage von U. Klein, WLM.

Verbleib: WLM.

Lit.: H. Reim, Ein Versteckfund von Münzen und Fibeln aus der Spätlatènezeit bei Langenau, Alb-Donau-Kreis. Arch. Ausgr. 1979, 50 ff.; Polenz, Münzen in latènezeitlichen Gräbern 155 ff.; Mannsperger, Keltische Münzen aus Baden-Württemberg 236 f.; Peschel, Kelten und Germanen, 185 f.

725. Langenau UL
Am Öchslesmühlbach
7526

Von der Flur „Am Öchslesmühlbach" am W Ortsrand von Langenau waren seit 1981 vorgeschichtliche Lesefunde bekannt. Als im Mai 1986 Erschließungsarbeiten für ein Neubaugebiet begannen, führte das LDA Tübingen eine Notbergung durch. Es konnten neben anderen vorgeschichtlichen Funden und Befunden Reste zweier Eisenschmelzöfen, eine Eisenfibel vom Mittellatèneschema und jüngerlatènezeitliche Keramik geborgen werden. Bei den umfangreicheren Untersuchungen 1987 konnten 7000 m² untersucht werden, dabei konnten mehrer latènezeitliche Gebäudegrundrisse (Speicherbauten) und Gräbchenstrukturen festgestellt werden. Die Funde gehören zum größten Teil in die Mittellatènezeit, näher bestimmbar ist eine Eisenfibel der Stufe LT C1.

Funde: LDA Tübingen.

Lit.: J. Heiligmann, Arch. Ausgr. Baden-Württemberg 1986, 61 ff., F. Klein, Arch. Ausgr. Baden-Württemberg 1987, 65 ff.

726. Langenau UL
Ramminger Weg
7526

1969 wurden bei der Begradigung der Straße nach Rammingen 2 km ONO vom Friedhof in der Flur „Ramminger Weg" vorgeschichtliche Gräber und Siedlungsbefunde angeschnitten. Neben sechs urnenfelderzeitlichen Gräbern wurden ein mittellatènezeitliches Brandgrubengrab (LT C1) und mehrere Gruben mit vorgeschichtlichen Scherben untersucht. Bei einer großen Grube dürfte es sich um ein jüngerlatènezeitliches Grubenhaus handeln: Die oval-rechteckige Grube von 2,95 x 2 m Ausdehnung war 1 m tief in den Boden und die oberste Schicht des anstehenden Fels eingearbeitet, am Rand war eine Pfostengrube erkennbar. In der Füllung lagen verbrannte Steine, Tierknochen, ein Eisenpfriem und Scherben.

Funde: WLM Inv.-Nr. V 72/14.

Taf. 98 B

1. RS von Schüssel mit eingebogenem Rand, Dm. 29 cm, dunkelgraubrauner harter Ton, grobe mineralische Magerung, Kalksteinchen, rotbraune rissige Oberfläche, leicht porös.
2. RS und WS von feinkeramischer Flasche, DSW, Dm. 7,5 cm, mittelbrauner harter Ton, sehr feine mineralische Magerung, mittelgraue stumpfe Oberfläche, horizontale Rippen auf Hals und Schulter, gerillter Rand.
3. RS von Topf mit leicht ausgebogenem Rand, rotbrauner harter Ton, grobe mineralische Magerung, viele Kalksteinchen, stumpfe sandige Oberfläche, Reihen von senkrechten Spateleinstichen.

4. WS, mittelgrau-rotbrauner harter Ton, mittelfeine mineralische Magerung, Kalksteinchen, stumpfe rotbraune Oberfläche, grober Kammstrich, Bohrung, Dm. 0,4 cm.
5. WS, rotbrauner harter Ton, mittelfeine mineralische Magerung, Kalksteinchen, hellbraune sandige Oberfläche, feiner Kammstrich.
6. RS von Schüssel mit eingebogenem Rand, rotbraun-mittelgrauer harter Ton, feine mineralische Magerung, leicht sandige Oberfläche

Lit.: Fundber. Baden-Württemberg 2, 1975, 119, Taf. 242C.

727. Langenau-Göttingen UL
Schammenhöfe
7526

O der Schammenhöfe wurden beim Bau der Autobahn A 7 vorgeschichtliche Scherben gefunden, u. a. WS mit Besenstrich (JLT?).

Verbleib: LDA Tübingen.

Lit.: Ortsakten LDA Tübingen.

728. Lonsee UL
Untere Mühle
7425

1969 führte A. Kley im Leitungsgraben der Landeswasserversorgung eine Notbergung durch: Die Fundstelle liegt ca. 100 m von der unteren Mühle, dicht am Ufer des Baches, wo die Trasse eine flache Hangterrasse durchstößt. Es wurde angeblich eine Feuerstelle mit Spätlatène- und römischer Keramik entdeckt. Die Funde sollen sich noch im Besitz von A. Kley befinden, waren aber 1990 nicht auffindbar.

Funde: Priv.Bes. (verschollen).

Lit.: Seewald, Kr. Ulm 57.

729. Lonsee-Ursprung UL
Ortsbereich

Im Ortsbereich von Ursprung liegen zahlreiche einzelne Fundstellen der jüngeren Latènezeit. Es besteht der Verdacht, daß hier eine größere Siedlung dieser Zeit lag. An derselben Stelle wurde im ausgehenden 1. Jh. der vicus des Alblmeskastells Ursprung errichtet.

Römerstraße

Im Ort wurden im Bereich des Grundstücks Römerstraße 7 beim Hausbau (Bau Klöpfer) spätlatènezeitliche Scherben gefunden, darunter eine RS mit Kammeindrücken.

Funde: Priv.Bes.

Abb. 82

1. RS von Topf, auf der Schulter Kammeinstiche.
2. WS, Kammstrichverzierung.

Lit.: Fundber. Baden-Württemberg 2, 1975, 221 ff., Abb. 129.

Lerchenweg

Im Bereich des Lerchenweges wurden jüngerlatènezeitliche Scherben gefunden (LT C/D).

Funde: Priv.Bes.

Lit.: Fundber. Baden-Württemberg 2, 1975, 221 ff.

Siechenlach

Am W-Rand von Ursprung hat bereits L. Hommel in Flur „Siechenlach" jüngerlatènezeitliche Scherben aufgelesen. Bei Bauarbeiten wurden dort 1988/89 Gruben angeschnitten. Bei der Besichtigung der meist schon zerstörten Befunde konnte aus zwei Gruben noch etwas jüngerlatènezeitliche Keramik, darunter eine RS eines Topfes mit Wulstrand, kammstrichverzierte WS und ein Schüsselrand geborgen werden. Die Siedlungsstelle liegt auf einer flachen Terrasse am Fuß des S Talhanges.

Funde: Priv.Bes.; LDA Tübingen.

Abb. 81: Lonsee-Urspring, Dorfäcker (Kat.-Nr. 729).

Lit.: Fundber. Baden-Württemberg 2, 1975, 126; Ortsakten LDA Tübingen.

Wassergasse

In der Wassergasse (Haus Nr. 11) wurden bei Bauarbeiten jüngerlatènezeitliche Keramikfunde geborgen.

Funde: Priv.Bes.

Taf. 100

13.–16. RS von Schüsseln mit eingebogenem Rand.

17. RS von Topf oder Schale mit steil aufgebogenem Rand.

18.–20. RS von Schüsseln mit eingebogenem Rand.

29. Bronzenadel mit Öhr, Länge 7,8 cm.

Lit.: Fundber. Baden-Württemberg 2, 1975, 222, Abb. 130–131, Taf. 284D, Taf. 286B.

Lonewiesen/Neue Straße

Neben römischer und frühmittelalterlicher Keramik wurden in den Grundstücken Lonewiesen 2 und 4, sowie Neue Straße 3 und 12 auch jüngerlatènezeitliche Scherben entdeckt.

Funde: Priv.Bes.

Abb. 82: Lonsee-Urspring, Römerstraße (Kat.-Nr. 729).

Lit.: Fundber. Baden-Württemberg 2, 1975, 222, 224 f., Taf. 287.

Talsohle S vom Kastell

Aus dem Wasserleitungsgraben der Landeswasserversorgung auf der Talsohle S des Kastells wurde jüngerlatènezeitliche Keramik und ein Glasarmringfragment gefunden.

Am SO-Rand vom Ort sollen ebenfalls Latènescherben und Eisenschlacken gefunden worden sein.

Funde: Priv.Bes.;Mus. Geislingen.

Taf. 100

21. RS von Topf mit Spateleinstichen unter dem Rand.

22. WS, flächige Verzierung mit Fingerkniffen.

23. Fragment von blauem Glasarmring, drei Rippen, blaue und gelbe Fadenauflage (Haevernick).

24.–27. RS von Schüsseln mit eingebogenem Rand.

28. RS von Topf mit Steilrand.

Lit.: Seewald, Kr. Ulm 105; Fundber. Baden-Württemberg 2, 1975, 255 Abb. 133.

Kirchstraße

In der Kirchstraße (Haus Nr. 45 und 47) fand L. Hommel neben römischer Keramik auch jüngerlatènezeitliche Scherben.

Funde: Priv.Bes.

Lit.: Fundber. Baden-Württemberg 2, 1975, 222.

Am breiten Weg

Am N-Fuß des Hägelesberg wurde 0,5 km O vom Ort in der Flur „Am breiten Weg" zwischen dem Tiefbrunnen (1961) und NW vom Ende des Kanalgrabens längs des Feldwegs Nr. 9 bei Baggerarbeiten jüngerlatènezeitliche Keramik geborgen.

Nicht weit davon wurden am N-Fuß des Hägelesberg, 0,5 km S vom Ort, O des Feldweges 74 bei Bauarbeiten (Neubau Hermann und Honold) Schüsselrandstücke und Kammstrichscherben gefunden.

Funde: WLM Inv.-Nr. R 65/20.

Lit.: Seewald, Kr. Ulm 104 f.

W Ortsrand

Am W-Ausgang des Ortes wurde bei Haus Nr. 31 (Bau des Kellers der Scheune in Anwesen Niess) Keramik der jünge-

ren Latènezeit gefunden, darunter RS einer Schüssel und WS mit senkrechten Einstichen.
Funde: WLM V 66/69.
Taf. 100
12. RS von Schale und WS mit senkrechten Spateleinstichen.
Lit.: Seewald, Kr. Ulm 104; Fundber. Schwaben N.F. 18/II, 1967, 77 Abb. 11.
Bierwiesen
Im Ort, 0,9 km ONO der Lonequelle wurde in den „Bierwiesen" beim Neubau der Schule jüngerlatènezeitliche Keramik gefunden, u. a. kamm- und besenstrichverzierte Scherben.
Funde: WLM V 66/71.
Lit.: Seewald, Kr. Ulm 105; Fundber. Baden-Württemberg 2, 1975, 224 Abb. 132, Taf. 288A.
Dorfäcker
In Flur „Dorfäcker" am NW-Rand von Urspring wurde beim Tiefpflügen jüngerlatènezeitliche Keramik gefunden. Auch beim Straßenbau wurden hier zahlreiche jüngerlatènezeitliche Scherben geborgen. Benachbart liegt die Fundstelle „Siechenlach" (s. o.).
Funde: WLM Inv.-Nr. V 66/68.
Abb. 81
1. RS von Topf. Verzierung mit Fingerkniffen.
2. WS, Kammstrich und Kammstrich-Grübchen(?).
3.–4. WS, flächige Verzierung mit Fingerkniffen.
5.–8. WS, Kammstrich.
9. WS aus Graphitton, Kammstrich.
10. WS, Kammstrich und horizontale Kamm- oder Spatelstrichlinie.
Taf. 99 B
1. Bronzekette.
2. RS von Topf mit schräg abgestrichenem Rand, Kerben auf der Randlippe.
3. RS von Topf oder Schüssel mit eingebogenem Rand, Fingertupfenreihe.
4. RS von Topf mit leicht ausgebogenem und schräg abgestrichenem Rand.
5. RS von Topf mit leicht ausgebogenem Rand, unter dem Rand Riefe.
6. RS von Topf mit ausgebogenem Rand.
7. WS, verwischter Kammstrich, nach oben von Spateleinstichen begrenzt.
Taf. 100
1.–3. RS von Schüsseln mit eingebogenem Rand.
4. RS von feinkeramischer Schüssel mit eingebogenem und verdicktem Rand, DSW.
5. BS, feinkeramisch, DSW, Standrille.
6.–7. RS von Graphittontöpfen mit Wulstrand.
8. RS von Schüssel (?) mit steilem Rand.
9.–10. RS von Schüsseln mit eingebogenem Rand.
Lit.: Seewald, Kr. Ulm 105; Fundber. Baden-Württemberg 2, 1975, 125 ff., Abb. 57–59.
Unter dem Häldele
In Flur „Unter dem Häldele" fand G. Häfele 1980 jüngerlatènezeitliche Keramik, darunter eine RS glatte DSW und eine kammstrichverzierte grobkeramische WS.
Funde: Mus. Ulm, Inv.-Nr. Lt 14.
Lit.: unpubliziert.

730. Lonsee-Ursprung UL
Hägelesberg
7425
0,5 km S vom Ort liegt der „Hägelesberg", auf seiner felsigen Kuppe fanden sich auf engstem Raum kleinste Fragmente hallstattzeitlicher Keramik (Opferplatz?). Nach Seewald

befinden sich in dem Keramikmaterial auch Kammstrichscherben (JLT?).
Funde: WLM.
Lit.: Seewald, Kr. Ulm 105; Mitt. Ver. f. Kunst u. Altertum in Ulm u. Oberschwaben 26, 1929, 68; Zürn, Göppingen und Ulm 28; Fundber. Schwaben N.F. 12, 1952, 44, 48; Fundber. Schwaben N.F. 13, 1955, 42; OAB Ulm (1897) 352.

731. Lonsee-Ursprung UL
Herberg
7425
Am W-Ausgang vom Ort, über der Bahnlinie, wurden 1989 in Flur „Herberg" jüngerlatènezeitliche Scherben aufgelesen.
Funde: LDA Tübingen.
Taf. 99 A
1. RS von Topf mit nach außen verdicktem Rand, Dm. 23 cm, mittelgraubrauner harter Ton, mittelfeine mineralische Magerung, stumpfe Oberfläche, flächiger Kammstrich, nach oben von horizontalem Kammstrich begrenzt, Randpartie nachgedreht, Reste von Pichung.
2. WS, graubraun-rötlicher harter Ton, mittelfeine mineralische Magerung, rotbraune glatte Oberfläche, leicht glänzend, Reihen von vertikalen Spateleinstichen.
3. WS, feinkeramisch, DSW, hellgrauer harter Ton, feine mineralische Magerung, mittelgraue glänzende Oberfläche, breite horizontale Rippe.
Lit.: unpubliziert, freundl. Mitt. M. Baumhauer und F. Klein.

732. Nellingen-Aichen UL
Nellinger Feld
7424
0,25 km NW von Aichen wurde vorgeschichtliche Keramik aufgelesen, darunter auch kammstrichverzierte Scherben der jüngeren Latènezeit.
Funde: WLM Inv.-Nr. V 66/10; Priv.Bes.
Lit.: Seewald, Kr. Ulm 62; Fundber. Schwaben N.F. 18/II, 1967, 74.

733. Obermarchtal UL
Schanze
7723
1,8 km SW des Klosters Obermarchtal liegt in der Waldabteilung „Schanze" eine Viereckschanze.
Lit.: Bittel/Schiek/Müller, Viereckschanzen 288 ff.

734. Öllingen UL
Sandberg
7426
0,8 km SO vom Ort wurde auf dem Sandberg in einer Sandgrube bei Pkt. 538,1 eine Grube und eine Kulturschicht angeschnitten, die u. a. jüngerlatènezeitliche Keramik enthielten.
Funde: WLM Inv.-Nr. V 53/50; Schule Öllingen.
Lit.: Seewald, Kr. Ulm 64; Fundber. Schwaben N.F. 13, 1955, 32.

735. Öllingen UL
Baumbrunnen
7426
0,5 km O vom Ort wurde auf den Äckern in Flur „Baumbrunnen" NW des Baumbrunnens jüngerlatènezeitliche Keramik gefunden, u. a. eine kammstrichverzierte WS und eine Graphittonscherbe.
Funde: WLM Inv.-Nr. V 54/55.
Lit.: Seewald, Kr. Ulm 64; Fundber. Schwaben N.F. 14, 1957, 194.

736. Öllingen UL
Lochäcker
7426
Am S-Hang des „Hohlen Berges" 1, 5 km WSW vom Ort wurden in der Flur „Lochäcker" auf einer eng begrenzten Fläche jüngerlatènezeitliche Scherben aufgelesen, darunter RS von Töpfen und Schalen sowie Graphittonscherben. Im Ulmer Museum liegen Funde aus einer Grube: RS von Schüsseln mit eingebogenem Rand, DSW, Graphittonkeramik (1954).
Funde: WLM Inv.-Nr. 55/31; Priv.Bes.; Mus. Ulm.
Lit.: Seewald, Kr. Ulm 64; Fundber. Schwaben N.F. 14, 1957, 194.

737. Öllingen UL
Hohler Berg
7426
Ca. 1,7 km WSW vom Ort wurden auf dem „Hohlen Berg", nahe der o.g. Fundstelle in den „Lochäckern" von E. Junginger spätlatènezeitliche Scherben aufgelesen, darunter RS von Töpfen mit Bogenkammstrich, WS mit Kammstrich- und Kammgrübchen-Verzierung und eine Eisenschlacke.
Funde: LDA Tübingen.
Lit.: unpubliziert (freundl. Hinweis R. Kreutle).

738. Rammingen UL
Bocksteinhöhle
7426
Bei den Grabungen von L. Bürger 1883–1884 in der Bocksteinhöhle, 4,2 km NNW vom Ort, wurden neben paläolithischen und mesolithischen Funden u. a. auch jüngerlatènezeitliche Scherben gefunden.
Funde: Mus. Ulm.
Lit.: L. Bürger, Der Bockstein, das Fohlenhaus, der Salzbühl, drei prähistorische Wohnstätten im Lonethal. Mitt. d. Ver. für Kunst und Alterthum in Ulm und Oberschwaben 3, 1892, 1 ff.

739. Rechtenstein UL
Lößhöhle
7723
Bei Grabungen „in der Lößhöhle bei der Zementfabrik" wurden vor 1910 angeblich spätlatènezeitliche Scherben und menschliche Knochen gefunden.
Funde: Mus. Ehingen oder WLM?
Lit.: Fundber. Schwaben 18, 1910, 20 ff.; Rieth, Schwäb. Alb 249; Krahe, Oberschwaben 279.

740. Schelklingen UL
Bei Schelklingen
7624
Bei Schelklingen soll ein Regenbogenschüsselchen gefunden worden sein. Näheres ist nicht bekannt.
Verbleib: unbekannt.
Lit.: Ortsakten LDA Tübingen.

741. Schelklingen UL
Hindenburghöhle
7624
1,7 km SO vom Ort liegt am O-Hang des Schelklinger Berges die Hindenburghöhle. 1926 unternahm hier O. Paret eine kleine Sondiergrabung, bei der auch Spätlatènescherben gefunden wurden. Weitere Grabungen wurden 1932 von Manz unternommen.
Funde: WLM Inv.-Nr. A 2209.
Lit.: Fundber. Schwaben N.F. 4, 1926–28, 37; Bittel, Kelten 45; Rieth, Schwäb. Alb 249; Binder, Nacheiszeitliche Funde 40; Binder, Höhlenführer 178.

742. Schelklingen-Hütten UL
Hohlefels
7623
Im „Hohlen Felsen" bei Hütten wurde 1906 von R. R. Schmidt gegraben, neben Funden aus dem Magdalénien kamen dabei angeblich auch jüngerlatènezeitliche Scherben zum Vorschein.
Funde: Slg. Inst. Urgesch. Tübingen?
Lit.: OAB Münsingen (1912) 228 f.; Binder, Höhlenführer 173.

743. Schelklingen-Hütten UL
Höhle am Schloßberg
7623
Unter einem „Felsdach am Schloßberg" soll G. Riek Spätlatènescherben gefunden haben. Nach Binder soll es sich bei dem Fundort um die „Hennenhöhle" am Ortsausgang bei der Steige nach Justingen handeln, Riek hat aber auch in der nahegelegenen Bärentalhöhle gegraben (nach Binder „Eulenloch"), dabei sollen auch Spätlatènescherben gefunden worden sein.
Funde: Slg. Inst. Urgesch. Tübingen?
Lit.: Fundber. Schwaben N.F. 8, 1933–35, 87; Binder, Nacheiszeitliche Funde 19; Binder, Höhlenführer 173.

744. Setzingen UL
Mittelsteig
7426
0,5 km W vom Ort wurden in Flur „Mittelsteig" jüngerlatènezeitliche Scherben, u. a. Graphittonware gefunden.
Funde: Priv.Bes.
Lit.: Seewald, Kr. Ulm 70; Fundber. Schwaben N.F. 14, 1957, 195.

745. Setzingen UL
Nerenstetter Feldle
7426
1,5 km WSW vom Ort wurden in der Flur „Nerenstetter Feldle" jüngerlatènezeitliche Scherben, u. a. auch Graphittonware aufgelesen.
Funde: Priv.Bes.
Lit.: Seewald, Kr. Ulm 70.

746. Ulm UL
Kienlesberg
7525/7526
Am S-Fuß des Kienlesberges wurde beim Bau des Güterbahnhofs im 19. Jh. ein großes frühmittelalterliches Reihengräberfeld angeschnitten und teilweise untersucht. Im Inventar von Grab 13 war auch das Fragment eines dreirippigen Glasarmrings, blau mit weißer Auflage (Haevernick 7b) enthalten. Ein weiterer Ring der gleichen Art stammt entweder auch von Ulm oder vom Gräberfeld Pfullingen (Funde im Mus. Urach durcheinandergeraten).
Verbleib: WLM.
Lit.: Seewald, Kr. Ulm 78; Haevernick, Glasarmringe 146 Nr. 165; 149 Nr. 201.

747. Ulm UL
Valckenburgufer
7525/7526
1911 wurde beim Brückenbau (Gänstorbrücke) im Bereich der ehem. Bastei „Unterdonau" (heute Valckenburgufer) 1 m unter Niedrigwasserniveau im Schotter ein eisernes Knollenknaufschwert gefunden.
Verbleib: Mus. Ulm.
Taf. 102 A

303

– Eisernes Knollenknaufschwert, Länge 96 cm.
Lit.: Seewald, Kr. Ulm 78; Bittel, Kelten 11; Mannus 17, 1925, 92 ff., bes. 93 f.; W. Krämer in: Festschr. Wagner, 109 ff., bes. 119.

748. Ulm UL
Bei Ulm
7525/7526
Bei Ulm oder in der Umgebung von Ulm wurde angeblich drei Regenbogenschüsselchen (Viertelstatere, Streber 56 und 58) gefunden.
Verbleib: Ein Stück im Mus. Esslingen, ansonsten unbekannt.
Lit.: FMRD II 4 Nr. 4511–1-3; Nestle, Kgr. Württemberg 14; Fundber. Schwaben 12, 1904, 87 d, 88 h) 3; Bittel, Kelten 35.

749. Ulm-Eggingen UL
Lippenöschle
7625
Bei den Grabungen 1982–1985 im Bereich der bandkeramischen Siedlung und mittelalterlichen Wüstung im „Lippenöschle" 1 km SO von Eggingen wurden neben Funden und Befunden aus anderen vorgeschichtlichen Epochen auch solche aus der jüngeren Latènezeit dokumentiert und geborgen. Die Siedlungsstelle liegt auf einem flachen lößbedeckten Sporn in unmittelbarer Nähe von einigen Quellen.
Als sicher jüngerlatènezeitliche Siedlungsbefunde lassen sich drei Gebäudegrundrisse, ein Gräbchen und eine flache Grube (24/1)mit zwei vollständigen Gefäßen nennen.
Ein weiterer Grundriß, der aber keine datierenden Funde enthielt, könnte wegen der exakt gleichen Orientierung dazugehören.
In der N-Hälfte der Grabungsfläche wurde ein Vierpfosten-Grundriß mit zwei Anbauten (Gebäude 31) freigelegt, der als Speicherbau gedeutet wird. In seinen Gruben fanden sich jüngerlatènezeitliche Keramikscherben sowie zwei fragmentierte Eisenfibeln vom Mittellatèneschema (LT C1).
Im mittleren Bereich der Grabungsfläche wurde für eine Ansammlung von Pfostengruben, die jüngerlatènezeitliche Scherben enthielten, eine Deutung als Reste von zwei Gebäuden vorgeschlagen (Gebäude 39 und 40).
Der Vierpfostengrundriß (Gebäude 23) im N der Grabungsfläche erbrachte zwar keine datierbaren Funde, könnte aber wegen seiner parallelen Ausrichtung zu den latènezeitlichen Bauten gehören.
Im N-Drittel der Grabungsfläche erstreckt sich ein Graben (104/1) auf einer Länge von 120 m von W nach O, ohne daß eines seiner Enden erfaßt wurde. Bei einer Breite von 50–100 cm und einer Tiefe von noch ca. 25 cm (unter Planum) zeigte er ein kastenförmiges Profil. Trotz seines unwesentlichen Gefälles wird das Gräbchen vom Ausgräber als Drainagegraben gedeutet, da seine Verfüllung keinen Hinweis auf Pfostenstellungen ergab. Es wäre auch an eine Deutung als Grenze eines Flursystems zu denken. Die Funde aus dem Graben gehören in die Mittel- und Spätlatènezeit.
Im S-Drittel der Grabungsfläche wurden O des bandkeramischen Grundrisses 2 zwei Gruben untersucht. Eine enthielt zwei vollständige Gefäße (Rest einer Bestattung?), die andere nur Holzkohle. Eine ^{14}C-Messung der ursprünglich für neolithisch gehaltenen Holzreste ergab ein Datum von 2045 +/- 60 B.P., was in die Spätlatènezeit gehören würde. Ein zweites ^{14}C-Datum ergab aber so starke Abweichungen, daß diese Datierungsmethode hier unsicher erscheint. Die beiden Gefäße gehören am ehesten in die späte Mittel- oder frühe Spätlatènezeit.

Unter der Keramik ist naturgemäß die Grobkeramik am stärksten vertreten, es kommt aber auch relativ viel DSW vor. Graphittonkeramik ist auch mit einigen Stücken belegt. Die Verzierung mit Kamm- und Spatelstrich, Fingernageleindrücken, Ritzlinien und Kammeinstichen weist in die Mittel- und Spätlatènezeit.
Funde: WLM.
Taf. 101
Aus dem Fundmaterial wird hier nur eine Auswahl charakteristischer Stücke abgebildet, vgl. hierzu Kind, Ulm-Eggingen 270 ff., Taf. 99–104.
1. Steilwandiger Napf, Dm. 10 cm, Höhe 8 cm, schwarzgrauer harter Ton, glatte Oberfläche, Reste von Pichung.
2. Kleiner Topf mit ausgebogenem Rand, Dm. 9 cm, Höhe 8 cm, nachgedreht.
3. RS von Topf mit ausgebogenem Rand.
4. RS von Topf mit nach außen gestrichenem Rand, Ansätze von Kammstrich.
5. RS von Topf mit Wulstrand, DSW?, graphitfrei?
6. RS von feinkeramischem Topf oder Schale, DSW, Oberteil mit Rippen und Riefen.
7. WS, regelmäßiger Kammstrich.
8. WS, Kammstrich-Grübchen.
9. RS von Schüssel mit eingebogenem Rand, Kammstrich-Grübchen.
10. RS von Topf (?) mit nach außen gebogenem Wulstrand.
11. RS von Schüssel mit eingebogenem Rand, Kammstrich-Grübchen.
12. RS von Graphittontopf mit Wulstrand.
13. Fragment von eiserner Fibel vom Mittellatèneschema, Länge noch 9,3 cm, Spirale ursprünglich vier Windungen und äußere Sehne, langer Fuß.
14. Fragment von eiserner Fibel vom Mittellatèneschema, Länge noch 9,5 cm, Spirale ursprünglich vier Windungen und äußere Sehne.
Die Funde stammen aus folgenden Fundzusammenhängen:
1,2: Grube 24/1.
3–4, 13–14: Haus 31.
5–7: Graben 104/1.
8–12: Streufunde.
Lit.: Arch. Ausgr. Baden-Württemberg 1985, 45 ff.; C.-J. Kind, Ulm-Eggingen. Die Ausgrabungen 1982 bis 1985 in der bandkeramischen Siedlung und der mittelalterlichen Wüstung. Forsch. u. Ber. Vor- u. Frühgesch. Baden-Württemberg Bd. 34 (Stuttgart 1989) 270 ff. (Mit älterer Literatur).

750. Ulm-Mähringen UL
N-Rand vom Ort
7525
Am N-Rand des Ortes wurden 1941 „nördlich vom Friedhof, auf dem zweiten Acker nach der Friedhofsmauer" zwei jüngerlatènezeitliche Scherben gefunden, angeblich LT C. In unmittelbarer Nähe wurde 1952 bei der Friedhofserweiterung ein mittellatènezeitliches Männergrab mit Eisenschwert, Schere und Schildbuckel entdeckt.
Funde: WLM; Mus. Ulm; Heimatmus. Langenau.
Lit.: Seewald, Kr. Ulm 59; Fundber. Schwaben N.F. 13, 1955, 46.

751. Ulm-Söflingen UL
Auf der Waid
7625
Am SW Ortsrand von Söflingen wurden 1934 beim Bau des Eichhornwegs nahe der Wirtschaft „zur Waid" jüngerlatènezeitliche Funde angetroffen. Es soll sich um Siedlungsreste,

nicht um einen Grabfund gehandelt haben. Geborgen wurden u. a. eine scheibengedrehte Flasche und zwei Schüsseln mit eingebogenem Rand sowie eine Eisenfibel (angeblich LT D). Die Fibel ist heute verschollen.
Funde: Mus. Ulm.
Lit.: Seewald, Kr. Ulm 87; Fundber. Schwaben N.F. 8, 1933–35, 94.

752. Ulm-Söflingen UL
Röhrle
7525/7526
3,4 km SW der Stadtmitte von Ulm wurden 1951 am N-Hang des mittleren Kuhbergs am S-Ende der Königstraße in Flur „Röhrle" beim Wasserleitungsbau spätlatènezeitliche Scherben gefunden, darunter WS und BS mit Kamm- und Besenstrichverzierung sowie kammstrichverzierte Graphittonware.
Funde: WLM Inv.-Nr. 51/84; Mus. Ulm Inv.-Nr. V 8.
Taf. 102 C
1. BS, steilwandig, mittel- bis dunkelgrauer harter Ton, grobe mineralische Magerung, sandige Oberfläche, grober Kammstrich.
2. RS von Topf oder Schüssel mit eingebogenem Rand, mittelgrauer harter Ton, mittelfeine mineralische Magerung, stumpfe Oberfläche, regelmäßiger feiner Kammstrich.
Lit.: Seewald, Kr. Ulm 78; Inventar Mus. Ulm.

753. Ulm-Söflingen UL
Kiesgrube Epple
7625
Aus der „Kiesgrube Epple" stammt ein Eisenschwert, angeblich LT C.
Verbleib: unbekannt.
Lit.: Fundber. Schwaben N.F. 13, 1955, 34 Nr. 1c; F. Fischer, Fundber. Schwaben 18/I, 1967, 100.

754. Ulm-Söflingen UL
Beim Ort
7625
Unter der Fundortangabe Söflingen wurden in den Slg. Urach ein eisernes Schwertfragment und eine Bügelschere verwahrt (bei Bittel unter FO unbekannt). Wahrscheinlich Grabfund der Mittellatènezeit. Nicht kartiert.
Verbleib: Mus. Urach Inv.-Nr. 583/584, 585;
Lit.: Bittel, Kelten 23; F. Fischer, Fundber. Schwaben N.F. 18/I, 1967, 100.

755. Ulm-Söflingen UL
Schanze
7525
2,8 km W der Klosterkirche von Söflingen liegt in der Waldabteilung „Schanze" eine Viereckschanze.
Lit.: Bittel/Schiek/Müller, Viereckschanzen 363 ff.

756. Ulm-Wiblingen UL
Bei Wiblingen
7525/7526
Bei Wiblingen wurden im 19. Jh. zwei Regenbogenschüsselchen (Stater, Streber 69 und Viertelstater, Streber 83) gefunden.
Verbleib: unbekannt.
Lit.: FMRD II 4 Nr. 4513–1-2; Nestle, Kgr. Württemberg Nr. 222; Fundber. Schwaben 6, 1898, 44 Nr. 84; Fundber. Schwaben 12, 1904, 84 c) 4, 87 c) 2; Bittel, Kelten 36.

757. Westerheim UL
Faulenhau
7423
2,4 km O der Kirche von Westerheim liegt in Flur „Faulen-

hau" oder „Waldstetten" eine Viereckschanze. 1897 und 1908 wurden Schnitte durch den Wall gelegt, dabei kamen nur neuzeitliche Funde zum Vorschein. 240 m ONO der Viereckschanze liegen auf der höchsten Stelle einer Geländeschwelle im Abstand von etwa 20 m zwei Grabhügel von 10 m Durchmesser und noch 0,4–0,5 m Höhe.
Aus der Schüttung der beiden Grabhügel stammen einige kammstrichverzierte WS und RS von Schüsseln der jüngeren Latènezeit, evtl. Reste von Nachbestattungen? Nur 0,4 km N liegt auf Markung Hohenstadt (GP) eine weitere vermutliche Viereckschanze (s. o.).
Funde: Priv.Bes.
Lit.: Bittel/Schiek/Müller, Viereckschanzen 374 ff.; Funde unpubliziert.

Schwarzwald-Baar-Kreis (VS)

758. Bad Dürrheim VS
Hübliswiesen
7917
In der Feuchtbodensiedlung am „Hüblisweiher" wurden schon vor 1864 neben neolithischen Funden auch jüngerlatènezeitliche Scherben (DSW und kammstrichverzierte WS) gefunden.
Funde: Mus. Donaueschingen Inv.-Nr. 470.
Lit.: Wagner, Fundstätten I 105; Schr. d. Ver. f. Gesch. u. Naturgesch. der Baar 22, 1950, 5.

759. Blumberg-Opferdingen VS
Bürglebuck
8117
An der Markungsgrenze Opferdingen-Riedböhringen liegt der kegelförmige „Bürglebuck". Die ovale Gipfelfläche mißt ca. 27 x 12 m. Ca. 4 m unterhalb des Gipfelplateaus zieht ein Ringwall um den Berg. Auf der O-Seite verbreitert sich der Wall zu einem kleinen Plateau. Bei den Grabungen P. Revellios auf dem „Bürglebuck" 1918 und in den 1920er Jahren fanden sich neben neolithischen Resten zahlreiche jüngerlatènezeitliche Funde (u. a. DSW). Am Rand der O-Terrasse wurde eine 1,5 m starke Trockenmauer geschnitten, in der Revellio einen „murus gallicus" erkennen wollte.
Funde: Mus. Donaueschingen Inv.-Nr. 736, 737.
Lit.: Bad. Fundber. 1, 1925–28, 167–170, 177; Bad. Fundber. 2, 1929–32, 153; Schr. d. Ver. f. Gesch. u. Naturgesch. der Baar 15, 1924, 38; Germania 14, 1930, 83; Fundber. Baden-Württemberg 12, 1987, 659.

760. Bräunlingen-Döggingen VS
Deggenreuschenwald
8116
Aus der römischen Villa im „Deggenreuschenwald" stammt eine Sequaner-Potinmünze (gefunden 1913).
Verbleib: unbekannt.
Lit.: FMRD II 2 Nr. 2021–1; ORL B Nr. 62 a, Taf. IX,13; Germania 11, 1928, 113 Nr. 1,12; Wagner, Fundstätten I 91 f.; K. Bissinger, Funde römischer Münzen im Großherzogtum Baden (Karlsruhe/Bielefeld 1889) 37.

761. Donaueschingen VS
Brugger Halde
8016
O der Breg wurde 1889 in der „Brugger Halde" bei der Anlage eines Weges ein Spitzbarrenhort (9 Exemplare) gefunden. Die Barren steckten angeblich „im Kreis in der Erde". Vor

1932 sollen an der gleichen Stelle noch zwei weitere Barren gefunden worden sein.
Verbleib: Mus. Donaueschingen.
Lit.: Jahrb. Ges. Lothring. Gesch. u. Altkde. 18, 1906, 76; Mannus 7, 1915, 122; Germania 16, 1932, 149; Bad. Fundber. 2, 1929–32, 380; Stein, Hortfunde 222.

762. Donaueschingen-Pfohren VS
Bei Pfohren
8017
Bei Pfohren soll eine keltische Bronzemünze gefunden worden sein. Näheres ist nicht bekannt.
Verbleib: unbekannt.
Lit.: FMRD II 2 Nr. 2047–1; K. Bissinger, Funde römischer Münzen im Großherzogtum Baden (Karlsruhe/Bielefeld 1889) I 1.

763. Furtwangen VS
Martinskapelle/Bregquelle
7914
Bei der Renovierung der Martinskapelle nahe der Paßhöhe wurden 1958 archäologische Untersuchungen durchgeführt. Unter den Funden aus den Grabungen befinden sich angeblich auch spätlatènezeitliche und römische Scherben (u. a. WS mit Wellenkammstrich und Spateleinstichen).
Funde: Priv.Bes.
Lit.: Ortsakten LDA Freiburg; Oberländer Chronik. Heimatbl. des Südkurier Nr. 206 vom 24.12.1958.

764. Hüfingen VS
Galgenberg
8016
Auf dem „Galgenberg", einem nach N vorspringenden Geländesporn S der Breg bei Hüfingen befand sich vor Anlage des spättiberisch-claudischen Kastells eine größere Siedlung der Spätlatènezeit. Bei den Grabungen von P. Revellio im Auftrag der Reichslimeskommission 1913–1931 kamen zahlreiche Spätlatènefunde zum Vorschein (Fibeln, Münzen, Keramik), die man zunächst mit dem Kastell in Zusammenhang bringen wollte. Mittlerweile darf als gesichert gelten, daß dem Kastell an dieser Stelle eine Siedlung der Spätlatènezeit in einem Abstand von ca. 80 Jahren vorausging. Die Funde vom Galgenberg wurden von P. Rau im Rahmen einer Tübinger Magisterarbeit ausgewertet. In diesem Katalog wird daher lediglich auf die schon publizierten Funde eingegangen, um der Publikation nicht vorzugreifen.
Funde: Mus. Donaueschingen; Mus. Ebingen; BLM Karlsruhe.
Münzen (ohne Abb.)
– 4 Leucer-Potinmünzen (Ia)
– 16 Sequaner-Potinmünzen (A1, A2)
– 1 Helvetier-Potinmünze
– 2 Silberstatere, Philipp v. Makedonien-Typ
– 4 Potinmünzen de la Tour 9078 ff.
Taf. 103
1. Eiserne Drahtfibel vom Spätlatèneschema, flach gewölbter Bügel, lange Spirale mit 8–10 Windungen, obere Sehne (?).
2. Eiserne Drahtfibel vom Spätlatèneschema, flach gewölbter Bügel, vierschleifige Spirale mit unterer Sehne.
3. Fragment von Bronzedrahtfibel vom Spätlatèneschema, Bogenförmiger Bügel mit Rahmenfuß.
4. Nauheimer Fibel aus Bronze.
(Abb. und Beschr. nach Fundber. Baden-Württemberg 5, 1980, 95 f., Taf. 120).
5. RS von bauchigem Topf mit Kammstrich-Grübchen und Bogenkammstrich.

6. RS von bauchigem Topf mit Kammstrich.
7. RS von Topf mit ausgebogenem Rand, Dm. 13 cm, Kammstrich-Grübchen und unregelmäßiger Kammstrich.
8. RS von Topf mit ausgebogenem Rand, Dm. 26 cm, Dreiecksstempel (Spateleindrücke) und Kammstrich.
9. RS von Topf mit ausgebogenem Rand, horizontaler Kammstrich.
10. WS, Kammstrichbögen.
11. RS von tonnenförmigem Topf (?), Dm. 20 cm, Fingerkniffe, Kammstrichbahnen und Kammeinstiche.
12. WS, Kammstrich-Grübchen.
13. WS, Kammstrich-Grübchen.
14. RS von Topf mit ausgebogenem Rand, auf der Schulter zwei Reihen halbmondförmige Spatelgrübchen.
15. RS von Topf mit ausgebogenem Rand, Kammstrich-Grübchen.
16. WS, abwechselnd schräge Kammeinstiche.
17. WS, Spatelgrübchen.
18. RS von Topf mit ausgebogenem Rand, Kammstrich nach oben von Fingerdellen oder -kniffen begrenzt.
19. WS, flächige Verzierung mit Kreisstempeln.
20. RS von Topf mit ausgebogenem Rand, flächige Verzierung mit groben Fingerkniffen.
21. WS, Graphitton, DSW, Kammstrich.
22.. WS, Spatelstrich.
23. RS von tonnenförmigem Topf (?), schräge Spatelstriche.
24. WS, Spatelstrich.
25. RS von Topf, mit ausgebogenem Rand, Kammstrich-Grübchen, darunter Kammstrich.
26. WS, Kammstrich-Wellenlinie.
(Nach ORL B, V, Taf. XVI,1–21).
Für ausführlichere Beschreibungen sei auf Fundber. Baden-Württemberg 5, 1980, 95 f. und ORL B, V, Nr. 62 a, 55 ff. verwiesen.
Ohne Abb.
– RS von Topf mit ausgebogenem Rand, Dm. 14 cm, Kammstrich.
– RS von Töpfen mit nach außen gestrichenem Rand, Verzierung durch Spateleinstiche und Kammstrich.
– RS von Topf mit leicht ausgebogenem Rand, Dm. 14 cm, Kammstrich-Grübchen, darunter Buckel.
– RS von Topf mit ausgebogenem Rand, Dm. 25 cm, flächige Verzierung mit Buckeln (Warzenverzierung?).
– RS von Topf mit leicht ausgebogenem Rand, Dm. 13 cm, Kammstrich-Grübchen und Kammstrich.
– RS von Topf mit nach außen gestrichenem Rand, Dm. 14 cm., halbmondförmige Grübchen, darunter Kammstrich.
– RS von tonnenförmigem Topf, Dm. 20 cm, Fingerkniffe, Kammstrichbahnen und Kammeinstiche.
– RS von tonnenförmigem Topf.
– RS von Töpfen mit ausgebogenem Rand.
– RS von Topf mit ausgebogenem Rand, DSW, Dm. 21 cm, Kammstrich.
– RS von Topf mit steil aufgebogenem Rand, Dm. 21 cm, flächige Verzierung mit Fingerkniffen.
– RS von Topf mit hohem Wulstrand, Dm. 21 cm, Kammeinstiche.
– RS von Topf mit leicht ausgebogenem Rand, Kammstrich-Grübchen und Bogenkammstrich.
– RS von bauchigem Topf, Oberteil profiliert, Dm. 26 cm.
– RS von bauchigem Topf mit Steilrand, auf der Schulter Spateleinstiche.
– RS von Schüsseln mit eingebogenem oder aufgebogenem Rand.

- RS von Schüsseln mit eingebogenem, aufgebogenem oder nach innen verdicktem Rand, DSW.
- RS von Schüssel mit abgesetztem Rand (?).
- RS von bauchigen Töpfen mit ausgebogenem Rand, feinkeramisch, DSW, Glättstreifen und Wellenlinien, Dm. 14–18 cm.
- RS von feinkeramischen Töpfen mit ausgeprägter Schulter und Wulstrand, DSW, z.T. geglättet, horizontaler Kammstrich.
- RS von feinkeramischen Töpfen mit ausgebogenem Rand, DSW.
- RS von feinkeramischen bauchigen Töpfen, DSW, Glättstreifen, eingeglättete Rautenmuster.
- RS von feinkeramischen Tonnen mit aufgebogenem Rand, DSW, geglättet, z.T. horizontale Rippen.
- RS von feinkeramischen Tonnen, DSW, Dm. 10–13 cm.
- RS von feinkeramischen Töpfen mit abgesetzter Schulter, DSW, Dm. 11–18 cm, z.T. horizontale und vertikale Kammstrichverzierung, geglättet.
- RS von gedrungenen feinkeramischen Flaschen, DSW.
- RS von feinkeramischen Tonnen, DSW.
- RS von feinkeramischen Flaschen, DSW, Dm. 11–13 cm, Riefen und Rippen, Einglättverzierung.
- RS und WS von feinkeramischen Schüsseln mit abgesetztem oder steilem Rand, DSW, z.T. innen Einglättverzierung.
- RS von feinkeramischen Töpfen oder Schalen, DSW, horizontale Rippen und Riefen.
- RS von feinkeramischen Schalen mit steilem oder ausgebogenem Rand, DSW, Dm. 18–30 cm, geglättet, z.T. Glättverzierung.
- BS von Tonne oder Fußschale, feinkeramisch, DSW.
  (Nach ORL B, V, Nr. 62a, Taf. XVII).
- RS von feinkeramischen Schalen, DSW, Dm. 22–30 cm, geglättet, z.T. Glättverzierung.
- RS von feinkeramischen bemalten Flaschen, DSW, Dm. 7–12 cm, rote und weiße Zonenbemalung.
- RS von feinkeramischen bemalten Tonnen, DSW, Dm. 8–9 cm, rote und weiße Zonenbemalung.
- RS von feinkeramischen bemalten Schalen oder Töpfen, DSW, Dm. 11–24 cm, rote und weiße Zonenbemalung.
- RS von Graphittontopf mit Wulstrand, DSW.
  (Nach ORL B, V, Nr. 62a, Taf. XVIII).

Lit.: ORL B, V Nr. 62a, Taf. 9,10.16–18; Germania 10, 1926, 16 ff.; Germania 11, 1928, 98 ff.; Germania 13, 1929, 35 ff.; Germania 14, 1930, 58 ff.; Germania 16, 1932, 196 ff.; Germania 17, 1933, 260 ff.; Christ, Münzfunde 71 f., 102 ff.; Wielandt, Fundmünzen 105; FMRD II 2 Nr. 2031, Nr. 2032; 1. Ergänzung zu FMRD II 2 (1980) Nr. 2032 E 1; Rieckhoff, Hüfingen 11 ff.; Fundber. Baden-Württemberg 5, 1980, 95 f., Taf. 120; I. Stork in: Kelt. Numismatik und Archäologie 420 ff.; Filtzinger/Planck/Cämmerer, Die Römer in Baden-Württemberg 338 ff.; G. Fingerlin Arch. Nachr. Baden 32, 1984, 3 ff.; Arch. Ausgr. Baden-Württemberg 1990, 97 ff.

765. Hüfingen VS
Mühlöschle
8016
Bei den Grabungen im Bereich des römischen Vicus im Mühlöschle, ca. 250 m NO vom Kastell und jenseits der Breg, kamen auch spätlatènezeitliche Funde zum Vorschein. Ob sie von einer älteren Siedlung auf der flachen Erhebung im hochwasserfreien Bereich stammen oder von der Siedlung auf dem Galgenberg hierhergelangt sind, ist nicht zweifelsfrei zu klären. Ob im Fundmaterial auch spätkeltische Keramik enthalten ist, wurde bislang noch nicht nachgeprüft. Bemerkenswert sind auch eine Fibel vom Typ Jezerine und eine eiserne Scharnierfibel, die aus augusteischen Zusammenhängen stammen könnten.
Funde: LDA Freiburg.
Taf. 102 D
1. Fragment von bronzener Nauheimer Fibel, vierschleifige Spirale mit unterer Sehne, bandförmiger gerippter Bügel mit eingepunzter Strichzier.
2.–3. Fragmente von bronzenen Nauheimer Fibeln, vierschleifige Spiralen mit unterer Sehne, glatter bandförmiger Bügel.
4. Eiserne Scharnierbogenfibel („Typ Hüfingen", nach Rieckhoff) mit breitem bandförmigem Bügel.
5. Fragment von bronzener Spiralbogenfibel vom Typ Jezerine, vierschleifige Spirale mit unterer Sehne, bandförmiger profilierter Bügel mit eingepunzter Strichzier, durchbohrter Fuß mit Endknopf.
Ohne Abb.
– 2 Sequaner-Potinmünzen (A1,2).
Lit.: Erg. 1 zu FMRD II 2 Nr. 2035 E1–1,2; Rieckhoff, Hüfingen 17 ff.; Filtzinger/Planck/Cämmerer, Die Römer in Baden-Württemberg 343 ff; Wieland, Augusteisches Militär.

766. Hüfingen VS
Beim Römerbad
8016
Beim Kastellbad, an der W-Seite des Galgenberges wurde 1821 eine Potinmünze gefunden.
Verbleib: Slg. Donaueschingen.
Lit.: FMRD II 2 Nr. 2034–1; Germania 11, 1928, 112 ff.

767. Hüfingen VS
Umgebung von Hüfingen
8016
Aus der Umgebung von Hüfingen soll eine spätlatènezeitliche Silbermünze vom Typ Q.DOCI.SAM (de la Tour 5405) stammen.
Verbleib: Staatl. Münzslg. München.
Lit.: FMRD II 2 Nr. 2036–1.

768. Hüfingen VS
Auf Hohen
8016
Bei den Grabungen des LDA 1978 im frühmittelalterlichen Gräberfeld in der Flur „Auf Hohen" wurde in Grab 322 und 613 je eine Sequaner-Potinmünze gefunden.
Verbleib: LDA Freiburg.
Lit.: Fundber. Baden-Württemberg 10, 1985, 685 Nr. 5 und 6.

769. Tuningen VS
Schänzle
7917
2,1 km O der Kirche von Tuningen liegt in der Waldabteilung „Schänzle" eine Viereckschanze.
Lit.: Bittel/Schiek/Müller, Viereckschanzen 360 ff.

770. Villingen-Schwenningen VS
Rinelen
7917
Bei Bauarbeiten in Flur „Rinelen" wurden 1958 links und rechts des Birkenwegs Gruben angeschnitten. Aus ihnen wurden neben römischen und mittelalterlichen Scherben auch spätlatènezeitliche geborgen.
Funde: LDA Freiburg; Heimatmus. Schwenningen.
Lit.: Ortsakten LDA Freiburg.

771. Villingen-Schwenningen VS
Friedhof
7916
Im Bereich der Gärtnerei Ebert am Friedhof in Villingen wurden neben bronzezeitlichen Bestattungen auch jüngerlatènezeitliche Scherben gefunden.
Funde: Heimatmus. Villingen.
Lit.: Bad. Fundber. 17, 1941–47, 278.

772. Villingen-Schwenningen VS
Bei Villingen
7919
Im Museum Freiburg befinden sich zwei Galvanos von keltischen Münzen:
– Goldstater (Helvetier), Philipp v. Makedonien-Typ, ähnlich Forrer Abb. 86, 521, 525;
– Goldstater (Rauraker?) Philipp v. Makedonien-Typ.
Die Originale sollen im 19. Jh. bei Villingen und Flözingen gefunden worden sein.
Verbleib: Mus. Freiburg.
Lit.: 1. Ergänzung zu FMRD II 2 (1980) Nr. 2282 E 1.

773. Villingen-Schwenningen VS
Magdalenenberg
7916
In der Schüttung des hallstattzeitlichen Großgrabhügels „Magdalenenberg" fanden sich auch jüngerlatènezeitliche Funde, u. a. das Fragment einer Tüpfelplatte. Möglicherweise handelt es sich um Reste von Nachbestattungen.
Funde: Franziskanermus. Villingen-Schwenningen (Villingen).
Taf. 104 A
1. RS und WS von Schüssel mit eingebogenem Rand, Dm. 28 cm, Bohrloch.
2. Fragment einer Tüpfelplatte (?); wohl eher WS mit Tupfen.
3.–4. RS von Schüsseln mit eingebogenem Rand.
5. WS mit Kammstrichverzierung.
6. BS, flachwandig, abgesetzter Boden.
(Nach Arch.Nachr. Baden 44, 1990, 5 Abb. 3).
Lit.: G. Weber, Neue latènezeitliche Funde aus Villingen. Arch. Nachr. Baden 44, 1990, 3 ff.

774. Villingen-Schwenningen VS
Laible
7916
In Flur „Laible", ca. 200 m NW des Grabhügels Magdalenenberg fand M. Hettich bei Flurbegehungen in den 1980er Jahren jüngerlatènezeitliche Keramik (u. a. Graphittonware, DSW) und ein Glasarmringfragment. Möglicherweise liegt hier die zugehörige Siedlung zu den Funden vom Magdalenenberg.
Funde: Priv.Bes.
Taf. 104 A
7. BS von Flasche, Tonne oder Fußschale, feinkeramisch, DSW, abgesetzter Standring.
8. WS, feine Kammstrichbahnen.
9. WS, Graphitton, DSW, Kammstrich.
10. BS, steilwandig, feinkeramisch, DSW, abgesetzter Boden mit Standrille.
11. BS, steilwandig, Kammstrichbahnen.
12. WS, flächige Kammstrichverzierung.
13. Fragment von blauem Glasarmring mit drei Rippen, gelbe Auflage (Haevernick 7b).
Lit.: G. Weber, Neue latènezeitliche Funde aus Villingen. Arch. Nachr. Baden 44, 1990, 3 ff.

Rems-Murr-Kreis (WN)

775. Backnang WN
Bei Backnang
7022
Bei Backnang wurde ein Regenbogenschüsselchen (Viertelstater) gefunden.
Verbleib: MK Stuttgart ZV 3085.
Lit.: FMRD II 4 Nr. 4053–1; Fundber. Schwaben 12, 1904, Taf. II,10; Fundber. Schwaben 20, 1912, 53 Nr. 2; Bittel, Kelten 29, Nr. 9; Paret, Urgesch. Württembergs 186.

776. Berglen-Oppelsbohm WN
Bei Oppelsbohm
7122
In einem Vermögensinventar von 1741 wird ein Regenbogenschüsselchen erwähnt, das bei Oppelsbohm gefunden und später verkauft worden ist.
Verbleib: unbekannt.
Lit.: Fundber. Baden-Württemberg 10, 1985, 636.

777. Berglen-Öschelbronn WN
Beim Ort
7122
Beim Ort wurde vor 1894 angeblich ein Regenbogenschüsselchen gefunden; unsichere Angabe.
Verbleib: MK Stuttgart Inv.-.Nr. 9496 (?).
Lit.: FMRD II 4 Nr. 4583–1; Fundber. Schwaben 2, 1894, 33 n.1; Fundber. Schwaben 6, 1898, 42 Nr. 19,1; Fundber. Schwaben 12, 1904, 64 Anm. 1; Bittel, Kelten 34 Nr. 92.

778. Fellbach-Oeffingen WN
Tennhof
7121
0,8 km NNO vom Ort und 0,15 km SO des Tennhofes fand H. Tränkle 1975 das Fragment eines blauen Glasarmrings mit gelber Fadenauflage (Haevernick 8d).
Verbleib: Priv.Bes.
Lit.: Fundber. Baden-Württemberg 8, 1983, 226.

779. Fellbach-Schmiden WN
Hofäcker
7121
Beim Bau des neuen Schulhauses in den Hofäckern am O-Rand von Schmiden kamen 1951 LT-Scherben zum Vorschein, darunter RS eines Topfes, RS einer Schüssel und kammstrichverzierte Graphittonscherben. 1,1 km SSW liegt die Viereckschanze von Schmiden.
Funde: Priv.Bes.
Lit.: Fundber. Schwaben N.F. 12, 1952, 48.

780. Fellbach-Schmiden WN
Langen
7121
0,8 km W der Kirche von Schmiden wurde 1977 in einer Lehmgrube eine Viereckschanze angeschnitten und bis 1982 von D. Planck untersucht. Dabei kam ein umfangreiches spätlatènezeitliches Fundmaterial zum Vorschein, das im Rahmen meiner Magisterarbeit ausgewertet wurde. 1,1 km NNO liegt eine jüngerlatènezeitliche Fundstelle.
Funde: WLM.
Lit.: Bittel/Schiek/Müller, Viereckschanzen 168 ff.; D. Planck, Arch. Ausgr. 1978, 41 ff.; Ders., Arch. Ausgr. 1980, 50 ff.; ders. in Bittel/Kimmig/Schiek, Die Kelten in Baden-Württemberg, 332 ff.; ders., Germania 60, 1982, 105 ff.; ders., Fundber. Baden-Württemberg 9, 1984, 642 ff.; Wieland, Fellbach-Schmiden und Ehningen.

781. Kernen i.R.-Rommelshausen WN
Stettener Straße
7121
Bei Ausschachtungsarbeiten am Neubau in der Stettener Str. 5 wurden neben mittelalterlichen Funden vorgeschichtliche Scherben (darunter UK) und ein eiserner Kesselhaken der jüngeren Latènezeit geborgen.
Funde: Priv.Bes.
Taf. 105
– Dreiteiliger Kesselhaken aus Eisen: Obere Aufhängung aus Eisenhaken mit eingerolltem Ende, in der Mitte tordiert, Länge ca. 25 cm; Mittelteil aus dreifach tordiertem Stab mit Ösenenden, am unteren Ende Ansatz von zwei Haken (abgebrochen, Länge ca. 32 cm); Unterteil aus zwei dreifach tordierten Ösenhaken mit eingerollten Enden, Länge ca. 33 cm; mit sechs runden Kettengliedern mit dem Mittelteil verbunden. Länge über alles ca. 108 cm (nach Fundber. Baden-Württemberg 2, 1975, 327 Abb. 192).
Lit.: Fundber. Baden-Württemberg 2, 1975, 326, 327 Abb. 192.

782. Kirchberg an der Murr WN
Lache
7022
1,7 km WSW vom Ort wurde 1923 ein jüngerlatènezeitliches Grab angepflügt: An Beigaben wurden eine schmale Lanzenspitze, ein Schlüsselgriff und ein Schwertklingenfragment mit Mittelgrat geborgen, (Abb. 23).
Funde: WLM Inv.-Nr. A 1383.
Lit.: Fundber. Schwaben N.F. 2, 1924, 21 Abb. 15; Bittel, Kelten 26.

783. Schorndorf WN
Bei Schorndorf
7123
Um 1850 wurde am Fuß des Schurwalds bei Schorndorf ein Regenbogenschüsselchen (Viertelstater, Streber 97/98) gefunden.
Verbleib: unbekannt.
Lit.: FMRD II 4 Nr. 4586–2; Fundber. Schwaben 17, 1909, 61; Bittel, Kelten 35 Nr. 108.

784. Schorndorf WN
Beim Alten Friedhof
7123
1940 wurde auf einem Acker an der S-Mauer des alten Friedhofs eine keltische Goldmünze gefunden.
Verbleib: Priv.Bes.
Lit.: FMRD II 4 Nr. 4586–1; Fundber. Schwaben N.F. 12, 1938/51, 97 n.3.

785. Waiblingen WN
Salzbrunnen
7122
2,1 km ONO von Waiblingen liegt der „Salzbrunnen". In der Quellnische sollen insgesamt sechs Münzen gefunden worden sein, darunter zwei Regenbogenschüsselchen (Streber 82, 81/82 var.).
Verbleib: Priv.Bes., jetzt verschollen.
Lit.: FMRD II 4 Nr. 4591–1–6; Fundber. Schwaben N.F. 14, 1957, 232 n. 6–7.

786. Waiblingen WN
Breites Feld
7122
Aus seit 1974 angepflügten Siedlungsgruben in der Flur „Breites Feld", nahe der Markungsgrenze nach Korb, ca. 1,4 km SW von Korb, stammen jüngerlatènezeitliche Scherben, darunter RS von Schüsseln und Graphittonkeramik. Glatte DSW fehlt bislang völlig. Der o.g. „Salzbrunnen" liegt unmittelbar N dieser Fundstelle. Hier scheint am S-Hang des Hörschbaches eine jüngerlatènezeitliche Siedlung zu liegen.
Funde: Slg. J. Acker, Waiblingen.
Taf. 106 A
1. RS von Schüssel mit steilem Rand, DSW, grauer Ton, rauhe Oberfläche.
2. RS von Schale, harter Ton, auf der Schulter Spatelkerben.
3. RS von Topf mit abgestrichenem Wulstrand.
(nach Fundber. Baden-Württemberg 10, 1985, Taf. 51C).
4. RS von Flasche, Dm. 13,8 cm, brauner Ton.
5. RS und WS von Schüssel mit eingebogenem Rand, Dm. 16 cm, brauner Ton.
6. RS von Topf mit steil aufgebogenem Rand, Dm. 22,5 cm, grober brauner Ton, auf der Schulter Spatelkerben.
7. RS von Schale, dunkelbrauner Ton.
(nach Fundber. Baden-Württemberg 8, 1983, Taf. 138E)
Lit.: Fundber. Baden-Württemberg 8, 1983, 245, Taf. 138E; Fundber. Baden-Württemberg 10, 1985, 521 f., Taf. 51C.

787. Waiblingen WN
Am Buocher Weg
7122
Unmittelbar an die Flur „Breites Feld" angrenzend liegt die Flur „Links am Buocher Weg". Hier wurden 1978 zahlreiche Funde ausgepflügt: J. Acker konnte jüngerlatènezeitliche Scherben, u. a. auch DSW, bergen. Vermutlich dehnt sich das Areal der Siedlung im „Breiten Feld" bis hier aus (nicht kartiert, vgl. Kat.-Nr. 786).
Funde: Slg. J. Acker, Waiblingen
Taf. 106 B
1. Fragment von doppelkonischem Spinnwirtel.
2. RS von feinkeramischem Topf oder Schale, DSW, Oberfläche geglättet.
3. RS von Topf oder Schale, Oberfläche geglättet.
4. RS von Topf mit ausgebogenem Rand, rauhe Oberfläche.
5. RS von Schüssel mit aufgebogenem Rand, sekundär verbrannt.
6. RS von Topf mit steil aufgebogenem Rand, DSW?, Oberfläche abgewittert.
7. RS von feinkeramischem Topf oder Schale, DSW, Oberfläche abgewittert.
8. RS von Topf (?) mit ausgebogenem Rand, stark abgeriebene Oberfläche.
9. BS, steilwandig, feinkeramisch, DSW, glatte Oberfläche, Standrille.
10. RS von Schüssel mit steil aufgebogenem Rand, orangegrauer Ton, Oberfläche rauh, sekundär verbrannt.
11. RS von feinkeramischer Schüssel mit eingebogenem Rand, DSW, glatte Oberfläche.
12. RS von Schüssel mit verdicktem Steilrand, DSW?, Oberfläche z.T. geglättet.
13. RS von Topf mit ausgebogenem Rand, Dm. 19,5 cm, rauhe Oberfläche, auf der Schulter drei Reihen halbmondförmiger Spatelgrübchen.
4. WS, rauhe Oberfläche, flächige Verzierung mit halbmondförmigen Grübchen, sekundär verbrannt.
(nach Fundber. Baden-Württemberg 10, 1985, Taf. 52B)
Lit.: Fundber. Baden-Württemberg 8, 1983, 245; Fundber. Baden-Württemberg 10, 1985, 522, Taf. 52B.

788. Waiblingen WN
Mühläcker
7121
Bei einem Skelettgrab, das in den „Mühläckern" angeschnitten wurde, könnte es sich nach Fischer um eine jüngerlatènezeitliche Bestattung handeln (nicht kartiert).
Funde: Verbleib unbekannt.
Lit.: Fundber. Schwaben N.F. 13, 1955, 48, Taf. 6,1; Fundber. Schwaben N.F. 18/I, 1967, 101.

789. Waiblingen-Beinstein WN
Hulb
7122
In der Flur „Hulb" wurde als Einzelfund eine jüngerlatènezeitliche Buckelperle aus blauem Glas mit 4 Buckeln und gelber Spiralauflage aufgelesen.
Verbleib: Priv.Bes.
Lit.: Fundber. Baden-Württemberg 8, 1983, 245.

790. Waiblingen-Hohenacker WN
Remsergärten
7121
0,175 km NW vom Zillhardtshof fand J. Acker an einem leichten N-Hang zum Zipfelbachtal jüngerlatènezeitliche Scherben, u. a. RS einer Schüssel mit eingebogenem Rand, Kammstrichscherben, DSW.
Funde: Priv.Bes.
Lit.: unpubl. (freundl. Hinweis R. Krause).

791. Weinstadt-Endersbach WN
Halde
7122
1977 kamen bei Bauarbeiten im Neubaugebiet „Halde" im Bereich der Unterführung Stettener Straße mehrere große Gruben zum Vorschein. Aus einer wurden jüngerlatènezeitliche Scherben, darunter DSW, geborgen.
Funde: WLM.
Taf. 104 B
– Feinkeramische Schüssel mit eingebogenem Rand, DSW, Dm. 25,5 cm, Höhe 7,5 cm, brauner Ton, schwarzfleckig, Oberfläche geglättet (nach Fundber. Baden-Württemberg 8, 1983, Taf. 137D).
Lit.: Fundber. Baden-Württemberg 8, 1983, 246, Taf. 137D.

792. Weinstadt-Endersbach WN
Rosenäcker/Viehweg
7122
Beim Rohrleitungsbau der Landeswasserversorgung zwischen Beutelsbach und Stetten kamen Gruben mit LT-Keramik zum Vorschein (JLT?).
Funde: Priv.Bes.
Lit.: Fundber. Schwaben N.F. 18/I, 1967, 71; Fundber. Baden-Württemberg 8, 1983, 246.

793. Weinstadt-Endersbach WN
Dahlienweg
7122
Beim Neubau des Hauses Dahlienweg 2 wurde 1977 ein senkrechter Schacht mit humoser Verfüllung beobachtet. Aus seinem oberen Bereich stammen Scherben einer jüngerlatènezeitlichen Schale mit Wellenverzierung. Durch Bohrungen konnte lediglich ermittelt werden, daß er über 2 m in die Tiefe reicht. Möglicherweise handelt es sich um einen Brunnenschacht.
Funde: WLM.
Lit.: Fundber. Baden-Württemberg 8, 1983, 246.

794. Welzheim WN
Brunnengasse
7123
1918 fand man im Bereich der Brunnengasse eine Scherbe mit vertikalem Einstich (evtl. Kammstrich-Grübchen?). Es scheint sehr fraglich, ob es sich hier um Spätlatène handelt (nicht kartiert).
Verbleib: unbekannt.
Lit.: Fundber. Schwaben N.F. 1, 1922, 64; 90,1.2.

795. Welzheim WN
Im Ort
7123
In Welzheim wurden zwei Glasringperlen aus klarem Glas mit gelber Folie (Haevernick 20 und 22) gefunden. Sie stammen vielleicht aus römischen Fundzusammenhängen.
Verbleib: unbekannt.
Lit.: ORL B Nr. 45 u. 45b, 16; Haevernick, Glasarmringe 227 Nr. 24; Nr. 120.

796. Winnenden-Breuningsweiler-Sonnenberg WN
Beim Ort
7122
Beim Ort wurde angeblich im 19. Jh. ein plattierter Silberquinar (Forrer Typ 6) gefunden.
Verbleib: MK Stuttgart ZV 734.
Lit.: FMRD II 4 Nr. 4576–1; Nestle, Kgr. Württemberg Nr. 65–1; Fundber. Schwaben 12, 1904, 75; Bittel, Kelten 35 Nr. 113.

X. Anhang

Katalog der Funde aus der spätkeltischen Siedlung von Harburg-Heroldingen, Lkr. Donau-Ries (Bayern)

Die Funde werden nach Fundkomplexen geordnet abgebildet. Zu manchen Komplexen liegen keine näheren Fundinformationen vor, sie werden nach der Bezeichnung bei Frickhinger zitiert.

Haus I
(Mus. Nördlingen, Inv.-Nr. 1696, 1699, 1701–1712, 1714). Taf. 107
1. WS, feinkeramisch, DSW, bemalt, hellgrau-orangeroter harter Ton, feine mineralische Magerung, glatte Oberfläche, flächige rote Bemalung mit weißem Horizontalstreifen.
2. RS von Graphittontopf mit Wulstrand, DSW, Dm. 31 cm, mittelgrauer weicher Ton, mittelfeine mineralische Magerung, hoher Graphitanteil, glänzende Oberfläche, horizontale Rille.
3. RS von Graphittontopf mit Wulstrand, DSW, Dm. 15 cm, mittelgraubrauner weicher Ton, feine mineralische Magerung, mäßiger Graphitanteil, dunkelgraue glänzende Oberfläche, regelmäßiger Kammstrich.
4. RS von Graphittontopf mit sichelförmigem Wulstrand, DSW, Dm. 25 cm, mittelgrauer, mäßig harter Ton, mittelfeine mineralische Magerung, mäßiger Graphitanteil, glänzende Oberfläche, regelmäßiger Kammstrich.
5. RS von feinkeramischem Topf mit ausgebogenem Rand, DSW, Dm. 15 cm, mittelgraubrauner harter Ton, sehr feine mineralische Magerung, dunkelgraue glatte Oberfläche, Rippe und Rille im Halsbereich, Feinkammstrich.
6. WS, feinkeramisch, DSW, mittelgrauer Ton, mäßig hart, feine mineralische Magerung, organisch verunreinigt, rauhe Oberfläche, regelmäßiger Kammstrich von Horizontallinien und Glättstreifen überstrichen, graphitiert.
7. WS, feinkeramisch, DSW, mittelgrauer Ton, sehr hart, mittelfeine mineralische Magerung, rauhe Oberfläche, regelmäßiger Feinkammstrich (Feinkammstrichware).
8. BS, steilwandig, feinkeramisch, DSW, Dm. 9 cm, mittelgrau-rötlichbrauner harter Ton, feine mineralische Magerung, graubraune glatte Oberfläche, Feinkammstrich, von zwei Horizontalrillen überstrichen, abgesetzter Boden mit Standrille.
9. RS von feinkeramischem Topf oder Schale, DSW, Dm. 28 cm, mittelgraubrauner harter Ton, feine mineralische Magerung, dunkelgraue glänzende Oberfläche, horizontale Rippe auf der Schulter.
10. RS von feinkeramischem Topf, DSW, Dm. 16 cm, dunkelgrau-rotbrauner harter Ton, feine mineralische Magerung, mittelgraubraune glatte Oberfläche, horizontale Rippe.
11. RS von feinkeramischem Topf, DSW, Dm. 18 cm, ziegelroter spröder Ton, mittelfeine mineralische Magerung, dunkelgraue glänzende Oberfläche, horizontale Rippe.
12. RS von kleinem feinkeramischem Topf, DSW, Dm. 12 cm, mittelgrauer harter Ton, feine mineralische Magerung, dunkelgraue glänzende Oberfläche, horizontale Rillen und Rippe.
13. RS von feinkeramischem Topf oder Schale, DSW, Dm. 24 cm, mittelgraubrauner harter Ton, sehr feine mineralische Magerung, dunkelgraue glatte Oberfläche.
14. RS von Schale, Graphitton, DSW, Dm. 18 cm, hellgraubrauner weicher Ton, mittelfeine mineralische Magerung, geringer Graphitanteil, seifige Oberfläche, Reste von Pichung.
15. RS von feinkeramischer Schale, DSW, Dm. 23 cm, mittelbrauner harter Ton, sehr feine mineralische Magerung, glatte Oberfläche.
16. RS von feinkeramischem Becher, DSW, Dm. 8 cm, mittelgraubrauner harter Ton, feine mineralische Magerung, dunkelgraue glänzende Oberfläche
17. RS von feinkeramischer Schüssel mit eingebogenem Rand, DSW, Dm. 18 cm, ziegelroter, sehr harter Ton, mittelfeine mineralische Magerung, glänzende Oberfläche
18. RS von feinkeramischer Schüssel mit eingebogenem Rand, DSW, Dm. 17 cm, dunkelroter, sehr harter Ton, feine mineralische Magerung, mittelgraue glänzende Oberfläche, Glättlinien.
Taf. 108
1. RS von tonnenförmigem Topf, mittelbrauner harter Ton, grobe mineralische Magerung, Goldglimmer, rauhe Oberfläche, wellenförmiger Kammstrich.
2. RS von Topf mit steilem Wulstrand, Dm. ca. 30 cm, mittelgraubrauner harter Ton, grobe mineralische Magerung, Goldglimmer, rauhe Oberfläche, horizontaler Spatelstrich.
3. RS von großem Topf mit ausgebogenem Rand, Dm. ca. 38 cm, mittelgrauer spröder Ton, grobe mineralische Magerung, Goldglimmer, gelblichbraune stumpfe Oberfläche
4. RS von tonnenförmigem Topf, Dm. 16 cm, rotbraun-mittelgrauer Ton, sehr hart, grobe mineralische Magerung, Goldglimmer, mittelgraue rauhe Oberfläche, Halsbereich geglättet, Kammstrichbögen.
5. RS von tonnenförmigem Topf, Dm. 16 cm, hellgrau-mittelbrauner harter Ton, mittelfeine mineralische Magerung, organisch verunreinigt, Goldglimmer, rotbraune rauhe Oberfläche, etwas porös, wellenförmiger Spatelstrich, darunter schräger Kammstrich.
6. RS von tonnenförmigem Topf, Dm. 17 cm, rötlich-dunkelgrauer harter Ton, grobe mineralische Magerung, Goldglimmer, rauhe Oberfläche, Hals-Schulter-Bereich geglättet, Kamm- und Spatelstrichbögen, Reste von Pichung.
7. RS von tonnenförmigem Topf, Dm. 15 cm, rötlichbrauner harter Ton, mittelfeine mineralische Magerung, Goldglimmer, rauhe Oberfläche, Randbereich geglättet, wellenförmiger Spatelstrich.
8. RS von tonnenförmigem Topf, Dm. 17 cm, rötlichbrauner harter Ton, mittelfeine mineralische Magerung, etwas Goldglimmer, rauhe Oberfläche, Randbereich geglättet, Reihe von groben Spateleinstichen, darunter schräger Kamm- oder Spatelstrich.
9. RS von tonnenförmigem Topf, Dm. 17 cm, hellgrauer harter Ton, mittelfeine mineralische Magerung, Goldglimmer,

rauhe Oberfläche, etwas porös, Randbereich geglättet, grober Kammstrich, Reste von Pichung.
10. RS von tonnenförmigem Topf, Dm. 18 cm, rotbraun-dunkelgrauer harter Ton, grobe mineralische Magerung, Goldglimmer, rauhe Oberfläche, Randbereich geglättet, Fingertupfenreihe, darunter unregelmäßiger Spatelstrich.
11. RS von tonnenförmigem Topf, Dm. 8 cm, mittelgrauer harter Ton, mittelfeine mineralische Magerung, Goldglimmer, dunkelgraue rauhe Oberfläche, Spatelstrich, innen Reste von Pichung.
12. RS von tonnenförmigem Topf mit profiliertem Rand, Dm. 25 cm, mittel- bis dunkelgraubrauner harter Ton, grobe mineralische Magerung, Goldglimmer, rauhe Oberfläche, etwas porös, Kamm- und Spatelstrichbögen.
13. RS von tonnenförmigem Topf, Dm. 24 cm, dunkelgrauer, sehr harter Ton, grobe mineralische Magerung, wenig Goldglimmer, rauhe Oberfläche, Randbereich geglättet, Wellenkammstrich, darunter unregelmäßiger Kammstrich.
Taf. 109
1. BS, steilwandig, feinkeramisch, DSW, Dm. 12 cm, mittelgrau-rötlichbrauner harter Ton, feine mineralische Magerung, dunkelgraue glänzende Oberfläche, Standrille.
2. BS, steilwandig, feinkeramisch, DSW, Dm. 8,5 cm, rotbrauner harter Ton, sehr feine mineralische Magerung, mittelbraune glatte Oberfläche, abgesetzter Boden mit Standrille und Omphalos.
3. BS von feinkeramischem Kelch oder Tonne, DSW, Dm. 8 cm, mittelgrau-rotbrauner harter Ton, feine mineralische Magerung, dunkelgraue glänzende Oberfläche, Standrille.
4. RS von Schüssel mit eingebogenem Rand, Dm. 26 cm, rötlichbrauner harter Ton, mittelfeine mineralische Magerung, etwas Goldglimmer, dunkelgraue Oberfläche, etwas geglättet, Bohrloch, Dm. 0,5 cm.
5. RS von Schüssel mit eingebogenem Rand, Dm. 22 cm, mittelgraubrauner harter Ton, mittelfeine mineralische Magerung, wenig Goldglimmer, dunkelgraue glatte Oberfläche, etwas porös.
6. RS von Schüssel mit eingebogenem Rand, Graphitton, Dm. 21 cm, hellbraungrauer Ton, mäßig hart, mittelfeine mineralische Magerung, wenig Graphit, glänzende Oberfläche (einheimische Fertigung, mit zerriebenem Graphitton gemagert).
7. RS von Schüssel mit eingebogenem Rand, Dm. 24 cm, hellbraun-rötlicher harter Ton, feine mineralische Magerung, Goldglimmer, Oberfläche etwas geglättet.
8. RS von Schüssel oder Deckel mit sichelartigem Rand, Dm. 18 cm, rotbraungrauer harter Ton, mittelfeine mineralische Magerung, mittelgraubraune glatte Oberfläche.
9. RS von Schüssel mit eingebogenem Rand, hellgrau-mittelbrauner harter Ton, mittelfeine mineralische Magerung, Goldglimmer, graubraune Oberfläche, etwas geglättet.
10. Scherbenwirtel, max. Dm. 6,5 cm, mittelgraubrauner harter Ton, mittelfeine mineralische Magerung, Goldglimmer, rotbraune stumpfe Oberfläche, Bohrloch, Dm. 0,8 cm.
11. WS, mittelgraubrauner Ton, sehr hart, grobe mineralische Magerung, Goldglimmer, rauhe orangerote Oberfläche, dreizinkige Kammstrichbahnen, sekundär verbrannt.
12. WS, mittelgrauer Ton, mäßig hart, leicht porös, feine mineralische Magerung, dunkelgraue rauhe Oberfläche, vertikaler Kammstrich, von horizontalem graphitiertem Glättstreifen überstrichen.
13. Fragment von Wetzstein, Länge noch 4,5 cm, gerundet-fünfeckiger Querschnitt.
14. Fragment von Wetzstein, Länge noch 9,7 cm, trapezoider Querschnitt.

15. Fragment von Wetzstein, Länge noch 12,7 cm, trapezoider Querschnitt.
16. Fragment von Wetzstein, Länge noch 8,7 cm.

Haus II
(Funde: Mus. Nördlingen, Inv.-Nr. 1839, 1938, 1940, 1942, 1945–1947, 1950, 1954, 1957, 2102–2104, 5094, ohne Nr.).
Taf. 110
1. Eisenmesser mit geschwungenem Griff und Ringende, Länge noch 21,2 cm, stark korrodiert.
2. Eisernes Tüllenbeil, fragmentiert, offene Tülle, Länge noch 6,2 cm.
3. Rundstabiges Eisenfragment, Dm. 0,4 cm, Länge noch 5,5 cm.
4. Fragment von schmaler Messerklinge oder Flacheisen, Länge noch 10,3 cm.
5. Eiserne Zwinge, omegaförmiger Kopf, Ösenende, fragmentiert, Länge noch 7,6 cm.
6. Fragment von schmaler eiserner Messerklinge (?), Länge noch 7,6 cm.
Taf. 111
1. Gegossenes Bronzeteil, evtl. Tüllenfragment, profiliert, ursprünglicher Dm. ca. 6 cm.
2. Fragment von massivem Bronzering, Dm. 2,2 cm, linsenförmiger Querschnitt.
3. RS von feinkeramischer Flasche, bemalte DSW, Dm. 10 cm, rotbrauner harter Ton, sehr feine mineralische Magerung, glatte Oberfläche, flächige weiße Bemalung, Randlippe tongrundig.
4. RS von feinkeramischer Flasche, DSW, Dm. 9 cm, mittelgrauer harter Ton, feine mineralische Magerung, dunkelgraue glatte Oberfläche.
5. RS von feinkeramischem Topf oder Flasche, DSW, Dm. 11 cm, dunkelrotbrauner harter Ton, feine mineralische Magerung, dunkelgraue glatte Oberfläche.
6. RS von feinkeramischem Topf oder Flasche, DSW, Dm. 12 cm, hellgrau-ockerfarbener Ton, sehr hart, mittelfeine mineralische Magerung, Goldglimmer, hellbraune glatte Oberfläche.
7. RS von feinkeramischem Becher, DSW, Dm. 10 cm, dunkelgrau-rötlicher harter Ton, sehr feine mineralische Magerung, glatte Oberfläche
8. WS, feinkeramisch, bemalte DSW, orangeroter harter Ton, sehr feine mineralische Magerung, glatte Oberfläche, flächige rote Bemalung.
9. WS, feinkeramisch, bemalte DSW, ziegelroter harter Ton, sehr feine mineralische Magerung, glatte Oberfläche, flächige weiße Bemalung.
10. RS von Topf mit steilem Wulstrand, DSW, hellbraun-mittelgrauer harter Ton, mittelfeine mineralische Magerung, Goldglimmer, hellbraune glatte Oberfläche.
11. RS von Graphittontopf mit Randlippe, DSW, Dm. 14 cm, hellgraubrauner Ton, mäßig hart, mittelfeine mineralische Magerung, geringer Graphitanteil, seifige Oberfläche, auf dem Gefäßkörper Kammstrichschraffur.
12. RS von feinkeramischem Topf mit ausgebogenem Rand, DSW, Dm. 14 cm, hellgrauer harter Ton, feine mineralische Magerung, hellbraungraue sandige Oberfläche.
13. RS von feinkeramischem Topf oder Schale, DSW, Dm. 25 cm, hellgrau-ockerfarbener Ton, mäßig hart, sehr feine mineralische Magerung, hellgraue glatte Oberfläche.
14. RS von feinkeramischem Becher, DSW, Dm. 9 cm, mittelgrauer harter Ton, feine mineralische Magerung, dunkelgraue glatte Oberfläche.
15. RS von feinkeramischem Becher, DSW, Dm. 9 cm, röt-

lichbrauner Ton, mäßig hart, feine mineralische Magerung, seifige Oberfläche, sekundär verbrannt.

16. RS von feinkeramischer Schüssel mit eingebogenem Rand, DSW, Dm. 14 cm, dunkelgraubrauner harter Ton, feine mineralische Magerung, glänzende Oberfläche.

17. WS, feinkeramisch, DSW, ziegelroter harter Ton, sehr feine mineralische Magerung, glatte Oberfläche, Rippen und Glättlinien.

18. WS, feinkeramisch, DSW, hellgraubrauner harter Ton, sehr feine mineralische Magerung, dunkelgraue glatte Oberfläche, horizontale und wellenförmige Glättlinien.

19. WS, feinkeramisch, DSW, dunkelgrauer harter Ton, feine mineralische Magerung, schwarzgraue glatte Oberfläche, regelmäßiger Kammstrich, schräg überglättet, nach oben von horizontaler Glättlinie begrenzt.

20. WS, feinkeramisch, DSW, hellgrau-ockerbrauner harter Ton, sehr feine mineralische Magerung, hellbraune glatte Oberfläche, horizontale Glättzonen, durch vertikale Glättlinien verbunden.

21. WS, mittelgraubrauner harter Ton, mittelfeine mineralische Magerung, dunkelgraue glatte Oberfläche, horizontale Rillen, tannenzweigähnliches Muster aus schrägen Einstichen.

22. WS, Graphitton, DSW, mittelgraubrauner weicher Ton, mittelfeine mineralische Magerung, hoher Graphitanteil, seifige Oberfläche, regelmäßiger Kammstrich.

23. WS, Graphitton, DSW, mittel- bis hellbrauner weicher Ton, mittelfeine mineralische Magerung, hoher Graphitanteil, seifige Oberfläche, regelmäßiger Kammstrich, von zwei horizontalen Linien überstrichen.

24. WS, Graphitton, DSW, mittelgraubrauner weicher Ton, mittelfeine mineralische Magerung, hoher Graphitanteil, seifige Oberfläche, regelmäßiger Kammstrich.

Taf. 112

1. RS von Topf mit ausgebogenem Rand, Dm. 16 cm, hellgrauer harter Ton, grobe mineralische Magerung, Goldglimmer, stumpfe Oberfläche, etwas porös.

2. RS von tonnenförmigem Topf, Dm. 18 cm, mittelgrauer harter Ton, grobe mineralische Magerung, Kalksteinchen, Goldglimmer, mittelbraune rauhe Oberfläche, Reihen von Spateleinstichen.

3. RS von tonnenförmigem Topf, Dm. 15 cm, mittelgraubrauner harter Ton, mittelfeine mineralische Magerung, Goldglimmer, stumpfe Oberfläche, leicht porös, Reste von Pichung.

4. WS, hellgraubrauner harter Ton, mittelfeine mineralische Magerung, wenig Glimmer, rotbraune stumpfe Oberfläche, gekerbte horizontale Leiste.

5. WS, mittelgraubrauner harter Ton, mittelfeine mineralische Magerung, rauhe Oberfläche, horizontale Leiste mit Fingertupfen.

6. WS, mittelgrauer, sehr harter Ton, mittelfeine mineralische Magerung, Goldglimmer, stumpfe Oberfläche, Spatelgrübchen, darunter Ansatz von Kammstrich.

7. WS, rotbraun-dunkelgrauer harter Ton, mittelfeine mineralische Magerung, Goldglimmer, rauhe Oberfläche, Spatelstrich, darüber Reihen von Spateleinstichen.

8. WS, feinkeramisch, DSW, rotbrauner harter Ton, feine mineralische Magerung, dunkelgraue glatte Oberfläche, überglätteter Kammstrich.

9. Henkelfragment, rotbraun-dunkelgrauer harter Ton, sehr grobe mineralische Magerung, Bohnerz, dunkelgraue glatte Oberfläche

10. Fragment von Scherbenwirtel, max. Dm. 8 cm, mittel-

grauer Ton, sehr hart, feine mineralische Magerung, rotbraune glatte Oberfläche, Bohrloch, Dm. 1 cm.

11. RS mit Henkelansatz, hellgrauer harter Ton, sehr feine mineralische Magerung, orangerote seifige Oberfläche, LT?

12. RS von tonnenförmigem Topf, Dm. 32 cm, hellgrau-mittelbrauner harter Ton, feine mineralische Magerung, dunkelgraue fleckige Oberfläche, etwas geglättet.

13. RS von tonnenförmigem Topf, Dm. 19 cm, dunkelgraubrauner harter Ton, mittelfeine mineralische Magerung, Goldglimmer, dunkelgraue rauhe Oberfläche, Spatelstrich.

14. RS von tonnenförmigem Topf, mittelgrau-hellbrauner Ton, sehr hart, grobe mineralische Magerung, Goldglimmer, graubraune stumpfe Oberfläche, Spatelstrich, nach oben von Kammstrich-Wellenlinie begrenzt.

15. RS von tonnenförmigem Topf, Dm. 18 cm, mittelgraubrauner harter Ton, mittelfeine mineralische Magerung, rauhe Oberfläche, Oberteil nachgedreht.

16. RS von tonnenförmigem Topf, Dm. 17 cm, rötlichbrauner harter Ton, mittelfeine mineralische Magerung, Goldglimmer, dunkelgraue stumpfe Oberfläche, Reste von Pichung.

Taf. 113

1. RS von tonnenförmigem Topf, Dm. 20 cm, mittelgraubrauner Ton, sehr hart, grobe mineralische Magerung, Goldglimmer, dunkelgraue glatte Oberfläche, Kammstrichbögen, darüber halbmondförmige Spatelgrübchen, Reste von Pichung.

2. RS von tonnenförmigem Topf, Dm. 18 cm, rotbraun-mittelgraubrauner harter Ton, mittelfeine mineralische Magerung, Goldglimmer, dunkelgraue fleckige Oberfläche, etwas geglättet, Spatelstrich, Reste von Pichung.

3. RS von tonnenförmigem Topf, Dm. 21 cm, dunkelgraubrauner harter Ton, mittelfeine mineralische Magerung, Goldglimmer, stumpfe Oberfläche, etwas porös.

4. RS von tonnenförmigem Topf, Dm. 24 cm, mittelgraubrauner harter Ton, mittelfeine mineralische Magerung, Goldglimmer, rauhe Oberfläche, Spatelstrich und horizontale Wellenlinie.

5. RS von tonnenförmigem Topf oder Schüssel, profilierter Rand, Dm. 24 cm, rotbrauner harter Ton, mittelfeine mineralische Magerung, Goldglimmer, hellbraune glatte Oberfläche, nachgedreht.

6. RS von Schüssel mit eingebogenem Rand, Dm. 30 cm, hellgraubraun-ockerfarbener Ton, sehr hart, mittelfeine mineralische Magerung, Goldglimmer, hellbraune stumpfe Oberfläche, nachgedreht.

7. RS von Schüssel mit eingebogenem Rand, Dm. 28 cm, mittelgraubrauner harter Ton, feine mineralische Magerung, dunkelgraubraune glatte Oberfläche, leicht porös.

8. RS von Schüssel mit eingebogenem Rand, Dm. 32 cm, mittelgraubrauner harter Ton, mittelfeine mineralische Magerung, Goldglimmer, dunkelgraue glatte Oberfläche.

9. RS von Schüssel mit aufgebogenem Rand, Dm. 25 cm, dunkelgraubrauner harter Ton, mittelfeine mineralische Magerung, dunkelgraue stumpfe Oberfläche.

10. RS von Schüssel mit steil aufgebogenem Rand, DSW, Dm. 20 cm, mittelgraubrauner harter Ton, feine mineralische Magerung, dunkelgraue glatte Oberfläche.

Haus III
(Funde: Mus. Nördlingen, Inv. Nr. 2008, 2024–2025, 2027–2029, 2033, 2035–2037, 2105, ohne Nr.).

Taf. 114

1. Vierkantiger eiserner Pfriem, Länge noch 9 cm.

2. Fragment von Glasarmring mit hoher Mittelrippe (Hae-

vernick 6b), blaues Glas mit gelben Auflagen, Länge noch 2 cm (vgl. Haevernick, Glasarmringe, 129 Nr. 67).

3. RS von feinkeramischer Flasche, bemalte DSW, Dm. 9 cm; hellbrauner harter Ton, feine mineralische Magerung, glänzende Oberfläche, weiße Grundbemalung mit rotem Querstreifen, darüber und darunter Leiterband-Ornament in sepia, Randlippe tongrundig.

4. WS, feinkeramisch, bemalte DSW, hellbrauner, sehr harter Ton, sehr feine mineralische Magerung, glänzende Oberfläche, flächige weiße Bemalung.

5. WS von Firnisware, Campana oder Praesigillata?, hellgrauer Ton, sehr hart, sehr feine mineralische Magerung, hellbraun-rötlicher Glanztonüberzug, braunfleckig; römisch.

6. RS von feinkeramischem Topf mit abgesetzter Schulter, DSW, Dm. 13 cm, rötlichbrauner harter Ton, feine mineralische Magerung, dunkelgraue glänzende Oberfläche, im Halsbereich Glättlinien.

7. RS von feinkeramischer Tonne, DSW, Dm. 16 cm, hellgrauer Ton, mäßig hart, feine mineralische Magerung, mittelgraue stumpfe Oberfläche.

8. RS von feinkeramischem Topf mit ausgebogenem Rand, DSW, Dm. 14 cm, mittelgrauer harter Ton, feine mineralische Magerung, dunkelgraue glatte Oberfläche.

9. RS von Graphittontopf, DSW, Dm. 14,5 cm, hellgraubrauner Ton, mäßig hart, feine mineralische Magerung, sehr geringer Graphitanteil, hellgraue Oberfläche, leicht seifig, diagonale Kammstrichbahnen, von regelmäßiger Kammstrich überstrichen, nach oben durch Horizontallinie begrenzt.

10. RS von feinkeramischem Topf mit ausgebogenem Rand, DSW, Dm. 16 cm, mittelbrauner harter Ton, feine mineralische Magerung, mittelgraue glatte Oberfläche.

11. RS von Graphittontopf mit Wulstrand, DSW, Dm. 15 cm, mittelgrauer weicher Ton, mittelfeine mineralische Magerung, geringer Graphitanteil, rauhe seifige Oberfläche.

12. RS von Graphittontopf mit sichelförmigem Wulstrand, DSW, Dm. 20 cm, mittelbrauner, mäßig harter Ton, mittelfeine mineralische Magerung, mäßiger Graphitanteil, glatte seifige Oberfläche.

13. RS von feinkeramischer Schüssel mit eingebogenem Rand, DSW, Dm. 16 cm, rötlichbrauner harter Ton, feine mineralische Magerung, braungraue fleckige Oberfläche, sekundär verbrannt.

14. RS von feinkeramischer Schale, DSW, Dm. 18 cm, mittelgraubrauner harter Ton, feine mineralische Magerung, dunkelgraue glatte Oberfläche, im Halsbereich geglättet.

15. BS, flachwandig, feinkeramisch, DSW, Dm. 10 cm, mittelgrauer harter Ton, feine mineralische Magerung, dunkelgraue stumpfe Oberfläche, Standrille.

16. BS, steilwandig, feinkeramisch, bemalte DSW?, Dm. 12 cm, mittelgrauer weicher Ton, sehr feine mineralische Magerung, fleckige Oberfläche, Standrille, Reste von weißer Bemalung? Sekundär verbrannt.

17. BS, steilwandig, feinkeramisch, DSW, Dm. 9 cm, mittelgrauer harter Ton, sehr feine mineralische Magerung, dunkelgraue glatte Oberfläche, abgesetzter Boden mit Standrille.

18. WS, feinkeramisch, DSW, mittelgrauer harter Ton, feine mineralische Magerung, dunkelgraue stumpfe Oberfläche, horizontale und wellenförmige Glättlinien.

19. BS von römischem Henkelkrügchen, DSW, Dm. 4 cm, hellgrau-orangeroter weicher Ton, sehr feine mineralische Magerung, seifige Oberfläche, horizontale Rille.

20. Scherbenrundel, Dm. 4,1 cm, hellgrauer harter Ton, mittelfeine mineralische Magerung, etwas Goldglimmer, stumpfe Oberfläche, etwas porös.

21. WS, Graphitton, DSW, mittelbrauner Ton, mäßig hart, mittelfeine mineralische Magerung, mäßiger Graphitanteil, seifige Oberfläche, flächiger Feinkammstrich, nach oben von horizontaler Rille begrenzt.

22. Henkelfragment, hellgraubrauner harter Ton, mittelfeine mineralische Magerung, rotbraun-schwarze Oberfläche, facettiert.

23. Scherbenrundel, Dm. 4,5 cm, mittelgrauer Ton, mäßig hart, mittelfeine mineralische Magerung, graubraune rauhe Oberfläche, leicht sandig.

Taf. 115

1. RS von tonnenförmigem Topf, Dm. 16 cm, schwarzgrau-mittelbrauner Ton, sehr hart, grobe mineralische Magerung, Goldglimmer, mittel- bis rotbraune fleckige Oberfläche, schräger Spatelstrich.

2. RS von tonnenförmigem Topf, Dm. 13 cm, rötlichbrauner harter Ton, mittelfeine mineralische Magerung, rauhe Oberfläche, schräger Spatelstrich, im Randbereich geglättet, sekundär verbrannt.

3. RS von tonnenförmigem Topf, Dm. 18 cm, mittelgraubrauner harter Ton, grobe mineralische Magerung, Goldglimmer, hellbraune stumpfe Oberfläche, Randbereich geglättet, bogenförmiger Kamm- und Spatelstrich.

4. RS von tonnenförmigem Topf, hellgraubrauner harter Ton, mittelfeine mineralische Magerung, Goldglimmer, graubraune rauhe Oberfläche, Spatelstrichbögen, darüber Kammstrich-Wellenlinie, Reste von Pichung.

5. RS von tonnenförmigem Topf, mittelgrau-rotbrauner harter Ton, mittelfeine mineralische Magerung, graubraune stumpfe Oberfläche, Reste von Pichung.

6. RS von Topf mit ausgebogenem Rand, Dm. 20 cm, mittelgraubrauner harter Ton, grobe mineralische Magerung, Goldglimmer, glatte Oberfläche, leicht sandig.

7. RS von Topf mit ausgebogenem Rand, mittelgrauer harter Ton, grobe mineralische Magerung, Kalksteinchen, dunkelgraue fleckige Oberfläche, etwas geglättet.

8. RS von Topf mit ausgebogenem Rand, Dm. 12 cm, rotbrauner Ton, sehr hart, grobe mineralische Magerung, dunkelgraue glatte Oberfläche

9. Fragment von Scherbenwirtel, Dm. 5,3 cm, mittelgrau-rötlicher harter Ton, grobe mineralische Magerung, Goldglimmer, rotbraune stumpfe Oberfläche, Glättspuren, Bohrloch, Dm. 0,9 cm.

10. Fragment von Scherbenwirtel, Dm. 5,8 cm, mittelbrauner harter Ton, mittelfeine mineralische Magerung, dunkelgraue glatte Oberfläche, Bohrloch, Dm. 0,7 cm.

11. WS, dunkelbrauner harter Ton, mittelfeine bis grobe mineralische Magerung, Goldglimmer, rauhe fleckige Oberfläche, bogenförmiger Kamm- und Spatelstrich, wellenförmiger Kammstrich.

12. RS von Schüssel mit eingebogenem Rand, Dm. 20 cm, dunkelgrauer harter Ton, mittelfeine mineralische Magerung, glatte mittelbraune Oberfläche, etwas porös.

13. RS von großer Schüssel mit eingebogenem Rand, Dm. 39 cm, rotbrauner spröder Ton, grobe mineralische Magerung, Goldglimmer, orangerote rauhe Oberfläche.

Taf. 116 A

1. RS von Schüssel mit eingebogenem Rand, Dm. 32 cm, dunkelgrauer Ton, sehr hart, spröde, grobe mineralische Magerung, Goldglimmer, rauhe rötliche Oberfläche, rissig, sekundär verbrannt.

2. RS von Schüssel mit eingebogenem Rand, Dm. 28 cm, dunkelgraubrauner harter Ton, etwas porös, mittelfeine

mineralische Magerung, organisch verunreinigt, Goldglimmer, stumpfe Oberfläche.

3. RS von Schüssel mit eingebogenem Rand, Dm. 30 cm, mittelgrauer harter Ton, mittelfeine mineralische Magerung, Goldglimmer, stumpfe fleckige Oberfläche.

4. RS von Schüssel mit eingebogenem Rand, Dm. 20 cm, mittelgraubrauner harter Ton, mittelfeine mineralische Magerung, Goldglimmer, mittelbraune glatte Oberfläche.

Funde aus der „Abfallgrube"

(Mus. Nördlingen, Inv.-Nr. 404–405, 876).
Taf. 116 B

1. RS von Graphittontopf mit Wulstrand, DSW, Dm. 26 cm, mittelgrauer weicher Ton, mittelfeine mineralische Magerung, hoher Graphitanteil, glänzende Oberfläche, leicht seifig, Leiste im Halsbereich, regelmäßiger Kammstrich.

2. RS von Graphittontopf mit Wulstrand, DSW, Dm. 24 cm, mittelgrauer Ton, relativ weich, mittelfeine mineralische Magerung, hoher Graphitanteil, seifige Oberfläche, Rippen und Riefen im Halsbereich, regelmäßiger Kammstrich.

3. RS von feinkeramischem Topf oder Schale, DSW, Dm. 22 cm, mittelgrauer harter Ton, feine mineralische Magerung, dunkelgraue glatte Oberfläche, Leiste im Halsbereich.

4. RS von feinkeramischer Flasche, DSW, Dm. 13 cm, rotbrauner, sehr harter Ton, mittelfeine mineralische Magerung, graubraune glänzende Oberfläche.

5. RS von feinkeramischer Schüssel mit eingebogenem Rand, Dm. 24 cm, mittelgrauer harter Ton, feine mineralische Magerung, dunkelgraue glatte Oberfläche.

6. RS von feinkeramischer Schale, DSW, Dm. 16 cm, ziegelroter Ton, mäßig hart, feine mineralische Magerung, dunkelgraue glänzende Oberfläche.

Funde vom „Schotterplatz"

(Mus. Nördlingen, Inv.-Nr. 2106, 2134).
Taf. 117

1. Fragment von eiserner Messerklinge, Länge noch 4,9 cm.

2. Flacheisen, am Ende um 90° gedreht, Länge noch 11 cm.

3. Vierkantiger Eisenstab mit abgeflachtem Ende, abgebrochen, Länge noch 9,6 cm.

4. Gebogene eiserne Spitze mit Tülle, Länge noch 14,3 cm.

5. Vierkantiger eiserner Pfriem, Länge 13,2 cm.

6. Eisernes Griffangelmesser mit breiter Klinge, Länge 12 cm, stark korrodiert.

Funde vom „Acker Mährle"

(Mus. Nördlingen Inv.-Nr. 1545–1546, 1635, 2026).
Taf. 118

1. Bandförmiger gebogener Bronzebügel, an einem Ende Rest von Durchbohrung, Länge noch 4,8 cm.

2. Offener Bronzedrahtarmring, max. Dm. 6,7 cm, vierkantiger Querschnitt, gekerbte Enden.

3. Geschwungener Bronzebügel, Länge noch 4,5 cm.

4. Bügelfragment von Nauheimer Fibel aus Bronze, Länge noch 2,3 cm, eingepunzte randparallele Rillen.

5. Fragment von dreirippigem Glasarmring (Haevernick 7b), Länge noch 3,8 cm, blaues Glas mit gelben und weißen Auflagen (vgl. Haevernick, Glasarmring, 152 Nr. 254).

6. Fragment von Sapropelit-Armring, Dm. ca. 5 cm.

7. Fragment von Sapropelit-Armring, Dm. ca. 6 cm.

8. Fragment von Sapropelit-Armring, Dm. ca. 6 cm.

Beim Schulhausneubau 1952

(Mus. Nördlingen, ohne Inv.-Nr.)
Taf. 118

9. Fragment von eiserner Drahtfibel vom Mittellatèneschema, Länge noch 6 cm, sechsschleifige Spirale mit äußerer Sehne, flach gewölbter Bügel.

Funde aus der Sammlung Lehrer Dettweiler 1951

(Mus. Nördlingen, ohne Inv.-Nr.)
Taf. 119

1. RS von Graphittontopf mit Wulstrand, DSW, Dm. 24 cm, hellgrauer weicher Ton, mittelfeine mineralische Magerung, hoher Graphitanteil, seifige Oberfläche, regelmäßiger Kammstrich.

2. RS von feinkeramischem Topf, DSW, Dm. 20 cm, mittelgrauer harter Ton, feine mineralische Magerung, glänzende schwarzgraue Oberfläche, Rippen und Glättstreifen.

3. RS von feinkeramischem Topf oder Schale, DSW, Dm. 15 cm, mittelgrauer harter Ton, feine mineralische Magerung, dunkelgraue glatte Oberfläche.

4. RS von feinkeramischem Topf oder Schale, DSW, Dm. 16 cm, rotbrauner harter Ton, feine mineralische Magerung, glatte Oberfläche, Glättstreifen.

5. RS von tonnenförmigem Topf, Dm. 17 cm, dunkelgraubrauner harter Ton, mittelfeine mineralische Magerung, etwas Goldglimmer, rauhe Oberfläche, Randbereich geglättet, Spatelstrichbögen und Reihen von Spateleinstichen.

6. RS von feinkeramischer Flasche, DSW, Dm. 11 cm, mittelgrauer harter Ton, feine mineralische Magerung, dunkelgraue glatte Oberfläche.

7. Kleiner Napf mit eingebogenem Rand, Dm. 9 cm, Höhe 6,5 cm, hellbraun-rötlicher harter Ton, grobe mineralische Magerung, organisch verunreinigt, rauhe Oberfläche, etwas porös, Spatelstrich.

8. WS, mittelgrau-hellbrauner harter Ton, mittelfeine mineralische Magerung, rauhe Oberfläche, flächige Verzierung mit Spateleinstichen.

9. WS, feinkeramisch, DSW, mittelgraubrauner harter Ton, feine mineralische Magerung, glatte dunkelgraue Oberfläche, wellenförmiger Kammstrich.

10. WS, feinkeramisch, DSW, hellgraubrauner harter Ton, feine mineralische Magerung, dunkelgraue glatte Oberfläche, Rippen, horizontale und wellenförmige Glättlinien.

XI. Karten 1–23

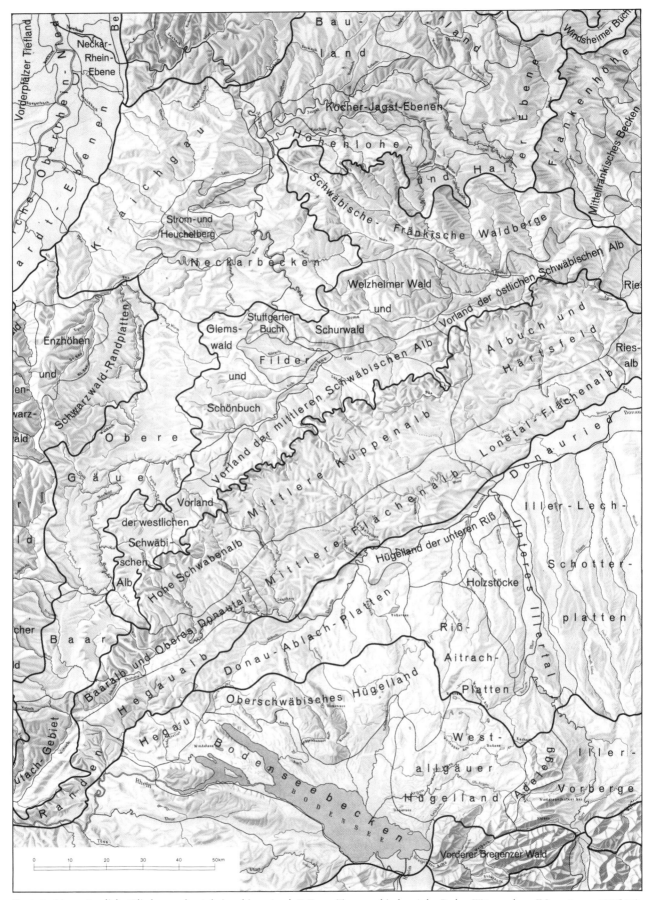

Karte 1: Naturräumliche Gliederung des Arbeitsgebietes (nach F. Fezer, Topographischer Atlas Baden-Württemberg [Neumünster 1979] 17).

318

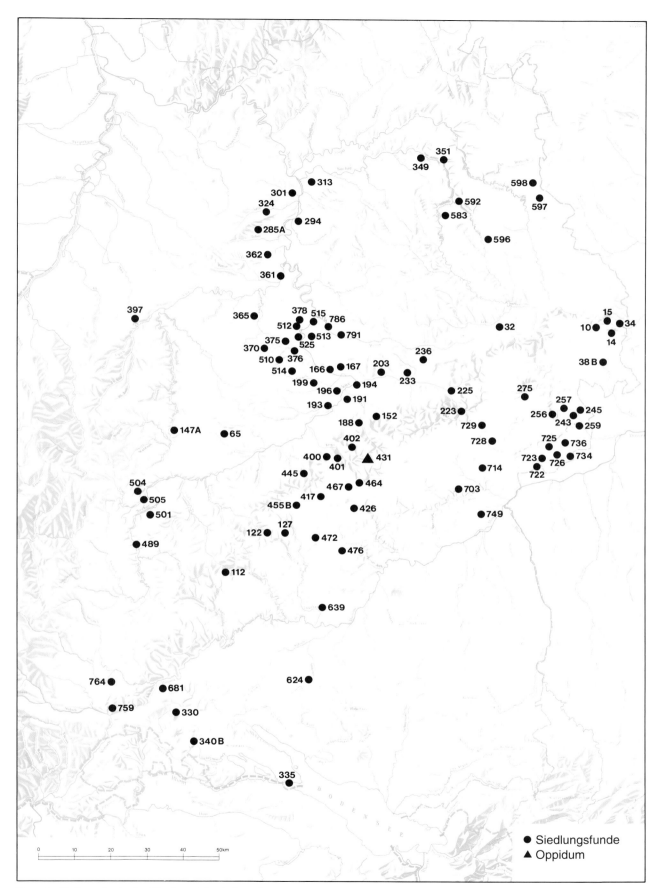

Karte 2: Siedlungsfunde der Mittel- und Spätlatènezeit.

- Siedlungsfunde
▲ Oppidum

319

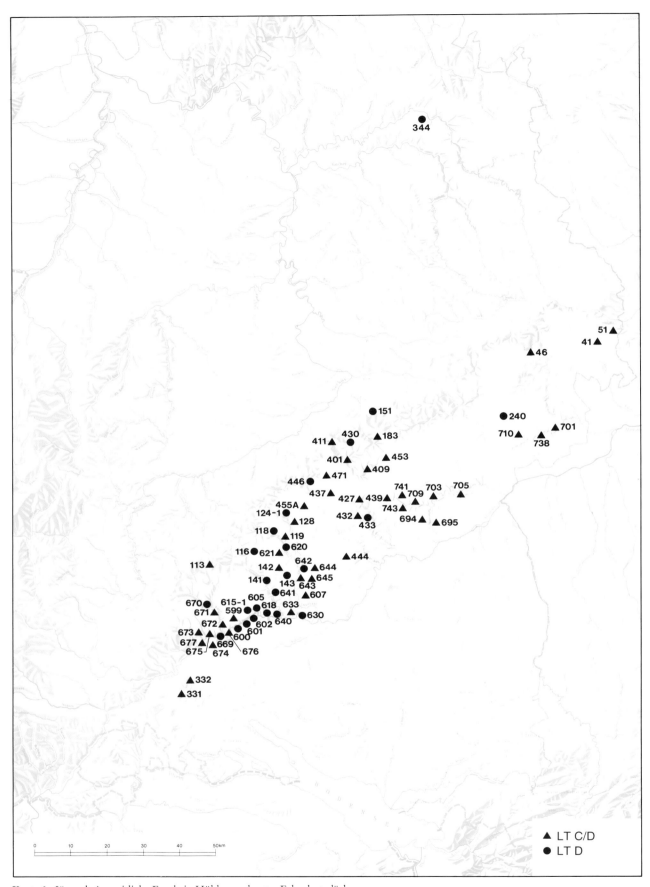

Karte 3: Jüngerlatènezeitliche Funde in Höhlen und unter Felsschutzdächern.

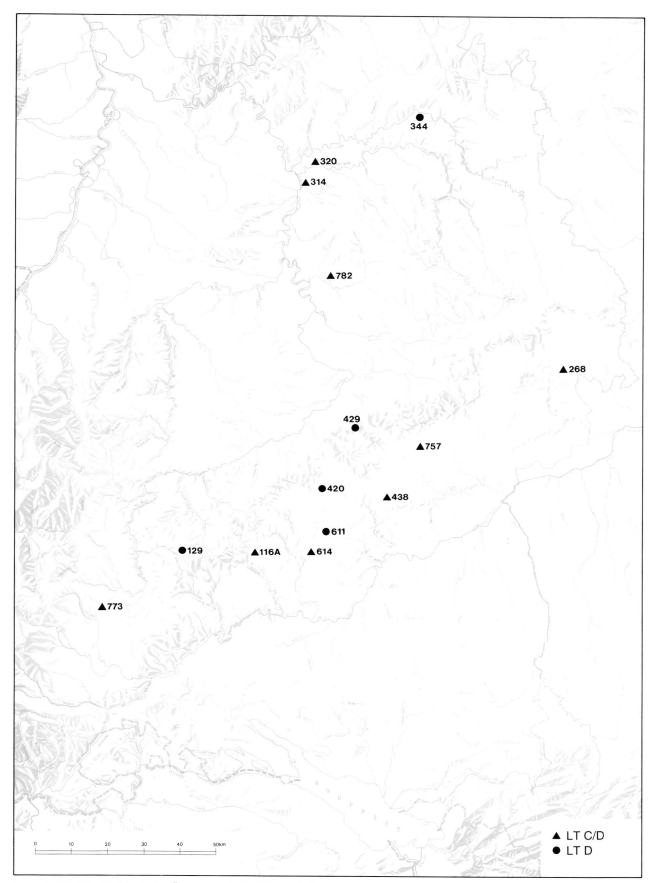

Karte 4: Mögliche Grabfunde der Übergangszeit LT C2/D und LT D.

▲ LT C/D
● LT D

344
▲320
▲314
▲782
▲268
429
▲757
●420
▲438
●611
●129 ▲116A ▲614
▲773

0 10 20 30 40 50km

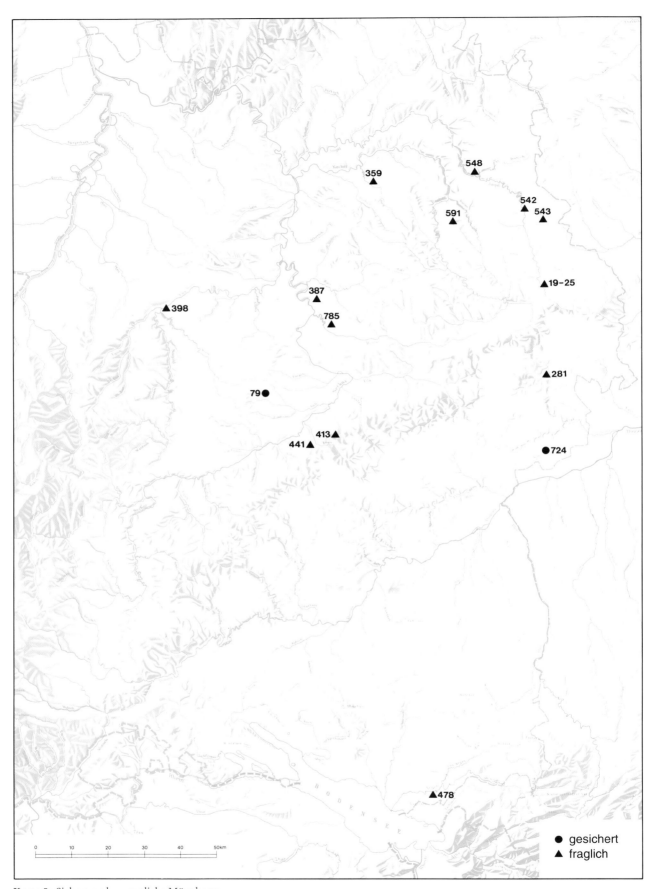

Karte 5: Sichere und vermutliche Münzhorte.

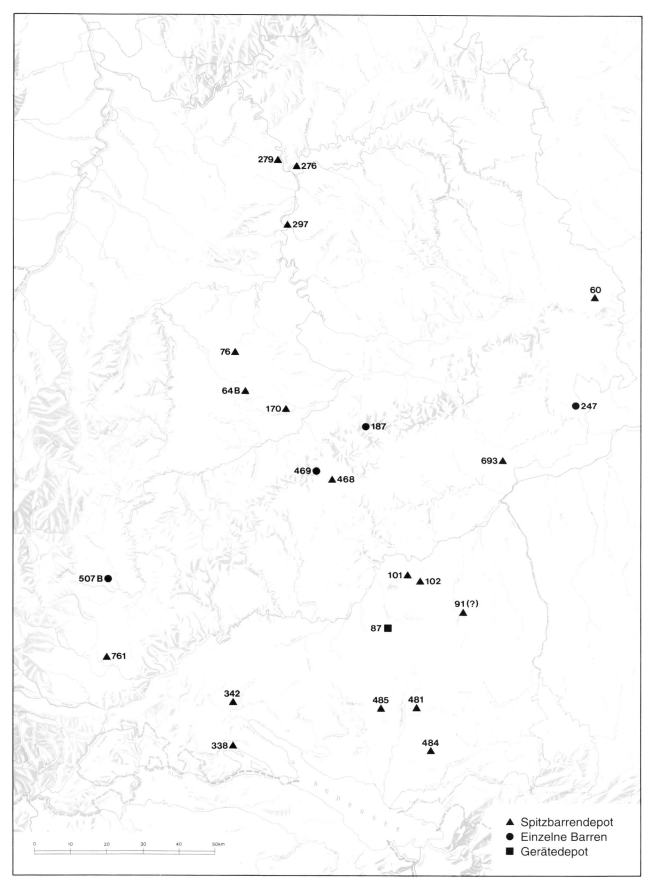

Karte 6: Eisenbarren- und Gerätedepots.

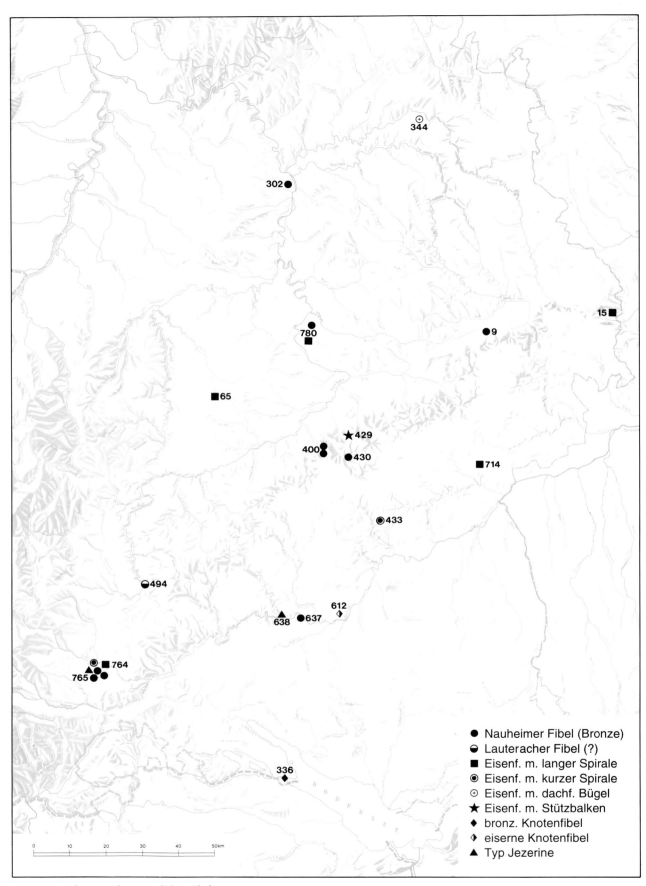

302●

344⊙

15■

780●
780■

9●
9

65■

429★
400●●
430●

714■

433◉

494⊖

612◇
638▲ 637●

764■
765▲●●

336◆

● Nauheimer Fibel (Bronze)
⊖ Lauteracher Fibel (?)
■ Eisenf. m. langer Spirale
◉ Eisenf. m. kurzer Spirale
⊙ Eisenf. m. dachf. Bügel
★ Eisenf. m. Stützbalken
◆ bronz. Knotenfibel
◇ eiserne Knotenfibel
▲ Typ Jezerine

0   10   20   30   40   50km

Karte 7: Fundorte spätlatènezeitlicher Fibeln.

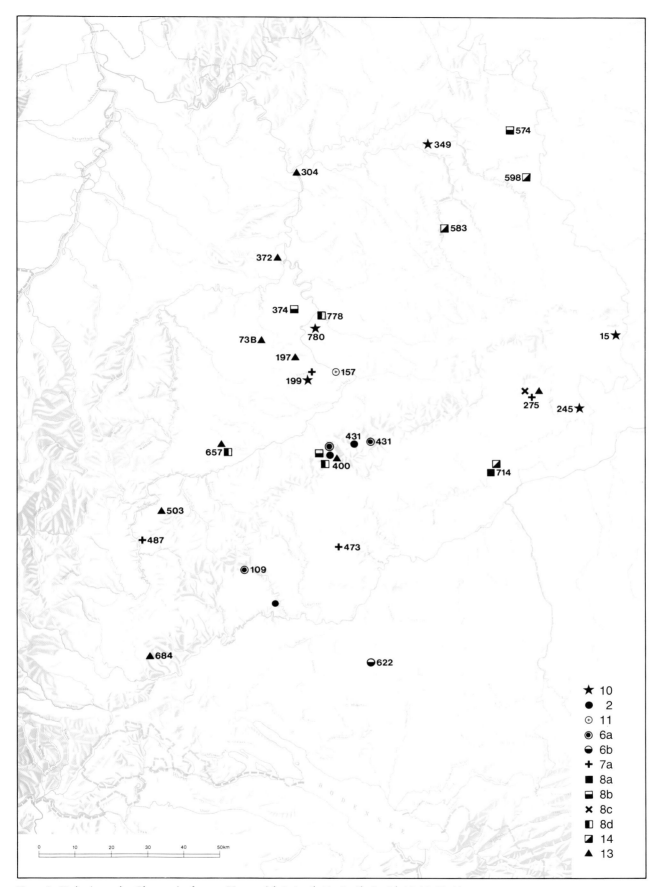

Karte 8: Verbreitung der Glasarmringformen Haevernick 2, 6a, 6b, 7a, 8a, 8b, 8c, 8d, 10, 11, 13, 14.

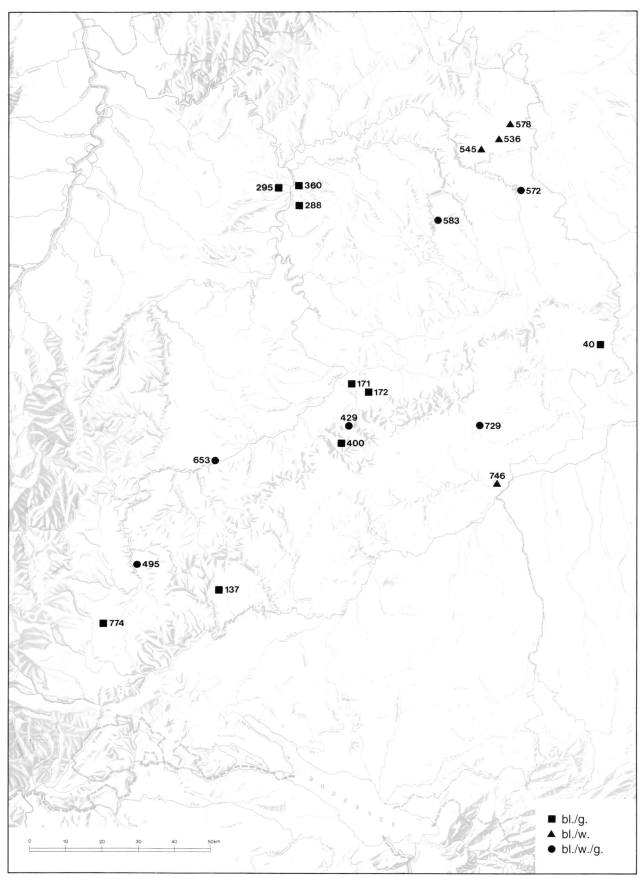

Karte 9: Verbreitung der Glasarmringformen Haevernick 7b; bl./g. = blau mit gelber Auflage, bl./w. = blau mit weißer Auflage, bl./w./g. = blau mit weißer und gelber Auflage

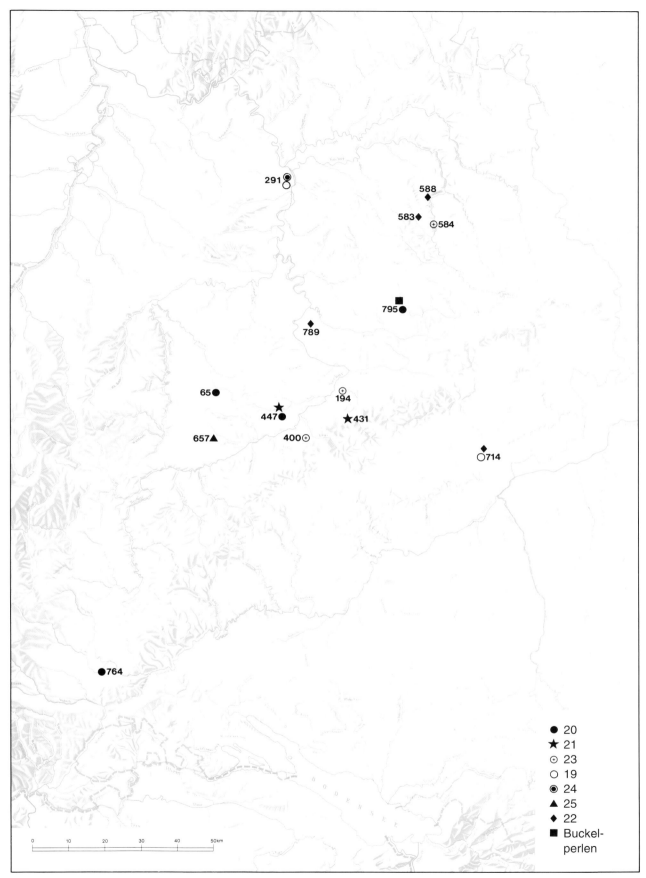

Karte 10: Verbreitung der Glasringperlen (Haevernick 19 bis 25) und Buckelperlen.

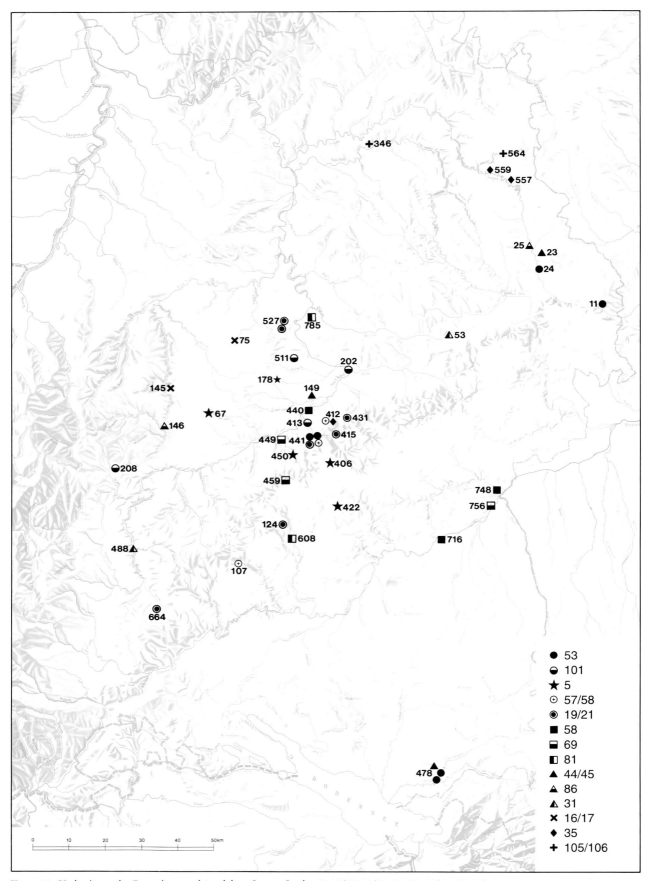

Karte 11: Verbreitung der Regenbogenschüsselchen-Statere Streber 5, 16/17, 19/21, 31, 35, 44/45, 53, 57/58, 69, 81, 86, 101, 105/106.

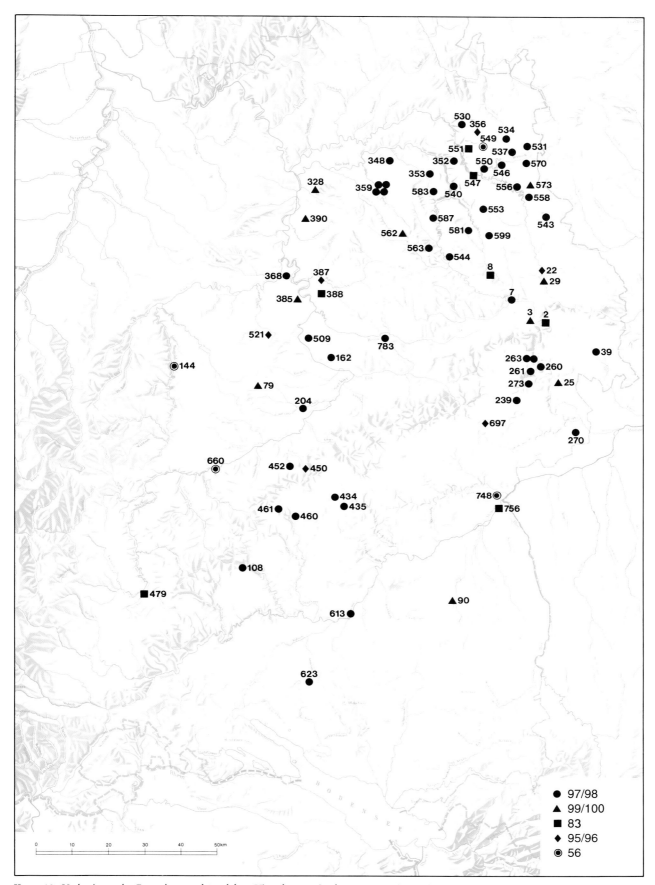

Karte 12: Verbreitung der Regenbogenschüsselchen-Viertelstatere Streber 56, 83, 95/96, 97/98, 99/100.

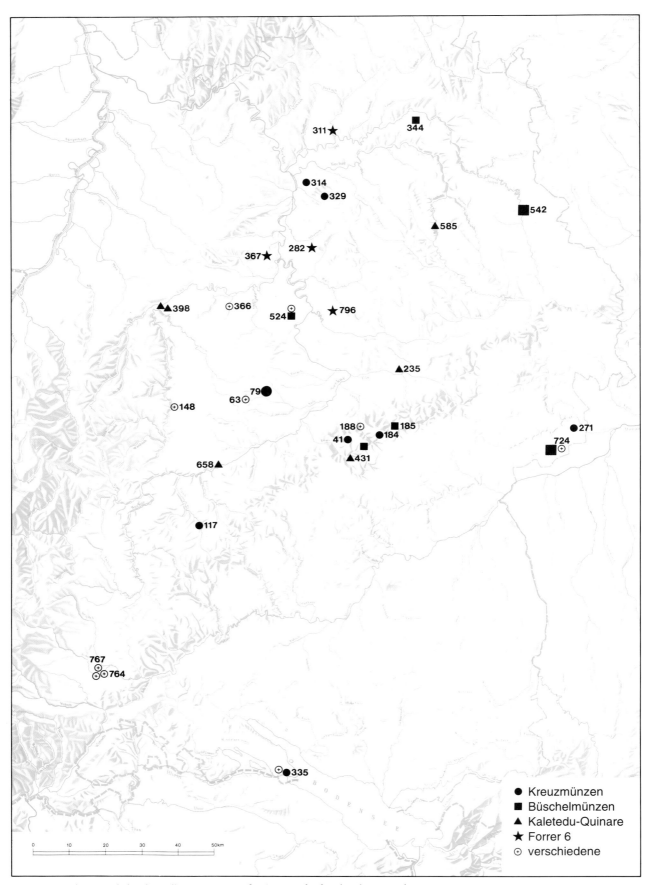

Karte 13: Verbreitung keltischer Silbermünzen (große Signatur: fünf und mehr Exemplare).

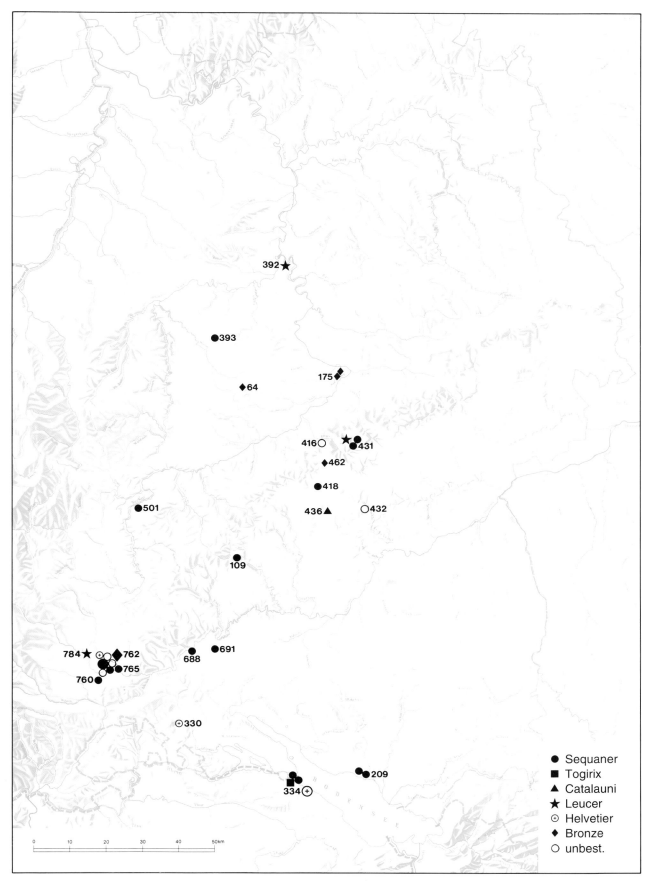

Karte 14: Verbreitung keltischer Bronze- und Potinmünzen (große Signatur: fünf und mehr Exemplare).

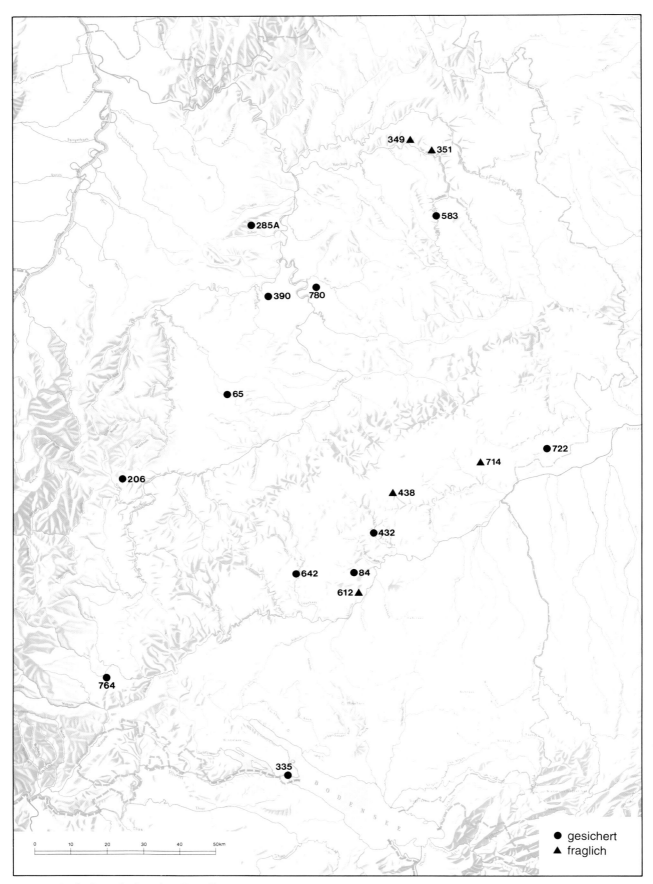

Karte 15: Verbreitung der bemalten Keramik.

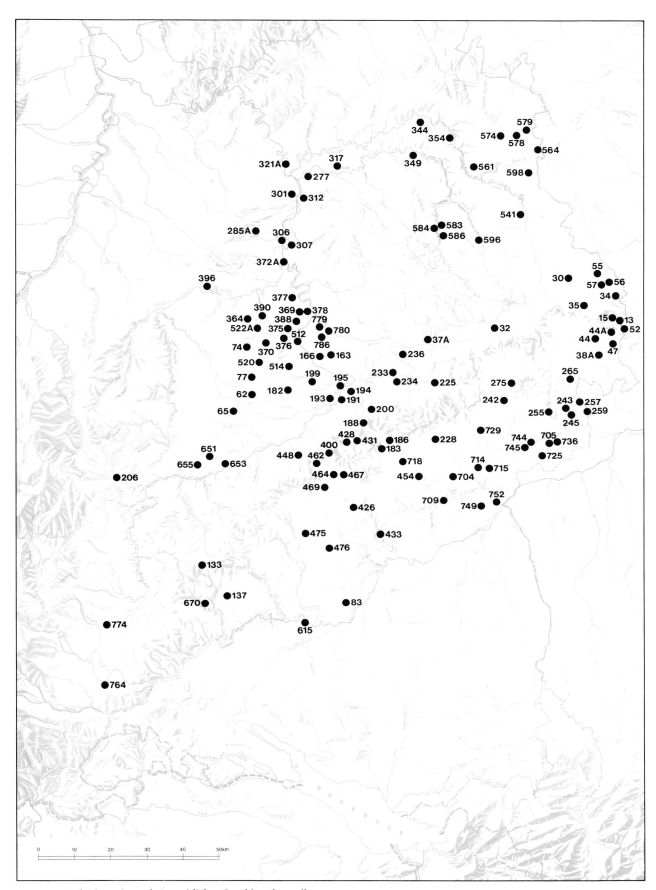

Karte 16: Verbreitung jüngerlatènezeitlicher Graphittonkeramik.

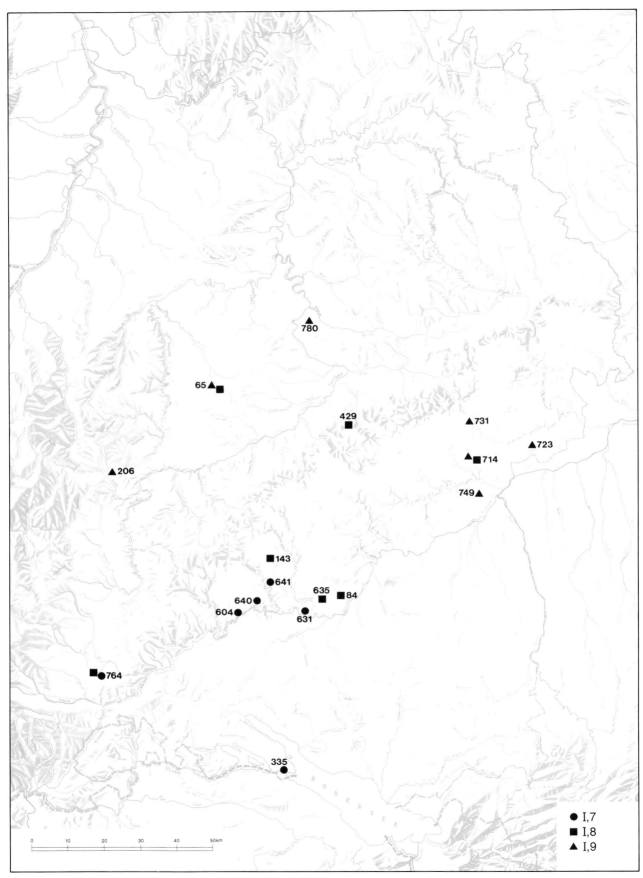

Karte 17: Verbreitung der grobkeramischen Topfformen I,7, I,8 und I,9.

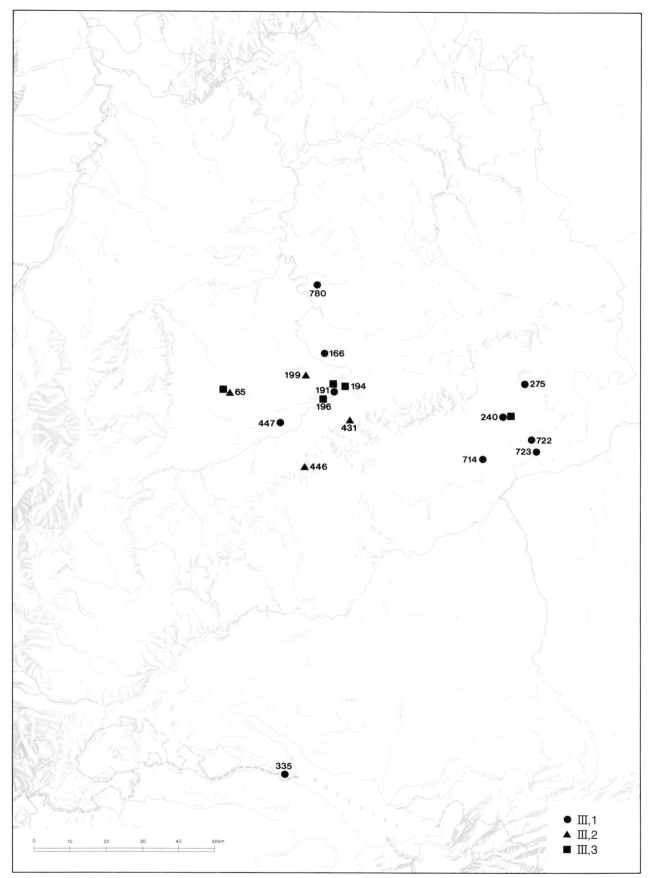

Karte 18: Verbreitung der grobkeramischen Topfformen III,1, III,2, III,3.

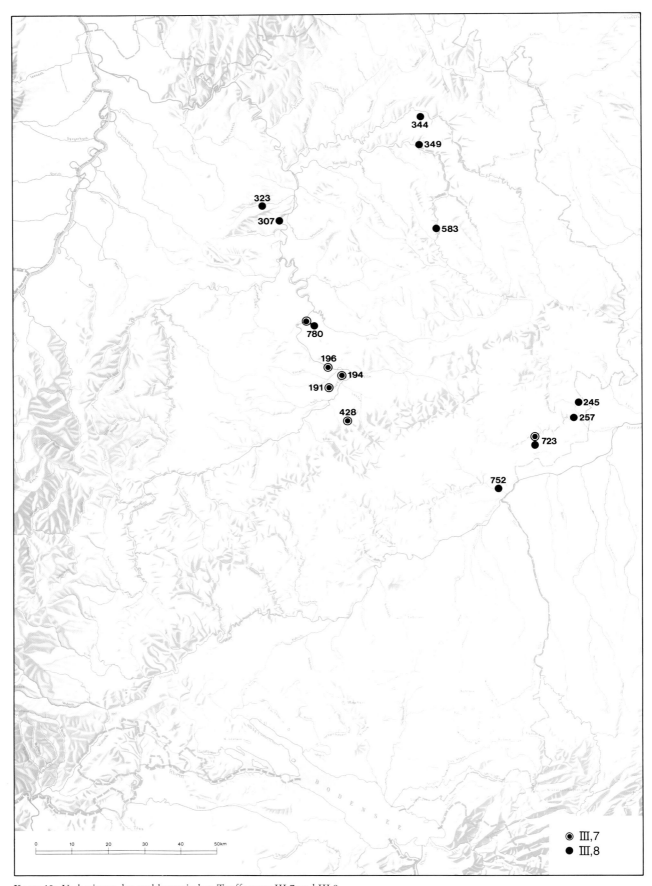

Karte 19: Verbreitung der grobkeramischen Topfformen III,7 und III,8.

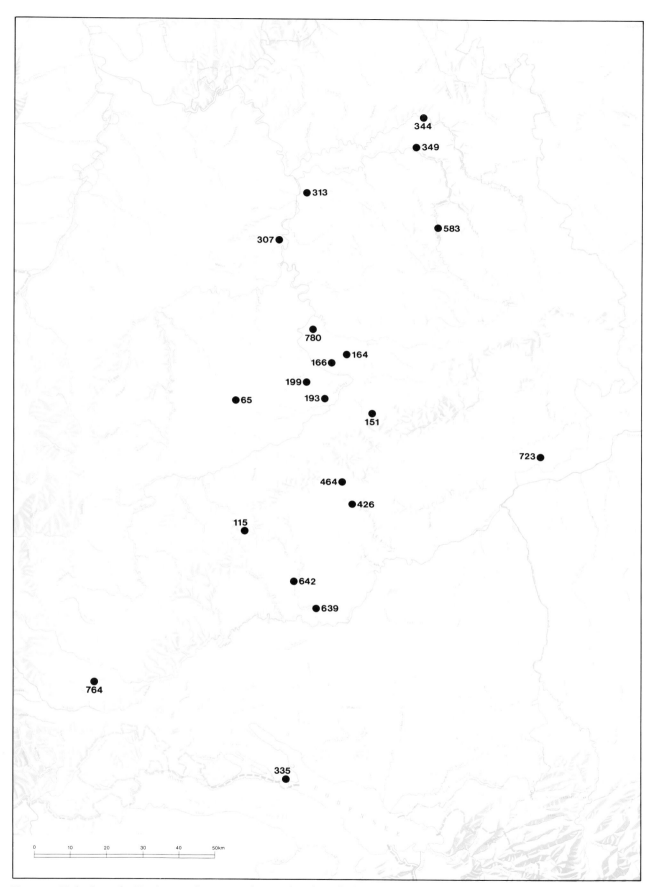

Karte 20: Verbreitung der Verzierung mit Kamm- oder Spatelstrich-Wellenlinien.

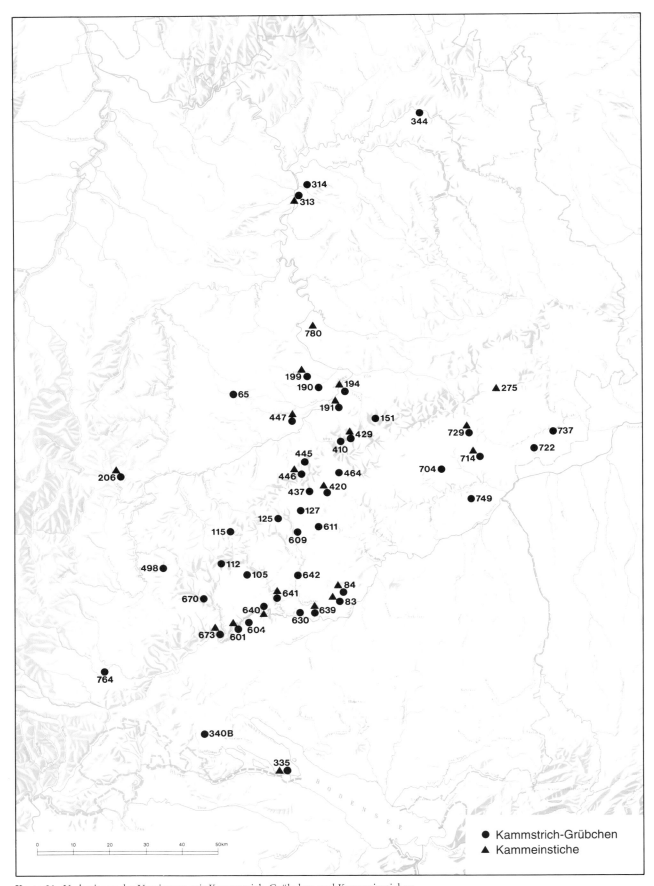

Karte 21: Verbreitung der Verzierung mit Kammstrich-Grübchen und Kammeinstichen.

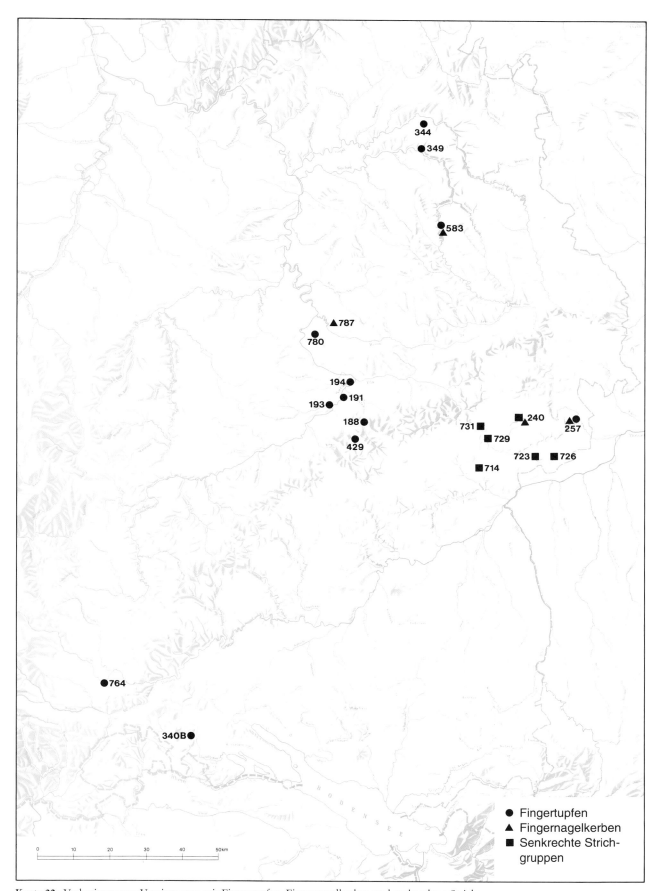

Karte 22: Verbreitung von Verzierungen mit Fingertupfen, Fingernagelkerben und senkrechten Strichgruppen.

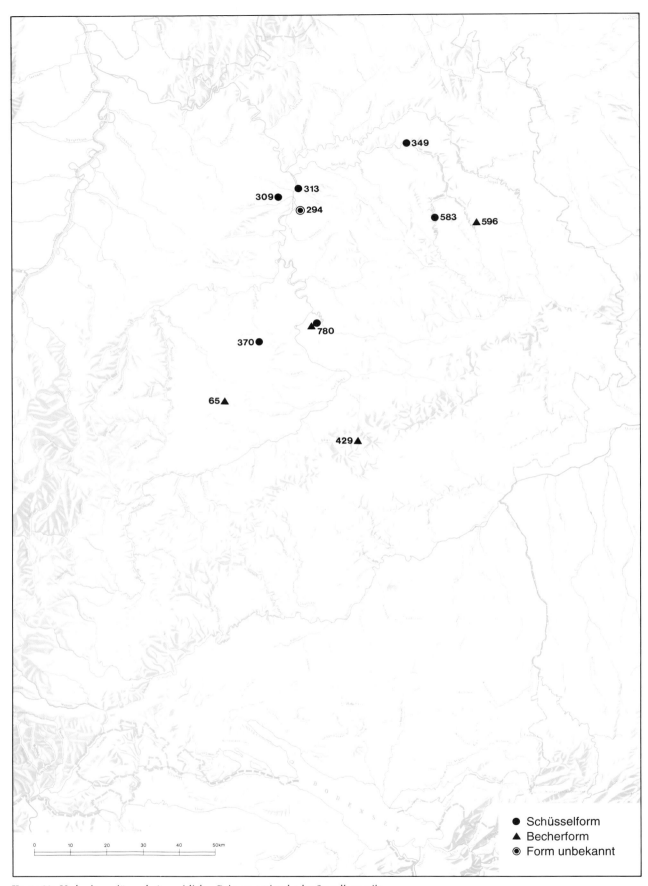

● Schüsselform
▲ Becherform
◉ Form unbekannt

Karte 23: Verbreitung jüngerlatènezeitlicher Briquetagetiegel oder Stapelkeramik.

XII. Tafeln

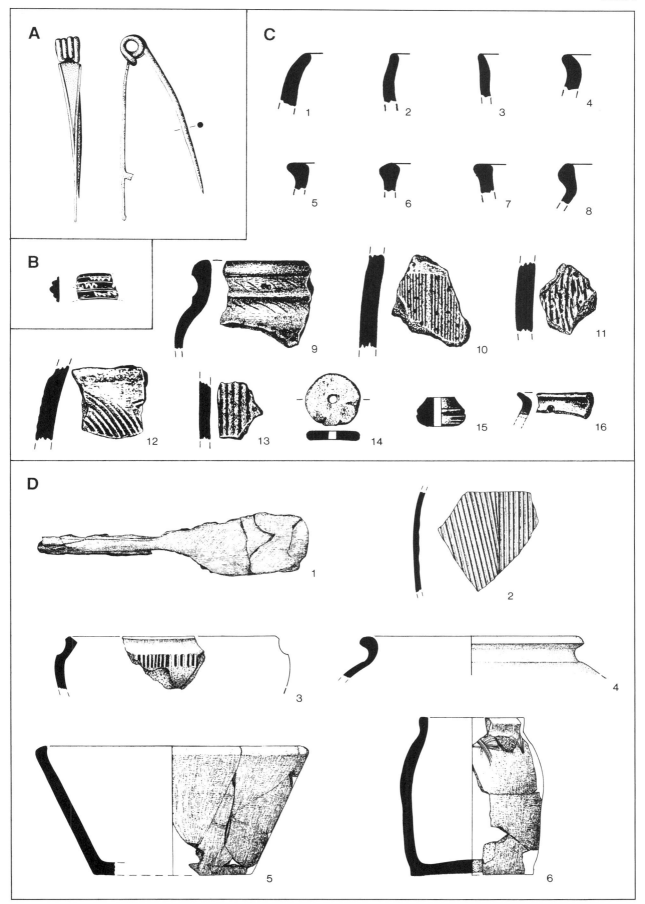

A: Böbingen a.d. Rems (9). B: Neresheim-Dorfmerkingen (40).
C: Iggingen (32). D: Herrenberg-Gültstein (69). M. A=1:1, B=1:2; sonst 1:3.

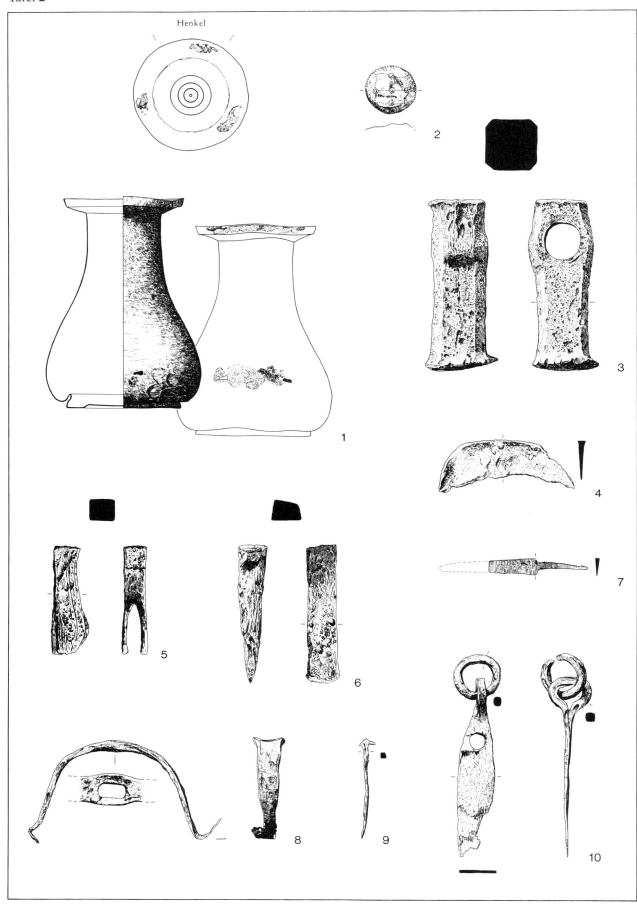

Henkel

1

2

3

4

5

6

7

8

9

10

Bad Buchau-Kappel (87), Fundgruppe A. M. 1:4.

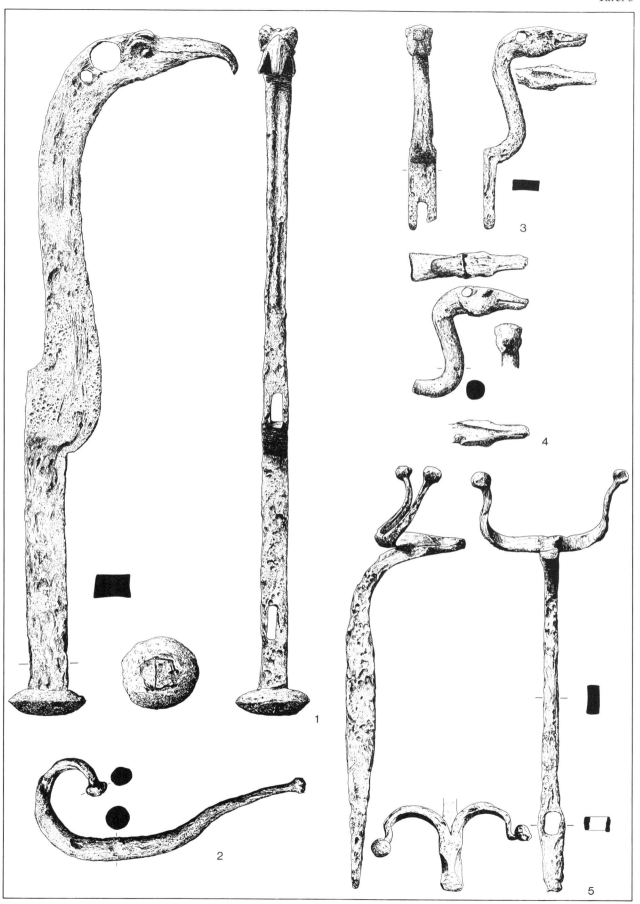

Bad Buchau-Kappel (87), Fundgruppe A. M. 1:4.

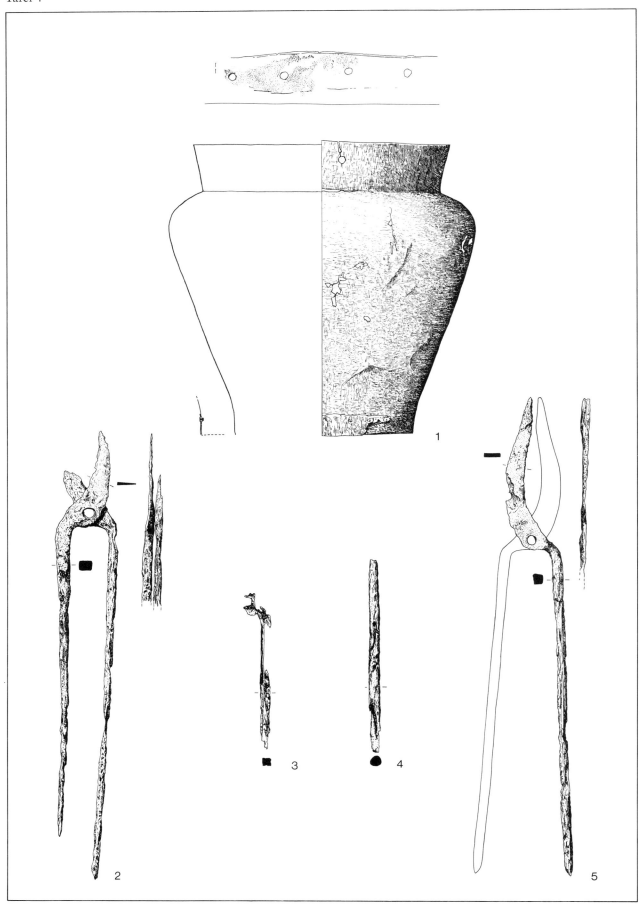

Bad Buchau-Kappel (87), Fundgruppe B. M. 1=1:3; sonst 1:4.

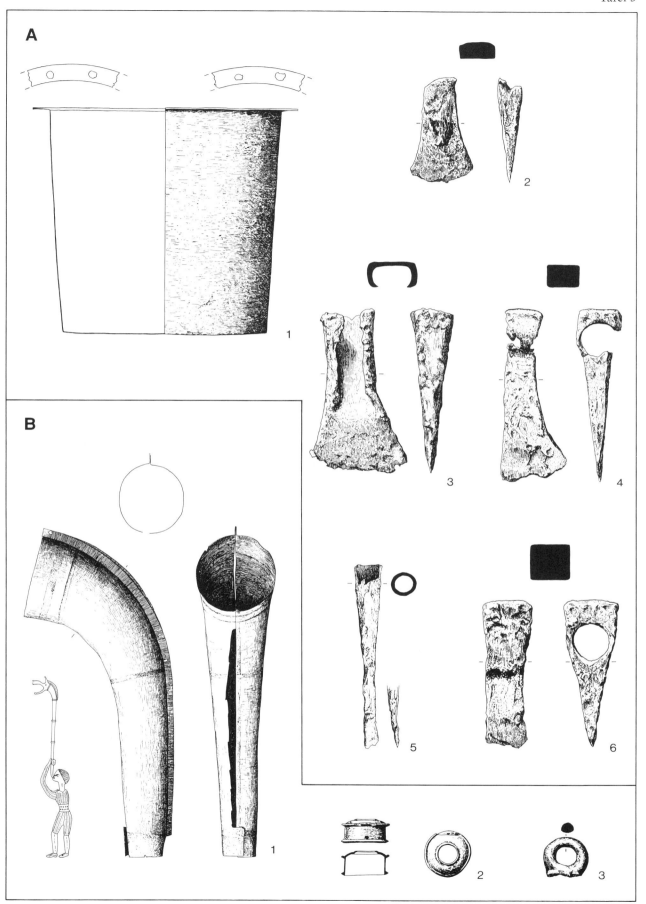

Bad Buchau-Kappel. A: Fundgruppe C. B: Fundgruppe D. M. 1:4.

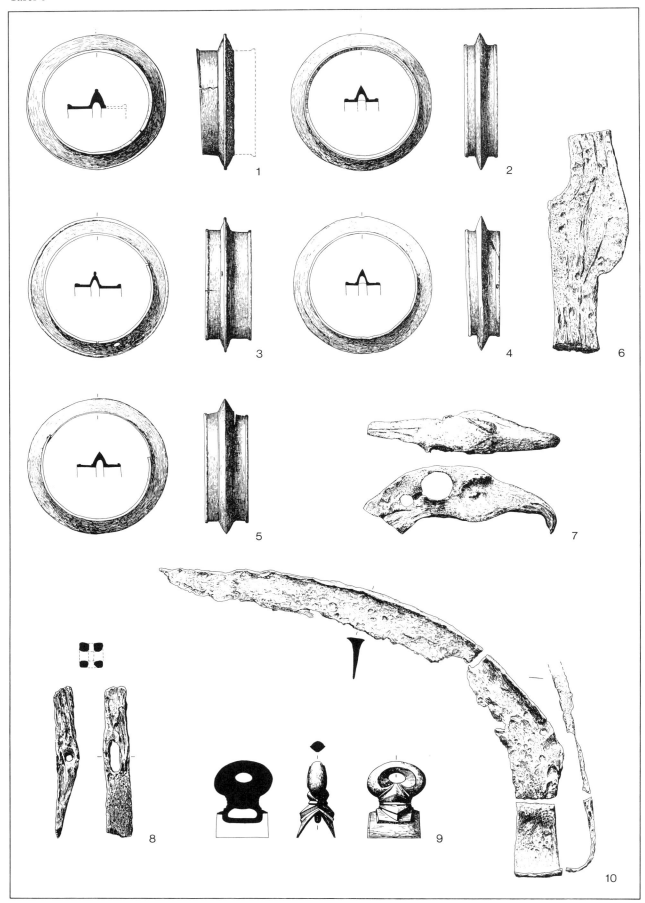

Bad Buchau-Kappel (87), Fundgruppe E. M. 1:4.

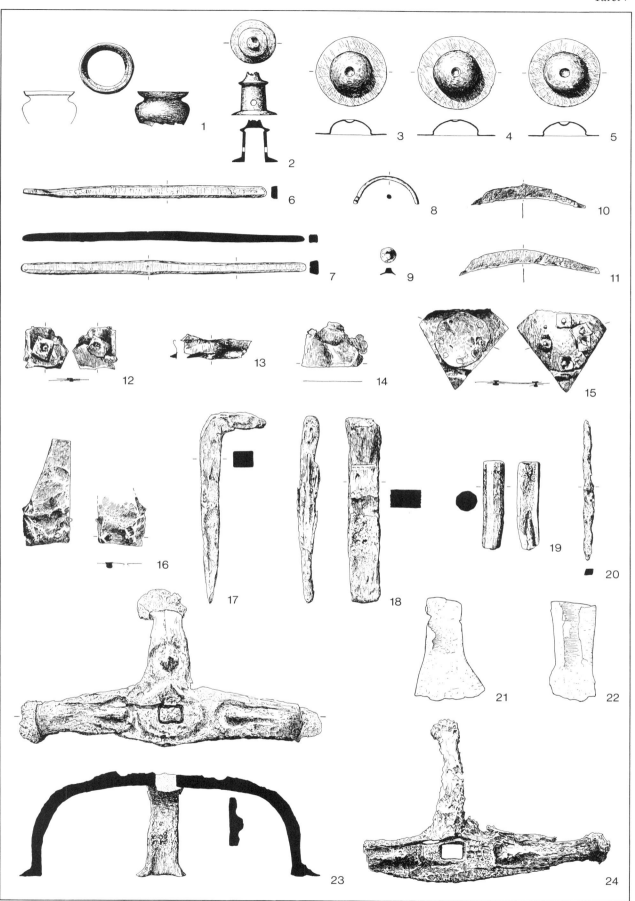

Bad Buchau-Kappel (87), Fundgruppe C–E. M. 1:4.

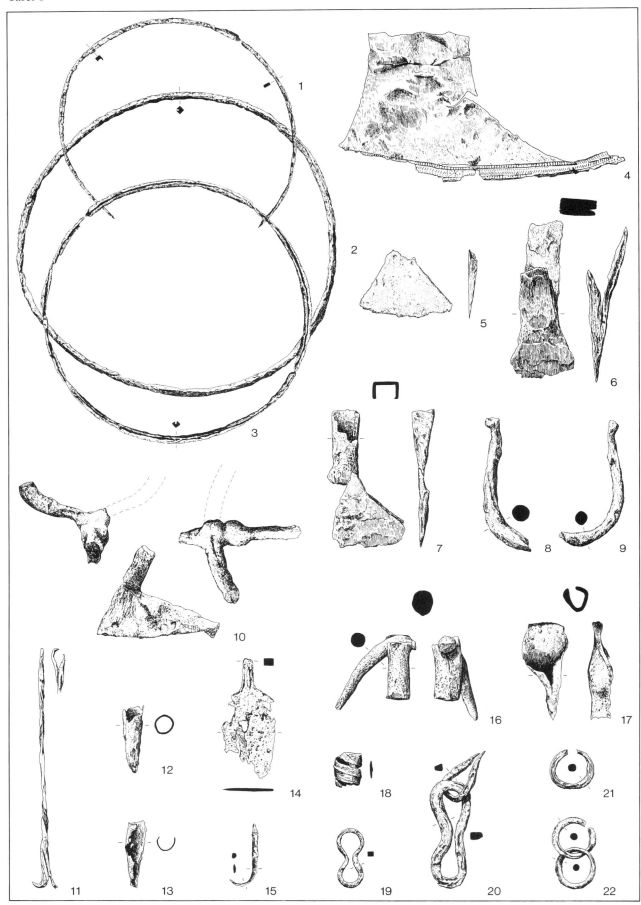

Bad Buchau-Kappel (87). 2: Fundgruppe C; 3: Fundgruppe D, sonst nicht zuweisbar.
M. 1–3: 1:8, sonst 1:4.

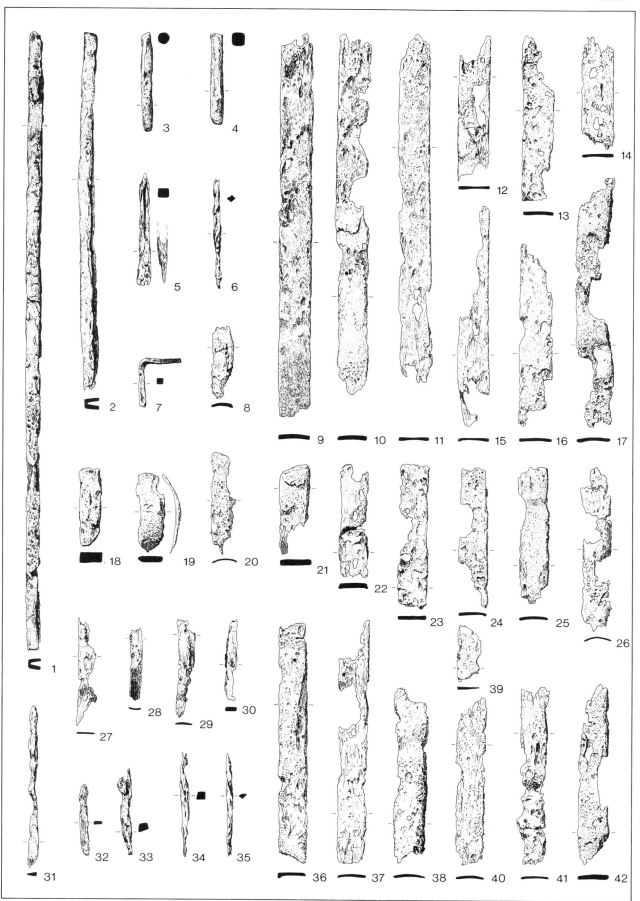

Bad Buchau-Kappel (87), keiner Fundgruppe zuweisbar. M. 1:4.

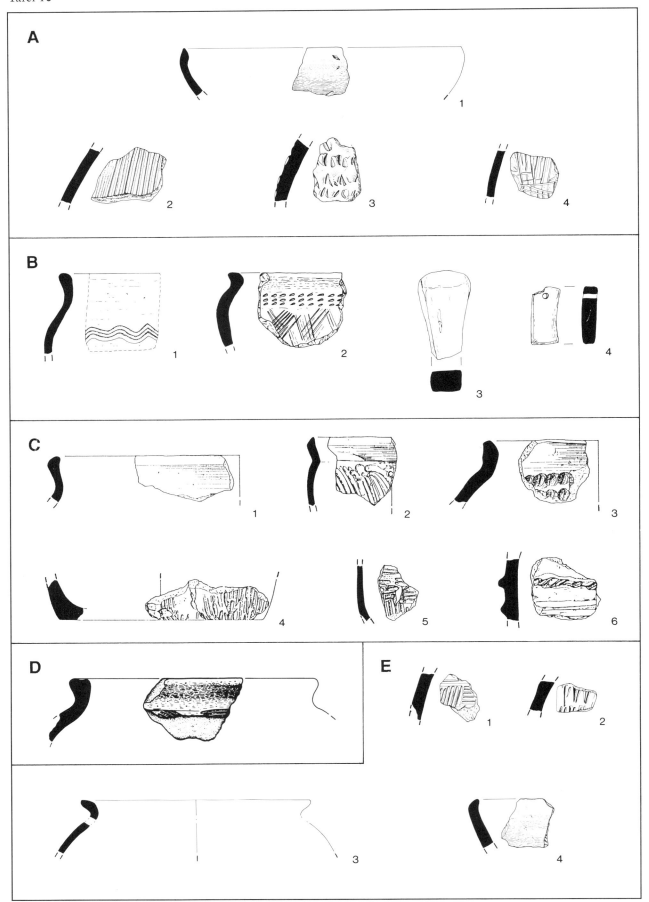

A: Albstadt-Ebingen (103). M. 1:3; B: Albstadt-Onstmettingen (115), M. ca. 1:3;
C: Burladingen (118), M. 1:3; D: Burladingen-Stetten u.H. (127),
M. 1:3; E: Burladingen-Stetten u.H. (128), M. 1:3.

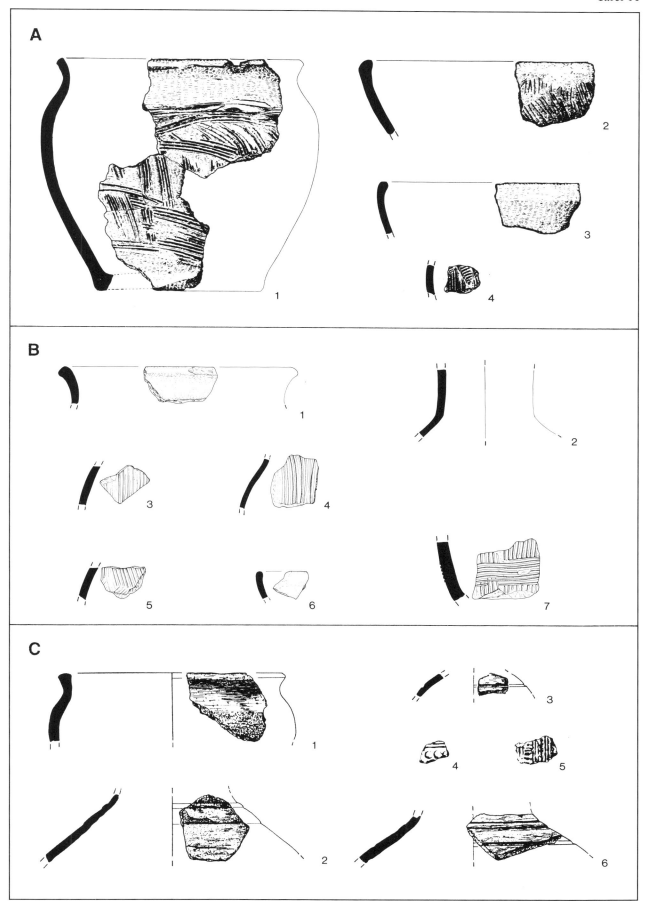

A: Meßstetten-Hossingen (135); B: Straßberg-Kaiseringen (141);
C: Esslingen-Sirnau (167). M. 1:3.

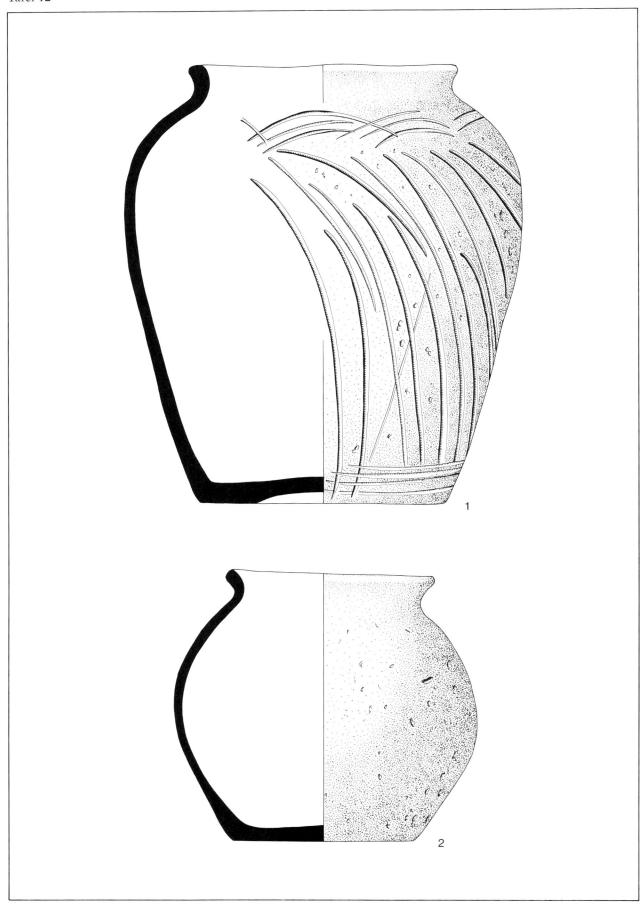

Winterlingen (143). M. 1:2.

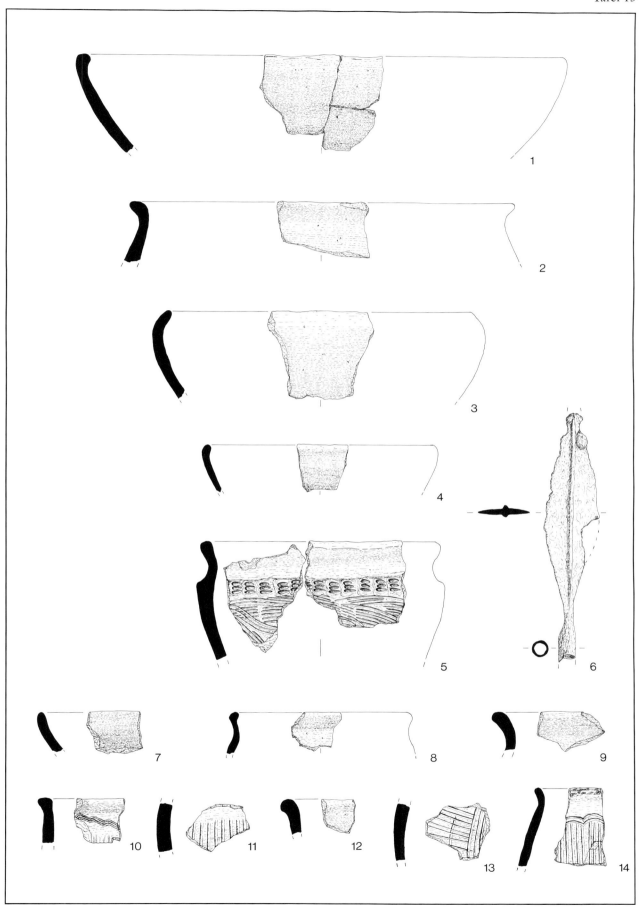

1–2, 4–14: Bissingen a.d. Teck (151);
3: Bissingen a.d. Teck-Ochsenwang (153). M. 1:3.

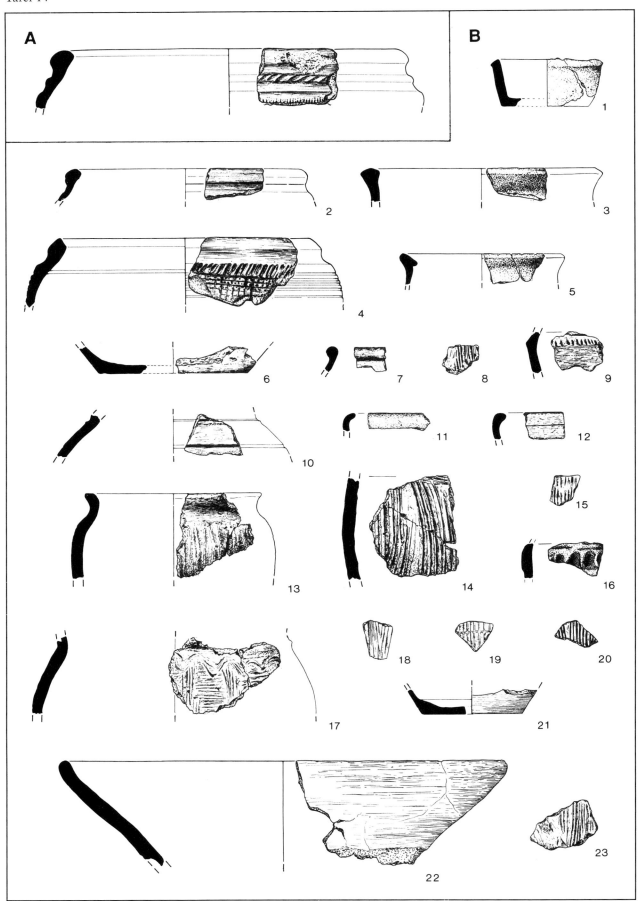

A: Esslingen-Oberesslingen (163); B: Esslingen-Sirnau (166). M. 1:3.

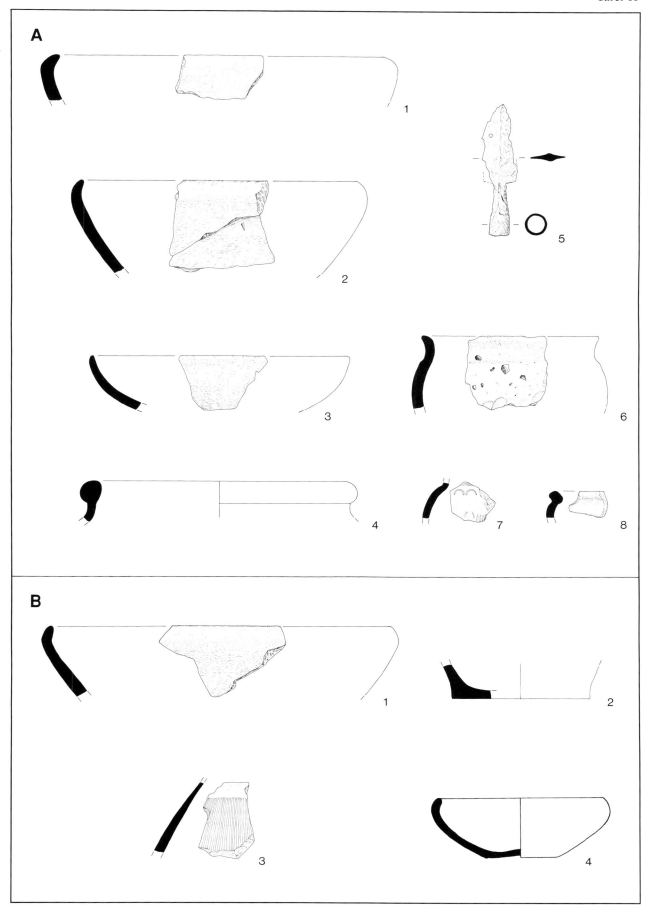

A: Lenningen-Unterlenningen (188); B: Reichenbach a.s. Fils (203). M. 1:3.

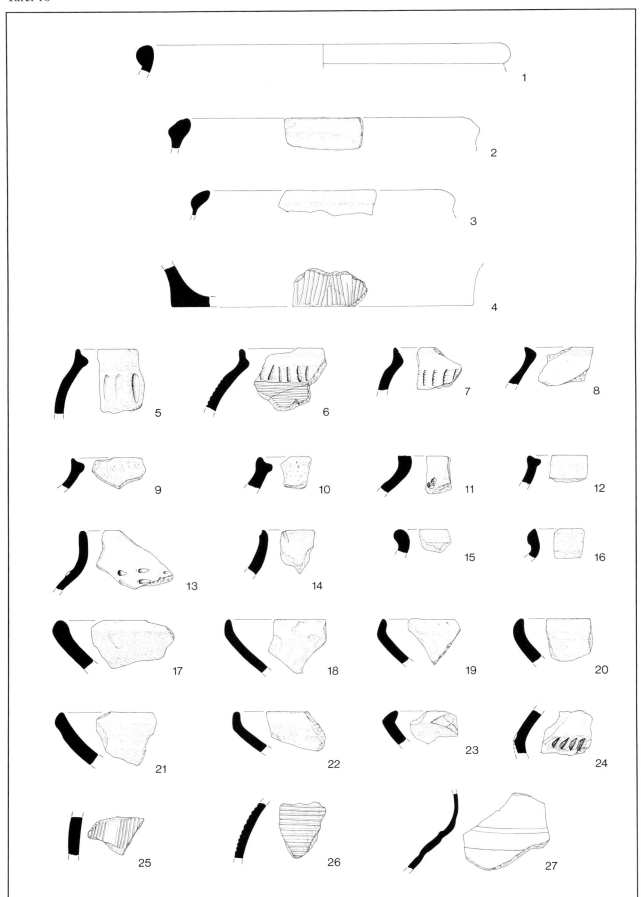

Nürtingen (191). M. 1:3.

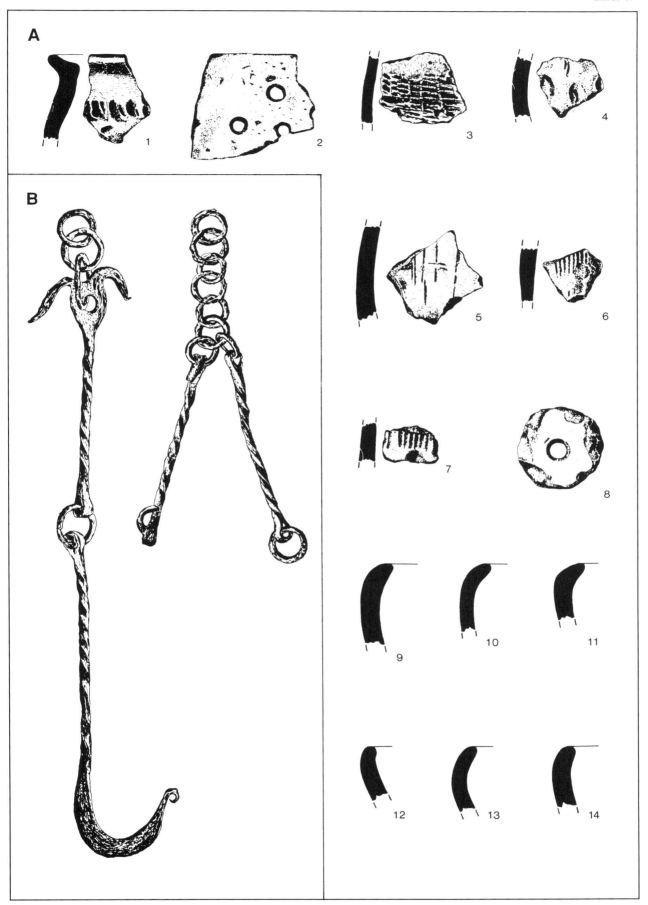

A: Nürtingen (191). M. 1:2. B: Nürtingen (192 A). M. 1:3.

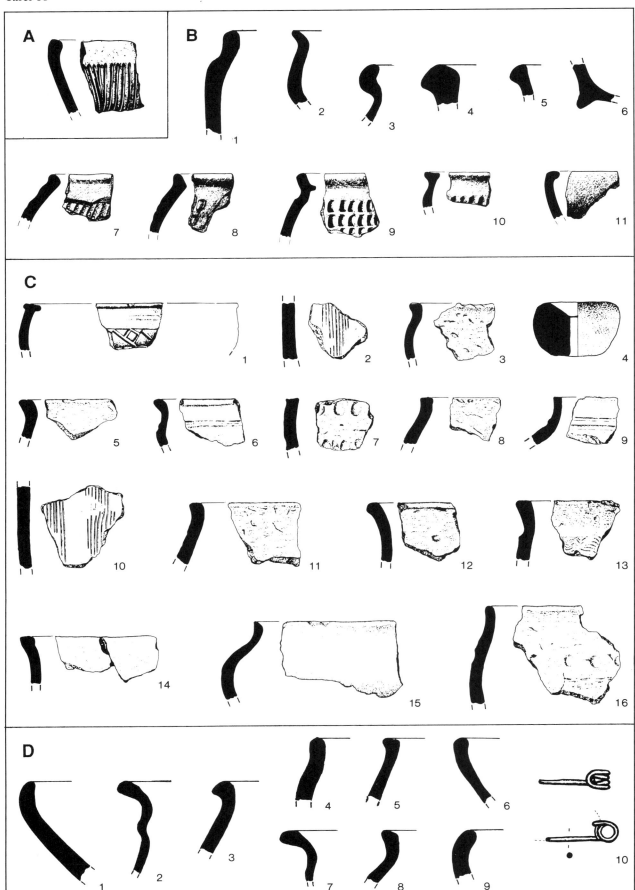

A: Kirchheim/Teck (173); B: Oberboihingen (194); C: Nürtingen-Ober-
ensingen (193); D: Oberboihingen (196). 4: M. 1:1, sonst 1:3.

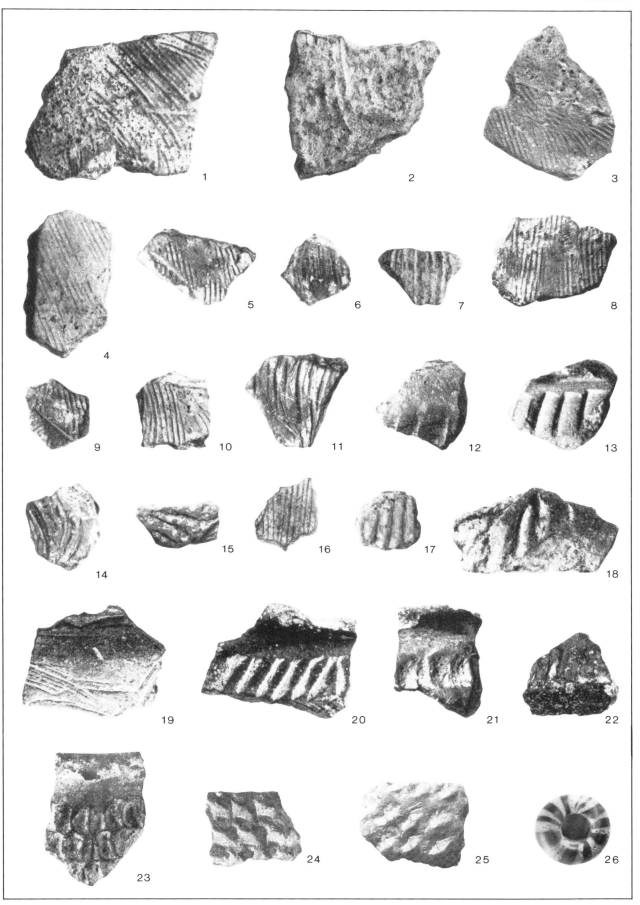

Oberboihingen (194); M. 2:3; 26: M. 1:1.

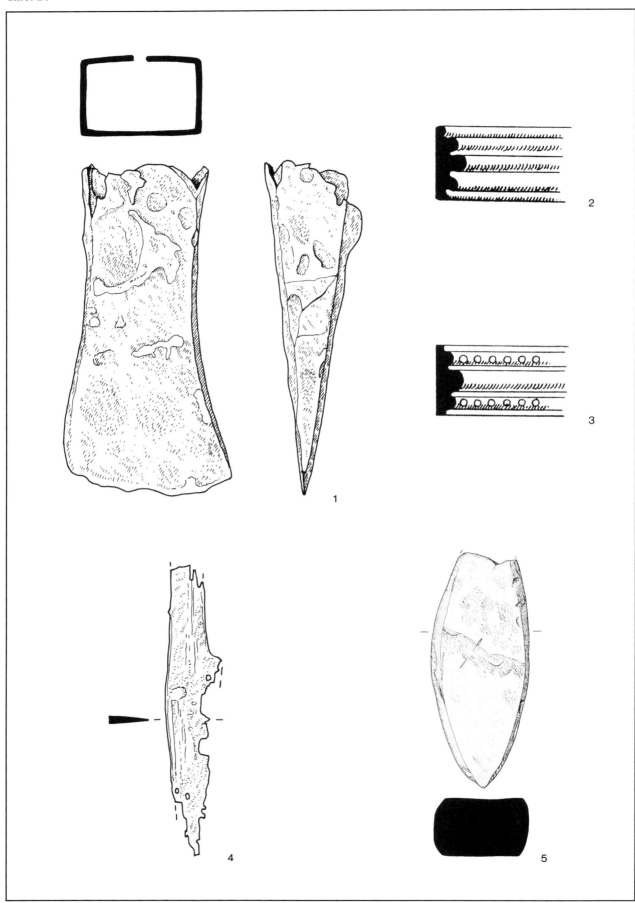

Ostfildern-Scharnhausen (199). M. 1:1, 5: M. 1:3.

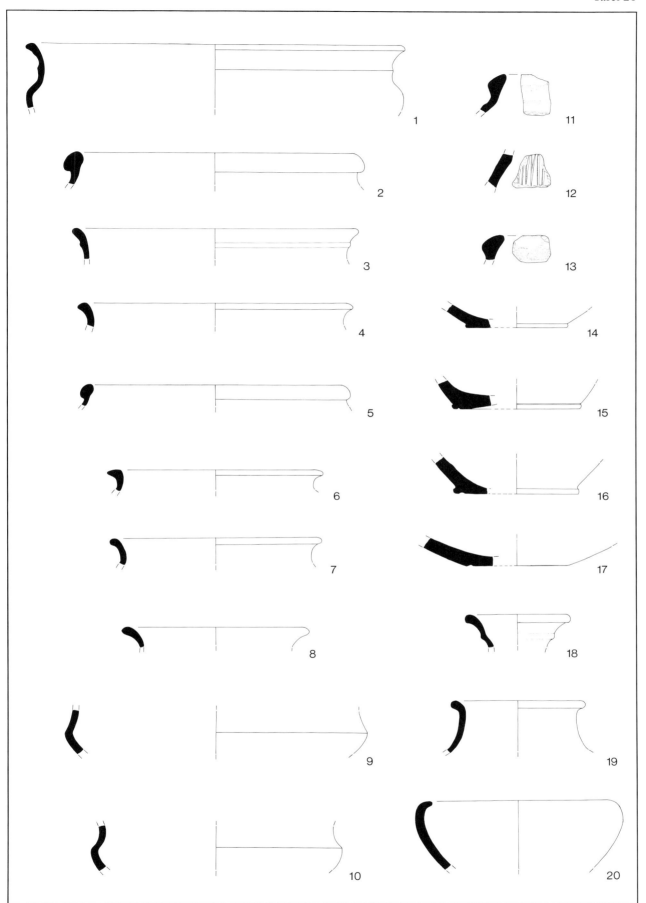

Ostfildern-Scharnhausen (199). M. 1:3.

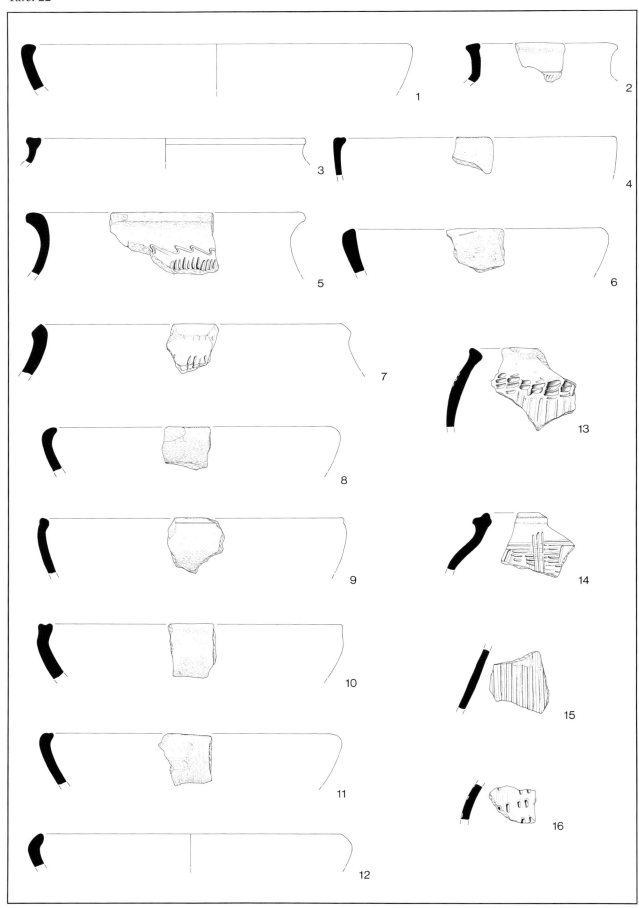

Ostfildern-Scharnhausen (199). M. 1:3.

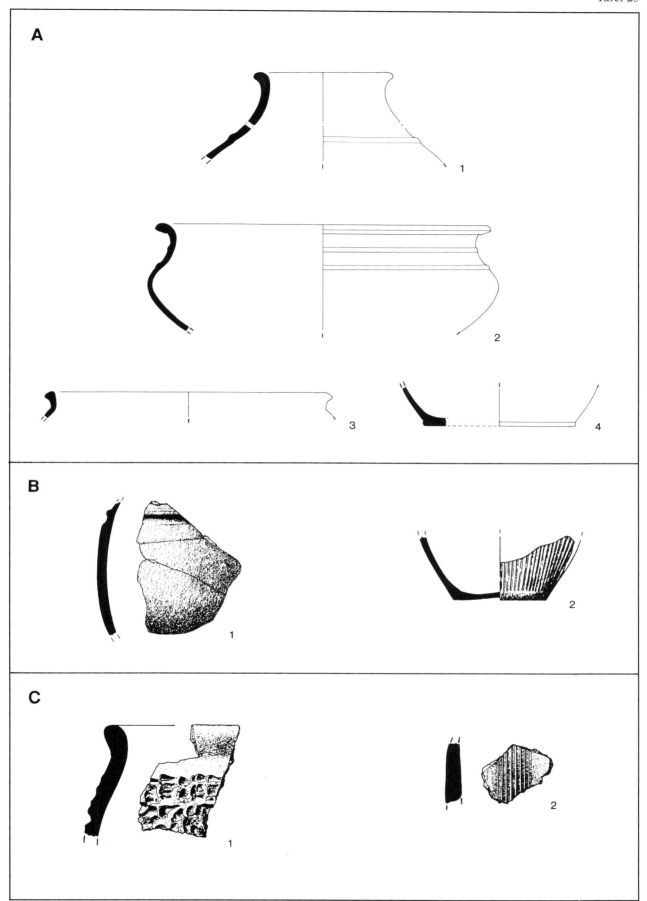

A

B

C

A: Ostfildern-Scharnhausen (199) oder Pliezhausen-Rübgarten (447), M. 1:3;
B: Ostfildern-Scharnhausen (198), M. 1:3; C: Neuhausen a.d. Fildern (190).
M. 1:2.

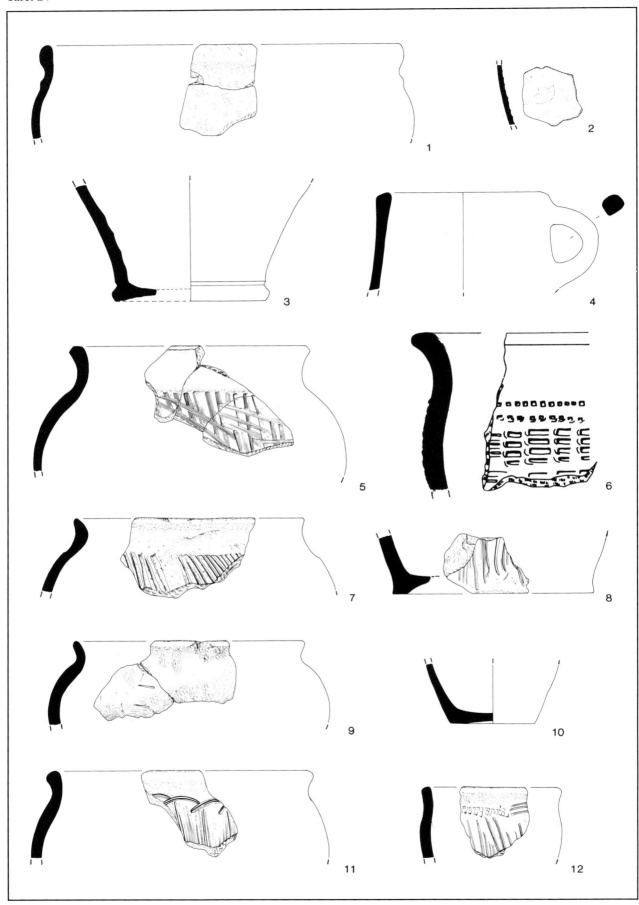

Glatten-Böffingen (206). M. 1:3.

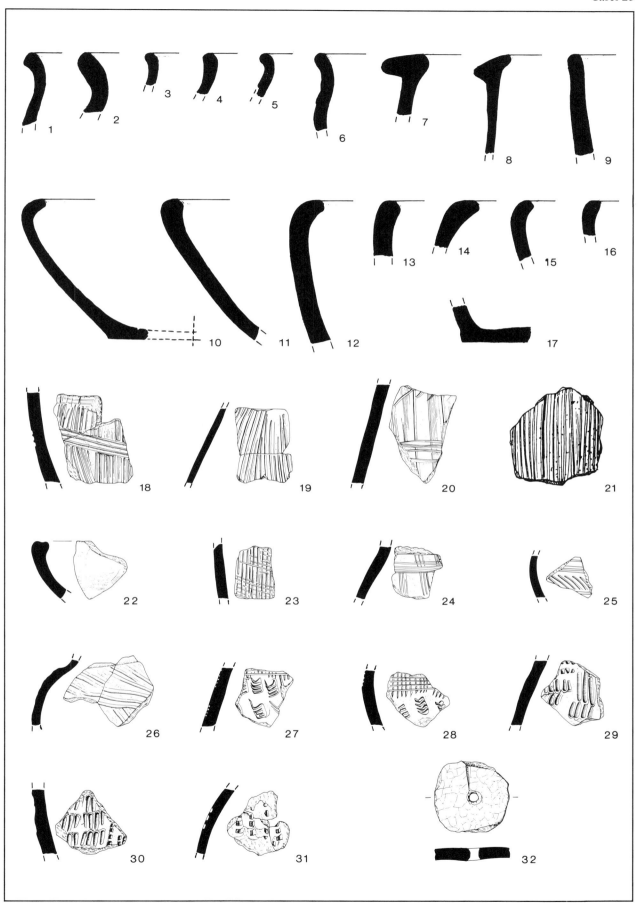

Glatten-Böffiöngen (206). M. 1–17: 1:2, 18–32: 1:3.

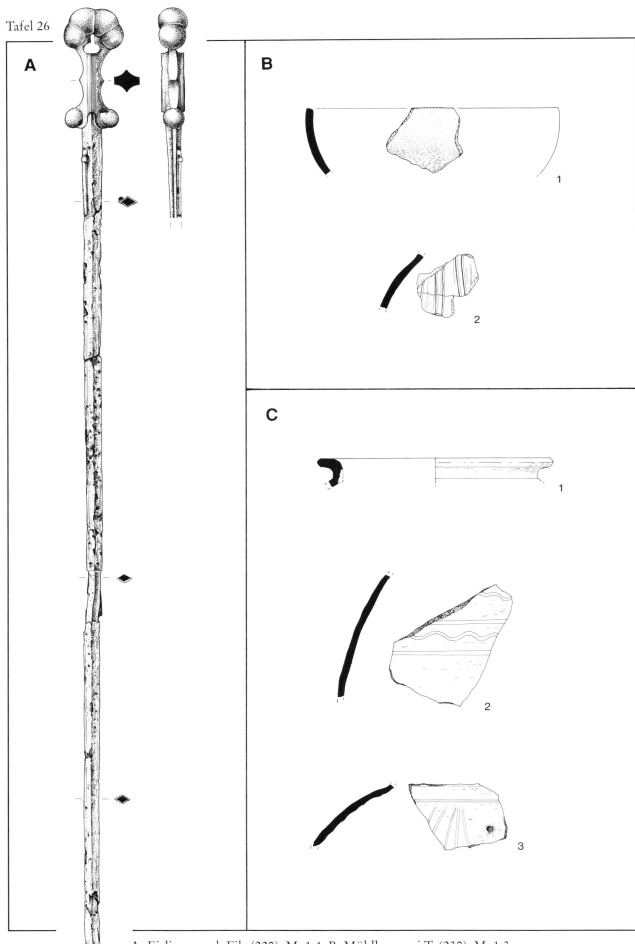

A

B

C

A: Eislingen a.d. Fils (220), M. 1:4; B: Mühlhausen i.T. (230), M. 1:3;
C: Geislingen-Altenstadt (221), M. 1:3.

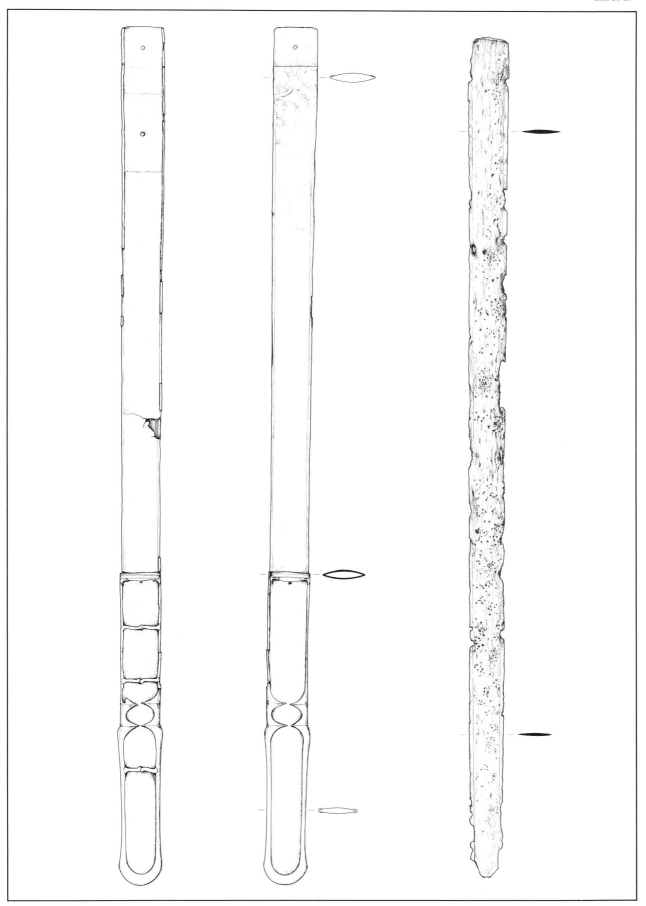

Göppingen (227). M. 1:4.

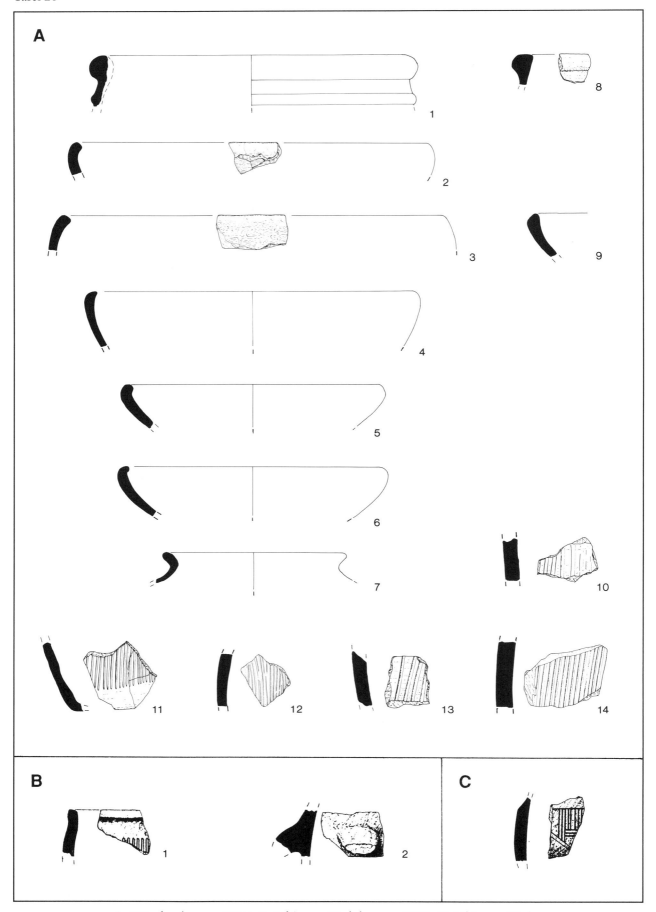

A: Wäschenbeuren (236); B: Uhingen-Holzhausen (233); C: Uhingen-Holzhausen (234). M. 1:3.

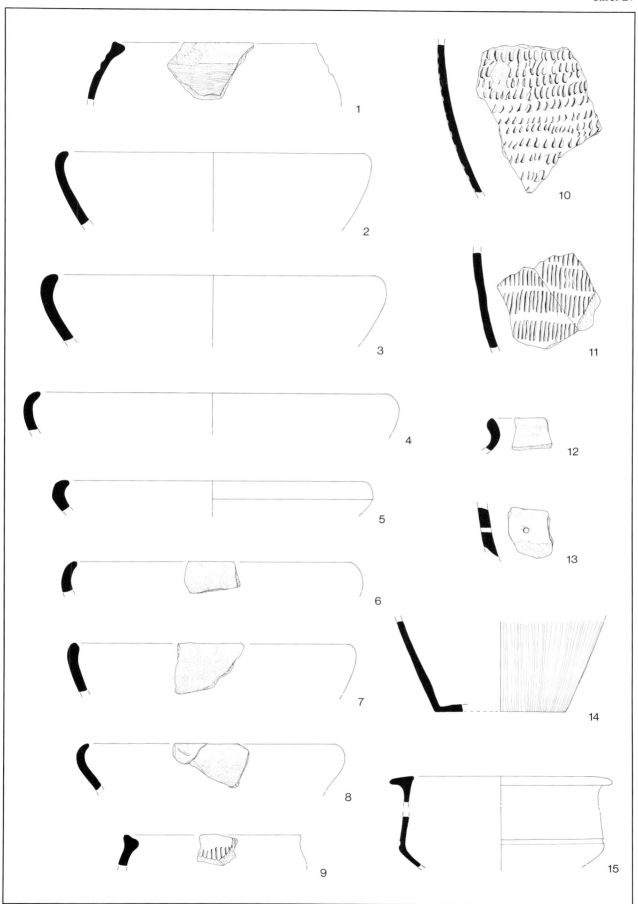

Gerstetten-Heldenfingen (240). M. 1:3.

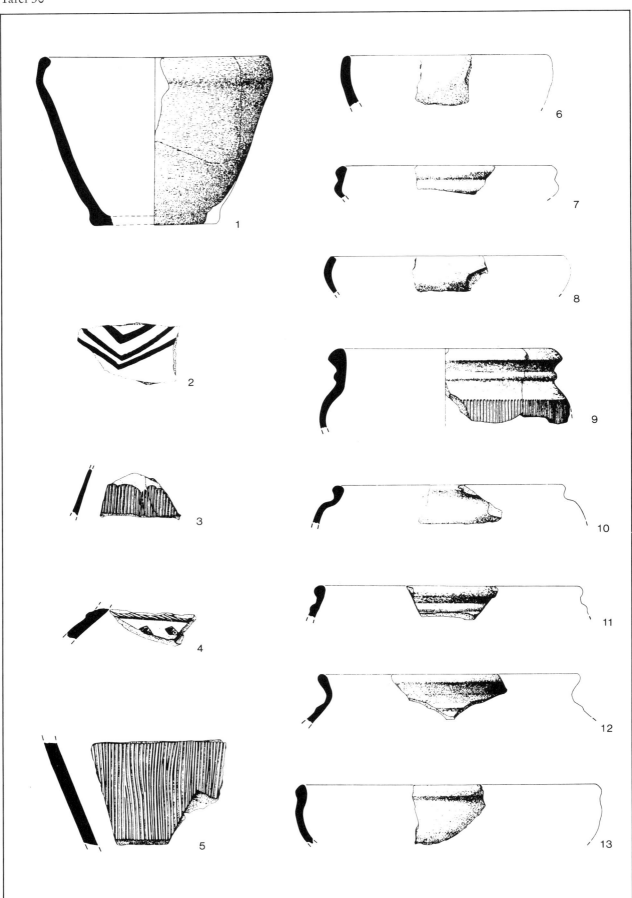

Giengen a.d. Brenz (243). M. 1:3.

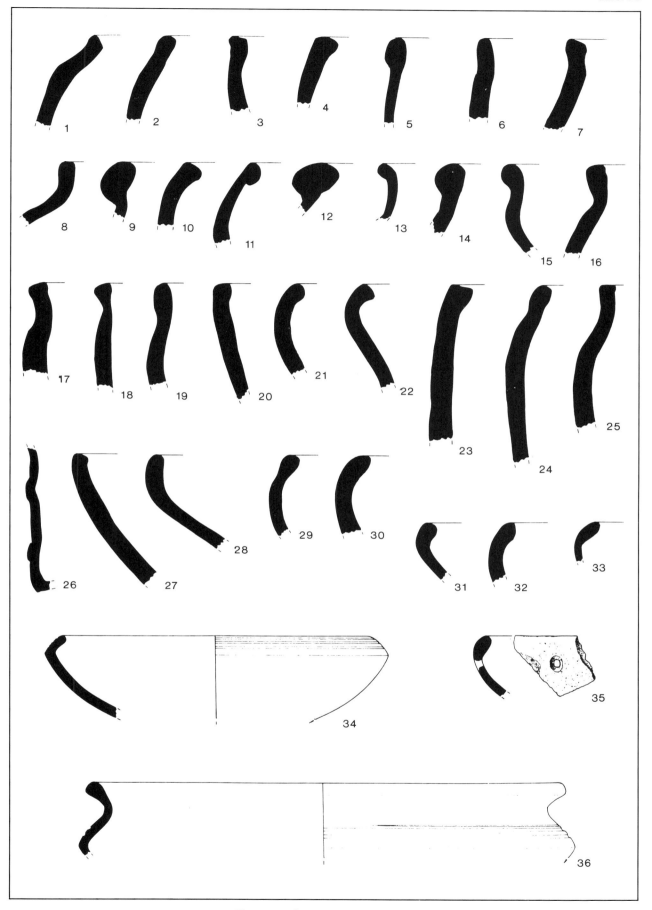

Giengen a.d. Brenz (245). M. 1:2.

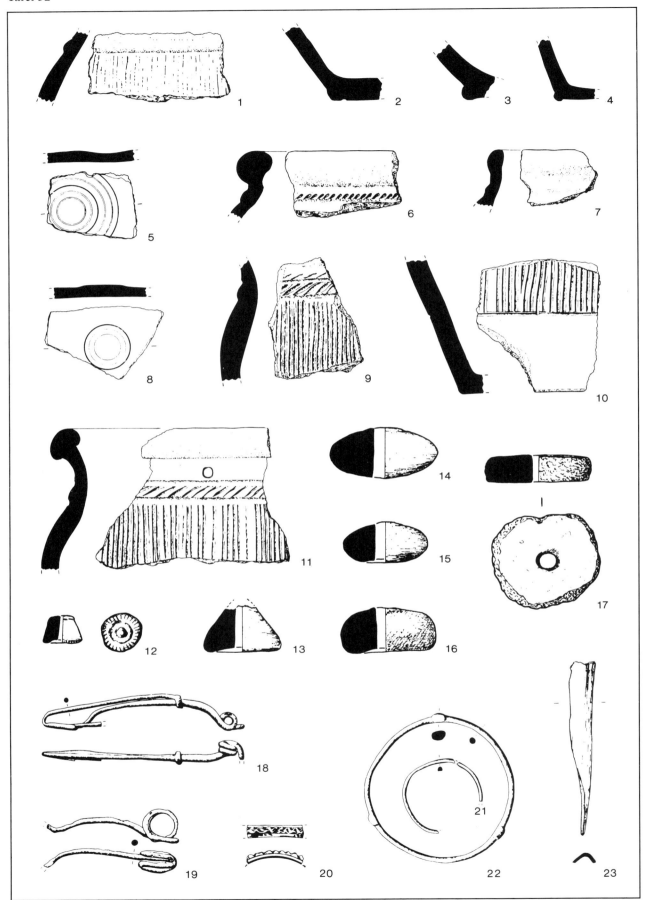

Giengen a.d. Brenz (245). M. 1:2.

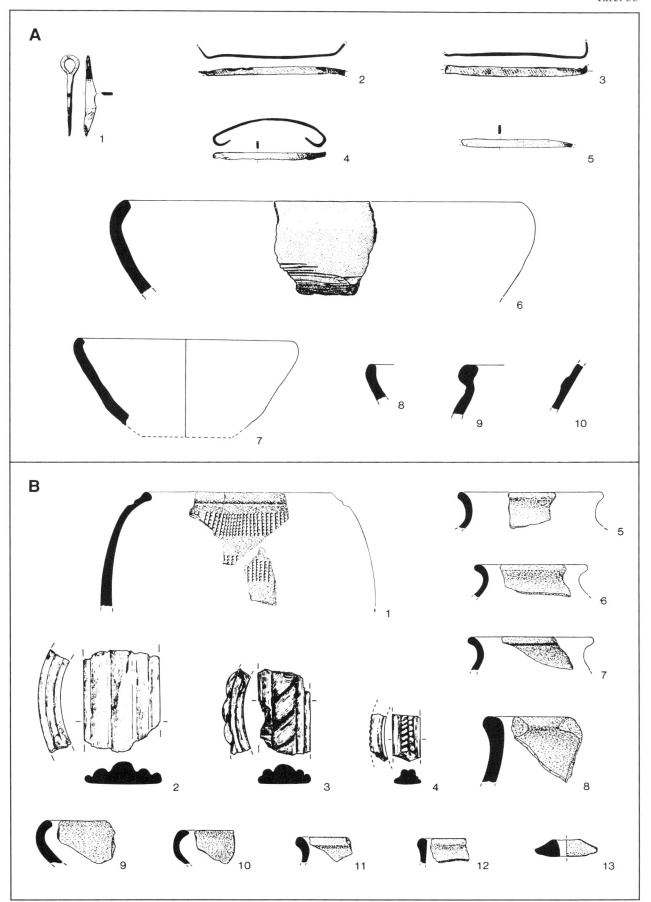

A: Giengen a.d. Brenz (245), M. 1:2; B: Steinheim a.A.-
Sontheim im Stubental (275), M. 2–4: 1:1, sonst 1:3.

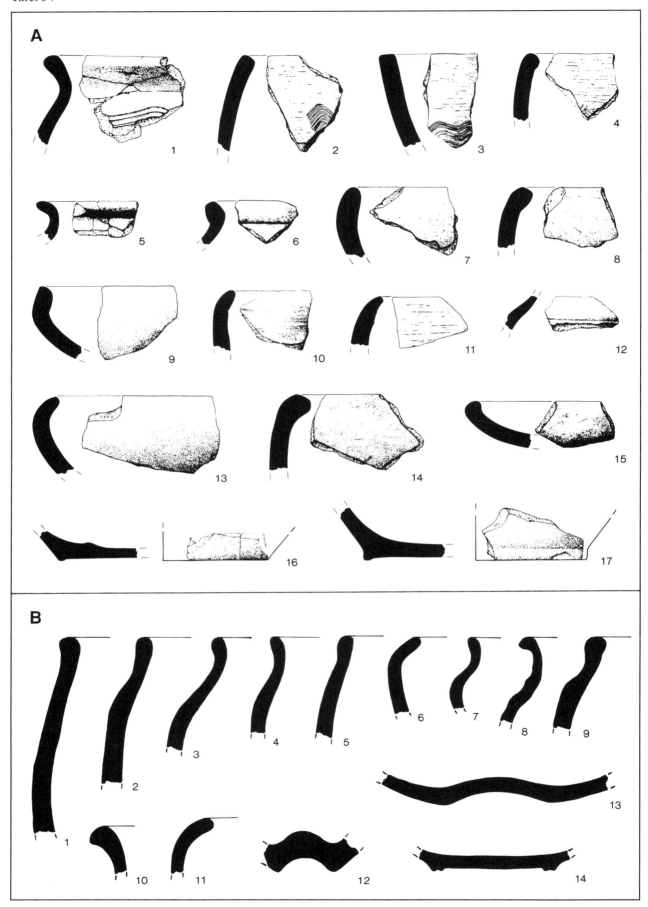

A: Lauffen am Neckar (307), M. 1:2; B: Schwaigern (323), M. 1:3.

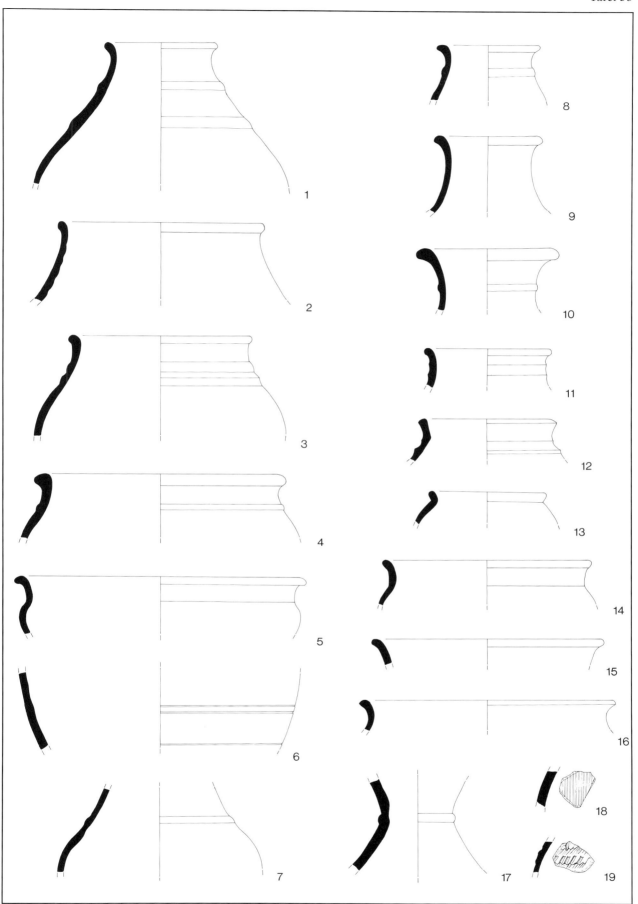

Neckarsulm (313). M. 1:3.

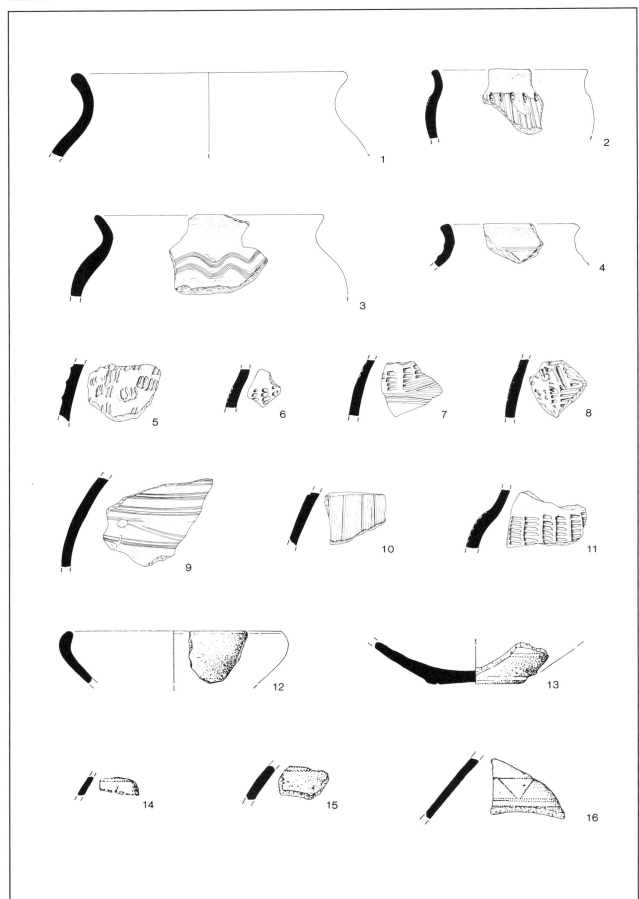

Neckarsulm (313). M. 1:3.

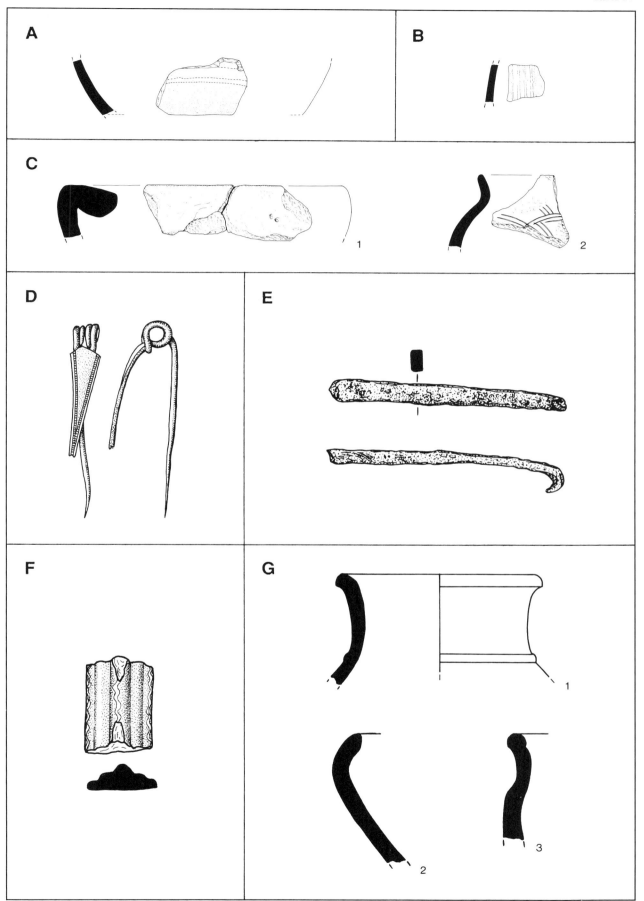

A: Ilsfeld (305), M. 1:3; B: Bad Friedrichshall-Kochendorf (277), M. 1:3;
C: Leingarten-Großgartach, 1: (309); 2: (308), M. 1:3; D: Heilbronn-Neckar-
gartach (302), M. 1:1; E: Oedheim-Degmarn (320), M. 1:2; F: Heilbronn-
Böckingen (295), M. 1:1; G: Nordheim (318), M. 1:3.

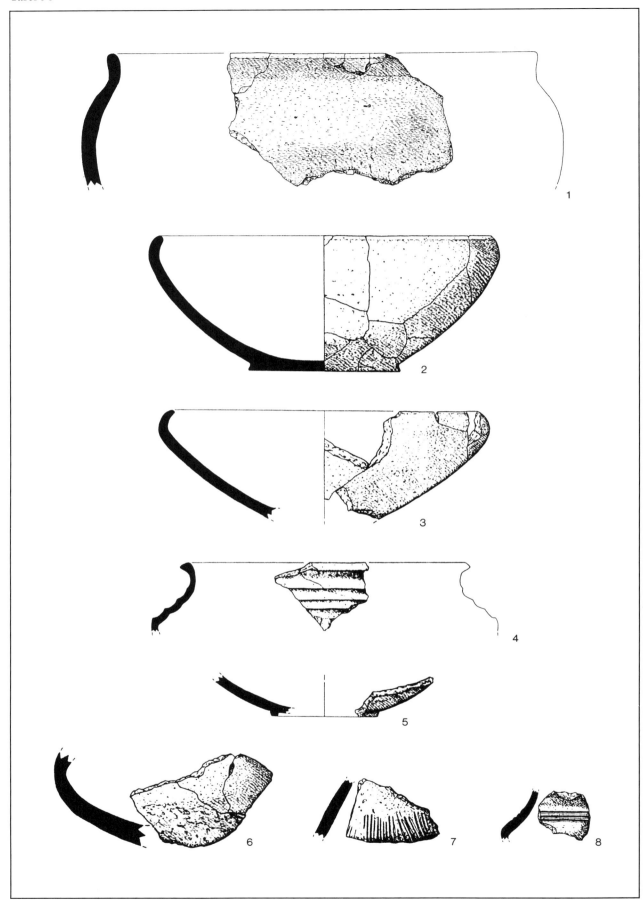

Schwaigern-Niederhofen (324). M. 1:3.

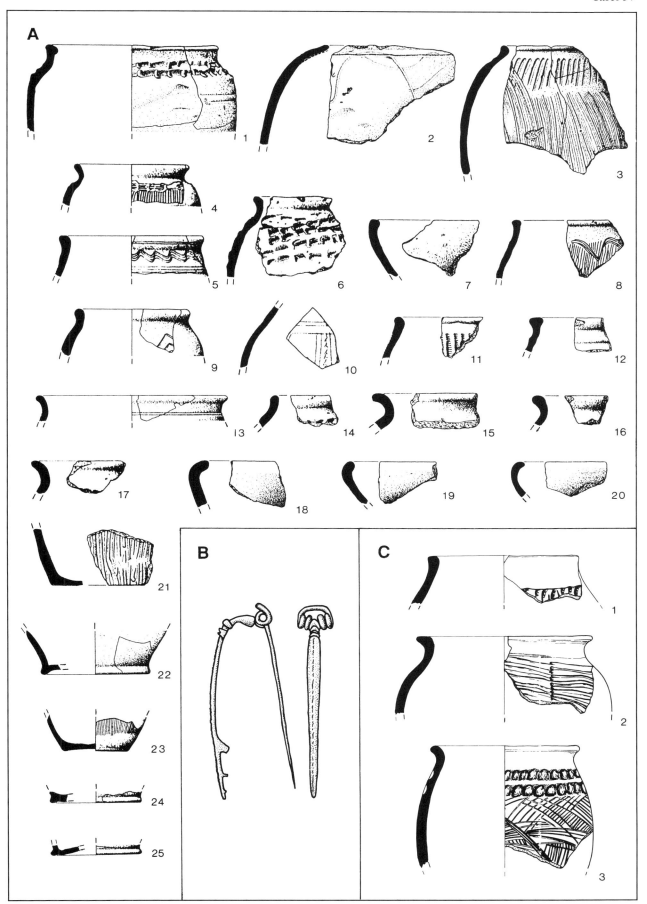

A: Konstanz (335), M. 1:3; B: Konstanz (336), M. 2:3; C: Singen a. H. (340 B),
M. ca. 1:3.

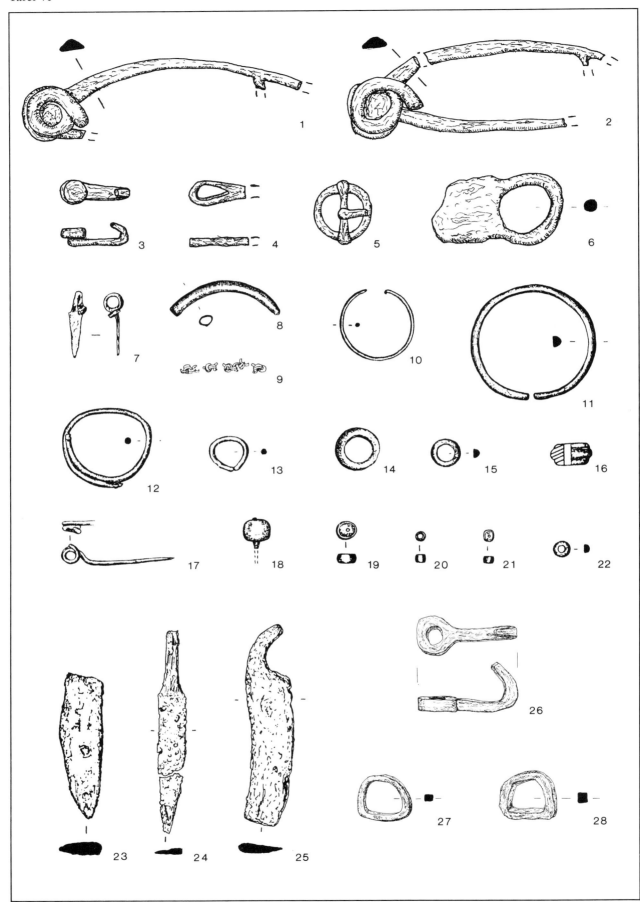

Dörzbach (344), 1–6: M. 1:1; 7–25: M. 1:2; 26–28: M. 1:3.

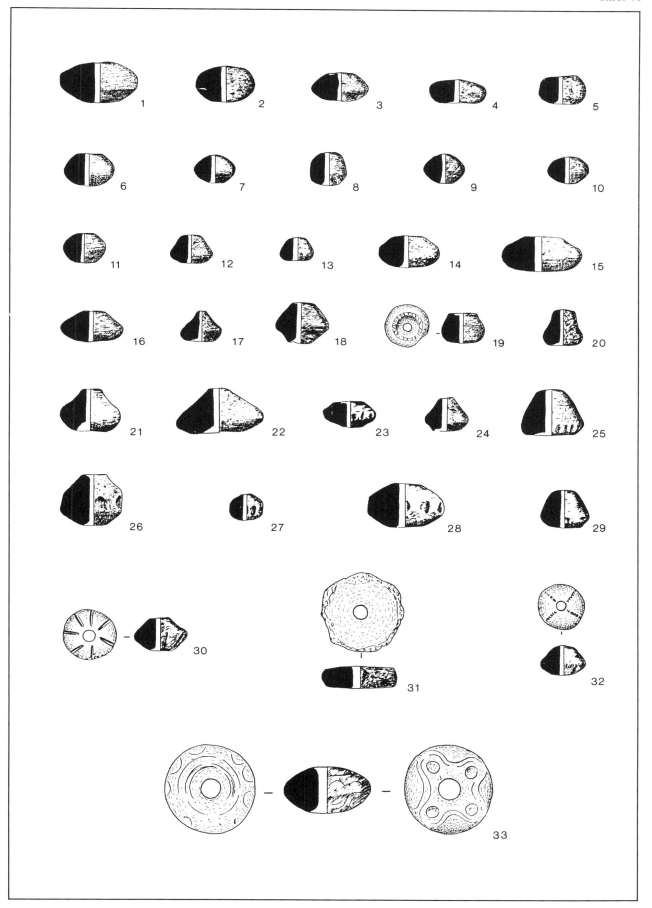

Dörzbach (344). M. 1:2.

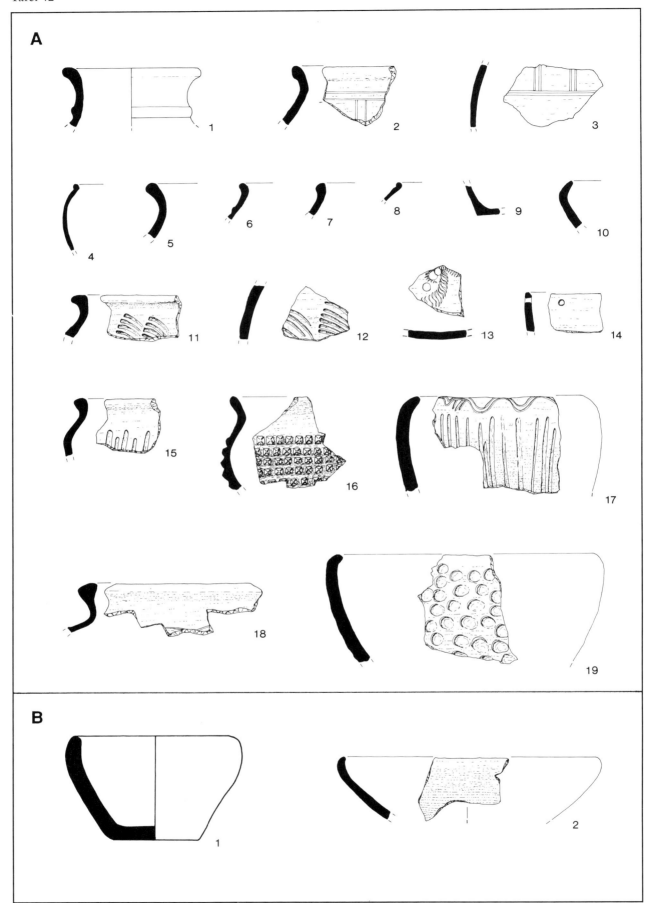

A: Dörzbach (344); B: Dörzbach (345). M. 1:3.

Dörzbach (344). M. 1:1.

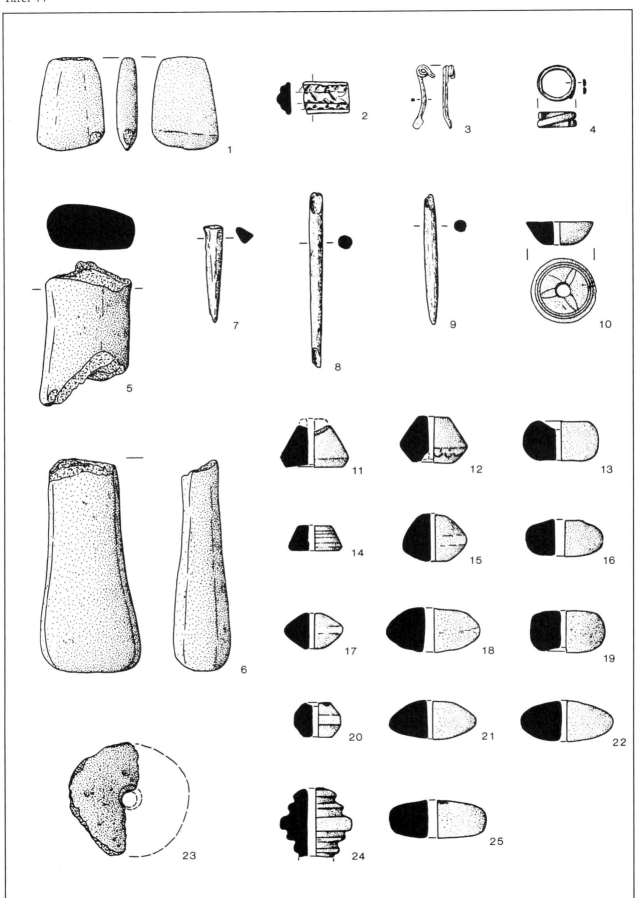

Ingelfingen (349). M. 1:2.

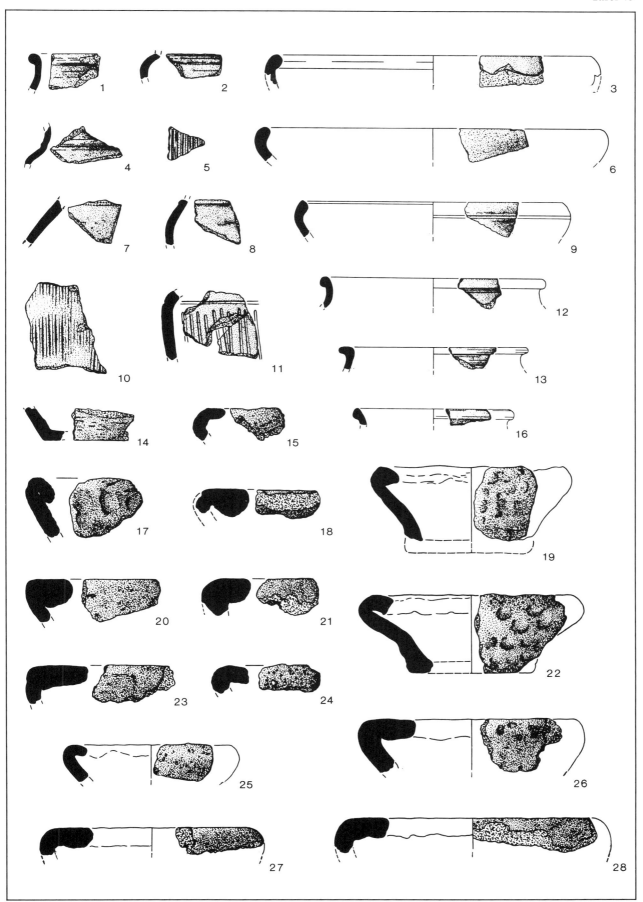

Ingelfingen (349). M. 1:3.

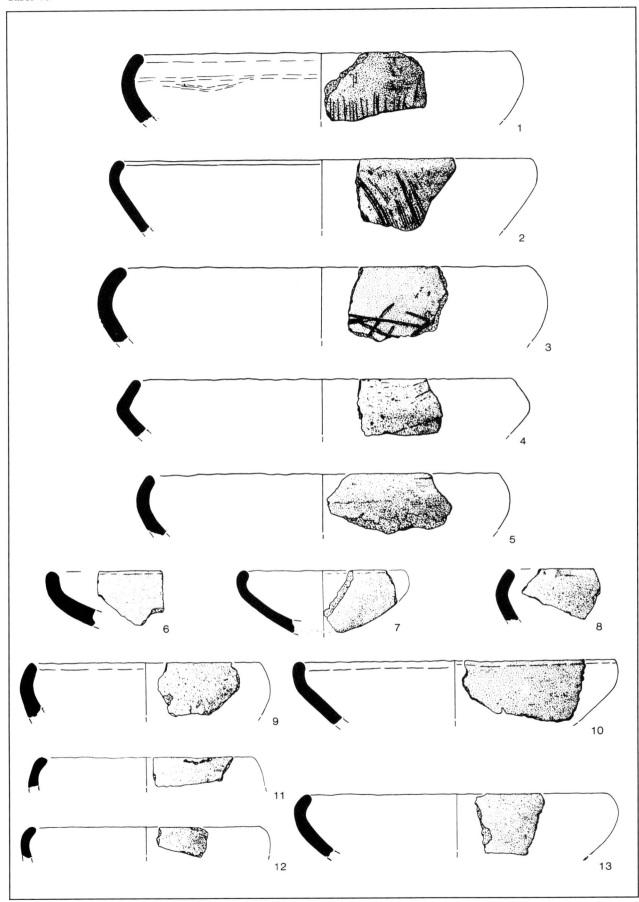

Ingelfingen (349). M. 1:3.

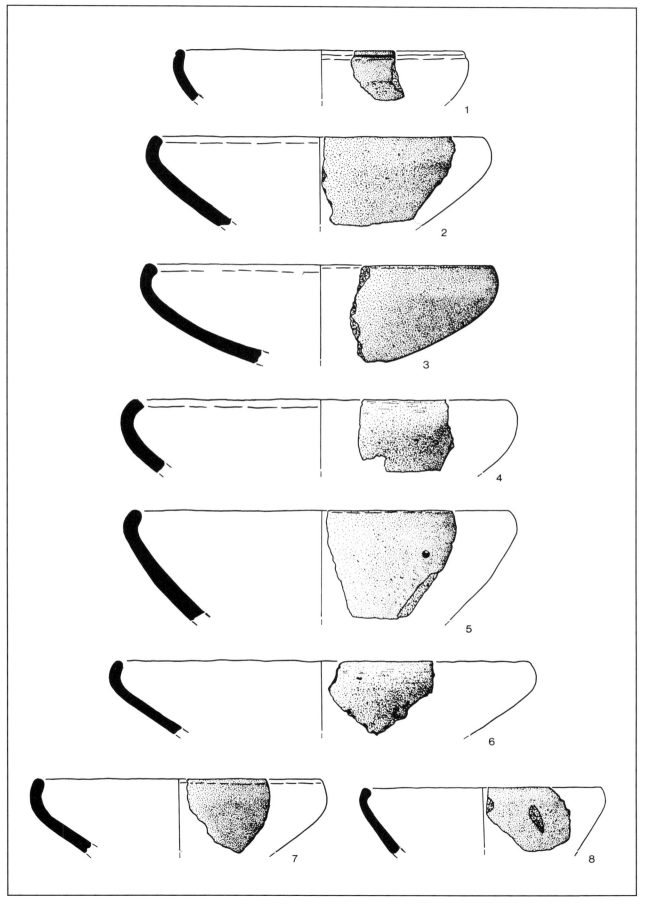

Ingelfingen (349). M. 1:3.

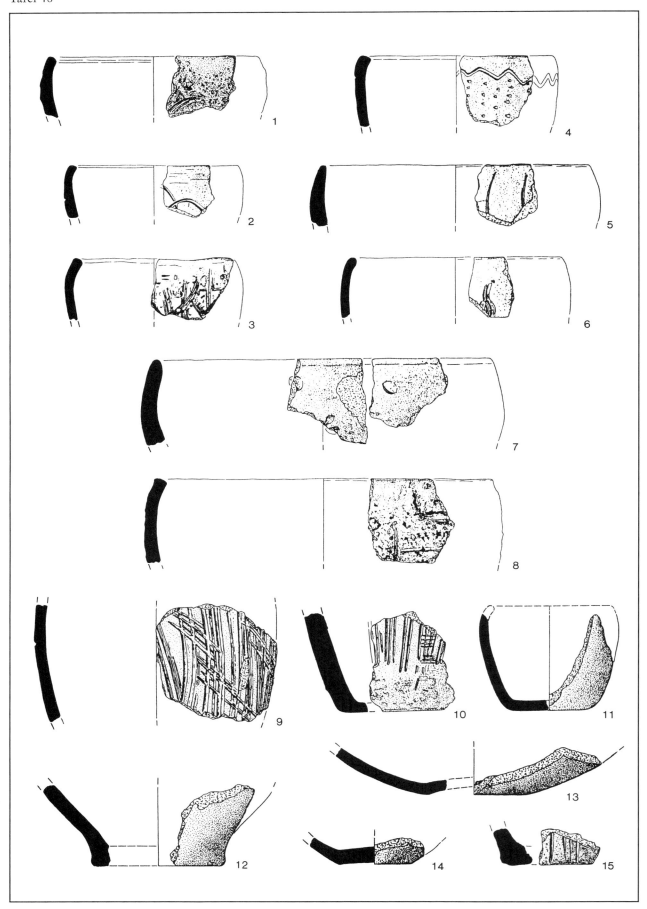

Ingelfingen (349). M. 1:3.

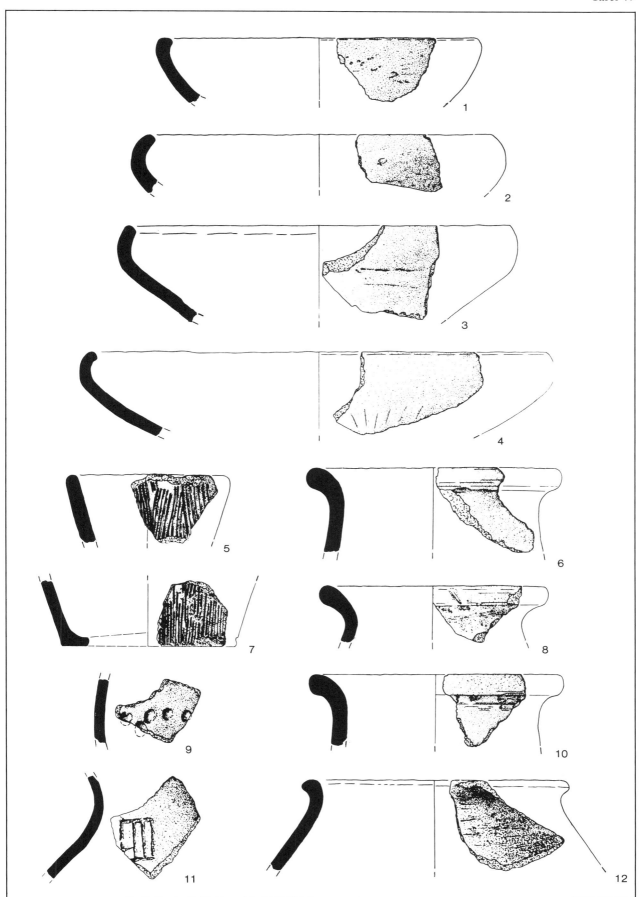

Ingelfingen (349). M. 1:3.

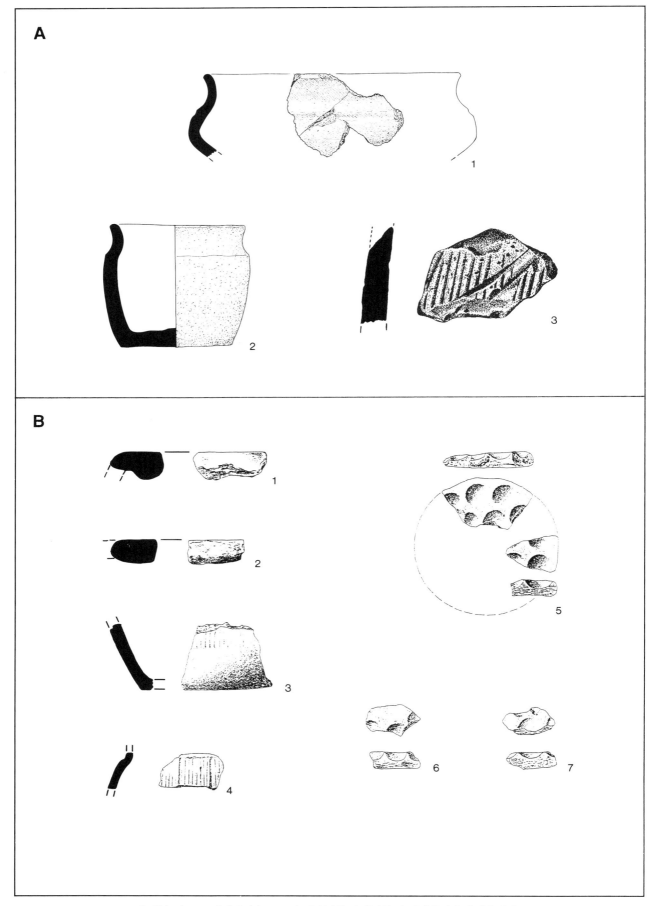

A: Ditzingen-Schöckingen. 1–2 (365), 3 (364); 1–2: M. 1:3; 3: M. 1:2;
B: Gerlingen (370), M. 1:3.

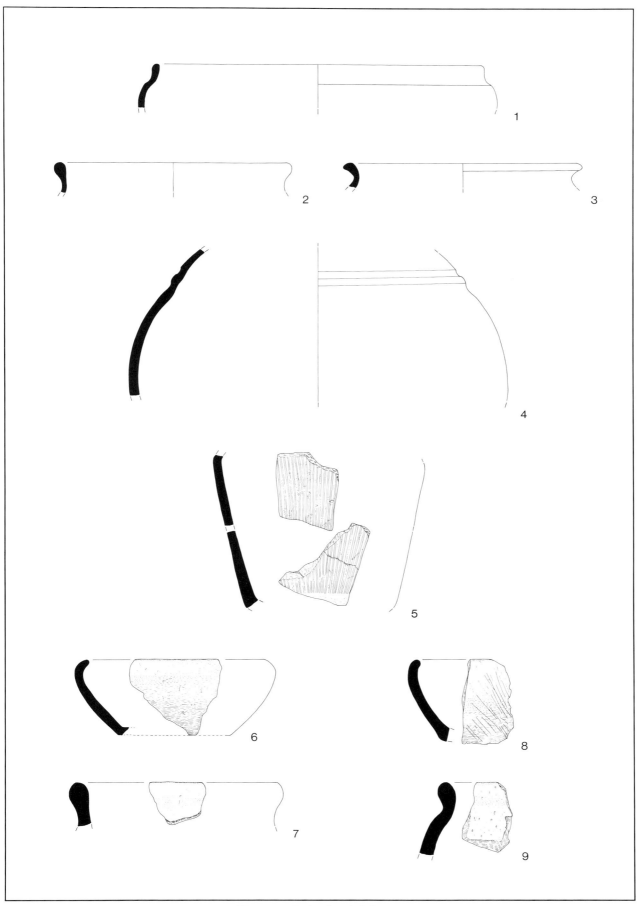

Kornwestheim (378). M. 1:3.

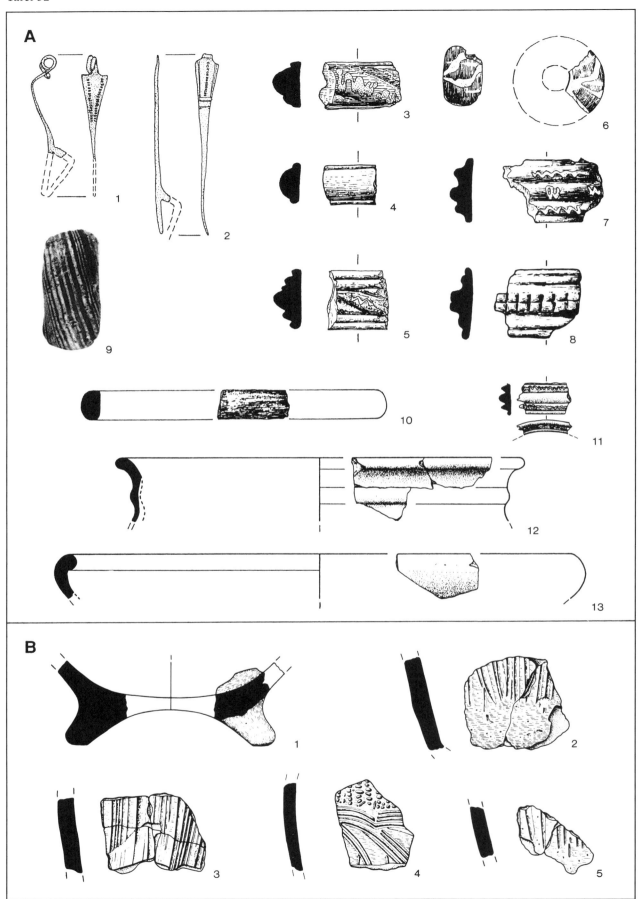

A: Bad Urach (400), 1–2: M.3:4; 3–11: M. 1:1; 12–13: M. 1:3;
B: Engstingen-Kleinengstingen (420). M. 1:3.

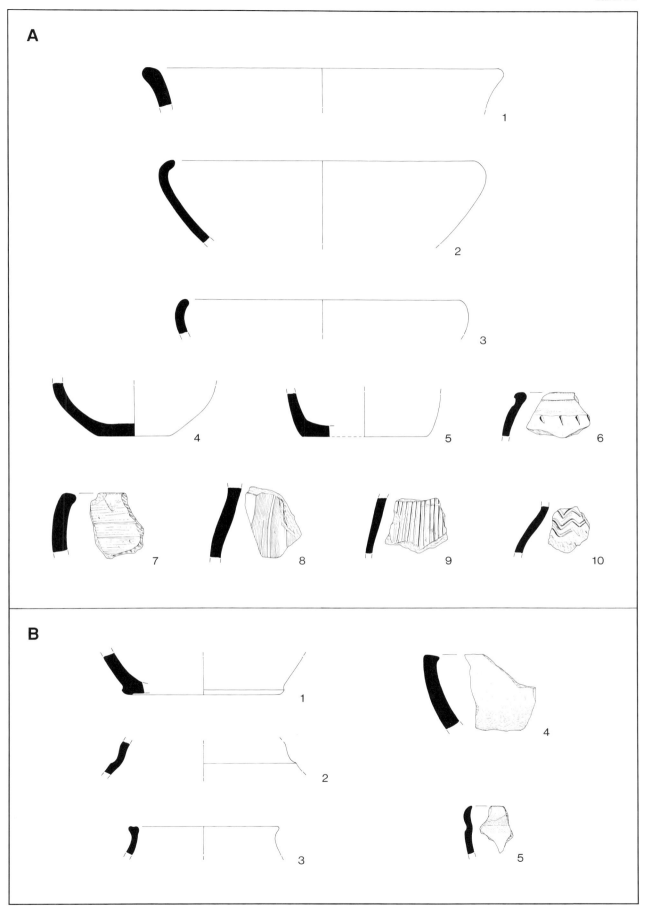

A: Gomadingen-Grafeneck (426); B: Gomadingen (425). M. 1:3.

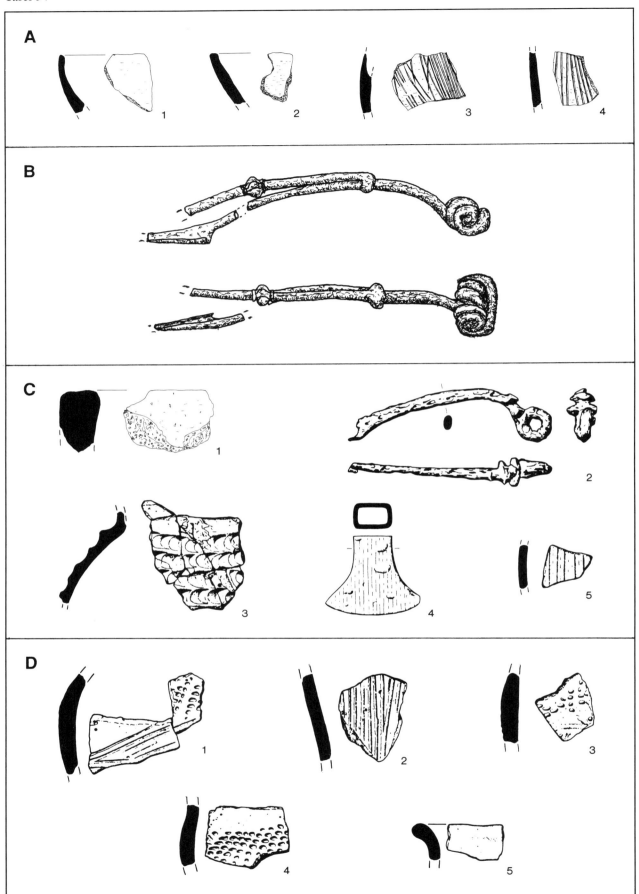

Grabenstetten-Burrenhof (429), A: M. 1:3; B: M 1:1; C: 2: M. 1:1,
4: ohne M., sonst M. 1:3; D: M. 1:3.

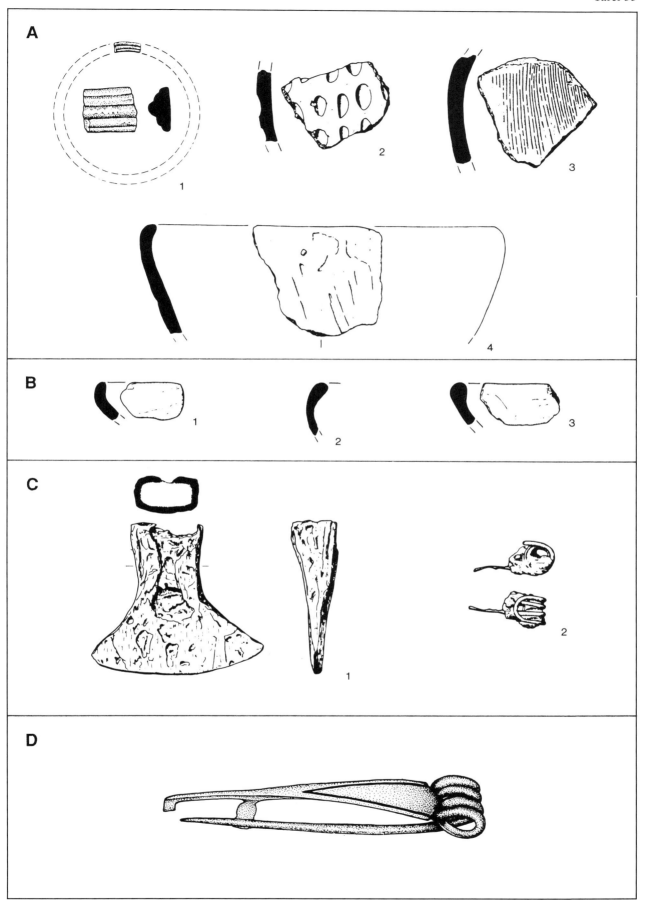

A: Grabenstetten-Burrenhof (429), 1: M. 1:1, sonst 1:3; B: Grabenstetten-
Burrenhof (429), M. 1:3; C: Grabenstetten-Burrenhof, M. 1:1;
D: Grabenstetten (430), M. 1:1.

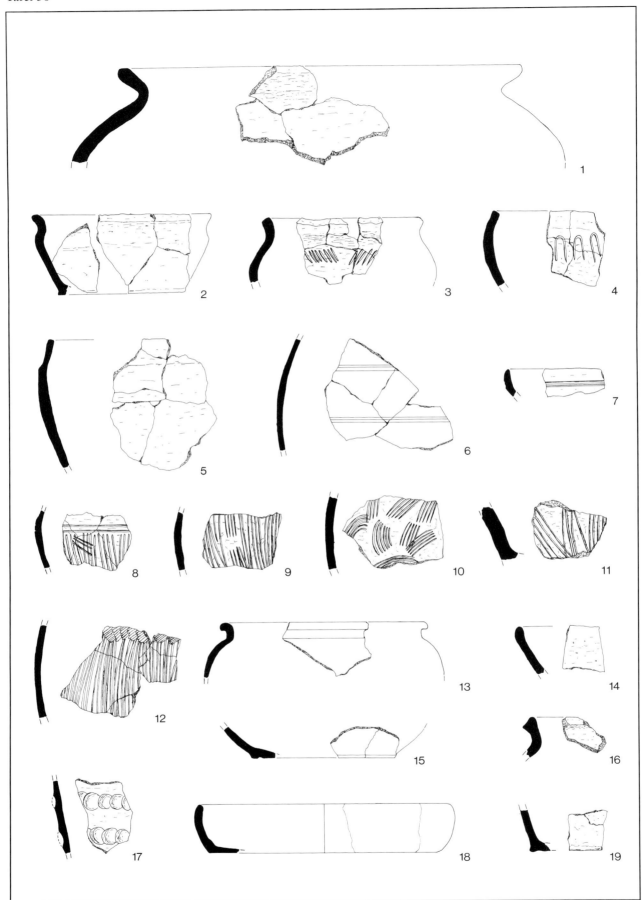

Grabenstetten-Burrenhof (429). M. 1:3.

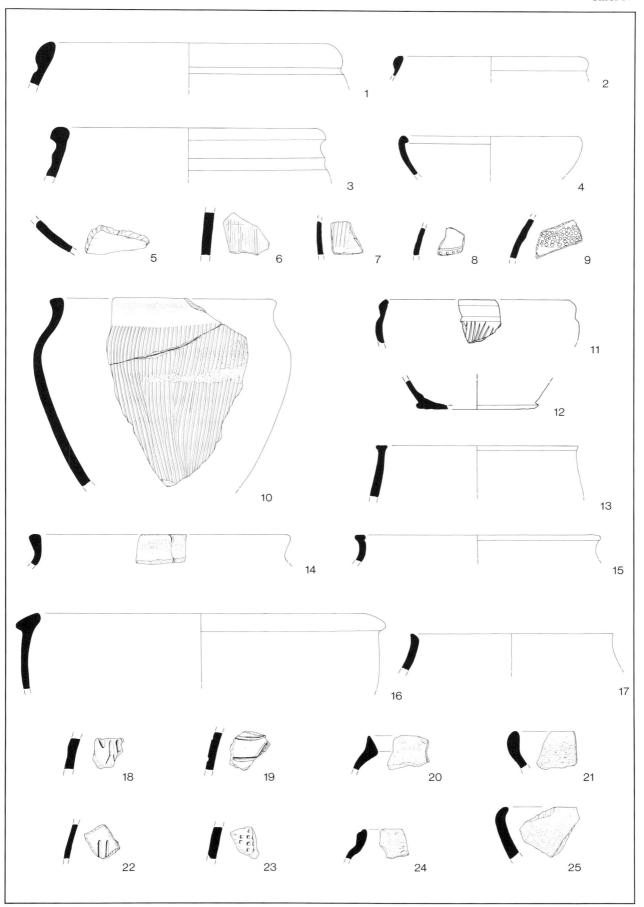

Grabenstetten-Heidengraben (431). M. 1:3.

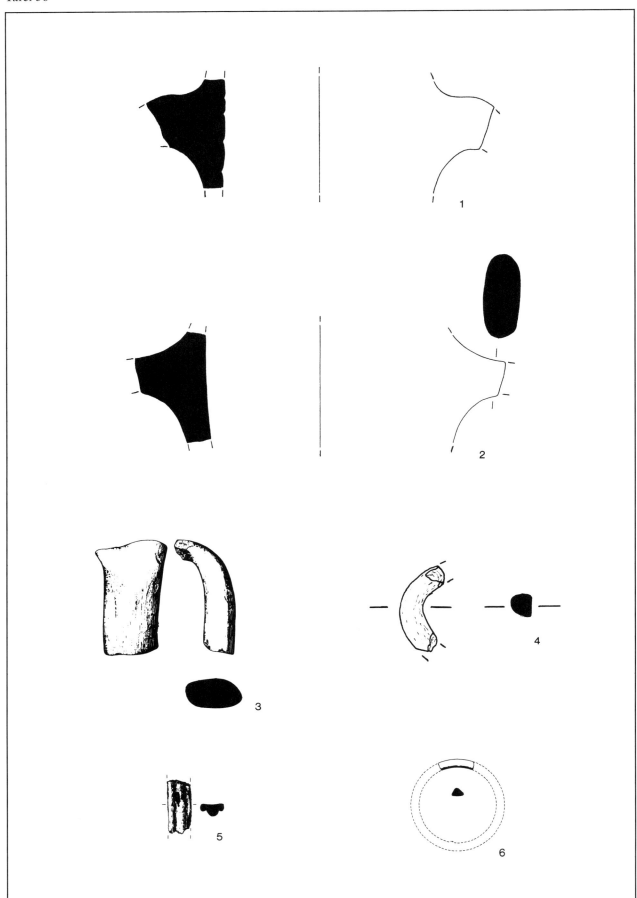

Grabenstetten-Heidengraben, 1–2: M. 1:2; 3–6: M. ca. 1:3.

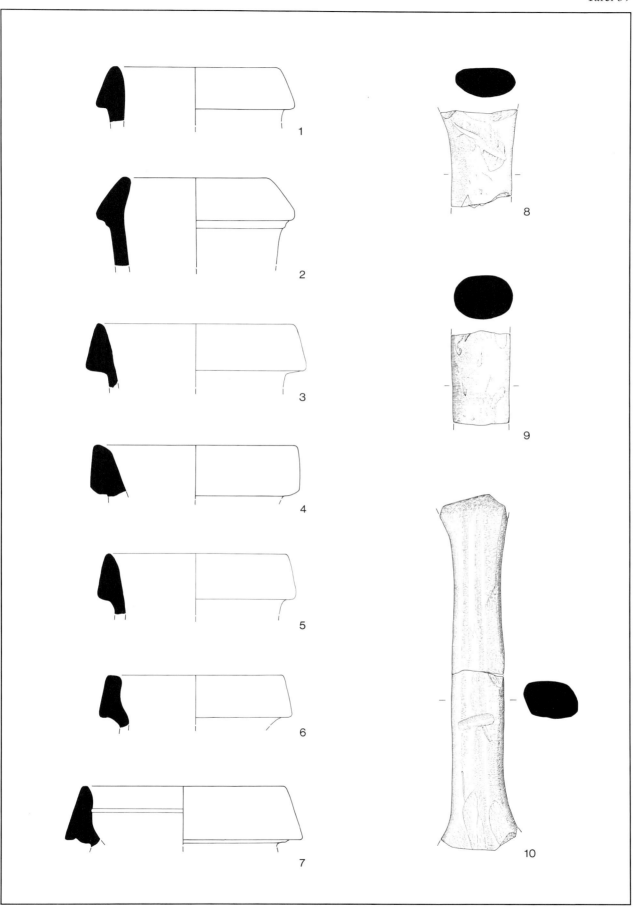

Grabenstetten-Heidengraben (431). M. 1:2.

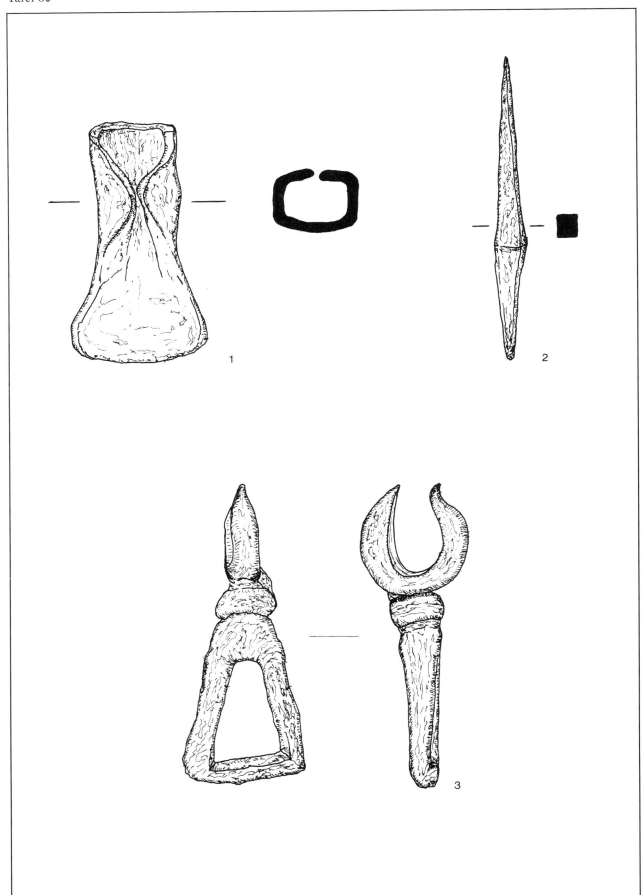

Grabenstetten-Heidengraben (431). M. 1:1.

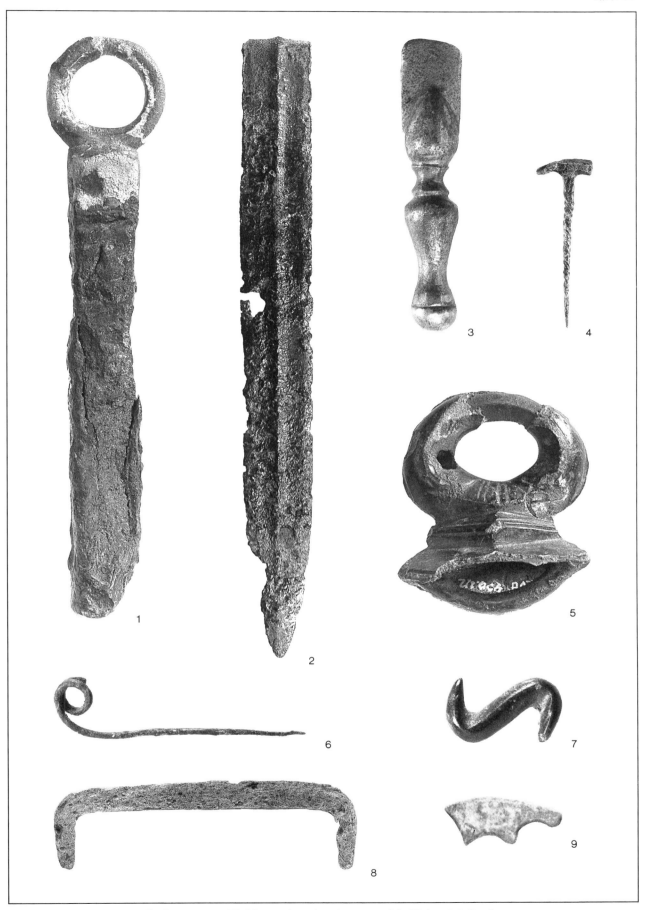

Grabenstetten-Heidengraben (431). unterschiedlicher Maßstab.

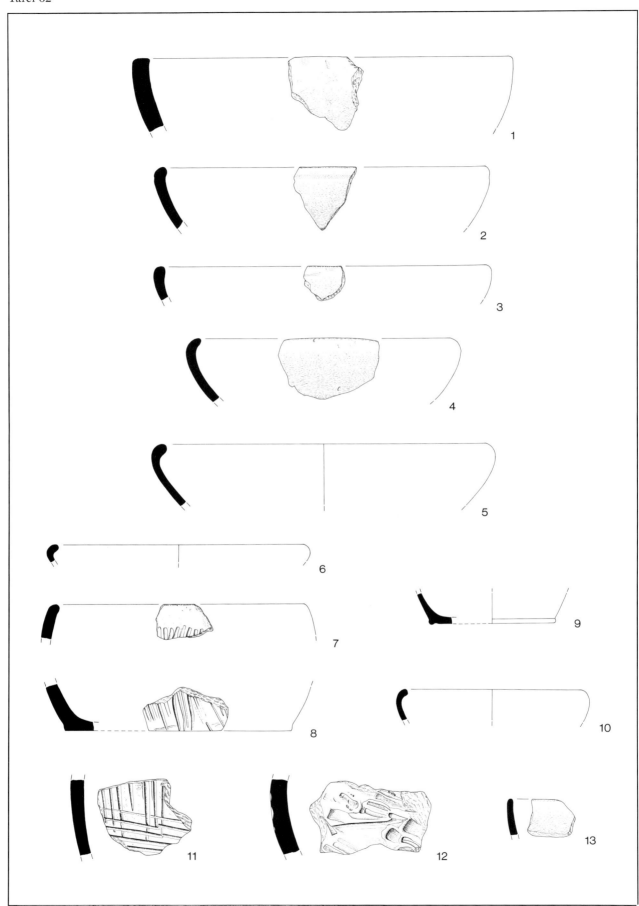

Lichtenstein-Honau (437). M. 1:3.

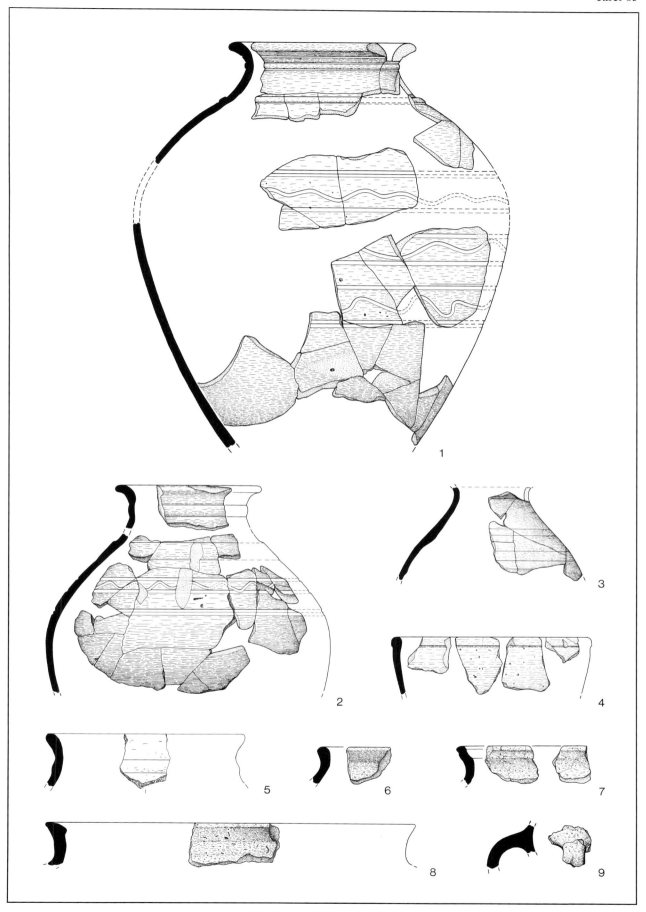

Pfullingen (446). M. 1:3.

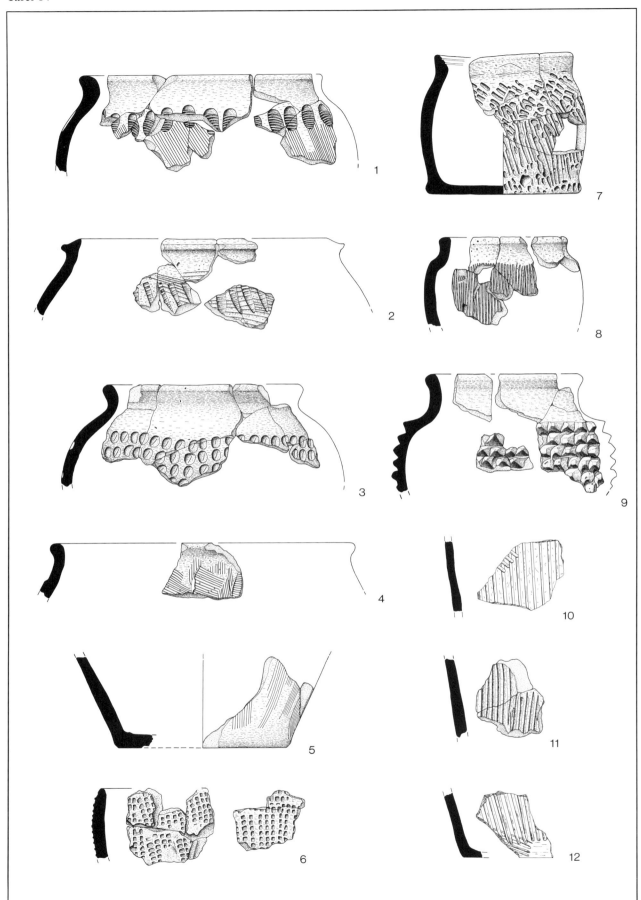

Pfullingen (446). M. 1:3.

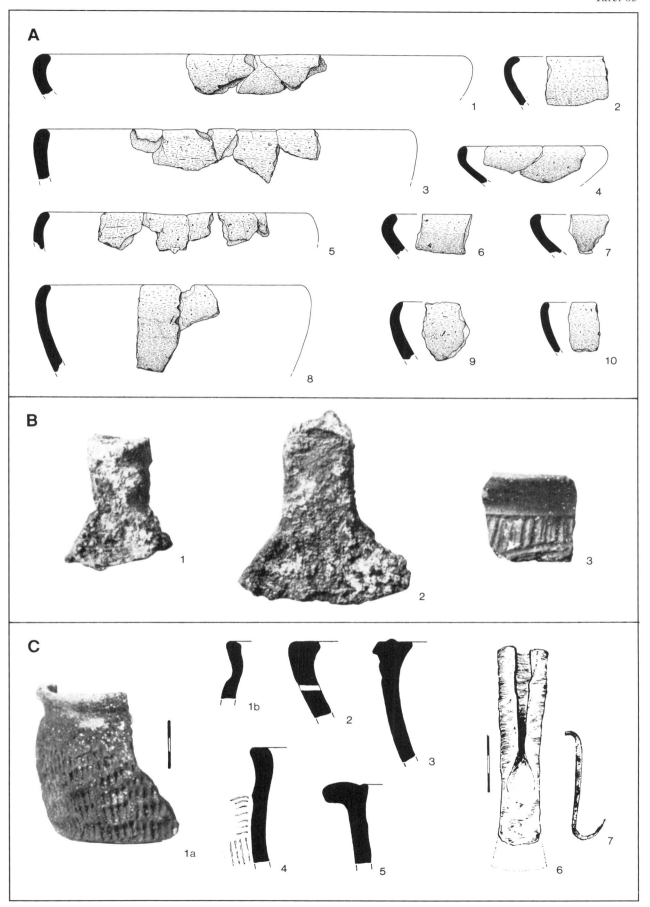

A: Pfullingen (446), M. 1:3; B: Pfullingen (445), M. ca. 1:2;
C: Pfullingen (445), 1, 6–7: M. ca. 1:3; 1b–5: M. ca. 1:2.

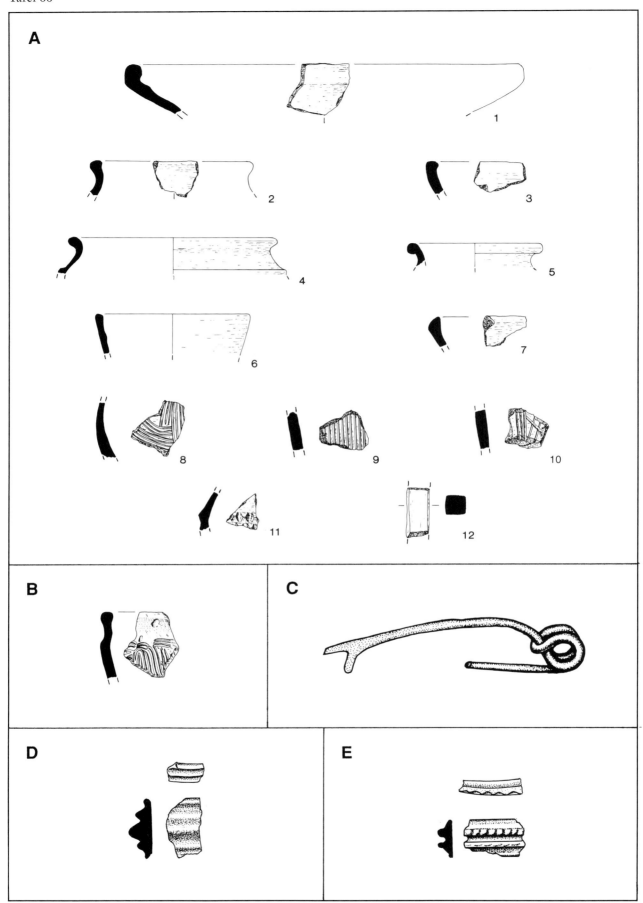

A: Mehrstetten (438), M. 1:3; B: Urach-Wittlingen (410), M. 1:3; C: Hayingen-
Münzdorf (433), M. 1:1; D: Dietingen-Böhringen (487), M. 1:1;
E: Sulz a. Neckar-Bergfelden (503), M. 1:1.

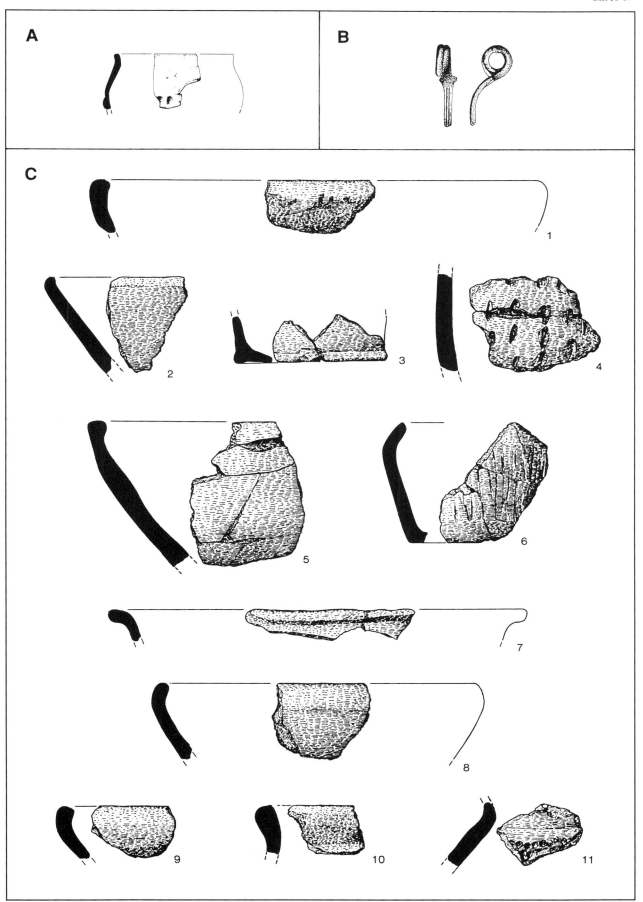

A: Rottweil (496), M. 1:3; B: Rottweil (494), M. 2:3;
C: Oberndorf a. Neckar (489), M. 1:2.

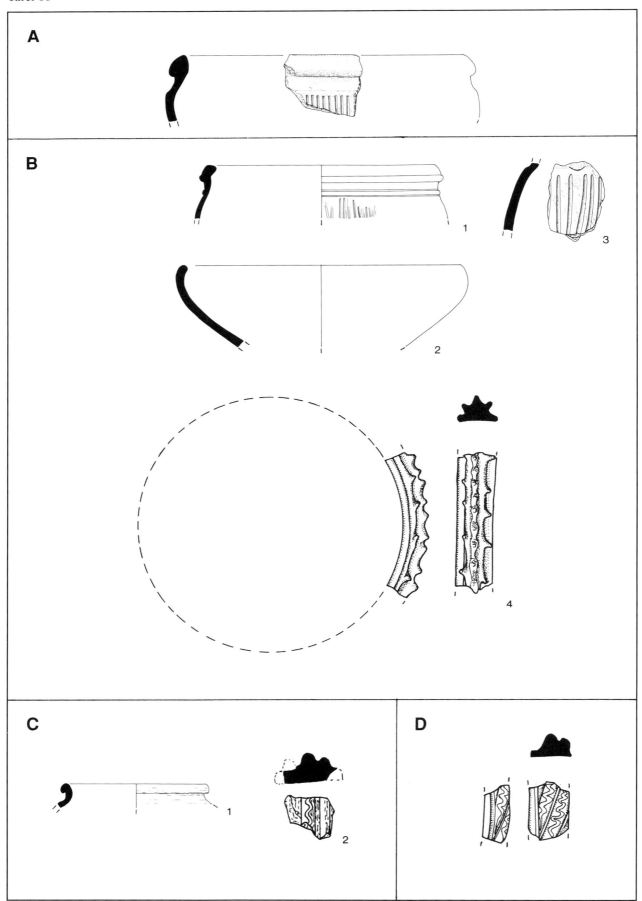

A: Blaufelden-Naicha (539), M. 1:3; B: Wallhausen (598), M. 1–3: 1:3; 4: 1:1;
C: Gerabronn-Amlishagen (545); 1: M. 1:3; 2: M. 1:1;
D: Schrozberg-Spielbach (574), M. 1:1.

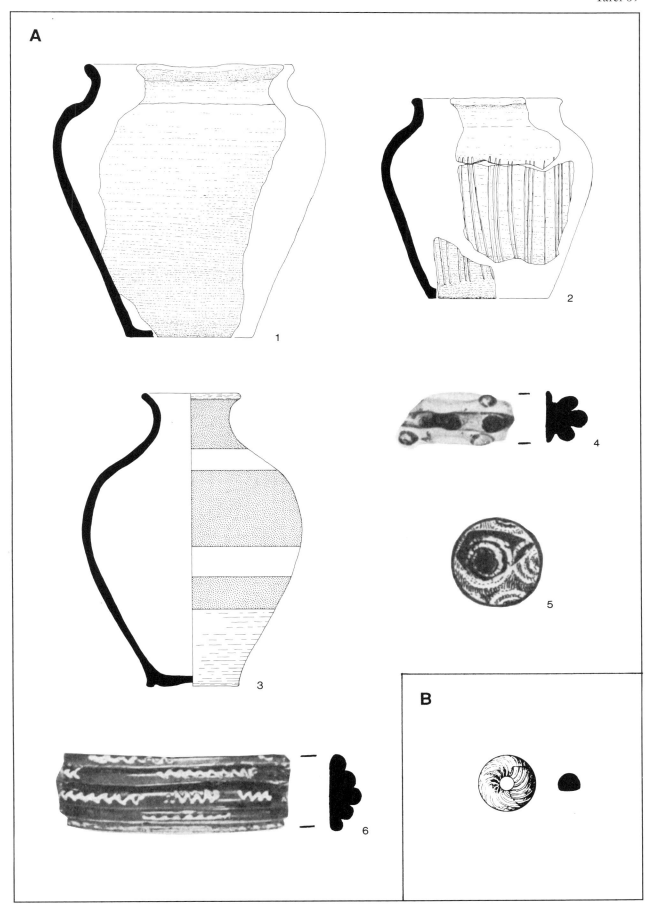

A: Schwäbisch Hall (583), 1–3: M. 1:3; 4–6: M. 1:1; B: Schwäbisch Hall (584),
M. 1:2.

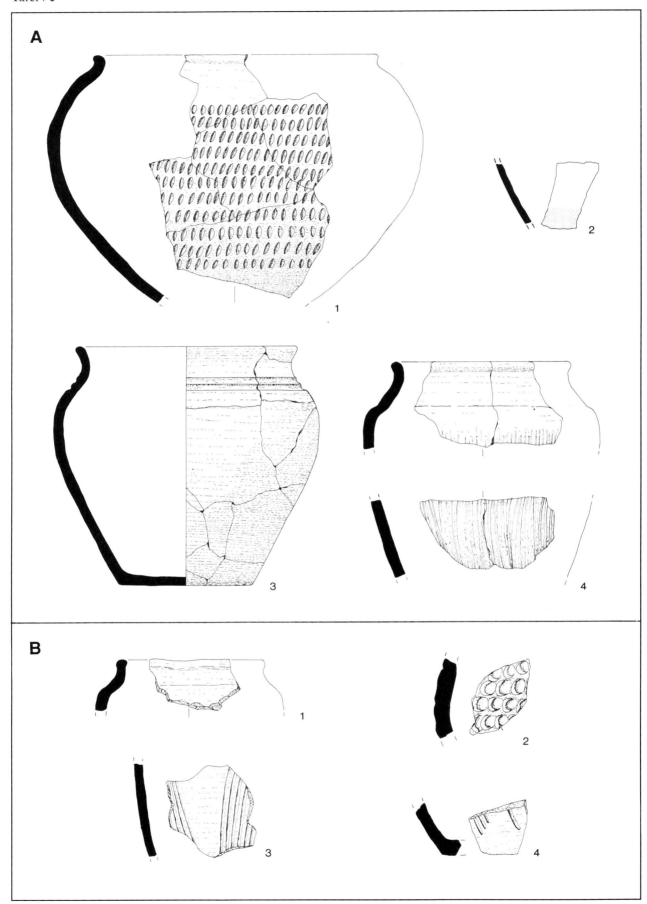

A: Schwäbisch Hall (583); B: Schwäbisch Hall (590), M. 1:3.

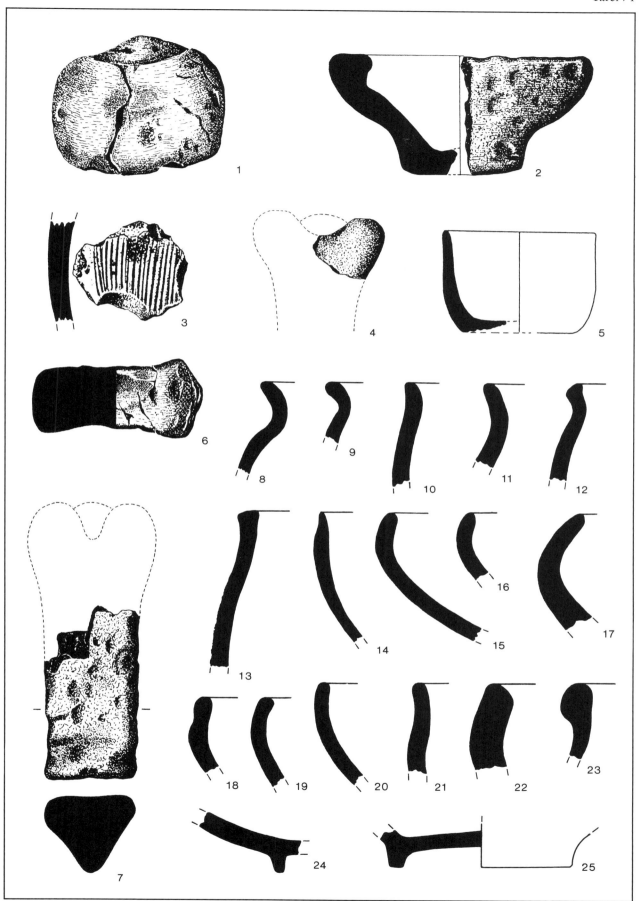

Schwäbisch Hall (583), 1–3, 6–25: M. 1:3; 4–5: M. 1:4.

Beuron (601), M. 1:3.

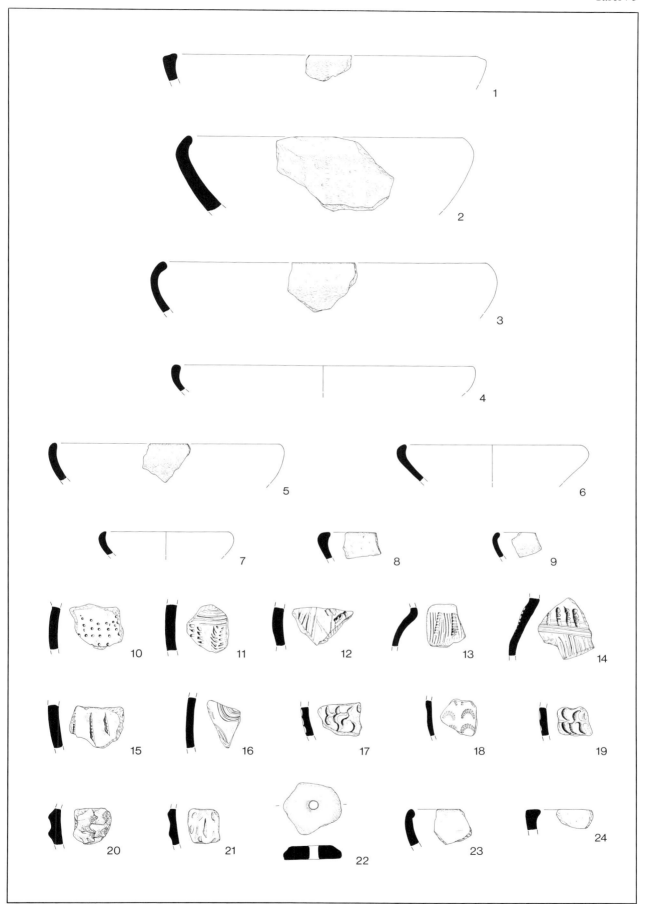

Beuron (601), M. 1:3.

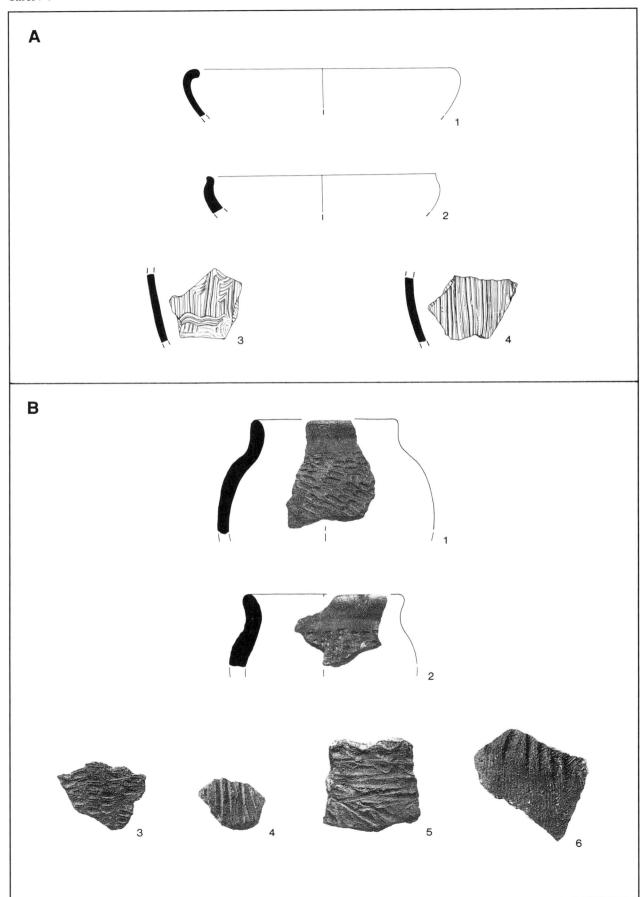

A: Leibertingen-Lengenfeld (618), M. 1:3.; B: Gammertingen (609), M. ca. 1:3.

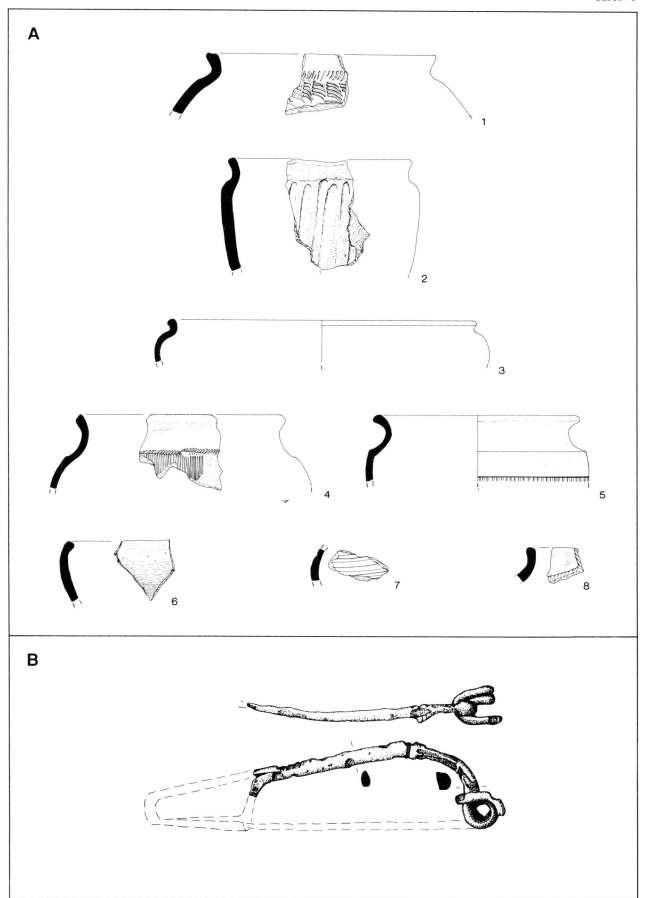

A: 1, 4: Beuron (604); 3, 7–8: Beuron (600); 2, 5–6: Beuron (603), M. 1:3;
B: Herbertingen-Hundersingen (612), M. 1:1.

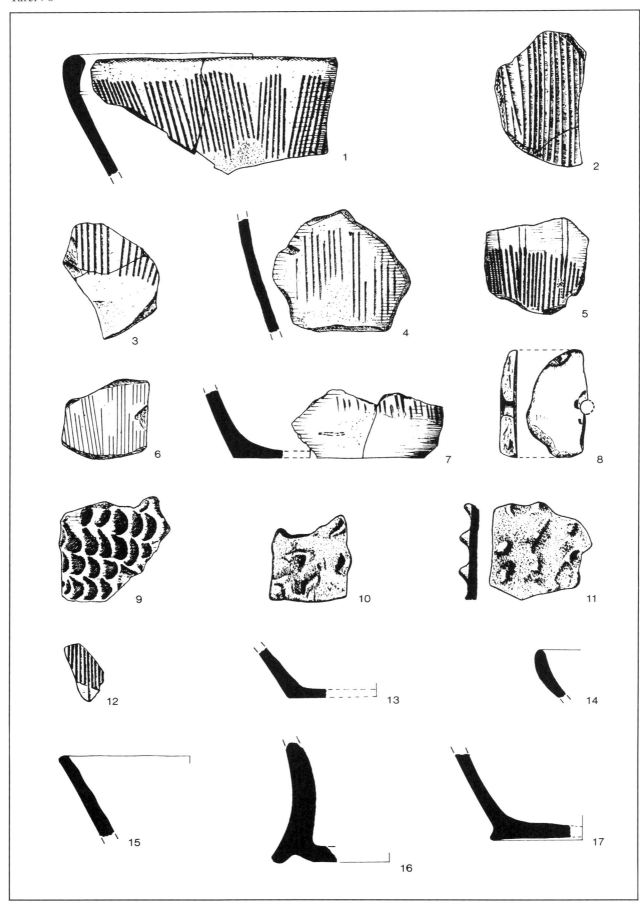

Pfullendorf-Aach-Linz (624), M. 1:3.

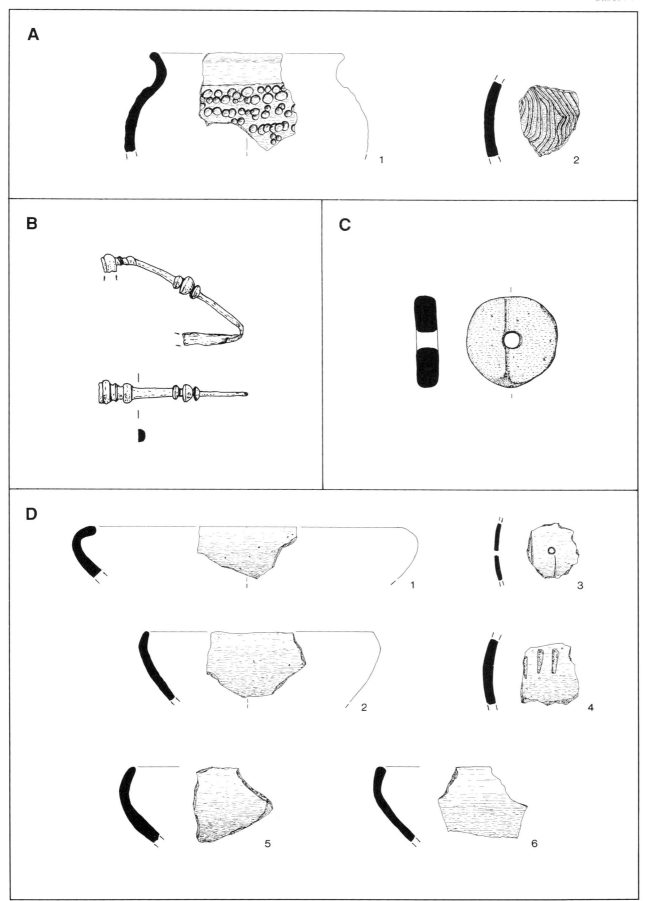

A: Sigmaringen? (631), M. 1:3; B: Bei Sigmaringen (632), M. 1:1;
C: Inzigkofen (615), M. 1:2; D: Hettingen-Inneringen (614), M. 1:3.

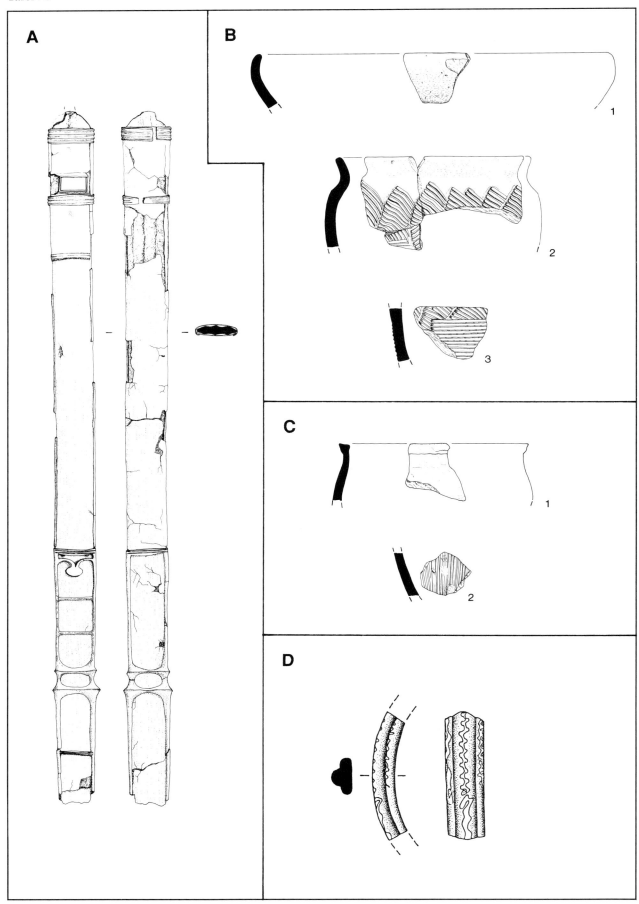

A: Veringenstadt (647), M. ca. 1:4; B: Gammertingen-Kettenacker (611), M. 1:3;
C: Sigmaringen-Gutenstein (633), M. 1:3; D: Ostrach-Laubbach (622), M. 1:1.

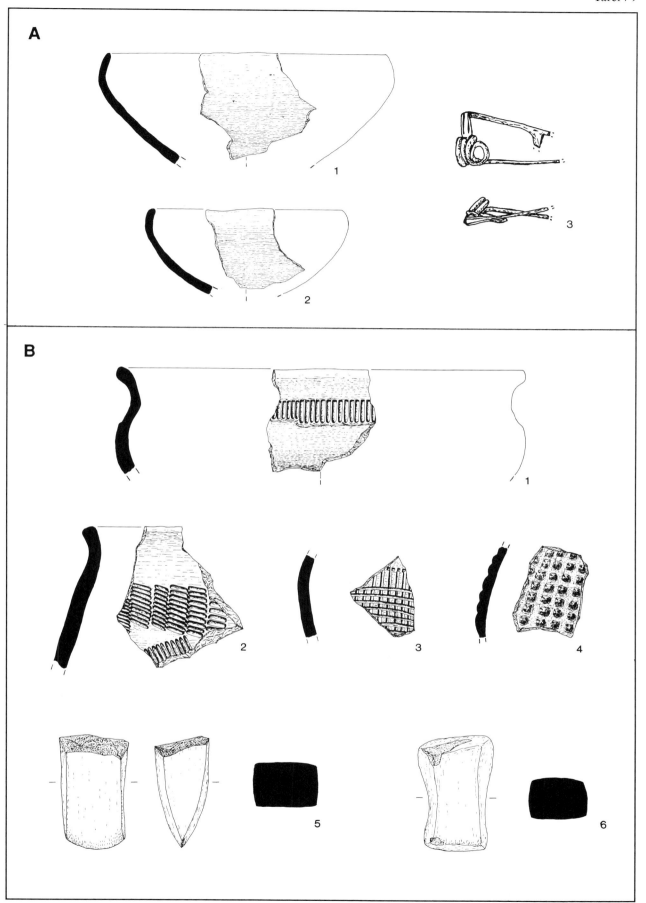

A: 1–2: Sigmaringen-Laiz (636), M. 1:3; 3: Sigmaringen-Laiz (637), M. 1:1;
B: Umgebung von Sigmaringen (630), M. 1:3.

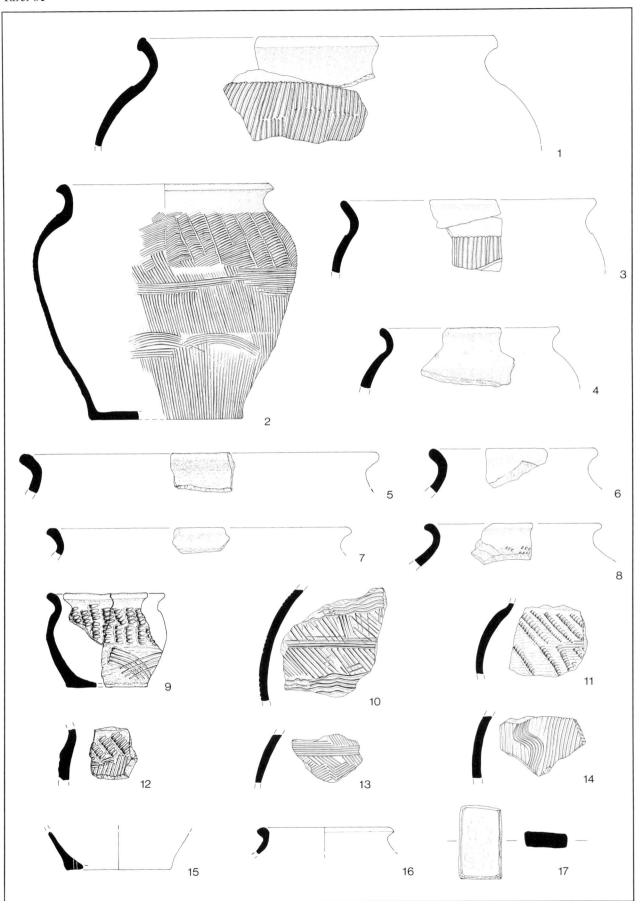

Stetten a. kalten Markt (640), M. 1:3.

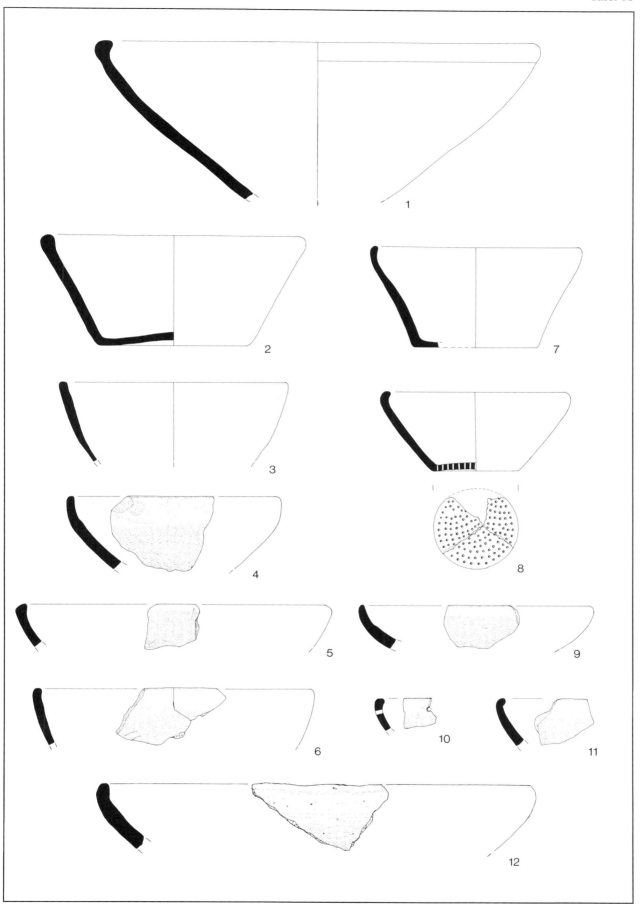

Stetten a. kalten Markt (640), M. 1:3.

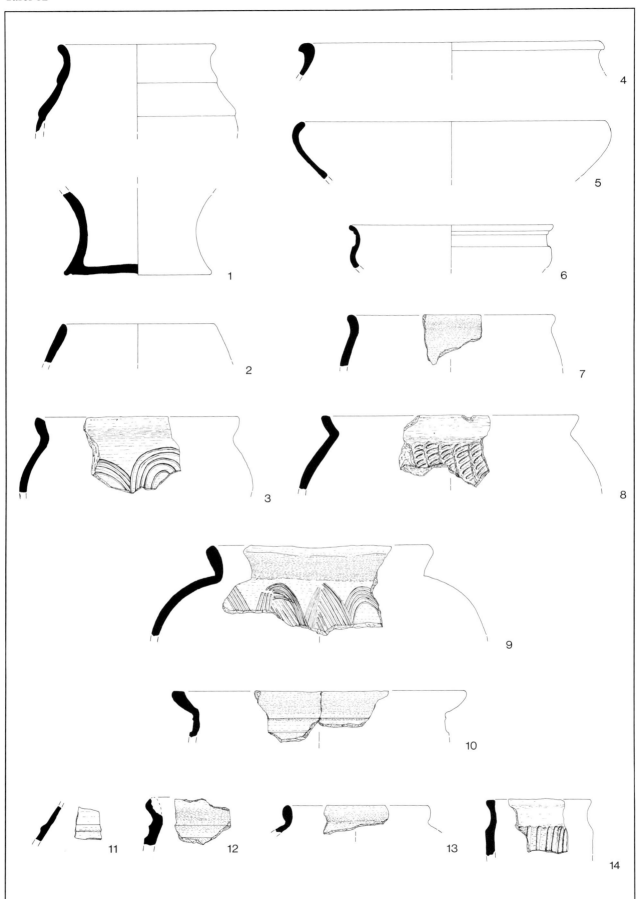

Sigmaringen-Laucherttal (639), M. 1:3.

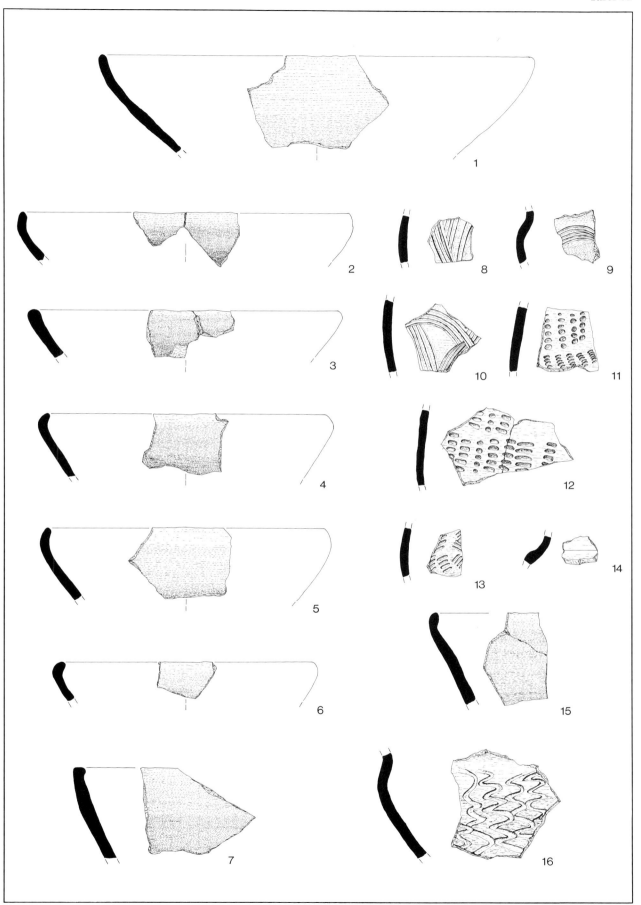

Sigmaringen-Laucherttal (639), M. 1:3.

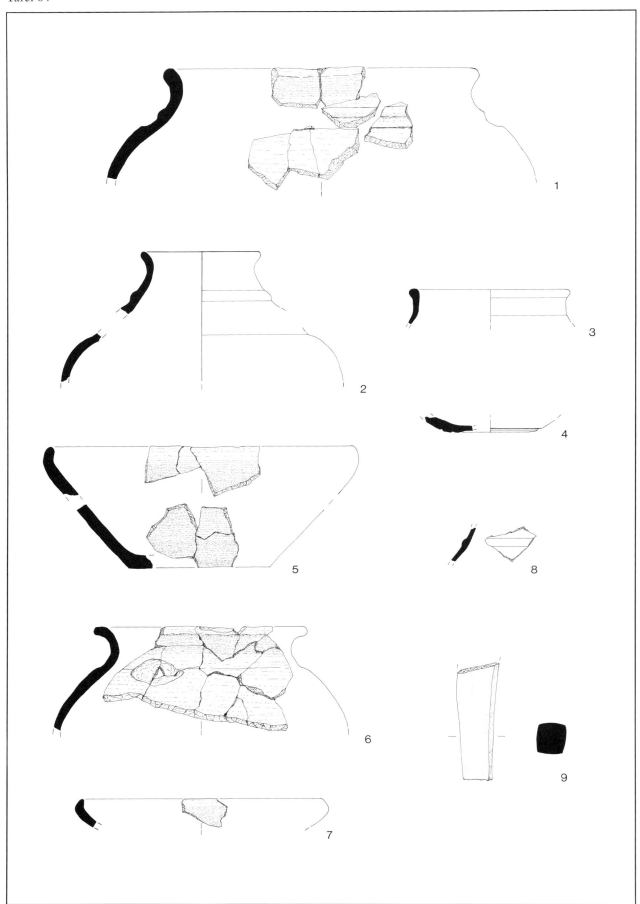

Stetten a. kalten Markt-Storzingen (641), M. 1:3.

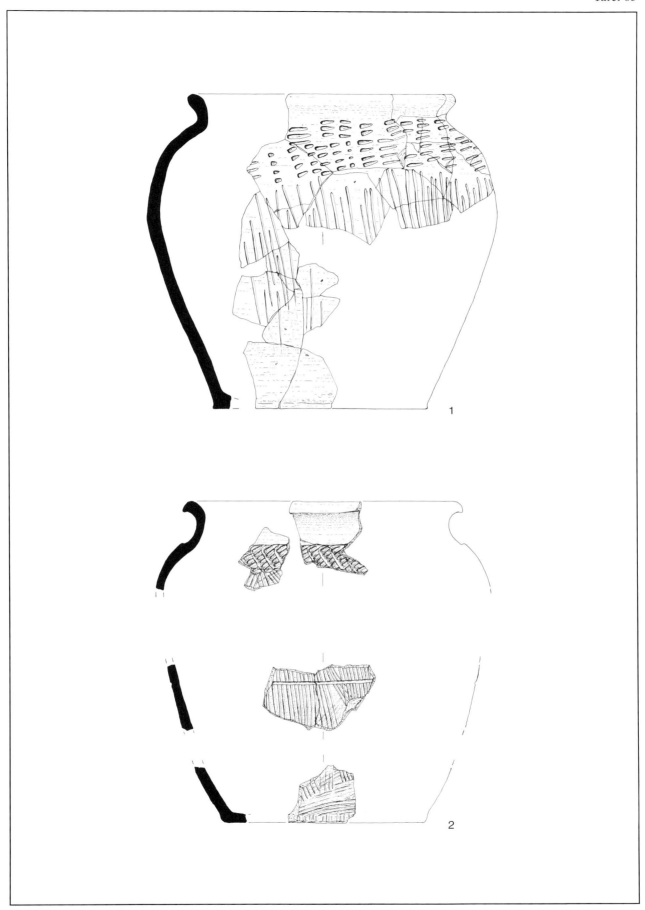

Stetten a. kalten Markt-Storzingen (641), M. 1:3.

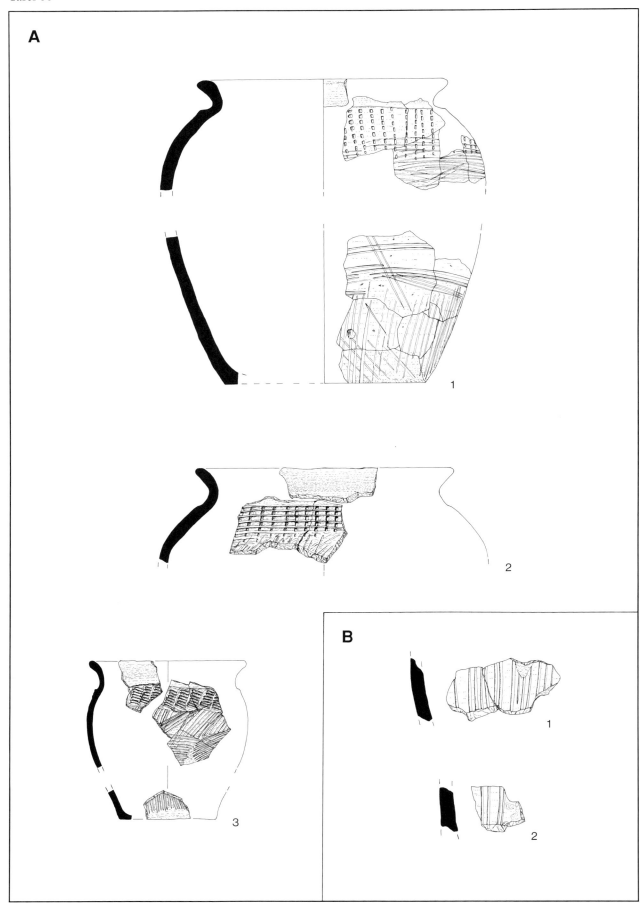

A: Stetten a. kalten Markt-Storzingen (641); B: Neufra (621), M. 1:3.

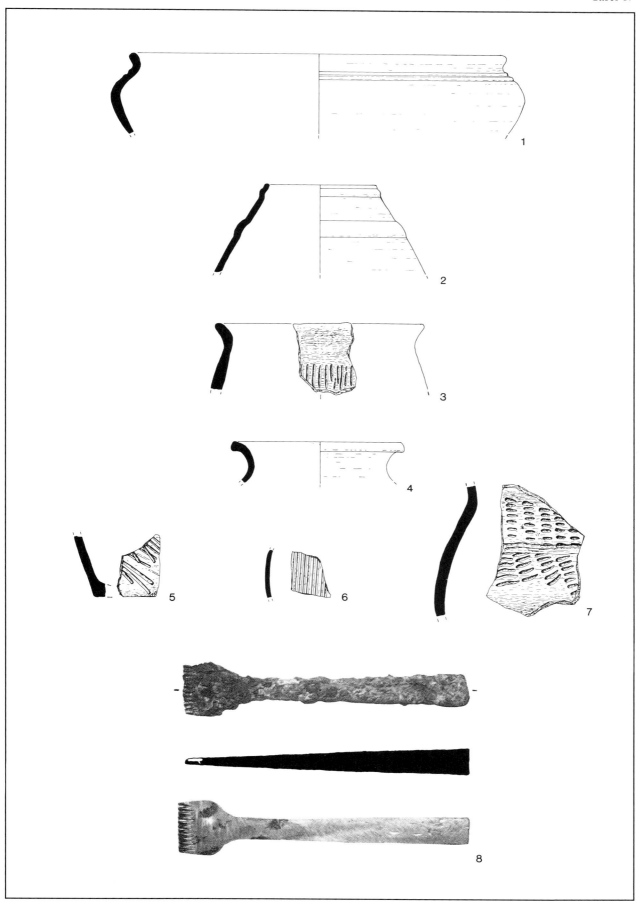

Veringenstadt (642), 8: M. 1:1, sonst 1:3.

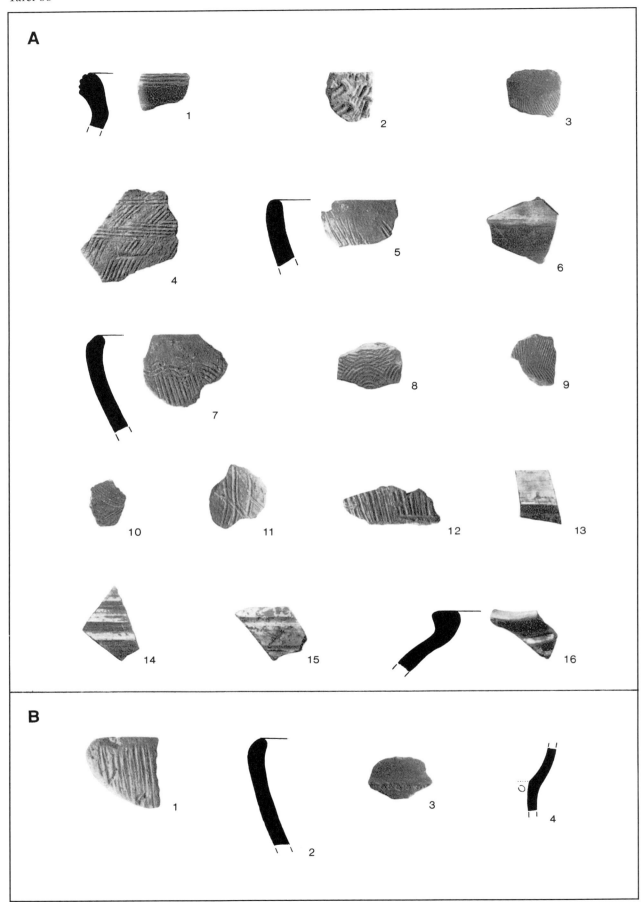

A: Veringenstadt (642); B: Veringenstadt (643), M. ca. 1:3.

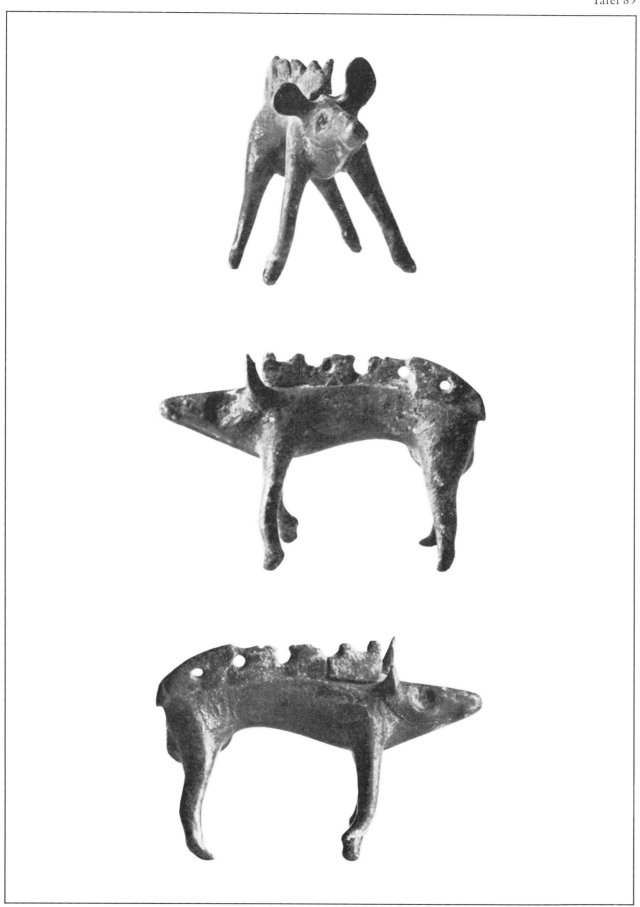

Starzach-Bierlingen (661), M. ca. 1:1.

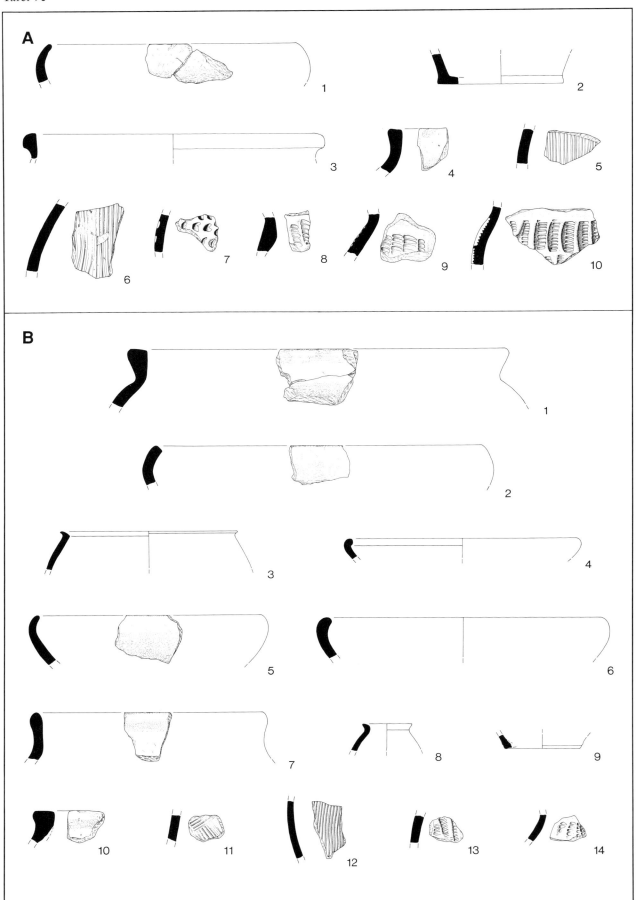

A: Egesheim (670); B: Fridingen (673), M. 1:3.

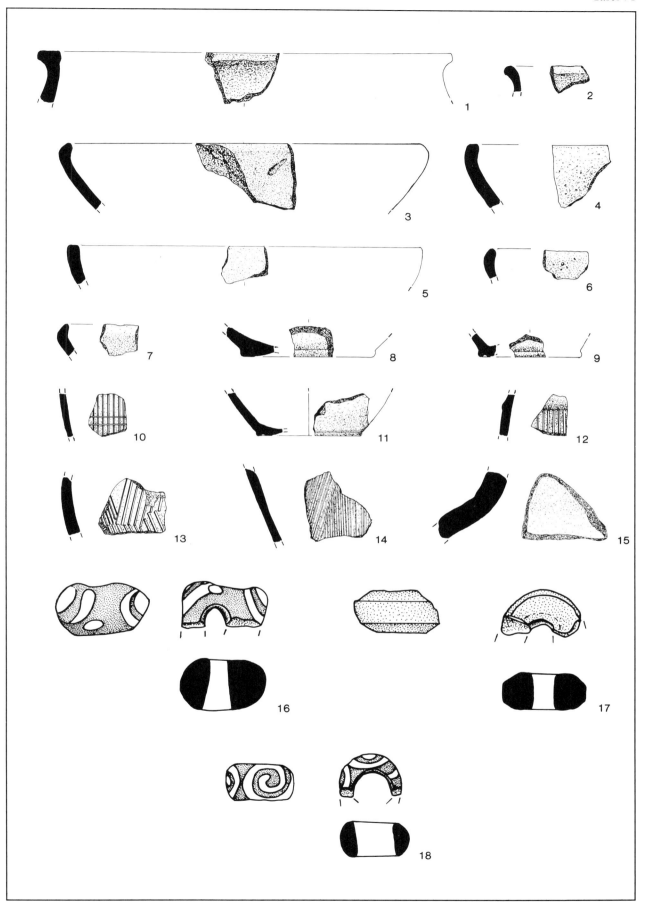

Dornstadt-Tomerdingen (714), 16–18: M. 1:1, sonst 1:3.

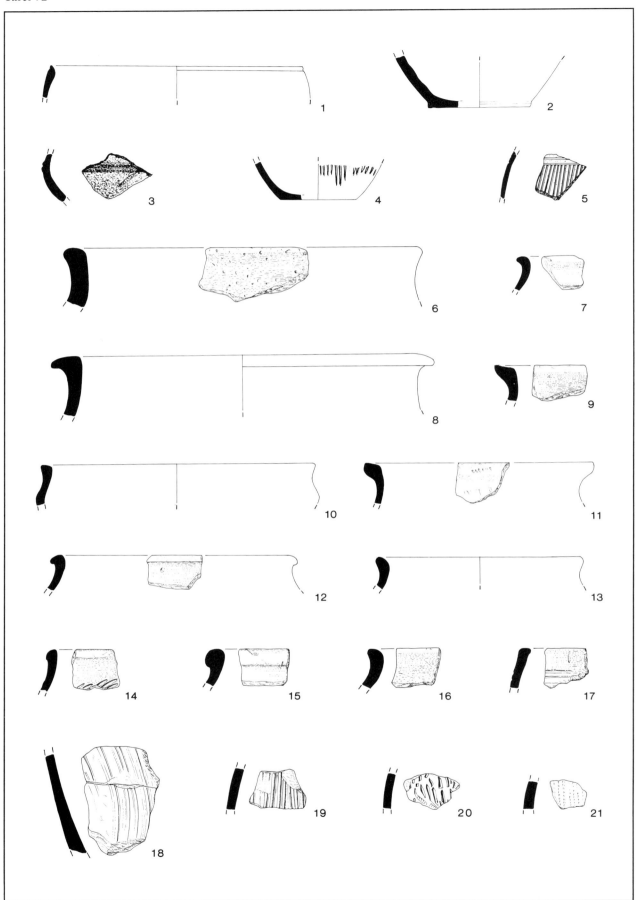

Dornstadt-Tomerdingen (714), M. 1:3.

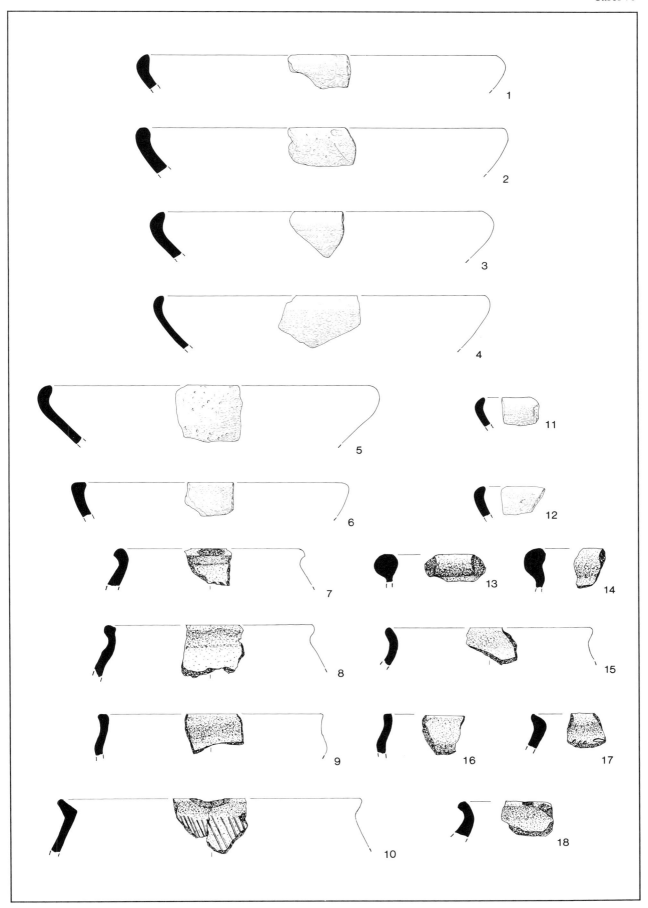

Dornstadt-Tomerdingen (714), M. 1:3.

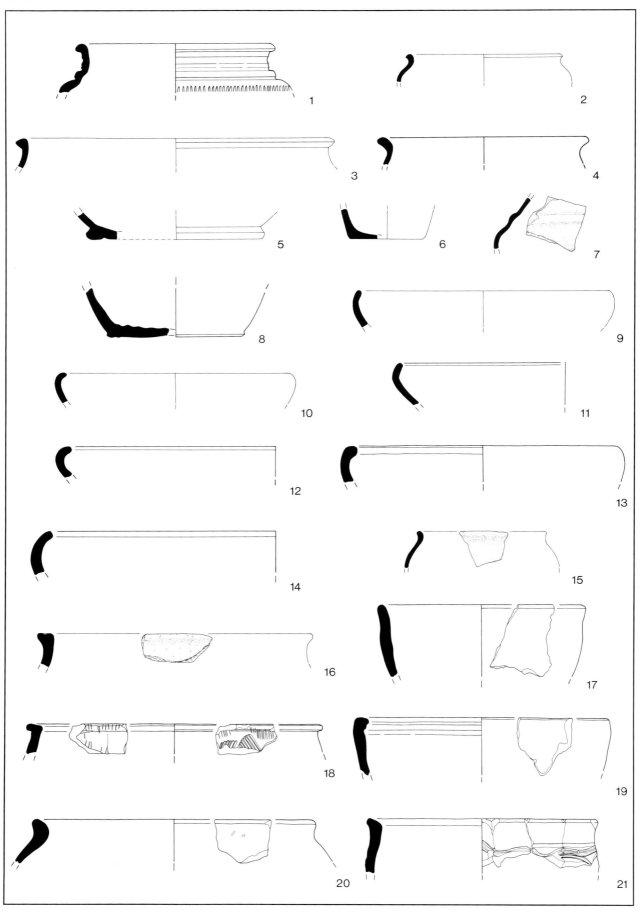

Langenau (723), M. 1:3.

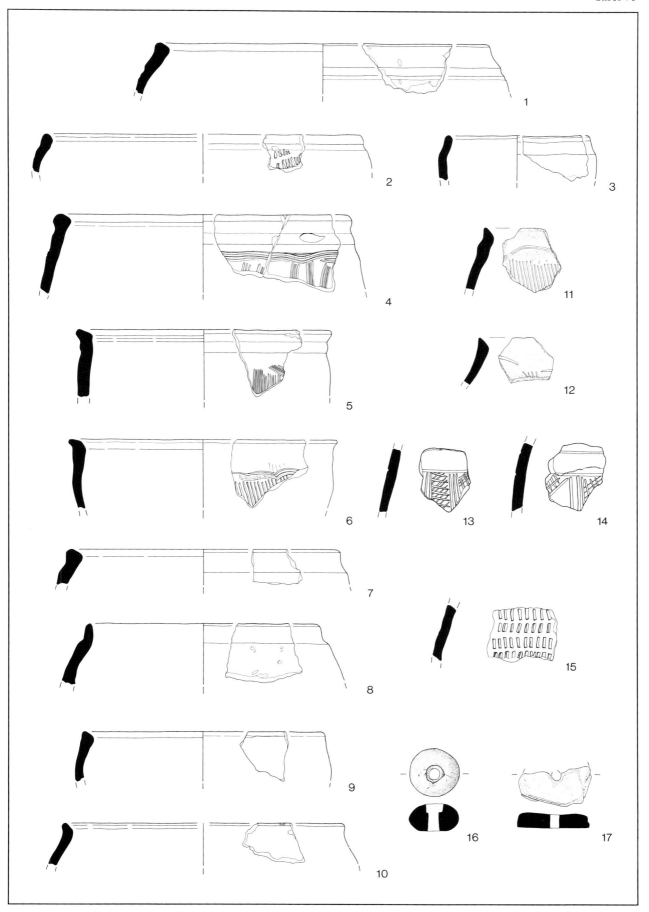

Langenau (723), M. 1:3.

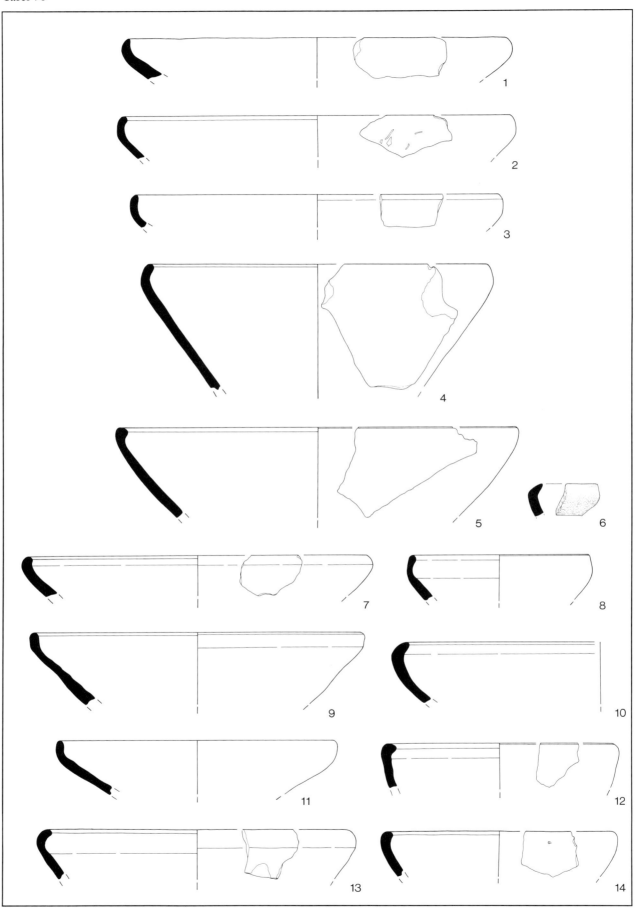

Langenau (723), M. 1:3.

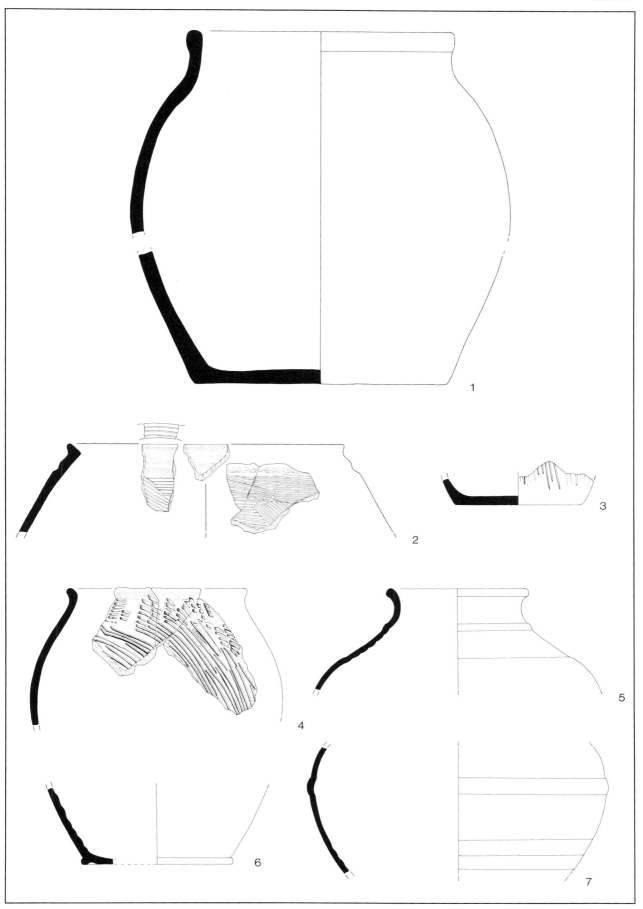

Langenau (722), M. 1:3.

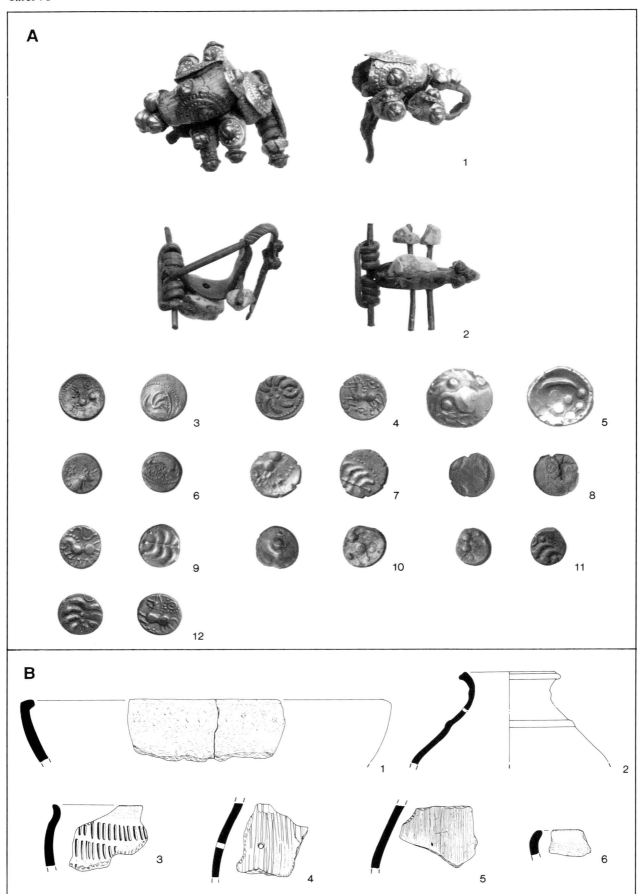

A: Langenau (724), M. ca. 1:1; B: Langenau (726), M. 1:3.

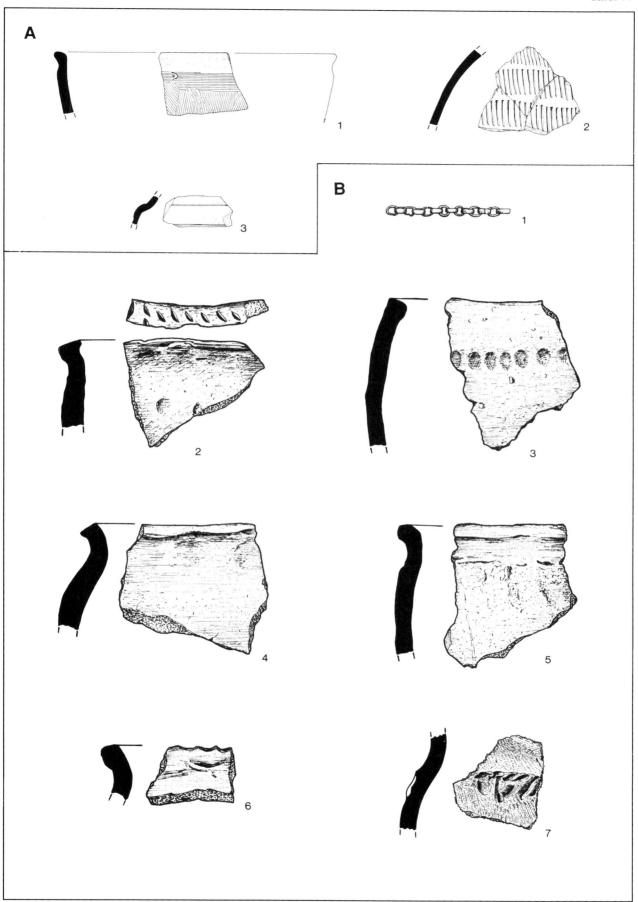

A: Lonsee-Urspring (731), M. 1:3; B: Lonsee-Urspring (729), M. 1:2.

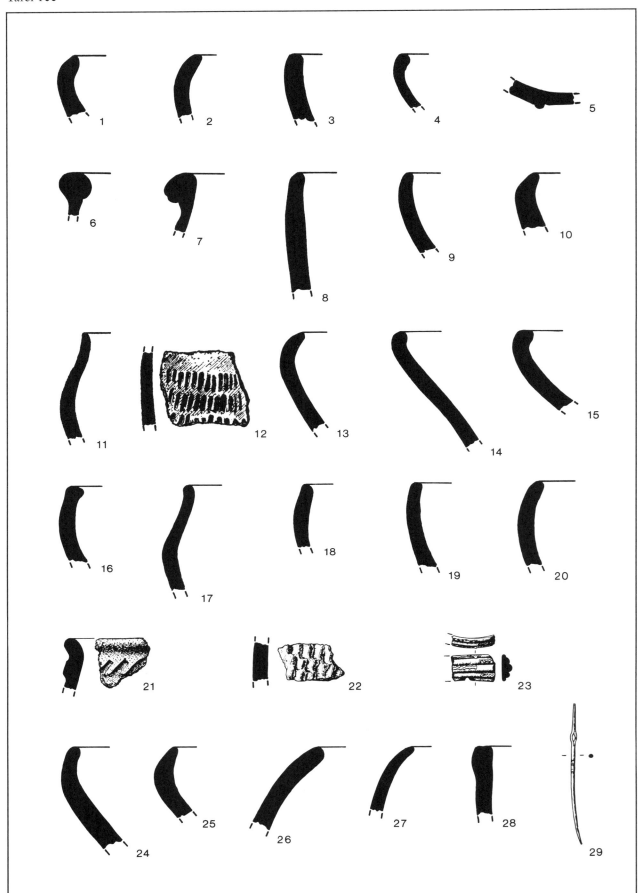

Lonsee-Urspring (729), M. 1:2.

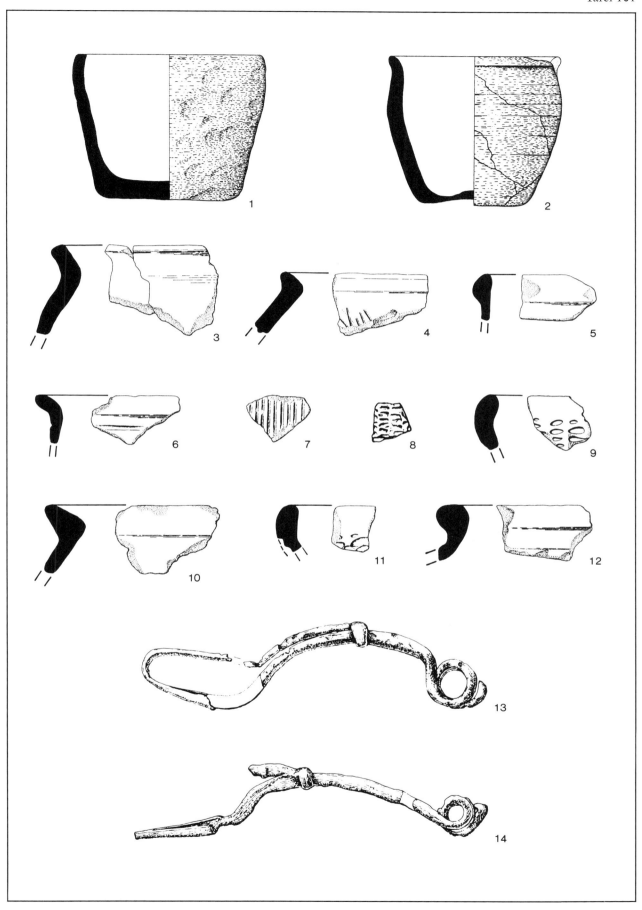

Ulm-Eggingen (749), 1–12: M. 1:2; 13–14: M. 1:1.

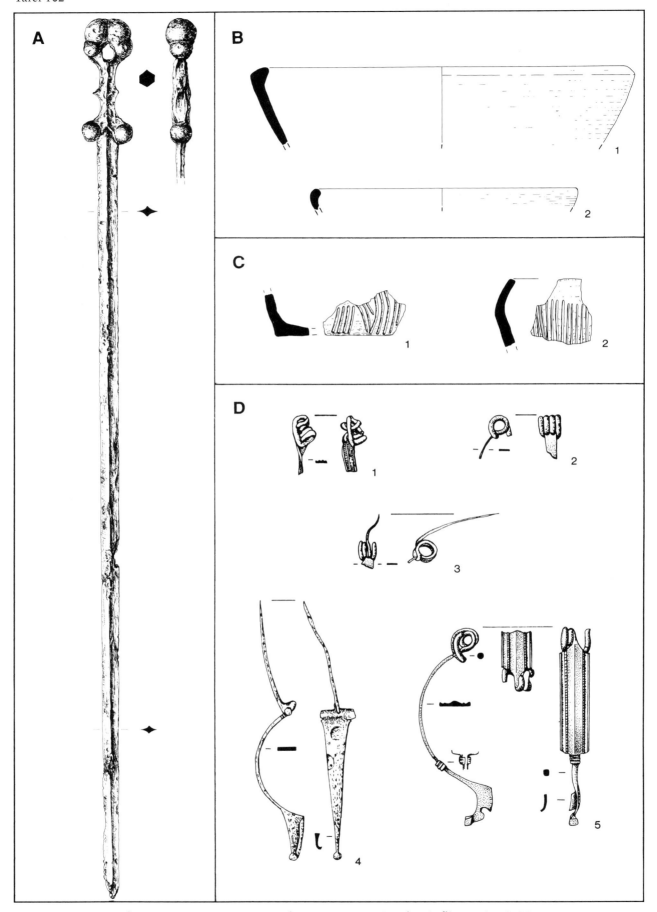

A: Ulm (747), M. 1:4; B: Dornstadt (711), M. 1:3; C: Ulm-Söflingen (752), M. 1:3;
D: Hüfingen (765), M. 1:2.

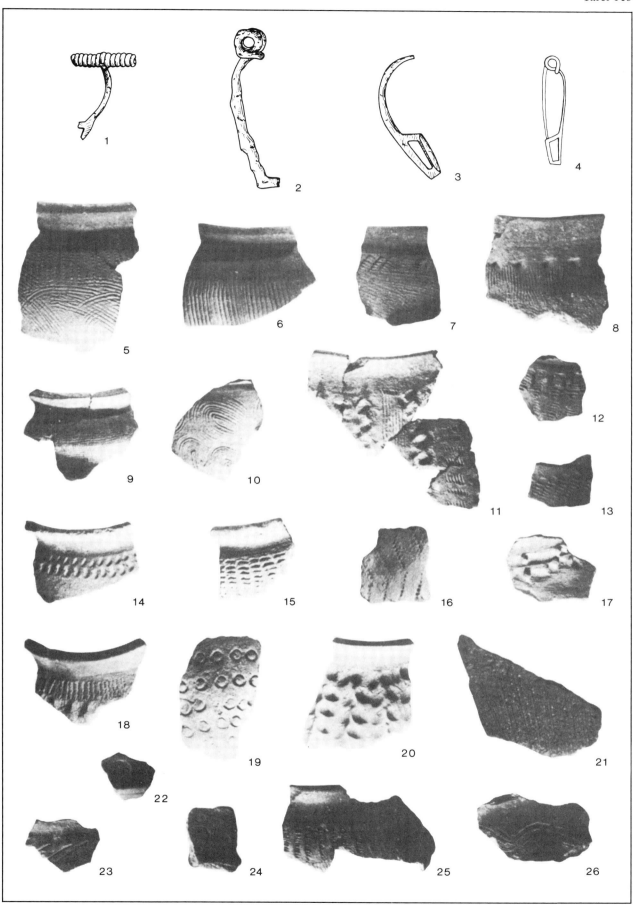

Hüfingen (764), verschiedener Maßstab.

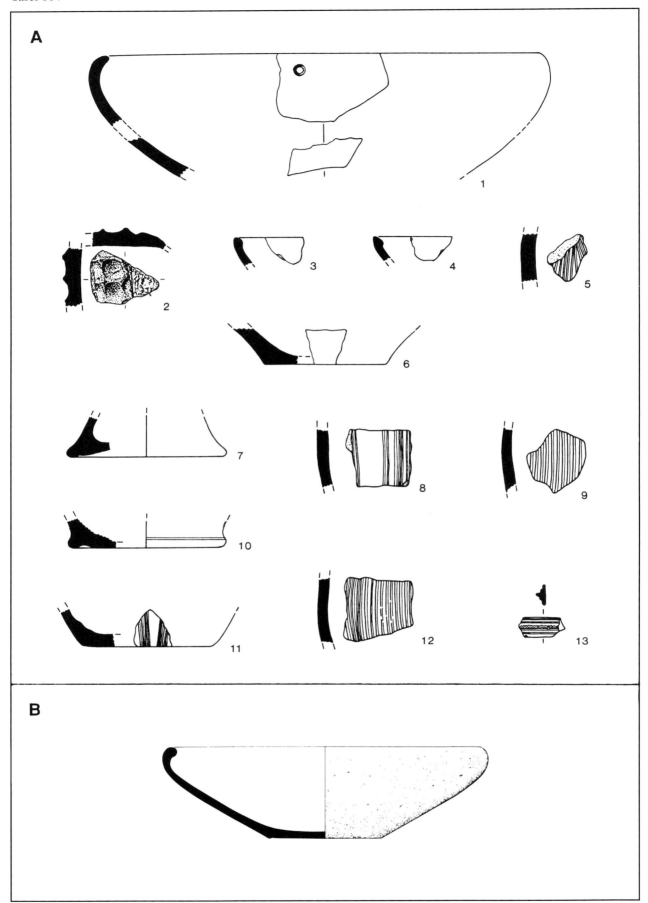

A: 1–6: Villingen (773); 7–13: Villingen (774);
B: Weinstadt-Endersbach (791), M. 1:3.

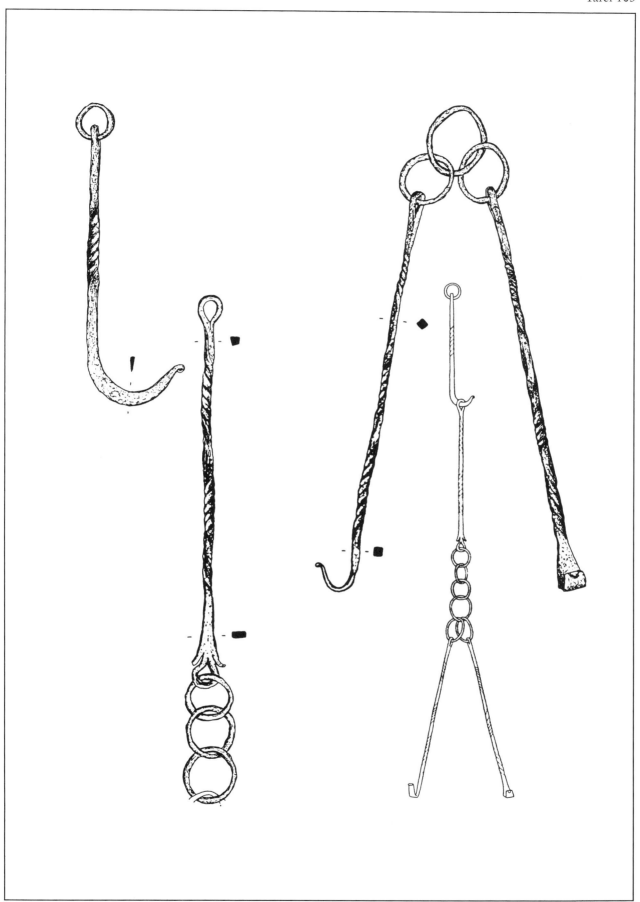

Kernen i.R.-Rommelshausen (781), M. 1:3.

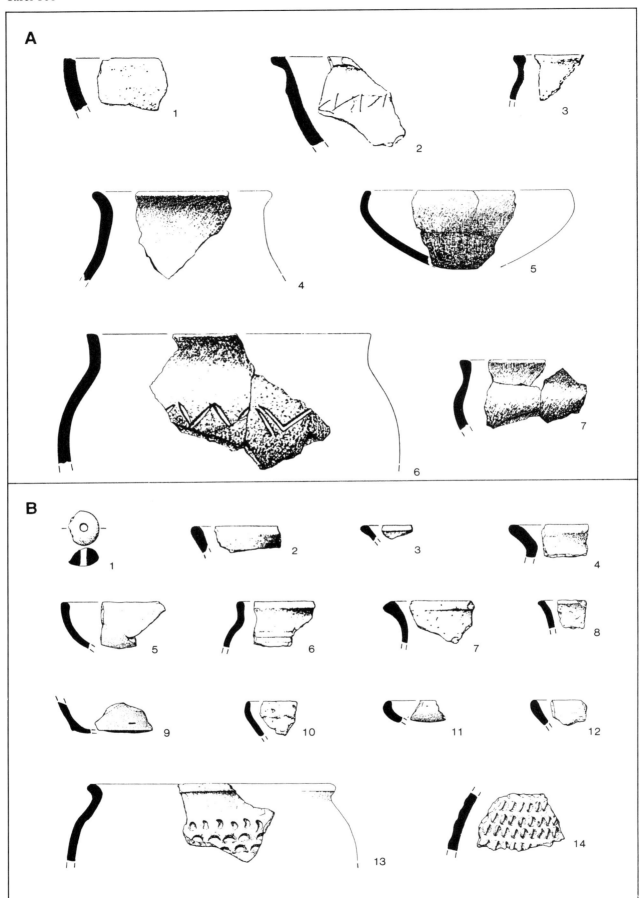

A: Waiblingen (786); B: Waiblingen (787), M. 1:3.

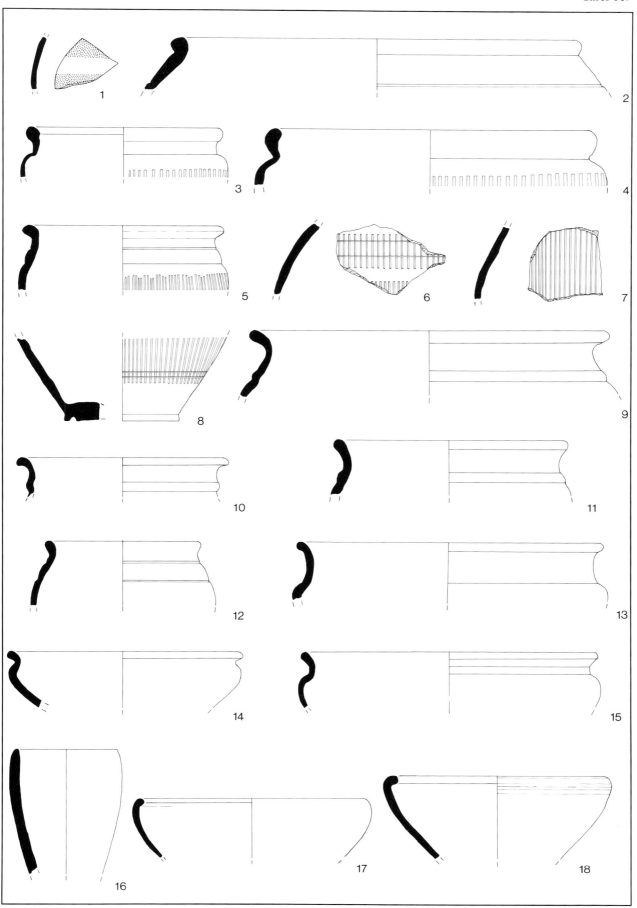

Harburg-Heroldingen, Haus I, M. 1:3.

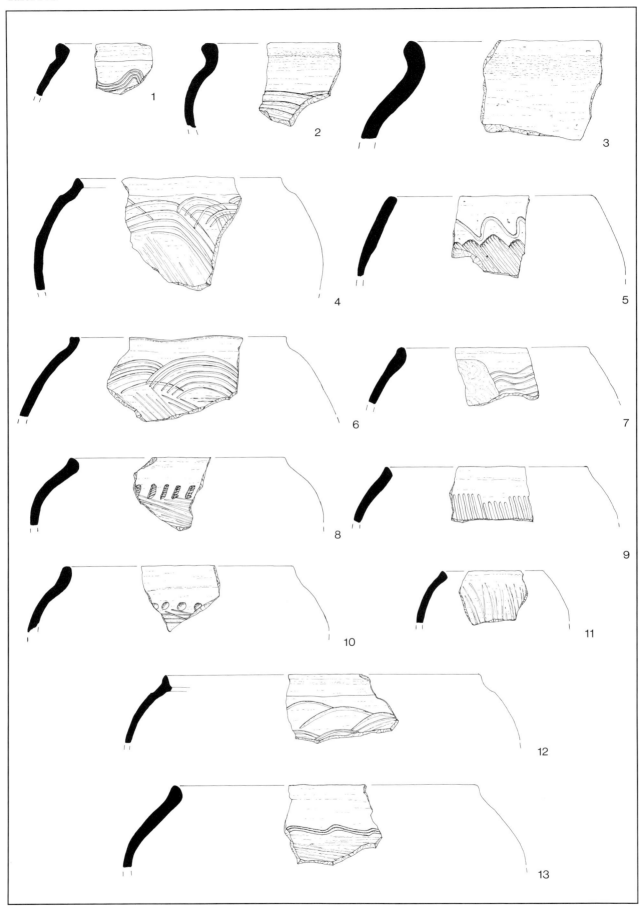

Harburg-Heroldingen, Haus I, M. 1:3.

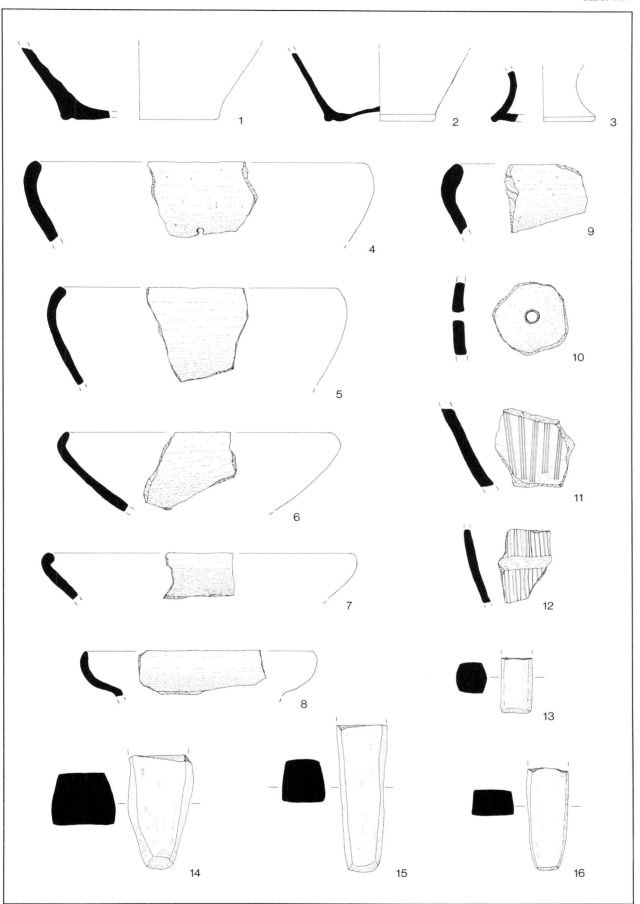

Harburg-Heroldingen, Haus I, M. 1:3.

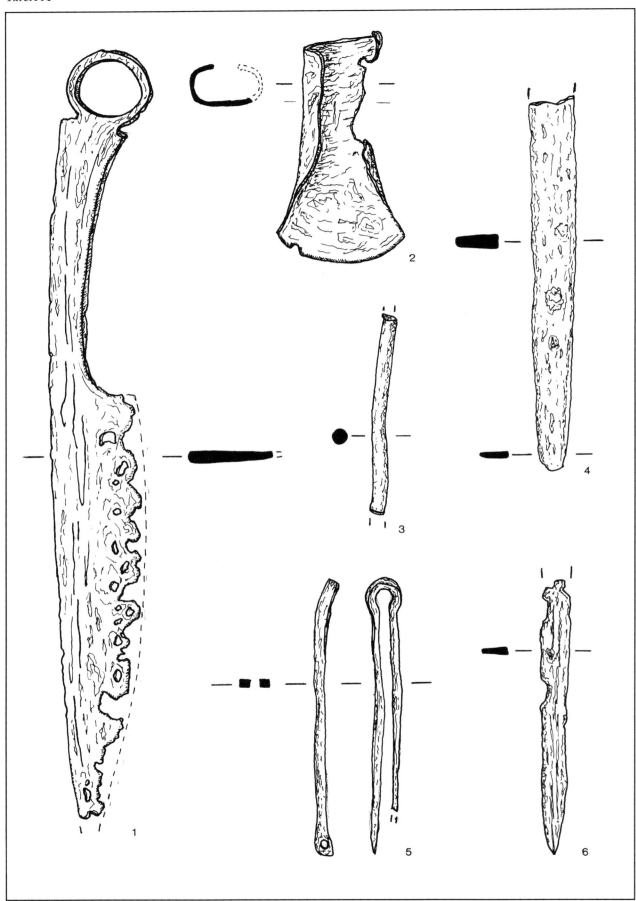

Harburg-Heroldingen, Haus II, M. 1:1.

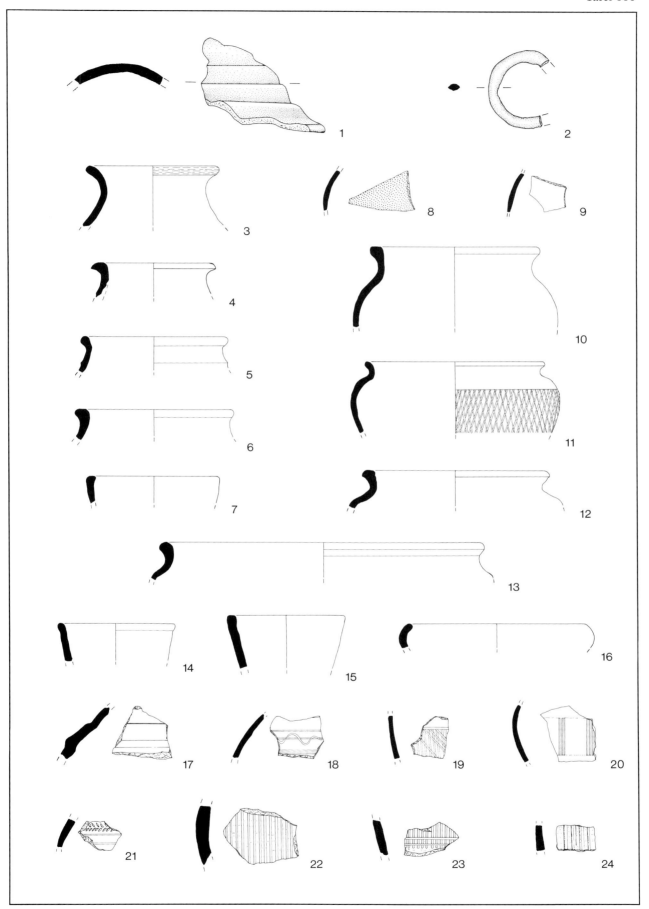

Harburg-Heroldingen, Haus II, 1–2: M. 1:1, sonst 1:3.

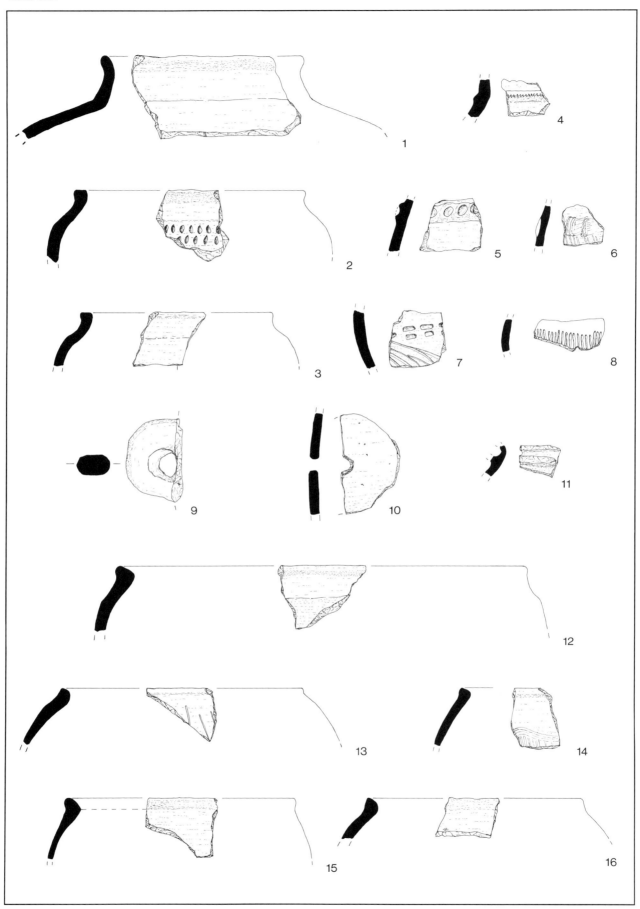

Harburg-Heroldingen, Haus II, M. 1:3.

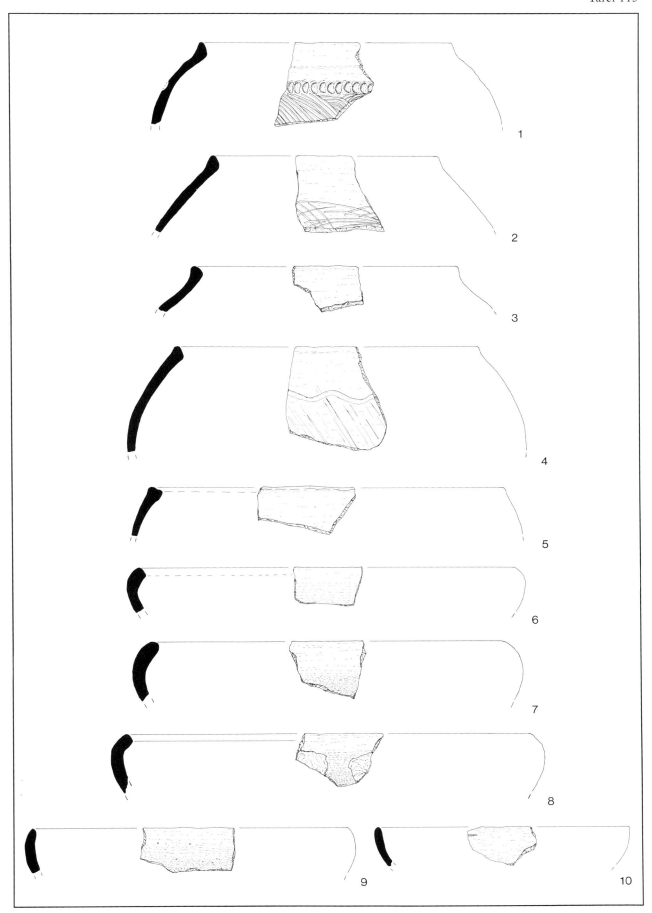

Harburg-Heroldingen, Haus II, M. 1:3.

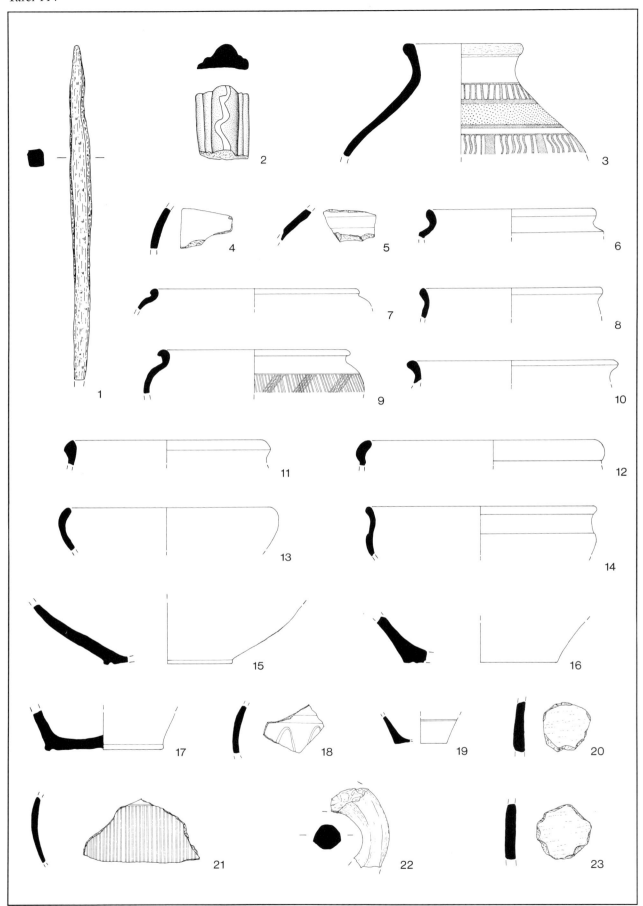

Harburg-Heroldingen, Haus III, 1–2: M. 1:1, sonst 1:3.

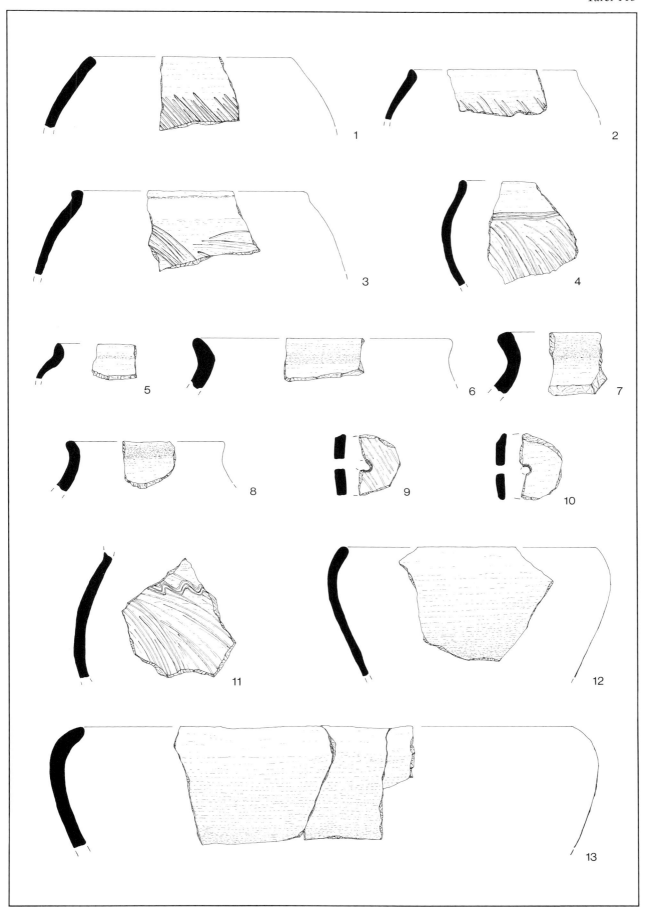

Harburg-Heroldingen, Haus III, M. 1:3.

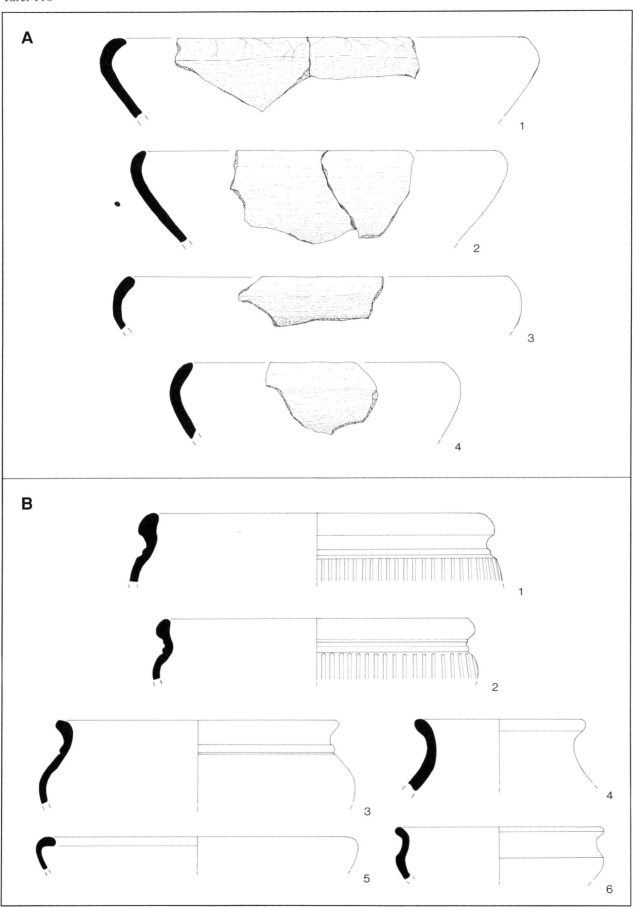

A: Harburg-Heroldingen, Haus III; B: Harburg-Heroldingen, Abfallgrube,
M. 1:3.

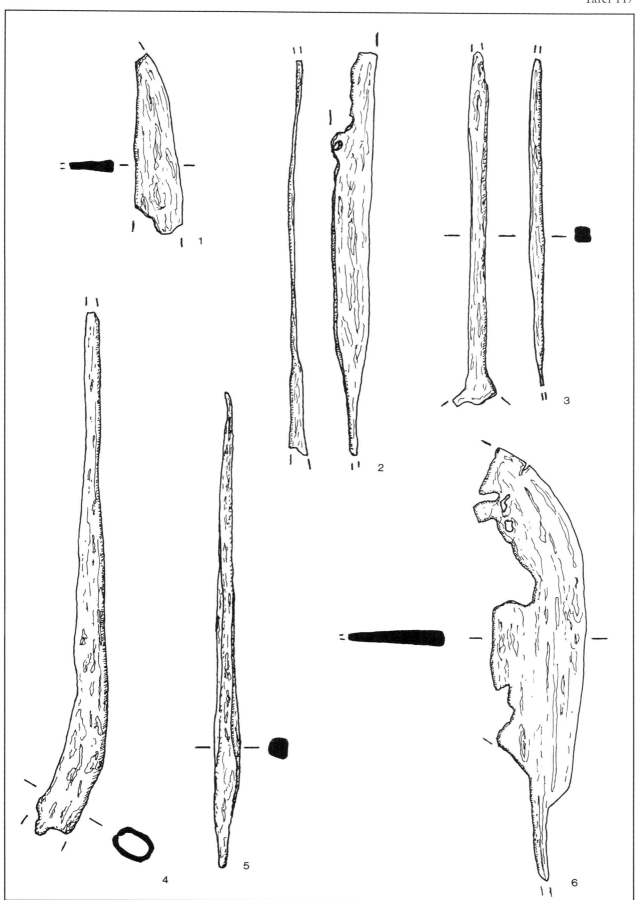

Harburg-Heroldingen, Schotterplatz, M. 1:1.

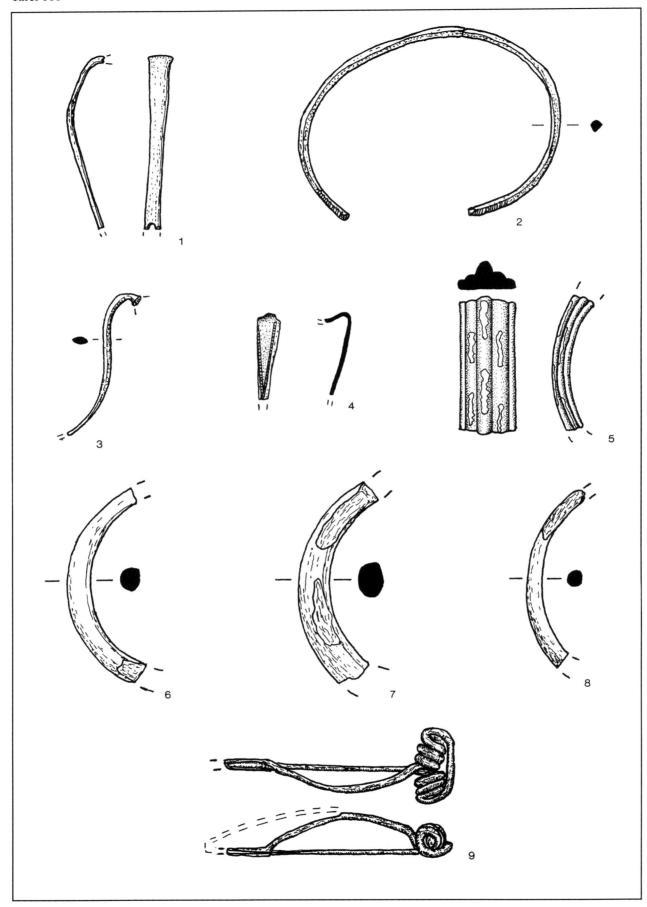

Harburg-Heroldingen, 1–8: Acker Mährle; 9: Beim Schulhausbau, M. 1:1.

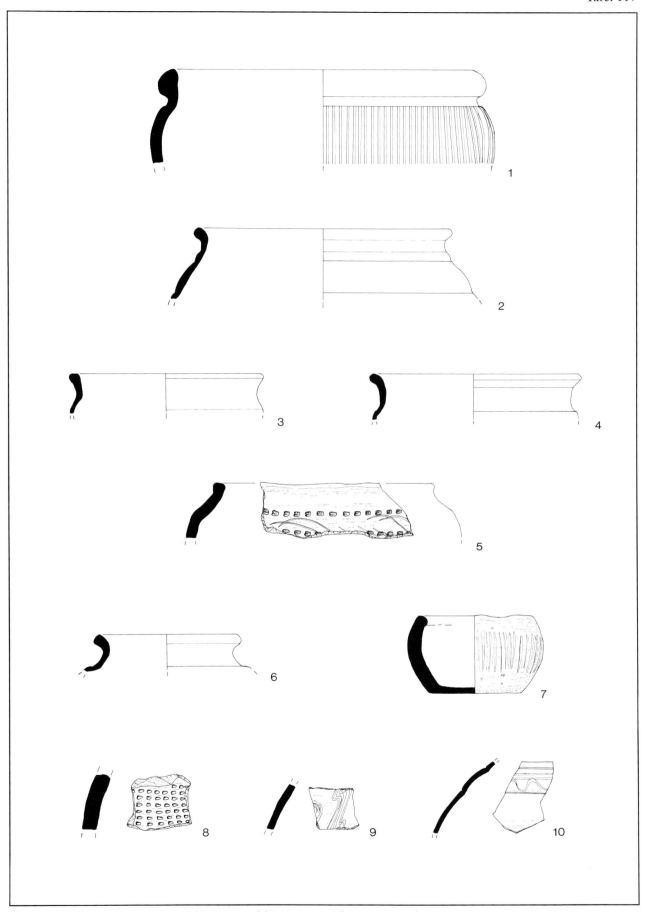

Harburg-Heroldingen, Sammlung Dettweiler, M. 1:3.

VERÖFFENTLICHUNGEN DES LANDESDENKMALAMTES BADEN-WÜRTTEMBERG
Archäologische Denkmalpflege

FORSCHUNGEN UND BERICHTE ZUR VOR- UND FRÜHGESCHICHTE IN BADEN-WÜRTTEMBERG
Kommissionsverlag Konrad Theiss Verlag Stuttgart

VERÖFFENTLICHUNGEN DES LANDESDENKMALAMTES BADEN-WÜRTTEMBERG
Archäologische Denkmalpflege

FORSCHUNGEN UND BERICHTE DER ARCHÄOLOGIE DES MITTELALTERS IN BADEN-WÜRTTEMBERG
Kommissionsverlag Konrad Theiss Verlag Stuttgart

Band 1   Günter P. Fehring, Unterregenbach. Kirchen, Herrensitz, Siedlungsbereiche (1972).
Band 2   Antonin Hejna, Das ‚Schlößle' zu Hummertsried. Ein Burgstall des 13. bis 17. Jh. (1974).
Band 3   Barbara Scholkmann, Sindelfingen / Obere Vorstadt. Eine Siedlung des hohen und späten Mittelalters (1978).
Band 4   Aufsatzband (1977).
Band 5   Hans-Wilhelm Heine, Studien zu Wehranlagen zwischen junger Donau und westlichem Bodensee (1979).
Band 6   Aufsatzband (1979).
Band 7   Aufsatzband (1981).
Band 8   Aufsatzband (1983).
Band 9   Volker Roeser u. Horst Gottfried Rathke, St. Remigius in Nagold (1986).
Band 10/1 Hirsau St. Peter und Paul 1091–1991. Teil I: Zur Archäologie und Kunstgeschichte. Mit Beitr. von Hermann Diruf u. a. (1991).
Band 10/2 Hirsau St. Peter und Paul 1091–1991. Teil II: Zur Geschichte eines Reformklosters. Mit Beitr. von Lieven van Acker u. a. (1991).
Band 11   Michael Schmaedecke, Der Breisacher Münsterberg. Topographie und Entwicklung. Mit einem Anhang von Peter Hering (1992).
Band 12   Uwe Gross, Mittelalterliche Keramik zwischen Neckarmündung und Schwäbischer Alb. Bemerkungen zur räumlichen Entwicklung und zeitlichen Gliederung (1991).
Band 13/1 Die Stadtkirche St. Dionysius in Esslingen. Archäologie und Baugeschichte I. Günter P. Fehring und Barbara Scholkmann, Die archäologische Untersuchung und ihre Ergebnisse (1995).
Band 13/2 Die Stadtkirche St. Dionysius in Esslingen. Archäologie und Baugeschichte II. Peter R. Anstett, Die Baugeschichte von der Spätromanik zur Neuzeit (1995).
Band 13/3 Die Stadtkirche St. Dionysius in Esslingen. Archäologie und Baugeschichte. Tafelband (1995).
Band 14   Eleonore Landgraf, Ornamentierte Bodenfliesen des Mittelalters in Süd- und Westdeutschland 1150–1550. Bd. 1–3 (1993).
Band 15   Ilse Fingerlin, Die Grafen von Sulz und ihr Begräbnis in Tiengen am Hochrhein (1992).
Band 16   Dorothee Ade-Rademacher u. Reinhard Rademacher, Der Veitsberg bei Ravensburg. Vorgeschichtliche Höhensiedlung und mittelalterlich-frühneuzeitliche Höhenburg (1993).
Band 17   Tilman Mittelstraß, Eschelbronn. Entstehung, Entwicklung und Ende eines Niederadelssitzes im Kraichgau (12.–18. Jh.) (1996).
Band 18   Alois Schneider, Die Burgen im Kreis Schwäbisch Hall. Eine Bestandsaufnahme (1995).
Band 19   Matthias Untermann, Die Grabungen auf dem ‚Harmonie'-Gelände in Freiburg im Breisgau (1995).
Band 20   Ulrike Plate, Das ehemalige Benediktinerkloster St. Januarius in Murrhardt (1996).
Band 21   Ulrich Müller, Holzfunde aus Freiburg / Augustinereremiten-Kloster und Konstanz. Herstellung und Funktion einer Materialgruppe aus dem späten Mittelalter (1996).

ATLAS ARCHÄOLOGISCHER GELÄNDEDENKMÄLER IN BADEN-WÜRTTEMBERG
Kommissionsverlag Konrad Theiss Verlag Stuttgart

Band 1   Kurt Bittel, Siegwalt Schiek, Dieter Müller, Die keltischen Viereckschanzen (1990).

Band 2   Claus Oeftiger, Dieter Müller, Vor- und frühgeschichtliche Befestigungen.

  Heft 1   Der Rosenstein bei Heubach (Ostalbkreis) (1995).
  Heft 2   Der Zargenbuckel bei Schöntal-Aschhausen (Hohenlohekreis) (1993).
  Heft 3   Am Rauhen Stichle bei Münsingen-Hundersingen (Landkreis Reutlingen) (1993).
  Heft 4   Die Altstadt bei Gottmadingen (Landkreis Konstanz) (1993).
  Heft 5   Die Befestigungen auf dem Heiligenberg bei Heidelberg (1995).
  Heft 6   Die Schanze bei Münsingen-Trailfingen (Landkreis Reutlingen) (1995).

Band 3   Römerzeitliche Geländedenkmäler.

  Heft 1   Martin Luik, Dieter Müller, Die römischen Gutshöfe von Gemmrigheim und Kirchheim am Neckar, Landkreis Ludwigsburg (1995).